国家哲学社会科学成果文库

NATIONAL ACHIEVEMENTS LIBRARY
OF PHILOSOPHY AND SOCIAL SCIENCES

留学生群体与民国的社会发展

周　棉　等著

中国社会科学出版社

《国家哲学社会科学成果文库》
出版说明

为充分发挥哲学社会科学研究优秀成果和优秀人才的示范带动作用，促进我国哲学社会科学繁荣发展，全国哲学社会科学规划领导小组决定自2010年始，设立《国家哲学社会科学成果文库》，每年评审一次。入选成果经过了同行专家严格评审，代表当前相关领域学术研究的前沿水平，体现我国哲学社会科学界的学术创造力，按照"统一标识、统一封面、统一版式、统一标准"的总体要求组织出版。

全国哲学社会科学规划办公室
2011 年 3 月

目　　录

上　编

下　编

Contents

Part I

Part II

序

　　周棉教授的大著《留学生群体与民国的社会发展》即将由国家社会科学成果文库推出，是学术出版界的一个好消息。在送旧迎新、鸡年即将到来之际，周教授告知我这个好消息，请我为他的大著写几句话。我与周教授联系有年，对他的索序，不好推脱。

　　鸦片战争以后，西方列强凭借坚船利炮打开了中国封闭、封建的大门，从此，中国逐渐沦为半殖民地半封建社会，特别是到1901年清政府被迫签订《辛丑条约》，中国半殖民地半封建社会的地位"确立"，中国国家地位更降到"谷底"。东西方列强更是磨刀霍霍，疯狂地要把中国豆剖瓜分，中华民族面临前所未有的亡国灭种的危机。但是，优秀的中华儿女并没有奴颜屈服，没有跪倒在东西方列强的铁蹄下呻吟，而是发愤为雄，存亡继绝，立志振兴中华。中国近代留学运动的发生和留学生群体的演变，就从一个重要侧面反映了中华民族不屈不挠，挣脱列强奴役，捍卫国家主权，走向世界，走向现代化的历史。用习近平总书记的话说"百余年的留学史就是'索我理想之中华'的奋斗史"。按照我的理论，近代中国历史度过了"谷底"之后，慢慢呈现"上升"趋势，留学生在这个时候出现，总体来说是近代中国历史的"上升"趋势表现形式之一。

　　最先走出国门的是容闳和他倡导的留美幼童。作为中国近代留学运动的先驱，容闳的贡献不仅在于他倡导、促成了中国官派留美运动，开中国近代留学运动之先河，更在于他有一颗不变的中国心，试图用当时先进的西方文化改造封建落后的中国。《西学东渐记》言："以西方之学术，灌输于中国，使中国日趋于文明富强之境，"就是他爱国思想和兴国远见的集中概括。他带出去的学生虽然数量不多：四批幼童120人，但是大都学有所成，在清末民初的历史上，为国家的体制转型和社会的科技发展，作出了不同程度的贡献。如唐绍仪，曾任民国首任国务总理，在邮传部、外务部任上，他就为国家利益同列强反复争衡；在辛亥革命后的南北议和中，作为北方代表而趋同于南方主张，力主清帝逊位，实行共和；出任总理以后，为坚持《临时约法》而不惜与老上司袁世凯翻脸直至挂冠而去。至于詹天佑修筑铁路的事迹，在今天的中国已家喻户晓、人人皆知了。其实，需要强调的是，在留美幼童和随后的福州船政学堂留欧学生中，还有一批在马尾海战和甲午海战中为国捐躯的烈士，其中在马尾海战中牺牲的幼童是"扬武"号枪炮官六品军功杨兆楠、"扬武"号枪炮官六品军功薛有福、"扬武"号枪炮官七品军功黄季良、"振威"舰二副六品军功邝咏钟。在甲午海战中牺牲的是幼童陈金揆和福州船政学堂留欧学生刘步蟾、林泰曾等一批中国最早的现代化的海军军官。他们都是近代中国最早站在反对外来侵略第一线的新一代知识分子的代表。也就是从他们开始，中国留学生爱国主义的主流和本质得到彰显和发展，并成为中华民族爱国主义传统的一部分。

甲午战争之后，湖广总督张之洞选派了第一批官派学生到日本留学。甲午惨败，中国学生要到日本去看看到底是何原因。日俄战争，日本取胜，中国国内废除科举制度，中国的留学运动进入了波澜壮阔的新阶段，清末留日大潮是一个明显标志。1905年底，留日学生人数约8600人，达到了近代中国留日学生人数的顶峰，1906年大约也有8000人。从1896年中国官派留日开始至1937年，留日学生大约有十万人之谱。从此，中国留日学生与祖国的命运紧密地结合在一起。

明治维新后的日本，迅速脱亚入欧，成为亚洲唯一的初步现代化的强国，介绍西方各种科学知识、理论学说的出版物比比皆是。在这里，留日学生接触了大量的西方资产阶级社会政治学说和马克思主义、科学社会主义的学说，学到了许多在国内封建专制的禁网下不可能学到的新知识，包括经日本人翻译、删节或改写的西学理论，并通过创办的各种刊物如《浙江潮》《游学译编》等，向国内广泛传播。他们研究各式各样的思想、学说和治国方案，增强了国家兴亡的危机感和现代的民族、国家观，并形成了多种政治派别。

概括地说，留日学生，尤其是早期的留日学生，无论是官费生、自费生，无论是革命派、改良派还是随大流者，大多是抱着救国的目的浮海东渡的。因此，留日学生的一大特点是极其关心中国的前途，但凡日本对中国不友好的一举一动，都无不触动他们敏感的神经。因为他们比国内一般人更深切地感受到了日本帝国酝酿、形成、发动侵华战争政策的全过程。在求学期间，他们一次一次地发起世界留学史上独一无二的集体归国运动，投入祖国人民抗日的洪流。为了祖国的尊严，他们忍受艰苦，拒绝日本文部省提供的带有侮辱性质的庚款助学款项。回国以后，则在不同时期、不同方向、不同领域发挥了多种作用，尤其在政治、军事和基础教育方面，更是令人刮目相看，影响至大至巨，总体上推动了中国社会的进步。特别是近代中国第一次资产阶级性质的革命——辛亥革命，其发动和鼓吹，与中国留日学生关系极大，是在中国同盟会的组织、发动、号召和直接参与下取得成功的。此后民国历届政府人员的构成，留日学生都占有比较大的比例，对民国社会的影响也就不言而喻了。关于留日学生与中国社会发展的关系，我在 20 年前的《中国留日学生与祖国的历史命运》一文中，曾有详细论述，在此不赘。

总体上说，近代中国留学生的主流是爱国的，推动了中国的社会进步和中国的现代化。当然，对具体人而言，也不尽然。有少数留学生，对祖国的社会发展，没有积极贡献，甚至起到迟滞的作用。

周棉教授从上个世纪八十年代末开始研究中国留学生与社会发展问题，提出了"留学生与近代中国"这个综合性大课题。至今已垂三十年。在漫长的时间里，在艰苦的条件下，他围绕这一综合性课题，以"留学生与中国的现代化"为中心论题，进行了持久的探索。当初，鉴于资料的欠缺，他用了近十年的"笨功夫"，编辑了一部《中国留学生大辞典》，初步打下了研究的史料基础，特别是其中的人物简表，在辞书编撰史上是一个创造。这本严谨的留学人物工具书为后来的留学生研究提供了很大的方便，因此，获得了广泛的好评，学者们曾给予较高的评价。在此后的岁月里，周棉一边研究一边还从事推动留学生研究的工作，在他所主持的《江苏师范大学学报》（原《徐州师范大学学报》）上创建了"留学生与近代中国研究"专栏，团结了海内外的有关专家学者，使该刊成为国内留学生研究的重要阵地；还创建了江苏师大留学生与近代中国研究中心，发起召开了两次中国留学生学术研讨会。这些都具有开拓性意义，是可以载入留学生研究史册的。

有了十多年的学术积累，周棉于 2006 年竞标申报了教育部人文社会科学研究重点基地重大招标课题"中国留学生与民国社会发展"，获得成功。从此，他开始了十年如一日的研究。这个项目于 2013 年结题，获得教育部结项优秀等级。此后，他锲而不舍，勇攀学术高峰，又申报并获得了 2011 年国家社科基金重大课题"民国时期留学史料的整理与研究"和 2015 年国家社科基金重大课题"中国第一历史档案馆留学史料的整理与研究"，补充了新的档案史料，也不断提炼自己的观点。为此，他又连续 5 年对结项后的这部书稿进行了反复、认真的修改，真可谓咬定青山，琢磨不断，于是，得以入选 2016 年国家哲学社会科学成果文库，才有了这部即将出版的书稿。

因此，我首先祝贺作者在世风日下之际，不受窗外诱惑，甘坐冷板凳，苦心凝成一部大著。作者抱定学术目标，攻坚不止，这种严谨的治学态度应充分肯定。

就全书来看，该书以民国的发展进程为线索，上编按照民国的阶段性建构大的纵向框架，探讨留学生群体在民国各阶段发展中的作用；下编以专题为线索，探讨留学生群体在民国不同领域的贡献，从纵横两个方向论述留学生群体的作用，结构合理，规模宏大，史料丰富，论证严密，提出了一系列新观点、新看法。

留学生群体是从清末开始形成的特殊的知识分子群体，是区别于旧式文人的新型的知识分子群体。他们的出现对清末和民国的社会变革起到了特殊的作用。研究留学生群体与民国社会的关系，对中国近代史研究、对民国史研究，其学术价值是很明显的，对新中国成立以后的留学运动的研究也有着重要的参考价值。

该书对留学生群体的研究把握比较到位，有较多值得重视的新观点，或在前人研究的基础上发展提炼，达到了新的高度。

例如，"导论"对留学生群体的概括：在鸦片战争以后"空前而艰难的变革时期，在中国大地上出现的持续不断的留学运动，实际上是中国人走向世界整体运动的一部分，也是中国走向现代化的一种特殊运动。在此过程中出现的留学生及其群体，就是中国最早、最直接地走向世界的先行者和推动中国走向现代化的特殊群体。"

又如第一章对清朝皇族内阁出笼后的评述："本来相当多的留学生还寄

希望于立宪，为此积极参加新政，希望通过有序、平稳的体制改革，建立英国式君主立宪的现代国家。但是皇族内阁的出笼，标志着清末新政进入了立宪的死胡同，击碎了他们多年的幻想。留学生们的初衷已被扭曲，感情受到了愚弄，对清王朝失去了信心和耐心；而体制外的留学生们更被激怒，进一步加快了武装革命的步伐。最终，踟蹰不前的清王朝终于在清末宪政运动和革命的浪潮中，被以留学生为主体的革命派用暴力革命的手段推翻！"

再如，对留学生与同盟会与辛亥革命的关系，在此前论述的基础上，周棉在本书第二章的论述无疑更准确也更有高度："以留学生为主体的同盟会的成立，不仅标志着中国资产阶级民主革命进入了一个新阶段，也标志着中国一个全新的知识分子群体——留学生群体即将登上 20 世纪中国历史的大舞台。其主要标志是辛亥革命的爆发和中国民国的成立。""在清末民初的政治鼎革中，以孙中山、黄兴为首创建了以留学生为主体的同盟会，推动了辛亥革命的爆发，创建了中华民国，从而标志着留学生群体登上了民国乃至 20 世纪中国社会历史的政治大舞台。"

有的问题虽然是老生常谈，作者却能花样翻新，得出新观点。如："以往对留学生倡导白话文多从文学方面讨论，其实从传播学的角度看意义更大：第一，在中国历史上，它史无前例地实现了语言形式的伟大变革，帮助世界上最古老的文明古国中国的 4 亿多人民，运用新的思维外壳（语言形式）进入了一个全新的时代，促进了中国社会和文化的转型。第二，在中外文化交流史上，它为沟通中外文化交流，提供了一种符合时代发展潮流的全新的语言载体：不仅使许多西方文艺作品通过白话文传入中国，大量的西方近代科学知识和马克思主义等西方哲学社会科学理论，也借助这种形式在中国广泛传播。因此，它对中国走向现代化，并最终与世界接轨，其意义实在是难以估量的。"

对于五四新文化后期统一战线的分化，以往多有研究，该书的看法也能独出机杼："五四新文化运动后期队伍的分化，实际上也就是以留学生为代表的知识分子队伍的分化——在经过'五四'的洗礼之后，各自对中国的社会发展和文化发展的方向产生了歧异，也就是对中国未来的现代化道路作出了不同的选择。"

还须指出，该书引证史料比较丰富，其中有的还是首次发现、首次引用，例如，对张伯苓推荐曹禺留学而被陈立夫婉言拒绝的档案，就是第一次发现，也是第一次引用。这不仅对于留学研究，对于研究陈、张的为官为人乃至抗战期间国民政府的官场作风都有意义。等等。

　　总的看来，作者倾心研究留学生与近代中国这个课题，颇富心得。《留学生群体与民国的社会发展》既是作者多年来研究这个课题的重要著作，也是学术界留学生研究的重要成果。本人也曾稍稍涉猎近代中国的留学生运动，了解《留学生群体与民国的社会发展》的学术价值，谨在作者索序之际，写出如上的话，敬请读者批评。

张海鹏

2017 年 1 月 27 日

导　论

在中国历史的漫漫长河中，中华民国（1912—1949）相当短暂，但是，在中国历史的进程中却有其特殊的重要地位和不可替代性：作为一个政权，它的诞生不同于此前历代封建王朝中任何一个政权的出现；它的败走大陆，也不同于中国历史上任何一个封建王朝的覆灭。作为亚洲第一个民主共和制的政权，它通过暴力革命与议和相结合的方式，取代了统治中国200多年的封建专制的大清王朝，试图以三民主义为指导，发展资本主义，推进中国的现代化；而它在1949年的惨败，则又为中国现代化道路的探索留下了很多问号。

以往学术界对这段历史的研究，取得了丰富的成果。或者从民国史的角度，或者从国民党党史的角度，或者从中共党史的角度，或者从"现代史"的角度，对这一历史时期的社会发展进行了多种探讨，其观点可谓见仁见智，丰富多彩，有的甚至天壤之别，相互对立。造成这种结果的原因不仅源于民国历史的丰富性、复杂性，也与论者的政治立场、学术观点以及对史料的把握有关。

实际上，从现代化的视角看，中华民国历史的丰富性、复杂性，不仅在于其与鸦片战争以来中国社会发展的主线——现代化紧密相连，还在于这个时期所诞生的多个党派为了中国的现代化所导致的多种、复杂和激烈的路线和方向之争。而留学生不仅最早诞生于中国现代化的起步阶段，是中国最早接受西方现代民主科学和马克思主义的知识分子群体，也是自晚清以来中国各党派社团的主要奠基人和领导者。作为一个学贯中西、兼容东西方文明的新型知识分子群体，留学生群体不仅具有传统的文化根基，还接受了西方现代的科学文化、民主主义思想和马克思主义，且广泛地分布于社会的各个领域，在民国社会的各个层面承担领军的角色，其思想和实践不仅对知识分子阶层，而且对民国时期的建国方略、政策导向、外交路线、文化方针、党派之争和思想论争等都具有重要的影响，从不同方面、不同领域推动了民国的社会发展和现代化进程。可以说，正是他们的广泛参与和强力影响，演绎了民国波澜壮阔、曲折跌宕的历史。

为此，本书试图从留学生的视角楔入民国的历史，从这个新的视角对民国的社会发展进行探讨。在此，有必要先对中国留学运动和留学生群体的相关情况作如下概述。

一　近代中国的留学运动与留学生群体的主流和本质

"现代意义上的中国留学运动、留学生和留学生群体，直接导源于鸦片战争以后中国那种屈辱、苦难和严峻的社会现实。由于文明、古老而大一统的中国沦为半殖民地半封建社会，中国人民理所当然地开始了反帝反封建的斗争。在此意义上讲，鸦片战争以后的中国历史确实是反帝反封建的历史。换言之，如果从历史进步和社会发展的角度来看，鸦片战争以后的中国历史，又是以优秀的知识分子为代表的先进的中国人，为救亡图存，振兴中华，适应世界独立、自由、民主、科学和法治的时代潮流而不断地把中国推向现代化的上下求索的历史。在这一空前而艰难的变革时期，在中国大地上出现的持续不断的留学运动，实际上是中国人走向世界整体运动的一部分，也是中国走向现代化的一种特殊运动。在此过程中出现的留学生及其群体，就是中国最早、最直接地走向世界的先行者和推动中国走向现代化的特殊群体。"①

（一）近代中国的留学运动

"以鸦片战争为重要标志，曾经雄踞世界东方近 200 年的大清帝国开始急速地、无可奈何地走向衰落，绵延几千年之久的中国传统文化也遭到了西方文化空前猛烈的冲击。面对灾难深重的民族危机和文化危机，庙堂之高，江湖之远，人声鼎沸，议论纷纷。素以'天朝上国''礼仪之邦'自诩的国人，不得不正视一向被视为'蛮夷之邦'的西方世界，其中一批有识之士

① 周棉：《近代中国留学生群体的形成、发展、影响之分析与今后趋势之展望》，《河北学刊》1996 年第 5 期，第 78 页。"导论"部分的相关内容，也借鉴、引用了此文，特此说明。

转而以新的思维方式探讨中国救亡图存之道和更新传统文化之途。留学生就是当时国人'开眼看世界'的产物。"①

　　首开中国近代留学运动之先河的是容闳等 3 人。② 他们是 1847 年由美国传教士布朗夫妇带到美国去的，他们的出国虽然并不是主动的自觉的行动，但是，在接受了欧风美雨的洗礼之后，他们却不忘中国传统文化中优秀的爱国主义精神，特别是容闳在留学期间，就萌生了极其可贵的报国信念：

　　　　予虽贫，自由所固有，他日竟学，无论何业，将择其最有益于中国者为之。③

　　更不同寻常的是，他最早提出了引进当时进步的西方文明使中国富强的观念：

　　　　以西方之学术，灌输于中国，使中国日趋于文明富强之境。④

---

　　① 李新：《中国留学生大辞典·序》，见周棉主编《中国留学生大辞典》，南京大学出版社 1997 年版，第 1 页。

　　② 另两人是黄胜、黄宽。抵美次年秋，黄胜（1827—1902）因病退学回国，后参与创办《华字日报》《循环日报》等。1883 年获委为香港高等法院通事及太平绅士。1884 年又被委为香港立法局非官守议员。黄宽（1829—1878），在孟松学校学习两年后毕业，1850 年留学英国爱丁堡大学，1857 年获医学博士学位，成为中国最早毕业于英国大学的留学生。归国后从事临床与教学，医术精湛，尤擅外科，曾成功进行中国首例胚胎截开术，也是中国最早担任西医教学的教师之一。

　　③ 容闳：《西学东渐记》，恽铁樵、徐凤石译，珠海出版社 2006 年版，第 24 页。其原文为英文：*My life in China and America*，是中国现代留学运动的奠基人容闳的自传性回忆录，是研究中国最早官派留美运动的第一手史料。目前国内共有 6 个版本：1. 1915 年，由徐凤石、恽铁樵合译（节译）的《西学东渐记——容纯甫先生自叙》，并参以英文原著，即 1909 年 11 月由纽约亨利·霍尔特出版社出版的 *My life in China and America*，重新作了编订，由商务印书馆出版发行。此版本最早，传播也最广。2. 1981 年，由钟叔河等人根据 1915 年版和英文原本修订重版，并补上自序及附录，由湖南人民出版社出版；1985 年，湖南岳麓书社根据各种已刊本加以校订，并新编人名索引和译名简释后重订再版，仍用《西学东渐记》为书名，并收入《走向世界丛书》第 1 辑。3. 1991 年，由王蓁根据英文版用白话文译成中文，由中华书局出版发行，取名《我在美国和在中国生活的追忆》。4. 1998 年，由沈潜、杨增麟根据 1915 年版，附上译注重新出版，取名《中国留学生之父的足迹与心迹——西学东渐记》，由河南中州古籍出版社出版；5. 2003 年，由石霓博士根据英文版，重新用白话文翻译此书，并取名《容闳自传——我在中国和美国的生活》，由百家出版社出版。6. 2006 年由珠海出版社版的容闳《西学东渐记》，用的仍然是恽铁樵、徐凤石所译的 1915 年版本，只是在正文前增加了容闳的一些照片。国外另有英文版和日文版。

　　④ 容闳：《西学东渐记》，恽铁樵、徐凤石译，珠海出版社 2006 年版，第 28 页。

这也应该是中国最早的现代化指针。为实现这一远大目标，容闳在回国以后艰难的岁月中，不以物喜，不以己悲，左右交通，上下奔走，终于在1872 年促成了中国近代官派留美运动的开始，中国历史上也是世界历史上空前的留学大潮从此开始渐渐涌起！此后，留学之潮虽时起时伏，但波涛汹涌，始终不息，且声势愈来愈大，潮头愈来愈猛，到清末新政时期形成了"世界历史上最大规模的学生出洋运动"① 和最大的留学生群体。进入民国后，留学运动又在曲折中发展，留学生群体也在曲折中演变壮大。

从1872 年到1949 年，中国的留学运动共经过了6 个阶段。

1. 鸦片战争至甲午战争：朦胧、拓荒阶段

鸦片战争以后，中国的国门被列强武力打开，国人在坚船利炮声中惊醒，但此时社会风气尚未开化，绝大多数国人对留学尚持异议。由容闳倡导开始，奕䜣、曾国藩、李鸿章、丁日昌、沈葆桢等洋务派官僚促成，最后经清廷批准，留学运动得以发生。此期留学生可分为两个小的群体。

（1）留美幼童学生群。始于1872 年官派留美，共4 批，每批30 人，到1875 年结束，共120 人。因顽固派的阻挠、反对，幼童们未能按原计划预定时间完成学业，提前回国。幼童赴美留学，开中国官派留学之先河，影响极其深远，表明中国开始正式走向世界。其中名人有唐绍仪、詹天佑、梁敦彦等。

（2）福州船政学堂留欧学生群。留美幼童撤回国后，洋务派鉴于幼童天真，出国容易"西化"，丧失"国民性"，由沈葆桢、李鸿章奏请清廷，派遣已有一定专业基础的年轻海军人员赴欧学习，以适应建设海军和巩固国防的需要，于1877 年3 月、1882 年1 月、1886 年3 月、1897 年6 月，分四批，以福州船政学堂学生为主，派出80 余人到英、法两国学习海军业务和枪炮机械制造等。其中名人有严复、刘步蟾、林泰曾、刘冠雄、萨镇冰等。

2. 甲午战争至民国初年：觉醒、救亡、革命阶段

甲午战争后，朝野震惊，国人渐醒，莫不感到有亡国灭种之虞，留学成

---

① ［美］费正清、刘广京编：《剑桥中国晚清史》下卷，中国社会科学出版社1985 年版，第342页。

了救亡——革命的途径。清廷亦较前主动、开放，提倡、鼓励留学，拟定了一些留学方针、政策。于是大批志士仁人纷至海外，特别是到日本"寻药求医"，形成了人类历史上第一个规模空前的留学运动。

（1）涌向日本的留学生群。自1896年官派留日开始，此后几年内，中国留日学生剧增。其间虽因国内外政局的影响，起落较大，但到辛亥革命时，较普遍的说法是总数在万人以上。据笔者推算，当在25000人①左右。名人有黄兴、宋教仁、于右任、汪精卫、陈其美、蒋介石、何应钦、章宗祥、陆宗舆、曹汝霖、蔡锷、鲁迅、陈独秀、周作人、王国维、孙传芳、杨度、李四光、李烈钧、吴稚晖、范源濂、范旭东、林长民、秋瑾、胡汉民、阎锡山等。

（2）清末留学欧美学生群。自从留美幼童撤回后，清政府官派留美运动停止，民间亦只有少量的沿海华侨子弟如孙中山、颜惠庆等赴美学习。直到1901年，北洋大臣袁世凯从天津北洋大学堂选派8人赴美后，中国官派留美运动才重新开始。1902年，清廷正式下令各省选派学生赴欧美学习。此后，留学欧美之风始兴，到辛亥革命前已形成了留学欧美学生群。名人有孙中山、颜惠庆、孔祥熙、李石曾、宋庆龄、王宠惠、顾维钧、蔡元培、马君武、赵元任、胡刚复、钱崇澍、竺可桢、宋美龄、施肇基、翁文灏、任鸿隽、马寅初、伍廷芳、梅贻琦、胡适、伍连德、蒋梦麟等。

3. 民国初年至20世纪20年代末：自由发展阶段

辛亥革命后，封建的教育宗旨被否定，留学政策有较多改进；民主自由的观念深入人心，包括马克思主义在内的西方多种学说通过不同途径传入中国。为建设不同模式的中华，不同派别、不同集团的人士继续到海外学习。但由于国内政权更迭频繁，留学生在域外困难重重；也因同样的原因，国内政治控制空隙较多，派系杂乱，留学的自由度较大，百家竞派，形成了五个留学生群。

（1）人才济济的留美学生群。其时，留美人数激增，一是早期留美人员的影响，二是庚子赔款的作用。庚款留美始于1909年，主要由清华学校选派。其中名人有杨杏佛、茅以升、侯德榜、姜立夫、陈鹤琴、闻一多、徐

---

①　详见本书第二章。

志摩、梁思成、林徽因、蒋廷黻、陶行知、罗隆基、陈岱孙、曾昭抡、周培源、倪征燠、叶公超、冯友兰、孙科、孙越崎、杨廷宝、吴国桢、吴贻芳、宋子文、陈立夫、孙立人等。

（2）赴法勤工俭学学生群。勤工俭学是一场由社会名流倡导，以受过初等教育为主的中下层家庭出身，多种职业、不同年龄层的人参加的特殊的留学运动。其酝酿于民初，结束于1925年，正好以五四运动时期为中心。它的兴起还导源于法国的基本情况及发起人对法兰西文明的崇拜，其宗旨为通过"勤工"与"俭学"达到留学目的，前后共计有1700名以上的人赴法，但最终造就的是一大批共产党名人：周恩来、李维汉、李富春、聂荣臻、邓小平、李立三、王若飞、陈毅等。此外，还有刘清扬、盛成、程茂兰、任光、朱冼等各界名流。

（3）20年代留苏政治家群。20世纪20年代留苏学生主要是由共产党和国共合作时期的国民党所派出，这是一次完全以夺取中国最高政权，在中国开展全面革命为目的的政治性留学运动。1920年，共产国际开始为东方被压迫民族设立培养干部的专门学校。1921年，在陈独秀的组织下，刘少奇、任弼时、萧劲光等一批社会主义青年团员20余人首次赴苏联留学。此后，又有一些共产党人由法国勤工俭学转道来苏。1924年国共合作后，国共两党共同或分别派出一些人赴苏。1927年国民党反共清党后，完全由共产党派出并达到高潮，总计约在1600人。其中相当一部分成了国共两党特别是共产党的政治家，有的还成了军事家，如刘少奇、任弼时、董必武、邓小平、左权、王明、叶挺、陈伯达、王若飞、叶剑英、刘伯承、李维汉、李立三、秦邦宪、聂荣臻、李富春、朱德、杨尚昆；蒋经国、谷正纲、谷正鼎、屈武、王叔铭、王懋功等。

（4）愤激的留日学生群。辛亥革命以后，留日之潮依然汹涌。不过，因中日关系的复杂化，留日人数时增时减。为日本帝国主义对华的侵略行径所激怒，留日学生常常表现出愤激的归国罢学行为。但总的说来，人数依然众多，据陈启天统计，1913—1917年派往日本的公费生人数共计为6465人。[①]其中名人有周恩来、郭沫若、郁达夫、王亚南、方振武、邓初民、艾

---

① 　陈启天：《近代中国教育史》，（台北）中华书局1979年版，第323页。

思奇、汤恩伯、苏步青、宋希濂、李大钊、李达、陈建功、陈望道等。

（5）留欧学生群。辛亥革命后的 20 年，国内政局动荡，欧洲爆发第一次世界大战，这对到万里之外的中国赴欧留学生带来了许多不利。到国外后，学子们为生计又常随物价的起落游学于英、法、德等国之间，因此，这时期留欧生较留日、留美生困难大得多，虽无确切数字证实这 20 年中留欧的人数，但实际上这个学生群在规模、数量上都较同时期留学日、美的留学生群要小。有关较为可靠的零星数字是：①1913—1917 年到欧洲各国留学的公费生是 999 人。[①] ②1924 年留英学生有 200 多人；[②] 1927 年留英人数约300 人。[③] ③《中国留学生的历史轨迹》认为，1924 年柏林一地有留学生近千名。④1925—1929 年 5 年中历年留德人数依次为 232、214、193、174、153。[④] 虽然如此，在这 20 年间留欧的人数也当在 5000 人以上，名流亦不乏其人，如朱家骅、朱德、刘半农、王力、贝时璋、徐志摩、王世杰、傅斯年、曾琦、徐悲鸿、熊庆来、李四光、何思源、张君劢、张道藩、陈寅恪、严济慈、王炳南、巴金、左舜生等。

4. 1927—1937 年：抗战前全面规划阶段

1927 年 4 月，国民党在南京建立了国民政府，为当时的军事、政治形势所制约，一时尚无暇顾及留学教育。越二年，实行所谓“训政”以后，提出“教育为立国之大本”[⑤]，留学教育也渐被重视。而且因为有以往长期留学教育之经验教训作为借鉴，还因为回国的留学生的参与，南京政府制定了一系列较完善、正规的措施，准备长期实施，并开始了对留学生的“党化”教育，以培养其需要的“建国”“建党”人才。这时期，形成了东西三个留学生群。

（1）战前留美学生群。目前有案可稽的数字是：据梅贻琦等的调查，在 1930—1937 年 8 年中，历年进入美国高校的人数之和是 1638 人，而据

---

① 陈启天：《近代中国教育史》，（台北）中华书局 1979 年版，第 323 页。

② 周恩来致表兄陈式周的信（1921 年 2 月 25 日），见张允侯等编《留法勤工俭学运动》（二），上海出版社 1986 年版，第 245 页。

③ 此数字见《留英学报·发刊词》，1927 年第 1 期。

④ 周一良主编：《中外文化交流史》，河南人民出版社 1987 年版，第 134 页。

⑤《中国国民党第四次全国代表大会重要决议案》，见中国第二历史档案馆编《中华民国史档案资料汇编》第 5 辑第 1 编《政治》（二），江苏古籍出版社 1994 年版，第 329 页。

《中国留美留加学生概况》，1935 年在美国大专院校注册的中国留学生共
1443 人。若再加上 1936 年、1937 年新入学的 499 人，[①] 当为 1892 人。梅贻
琦为严肃的科学家和教育家，其调查可以说是宁缺毋滥。也就是说，他的调
查是可靠的，又是最低限度的，实际人数应超过他的调查。若再加上技校
生、预备生和实习生等未被收录者，当不会少于 2000 人。其中名人有林巧
稚、金善宝、孟昭英、赵九章、施汝为、钱伟长、钱思亮、唐明照、谈家
桢、喻宜萱、褚圣麟、钱学森、马星野、吴大猷、殷宏章等。

（2）战前留欧学生群。因当时中德关系较好等原因，此阶段的留欧学
生以留德为热点。但据冯至回忆，在 1930 年他到德国时，大学城海德贝格
的中国人寥寥无几，[②] 其他城市的中国留学生也不会太多，以后才逐渐增
加。到 1934 年蔡廷锴旅欧时，"留德学生约四百余名"[③]，到 1937 年已增至
700 余人。[④] 留英人数与留德人数相仿，1934—1936 年为最多，达到 500 余
人。[⑤] 留法及欧洲其他国家者亦当不下于百人。名人有蒋纬国、卢嘉锡、邱
清泉、钱钟书、冯至、季羡林、艾青、贺麟、熊伟、乔冠华、杨宪益、何泽
慧、张文裕、费孝通、桂永清、钱三强、黄维、廖耀湘、王淦昌、朱自清、
储安平、陈省身等。

（3）战前留日学生群。进入 20 世纪 30 年代，日本侵华行为日益公开化，
给留日学生以极大刺激，引起他们的极大愤怒，留日人数较之以往有更大的
起落。但由于中日两国一衣带水，对日留学管理较松、经济和"师夷制夷"
的心理等原因，留日人数仍较留学其他国家为多。"九一八事变"和"一·
二八事变"后，1933 年留日人数降至 1417 人，[⑥] 而到 1935 年 11 月又增到
8000 人。[⑦] 到 1936 年又降到 5909 人。[⑧] "卢沟桥事变"前，留日学生绝大部

---

① 《中国留美留加学生概况》，见《全国学术工作咨询处月刊》1935 年第 1 卷第 8 期，第 43—44
页。
② 冯至：《海德贝格纪事》，见冯至《立斜阳集》，工人出版社 1989 年版，第 203 页。
③ 蔡廷锴：《蔡廷锴自传》，黑龙江人民出版社 1982 年版，第 334 页。
④ 《我国留德学生之状况》，《兴介日报》1937 年 3 月 5 日。
⑤ 此数字见《教育杂志》1935 年 10 月第 25 卷 10 期。
⑥ ［日］高桥君平编：《留日学生名簿》第七版，太平印刷所昭和八年八月印刷发行，第 1 页。
⑦ ［日］高桥君平编：《留日学生名簿·例言》第十版，太平印刷所昭和十一年十二月印刷发行，
第 1 页。
⑧ 同上。

分回国，参加了全民族的抗日战争。其中名人有范寿康、周扬、张友渔、林默涵、王铁崖、叶君健、朱维之、杜宣、张香山、贾植芳、傅抱石等。

5. 1937—1945 年：战时收缩阶段

"卢沟桥事变"以后，大量国土先后沦陷，全国转入战时阶段，留学教育受到严重挫折，转为收缩阶段。1942 年后，抗战形势好转，留学政策开始调整，有少数人公派出国。在日伪统治地区，亦有不少学生被诱至日本留学。由此形成了两个留学生群。

（1）战时留美学生群。因为欧洲发生战争，此期出国者主要是到美国。据 1948 年《中华年鉴》，1938—1945 年赴美人数共 872 人。[①] 而据梅贻琦等《百年来中国留美学生调查录》（1854—1953），在此期间历年进入美国大专院校的人数之和为 2000 人。此期的留美名人有马纪壮、叶霞翟、朱学范、吴仲华、张香桐、郭永怀、黄家驷、陈新民、周一良、葛庭燧、任新民、屠守锷等。

（2）奴化教育下的留日学生群。"七・七事变"以后，中日成为敌国，留日学生几乎全部回国并不再复返。但日本政府在伪满洲国及此后相继扶持的伪政权统治地区推行奴化教育，居心险恶地诱使中国青年赴日学习。"倘若将伪满洲国和汪伪政权下的其他省市一并计入，抗战期间的留日学生总数当在三四千之间。"[②] 而这并不包括抗战胜利时回国的 1400 名台湾留学生。如果把这二者加起来，奴化教育下的留日人数将在 5000 人之上。这批人是在畸形心理下接受非正常教育的，有作为者很少，还有一部分沦为汉奸。较著名的有李德纯、林丽韫、娄康后、辜振甫、陈启清等。

6. 1945—1949 年：战后留美热阶段

抗战胜利后，留学潮流涌向美国，这是因为日、德、意等法西斯国家战败，而英、法又深受战争创伤，能够接受中国留学生的能力有限。自 1927 年以后，国民党政府已不派人员留苏。20 世纪 30 年代以后，仅有少量的共产党人赴苏。战后内战激烈，共产党人赴苏也很少。而美国此时因战争的胜利，影响达到高峰。加上当时中美两国政府亲善，为战后建设的需要，中国

---

① 中华年鉴编委会：《中华年鉴》下册，中华年鉴社 1948 年版，第 1747 页。
② 黄新宪：《中国留学教育的历史反思》，四川教育出版社 1991 年版，第 228 页。

派出多种人员赴美国学习、进修、实习，而民间亦崇美。因此，留美自然地形成一股大潮，形成了蔚为壮观的战后留美学生群。据 1956 年美国政府报告，"仅 1948 至 49 学年度，就有近 4000 名中国学生赴美国大学学习，成为仅次于加拿大留学生的第二大海外留学生群体"[1]。因此，战后四年留美的实际人数当超过 4000 人。其中名人有杨振宁、李政道、谢希德、王世真、邓稼先、业治铮、朱光亚、庄逢甘、关肇直、姜泗长、李赋宁、唐敖庆、吴阶平、张芝联、张存浩、查良铮、侯学煜、程民德、魏荣爵、叶笃正、郑哲敏等。

如果将上述不同历史时期留学生群按其大致的留学地域和所接受的文化背景进一步"合并同类项"，可以分为三大群体：①"留学日本群体"。最初大多为同盟会会员及立宪倾向者，对中国最大的影响是直接导致了辛亥革命，对中国共产党的成立亦有重要影响。随着历史的演变，这一群体对中国的影响到 20 世纪 40 年代末基本结束，余波延续到 20 世纪 70 年代中期的台湾。②"留学苏俄群体"。其成员大多为不同时期中国共产党的中坚，从 20 世纪 20 年代开始特别是以 1949 年新中国的成立为标志，一直影响到 20 世纪末，其标志是邓小平的去世。③"留学欧美群体"。这一集团对中国的影响最早也最广泛。但是，在 1949 年前，由于中国的封建思想、封建文化一直未能得到彻底清除，加上各种战乱等复杂的原因，欧美的政治体制和民主观念在中国的上层建筑和意识形态领域的施行和普及，受到了很多阻挠和干扰，但作为统治阶级的思想意识和众多中国知识分子信仰的政治文化学说，一直具有很大的影响力。[2]

由上不难看出，虽然晚清到民国时期中国内忧外患深重，但是留学运动仍然在曲折中发展，并从清末民初开始形成一个特殊的阶层和群体，中国现代史上一大批风云人物、文化名流、学术翘楚等，也在留学运动中脱颖而出。还应指出，上述留学生群体是就其留学时间和留学地域而言的，实际上，他们回国后因为职业、任职等原因，又分散于民国的各个党派、领域、

---

[1]　*Chinese Students in the United States*, 1948 – 55—*A Study in Government Policy*, Committee on Educational Interchange Policy, 1956, pp. 1 – 14.

[2]　以上关于留学生群体的论述，参阅了周棉：《近代留学生群体的形成、发展、影响之分析与今后趋势之展望》，《河北学刊》1996 年第 5 期。

部门和地区；他们虽然也组织了欧美同学会等留学生社团，但并不是严格的政治团体。即便如此，相对于国内一般的知识分子而言，他们却是毛泽东所说的"一班新人物"①，其文化视野、知识构成、政治理念、科学精神等，在总体上有不同程度的相似、相近之处，且与其他阶层的人士相区别，从而形成了一个无形的、特殊的知识分子阶层和特殊的知识分子群体，并在民国时期各个党派、各个领域发挥了特殊的作用，产生了广泛而深远的影响。

（二）近代中国留学生群体的主流和本质

近代以来，中国人民和中华民族所受内忧外患之伤害凌辱，为人类历史上所罕见。但是，中华民族并没有在强权下屈服匍匐，相反，"中国人民在'沉沦'屈辱中不断反省和觉悟"②，中国的留学运动也在中华民族悲情激越的呼号和呐喊声中发展。一百多年来浪浪相推的留学运动说明，中华民族一部分勇敢、优秀的儿女，一直在奋力挣脱闭关锁国、妄自尊大的束缚，艰难而又坚决地走向世界！在此意义上，中国留学运动的发生和留学生群体的崛起，就不仅仅是救亡所能包括的。它实际上是中国社会从传统向现代转型过程中迈出的最初一步，而留学生则是一支新兴的、特殊的先导力量。这不仅表明了中华民族虚怀若谷、见贤思齐的文化心理，更证明中华民族摆脱传统文化中保守、消极、专制的落后因素，力图超越自己，更新民族文化的精神、活力和生机，充分地反映了中国人民走向世界的愿望、毅力、魄力和能力。其目的是重振中华，实现中国的现代化。

简言之，近代中国的留学生在清末民初开始形成一个特殊的阶层和群体，从辛亥革命开始登陆20世纪中国社会政治历史的大舞台。在近百年来中国争取民族独立，艰难地走向世界、走向现代化的历史进程中，留学生群体是披荆斩棘的"先行者"，是推动民国时期社会发展乃至鸦片战争以来中国社会发展的特殊的知识分子群体。

事实上，这也是近代以来中国留学运动与留学生群体的主流和本质。作为个人，人数众多的留学生当然形态各异，但作为群体，他们却有其共同特点。

① 毛泽东：《反对党八股》，《毛泽东选集》第3卷，人民出版社1991年版，第831页。
② 张海鹏主编：《中国近代通史》第一卷，江苏人民出版社2009年版，第75页。

其一，始终与中国近代以来的历史发展进程相关联，通过不同途径和方式，推动中国的现代化进程。即使在民国时期最困难的抗日战争年代，他们仍然试图透过可能出现的缝隙，审视、学习和借鉴世界上新的知识、经验和理论，以推动中华民族前进的步伐。他们学贯中西，不同于中国传统的士大夫阶层，是兼容东西方文明的一代新型的知识分子群体，不仅接受了西方现代的科学文化知识和民主思想，有的还接受了马克思主义。他们思想活跃，知识丰富，对近代以来中国的社会发展，无论是晚清还是民国，还是以后的新中国，都产生了特殊的影响。

其二，义无反顾的爱国精神。他们虽然政治倾向不一，学术观点不同，有的人后来甚至沦为民族败类，但绝大多数人都有一腔热血，希图学成后能回国效力，或在域外为国增光。想当初容闳欲考耶鲁大学，经济上陷入绝境之时，为将来择业"最有益于中国"，他毅然决然地拒绝了在回国后必须以当传教士作为条件的资助；第一批留美幼童出身的詹天佑，则创造了中国人自己设计、修建铁路的奇迹；第三批留美幼童唐绍仪，在出任中华民国第一任内阁总理时，坚持《临时约法》，抵制袁世凯专权，后来并投入南方革命阵营。更有一些留学生为中华民族的独立而献出了宝贵的生命，如甲午海战中牺牲的一些海军军官，还有以后在民族战争和革命战争中牺牲的无数烈士。其中，最有名的当推资产阶级民主革命家秋瑾、黄花岗七十二烈士的林觉民和八路军副参谋长左权将军等，他们都在不同阶段为中国革命作出了牺牲。因此，留学生们的爱国精神，不仅成为近代留学运动的动力和留学生群体的主流倾向，也是中华民族近百年来不畏强暴、力图振兴的民族精神之一部分。

当然，作为一个庞大的知识分子群体，留学生群体也极其复杂。他们不仅在留学国接受的文化不同，而且分布于民国时期的各个党派和领域，政见不同，思想各异，其中最明显的是国共两党中的留学生，由于信仰不同，对当时中国面临问题的看法常常相左，特别是对国家未来现代化走向的理解，大相径庭，需要站在国家利益、民族发展和现代化的高度，放眼全球，放眼世界，通过严肃、认真的分析，尽可能给以客观、科学的论证，以再现留学生群体的历史贡献及其局限。

需要指出的是，肯定留学生群体对民国社会发展的贡献，并无意于冷落其他群体推动民国社会发展的功绩。因为，社会的发展本来就是合力作用的结果，而且在实际上，民国时期的现代化进程也是留学生群体与其他群体共同作用的结果。

还要指出的是，肯定留学生推动民国社会发展的积极作用，主要是就这个群体的主流而言，"并不是说所有留学生的个体都承担了这一社会责任，只有那些具有宏大社会抱负，又能熟悉中国国情，与中国社会结合紧密并作出贡献的那部分人，才是推动中国社会进步的先行者"①。至于民国时期留学生中劣迹昭彰、出卖国家和民族利益的罪人，如抗战时期附逆卖国的汪精卫、陈公博等汉奸，则是民国现代化进程中的逆流，是中华民族的败类，应该彻底否定。

一百多年来中国留学运动的历史，波澜壮阔，汹涌澎湃。习近平总书记在纪念欧美同学会成立100周年大会上曾用四个"不会忘记"，高度评价中国留学生推动中国现代化的丰功伟绩，并强调："近代以来，我国大批留学人员负笈求学的足迹，记录着中华儿女追寻民族复兴的梦想，伴随着我国从封闭到开放、从落后到富强的伟大历史性跨越。百余年的留学史是'索我理想之中华'的奋斗史。"② 这个概括非常客观。学贯中西是留学生群体的基本特征，爱国主义是留学生群体的主流和本质；实现中国的独立、富强和现代化是他们共同的中国梦。

二　关于留学生课题研究的缘起、目的和意义

(一) 关于留学生课题研究的缘起

本书所从事的课题研究实际上始于20世纪80年代，特别是在1989年夏秋那个非常时期，本课题主持人坚信邓小平"改革开放的方针一个字都不能改"的讲话，开始思考中国知识分子与中国的前途、命运等问题，并首先在1990年发表的《留学生与近代以来的中国文学》一文的题注里，提出了"留学生与近代中国研究"的课题，其核心是"留学生与中国的现代化"，想不到产生了意外的较大反响。著名东方学家季羡林、哲学史家张岱年、经

---

① 此为张海鹏先生2015年5月提醒周棉的观点，借此机会，谨向张先生致以敬礼。
② 习近平：《在欧美同学会成立100周年庆祝大会上的讲话》，《人民日报》2013年10月22日。

济学家陈岱孙、史学家茅家琦、法学家谢邦宇；中科院院士苏步青、魏荣爵、马大猷、业治铮、陈荣悌、陈茹玉等都曾书面热情肯定。中央党史研究室副主任李新研究员认为，此课题"开辟了研究中国近代以来社会发展和各个学科发展的新角度"，"不仅是对中国近现代社会发展的一种新的总结，而且对正在深入的改革开放有一定的借鉴和启示"①。从此，在学校及多方面的支持下，笔者开始全身心地投入了研究，并影响了一些朋友和学生。

随着研究的不断深入，笔者越来越感到明显的不足：对清末—民国时期留学生群体的研究虽然取得了丰富的成果，但是，系统性不够，历史的纵深感不强，成果水平高度还有较大的空间。于是，笔者通过竞标的方式获得了2006年教育部人文社会科学研究重点基地重大项目"中国留学生与民国社会发展"，试图对以往关于民国时期留学生的研究作一次认真的清理和总结，站在现代化的高度，以历史学的文献分析与实证分析为基础，运用社会学、政治学和现代化理论，进行大型的跨学科的综合研究，多角度、多层次地探讨留学生与民国社会发展之间的互动关系，辨析和探究民国时期留学生群体演变的诸多动因，论证留学生群体在民国社会发展和现代化进程中的角色、作用、影响和局限。于是，开始了整整十年的探索。

（二）关于本书的研究目的、意义

鸦片战争以后诞生的中国留学生群体，是中国最早、最直接地走向世界的先行者和推动中国现代化的特殊群体，从辛亥革命开始登陆20世纪中国社会政治历史的大舞台，对晚清以来中国的社会发展特别是民国的社会发展起到了重要的作用，产生了深远的影响。除了一小撮臭名昭著的民族罪人和卖国贼外，留学生群体的主流都力图把中国引向现代化（方向不同）。本书的出发点就在于从留学生的视角，辨析留学群体与民国社会发展之间的关系，考证和论述留学生群体在民国社会发展中的作用，肯定留学生群体推动民国社会发展的功绩和爱国主义的主流，并指出其在民国复杂的进程中的局限。特别是国民党和南京国民政府在1949年的惨败和退踞孤岛，给人们留下了一串巨大的问号。留学生与民国社会发展的多种关系，更需要作综合的、历史的追索。而从现实而言，改革开放以来中国的留学大潮持续汹涌澎

---

① 李新：《中国留学生大辞典·序》，南京大学出版社1999年版。

拜，回首沉思一百多年来中国艰难地与世界趋于接轨的历程，更应明确留学生群体与中国现代化进程之关系，客观地评析留学生群体在民国时期国内外错综复杂的环境里，试图推进中国现代化的尝试和努力，以为现实之借鉴。因此，这不仅是历史的总结，也是现实的需要，也是本课题和本书研究之目的。

第一，研究留学生群体与民国时期的社会发展，可以从新的视角考察和诠释晚清以来中国的现代化进程。

民国时期（1912—1949）是中国社会发展和文化转型的重要阶段，不仅封建专制的上层建筑被变革中的新的政治体制所代替，而且由于近代工业特别是近代科学文化教育事业的发展，中国社会的政治、经济和文化面貌逐步摆脱了两千多年封建思想和封建文化的影响而开始艰难的社会转型和文化转型。这个过程虽然充满了曲折，但社会仍在前进，留学事业亦在曲折中发展，留学生群体也在不断壮大发展。留学生群体是不同于中国传统的士大夫阶层的新型知识分子群体，学贯中西，兼有东西方文明，既是清末民初以来社会变革的产物，又是推动民国社会发展的新兴力量。在民国时期社会变革和走向现代化的进程中，他们作出了杰出的贡献，如倡导辛亥革命和创立中华民国，发动五四新文化运动，创建中国现代人文社会科学学科和自然科学学科等，应从整体上给以历史的、科学的分析和充分的肯定。对这些重要问题以往学界虽有探讨，但缺少深入、系统、全面、综合的考辨与论述。本书从留学生的视角，考察和探讨留学生群体对民国时期社会发展的推动、引领作用和多方面影响，肯定其贡献和作用，指出其局限，从而对民国时期社会发展的原因和动力作出新的思考和揭示，并力图从新的视角诠释20世纪中国的现代化进程。

第二，考察民国时期的政治体制转型、政权更迭、社会变迁及知识分子政策变化对留学生群体的影响，有利于厘清和阐释留学生群体演变和曲折发展的原因，从而进一步认识民国时期社会对留学生群体的影响。

留学生与民国社会发展还是一种互动的关系。民国时期中国留学运动的发展并非一帆风顺，期间经历了几次大的政权更迭以及抗战和内战等重大事件，社会变迁剧烈，历届政府的知识分子政策颇多变化。这些复杂的环境、因素对留学生群体的演变和社会参与、政治参与产生了多方面的影响。如民国的建立、国民党与北洋政府的对抗、五四运动、国共两党之分合、抗日战争等重大政治、历史事件，都有力推动了留学生群体的分化和重组，进而影响他们的社会作用。本书通过对民国时期政治、社会环境的综合分析及各社会阶层、政治力量的动向考察，分析留学生群体在民国时期历次重大政治转折关头的不同选择，分析民国不同阶段的政治、社会环境对留学生社团、报刊、思潮、所在领域和代表人物的具体影响等，进而从国家、社会等多方面、多角度分析和阐释留学生群体演变的动因，加深对近现代知识分子研究的学理思考。

第三，研究留学生群体在民国时期不同阶段、不同社会环境下的价值取向和社会作用，有助于深化对近现代留学生及知识分子群体的研究，有助于拓宽民国史的研究领域。

留学生是中国知识分子阶层中的精英群体，他们的思想主张、理论学说和价值观念，并不相同，差异很大，在民国的不同阶段还有变化发展，并因此结成了不同的政治党派和学术团体，从不同方面影响和作用于民国。同时，他们的自身也在演变发展。因此，民国时期留学生群体的演变史是近代知识分子演变史的核心部分，也是民国史研究的重要领域。从留学生与民国时期社会发展的互动关系切入，分析民国时期留学生群体的演变和社会作用，不仅可以为近代知识分子研究提供新的途径，也有助于深化对近现代留学生及整个知识分子群体的研究，拓宽民国史研究的新领域。

第四，研究留学生群体与民国时期现代化的关系，可以为当代中国的现代化建设提供借鉴和启示。

近代中国的留学生，在清末民初开始形成一个特殊的阶层和群体，并登陆中国社会政治历史的大舞台。在近百年来中国争取民族独立，艰难地走向世界、走向现代化的历史进程中，留学生群体"可以比作报春鸟，可以比作普罗米修斯"。[1] 他们是披荆斩棘的"先行者"，是推动民国现代化的特殊群体。同时，留学生群体自身也在发展，也在随着民国时期国内外形势的不断变化而变化。因此，考察和研究留学生群体在民国社会发展和现代化进程中的作用和贡献，明晰其历史局限和时代局限，不但可以对民国时期中国的社

---

① 季羡林：《中国留学生大辞典·题词》，南京大学出版社 1999 年版。

会发展和现代化进程作出新的概括和总结，还可以为当代中国的现代化建设提供历史的借鉴和启示。

第五，研究民国时期留学生群体的爱国精神和报国实践，激发当代广大海归的报国热情，具有重要的现实意义。

强烈的爱国主义精神是民国时期留学生群体的主流，在民国时期复杂的历史条件下，留学生群体推动社会发展的作用、贡献和报国的视角，值得认真研究，从而为当代中国的现代化建设和留学生的派出、管理和任用，提供可资借鉴的经验。同时，揭示民国时期中国留学生及先进知识分子群体世代传承的爱国主义思想和实践，可以激发当代中国知识分子的爱国热情，发挥他们在现代化建设中的作用。

（三）关于本书课题的研究现状

总体而言，从 20 世纪 20 年代开始，关于留学生的研究基本呈上升趋势，但每个阶段的研究情况并不均衡，中国大陆、港台以及日本和美国对民国史的研究成果相当多，但从宏观上把留学生与民国时期的社会发展进行专门研究的还很鲜见。

从 20 世纪二三十年代开始，国内已有人注意留学生问题的评介和研究，如舒新城编《近代中国留学史》、梅贻琦等对中国留美学生的调查、袁同礼对中国留美生博士论文的搜集等。1949 年以后，台湾地区学者和外国学者也开始涉足这个领域，如黄福庆《清末留日学生》、林子勋《中国留学教育史》等；日本的实藤惠秀及其《中国人留学日本史》等。但总的看来，成果并不是很多。在新时期之前若干长的时间内，大陆的留学生问题研究甚至近于空白。

近 40 年来，随着改革开放的深入以及随之而来的留学大潮，海峡两岸以及国外学者对此问题的研究兴趣渐浓，研究的范围、规模也较之以往有所扩大，已有相当数量的论文和著作问世，如茅家琦《詹天佑传》，汪一驹《中国知识分子与西方》，刘真主编《留学教育：中国留学教育史料》，高宗鲁译注《中国幼童留美史》，小岛淑男《留日学生の辛亥革命》，黄新宪《中国留学教育的历史反思》，陈学恂、田正平编《中国近代教育史资料汇编·留学教育》，林清芬编《抗战时期我国留学教育史料·各省考选留学生》，王奇生《中国留学生的历史轨迹》，田正平《留学生与中国教育现代化》，李又宁主编《留美八十年》，大里浩秋、孙安石编《中国人日本留学史研究の现段階》，李喜所《留学生与中外文化》、李喜所主编、元青等著《中国留学通史》，周棉主编《中国留学生大辞典》，尚小明《留日学生与清末新政》等，标志着留学生的研究逐渐升温。

但是，相对于留学生对民国时期社会发展的巨大影响而言，其研究还缺少系统性，特别是从宏观的角度去探讨留学生与民国社会发展这样重大问题的成果还比较少见，对留学生群体与民国社会发展之间的互动关系、留学生与民国的现代化以及民国时期留学生群体演变的研究则更少关注。因此，本书研究的课题是民国史研究比较薄弱的领域，也是中国现代教育史、中国现代化史研究比较薄弱的领域，当然，难度也比较大。

（四）关于本书的研究框架

本书的总体框架由导论、上编、下编、综论和征引文献等部分构成。

导论主要概述留学运动和留学生群体的形成、主流和本质，概述本书的缘起、目的、意义与方法，介绍国内外研究现状、基本框架和基本内容。

上编以民国时期政治和社会变迁进程为主要论述线索，按照清末—民国史的阶段性进程，建构大的纵向论述框架，以体现本书历史学的学科本位；在各时段则以留学生群体的演变、角色和作用为基本考察内容，探讨本时段留学生和民国社会进程之间的关系，建构小的横向论述框架。为此，上编将清末新政—民国时期分为6个时段6章，形成6个纵向的子课题，分段分章进行考察和研究。这样，通过考察留学生群体与清末新政—民国时期国家、社会发展的关系，分析和厘清留学生群体演变和影响的历史脉络，强调留学生群体对不同时期中国社会发展的重大影响，同时揭示清末新政—民国时期中国的社会现实对留学生群体的影响。

下编以专题为线索考察留学生群体对民国社会发展的多方面作用和贡献，以突出留学生群体在民国现代化进程中的重要性和留学生研究的特色，并与上编形成结构和内容上的互补。这样，透过民国史与留学生群体演变的双向视角，不仅可以厘清二者互动的形态及基本历史脉络，而且还可以深化对留学生群体的研究，更进一步认识留学生群体对民国社会发展的引领和推动作用。但为避开以往已出版的内容，下编仅选取留学生群体对清末新政—民国时期社会发展的4个方面，旨在上编的基础上强化总体研究，突出留学生群体对民国时期社会发展的贡献。每个子课题即为一章，该章各节则为子课题的主要内容。各章各有专论，又相互承接，以构建本书的结构体系。

综论根据本书上述已展开的内容，对留学生群体介入民国社会的动机和方式、留学生群体与民国社会的互动关系、留学生群体与非留学生群体的区别及其优势，特别是对留学生与民国的现代化这个中心论题，进行强化论述，以总结全书。

（五）关于本书的研究方法

本书坚持唯物史观的基本理论导向，运用历史学、社会学、政治学和现代化理论等多学科的研究方法，指导分析和研究。具体而言，坚守历史学的学科本位，按照民国史和留学生群体演变的主要时段构建本书研究的主体论述框架，以文献分析和实证分析为基本研究方法，打造比较坚实的史实基础。之后，从客观史实出发，运用相关学科的理论、方法，对各时段留学生群体演变和国家、社会环境的互动关系展开专题性的分析和研究，体现多学科综合研究的特色。

留学生与民国社会发展、留学生与中国的现代化是一个跨学科的大课题，所涉及的问题极其广泛。作为论述留学生群体与民国社会发展关系的专著，本书没有也不可能把这个课题所涉及的全部问题囊括其中，特别是难以详述众多具体人的事功与其留学的渊源关系；况且，作为一个庞大的群体，其中也不乏碌碌无为的平庸者而可以忽略不计。还需强调的是，由于民国时期留学生的海外史料，分布于世界上许多国家，目前大多还藏于深闺人未识，故本书只能从宏观的角度把握其主流，通过留学生在某个领域、某个团体、某个时期的所占比例，说明他们的作用和影响。更多的时候，是通过对留学生典型人物或有关人物在某个领域、某个时期、某个事件中的作用，进行分析论证，借一斑以窥全豹。而且，由于学者们可以理解的非学术的原因，有的看法和观点目前还不宜张扬。因此，留学生与民国社会发展关系的研究，留学生与中国现代化的研究，作为一个容量巨大的跨学科的课题，不但研究远远没有终结，而且还可延续和深入。

（六）关于本书的形成过程

本书是教育部 2006 年人文社会科学重点研究基地重大研究项目的成果，2013 年 4 月在教育部结项，获得"优秀"等级。

　　作为项目申报人和项目主持人，周棉负责项目课题和本书大纲的设计，主持了本书的研究和撰写。在项目设计的最初阶段，南京大学的崔之清教授、南开大学的李喜所教授曾有积极的指导和建议。书稿的具体撰写情况如下：

　　导　　论：周棉教授

　　第一章：周棉教授

　　第二章：周棉教授

　　第三章：周棉教授、刘晓琴副教授

　　第四章：周棉教授、魏善玲副教授（第一、三节）；印少云教授（第二节）

　　第五章：周棉教授（第二、三节）；赵可教授（第一、四节）

　　第六章：安宇教授、王延强副教授

　　第七章：周棉教授

　　第八章：安宇教授、周棉教授（第一节）；彭小舟教授（第二节）；姜新教授（第三节）

　　第九章：姜新教授、王建明编审；赵可教授（第三节"三"）

　　第十章：印少云教授、岑红教授

　　综　　论：周棉教授

　　英文目录：周碧文教授

　　征引文献：李亚兰、李超、卓欣欣、高原、刘璐研究生

　　索　　引：张卫杰、申晚营、张银凤、徐云静、王蕊研究生

　　全书的绝大部分多次修改和全部统稿由周棉完成。在修改过程中，张海鹏学部委员、陈红民教授等提出过一些重要的建设性意见，崔之清教授、岑红教授、李玉教授、陈先松副教授、陈健博士帮助主持人审阅了部分初稿，周棉的研究生参加了本书稿的资料查核和校对工作。本书的完成不仅吸收和借鉴了学术界有关的研究成果优点，还荟萃了有关师友、专家学者和学生的智慧。倘有可取之处，那是师友们的指导、帮助之功；不足和缺失，则应该由主持人独立承担。

　　总之，留学生与中国的社会发展或者说留学生与中国的现代化，是一个富有前景、值得深入探索的跨学科的大课题。如果说，未来中国的发展和现代化，离不开日益壮大的留学生群体，那么，留学生研究也就仍然是一个与时俱进的课题，有赖于群贤新秀们的加入、推动和超越。

上 编

第一章

留学生群体的形成与大厦将倾时的清末新政

中国近代的留学运动，肇始于容闳倡导和推动的 1872 年幼童留学美国，但中国留学生群体的形成则始于"清末新政"。这是因为幼童留学美国和此后福州船政学堂学生留学欧洲，虽然都有划时代的意义，但由于人数少、时间跨度长、影响小，在当时还没有形成被社会关注的群体。到清末，留学运动则是另一种景象：清廷大张旗鼓地提倡，把留学特别是留学日本作为培养人才、实施新政的一项国策，朝野上下也因此趋之若鹜，涌向日本；而日本则出于多种意图，也欢迎和接纳中国留学生。由此不仅形成了中国历史上空前的万人出国留学运动，也成为"到此时为止的世界史上最大规模的学生出洋运动"①，中国大地上一个新的知识分子群体也从而形成。这是一方面。另一方面，这个刚刚形成却充满生机的知识分子群体，又以其特殊的知识构成、文化理念和政治远见，反过来影响了清末新政，影响了辛亥革命乃至中国以后长期的社会发展，推动了中国现代化的进程。

第一节　清末新政与留学生群体的形成

清末新政又称"庚子新政"，香港称之为"晚清改革"，日本称为"光绪新政"，美国学者有的则称之为"新政革命"。它是清末发生的一次史无前例的政治、经济、军事和教育体制等方面全方位的改革运动。在中国历史的长河中，它只不过是弹指一挥间飘飞的云彩，但却是鸦片战争后中国冲

---

① ［美］费正清、刘广京编：《剑桥中国晚清史》下册，中国社会科学出版社 1985 年版，第 404 页。

击—回应后现代化运动进程中成就卓著、影响深远的一次改革，也是迄今为止中国现代化进程中的重大运动。

1901 年 1 月（光绪二十七年十二月），因义和团运动导致八国联军攻陷北京而避难西安的慈禧太后，以光绪帝的名义颁布"预约变法"上谕：

> 法令不更，锢习不破，欲求振作，当议更张。着军机大臣、大学士、六部九卿、出使各国大臣、各省督抚，各就现在情形，参酌中西政要，举凡朝章国教、吏治民生、学校科举、军制财政，当因当革，当省当并，如何而国势始兴？如何而人才始盛？如何而度支始裕？如何而武备始精？各举所知，各抒所见，通限两个月内悉条议以闻。①

8 月，又发布第二道变法上谕，要求"中外臣工，须知国势至此，断非苟且补苴所能挽回厄运，惟有变法自强，为国家安危之命脉，亦即中国民生之转机。予与皇帝为宗庙计，为臣民计，舍此更无他策"②。在此，慈禧太后相当坦率，表明她的决心不仅是基于"宗庙"，也是"为臣民"。其实，无论是求生的本能还是所谓王朝国家意识所致，只要联系新政的具体内容就会发现，慈禧否定了自己此前至戊戌变法时期保守的政治态度和排外意识，表现出对维新变法思想的认同。美国学者卡梅伦甚至认为，慈禧在经受1900 年排外失败的打击和西行的艰辛之后，终于认识到列强远比清帝国强大，为了清王朝和她的臣民，中国必须引进一些西方的制度和观念。她"真诚地面对"这个问题，抛弃了几个月前的保守主义偏见。③ 在 1901—1905 年的 5 年中，清政府陆续颁布了 30 余项新政措施。主要有政治方面厉行机构改革，整饬吏治，修订刑律；经济方面重视工商，振兴农业；军事方面改革军制，编练新军；文教方面废除科举，兴建学堂，倡导留学；等等。其中文教方面的改革也是新政成果中最为显著的领域。

1905 年 9 月 2 日，清廷下令"立停科举以广学校"，自此废除了从隋朝

---

① 《大清德宗景皇帝实录》卷 476，中华书局影印本 1987 年版，第 274 页。

② 同上书，第 275 页。

③ 详见 Meribeth E. Cameron，*The Reform Movementin China*，1898—1912，*New York*：Octogan Books，*INC.* 1963。

开始的延续了1300多年的科举制度。12月6日，设立学部，主管全国教育，还要求各省选派优秀青年出国留学，学成归国后委以重任。由此，清末掀起了空前的以留学日本为主要方向的留学大潮，并由此形成了一个新的知识分子群体——留学生群体。

一　清末新政与留日大潮的涌起

近代中国的留日运动，始于甲午战后的1896年。[①] 这一年，清政府同意驻日公使裕庚的建议，派出13人留学日本。他们并非清政府正式派遣，但标志着中国留日的起点。而留日大潮之所以能在清末掀起，既与清末新政时期积极推行的措施和全国朝野上下在甲午战后"寻医求药"的诉求有关，也与日本政府和民间在不同心理指导和影响下的接纳有关。

（一）爱国意识、改革意识的驱动

甲午战争后，尤其是"庚子事变"之后，中国的民族危机日益深重，面临被列强瓜分的危险。当时，谭嗣同悲愤地写下了这样的诗句："世间无物抵春愁，合向苍冥一哭休。四万万人齐下泪，天涯何处是神州？"[②] 此种情况，日本人也看得清楚："甲午战争、庚子事变及日俄战争的相继爆发，极大刺激了中国人。"[③] 中华帝国败给东西方列强特别是蕞尔小国日本的惨痛事实，强烈地刺激了中国人自以为是的优越感，也唤醒了中华民族，"吾国四千余年大梦之唤醒，实自甲午战败割台湾、偿二百兆以后始也"[④]。从此，救亡图存成了每一个爱国者必须面对的问题。知耻而后勇，知不足而奋

① 日本学者实藤惠秀据此首先认为这一年为中国官派学生留日的时间，见《中国人留学日本史》，生活·读书·新知三联书店1983年版。此论并为中国台湾和大陆学者所广泛认可。但中山大学桑兵教授否认此说，认为这批学生的所谓"留学日本"，不过是在延续原来使馆东文学堂的基础上略加变通，即将以前专属于使馆的东文学堂，改为同时还由日本文部省委托的高等师范负责部分教务；所学课程则由日本文部省委托的高等师范负责，从专攻日文扩大到一些基础科目；学堂也由使馆迁到高等师范附近的一座宿舍。但是，这些并未改变东文学堂的性质。因此，"清末留日学生的正式开端定于1897年底或1898年更为恰当。尽管清廷将派遣权限下放到各省，各地首批留日学生东渡时间相去甚远，但并不影响事情的基本性质"。详见桑兵《清末新知识界的社团与活动》，生活·读书·新知三联书店1995年版。此论有据，更为准确，但1896年说也无大偏颇。

② 谭嗣同：《有感一首》，见蔡尚思、方行编《谭嗣同全集》下册，中华书局1981年版，第540页。

③ 《外国にぉける支那留学生》，大正七年四月 H.7.1.0 - 10，东京日本外务省外交史料馆藏。

④ 梁启超：《戊戌政变记》，（台北）文海出版社1964年版，第1页。

进，于是，出国留学就成为挽救民族危亡的途径之一。正如梁启超所说，《辛丑条约》签订后，"清室衰微益暴露。青年学子，相率求学海外"①。留学救国，已成为时代的呼声，"在不少以为日本成功崛起在于立宪制度的青年中，掀起了海外留学热潮，赴日留学更是"②成为首选。日本明治维新的成功，激发了国人向日本学习的热情，希望借鉴明治维新的经验而强国振兴。一批忧怀天下的知识分子自然为天下先，撰写了一些研讨日本的时论，如梁启超《日本国志后序》《读日本书目志书后》；唐才常《日本安政以来大事略述》《论中国宜与英日联盟》；陈炽《英日宜竭力保中说》；严复《日本宪法义解》等。至于那些血气方刚的青年，则急欲至日本探究其速强的真谛。因此，赴日留学，向昔日的学生求师问道，到现代化的日本寻医求药，已成为当时国人特别是知识分子挽救民族危亡的自觉选择和普遍共识。"吾国今日如垂危之病，以学为药，而子弟之出洋求学者，乃如求药之人。""惟游学外洋者，为今日救吾国惟一之方针。"③ 远在边陲的云南《滇中志愿留学者鉴》一文开篇即大声疾呼："欲不使金碧山川黔然黯然，长淹没于腥风血雨之中，欲不使千余万之文明神胄如束如缚，呻吟于条顿、拉丁民族之下，是赖夫学，是赖夫游学。"④ 最先留学日本的浙江省留学生所办的《浙江潮》也声称："今中国老旧朽腐，至于斯极，将欲新之，断非一手一足所能为力，其不能不有多数之青年子弟出洋留学，明矣。"⑤ 这表明，民间留学、留日的呼声已响彻云霄。而留学生们的使命感也极强，"冀以留学所得贡献母国，以为海外文明之渡舟焉"⑥。

与此同时，朝廷中的一些大员也开始改变以往对日本的漠视，研讨日本明治维新的经验，以推动中国变法的进行而挽救民族危机。其代表是湖广总督张之洞及其《劝学篇》。1898年4月，《劝学篇》应运而生，系统地论述了留日的益处："出洋一年，胜于读西书五年……入外国学堂一年，胜于中

① 梁启超撰、朱维铮导读：《清代学术概论》，上海古籍出版社1998年版，第97页。
② 《外国にぉける支那留学生》，大正七年四月 H.7.1.0－10，东京日本外务省外交史料馆藏。
③ 《劝同乡父老遣子弟航洋游学书》，《游学译编》1903年第6期，第80页。
④ 中国科学院历史研究所第三所编：《云南杂志选编》，科学出版社1958年版，第875页。
⑤ 《敬上乡先生请令子弟出洋游学并筹集公款派遣学生书》，《浙江潮》1903年第7期，第1—2页。
⑥ 《江苏同乡会创始记事》，《江苏》1903年第1期，第145页。

国学堂三年。""游学之国，西洋不如东洋：一、路近省费，可多遣；二、去华近，易考察；三、东文近于中文，易通晓；四、西书甚繁，凡西学不切要者，东人已删节酌改之。中东情势风俗相近，易仿行。事半功倍，无过于此。"① 这无异于在发布留学日本的宣言，故被清廷下令刊行，得以广泛传播。

（二）清政府积极、系统的留学政策的推动

为了挽救危亡，清廷对留学尤其是留日紧密关注，有关政策的制定和颁布也进入了议事日程。就清政府而言，"新政"开始以后，遇到的最突出问题是旧式教育体制无法满足"新政"对新式人才的需要。因此，清政府在新政伊始便大力倡导新式教育。一方面，废除科举制度，颁布新学制，创立新式教育体系；另一方面，大力提倡留学教育，逐步出台了一套比较完善的管理和奖励政策，促成了清末留日大潮的涌起。

在张之洞的《劝学篇》刊行两个月以后，山东道监察御史杨深秀奏请派遣学生留日："泰西各学，自政治、律例、理财、交涉、武备、农、工、商、矿及一技一艺，莫不有学。日本变新之始，皆遣贵游聪敏学生出洋学习……泰西诸学灿然美备……中华欲游学易成，必自日本始。"② 杨深秀的观点备受朝廷重视，1898 年 8 月 2 日，军机处为留学之谕传知总理各国事务衙门：

> 现在讲求新学，风气大开，惟百闻不如一见，自以派人出洋游学为要。至游学之国，西洋不如东洋，诚以路近费省，文字相近，易于通晓，且一切西书，均经日本择要翻译，刊有定本，何患不事半功倍，或由日本再赴西洋游学，以期考证精确，益臻美备。前经总理衙门奏称，拟妥定章程，将同文馆东文学生酌派数人，并咨南北洋、两广、两湖、闽浙各督抚，就现设学堂，遴选学生，咨报总理衙门陆续派往。著即拟定章程，妥速具奏，一面咨催各该省迅即选定学生，开具衔名，陆续咨

---

① 张之洞：《游学第二》，见张之洞《劝学篇》，上海书店出版社 2002 年版，第 38—39 页。

② 《山东道监察御史杨深秀请议游学日本章程片》，光绪二十四年四月十三日，见陈学恂、田正平编《中国近代教育史资料汇编·留学教育》，上海教育出版社 1991 年版，第 320—321 页。

送，并咨询各部院，如有讲求时务愿往游学人员，出具切实考语，一并
咨送毋延缓。

清帝览后朱批："钦此。相应传知贵衙门钦遵办理可也。"①

此谕虽然是在实行新政之前所颁布，但它却为不久后以留日为主流的留
学运动的兴起和发展确立了指导思想。随后，总理各国事务大臣奕劻等还就
推广自费留学等事上奏："拟请明降谕旨，凡有财力之文武大员，及各省富
商各选中学正通大义之聪颖子弟报名，由各省咨送臣衙门，一体汇送外洋各
学堂肄业。"② 不久，总理各国事务衙门根据清帝的朱批，作出了正式派遣
留日学生的决定：

> 臣等公同商酌，拟即妥定章程，将臣衙门同文馆东文学生酌派数
> 人，并咨行南北洋大臣、两江、湖广、闽浙各督抚，就现设学堂中遴选
> 年幼颖悟粗通东文诸生，开具衔名，咨报臣衙门，知照日本使臣陆续派
> 往，即由出使日本大臣就近照料，毋庸另派监督。各学应支薪水用项，
> 由臣衙门核定数目，提拨专款，汇交出使大臣随时支发。③

随着新政的实施，游学成为新政的重要内容之一。1901 年 6 月，张之
洞、刘坤一联名呈递了《筹议变通政治人才为先折》，进一步阐发了留日的
思想，特别强调留日"传习易、经费省、回华速，较之学于欧洲各国者，其
经费可省三分之二，其学成及往返日期可速一倍"④。同年 9 月 17 日，清帝
颁布《广派游学谕》：

> 造就人才，实系当今急务……务择心术端正、文理明通之士，遣往

---

① 《军机处传知总理各国事务衙门面奉游学之谕旨片》，光绪二十四年六月十五日，见陈学恂、田
正平编《中国近代教育史资料汇编·留学教育》，上海教育出版社 1991 年版，第 3 页。

② 《总理各国事务大臣奕劻为允许自费留学等事折》，光绪二十四年八月二十五日，中国第一历史
档案馆藏。

③ 《总理各国事务衙门：遵议遴选生徒游学日本事宜片》，光绪二十五年，见陈学恂、田正平编
《中国近代教育史资料汇编·留学教育》，上海教育出版社 1991 年版，第 325 页。

④ 张之洞：《张文襄公全集》第 1 册，中国书店 1990 年版，第 917 页。

学习，将一切专门艺学，认真肄业，竭力讲求。学成领有凭照回华，即由该督抚、学政按其所学，分门考验。如果学有成效，即行出具切实考语，咨送外务部复加考验，据实奏请奖励。其游学经费，著各直省妥筹发给，准其作正开销。如有自备旅资出洋游学者，著各该省督抚咨明该出使大臣随时照料。如果学成得有优等凭照回华，准照派出学生一体考验奖励，候旨分别赏给进士、举人各项出身，以备任用，而资鼓舞。①

由此谕不仅可见清政府对新式人才的渴望，还可见具体的派出目的、考核途径、经费筹措、自费留学和奖励措施。在此政策影响下，连一些偏远的省份也开始重视游学。如1902年《前云贵总督魏奏陈资遣学生出洋游历折》称，已遴选"心术端正文理明达"②之士10人即将派出。也在这一年，直隶总督袁世凯还专门上奏派遣其属下武卫右军学堂学生赴日留学："查欧、美、东洋各国，于行军练士之法，悉心考究，日新月异，而岁不同，故能迭为长雄，潜消外侮。今中国兵制，徒守湘、淮成规，间有改习洋操，大抵袭其皮毛，未能得其奥妙。欲求因时之宜，以收折冲之效，自非派员出洋肄业不为功。顾欧、美远隔重洋，往来不易，日本同洲之国，其陆军学校，于训练之法，备极周详。臣部武卫右军学堂诸生，现已三届毕业之期，虽规模颇有可观，而谙练犹有未至，自应及时派往东洋肄习。"③ 1902年12月，清政府批准外务部议复《派遣出洋留学办法章程》，留学生的派遣办法因之具体化。

1903年，清廷在《奏定学堂章程·学务纲要》中，更把日本作为出国留学的首选国。此后，湖广总督张之洞、署理两江总督端方、直隶总督袁世凯等先后奏请用考试的办法奖励本省回国留学生。其中1903年10月张之洞所呈《筹议约束鼓励游学生章程折》，对留日归国学生的奖励更加具体，提出了5条标准，建议分别给予在日本普通学校、高等学堂、大学学堂学习并

---

① 《清帝广派游学谕》光绪二十七年八月初五日，见朱寿朋编《光绪朝东华录》第4册，中华书局1958年版，总第4720页。

② 《光绪壬寅政艺丛书》上编（1），《政书通辑》卷8，1907年。

③ 袁世凯：《选派学生往日本学军事片》，光绪二十八年二月二十八日，见骆宝善、刘路生主编《袁世凯全集》，河南大学出版社2013年版，第197页。

取得优等文凭的留学毕业生拔贡、举人和进士出身，分别录用；在日本大学堂和程度相当之官设学堂三年毕业、得有学识文凭者，"给予翰林出身"；若在日本国家大学院五年毕业，得有文凭者，"除给以翰林出身外，并予以翰林升阶"①。1904 年 1 月，张之洞又奉诏拟订了《奖励游学毕业生章程》，规定："出洋游学……得有彼国学堂毕业凭证者，回国后尤宜破格奖励，立予擢用。"清政府接受了这些建议，于 1904 年 12 月出台了《考验出洋毕业生章程》，规定通过考试形式奖励出身。据此，1905 年清政府对归国留学生进行了第一次毕业考试，金邦平、唐宝锷等 14 人经过考试，分别被授予进士、举人出身和不同官职。② 为表示鼓励，对自备旅费出洋留学的，也与公派学生同等对待。

1905 年 9 月，袁世凯、张之洞等奏请立停科举，以广学堂："科举一日不停，士人皆有侥幸得第之心，以分其砥砺实修之志……故欲补救时艰，必自推广学校始。而欲推广学校，必自先停科举始。"③ 同年 9 月 2 日，光绪帝诏准："著即自丙午科（1906 年，笔者注）为始，所有乡、会试一律停止，各省岁科考试亦即停止。"并令"学务大臣迅速须发各种教科书，以定指归而宏造就，并著责成各该督抚实力通筹，严饬府厅州县赶紧于城乡各处遍设蒙小学堂。"④

至此，在中国历史上延续了 1300 多年的科举制度最终被废除，传统知识分子的进仕之路被摧毁，新式学堂和出国留学则成为踏上仕途的新路。

1905 年 12 月，学部成立，新的教育体制建立，留学教育成为其中重要的组成部分，同时进一步系统化、制度化。此后又陆续颁布了《通行各省选送游学限制办法电》（1906 年 3 月）、《通行各省限制游学并推广各项学堂电》（1906 年 8 月）、《官绅出洋游历简章》（1906 年 8 月）、《奏变通进士馆

---

① 张之洞：《张文襄公全集》第 2 册，中国书店 1990 年版，第 19 页。

② 具体名单详见《六月予出洋学生出身》，光绪三十一年六月，见沈云龙主编《近代中国史料丛刊》第 35 辑（清）沈桐生辑《光绪政要》卷 31，（台北）文海出版社 1966 年版，第 2140—2141 页。

③ 袁世凯等奏折内容见《谕立停科举以广学校》，光绪三十一年八月，见沈云龙主编《近代中国史料丛刊》第 35 辑（清）沈桐生辑《光绪政要》卷 31，（台北）文海出版社 1966 年版，第 2153—2154 页。

④ 《谕立停科举以广学校》，光绪三十一年八月，见沈云龙主编《近代中国史料丛刊》第 35 辑（清）沈桐生辑《光绪政要》卷 31，（台北）文海出版社 1966 年版，第 2158 页。

办法遣派学员出洋游学折》（1906 年 8 月）、《奏定考验游学毕业生章程折》（1906 年 10 月）、《考验游学毕业生章程》（1906 年 10 月）、《管理游学日本学生章程》（1906 年 12 月）、《会奏请派贵胄出洋游学折》（附章程）（1907 年 12 月）、《奏请钦派大臣会考进士游学毕业各员并酌拟考试章程折》（1907 年 12 月）、《会奏游学毕业廷试录用章程折》（附章程）（1908 年 1 月）、《奏定自费游学生考入官立高等以上实业学堂补给官费办法折》（1909 年 1 月）、《奏酌拟出洋学习完全师范毕业奖励折》（1909 年 3 月），等等。其内容包括扩大派出人员的范围，对包括官绅贵胄在内人员的全面派出，同时开始对留学人员出国学历的审查、对留学学校的认定，并制定了相应的规范，采取了相应的管理措施，如出国的学历标准、留学的期限、师范毕业奖励、国外的管理、速成生的停派等。其中出洋游学毕业生的考验、录用就涉及诸多方面，堪称完善、规范，其主要原则是：对遵守规定完成学业归国的留学生，采取考验的方式，检验其才学，凡学有所成、品行端正的，根据考试成绩，分别给予不同出身，予以任用。1906 年（光绪三十二年）学部奏定颁行的《考验游学毕业生章程》，就把奖励政策进一步完善并固定下来，主要内容为：规定考验时间，每年八月考验一次；应考人员身份，必以在外国大学堂、高等专门学堂毕业者为限；规定考试内容，分两场进行，第一场就各毕业生文凭所注学科择要命题考，第二场考中文与外文，考卷分阅评比，再由学部大臣会同钦派大臣详细复核，分为最优等、优等、中等；不同等第者分别给予不同出身，最优等者进士出身，优等及中等者举人出身，并在出身前加某学科字样，如习文科者称文科进士、文科举人等。[1] 1907 年更规定，严禁速成生参加考验。[2] 据此，陈锦涛、颜惠庆、施肇基等 9 人获得最优等，施肇祥等 5 人获得优等，路孝植、陈威等 18 人获得中等。

为了确保应考人员确系留学国外，清廷还特别规定："凡在外国为中国特设班次之学堂及各国属地之学堂，与外国人在中国设立之学堂内毕业者，均不得作为游学毕业一体送考。"1908 年，学部会同宪政编查馆上奏：游学

---

① 《学部：奏定考验游学毕业生章程折》（附章程），光绪三十二八月十五日，见陈学恂、田正平编《中国近代教育史资料汇编·留学教育》，上海教育出版社 1991 年版，第 61—62 页。

② 《学部为录所奏外国速成毕业生不得参加留学生考验片奉旨事致军机处咨文》，光绪三十三年五月二十二日，中国第一历史档案馆藏。

毕业生需参加学部考验与廷试，其中学部考验授予出身，廷试授予官，给予通过学部考试而获得进士、举人出身的留学毕业生以参加廷试的机会，分别等第，授予官职。① 不难看出，清廷对留学生的考验与任用是非常严格的。

此外，清政府还对早年毕业归国的留学生予以奖励。1907 年 4 月，清政府采纳了直隶总督袁世凯的建议，对回国 10 年以上且业绩突出的詹天佑、吴仰曾等 4 人给予进士出身。后经学部奏准，这一建议被推广至全国。学部饬令各省督抚广加查访，"凡专门学成归国在十年以外，学力素优，复有经验者"，均可"胪举实际，或征其著述"，咨送学部。核定后，"其著述卓然成家，成绩斐然共见者"②，请旨赐予出身，以奖掖后进。

由上可见，新政时期清政府对留学非常重视，逐渐形成、出台了一套比较全面、系统、完整的留学教育政策。其主要内容包括：①把留学作为培养人才的重要国策，不分民族、不分官民贵胄，皆可出国；②提倡就近留学日本；③官费、自费并举，提倡自费留学，以解决经费问题；④实行留学考验、奖励制度，给以出身，以备任用；⑤重视专业实用；⑥严格在国外的管理。正是在清政府的大力提倡和引导下，20 世纪初，清末官绅朝野留学日本成为一种时代风气，这也是清末出国大潮的主要原因。

（三）不同用心指导下日本朝野对中国留学生的接纳

对于清末中国人来留学，日本虽然持欢迎、支持态度，但是，朝野上下的心理和思想异常复杂。为了在华的长期利益，日本政府诱使中国学生留日学习，但也确有少数有识之士，真诚地欢迎中国留学生。

本来，中日两国在历史上是友好的邻邦，然而，由于明治维新后日本实行对外扩张政策，把中国作为侵略和灭亡的对象，因此酿成了甲午之战而不可一世。不过，日本虽战胜了中国，但是中国并没有屈服，况且中华帝国的传统影响在心理上对日本还有很大的困扰。又由于 1896 年《中俄密约》的签订，使得日本政府不得不紧张起来。当时的日本虽有独占中国的野心，但它还仅仅是一个新兴的强国，其国力还不足以独霸中国，它既不希望中国被

---

① 《宪政编查馆、学部：会奏游学毕业生廷试录用章程折》，光绪三十三年十二月二十日，见陈学恂、田正平编《中国近代教育史资料汇编·留学教育》，上海教育出版社 1991 年版，第 66—69 页。

② 学部：《议覆北洋大臣奏请予詹天佑等四员出身折》，光绪三十三年五月，《学部官报》第 24 期。

西方瓜分，在短期内灭亡，也不希望中国强大，而是希望能有效地控制。给自己争取时间增强实力，同时防止西方列强在华攫取过多利益，维持清政府的统治，成为当时乃至辛亥革命后日本对华政策的基石和对华外交的重要导向。为此，日本政府不遗余力地笼络中国的反清势力，培植亲日势力，以牵制清政府，削弱中国。最能体现这一思想的是明治维新元老、军阀山县有朋在辛亥革命期间的观点：

> 日本不希望中国有一个强有力的皇帝，日本更不希望那里有一个成功的共和国。日本所希望的是一个软弱无能的中国，一个受日本影响的弱皇帝统治下的弱中国，才是理想的国家。①

因此，希望通过接纳中国留学生到日本学习，培养亲日势力，就成为日本官方重要的手段和方式。在此思想指导下，为与俄国、德国在中国抗衡，日本对中国实行"两面开弓"②的战略，1897 年 11 月，日本参谋本部通过驻津领事，向中国发出清政府派遣军事代表团去日本观摩日军演习的邀请。12 月，日本派出宇都宫、尾川重太郎和福岛安正等军官，游说张之洞、刘坤一、袁世凯等清廷重臣，鼓吹"联英联日，以抗俄、德而图自保"③，也建议派遣青年子弟赴日留学，表示日本愿意为中国培养人才。明白道出日本接受中国留学生"天机"的是日本代理驻华公使矢野文雄，1898 年 5 月 14日，他在致外相西德二郎的密件中说：

> 如果将在日本受感化的中国新人才散布于古老帝国，是为日后树立日本势力于东亚大陆的最佳策略；其习武备者，日后不仅将仿效日本兵制，军用器材等亦必仰赖日本，清军之军事，将成为日本化。又因培养理科学生之结果，因其职务上之关系，定将与日本发生密切关系，此系扩张日本工商业于中国的阶段。至于专攻法政等学生，定以日本为楷

---

① 转引自王晓秋《近代中日启示录》，北京出版社 1987 年版，第 151 页。

② 此为美国学者任达的观点，详见其《新政革命与日本——中国，1898—1912》，江苏人民出版社 1998 年版。

③ 张之洞：《张文襄公全集》第 2 册，中国书店 1990 年版，第 348 页。

模，为中国将来改革的准则。果真如此，不仅中国官民信赖日本之情，将较往昔增加二十倍，且无可限量地扩张势力于大陆。①

他在同一篇密件中还写道：

> 斯时清之官民对我信赖之情，亦必胜于今日十倍。由于此辈学生与日本之关系，将来清政府必陆续不断自派学生来我国，如是则我国之势将悄然骎骎于东亚大陆。故而无论从何方考虑，望我政府适应时机，接受清之留学生。

为此，在 1899 年，矢野文雄致函清政府："该国政府拟与中国倍敦友谊，藉悉中国需才孔亟。倘选派学生出洋习业，该国自应支其经费。"接着，他亲自到总理衙门许愿："中国如派肄业学生陆续前往日本学堂学习，人数约以二百人为限。"② 由此，不难想见日本政府和军方建议中国留日的真实意图。

日本政府还通过有影响的日本各界人士传播相关的观点。例如，1898 年 4 月 20 日，东京帝国大学校长外山正一在日本最大的《太阳》杂志发表《支那帝国之命与日本国民之任务》，道貌岸然地表白："我的观念是，支那的存亡对所有日本国民自家的安危有切实的关系。"但实际上此人两面三刀，是个披着哲学家和教育家外衣的军国主义分子。1890 年他参观北洋舰队的旗舰后声称："中国和我们就像长兄幼弟，我们应确认中国不会成为我们的敌人。"但在四年后甲午战争爆发时，他又得意地声称自己写了最早的第一手战歌《Battista》（《拔剑队》）。他在后来的战歌《Yuke Nihondanji》中，更竭力煽动反华情绪，称中国人是"恶魔""窃贼""狼群"，"我们母亲的敌人，我们妻子的敌人，我们姐妹和女儿的敌人"，狂妄地叫嚣"神圣土地

---

① ［日］河村一夫：《驻清时代的矢野龙溪氏》，转引自黄福庆《清末留日学生》，（台北）"中央研究院"近代史研究所专刊（34）1975 年版，第 8 页。

② 《总理各国事务衙门：遵议遴选生徒游学日本事宜片》，光绪二十五年，见陈学恂、田正平编《中国近代教育史资料汇编·留学教育》，上海教育出版社 1991 年版，第 325 页。

的纯洁血液，不能被敌国野兽玷污"①。美国学者任达指出，外山正一自相矛盾的言论是"明治中期不少日本人的表现"②。这还可以日本农商大臣大石正已的言论为证，1898 年 5 月 5 日，他在《太阳》杂志上发表的评论《东洋的形势即将来》认为："如果希望彻底地实现此方针（以保护我在华既得的权益），首先必须防止清国分割的危机而确保其平和，诱促其进步，增长其资产及实力。这样，在我帝国与列强的对立中，才能维持东洋的均势。"显而易见，日本是在把中国作为其势力范围和与西方抗衡的筹码。西方有学者据此写道："就这样，从 1898 年年初开始，为了与西方帝国主义直接相关的原因，为了民族利益，杰出的日本人大声疾呼与中国合作，突然成为政治时髦。这是意义深远的新开端，中国从新的途径进入日本的民众意识。"③ 而所谓欢迎中国人留学日本，其阴谋控制中国之目的，也散见于报端媒体。这种观点在当时日本的媒体中经常见到，如 1901 年《就于支那教育调查会》一文说："今日之支那渴望教育，机运殆将发展，我国先事而制此权，是不可失之机也。我国教育家苟趁此时容喙于支那教育问题，握其实权，则我他日之在支那，为教育上之主动者，为知识上之母国，此种子一播，确立地步，则将来万种之权，皆由是起焉。"④ 日本官方对接纳中国留学生的态度显然是有深意的，"万种之权"当然包括对中国的控制权。可见在甲午战争以后，包藏祸心又掌握日本政局的军国主义分子为了日本在华的长期利益，套上了各种面具，拉拢、诱使中国亲善日本，其对中国留学生的态度乃是其惯用的伎俩之一。

当然，日本朝野也确实有主张中日友好的明智之士，更有一些人考虑到中日友好的历史，特别是中国文化对日本的影响，希望以接受中国留学生来报答中国昔日对日本的帮助，以延续中日的传统友谊。民间的，如嘉纳治五郎作为中日教育交流的先驱，对中国早期留日学生的学习和生活就

---

① Donald Keene，"This Sino-Japanese War of 1894－95 and Its Cultural Effects in Japan"，in Donald H. Shively，ed. ，*Tradition and Modernization in Japanese Cultural*，*Princeton*，1971，pp. 121－175.

② ［美］任达：《新政革命与日本——中国，1898—1912》，李仲贤译，江苏人民出版社 1998 年版，第 43 页。

③ 同上书，第 33 页。

④ 《就于支那教育调查会》，日本《教育时论》1901 年第 599 号。

很关心。① 1896 年 3 月，清政府驻日公使裕庚将唐宝锷等 13 名留学生委托给日本外务大臣兼文部大臣西园寺公望后，时为高等师范学校校长的嘉纳治五郎就接受了教育中国首批留日学生的任务，设立了宏文学院，为中国培养了一大批师范生。此外，热心于女子留学教育，并在私立实践女学校中设立清国女子部的女教育家下田歌子；先在宏文学院任教、后创办东亚预备学校，长期致力于中国留学生教育的松本龟次郎；仙台医专的教授、鲁迅的恩师藤野严九郎等，都可视为对中国留学生给予许多关怀和照顾的日本友好人士的代表。特别是藤野严九郎的言行表现出了日本人民对中华民族的良知："支那自古有恩于日本，不管怎样，日本人在尊敬支那先贤的同时，必须尊重他们的国民。"② 藤野先生的良知，值得中国人民永远怀念。

在日本官方，也有一些友好人士真诚地关心中国的留学事业。美国学者任达认为，在 1898 年 6 月底至 11 月初任第一届大隈"短命内阁"首相的大隈重信，对中国的一些观点就含有帮助中国培养留日学生的诚意。如他认为，日本长期从中国文化中获益良多，是负债者，现在该是日本报恩，帮助中国改革与自强的时候了。③ 应该说，大隈重信的观点起码影响了其部分下属。也就在大隈重信担任首相期间，1898 年 8 月 20 日，文部省专门学务局长兼东京帝国大学教授上田万年发表了《关于中国留学生》的长文，首先论述了中国留学生来日的意义及日本人在教育上的责任：

> 吾人须视中国留学生教育问题为我国教育界之一大问题……不论是在中国独立事业上或中日提携合作上，这一群留学生都是一大力量，与我国派往欧美法为学术研究之留学生有所不同，故吾人必须予以特殊保护及奖掖。彼等留学吾国，窘乏颇多，故不论外务省或文部省，宜具列理由谋之于国会，务以我帝国全国之力，谋求协助彼等获得成功之

---

① 详见大里浩秋、孙安石编《中国人日本留学生研究の现阶段》，株式会社御茶の水书房 2002 年版，第 3—28 页。

② ［日］藤野严九郎：《怀念周树人先生》，《文学案内》昭和十二年三月。

③ 详见［美］任达《新政革命与日本——中国，1898—1912》关于"黄金十年"的论述，江苏人民出版社 1998 年版。

门径。①

　　据此，他提出了一些重要建议：第一，培养目的。提醒日本国民注意到日本人"期望殷切之重大改革"，即中国的改革，"须于此批留日学生处着手进行"，"吾国之为政者与教育工作者，亦须奖励此等留学生，以养成改革教育之精神为最大义务"。他并强调，"希望只许成功不许失败，纵使留学生与清国政府并不自知"。第二，教学方法。"用中日两国语文对照法而教之……关于文字，起初宜用罗马字母施教，渐次以平假名片假名而教之。至于日语中之汉字，须俟……学会日用会话之后，方可教以日汉音韵之比较。"第三，养成按时完成工作的习惯，利用假期与师友同学一同旅行日本各地。第四，建造中国留学生宿舍，实行寄宿制度，以避免是非。因此，"日本帝国必须不惜金钱为清国留学生建立完备设施，以完成彼国委托吾人之大事业"。为此，他还排除了日本人中认为中国人可能恩将仇报的疑虑："如此耗费国币，岂能保证他日彼等断不会恩将仇报乎？呜呼！今日不幸尚未见清国人士之中有此现象也。"② 从此，我们可以看出上田万年对中国留学生教育事业的真正关心和对中国人民的友好。

　　像上田万年这样的官员和政界人士，当时的日本还有一些，但并不是很多。有的虽包藏祸心，但还被中日有关专家谬奖，如对 1899 年日本前驻华公使大鸟圭介在东京学士院发表的题为《对华今昔感情之变迁》的演讲，就有人赞赏有加。且看在谈到中国留学生时大鸟圭介的表演：

　　　　迩来派遣文武学生，诚睦邻相亲之良策，近日之一大善举也。虽谓时运变迁使然，亦彼国有司之大度宏量，实堪赞佩。祈我有关文武官员，竭诚教导，与衣食住之便，夙夜诱掖，尽至恳之友谊；以酬彼昔师之恩义，亦盼留学诸君，朝夕黾勉修学，坚忍异邦求学之苦，以俟学成之后，衣锦荣归，将来两国相爱相敬之情，铭刻肝胆，使如左右两手，

---

① ［日］上田万年：《关于中国留学生》，《太阳》明治三十一年第 4 卷第 17 号。
② 同上。

又如辅车相依，此吾不胜日夜翘望者也……尤盼此次来学诸君，鉴其前车①，成就学业，勿忘报国。②

如实藤惠秀就把大鸟圭介的上述演讲作为日本对中国留学生关注和友好的例证之一："可见日本朝野人士，对留日学生的教育，是非常重视的，对他们的期望，也是很高的。"③

查大鸟圭介，1889 年任日本驻大清帝国特命全权公使，1893 年又兼任朝鲜公使，1894 年 6 月走马上任，7 月 23 日就亲率日军攻占了朝鲜王宫，囚禁朝鲜国王李熙，建立了由大院君李昰应为首的傀儡政府，从而挑起了中日甲午战争。这样一个地地道道的军国主义分子，怎么能对中国留学生的教育抱有诚意？他的上述演讲只不过是他一贯的口是心非、两面三刀的伪装而已。

但是，不管是出于什么目的，日本对中国留学生都表示了接纳的热情，有关专为中国留学生创立的学校也如雨后春笋般地出现，如 1898 年成立的成城学校、日华学堂，1899 年成立的亦乐书院、高等大同学校，1901 年成立的东亚商业学校，1902 年成立的东亚同文书院、弘文书院，1903 年成立的振武学校，1904 年成立的东斌学堂、日本法政大学法政速成科和普通科、经纬学堂，1905 年创立的早稻田大学清国留学生部，等等。此外，还有一些专门的教育机构，至于零星接纳中国学生的日本其他学校就更不胜枚举了，到 1909 年中国留日学生所进入的日本学校至少达到 135 所。

由上可见，清政府提倡游学政策的颁布和实施，科举制的废除，直接促进了清末留日大潮的涌现；日本出于自身多种目的之需要，也鼓励中国学生留学日本；又兼日本路近费省、同文同种等原因，日本成为清末读书人留学的首选，晚清中国留日的序幕由此开启，到 1905 年、1906 年达到高潮，每年都在 8000 人左右。当时，早稻田大学教务主任青柳笃恒这样描述中国留学生蜂拥赴日的情景：

---

① 笔者注：大鸟圭介认为是留美幼童"成绩欠佳，学业不成者甚伙，乃至中途归国"。

② ［日］大鸟圭介：《对华今昔感情之变迁》，《太阳》明治三十一年第 5 卷第 10 号。

③ ［日］实藤惠秀：《中国人留学日本史》，谭汝谦、林启彦译，生活·读书·新知三联书店 1983 年版，第 27 页。

惟舍此途而外，何能跃登龙门，一身荣誉何处而求，又如何能讲挽回国运之策？于是，学子互相约集，一声"向右转"，齐步辞别国内学堂，买舟东去，不远千里，北自天津，南自上海，如潮涌来。每遇赴日便船，必制先机抢搭，船船满座。中国留学生东渡心情既急，至于东京各校学期或学年进度实况，则不暇计也，即被拒以中途入学之理由，亦不暇顾也。总之分秒必争，务求早日抵达东京，此乃热衷留学之实情也。[①]

这种情形正如费正清在《剑桥中国晚清史》中所形容的那样，清末的留学运动最终汇成了"到此时为止的世界史上最大规模的学生出洋运动"[②]。

（四）关于清末1901—1911年留日人数的辨析

对于清末留日运动的规模，国内外学术界均无异议，但是，对1901—1911年留日学生的具体数目，在统计上历来都有分歧。下面根据三种统计予以分析（见表1—1）。

表1—1　　　　　实藤惠秀、李喜所、李华兴和陈祖林统计的数据　　　　　单位：人

年份	1901	1902	1903	1904	1905	1906	1907	1908	1909	1910	1911	总数
实藤惠秀	280	500	1000	1300	8000	8000	7000	4000	4000			34080
李喜所	274	573	1300	2406	8000	12000	10000		3000			37553
李、陈	272	727	1242	2557	8000	7283	6797	5216	5266	3979	3328	44667

资料来源：（1）实藤惠秀：《中国人留学日本史》，谭汝谦、林启彦译，生活·读书·新知三联书店1983年版；（2）李喜所：《清末留日学生人数小考》，《中国留学史稿》，中华书局2007年版；（3）李喜所：《留学生与中外文化》，南开大学出版社2005年版；（4）李华兴、陈祖林：《留学教育与近代中国》，《史林》1996年第3期。

为了便于比较，特对表1—1中没有列出的数字用这三组中同一时间的

---

①　转引自［日］实藤惠秀《中国人留学日本史》，谭汝谦、林启彦译，生活·读书·新知三联书店1983年版，第37页。

②　费正清、刘广京编：《剑桥中国晚清史》下卷，中国社会科学出版社1985年版，第404页。

折中数字补充，其中实藤惠秀和李喜所的统计缺少 1910 年、1911 年两年的数字，分别补上李华兴、陈祖林统计的两年数字之和 7307（3979＋3328）；李喜所表又缺少 1908 年数字，补上实藤惠秀和李华兴、陈祖林表同年数字的平均值 4608 ［（4000＋5216）÷2］。这样，1901—1911 年留日学生人数，实藤惠秀为 34080＋7307＝41387；李喜所为 37553＋7307＋4608＝49468，李华兴、陈祖林为 44667。其中李喜所的数字与实藤惠秀的数字差别最大，差额为 8081。原因何在呢？

应该说，李喜所先生引用的数据来源并没有错，而且他《清末留日学生人数小考》的文章也没有计算总量。笔者认为，这并非他的疏忽，而是出于一个严肃作者的谨慎。但事实上，在对数据的理解和统计方法上还可作新的解释。如 1906 年的数字 12000 余人，就可重新计算。因为其根据是 1906 年出版的《学部官报》第 8 期有一张留日学生人数统计表，该表最后汇合的总数为 5418 人，同时加了一个按语说："联队及振武学校六百余人，其有未到使署报名及不用介绍之学堂各均未列入表内学生。"照此看来，如果加上这些未列入表内的学生，总数应稍大一些。这个表只是 1906 年上半年的统计数字，同一期官报上还刊有 1906 年 6 月 19 日至 9 月 17 日的留日学生人数。表后附一按语说："此外尚有入东京及东京外各校者 253 人，共计送学 6883 人。"① 将两表人数相加，约 12000 人。

问题在于，上面引用的材料并没有说明同期官报上第二个表，即 1906 年 6 月 19 日至 9 月 17 日统计的人数没有与上半年的人数重复，而根据通常的统计学方法来看，除去毕业离校等原因外，用简单相加的方法统计的结果，同一年的大部分学生肯定是重复的。其主要佐证材料《中国第一次教育年鉴》丁编一书中记载，1906 年留日生为"一万二千余人"②，也存在类似的误区。至于吴玉章的《辛亥革命》记载："留日学生反对'取缔规则'的组织虽然活动起来了，但要领导无数学校、一万多学生的罢课，并组织他们分批回国，确是一件很不容易的事情。"从其话语来看仅仅是一种估计。对

① 《学部官报》，光绪三十二年第 8 期。
② 教育部教育年鉴编委会编纂：《第一次中国教育年鉴》，上海开明书店民国二十三（1934）年版，第 6 页。

此，我们还可从日本学者实藤惠秀的分析中得到证实：

> 有人以为 1906 年数目比 1905 年为高，我不敢苟同……以当时留学教育大本营的弘文学院而论，该校 1902 年在东京牛込西五轩町创校，1903 年在大冢设分校。1904 年增设麴町分校、真岛分校、猿乐分校及巢鸭分校。但在 1905 年末，由于所谓《清国留学生取缔规则》事件，不少留学生归国，使麴町、真岛、猿乐町三所分校关闭。到了 1906 年，归国学生大部分重返日本留学，新来的留学生人数也有增加。倘使新来的留学生较 1905 年为多，由于新来者大多不能立即进入大学，所以非入专为留学生而设的学校不可，但在这类学校中最具信誉的弘文学院却不能恢复上一年关闭的三所学校，只能在牛込区开设白银分校。纵使白银分校收容人数较多，但亦不可能超过三所分校。特别是专为留日学生而设的学校……最后的一所是 1905 年设立的早稻田大学清国留学生部，1906 年并无同类学校开设。由此观之，1906 年的留日学生人数比以前为多，是不可能的事。故此，我同意青柳笃恒在《中国留学生与列国》一文所说，"据最近确实统计，文武男女学生共约八千人。亦即 1905 年及 1906 年都约有八千人。"①

至于 1907 年的 10000 人左右，也有理解上的歧义。其根据是光绪三十三年十一月三十日《学部奏定日本官立高等学堂收容中国学生名额折》所记载："比年以来臣等详查在日本留学人数虽已逾万，而习速成者居百分之六十，习普通者居百分之三十，中途退学辗转无成者居百分之五六，入高等专门者居百分之三四，入大学者仅百分之一而已。"②

歧义的焦点是对"比年"的理解不同。查"比年"的解释有二："近年或每年"③。根据"比年"在语句中的位置和语境，它并不是确指当年即光绪三十三年（1907），而是指"近年以来"，所谓"臣等详查在日本留学人

---

① ［日］实藤惠秀：《中国人留学日本史》，谭汝谦、林启彦译，生活·读书·新知三联书店 1983 年版，第 39 页。
② 《大清宣统新法令》第 15 册《补遗》，商务印书馆宣统元年编，第 48 页。
③ 中国社会科学院语言研究所编：《现代汉语词典》，商务印书馆 1986 年版，第 57 页。

数虽已逾万"，是指最近几年日本留学人数的总数，而不是指 1907 年当年。李喜所先生的这组数字与其他两人数字差距较大，具体表现在 1906 年和 1907 年，通过上面的分析可知，多算了 7000 多人，但是，其他两人统计的数字也并不能确认。因为，其中留学生中不乏一人兼具数校学籍的，难免重复统计。

对于这种现象，1907 年 4 月，青柳笃恒在《中国留学生与列国》一文中说："有谓中国留学生留学日本者。其数达一万三四千之巨，此乃一人同时兼具数校学籍，而以校别统计计算所致也。查最近确实统计，文武男女学生共约八千人，包括文武官费生约二千八百人。"同年 8 月，青柳笃恒在《每日电报》的《清国留学生之减少》一文中又说："据本年年初之统计，居留我邦之清国留学生竟达一万三千之多。然而，彼等中有为得多种毕业证书而一身拥有几种学籍者。实际人数应为八千左右耳……"而且当时的留日学生虽然速成的居多，有的半年就毕业，但是相当一部分又并不是当年去当年回的；有的甚至在日本学习了几年，如鲁迅、郭沫若等。也就是说，每年非正规的统计又难免重复，有的甚至重复多次。因此，较普遍的说法是从 1896 年官派留日生开始，到辛亥革命为止，留日学生总数在万人以上。按照上面所说，除去部分速成时间为半年左右、不大会重复统计外，还有至少 35% 左右应该是重复统计的。因此，根据上面三组数字，1901—1911 年留日学生的实际人数，应该是他们三人总数的平均值减去重复的 35%，即：

〔实藤惠秀 41387 + 李华兴、陈祖林 44667 +（增补后李喜所 49468 - 差额 6801）〕÷3 = 42907，42907 ×（1 - 35%）= 27889。

当然，这也不是一个十分精确的数字（实际上也无法精确，只能尽可能接近真实），1901—1911 年的留日学生是 27000 人左右。笔者曾在 1995 年推算当时的留日学生总数应在 22000 人以上[1]，现在看来，在 22000—27000 之间应该是比较接近实际的。从根本上说，这是清末新政直接推动的结果。想不到的是，笔者考论的这个数字与任达的观点不谋而合："粗略估计，从 1898 年至 1911 年间，至少有 2.5 万名学生跨越东海到日本，

---

① 周棉主编：《留学生与中国社会的发展》（一），中国矿业大学出版社 1997 年版，第 4 页。

寻求现代教育。"①

（五）留日学生的构成分析

上面我们分析了清末留日学生的人数，下面再看其构成、专业等。

应该说，当时的留日学生使命感强，绝大多数是抱着"寻医求药"、振兴中华的目的东渡日本的，"冀以留学所得贡献母国，以为海外文明之渡舟焉"②。但是，对具体人而言，又不尽相同。对数以万计的留日生，国民党元老胡汉民对他们的特征有一种概括：

> 有纯为利禄而来者，有怀抱非常之志愿者；有勤于学校功课而不愿一问外事者（此类以学自然科学者为多），有好为交游议论而不悦学者（此类以学社会科学者为多），有迷信日本一切以为中国未来之正鹄者，有不满意日本而更言欧美之政制文化者。其原来之资格年龄，亦甚参差。有年已四十、五十以上者，有才六七岁者；有为贵族富豪之子弟者，有出身贫寒来自田间者；有为秘密会党之领袖以亡命来者，有已备有官绅之资格来此为进身之捷径者。③

1. 留日学生地域与出身

留日学生数量众多，且来源于全国许多省份，改变了早期留学生限于东南沿海各省的格局。据《东方杂志》1904 年第 2 期统计，除留学人数向来较多的江苏、浙江、广东、湖南、湖北、直隶、山东、四川、福建外，还有安徽、江西、贵州、云南、广西、河南、奉天、山西、陕西等，另有旗人留学生。只有甘肃等极少数省份没有人出国留日。由于当时中日两国对留学日本都一路绿灯，加上官费、自费多渠道赴日留学，且无年龄限制，因此，在这些人中既有富家公子、王公贵族，也有贫家子弟，还有兄妹夫妻。如廖仲恺是依靠妻子何香凝变卖陪嫁的珠玉首饰得以留学日本；而自费留日的秋

---

① ［美］任达：《新政革命与日本——中国，1898—1912》，李仲贤译，江苏人民出版社 1998 年版，第 51 页。

② 《江苏同乡会创始记事》，《江苏》1903 年第 1 期，第 145 页。

③ 胡汉民：《胡汉民自传》，见《近代史资料》第 45 号，中国社会科学出版社 1981 年版，第 12—13 页。

瑾，在日本出门行路从未坐过人力车；广东顺德人李昂新已 82 岁，但向学之志至老不衰，尚欲前赴东瀛学习工业，后由学务处批准嘉奖。尤其值得注意的是，以前清朝王公贵族对留学不屑一顾，但到新政时期这种状况有所改变。宗室良弼、张之洞之孙张厚琨等都在日本留学；1900 年赴日本学习军事的贵胄铁良则成为中国首批入日本陆军士官学校学习的学生。从 1898 年至清朝灭亡，贵胄出国的人数为 100 人左右。[①] 另一个引人注目的现象是女性留学生增多。新政开始以后，留日女学生逐渐增多，很多省份开始官费派遣女留学生，如 1905 年湖南派 20 名女青年赴日攻读速成师范科；同年，奉天农工商务局总办熊希龄与日本实践女子学校校长下田歌子约定，每年派遣女生 15 名至该校学习师范；1907 年，奉天女子师范学堂一次就派了 21 名学生到该校攻读速成师范科。

2. 留日学生的主要学校

留日学生初期主要集中在宏文学院、成城学校、振武学校、经纬学堂等几所专门为中国留学生开设的学校，少量的升入专门学校或大学如东京高等师范学校、陆军士官学校、早稻田大学、日本法政大学等学校深造。从学生类别来看，留日生大体分为普通生、速成生和特约生等。所谓普通生，指在日本受中小学补习教育的学生，年龄较小，先入日本小学补习语言文字和基础知识，然后再入中学、大学。这类人数较少。所谓速成生，指赴日后入某一专门学校，学习某一专科，主要是学习师范、法政专业；学习年限可长可短，长则两年，短则几个月，但其效果不好的流弊也很明显。为此 1906 年学部通令各省，无论官费、自费；师范、政法，一律停派速成生。特约生，是指进入日本所指定的高等学校学习的留日生，人数较少。

3. 留日学生的主要专业

从专业上看，留日学生所学科目和专业非常广泛，如理科、工科、外语、师范、史地、法政、军事、制造等。其中法政、师范科最为热门，这是清政府鼓励的结果。1903 年张百熙、荣庆和张之洞主持编订的《学务纲要》要求："各省城应即按照现定初级师范学堂、优级师范学堂及简易师范科、师范传习所各章程办法，迅速举行……若无师范教员可请者，即速派人员到

---

① 李喜所编：《留学生与中外文化》，南开大学出版社 2005 年版，第 196 页。

外国学师范教授管理各法，分别学速成科师范若干人、学完全师范科若干人。"① 此后，国内开始有组织地选派学生赴日学习速成师范。当时清政府提倡新式教育，准备立宪，师资和宪政人才严重缺乏，速成教育可在短期内培养新政所急需的人才，一般青年学生也希望尽早学成归国。因此，速成教育大受欢迎，赴日习速成科者与日俱增。当时仅法政大学校长梅谦次郎博士在1904—1908年所办的5期法政速成科，中国学生就达2117名。② 至于师范生，除官方派遣外，许多自费留学生也纷纷选学师范。速成师范虽然学习效果不明显，但对当时严重的师资紧缺状况而言，还是起到了救急的作用。

另外是军事留学生，主要是陆军留学生。自1898年起清政府派陆军留日，以后随着各地武备学堂的设立，留日习陆军军事的人数增长迅速。1902年，直隶总督兼北洋大臣袁世凯上奏清廷，建议选派学生赴日学习军事："日本同洲之国，其陆军学校，于训练之法，备极周详。臣部武卫右军学堂诸生，现已三届毕业之期，虽规模颇有可观，而谙练犹有未至，自应及时派往东洋肄习，庶学成返国，堪备干城御侮之资。似变法图强，无有要于此者。"③ 1904年，出使日本大臣杨枢也表达了与袁世凯同样的观点。同年5月，练兵处奏定《选派陆军学生分班游学章程》，规定凡志愿出洋学习军事的学生，须先由各省督抚咨送练兵处，再经练兵处考选及格者，始能派遣。赴日学习军事的学生起初要进入成城学校接受预备教育，1903年振武学校成立，原在成城学校肄业的中国武备学生一律移至振武学校，毕业后入士官学校正式学习。据笔者统计，自1900年至1911年，日本陆军士官学校的中国学生共9届，总计647人。这批人后来对民国社会有很大影响，如蒋介石、何应钦、蔡锷、唐继尧、吴禄贞、汤恩伯等。陆军士官学校以培养下级军官为主要目的，而高级的军事教育在户山、炮工、陆军大学等各校讲授。但日本政府鉴于各校所讲授军事学难免涉及国家机密，故拒收外国学生。后来经过交涉，只有极少数中国学生如蒋百里、杨杰等进入高级军校学习。

---

① 舒新城编：《中国近代教育史资料》上册，人民教育出版社1981年版，第198—199页。

② 王敏：《关于日本法政大学清国留学生法政速成科与辛亥志士的考察》，《徐州师范大学学报》（哲社版）2012年第2期。作者为日籍华人，日本法政大学国际日本学研究所教授，人文科学博士。

③ 《奏遣派游学生赴日本肄业片》，陈学恂、田正平主编：《中国近代教育史资料汇编·留学教育》，上海教育出版社1991年版，第327页。

二　清末新政与留学欧美的复兴

在清末以留学日本为主的大潮中，不可忽视的还有留学欧美的活动。自19世纪70年代清政府首批公派留美幼童和随后的福州船政学堂之后，到清末新政之前，没有派遣较多的学生留学欧美，以致于一度中断。随着清末新政时期鼓励留学政策的颁布，留学欧美活动也再度兴起，成为清末留学大潮的一部分，而欧美留学生则成为晚清中国留学大潮中文化学术水平非常优秀的群体。

（一）早期留学欧美的回顾

中国近代留学从官派留学美国开始。它肇始于19世纪70年代的洋务运动时期，既是鸦片战争以后中西文化相互撞击的产物，更是先进的中国人力图走向世界，振兴中国，推进中国社会转型和文化转型的一部分。中国早期留学欧美运动始于幼童留学美国。1867年，毕业于美国耶鲁大学、深受西方现代文明影响的容闳，提出了著名的4条"条陈"：

> （1）中国宜组织一合资汽船公司；（2）政府宜选派颖秀青年，送之出洋留学；（3）政府宜设法开采矿产，以尽地利；（4）政府宜禁止教会干涉人民讼词，以防外力之侵入。①

这是一个在中国推进改革和现代化的纲领，其中第二条为重点。但是在大清王朝严密的等级制度里，容闳并无上书的权利。1870年"天津教案"发生，曾国藩、丁日昌等人奉旨前去处理，容闳为之翻译。他乘机进言丁日昌，请其向曾国藩重提三年前的留学计划。其时，鸦片战争的惨败不仅使朝野形成了自强御侮的共识，"稍变成法"的意识也已成为一种社会思潮。当时，洋务运动正蓬勃开展，人才奇缺，迫切需要一批新型的知识分子。容闳的建议与曾国藩的洋务思想十分相符，而且清政府也迫于形势，缓慢地开展对外交流，特别是《蒲安臣条约》第七条为中国人赴美留学提供了法律依据。1871年8月5日，根据容闳的倡议，洋务重臣曾国藩、李鸿章联名上奏

---

① 详见容闳《西学东渐记》，恽铁樵、徐凤石译，珠海出版社2006年版，第109—110页。

派遣幼童留学美国，得到了清政府的批准。为了不给保守派以口实，曾国藩还特别建议持重老成的四品衔刑部主事陈兰彬与容闳一同负责，并由陈任留美学生监督正职，以便获得批准，并周密详尽地制定了《挑选幼童前赴泰西肄业章程》等，主要内容如下：照会美国，说明事由；经费中国自备，教学美方负责；在上海成立幼童出洋肄业局，选拔培训出国者；在美国成立留学生事务所；选拔12—16岁身家清白、读过书的儿童参加考试；确定总人数为120人，分4年派出，每年30人，每期为15年；内容除西学外，仍需学习中国传统经典及清朝"律例"等；对学生实行年统考制度；此为官派学生，不得半途而废，不准加入外国国籍，毕业后也不准自谋职业；各种各样的经费预算。

1871年9月，慈禧太后终于下达了4个字的圣旨："依议钦此。"

容闳为此兴奋不已，于是，他开始落实第一批招生计划，并先期到美国安排。从1872年到1875年，清政府先后派出四批共120名学生赴美留学。

此后是福州船政学堂学生留欧。由于海防的需要，从1877年开始，清政府又派出福州船政学堂四批学生赴欧留学，包括后来成为著名翻译家的严复。它开了清政府向欧洲官派留学生之先河。留欧学生归国后很多成为北洋海军中的骨干力量，在反对外来侵略的战争中血洒海疆，有的在中外文化交流史上产生了深远的影响。

但是，早期留学欧美的运动却未能正常发展，原定15年的幼童留美计划中途夭折，除少数病故和不愿归国者外，其他大部分幼童在1881年被清政府提前召回；赴欧的派遣工作，也在1897年派出第四批福州船政学堂学生之后，悄无声息地停止。

（二）清政府停止官派留学欧美计划的原因

清政府停止派遣学生留学欧美，其原因相当复杂。

第一，政府官员封建保守，目光短浅，具体负责清朝留学美国事务的官员陈兰彬特别是吴子登等对留美幼童大肆苛责，造成中国官派留美运动的半途而废。①

---

① 周棉：《陈兰彬出使美国的个人功过和历史意义——兼论近代中国社会发展潮流南移广东的原因及其启示》，《江苏行政学院学报》2011年第2期，第128页。

　　陈兰彬（1816—1895），广东吴川人，清咸丰三年（1853）进士。曾参办洋务，起草了致总理衙门函《论幼童出洋肄业》，参与了留美幼童出洋条款的拟定。因此，他并非顽固的保守分子。同治十一年（1872），陈兰彬任清政府首任留美幼童监督。在如何教育、管理留美幼童的问题上，他重视中国传统的儒家经典，忠实地执行了清政府的有关规定。但是，他不明察曾国藩关于幼童抵美后学习内容以西学为主的真实意图，且与留学生出身的副监督容闳不睦。在撤回留美幼童问题上，他负有不可推卸的领导责任。①

　　吴嘉善（1818—1885），江西南丰人，咸丰二年（1852）中进士，任翰林院庶吉士，授散馆编修。光绪六年（1880），经驻美公使陈兰彬推荐，任中国留美学生监督，为清政府中途撤回留美学生决定的始作俑者。其主要理由是幼童"洋化"和"信教"。以他的身份和职责而论，注意和防止幼童丢失身份和传统文化，这本无可厚非。但是，他无限制地扩大是非，上纲上线，并以此来否认整个幼童和留美活动，这就从根本上改变了幼童留美的性质和意义。有关情况当事人容闳在《西学东渐记》中有详细的回忆，在有关的研究著作中也不鲜见。

　　在幼童撤回这件事上，以往的有关评论基本上全盘否定陈、吴，这难免绝对化。其实从根本上讲，幼童被提前撤回，是当时中国人的传统观念与西方文明的鸿沟太深太宽，以致无法调和。他们与幼童、与容闳之间的根本矛盾也就在于此。客观地讲，他们对幼童的管理也并非一无是处，问题是过分地苛责成长中的幼童，而不积极加以引导，一发现幼童出格的言行，马上告状撤回，难免小题大做，把矛盾推向极端。况且，他们与非仕途出身、不谙官场规则的容闳，不仅在文化理念上格格不入，而且在行事作风和方法上，双方也很难认同配合。因此，幼童被提前撤回似乎早就是个定数。但即使如此，幼童们回国后的表现也足以让后人赞叹不已。

　　第二，美国的"排华法"也是留美的一大障碍。1882 年 5 月 6 日，美国国会根据 1880 年对《柏林盖姆条约》（Burlingame Treaty）的修订，通过了《排华法案》。该法案是美国政府针对大量华人迁入美国西部从事铁路建

_____

① 周棉：《陈兰彬出使美国的个人功过和历史意义——兼论近代中国社会发展潮流南移广东的原因及其启示》，《江苏行政学院学报》2011 年第 2 期，第 129 页。

设而作出的过度反应，也是美国通过的第一部针对特定族群而且是华人所制定的移民法。它也常常使中国商人和留学生入境时受到刁难，即使中国公使和美国友人出面交涉，也要经过多番折腾，方能正式进入美国大学学习。直到 2012 年 6 月 18 日，美国众议院对此再度讨论，并全票表决通过，美国才正式以立法的形式，就 1882 年通过的《排华法案》表示道歉。

第三，甲午战争后，中国举国上下将日本作为主要的留学国家。甲午之战中国空前地惨败，激发了国人希望借鉴日本明治维新的经验而复兴强国的热情，故留学日本已经成为当时的热门话题，而张之洞的《劝学篇》则成为当时国人向日本学习的宣言书："游学之国，西洋不如东洋：一、路近省费，可多遣；二、去华近，易考察；三、东文近于中文，易通晓；四、西书甚繁，凡西学不切要者，东人已删节酌改之。中东情势风俗相近，易仿行。事半功倍，无过于此。"① 此种观点不仅为清廷所接受推广，也为民间所广泛认同。

第四，19 世纪 80 年代后，由于中法战争、甲午战争与义和团运动、捻军的影响，清政府内外交困，财政经济严重支绌，更无力承担大规模地派遣欧美留学生的经济费用。仅 1901 年 9 月清政府被迫签订的《解决 1900 年动乱最后议定书》（《辛丑条约》）的赔款，即"庚子赔款"一项，就达 4 亿 5000 万两白银。②

如果说前两个原因是导致清政府停止留美的直接原因，那么，后两个原因则表明，在日本挑起的甲午战争后，清政府的经济进一步恶化，内外交困，难以兼顾留学了。

因此，洋务运动时期刚刚兴起的留学欧美运动尚未正常发展，就被国内外复杂的矛盾特别是甲午战争所中断，以致在维新时期留学欧美运动不仅没有发展，反而变得沉寂停滞。

（三）清末官派留学欧美运动的兴起

1. 清末留学欧美运动兴起的原因

实际上，中国早期官派留学运动就是留学欧美，但受限于当时的经济因

---

① 张之洞：《游学第二》，见张之洞《劝学篇》，上海书店出版社 2002 年版，第 38—39 页。

② 西方人称之为"拳乱赔款"（Boxer Indemnity）。

素和朝廷、官员的认知水平，规模和影响都很小，而且被意外中断。甲午之后，朝野上下一片御侮图强之声，在张之洞等朝廷大员的大力倡导下，留学日本、寻医求药一跃成为主流。但留日学生经常受到国内国际时局的影响，真正学习业务者少，学成者更微，故饱受诟病。1902 年 10 月，清廷颁布了"皇太后懿旨"：

> 泰西各国，或以道远费多，资送甚少，亟应广开风气。着各省督抚，选择明通端正之学生，筹给经费，派往西洋各国讲求专门学业，务期成就真才，以备任使。①

在清末新政的影响下，特别是 1905 年废科举以后，出国留学被清政府提到空前的高度。1906 年第二次留学生考试最优等者全为留学欧美回国生的事实，也促使清政府开始重视留学欧美活动。

1904 年，清政府接受了出使比利时大臣杨晟关于学习该国矿业、铁路等先进技术的建议，颁布了《各省派生游学比国章程》，规定以后凡是学习路、矿、制造业的留学生，十之八九多赴比留学。同年，清政府外务部和学部还共同制定了《游学西洋简明章程》，具体规定了留欧学生的语言、品行、学业、监督及考核等方面。1905 年 9 月，光绪皇帝颁布了多派学生分赴欧美游学谕："现在留学东洋者，已不乏人，著再多派学生，分赴欧美，俾宏造就。各该学生远涉重瀛，将为国家效用，朝廷深为嘉许。"② 这表明，清政府旨在通过制定积极的留学欧美政策，鼓励推动留学欧美，实现人才培养的最大化、专门化，以为新政服务。

其时，美国也认识到中国青年留学美国的潜在意义，包括一些教育界名流，如伊利诺伊州大学校长詹姆士给美国总统的《备忘录》所言：

> 如果美国在三十年以前已经做到把中国留学生潮流引向这一国家来，并使这潮流扩大，那么，我们现在一定能够使用最圆满与最巧妙的

---

① 朱寿朋编：《光绪朝东华录》（五），中华书局 1958 年版，第 4932 页。
② 同上书，第 5390 页。

方式而控制中国的发展，使用从知识与精神上支配中国领袖的方式。①

这说明，从清政府来讲，留学欧美是推行新政、解决人才缺乏问题之所需，而对欧美国家而言，则从在华利益的角度考虑，希望利用将来可能成为中国领袖的留学生而巧妙地控制中国。这虽不能代表当时欧美官方对接纳中国留学生的出发点，但持有这种观点的也绝非詹姆士校长一人。当然，对中国真正友好的欧美人士，特别是民间热情欢迎中国留学生的友好人士也大有人在。不管怎么说，这些都为日后庚款留美运动奠定了基础。

2. 清末留学欧美运动的情况

总的来说，清末留学欧美运动规模不像留学日本那样大，时间也并不一致，但都是在清末新政之后。其留学国与人数分散，星罗棋布于比利时、英国、德国、法国、俄罗斯和美国等。

就留学欧洲而言，从 1900 年到 1910 年的 10 年间，赴欧最早的是 1901 年驻法公使孙宝琦赴任时，带李石曾、张静江等 20 多名官费生、自费生留学法国，后来李、张都成为国民党的元老。留学人数最多的国家是比利时，达 250 人②，如 1903 年湖广总督端方在湖北各学堂中选派 36 人留学欧洲，其中魏宸组等 24 人留学比利时学习实业，魏后来是 1919 年中国出席巴黎和会的 5 名代表之一。在专业上，则以学习实业为主。清政府明令："凡官费出洋学生，概学习农工格致各项专科，不得改习他科。""习法、政、文、商各科者，虽入大学，不得给官费。"③ 这一点明显区别于此前留学欧洲以学习海军业务为主的情况。

清末留学欧洲人数虽然不多，但是向无准确统计，从 1900 年到 1910 年，可以明确赴欧国家的留学人数约 865 人，其中留英 315 人，留法 107 人，留德 83 人，留比 250 人，留俄 52 人，留奥 55 人，留瑞 3 人。另有 136 人大部分为留学欧洲，小部分为留学美国。由于当时统计的不规范，实际数字可能还要多一些。相对于这个时期数以万计的留日人数而言，留学欧洲的

---

① 舒新城编：《中国近代教育史资料》下册，人民教育出版社 1981 年版，第 1105 页。

② 李喜所主编：《中国留学通史·晚清卷》，广东教育出版社 2010 年版，第 286 页。

③ 《学部奏拟管理欧洲学生监督处章程折》，《教育杂志》1910 年第 5 期，第 43 页。

人数确实很少，不过，其对中国的影响却是不可忽视的。其中出现了德国波恩大学物理学博士李赋基、柏林大学化学博士吴金科、政治学博士马德润和周泽春等中国早期留学博士。特别是李石曾、张静江、蔡元培、丁文江、马君武等回国后，产生了广泛的社会影响。

再看留学美国的情况。清末留美，一开始主要是民间活动，其后才有官派特别是庚款留美这个在中美教育史上产生巨大影响的运动。

清末，留美学生大多是自费或由教会资助出国留学，如孙中山、宋氏三姐妹赴美留学就是自费；曾任北洋政府外交总长和国务总理的颜惠庆，于1895 年在教会的帮助下留学美国；陈锦涛、王宠惠等9 人则是1901 年由在上海的英国传教士傅兰雅携带赴美留学。新政以后，随着清政府的日益重视，不仅留美人数显著增加，留学形式也增加了地方官派和学校派遣的形式。1903 年，端方在湖北各学堂中选10 人赴美；1905 年，两广学务委员陈锦涛带领学生15 名留美；同年，上海高等实业学堂派遣优等生11 人留学美国；1906 年，直隶总督袁世凯选派北洋大学堂学生22 人、教习4 人赴美留学①，等等。

自1881 年至清末新政前1900 年的20 年中，留美生的人数，目前有案可稽的资料是22 人，但从1901 年至庚款留美前的1908 年则有281 人，详见表1—2。

表1—2　　　　　　　　**1881—1908 年留学美国人数统计表**　　　　　　单位：人

入学年份	男	女	性别未详	总数
1881	4			4
1883	2			2
1885	1			1
1886			1	1
1892	2			2
1895	1			1

---

① 李喜所：《近代留学生与中外文化》，天津教育出版社2006 年版，第90 页。

续表

入学年份	男	女	性别未详	总数
1897	4			4
1898	3			3
1899	1			1
1900	3			3
1901	12			14
1902	7	1		8
1903	4	1		5
1904	18	2	1	21
1905	24		1	25
1906	55	4	1	60
1907	69	1	1	71
1908	64	6	7	77
合 计			300	

资料来源：梅贻琦、程其保：《百年来中国留美学生调查录》（1853—1953）。

　　表1—2中人数仅限于在此期间进入美国大专院校的中国留学生人数，并不包括中等学校的中国入学者。

　　值得特别提出的是清末庚款留美。

　　清末留学欧美运动的主要标志是庚款留美。它发生在清末新政时期，人数不甚多但影响深远。1900年（庚子年），义和团运动在中国北方部分地区迅猛发展，结果导致德、法、日、美、英、奥、意、俄等列强以所谓解救公使馆危机为借口组成了"八国联军"，占领了北京，进行疯狂的破坏和掠夺。第二年，八国联军逼迫清政府签订了屈辱的《辛丑条约》，规定中国要赔偿列强4.5亿两白银，并以各国货币汇率结算，按4%年息，分39年还清，本息共达9.822亿两。因为赔款是针对1900年（庚子年）义和团运动导致八国联军攻占北京所引起，故被称为"庚子赔款"。其中美国获得的庚款为3200万两白银，另外加上年息，到1940年将达5300多万美元。1909年，在美国朝野的敦促和中国驻美公使梁诚的努力下，美国率先把部分庚款退还中国（此后，英、法、比、荷等国也先后退还部分庚款），其中一部分被用作派遣中国学生出国留学的费用。

当时，对如何使用这笔巨额"赔款"，包括美国在华传教士在内的朝野人士，意见并不一致。有人认为，中国赔款数目超过了美国的应得数目，应把多余部分退还给清政府，以维护美国在华的长远利益。例如，曾任美国国务院远东问题顾问的柔克义，早在1904年底就向美国国务院建议《减免部分拳乱赔款，资助清国留学美国》，此举得到了美国部分上层人士的支持，于是才有了后来清朝驻美公使梁诚向美国提出"退还庚子赔款虚数之要求"。中美之间并就退还庚款开始正式交涉。

梁诚（1864—1917），广东广州海珠区人，1875年作为第四批幼童留学美国。1881年尚未毕业，就与其他留美幼童一起被中途撤回。起初，他任职于清廷总理衙门，不久，作为驻美公使张荫桓的随员赴美，后任中国驻美使馆参赞，从此开始了其外交生涯。1903年梁诚以三品卿衔资格任中国驻美国公使，长达5年。赴任以后，他就向美国国务卿海约翰（John Milton Hay）① 提出了退还庚款问题并与之会谈。

1906年，在河北、山东一带已传教多年的美国传教士阿瑟·史密斯②深为中国民众的"仇洋"心理而担忧，于是，他借回国募捐的机会，拜会了总统西奥多·罗斯福（Theodore Roosevelt），提出退还部分庚款，并明确指出："不是完全退还这笔钱，而是要把这笔钱用在使类似事件（按：指义和团运动）难以再生。"③ 在上面提到的詹姆士的备忘录中，还有说得更露骨的：

---

① 即1899年9—12月训令美国驻英、德、俄、法、日、意六国公使，向各驻在国政府提出"门户开放"政策的照会美国国务卿海约翰，1858年布朗大学毕业，1898年任国务卿，主张更积极地保护美国在华的工商业利益。

② 阿瑟·史密斯（Arthur Henderson Smith，1845—1932），美国康涅狄格州人，1872年由美国公理会派遣来华传教，改名明恩溥。初在天津、后到山东枣庄传教。1880年后被派往山东恩县从事布道、医药、慈善、教育等活动。在传教过程中，他接触了中国社会的各个阶层，提出了一些改革建议。著有《中国的农村生活》《中国文化》《今日的中国和美国》等。其中《文明与陋习：典型的中国人》一书，1894年由纽约弗莱明公司出版，对美国的对华政策产生了一定影响。

③ 转引自清华大学校史编写组《清华大学校史稿》，中华书局1981年版，第2页。此处原文来源于阿瑟·史密斯所著 China and America To-day By Athor H. Smith, *New York Press*，1907：220. 无中译本。

哪一个国家能够做到教育这一代中国青年，哪一个国家就能够由于这方面所付出的努力，而在精神和商业的影响上取回最大的收获。①

他们的建议和看法很具代表性，可以说反映了当时美国朝野对庚款的看法，即应该通过退还部分"庚款"等一些实事，化解、消除中国人因为八国联军和巨额赔款所导致的"仇美"心理，避免中国民众对美国的长期对抗，以符合美国在华的长远利益，扩大美国在华的长期影响。

1907年，梁诚还通过美国政府的一些阁员，如内政部长詹姆斯·加非尔德和商务、劳工部长斯特劳斯，再次向罗斯福总统提出减少中国的赔款数额并被其接受。1907年12月3日，罗斯福总统在美国国会正式宣布：

> 我国宜实力援助中国力行教育，使此繁众之国能渐渐融洽于近世文化。援助之法，宜将庚子赔款退还一半，俾中国政府得遣学生来美留学，使修业成器，蔚成有用之材。②

1908年5月，美国国会批准了罗斯福的提议。7月，美国驻华公使，也是著名汉学家的柔克义（W. Rockhill）③，奉命通知清政府外务部：从1909年起到1940年止，美国将所谓应得庚款的一半，加上利息，共计1160余万，逐年逐月"退还"中国。其条件是中国必须保证把此退款作为中国派出学生赴美留学的费用，并将由中美双方组成的董事会④共同管理。

---

　　① 转引自清华大学校史研究室《清华大学史料选编》，清华大学出版社1991年版，第72页。此处原文来源于阿瑟·史密斯所著 China and America To-day By Athor H. Smith，*New York Press*，1907：213. 无中译本。

　　② 美国总统西奥多·罗斯福1907年12月3日在国会的演说《关于1908年的施政方针》，转引自程树仁《对于清华辛酉级今夏来美留学的感音》，《清华周刊》第七次增刊，1921年6月。

　　③ 柔克义（William W. Rockhill，1854－1914），又译罗克希尔。1884年来华，先后任美国驻华公使馆二秘、一秘。1905—1909年任美国驻华大使。他也是著名的汉学家，对古代中国和南洋、西洋的交通史有深入研究，还曾于西藏考察，著有《1891—1892年蒙藏旅行记》《中国人口研究》《达赖喇嘛和满清皇帝的关系》等。

　　④ 即中华文化教育基金董事会，共15人，中方10人，美方5人。中国著名外交官颜惠庆被推选为首届董事长；美国著名教育学家、哥伦比亚大学教授孟禄为副董事长。

对此我们难免感到屈辱：本来就是中国不该赔款的钱，现在退回来了，还不能自主使用，还要接受美国的约束。但悖论就是这样，当时的清政府已经失去了国际信誉。为此，清政府不仅照会美国驻华公使柔克义表示感谢，并派留美幼童出身、后来曾任中华民国首任内阁总理、时任奉天巡抚的唐绍仪专程赴美致谢。此后，英、法、比、意、荷等国也陆续决定退还部分庚款，而且有关国家在退还庚款的协定中，都有把退还的庚款用于派遣中国学生赴有关国家留学的规定。

为了落实退还的庚款用于中国学生留美的协议，1908 年清廷外务部和学部共同拟定了《派遣美国留学生的章程草案》，1909 年又拟定了《遣派游美学生办法大纲》。据此，同年 9 月 4 日，赴美留学选拔首次考试在学部举行，参加考试的有 140 名，最后录取了 47 名。其中包括后来著名的生物学家秉志、化工专家王琎、化学家张子高、物理学家胡刚复和教育家梅贻琦等。同年，清政府成立游美学务处，具体负责留美学生的选拔和派遣。后来，清廷内务府又将清华园拨交学务处作为游美肄业馆，即后来的清华学堂。1910 年 7 月举行了第二次庚款留美考试。在此次录取的学生中，有后来赫赫有名的新文化的鼓吹者胡适、气象学家竺可桢和语言学家赵元任等 70 人。1911 年 7 月又举行第三次招考，63 人榜上有名，其中有后来成为著名数学家的姜立夫和文学家梅光迪等。清末，清政府选送了三批庚款留学生，共计 180 名，因为出国前他们都经过了学务处的"甄别考试"，所以被称为"甄别生"。他们是继幼童留美之后清政府又一次较大规模的官派留美教育活动。这三批庚款生虽然人数不多，但却对中国现代文化、教育、科学和学术的开创和建立，作出了特殊的贡献。

（四）清末留学欧美运动的特点和意义

清末的留学欧美运动，无论在规模上还是在受重视的程度上，都不能与同时期的留日大潮相比，但自有其特点和意义。

1. 清末留学欧美运动的特点

第一，留学欧美的学生多为公费生。因为中国离欧美国家路途遥远，且生活费、学费等也高于日本，所以，所需费用非一般家庭所能承担，自费留学欧美的学生较少，而且需要家庭负担。例如，孙中山赴美国檀香山留学，是投奔并赖其兄长孙眉的支持；宋氏三姐妹留学美国的经费，则是源于父亲宋嘉树创办的实业。

第二，留学欧美生大多学有专攻。中国学生留学的欧美国家环境比较安定，不像留日生那样经常受到日本侵华行为的影响而愤激骚动，常常因为留学国与中国关系的纠纷而罢学回国，所以，得以安心学习，学有专攻。最能证明其专业水平的为1906年清政府举办的第二次归国留学生录用考试成绩，在被定为最优等的8人中，7人留美，1人留英，平均分最低81.5，最高98，[①] 其中颜惠庆、施肇基[②]后来都成为著名的外交家、政治家。这是同一时期的留日生不可同日而语的。

第三，留学欧美的学生大多接受系统的高等教育。这是因为留学欧美的学生不是富家子弟、传教士考察后带出的聪颖少年，就是通过考试选拔出去的优秀学子。这明显区别于同时期的留日生，留日生成分复杂，多为速成短期教育，学历层次较低，进入专门学校特别是大学的很少，受过研究生教育的几乎为零。而欧美生在国外接受的都是系统的专业教育，故能学有所成，获得学士、硕士和博士学位的大有人在。如据刘真等统计，1910年，有48名中国留法学生毕业，其中大学毕业33人，获得工程师或硕士学位的8人，获博士学位的7人；[③] 1911年从英国伯明翰大学毕业的12名中国留学生，全部获得学士学位。[④] 1903—1908年北洋学堂留学美国的19名学生几乎全部获得学位，详见表1—3。

---

① 刘真主编、王焕琛编著：《留学教育：中国留学教育史料》第2册，（台北）"国立"编译馆1980年版，第783—796页。

② 颜惠庆（1877—1950），上海人，1895年赴美留学。1900年弗吉尼亚大学文学部毕业，获文学士学位。1900年回上海，为圣约翰大学最年轻的华籍教授。1906年，参加清学部举行的游学毕业生考试，名列文科第二。1908年随驻美公使伍廷芳出使美国。1910年夏，参加清政府为归国留学生举行殿试，被授予文科进士，获授翰林院编修。民国后曾任外交总长、国务总理等。施肇基（1877—1958），江苏吴江人。早年就读于上海圣约翰书院。1893年任驻美使馆翻译生，后入美国康奈尔大学学习，获文学硕士、哲学博士学位。1902年回国，历任湖广总督张之洞洋务文案兼鄂省留美学生监督，外务部左、右丞等。民国后，任唐绍仪内阁交通总长、财政总长等。

③ 刘真主编、王焕琛编著：《留学教育：中国留学教育史料》第2册，（台北）"国立"编译馆1980年版，第628页。

④ 《教育杂志》1911年第7期，第57页。

表1—3　　　　　　　　1903—1908年北洋学堂留学美国学生名单

序号	姓名	籍贯	赴美时间	留学校名	学习专业	毕业时间	学位
1	陈锦涛	广东南海	1901	哥伦比亚大学、耶鲁大学	经济学等	1906	博士
2	胡栋朝	广东广州	1901	加州大学、康奈尔大学	铁路桥梁	1906	硕士
3	王宠佑	广东东莞	1901	加州大学伯克利分校、哥伦比亚大学	采矿工程	1904	硕士
4	罗忠忱	福建闽侯	1902	康奈尔大学	土木工程	1911	工程师
5	王宠惠	广东东莞	1902	加州大学耶鲁大学	法学	1907	博士
6	刘景山	直隶沧县（今河北沧州）	1904	宾夕法尼亚州立大学	交通	1907	硕士
7	刘瑞恒	直隶（今河北）南宫	1906	哈佛大学	医学	1915	博士
8	马泰钧	直隶天津	1906	哈佛大学	政治经济学	1909	硕士
9	马寅初	浙江嵊县	1906	耶鲁大学、哥伦比亚大学	经济学	1915	博士
10	张星烺	江苏泗阳	1906	哈佛大学	化学	1909	
11	钟世铭	天津	1906	哈佛大学	法学	1909	硕士
12	朱庭祺	江苏川沙（今属上海）	1906	哈佛大学	理财	1912	
13	胡敦复	江苏无锡	1907	康奈尔大学	数学	1909	学士
14	冯熙运	天津	1907	哈佛大学、芝加哥大学	法学	1912	博士
15	王正廷	浙江奉化	1907	耶鲁大学	法学	1910	
16	蔡远泽	浙江德清	1907	麻省理工学院哥伦比亚大学	采矿工程会计	1918	硕士
17	秦汾	江苏嘉定（今属上海）	1906	哈佛大学	数学、天文	1913	硕士
18	张煜全	广东南海		耶鲁大学	法学		硕士
19	赵天麟	天津	1906	哈佛大学	法学	1909	博士

　　资料来源：刘翎：《晚清留美运动浅论》，《徐州师范大学学报》（哲社版）2009年第5期；周棉主编：《中国留学生大辞典》，南京大学出版社1999年版。

　　第四，留学欧美学生所学专业主要为理工科，这也是清政府为扭转当时留日生专业以师范、法政和军事为主的倾向而采取的措施。通过留学培养实业人才的思想，成为清政府派遣庚款留学生的依据，也成为民国时期留学工作指导思想的主要借鉴。

2. 清末留学欧美运动的意义

清末留学欧美的意义是多方面的，现简述两点。

第一，在清末新政的留学大潮中，在政策导向上强调留学欧美，表明清政府对留学国和人才培养的宏观把握，有利于克服一窝蜂似的留学日本的不足，有利于国家的建设和社会的进步。

当时，中国经过洋务运动，西方现代文明虽然逐渐深入中国各个领域，但还是相当表浅的，愚昧、落后、贫穷的现状依然存在，因此改变社会现实、富国强兵是当务之急。而达此目标，必须造就大批现代新型人才，欧美留学生就在此背景下脱颖而出。孙中山的贡献和影响姑且不论，其他如陈锦涛、胡敦复、刘瑞恒、马寅初、王宠惠、王宠佑、王正廷等回国后都成为有影响的人物。最有名的当如马寅初（1882—1982），浙江省嵊州人。1901 年考入天津北洋大学，1906 年赴美国留学，1914 年获哥伦比亚大学经济学博士学位，其博士论文曾被哥伦比亚大学作为经济系一年级的教材。1916 年任北京大学经济系教授兼系主任，后任北大教务长。1927 年后任南京政府立法院经济委员会委员长、中央大学经济系系主任、重庆大学商学院院长等。1948 年当选首届中央研究院院士。1949 年后任政务院财经委员会副主任，浙江大学、北京大学校长等。他的经济学理论对民国时期经济政策的制定有广泛的影响，而其《新人口论》则对新中国产生了巨大的社会影响和政治影响。

第二，庚款生的标杆式业绩，代表了中国近代留学生群体的科学文化水平，不仅为中国现代科学技术、文化教育、经济实业、医学卫生事业的发展作出了特殊的贡献，也促进了中外文化交流。

由于庚款留学考试较其他留学考试严格，在美国又受到了极其严格的现代科学、文化的教育，故这一群体大都学有所成，对 20 世纪中国的科学技术、文化教育以及民主政治等方面的发展，起到了前所未有的积极的推动作用。他们中的大多数人后来都成了中国现代科学和学科的奠基人，对中国文化教育科学的贡献甚巨，远远超过其他批次的留学生。

如胡适，不仅是五四文学革命最早的倡导者，也是中国现代哲学学科的主要创建者，其影响早已越过地域和时间的限制，成为五四以来中国现代思想文化学术领域享誉中外的最有影响的代表性人物；而梅贻琦，作为理科出身的教育家，与半个世纪的清华相伴随，特别在抗日战争艰难的烽火中，成为西南联大的中心人物，为中国教育事业的坚守与发展立下了不朽的功勋。又如哈佛大学博士姜立夫，主要从事圆素和球素几何学的研究，不仅是中国几何学的权威，也是数学教育家、南开大学数学系的创始人，曾任中央研究院数学所所长，对中国现代数学教学与研究的发展有重要贡献。满族出身的动物学家秉志，1908 年京师大学堂毕业，后留学美国康奈尔大学，1918 年获哲学博士学位，是第一个在美国获得博士学位的中国人，后来成为中国近代生物学的主要奠基人。在留美期间，他就参与创办《科学》杂志。1920年后历任南京高等师范学校、东南大学、厦门大学、中央大学生物系教授，中国科学社生物研究所所长等职，长期从事中国生物学的教学、研究和组织工作，进行了大量的开拓性的研究。

概言之，近代中国留学运动是伴随着中国国门的被迫打开、西学东渐程度进一步加深而逐渐发展的。它以 1872 年容闳倡导的留美幼童运动为肇始，在 20 世纪初的新政时期发展为人类历史上空前的留日大潮。同时，中断了的留学欧美活动也开始复苏，汇成短期内数万中国人走向世界的浪潮，诞生了一个以留学生为代表的新型知识分子群体。这是一个数量庞大的、不同于中国传统的士大夫阶层的知识分子群体，它由清末新政所催生，既有传统文化的根基，又接受了西方现代文明的熏陶，视野开阔、思想活跃。从根本上讲，留学大潮的出现是清政府实行新政的直接结果，但是，它后来又促进了清末新政的进行。尽管这个群体成分复杂，但是在整体上，在中国传统社会急剧转型的新政时期乃至整个 20 世纪，却是一个能适应时代变化、推动中国现代化的新生力量，并最先在此后的清末民初政治鼎革中发挥了特殊的作用。

第二节　留学生群体与大厦将倾时的清末新政

清末新政对于中国社会的变革、对于留学运动的推动，无疑是积极的，但从后来的结果看，清末新政无疑成为埋葬清政府的一种催化剂。从当时历史发展的趋势看，这次改革既顺乎晚清革故鼎新、重振国威的民心民意，也符合世界历史发展的潮流。如果说京都不保、国将不国是新政出台的直接原因，那么新政的内容则又明白无误地表明了西学的巨大影响。毫无疑义，清末新政是清末多种政治力量共同作用的结果，参与的人员遍布社会各个阶层、各个领域，而这其中又不能不与受到西学影响的官绅、新式学堂的学生特别是留学生的参与和影响有关。就此而言，留学生群体与清末新政及此后的中国社会发展和现代化进程，又是一种互动关系：留学生既是此前就已开始的中国近代社会变革的产物，又第一次作为社会变革的参与者推动了清末新政。留学生群体对新政的影响和作用，主要集中在三个方面。

一　传播西方政治文化学说，营造新政声势

清末新政时期西方政治文化学说在中国的传播，对新政的酝酿、发生和发展起到了特殊的作用，更确切地说，主要是留日学生通过创办报刊、翻译外文著作、撰写文章，传播西方政治文化，为清末新政大造舆论并影响了后来的辛亥革命。

（一）从西书中译为主到日文中译为主

古今中外，凡欲干大事者，无不先造舆论以形成声势。如汉末农民运动领袖张角在起义之前，就散布"苍天已死，黄天当立，岁在甲子，天下大吉"的口号。考察近代西学东渐史和中国现代化史可知，在近代中国，西学取代孔孟之学成为中国社会转型的指导思想已经是不争的事实，但在具体内容上则又有所变化。在甲午战争前，西学在中国的传播以西书中译为主，此后发生了转变，逐渐形成了以日文中译为主的新局面。

首先，这取决于近代国人对世界局势的了解与对国情的反省。由于中国僵化的封建体制，西学在中国的传播几经曲折，大规模的西学东渐始于鸦片战争之后。本来，晚清道光咸丰之际，中国仅有林则徐、魏源等极少数有识之士注意到西学的优越性，主张"师夷长技以制夷"。随着洋务运动的进行，清政府于1866年派斌椿等官员考察欧洲12个国家，著有《乘槎笔记》；1868—1870年，清廷又派出志刚等正式出使欧美，著有《初使泰西记》；光绪年间，清政府开始设立驻外公使，很多官员和知识分子得以出使欧美并撰写游记，因此，国人对西方思想文化的了解日益深入。在此情况下，一些翻

译、出版机构应运而生，西方的一些科技、学术著作也被译成中文。如1843年英国传教士麦都思在上海创建墨海书馆，出版了一批关于西方宗教、科学、政治方面的书籍，如《新约全书》《大美联邦志略》《植物学》《博物新编》《代微积拾级》《代数学》等。又如1887年成立的广学会，是由传教士、外商组成的西学出版机构，也出版、翻译了大量的科技、史地、法律等学科的书籍，成为康有为等维新派人物重要的思想来源。其后，随着洋务运动的发展，曾国藩、李鸿章和随后的资产阶级维新派愈益重视西方的经验。一些重要的翻译出版机构也在清政府推行下成立，如1865年成立的江南制造局附设之翻译馆，在1868—1907年翻译出版了大量的各种西学著作，译书达160种，其中以科技书籍最多，旁及政治、经济和史地，对于晚清知识分子接触和接受西学产生了很大的影响。

虽然囿于封建体制和士大夫的视野，当时国人对西学的认识还仅仅局限于器物科技的层面而排斥政治制度和思想文化，但毕竟注意到了西学的一个方面。清末，随着鸦片战争、中法战争、甲午战争和庚子之变，特别是中国惨败于甲午战争，对国人心理上的震撼极大。一直自认为是天朝上国的国人，上自皇帝太后，下到最一般的贩夫走卒，无不感到痛苦屈辱。清廷和中国知识界通过痛苦的反思，逐渐形成了借鉴日本汲取西学的经验、通过日本来学习西学的理念。就连几十年后中年的毛泽东也肯定了这一点：

> 西方资本主义国家是进步的，它们成功地建设了资产阶级的现代国家。日本人向西方学习有成效，中国人也想向日本人学。①

在当时，中国把学习西方的经验转向日本是比较科学和现实的。因为在历史上中国人就对西方及西方文化比较陌生，中国的国情与西方的差距也非数十年之遥，要马上学习西方，无论在感情上还是在具体运作上，都需要一个长期的适应过程。日本在中国人的心目中，本来就与中国"同文同种"——这种说法严格地讲并不怎么科学，但自隋唐以来，日本在文化上深受中国影响则是毫无疑义的，中日两国人民之间的传统友谊也是有目共睹

---

① 毛泽东：《论人民民主专政》，见《毛泽东选集》第4卷，人民出版社1991年版，第1470页。

的，况且一衣带水，来往方便，容易沟通。通过明治维新得以脱亚入欧的日本，其改革的经验确实值得中国深思借鉴。这种看法实际上是当时中国朝野的共识。

其次，也与清末新政时期留日人数有关。本来，作为传播新潮、启迪民智的新式传播媒介、传播途径和传播工具，在清末新政之前的维新变法运动中已经出现，特别是在上海、香港等大城市就有多家报馆和书社。其中影响力较大、最早的报纸是 1861 年由英商匹克伍德在上海创办的《上海新报》、1864 年香港出版的《中外新报》和《德臣西报》中文版《华字日报》。其后，1872 年西商美查（Ernest Major）在上海创办了《申报》，1874 年王韬在香港创办了《循环日报》——世界上第一家中国人创办的中文日报。其后 1895 年 8 月康有为、梁启超等在北京出版了《万国公报》（后改名为《中外纪闻》），1896 年出版了《强学报》，同年梁启超在上海又创办了《时务报》。这些报纸成为当时国人了解世界的重要窗口。

然而，"戊戌政变"以后，专制的清政府查封了很多报馆，通缉相关人员，中国内地的一些报刊不得不转移到租界或海外，而日本也就理所当然地成为一个重要的传播西学的场所。到清末新政时期，它则兼有空间、时间、人员、资源和机构等优势，特别是两万名左右的留日学生不同程度的参与，使得西方现代政治文化特别是日本化的西方理论如潮水般地涌入中国，成为开启民智、推动新政的强大的理论武器。而这则是人数有限的欧美留学生所不能比拟的。根据卡梅伦的观点，直至辛亥革命前，留学欧美的学生人数仍很有限，留学欧洲的计 400 人，留学美国的计 800 人。[①] 因此，作为传播主体，欧美留学生在数量上根本无法匹敌留日学生，况且与中国远隔千山万水，对国内外交动向、政治局势的了解迟滞，在遥远的欧美传播西学远远不及留日学生那样快捷，在地理上不占优势。而留日学生则因直接感受到日本的侵华言行，了解国内的反清革命形势，其革命积极性较欧美留学生激烈激进，因此，热心于通过创办报刊等媒体和翻译外文著作来造舆论。

---

① 此处数据来自 Meribeth E. Cameron：*The Reform Movementin China*，1898—1912（*New York：Octogan Books*，*INC.* 1963）。

（二）留日学生创办的媒体

留日学生创办的媒体①，始于 1900 年 11 月创办的半月刊《开智录》和 12 月创办的《译书汇编》。此后，随着留日大潮的涌起，留日学生纷纷结社，创办、出版期刊，如 1902 年 11 月在东京创办的《游学译编》，杨守仁主编，杨度、陈天华、黄兴等编译，1903 年 11 月停刊；1903 年 1 月创办的《湖北学生界》，蓝天蔚、刘成禺等译述；1903 年 2 月创办的《浙江潮》，孙翼中、蒋智由、蒋方震等编撰，1904 年停刊；1903 年 4 月创办的《江苏》，秦毓鎏、张肇桐、汪荣宝主编，丁文江、陈去病、黄宗仰等编撰，共出 12 期。此外，还有教科书译辑社、东新译社、会文学社和《河南》《四川》《云南》《夏声》《晋乘》等期刊，如雨后春笋般地出现。对期刊的具体数量，说法不一，据学者最新统计，有 97 种②或者更多。如此之多的期刊，数以万计的留日学生，其传播功能该是何等的强大，传播内容又是多么丰富，对清末政坛和文化界的影响该是多么强烈！其中较有影响的期刊是《开智录》和《译书汇编》。

《开智录》是 1900 年 11 月由留日学生郑贯一于日本横滨创办，冯自由、冯斯栾撰述。其宗旨为"倡自由之言论，伸独立之民权，启上下之脑筋，采中、东、西之善法"。然而该刊在 1911 年 3 月 20 日出到第六期即停刊，其原因除了经济压力外，还因该刊表现出比较明显的革命倾向，发表了《民约论》《民权真义》《自由略论》《法国革命史》《义和团有功于中国说》《论帝国主义之发达及二十世纪世界之前途》等，涉及法律、政治、历史以及激烈的时论等文章，引起了读者较大的争议，产生了吹皱一潭死水、兴起波涛的作用，因而，受到了清政府的打压。

作为留日学生创办的新媒体《开智录》，在如何开智、通过什么方式开智等方面用心良苦。如该刊第一期特刊登了蔡锷以笔名署名的《开智会序》加以说明，要提高国民素质，一为"图国民之自立""尤以开智为议"，"中

①　晚清至辛亥革命前后留日学生创办的媒体基本为期刊，没有报纸。但因对"报刊"的概念未认真考究，有关著述多称之为"报刊""刊物"。但对那时有的媒体如《民报》《官报》等，因其不完全为留日学生在校学习时所办，是否为留日学生报刊，学界有歧义。

②　谷长岭、叶凤美：《辛亥革命时期的留日学生期刊》，见欧美同学会等编《留学人员与辛亥革命暨第二届中国留学文化国际学术研讨会论文集》，华文出版社 2011 年版，第 61 页。

国之亡，非随今日政府以亡，乃国民之智未拓"；二为要"使邦国之独立，人群之富强，舍教育将安取"，"夫教育者，用以开发人智也"；三是开智的重要内容为当今"种种学问""物质进步之次，当有精神进步"，要"使邦国之独立，人群之富强，舍教育将安取"；开智的重要内容是"学问"，"泰西何以强，有学也，学求有用，精益求精。中国何以弱，失学也"，而中国不仅缺少"桥梁舟车"之学、"铁道""电线"之学等，更缺少"民智"，因此，必须引进新的西方政治文化学说。

《译书汇编》月刊，1900 年 12 月由留日学生戢翼翚、杨廷栋、杨荫杭、雷奋等在东京创办，1903 年 4 月更名为《政法学报》，发行者为译书汇编社。其社员多为励志会会员。励志会为留日学生最早的社团，1900 年成立于东京，以"联络感情，策励志节"① 为宗旨，其纲领是"研究实学，以为立宪之预备；养成公德，以为国民之表率；重视责任，以为辨辨之基础"②。据《译书汇编》第二年第三期"社告"，其主要成员共 14 人，除王植善为《译书汇编》代派处的上海育材学堂负责人外，其余 13 人均为留日学生：戢翼翚，社长，东京专门学校毕业生；主编杨廷栋以及陆世芬、雷奋、周祖培、金邦平、富士英为东京高等商业学校学生；章宗祥、钱承志、吴振麟为帝国大学法科学生；杨荫杭，早稻田大学法科学生；汪荣宝，庆应义塾学生；曹汝霖，中央大学学生。其中戢翼翚、杨荫杭、金邦平、章宗祥、汪荣宝、曹汝霖、杨廷栋、雷奋等都是清末民初名噪一时的人物，如戢翼翚（1878—1908），湖北房县人。光绪二十二年（1896）经清廷总理各国事务衙门选拔，派往日本留学，为中国官派首批留日学生之一。到日本后，入亦乐书院学习，光绪二十五年（1899）毕业，入东京专门学校学习，期间参加兴中会，主持创办了《译书汇编》《国民报》等刊物。光绪二十八年（1902）毕业回国，光绪三十一年（1905）参加清廷组织的游学生考试，成绩突出，被授予政治经济科进士，任外务部主事，负责对日交涉。后因被指控"交通革命党，危害朝廷"而遭革职，押解回籍，于 1908 年在武昌逝世。杨荫杭后来作为京师高等检察厅长可能已不大为人所知，但其女儿杨绛、女

---

① 冯自由：《中华民国开国前革命史》上卷，中国文化服务社 1946 年版，第 47 页。
② 《励志会章程》，《译书汇编》第 12 期，1903 年 3 月 13 日。

婿钱钟书却名闻天下；妹妹杨荫榆在其影响下出国留学，后成为北京女子师范大学校长，则因为鲁迅的批判而成为1949年后大陆中文系师生无所不知的"恶婆婆"。杨廷栋、雷奋则是《清帝逊位诏书》三人起草小组的成员——另一位是实业家张謇。由此，不难想见《译书汇编》的编辑力量和编辑水平。

（三）传播的主要内容

留日学生创办的数以百计的期刊，译载的内容十分丰富，主要可概括为三方面。

1. 译介政治法律学说，为清末新政提供思想武器

起初，以译介欧美及日本政治学说为主，首开这种风气的是《译书汇编》，其刊载文章的特点是连载日文中译作品，然后以单行本方式出版发行。发行范围遍及中国大陆、中国香港、中国台湾及日本、新加坡等地，产生了很大的社会影响，对"促进吾国青年之民权思想，厥功甚伟"①。

> 时人咸推为留学界杂志之元祖。自后各省学生次第倡办月刊，吾国青年思想之进步，收效至巨，不得不谓《译书汇编》实为之倡也。②

当时留日学生创办的期刊所译载的文章除了日本政治学说外，还兼及法律、外交、经济、哲学、历史等学科，如《译书汇编》创刊号所刊登的译作目录有：德国伯伦知理著《国法泛论》、日本鸟谷部铣太郎著《政治学提纲》、法国孟德斯鸠著《万法精理》、日本有贺长雄著《近世政治史》、法国卢梭著《民约论》以及日本的名著《各国国民公私权考》《万国公法比较》等。其中《政治学》乃早稻田大学学监高田早苗讲授"政治学"课程时，节译美国政治学之父伯盖司（J. W. Burgess, 1844—1931）之《政治学及比较宪法论》（*Political Science and Comparative Constitutional Law*）的讲义，编译者连续刊载四期。原著1890年出版，日译本1902年出版——《政治学及

---

① 冯自由：《开国前海内外革命书报一览》，见《革命逸史》第3集，中华书局1981年版，第144页。

② 冯自由：《励志社与〈译书汇编〉》，见《革命逸史》初集，中华书局1981年版，第99页。

比较宪法论》作为中文行之于世还早于日文。由此可见《译书汇编》的编译者对当时世界政治学界的热心程度，同时也说明他们与日本的政治学老师有着友好的关系。否则，老师尚未公开出版的讲义是不会让外国学生翻译的。

在此，需要对其翻译的《民约论》和《法国革命史》略作评述。

《民约论》（*The Social Contrant*）又译《社会契约论》，是18世纪法国启蒙思想家让·雅克·卢梭（1712—1778）的代表作。该书认为，国家是人民平等协商的结果，人民有权掌握国家政权。法律是大众共同意志的表现，人民的主权不能出卖分割；该书还提出了国家必须把立法权、行政权分开的著名学说，指出人民的意志是主权者，政府是共同意志的执行者，为了防止人民的意志被行政权所篡夺，必须定期召集人民大会进行监督。该书猛烈地抨击了君主制，庄严地提出了一个影响世界文明进程的伟大原则：人生来就是自由平等的，这是天赋的权利。国家则是自由的人民自由协议的产物。如人民的自由为强力所剥夺，人民便有起来革命的权利，可以用强力夺回自己的自由。因此，该书1762年一问世，即遭法国政府禁止，认为该书扰乱社会秩序，下令逮捕作者，卢梭为此被迫逃往瑞士。但其民主理论很快风靡世界，成为人类发展史上的不朽学说。

《民约论》第一个完整的汉译本《路索民约论》，是留日学生杨廷栋据日本原川潜的译本转译，连载于1900年12月6日至1901年12月15日的《译书汇编》第一、二、四、九期上。1902年上海文明书局又以《路索民约论》为书名，出版了单行本。留日学生翻译传播这样一部著作的用心是显而易见的，那就是要用民主共和制代替君主制，其矛头直指清王朝。

《法国革命史》近年来有3个中译本，都是商务印书馆出版。其中当时留日学生翻译的应该是法国历史学家弗朗索瓦·奥古斯特·玛利·米涅（1796—1884）1824年出版的《法国革命史》。[①] 米涅在该书中强调了法国革命的必然性，其最著名的论断为：

---

① 另两部是法国马迪厄的《法国革命史》和法国勒费弗尔的《法国革命史》。前者主要叙述了法国从推翻王政起到新十一月事变后，帝政建立时的资产阶级共和国史。后者从革命前的欧洲局势写起，到拿破仑·波拿巴发动雾月政变结束，记叙了1789—1799年法国大革命的历史。

当改革已势在必行，实行改革的时机已成熟时，就什么也不能加以阻挡了，一切事物都将促成改革的到来。

应当作出牺牲的人总是不肯牺牲，要别人作出牺牲的人总要强迫人家牺牲。好事和坏事一样，也是要通过篡夺的方法和暴力才能完成。除了暴力以外，还未曾有过其他有效的手段。

这两部书不仅在当时的中国产生了影响，在当代其影响的余波仍在涌动。①

由上可见，留日学生创办的期刊热衷于介绍宪政理论的出发点，乃是为中国的现实服务，认为中国"宜取法欧美日本之制度"并探求"学理"。"各国之制度，非可徒求诸形迹，要当进探乎'学理'，否则仅知其当然，仍不知其所以然。盖其各种之经营结构，莫不本乎'学理'之推定。而所谓学理者，盖几经彼国之巨儒硕学朝考夕稽，以得之真谛也。"② 自古以来，中国的士大夫喜空谈而不务实，但关乎国家命运的变革又绝非空谈议论所能奏效。《译书汇编》重"学理"、求"真谛"之卓识，在当时实属难能可贵，对当代也是不无启迪的。

2. 发表个人政论，体现参与意识

当时的留日学生，大都是血气方刚的爱国青年，也常常借助于所办期刊，发表个人的政论，表现了强烈的参与意识。如《论研究政法为今日之急务》的作者攻法子，就毫不掩饰地宣称研究政法的目的就是"为创立宪法之准备"，认为"宪法之发生乃各国历史上治者与被治者相视之结果，宪法立而国未有不治者。此无他，以法治国之主义以法为神圣无上，而宪法为诸法之冠，宪法立则诸法之完备可期日而待也。是故世界各国往往以宪法之有无为国家文野之别"。持此看法的应该不是个别人，类似题目的文章还有耐轩的《立宪论》、亚粹的《论法治国》，以及《论国家》《论公德》《创造文明之国民论》等。

《立宪论》发表于1903年《译书汇编》更名后的《政法学报》，此文对

---

① 有外电报道，在十八大以后新任中共和国家领导人的书架上，就赫然有米涅的《法国革命史》。
② 《译书汇编发行之趣意》，见《译书汇编》1902年第1期，第1页。

中国应立宪与否进行了深刻的论述。作者认为，是否实行君主立宪政体，关系到国家的兴亡成败。特别是日俄战争中日胜俄败的结局，进一步点燃了留日学生"宪政救国"的希望之火，文章指出，日胜俄败的根本原因就是立宪国战胜专制国。凭借敏锐的政治嗅觉，留日学生们已预感到大清王朝将倾的大厦已无可挽回，要拯救中华民族的危亡，唯一的选择是走世界发达国家的宪政之路，而中国几千年来的封建专制和人治，已无回天之力。因此，立宪则存，不立宪则亡，已经成为辛亥革命前思想界、舆论界的强音。

与此相联系，《译书汇编》等留学生刊物，强调民权，张扬民权的"力行"与"实践"，实际上也就是要"有秩序有组织之机关"地推行，从而表明了他们对清末改革的基本看法，即不是用革命的办法改朝换代，而是在清政府的领导下有序地进行变革。但是，他们也并不讳言时弊，有的文章就直接鲜明地指斥清廷的体制，如《论中国行政机关之缺点及其救济策》等，不仅深刻地抨击清政府官僚机构的种种弊端，而且指出了"救济"的方略，即改革的办法，如精简机构、惩治贪官污吏、根除卖官鬻爵等。这些建议，可谓切中时弊，不但有益于当时，就是在今天看来，也不无借鉴意义。

3. 鼓吹救亡，宣传革命

与《译书汇编》的宪政倾向不同，另外一些刊物则表现了明显的革命锋芒，最早具有这种倾向的政论刊物应该是《国民报》，1901年5月在东京创办，其主要成员与《译书汇编》的主要成员重叠，如戢翼翚、杨廷栋，主编是激进的秦力山①，编撰则新增了冯自由、王宠惠等。第三期发表了著名的《中国灭亡论》，文章指出，在清政府已经腐朽透顶的情况下，主张忠君、勤王极端错误，这种行为就如婢妾"为主人所唾弃，闭以幽室，不召幸者已隔岁年，而彼犹日施脂粉，冀复专幸于六宫粉黛之中"。因此，作者号召国人"杀身以易民权，流血以购自由"。《国民报》第四期还发表了章太炎的名文《正仇满论》，这是"对资产阶级改良派政治主张批驳的第一篇文

① 秦力山（1877—1906），湖南长沙人。1897年进长沙时务学堂，次年加入南学会。戊戌政变后，应梁启超之召赴日本，留学东京高等大同学校。1900年至武汉与唐才常组织自立军，任前军统领。事败再次亡命日本。1901年创办留日学界第一份革命刊物《国民报》。光绪二十八年（1902）三月，与章太炎等10人发起"支那亡国二百四十二年纪念会"。这一行动震动了当时留学界，为以后留学界中爱国革命团体的兴起开辟了先河。1905年入云南从事反清活动，积劳成疾，次年病逝。

章，可视为中国近代史上革命与改良论争最早的一篇历史文献"①，或者说是革命派最早一篇批驳保皇派观点的文章。在此之前，梁启超发表了著名的《中国积弱溯源论》，章太炎的《正仇满论》正是针对梁文所作。

今日观之，梁启超的文章颇具学理，他对中国几千年政治腐败的根源作了深入探讨，也直言不讳地表达了对光绪皇帝的希望和忠诚，显示了一个超脱民族局限的学者的真诚和傻气。但是，他忽略了当时中国民众强烈的不无偏颇的排满思潮，因此，遭到了《正仇满论》的猛烈抨击。虽然章太炎所关注的中心只是他对满洲及其清朝统治者的厌恶和排斥，再次证明了他是一个坚定、狂热的民族主义者，把革命等同于排满，甚至认为当时中国最急需的并非"革命"而是"光复"，在今天看来，此论有很大的偏颇。但是在当时，章太炎的名字及其《正仇满论》却颇能获得多数人的喝彩，因此，在留日学生中和国内产生了不同凡响的震动。客观地讲，像《国民报》这样的期刊不在少数，如《四川》载文揭露清政府出卖路矿主权的行为，号召同胞投入救亡运动；《湖北学生界》载文分析中国被列强瓜分的严峻形势，呼吁国人奋起救亡等，不一而足。

（四）传播的影响

由于留日人数及所办期刊种类很多，内容激进，传播渠道广泛，因此，这些刊物产生了巨大的社会反响。

1. 从译著的学科看传播者之目的

由于众多的留日学生从事译介工作，当时通过日文翻译的中文新书新作大量问世，成为辛亥革命前中国最大的一次日文作品西传运动，对清末新政和以后的辛亥革命产生了难以估量的影响。有学者在 1904 年写道：

> 日本之译本，遂充斥于市，推行于学校，几使一时之学术，寖成风尚。②

---

① 汤志钧：《戊戌变法史》，人民出版社 1984 年版，第 475 页。

② 诸宗元、顾燮光：《译书经眼录·序例》，见张静庐辑注《中国近代出版史料》2 编卷 2，中华书局出版社 1957 年版，第 95 页。

近人谭汝谦博士主编、日本著名学者实藤惠秀监修、1980 年香港中文大学出版社出版的《中国译日本书综合目录》，集 1978 年之前中国所译日文著作综合性目录之大成，内容之丰富翔实为其他书目所不及。据该书统计，中译日文书籍 1860—1867 年仅 4 种，1868—1895 年仅 8 种，而 1896—1911 年达到 958 种，年均 63.86 种。1902—1904 年中国所译的外文著作，译自英文者共 89 种，占全国译书总量的 16%；译自德文的 24 种，占 4%；译自法文的 17 种，占 3%；而译自日文的竟多达 321 种，占 60%。当然，这些也并非都是留日学生所译，也有少量的为国内培养的日语人才翻译，但极其有限。

上述译书共 8 类，其中人文社会科学类译书共 778 种，占译书总数的 81.2%；自然科学、应用科学共 172 种，仅占译书总数的 18%。如果再进一步细分，哲学宗教类占 4%，社会科学类占 38%，中国史地类占 6.6%，世界史地类占 18%，语文类占 13%，美术类占 0.3%，自然科学类占 8.7%，应用科学类占 9.3%（见表1—4）。

表 1—4　　　　　　　　　　1896—1911 年中译日文书籍统计

类别	总类	哲学	宗教	自然科学	应用科学	社会科学	中国史地	世界史地	语文	美术	合计
数量/种	8	32	6	83	89	366	63	175	133	3	958

资料来源：谭汝谦主编：《中国译日本书综合目录》，香港中文大学出版社 1980 年版。

以上数据无可置疑地表明，人文社会科学类著作已经成为当时留日学生译述的重点和重心。他们一改鸦片战争以来中国翻译界和留学生翻译西方自然科学的传统，而不约而同地翻译日文版的西方哲学社会科学著作，传播西方现代政治文化学说。其意图显而易见，就是通过这种抱有强烈政治目的和社会责任感的译书活动，以唤醒几千年来在封建文化传统下愚昧沉睡的国民和昏聩的清廷官僚，达到改革清朝弊政、富国强兵、振兴中华之目的。

2. 从译者的价值取向看译书之社会影响

作为一种文化传播活动，翻译无疑是一种有目的的文化选择活动，译何种书、何时译，既受制于特定的社会环境，也反映了译者的文化价值取向和政治观念。其中最能反映留日学生价值取向和贡献的著作，当推规模宏伟、影响深远的《新译日本法规大全》。

《新译日本法规大全》由留日学生刘崇杰、陈威、何燏时、梁志宸、陈与年、高种、汪兆铭、刘崇佑、陆孟熊、张竞仁、林蔚章等，用两年的功夫在南洋公学译书院旧译本的基础上校译而成①，1907 年由上海商务印书馆出版。全书 81 册，约 400 万字，分为 25 类，涵盖了宪法及各种专门法，收录3000 个法规。该书有 12 人作序，他们是清朝皇室镇国公载泽以及戴鸿慈、吕海寰、沈家本、袁世凯、端方、岑春煊、盛宣怀、张元济等重臣名流，还有日本伯爵大隈重信，日本京都帝国大学法学教授、法学博士织田万，日本早稻田大学学监高田早苗。从当时中日两国对该书如此的重视程度，不难看出该书的现实意义，正如张元济序中所说：此书"成于诏行立宪之日，足以备邦人研究宪政之助"②。明乎此，将该书置于晚清"三千年未有之大变局"中解读，就能获得极其广阔的阐释空间。它出版于清末预备立宪之际，可以说为清末法制改革提供了重要的范本，成为清政府在推行新政的关键时期一套系统的政治学、法学参考书。也正由于该书切合时需，成为各界难求的畅销书，用洛阳纸贵来形容似乎并不为过。一些"不肖奸商"也趁机盗版翻印，以至于两江总督端方曾咨呈外务部"禁止翻印"③。

当时的译者编者难以想到的是，在整整一个世纪以后，商务印书馆又委托华东政法大学法律研究中心，邀请专家学者点校整理，重新付梓，另附点校本《法规解字》一册。这又是为何呢？

法律专家云：一百年前清末的中国人，为新政计、为立宪计，他们从《新译日本法规大全》一书中已获得的理念是，放下千年帝国架子，效法世界法律强国，以富国强兵，改变积贫积弱的落后状态；一百年后华夏子孙，为改革计、为法治计，当调整目光，重新研习《新译日本法规大全》，思考关于立宪之"序言"，研究新政中种种改革之举措，向先行者学习，用最发

---

① 钱恂、董鸿祎辑：《日本法规大全》，商务印书馆 1907 年版。钱恂为留日学生监督；董鸿祎为日本早稻田大学学生，钱恂之婿。

② 何佳馨：《新译日本法规大全点校本》第 1 卷，商务印书馆 2007 年版，第 23 页，张元济所作"序"。

③ 《江督咨呈外务部文》，《南洋官报》1907 年第 94 册，第 29—31 页。

达、完善的法律理念与制度规范不断充实、提高自身。① 不难想见，《新译日本法规大全》对近代中国的立法、司法、法学研究和法学教育的深远影响。

综上所述，撇开清末留日学生立宪与革命的分野，按他们译书的内容可以归纳其文化取向，主要表现为：译书的重点从洋务运动以来中国知识界重视的西方自然科学中的应用科学，转向了欧美、日本的人文社会科学，并且以政法、教育类书籍为主。这不仅反映了留日学生通过中译日文传播西学，"寻医求药"以救国救民的强烈愿望，更为清末新政和辛亥革命提供了先进的思想武器和理论指导，唤醒了大清帝国一批沉睡的臣民，激励了一批青年知识分子投身于晚清新政与辛亥革命运动。

二　任职清廷中央部门，参与新政

从留美幼童开始到新政启动之前，中国的留学运动已有近 30 年，但是此前，虽然留学生已经进入中国社会，但作为国家官派的留学欧美生，无论是留美幼童群体还是福州船政学堂赴欧群体，所学内容基本上是中等教育或者工程技术或者军事专业，回国后也基本从事相关的器物技术层面的工作；堪为北洋海军干城的留学生则在甲午海战中伤亡殆尽，只有严复和少数自费的欧美留学生如伍廷芳等从事理论、教育或法律工作。因此，参加清末新政的欧美留学生较少。相比之下，甲午战后，由于当时清政府对日本的明治维新有普遍的认同感，鼓吹赴日留学，赴日者众而专业又以教育、法政和军事为主，而且，留日学生的基数也大于留学欧美的学生，留日学生的社会参与意识也远远高于欧美留学生，所以，留日学生（包括归国和仍在日本的）参与清末新政或通过其他工作对新政产生影响的人数大大多于欧美留学生，其作用也明显大于欧美留学生。也就是说，新政之前的留学生由于规模不大、认识不足，又受官派规定的专业限制，进入政府部门的极少，早期从欧美回国的留学生仅有少数人充当翻译、幕僚或文秘。但是，"中国在 1898—1910 年的 12 年间，思想和体制的转化都取得令人注目的成就"②，新政启动

① 何佳馨：《新译日本法规大全点校本》第 1 卷，商务印书馆 2007 年版，第 2 页，何勤华所作"总序"。
② ［美］任达：《新政革命与日本——中国，1898—1912》，李仲贤译，江苏人民出版社 1998 年版，第 2—7 页。

后，归国留学生开始变得珍贵起来，通过考试，他们开始进入清政府的一些部门，参与乃至推动新政的进行。

1903 年 10 月 6 日，张之洞奉命拟订的《筹议约束鼓励游学生章程折》所附《奖励游学毕业生章程》规定：

> 在普通中学堂五年毕业得有优等文凭者，给以拔贡出身，分别录用。在文部省直辖高等各学堂暨程度相等之各类项实业学堂三年毕业，得有优等文凭者……给以举人出身，分别录用。在大学堂专学某一科或数科，毕业后得有选科及变通选科毕业文凭者……给以进士出身，分别录用……在日本国家大学堂暨程度相当之官设学堂，三年毕业，得有学士文凭者……给以翰林出身。在日本国家大学院五年毕业，得有博士文凭者……除给以翰林出身外，并予以翰林升阶……在文部大臣所指准之私立学堂毕业者，视其所学程度，一律酌给举人出身或拔贡出身。……原有翰林、进士、举人、拔贡出身者，各视所学程度，给以相当官职。

此规定后经清政府批转全国，成为制定考核回国留学生的蓝本和任用、奖励回国留学生的正式依据。1904 年 12 月学务大臣奏定《考验游学毕业生章程》，据此，1905 年 7 月举行了第一次回国游学毕业生考试。从此，回国留学生的学业考试定期举行，被录取者被分别授予不同出身，作为优先分配工作的条件和参加授官考试的依据。到 1911 年清廷共举行留学生考试 7 次，1388 人合格，分别被授予进士、举人出身。从 1907 年起，学部还会同钦派大臣对进士馆游学毕业生进行考试并按等第授予官职，到 1911 年，有 930 人被授任，加上 1905 年被授职的 14 人，共 944 人，[①] 大部分被分派到清廷中央各部，成为清末新政中一支重要的新生力量。下面以外务部、商部和宪政编查馆为例，看新政期间留学生进入清政府体制内的情况。

外务部 由于该部业务涉外的性质，留学生以其特有的优势，任职外务部的机会较大。1901—1911 年，虽仅有 1 人成为外务部主官，但成为外务部侍郎（副长官，正二品）、部丞（正三品）和参议（正四品）高官的却有

---

① 尚小明：《留日学生与清末新政》，江西教育出版社 2003 年版，第 142 页。

10 位（见表1—5）。

表1—5　　　　　　　　清末新政时期回国留学生任职外务部人员表

姓名	籍贯	留学国家	留学时间	任职情况
伍廷芳	广东新会	英国	1874—1877	1903—1906年外务部右侍郎
唐绍仪	广东香山	美国	1874—1881	1905—1906年外务部右侍郎
朱宝奎	江苏扬州	美国	1874—1881	1906—1907年外务部右部丞
梁敦彦	广东顺德	美国	1872—1881	1907年外务部右部丞，1908年右侍郎，1909年外务部尚书会办大臣
梁如浩	广东香山	美国	1874—1881	1908年外务部右部丞，1910年右侍郎
高尔谦	福建长乐	法国	1886—1891	1907—1908年外务部右参议，1910—1911年左参议
周自齐	山东单县	美国	1896—1908	1908—1909年外务部左参议
曹汝霖	直隶（今河北）天津	日本	1900—1904	1908年外务部右参议，1909年左参议，1911年右侍郎
施肇基	江苏苏州	美国	1897—1902	1910—1911年外务部右部丞
刘玉麟	广东香山	美国	1874—1881	1909年外务部右部丞

资料来源：根据钱实甫编《清季新设职官年表》（文海出版社1979年版，第30—41页）等材料增补、编制。

这表明归国留学生在外务部受到了相当的重视。而他们在民国后的发展，也可印证其在新政时期的能力和影响。民国建立后，唐绍仪曾任民国首任国务总理；伍廷芳曾代国务总理；周自齐曾任国务总理兼教育总长，并代行大总统职务；梁敦彦先后任欧美同学会首任会长、北京政府交通部总长；梁如浩则先后担任陆征祥内阁及赵秉钧内阁的外交总长。就留学背景看，留学欧美者占9/10，其中留美幼童出身的有5人：唐绍仪、朱宝奎、梁敦彦、梁如浩和刘玉麟。欧美生主管中国外交的趋势一直延续到20世纪60年代的中国大陆和当今的台湾地区。

此外，在新政期间，有9位归国留学生22人次担任了出使各国的使节，占新政期间清政府出使使节73人次的1/3①，负责或协助处理了当时对外的

① 据钱宝甫编《清季新设职官年表》，见沈云龙主编《近代中国史料丛刊续编》第63辑，（台北）文海出版社1979年版，第23—26页等材料归类处理所得。

一些重要事务，他们是：伍廷芳（留英）、梁诚（留美）、施肇基（留美）、罗丰禄（留英）、刘玉麟（留美）、刘式训（留法）、吴德章（留法）、杨晟（留日、德）、荫昌（留奥、德）。其中除杨晟一度留学日本外，其余全部留学欧美。另外，唐绍仪和梁敦彦因为没就任还未计算在内。

清末是中国步入现代国际社会的开始，留学生以其涉猎中外的文化背景和视野，开始代表中国走上了现代国际交往的舞台，而外务部海归官员和出使外国使节的欧美化出身，则表明了当时中国外交的倾向性。

商部　中国的传统是重农抑商，商人地位低下。新政以后，为了适应经济发展的需要，新设了商部，但商业人才甚缺。为此，商部明确规定，部员只从在外习农工商务之留学生中选用。1906 年 3 月，商部又奏请："无论京外现任候补、候选各官及各学堂学生卒业、出洋留学生卒业各学生，择其品端学优、事理通达，或娴习各国语言文字，或研究中外政法条约者，随时咨调到部。"① 这一方面反映了清政府试图学习西方发展工商实业的意图，另一方面，也为商部推行新的经济政策提供了行政资源保证，为归国留学生提供了施展才华的机会。因此，1903 年商部设立的当年，留英出身的伍廷芳即任左侍郎。1903—1906 年，商部共有 44 名官员，其中 12 人是归国留学生，占总数的 27%（见表 1—6）。

表 1—6　　　　　　　　　1903—1906 年任职商部留学人员表

姓名	留学情况	姓名	留学情况
柏锐	留英，大学工科	张奎	留日，东京帝国大学工科
潘斯炽	留美，第四批留美幼童	夏循垍	留日，东京法学院
吴振麟	留日，东京帝国大学法科	胡宗瀛	留日，东京高等农业学校
钱承志	留日，东京帝国大学法科	张锁绪	留日，东京帝国大学工科
章宗祥	留日，东京帝国大学法科	王守善	留日，日本高等工业学校
祝惺元	留日，东京法学院	叶基	留日，东京帝国大学农科

资料来源：根据王奎著《清末商部研究》，人民出版社 2008 年版，第 78—79 页统计。

---

① 唐文治：《茹经堂奏疏》卷 3，见沈云龙主编《近代中国史料丛刊三编》第 6 辑，（台北）文海出版社 1966 年版，第 191 页。

其中张镆绪、胡宗瀛为清朝首批经过留学生考试而"给予进士出身"者，王守善为"给予举人"① 出身的留学生官员。

宪政编查馆　1905 年 11 月，为配合五大臣出洋考察政治而设立了考察政治馆，其职责是"延揽通才，悉心研究，择各国政法之与中国治体相宜者，斟酌损益，纂订成书，随时呈进，候旨裁定"②，可见其性质和地位。据赵炳麟言，"立法起草皆委诸馆员金邦平、汪荣宝、曹汝霖、章宗祥"③ 等留日生。他们的大致情况为：金邦平留学早稻田大学，专业为法学，1905 年回国，参加清政府第一届留学生考试，成绩突出，光绪帝下旨给予进士出身，赏翰林院检讨；曹汝霖，1900 年赴日留学，日本中央大学法律政治科毕业。1904 年回国，参加留学生考试，取得第二名，被赐予法科进士，任商部主事，后调外务部庶务司。1907 年被光绪、慈禧召见，询问日本立宪情况，委以外务部参议候补，1908 升为右参议，1911 年春任外务部副大臣；章宗祥，早年中秀才，1899 年留学日本，获明治大学法学学士学位。1903 年回国，在京师大学堂任教，赐进士出身。历任法律馆纂修、工商部候补主事、宪政编查馆编制局副局长等。需要强调的是汪荣宝，因他此时还没有进考察政治馆，1901 年赴日留学，入早稻田大学和庆应义塾，攻历史和政法，肄业回国后留兵部。1906 年任京师译学馆教习，旋改任巡警部主事、民政部参事。1908 年任民政部右参议，兼宪政编查馆正科员。但其后汪荣宝对宪政改革出力尤多，"一时所谓新政条教，出荣宝手者十九。故前清虽云仿立宪，而章程条教，往往有可采者，荣宝之为也"④。1910 年任资政院议员。1911 年 4 月，奉派为协纂宪法大臣。

1907 年 8 月，考察政治馆改为宪政编查馆。据《宪政编查馆办事章程》，该馆的主要任务是办理奉旨交议的有关宪政折件，承拟军机大臣交付调查各件；翻译各国宪法，编定宪法草案；考核法律馆所订法典草案，各部

---

① 《六月予出洋学生出身》，光绪三十一年六月，见沈云龙主编《近代中国史料丛刊》第 35 辑（清）沈桐生辑《光绪政要》卷 31，（台北）文海出版社 1966 年版，第 2141 页。

② 《设立考察政治馆参酌各国纂订成书呈进谕》，见故宫博物院明清档案部编《清末筹备立宪档案史料》上册，中华书局 1979 年版，第 43 页。

③ 赵炳麟：《光绪大事汇鉴》卷 12，《赵柏严集》，（台北）文海出版社 1968 年版，第 293 页。

④ 朱德裳：《谈汪荣宝》，《三十年闻见录》，岳麓书社 1985 年版，第 143—144 页。

院、各省所订各项单行法及行政法规等，而且直属军机处，除总理、提调、总核由奕劻、载沣、世续、张之洞、鹿传霖、袁世凯等亲王、大臣及三品以上的高官担任外，其下总务处、编制局、统计局和情报局三局一处的官员共48人，其中留学生29人，占总数的58.3%。可见该馆地位的重要和留学生官员的比例之大。该馆最重要的编制局有21人，其中留学生16人，占总数的76%。①

其后，随着宪政改革的进行，留学生又有增加。其中经张之洞保荐，杨度任宪政编查馆行走，在颐和园充当清皇室君主立宪的讲师，对外作君主立宪的宣传，成为清政府推行君主立宪的红人。1908年8月，清廷下达《九年预备立宪逐年推行筹备事宜》谕旨后，宪政编查馆人员再度增加。如1909年1月，为考核"九年限内议院未开以前京外各衙门各项应行筹备事宜"，清廷特在宪政编查馆内设考核专科，章宗祥（留日）、杨度（留日）、钱承志（留日）、吴廷燮、沈林一、赵炳麟为会办，汪荣宝（留日）、恩华（留日）、黄瑞麒为帮办，卢静远（留日）、林炳章为正科员，胡礽泰（留日）、顾鳌、傅岳棻、张志潜、王履康、夏启瑜为副科员。共18人，其中留日学生7人，占近40%。

同年5月21日，宪政编查馆再次奏调7人，其中6人为留学生。他们是：候补四品京堂陆宗舆，日本法政大学速成科肄业；礼部候补主事张则川，日本法政大学毕业；法部候补主事蒲殿俊，日本法政大学速成科毕业；拣选知县许同莘，日本法政大学毕业；顾德邻，进士，德国法政大学毕业；马德润，举人，1903年被派往德国，柏林大学政治学博士。另一位是传统出身的委署内阁侍读殷济。②

1910年，宪政改革已在紧锣密鼓地进行，宪政编查馆又连续奏调进人，特别是到11月30日，辛亥革命的炮声已经把中国震得山摇地动，宪政编查馆再次补充科员三人，其中两人为归国留学生，一个是留学日本的资政院秘书长金邦平，另一个是留学日、美、德的翰林院编修施愚。

---

① 此处基本史料根据尚小明《留日学生与清末新政》（江西教育出版社2003年版）第159页《宪政编查馆职员衔命及出身表》计算分析而得。此书为研究清末留学生的重要专著，也是笔者研究清末留学生的重要参考书，特此致谢！可惜，第7页数据计算分析时有误。

② 《宪政编查馆奏调员分任馆务片》，《政治官报》"折奏类"，宣统元年四月初五日，第562号。

　　由此可见，留学生是宪政编查馆中下级官员的主体。虽然他们没有宪政改革的决定权，但是，如果没有他们这些熟悉外语和宪政知识的留学生特别是留日学生，该馆的工作就难以开展，清廷的筹备立宪也就无法进行。

　　上文对新政时期外务部、商部和宪政编查馆人员构成的分析①，意在说明归国留学生已经成为新政时期一股重要的新生力量。人是历史的创造者，而新政是对旧有体制一场全面的革新，要推动清末社会的变革，在清末这样一个积弊成灾的时期，很难想象在腐朽的清廷内部，在中国几千年封建文化和封建体制的桎梏中，能诞生出推动中国社会发展的积极力量。因此，必须从封建政治体制和教育体制外的人群中选拔；而曾经历域外资本主义文化熏陶、具有新的知识结构的留学生们，在当时则是唯一的不可替代的新生力量。他们进入清末官场，参与新政，既是新政所需，也是他们自己所想。尽管当时他们还很弱小，不可能扭转乾坤，也尽管新政后来被辛亥革命所替代，但是他们在特定的历史条件下，尽其所能，推动了中国社会和文化的转型。

三　起草新政方案，参与和推动变革

　　清末新政是一个从上到下、涉及社会多方面的改革，留学生在其中发挥了多方面的作用，以往论者，在谈到留日学生与清末民初中国社会变革的关系时，常常把他们分为两部分，即革命派或者立宪保皇派。这当然不无道理，但是，科学地说，在清末，无论是以孙中山、黄兴为首的革命派，还是以张謇、康有为、梁启超等为代表的立宪派，其中重要人物大都是留学出身。对前者无人质疑，对立宪派近年来也多有研究，如有的学者认为："留日学生是立宪派中最活跃的一个群体，他们是立宪宣传的主力军、立宪运动的主要组织者和领导者，在整个立宪运动中扮演了重要角色。"② 但为了行文的方便，在此不作辨析，况且，对经历清末中国这种亘古未有之社会大变革的数以万计的留日生而言，在这 10 年的巨大变化又应该是不言而喻的，他们的所作所为有时也很难用革命或立宪或保皇来区分，因此，关键是具体

---

① 教育界和军界等也是留学生趋之若鹜、分布集中的领域。限于篇幅，从略。
② 张学继：《论留日学生在立宪运动中的作用》，《近代史研究》1993 年第 2 期，第 166 页。

问题具体分析。下面从教育和立宪两大方面具体剖析之。

（一）留学生对教育改革的参与和影响

清末的教育改革不仅是新政时期的主要内容和主要成就，也是中国教育史上的巨大变革。以科举制的结束和新的教育体制的萌生为标志，延续了几千年的中国封建教育体系土崩瓦解，具有资产阶级性质的现代教育体制开始诞生。在此过程中，留学生尤其是留日学生积极参与改革，发挥了多方面的作用。

1. 参与新学制的起草

历史发展到晚清，中国传统的封建教育体制、教育内容和宗旨，已远远落后于时代的发展，无法为民族危机的消弭和社会的发展培养所需要的人才，一些具有现代视野的知识分子开始批判旧的教育制度和教育思想，如太平天国干王洪仁玕、中国现代留学运动的奠基人容闳以及郑观应等都提出了要借鉴、学习西方教育制度的主张。①1901年5月罗振玉、王国维在上海创办了《教育世界》，介绍日本学制，也刊载了英、法、德等国的教育情况。随着维新运动的开展，现代教育体制开始酝酿产生。1902年清政府公布了由管学大臣张百熙主持制定的《钦定学堂章程》，即"壬寅学制"。该学制虽未曾实施，但也不失为中国第一个新型学制。1903年张百熙、荣庆、张之洞等又主持制定了《奏定学堂章程》，即"癸卯学制"，并在全国施行，这是中国历史上第一个由官方颁布并在全国施行的新型学制，在一定程度上推动了近代中国学校教育的发展。1905年秋清廷下令废除科举制度，1906年12月设立学部。随后，各省设立提学使司，各州县设立劝学所等。虽然残留较多的封建教育痕迹，对女子教育也不重视，而且在借鉴国外学制时，几乎单纯照搬日本学制的模式，所建立的各级教育行政机关也均以日本文部省为建制模式，新旧杂糅，带有明显的过渡痕迹，缺乏创造性，但毕竟初步建立了一套具有西方现代色彩的教育体制。

虽然到目前为止，我们还不能确定《钦定学堂章程》和《奏定学堂章程》的哪些具体内容是留学生所亲拟，但是学界几乎没有人否定它们与留学

---

① 详见洪仁玕《资政新篇》中《谕天下读书士子》、容闳《西学东渐记》、郑观应《盛世危言》等。

生有关。这是因为，从根本上讲，这两个学制模仿日本学制的痕迹太深，但它又不是一般的照抄，也因此，只有熟悉日本学制的人才能仿拟。这在当时的中国人当中，只有两种人可以做到，一是短期赴日考察的官员，二是留日学生，事实上也正是他们承担了具体的草拟工作。而无论就在日本时间之长，还是就在日本人数之多而言，留学生都无疑要大大超过赴日考察的官员。还因为，考察官员很少懂日文，考察期间的口译、笔译，乃至考察报告等工作都由留日学生充任。如为制定新学制，1902 年新任京师大学堂总教习吴汝纶赴日本考察教育，无论是到文部省听具体情况介绍，还是与日本官员的会谈，所到之处，都是由留日学生章宗祥、吴振麟和张奎等翻译、记录，因此，留学生的作用也就不言而喻。况且，当时的湖北留日学生刊物《湖北学生界》就刊有管学大臣张百熙重视留学生"蓄意甚坚持、虽去官不惜"的说法。留学早稻田大学的陆宗舆后来回忆，自己就曾参加"壬寅学制"中大小学堂章程的草拟。

至于"癸卯学制"的具体拟定者，除了张之洞门人胡钧所说的张亲自拟定的"学务纲要、经学各门及学堂中之中国文学"外，其余具体内容，王国维认为是张之洞的幕僚、曾到日本的陈毅所拟："今日之《奏定学堂章程》，草创之者南陂陈君毅。"有的专家根据张之洞幕僚和学生中的人才情况，还推测胡钧、陈问咸和田吴照（留学日本成城学校）等，"对新式教育很熟悉，他们也极有可能参与了新学制的草拟工作"。这个推论基本可信，可惜未考论其有关人的经历，现补正如下。

胡钧（1869—1943），湖北沔阳人。1902 年壬寅科举人。后赴德国留学，入柏林大学法科。毕业后历任两湖师范学堂堂长、湖北学务处参议、北洋法政学堂监督、山西大学堂监督等。从其对张之洞拟定的《奏定学堂章程》具体内容的了解来看，他在当时不会是局外人；从其经历来看，参与其事也是够格的。

陈问咸，1900 年 5 月 12 日，作为湖北自强学堂学生，与黄兴等被张之洞派赴日本短期学习。据《张之洞全集》所载："外洋各国中小学堂之教科书，皆由官为编定，故师皆善教，教有定程。湖北现拟遵旨开办中小学堂，自以编译教科书为第一要义。经本部堂电商两江督部堂会派湖北农务学堂总经理委员候选光禄寺署正罗振玉，前往日本考求中小学堂普通学应用新出教科书本，董理编译事宜。查应编之书，科目繁多，亟应遴派学有根底之高材生，随同罗署正前往采访购买，分门编译，以期迅速成书，早资应用。查有原派自强学堂之汉文教习陈毅、陈问咸、胡钧、左全孝、田吴照五员，堪以派往，应令该教习等商同罗署正将新出普通学教科各级应备之书，广为采访购买，参酌采择，妥为编纂，呈候本部堂核定，发刊颁用。"① 又据北京师大校史，在1908年5月至1912年5月，陈问咸还曾任北京师范大学的前身京师优级师范学堂监督（校长）。可见他此前已是一位教育专家。

田吴照，1897年入两湖书院，因得张之洞赏识，留学日本成城学校，回国后任湖北自强学堂教习。1901年任湖北学务处审定科帮办，同年底，随罗振玉等赴日考察教育，次年中举。1905年随清廷五大臣出洋考察，回国后编有《欧美教育规则》，并著《考察教育意见书》。1906年冬，以学部查学委员视学山西。1908年10月，任游日学生监督及使署参赞，1911年回国。

由上可见，陈毅、胡钧、陈问咸、田吴照等人，在《奏定学堂章程》颁布前已由张之洞派往日本两次，有的还在日本留学。如董鸿祎1901—1904年就读于早稻田大学政治科，回国后长期任职学部。因为张之洞幕中有这样一些熟悉日本教育情况的留学生和游历过日本的人，所以，他们受命起草完全是可能的，也是应该的。但今之论者在论及留日学生与清末教育改革的关系时，大都引用民初教育家蒋维乔的一句话"当时学制起草者，皆日本留学生"，来证实留日学生的贡献。其实蒋维乔是在南京临时政府成立后应蔡元培之邀方进教育部，他说的"当时学制"并不是指《奏定学堂章程》中的学制，而是指1912—1913年《壬子癸丑学制》。而且，民初教育部有70人，其中60多人有留日背景，也正在起草学制，因此蒋维乔之语所指很准确。但粗心者一旦断章取义写入文中，而其他人又不去核实，竞相引用，不亦悲乎！虽然事实应该是那样，但用蒋维乔的话来证明却是张冠李戴。

2. 参与教育发展规划的起草

在此，需要先梳理"入阁"学部的留学生的情况。因为，这里所指的

---

① 张之洞：《札罗振玉等前赴日本编译教科书并派刘洪烈赴日本考察教法、管学事宜并咨会出使日本大臣》，光绪二十七年十月二十五日，见苑书义等编《张之洞全集》，河北人民出版社1998年版，第4155页。

教育规划是在学部成立后出台的，而学部的设立，意在建立掌管全国的教育机构，规划原有教育体制的改革，推进新式教育的发展。只有"入阁"才有机会参与这项工作。遗憾的是到目前为止，还没有一个准确的名单，但就已知的材料看，能够参与其事的熟悉新式教育者，莫过于留学生，尤其是在数量上占绝对优势的留日学生。因此，学部自成立之日起，就源源不断地调拨留日学生入部办事，人数之多，远在其他各部之上，且多为一时之选。如《留日学生与清末新政》提到的重要留学生即有范源濂、何燏时、陈宝泉。范源濂（1875—1927），湖南湘阴人。早年就学于长沙时务学堂。戊戌变法失败后流亡日本，入东京高等师范学校学习。1904 年应清廷电召回国，任学部主事。民国后任教育部次长、教育总长。何燏时（1878—1961），浙江诸暨人，1898 年留学日本。1905 年东京帝国大学毕业，获工科学士学位。1906 年春回国任浙江省矿务局技正，同年冬调任学部专门司主事兼京师大学堂教习，后任工科监督，1912 年任北京大学首任校长等。陈宝泉（1874—1937），天津人，1903 年到日本学习师范，1904 年回国，1905 年任直隶学务公所图书课副课长，同年底随严修到清廷学部任主事，拟订学部开部之计划，改定中等以下学堂章程，主持图书局和编纂教科书的工作，升郎中。又曾任普通教育司师范科员外郎。1912 年任北京高等师范学校校长。

　　从他们的经历和任职来看，可以说都是一时之选。此外还有林棨、高步瀛、戴展诚、路孝植等。① 尚小明认为"他们多担任主事、郎中、员外郎等

---

　　①　林棨，福建闽侯人，日本早稻田大学政治经济科毕业。1903 年编译《国际公法精义》由译书汇编社出版。回国后历任进士馆及仕学馆教习、教务提调、学部参事、京师法政专门学校教务长、宪政编查馆统计局科员。1909 年任京师大学堂法政科监督等。高步瀛，1894 年中举人，1902 年赴日本宏文学院留学。1906 年任学部侍郎，后调任图书局主编。戴展诚，湖南常德人，1895 年中进士，与康有为同科，在北京会试时参与"公车上书"，初任"翰林院庶吉士，改调学部，历任总务司员外郎，郎中右参议"。1901 年宋教仁科举考试结束次日，即投门生贴拜见这位创办明达学堂、参与维新运动的常德进步人士（钟发喜《宋教仁与漳江书院》，http：//www.taoyuan.gov.cn/tywh/ArticleShow.aspx？id=21338）。又据北冈正子证实："1902 年 10 月，弘文学院举行了因等待加纳治五郎回国而延期了的第一次毕业典礼。毕业生是与弘文学院设立同时入学的湖南省派遣来的速成师范科的学生。"（〔日〕北冈正子：《鲁迅改造国民性思想的由来——加纳治五郎给第一批毕业生讲话的波澜》，《鲁迅研究月刊》2002 年第 3 期，靳丛林译自《日本异文化中的鲁迅——从弘文学院的入学到退学事件》第六章《加纳治五郎给第一批毕业生讲话的波澜》，日本关西大学出版社 2001 年版，译文正题系译者所加）。当时湖南派往日本学习 6 个月速成师范科的有 10 名，戴展诚与杨度作为旁听生参加。当时杨度和加纳治五郎就中国的国民性问题展开了多次论辩，戴展诚几乎场场必到。戴展诚与杨度是去考察日本国民教育的。路孝植，陕西周至人。1900 年留学日本高等农业学校。1906 年清政府给予举人出身，任学部总务司机要科员外郎等。民国成立后任教育部佥事、北京农校校长。

职，负责各项具体工作"①。1901 年底留学日本东京物理学校的王国维，根据其年谱记载，他做的具体工作更可明了。1906 年春，他随罗振玉进京，任学部总务司行走，是年撰《教育小言十二则》《奏定经学科大学文学科大学章程书后》《论普及教育之根本办法（条陈学部）》。此外，刘崇杰还被学部奏调为"驻日调查学务委员"②，具体工作是及时了解日本教育发展的新动向。

因此，留日学生对清末教育改革的影响甚大，其"各项规章制度多为留日学生所订或于其中发挥重要作用。如学校制度方面，有《女子师范学堂章程》《女子小学堂章程》《法政学堂章程》《变通初等小学章程》等；教员任用方面，有《奏定检定小学章程》《优秀小学教员章程》等；考试奖励方面，有《改定各学堂考试章程》《高等学堂毕业调京覆试各办法》《考试游学毕业生章程》等；图书教材方面，有《审定中小学教科书目》《编辑各种教科书并答各省学司翻印初高两等小学教科书办法》《各省图书馆通行章程》等。此外，在筹措教育经费、派遣留学生、审定编订教科书，巡视京外学务和进行全国学务统计等方面，留日学生也无不参与。"③

3. 参与新式学堂的创建、教学和管理

自 1862 年设立京师同文馆开始，中国有了新式学堂，但数量有限。新政开始后特别是 1905 年废除科举制之后，清政府大力倡导发展新式教育，新式学堂也就像雨后春笋般地涌现。这为广大有识之士特别是留学生参与新

---

① 尚小明：《留日学生与清末新政》，江西教育出版社 2003 年版，第 53 页。但对恒钧、刘宝和与陈榥未介绍。目前已知的情况是：恒钧，清宗室，鸦片战争时靖逆将军奕山玄孙。早年官派留日，就读于早稻田大学教育及历史地理科，办《大同报》，主张"满汉融和"。1907 年与熊范舆、沈钧儒、雷光宇领衔给清廷上了第一份要求速开国会的请愿书。1908 年创办《中央大同报》。民国后曾任国会议员等。陈榥（1872—1931），浙江义乌人。秀才，后入杭州求是书院研读数理。1898 年官费留学东京帝国大学造兵科。毕业后留日本编撰数学、物理学、心理学等大专教材，运销国内，风行一时。在日本先后加入光复会、同盟会。1911 年回国，任陆军部军实司科长。1914 年任北京大学数理教授。刘宝和是否留学日本宏文学院等，待查。

② 《学部奏派刘崇杰等为驻日本调查学务委员片》，光绪三十二年十二月十六日，见陈学恂、田正平编《中国近代教育史资料汇编·留学教育》，上海教育出版社 1991 年版，第 370 页。刘崇杰（1880—1956），福建闽县人。清光绪三十二年（1906）毕业于日本早稻田大学政治经济科。回国后，任福建法政学堂监督兼教务长、教育部福建学务视察员，是《新译日本法规大全》的译校骨干。宣统二年（1910）起，任驻日使馆一等参赞等。

③ 尚小明：《留日学生与清末新政》，江西教育出版社 2003 年版，第 53—54 页。

式学堂的创建、教学和管理提供了千载难逢的机会。

由于清末学制和教学内容深受日本学制和教学内容的影响，而且鉴于师资的缺乏，1907 年 3 月 25 日，清廷规定：

> 凡此次所选派之出洋游学生及以前学务大臣暨部先后所派之官费出洋游学生，将来毕业归国，皆令充当专门教员五年，以尽义务。其义务年限未满之前，不得调用派充他项差使。①

实际上在此之前，许多留日生回国后已经积极参与创办新式学堂，或者担任教职。如湖南的胡元倓于 1902 年与何炳麟、朱剑凡等入东京弘文学院速成师范班学习，"考察日本明治维新的成功，认为得力于教育的发展"②，1903 年回国后，集资两千余元为开办经费，在长沙创立的明德学堂，乃湖南第一所私立新式中学堂。③ 朱剑凡先后捐献价值 11 万多银两的资产创立了周南女学。浙江的徐锡麟 1903 年留学日本，1905 年与陶成章等在绍兴创办大通师范学堂。贵州的周恭寿 1904 年留学日本，回国后在贵阳创办了 11 所中小学堂。④ 1905 年 11 月，为反对日本文部省颁布的《取缔清国留日学生规则》，东京 8000 余名留日学生罢课抗议，其中 3000 余名退学回国，返抵上海。1906 年 2 月留学生中的姚洪业（东京铁道学校）等多方奔走，募集经费，筹办中国公学，1906 年 4 月正式开学。此外，李士伟创办了北洋师范学堂，田吴照创办了南京暨南中学堂，侯鸿鉴创办了江苏无锡的竞志女学等。其他许多新式学堂也都是归国留日学生所创办，如后来成为著名的民主人士、1949 年曾任中央人民政府副主席的张澜，从日本弘文学院回国后，

---

① 《学部：附奏官费游学生回国后皆令充当专门教员五年片》，光绪三十三年三月二十五日，见陈学恂、田正平编《中国近代教育史料汇编·留学教育》，上海教育出版社 1991 年版，第 74 页。

② 长沙明德中学校友会办公室：《胡元倓先生传略》，见长沙市政协文史资料委员会编《长沙文史资料》第 5 辑，1985 年版，第 1—2 页。

③ 1903—1941 年称明德学堂，1941 年更名为湖南省立明德中学，1952 年改为长沙第三中学等，1983 年恢复明德中学校名。民国时期有"北有南开，南有明德"的美誉，黄兴、陈天华、张继、陈果夫、周小舟、任弼时等近代名人，陈翰笙、金岳霖、张孝骞、肖纪美、廖山涛、丁夏畦、艾国祥、刘经南、吴耀祖、蒋廷黻、柳诒征、张伯毅、向达等院士都是明德校友。

④ 何静梧：《辛亥革命前后的贵阳教育》，见贵州省贵阳市政协文史资料委员会编《贵阳文史资料选辑》第 2 辑，1981 年版，第 127—141 页。

先后创办了民立初等、高等小学堂等。

　　留学生创办了新式学堂，自然地也就成为学堂的管理者，很多还是清廷及地方政府任命的官办学堂的管理者，直接参与了学堂的管理与教学。如留学英国的严复任安徽大学堂监督；留学日本法政大学的周震麟、留学德国柏林大学的李傀先后任湖南高等学堂教务长；留学美国斯坦福大学的邵裴子、留学日本东京帝国大学的陈大齐，先后担任浙江高等学堂教务长；留学日本东京帝国大学的颜楷、日本法政大学的骆成骧先后任四川高等学堂监督；留美幼童出身的梁敦彦、唐绍仪先后任北洋大学督办，等等。有的学堂的监督和教务长几乎都是归国留学生，如1906年创建的浙江两级师范学堂：

　　　　监　督　邵　章：日本法政大学
　　　　　　　　喻长霖：进士
　　　　　　　　王廷杨：日本法政大学
　　　　　　　　沈钧儒：日本法政大学
　　　　　　　　夏震武：进士
　　　　　　　　袁嘉毂：东京高等师范学校
　　　　　　　　孙智敏：日本法政大学
　　　　　　　　徐定超：进士
　　　　教务长　经亨颐：东京高等师范学校
　　　　　　　　张孝移：日本早稻田大学
　　　　　　　　杨乃康：日本早稻田大学
　　　　　　　　许寿裳：日本宏文学院

　　监督和教务长先后共12人，其中归国留学生9人，占总数的3/4。沈钧儒后来在新中国成立初曾任最高人民法院院长。

　　又如1908年创办的北洋法政学堂：

　　　　监　督　黎　渊：日本中央大学
　　　　　　　　熊范舆：日本早稻田大学
　　　　　　　　张鸣珂：进士

胡　钧：留日、留德

李　榘：日本政法大学

教务长　籍忠寅：日本早稻田大学

监督和教务长先后共 6 人，其中归国留学生 5 人，占总数的 5/6。

据统计，在清末 116 所主要官办学堂的监督、教务长等管理人员中，其中 76 所由归国留日学生担任，占所调查学堂总数的 65.5%；在全部 340 名监督和教务长中，留日出身者有 127 名，占 37.4%。[1] 由此可见回国留日生在清末新式学堂管理层中举足轻重的地位。

为了检查各地新式学堂的办学情况，清廷还设立视学制度，巡视各省学务。视学官虽然不是学堂的具体管理者，却是上级部门派来检查、督促的官员，因此，也可以说是特殊的管理者。1909 年学部颁布的《视学官章程》规定，全国设 12 个视学区，每一学区设视学官 2 人，每省设视学员 6 人，每县设视学员 1 人。视学员"深明教育原理者方为合格"，"每区所派视学官须有精通外国文及各种科学者一人，以便考察中学以上之教法"[2]。而省视学员则由"曾习师范，或出洋游学，并曾充当学堂管理员、教员积有劳绩者充任"[3]。因此，一般科举出身的难以具备这种资格，很多留日学生得以捷足先登。如 1909 年戴展诚到河南、江宁、安徽、江西、湖南等省视学抽查；1910 年留学日本的刘宝和、萧友梅奉派视察直隶、山西两省学务。

在清末兴办的新式学堂中，不少留日学生担任教师，成为师资的主要来源。如后来成为中共创始人的陈独秀，从日本回国后，1904 年在安徽芜湖创办《安徽俗话报》，并兼安徽公学及附设的安徽速成师范学堂教师。后来又与徽州旅芜同乡会创立徽州初级师范学堂，任"监学"和教育、地理、东语等课程教员。又如著名文学家鲁迅，1902 年东渡日本，先后在宏文学院和仙台医专学习，1909 年回国，被聘为杭州浙江两级师范学堂优级师范的生理卫生学和初级师范的化学教员，兼任植物学日语翻译，与从日本宏文

①　尚小明：《留日学生与清末新政》，江西教育出版社 1992 年版，第 77 页。

②　《学部奏遵拟视学章程折》，《广东教育官报》1910 年第 4 期，第 20—21 页。

③　《奏定各省学务官制办事权限并劝学所章程折》，宣统元年，见学部总务司案牍科编《学部奏咨辑要》卷 1，第 53 页。

学院回来的夏丏尊同事。"那时两级师范学校有许多功课是聘用日本人为教师的，教师所编的讲义要人翻译一下，上课的时候也要有人在旁边翻译……周先生担任生物学科方面的翻译。"① 其实，单纯的学堂管理者很少，他们基本上都担任一门或多门课程的教学。

因此，留学生归国后大都从事过教育工作，从根本上更新了晚清教育界的师资结构。据郑世兴统计，1907 年在全国专门学堂、各种实业学堂和优级师范的教员中，留学生出身者 757 人，占教员总数的 26.1%。② 实际上，在当时中等以下学堂的管理者和教员中，留学出身者占有的比例也不会低。据统计，在清末各省优级师范学堂的 467 名教员中，归国留学生有 144 名，占 30.8%；在全国 23 个行省的 1171 名专门学堂教员中，归国留学生有 370 名，占 31.6%；在 1544 名实业学堂教员中，归国留学生有 243 名，占 15.7%③。在这三种学堂教员中，归国留学生平均占 26%，这个比例，就是今天看来也是比较高的。

4. 积极编写教科书

在中国现代教科书编纂史上，19 世纪中后期主要是西方传教士编纂的居多。随着留日大潮的涌起，从 19 世纪末到 20 世纪初，留日学生逐渐替代了西方传教士，成为编纂教科书的主力。新政之初，曾任清廷出洋学生总监督的夏偕复，建议中国教科书的编纂应以日本教科书为蓝本："虑始之际，似可取日本现行之教科，师其用意，略为变通，颁而行之，作为底稿，然后视所当增减，随时修改，以至于宜。"④ 这种看法，在当时具有相当的代表性。直到辛亥革命前，清末中等以上各级各类学堂的教材大都译自日文，其中，留日学生功推第一。他们一边翻译日本现成教科书，一边自编新的教科书，还组建了一批教科书编译机构。如宏文学院讲义录编辑部、清国留学生会馆、湖南编译社、东京同文印刷社等。其中陆世芬主持的教科书译辑社为专门译介教材的翻译团体，专门编译中学教科书，备国内各学堂选用。1903

---

① 夏丏尊：《鲁迅翁杂忆》，见茅盾、巴金等《忆鲁迅》，人民文学出版社 1956 年版，第 3 页。

② 郑世兴：《中国现代教育史》，(台北)三民书局 1981 年版，第 62—78 页。

③ 尚小明：《留日学生与清末新政》，江西教育出版社 2003 年版，第 144 页。

④ 夏偕复：《学校刍言》，见璩鑫圭、唐良炎编《中国近代教育史资料汇编·学制演变》，上海教育出版社 1991 年版，第 183 页。

年 4 月该社刊行的书目就有中学物理、生理、化学、地理、代数、几何等教科书，几乎包括了中学所有门类的理科教科书。

1906 年，清廷学部下设编译图书局，专门负责教科书的编写，参与此项工作的大部分是留日出身者。一些原来精于此道的留学生被调到该局，如陈宝泉即被调任图书局任总办，主持教科书的编辑，审定中小学教科书书目。更多的归国留学生被各出版机构争相罗致，或为编辑，或任撰述，参与教科书编译工作。当时国内新出现的商务印书馆、广智书局、时中书局、文明书局等，因竞相编辑出版教科书，更是高薪聘请留日学生。

1906 年，学部在 1903 年京师大学堂《暂定各学堂应用书目》的基础上，公布了一批中小学用教科书，其中多为留日学生翻译或编著，如作元八著《欧罗巴通史》，胡景伊等译；矢津冒永著《世界地理学》，吴启孙译；［美］斯起尔著《中学生理科教书》，何燏时译补；［美］那尔德著《化学探原》，范震亚译；杨廷栋著《理财学教科书》；陈文哲编《普通应用物理教科书》；蒋智由编著《中学修身教科书》；李春辑译《新撰小学体操法》等。

教育改革是清末新政中硕果辉煌的领域，新式教科书的使用为从根本上改造和培养晚清中国的一代新人提供了最重要的精神食粮，在不同程度上加速了中国传统封建教育的断裂。故留学生的功绩实非功利主义观所能概括。

（二）留学生对预备立宪的参与和影响

在清末新政中，政治体制的改革最为重要也最为艰难。作为刚进清廷封建体制内的留学生而言，当然没有决定权，但是他们利用一切可能的时机和场所，参与和影响清末的预备立宪，推动封建体制的艰难转型。

1. 随五大臣出国考察政治

1905 年 12 月，在朝野内外的压力下，清廷派出 5 位大臣出国考察政治、国体。一路为湖南巡抚端方和户部侍郎戴鸿慈，前往美、德和奥地利考察；另一路为镇国公载泽、山东布政使尚其亨、顺天府丞李盛铎，前往日、英、法和比等国。这是清廷准备仿行立宪政体的最初行动，也是清朝立国以来首次出国考察外国政体的非常之事，需要方方面面的人才。为此，五大臣受命后，不仅将京城内外名士搜索一空，还特别注意收罗"新贵之卒业之留学生"①，组成了两个庞大的代表团（见表1—7、表1—8）。

表1—7　　　　　　1905 年出洋考察政治五大臣端方一路随员教育背景

姓名	功名	教育背景	任职情况
陆宗舆	"举人"	日本早稻田大学	内阁中书
关赓麟	进士	日本宏文学院	兵部主事
王丰镐	举人	英国伦敦格林大学	候选道
温秉忠		美国麻伍斯特工学院	道员衔
施肇基		美国康奈尔大学	候选知府
伍光建		英国格林尼茨海军学校、伦敦大学	候选知府
陈琪		游学英国	选用同知
岳昭燏		驻俄公使馆留学生	候选知县
田吴照		日本成城学校	选用知县
舒清阿		日本陆军士官学校	常备军统带官
唐文源		留学美国	候选盐大使
唐元湛		留美幼童	
冯祥光		留学德国	道员
周宏业		日本早稻田大学	
张大椿		留学美国	
高而谦		法国学部律例大书院	
魏子京		留学法国	
王建祖		美国加州大学伯克利分校	
张煜全		美国耶鲁大学、加利福尼亚大学	
陈锦涛		美国耶鲁大学、加利福尼亚大学	
继先		留学美国华盛顿	
王宠佑		美国加利福尼亚大学、哥伦比亚大学	
陈箓		法国巴黎学院	
王继曾		法国巴黎高等商业学校、巴黎政治大学	
饶善明		留学德国	

---

① 《中国人才消乏之一斑》，《大陆》1905 年第 3 卷第 9 期，第 52 页。

续表

姓名	功名	教育背景	任职情况
马德润		德国柏林大学	
柏山		留学俄国	
王伊			户部主事
邓邦述	进士	科举	翰林院编修
关冕均	进士	科举	翰林院编修
熊希龄	进士	科举	翰林院庶吉士
麦鸿钧	进士	科举	翰林院庶吉士
龙建章	进士	科举、京师大学堂	户部主事
刘若曾	进士	科举	长沙府知县
姚广顺		科举	湖南补用参将
光裕		科举	礼部郎中
潘睦先		科举	湖北候补同知
朱纶	监生	科举	候选同知
陈毅		科举	湖北候补知州
罗良鉴		科举	江苏震泽知县
恒晋		科举	直隶候补知县
金焕章		科举	湖北候补知县
关葆麟			
吴勤训			
谢学瀛			高等学堂教员
刘驹贤			
管尚平		外国学校	知州
金鼎			
蔡琦			
陈永海			翻译
巴斯		外国学校	洋员
柏克乐		外国学校	洋员

表 1—8　　　　　　1905 年出洋考察政治五大臣载泽一路随员教育背景

姓名	功名	教育背景	任职情况
唐宝锷	"进士"	日本早稻田大学	翰林院检讨
柏锐		留英	商部员外郎
钱承志	进士	日本东京帝国大学	商部主事
曹复赓		日本神户关西学院	县丞衔
陈恩焘		留学英、法	
冯国勋		留学日本	
戢翼翚	"进士"	日本早稻田大学	外务部主事
刘恩源		留德	分省试用县丞
黄瑞麟	进士	科举；留学法、英	
钱锡霖		美国纽约大学	候补知府
欧阳祺		美国纽约大学	
沈觐宸		比利时布鲁塞尔财政大学	
杨守仁		日本早稻田大学	
蒋履福		比利时布鲁塞尔大学	
杨道霖	经济特科	科举	商部员外郎
李焜瀛		科举	候选郎中、刑部员外郎
关景贤		科举	候选知府
左秉隆		科举	道员
周树谟	进士	科举	江西道监察御史
刘彭年		科举	湖广道监察御史
杨寿楠		科举	
姚鹏图		科举	知县
刘钟琳	进士	科举	
夏曾佑	进士	科举	直隶州知州
严璩		留学英国	
钱恂		科举	知府
赵从蕃	进士	科举、京师同文馆	
尚久勤		科举	
王慕陶	附生	科举	民政部部员
德奎			

续表

姓名	功名	教育背景	任职情况
葆　椿	进士	科举	
周蕴华	进士	科举	
刘长礼			
韩宗瀛	贡生	科举、上海广方言馆、京师同文馆	
喜　源		科举	湖北候补道
郑葆琛		科举	知府
周光荣	附生	科举	道员
文　澜		科举	知县
杨灿麟		科举	候补知府
张允恺	举人	科举	
徐世襄			
段庆熙	拔贡	科举	
赵葆泰		科举	
吴宗濂		科举	

资料来源：根据尚小明《留日学生与清末新政》第156—159页增补、改制。其中增补、改正：1. 唐元湛，第二批留美幼童；温秉忠，第二批留美幼童，美国麻伍斯特工学院；2. 教育背景栏下增加"科举"；3. 表中唐宝锷、戢翼翚等原无"出身"，但此时他们已通过留学生考试，得"进士"出身；陆宗舆，非进士出身，但此时已通过留学生考试，获"举人"出身。为与科举出身相区别，新增加的出身加引号。

表1—7所列代表团为端方和戴鸿慈带领，随员共52人，留学生28人，减去洋员2人，占中国随员总数的56%；表1—8为载泽、尚其亨和李盛铎带领，随员共44人，其中留学生15人，占随员总数的34.1%。两路中国随员共94人，留学生占45.7%。在考察过程中，五大臣沿途还不时招揽海外留学生充当随员。而这些临时性的随员有的并不在表中，如杨度等。因此，实际上留学生随员的比例更大，其承担的事务和作用也就更大。

更重要的是，由于五大臣和传统教育体制下的"随团名士"随员不懂外语，所以考察工作主要依靠通晓外语、比较了解外国情形的留学生随员来承担，故其作用也就更显重要。他们不仅担任译员，还要采访调查，编译资料，撰写报告。考察五大臣也很注意发挥他们的作用。如后来成为著名外交家的留美生随员施肇基回忆：“端方对余极为倚重，沿途事务不论巨细，皆与余商议而行。”① 戴鸿慈在考察日记中写道：“此行需才甚亟，凡从前留学诸生，苟可相助为理者，必令为一臂之援，固夙愿也。”② 日本还将留日学生参与考察的活动写入宏文学院的讲义：“唐（宝锷）、戢（翼翚）两氏此次随考察政治大臣载泽殿下行，任调查日本政治制度之责，克尽力于开发国运，其影响于清国前途者，正未有艾也。”③ 陆宗舆还因此被清廷升为二等参赞。

1906 年 8 月考察结束，五大臣向清廷呈递了考察报告，提议按所拟方案立宪。9 月 1 日，清廷遂正式宣布“仿行宪政”。就留学生随员而论，他们的重要功绩在于编译了西方和日本政治体制方面的大量资料，编成《列国政要》133 卷，其中以端方名义编辑的就有 30 部，另有《欧美政治要义》18 章，为清廷的政治改革提供了重要的借鉴。至于向清廷呈递的考察折子当然非常重要，长期以来多认为是出自当时在日本留学的杨度笔下，但近年来有争议。④ 这自然对评价留学生的作用有所影响，不过并没有从根本上减弱留学生在宪政改革中的重要性。因为 1907 年清廷又派达寿等再次赴日考察政治的过程，则又一次证明了留学生的作用。这次考察编有《日本宪政史》等五种 15 册，呈递《奏考察日本宪法政情形折》等，从宪法、议会、官制等多方面分析了日本宪政的特点，论证中国仿日行宪的可行性，促使清廷确立了模仿日本明治宪政的模式，而这些“都属留学生为之”⑤。更确切地说，这里的留学生更多的是指留日学生。退一步讲，即使就 1906 年上呈的

---

① 施肇基：《施肇基早年回忆录》，（台北）传记文学出版社 1985 年版，第 47 页。

② 戴鸿慈：《出使九国日记》，《走向世界丛书》之一，岳麓书社 1986 年版，第 349 页。

③ 日本宏文学院：《讲义录》第 1 编，见舒新城编《中国近代教育史资料》上册，人民出版社 1981 年版，第 264 页。

④ 呈递清廷的考察折子，系戴鸿慈与端方联衔上呈的奏稿。长期以来论者采用陶菊隐说法，认为是由后来曾任国务总理的随员熊希龄执笔，但参考了流亡东京的梁启超和杨度所写的宪政研究资料，见陶菊隐《筹安会六君子传》，中华书局 1901 年版，第 22—26 页。北京大学教授夏晓虹 2008 年撰文《从新发现手稿看梁启超为出洋五大臣做枪手真相》，否认此说，认为为出洋五大臣捉刀的乃是梁启超，与杨度无涉；而且，所谓杨度撰两折，梁启超撰一折，查无文本。实际是“1906 年 6、7 月间，梁启超为清廷派遣的出使各国考察政治大臣戴鸿慈与端方代拟了五篇奏稿，即《请定国是以安大计折》《请改定官制以为立宪预备折》《请定外交政策密折》《请设财政调查局折》与《请设立中央女学院折》”。见夏晓虹著《燕园学文录》，复旦大学出版社 2011 年版。

⑤ 刘锦藻：《清朝续文献通考》卷 393，《宪政一》，商务印书馆 1955 年版。

《立宪预备折》而言，最后定稿的肯定是戴鸿慈与端方，尤其是后者，而他们的行为无疑受到了留学生们的影响。特别是载泽"为留学生所迷，极力推陈出新"①，以致在面见慈禧时，竟不惜"破釜沉舟，剀切陈奏"，使得"两宫大为之动容"②。也正因此，顽固的慈禧太后才下决心预备立宪。

2. 起草多种立宪文件

在清廷筹备立宪过程中，留学生尤其是留日学生还为清廷起草了许多重要的法规，如《丙午官制改革草案》《咨议局及资政院章程》《内阁官制与弼德院官制草案》《宪法大纲》《大清宪法草案》等。

起草《丙午官制改革草案》　1906 年（农历丙午年）9 月 1 日，清廷发布"仿行宪政"上谕，明确指出预备立宪应从官制入手。接着，又颁布改革官制谕，成立官制编制馆，作为编纂官制方案的专门机构。其编制大臣等上层主事者当然是清朝贵族，如载泽、铁良以及汉族出身的中央大员如老谋深算的袁世凯等，但具体的职员则"多东西洋毕业生"③。其中金邦平、汪荣宝、曹汝霖、张一麐等为起草课委员，陆宗舆、邓邦述、熙彦为评议课委员④。以此为标志，清王朝最后一次政治改革——筹备立宪正式开始，而官制改革则是宪政改革的第一步。官制编制馆拟定的方案直接关系到宪政改革的方向。1906 年 11 月 2 日，编制馆向清廷呈递了《厘定中央各衙门官制缮单进呈折》。该草案试图仿照三权分立的原则，以责任内阁来代替原来以军机处为政务中枢的部院制，先设立带有议会性质的资政院，司法独立。虽然新官制草案遭到了来自各方既得利益者的坚决反对，三权分立的原则也被 11 月 6 日清廷发布的上谕否决，但是，各部院的调整方案基本上得到了批准，机构设置从而趋向合理。特别是清廷同意将刑部改为法部，专任司法；将大理寺改为大理院，专掌审判，使司法在名义上实现了独立，这是中国司法史上一个前所未有的变革。其中留学生的努力不容忽视。

---

① 陈旭麓等主编：《辛亥革命前后》，见《盛宣怀档案资料选辑》之一，上海人民出版社 1979 年版，第 28 页。

② 同上书，第 26 页。

③ 张一麐：《古红梅阁笔记》，《心太平室集》第 8 卷，见沈云龙主编《近代中国史料丛刊》，（台北）文海出版社 1966 年版，第 472 页。

④ 《立宪纪闻》，见中国史学会主编《辛亥革命》（四），上海人民出版社 1957 年版，第 18 页。

　　起草《宪法大纲》《大清宪法草案》　　宪法乃现代国家根本大法，但清王朝是封建君主制国家，并无宪法。因此，制定宪法就成为宪政改革的头等大事，清廷也格外重视。1908 年 7 月 22 日谕旨下达后即开始，先由奕劻、载泽、溥伦等满族出身的王公大臣确定"巩固君权"的编纂原则，然后再由宪政编查馆谙习法政的职员具体拟定，其中"汪荣宝、杨度所拟居多"①。由于编纂原则已先行出台，最后，草稿又由奕劻等检查厘定，因此，1908 年 8 月 27 日公布的《钦定宪法大纲》，虽然是参照日本帝国宪法制定，但关于皇帝权力的规定比日本天皇还要大，这自然让人大失所望，与众人期待的立宪目标相差甚远。但这与具体的留学生起草人无关。而且，对"臣民权利"的承认不能不说是一大成绩，如规定臣民在法律内的言论、著作、出版及集会、结社等自由，以及非按法律规定不得加以逮捕、监禁、处罚，财产及居住场所不受侵扰等。这是中国历史上第一次以宪法的形式对臣民权利和义务的规定。

　　《大清宪法草案》的出台也有与上述相似的情况，且更有戏剧性。本来，杨度先起草了预备立宪的《逐年筹备事宜清单》，并与《宪法大纲》同日公布。《逐年筹备事宜清单》实际是预备立宪的一个逐年计划，原来杨度草稿拟定的预备立宪时间是 5 年，但被清廷改为 9 年，② 为此，受到立宪派乃至革命派的强烈质疑和反对。1909 年，立宪派发动了三次宪政大请愿。究竟是 5 年合适还是 9 年合适，国内外的学者意见不一，很难定论，③ 在此不作分析。

　　需要指出的是，清廷被迫于 1910 年 11 月 5 日颁布上谕，任命溥伦和载泽为纂拟宪法大臣，命其讨论修改。又于 1911 年 3 月 20 日任命度支部右侍郎陈邦瑞、学部侍郎李家驹和民政部侍郎汪荣宝为协同纂拟宪法大臣。那么这三人出身情况又如何呢？陈邦瑞，1855 年生，浙江慈溪人。光绪元年（1875）己亥科举人，次年丙子科进士。历任户部左侍郎、吏部左侍郎、度

---

① 胡思敬：《国闻备乘》卷 2，见荣孟源、章伯锋主编《近代稗海》第 1 辑，四川人民出版社 1985 年版，第 268 页。

② 杨云慧：《从保皇派到秘密党员——回忆我的父亲杨度》，上海文化出版社 1987 年版，第 32 页。

③ 代表性的观点，可参见侯宜杰《二十世纪初中国政治改革风潮——清末立宪运动史》，中国人民大学出版社 2011 年版。

支部右侍郎等职。宣统三年（1911）出任袁世凯内阁弼德院顾问大臣。也就是说，他在 55 岁时被调任协同纂拟宪法大臣，参与《大清宪法草案》的修订工作，而此前则看不出他与法政的任何联系。李家驹则不同，1871 年生，汉军正黄旗人。光绪进士，授翰林。1903 年任湖北学政，后调东三省，不久任京师大学堂监督，授学部右丞。1907 年任考察日本宪政大臣，授内阁学士。1909 年署理学部左侍郎。应该说，他与宪政还是有联系的。更值得注意的是清廷对汪荣宝的擢拔，表明清廷在水深火热之中对这个留学生法学家的青睐。因此，宪法草稿的起草实际上是汪荣宝和李家驹所为，他们对是否限制皇帝权力还发生了争执，因为汪主张限制皇权。①

　　然而，历史的发展似乎在嘲弄他们的开明与保守，因为他们还没来得及将宪法草稿提交，辛亥革命的枪炮声已经骤然响起，摄政王载沣在十万火急之中，接受了资政院取消皇族内阁、召开国会的建议，后又被迫接受了留学生张绍曾和蓝天蔚等提出的等同于最后通牒的"政纲十二条"，命令资政院用三天时间制定和通过了中国第一部宪法《重大宪法信条十九条》，史称《十九信条》。其基本精神是在保障皇权的条件下进行君主立宪，如"一、大清帝国之皇统，万世不易。二、皇帝神圣，不可侵犯"。另外，为了平息人们对"皇族内阁"的愤怒，在第八条规定"皇族不得为总理及其它国务大臣，并各省行政官"中，对皇帝的权力也有所限制，如"三、皇帝权以宪法规定为限"，虽只字未提人民的权利。但与此前公布的宪法相比，仍有很大的进步，不仅缩小了皇帝的权力，还扩大了议会和总理的权力，确立了类似英国的议会内阁制，且具有临时宪法的性质。这个《十九信条》也出自留学生之笔，起草人为易宗夔。但根据其经历，有的恐非其所愿。从其下面的有关记述中即可印证一斑。

　　易宗夔（1874—1925），原名鼐，戊戌变法失败后改名宗夔。湖南湘潭人，早年与谭嗣同等创立南学会，戊戌变法期间任《湘学报》编辑。光绪二十四年（1898）其在《湘报》第 20 号发表《中国宜以弱为强说》，认为中国的祸患是"君权太重，民气不伸"，主张"利之所在，听民自兴之；害

---

① 详见《汪荣宝日记》，宣统三年六月十五日，《北京大学图书馆馆藏稿本丛书》，天津古籍出版社 1987 年影印本，第 956 页。

之所在,听民自去之";"一切制度悉从泰西","改法以同法"即"西法与中法相参";"通教以绵教"即"西教与中教并行"。该文发表后,震动一时,成为湖南宣扬西化第一人。湖广总督张之洞斥之为"匪人邪士,倡为乱阶","十分悖谬,见者人人骇恐",咒之为杂种,要求陈宝箴、黄遵宪予以阻止。陈宝箴亦称"前睹易鼐所刻,骇惊汗下"。光绪二十九年(1903),易被选送日本入东京法政学堂学习法政,与宋教仁交往,入政闻社。归国后,任湖南咨议局议员。1909 年冬被选为北京资政院议员,为立宪派骨干,并与谭延闿等成立宪友会湖南支会。曾任湘潭学务办公、董事,倡办新学,并与胡元倓等创湘潭中学堂,先后在明德学堂、湖南高等学堂、清华高等学堂执教。民国初年曾参加南社。民国六年(1917)为众议员,曾任法制局长,①与罗杰、雷奋时称资政院"三杰",敢言善辩。1910 年 10 月 17 日,资政院在讨论理藩部交议的提案时,易宗夔突然起立发言:资政院开院已有半月,但所讨论的都是些枝叶问题,不是根本问题,根本问题就是速开国会。为此,他要求议长改定议程,立即讨论速开国会的问题,其发言赢得掌声一片。10 月 26 日,资政院终于通过了请速开国会的奏稿,立宪派议员们顿时欢呼雀跃,汪荣宝甚至激动得三呼万岁。

对易宗夔之有关表现,张朋园著《立宪派与辛亥革命》(第 70—73 页)在写到资政院会议时也有涉及:宣统二年湖南举办地方公债,巡抚杨文鼎未经交湖南省咨议局议决,即令开始发行。议长谭延闿愤其漠视咨议局权限,将该案提请北京资政院核议。资政院以杨抚不法,据实奏上。岂料清廷的答复竟然是该抚未交局议,"系属疏漏",既经部议奉旨允准,仍照旧办理。资政院又以地方官侵权违法,不加处分,仅以"疏漏"二字了之,显然为军机大臣不负责任的表示,故要求军机大臣到资政院答复质询,而军机大臣置之不理。资政院改以咨文质问军机处对内政外交是否完全负责,军机大臣回答说:"此种问题,须俟内阁成立以后方可解决,现在难以答复。"因此引发了资政院与政府对立的导火线。11 月 22 日,在资政院召开全体会议时,易宗夔一马当先,当场指出:政府仅以"疏漏"两字了之,而不惩处

---

① 以上内容主要根据湖南地方史料和"百度"http://www.xtzuojia.com/OldAuthorRetail.asp?AuthorID=347 陈维昌撰"易宗夔"条等资料整理、考订。

该抚之侵权失职，资政院与咨议局已属多余之物，可以解散矣！否则军机大臣必须到院说明其何以如是处置。一个普通议员竟如此批评政府，不难想见易宗夔之风采！亦可想见当时的民主氛围！

由上观之，易宗夔起草《十九信条》时的原稿虽然不得而知，但不论从哪个角度来看，对民权又如此忽视都很难说是他之初衷，或者说反映了当时立宪派留学生的无可奈何。但不管怎么说，这个《十九信条》毕竟体现了宪政的分权和法治精神，相对于封建的皇权而言，仍然是一个巨大的进步。

起草《内阁官制草案》与《弼德院官制草案》　丙午官制改革虽以责任内阁的流产而收半效之功，但改革趋势不可逆转，立宪呼声已响彻朝野，以留日学生为主体的立宪派发起了几次大规模的请愿运动，迫使清廷于1910年11月将筹备立宪时间由9年缩短为5年，准备于1911年设立内阁。不过，据《汪荣宝日记》记载，《内阁官制草案》早在1910年6月23日前，就由日本法政大学毕业的宪政编查馆馆员李景龢草毕。他为使内阁总理真正负责，试图削弱君主权力，因此，在草案中作了一些限制规定。但6月27日宪政编查馆讨论时，因意见分歧未能通过。8月16日，李景龢随海军大臣赴日美考察前，将内阁官制草案交付汪荣宝润色。汪既赞同李景龢的主张，又感到不改难以通过，最后在矛盾中修改后上交。1911年5月8日，清廷正式颁布了《内阁官制暨内阁办事暂行章程》，但是，内容已非初比，皇帝依然大权在握。汪荣宝不禁发出"与虎谋皮之叹"[1]。与此章程同时颁布的还有《弼德院官制》，也为李景龢起草，[2]并经过多次讨论修改，也在这一天，"皇族内阁"登台亮相！

由上可见，本来相当多的留学生还寄希望于立宪，为此，积极参加新政，希望通过有序、平稳的体制改革，建立英国式君主立宪的现代国家。但是，皇族内阁的出笼，标志着清末新政进入了改革、立宪的死胡同，击碎了他们多年的幻想。留学生们的初衷已被扭曲，感情受到了愚弄，对清王朝失

---

① 《汪荣宝日记》，宣统二年十二月二十八日（1911年1月18日），《北京大学图书馆馆藏稿本丛书》，天津古籍出版社1987年影印本。

② 《汪荣宝日记》，宣统二年七月十二日（1910年9月16日），《北京大学图书馆馆藏稿本丛书》，天津古籍出版社1987年影印本。

去了信心和耐心；而体制外的留学生们更被激怒，进一步加快了武装革命的步伐。最终，踟蹰不前的清王朝终于在清末宪政运动和革命的浪潮中，被以留学生为主体的革命派用暴力革命的手段推翻。

第二章

清末民初的政治鼎革和留学生群体
登上中国政治舞台

清末民初的政治鼎革在中国历史上具有划时代的意义，它以清末新政为前奏，以辛亥革命为标志，结束了中国几千年的封建专制统治，使民主共和观念深入人心，开创了中国历史的新纪元。从此，以留学生为代表的新型的知识分子群体登上了 20 世纪中国历史的大舞台。

第一节 留学生群体与中国同盟会的创建和清廷的覆灭

清廷的覆灭由多种原因所导致，但最主要的还是以孙中山、黄兴为首的留学生组织的中国同盟会多次发动和领导的武装起义所致。

一 留学生群体与中国同盟会的创建

1905 年 8 月 20 日，中国同盟会在日本东京正式宣告成立。这不仅标志着中国资产阶级民主革命进入了一个崭新阶段，也标志着一个全新的知识分子群体——留学生群体即将登上 20 世纪中国历史的大舞台。因为留学生不仅是中国同盟会的最早发起者，也是同盟会的中坚和骨干，它的创建、发展和壮大是与留学生紧密联系在一起的。以往研究同盟会的文章、论著虽然很多，但是从留学生的角度予以展开的，还并不多见，这无论对于同盟会和孙中山的研究，抑或对于留学生的研究，都是一个不足，特别是没有从留学生群体由此登上 20 世纪中国历史大舞台这样的高度和广度，阐述以孙中山、黄兴等为代表的留学生创建同盟会的历史意义，忽略和淡化了清末民初出现于中国社会并给此后的中国现代化进程带来全面而深远影响的留学生群体。鉴于此，本章即在以往有关回忆和研究成果①的基础上，进一步辨析留学生与中国同盟会的关系，以彰显以孙中山、黄兴为代表的留学生群体创建同盟会，领导反清革命，发动武昌起义，开创 20 世纪中国社会新局面的历史伟绩。

（一）留学生与同盟会成立前的反清组织

鸦片战争以后，中国逐渐沦为东西方列强弱肉强食的对象，亡国灭种的危机日益加重，激进的爱国之士对腐败无能的清政府已失去了信心和期待，反清革命团体纷纷涌现。深受域外思想文化影响的留学生们率先行动，1894年 11 月孙中山在檀香山成立的兴中会即为其嚆矢，其后陆续有华兴会、光复会和同盟会等反清革命团体的成立。

兴中会　由孙中山在美国檀香山创建的中国近代第一个民主革命团体。1894 年秋，孙中山由上海到达檀香山，在华侨中宣传革命以推翻清王朝，并酝酿建立了革命组织——兴中会。它的革命宗旨是"驱除鞑虏，恢复中华，平均地权，创立合众政府"。1895 年 1 月，孙中山联合杨衢云、陈少白、陆皓东、郑士良等人积极筹建革命组织，并于 2 月 21 日，在香港中环士丹顿街 13 号宣告成立兴中会总部，通过了孙中山起草的《兴中会章程》，公开揭示了兴中会的反清宗旨，第一次正式提出了推翻清朝封建君主专制政府、建立民主共和国的革命纲领。此后，革命党人积极策划了一系列革命武装起义，兴起了创办革命团体的浪潮，有力地推动了反清革命运动。

---

① 　这方面的代表作有朱和中：《欧洲同盟会纪实》、史青：《留比学生参加同盟会的经过》，均见于全国政协文史资料研究委员会编《辛亥革命回忆录》第 6 集，文史资料出版社 1981 年版；冯自由：《留欧学界与同盟会》《中国同盟会史略》等，见冯自由《革命逸史》第 2 集，中华书局 1981 年版；田桐：《同盟会成立记》等，见罗家伦主编《革命文献》第 2 辑，（台北）中央文物供应社 1978 年版；章开沅：《孙中山与同盟会的建立》，《华中师范大学学报》（哲社版）1978 年第 1 期；桑兵：《孙中山与留日学生及同盟会的成立》，《中山大学学报》（哲学社会科学版）1982 年第 4 期；寺广映雄：《关于欧洲同盟会的成立和意义》，《中州学刊》1996 年第 2 期；萧致治：《黄兴与中国同盟会》，《求索》2005 年第 7 期；周兴樑：《孙中山与中国同盟会的成立》，《四川师范大学学报》（社会科学版）2006 年第 1 期；崔之清：《同盟会领导体制的政治学分析》，《江海学刊》2006 年第 4 期；戴学稷：《孙中山与近代中国留学生》，《福建论坛》1996 年第 6 期，等等。本章原发表于《清华大学学报》（哲社版）2008 年第 4 期，在确立选题后的写作过程中受到以上成果的启发和影响，特此致谢。

　　孙中山之所以能最先成立革命组织，成为辛亥革命的理论指导者和中华民国的奠基人，与他早年的留学经历和域外生活有极其重要的关系。心理学认为，13—18 岁是人的思想观念形成和发展的重要阶段。孙中山在 13 岁那年从家乡广东香山到太平洋上的檀香山（即夏威夷，后改为美国的一个州）学习。他的手书自传写道："十三岁随母往夏威夷岛，始见轮舟之奇、沧海之阔，自是有慕西学之心，穷天地之想。"① 一开始，他在当地英国教会开办的小学意奥兰尼书院（Iolani School）学习，1881 年毕业，获夏威夷王亲颁英文文法优胜奖；之后，又进入当地美国教会学校奥阿胡学院（Oahu College，相当于中学程度）学习。孙中山自称："至檀香山，就读西校，见其教法之善，远胜吾乡塾曲，故每课暇，辄与同国同学诸人相谈塾曲，而改良祖国，拯救同群之愿，于是乎生。当时所怀，一若必使我国人人皆免苦难，皆享福乐而后快。"② 由此孙中山萌生了"改良祖国"的思想，逐渐滋长了民族主义意识。

　　1883 年，孙中山先后就读于香港拔萃书屋、中央书院（今皇仁书院，相当于高中），1887 年进入香港西医书院（香港大学前身），1892 年 7 月以首届毕业生中第二名的成绩毕业，获港英政府总督威廉·罗便臣亲自颁奖。当时的香港已是英属殖民地，西方文化的色彩非常浓厚，其市政面貌和管理方式也与内地截然不同。后来他《在香港大学的演说》中坦言："我于三十年前在香港读书，暇时辄闲步市街，见其秩序整齐，建筑闳美，工作进步不断，脑海中留有甚深之印象。我每年回故里香山两次，两地相较，情形迥异……外人能在七八十年间在一荒岛上成此伟绩，中国以四千年之文明，乃无一地如香港者，其故安在？"③ 由此，孙中山在香港求学期间进一步了解了西方的民主政治制度，立志改革中国的弊政。1894 年上书李鸿章的失败，使孙中山最终抛弃通过改良实现国家富强的愿望。次年甲午战争中国战败的

---

　　① 孙中山：《复翟理斯函》，见中国社会科学院近代史研究所中华民国史研究室等合编《孙中山全集》第 1 卷，中华书局 1981 年版，第 47 页。

　　② 孙中山：《在广州岭南大学的演讲》，见中国社会科学院近代史研究所中华民国史研究室等合编《孙中山全集》第 2 卷，中华书局 1982 年版，第 359 页。

　　③ 孙中山：《在香港大学的演讲》，见中国社会科学院近代史研究所中华民国史研究室等合编《孙中山全集》第 7 卷，中华书局 1985 年版，第 115 页。

现实，促使其产生了颠覆清廷的志向，坚定了民主革命的信仰，立志"驱除鞑虏，恢复中华，创立合众政府"，于是创建中国第一个资产阶级革命团体兴中会，从海外开始了他的民主革命运动，为此后三民主义理论的形成奠定了根基，也为同盟会的最终成立奠定了基础。

此后，各地反清组织陆续成立，除了传统的会党外，产生重大影响的有华兴会、光复会等，而且其成员大多数为留日学生。

华兴会　由黄兴等在湖南创立的反清革命团体。1903 年 5 月，黄兴从日本回国，受聘为明德学堂教员。11 月 4 日，他以过生日为名约集宋教仁、刘揆一、章士钊、秦毓鎏、胡瑛、徐佛苏等在长沙举行秘密会议，建立华兴会，对外伪托兴办矿业，称华兴公司。1904 年 2 月 15 日其借除夕宴会作掩护，召开成立大会，到会 100 多人，举黄兴为会长，宋教仁、刘揆一、秦毓鎏为副会长。① 华兴会的骨干都是公司股东，入会者均称"入股"，股票即为会员证；会员通讯也都用商号作为化名。华兴会的宗旨为"驱除鞑虏，恢复中华"，方略为"湖南发难，各省响应"，"直捣幽燕"。其成员大多为留日学生。近代中国资产阶级民主革命和反清革命团体以孙中山建立兴中会开始，其特点是首先从国外开始，然后再向国内发展；而华兴会则开"中国内地革命之先声"②。

光复会　1904 年冬由蒋尊簋、陶成章、龚宝铨、魏兰等浙江留学生在东京酝酿协商成立。因此，留日学生组织的特征非常明显。次年初，陶、魏回上海与蔡元培商议，11 月以龚宝铨组织的军国民教育会暗杀团为基础，

①　黄兴（1874—1916），湖南长沙人。1898 年在武昌两湖书院学习。1902 年被张之洞选派东京弘文书院速成师范科学习，兼习军事。1904 年创建华兴会后，11 月密谋长沙起义，事泄逃亡日本。后来在民初政坛上，是孙中山最坚定的支持者。宋教仁（1882—1913），湖南桃源人。1904 年留学日本，先后进入东京法政大学、早稻田大学学习，曾参与创办《二十世纪之支那》杂志。刘揆一（1878—1950），湖南衡山人。1903 年自费留学日本东京弘文书院，参加留日学生组织的拒俄义勇队。长沙起义事泄后亡命日本。秦毓鎏（1880—1937），江苏无锡人。1902 年留学日本早稻田大学政治科。与张继、苏曼殊等组织"青年会"，任《江苏》杂志总编辑，并与叶澜、钮永建等组织"拒俄义勇队"。后任长沙高等实业学堂教务监督，被举为华兴会副会长。章士钊（1881—1973），湖南长沙人。1905 年流亡日本，入东京正则学校习英语。1908 年赴英国入爱丁堡大学学法律、政治。武昌起义后归国，应孙中山邀请主持同盟会机关报《民立报》。胡瑛（1886—1933），1903 年入长沙经政学堂读书，在黄兴的影响下倾向革命。1904 年 2 月加入华兴会，赴日留学。

②　［美］薛君度（Chun-tu Asueh）：《黄兴与中国革命》，杨慎之译，湖南人民出版社 1980 年版，第 164 页。

在上海正式成立，政治纲领即入会誓词为："光复汉族，还我山河，以身许国，功成身退。"蔡元培任会长，陶成章任副会长。光复会会员最初为四五十人。1905 年初徐锡麟加入后，与陶成章、秋瑾等通过创办大通学堂，使会员大增。主要骨干还有章太炎、赵声、柳亚子、陈去病、熊成基等人，大多为留日学生。

正是在兴中会、华兴会和光复会等反清革命团体成立的基础上，孙中山得以在 1905 年成立同盟会。

（二）留欧学生与同盟会的渊源

留欧学生是最早与以孙中山为首的革命派建立联系的留学生群体，也是最早和孙中山一起交流、讨论组织建立革命团体的留学生群体。1905 年孙中山的欧洲之行不仅与留欧学生的邀请有关，而且是在他们的资助和支持下完成的。正是在那里，孙中山与留欧学生通过讨论，交流了彼此对当时中国政局与反清革命的看法，并且，留欧学生通过宣誓签名的形式与孙中山建立了组织关系，奏响了中国同盟会在欧洲成立的序曲，成为中国同盟会在东京正式成立的先声和雏形。

1904 年 12 月 14 日，在美国各地游说华侨支持反清革命 8 个多月的孙中山离开纽约赴伦敦，开始了他欲"见各省豪俊"[①] 的旅程。原来，当时留欧生以湖北籍的最多，孙中山是接到了正在欧洲的湖北留学生的邀请前往欧洲的。湖北学生在出国前已十分倾向革命，产生了寻找孙中山的念头。这有三件事可以说明：

1. 武昌花园山机关议定的三策之一

甲午战争以后，无数的志士仁人有感于清廷的腐败，萌生反清救国的念头，而武汉三镇由于时任湖广总督的洋务派代表人物之一张之洞的影响，兴办了一批新式学堂，并积极提倡出国留学特别是到日本留学。湖北的第一批留日学生吴禄贞等到日本后，就受到了孙中山革命思想的影响，而他们后来又直接影响了湖北籍的留欧学生。

辛丑中俄密约泄露以后，留日学生发起了拒俄运动，纷纷回国，湖北经

---

①　刘成禺：《先总理旧德录》，《国史馆馆刊》1947 年第 1 期，见丘权政、杜春和选编《辛亥革命史料选辑续编》，湖南人民出版社 1983 年版，第 12 页。

心书院、两湖书院派往日本的留学生也陆续回国。1903 年 4 月，几百人不约而同地在武昌曾公祠堂集会，其中朱和中的演讲最激烈，被吴禄贞约到家中密谈。5 月，吴禄贞等人在湖北武昌花园山设立了秘密革命机关，其后则在花园山机关聚谈，"学界往来者颇多，凡以后留学东西各国者十之八九曾到是处"①。"各省志士之至武昌者，莫不赴花园山接洽，而各同志之在营校者，亦每星期来报告运动经过及其发展之状况。"② 吴禄贞与李步青、胡秉柯、李书城、耿伯钊、曹亚伯、贺之才等人经常在此商量革命方略，其中之一即为"寻孙逸仙，期与一致"。因"花园山同人自知运动必有成熟之日，终以群龙无首，恐不能控制全国，尤其是无外交人材，故当时各人心目中无不以寻得孙逸仙而戴之为首领，为唯一之出头路"③，这是湖北籍的革命青年希望拜访孙中山的最早由来。

2. 出国前湖北赴欧留学生的约定

1903 年底，接替张之洞的湖广总督端方等慑于革命党人的声势，为消弭湖北学界革命情绪，不但渐次取消了经心书院、两湖书院等，还采取分化瓦解的策略，以培植新青年为名，把他们派到海外留学，借此以釜底抽薪。其中激进者被派往欧洲，如贺之才、史青、胡秉柯、魏宸组等 24 人被派到比利时学习实业，朱和中、周泽春等被派往德国，而被认为比较稳健的时功玖、吴炳从、张轸、李书城、匡一、胡炳宗、耿觐文（耿伯钊）、周震鳞、黄轸（黄兴）等被派往日本。当时，各人都认为不应该离开湖北，而朱和中认为："如此伟大之种族革命，岂等夷辈所能领导？今派我往西洋，正可以乘机觅孙逸仙，是于此间同人之前途大有裨益。"④

当留学比利时的贺之才等 24 人途经上海时，遇到了从日本归来的两湖书院学生刘成禺。据《贺之才述欧洲同盟会成立始末》："贺等道经上海，遇刘成禺，曰，孙中山先生方在伦敦，诸君此行，可与之会晤共商大计，因

---

① 李廉方：《辛亥革命武昌首义记》，湖北通志馆 1947 年版，第 2 页。
② 朱和中：《革命思想在湖北的传播与党人活动》，见《辛亥革命在湖北资料选集》，湖北人民出版社 1981 年版，第 532 页。
③ 陈锡祺主编：《孙中山年谱长编》，中华书局 1991 年版，第 323 页。
④ 朱和中：《欧洲同盟会纪实》，见《辛亥革命回忆录》第 6 集，文史资料出版社 1981 年版，第 4—5 页。

做函为贺等四人介绍。"① 朱和中也回忆道："比至于上海，刘成禺未成行，予等因嘱见孙时务通知于予等。"② 原来刘成禺因在日本编辑出版《湖北学生界》，宣传反清革命，被撤销留学日本的学费而回国，当时在上海。后由鄂督给白银 2000 两，令其以自费名义前往美国。"时总理代表陈楚楠在沪已电告总理聘刘为《旧金山大同日报》主笔"，于是，被派往欧洲的其他同志"均抱同一宗旨，坚请刘觅总理代为致意，并将真行踪通知"③。由于赴欧留学生巧遇刘成禺，从而使湖北学生寻访孙中山的愿望得以在不久的将来成为现实。

3. 赴欧后湖北留学生的邀请

为了达到寻访孙中山的目的，留学欧洲的湖北学生经过香港时还拜访了《中国日报》主笔冯自由，经过新加坡时又拜访了《图南日报》主笔黄伯耀。"乃至欧洲，各以其住址通知美国旧金山《大同日报》主笔刘成禺。"④ "贺等抵比后，被清使杨某禁之一室，如待小学生然。抗争数月，始获自由，因以刘之介绍函寄往伦敦，并附函约孙来比（时孙寓荷兰公园友人摩根家中）。数月后，始得复音，云适往某处旅行，不及早答，且云甚愿赴比一游，唯缺少川资云云。贺等即为筹款寄去，一面电邀朱和中来比。"⑤

1905 年 1 月中旬，留学比利时的贺之才和留学德国的朱和中等人从刘成禺的信函中得知孙中山已到伦敦，但"囊空如洗，将有绝粮之虞"，望"竭力救济"⑥ 等语。于是，贺之才给孙中山写了一封信，邀请他前往欧洲大陆以共商大事，并汇了 3000 法郎；留学德国柏林的朱和中也给孙中山汇了 1200 马克。于是，孙中山从英国渡海到比利时，留学生代表贺之才、朱和中和李藩昌冒着凛冽的寒风，前往北海港俄斯敦迎接，随后乘车抵达比利

---

① 冯自由：《革命逸史》第 2 集，中华书局 1981 年版，第 126 页。

② 朱和中：《辛亥光复成于武汉之原因及欧洲发起同盟会之经过》，《建国月刊》1930 年第 2 卷第 5 期，第 44 页。

③ 朱和中：《欧洲同盟会纪实》，见《辛亥革命回忆录》第 6 集，文史资料出版社 1981 年版，第 5 页。

④ 朱和中：《辛亥光复成于武汉之原因及欧洲发起同盟会之经过》，《建国月刊》1930 年第 2 卷第 5 期，第 44 页。

⑤ 冯自由：《革命逸史》第 2 集，中华书局 1981 年版，第 126 页。

⑥ 朱和中：《欧洲同盟会纪实》，见《辛亥革命回忆录》第 6 集，第 5 页。

时首都布鲁塞尔。

在布鲁塞尔期间,孙中山居住在胡秉柯的处所。① 在那里,他与贺之才、史青、朱和中、魏宸组等人讨论如何组织革命。一开始,孙中山坚持以会党力量为主,但朱和中等鉴于孙中山以往曾在美国全力运动会党而无成效,严肃地指出知识分子应该在反清革命活动中扮演主角,说明以前孙中山发动的起义之所以失败,很大程度上是因为没有知识分子的参加和领导,"革命党者最高之理论,会党无知识分子,岂能作为骨干? 先生历次革命所以不成功者,正以知识分子未赞成耳"②。经过三天三夜的激烈辩论,孙中山的思想发生重大改变,他表示:"今后将发展革命势力于留学界,留学生之献身革命者,分途作领导人。"③ 接着,孙中山提出组建革命组织,起初朱和中对纪年、魏宸组发誓一事颇有微词,后经孙中山的解释,众人一致同意宣誓加盟。接着,胡秉柯递上纸笔,孙中山写下誓词,先从朱和中开始,接着贺之才、史青、魏宸组等 30 余人先后宣誓,矢志加入反清革命。"是为欧洲同盟会成立之始"④,"是时会名尚未确定,但通称革命党。直至乙巳年冬,得东京同盟会本部来函,谓已确定会名为中国同盟会"⑤,这是留欧学生界组织革命团体的肇始。第二天,孙中山与加盟者还在胡秉柯住所的后院摄影留念。"当时,各同志闻我等已捐资,争相捐助,又得万余法郎。"⑥ 随后,孙中山返回伦敦。留学德国的宾步程(宾敏陔)等青年学生得知此事后,欲请孙中山来柏林。起初,宾步程欲以留学生会会长身份召集留学生一起商量,被朱和中劝阻,改为"分途进行,旬日之间,百枚马克纸币雪片飞来",朱和中"均汇总理"⑦。1 月下旬,孙中山来到柏林,20 多名留学生在

---

① 一说在史青寓所,据史青《留比学生参加同盟会的经过》,见《辛亥革命回忆录》第 6 集,文史资料出版社 1981 年版,第 22 页。

② 朱和中:《欧洲同盟会纪实》,见《辛亥革命回忆录》第 6 集,文史资料出版社 1981 年版,第 6 页。

③ 朱和中:《欧洲同盟会纪实》,见《辛亥革命回忆录》第 6 集,第 6 页。

④ 同上书,第 7 页。

⑤ 冯自由:《中华民国开国前革命史》第 1 册,上海书店 1990 年版,第 188 页。

⑥ 朱和中:《欧洲同盟会纪实》,见《辛亥革命回忆录》第 6 集,第 7 页。

⑦ 同上书,第 8 页。

车站迎候。孙中山在朱和中的寓所居住了 12 天，① 每晚都和留德学生交流、讨论国家建设之事。在孙中山临行前夜，仿照布鲁塞尔前例，刘家佺、周泽春、宾步程、陈匡时、王相楚和王法科等 20 余人也宣誓加盟，这是留欧学生第二次加盟孙中山领导的革命团体。

随即，孙中山又前往法国巴黎，留法学生结伴前往他的住所横圣纳旅馆聆听他的演讲。在那里，他又接纳了唐豸、汤芗铭、向国华等 10 余人入盟，这是留欧学生第三次加盟孙中山领导的革命团体。

后来，虽然加盟的王法科、王相楚、汤芗茗和向国华 4 人因为胆小怕事，又偷走盟书，向清廷驻法公使孙宝琦告密，但绝大部分留欧学生仍然不改初衷，并重具盟书，支持孙中山，从而为孙中山领导的反清革命注入了新的血液，"革命党人之声势为之一振"②，激发了孙中山创建革命党的决心。孙中山在离开巴黎赴东京之前，即在给陈楚楠的信中乐观地表示："此行到日本，即当组织革命党总部，南洋各埠可设分会，不日当由日本寄来章程及办法，嘱各人预为筹备。"③ 对此，后来孙中山在《建国方略》中给予了极高评价，把 1905 年留学生在欧洲布鲁塞尔、柏林和巴黎的三次加盟，与同年 8 月在日本东京同盟会的正式成立相提并论：

> 乙巳（即 1905 年，笔者注）春间，予重至欧洲，则其地之留学生已多数赞成革命……予于是乃揭櫫吾生平所怀抱之三民主义、五权宪法以号召之，而组织革命团体焉。于是开第一会于比京，加盟者三十余人；开第二会于柏林，加盟者二十余人；开第三会于巴黎，加盟者亦十余人；开第四会于东京，加盟者数百人，中国十七省之人皆与焉，惟甘肃尚无留学生到日本，故阙之也。此为革命同盟会成立之始。④

① 一说在宾步程寓所，据宾敏陔：《我之革命史》，见丘权政、杜春和编《辛亥革命史料选辑》上册，湖南人民出版社 1981 年版，第 87 页。

② 冯自由：《留欧学界与同盟会》，见《革命逸史》第 2 集，中华书局出版社 1981 年版，第 122 页。

③ 冯自由：《华侨革命开国史》，见中国社会科学院近代史研究所编《华侨与辛亥革命》，中国社会科学出版社 1981 年版，第 61 页。

④ 孙中山：《建国方略》，见中国社会科学院近代史研究所中华民国史研究室等合编《孙中山全集》第 6 卷，中华书局 1985 年版，第 237 页。

后来，他在 1923 年再次予以强调："及乎乙巳，余重至欧洲，则其地之留学生，已多数赞成革命。予于是乃揭橥生平所怀抱之三民主义、五权宪法，以为号召，而中国同盟会于以成。及重至日本东京，则留学生之加盟者，除甘肃一省未有留学生外，十七省皆与焉。自是以后，中国同盟会自为中国革命之中枢。"①

孙中山是同盟会的创始人，他的评价足以证明留欧学生在同盟会创建过程中的重要作用。中国同盟会成立之后，东京本部正式确认在欧洲宣誓加盟的留学生组织为中国同盟会欧洲分会，并先后在比利时、德国、法国、英国等国设立了通讯处和联络人，以保持联系。法国巴黎通讯处：魏宸组、胡秉柯、王鸿猷；比利时布鲁塞尔通讯处：史青、贺之才；德国柏林通讯处：朱和中、宾步程、冯承钧；比利时烈日城通讯处：孔伟虎、刘文贞；英国伦敦通讯处：曹亚伯、吴敬恒、杨笃生；瑞士通讯处：李仲南。②

由上可见，孙中山与留欧学生的相会，在孙中山的革命生涯和同盟会的建立过程中意义极其重大。朱和中、贺之才等留学生都是在海外求学的知识青年，同时也是爱国的热血男儿，他们和孙中山的交流辩论，促使孙中山对知识界产生了新的认识，从而使他逐渐摆脱了依靠传统的封建帮会的束缚，为创建一个新的资产阶级民主革命组织打下了思想基础和理论基础。同时，孙中山由此与留学界建立了最早的组织联系，不仅为以后留学生群体构成同盟会的领导层和骨干起到了奠基的作用，也开启了留学生群体登上 20 世纪中国历史大舞台的先声。

（三）留日学生与同盟会的创建

如果说留欧学生率先与孙中山建立了初步的组织关系的话，那么，留日学生与孙中山则进一步将这种组织关系正式化，并最终完成了中国同盟会的成立工作。

---

① 孙中山：《中国革命史》，见中国社会科学院近代史研究所中华民国史研究室等合编《孙中山全集》第 7 卷，中华书局 1985 年版，第 64 页。

② 冯自由：《留欧学界与同盟会》，见《革命逸史》第 2 集，中华书局出版社 1981 年版，第 124 页。

1. 留欧学生首先告之留日学生与孙中山结盟之事，并资助孙中山赴日本

由于欧洲留学生的成功加盟，孙中山决心前往日本寻求更多留学生的支持，这得到了留学欧洲学生的大力支持。

比利时结盟以后，留欧学生"纷纷致函东京报告此事，并请各同志（指当时在日本的湖北留学生时功玖、张轸、李书城、胡炳宗、耿觐文等，笔者注）于总理到日本时踊跃参加"[1]。邓家彦回忆，在孙中山到日本前，"在比利时留学的孔庆睿写信告己'名落孙山'，知其已投先生"[2]。其后，孙中山即打算离开欧洲前往日本，但又囊中羞涩。6月4日，他由巴黎复函日本友人宫崎寅藏，告诉赴日行期："日前寄英国之书，久已收读，欣闻各节。所以迟迟不答，盖因早欲东归，诸事拟作面谈也。不期旅资告乏，阻滞穷途，欲行不得，遂致久留至于今也。""兹定于六月十一日从佛国马些港Tonkin 号（即法国马赛、东京号）邮船回东，过南洋之日，或少作勾留未定。否则，必于七月十九日可以到滨矣。"[3]

孙中山离开欧洲前往日本之前，又得到了留欧学生朱和中的大力资助：

> 总理一人在巴黎，川资尚无所出，来函于余，速筹速汇，以便启程。接函后，商之留德同人，均无承认，遂与朱和中二人私议，计总理来函有嘱汇至新加坡一路川资等语，彼此切实核计，算二等船费若干，由巴黎至马赛二等车费若干，沿途零用钱若干，统计汇去佛朗二千元。孰意总理接款后邮函申斥，略云："吾乃中国革命领袖，若以来函所云，车船以二等计算，有失中国革命家脸面，绝对不可，望再筹汇"云云。此时余与朱君罗掘俱穷，同人亦不敢再谈革命，幸当时余任留德学生会会长，遂将会金二千余马克合成三千佛朗汇去，总理得以成行。余亦于

---

① 朱和中：《欧洲同盟会纪实》，见《辛亥革命回忆录》第 6 集，文史资料出版社 1981 年版，第 7 页。

② 居正修：《访问邓家彦先生第一讲》，见中华民国开国五十年文献编纂委员会编纂《中华民国开国五十年文献》第 1 编第 11 册，（台北）正中书局 1969 年版，第 343—344 页。

③ 孙中山：《复宫崎寅藏函》，见中国社会科学院近代史研究所中华民国史研究室等合编《孙中山全集》第 1 卷，中华书局 1981 年版，第 274 页。

二年内陆续将膳费节省归还会金。①

由此，我们不但可以看出留学欧洲的学生对孙中山的资助之真诚，也可见孙中山的气派与性格。

2. 由留学生程家柽、日本友人宫崎寅藏等的介绍，孙中山与黄兴等留学日本学生相见相识，受到热烈欢迎

1905 年 7 月 19 日，孙中山又来到日本横滨，受到了留学生的热烈欢迎。"乙巳年夏，孙公将来日本，同人欢动。抵横滨后，复由程家柽传告，东京学生往来京滨之间者甚多。孙公礼贤下士，复留餐宿，自捧面盆盥客。"②后来孙中山被留学生们迎往东京，并由日本友人、早稻田大学教授宫崎寅藏介绍，与留日学生、华兴会首领黄兴等人相识，从而为孙黄携手正式成立同盟会提供了最重要的领袖人选和最合适的时机。

黄兴回忆，1905 年，"适孙中山自美洲（误，应为欧洲）来日本，因日人宫崎寅藏介绍相见，谈论极合，始立同盟会"③。宫崎寅藏回忆，他们到中国风乐园餐馆，"寒暄过后，彼此不拘礼节，有一见如故之感。约有两小时，孙、黄两人一直商议国家大事，却酒肴少沾，直到最后两人才举杯祝贺"④。此后，由程家柽介绍，7 月 28 日，孙中山与陈天华、宋教仁等留学生在《二十世纪之支那》杂志社会晤。孙中山纵论古今，指出各地革命团体必须结成一体，不然，一旦起事，必定招致列强的干涉和中国的最终灭亡，"故现今之主义，总以互相联络为要"⑤。至此，成立新的革命团体被提上孙中山在日本的议事日程。

---

① 中华民国开国五十年文献编纂委员会编纂：《中华民国开国五十年文献》第 1 编第 11 册，（台北）正中书局印行 1969 年版，第 412 页；宾敏陔：《我之革命史》，见丘权政、杜春和编《辛亥革命史料选辑》上册，湖南人民出版社 1981 年版，第 88 页。

② 田桐：《革命闲话》，台湾《太平杂志》1972 年第 1 卷第 2 号。

③ 黄兴：《1912 年 9 月 12 日在旅京善化同乡会欢迎会上的讲话》，见《辛亥革命史研究会通讯》1986 年第 26 期。

④ ［日］宫崎寅藏：《清国革命军谈》，见《宫崎滔天全集》第 1 卷，东京平凡社 1971 年版，第 282—283 页。

⑤ 陈旭麓主编：《宋教仁集》下册，中华书局 1981 年版，第 543—546 页。

3. 黄兴、宋教仁、程家柽等发起中国同盟会筹备会和成立大会，孙中山被公推为总理

7月29日，孙中山、黄兴等少数骨干在东京阪田町安徽留学生程家柽寓所继续开会，"到八九人，商量各事及会名。孙公主张定名为'中国革命党'，黄公以此名一出，党员行动不便。讨论后，定名为'中国同盟会'"①。7月30日下午，由黄兴、宋教仁、程家柽、冯自由、胡毅生、马君武等留学生分头通知，邀集留日学生70余人，在东京赤坂区桧町三番地黑龙会本部（内田良平住宅）召开中国同盟会筹备会。会上，孙中山被推为主席，宣讲革命理由、革命形势和革命方法，强调全国革命党派必须合组为新团体。后由黄兴宣告会议的目的为结会，就请各人签名。经过讨论，决定团体名称为中国同盟会，孙中山更提出"驱除鞑虏、恢复中华、创立民国、平均地权"的宗旨，演讲一小时，大家热烈鼓掌，一致通过。鉴于孙中山的崇高威望，黄兴提议，孙中山不必经过选举，可公推为总理，众皆举手赞成。最后，众人推选黄兴、宋教仁、程家柽、蒋尊簋、汪精卫、陈天华、马君武等8人为章程起草人。②

自此次会议后，"留东各省学生逐日加盟者络绎不绝"，8月13日，由程家柽、宋教仁、田桐等人组织"留学界开大会欢迎孙总理于麴町区富士见楼"，"留学界公然开大会欢迎革命党首领，前未之闻也"③。宋教仁回忆："时到者已六七百人，而后来者犹络绎不绝，门外拥挤不通。警吏命封门，诸人在外不得入，喧哗甚。余乃出，攀援至门额上，细述人众原因，又开门听其进遂罢。"④

最后，到会者竟达1300多人。大会开始，由宋教仁致欢迎词，后请孙中山演说。于是，孙中山慷慨陈词，演说共和政体，"留学生受大感动，掌

---

① 田桐：《同盟会成立记》，见丘全政、杜春如编《辛亥革命史料选辑》上册，湖南人民出版社1981年版，第94页。

② 对此，有关人回忆记载不一，田桐的《同盟会成立记》记为6人，冯自由的《革命逸史》（第2集）第139页记载为4人，而《宋教仁日记》第547页记载为8人。

③ 冯自由：《中国同盟会史略》，见《革命逸史》第2集，中华书局1981年版，第139页。

④ 宋教仁：《宋渔父日记》，见中国史学会编《辛亥革命》第2册，上海人民出版社1980年版，第212页。

声如雷"①。此后，程家柽、蒯寿枢等留学生也紧接着演讲。

8月20日，中国同盟会成立大会正式召开，决定以东京为同盟会本部所在地，通过了黄兴等人草拟的会章，选举了领导组织机构成员。组织机构主要由执行部、评议部和司法部组成，并在执行部之下分设庶务、内务、外务、书记、会计、经理等六科。庶务科有协理之地位，总理不在，由庶务代理一切，黄兴被选为执行部庶务，朱炳麟为内务，程家柽为外务，马君武、陈天华为书记，刘维焘为会计，谷思慎为经理。汪精卫当选为评议部评议长，田桐、冯自由、曹亚伯等20余人被选为评议员；邓家彦为司法部判事长，张继、何天瀚为判事，宋教仁则当选为司法部检事。以上人员皆是留日学生。②

（四）孙中山抵日后同盟会迅速成立的原因

中国同盟会之所以能够在东京成立，并且在孙中山抵日后的一个多月里迅速成立，是与当时中国民族民主革命的大趋势、与东京地区以黄兴等为代表的留日学生的革命基础和竭诚合作精神、与孙中山长期从事反清革命的影响和形成的领袖威望密切相关的。

1. 同盟会成立前民族民主革命的大趋势

鸦片战争以后，《南京条约》等一系列不平等条约被强加在中国人民头上，中国逐渐沦为半殖民地半封建社会。特别是甲午战争以后，自日本强迫中国签订《马关条约》开始，东西方列强在中国掀起了割地狂潮，中国面临被瓜分的严重危机。清政府虽然迫于形势开始新政，试图挽救颓败的国势，但这对于腐败无能的清廷而言，已无法扶大厦之将倾，亡国灭种的危险

---

① 田桐：《同盟会成立记》，见丘权政、杜春和编《辛亥革命史料选辑》上册，湖南人民出版社1981年版，第94页。

② 朱炳麟，河南人。早年肄业于河南武备学堂，后赴日留学。程家柽（1874—1914），安徽休宁人。1899年进入东京帝国大学农科学习。田桐（1885—1930），湖北蕲春人。1903年赴日本留学。与宋教仁等人创办《二十世纪之支那》杂志，宣传反清革命。谷思慎（1881—1945），山西神池人。1904年留学日本，进入明治大学法政科学习。汪兆铭（1883—1944），广东番禺人，又名精卫。1904年进入日本东京法政大学速成科，后升入专科继续学习。曾任同盟会机关报《民报》主编。冯自由（1882—1958），广东南海人。1895年留学日本，先后在东京晓星学校、横滨华侨大同学校就读，在东京高等专门学校攻读政治科。邓家彦（1883—1966），广西桂林人。1902年东渡日本留学。张继（1882—1947），河北沧县人。1899年进入东京善邻书院学习，后入早稻田专门学校学习。曾任《民报》主编。何天瀚（1874—1911），广东兴宁人。留学日本，1905年加入同盟会。

正日益加剧，救亡图存已成为中国各阶层人民的共同呼声。在此危急存亡之秋，以洪秀全为领导的太平天国农民运动首先揭竿而起，以康有为、梁启超为领导的资产阶级维新运动则继起于后，但结果都失败了，戊戌维新期间成立的七八十个学会也大都星散停顿。① 但是，反对腐朽的清王朝和帝国主义侵略的斗争并没有停止。义和团运动失败以后，《辛丑条约》的签订更暴露了清政府的腐败无能，清政府在广大民众中已越来越孤立，国民日渐觉醒，反帝反清的爱国热潮更加高涨，革命团体不断涌现。除前面所说的华兴会、光复会外，还有 1901 年春广东留日学生王宠惠、冯自由等人组成的"广东独立协会"，1902 年冬蔡元培（留德）、吴敬恒（留日）等人发起组织的"爱国学社"，以及中国国会、公强会、自立军等反清革命组织，并皆以书刊鼓吹革命。其中以邹容的《革命军》、陈天华的《猛回头》等影响最大，特别是孙中山领导的一系列武装起义极大地震撼了清王朝的统治。推翻清王朝，呼唤新时代，已成山雨欲来风满楼之势。鉴于反清革命烽火燎原的局面和成就大业的需要，一个改天换地的组织和英雄的出现，也正是当时大家翘首以待的心愿。在此情况下，留日学界的革命活动为同盟会的正式成立提供了直接的条件。

2. 东京地区留日学生的反清革命基础

作为救亡图存的一种努力，中国的留日大潮在清末漫天涌起。自 1896 年清政府批准中国驻日公使馆招募 13 名青年留学日本开始，留日人数剧增，仅 1905 年到日本学习的留学生就达 8000 人左右。②

由于特定的处境，留日学生更加关注祖国的命运。孙中山在《建国方略》里回忆道，《辛丑条约》签订以后，"清廷之威信已扫地无余，而人民之生计日蹙。国势危急，岌岌不可终日"，"有志之士，多起救国之思，而革命风潮自此萌芽矣"。"赴东求学之士，类多头脑新洁，志气不凡，对于革命理想感受极速，转瞬成为风气。故其时东京留学界之思想言论，皆集中于革命问题。刘成禺在学生新年大会演说革命排满，被清公使逐出学校。而

---

① 李文海：《戊戌维新运动时期的学会组织》，见胡绳武主编《戊戌维新运动史论集》，湖南人民出版社 1983 年版。

② ［日］小岛淑男：《留日学生与辛亥革命》，（东京）青木书店 1989 年版，第 13 页。

戢元成［丞］、沈虬斋、张溥泉等则发起《国民报》以鼓吹革命。留东学生提倡于先，内地学生附和于后，各省风潮从此渐作。在上海则有章太炎、吴稚晖、邹容等，借《苏报》以鼓吹革命，……于是民气为之大壮。"① 留学生们读书不忘革命，经常集会，成立社团，创办刊物，宣传反清革命，如1900年吴禄贞等成立了"励志会"，并最早参与了自立军起义的活动。1902年春，流亡日本的章炳麟和留日学生秦力山、马君武等发起召开"支那亡国二百四十二周年纪念会"；1902年"成城入学事件"发生，留日学生开始酝酿集体反清斗争；是年冬，张继等人创建了激进的"青年会"，部分成员在次年组织了更激进的革命团体"军国民教育会"；1903年钮永建、蓝天蔚等人发起组织"拒俄义勇队"。留日学生反对清王朝的高潮此起彼伏，反清救国已成了大部分留学生的共识。

就个人而言，黄兴则"是个非常的人物"②。他是宫崎寅藏应孙中山所问首先介绍的一位英杰，也是人所共知的领袖型人物。1903年，黄兴在东京弘文书院读书期间，即与一些志同道合的同学组织了"土曜会"，开始组建革命党团活动，还积极参加"拒俄义勇队"和"军国民教育会"，被推举为会计，后又回国组织南京、两湖等地的革命力量，策划反清的武装起义。1904年2月，他发起成立中国内地最重要的革命团体华兴会，被推举为会长，策划了长沙起义。同年12月逃亡日本不久，就与湖南、云南、直隶、江苏、河南的留日学生宋教仁、唐继尧、曾昭文"等百余人组织革命同志会，从事民族革命"③。1905年春天，鉴于以往的经验，黄兴"以同志日渐加多，意欲设立新党，以为革命之中坚"④。但在与程家柽商议时，程家柽建议：

① 孙中山：《建国方略》，见中国社会科学院近代史研究所中华民国史研究室等合编《孙中山全集》第6卷，中华书局1985年版，第235—236页。
② ［日］宫崎寅藏：《清国革命军谈》，见《宫崎滔天全集》第1卷，（东京）平凡社1971年版，第282页。
③ 程潜：《辛亥革命前后回忆片段》，见全国政协文史委员会编《辛亥革命回忆录》第1集，中华书局1961年版，第70页。
④ 宋教仁：《程家柽革命大事略》，见陈旭麓主编《宋教仁集》下，中华书局1981年版，第436页。

革命者阴谋也，事务其实，弗惟其名。近得孙文自美洲来书，不久将游日本。孙文于革命名已大振，脚迹不能履中国一步。盍缓时日以俟其来，以设会之名奉之孙文，而吾辈将以归国，相机起义，事在必成。[1]

于是，具有博大胸怀的黄兴改变了主意，决定等待孙中山抵达日本后再讨论成立革命组织。7 月，在孙中山到日本后，他是留学生中最先与孙中山接触交谈的重要人物；在中国同盟会成立之前，他是同盟会章程的主要起草人；在同盟会筹备大会上，是他提议孙中山不需经过投票就担任同盟会总理并获得通过；在成立大会上，他不仅宣读了中国同盟会章程，还提议将《二十世纪之支那》改为同盟会机关报。因此，黄兴是留日学生与孙中山商讨组建同盟会的主要代表，是同盟会筹建过程中仅次于孙中山的关键人物，同盟会的成立实际上是孙中山与以黄兴为代表的留日学生通力合作的结果。正如民国初年报上的一篇文章所指出："考吾国革命由来已久，志士之亡命海外者不可胜数，唯一漂泊无定，势力微弱。直至孙文、黄兴二氏相见于东京之后，革命事业方见发展，收联络之功，有一泻千里之势。今日之成功，当时运动之力居多也。"[2]

可以毫不夸张地说，正是有了以黄兴为代表的留日学生的革命基础和对孙中山的积极支持，才有了中国同盟会的正式成立。留日学生不仅是中国同盟会的"主体"[3]，也是同盟会重要的创建者，更是同盟会活动的中坚。据薛君度先生统计：

同盟会成立初期的 1905 年和 1906 年，共有 963 人参加了这个组织，其单单在东京一地加入的就有 863 人，其余则是在欧洲、马来西亚、河内和香港吸收的。[4]

---

[1]　宋教仁：《程家柽革命大事略》，见陈旭麓主编《宋教仁集》下，中华书局 1981 年版，第 436 页。

[2]　毛注青：《黄兴年谱长编》，中华书局 1991 年版，第 85 页。

[3]　桑兵：《孙中山与留日学生及同盟会的成立》，《中山大学学报》1982 年第 4 期，第 44 页；又见于其 1995 年三联书店出版的《清末新知识界的社团与活动》一书之第十章"同盟会成立前孙中山与留日学界"。

[4]　［美］薛君度：《黄兴与中国革命》，杨慎之译，湖南人民出版社 1980 年版，第 50—51 页。

也就是说，在同盟会成立之初，89.6% 的成员是留学生。同盟会成立不久，孙中山就致函陈楚楠："近日吾党在学界中已联络成就一极有精彩之团体，以实力行革命之事。""有此等饱学人才，中国前途诚为有望矣。"①

在这里，孙中山实际上为同盟会的组成和性质下了定义，即同盟会是在留学生中建立的一个有生机活力的团体，目的是反清革命，表明孙中山把反清革命胜利的希望寄托在由留学生组成的同盟会身上。从此，在以孙中山、黄兴等留学生为主体和领导层的同盟会的领导下，全国的反清革命力量团结一致，为辛亥革命的胜利奠定了坚实的基础。

3. 孙中山从事反清革命的影响和个人魅力

伟大的民主革命家孙中山先生，1878 年到隶属美国的檀香山读书，接受西方的现代教育。1892 年从香港西医书院毕业后，一边在澳门、广州等地行医，一边开始致力于挽救民族危亡的政治活动。探索革命路径和组织革命团体，是孙中山开始反清革命以来一直重视的问题，他认为革命事业千头万绪："（一）立党……（二）宣传……（三）起义。"② 因此，在 1894 年上书李鸿章要求革新弊政遭到拒绝后，他即转赴檀香山，创立了中国第一个革命团体——兴中会，提出"驱除鞑虏，恢复中华，创立合众政府"的民族民主革命主张，策划了同年的广州起义。失败后，他在日本横滨、长崎，美国旧金山、檀香山，越南河内，暹罗（今泰国）等地华侨中发展组织，宣传革命，以寻求支持。1896 年，孙中山在英国被清政府驻英使馆诱捕，得英人康德黎等相助脱险，遂以英文著《伦敦被难记》（*Kidnapped in London*）发表。自此，孙中山作为中国革命领袖之声名已传播于全世界，也逐渐为中国人民所知。此后他留居伦敦，悉心研究西方各国政治理论和社会制度，提出三民主义的学说；1900 年又发动了惠州起义；1903 年夏在日本青山开办革命军事学校，1904 年 1 月在檀香山成立中华革命军。到同盟会成立前夕，他已是国内外公认的中国革命的领袖和前辈。1904 年章士钊翻译

①　孙中山：《复陈楚楠函》，见中国社会科学院近代史研究所中华民国史研究室等合编《孙中山全集》第 1 卷，中华书局 1981 年版，第 286—287 页。

②　孙中山：《中国革命史》，见中国社会科学院近代史研究所中华民国史研究室等合编《孙中山全集》第 7 卷，中华书局 1985 年版，第 63—64 页。

的《孙逸仙》在上海出版,序称:

> 孙逸仙者,近今谈革命者初祖,实行革命者之北辰,此有耳目者所同认。则谈兴中国者,不可脱离孙逸仙三字。非孙逸仙而弗能兴中国也,所以为孙逸仙而能兴中国也。

他百折不挠的革命精神,他传奇般的革命经历,他丰富的革命理论,甚至连他气宇轩昂的外表,都成为革命党人崇拜和倾慕的对象。孙中山从欧洲抵达日本后,湖南留学生陈天华撰文赞曰:

> 后世吾不知也,各国吾不知也,以现在之中国论,则吾敢下一断辞曰:是吾四万万人之代表也,是中国英雄之英雄也![1]

当时,也只有孙中山才具有这样的威望和魅力为东京的留日学生和革命激进分子所期待。在黄兴欲建立组织之时,对孙中山知之甚深的程家柽之所以建议黄兴等待孙中山的到来,而富有革命经验、筹划革命组织已久的黄兴之所以又能够接受建议,并且多次对孙中山表示出不同一般的推崇,其原因也就在于此;也只有孙中山才具有这样的自信:他到日本就能够建立革命组织。在离开欧洲赴日本途中,他在新加坡坦言相告尤列和陈楚楠等人:“此行到日本即当组织革命党总部,南洋各埠可设分会,不日当由日本寄来章程及办法。”[2]于是,建立同盟会、开创20世纪中国历史新纪元的重任,就历史地落在了孙中山的肩上。

综上所述,同盟会是在孙中山革命思想的影响和指导下,以中国留欧学生的加盟为先导,以黄兴为代表的留日学生为主体,于1905年建立起来的

---

① 陈天华:《纪东京留学生欢迎孙君逸仙事》,《民报》1905年第1号第1期。
② 冯自由:《华侨革命开国史》,见中国社会科学院近代史研究所编《华侨与辛亥革命》,中国社会科学出版社1981年版,第61页。

资产阶级知识分子革命政党。① 它的成立，标志着以留学生群体为代表的中国新一代知识分子即将登上 20 世纪中国社会历史的大舞台，以发动辛亥革命为起点，对清末民初以来中国社会的发展和中国的现代化进程产生深远的历史影响。

二　留学生群体与辛亥革命

辛亥革命是在西方政治思想文化的影响下，以孙中山先生为首的中国新兴的知识分子群体——留学生群体，推动中国社会转型，促使中国国体、政体由封建专制走向民主共和的一次伟大尝试。

（一）留学生与辛亥革命前的武装起义

晚清最后 10 年，就在清政府无奈地进行新政之际，各地多种形式的反帝反清活动也进入如火如荼的阶段。其中爆发了多种武装起义，其主体是留学生领导的反清起义，从根本上动摇了清王朝的统治。当时，全国各地抗粮抗捐及抢米风潮并起，收回利权和抵制外货的反帝爱国运动日益高涨，1900年在上海发生了"拒俄运动"，1903 年留日学生在东京发起了"拒法运动"。1902 年 4 月，章太炎、秦力山等人在东京发起召开了"支那亡国二百四十二周年大会"，以此传播反清革命思想。1903 年上海发生了著名的"苏报案"，邹容、章炳麟等以笔为刀枪，矛头直指清王朝。其中以孙中山为代表的革命党人更紧锣密鼓地加紧反清的革命暴力行动，希图直接推翻清王朝。

兴中会成立后，在孙中山的领导下，很快就组织了 1895 年的广州起义和 1900 年的惠州起义。同盟会成立以后，通过《民报》宣传反清反满的暴力革命，与以《新民丛报》为阵地的改良派进行了激烈的论争。同时孙中山又联络华侨、会党和新军，更以不屈不挠的精神，接连领导发动了一系列的武装起义，且大多由黄兴亲自部署、指挥。起义虽均告失败，但促进了全国反清革命高潮的到来，如 1906 年的萍浏醴起义、黄冈起义，1907 年的防城起义、惠州七女湖起义、镇南关起义，1908 年的钦廉上思起义、云南河

---

① 桑兵在《孙中山与留日学生及同盟会的成立》一文中的概括是："同盟会是以中国的留日学生为主体，以孙中山革命思想为指导建立起来的资产阶级革命政党。"此文刊于《中山大学学报》1982 年第 4 期，第 44 页。

口起义，1909 年的广州新军起义，等等。其中 1911 年 4 月的黄花岗起义尤为壮烈。

此时，清王朝实际上已陷入四面楚歌之中。为反对列强对中国矿山和铁路的掠夺，国内绅商民众要求自办路矿或收回商办的呼声不绝于耳，山西、山东、安徽、河南、湖北、河北、云南等地护矿保路的斗争此伏彼起。发展工商业本为新政的内容之一，但是国库空虚的清廷财政难以为继，也希望通过举借外债、官办铁路，增加财政收入，以维持其摇摇欲坠的统治，从而与正在兴起的民族资产阶级形成了争利的对立。1911 年 5 月，清政府借铁路干线"收归国有"的名义，把已由民办的川汉、粤汉铁路收归国有，而又将铁路修筑权让给英、法、德、美四国银行团，从而激起了湘、鄂、粤、川四省民众的强烈反抗，各省相继集会，游行示威，罢工、罢市、罢课，拒交租税，成立保路会，掀起了保路风潮，其中四川尤为激烈，成为辛亥革命的导火索。

6 月 17 日，留日出身的著名立宪派政治家蒲殿俊召集川汉铁路股东在成都组织保路同志会，各府州县相继成立分会，参加者达数十万人。8 月，成都召开万人大会，号召罢市罢课，抗粮抗捐，震惊全国。9 月 10 日，安徽道监察御史范之杰在奏折中一针见血地指出："川事殷危，牵动大局，亟宜和平办理，以顺舆情"，"其所报宗旨，并非不愿路归国有，实不愿路为外国所有。并非力拒外债，实不愿负担损失国权之债"。"川省虽罢市罢课，然能恪守秩序，毫无暴乱举动"，"原其激烈之举，实出爱国之诚。措置苟或失宜，不特乱机兆于一隅，诚恐隐祸于全国"，提醒清廷"派督办大臣端方带兵赴川查办"，"隐忧更大"。为此，他建议"端方此行，以宣布朝廷德意为是，不以发扬武力为能"[①]。

六神无主的清政府根本听不进这些明智之论，仍坚持借债筑路原议，命学部严饬各学堂管理人员，认真约束学生，照常上课，不准随意出堂干预外事。9 月 7 日，川督赵尔丰借口该省有人散布自保商权书，意图独立，并有约期事之举，拘捕了四川保路会的主要领导者蒲殿俊等，触犯了众怒。

---

① 《宣统三年七月十八日御史范之杰奏折》，1911 年 9 月 10 日，见中国史学会主编《辛亥革命》第 4 册，上海人民出版社 1980 年版，第 466—467 页。

蒲殿俊（1875—1934），四川广安人。1904 年中进士并公派日本留学，入东京法政大学读书，受现代宪政思想影响较深。曾约集在日川籍学生 300 余人，组成"川汉铁路改进会"，被举为会长，给川督锡良寄呈了《川汉铁路公司商办建议书》，揭露官办川汉铁路公司积弊。1909 年蒲当选为第一届四川咨议局议长，创办四川咨议局机关报《蜀报》。1910 年，又当选全国咨议局联合会副主席；1911 年 6 月发起组织"四川保路同志会"，任会长，领导开展了轰轰烈烈的保路运动。

因蒲殿俊被捕，激愤的群众冲入总督署要人。赵尔丰下令开枪射击，打死打伤数十人，制造了骇人听闻的流血惨案。同盟会会员龙鸣剑（留日）、王天杰等乘机联系哥老会，将保路同志会改成保路同志军，决定发动武装起义，分路围攻成都。9 月 25 日，王天杰召集各界开会，由吴玉章（留日）发表演说，宣布荣县独立。这比武昌起义早十多天，是辛亥革命时期由同盟会会员建立的第一个县政权。这对正在酝酿中的武昌起义是巨大鼓舞。

清末，革命党人发动的武装起义多集中在中国东南及南部，广州新军起义失败后，华南的革命党人难免消沉，华中地区的革命党人决意在长江中下游地区发动起义以重整旗鼓。1911 年 7 月，宋教仁、谭人凤、陈其美（留日）、吕志伊（留日）、范鸿仙等，在上海组建同盟会中部总会，所发表的《宣言》明确指出"奉东京本部为主体"[1]，还在长江流域一些省份成立分会。湖北居正（留日）、湖南焦达峰、安徽范鸿仙、江苏郑赞丞和章木良、四川吴玉章等分别为分会的主持人。这标志着以留学生为代表的革命党人的活动重心由南方北移至长江流域，其中武汉地区的革命形势已迅速进入高潮。

洋务运动以来，武汉地区即多开风气之先，新学迅速传播。1905 年以后，群治学社、振武学社、湖北共进会、文学社等革命团体不断涌现，湖北新军也深受其影响。1911 年夏秋，湖北新军中约有1/3 的士兵和下级军官加入文学社或共进会。9 月 24 日，文学社和共进会联合成立起义总指挥部，蒋翊武任总指挥，孙武任参谋长，准备于 10 月 6 日（中秋节）发动起义。

---

①　上海社会科学院历史研究所编：《辛亥革命在上海史料选辑》，上海人民出版社 1981 年版，第 9 页。

后因事泄，延期至 10 月 11 日。9 日下午，孙武在配置炸药时不慎爆炸受伤，准备起义时用的旗帜、文告、印章等被闻声而来的俄国巡捕搜去。当晚，设在武昌城内的起义总指挥部也被清军破获。蒋翊武出逃，数十人被捕，彭楚藩、刘复基、杨洪胜被杀害。10 月 10 日晚 8 时左右，驻武昌城内黄土坡的新军第八镇工程营班长、该营革命党总代表熊秉坤率众冲出营房，打响了起义的第一枪。11 日清晨，武昌全城为革命军占据。

问题是，武昌起义虽然经过了长期的组织酝酿，但是由于起义军的直接领导人或负伤或出逃在外，在武昌起义爆发后竟然群龙无首，缺少一个有威望有身份者统领。孙中山、黄兴其时更远在美国、香港。为此，起义当晚，革命党人强迫清军第二十一混成协协统黎元洪担任湖北军政府都督，在 11 日商讨成立军政府的会上，起义士兵和下级军官们缺乏建立政权的经验，结果建立了一个由革命派、旧军官和立宪派联合组成的革命政权——湖北军政府，黎元洪被正式推举为都督。这实际上预示着清末政权更替的复杂性，为民国建立后的政争和动乱埋下了伏笔。会议决定：使用中华民国国号，建立中华民国军政府湖北都督府，建立军政府下属机构等。12 日，汉阳、汉口相继光复。此后，湖北军政府迅速通电全国，号召各省响应。两个月内，湘、陕、赣、滇、黔、苏、皖、粤、闽、川等省相继独立，形成了势不可当的全国规模的辛亥革命浪潮，清政府即将土崩瓦解。

需要强调的是，从湖北军政府的人员构成来看，留学生并不占多数，但是武昌起义却是以留学生们发动的多次武装起义为基础的，只不过孙中山、黄兴等当时不在武汉，而让旧派人物有机可乘而已。否则，湖北军政府的人员构成将会是另外一种样子了。

（二）欧美留学生与南北议和

1. 南北议和的背景与代表

武昌起义爆发后，南方多省相继宣告独立，北方亦群起呼应。不久，北洋新军张绍曾、蓝天蔚（两人均留日）等人发动"兵谏"，联名致电清政府，提出十二项条件，要求于年内召开国会、起草宪法、选举责任内阁，这其实是一道最后通牒。面对如此情势，为求自保，清廷起用被罢黜回家的袁世凯为内阁总理大臣，出兵南下，镇压革命。到 12 月 18 日南北议和谈判开始前，关内 18 省都先后发生过武装起义，其中湖北、湖南、陕西、江西、

云南、江苏（含上海）、贵州、浙江、安徽、广西、福建、广东、四川共 13
省宣布独立，只有直隶（今河北）、河南、甘肃、山西、山东 5 省还在清廷
控制之下，其中山西、山东、甘肃境内宁夏地区曾宣布独立，后被袁军控
制。这给清政府以沉重的打击。但是，代表清廷的袁世凯和以孙中山为首的
南方军政府不久即开始议和。这是因为清政府并不能一举镇压革命，南方的
革命党也不能凭借民军一举推翻清王朝，当时东西方列强对中国的局势也在
观望。而且，当时举足轻重又深谙政治变局的袁世凯在窥测清政府和革命派
争斗的变数，以伺机夺取中国的最高权力。因此，实质上，议和是当时各种
复杂的形势下合力作用的结果。"辛亥革命作为一个伟大的历史事件，它的
爆发、取得多大程度的胜利，以及最终不是通过战争方式，而是通过议和方
式迫使清帝让位，都不是革命党或清政府某一方领导人的个人意志所能决定
的，而是晚清社会种种因素长期酝酿和发展以及双方政治思想状况和实际力
量相互作用和制约的结果。"① 所以，议和的成功与否就成为决定辛亥革命
结果的关键所在，而议和代表的政治态度和谈判技巧对议和成败的影响也就
非同小可。

　　11 月初，袁世凯出山不久，即致电武昌军政府，建议议和，被黎元洪
所拒绝。但作为军政府大都督的黎元洪和随后就任战时总司令的黄兴都对袁
世凯表示，如袁赞成共和，清廷灭亡，即推举他为总统。② 袁组阁不久，随
着武昌局势的恶化，双方才又同意谈判。于是，唐绍仪代表北方，伍廷芳代
表南方，展开了谈判。③ 有意思的是，他们都有留学背景。

　　唐绍仪（1862—1938），字少川，出生于广东香山县唐家村（今属珠海
市）一个与洋务有密切关系的家族。1874 年 12 岁时，作为第三批留美幼童
之一赴美留学。1881 年留美幼童被撤回前，他正在哥伦比亚大学学习。唐
绍仪在美 7 年，所受美国民主制度影响之深非同一般。据庄泽宣《悼少川先
生》所述："西方观念及自由文明的政治制度对他影响很大，养成了不同于
中国传统官僚的思维方式和任事风格。他后来返国朝见太后时，也跪得不自

---

① 丁贤俊、陈铮：《唐绍仪与辛亥南北议和》，《历史研究》1990 年第 3 期，第 131 页。
② 中国史学会主编：《辛亥革命》第 8 册，上海人民出版社 1980 年版，第 66、77 页。
③ 南北议和还有另一条线，但作用相对较小，在此略。

然，被赏了一个'鬼子'的绰号。"① 由于自身出色的英语及兼具东西方文化的学识素养，在回国后的政治生涯中，唐绍仪备受袁世凯的赏识，从此平步青云，历任驻朝鲜汉城领事、驻朝鲜总领事、天津海关道、西藏问题全权议约大臣、全国铁路督办、税务处会办大臣、邮传部左侍郎、奉天巡抚等，官至一品，在清末诸多领域发挥了传统士大夫所无法企及的作用。1910 年，他还曾一度被任命为邮传部尚书，但不久即辞职，表明了这位留学生出身的封建官僚对清王朝的失望和对未来政治道路的观望。武昌起义爆发不久，他就被袁世凯任命为南北议和北方的全权代表。

伍廷芳（1842—1922），广东新会人，生于新加坡，14 岁赴港就读于英国人创办的圣保罗书院，在学期间曾与黄胜共同创办了香港第一份华文报纸《中外新报》。1874—1877 年，他自费在英国伦敦大学院攻读法律，1876 年在林肯律师学院考获大律师资格。系统的西方文化教育和西方社会的洗礼，尤其是英国的法律教育，使他富有西方近代政治制度和社会生活最直接的知识，养成了崇尚民主、自由和法治的理念。1882 年回国后，他即在清政府任职，先后任商部、外务部、刑部侍郎，两任驻美、墨西哥、秘鲁等国公使。从他留下的文集来看，他对美国式的民主共和推崇备至，视美国为"自由发生周游之地、英雄崛起之邦，人民无束缚，种族无阶级，非他国所可同日而语者"②。1910 年，公使职期满回国，但是他对腐败的清政府已心灰意冷，无意再任新职，遂向清廷呈递了奏请《剪发不易服折》，并在清廷不准的情况下"以身为率"剪去辫子。1911 年 11 月初，他慨然应允沪军都督府交涉总长；11 月中旬，又被各省都督府代表联合会推举为中华民国湖北军政府外交总长。于是，他由清王朝的二品大员一跃而为资产阶级革命政权的外交总长。12 月 9 日，他又被各省都督府代表联合会推举为南北议和南方的全权代表。

唐绍仪和伍廷芳早年都有留学和出使经历，对西方的民主共和制度持赞同艳羡态度，在议和前已是民主共和制度的拥护者，这为以后南北议和、共和政体的顺利确立奠定了基础。

---

① 庄泽宜：《悼少川先生》，《宇宙风》1939 年第 4 期，第 176—177 页。
② 丁贤俊等：《伍廷芳集》下册，中华书局 1993 年版，第 712 页。

2. 南北议和过程

令人瞩目的南北议和从 1911 年 12 月 18 日在上海英租界市政厅内正式开始，到 12 月 31 日为第一阶段，历时 14 天，先后共举行 5 次会议，主角是伍廷芳、唐绍仪。通过讨论的主要问题如停战、政体、国民会议和优待清室条件等，可以发现本来是对手的唐绍仪、伍廷芳，在这些重大问题上的立场观点常常相似相近。就一系列具体问题而言，伍廷芳多是主动出击，不辱使命；唐绍仪则以"清廷不足保全，而共和应当推动"为指导思想，对南方巧妙配合，力促共和，"名为清廷代表，实则事事为革命军设计"[①]。

（1）在关于停战问题上，伍廷芳主动提出，唐绍仪努力配合。

停战是议和的前提，南北方原曾约定从 12 月 9 日起一律停战。但袁世凯依仗兵强马壮，并未信守这一约定，不断纵兵对北方军队得势的山西、陕西、山东等省发动进攻。所以在 12 月 18 日的首次会议上，伍廷芳要求唐"致电袁内阁，饬令各处一律停战"，清军攻占之地，"均须悉行退出"，并坚持"得确实承诺，回电后始可开议"[②]。虽然双方对谁首先开战各执一词，但唐绍仪不仅答应"致袁内阁电，今日即发"，而且建议双方同时停战，进而又提出"停战不如罢战"，并说服袁世凯在第二次会谈中达成继续停战协议。在 12 月 29 日第三次会谈时，伍廷芳进一步提出"停战不如退兵"的建议，唐绍仪不仅接受，而且提出了应注意的步骤问题，双方从而达成了如下规定：自 12 月 31 日早 8 时起，陕西、山西、湖北、安徽等地的所有清兵，5 天内"一律退出原驻地方，百里以内，只留巡警保卫地方"。至于清军已占领的山东、河南等地"不得再攻，民军亦不得进取他处"[③]。就当时南北的军事力量对比而言，停战非常有利于民军，停战、停战范围等方案基本上是南方军政府——实际是伍廷芳一人做主提出的；而唐绍仪则在"拥袁共和"方针的指导下，对南方作出了很大的让步。对此，后来黄兴感激地对唐说："君若迟来数日，武昌势必不守。"因此，停战协定的签订与唐绍仪、

---

① 冯自由：《革命逸史》第 2 集，中华书局 1981 年版，第 301 页。

② 中华民国开国五十年文献编纂委员会：《中华民国开国五十年文献》第 2 编第 2 册，（台北）正中书局印行 1969 年版，第 493 页。

③ 观渡庐编：《共和关键录》第 1 编，见沈云龙编《近代中国史料丛刊续编》第 86 辑，（台北）文海出版社 1981 年版，第 47 页。

伍廷芳对当时共和大局的把握及自身努力是分不开的。

（2）在未来中国国家政体问题上，双方对共和政体所见相同，一拍即合，但对实现的途径方法，唐绍仪考虑得更深远。

因为袁世凯坚持君主立宪，所以君主立宪还是共和立宪，原本是南方革命党人预料在议和中会引起激烈争论的问题，也是其毫不妥协的原则立场之所在。当时广有影响的《申报》就曾载文指出："今日之议和，以共和为一大前提，能共和则和议立成，世界俱受和平之福，不能共和则和议绝望，同胞重催锋镝之危。"① 因此，12 月 29 日会谈时，唐绍仪首先询问伍廷芳对共和的看法，后者明确表示："民军主张共和立宪，君如有意，愿为同一之行动。"此语表明，他们对各自的共和态度心知肚明。故伍又应唐之请进一步阐明了自己的看法：

> 我初亦以为中国应君主立宪，共和立宪尚未及时，惟今中国情形，与前大异，今日中国人之程度，可以为共和民主矣，人心如此，不独留学生为然，即如老师宿儒，素以顽固著称者，亦众口一词，问其原因则言，可以立宪，即可以共和，所差者，只选举大总统耳……今时局变迁，清廷君主专制二百余年，今日何以必须保存君位？②

想不到唐绍仪这样回答：

> 共和立宪，我等由北京来者，无反对之意向……我共和思想尚早于君，我在美国留学素受共和思想故也。今所议者，非反对共和宗旨，但求和平达到之办法而已。③

双方似乎已不是在谈是否共和的问题，而是在比谁更先信仰共和。这实在是辛亥革命史上的一大奇迹！因此，唐绍仪表示要电告袁世凯，"欲和平

---

① 《评论·共和篇二》，《申报》1911 年 12 月 24 日。
② 中国史学会编：《辛亥革命》第 8 册，上海人民出版社 1980 年版，第 76 页。
③ 同上书，第 77 页。

解决，非共和政体不可"。因唐绍仪对共和持明确支持态度，在未来中国国家政体这个重大问题上，双方未经任何争论即达成了一致意见。

但是，如此重大问题须通过南北双方认可的方式解决。在此问题上，唐绍仪考虑得更为周到，建议以国民会议形式解决，而伍廷芳则以全国多数省份独立已能说明民心向背予以拒绝，并提出以南方的各省代表会议代行国民会议职能。这种观点有其合理之处，但是在北方很难获得通过。因此，唐主张重新召集新的国民会议解决，但是伍坚决不同意，表示等唐汇报以后再决定。在此情况下，唐绍仪一面把"通过国民会议解决国体问题"及伍廷芳的意见转告袁世凯，一面发电给袁施加压力："默察东南各省民情，主张共和已成一往莫遏之势，近因新制飞船二艘，又值孙文来沪挈带巨资，并偕同泰西水陆兵官数十员，声势愈大，正组织临时政府，为巩固根本之计。且闻中国商借外款，皆为孙文说止外国，以致阻抑不成。此次和谈一辍，战端再起，度支竭撅可虞，生民之涂炭愈甚，列强之分裂必乘，宗社之存亡莫卜"，"请早召集国会"①。

（3）在国民会议地点问题上，伍廷芳坚持己见，唐绍仪大度退让。

在北方回电同意召开国民会议后，唐绍仪迅即转告伍廷芳，双方续行第三次会议，确定"开国民会议解决国体问题，从多数取决，决定之后，两方均须依从"②。12月30日双方详细讨论了国民会议问题，关键是会议地点和代表名额。关于地点，袁世凯曾表示必须选在北京，伍廷芳则坚持在上海，唐绍仪为折中调和，起初提议在汉口："料投票必为共和，但形式上事耳。"但伍廷芳态度坚决："一家之事，何必如此争执，今日之事，将近成功，不如以上海为便也。"他要求于1912年1月8日在上海召开国民会议，这就堵死了袁世凯可能利用国民会议施展阴谋手段的机会；唐绍仪也"允电达袁内阁，请其从速电复"③。于是，双方议定：国民会议由各省代表组成，每省各派代表3人，每人1票，代表不足3人者，也拥有3票投票权；开会之日各省代表3/4到会，即可开始；南方各独立省份代表由南方军政府召集，北方

---

① 中国史学会编：《辛亥革命》第8册，上海人民出版社1980年版，第223页。
② 观渡庐编：《共和关键录》，见沈云龙编《近代中国史料丛刊续编》第86辑，（台北）文海出版社1981年版，第47页。
③ 丁贤俊、喻作风等编：《伍廷芳集》上册，中华书局1993年版，第401、404页。

支持清政府的各省由清政府召集，其他省份则由双方分别召集。由于南方独立14省代表的议席占绝大多数，后来的结果确如唐绍仪所言是"共和"。此项协议对彻底结束清王朝的统治，保证国民会议的顺利召开，建立中华民国，发挥了重要作用。

（4）在关于清室优待和满蒙的待遇问题上，双方反复协商，趋于共识。

如何对待清室和满蒙问题，双方也极其敏感。经过唐、伍的反复协商，也达成了优待清皇室、满蒙回藏汉一律平等的决议。

这些有利于南方的条款，更兼1912年1月1日南京临时政府正式成立，孙中山就任临时大总统，引起了袁世凯的强烈不满。在此情况下，唐绍仪于1912年1月1日被迫提出辞职。次日，袁世凯就以唐擅自越权签订会议各约为由，撤销了唐的全权代表资格，公开宣称拒不承认唐绍仪应允签署的各项协议，要求亲自与伍廷芳进行电文交谈。

（5）伍廷芳迎战袁世凯，针锋相对；唐绍仪罢官仍折冲，还促共和。

此时的伍廷芳虽已由南方军政府的外交总长转任司法总长，内心压抑，但仍然为共和国体在履行议和使命。首先，他拒绝了袁世凯"往返电商"的要求，指出"会议通例，必须面商"，并邀请袁亲来上海，以便彼此直接商谈。其次，坚持前所议定的各项条款经唐绍仪签字后，北方"即当遵行"，并不能因唐辞职而失去效力。再次，驳斥了袁世凯关于唐之权限只在"切实讨论"而不能签约的谬论，指出"唐使来沪，携有总理大臣全权代表"印，其代表文凭中已经载明："贵大臣所有之全权，已尽交与唐使。唐使所签之约，与贵大臣自行签约无异。""五次所订条约，一经签字，即生遵守之条约"，"今唐使所签之约，贵大臣可以任意更改，等于将来贵大臣所签之约，也可任意更改，如是和议，何日可成"①？最后，充分施展其外交手段，代表共和政府致电驻华领事，披露议和之真相："袁极欲破坏唐绍仪所定议案之……将来延长乱象，战事复活，罪在满清政府。"②从而使袁世凯失信于天下。

与此同时，唐绍仪虽辞去谈判代表之职，但并未被调回北京，仍在上

---

① 丁贤俊等：《伍廷芳集》（下），中华书局1993年版，第420—421页。
② 同上书，第436页。

海，"北方的电信往来仍由梁、唐直接掌握，双方的事仍旧由唐、伍折冲商量"①。这不仅表明袁世凯对唐的信任和自己微妙的心态，也说明唐在议和中的分量。因而在第二轮谈判中，唐绍仪在南北之间仍然起着重要的沟通作用，并继续敦促袁世凯早日承认上一轮和谈所达成的协议。如1912年1月8日，他致电袁内阁："回蒙独立，是已离去中国，外人得所藉口，势必瓜分。和议若再不决，将来东三省又倡独立，辽岂复中国所有？"② 后来，他又就促使清帝退位，再次向袁"痛切详言，催促即办"③，不断对袁施加迫使清帝退位的压力。

经历45天的艰难谈判，由于唐绍仪与伍廷芳的共同努力，也由于其他力量的共同作用，南北双方最终达成了确定共和体制、清帝退位、孙中山让位、推举袁世凯为大总统的协议，建立中华民国的最后障碍从而彻底排除。1912年2月12日，清朝宣统皇帝溥仪宣布退位，统治中国两千多年的封建君主制度寿终正寝！辛亥革命终于完成了其推翻帝制、建立共和的伟大目标。虽然倡导辛亥革命的孙中山先生失去了总统的职位，但民主共和的观念已经深入人心，成为势不可当的历史潮流，昭示中华民族的未来。

综上所述，关于留学生与辛亥革命的关系，可以得出以下几点：

首先，辛亥革命的爆发，一方面是腐朽的清政府未能与时俱进、推动变革，中外各种矛盾长期积累爆发的结果；另一方面则是以孙中山为代表的当时中国先进的知识分子群体——留学生群体（其组织形式是同盟会），希图以欧美先进的民主政治理念改造中国腐朽的封建专制体制，实现中华民族伟大复兴的尝试，而中国"秦汉以来的多次农民起义及贵胄夺权……国体政体全无变更，君主专制一仍其旧"④。因此，辛亥革命不同于中国历史上的任何一次政权更迭。它表明一个新兴的知识分子群体——留学生群体正式登上中国历史的大舞台，进行了一次划时代的国体政体的革命，推动了中国的社会转型！

---

① 冯耿光：《荫昌督师南下与南北议和》，见全国政协文史资料研究委员会编《辛亥革命回忆录》第6集，文史资料出版社1981年出版，第363页。

② 中国史学会编：《辛亥革命》第8册，上海人民出版社1957年版，第159页。

③ 黄彦、李伯新编：《孙中山藏档选编》，中华书局1986年版，第123页。

④ 冯天瑜：《辛亥首义及其历史定位》，《徐州师范大学学报》（哲社版）2012年第1期，第68页。

其次，辛亥革命从暴力革命开始，而以议和的方式达到推翻帝制、实现共和的目的，是当时中国合力共同作用的结果，其间有光明正大，也有卑鄙龌龊。但这种选择是正确的，显示了在国家、社会巨大变革的非常时期中华民族的智慧。在此过程中，唐绍仪、伍廷芳作为南北议和的全权代表，不是偶然的，而是一种文化身份和新的政治理想的化身。他们都是清王朝的重臣，熟悉中国国情和历史文化；还是当时中国学历最高的留学生，了解西方的政治文化，具有丰富的外交经验，而且都有在海外任职的经历。他们对清王朝的背叛，是在中西两种文化、两种政治制度、两种社会实践或体察的基础上，冷静、理性比较后的抉择。作为对手，他们抛弃的是他们曾献身任职长达30—40年之久的政府和制度，而选择的则是他们向往的民主共和政体！他们为实现中国国家政体的和平转型、避免内战和列强干预，立下了非常之功；而孙中山为了这种制度的实现，在冒着无数次危险获得了总统的职位后，又薄总统而不为，以期和平过渡到民主共和。从中，我们看到了在西方文化长期影响下的中国新一代政治家的信仰、操守和政治视野！

再次，以孙中山、唐绍仪和伍廷芳等为代表的留学生群体的所作所为和辛亥革命百年以后中国现代化的艰难进程，昭示出这样一种真理或者未来的历史发展趋势：民主共和的理念在中国已深得人心，成为势不可当的历史潮流，影响了中华民族的未来！在此意义上讲，孙中山、唐绍仪和伍廷芳等留学生都是推动中国历史变革、尝试民主共和的弄潮儿！也正是从孙中山、黄兴、唐绍仪与伍廷芳等众多留学生对清廷覆灭和建立共和的所作所为，人们看到了一个新型的知识分子群体主流的政治远见和天下为公的风采。在此意义上，辛亥革命并没有失败，辛亥革命的理念永存。但20世纪中国历史和人类历史的复杂性，又给如何评价辛亥革命和继承辛亥革命的思想遗产留下了无穷的问号，需要历史学家、思想家和政治家乃至整个中华民族去认真反思和总结。

第二节　民初政争与留学生群体救国道路的探索

民初政争是中国历史上空前的政争，其中心问题是国家政体的选择也就是中国未来的发展方向，是现代化的民主共和，还是倒退的封建帝制。就作为刚刚登上中国政治舞台的留学生群体而言，他们有的以政治派别，也有的以个人身份，在民初的政争中亮相角逐，或主动引领历史潮流，或无可回避地被卷入其中，也有的迷失方向，沉浮摇摆。其主流，是维护民主共和，反对专制独裁。留学生是坚持民主共和政体的主要力量，是新知识分子群体探索救国道路的代表。

一　民国的诞生与临时大总统孙中山的就任和辞职

中华民国的诞生是中国历史上的伟大创举，也是亚洲有史以来的第一个共和国，其成立的意义远远不止于成立本身，它对中国未来的昭示，对亚洲未来乃至对全世界的昭示都是空前的。留学生出身的孙中山作为首任总统的就任和辞职，几乎都是在弹指一挥间完成，从而给人们留下了无穷的话题。

（一）民国的诞生与孙中山就任临时大总统

武昌起义后各省纷纷独立，但如何建立一个新的统一的中央政府、在什么地方建立、由谁来出任新政府的最高领导，成为当时独立各省亟待解决的问题。也就是说，辛亥革命的胜利来得太快，清王朝的覆灭太仓促，革命党人虽然期盼革命成功，但这种成功之快又在意料之外，以致对如何接手如此庞大的国家政权缺少最起码的准备。因此，诞生后的民国谁主沉浮，也就成为包括革命党人、立宪党人乃至旧军人、旧官僚争相关注和角逐的问题。也就在这种特殊的背景中，留学生出身的具有先进思想和理论的孙中山，成为划时代的中华民国临时大总统。

由于当时孙中山远在国外，黄兴也不在湖北，革命党人缺乏一个强有力的领导核心，独立各省的政权大多被立宪派和旧官僚趁机夺取，袁世凯则对清政府和革命派软硬兼施。在此情况下，创设统一的临时中央政府不仅为当务之急，也困难重重。湖北代表理所当然地认为未来的中央政府应设在武昌，11月初黎元洪致电各省征求意见，紧接着要求派代表来鄂商讨组织新政府。江浙方面则表示反对，沪督陈其美甚至反过来致电各省，要求速派代表来沪。结果两地各来部分代表，来沪代表还成立了"各省都督府代表联合会"。为此双方只好妥协：上海方面同意赴鄂开会讨论建立中央政府之事，但同时认为"各省都督府代表联合会"仍应设在上海，并留代表于沪以便联络。由此可见，立宪派、旧官僚和资产阶级革命党人围绕筹建中央政府问题，产生了严重的分歧。但是，最终还是以孙中山、黄兴为代表的留学生出身的革命党人建立了新的政权，组成了南京临时政府。

1911 年 11 月 30 日，各省代表会议在汉口英租界顺昌洋行举行，推举湖南代表谭人凤[①]为议长，通过《中华民国临时政府组织大纲》，议决临时政府成立前，由鄂军政府代行中央军政府职权；鉴于会间南京光复，又议决临时政府设于南京。革命党人的武昌、上海之争随着南京的光复迎刃而解。南京自古为虎踞龙盘之地，多个朝代建都于此，特别是南京乃明朝最早的都城，在许多革命党人心中，定都于此契合"驱除鞑虏"宗旨，恢复汉统的标志，既满足了革命党人尽快成立新政权的愿望，又能实现他们互相制衡的诉求。而且，江浙一带自古富裕繁华，丰厚的经济基础有利于新政权的巩固。另外，会议并议决，如袁世凯赞成共和，可推举其为临时大总统。12月 11 日，各省在上海和汉口两地的代表来到南京，商讨组织临时政府。此前各省原留沪代表为便于统筹全局，于 12 月 4 日召开共和联合大会，协商设置假定大元帅、副元帅，推举黄兴、黎元洪出任，并推大元帅组织临时政府。但黎反对，黄也不就。12 月 15 日，抵宁的代表们获悉袁世凯赞成共和，决定暂缓选举临时总统，虚位以待其反正。

武昌起义爆发时，孙中山还在美国。10 月 12 日，他在丹佛城获悉武昌起义的消息后，又接到黄兴等转告的鄂军都督府的邀请："从速归国，主持大计。"但孙中山为取得国际的外交支持和经济援助，"决意先从外交方面致力，俟此问题解决而后回国"[②]。于是他从美国到了英国、法国，又辗转了两个多月。在伦敦时，国内曾有电报促其速回担任总统，为此，11 月 16日孙中山再电民国军政府，表示："总统自选推定黎（元洪）君。闻黎有推袁（世凯）之说，合宜亦善。总之，随宜推定，但求早巩国基。满清时代

---

①　谭人凤（1860—1920），湖南新化县福田村（今隆回县鸭田乡）人。16 岁考取秀才，30 岁任村内义学塾师。在家乡开山立堂，自做山主。1895 年创办福田小学堂。义和团运动前后，与会党秘密联络进行反清活动。1906 年冬逃亡东京，加入同盟会。12 月萍浏醴起义爆发，回国密谋响应。事败，1907年初复返日本，入东京法政学校学习。1911 年 7 月与宋教仁等发起成立同盟会中部总会，被举为总务干事、总务会议议长，奔走于长沙、武昌、九江间，准备在长江流域发动起义，促成武汉文学社和共进会消除成见，实行联合。武昌起义爆发后，参与湖北军政府的领导并敦促湘军援鄂。

②　孙中山：《建国方略》，见中国社会科学院近代史研究所中华民国史研究室等合编《孙中山全集》第 6 卷，中华书局 1985 年版，第 244 页。

权势利禄之争，吾人必久厌簿［薄］……至于政权，皆以服务之为要领。"①
由此，也可见孙中山的公仆意识，而这在此前的中国政治家中是绝无仅有
的。但是，袁世凯首鼠两端的为人使人又不敢轻信，众人在黄兴和黎元洪之
间也难以取舍。12 月 17 日，各省代表又改举黎元洪为大元帅、黄兴为副元
帅，黎虽接受但黄又坚辞，如何组织新政府的大事又陷入了僵局。这时孙中
山的归来，使此事柳暗花明，得到了新的解决。

1911 年 12 月 25 日，孙中山归国抵上海，受到社会各界的隆重欢迎。
由于多年的反清革命经历，他获得了崇高的威望，受到许多革命团体的支
持，成为众望所归的总统人选，立宪派和旧势力也认为孙中山是袁世凯反
正之前最合适的总统人选。"大总统非孙中山莫属"成了当时最得人心的
口号。孙中山在从欧洲回国途经新加坡时，也透露了相关的信息。客观地
讲，孙中山出任首届临时大总统，有利于清帝逊位，促成辛亥革命目标的
达成。26 日，孙中山与黄兴、宋教仁、陈其美、居正、汪精卫等同盟会骨
干（他们全部为留学生出身）就组建中央政府事宜进行密商，大家公举孙
中山为中华民国临时大总统。会上宋教仁主张实行责任内阁制，孙中山则
主张实行总统制。就长远来看，宋教仁的主张具有超前性，但是对当时南
北纷争的中国而言，难免脱离实际。与会者多数也同意孙中山的意见，还
在《民立报》上向外界披露实行总统制的方案，后来在南京各省代表会议
上也获得通过。

12 月 29 日，在南京的十七省代表（共 45 人）召开正式选举临时大总
统会议，候选人孙中山、黎元洪、黄兴。根据《中华民国临时政府组织大
纲》第一条："临时大总统，由各省都督代表选举之；以得票满总数三分之
二以上者为当选。代表投票权，每省以一票为限"，孙中山以 16 票的高票当
选为第一任中华民国临时大总统。孙中山接电后，立即复电南京各省代表：
"光复中华，皆我军民之力，文子身归国，毫发无功，竟承选举，何以克当？
惟念北方未靖，民国初基，宏济艰难，凡我国民皆具有责任。诸化不计功
能，加文重大之服务，文敢不黾勉从国民之后，当克日赴宁就职，先此敬

---

① 孙中山：《致民国军政府电》，见中国社会科学院近代史研究所中华民国史研究室等合编《孙中
山全集》第 1 卷，中华书局 1981 年版，第 547 页。

复。"① 孙中山又致电各省都督："今日代表选举，乃认文为公仆，自顾材力，诚无以当……"②

孙中山之所以能顺利当选临时大总统，与他长期以来不屈不挠的革命经历和长期形成的威望有关。他虽然没有直接领导武昌起义，但时论仍把他视为起义的领袖，正如他后来所说："时武昌之起事第一日，则揭橥吾名，称予命令而发难者。"③ 当时美国报纸也称："武昌革命军为奉孙逸仙命令而起者，拟建共和政体，其首任总统，当属之孙逸仙云云。"④ 他回国后，许多团体纷纷致电南京各省代表："请举孙中山先生为总统，以救国民。兆众一志，全体欢迎。"在美洲的全体同盟会会员也致电《民立报》转各省代表："孙先生才、德、望，中外相孚，请举为总统，内慰舆望，外镇强邻。"孙中山当选的消息传出后，南京"军学各界自悉各省代表举定孙大总统后，均色舞眉飞，互相庆祝……"《民立报》等报刊连续发表国内外各界各团体和各地群众的贺电，安徽各界代表及军民万人集会庆贺，福州万人举行提灯游行。至于海外侨胞，则"自总统选举以来，南洋、澳、欧美各地贺电，为日盈尺"。可见，孙中山的当选乃众望所归。

1912 年 1 月 1 日夜 11 时，中华民国临时大总统就职典礼正式开始。孙中山正式宣布中华民国成立，宣誓就任临时大总统，宣读誓词："倾覆满洲专制政府，巩固中华民国，图谋民生幸福，此国民之公意，文实遵之，以忠于国，为众服务。至专制政府既倒，国内无变乱，民国卓立于世界，为列邦公认，斯时文当解临时大总统之职。谨以此誓于国民。"⑤ 他还发布了《临时大总统宣言书》，提出中华民国临时政府的任务及对内对外方针。2 日，孙中山通告各省废除阴历，改用阳历，以中华民国纪年，1912 年为中华民

---

①　孙中山：《复南京各省代表电》，见中国社会科学院近代史研究所中华民国史研究室等合编《孙中山全集》第 1 卷，中华书局 1981 年版，第 575 页。

②　孙中山：《致各省都督军司令长电》，同上书，第 575 页。

③　孙中山：《建国方略》，见中国社会科学院近代史研究所中华民国史研究室等合编《孙中山全集》第 6 卷，中华书局 1985 年版，第 243 页。

④　同上书，第 245 页。

⑤　孙中山：《临时大总统就职誓词》，中国第二历史档案馆藏；台湾国史馆档案（34），（2）34。又见于中国社会科学院近代史研究所中华民国史研究室等合编《孙中山全集》第 2 卷，中华书局 1982 年版，第 1 页。

国元年。3 日，各省代表会议推选黎元洪任临时副总统，并通过了孙中山提出的临时政府内阁名单，正式组成中华民国临时政府：仿照美国政府制，不设总理，分作九部，由总统提出各部总长、次长人选。具体名单及出身情况见表 2—1。

表 2—1　　**中华民国临时政府总统、副总统、总理及各部总长、次长名单**

部门	官职	姓名	教育背景
陆军部	总统	孙中山	留美
	副总统	黎元洪	科举
	总理	唐绍仪	留美
	总长兼参谋总长	黄兴	留日
	次长	蒋作宾	留日
海军部	总长	黄钟瑛	福州船政学堂
	次长	汤芗铭	留英、法
司法部	总长	伍廷芳	留英
	次长	吕志伊	留日
财政部	总长	陈锦涛	留美
	次长	王鸿猷	留比
外交部	总长	王宠惠	留日、美
	次长	魏宸组	留比
内务部	总长	程德全	
	次长	居正	留日
教育部	总长	蔡元培	留德
	次长	景耀月	留日
实业部	总长	张謇	
	次长	马君武	留日、德
交通部	总长	汤寿潜	
	次长	于右任	留日
总统府	秘书长	胡汉民	留日
法制局	局长	宋教仁	留日
印铸局	局长	黄复生	留日

从临时政府的组成人员名单看，共 24 人，从其教育背景上看，除黄钟瑛、程德全、张謇、汤寿潜 4 人外，其余全部是留学生，共 20 人，占整个内阁的 83.3%。也就是说，南京临时政府的主要负责人基本上是留学生出身。他们具有不同于中国传统的士大夫阶层的文化、学术、思想、政治背景，虽然不可能从根本上与中国传统的封建政治理念完全割断，但与清代旧官僚、旧士大夫阶层的治国思想和政治理念无疑有很大乃至质的不同。因此，这标志着留学生这个新的知识分子群体正式登上了 20 世纪中国政治历史的大舞台。

虽然南京临时政府存在的时间不长，其自身也存在局限性，但如此一个新的知识分子群体入主政府，不能不说是一个历史的飞跃，在中国历史上具有划时代的意义。

（二）孙中山辞职和袁世凯就任临时大总统

一个新的政权在建立以后能否维持发展，取决于政治、军事、财政、外交和民意等多种因素。这些对南京临时政府而言，应该说缺项很多。尽管它在成立后颁布了许多政令，除旧布新，革新政治，发展资本主义经济，如禁止和废除刑讯、跪拜、缠足、蓄辫和吸食鸦片等陋习，制定了保护私人财产和发展资本主义的政策，采取了改进教育制度、革新教育内容的措施，提倡新闻言论自由等，在不同程度上推动了社会的进步。但也面临着许多难以克服的问题，首先是财政困难，没有立国的经济基础。临时政府成立之时，有可能筹得现款的主要来源是关税和盐税，但武昌起义后不久，为防止革命党人用作军费，英国就联络其他国家控制了关税，盐税则因张謇的反对而无法征缴。迫不得已，临时政府只好走向列强借款的老路。又如军队庞大，派系林立，难以统一，军费难筹；南方阵营内部特别是同盟会内部分歧，不仅武汉方面与江浙沪方面明争暗斗，章太炎等对孙中山也处处作梗。这诸多问题使南京临时政府一筹莫展，岌岌可危，孙中山这个临时大总统的职位也随时都会丢失。

本来，武昌起义后，各省纷纷宣布独立，但随后成立的军政府中缺少一个深孚众望、具有号召力的强势人物来主持。巨变之际，凡是关心中国政局的人，无论是中国的政治家、军人，还是官僚、士绅，抑或革命者乃至一般稍有头脑的老百姓，几乎都认为中国这个摊子太大、太难。就在这种背景下，不仅孙中山成了众望所归的总统人选，袁世凯也成了各方关注的焦点人物。甲午战后，在李鸿章的举荐下，袁世凯逐渐登上了清末政治舞台，而其无论在新政中的作为，还是政治上的威权，抑或外交经验，袁都是一般王公大臣、封疆督抚所无法相比的。因此，他已成为李鸿章之后清朝政坛上举足轻重的人物。戊戌变法期间，他以首鼠两端的行为取得了慈禧太后的信任；任山东巡抚后，又通过镇压义和团运动得到了列强的信任。1903 年为练兵处会办大臣，他借机改革军制，扩编北洋军，从此成为北洋军阀的首领。新政时期，他以直隶总督兼北洋大臣的双重身份，主持直隶地区的新政，颇有时名。他还与张之洞一起敦促清政府废科举、兴学堂、筹备立宪，成为实施新政的重要人物。不过，袁世凯虽然有北洋军作为后盾，也得到了清政府和列强的支持，但以他的政治敏感性他不会认识不到，此时单凭武力是无法扑灭武昌起义所引发的反清革命烈火的。况且，清廷内部随着慈禧太后的去世，已失去掌控全局的人物，而光绪皇帝的去世也使保皇派失去了拥戴的"明君"。中国历史上幼儿继位而江山不保的事例太多，对他也不会毫无影响。还有一点也很重要，那就是他与摄政王势不两立。这一切都使这个富于政治经验的清廷大臣对天下大乱的时局十分敏感。"八方风雨会中州"这句诗，用在他这个河南（中州）人身上是最合适不过了。因此，通过南北停战议和，他既可要挟清廷，也可讨好南方革命党人，便成为其实现政治野心的锦囊妙计。

也就是在这种情况下，袁世凯奉清王朝之命以后，一面率兵南下，一面不断吁请议和，黎元洪虽再次拒绝，但在答复中仍说："以项城之威望，将来大功告成，选举总统，当推首选。"① 黄兴亦曾电袁世凯："若能赞成共和，必可举为总统。"② 这虽是无奈，但也反映了南方军政府和革命党人的一种心理：谁能定夺共和，谁就可为总统，而共和也就是清廷灭亡。12 月29 日，孙中山在当选临时大总统的当天，虽然特地致电袁世凯，表示自己"暂时担任"临时大总统一职，"公方以旋乾转坤自任，即知亿兆属望，而

---

　　① 郭孝成：《议和始末》，见中国史学会主编《辛亥革命》第 8 册，上海人民出版社1980 年版，第66 页。

　　② 《南北代表会议问答速记录》，见中国史学会主编《辛亥革命》第 8 册，上海人民出版社1980 年版，第 77 页。

目前之地位，尚不能引嫌自避，故文虽暂时承乏，而虚位以待之心，终可大白于将来。望早定大计，以慰四万万人之渴望"①。然而，袁氏仍怒发冲冠，对唐绍仪与伍廷芳所议定各项均不认可，并亲自与伍廷芳电报商谈。同日，北洋军将领姜桂题、冯国璋、张勋、张作霖、曹锟等 15 人联名通电，反对共和。此时，东西方各国更倒向袁世凯，支持袁氏组织政府。在严峻的现实面前，面对袁世凯咄咄逼人的攻势，面对革命派的涣散状态和议和的既成事实，孙中山再次表示："如清帝实行退位，宣布共和，则临时政府决不食言，文即可正式宣布解职，以功以能，首推袁氏。"② 在得到孙中山的保证后，袁加紧了逼宫的步伐，吁请清廷"早顺舆情"，赞成共和。1912 年 2 月 12 日，清廷被迫接受了优待条件，颁发了皇帝退位诏书，清王朝正式寿终正寝。

2 月 13 日，袁世凯致电南京临时政府，宣布赞成共和，"从此努力进行，务令达到圆满地位，永不使君主政体再行于中国"③。鉴于清帝退位，袁世凯宣布赞成共和，孙中山乃践履前诺，向南京参议院提出辞职和推荐袁世凯为临时大总统的咨文。辞职咨文说：

> 当缔造民国之始，本总统被选为公仆，宣言、誓书，实以倾覆专制，巩固民国，图谋民生幸福为任。誓至专制政府既倒，国内无变乱，民国卓立于世界为列邦公认，本总统即行解职。现在清帝退位，专制已除，南北一心，更无变乱，民国为各国承认旦夕可期。本总统当践誓言辞职引退。④

为防止袁世凯专权，孙中山在辞职咨文中还附有三项条件，即："临时政府地点设于南京，为各省代表所议定，不能更改；辞职后，俟参议院举定

① 中国国民党中央委员会党史委员会编：《国父全集》第 4 册，（台北）近代中国出版社 1989 年版，第 172 页。

② 孙中山：《致伍廷芳电》（一九一三年一月十五日），见中国社会科学院近代史研究所中华民国史研究室等合编《孙中山全集》第 2 卷，中华书局 1982 年版，第 23 页。

③ 《临时政府公报》第 15 号，1912 年 2 月 14 日。

④ 《孙文为辞职引退致参议院咨》（1912 年 2 月 13 日），《临时政府公报》第 17 号，见中国第二历史档案馆编《中华民国史档案资料汇编》第 2 辑，江苏人民出版社 1981 年版，第 80 页。

新总统亲到南京受任之时，大总统及各员乃行辞（解）职；临时政府约法为参议院所制定，新总统必须遵守颁布之一切法治章程。"① 但后来的事实证明，这三条对袁氏而言都为一纸空文。尽管孙中山推荐袁的咨文不乏肯定溢美之言："此次清帝逊位，南北统一，袁君之力实多，发表政见，更为绝对赞同，举为公仆，必能尽忠民国。且袁君富于经验，民国统一，赖有建设之才，故敢以私见贡荐于贵院。"② 也尽管孙中山在 13 日复电袁氏时再次表示："文即行引躬退在荒野，为一共和国民"，"新旧交替，万机待举，遗大投艰，非公莫办。谨虚左位，以俟明哲，曷胜伫立翘首之至"③。但袁世凯的心怀叵测又怎会被透明如秋水的"孙大炮"所度量！

2 月 15 日，袁世凯如愿以偿当选为临时大总统，他一面复电孙中山和黎元洪，假惺惺地表示："惭悚万状"，"时艰方殷，万端待理，断非衰庸如凯者所堪胜之……切盼参议院另举贤能，使凯得徜徉山林，长作共和之国民，私愿足矣"④；一面又诡称北方时局不稳，不肯南下，在貌似中肯的词语中又藏有威胁："凯所注目者，急在外交。旧政府业经消灭，新政府尚未得承认，交际大局，日益危险……北方情形复杂，递引互牵，若因凯一去变端立见，殊非爱国救民之素志。反复思维，与其孙大总统辞职，不如世凯释权。"⑤ 为此，2 月 18 日，孙中山致电袁世凯，告知派教育总长蔡元培为迎袁专使，宋教仁、魏宸组、汪精卫、钮永建、王正廷（均为留学生出身）等为欢迎员，前往北京，促使袁世凯南下就职。蔡元培一行抵达北京后，袁世凯允诺安顿好北方后即启程。

但是，29 日夜北京突然发生兵变。时人多认为，兵变乃袁世凯所操纵，用意在于制造京畿不稳的假象，实现袁不到南京就职的企图。虽然后来有学

---

① 《孙文为辞职引退致参议院咨》（1912 年 2 月 13 日），《临时政府公报》第 17 号，见中国第二历史档案馆编《中华民国史档案资料汇编》第 2 辑，江苏人民出版社 1981 年版，第 80 页。

② 《孙文为推荐袁世凯致参议院咨》（1912 年 2 月 13 日），见中国第二历史档案馆编《中华民国史档案资料汇编》第 2 辑，江苏人民出版社 1981 年版，第 81 页。

③ 《孙文为引退复袁世凯电》（1912 年 2 月 13 日），《临时公报壬子年正月初一日》，见中国第二历史档案馆编《中华民国史档案资料汇编》第 2 辑，江苏人民出版社 1981 年版，第 81—82 页。

④ 《袁世凯复孙文电》（1912 年 2 月 15 日），《临时公报辛亥年十二月二十九日》，见中国第二历史档案馆编《中华民国史档案资料汇编》第 2 辑，江苏人民出版社 1981 年版，第 82 页。

⑤ 《袁世凯复黎元洪电》（1912 年 2 月 15 日），《临时公报辛亥年十二月三十日》，见中国第二历史档案馆编《中华民国史档案资料汇编》第 2 辑，江苏人民出版社 1981 年版，第 83 页。

者认为，袁世凯完全可以"运用政治分化策略，以求达到北都目的，实轻而易举，比较安全，故不必借重此一玩火自'兵变'手段也"①，但其实不然，袁乃行伍出身，此时，任何政治的分化策略都不及导演兵变更能蛊惑人心。以袁之军威，若非他之安排，乱兵岂敢在京城焚掠？通州、天津、保定等处驻军又岂敢闻声哗变？退一步讲，"即使兵变非袁所谋，然而兵变结果却实现了袁世凯在北京就职的愿望"②。袁世凯据此马上致电威胁孙中山："若仓猝远离，何敢断其必无意外？"段祺瑞、冯国璋等北洋将领也通电要求临时政府设于北京。英、法、日、美、德、俄等列强则以保护侨民为名，从天津、旅顺、哈尔滨、青岛等地调动军队，进行武力威胁。3月2日，迎袁专使蔡元培等也电告孙中山，提出同意袁在北京就职的意见。于是，由孙中山建议，参议院6日议决袁世凯在北京受职。

在做足了各种表演后，3月10日，袁世凯欣然接受了临时大总统之职，在北京就任中华民国临时大总统，并宣读誓词："民国建设造端，百凡待治，世凯深愿竭其能力，发扬共和之精神，涤荡专制之瑕秽，谨守宪法，依国民之愿望，蕲达国家与安全强固之域，俾五大民族同臻乐利。凡兹志愿，率屡勿逾。俟召集国会，选定第一期大总统，世凯即行解职。"③ 后来的事实证明，袁世凯在以后的政治活动中并未履行此诺言，多有践踏民主共和制度的行为，成为民初动荡的原因之一。4月1日，孙中山莅临参议院正式宣布解职："本总统今日解职，并非功成身退，实欲以中华民国国民之地位，与四万万人协力造成中华民国之巩固基础，以冀实现世界和平。"④ 就这样，如同黎元洪在武昌起义前绝不会想到自己会成为湖北军政府的大都督一样，袁世凯在武昌起义前也不会想到他自己会在这次伟大的革命中轻而易举地成为最大的获利者，中华民国大总统之冠竟会落到自己的头上，而孙中山则在难以言说的原因中让出了临时大总统的职位。

①　吴相湘：《袁世凯谋取临时大总统之经过》，《中国现代史丛刊》第1册，（台北）正中书局1960年版，第14页。

②　张宪文：《中华民国史》第1卷，南京大学出版社2005年版，第108页。

③　《孙文关于袁世凯受职誓词电》1912年3月9日，《临时政府公报》第36页，又收入中国第二历史档案馆编《中华民国史档案资料汇编》第2辑，江苏人民出版社1981年版，第105页。

④　上海《民立报》1912年4月5日，第527号。

孙中山让位给袁世凯，各种原因都有，不一一列举。最根本的原因有两点。

第一，狭隘的民族主义革命的局限性。当时，革命党人以反满代替反帝，以反皇权代替反封建，因此，当满清王朝被推翻和中华民国临时政府创立时，包括孙中山在内的革命者产生了民族主义革命已完成的心理，而素以"天下为公"为宗旨的孙中山，让位符合他的政治理想和人格操守。实际上，在武昌起义爆发后，把清帝的退位视为主要乃至唯一目标，已成为当时绝大多数中国人包括南方革命党人、立宪派、一般旧官僚和北洋军人不约而同的共识。因此，孙中山的退位，不仅是基于各种压力，也有其内在的革命功成、不计个人得失的思想在影响。后来他接受袁世凯授予的全国铁路督办，希图大建铁路的事实就是明证。而这，又是"民生"思想在起作用。作为一位理想型的政治家，孙中山的辞职是自然的。

第二，作为一个刚登上 20 世纪中国政治舞台的留学生群体而言，他们的力量还很弱小，基础不深厚，经验不丰富，还不具备马上掌控山河的能力和条件。武昌起义爆发后，除了清贵族和极少数顽固分子外，都认为清王朝已无可奈何花落去。在心中估量谁来收拾旧山河，是当时全国各种政治势力最为关心的焦点，其中袁世凯的优势日趋明显。因为自成立兴中会以后，迫于形势，孙中山等留学生长期亡命、辗转国外，在国内缺少坚实的基础，他与黄兴等革命党人为颠覆清王朝的政权，不顾生死存亡，举行了多次武装起义，但是对胜利后的政权建设却没有丝毫准备，缺少起码的规划。因此，他在回国途中就不自信。他的当选虽然是众望所归，但也是南方各种政治派系在黄兴和黎元洪之间妥协的结果。其实，在被推选为临时大总统的过程中，孙中山依然不自信，不止一次地表示暂任而推荐袁世凯。因此，在对治国、建国的实际毫无准备而国家正处于政权更替、百废待举的严峻时刻，孙中山的辞职是真实的，又是必然的。

相比较孙中山的处境而言，袁世凯则有孙中山和其他人所不具备的优势。多年从政从军的经历，已经使他成为中国政界军界的威权人物。既然清帝的退位成为大家的共识，那么选择一个既能让清帝退位，又开明而有威权的汉人来重整中华河山，就成为当时中国人乃至列国的不二选择。于是，袁世凯就成为众人呼之欲出、不可多得的唯一人选。因此，与其说孙中山让出临时大总统是被迫的，不如说是他综观时局、把握现实的选择；既是他受西方政治理念的影响和"天下为公"的高风亮节的真切体现，也是他灵魂深处潜藏的民族主义思想的体现，更是当时国内外各种矛盾和力量共同作用的结果。总之，透过孙中山在临时大总统让位问题上的表现，可以看出中西方文化的深刻影响：既有西方民主政治理念的影响，也有民族主义和传统的因素，还有在复杂的现实面前表现出的真诚、纯洁、坦荡和无奈。而这正体现出留学生出身的政治家在国是面前守法、维法的法制观念和公开、公正、真诚、透明的新一代政治家的特点。

多年来，对孙中山的让位说法甚多，其中多有牵强，如所谓孙中山以放弃革命领导权来维护"个人名节"、不争名位的思想，是一种错误选择，最终使民国前途彻底毁灭。这实在是贬低了孙中山的为人，夸大了他的个人责任。又如，所谓南京临时政府不能解决农民的土地问题，也没有真正组织农民参加革命斗争，因而也得不到广大农民群众的支持，使自身在强大的反革命势力面前孤立无援。动员民众是一件长期的事情，南京临时政府存在的时间仅仅 3 个月，孙中山如何发动民众？以当时中国一般民众的政治水准和袁世凯给人的多种印象，民众又如何能反封建和反袁？再如所谓的不敢坚决地反对帝国主义，也没有采取真正的反帝行动，而是采取"承认"列强的一切旧约、"保护外人"和"睦邻"的做法，以企图换取列强的帮助。[1] 这也是脱离现实，强人所难。以民国政权之脆弱、短暂，又怎能自不量力马上与虎视眈眈的列强为敌？至于说对革命的领导权问题认识不足，是资产阶级本身固有的妥协性和软弱性所致的观点，更脱离了当时的实际。清末民初的中国资产阶级还很年轻，不够强大是事实，但这并不能说明它本身固有的妥协性和软弱性。因此，上述说法，在实质上对孙中山博大精深的思想都缺少足够的理解，或受制于特定的环境，脱离现实而把让位归咎于孙中山的个人失策，是不公允的。孙中山的就任又让位，袁世凯的复出与上台，在当时都是必然的。

二　留美总理唐绍仪与总统袁世凯权力之争的症结

民初政争最早表现为留美幼童出身的总理唐绍仪与总统袁世凯的权力之

---

[1]　关于此问题研究甚多，如丁贤俊《论孙中山民元让位》，《历史研究》1988 年第 6 期，等等。

争，但是，这并不是他们个人之间的争名夺利，而是围绕临时约法所规定的内阁制的职责权力之争。简单地说，是唐绍仪的维权和袁世凯的违法之争。在其背后，反映出的是两种不同的文化观念和法治观念，即深受欧美现代政治文化观念影响的留美幼童出身的唐绍仪，与在中国封建专制政治文化里泡大的袁世凯之间的文化法治观念上的冲突。

（一）唐绍仪组阁

同盟会和各省代表联合会在酝酿成立南京临时政府之初，主张实行总统制，因此，政府建制中无总理一职。后来，为了防止袁世凯专权，在孙中山离任前、袁世凯就职的次日（3 月 11 日），临时政府颁布了参议院制定的《中华民国临时约法》，规定中央政府由总统制改内阁制，其目的是以此来限制大总统的专权。

袁世凯当然不愿意接受责任内阁制的限制，特别是《临时约法》颁布得太晚，难免给人以口实，但他又不便马上为《临时约法》与革命党人争执，否则，他将不能任职。不过他虽然接受了，但是其内心"不相信中国需要民主政治与共和制度，也不准备恪守《临时约法》"[1]。所以，在组织中华民国第一届内阁，确定由谁出任第一届内阁总理时，他煞费苦心，力图建立一个他能够任意控制的责任内阁，以便玩弄于股掌之间，变成他随心所欲的政治工具。据此，袁世凯最终于 1912 年 3 月 23 日组织了以唐绍仪为总理的内阁。这也是由多种原因决定的。

首先是因为唐、袁关系非同一般。唐绍仪是第三批留美幼童，曾在美国系统学习西方的近代自然科学和社会科学知识。虽然他们的出身及经历迥异，但二人在朝鲜相识后，遂结为盟友。袁世凯在处理朝鲜复杂的事务中得到了唐绍仪的大力协助。袁世凯在驻朝期间对唐绍仪的才干也非常欣赏，认为他"优智略，明机宜，确有应变才"[2]，"忠直明敏，胆识兼优"[3]。1899年，袁被任命为山东巡抚，立即奏调唐绍仪前去协助，在奏折中称唐"血性忠诚，才识卓越"[4]。1901 年 11 月，袁被授予直隶总督兼北洋大臣，他又奏

---

① 张宪文：《中华民国史》第 1 卷，南京大学出版社 2005 年版，第 116 页。
② 顾廷龙等编：《李鸿章全集》（二），上海人民出版社 1987 年版，第 173 页。
③ 来新夏：《北洋军阀》（五），上海人民出版社 1993 年版，第 26 页。
④ 廖一中、罗真容：《袁世凯奏议》（上），天津古籍出版社 1987 年版，第 117 页。

调唐绍仪到北洋任职。可见，袁在多年的政治生涯中，与唐绍仪形成了相互依赖的关系。1904 年，清政府任命唐绍仪为议约全权大臣赴印度与英谈判，袁称唐绍仪"才识卓越，志趣正大，而谙练外交，冠绝辈流"①。在印度谈判期间，唐绍仪以坚定的民族立场，使英国企图分裂中国西藏的阴谋无以得逞。回国后唐受到清政府的重用，但袁、唐关系并未因此而疏远。武昌起义爆发后，唐绍仪被袁世凯任命为南北议和的北方总代表。如前所说，在谈判过程中，受过西方民主教育的唐绍仪，能够正视现实，开始倾向共和，导致袁世凯的不满，被迫辞职。但袁、唐之间仍保持着密切联系。南北议和的最终结果，实际仍没有脱离唐、伍协议的框架。也就是说，南北议和使袁、唐原来铁板一块的关系有所变化，但没有从根本上影响二人长期的深交。因此，论私交，唐与袁是患难与共的莫逆之交。论才能，唐在北洋派中也少可比肩。他的西学背景，他回国后在宦海生涯中表现出来的特殊才干和历练经验，既非段祺瑞、冯国璋等北洋军人所能相比，也非北洋系中如徐世昌等旧式文人所具备。而且，唐与革命党人也有交情，思想较新，南方革命党人能够接受，参议院容易通过。从孙中山等革命党人的角度来说，唐绍仪毕竟受过西方民主思想的熏陶，对民主共和制度有较多的理解与认同，议和谈判更显示了其对民主政治的倾向，在政治理想方面与南方革命党人的目标相近。况且，他也是南方人，与孙中山还同属香山县，这在那个讲究地域乡情的时代，也是不能完全忽视的。

所以，对于袁世凯来说，唐是第一任内阁总理的最佳选择；对南方革命党人而言，唐也值得信赖，同意由其组阁，但在组阁前让其加入同盟会。由于南北双方的信任，唐绍仪在参议院顺利获得通过，成为民国第一届内阁总理。

（二）责任内阁制与袁唐的权力之争

作为中国历史上的首届国务总理，对唐绍仪而言，是何等的荣耀！当然其责任也可想而知。唐绍仪上任伊始，试图按照《临时约法》规定的程序，行使总理权力，开展国务工作，但是，一开始就举步维艰，难以尽职。

唐绍仪自幼留学美国，从小学读至大学，系统地学习了西方自然科学和

---

① 廖一中、罗真容：《袁世凯奏议》（下），天津古籍出版社 1987 年版，第 1016 页。

社会科学，受到西方民主文化的熏陶。在南北议和期间，他与革命党人接触，并受其影响，在政治立场上倾向民主共和，对同盟会也有好感，并在抵南京组阁时由孙中山主盟，由黄兴、蔡元培介绍加入同盟会。3月25日，唐绍仪就任中华民国首任国务总理以后，最大愿望就是在中国建设民主政治，"推行资产阶级民主政治制度和资本主义生产、生活方式，改造和取代封建专制的政治制度和愚昧的社会风俗"①。为此，他希望继续辅助袁世凯以"图孙袁之合作"。他认为："今日国家大势，统一中国，非项城莫办，而欲治理中国，非项城诚心与国民党合作不可……国家大势，我又何能以私交徇公义哉！"② 因此，在组阁之初，唐绍仪很有抱负，曾从政治、经济、军事、外交、财政、司法、教育等方面提出一些施政方案，力图治理好这个积贫积弱的国家。由于西方法治理念的影响，他养成了不同于中国旧官僚的办事风格，"事事咸恪遵约法"，这又对袁的专权构成了限制。1912年4月21日国务院成立，唐在介绍内阁成员时就提醒袁："内阁只对参议院负责。"③ 这无疑是在给身居总统之位的袁世凯敲响了不要独裁的警钟。他努力推行责任内阁制，"颇有意举责任内阁之实，以避袁氏与各方之冲突"④。且以调和南北为出发点，"每有要议，必就商于蔡（元培）、宋（教仁）二君"⑤，不肯唯袁世凯马首是瞻。对总统府的决定，唐认为不可行的即行驳回⑥，以致袁世凯竟怀疑"唐挟国民党以自重，有独树一帜之意"⑦。在袁世凯看来，自己过去与唐绍仪"自朝鲜同患难，以至北洋为堂属，北京为同僚，故能如身使臂，如臂使指"，"立见成效"⑧，现在唐任总理，是自己推荐和任命的，应像过去一样对自己唯命是从。因此，他要以共和之名，行专

---

① 朱英：《辛亥革命与近代中国社会变迁》，华中师范大学出版社2001年版，第61页。
② 凤冈及门弟子编：《三水梁燕孙先生年谱》上册，上海书店1990年版，第122页。
③ 颜惠庆：《颜惠庆自传——一位民国元老的记忆》，吴建雍等译，商务印书馆2003年版，第106页。
④ 凤冈及门弟子编：《三水梁燕孙先生年谱》上册，上海书店1990年版，第121页。
⑤ 黄远庸：《政界内形记》，见《远生遗著》卷2，商务印书馆1927年版，第6页。此时，蔡元培为唐绍仪内阁教育总长，宋教仁为农林总长。
⑥ 李剑农：《中国近百年政治史》，复旦大学出版社2002年版，第331页。
⑦ 凤冈及门弟子编：《三水梁燕孙先生年谱》上册，上海书店1990年版，第121页。
⑧ 《盛宣怀在日本向报界发表的书面声明》，见陈旭麓等主编《辛亥革命前后——盛宣怀档案资料选辑之一》，上海人民出版社1981年版，第265—266页。

制之实,从唐绍仪组阁开始,就安插亲信段祺瑞等到各个要害部门,对唐绍仪多方掣肘,使得作为总理的唐绍仪根本无法行使职权,不得不两次辞职。

第一次迫使唐绍仪辞职的直接原因是借债波折及熊希龄的先行辞职。作为国务总理要履行职责,首先要使政府能正常运转,在阁员提名获得通过以后,唐绍仪即为此而准备,其中之一就是借款。3月14日,经接受临时大总统之职的袁世凯和尚未解职的临时大总统孙中山的双重核准,在美、英、德、法四国银行团不履约付款的情况下,唐绍仪转而向比利时的“华比银行”借款以供组阁等政府工作之用。但一心想垄断对华贷款权的四国银行团逼迫袁世凯,迫使唐取消与华比银行的借款协议。当唐再与四国银行重新谈判时,他们提出了更为苛刻的监督条件。唐以不敢“擅自作主,以招全国人民反对”[①]为由拒绝签字。恰于此时,袁世凯指使财政总长熊希龄直接越过唐绍仪交涉借款事宜。借款问题虽谈妥,但其苛刻的监督条件遭到以黄兴为首的南方革命党人的强烈反对。熊希龄在强大的舆论压力下引咎辞职,唐绍仪面对参议院内共和党人的反复质询也不能对答。本为政府开张举借外债,却因袁世凯的干涉横生枝节遭到内外不无理由的指责,于是唐绍仪于5月20日首次提出辞职。此时的袁世凯还不准备与唐彻底搞翻,表示“慰留”,唐也打消辞意,继续任职。

第二次导致唐绍仪挂冠而去的是王芝祥督直事件。按照《临时约法》,民国政府的组织形式是责任内阁制,其中一个重要方面就是国务员具有副署权。《临时约法》第45条规定:“国务员于临时大总统提出法律案,公布法律及发布命令时,须副署之。”[②]后来临时参议院规定副署时虽不必由全体国务员签名,但规定凡需副署之处,必须有总理副署。也就是说,大总统公布的命令,必须经内阁总理副署后方能生效。副署制是责任内阁制的主要标志,而袁世凯对“每有设施,辄为国务总理依据约法拒绝副署,致不能为所欲为,深滋不悦”[③]。

---

①　《借款交涉之破裂》,《民立报》1912年5月9日。

②　《中华民国临时约法》,见中国第二历史档案馆编《中华民国史档案资料汇编》第2辑,江苏人民出版社1981年版,第109、110页。所谓副署,即在临时大总统签名后,须由国务员签名,表示同意。否则,仅临时大总统一人签名的文件不能生效。

③　冯自由:《革命逸史》第2集,中华书局1981年版,第302页。

　　唐绍仪南下组阁前，经袁世凯首肯，与同盟会达成协议，由南方革命党人王芝祥任直隶都督，并得到顺直省议会的支持（王为直隶通县人）。但后来袁世凯却从中作梗，以多种理由不予任命，而改派已来准备上任的王芝祥为南方军队宣慰使，并给一笔巨款将其打发走。①　对此委任，崇尚西方民主政治规则的唐绍仪，为保障临时约法上的副署权利和个人尊严，拒绝副署。这对独裁成性的袁世凯来说是绝对不能容忍的。1912 年 6 月 15 日，他未经唐绍仪副署，悍然公布了对王芝祥的新任命，这严重地激化了袁唐之间已有的矛盾。为此，唐绍仪不惜中断与袁数十年的公交私谊，同日出走天津，给袁发出请假电报，6 月 21 日正式提出辞职，表示自己只因"南北初合，政府未成"，故勉竭愚庸，接任总理，但"视事以来，夜不成寐，日必发寒"②，故请另选贤能。其愤懑、悲凉的心境不难想见。

　　唐绍仪的辞职，是对袁世凯破坏《临时约法》、践踏民主共和的专制独裁行为的勇敢抗争，引起了同盟会强烈的反响。同盟会发布通电，肯定唐绍仪此举"不徒拥护共和，尊重信义、服从党见，……而就法律政治上观之，尤有极大之关系……"③，高度赞扬"唐绍仪以主张约法上特权之故，不惜以国务员之地位，为保障之代价。吾人闻之，当如何崇仰效法。至其始则委曲求全，继见事不可为，内断于衷，决然断绝葛藤，态度之严正果决，为东西之大政治家实无愧色"④。"与袁数十年友谊，竟因维护约法而一旦中断。此种政治家纯洁高尚之风度，在欧美各国庶几有之，我国则鲜见鲜闻也。"⑤同盟会阁员工商总长陈其美、司法总长王宠惠、教育总长蔡元培、农林总长宋教仁、署工商总长王正廷也相继请辞。到 6 月底，随着袁世凯批准唐绍仪与陈其美的辞职，唐内阁实际已陷于瘫痪状态。原来《临时约法》规定的议会、总统和总理之间的关系，也随之名存实亡，责任内阁制遭到了彻底破坏，袁世凯也逐渐走上了独裁、帝制的道路。

　　自上任以来，唐绍仪试图以《临时约法》为后盾坚持职责所在，以使

---

①　未经唐绍仪副署，袁世凯又任命其心腹冯国璋为直隶都督。
②　徐有朋：《袁大总统书牍汇编》第 4 卷，上海广益书局 1920 年版，第 4 页。
③　《北京中国同盟会来电》，《民立报》1912 年 6 月 24 日。
④　同上。
⑤　冯自由：《革命逸史》第 2 集，中华书局 1981 年版，第 302 页。

开国内阁"不致留贻污点，养成尊重法律之美风，杜绝不当干涉之陋习"①，进而致力于国家建设。但是，袁世凯惯于专制，以实力为保障，发号施令，明显违反《临时约法》的行为仍被执行，也同样令唐绍仪难以接受。因此，他不惜以辞职来捍卫"约法"的尊严和内阁的权威，表明了一个新型政治家的高风亮节。虽然唐绍仪任内阁总理不足 3 个月，但他在任职期间，按照共和政体的要求去实施总理职能，为维护法制而不惜辞中华民国开国总理之职的举动，开创了中国新一代政治家为维护法制、依法治国而不惜个人名利的先河！从这个意义上说，唐绍仪内阁维护民主共和政体、反对袁世凯专制独裁的行为，不是个人与袁世凯之间的权力之争，而是刚登上中国政治舞台的以留学生为代表的新生的资产阶级革命派与以袁世凯为代表的北洋军阀等封建势力，在关于中国未来民主、法治与封建专制问题上的第一次正面较量。唐绍仪内阁虽然倒台了，但它反对专制独裁、坚持民主共和的行为产生了广泛的社会效应，对后来中国的民主政治产生了重要影响。

三 宋教仁议会道路的探索与袁世凯专制独裁的固守

戊戌变法以来，民主共和几乎成为所有先进的中国人追求的政治目标。虽然清末的立宪因为清政府的皇族内阁激怒了革命党人和立宪派而导致灭亡，但民初仿照西方议会道路、建立民主共和制度的探索仍在艰难中前行。辛亥革命后，以孙中山为代表的留学生占主体的资产阶级革命党人在建立了民国以后，仿照西方先进的资本主义国家，初步建立了民主共和制度，方向是对的。但是，几千年来的封建文化、封建制度还根深蒂固，孙中山让位后，以总统袁世凯为首的官僚阶层专制独裁的积习未改，社会形态基本依旧，封建色彩极其浓厚的军队还被各地的军阀武夫们所操纵，这使民主共和制度从它诞生之日就面临着被扼杀于襁褓之中的危险。唐内阁的倒台就是如此，且为袁世凯的专权提供了更大的空间。但以留学生为主要代表的民主进步力量仍在维护民主共和制度，与袁世凯的专制独裁进行斗争，试图仿照西方议会制度，走政党组阁的道路。在此期间，以留日出身的青年政治家宋教仁对中国民主制度的设计和追求最为典型，其结果也最为悲壮。

---

① 夏明亮：《民国首届总理唐绍仪》，《文史天地》2008 年第 11 期，第 28 页。

（一）宋教仁的宪政追求

宋教仁（1882—1913），湖南桃源人，秀才。早年的宋教仁受留日出身的新军军官吴禄贞的影响而走上反清革命道路，并与黄兴结为挚友。1904年华兴会起义事泄后流亡日本，先后进入日本法政大学和早稻田大学预科学习，1905年创办《二十世纪之支那》，同盟会成立后任司法部检事长，后又将其改为同盟会的机关报《民报》。在留日期间，当大多数革命者倾向于以暴力手段推翻清朝时，宋教仁则特别注重学习、研究西方民主制度。仅1906年，他就曾翻译多种有关西方各国政治制度、政权组织形式等方面的著作。这为其后来回国探索政党内阁和议会道路积累了丰富的理论知识，他自己也逐步成为同盟会的笔杆子和理论家。蔡元培在《我之历史》序言中说，同盟会中"抱有建设之计划者居少数。抱此计划而毅然以之自任者尤居少数，宋渔父先生其最著也"。历史学家陈旭麓先生在书中曾戏称他为"未来民主共和的叔孙通"①。

宋教仁的民主制度设计和政治理想思想，基本包含了西方近代民主制度所具有的基本特征。其要点有三：一是实行内阁制："吾人则主张内阁制，以期造成议院政治者也。盖内阁不善可以更迭之，总统不善则无术变易之，如欲变易之，必致摇动国本，此吾人所以不取总统制，而取内阁制也。"②"改总统制为内阁制，则总统政治上权利至微，虽有野心者，亦不得不就范。"③ 中国是一个有着几千年封建大一统集权专制传统的社会，在考虑建立民主制度时，不得不在美国式的总统制和法国式的内阁制之间作出选择。由于根深蒂固的专制积习，缺乏长期的民主启蒙，在中国，总统制容易走向集权甚至独裁，内阁制则在制度上对总统的权力构成约束。应该说，宋教仁的思想在理论上是正确的。二是两党制。政党政治是近代共和政体中常见的民主形式，宋教仁特别醉心于此。他认为，应组织一个强健的政党，"我们要在国会里头，获得过半数以上的议席，进而在朝，就可以组成一党的责任内阁，退而在野，也可以严密地监督政府，使它有所惮而不敢妄为，应该为

---

① 陈旭麓主编：《近代史思辨录》，广东人民出版社1984年版，第392页。

② 陈旭麓主编：《宋教仁集》下册，中华书局1981年版，第460页。

③ 胡汉民：《胡汉民自传》，见中国社会科学院近代史研究所编《近代史资料》，中国社会科学出版社1981年版，第63页。

的，也使它有所惮而不敢不为"①。为此，宋教仁尤其强调实行两党制，而政党是由精英分子组成，即由精英组党以代表全体国民掌握政治权力。三是议会制。宋教仁所主张的议会制，就是使两党在宪法范围内通过公开、公平的竞争，最后由议会中的第一大党出组内阁，担纲施政。在民初政坛，持这种政见或相近政见的，不仅在同盟会和改组后的国民党内大有人在，在其他党派特别是留学生和新式学校毕业的政界和军界人物中也不乏其人，除少数极端顽固分子外，即使不赞成两党轮流执政，对议会道路亦少有反对。

作为一个有理想的政治家，宋教仁在武昌起义后开始了他的宪政实践。新的现实使他认识到，"推翻专制政体，为革命着手之第一步，而尤要建设共和政体"②。于是，他起草了《鄂州约法》，经审定随即由军政府颁布。此乃中国历史上第一个共和制宪法性质文件，初步体现了近代西方民主精神，可惜当时并未能付诸实施，但是他对内阁制的追求并没有止步。在南京临时政府成立前夕同盟会的会上，在实行总统制还是内阁制的问题上，宋教仁还与孙中山进行过激烈的争执，最后，由于大多数人赞同孙中山的总统制而放弃。南京临时政府成立后，宋教仁以法制局长身份起草了一部宪法草案《中华民国临时政府组织法》，主张内阁制，被孙中山接受。1912 年 3 月出台的《中华民国临时约法》即以《鄂州约法》和该宪法草案为蓝本，它设置了以责任内阁为主体的政治结构，基本上参照法国第三共和国的模式：由政党组阁，内阁负责行政，议会监控内阁，总统享有尊荣但不负行政之责。这不仅是为防范军事强人袁世凯专权擅政而因人设法，也体现了以宋教仁为代表的革命党人对宪政制度的追求。

唐绍仪内阁被迫解散以后，继任的陆征祥内阁已成为袁世凯独裁的御用工具，《临时约法》设置的内阁、总统和议会的关系开始消解。但是，宋教仁仍坚持以《临时约法》为依据，满怀信心地开展组党活动，希望走西方议会道路，通过和平竞选的形式，组织一个"完全政党内阁"，克服原来"混合内阁"的弊端，以实现其政治理想。这时，以袁世凯为代表的北洋军阀势力还不能控制议院和南方，国内各种政治势力基本上势均力敌，尚能够

---

① 陈旭麓主编：《宋教仁集》下册，中华书局1981 年版，第 456 页。
② 同上书，第 459 页。

在《临时约法》奠定的政治环境中和平竞争，各种集会、结社、组党、建党和政党活动还在继续热火朝天地开展。① 为适应新的形势，宋教仁说服孙中山，把同盟会由原来的秘密革命团体改组为公开的政党，试图以公开政党的形式、光明正大的手段，通过选举取得政权。1912 年春，同盟会正式改组为政党，选举孙中山为总理，黄兴等为协理，汪精卫为总务部主任干事。其时，孙中山、黄兴忙于政务与军务，汪精卫标榜清高，出国放洋，同盟会的会务主要由宋教仁负责。不久，唐绍仪内阁倒台，但宋教仁并没有灰心，他认为唐绍仪内阁失败的原因是各党派意见"分歧心意各别"②，要在此情况下建立强大而持久稳定的政府非常艰难。因此，他又提出把同盟会进一步改组为国民党，以求统一精神、统一政见，组织"健全有力之国会"和"健全有力之政府"③，即"完全政党内阁"制模式的民主共和国家。

1912 年 7 月 16 日，同盟会本部召开会议讨论改组问题。宋教仁当选为总务部主任干事，成为同盟会的实际主持人。在会上他强调要扩大同盟会的势力，成为议会中的第一大党，进而组织责任内阁。8 月 25 日，他以同盟会为核心，联合统一共和党、国民公党、国民共进会、共和实进派等党派，改组为国民党，举孙中山为理事长，黄兴、宋教仁等 8 人为理事。其时，孙、黄热衷于实业建设，宋被孙中山委任为代理理事长，主持北京国民党本部。成立后的国民党一举成为当时中国最具影响力的大党，其宗旨是"巩固共和，实行平民政治"④。当时还获得了列宁的赞誉，认为它是"唤醒人民，为着争取自由和彻底民主的制度仍然作出了许多贡献"⑤ 的党。此后，宋教仁以国民党负责人的身份，开展了一系列旨在争取多数议席进而组织政府的第一届国会选举活动。

根据《临时约法》第 50 条规定，临时参议院和政府的筹备国会事务局

---

① 据张玉法先生统计，民初两年全国号称党、团、会、社的新兴团体共 685 个，其中基本具备近代政党性质的有 312 个，见张玉法《民初政党的调查与分析》，《中央研究院近代史研究所专刊》1976 年第 5 期，台北版。

② 陈旭麓：《宋教仁集》下册，中华书局 1981 年版，第 405 页。

③ 《国民党鄂支部欢迎理事宋钝初纪事》，《民主报》1912 年 10 月 26 日。

④ 邹鲁：《中国国民党史稿》，中华书局 1960 年版，第 125 页。

⑤ 列宁：《中国各党派的争斗》，中共中央马恩列斯著作编译局译，《历史研究》1978 年第 2 期，第 4 页。

从 1912 年夏开始筹备国会的选举工作，先后公布了《中华民国国会组织法》《众议院议员选举法》《参议院议员选举法》等文件。《国会组织法》规定，国会采取两院制，即参议院与众议院，其设置与西方代议制国家的上、下两院相仿，但无贵族、贫民之分，也无职权轻重之别，更能体现民权观念。《国会组织法》还规定，宪法起草权、议决权在国会。这些条文主要参照了美国的联邦宪法，又吸收了法国的一些特点，体现了西方近代民主共和国家的普选制、代议制、多数原则等基本要求，对于封建制度、封建思想积习严重的民初政局而言，是相当进步的。

　　为了使国民党获胜，宋教仁为选举作了充分准备，如大力发展党员，以增加选票，还包括在本部和某些分部设有负责选举的专门机关等，要求"各分部为筹备选举事宜，应联合数部设分部联合会于复选投票地"①。10 月 18 日，为迎接即将开始的民国第一届国会选举，他离京南下，沿途布置各省选举事宜，广泛宣传自己的政治主张。在武昌，他强调："世界上的民主国家，政治的权威是集中于国会的。在国会里头，占得大多数议席的党，才是有政治权威的党，所以我们此时要致力于选举运动。"② 在长沙，他说："为今之计，须亟组织完善政府，欲政府完善，须有政党内阁。"他慷慨陈词，严厉批评袁世凯破坏民主与法治的行为，赢得了广泛的赞誉，"所至欢迎，大有倾倒一时之慨"③。

　　此时，与宋教仁执着的政治追求大相径庭的是孙中山与黄兴的建设热情。1912 年 8—9 月，孙中山、黄兴应袁世凯之邀进京商讨国是，袁对孙恭维备至，以大总统礼相待，在中南海居仁堂设宴隆重欢迎，亲自主持、致辞，还高呼"中山先生万岁"！袁自己还从石大人胡同原来的总统府迁出，修缮后请孙下榻。双方互访回拜，多次密谈。孙期盼富国强兵，提出修建 20 万里铁路的计划，袁乐得政敌麻痹，投其所好，不久即给他一个"筹划全国铁路总办"的名号，负责全国铁路的修建，并将当年慈禧太后的豪华专车交给孙巡视全国铁路状况。于是孙中山心满意足，决意退出政坛，致力于

---

①　邹鲁编：《中国国民党概史》，（台北）正中书局 1953 年版，第 22 页。
②　陈旭麓主编：《宋教仁集》下册，中华书局 1981 年版，第 456 页。
③　章开沅、林增平：《辛亥革命史》下册，东方出版社 2010 年版，第 1342 页。

铁路建设。

对黄兴，袁世凯也奉为上宾，在其北上途中，袁世凯就颁令授予黄兴陆军上将军衔。黄兴也与孙中山一样被袁迷惑，为之唱起了赞歌。他还劝说袁任国民党领袖，邀请北京政府的国务员加入国民党，在孙之后接受了袁世凯委任的"川粤汉铁路督办"之职，以协助孙中山兴建铁路。他们原来对袁世凯的疑虑和担心到此时都烟消云散。不久，在从上海回家的船上，黄兴诗兴大发的诗句就是其马放南山的绝佳写照："卅九年知四十非，大风歌好不如归。惊人事业随流水，爱我林园想落晖。"① 殊不知杀机就在这种麻痹与随后国民党在国会大选的初胜后萌芽。

1912 年 12 月，中国有史以来第一次带有西方近代政治气息与民主精神的国会选举正式拉开帷幕，次年 2 月选举结束。结果共选出参、众两院议员 870 席。国民党夺得 392 席，其中参议院 123 席，众议院 269 席，在参、众两院各约占 45%，成为国会的第一大党②，在国会所占的席位比共和、统一、民主三党的总和还多。这种结果使袁世凯紧张不安，而宋教仁等则为之欢欣鼓舞。3 月，他与黄兴在上海召集国民党议员商讨下一步的大政方针，发表了《国民党大政见》一文，继续主张责任内阁制。如果不出意外，宋教仁即自然地成为新一届内阁总理，而且不会对袁唯命是从；国民党甚至还有可能通过大选，让袁世凯的总统梦成为泡影。这时，宋教仁等国民党人过于陶醉，志在必得，而对正在实施暗杀阴谋的危险全然不知、全然不信也全然不顾。

（二）宋教仁被刺

谭人凤曾说："国民党中人物，袁之最忌者唯宋教仁。"③ 国民党初选的胜利使袁世凯感到了宋教仁和国民党的威胁，必欲除之而后快。起先，他试图拉拢宋教仁，早在陆征祥辞去总理时就曾邀宋任内阁总理，条件是宋放弃政党内阁的主张，但被宋坚决拒绝，继而用金钱贿赂也未成功。之后，袁世

---

① 湖南省社会科学院：《黄兴集》，中华书局 1981 年版，第 286 页。

② 见张玉法《民国初年的国会》，《中央研究院近代史研究所集刊》第 13 期，第 107—123 页，但李剑农《戊戌以后三十年中国政治史》一书中参、众两院议员为 862 席，中华书局 1965 年版，第 169页。

③ 谭人凤：《石叟牌词》，甘肃人民出版社 1983 年版，第 153 页。

凯通过国务总理赵秉钧策划了谋杀阴谋。1913 年 3 月上旬，宋刚抵上海，便接到了袁世凯"即日赴京，商决要政"的急电。3 月 20 日晚 10 时，宋由上海北站乘火车去北京，与送行的黄兴、于右任、廖仲恺等人一一握别，正要上车，被刺客从后面开枪射中。22 日凌晨，宋教仁与世长辞，年仅 32 岁。令人哀叹不已的是，这位真诚的资产阶级革命家，至死对袁氏之真面目还缺少起码的认识，对民主宪政也丝毫不改初衷，真可谓"春蚕到死丝方尽，蜡炬成灰泪始干"。在生命垂危之际，他授意黄兴代拟电报给袁世凯，讲述自己被害经过和革命为人，电报原文如下：

> 北京袁大总统鉴：仁本夜乘沪宁车赴京，敬谒钧座。十时四十五分在车站突被奸人自背后施枪，弹由腰上部入腹下部，势必至死。窃思仁自受教以来，即束身自爱，虽寡过之未获，从未结怨于私人。清政不良，起任改革，亦重人道、守公理，不敢有毫权之见存。今国基未固，民福不增，遽尔撒手，死有余恨。伏冀大总统开诚心、布公道，竭力保障民权；俾国家得确定不拔之宪法，则虽死之日，犹生之年。临死哀言，尚祈见纳。宋教仁。哿。①

在今天，事隔一百年后读之，仍使人不免扼腕叹息乃至垂泪！为了根除封建制度，使中国走上近代民主政治之路，宋教仁投身于政党内阁实践的热情，正如孙中山挽联所写："作公民保障，谁非后死者；为宪法流血，公真第一人。"② 宋教仁的追求体现了民初以留学生为代表的革命党人和中国新知识阶层真诚纯洁的政治理想与治国方略。宋教仁政党内阁制的提出，激发了国民的参政热情，使传统的封建政治思想受到了民主共和观念的强烈冲击。尝试西方的政党制、议会制、内阁制，对当时的中国资产阶级来说，既是崇高的政治理想，也是一种合法的斗争策略。尽管它没有实现，却在一定程度上维护了民主共和理念。就此而论，宋教仁的追求具有长远的政治意义。"他在 20 世纪初那个昙花一现的瞬间所掀起的民主旋风，至今仍是中国

---

① 陈旭麓主编：《宋教仁集》下册，中华书局 1981 年版，第 496 页。
② 陈旭麓等主编：《孙中山集外集》，上海人民出版社 1990 年版，第 615 页。

民主宪政史上一道最壮丽的风景线。"①

残酷的是，此后政党组阁的体制便随着袁世凯进一步的专权特别是洪宪帝制的出现而无限期地推延。其原因何在，教训又是什么呢？

第一，军人专权，政党内阁缺乏基本的政治保障。政党组阁只能在宪政的轨道上合法竞争。但是在民初，以国家元首袁世凯为代表的军阀官僚阶层，以带有浓厚封建气息的北洋军队为后盾，随时威胁民主政治制度的存在和推行。全国的军队不仅没有现代民主国家所必需的国家化，而且极具私人军阀特点，派系庞杂，不仅封建保守的北方如此，就是所谓革命的南方军人又何尝不是这样。当时的北洋军阀势力不仅是袁世凯集权擅政的后盾，也是他施压国民党等政治力量的工具。这就使得政党的政治运作受制于军人，难以合法竞争，组阁的政党和个人不论在朝在野，都难以贯彻其施政纲领，因此，政党政治的根基不深，风险太大。事实也正是这样，以袁世凯为首的北洋军阀自始至终都没有放松对责任内阁制的抵制和破坏。在搞垮唐绍仪内阁后，内阁已成为他的御用工具。所以，当宋教仁想再次通过政党组阁的形式实现共和政体时，就妨碍了袁的专权，他势必采取极端的手段加以破坏。这就使得制度设计与现实平台出现了严重的脱节。

第二，民智未开，封建积习浓厚，民主政治缺乏民众基础。"政党及政党体系的稳定和强大，取决于政治制度化水平和政治参与水平。"② 在民初，虽然经过清末立宪，宪政知识得到传播，但仅仅限于留学归来和新式学校毕业的新知识阶层和少数开明官员，大多数国民对共和政体知之甚少，广大民众特别是包括国家元首在内的处于管理层的大部分官僚，还没有从根深蒂固的封建传统思想的束缚中解放出来，对民主政治顽固抵触，政党政治缺乏深入的思想基础。因此，责任内阁难以负责，形同虚设、名存实亡，逐渐沦为袁氏的御用工具；参议院在内部党争和袁世凯的打压拉拢下节节败退，失势丧权，《临时约法》设置的政治结构和政府运行模式很快落空，袁世凯则逐步集诸权于一身。

---

① 傅国涌：《不该被遗忘的宪政精英——重读宋教仁》，http://www.doc88.com/p-81690571373.html。

② ［美］塞缪尔·P.亨廷顿：《变化社会中的政治秩序》，王冠华等译，北京三联书店1989年版，第370页。

第三，纯洁稚嫩，缺少政治经验。作为国民党内声名鹊起的政治家，宋教仁太年轻，遭暗杀之时刚过而立之年，阅历甚浅。他有满腔的政治热情和执着的政治追求，但是缺少起码的政治经验，对袁世凯所代表的专制力量和官场险恶的认识严重不足。在武汉，谭人凤曾当面告诫他："责任内阁现时难望成功，劝权养晦，无急于觊觎总理。"① 这位涉世甚深的革命家友人还告诉他会党头目应夔丞与北洋政府有联系，领有巨款，要他注意戒备，但宋认为是"杯弓蛇影之事"。在上海，沪军都督陈其美也要他提防暗杀，他还大笑说："只有革命党人会暗杀人，哪里还怕他们来暗杀我们呢？"② 1913 年3 月 20 日，他动身北上那天，与《民立报》记者徐血儿话别，记者请他慎重防备，他坦然地说："吾此行统一全局，调和南北，正正堂堂，何足畏惧，国家之事，虽有危害，仍当并力赴之。"③ 宋教仁对政敌阴谋的轻率，对理想的执着和为人的坦荡，由此可见一斑，客观地道出了书生、留学生出身的政治家们政治经验的先天不足。留法出身的左舜生后来曾对国民党三位要人作过这样的评价："中山与克强，仅在民元八九月间与袁有过短时期的接触，他们对袁不能深知，自在意中。宋教仁比孙、黄年事更轻，阅世更浅，读书也不够深入，以为只要一部'约法'，一个在国会拥有多数议席的'党'，藉着'责任内阁'的空名，便可以对付袁氏而有余，这岂不是书生之见？"④ 宋教仁纯洁稚嫩，临终前还致电袁世凯寄予殷切期望，以致他的同乡、著名社会活动家章士钊说他是"至死不悟"。但是，宋教仁为民主政治而不惜献身的精神、壮举和坦荡的襟怀，却在中国民主政治史上留下了极其绚丽的一页，成为继唐绍仪之后中国留学生追求政治民主化的典范。

（三）留学生群体与"二次革命"

宋教仁被刺，激起了全国人民的极大愤慨，国会、全国各党派、社会团体和知名人士无不表示痛惜，要求彻查。但如何对待身为总统的袁世凯和执政的北洋政府，却因为孙中山提出"武力讨袁"和发动的"二次革命"，引

---

① 石芳勤编：《谭人凤集》，湖南人民出版社 1985 年版，第 412 页。
② 周溯源：《北洋军阀鼻祖：袁世凯》，黑龙江人民出版社 1997 年版，第 248 页。
③ 血儿：《痛言》（一），见徐血儿等编《宋渔父》第 1 辑后编，上海书店出版社 1991 年版，第 96 页。
④ 左舜生：《黄兴评传》，（台北）传记文学出版社 1981 年版，第 105 页。

出了截然不同的主张，活跃于政坛和军界的留学生们在民国成立后这个最大的问题上歧义各见。其焦点是袁世凯及其把持的北洋政府是否还能代表民主共和，否定者主张武力推翻，赞成者认为袁世凯及其北洋政府是通过合法的形式选举产生，诉诸武力不合法。

其时，如何对待"宋案"，首先在国民党内出现严重分歧。国民党总部首先通告全体党员"为代理事长宋先生服丧"。黄兴、陈其美等满怀悲痛，在上海为宋教仁办理后事，追查凶犯。正在日本考察的孙中山闻知噩耗急回上海，他从"宋教仁案"看穿了"袁氏将拨专制之死灰，而负国民之付托"。3月25日晚，孙中山召集国民党人紧急商讨反袁对策。然而会上意见分歧：孙中山等主张武装讨袁，先发制人；黄兴、陈其美、谭延闿等多数国民党要人主张法律解决，通过国会、司法，按法律程序解决，或"以其人之道，还治其人之身"，暗杀袁世凯，以免战争糜烂大局。掌握兵权的南方各省国民党都督也意见不一，江西都督李烈钧、安徽都督柏文蔚等主战，其他或反对或消极，有的老同盟会会员如谭人凤等甚至主张南北调和。刚从欧洲回国的汪精卫、蔡元培等通过张謇与袁沟通，谋求妥协，还有部分人则主张在国会依法提出倒袁提案。其他党派特别是在国会占较多席位的第二大党进步党也主张法律解决，反对倒袁。名列进步党名誉理事、后来在反对袁世凯复辟帝制的护国战争中一举成名的云南都督蔡锷（留日），当时就公开声明："宋案应以法律为制裁，故审判之结果如何，自有法律裁判。试问我国现势，弱息仅存，邦人君子方将戮力同心，相与救亡之不暇，岂堪同室操戈，自召分裂！谁为祸首，即属仇雠。万一有人发难，当视为全国公敌。"①

袁世凯则作多种准备以对付革命党人。最初，得知宋教仁被刺，袁世凯立即电令江苏都督程德全悬赏缉拿。迫于压力，上海租界会审公廨在把宋案嫌犯应桂馨、武士英移交上海地方检察厅后，江苏都督程德全已提出组织特别法庭，1913年4月26日，将凶案证据以通电形式告知袁世凯、国务院、参众两院、各省和媒体，其中涉及国务总理兼内政总长赵秉钧及其秘书洪述祖。但是，袁世凯不仅反对成立特别法庭，拒绝票传赵秉钧，反而又让洪述祖出逃，还借所谓的血光团事件，诬陷黄兴、陈其美等阴谋暴动，推翻民

---

① 蔡锷：《蔡松坡集》，上海人民出版社1984年版，第696—697页。

国，以混淆视听。就在宋案真相公布于众的同日，他竟然不顾国会的反对，命令赵秉钧等与英法俄德日五国银行团签订了 2500 万镑（以八四折支付，实际所得仅 2100 万镑）的"善后大借款"，为此受到了革命党人江西都督李烈钧、广东都督胡汉民、安徽都督柏文蔚（三人均留日）的通电反对。袁氏有此经济支持，更肆无忌惮，积极备战，于 6 月先后免去他们的职务，接着派北洋军李纯部进入江西，随时准备诉诸武力。

鉴于此，孙、黄武力讨袁的意见渐趋一致，国民党开始部署武装讨袁。7 月 12 日，李烈钧在湖口成立讨袁军总司令部，发表讨袁通电，宣布江西独立，被推为七省联军总司令。15 日，黄兴抵达南京，组织讨袁军，任江苏讨袁军总司令，宣布江苏独立。随后安徽柏文蔚、上海陈其美、广东陈炯明、福建许崇智和孙道仁、湖南谭延闿宣布独立，8 月 4 日，四川熊克武在重庆宣布独立。一时间，讨袁军形成了浩大的声势，史称"二次革命"。但是，这次革命与武昌起义后的局势相比已不可同日而语，始终没有建立起一个全国统一的政治中枢和真正的军事中心，孙中山已不再是众星拱月的领袖，他迟至 7 月 22 日才发表要求袁世凯辞职的声明，黄兴的威望也今不如昔，没有人推举他组织反袁联军。相反，他与柏文蔚等推举了前清时期袁世凯的政敌岑春煊为讨袁军大元帅，可是没人理睬岑春煊，因此失败已不可避免。9 月 1 日，张勋攻克南京后，各地相继宣布取消独立，北洋军源源不断地开进了南方各省，除广西、贵州、四川、云南四省外，其他各省均已成为北洋系的控制范围，袁世凯基本消灭了国民党在南方各省的武力，表面上统一了中国。黄兴、陈其美、钮永建、何海鸣、岑春煊五人则被定为一等犯，孙中山、李烈钧、柏文蔚、张继、陈炯明等受到通缉，革命党人大多亡命日本，"二次革命"宣告失败。

袁世凯的胜利还不止于此，涉嫌杀害宋教仁的应桂馨、赵秉钧不久都不明不白地死去，始终没有得到追查，宋教仁案也就不了了之，袁世凯自己当然也就"清清白白"了。1914 年 5 月，袁记《中华民国约法》出笼，《临时约法》被废除。袁世凯从此成为一个集权专制的总统。

当然，袁世凯违法取得的成果也受到了国会议员们的阻挠，其中留学生出身的议员尤为积极。1913 年 4 月 8 日第一届国会开幕。在两院议长、副议长的选举中，国民党人张继、王正廷（留美）分别当选为参议院正、副议长；民主党的汤化龙（留日）、共和党的陈国祥（留日）分别当选为众议院正、副议长。由于两院议员大多为留学国外或国内新式学堂出身，且年龄较轻①，思想观念较新，虽然党争复杂，袁世凯也力图操纵，但是也不能事事任意妄为。4 月 28 日，参议院决定就借款事质询政府并进行调查，最后否决了该借款合同，众议院虽通过了不反对借款，但同时又通过了反对政府违法借款的议案。1913 年 9 月 5 日，国会通过了先选举总统后制定宪法的议案，但却是袁世凯软硬兼施和内外夹击的结果。10 月 6 日，袁世凯虽然当选为中华民国首任正式大总统，但一波三折，选举一开始，国会议员就面临着北洋军警化装成的所谓公民团的暴力和胁迫。在前两轮投票中，袁世凯都未能获得法定的当选票数。因此，从早上 8 点一直选到晚上 10 点，经过三次投票，袁世凯才以微弱的多数当选。此后，宪法起草委员会仍力图坚持约法的基本原则，所拟定的《天坛宪法草案》虽然扩大了总统权限，但仍然坚持责任内阁制，国会为国家立法机关。袁世凯集权欲望极强，仍视国会和国民党为专制独裁的障碍。11 月 4 日，他胁迫熊希龄副署，以国民党"倡乱"（指发动"二次革命"）为由，下达了解散国民党、取消国民党议员资格的命令。此后，通过两次追缴国民党议员证书和徽章，共取消 438 名议员，超过了参、众两院总人数的一半以上，使国会因不足法定人数无法开会而名存实亡。随即，袁又下令解散各省议会。至此，从中央到地方的一切立法、民意、监督机关尽被取消。在此过程中，留学生议员们的态度是复杂的，就镇压"二次革命"而言，国民党议员是反对的，因此进步党讨伐革命党人的提案未能通过，但国民党议员认为国民党起兵是由袁世凯违法激成，袁应退位的提案同样未能通过。在其他问题上，如维护共和国会的存在，双方又能达成共识，但也有毫无政治操守的留学生议员，如后来沦为汉奸、曲意逢迎袁世凯的王揖唐等。至于非议员的军人，特别是北洋系的军人，如留德出身的段祺瑞，因其内心的武力统一思想指导，则全力支持袁世凯。

从此，袁世凯开始任意妄为，作为中华民国民主共和制象征的国会已开

---

① 据张玉法《国民初年的国会》，受新式教育者占约 65% 强，有传统功名者约占 34% 强。两院议员的职业背景：官僚出身的约占 1/3，次为议员出身，再次为教育界、自由职业及社团职员。两院议员的平均年龄 36 岁。见《中央研究院近代史研究所集刊》第 13 期，第 107—123 页。

始瘫痪，辛亥革命的成果遭到了粗暴的践踏，民初的民主政治犹如早春的鲜花遭到了浓霜春雪的肆虐，奄奄一息。袁世凯更加为所欲为，专制独裁。

"二次革命"以来，对其是是非非，历来聚讼纷纭，莫衷一是，大体不外乎两种意见：一种意见认为武力讨袁是对的，长期以来大陆学术界及官方基本持此种看法，但同时也批评"二次革命"的发动者没有发动广大人民群众参加，准备不足，表现了资产阶级的软弱等。另一种意见是否认武力讨袁，尤其是进入21世纪以来，很多学者从不同的角度对武力讨袁的法理和后果等方面进行探讨，试图颠覆传统的观点。理由是反对武力解决是当时国内的普遍舆论，不仅国民党内主张和平解决、法律解决的意见占多数，其他党派也大都对使用武力解决"宋案"表示异议，在国会内也不能通过，很多地方官员、商会都发出了反对动武的电文，袁世凯也是在这种对己有利的气氛中，以维护中央权威为借口，对"二次革命"开始镇压，走上了专制独裁的道路。有的甚至认为，当时大多数人期待一个强有力的领袖和中央政府的出现，而袁世凯正好成了众人期盼的政治强人和太平象征。这实际上是当时梁启超所鼓吹的"开明专制"论的反映。问题的悖论是：如果没有武力讨袁，他就会安于国会对他的约束吗？他就不会走上专制独裁的邪路吗？洪宪帝制就可以避免吗？军阀混战就不会出现吗？

历史不能假设，民初现实的复杂性决定了任何风吹草动都可能引起政局的动荡。每一个人都在一定的文化氛围和现实基础上面对中国历史上空前的辛亥巨变和民族的未来。作为一个新兴的知识分子群体，留学生群体是"宋案"及其引发的"二次革命"的主要当事人，他们探索和维护民主共和制度的多种行为，还在经受历史的检验。

四　留学生群体与护国战争

"宋教仁案"的后果是严重的，由此引起的"二次革命"不仅导致了国民党的分裂，也使袁世凯彻底撕下了与以孙中山、黄兴为代表的南方革命党人合作的面纱而行使武力，民初脆弱的共和政体土崩瓦解，"洪宪"接踵而来，接着是明目张胆的军人干政，军阀混战，起伏不断的革命与反革命。以留学生为代表的新知识分子群体为捍卫共和政体，探索中国的出路，又陷入了多种政治抉择之中。

（一）袁世凯的专制与洪宪逆流

"从 1913 年 11 月国会停开后，政党政治停止。此后到 1915 年 12 月，袁世凯一人造法扩权时期。"① 此后，袁世凯逐步走上专制独裁直至称帝的道路。以留学生为代表的新知识阶层虽然也在分化，特别是国民党内部发生了孙中山和黄兴的严重分裂，但其在各个党派、各种场所的反袁斗争中依然是主导和主体力量，推动全国各地反对袁世凯专制、称帝的斗争，继续开展民主革命的大方向依然一致。

在镇压了"二次革命"以后，袁世凯先是于 1913 年 12 月搞了一个政治会议来取代国会，作为实现其专权的政治工具，1914 年 1 月和 2 月分别议决解散国会和各省议会。1 月 24 日成立的所谓约法会议，根据袁世凯"临时约法……必不适用于正式政府"② 的旨意，制定出一个"字字皆袁氏手定"③的《中华民国约法》，主要内容为取消内阁制，实行总统制，总统拥有召集或解散立法院、公布法律、任免官员、宣告和战、统率全国陆海军、缔结条约、宣告戒严等一切大权。5 月袁世凯开始具体实施：公布新约法；裁撤国务院，另置政事堂，设类似于秘书长性质的国务卿；成立"陆海军大元帅统帅办事处"，亲自执掌大权；又设参政院代立法院职权，分别帮助赞襄和"审议重要政务"。随后，参政院提出了一个新的《大总统选举法》。根据该法，不仅袁世凯本人成了独揽统治大权的终身总统，还可以传之于子孙后代。至此，袁世凯终于完成了其专制独裁统治的法律程序，离皇帝宝座仅一步之遥。为此他又作进一步的准备。1914 年 7 月，袁世凯颁布《文官官秩令》，别有用心地依照中国古代封建官吏品级制度，按九等官秩给全国文官定级别，并大肆起用前清官吏，恢复封建官场礼仪，完全否定了南京临时政府的种种改革。他还倡导祀孔祭天，制造复辟帝制的氛围。1912 年 9 月 2日，袁世凯下令"尊崇伦常"，维护孔孟礼教；12 月 20 日又下令正式恢复清朝的祭天制度。

1915 年 7 月，袁世凯称帝运动拉开帷幕。8 月 3 日，袁世凯要求他的政

---

① 张玉法：《中华民国史稿》修订版，（台北）联经出版事业公司 2001 年版，第 71 页。
② 《约法会议开会颂词》，《政府公报》1913 年 12 月 15 日第 585 期，第 1—6 页。
③ 梁启超：《袁世凯解剖》，见《梁启超全集》第 5 册，北京出版社 1999 年版，第 2941 页。

治顾问、美国哥伦比亚大学教授古德诺评价共和与君主之优劣。古德诺写了《共和与君主论》一文，作为给袁世凯提供私人意见的备忘录。他认为，"中国数千年以来，狃于君主独裁之政治，学校阙如，大多数之人民，智识不甚高尚"，"无研究政治之能力"，因此"中国如用君主制，较共和制为宜，此殆无可疑者也"①。8 月 11 日《亚细亚报》登出了这份备忘录。袁世凯御用的北京《国华报》等报刊则利用所谓"古德诺教授之意见"，大谈共和制度的弊端，鼓吹"加冕之帝实胜于无冕之总统"②。一时间，诸如"中国宜改行君主制"等观点在社会上迅速传播开来，对当时的帝制运动产生了推波助澜的恶劣影响。此外，袁世凯的另一政治顾问、日本早稻田大学教授有贺长雄，也发表《共和宪法持久策》，支持袁氏称帝。另外，英国公使朱尔典说："中国现时政府，一国之政，仅系于大总统一身……若早日议决正当君主立宪政体，则与中国人民思想习惯毫不相悖。"③

　　更有甚者，袁世凯还指使内史监内史夏寿田策动杨度出面组织"筹安会"，推动帝制。杨度（1874—1931），字皙子，湖南湘潭人，举人。1902年自费留学日本，入东京弘文书院速成师范科，和湖南留日同乡杨笃生等创办《游学译编》。1903 年被保荐入京参加新开经济特科进士考试，初取一等第二名。1904 年转入日本法政大学速成科，集中研究各国宪政，主张宪政，不介入两派论争。1905 年被选为留日学生总会干事长，后又被推举为留美、留日学生维护粤汉铁路代表团总代表回国。在东京他和孙中山常就中国革命问题辩论，表示："吾主君主立宪，吾事成，愿先生助我；先生号召民族革命，先生成，度当尽弃其主张，以助先生。"1907 年，杨度在东京创立《中国新报》月刊，发表 14 万字巨论《金铁主义》等文章，宣传君主立宪，主张成立政党，召开国会，实行宪政。1908 年春，由袁世凯、张之洞联合保荐，他进京出任宪政编查馆提调，候补四品，向皇族亲贵演说立宪精义，主张开设议院。1914 年袁世凯解散国会后，杨度任参政院参政。1915 年 4 月，他写了两万多字的《君宪救国论》，强调中国人素质低，实行共和制不如实

---

①　古德诺：《共和与君主论》，白蕉：《袁世凯与中华民国》，见荣孟源、章伯锋主编《近代稗海》第 3 辑，四川人民出版社 1985 年版，第 127—128 页。

②　《申报》，1915 年 8 月 17 日，第 2 页。

③　刘成禺：《世载堂杂记》，山西古籍出版社 1995 年版，第 176—177 页。

行君主立宪制；鼓吹"中国如不废共和，立君主，则强国无望，富国无望，立宪无望，终归于亡国而已……故以专制之权，行立宪之业，乃圣君英雄建立大功大业之极好机会"①。袁世凯大为赞许，亲书"旷代逸才"四字，制匾赐之。

8 月 14 日，杨度与孙毓筠、刘师培、李燮和②、胡瑛、严复等人共同发起组织筹安会，打着"以筹一国之治安"的幌子，鼓吹中国应迅速实行帝制才能长治久安。8 月 23 日，由杨度起草的《筹安会宣言》公开发表，筹安会正式成立，杨度、孙毓筠分任正、副理事长。筹安会诸人基本为留学出身，在袁氏称帝过程中仅是留学生群体中的一部分，但由此可见这个庞大群体的政治复杂性。

此后，筹安会派出各路专员到各省活动，以推动各省帝制活动的发展，从而掀起了一场要求帝制的运动。1915 年 9 月，袁暗示国体问题应"征求多数国民之公意"。杨度、梁士诒等揣度袁的用意，立即策动北京与全国各省的各种请愿团体，组成一个全国性的帝制请愿团体——全国请愿联合会，向参议院呈请愿书，要求召开国民会议，改共和国体为君主立宪政体。12 月 12 日，袁世凯接受推戴，开始帝制自为。1915 年 12 月 31 日，袁世凯正式下令改民国五年为洪宪元年，改总统府为新华宫。

由上可见，袁世凯的洪宪逆流，不仅与袁本人有关，也与筹安会等留学生出身的帝制分子的鼓吹有关。因此，留学生群体与民国社会发展的关系是复杂的，留学生群体本身的政治信仰也是复杂的。当然，在洪宪帝制的问题

---

① 杨度：《君宪救国论》，见荣孟源、章伯锋主编《近代稗海》第 3 辑，四川人民出版社 1985 年版，第 139 页。

② 孙毓筠（1869—1924），安徽寿州（今寿县）人，秀才。1906 年在日本加入同盟会。同年去南京运动新军，响应萍浏醴起义，事泄被捕。辛亥革命后获释，任江浙联军总部副秘书长。1912 年任安徽都督、临时参议院议员。1912 年同盟会改组为国民党，任参议。1913 年任政治会议议员。1914 年任约法会议议长、参政院参政，并组织"宪政研究会"。1915 年参与组织"筹安会"，并任大典筹备处副处长。刘师培（1884—1919），江苏仪征人。1902 年中举，经学大师。1907 年参加同盟会，不久信仰无政府主义，后作《上端方书》，献"弭乱之策十条"，成为端方幕僚，后在阎锡山、袁世凯处任顾问、上大夫等。1915 年 8 月，参与发起筹安会，作《君政复古论》、《联邦驳议》，鼓吹帝制。李燮和（1873—1927），湖南涟源人。1900 年到长沙求学，参与了华兴会的反清活动，1906 年亡命日本，加入同盟会。1910 年参加广州起义，参与沪宁光复。1912 年 1 月任南京临时政府光复军北伐总司令，率部开赴烟台与清军作战。11 月辞职从事实业。宋案发生后调停南北，次年参加筹安会。

上，留学生还有更大的声音，那就是针锋相对地反对帝制，并由此引发了护国战争。

（二）留学生群体与护国战争

袁世凯操纵舆论之恶劣，骗局之明显，为时人与后来者所不齿。当时梁启超就对袁世凯的欺骗行为进行了一针见血的揭露："自国体问题发生以来，所谓'讨论'者，皆袁自讨自论；所谓'赞成'者，皆袁氏自赞自成；所谓'请愿'者，皆袁氏自请自愿；所谓'表决'者，皆袁氏自表自决；所谓'拥戴'者，皆袁氏'自拥自戴'。"① 袁世凯登基称帝的倒行逆施，激起了全国各阶层的强烈反对。随着帝制活动的加剧与公开化，各种反袁势力汇合成为一场声势浩大的护国战争。反袁称帝已成为大部分人的共识，主要有三种力量，且主要人员仍为留学生。

一是以孙中山为代表的资产阶级激进派，他们中多数为留学生出身，以自身对西方民主制度的认识以及对资产阶级共和政体的不懈追求，组成了中华革命党。"二次革命"失败后，孙中山、黄兴等被迫逃亡海外。孙中山认为，"二次革命"失败的主要原因是同盟会改组为国民党后，组织不纯，纪律涣散，致使讨袁之时全党意见不一，因此应吸取教训，重建新党——中华革命党，对袁世凯"要立即申罪致讨，扫除专制顽凶"②。从 1913 年 9 月开始到 1914 年 5 月，入党者"先后已得四五百人"③，1914 年 5 月 10 日，孙中山在东京创办《民国》杂志，胡汉民（留日）为总编，朱执信、戴季陶等为编辑。1914 年 7 月 8 日，中华革命党在东京正式召开成立大会，孙中山任总理，通过了《中华革命党总章》。随后，中华革命党发动了一系列反袁的武装斗争，虽然以失败告终，但扩大了中华革命党的影响，促进了国人的觉醒。1915 年 5 月后，袁世凯复辟帝制的野心日益暴露，孙中山决定成立中华革命军，掀起第三次革命高潮，并将全军分为四大部分，任命陈其美为中华革命军东南军总司令，居正（留日）为东北军总司令，胡汉民为西南军

---

① 梁启超：《袁政府伪造民意书后》，见杨松、邓力群原编，荣孟源重编《中国近代史资料选辑》，三联书店 1954 年版，第 718 页。

② 邱钱牧主编：《中国政党史》（1894—1949），山西人民出版社 1991 年版，第 370—371 页。

③ 孙中山：《致南洋革命党人函》，见中国社会科学院近代史研究所中华民国史研究室等合编《孙中山全集》第 3 卷，中华书局 1984 年版，第 81 页。

总司令，于右任（留日）为西北军总司令。孙中山还接受了陈其美的建议，派遣重要人员深入云、贵两省活动，推动与支持了后来在云、贵兴起的护国战争，随之发动了一系列起义，推动了全国反袁斗争的高涨。

二是以黄兴为核心的国民党稳健派，不同意孙中山的看法，认为"二次革命"的失败主要是敌强我弱等客观原因造成的。目前"袁世凯的气焰方张，国民党已成赤手空拳，如果在这个当口和他去拼，徒然白送了一些热血青年的性命，于事又无所补"①。况且"党人在新败之余，精神涣散，应着意培植新生力量，讨袁斗争也应相机再举"②，主张"缓进"，不可以卵击石。他们不赞成组织新党，更反对以个人效忠领袖的方式入党，拒绝参加中华革命党，但仍然尊敬孙中山，信守反对袁世凯独裁专制，坚持民主共和制度的理想。在与孙中山的争论中，李烈钧、柏文蔚、熊克武、李根源、钮永建、林虎、程潜等赞成黄兴。他们绝大部分也是留学生出身，其中有一批国民党的重要军事将领。为维护孙中山的地位和反袁的共同目标，黄兴在中华革命党正式成立一星期前，"为避免党内纠纷，决计到美国游历"③。在旧金山时他接到拥护者的来信，一些老同盟会、国民党骨干希望他另行组党。黄兴回复曰："领袖唯有孙中山，其他不知也！"1914年8月欧战爆发，这对国内时局有重要影响。留日出身的老同盟会会员、国会议员李根源④倡议，在东京建立了一个松散的"欧事研究会"。

由于欧事研究会没有严密的组织，也没有设最高领导职务，因此，李根源成了主要组织者和实际负责人。其成员多是黄兴的部下和追随者，且多为留日出身，如程潜、张耀曾、钮永建、李烈钧、熊克武等。黄兴的言行对欧事研究会具有实际的影响，因此，黄兴是欧事研究会的精神领袖。欧事研究会主张应不分党界，联合一切能够联合的力量共同讨袁，反对独裁，这在当时无疑是正确的。

---

① 杨思义：《二次革命失败后国民党人的形形色色》，见全国政协文史资料委员会编《文史资料选辑》第48辑，中华书局1964年版，第126页。

② 湖南省社科院编：《黄兴集》，中华书局1981年版，第497页。

③ 柏文蔚：《五十年经历》，《近代史资料》1979年第3期，第41页。

④ 李根源（1879—1965），云南腾越人。毕业于日本陆军士官学校第六期步兵科，在东京加入同盟会。云南光复时任云南军政府参议院院长，中将衔兼军政部总长，1913年任国会众议员。

欧事研究会政治态度温和，对国内的政局持冷静的看法。但是随着国内政局的恶化，其态度也逐渐改变。最初，欧事研究会主要在海外的日本、南洋及美国和国内的上海活动，主要是创办报刊、出版社，制造反袁舆论和募捐，为反袁筹集经费。1914 年谷钟秀（留日）等人在上海创办《正谊》杂志，张东荪（留日）、丁佛言（留日）、沈钧儒（留日）等为主要撰稿人。其时，全国报刊多诌媚袁氏，而《正谊》则主张"对于政府，希望其开诚心，布公道，刷新政治，纳入共和立宪之轨道"①。后来，他们又另创《新中华》杂志，张东荪任主编。1914 年 5 月，章士钊（留日）在东京创办《甲寅》杂志，邹鲁在南洋刊印革命小册子散发各地。1915 年 1 月，日本向袁世凯提出苛刻的"二十一条"，而欧事研究会表示应"先国家而后政治，先政治而后党派"，提出了"联袁反日"，"首在维持国家，愿政府一意对外"与"停止反袁革命"口号，与中华革命党的"联日讨袁"相对抗，决定暂时停止反袁，以便袁氏"专心对外，维护国权"。

但是，当 5 月 7 日袁世凯屈服于日本，承认"二十一条"并公开进行帝制活动后，欧事研究会立即改弦更张，积极参加反袁。海外成员纷纷返回国内，在上海与香港建立反袁的联络机关，与国内各派反袁力量联系，大部分会员分赴各地，投入护国战争。特别是留日出身的军人如李烈钧、熊克武、但懋辛、程潜、李根源等，在护国战争中发挥了重要的作用。

三是以梁启超、蔡锷（留日）为首的进步党及其直接影响下的云南都督唐继尧等西南地方实力派。进步党是民国初期立宪派为主体成立的民主党。1912 年底，国会参众两院举行选举，宋教仁领导国民党获得了压倒性胜利。在袁世凯的支持下，为了对抗国民党，1913 年 5 月 29 日共和、统一、民主三党乃合成为进步党。进步党的领导机构为：

理事长：黎元洪
理事：梁启超、汤化龙（留日）、张謇、伍廷芳（留英）、那彦图、孙武、王揖唐（留日）、蒲殿俊（留日）、王印川（留日）

---

① 谷钟秀：《发刊词》，《正谊》1914 年 1 月 15 日。

本部下设政务、党务二部，大权主要掌握在梁启超和汤化龙（留日）手中。

进步党的宗旨有二：一是"欲将全国政治导入轨道"；二是"欲造成一种可为模范之政党"。在政府组织形式上，进步党以"国权主义"和"政党政治"为理论基础，主张采用责任内阁制，并以英国式的"完全之政党内阁"为最理想的政府。但又认为当时的中国不具备实行完全政党内阁的条件，只能实行各政党的联合，建立包括袁世凯势力在内的混合内阁。其实质是希望通过联合袁世凯，与开明人士结盟，建立强大而开明专制的中央政权，然后在此基础上通过政治改造，逐步确立巩固民主共和制。这体现了进步党在当时特定的历史条件下，既欲依靠政治强人袁世凯以对抗革命派，又欲改造专制的袁世凯，引其走上宪政轨道，最终实现民主政治的良苦用心。应该说，持这种政治观点的不仅是进步党中的留学生，在民国时期的不同阶段，都有相当多的留学生希望中国实现民主政治。

因此，进步党对当时的中国有独特的认识，认为两种政治势力在阻碍中国发展：一是以袁世凯为首的北洋势力代表的"官僚社会之腐败的势力"；二是以孙中山为首的革命派所代表的"莠民社会之乱暴的势力"（"暴烈派"），而且后者"祸国最烈"，妨碍国家统一，故必须先以全力与之对抗；对"腐败势力"则应"将顺其美，匡救其恶"①，在战胜"暴烈派"之后再与之对抗。到那时，即可迫使袁世凯走上宪政轨道，逐步实现理想的政党政治——完全政党内阁，以建立中央集权的共和政体。因此，在袁世凯称帝之前的政治论证中，进步党的基本原则大体为"维法"和"拥袁"。这不仅是梁启超的思想，也反映了其党内众多立宪派留学生的政治理想。因此，"二次革命"爆发后，7 月 23 日进步党发表通电，支持袁世凯武力镇压。汤化龙还致电黄兴，斥责其"倒行逆施"。

虽然在民初的政争中，由于政治理念的分歧与政党斗争的需要，进步党多倾向袁世凯政府，但是，作为民国初年政坛上的第二大党，进步党毕竟是民国初年民主政治的产物，是民主政治的信仰者。因此 1914 年以后，随着袁世凯不断破坏议会民主、实行专制统治，他们也逐渐不满，在袁世凯恢复

---

① 《梁任公对于进步党成立大会上之演说》，《全党报》1913 年第 3 期，第 224 页。

帝制的紧锣密鼓中，进步党人则公开站到了袁的对立面。1915 年夏、秋袁世凯大搞帝制后，进步党的中坚梁启超、蔡锷等毅然与袁决裂，开始密谋讨袁护国。1915 年 8 月底，梁启超挥动如椽大笔，以"一息尚存，不能使自由二字扫地以尽"① 的大无畏精神，发表了《异哉所谓国体问题者》，驳斥了筹安会鼓吹复辟帝制的谬论，鲜明地表明了反对帝制的态度。为了捍卫民主共和体制，梁启超、蔡锷②秘密商定了离开北京，南下西南，到云南起兵讨伐袁世凯斗争的策略。

　　1915 年 11 月，蔡锷与戴戡（留日）秘密离京赴津，以治病为名赴日，后经台湾、香港、越南，于 12 月 19 日抵达昆明。在蔡锷顺利逃离北京以后不久，梁启超也从天津南下，策动地方实力派反袁。蔡锷、李烈钧等人到达昆明后，受到了云南督军唐继尧③等人的热烈欢迎，推动了云南反袁武装起义的爆发。12 月 25 日，唐继尧、蔡锷、李烈钧、戴戡等联名通电全国，严厉指责袁世凯为"背叛民国之罪人，当然丧失元首之资格"，庄严宣告，云南"即日宣告独立"④。

　　由于蔡锷的谦让，推唐继尧为云南军政府都督，组成护国军三个军，蔡锷任第一军总司令，进攻四川，欧事研究会成员熊克武（留日）、但懋辛（留日）等随第一军第一梯队入川；李烈钧任第二军总司令出滇南入广西，方声涛（留日）任该军第二梯团长；唐继尧兼第三军总司令，留守云南，乘机经黔入湘，尔后各军在武汉会师北伐。另由都督府左参赞戴戡率一部兵力入黔策动起义。12 月 27 日发布《讨袁檄文》，正式发动了护国战争。

　　其时，孙中山与中华革命党领导的讨袁军事斗争也达到了高潮。在广

---

　　① 　北京通信：《筹安会最近之写真》，《神州日报》1915 年 9 月 9 日。

　　② 　蔡锷（1882—1916），湖南宝庆（今邵阳市）人。1899 年赴日本留学。1900 年随唐才常回国参加自立军起义。后再去日本，先入成城学校，继入陆军士官学校。1904 年毕业回国。1911 年任新军第十九镇第三十七协协统，在昆明领导新军响应武昌起义，被推为临时革命总司令、云南军政府都督。1913 年 10 月被袁调北京，起初对袁也存幻想，在民初政争中支持袁世凯。不久即为袁世凯复辟帝制的活动激怒，决心以武力"为四万万人争人格"。于是以种种方式蒙蔽袁世凯，暗中多次潜赴天津，与梁启超密谋反袁。

　　③ 　唐继尧（1883—1927），云南会泽人。1904 年留学日本陆军士官学校，加入同盟会。辛亥革命时，受蔡锷之命率滇军援黔立宪派，被推为贵州都督。1913 年支持袁世凯，参与镇压"二次革命"，继任云南都督。后来参与护国运动、护法运动。1927 年其部下龙云等发动兵谏，被迫交出云南政权。

　　④ 　邹明德编选：《护国运动期间唐继尧等文电一组》，《历史档案》1981 年第 4 期，第 66 页。

东，中华革命军在朱执信（留日）的领导下，于1916年二三月间先后两次发动了以夺取广州为目标的战斗。虽然没有达到目的，但支援了云南护国军，并推动了广西独立。在四川合州、涪州等地，中华革命党也先后发动了起义，配合蔡锷的护国军对川作战。1916年4月，四川各路义军联合组成中华革命军四川司令部，以中华革命党人石青阳（留日）为司令官。在湖北、湖南、江苏、安徽和山东等地，中华革命党也领导了多次武装斗争，配合了西南护国军的作战。

此时，袁世凯已走入穷途末路！国内各界人士反袁称帝的声浪愈来愈猛，其中进步党的重要成员纷纷离袁而去，更严重的是袁世凯精心培植的北洋系核心层也与他离心离德。与他风雨同舟几十年的结拜兄弟徐世昌，自他策动帝制，即游离超然于外，先是拒绝劝进，进而辞职避祸；北洋三杰的王士珍、段祺瑞（留德）和冯国璋，除王附和外，段、冯对袁称帝都不满，在云南独立后都拒绝出任征滇总司令。原来支持其称帝的日本等列强也都见风使舵，劝其放弃称帝。在四面楚歌声中，1916年3月23日，袁世凯向全国正式申令："洪宪年号应即废止，仍以本年为中华民国五年。"① 4月恢复内阁制，袁依然恋栈于大总统职位。

但是，此时袁世凯已经成了过街老鼠，蔡锷、唐继尧等鲜明地表示，袁世凯"虽取消帝制，实已构成叛国之罪名"，即应"毅然引退"②。为彻底推翻袁的独裁统治，5月8日，已独立的滇、黔、桂、粤等省在广东肇庆成立了一个具有临时政府性质的统一机关军务院，统辖独立各省军政，并立即通电全国，表示此次兴师意在护法："袁世凯谋叛罪之成立既已昭然，即将帝制撤销，已成之罪固在……除由本军政府督率大军务将该犯围捕，待将来召集国会依法弹劾，组织法庭依法裁制外，特此宣言：前大总统袁世凯因犯谋叛大罪，自民国四年十二月十三日下令称帝以后，所有民国大总统之资格，当然消灭。"③ 通电还号召未独立省份加入反袁行列。1916年5月9日，孙中山发表第二次《讨袁宣言》。黄兴也尖锐指出："人民既一再以剑血拥护

① 《袁世凯被迫废止"洪宪"年号令》第78号，《政府公报》1916年3月24日。
② 中国第二历史档案馆编：《护国运动期间唐继尧等文电一组》，《历史档案》1981年第4期。
③ 李希泌等编：《护国运动资料选编》下册，中华书局1984年版，第538页。

共和，断不肯复戴一背叛共和、主张帝政之元恶为总统。"[①] 唐绍仪之指责，更使袁世凯无地自容：撤销帝制后仍居总统之职，"廉耻道丧，为古来中外历史所无"[②]。其他如汤化龙（留日）、伍廷芳（留英）、吴景濂（留日）、谭人凤、张謇、孙洪伊（留日）、康有为等不同政治倾向的政界名流，亦纷纷发表宣言或通电，促袁下台。面对众叛亲离、分崩离析的局面，袁世凯精神与身体迅速崩溃，6 月 6 日病死于北京。从下令以 1916 年元旦改元洪宪，到下令废止洪宪年号，袁氏称帝不过 83 天。7 月 14 日军务院通电宣告撤销，护国运动到此结束，从中可见留学生在其中的作用非同一般。

此后，北洋军阀的武夫们如走马灯似地上蹿下跳于北京政坛，把中国搞得一片乌烟瘴气，接连不断的军阀混战更使中国四分五裂。为维护约法，维护共和，以留学生孙中山为首的资产阶级革命派又进行了不屈不挠的护法斗争，而留德出身的北洋军阀段祺瑞则纵横捭阖，操纵政坛，博得"三造共和"的美名，还有一些留学生出身的军人沦为军阀。1919 年 10 月 10 日，孙中山将中华革命党改组为中国国民党，1921 年留日出身的陈独秀、李大钊等建立了中国共产党。1927 年，在共产党的支持下，国民党完成了北伐，在形式上统一了全国。在此过程中，留学生们仍然以其中西合璧的文化视野成为各党派的主要力量，在政权更迭、党派重构和建立过程中发挥了重要的作用，其主流依然是推动社会前进的主要动力。这期间，西方各种社会思潮也纷纷传入中国，以留学生为代表的知识分子组成的各党派为了中国的未来，继续上下求索！

---

① 《黄兴劝袁世凯退位电》，见李系沁等编《护国运动资料选编》下册，中华书局 1984 年版，第583 页。

② 《唐绍仪忠告袁世凯退位电》，见李系沁等编《护国运动资料选编》下册，中华书局 1984 年版，第 639 页。

第三章

北洋时期多元形态的留学生群体及其社会影响

北洋政府①时期，外患依然严重，列强彼此争夺，竭力扩大在华权益；国内政局动荡，不仅南方的革命政权与北洋政府对立，各派系的军阀混战也接连不断，中央政府的权威急剧衰落。然而，在这样一个中央权力衰微的时期，由于民主、科学思潮的冲击，加之大批留学生归国并参加到政府的各级机构中，故北洋时期的官制开始改革，留学教育仍在艰难地发展，留学生群体则呈现出多元的发展形态，出现了多元的文化和政治选择，对当时及以后中国的发展方向产生了重要的、多方面的影响。

第一节　北洋政府文官制度的改革和留学生的任用

民国肇始，南京临时政府在其存在的三个多月时间内，先后颁布了一系列法令，如《保护人民财产令》《文官试验章程草案》等，旨在推行民主政治、发展资本主义和实行社会改革。在此基础上，1912 年 3 月 11 日公布实施《中华民国临时约法》，确立了资产阶级共和国的国家政治制度、政权组织形式以及人民的民主权利，使民主共和的观念深入人心。尽管南京临时政府存在的时间短暂，《临时约法》也于 1914 年 5 月被《中华民国约法》所

---

① 所谓"北洋时期"，实际上应为"北京政府时期"。作为一本历史学专著，本应按照客观的事实来表述，但鉴于已经约定俗成，成为习惯，故也只好从众，称之为"北洋政府"或"北洋时期"。但在涉及到外交等内容时，则用"北京政府"或"北京政府时期"。

取代，但《临时约法》以根本法的形式废除了中国延续两千多年的封建君主专制制度，确立了资产阶级民主共和国的政治体制，这是继任的北洋政府不得不遵守的基本原则，也是北洋政府文官制度改革的基础。

一　文官制度的确立及对留学生入仕的影响

"任官授职，必赖贤能；尚公去私，厥惟考试。"[①]　自隋朝开始，科举制在中国一千多年的发展过程中，逐步形成了以竞争择优为基本原则的选官制度。然而，在封建专制的集权体制下，选官考查内容最终被八股经文的僵化模式所取代。同时，在传统科举考试之外，亦存在不同程度的世袭、恩荫、捐纳等现象，从而严重侵蚀传统官僚体制，滋生了大量腐败。此外，等级森严的官吏制度与品官制度，又严重地阻碍了普通文官的晋升途径，造成了以"慵、懒、散"为典型特征的低效率官僚队伍。因此，这种陈腐的官僚体制，也成为清末民初文官制度改革的主要对象。

民初，尽管政局变动不定，但是，各类制度的改革仍逐步进行，其中特别值得关注的是对于官僚制度的革新。事实上，清末新政时期，清政府即开始对官僚制度进行改革，其中特别重要的是废除科举制度，对归国留学生和国内学堂毕业生通过考试的方式授予官职。从光绪三十一年（1905）到宣统三年（1911），学务处（学部）主持的七届留学毕业生考试，四届廷试，就是选拔归国留学生和官制改革的主要途径。学部考试定期举行，廷试不定期举行。学部考试合格的留学生由学部统一颁发文凭，分别授予翰林、进士、举人等出身而不给予官职；经过学部考试合格的学生再通过廷试，即入官考试，授予官职。也就是说，通过部试和廷试，归国留学生即可做官。

北洋政府延续了晚清录用官吏的办法，原则上，官吏需经过考试方能录用。这在民国初年即已确立。1912 年 5 月，法制局审查《文官考试委员官制令与法官考试令案》草案，这是制定文官制度的开始。1913 年 1 月 9 日，北洋政府公布并开始实施《文官任免执行令》，其中包括《文官考试

---

①　孙中山：《咨参议院议决文官考试令等草案文》，见中国社会科学院近代史研究所中华民国史研究室等合编《孙中山全集》第 2 卷，中华书局 1982 年版，第 134 页。

法草案》《文官任用法草案》《文官任用法实施法草案》《文官保障法草案》《文官惩戒法草案》等。这些文官考试办法表明，北洋政府录用文官的一般原则是通过考试，这是国内学堂毕业生和留学归国人员进入仕途的一般道路。

具体而言，从考试等级来看，《文官考试法草案》将文官考试分为文官高等考试和文官普通考试两种。高等考试分为甄录试、初试、大试三等考试。甄录试为基础，应考者如具备中学以上学校毕业或有与中学毕业相当之资格，可免除甄录试；初试合格者为学习员，由国务总理咨送各部学习，学习期限为2—3年，之后可参加大试。"大试及第者，授以试补官证书，按照其等第之高下，依文官任用法续补。"① 普通考试合格者也可获得同样待遇。考试等级决定了考试内容。甄录试需考国文、历史、地理和笔算。初试内容，主科有七种：国法学、刑法、民法、国际公法、行政学、经济学、财政学；附科有五种：商法、政治学、刑事诉讼法、民事诉讼法、通商约章。大试科目包括：现行法令解释、设案之判断、草拟文牍。

从应考者的资格认定来看，《文官任用法草案》把文官分为四类：特任、简任、荐任和委任，将文官等级品位定为四级。《文官任用法施行法草案》把各简任、荐任和委任文官的任官资格扩大到有各级文凭者，简任文官资格之一为："在本国或外国大学或专门学校修治、法律、经济之学三年以上得有毕业文凭者"；荐任文官资格之一为："在本国或外国专门以上各学校或本国法政讲习所修政治、法律、经济之学一年半以上得有证明书并曾办行政事务满二年以上有成绩者"；委任文官资格之一为："在本国或外国中学校及与中学相当或以上学校毕业者。"

1919年8月27日，北洋政府公布实施《文官高等考试法》《文官普通考试法》。文官考试每三年于北洋举行一次，分为高等考试和普通考试两种。文官高等考试的资格之一为："经教育部指定外国大学或高等专门学校修习各项专门学科三年以上毕业得有文凭者。"②

上述规定表明，各级学堂毕业生和留学生成为北洋时期选官的主要人

---

① 《文官考试法草案》，1913年1月9日第243号，《政府公报》第9册《命令》，第173页。
② 《文官高等考试法》，1919年8月28日第1279号，《政府公报》第146册《法律》，第652页。

选。这对于鼓励学堂毕业生和归国留学生进入政府部门起到了积极作用，而且考试内容开始侧重于现代社会所必需的法学、财经等学科，因此，对留学生非常有利。

综上，北洋政府成立后，通过颁布一系列法律草案，"在法律上最终废除了中国古代官吏任用中的恩荫制和捐纳制"①，并在结合中国传统科举制和西方文官制度的基础上，建立起了较为进步的近代文官制度框架。

首先，建立以"公开考试、择优录取"为原则的文官考试制度，建设专业化、知识化、高效率的文官队伍，把政府职位放在自由、公开、平等的竞争机制下向社会开放，不仅可以广泛地选拔优秀人才，还能够有效地杜绝任人唯亲等特权、专权现象。根据《文官考试法草案》《文官任用法草案》等法律规定，北洋政府在选官上不仅对学历提出了具体的要求，同时还把近代自然科学和社会科学作为考试的内容加以考查。这就为一批具有新知识、新思想、留学海外的专业人才进入政府部门提供了机会，有利于形成更加符合政府职能和社会需要的文官队伍。

其次，确立职务常任制，保证文官工作的稳定性和连续性。职务常任制是现代西方各国文官制度中的基本原则之一。在北洋政府公布的法律草案中，这一原则亦得以确认。《文官保障法草案》规定："凡文官（除特任官、公使、秘书及其他法律有特别规定者外）非受刑法之宣告、惩戒法之处分及依据本法不得免官。"② 这就避免了当权者因个人喜好而对文官任免制度的破坏，为各级文官正常行使职权提供了必要的保证，使其有更多的时间和机会熟悉政府业务、积累工作经验，对于调动文官的工作积极性和提高工作效率具有重要意义。

最后，建立文官惩戒机制，推动文官建设的法制化。文官作为政府权力的执行者，必须受到相应的制度考核和法律监督，防止滥权、渎职现象的出现。北洋政府颁布的《文官惩戒法草案》对文官的处分分为褫职、降等、减俸、申诫四种，并对简任、荐任、委任等文官的惩戒程序作出了相应规定。例如，对于简任和荐任文官的惩戒，须由国务总理呈请大总统交文官高

---

① 武乾：《论北洋政府的文官制度》，《法商研究》1999 年第 2 期，第 118 页。
② 《文官保障法草案》，1913 年 1 月 9 日第 243 号，《政府公报》第 9 册 "命令"，第 178 页。

等惩戒委员会审查，并出示相关证据。这就为严肃文官的工作纪律、规范文官的工作标准，提供了相应的法律依据，使文官惩戒逐渐走上了法制化的轨道。[①]

总而言之，北洋政府在继承中华民国临时法统的基础上，对近代中国官僚体制进行了深刻的变改，从选官、任官到考核、惩戒，再到保障、抚恤等方面都作出了相应的法律规定。可以说，在北洋政府时期，现代文官制度的基本框架在中国已经建立，其基本精神、原则以及具体的制度规范，在此后南京国民政府推行的公务员制度中得以延续和发展。[②] 因此，文官考试制度被认为是北洋政府文官任用法中最具进步性的法律，以考试作为选官的主要标准是北洋政府官吏制度中最重要的规定。同时，无论高等考试还是普通考试，均以专门学校毕业为基本要求，这对于提高官员素质必然很有裨益，也成为包括留学生在内的各级专门学校毕业生入仕的必然途径，对留学生学成归来进入政府机构产生了积极的推动作用，从而改变了北洋政府时期国家公务员的学历构成和素质水准，有利于推动当时社会的发展。实际上，北洋政府推行文官制度与政府中大量的归国留学生有重要的关系，从下面的分析中即可看出。

二　北洋政府中归国留学生的任职构成

北洋政府的文官制度，是中国历史上官吏制度的一大改革与进步，客观上有利于促使更多的受过新式教育的毕业生进入政府部门，归国留学生更以其专业所长越来越多地被政府吸纳，在北洋政府中占据了重要的地位。

（一）政府首脑和内阁阁员的构成

在北洋政府职官中，留学出身的人员占据了相当高的比例。以北洋政府时期内阁总理来看，由于内阁变动频繁，先后出任总理的人员共计46人次，其中留学生出身的人员就达30人次，约占65.22%（见图3—1）。[③]

---

① 李俊清：《现代文官制度在中国的创构》，生活·读书·新知三联书店2007年版，第39页。
② 同上书，第40页。
③ 本数据由张慕洋博士整理编制，致以谢忱。

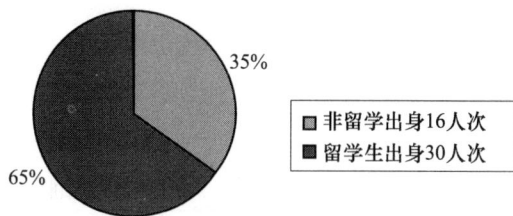

图3—1 北洋政府时期内阁总理出身比例

而同一时期，北洋政府内阁阁员共计620人次，留学生为365人次，占总人次的58.87%（见图3—2）。①

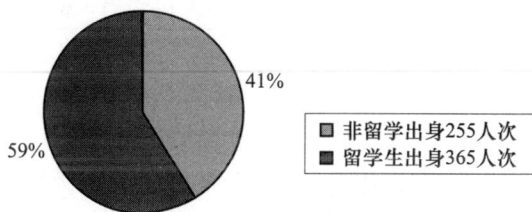

图3—2 北洋政府时期内阁阁员出身比例

从图3—1和图3—2来看，这个时期留学生出身的阁员在一半以上，这是民初政治变局中不能忽略的现象。明确这一点，对于更客观地分析五四时期百家争鸣的文化现象和思想解放浪潮具有很大的意义。

关于北洋政府职员中归国留学生的具体构成，我们通过两个个案具体说明。以1912年的司法部为例（见表3—1）。

表3—1　　　　　　　　1912年司法部长官及荐任官职官

官职	姓名	籍贯	留学背景	原任官职
总长	许世英	安徽建德		大理院长
次长	汪有龄	浙江钱塘	日本法政大学	法制局参事

---

① 本数据由张慕洋博士整理编制，致以谢忱。

续表

官职	姓名	籍贯	留学背景	原任官职
参事	王黻炜	湖北黄冈	日本法政大学大学士	南京临时政府司法部秘书长
	朱履龢	浙江嘉禾	英国林肯法律学校学生	本部法令处筹办员
	张轸	湖北安陆	日本大学法学得业士①	南京临时政府司法部法务司司长
	马德润	湖北枣阳	德国柏林大学法学博士	前外务部部员
司长	王淮琛	安徽六安	日本中央大学法学士	南京临时政府司法部参事
	骆通	湖南江华	日本明治大学法学士	南京临时政府司法部参事
	田荆华	湖南桃源	日本警监学校毕业	南京临时政府司法部狱务司长
秘书	罗文庄	广东番禺	美国高等学校学生	南京临时政府外交部秘书、司法部筹办员
	童益临	安徽望江		奉天高等审判厅推事
	王家俭	安徽太平		奉天高等审判厅推事
	左坊	安徽泾县		京师地方审判厅推事
编纂	黄德章	四川新繁	京都帝国大学法科	前翰林院编修
	蒋棻	浙江钱塘	仕学馆毕业	前奉天民政司金事
	石志泉	湖北孝感	日本东京帝国大学法科四年生	湖北司法司参事
	房宗岳	安徽桐城	日本宏文学校速成师范	直隶都督府科长
金事	张家骏	河南林县	进士馆法政毕业	前法部参事
	乐骏声	奉天海城	进士馆法政毕业	前湖北高等检察长
	周培懋	湖南善化	日本法政大学法科	南京临时政府司法部秘书
	贺德霖	浙江镇海	日本大学法学士	南京临时政府司法部法务司金事
	祁耀川	广东东莞	日本中央大学法科	前法部参事
	潘元煦	广东南海	日本法政大学毕业	前法部参事
	沙亮功	江苏江阴	京师法律学堂毕业	前法部主事
	宋庚荫	河南郑州	北京译学馆毕业	前法部主事
	刘定宇	贵州修文	北京法律学堂毕业	前法部主事
	潘恩培	蓝旗满洲	京师法律学堂毕业	前法部主事
	徐彭龄	江苏青浦	日本中央大学法科毕业	前法部主事
	吴承仕	安徽歙县	北京法律学堂监狱科毕业	前法部主事
	林稷枡	贵州思南	北京法政学堂学员	前大理院候补推事

---

① "得业士"是日本旧制高等学校和专门学校授予卒业生的学位称号，近似于副学士学位。

续表

官职	姓名	籍贯	留学背景	原任官职
佥事	李碧	湖北罗田		南京临时政府司法部秘书
	何联恩	浙江余姚		前法部郎中
	叶□兰	广东东莞	法政大学法学得业士	南京临时政府司法部主事
	张伯桢	广东东莞	日本法政大学法学士	前法部职员
	王驹	山西太原	日本大学法学得业士	南京临时政府司法部佥事
	胡振褆	浙江镇海	北洋大学毕业	
	何炳麟	安徽定远	北洋大学毕业	前翰林院检讨
	陈家栋	江苏嘉定	日本警监学校毕业	京师地方厅看守所所长
	易国霖	湖北随县	日本大学法科毕业	前学部主事
	陈武	湖北安陆	日本法政大学毕业	前学部主事
	熊元襄	安徽宿松	京师法律学堂毕业	前浙江知县
	杨宗彩	湖南宁远	日本法政大学法学士	
	胡祥麟	广东顺德	京师大学堂毕业	前法部职员
	曹寿麟	江苏仪征	京师法政学堂毕业	
	方皋	安徽定远	美国高等商业学校毕业	前大理院推事
	林炳华	广西宜山	法政大学速成科毕业	京师总检察厅检察官
	廖世经	江苏嘉定	法国政治科学院学士	前学部主事长
	沈宝昌	浙江山阴	京师法政学堂肄业生	京师第一初级厅推事

资料来源：《政府公报》第 4 册《通告》，1912 年 8 月 28 日，第 120 号，第 721—723 页。汪有龄留学情况根据其他资料补充。

在上述 48 人中，有留学背景的 27 人，占总人数的 56.5%。也就是说，司法部有一半以上的重要官吏都有留学背景。其中，归国留日生就达 22 人，占 1912 年司法部长官及荐任官留学生总人数的 84.62%，比例相当高。民初的司法改革，即以日本为蓝本，这与留日回国学生的推动有很大关系。其中次长汪有龄于光绪二十三年（1897）由杭州蚕学馆派到日本学习蚕学，次年夏改学法律。1901 年夏毕业回国后，任职于沈家本领衔的修订法律馆。1910 年汪有龄、江庸等人联络北京立法、司法界人士，成立了中国历史上第一个全国性法学会——北京法学会，创办会刊《法学会》杂志。

又如，1912 年 8 月 30 日，在司法总长请求荐任总检察长及京师各级厅长人员名单中，被荐任者全部为留学生出身①，姓名履历如下：罗文干拟简任为总检察厅检察长，广东人，"英国牛津大学、法律大学法学士，伦敦密得而法律专门学校大律师，前清法政科进士，现任广东司法司长"。江庸拟简任为京师高等审判厅长，福建人，"日本早稻田大学法制经济科毕业，前大理院推事，曾充法律馆协修，京师法律学堂、法政学堂教习五年，现充大理院代理推事、法典编纂会调查员"。刘蕃拟简任为京师高等检察厅检察长，湖北人，"日本法政大学法律部专门科毕业，前奉天高等审判厅推事，曾充北洋法政专门学堂、奉天法政学堂教习，现充大理院代理推事"。朱深拟简任署理京师地方检察厅检察长，"直隶人，日本帝国大学法律科毕业，现充法典会纂修"。拟任大理院简任推事，人选为姚震、汪燨芝，均为归国留日生。

根据以上名单，司法部中重要的职员基本为留学生，特别是留日生占了绝大多数，可以初步看出留学生在北洋政府各部中所处的地位。他们对于北洋政府时期司法、监察等各项制度的制定、传承以及法学人才的培养，都产生了重要的影响。

下面再看北洋政府各部院职员中留学生的情况，以 1916 年为例（见表3—2）。

表3—2　　　　　　　北洋政府 1916 年各部院职员留学生人数构成

各部院	职员数	留学生数	留学生比例（%）	各部院	职员数	留学生数	留学生比例（%）
陆军部	549	187	34.06	蒙藏院	129	13	10.08
政事堂	306	33	10.78	审判厅	114	7	6.14
海军部	298	44	14.77	参政院	109	23	21.10
财政部	265	55	20.75	司法部	103	31	30.10
审计院	232	28	12.07	税务处	90	2	2.22
农商部	220	107	49.78	检察厅	88	16	18.18
内务部	197	35	17.77	大理院	55	22	40

---

① 《司法总长许世英请简任总检察长及京师各级厅长人员履历单》，1912 年 8 月 30 日第 122 号，《政府公报》第 4 册《公文》，第 755—756 页。

续表

各部院	职员数	留学生数	留学生比例（%）	各部院	职员数	留学生数	留学生比例（%）
参谋部	196	11	5.61	平政院	50	2	4
交通部	180	84	46.67	盐务署	37	6	16.2
教育部	163	47	28.83	京师监狱	26	3	11.54
外交部	152	49	32.24	宪兵营	21	1	4.76
总数	3580	806	22.51				

资料来源：北京东西洋留学会编：《北京东西洋留学会员录》，1916年修订本；

注：原资料中各部院职员总数（3471人）与实际计算的人数有误，根据实际数目修改。虽然北洋政府不允许人员兼职，但各部之间很有可能有兼职人员的存在，因此总数存疑待考。

由表3—2可见，北洋政府各部院职员总数为3580人，其中归国留学生人数达806人，占总人数的22.51%，比例相当高。特别是农商部留学生所占的比例竟高达49.78%，几乎一半人员都为归国留学生。其次是交通部，归国留学生也占到46.67%。

（二）政府职员中不同留学国家人员的构成

如果我们进一步分析，就会发现，在北洋政府职员中，不同留学国家留学生的构成存在差异（见表3—3）。明确这一点，对于理解和分析中国的留学运动、留学生群体的演变构成和民国政府的方针政策非常必要。

表3—3　　　　　　　　**1916年农商部归国留学生留学国别统计**

留学国家	人次	占总人次之比例（%）	留学国家	人次	占总人次之比例（%）
日	77	67.54	英	5	4.38
美	16	14.04	俄	1	0.88
法	6	5.26	德	1	0.88
比	6	5.26	不详	2	1.75
总人次	114	100			

资料来源：根据《北京东西洋留学会员录》资料整理统计而成；

注：一人留学多国者重复统计。

由表3—3可见，在农商部归国留学生职员中，以留日生最多，占该部留学生总数的 67.54% 。如此众多的留日生集中于农商部，体现了前一阶段清末留日教育的特点。

　　在清末留日教育中，法政、军事科一直是留日生最热门的专业。为了改变这一状况，清政府在派遣留日官费生时对所习学科进行了限制。光绪三十四年（1908）学部与农工商部、邮传部会奏，重申了以学习工艺为主的留学方针，并对这一政策作了具体的规定："自本年为始，嗣后京师及各省中学堂以上毕业之学生，择其普通学完备、外国语能直接听讲者，酌送出洋学习实业；并令此后凡官费出洋学生概学习农工格致各项专科，不得改习他科；又，以前自费出洋之学生非入高等以上学堂学习农工格致三科者不得改给官费，其认习实业已给官费之学生亦不准中途改习他科。"① 官费留学者必习实业，自费留学者如习实业可转为官费生，也是鼓励学习实业的办法。这些措施的实施，使得留日学生当中增加了大批学习农、商各专业者。同时，留日生更多热心于"政治留学"，有着"参与政治的传统"②。因此，留日生归国后，以进入政府部门为职业的首选，这就使得各部院中留日学生相当集中。

　　在各部院职员中，留学人数最多的是留日归国生，其次是留美和留英的归国生（见表3—4）。

表3—4　　　　北洋政府1916年各部院留学国别情况（仅列前三位）

各部院	职员总数	留学生总数	留日生	留美生	留英生
陆军部	549	187	151	1	5
政事堂	306	33	12	5	3
海军部	298	44	27	3	14
财政部	265	55	32	9	8
审计院	232	28	19	3	5
农商部	220	107	75	17	5

---

　　① 《学部会奏议覆御史俾寿奏请派子弟出洋学习工艺折》，光绪三十四年九月二十四日，《政治官报》（13）折奏类，（台北）文海出版社 1965 年影印版。

　　② 李喜所：《20 世纪中国留学生的宏观考察》，《广东社会科学》2004 年第 1 期，第 12 页。

续表

各部院	职员总数	留学生总数	留日生	留美生	留英生
内务部	197	35	31	1	1
参谋部	196	11			1
交通部	180	84	44	24	9
教育部	163	47	35	2	3
外交部	152	49	14	8	11
蒙藏院	129	13	10		
审判厅	114	7	7		
参政院	109	23	20		3
司法部	103	31	21	2	3
税务处	90	2		1	
检察厅	88	16	14	1	
大理院	55	22	20	1	
平政院	50	2	1		
盐务署	37	6		5	
京师监狱	26	3	3		
宪兵营	21	1	1		
总数	3580	806	537	83	71

资料来源：根据《北京东西洋留学会员录》资料整理统计而成。

注：有多个留学国的人员各计一次。

从表3—4可见，留日学生所占的比例最高，占留学生总人数的66.62%。这与清末以来留日人数占绝对优势有重要关系。处于第二位的留美归国学生人数少于留日生，占留学生总数的10.3%，留英归国生占留学生总数的8.81%。

留学教育作为具有间隔性效果的教育，其影响自然要在留学派遣之后，因此，清末留日学生学成归国者逐渐在民初各行业中任职，其影响逐渐凸显。与留学欧美学生不同，留日归国生的专业主要集中在军事和法政科。故在北洋政府各部院中，如陆军部、海军部、司法部、农商部、交通部的留日学生相当集中，若将审判厅、监狱、大理院、检察厅、司法部等都归入司法体系，那么留日生在这些部门所占的比例会更高。

　　相比之下，任职政府部门的留美、留英学生的人数远远低于留日生人数，主要集中于少数部门，特别是在外交部，留学英美人员的总人数超过留日生人数。因为当时中国与美国、英国的关系较好，中美、中英关系在中国外交中占有主要地位，而且英美归国生具有语言优势。因此，留学英美的归国人员除了大量集中于高校、研究机构之外，在政府部门首先集中于外交部。海军部的留英生也很多，占到海军部留学生总数的近1/3，而且属于福州船政留英生。他们不仅任职于海军部，而且实际上掌握着海军部领导权。当时留英的刘冠雄即为海军总长。在北洋政府的一些部门中，留学欧洲大陆德国、法国的归国留学生也占了重要的地位。以参谋部为例，留学生11人，全部有留学德、法（其中一人兼留学英国）学习军事的经历。

　　由上可见，北洋政府重视对留学生的吸纳，无论是内阁总理还是一般阁员，大都由归国留学生充任，其中留日归国生尤占多数，这与南京临时政府时期阁员的构成情况大体相同。表面上，这表明当时的中国对接受过西方教育的人才的需求，反映了社会对归国留学生的认同及重视，也为归国留学生提供了服务国家、服务社会的平台，使他们有了一展身手的用武之地，对北洋政府时期多元化的社会发展作出了应有的贡献。更重要的是，表明了辛亥革命以后的中国朝野对西方民主、科学价值观的认同，隐约地展现了部分中国国民对资本主义现代化的憧憬。

第二节　北洋时期的留学教育

　　众多的留学生任职于政府各部，不能不对北洋政府时期留学教育的提倡和发展产生重要的影响。民国伊始，留学被认为是各类专门人才培养的捷径，各项会议记录都记载了各部总长对归国留学生的重视及对留学教育的期待。如留德出身的陆军总长段祺瑞[①]在整顿军事、培植陆军人才方面称：

　　　① 段祺瑞（1865—1936），安徽六安人。1885年考入北洋武备学堂第一期炮兵科。1889年春，以官费入德国柏林军校学习炮兵，后在埃森克虏伯兵工厂实习。1890年秋回国后，为袁世凯赏识，成为其编练新军的主要助手，在民初的军界、政界迭任要职。

"中国陆军人才曾在外国留学者统计之四五千人而已，此虽前一二年内所调查，然即目下实数，合格者亦不多，查每师团需用四五百军官，四五千人仅敷十师之用，此外何所取材，是宜将军官资格确实调查，堪派往东洋者则派往东洋，堪派往西洋者则派往西洋，以便学成回国可供录用。"① 工商次长王正廷（留日、美）也认为培养人才以留学为速，"政府可派专门学问之人，留学外洋学成归国教人民以改良之方法，极力提倡自然臻于完善之地步"②。可见各部对留学人员之殷切需求。以此为背景，北洋政府出台了一系列留学政策，在一定程度上推动了留学教育的发展。

一　北洋时期的留学政策

北洋时期先后出台了多种有关留学的政策，包括特别官费留学政策、一般官费留学政策和自费留学政策，等等。

1. 特别官费留学政策

在南京临时政府时期，根据孙中山的建议，决定选拔对革命有功之青年子弟赴东西洋各国留学，旨在奖酬有功于民国的人员。这种留学生被称为"稽勋留学生"。1912 年 8 月，稽勋局局长冯自由拟订了分期派遣次序："拟将曾在外国留学，革命事起，中途辍学归国宣力者；或有功各员中，深知其确具高等程度，锐意研究，切愿学成为国效力者，先行派遣，其余诸人应俟下期酌量办理。"③ 但是，因稽勋局派遣留学生属于酬勋性质，所以，派遣留学生资格并没有一个严格的标准。1912 年，临时稽勋局呈北洋政府请资送孙中山业已批准的人员出洋④，得到教育部的认可。自此，稽勋留学生的派遣开始。

1912 年 10 月，稽勋局第一次选派有功于民国的 25 名青年出国留学。

---

① 《陆军总长段祺瑞发表政见速记》，1912 年 5 月 16 日第 16 号，《政府公报》第 1 册"附录"，第 262 页。

② 《工商次长王正廷发表政见速记》，1912 年 5 月 16 日第 16 号，《政府公报》第 1 册"附录"，第 268 页。

③ 《教育部为临时稽勋局请将有功民国人员分期派遣留学请即批准致大总统》（1912 年 8 月 21 日），北洋政府教育部档案，中国第二历史档案馆藏。

④ 《临时稽勋局呈大总统请资送孙前总统批准派遣南京服务各员出洋留学文》，1912 年 7 月 27 日第 88 号，《政府公报》第 3 册《公文》，第 615—616 页。

1913 年，又先后派遣了三批学生出国，计 143 人，使稽勋留学生的人数达到了 179 人。此类留学生留学前学历背景差异很大，有一部分人是为了继续完成因参加辛亥革命而中断的学业，如李四光此前曾有留日背景，这次又于 1913 年 10 月入英国伯明翰大学学习；而有的只是首次出国，如杨杏佛①等。

2. 一般官费留学政策

1914 年，教育部制定了《整理教育方案草案》。其最大的特点是中央规定各省每年官费留学生的具体名额，选派留学生以省派为主，"各省游学经费每岁划出若干，并定东西洋游学定额若干，各有缺额者，一律由部选送。选送目的有二，一视全国何项人才缺乏而选送之，一视地方特别情形，为欲增加某项人才而选送之"②。具体办法由各省制订留学名额及经费，然后由教育部招考。如遇缺额，即通过考试或直接补额，使各省留学数额保持基本稳定。表 3—5 为 1914 年 6 月各省报教育部留学官费生数额及存记生（按照籍贯存记、遇缺选补）数额。

表 3—5　　　　　　　　　1914 年教育部留学官费生及存记生数额

省别	定额		存记		总计	省别	定额		存记		总计
	欧美	日	欧美	日			欧美	日	欧美	日	
直隶	12	38	3	0	53	福建	10	60	12	1	83
山东	15	62	2	2	81	安徽	12	19	6	0	37
山西	12	36	2	1	51	广东	30	81	11	2	124
河南	12	14	4	2	32	广西	3	15	0	0	18
陕西	8	60	0	0	68	四川	17	87	14	21	139
甘肃	1	6	1	0	8	云南	17	27	1	0	45
江苏	25	60	29	40	154	贵州	0	22	0	5	27

---

① 杨杏佛（1893—1933），江西清江人。早年就读上海中国公学，1911 年入唐山路矿学堂（今西南交大），加入同盟会。1912 年任职南京临时政府总统府秘书处。1912 年赴美国留学，先入康奈尔大学攻读机械工程，后入哈佛大学学习工商管理和经济学，1918 年毕业，获工商管理博士学位，为中国第一位商学博士。1920 年回国，执教于南京高等师范学校，历任工科教授兼主任、商科教授兼主任。1924 年任孙中山秘书。1927 年任大学院副院长，1928 年任中央研究院总干事等。著有《杏佛文存》等。

② 刘真主编、王焕琛编著：《留学教育：中国留学教育史料》第 3 册，（台北）"国立"编译馆 1980 年版，第 987 页。

续表

省别	定额		存记		总计	省别	定额		存记		总计
	欧美	日	欧美	日			欧美	日	欧美	日	
浙江	20	120	18	3	161	奉天	38	72	8	0	118
江西	21	93	4	5	123	吉林	9	35	0	0	44
湖北	22	71	2	2	97	黑龙江	0	1	0	0	1
湖南	25	96	19	15	155	总计	309	1075	136	99	1619

资料来源：全国教育行政会议记录：《教育部行政纪要》（自民国元年四月至民国四年十二月），（台北）文海出版社 1986 年影印版，丙编《专业教育留学生事项》，第 151—152 页。

　　在各省留学学额确定之后，即按所定学额派遣留学生，当遇有缺额时即予以补选。为此，教育部于 1914 年 7 月 22 日制定了《各省官费留学生缺额选补规程》。其中规定了补选官费留学生应根据各生情况分别考试或直接补选；还规定了教育部有补选留学生的权力，各省派遣留学生需经教育部核定或考试后才能派遣。不过，这一规程所制定的内容比较宽泛，对于留学生所习学科、修业年限、派往国家等，都未作详细的规定。

　　1916 年 10 月，教育部制定了《选派留学外国学生规程》。该章程是北洋政府制定的第一份完整的留学教育规程，它规定了选派留学生的办法，提高了留学选派资格，规定必须在本国大学及专门学校、高等师范学校本科毕业以上，方有官费留学资格；同时还规定，各高等学校的教师也可留学且视情况予以免试，表明派遣留学生的目的是到外国研究专门学术，而非接受普通教育。出国留学考试分第一试（各省分别选拔）、第二试（各省考试合格者）两次考试，合格后予以确定资格。每届选派的留学生，由教育部根据各省留学缺额及需要，议定名额、留学国别、专业、年限等。这一选拔制度表明北洋政府加强了对留学生选拔的管理，提高了资格限制，而公费留学生的派遣仍以省派为主。但是，北洋政府对留学生所习学科未作具体的规定，各学科均得到提倡而未受限制，从留学派遣政策来看，选择专业的范围比较宽松。

　　根据教育部的上述规程，北洋政府开始选派公费留学生，"于民国六年五月在北京举行第二试，并通咨各省先期举行第一试"①。合格者才获得派遣资格，经费由本省负担，将省派与部选结合起来，这是北洋时期留学生选派的特色。北洋政府时期有记载的官费留学生考选共计六届，分别是1917年、1918年、1919年、1920年、1922年、1925年。以留美、留日为主，实际上是以省派学生为主，经费也由各省筹集。但是，各省留学生公费名额必须经过中央政府的批准才能最终确定。对于官费生的留学年限，教育部颁行的各种留学生规程中都没有明确的规定，仅在一些省派留学生的规程中有具体规定，如《江苏省费派遣留学生欧美日本学生规程》规定"省费留学生留学年期至短以三年为限，至长以八年为限"②，这是一个非常宽泛的年限范围。

　　至于留学生的管理，北洋政府则先后颁布了一系列规程予以加强。1913年8月，教育部公布《经理欧洲留学生事务暂行规程》，详细规定了经理员的工作和权限，如定期或不定期地调查学生、学校、学术情形，管理留学生学费、学习、生活甚至丧葬事宜。③12月，又公布了《留欧官费学生规约》，严格规范留学生的行为，如不得预支学费，要填写调查表、提交每年的升学证书或其他学业成绩凭证，不得转学他校及改留他国，未毕业之前不能请假回国、不得与西人结婚等。④1915年8月，教育部整合之前所公布之经理员规程、官费生规约等，略有损益，出台了《管理留欧学生事务规程》⑤，内容更为细致。随后公布的管理留美、留日学生事务规程，皆以此为蓝本，大同小异。⑥

---

　　① 《教育部布告选派留学生考试事》（1916年12月5日），北洋政府教育部档案，中国第二历史档案馆藏。

　　② 江苏省行政公署训令：《江苏省费派遣留学生欧美日本学生规程》（1913年4月7日），"中央"大学档案。

　　③ 详见教育部公布《〈经理欧洲留学生事务暂行规程〉令》（1913年8月20日），北洋政府教育部档案，中国第二历史档案馆藏。

　　④ 详见教育部公布《〈留欧官费学生规约〉令》（1913年12月27日），北洋政府教育部档案，中国第二历史档案馆藏。

　　⑤ 详见《教育部公布〈管理留欧学生事务规程〉令》（1915年8月26日），北洋政府教育部档案，中国第二历史档案馆藏。

　　⑥ 详见《教育部公布〈管理留美学生事务规程〉令》（1916年3月8日）、《教育部公布〈管理留日学生事务规程〉令》（1921年），北洋政府教育部档案，中国第二历史档案馆藏。

为加强对留学派遣工作的管理，1924 年北洋政府教育部又颁布了《发给留学证书章程》，规定无论公费、自费留学生，出国前必须领取留学证书。凭此证书，才能办理护照和签证事宜。留学生在抵达留学国后，应将证书送呈各驻在国管理学务机构验明。此举有助于规范留学生派遣，提高留学生质量。

概言之，从《整理教育方案草案》《各省官费留学证书缺额选补规程》到《选派留学外国学生规程》，再到颁布《发给留学证书规程》，可以看出，北洋政府重视对一般官费留学生的派遣，其政策不断丰富，不断完善，到 20 世纪 20 年代中期，形成了比较成熟、系统的官费留学制度。而且立足于当时国家财政紧张的现实环境及条件，坚持以省派留学为主、省派与部选相结合的原则，促进了一般官费留学的发展，从中不难想见大批身居要职的留学生官员们的运作之勤。

3. 自费留学政策

北洋政府对自费留学生的派遣也制定了相应的政策。如 1915 年的《管理留欧事务规程》、1916 年的《管理留美学生事务规程》、1918 年的《留日官自费学生奖励章程》中的某些条款，对自费留学生的派遣就作了一些规定。此外，1917 年，教育部针对自费留学中的问题，还曾规定自费留学需事先"奉准有案"。1924 年，教育部又专门颁布了《管理自费留学规程》。这些政策表明：政府既鼓励、支持自费留学，又规范自费留学，提高了自费留学资格，加强了对自费留学的管理。如规定自费留学者必须取得留学资格证书，这意味着北洋政府试图加强对留学教育的控制，将留学的派遣权收归中央。

除制定统一政策对自费留学予以支持外，北洋政府及各省当局对留法勤工俭学等较大规模的自费留学，在政策上也单独给予赞助和支持。

二　多元状态的留学教育

尽管北洋政府教育部考选的留学生人数不多，但是，北洋政府时期的留学教育还是呈现出了多元发展形态的特征。其中，以留美教育大发展、留法勤工俭学运动、留日教育的重新发展以及留苏（俄）教育的启动为主要标志。

　　留美教育　此阶段留美教育的发展以庚款留美运动的发展最为典型。庚款留美教育自清末开始，1909—1911 年招考三批赴美学生。1911 年游美肄业馆正式更名为清华学堂，招考学生进入中等和高等科。1912 年开始派遣留美生。自 1909 年到 1929 年，清华学校派遣的留美生共计 1289 人。[①] 除了 4 人情况未详，151 人未得学位，获得学位的高达 1134 人，占总人数的 87.98％，由此可见留美教育的成绩非同一般（见表 3—6）。

表 3—6　　　　　　　　　　　**庚款留美生获得学位情况**

获得学位 出国年份	博士	硕士	学士	未得者	合计
1909 年	4	22	16	5	47
1910 年	11	32	25	2	70
1911 年	11	30	26	8	75
1912 年	2	8	5	1	16
1913 年	6	15	8	14	43
1914 年	6	14	15	9	44
1915 年	6	16	11	9	42
1916 年	14	22	10	5	51
1917 年	4	30	13	4	51
1918 年	17	37	14	5	73
1919 年	14	32	25	—	71
1920 年	22	34	22	3	81
1921 年	18	32	9	6	65
1922 年	19	43	27	5	94
1923 年	21	45	20	5	91
1924 年	17	24	25	1	67
1925 年	15	22	19	23	79
1926 年	9	24	11	26	70

　　[①]　清华大学校史研究室编：《清华大学史料选编》第 1 卷清华学校时期（1911—1928），清华大学出版社 1991 年版，第 71 页。

续表

获得学位 出国年份	博士	硕士	学士	未得者	合计
1927 年	16	21	9	15	61
1928 年	10	24	12	1	47
1929 年	12	17	14	4	47
不明者					4
合计	254	544	336	151	1289
百分比（%）	19.71	42.20	26.07	11.71	100

资料来源：王树槐：《庚子赔款》，"中央"研究院近代史研究所专刊第 31 种，1985 年版，第 317—318 页。

从民初庚款留美情况来看，获得硕士学位者占多数，获得博士学位者也占到了近 1/5。除了庚款留美生以外，还有其他公费和自费留美生。20 世纪 20 年代留美学生历年入学人数都在 300 人以上，"留美学生在总人数上曾一度超过了日本"①，"1924 年在美的中国学生约有 1800 人。……有 1263 名中国学生分布于美国 37 个州的 186 所学校、学院或大学"②，形成了一个人才济济的留美学生群，其中杰出人物有杨杏佛、胡先骕、茅以升、闻一多、孙科、宋子文、陈立夫等。这批留学生后来大都活跃于中国思想界、文化界、科技界和政界。

留日教育　留日教育在晚清时期经历了 1895—1905 年的快速发展后，到 1906 年开始衰落。辛亥革命前后，大批留日学生回国参加革命，留日人数锐减。民国政府成立后，留日人数开始逐渐增多。但是，由于反对"二十一条"等原因所致，大批留日学生多次集体归国。而且，在北洋政府时期，"日本的短期速成教育和营利主义教育"不再为中国接受，20 世纪 20 年代的留日教育处于不稳定状态，形成了愤激的留日学生群，以致引起了日本一些议员的关注。如大正九年（1920）七月二十四日，在众议院议长转呈内

---

① 周一川：《近代留日史研究中的三个问题》，《东岳论丛》2008 年第 3 期，第 137 页。当然，留日人数从总量上来说，除了个别年份以外，都是要超过留美人数的。

② Chih Meng: *The American Returned Students of China. Pacific Affairs*, Vol. 4, No. 1 (Jan., 1931), pp. 1–16.

阁总理大臣原敬关于"众议院议员清水留三郎提出有关支那共和国留学生政策的质问件"中，就提出：

> 来日本留学的支那共和国留学生归国后多成为排日者，而留学美国的归国者多为亲美者，针对此种现状政府应采取如何的方针和措施，特提出质询。①

该件并附有 34 名众议院议员的签名同意。此后文部省、外务省、内务省三大臣对众议院议员清水留三郎提出的质询，作了回复和答辩。该答辩书写道："现政府一向秉持公正的态度，且为达成日支亲善及提携的目标而采取一贯的、始终不渝的对支政策，此政策在将来亦不作变更，对于支那国民对我的敌对情绪采取谅解的态度，直至留日出身留学生对于一般国民的趋众态势渐次衰减。"答辩书还针对清水留三郎所提留日学生的设施多由民间努力而政府支持不够的质疑，作了答复，承认与外国相比，政府努力尚不够，主张今后官民要一起努力为留学生创造更好的留学设施条件。② 但事实上，日本政府并没有而且也不可能真正做到这一点。

　　留英教育　　相对于留美、留日教育，北洋政府时期派遣的留英生不多。据统计，1916 年教育部及各省派遣的留英官费生仅有 69 人③，1917 年时总数为 67 人。20 世纪 20 年代留英学生无论是官费还是私费，人数都很少，但从其出身看，绝大多数都毕业于国内高等学校，留学时即可径入大学，留学效果较优。据英国政府调查，1920 年在英国的中国留学生 270 人。④ 1924 年有关机构调查，"华人在英各大学及专门学校留学者共 250 人，其中官费生约占百分之四十。在牛津者多习法律及经济学，在剑桥者多习法律、医药及经济学，在里资（Leeds）者多习机械及工程学，在伦敦者多习医药、工程、

---

① 众议院议员清水留三郎提出支那共和国留学生ニ関スル質問ニ对スル答弁书回付ノ件（内阁大正九年七月二十四日）。
② 众议院议员清水留三郎提出支那共和国留学生ニ関スル質問ニ对スル文部外务内务三大臣答弁书（内阁大正十年二月二十二日）。
③ 《旅欧华人近况》，《旅欧杂志》民国五年十月一日第 4 期。
④ 王树槐：《庚子赔款》，（台北）中央研究院近代史所 1974 年版，第 439 页。

经济、政治及冶矿学"①。到 1927 年留英学生约 300 人。从派遣留学本身来说，北洋政府时期成绩平平，但回国留英生十分活跃，对民国社会产生了较深远的影响，如王世杰、刘半农、朱光潜等。

留德教育　北洋政府时期的留德教育也有了较大发展。据研究，1911年中国留德人数为 114 人②，与同时期的留英人数大体相当。1913 年 3 月驻德留学生监督处报告③显示，当时在德国的留学生共计 41 名，其中官费生 28 人，自费生 13 人，多数已进入大学阶段，所学专业主要以理工农医科为主。到 20 世纪 20 年代前期，留德人数增长很快："1921—1925 年的 5 年里，中国派出的赴德留学生有 239 人"④，当时在德留学的中国学生有 700—1000 人。⑤ 这与第一次世界大战后德国经济衰退、生活费用降低有很大关系。到 1925 年后，由于欧洲经济危机的爆发，留德人数大减，直至 20 世纪 30 年代以后，中国的留德教育才再次出现高潮。

留法教育　北洋政府时期的留法教育，以留法勤工俭学运动为典型，以李石曾和吴稚晖等人为发起人。留法勤工俭学运动的兴起除倡导者的大力推动外，还与中、法时局有很大关系。第一次世界大战期间，法国急需从国外补充因欧战而严重缺乏的劳力。为此，1916 年春，法国政府与中国达成协议，自中国招募华工。"中国劳工加入西方前线这个事件也孕育了其后让中国留学生加入'勤工俭学'计划的政策。"⑥ 第一次世界大战以后，法国政府试图仿效美、英、日等国，"通过为中国培养留学生的方法来传播法国文化，推销法国技术和机器，培植亲法势力，以期在今后的两国交往中，在政

①　《英美中国留学生之统计》，《教育杂志》民国十三年七月第 16 卷第 7 号，第 12 页。

②　麦劲生：《留德科技精英、兵工署和南京政府的军事现代化》，《上海大学学报》2006 年第 2 期，第 101 页。

③　刘真主编、王焕琛编著：《留学教育：中国留学教育史料》第 3 册，（台北）"国立"编译馆 1980 年版，第 1527—1530 页。

④　元青：《民国时期中国留德学生与中德文化交流》，《近代史研究》1997 年第 3 期，第 236 页。

⑤　麦劲生：《留德科技精英、兵工署和南京政府的军事现代化》，《上海大学学报》2006 年第 2 期，第 101 页。

⑥　[法]多米尼克·马亚尔：《第一次世界大战欧洲战场的中国劳工》，《国际观察》2009 年第 2 期，第 73 页。

治、经济、文化领域为法国赢得更多的利益"①。1918 年第一次世界大战刚结束，法国政府就派路易·格里奥少校来华考察，完成了《关于扩大对华影响、宣传法兰西文化的行动计划》②，分析了法国吸引中国学生留学法国的重要性，提出通过中国留法学生传播法国文化、扩大法国影响的建议。1920年 6 月，法国前总理、议员班乐卫（P. Painleve）受法国政府派遣，率团访问中国，其目的就是"班乐卫先生感到幅员辽阔的中国前途无量。法国的责任是通过把这两种文明的长处结合起来去帮助她进步。中国正在对外开放，我们……应当效法日本人和美国人，扩大她在中国的影响"③。这表明，法国对新生的中华民国开始重视，认为只有积极帮助中国发展，法国才能得到利益，而教育则是影响中国的最佳领域。班乐卫为此和中国政府达成了五项协议，其中与勤工俭学直接有关的是第四项：在法国里昂筹备一所中法大学，接受中国的学生，由中国南方各省津贴 15 万法郎。由于这种对华政策的推动，法国对中国的留法教育表现得格外热情。

与此同时，中国新文化运动的发展也推动了留法运动的开展。法国作为"自由、平等、博爱"思想的策源地，被青年学子们视为民主制度的乐土，是一个文化发达、艺术昌盛、科技进步的国家。1918 年 11 月，作为留法勤工俭学领袖人物之一的蔡元培，在天安门前发表了"劳工神圣"的著名演说。受这一思想的影响，广大青年学生兴起了一股"工读主义"的思潮。也就是说，中法双方出于不同的目的，共同推动了留法勤工俭学运动。于是，在五四前后，在古老的中华和法兰西大地上掀起了一场声势浩大的留法勤工俭学运动。1919 年春进入高潮，从同年 3 月 17 日"因番号"轮船载 89名学生在上海放洋起航，到 1920 年底，全国已有 19 个省份，近 2000 名学生，远涉重洋踏上了法兰西的国土。

留法勤工俭学运动对中国最大的影响是为中国革命造就了一大批骨干力

---

① 霍益萍：《法国政府对留法勤工俭学运动的立场和态度》，《近代史研究》1997 年第 1 期，第 158页。

② 《路易·格里莱少校报告摘要——关于扩大对华影响，宣传法兰西文化的行动计划》，法国外交部档案，代号：E. ASIE. 1918 – 1922/47 – 1。

③ 马赛商会主办：《国际关系委员会（知识和经济）公报》，1920 年 12 月第 6 期，第 59—60 页，法国国家档案馆档案，代号：47 AS/B/6 – 3。

量，"开辟了马克思主义向中国传播的一个新渠道，培养了一批中国早期的马克思主义者，在理论上和组织上为中国共产党的创立奠定了基础，我国的第一代无产阶级革命家中，有相当一部分是从他们中间涌现的"①，如周恩来、李富春、聂荣臻、邓小平、李立三、王若飞、陈毅等共产党名人，以及刘清扬、盛成、程茂兰、朱洗等各界名流。其中盛成的经历颇为传奇，他少年时代追随孙中山参加辛亥革命，1911 年在光复南京的战役中被誉为"辛亥革命三童子"之一，并受到孙中山先生的褒奖和鼓励。后来他赴法国勤工俭学，成为 20 世纪中国一位集作家、诗人、翻译家、语言学家、汉学家为一身的著名学者。

留苏教育　20 世纪 20 年代，留苏教育成为留学教育中的一个重要领域。受俄国十月革命胜利的鼓舞，当时很多中国青年前往莫斯科去寻求真理，于是，在 20 世纪 20 年代形成了"留苏热"。从 1921 年起，中国共产党派出的青年主要前往莫斯科东方大学②学习革命理论；国共合作以后，1925 年苏联在莫斯科设立了专门培养中国留学生的中山大学，国民党、共产党分别派遣了成批的青年到中山大学学习。1921 年 8 月 1 日，萧劲光、刘少奇等首批 26 名中国留苏生在莫斯科东方大学登记注册③，这是东方大学的第一批中国学生。从 1923 年初到 1924 年 9 月，留法、留德勤工俭学学生以及共产党选派前往莫斯科东方大学学习的人数，先后达 100 余人，此为第二批东方大学留苏学生。1927 年上半年，东方大学中国部第三批学生共计 80 人。④该校学制为三年，除了少数人在学习期满接受为期半年的军事训练以外，大多数人在期满后归国。1925—1930 年，莫斯科中山大学共招收了四届中国学生。在 1927 年"四·一二反共事变"之前，该校招了两届学生，第一届

---

①　李喜所：《20 世纪中国留学生的宏观考察》，《广东社会科学》2004 年第 1 期，第 13 页。

②　东方大学是俄共（布）专门为培养训练苏俄东部各少数民族和东方各殖民地多家革命干部而设立的高等院校，成立于 1921 年 2 月，最初校名为东方劳动者大学，1921 年 10 月改名为东方劳动者共产主义大学。

③　А. В. Панцов：Тайная история советско-китайских отношений Болъшевики икитайская революция. (1919 – 1927) Иэдательский дом 《Муравей-Гайд》. Москва, 2001.

④　张泽宇：《留学与革命——20 世纪 20 年代留学苏联热潮研究》，人民出版社 2009 年版，第 163 页。

共计 268 人，第二届共计 220 人。① 时值国共合作时期，因此，这两届主要以招收中国国民党党员为主，也有一些中共党员以国民党党员的跨党派身份进入。此外，苏联某些军事院校也招收了一些中国留学生，他们多数是东方大学或中山大学的毕业生。如 1925 年 2 月，共产国际从东方大学中国班中选拔聂荣臻、叶挺等 30 余人进入莫斯科苏联红军军事学校，进行半年的军事训练。"五卅运动"后，鲍罗廷通过苏联驻上海总领事馆副领事维尔德，向共产国际执委会转发了绝密电报，要求从东方大学调回 40 名毕业生，派往广东革命政府和冯玉祥的国民军。② 当时留学苏联的中国留学生有的还参加了中共留学生的旅莫支部，由于特殊的政治环境和历史背景，它既不隶属于俄共（布），也不归中国共产党管辖，成为留学生中的独立王国，1922 年才归中共领导。其中刘伯坚主持了旅莫支部三年多时间，萧三和任弼时还曾代表中国留学生为列宁守灵。③ 但是，因联共（布）内部爆发了斯大林与托洛茨基两个派别的论战，有的中国学生也被卷入其中，有的问题还影响了共产党内的思想路线斗争。

20 世纪 20 年代留学苏联的学生，后来很多成为国共两党的著名政治家、军事家，其中有的还对 20 世纪乃至 21 世纪的中国产生了很大的影响，如刘少奇、邓小平、朱德、蒋经国等。因此，"留俄生成了苏联和中国革命连接的一条重要纽带。苏联文化在政治、军事、思想等方面对近代中国的深刻影响，留俄生起了关键的媒体作用"④。不可否认，联共（布）内部的论争和斯大林的专制作风，也给中国革命带来了非常消极的影响。

总体来看，这个时期的留学教育，北洋政府派遣的留学人数并不多，然而在中国社会变革剧烈的这个时期，无论是留法、留美、留苏（俄）还是留日等留学教育，都有不同程度的发展。归国的留学生也在 20 世纪的政治、

---

① 1927 年大革命失败后，中国共产党先后向莫斯科中山大学派出两期留学生，1927 年派出 337 人，为历届中山大学学员人数最多的一届；1928 年中共选派的留学人数只有 34 人。

② 《维尔德给维经斯基的信》，俄罗斯现代历史文献保管与研究中心档案，全宗 514，目录 1，卷宗 123；中共中央党史研究室第一研究部译；《联共（布）、共产国际与中国国民革命运动（1920—1925）》，北京图书馆出版社 1997 年版，第 612 页。

③ В. Н. Усов: Интернациональная помощь СССР в деле подготовки китайских партийных и революционных кадров в 20 – 30 – е годы. — 《Проблемы Дальнего Востока》, 1987, No. 5.

④ 李喜所：《20 世纪中国留学生的宏观考察》，《广东社会科学》2004 年第 1 期，第 13 页。

经济、文化、教育、科研、军事等各个领域起到了举足轻重的作用，成为推动中国 20 世纪社会变革的"弄潮儿"。可以说，此期出国和回国的人员，基本上构成了整个民国时期乃至 20 世纪中国各个领域的中坚，辛亥革命前出国的留学人员，如孙中山、黄兴、宋教仁、蔡锷、李烈钧、蒋介石等同盟会成员全部回国，成为 20 世纪中国政治舞台的风云人物；以庚款生为代表的留美学生大多成为中国现代学科的奠基人，大名鼎鼎的胡适对中国思想、哲学和文学的影响已经远播海外；勤工俭学人员及留苏的共产党人邓小平、朱德、刘少奇等，则成为中国共产党和新中国的主要领导者；留苏的国民党人蒋经国等治理台湾的经历，也在 20 世纪的中国历史上留下了值得研究的课题。

第三节 留学生群体与五四运动

在中国现代史上，辛亥革命以后的重大事件之一是五四运动。尽管对于五四运动的起因、经过、性质、意义及影响的记述、回忆、评论和研究的观点大相径庭，莫衷一是，但无论是国内的学者、专家还是海外的研究者都没有绕开。有关的文章、著作之多①，可谓文过五车，难以计数。虽然如此，在此我们还要专门论述，并且从留学生的角度展开。

一 留学生与五四新文化运动

五四运动，实际包括两部分：广义的五四运动和狭义的五四运动。前者是指五四新文化运动；后者是指五四爱国运动。不管是广义的五四运动还是狭义的五四运动，都与留学生有绝大的关系。

（一）以往五四运动研究的盲点和误区

毫不夸张，以往的"五四"研究成果真可谓汗牛充栋，但是忽略了从整体上探讨主要参加者、重要的当事人之群体出身特征，缺少一种方法上的

---

① 代表性的成果有美国威斯康辛大学周策纵教授的《五四运动：现代中国的思想革命》，江苏人民出版社 2005 年版；同书中文本最早译本为《五四运动史》，湖南岳麓书社 1999 年版；中国人民大学彭明教授的《五四运动史》，1984 年人民出版社版初版，1998 年人民出版社修订版。

归类和评判，对贯穿五四运动始终，又是重要当事人、主要参加者和影响者的留学生们，缺少一种整体的分析和评论。这不能不说是五四运动研究的盲点和误区，需要根据历史客观实际，从近代中国艰难曲折地走向现代化的总趋势出发，论述留学生与五四运动的关系。

客观地说，五四运动的发生，是由留学生们所引起，是以留学生为代表的爱国知识分子首先创办了《新青年》杂志，从 1915 年开始逐渐导引了五四新文化运动，一直到 1923 年的科学与玄学的论战。在此期间的 1919 年，留学生们又"导燃"、引发、影响和参加了五四爱国运动，进而影响了 20 世纪中国的历史进程。所以，不能苟同台湾有的学者认为五四运动为偶发事件的说法，而认为其全过程开始于 1915 年。因为 1919 年 5 月 4 日北京学生的上街游行，其根本原因是反对中国政府在对德和约上签字，要求取消列强在华特权，废除日本在 1915 年提出的"二十一条"，归还中国在第一次世界大战期间被掠夺的山东主权。因此，以反对"二十一条"秘密条款开始的反帝运动，在 1915 年已由留日学生领头发起，这是其一。

其二，此后七八年间对中国知识界、文化界和思想理论界产生很大影响的《新青年》，在 1915 年业已创刊，并逐渐产生影响，特别是 1917 年迁到北京以后，很快成为新文化运动的阵地。以北京大学的留学生教授们为主，锐意革旧，气象一新，围绕《新青年》，成为宣传新文化的重要群体，对中国文化界、思想界产生了空前影响，为五四运动的爆发奠定了理论和思想基础，并催生了一批朝气蓬勃的具有现代民主思想和科学文化知识的新型爱国知识分子和共产主义新人。

但是，迄今为止，无论是国内还是国外，人们对新文化运动的研究似乎更注重在思想领域内展开，而对领导这场运动的主体——留学生们，尽管有的专家如周策纵等人也多次提到，但都没有明确把他们作为新文化的传播者而专门提出。其原因可能有以下几种。

第一，从阶级论的角度认定五四新文化运动领导者的属性，如毛泽东在 1940 年发表的《新民主主义论》中是这样说的：

> 五四运动时期虽然还没有中国共产党，但是已经有了大批的赞成俄国革命的具有初步共产主义思想的知识分子。"五四运动"，在其开始，

是共产主义的知识分子、革命的小资产阶级知识分子和资产阶级知识分子（他们是当时运动中的右翼）三部分人的统一战线的革命运动。它的弱点，就在只限于知识分子，没有工人农民参加。但发展到"六三"运动时，就不但是知识分子，而且有广大的无产阶级、小资产阶级和资产阶级参加，成了全国范围的革命运动了。

作为中国共产党的领袖和无产阶级革命家，毛泽东的角度是完全可理解的。

第二，没有注意到五四期间一个不同于以往的、以留学生为主体的新型知识分子群体已经诞生，如当今西方研究中国的思想史权威、哈佛大学的本杰明·史华慈教授认为：

> 五四时代许多最大胆的思想，早在1919年以前就在中国出现了。我本人和其他人认为，在许多方面，康有为、严复、梁启超、谭嗣同、章炳麟、王国维等人事实上是突破性的一代；他们是真正的价值转型者和来自西方的新思想的肩负者。[①]

据此，他认为：

> 无论怎样，我们发现当我们从前此三十年的角度来审视五四时，它不再像一座从平川上突兀拔起的山峰，而只像是一脉连绵丛山中的一座更高的山峦。[②]

应该承认，此种观点有其合理的成分。本杰明·史华慈上述所提到的人物，确曾深受西学影响，并广为宣传西学；从历史的连续性上看，他们对清末民初的知识分子确实产生过较大的影响，五四运动确实是维新运动和晚清

---

① ［美］本杰明·史华慈：《五四运动的反省·导言》，此处转引自《五四：文化的阐释与评价——西方学者论五四》，山西人民出版社1989年版，第3页。

② 同上书，第5页。

其他革命运动和文化活动的继续和发展。

但是，本杰明·史华慈忽略了下面本应关注的事实：首先，五四时期留学生群体的普遍学历背景为长期在国外学习、生活，他们对西方文化的感知与认识程度已远非他提到的那些人所能相比；其次，五四时期留学生们提倡的民主和科学在知识阶层的影响特别是马克思主义的引进，与他们提到的那些人之所为，已由量的渐变转化为质的巨变。

因此，尽管本杰明·史华慈也认识到："无论严复和梁启超这一代在面对知识层面的新思想方面如何勇敢和开放，但从这一代的个人文化的观点来看，他们仍舒适而甚至根深蒂固地生活于传统文化之中。"但遗憾的是，他仍然未把他们与倡导五四新文化的留学生群体相比，因此，其观点难免有自相矛盾之嫌；也尽管他本人仍倾向于："在十九世纪与二十世纪之交前后十年中达于思想成熟的一代和'五四一代'之间发生了显著的代变"，但是他又认为："当然，在决定什么年龄的人属于'五四一代'方面存在着某种模糊性。"①

也就是说，本杰明·史华慈是用年龄来分代的。问题是，此处用年龄来作为划分康、梁等与胡适、陈独秀、蔡元培、鲁迅、李大钊等的思想并不怎么科学：他们不仅在对待马克思主义方面没有可比性，而且在对待西学的实质性方面也不可用量来衡量。即使如严复，他虽然是近代主要的启蒙思想家，但他自英国回来后，曾在科举制的道路上跋涉了十几年，特别是其晚年已没有先前的热情。至于王国维，从其后来以遗老身份自沉于昆明湖来看，传统文化的核心——君权伦理观念无疑是其走向死亡的主导因素。而这些对"五四那一班新人物"来说，显然是不屑一顾的。概言之，以胡适、陈独秀、李大钊、鲁迅、蔡元培等留学生为代表的一代新型的知识分子群已形成，尽管他们后来又因政治意识的不同而分化。

第三，根本否认五四新文化运动的存在。这以毛泽东的对手蒋介石的观点为代表，1941年7月，蒋介石在《哲学与教育对于青年的关系》的讲演中说：

---

① ［美］本杰明·史华慈：《五四运动的反省·导言》，此处转引自《五四：文化的阐释与评价——西方学者论五四》，山西人民出版社1989年版，第5页。

　　我们试看当时所谓新文化运动，究竟指的是什么？就当时一般实际情形来观察，我们实在看不出它具体的内容。是不是提倡白话文就是新文化运动？是不是零星介绍一些西洋文化就是新文化运动？是不是推翻礼教否定本国历史就是新文化运动？是不是打破一切纪律，扩张个人自由就是新文化运动？是不是盲目崇拜外国，毫无别择的介绍和接受外来文化就是新文化运动？如果是这样，那我们所要的新文化，实在是太幼稚、太便易，而且是太危险了！

　　如果撇开蒋氏强烈的反共立场而论，他这一段话似乎也并不全无可引起思考之处（如所谓"盲目崇拜外国，毫无别择的介绍和接受外来文化"）。但是，彻底否认新文化运动显然是无视事实的存在。即使撇开蒋氏与共产党的对立不论，他的守旧思想和文化保守主义观点，也是与 20 世纪的历史潮流背道而驰的。

　　（二）留学生与新文化运动的启动

　　一般地说，新文化运动是指 20 世纪初在北京地区兴起的反对封建文化的思想启蒙运动。但从主要发起人的角度而言，所谓新文化运动，实际上是 20 世纪初由一群受过西方教育的留学生发起的一次思想文化革新运动。它以 1917 年初从上海迁到北京的《新青年》为主要阵地，其主要目的是反对封建文化和封建礼教，倡导民主和科学，提倡新文学，反对旧文学和文言文，开展文学革命和白话文运动。

　　本来民国建立后，民主共和的思想深入人心，中国思想界、文化界和学术界出现了一派生机勃勃的景象，新知识分子为之欢呼雀跃。在新闻出版方面，1912 年，全国大约有 500 多种报刊，由于袁世凯的镇压，1913 年一度下降为 130 多种，五四时期又上升为 400 多种。以首都北京为例，1912 年有 36 种，1921 年达到 68 种。① 在哲学社会科学方面，西方各种社会思潮传入中国，教育救国、科学救国、实业救国等思潮涌起，新的教育体制基本定

――――――――――

　　① 《北京地区报刊注册统计表》，见中国第二历史档案馆编《中华民国史档案资料汇编》第 3 辑《文化》，江苏古籍出版社 1991 年版，第 327—368 页。

型，社会风俗有了进一步的改进。这是一方面。

另一方面，由于民国初建，中国长期的封建思想和封建习俗还依然很顽固，北洋政府成立后，袁世凯复辟帝制的舆论和行动一时甚嚣尘上，北洋军阀推行的尊孔复古的逆流严重冲击民主共和的观念，如发布《祭圣告令》，通告全国举行"祀孔典礼"。"孔教会""尊孔会""孔道会"等尊孔组织和《不忍》杂志、《孔教会杂志》在各地先后成立和出版，这迫使越来越多的知识分子反思中国的前途和出路。留学生等精英认为要使民主共和的观念真正扎根于民众之中，必须从文化思想上彻底冲击封建思想和封建意识，树立民主和科学的观念，于是，反封建的新文化运动拉开了序幕。其中归国留学生起到了主导性作用，其主要阵地是《新青年》。

《新青年》本是综合性的文化月刊，原名《青年杂志》，1915 年 9 月在上海创刊，留学日本出身的总编辑陈独秀①率先在上面发表了抨击尊孔复古的文章，可以视为新文化运动的起点。如在《青年杂志》创刊号的《敬告青年》一文中，陈独秀大声疾呼，提倡民主与科学："国人而欲脱蒙昧时代，羞为浅化之民也，则急起直追，当以科学与人权（民主）并重。"② 李大钊、吴虞等也相继发表文章，反对旧礼教、旧道德。

1916 年 9 月，《青年杂志》出版第二卷第一号时，迁往北京并更名为《新青年》，更热烈地宣扬民主和科学，从政治、思想、学术、伦理、道德、文艺等方面，抨击封建复古观念。陈独秀首先在上面发表了《新青年》一文，李大钊③也在同期发表了《青春》一文，寄希望于"青春中国之再生"；

---

① 陈独秀（1879—1942），安徽怀宁（今安庆）人。1896 年中秀才。1897 年入杭州求是书院学习。因反清活动受清政府通缉，1900 年逃亡日本，入东京高等师范学校速成科学习，曾加入留日学生最早团体"励志会"。1902 年与柏文蔚等组织学社，宣传反清革命，被列为首要分子受追捕。不久在日本参与组织留日学生革命团体"青年会"。1903 年因与邹容等人强剪清廷留学监督蔡钧的辫发被日本遣送回国，后与章士钊办《国民日报》。1904 年创办《安徽俗话报》。1907 年再赴日本，入东京正则英语学校，后转入早稻田大学。1909 年冬到浙江陆军学堂任教。辛亥革命后任安徽都督府秘书长。1913 年因参加"二次革命"被捕。1914 年到日本，协助章士钊办《甲寅》杂志，以笔名"独秀"发表文章。1917 年被聘为北京大学文科学长，迁《新青年》于北京大学，与胡适等一起宣传新文化。

② 陈独秀：《敬告青年》，《青年杂志》1915 年第 1 卷第 1 期，第 18 页。

③ 李大钊（1889—1927），河北乐亭人。1907 年考入天津北洋法政专门学校。1913 年赴日本，入东京早稻田大学政治本科。1914 年组织神州学会，从事反袁活动。1915 年，参加留日学生反对"二十一条"的斗争，起草了《警告全国父老书》的通电。1916 年回国，任北京《晨钟》总编辑。1918 年任北京大学图书馆主任兼经济学教授，参加《新青年》编辑工作，与陈独秀等创办《每周评论》。

号召青年"冲决过去历史之网罗，破坏陈腐学说之囹圄"，"为人类造幸福"。在陈独秀、李大钊的影响下，《新青年》在哲学、文学、教育、法律、伦理等广阔领域向封建意识形态和复古势力发起了猛烈的进攻，成为新文化运动的主要阵地，而陈独秀、李大钊、高一涵①、刘文典②、刘半农③、易白沙④、吴虞⑤等则成为《新青年》杂志最初的主要撰稿人。

　　文学革命是新文化运动的一个主要内容。1917 年起，胡适在《新青年》上发表了《文学改良刍议》，提出文学改良的主张，随后陈独秀举起了"文学革命"的大旗，提倡白话文，反对文言文，提倡新文学，反对旧文学。1918 年 1 月，李大钊、鲁迅、钱玄同⑥、刘半农、沈尹默⑦、周作人⑧加入编辑部，形成了以北京大学留学生出身的教授为主体的新文化运动阵容，新文化运动从此以更加不可阻挡的势头向前发展。其主要标志是 从 1918 年 1 月

---

　　① 高一涵（1885—1968），安徽六安人。1912 年留学日本明治大学。1914 年协助章士钊办《甲寅》杂志。1916 年曾任留日学生会总干事，与李大钊组织"神州学会"，从事反袁活动。1918 年进北京大学任教。1919 年任《新青年》编委。

　　② 刘文典（1889—1958），安徽合肥人。1909 年赴日，在东京高等学校学习。回国后任上海《民立报》编辑，以"天明"的笔名鼓吹民主。"二次革命"失败后再赴日本，1914 年加入"中华革命党"。1916 年回国，在北京大学任教。自《青年杂志》第三期起开始撰稿。

　　③ 刘半农（1891—1934），江苏江阴人。早年参加《新青年》编辑工作。1917 年任北京大学法科预科教授，参与《新青年》杂志的编辑工作，投身文学革命，反对文言文，提倡白话文。

　　④ 易白沙（1886—1921），湖南长沙人。1915 年在《新青年》杂志发表的《孔子平议》等文章，宣传民主与科学，是新文化运动中反孔檄文之一。

　　⑤ 吴虞（1874—1939），四川新繁（今新都）人。1905 年赴日本东京法政大学读书，受明治维新启发而反对孔子学说。1907 年回国任成都府立中学教员，主编《蜀报》，因反孔被逐出教育界。1913 年加入共和党。1917 年加入南社。五四新文化运动时，提出了"打倒孔家店"的口号，在当时产生了较大影响。1921 年任北京大学教授。

　　⑥ 钱玄同（1887—1939），浙江吴兴（现湖州市）人。1905 年入上海中国公学学习，1906 年赴日本留学，入早稻田大学。1907 年加入同盟会。1910 年回国，辛亥革命后，任浙江教育总署教育司科长、北京高等师范国文系教授兼北京大学中文系教授。1918 年任《新青年》杂志编辑，与刘半农串演"双簧"，鼓吹文学革命，提倡白话文，创作新诗。

　　⑦ 沈尹默（1883—1971），浙江吴兴（现湖州市）人。早年就读于嘉兴师范学校。1902 年赴日本留学，1912 年毕业于京都帝国大学文科。回国后在浙江高等学堂等校任教。1914 年任北京大学教授，兼教育部国文教科书审查及编纂委员。1918 年与陈独秀、李大钊等同任《新青年》编委，并轮流主编。

　　⑧ 周作人（1885—1968），浙江绍兴人。1901 年考入南京江南水师学堂。1906 年赴日本留学，初入东京法政大学预科，后改入立教大学学习海军技术。1911 年夏回国。1917 年任北京大学国史编纂员。1918 年任北京大学文科教授，参加新文化运动，主编过《新潮》杂志，参与发起文学研究会，是五四新文化运动中的风云人物之一。

出版的第四卷第一号开始，《新青年》改用白话文，采用新式标点符号，并影响了一些进步报刊改用白话文。全国报纸的面貌为之一新。不仅如此，《新青年》还刊登胡适等人的一些新诗，特别是鲁迅于 1918 年 5 月在《新青年》上发表了中国现代文学史上第一篇白话小说《狂人日记》，奠定了新文化运动的基石。1919 年，陈独秀发表了著名的《本志罪案之答辩书》①，第一次将科学与民主称为"赛先生"与"德先生"。从此，科学和民主成为新文化运动中最响亮的口号，有力地推动了新文化运动的发展。

还须指出，1917 年俄国十月革命爆发后，《新青年》发表了大量宣传俄国十月革命和社会主义的理论文章。其中 1918 年 10 月《新青年》发表了李大钊的《庶民的胜利》《布尔什维主义的胜利》，对马克思主义在中国的传播产生了深远的影响。

由上可见，新文化运动的发起者和主力军均有留学海外的经历，除了刘半农是在新文化运动期间留学以外，其他人都是在新文化运动前留学日本、美国等。其中以陈独秀、胡适、鲁迅等为新文化运动的核心。这些接受西方教育熏陶的知识分子，运用留学所学，面对尊孔读经的复辟逆流，大声疾呼，进一步传播西方启蒙思想，以《新青年》和北京大学为主要阵地，积极提倡民主与科学，提倡文学革命，反对封建的旧思想、旧文化、旧礼教，是新文化运动的倡导者和主要领导人，他们为新文化运动的发生和发展作出了特殊的贡献。

（三）留学生与五四文学革命

自五四开始的中国新文学无疑是迄今为止中国文学发展史上一次最伟大的革命。以五四为起点，中国历史不仅进入了一个新阶段，中国文学也揭开了新篇章。五四新文学之所以新，不仅在于其全新的内容和形式，还在于从事新文学的风云人物和主要作家是"一班新人物"——对于这一点，可惜现代文学研究界至今未能予以重视，这不能不说是一大憾事。仅注意到五四新文学的内容和形式，写下了汗牛充栋的文章，而竟把创造五四新文学的人——创作的主体冷落了，实在是本末倒置。就此而论，作为政治家的毛泽东则棋高一着，抓住了研究的实质，他不仅在《新民主主义论》中高度地

---

① 陈独秀：《本志罪案之答辩书》，《新青年》1919 年第 6 卷第 1 号，第 16—17 页。

评价了包括文学革命在内的五四新文化运动，还在《反对党八股》中把五四新文学的"发难者"称为"新人物"："五四运动时期，一班新人物反对文言文，提倡白话文，反对旧教条，提倡科学和民主，这些都是很对的。在那时，这个运动是生动活泼的、前进的、革命的。"① 从后来的实践来看，五四文学革命运动发展过程中的主要人物也是"一班新人物"，即较早地接受过新式学校的教育，深受西方现代科学文化思想的影响，具有民主意识和科学头脑的知识分子。这是从五四开始的文学队伍区别于以往文学队伍的突出标志。因当时国内教育水平低下，在这班新人物里，留学生占了很大的比例，成了五四文学革命的发难者和发展过程中的主要健将。

1. 五四文学革命的发难者和代表性作家

鲁迅说："凡是关心中国现代文学的人，谁都知道《新青年》是提倡'文学改良'，后来更进一步而号召'文学革命'的发难者。"② 谈论文学革命，必须首先论及胡适。

胡适（1891—1962），安徽绩溪人。1906 年入上海中国公学，加入竞业学会并主编《竞业旬报》。1910 年考取庚款留美，在康奈尔大学农学院攻读农学。1912 年转入文学院主修哲学，副修文学和经学，1913 年当选为康奈尔大学世界学生联合会会长，曾两次代表康奈尔大学出席世界学生联合会有关会议，受到美国总统威尔逊和国务卿布赖恩的接见。1914 年毕业，获文学学士学位，后入该校研究生院攻读哲学。1915 年转入哥伦比亚大学哲学系，师从实验主义哲学家杜威，参与创立中国科学社，开始从事中国哲学史的研究和文学创作尝试，参加文学革命问题的讨论。1917 年完成博士论文后回国，应聘为北京大学文科教授兼哲学研究所主任，参与编辑《新青年》杂志，主张文学革命，提倡白话文、新体诗。

1917 年 1 月，尚是留美哲学博士生的胡适还未归国，即在《新青年》发表了著名的《文学改良刍议——与陈独秀书》，首先提出"不作无病之呻吟""须言之有物"③ 等八项主张，为新文学形式作出初步设想，主张以白

① 毛泽东：《反对党八股》，《毛泽东选集》第 3 卷，人民出版社 1991 年版，第 831 页。

② 鲁迅：《中国新文学大系·小说二集·序》，见赵家璧主编《中国新文学大系》，上海良友图书印刷公司 1935 年版，第 1 页。

③ 胡适：《文学改良刍议——与陈独秀书》，《新青年》1917 年第 2 卷第 5 号，第 26 页。

话文代替文言文，以白话文学代替仿古文学。《文学改良刍议》是五四文学革命的第一个信号，胡适也因此而成为新文化运动的主将之一。在胡适发表《文学改良刍议》之后，2月，陈独秀在《新青年》第2卷第6号发表了《文学革命论》，明确提出反对封建主义文学，举起了文学革命的大旗，提出了"三大主义"："推倒雕琢的阿谀的贵族文学，建设平易的抒情的国民文学；推倒陈腐的铺张的古典文学，建设新鲜的立诚的写实文学；推倒迂晦的艰涩的山林文学，建设明了的通俗的社会文学"[①]，主张改文言文为白话文，文章内容也要趋向实际。钱玄同也在该期上发表《通信》作为声援，将"桐城谬种"和"选学妖孽"确定为文学革命的对象，敦请大家用白话作文。

1918年1月，《新青年》从第4卷第1号起实行改版，改为白话文，使用新式标点，这也带动其他刊物采用白话文，从而形成了一个空前的白话文运动。特别是1918年5月15日，周树人第一次以"鲁迅"为笔名，在《新青年》上发表中国现代文学史上第一篇白话小说《狂人日记》[②]，揭露封建宗法制度，奠定了新文学运动的基石。《狂人日记》在中国文学史上是一座里程碑，开创了中国新文学的现实主义传统。

鲁迅（1881—1936），浙江绍兴人。18岁前接受传统文化教育。1898年进南京水师学堂，次年入江南陆军学堂附设之铁路路矿学堂，1901年毕业。1902年春鲁迅留学日本，先入弘文书院，1904年9月入仙台医专。在日期间，他广泛涉猎西学，开始形成早期的社会思想和文艺思想，并弃医从文以改造国民性。1906年发表《文化偏至论》等论文，抨击改良派。1908年参加光复会。1909年出版了与弟周作人合译的《域外小说集》。同年回国，先后在杭州浙江两级师范学堂和绍兴府中学堂任教。辛亥革命后，任南京临时政府和北洋政府教育部部员、佥事等职，兼在北京大学、北京女子师范大学授课。1918年参加《新青年》编委会。

除了小说外，留学生对新诗、散文和戏剧等主要文学样式的创新都有独特的贡献，收获了丰富的成果。

---

① 陈独秀：《文学革命论》，《新青年》1917年第2卷第6号，第6页。
② 鲁迅：《狂人日记》，《新青年》1918年第4卷第5号，第52—62页。

首先倡导新诗并积极实践的，乃是当时尚在美国康奈尔大学留学的胡适。1916 年 8 月开始，胡适正式尝试白话诗的写作，并完成了著名的白话诗《蝴蝶》等，显示了开一代先河、领百年风骚的先驱者的远见和气魄。而这些粗浅尚不成型的"新诗"，为五四新文化运动的巨擘之一陈独秀所赏识，他把胡适的 8 首新诗刊于 1917 年 2 月的《新青年》上。后来，胡适把由此开始到 1920 年 3 月陆续写下的新诗编为《尝试集》出版，它是五四新文化运动中的第一部白话新诗集，在当时曾风靡文坛，八次印刷。胡适还发表了著名的诗论《谈新诗》，从实践和理论两方面为新诗摇旗呐喊。

此后，围绕《新青年》开展活动并在其上发表新诗的是陈独秀、李大钊、沈尹默、钱玄同、鲁迅、周作人、高一涵、沈兼士、陈衡哲、沈玄庐、刘半农、俞平伯、康白情、汪静之等人。其中后 5 人当时无留学经历（诗人刘半农后来留学法国并成为著名的语言学家，而康白情在 1920 年 9 月留学美国后，也不再写新诗了）。其他人在此之前都有留学经历，且大都留学日本，其中陈衡哲是中国第一位写新诗的女作家。留学生在新诗初创时期的贡献是非常突出的。五四以后，确切地说，从 1919 年开始，中国的传统诗歌逐渐让位于新诗，新诗从而成为 20 世纪华文诗歌的主流。五四以来最有影响和成就的新诗人，及受到广泛承认特别是影响至今的诗人，差不多也都有留学背景。除了上面提到的诸位新诗先驱之外，新诗人还有郭沫若、宗白华、徐志摩、闻一多等人，他们都是留学生出身。实际上，中国现代诗歌史上最具代表性的诗歌流派，也都是以留学生为代表和中坚的。

时间的流水不舍昼夜，留学生这"一班新人物"后来也逐渐分化，但他们的开山之举和新文学的建立，仍给人们以深深的启迪。他们之所以能在数年之内即完成文学变革的使命，除了顺应时代潮流、承继近代进步文学的优良基础和传统之外，其根本原因乃在于：他们勇敢地接受了当时进步的西方近代文明和文学思想，较少地承袭传统文化中的陈腐观念，不仅读"万卷书"，而且走"万里路"，通过实地比较，不拘陈规旧习，在事实上摒弃了"中学为体，西学为用"这个维护封建体制和封建文化观念的枷锁，以大无畏的勇气和先进的思想，吹动了表面冰封、内里翻腾的中国文学的一池春水。于是，五四文学革命的洪流滚滚向前，出现了一些里程碑式的作品和卓有建树的一批又一批新作家，开拓了一个新的文学时代。

2. 留学生作为新文化传播者的历史功绩

在此，需要特别强调留学生作为新文化传播者的历史功绩。这是因为从传播学的意义上说，作为新文化的传播者，留学生们的贡献至今还不大被人关注。

就文学革命而言，它是五四新文化运动的最先成果，它至少包括两个内容：白话文运动和文学创作本身。从传播学的意义讲，留学生们之所以要发动白话文运动，就是要通过一种浅显易懂的现代白话，传播新思想、新文化、新观念，而之所以又要进行文学创作，乃在于白话文运动的目标所指乃是僵死的文言文，而旧诗又被作为旧文学的正宗，因此必须以新的形式来代替，并通过内容的"新"来达到文学革命即传播新文化之目的，使之成为革命文学。因此，在这里要特别肯定胡适的《文学改良刍议》和陈独秀的胆识。胡适首先提出了要用当时的中国白话做文学，而不该用僵死的文言，从而揭开了白话文运动的序幕，也揭开了五四文学革命的序幕。而陈独秀之果断甚至可以说霸道——"改良中国文学，当以白话文学为正宗之说，其是非甚明，必不容反对者讨论之余地"①——虽缺少平等讨论的气度，但其立场之坚定，态度之鲜明，对把这种空前的语言革命和文学革命开展起来以传播新文化，无疑是有冲决冰盖、一泻千里之气势的。非此，又何论文学革命和传播西学？蔡元培讲："民元前十年左右，白话文也颇流行，……但那时候作白话文的缘故，是专为通俗易解，可以普及常识，并非取文言而代之。主张以白话代文言，而高揭文学革命的旗帜，这是从《新青年》时代开始的。"②

对白话文运动意义的评价，确如著名学者王富仁先生所讲：

在过去，我们并没有更充分地估价它的巨大的文化意义，而往往认为它只是形式上的改革，甚而至于批评它带有形式主义倾向。但我们可以看到在"五四"新文化运动的诸因素中，最有力、最带有不可逆转

① 陈独秀：《再答胡适之〈文学革命〉》，见《陈独秀著作选》第 1 卷，上海人民出版社 1993 年版，第 302 页。

② 蔡元培：《中国新文学大系·总序》，见《中国新文学大系·导论集》，上海书店出版社 1940 年版，第 9 页。

的稳定性的因素却恰恰是这个白话文运动所确立的语言文字的革命……我认为，它所具有的潜在能量我们至今还是难以估量的。①

对此，王富仁先生在此文中还有一段比较丰富的很有见地的阐述，其境界远远高于一般人的皮相之言或违心之论或在极左思潮影响下的折中。但可惜的是，他没有把白话文的改革上升到传播学的意义上来论述。

其实，从传播学的角度来讲，文言文和白话文都属于文化传播的语言载体。作为一种语言载体，中国几千年的文言是与那时人们的思维习惯和社会生活相适应的，它记录了中国传统的文化和文明，也反映了中国几千年社会的发展和人们缓慢的思维节奏及狭窄的思维空间。但自鸦片战争以后，随着新文化、新思想的传入，这种语言载体已容纳不了西学广博的内容和人们变化进步的思维习惯，因此势在革命。

白话文取代文言文的正宗地位，不仅仅是文学革命的胜利，因为从其影响上看，特别是在人类进入 21 世纪之时，更值得大书特书的有二：第一，在中国历史上，它史无前例地实现了语言形式的伟大变革，帮助世界上最古老的文明古国中国的 4 亿多人民，运用新的思维外壳（语言形式）进入了一个全新的时代，促进了中国社会和文化的转型，推动了中国的现代化进程；第二，在中外文化交流史上，它为实现西方近代文化科学知识传入中国和中国文化进入西方，沟通中外文化交流，提供了一种符合时代发展潮流的全新的语言载体。因此，它对中国走向现代化并最终与世界接轨，其意义实在是难以估量。其影响之久远，恐怕更难用几百年、一千年来推测！例如，不仅大量的西方文艺作品通过白话文即现代汉语传入中国，而且大量的西方近代科学知识也借助这种形式在中国广泛传播，特别是马克思主义等西方哲学社会科学理论，也都运用现代汉语这种更接近西方表达习惯的语言形式而传入中国，从而在各个方面对现代中国和 21 世纪以后的中国产生了巨大而深远的影响。因此，五四时期这班"新人物"对沟通中西文化交流的贡献是长久的。

---

① 王富仁：《论五四文化运动》，见丁晓强、徐梓编《五四与现代中国——五四新论》，山西人民出版社 1989 年版，第 85 页。

从传播新思想、新文化而言，留学生给我们的启示也是丰富而深刻的。首先，文化的传播与交流是人类文化和文明得以发展和提高的客观规律，也是一个民族、一个国家走向富强繁荣的重要途径。留学生先驱们在五四时期倡导新文化，传播民主和科学，为中国在 20 世纪的变革提供了丰富的文化资源和思想资源。其次，不同质的文化的互补和融合，需要较长的时间过程；对不同质的文化价值的认定和取舍，也需要相当长的时间和实践来检验。在中国，至今还有很多文化、理论和思想问题困扰着人们，其源头也大多来自"五四"，需要以高远的目光和博大的胸怀来审视和接纳。

二 留学生与五四爱国运动

五四爱国运动具体的爆发时间是 1919 年 5 月 4 日，是一场以北京的青年学生为主以及广大市民、工商人士等中下阶层人士广泛参与的反帝爱国运动。其具体起因为在第一次世界大战结束后举行的巴黎和会上，列强肆意践踏中国领土主权，把战败国德国原来在山东的权益转让给日本，而当时中国的北洋政府未能捍卫国家利益，引起国人义愤而示威游行、请愿、罢课、罢工等以表达不满。当时著名的口号就是"外抗强权，内惩国贼"。这是中国历史上著名的爱国运动，影响重大而深远，考察其缘由、发生与经过，与留学生们的关系极其密切。

（一）五四爱国运动爆发前留学生的反日爱国活动

1915 年 2 月 11 日，为抗议日本政府提出"二十一条"，留日学生 2000 余人冒雨在东京集会，议决一致抵御外侮，誓死不承认日本的无理要求，并在北京、上海分设机关。2 月 20 日，留日学生派代表归国分赴京沪等地，揭露"二十一条"的真相。24 日，留日学生又推举代表回国组织"国民对日同志会"。3 月 1 日，留日学生回沪代表以全体留日学生名义发表《泣告全国同胞书》，揭露日本政府妄图控制、灭亡中国的狼子野心，表示"宁为亡国前之雄鬼，不为亡国后之遗民"[①]。同日，中国留美学生会也召开特别会议，讨论如何抵抗日本侵略中国的方法，"电请政府拒签亡国条件"。5 月

---

① 《留学生反对二十一条泣告全国同胞书》（1915 年 5 月），见中国第二历史档案馆、云南省档案馆编《中华民国史档案资料丛刊·护国运动》，江苏古籍出版社 1988 年版，第 29 页。

9 日，"二十一条"签字以后，留日学生总会推举李大钊起草了《警告全国父老书》，号召"万众一心，抵抗侵略"。由于留学生们的宣传鼓动，全国人民群情激愤，掀起了大规模的反日爱国运动，工商界抵制日货，工人举行罢工，学生散发传单、集会演讲，反对日本侵略，群众性的反帝斗争热潮高涨，为以后的五四运动作了准备。

"二十一条"秘密条约签订以后，在中国主权严重受损的情况下，日本政府进一步加快了控制中国、灭亡中国的步伐。1918 年，日本政府以共同抗击苏俄为幌子，诱使中国政府与之签订了中日防敌军事协定，包括《共同防敌换文》（3 月 25 日）、《中日陆军共同防敌军事协定》（5 月 16 日）等一系列文件。中日防敌军事协定，实质上是在以苏俄为假想敌的名义下，扩大日本对中国的侵略，例如"协定"规定，为协同作战，日本军队可进入中国境内。根据这个协定，日本向长春以北的中东铁路附近调进了 6 万军队；中日双方还可以合作在中国境内修建行军铁路、电信、电话等军事工程。

对这种祸心极大的军事协定，留日学生多次表现出强烈的抗日爱国激情。同年 4 月间，中国留日学生即获得《共同防敌换文》等消息，他们就进行了集会和散布传单的活动。5 月 6 日，留日学生代表 46 人在东京神田维新号（一家饭店）开会，以吃饭为掩护，讨论全体罢课归国后宣传和发动拒签，结果仍被日本警方发现，全部被捕送到西神田警署，遭到了侮辱毒打。留日学生不畏强暴，与之说理抗议，迫使日方放人。其时警署门前，"我国学生守候者颇多，均呼万岁"①。5 月 7 日，留日学生以本日为"国耻纪念日"，在东京举行示威游行，结果又遭到日本警察的干涉和侮辱，有 14 人被捕，20 余人受伤。这就更激起了留学生们的义愤，他们成立了"大中华民国救国团"，决定一律罢学回国。据日本警视厅当时查核，东京各校中国留学生罢学归国者达 96% 以上；而据当时中国有关方面的统计，在 3548 名留日学生中，归国者有 2506 人，占总数的 70% 以上。②

留日学生回国分为三批：一批至上海，一批至北京，另一批直接回本

---

① 王拱璧：《七年"五七"之前夕》，见窦克武编《王拱璧文集》，河南大学出版社 2013 年版，第 249 页。又见王拱璧《东游挥汗录》，开封石印版。

② 日本《外交文书》，大正七年，第 2 册。

省。据 5 月 17 日报载，仅至上海者即达 1400 多人，其他经东北三省回国者也有很多。回国学生在上海设立救国团本部，在北京设分部，各省则设立支部，在国内开展了请愿及各种宣传联络活动。5 月 19 日，留日学生救国团致电全国各省，告以现正联合各界，誓死反对中日军事协定。次日，留日学生救国团致电各国驻华公使，声明："日本乘我国会未集，迫我政府私订密约，全国否认，即已签字，当然无效。"① 5 月 24 日，留日学生救国团又致电北京各学校："密约签订，举国愤慨，请联络各界，急阻盖印。"② 同日，归国学生还发布《泣告同胞书》："我同胞乎，速起反对密约，头可断，血可溅，此约不可认也。士农工商，其各奋起协力。"③

除留日学生外，留法学生也曾经发出反对密约通电，号召全国一致反对段祺瑞政府与日本签订密约。又如留美讲武堂全体学生发出通电说："生等身羁异地，心向中华。值此重大问题发生，不能不尽国民之职务，即拟舍却学业，联合国人，趱程南归，共谒政府，陈说利害，务使收回成命，以挽狂澜。"④

在留学生的愤激鼓动和积极参与下，北京地区高校抗日爱国运动进入了高潮。留日学生李达曾与北大的学生代表取得联系；黄日葵回国后在北大作旁听生，和北大学生活动中的积极分子邓中夏等人联系，共同商讨行动计划。5 月 20 日晚，在北大西斋饭厅集会，北京其他各校学生代表也应邀出席。留日学生代表发表了演说，要求废除卖国协定；北大学生代表也慷慨陈词，响应留日学生；当场有许多人痛哭流涕，全体学生表示要和留日学生一致行动，并定于次日去总统府请愿。5 月 21 日上午，北京大学、北京高等师范（北京师大前身）、高等工业专门学校、法政专门学校等校学生 2000 多人，前往新华门总统府请愿，要求宣布废除《中日共同防敌协定》，情绪十分激昂。

对于留日学生这次行动的影响，日本学者实藤惠秀指出："留日学生归国后，高举抗日的旗帜，对本国同胞宣传，促使他们认清时局的重要性。又

---

① 《留日学生救国团致各国驻华公使电》，上海《民国时报》1918 年 5 月 21 日。
② 《留日学生救国团致北大学生电》，《晨钟报》1918 年 5 月 26 日。
③ 《泣告同胞书》，上海《民国日报》1918 年 5 月 25 日。
④ 《留美讲武堂学生告全国国民书》，上海《民国日报》1918 年 5 月 31 日。

北京的学生，马上表示呼应。5 月 21 日，十数校的学生举行示威游行，派代表到上海，组成学生爱国会（其后之学生救国会）。这就是促成翌年五四运动爆发的原因之一。"① 与实藤惠秀的观点相同，五四运动时北京大学学生领袖之一许德珩也这样认为："1918 年初，奉直战争狂热进行。这年 5 月，卖国的中日军事协定被留日的中国学生知道了，他们在东京开会反对，被日本警察拘捕的、打伤的好几十人，引起了全体留日的中国学生的愤怒，他们于是全体回国，国内学生因此也受到激动。5 月中旬，回国的一部分学生代表到了北京，奔走运动了一些时日。5 月 21 日，北大、高师、高工、法专、医专、农专、中大等校学生两千多人，为着反对中日军事协定，举行了一个破天荒的游行请愿运动，这就是中国学生第一次的游行请愿运动，为五四运动的前奏。"②

（二）留学生与巴黎和会

在巴黎和会期间，海外的留学生和出席巴黎和会的中国代表团（以留学生为主）密切关注和会的进展，为国家和民族的利益采取了多种行动。

1. 海外留学生的活动

作为第一次世界大战的参战国而且是战胜国，中国人民对巴黎和会收回中国主权的期望是相当大的。身处国外的留学生由于处于信息传播较快的日本、欧美，比一般的国民反应更快些。因此，一听说巴黎和会即将召开的消息，他们立即行动起来。1918 年 12 月 22 日，留日学生救国团为即将召开的巴黎和会发布《敬告欧美各国及全国父老兄弟书》，主张取消中日军事协定，无条件交还青岛与胶济铁路，归还台湾等。由于留学生特别是留日学生的宣传活动，在巴黎和会召开之前，全国人民已对废除不平等条约、收回山东主权有了清醒而坚定的共识。

1919 年 1 月巴黎和会召开后，留学生们以更焦急的心情关注和会对中国问题的态度。2 月，留美学生组织爱国委员会，即致函中国参加巴黎和会的代表和美国参议院，请其否认和约中关于将山东主权交予日本的条文。爱

---

① ［日］实藤惠秀：《中国人留学日本史》，谭汝谦、林启彦译，三联书店 1983 年版，第 414 页。

② 许德珩：《五四回忆》，见中国社会科学院近代史研究所《近代史资料》编译室主编《五四运动回忆录》，知识产权出版社 2013 年版，第 17—18 页。

国委员会还出版《中国对日》《和平席上中国之要求》等英文小册子。在法国的留学生们因中国提案在和会上未能得到认可，更是忧心如焚。巴黎的留法学生和华侨组织中国国际和会促进会不断地向巴黎和会请愿，向中国代表作宣传工作，劝阻他们不要签字。4 月底，中国代表的努力严重受挫，外交失败已成定局以后，中国留法学生不仅把巴黎和会中外交失败的消息传到北京，起到了促发五四运动的作用，后来更是在巴黎和会即将签字结束的前夕，对中国代表以死相拼，收到了迫使中国代表在和约上拒签的直接效果。对此，出席巴黎和会的中国代表、外交官顾维钧曾这样回忆当时的情景："在巴黎的中国政治领袖们、中国学生各组织，还有华侨代表，他们全都每日必往中国代表团总部，不断要求代表团明确保证，不允保留即予拒签。他们还威胁道，如果代表团签字，他们将不择手段，加以制止。"①

2. 留学生代表在巴黎和会上舌战列强

巴黎和会召开时，北京政府派出了一个以外交总长陆征祥为首，包括代表、顾问、随员在内三十几个人的代表团。陆征祥拟订的 5 位代表及顺序是陆征祥、王正廷、施肇基、顾维钧和魏宸组，而上报后总统徐世昌的训令则是陆征祥、顾维钧、王正廷、施肇基、魏宸组。在这 5 个人当中，其中 4 个人是留学生出身，即顾维钧、王正廷、施肇基和魏宸组。后来，真正起到主导作用的是顾维钧博士。

顾维钧（1888—1985），江苏嘉定（今属上海）人。早年入上海圣约翰书院学习。1904 年赴美国留学。次年考入哥伦比亚大学，先后获国际法及外交学学士、硕士学位。留学期间，曾担任美国东部各州中国学生联合会主席。1912 年 5 月应袁世凯之邀，中断博士学位的学业回国，任大总统府英文秘书兼内阁总理唐绍仪的秘书，同年夏获哥伦比亚大学哲学博士学位，后任外交部秘书。1913 年任外务部参事。1915 年 7 月任驻墨西哥公使，同年 10月始任驻美国、古巴公使。1916 年获美国耶鲁大学名誉法学博士学位。会议召开前他正在驻美公使的任上，是直接从华盛顿赴巴黎参加会议的。

王正廷（1882—1961），浙江奉化人。1896 年考入天津北洋西学堂，

① 顾维钧：《顾维钧回忆录》第 1 分册，中国社会科学院研究所译，中华书局 1983 年版，第 206—207 页。

1898 年毕业，升入北洋大学法科。1905 年应邀赴日本，在留日学生中筹设中华基督教青年协会分会，同年加入同盟会。1907 年赴美国留学，先后入密执安大学和耶鲁大学学习法律，获文学硕士学位。1910 年，又入耶鲁大学文科研究院。1911 年归国，武昌起义后任中华民国军政府鄂军都督府外交副主任。1912 年任唐绍仪内阁工商部次长。1913 年，被推为参议院副议长。1917 年参加护法运动，署理护法军政府外交总长。在赴巴黎参加和会之前，王正廷作为南方军政府代表已在美国。为了不使当时中国南北分裂的现实影响中国在巴黎和会的形象和利益，便于一致对外，陆征祥在王未经南方的国民党要人汪精卫等人的同意下，邀约他参加了中国代表团，并内定为排名第二的中国代表。

施肇基（1877—1958），浙江钱塘（今杭州）人。少时入上海圣约翰书院学习。1893 年随杨儒赴美国，任驻美国使馆翻译生。1897 年入美国康奈尔大学学习，1900 年获康奈尔大学学士学位，1902 年又获文学硕士学位，成为该校毕业的第一名中国学生。同年夏回国，在湖广总督署任职，两度率湖北学子赴美国留学。1905 年施随端方等五大臣出洋考察宪政，任一等参赞。1906 年参加清廷第二次留学生毕业考试，赐进士出身。民国建立后，任北京政府交通总长兼署财政总长，后任大总统府大礼官等。1914 年 6 月起任驻英全权公使。他是从驻英公使任上直接赴巴黎参加和会的。

魏宸组（1885—1942），湖北武昌人。早年留学比利时，后加入同盟会。1912 年任南京临时政府外交部秘书长、北京政府国务院秘书长。后任中国驻荷兰、比利时公使，外交部和委会筹委会秘书长。熟悉欧美的情况，擅长写中文公文。

此外，中国代表团的主要顾问、参事也是留学生。因此，中国代表团的主要成员都是留学生。作为中国代表团团长、首席代表的陆征祥，因在任外长期间，曾与次长曹汝霖代表中国与日本交涉"二十一条"，接受了除第五款以外的全部内容，心有余悸。自率团赴欧以来，因年已半百，长途跋涉，身体有病，到巴黎后，事务繁杂，又兼国内内阁改组，心中无底，而代表团内部矛盾重重，抵巴黎后不久，他竟不告而别，躲到瑞士自己的别墅去休养。后来虽然返回巴黎，但对和会的结果忧心忡忡，几乎一直在医院中度过，有明显的回避、躲病行为，以便在必要时推脱责任。而魏宸组作为只有

2 个席位的 5 个代表中的第五名，其位置与次要性是不言而喻的。因此，有关中国在巴黎和会上的千斤重担客观上就落在了中间三位代表即顾、王、施三个人身上，尤其是顾维钧博士在巴黎和会上承担了"天降大任"。下面即以他为中心阐述中国代表舌战列强、坚持主权的行为。

作为一个具有民族气节和国家主权思想的青年外交家，顾维钧早在第一次世界大战结束之前就已未雨绸缪，为中国参加和会提前作了准备。

1918 年春，在美国决定参加第一次世界大战并把建立一个新的世界和平组织国际联盟作为目标以后，身为驻美公使的顾维钧敏感地认识到"这一动向对中国极为重要，便毅然成立了一个小组来收集各种资料，包括美、英等国不时出版的各种计划草案，对之进行研究、分析，以确定中国应采取何种政策以及应支持这些计划草案中的哪些部分"[1]。这为中国在巴黎和会上讨论国联的有关事宜和得以成为国联的首创国之一成功地打下了基础。

对五四运动有直接意义的是，这个在中国公使馆内建立、由顾维钧负责指导的小组，还特别注意研究对中国具有特殊利益的问题，以便中国政府将来在和会上提出。顾维钧晚年回忆："我一向对中国的外交政策和外交关系感到兴趣，我的夙愿是实现修订中国的不平等条约。"[2] 他认为"现在正是时机，中国应该在即将召开的和会上向各国鸣此不平，以争回某些失去的权利。中国所不满的不仅仅是欧洲列强的帝国主义政策，而且还有十九世纪后期使中国蒙受苦难的日本侵略。日本侵略的最近事例便是日本对华提出的臭名昭著的'二十一条'要求，以及于提出最后通牒后强迫中国缔结的中日条约"[3]。他列出诸如此类的问题，指定这个小组去研究，还让他们准备一份备忘录草案呈送北京政府请予研究批准。

此后，顾及时地把有关情况报告给北京政府，并建议开始为战后必定要召开的和会作好准备。从这年夏天起，他连续发出小组和他自己写的研究报告，力劝中国政府对此加以考虑。在凡尔登战役以后，随着美国部队持续不断地派赴欧洲，他预计，协约国的胜利、战争的结束已为期不远："很清楚，

---

① 顾维钧：《顾维钧回忆录》第 1 分册，中国社会科学院研究所译，中华书局 1983 年版，第 162 页。

② 同上书，第 271 页。

③ 同上书，第 162—163 页。

中国不应拖延对和平的准备了。我把即将召开的和会视为中国一次非同寻常的机会。中国可以借此谋求某种程度的公平待遇，并对过去半个世纪以来所遭到的惨痛后果加以改正。""首先应该准备那些涉及中国切身利益的问题，并设法将其写入和约。"① 他认为，应在预计将首先签署的对德和约中写上："归还青岛和胶州租借地，归还义和团暴乱时期德军从北京天文台掠去的设备、仪器；德国占领山东之后中国所遭之破坏应向德国索赔，遣返德国侨民之费用应由德国偿付。"②

顾维钧深知国际法，他当时确信，中国在未来的和会上提出山东问题并谋求解决的理由是无可非议的，无须顾及以日本"二十一条"为基础的中日条约。当然，这与日本的观点截然相反。联系后来日本在巴黎和会的立场，完全未出顾维钧之所料。因此，他"力劝政府：中国应该在和会上理直气壮地提出山东问题"③。正是基于这种不久即被形势的发展所证实的远见，顾维钧抓紧了有关山东问题的准备，这使他在为中国政府提供咨询报告和大量信息的同时，更为他自己在后来的巴黎和会上受到同僚的推戴，作为中国主要的发言人打下了坚实的基础。虽然中国政府，还有代表团的首席代表、外交总长陆征祥都顾虑多端，而顾维钧却在国内各界人民的支持下，据理力争，在巴黎和会上表达了中国人民的心声。

顾维钧在巴黎和会上的主要贡献可概括为三点。

第一，首先在"十人会"上代表中国阐述对山东问题的立场，表达了中国人民废除不平等条约和收复山东主权的意愿，博得了中外的齐声喝彩。

当时的情况是，1919 年 1 月 18 日，和会开始以后，中国代表团提出了 7 项要求，如废弃列强在中国的势力范围，撤退外国军队、巡警等，还提出了取消"二十一条"。但会议在英、法、意、日特别是日本的干预下，认为这两项议案都不在会议讨论范围之内，不予讨论，只同意在讨论德属殖民地问题时可以申辩。因此中国的代表们一直在等待和寻求机会阐明自己的观点。而日本则力图保留德国在山东的租借地，并在 1 月 27 日上午阐述了其

---

① 顾维钧：《顾维钧回忆录》第 1 分册，中国社会科学院研究所译，中华书局 1983 年版，第 164 页。

② 同上。

③ 同上。

立场。是日午餐时，中国代表们获悉下午将要出席会议论辩，无不惊异而激动，"代表团全部内争这下似乎都从在座者的头脑中消失了，人人保持着沉默"①，都不约而同地意识到中国代表出席会议的重要性。而事实上作为中国首席代表的陆征祥此时生病，他不仅自己无法赴会（实际上他也无准备），甚至不指派谁去代表他发言，而是让其他代表自己决定赴会及论辩人选。也就是说，这位老于世故的官僚，对如此重大事情采取了一个极不负责的态度。

在此情况下，始终推让名次的顾维钧首先建议由王与施去，而王与施则共同推顾去出席而且必须发言。他们的理由是顾有准备，应当代表中国代表团发言；而王因为名次在施之前，也就当仁不让地与顾一起出席了下午及第二天的会议。结果是，顾维钧不负众望，以半小时的即席发言，雄辩有力地驳斥了日本代表认为山东问题应在日、中两国之间，以双方所商定之条约、协议为基础来解决的观点，简明地阐述了中国要收回山东主权的理由。这是中国自晚清以来第一次在国际会议上理直气壮的发言，而且发言者是一个年仅31岁的哥伦比亚大学哲学博士。因此，顾一讲完，中国代表团首先鼓掌，随后美国总统威尔逊，英、法、美的其他代表也都跑来向顾表示祝贺，威尔逊和英国首相劳合·乔治都说这个"发言是对中国观点的卓越论述"。于是，顾在白天发表的演讲，晚上就在当地报纸上刊印出来，虽然是一般的报道，但是它特别强调"受到除日本以外各大国代表的一致赞扬"②。国内更是欣喜若狂，代表团收到了总统、总理、外交部以及各省，特别是还有山东省的公职人员和学联等个人和部门发来的电报。

第二，对"四人会"的秘密决定力争修改。

然而，中国的提案并未得到解决。原因之一即是英、法、意、日对美国总统威尔逊提出的"十四点"主张中的重要内容，如不向战败国提出领土要求，建立所谓新的世界和平秩序不感兴趣，依然吵闹着要分赃，意大利在得不到满足之后已退出和会；英、法在日本参战前后都对日本作过许诺，支

---

① 顾维钧：《顾维钧回忆录》第1分册，中国社会科学院研究所译，中华书局1983年版，第183页。

② 同上书，第186页。

持日本在和会上继承德国在山东的权益；就是在美国，威尔逊的主张也不能在参议院得到确认，作为协约国五大国之首的美国总统，他的作用在和会上已一落千丈，改变了以往对中国问题的立场，转而与英、法、日妥协。于是美、英、法、日四国代表的"四人会"在没有中国代表参加的情况下，就通过了一项极不合理的决定，即和约156—158条，日本将获有胶州租借地和中德条约所规定的全部权利，然后再由日本把租借地归还中国，但归还之后仍享有全部经济权利，包括胶济铁路在内。四国甚至把这个文件视为秘密，不给中国一份。这样，中国原来把收回主权寄托于美国的希望就成了一种幻想。

4月22日，中国代表团接到通知，"四人会"中的三位（日本除外）即美国总统威尔逊、英国首相劳合·乔治、法国总理克里孟梭约见中国代表。陆征祥与顾维钧代表中国接受了约见，陆又把这样重大的原则问题交给顾维钧回答。于是顾遵命而谈，他指出："这个方案只字未提日本归还它在山东全部权利的时间表。总之，中国要求不由日本，而由德国直接归还这些权利。"① 威尔逊虽然表示理解中国的立场，但是他强调："由于美国国内形势所致，这已是能够为中国谋得的最佳方案了。"况且在和会结束之后，国联能够对各国所提要求重新调整并主持国际正义，他极力劝中国代表对此放心。对此，顾维钧向他们阐明："国联虽然是一个很好的国际组织，但它是否能够改变刚才总统所提出的方案，中国是怀疑的。"②

然后，针对劳合·乔治和克里孟梭提出的两难选择："中国是愿意接受中日之间早先制订的那个方案呢，还是于深思熟虑之后决定采纳刚才所谈的新方案？"顾维钧激动地跳起来，把对方所讲内容告诉了陆征祥，提醒他这两种选择都无法接受。在商量以后，顾维钧义正词严地指出："这两种方案都不公平，既不利于中国，也无助于世界和平事业。""日本的目标在于亚洲。山东是具有重要战略位置的沿海省份。日本获得在山东的经济权益，只能为其实现建立东业帝国、排斥西方国家利益的计划大开方便之门。"③

---

① 顾维钧：《顾维钧回忆录》第1分册，中国社会科学院研究所译，中华书局1983年版，第197页。

② 同上书，第197—198页。

③ 同上书，第198页。

即使这样说，英、法代表仍不为所动。为此，顾维钧重申："四人会"的"这个方案无疑是以 1915 年中日条约为基础的，但是人所共知，该条约系中国于日本提出最后通牒后被迫签订的。至于 1918 年 9 月换文，只是该条约的继续。和平时期的条约，如系以战争威胁迫签，则可视为无效，这是公认的国际法准则。但是，对此种种辩护，威尔逊的回答是，他也知道该方案对中国来说不是最好的解决办法，但由于其它与中国友好的国家如英、法等国的困难处境，这已是目前力所能及的最佳方案了"①。

由于争取修改的种种努力都被拒绝，顾维钧的态度也就更加明确："对山东问题不能取得保留就应拒签。保留是我们最后的办法了，必须竭尽全力争得保留，使中国免遭伤害。"② 为了做好保留与拒签的准备，顾维钧又索要一份威尔逊所提方案的抄件以及"四人会"讨论、提出方案的会议记录。在遭到以"绝密"为名的拒绝后，他又据理力争，强调指出，"对于这样一个直接关系到中国的重大问题，应该向中国代表团提供有关讨论内容和有关方案形成过程的全部记录"③，迫使列强们两周后送来一份材料。从 5 月至 6 月中旬，顾又和中国代表团的其他成员一道作了力图修改的会下努力，虽然未能成功，但其精神仍是可嘉的。

第三，力争对山东主权问题条款的保留权，拒绝出席和会签字仪式。

由于列强的蛮横无理，中国代表力争修改有关山东问题条款的努力未被接受。此后，严峻的问题摆在了中国代表团的面前，就是对包括中国代表所反对，又力争修改的山东方案在内的全部和约持何种态度。大家进行了表态性的讨论。其时陆征祥生病住院未参加，担任顾问的一些公使也都各返欧洲任所，实际上也就是剩下的人在讨论。大家一致同意对山东问题应坚持保留，即使对拒签结果表示担忧的人，也无人赞成无保留签字，中国代表再度显示了一致。顾维钧讲："施肇基博士、王正廷博士和我三人态度都很鲜明，赞成拒签"，他并"力争保留"④。

---

① 顾维钧：《顾维钧回忆录》第 1 分册，中国社会科学院研究所译，中华书局 1983 年版，第 199 页。
② 同上书，第 202 页。
③ 同上书，第 198 页。
④ 同上书，第 202—203 页。

虽然力争保留也无希望，但顾维钧与施肇基还是竭尽全力与美、法、英的代表进行交涉。顾负责与美、法代表交涉，施负责与英国代表交涉。但情况都很不妙。其中法国的态度最强硬，坚决反对，理由是如果接受了中国的保留，其他国家也会仿此办理。在和约签字的前一天下午，即 1919 年 6 月 27 日下午，顾再次约见了法国外长毕勋，重申了中国的三种选择："第一种选择是将保留附于和约之内；第二种选择是将保留附于和约之后；第三种选择是由中国在预备会上作一声明，大意是中国虽然签字，但不接受山东条款，同时将此声明记录在案。"① 然而，谈话仅 5 分钟就被毕勋蛮横地中断，他表示不同意中国的任何一种选择。在对英交涉方面，施肇基的努力也未能奏效，稍有松动的是与美国的交涉。在顾维钧的反复劝说下，美国代表团的成员支持中国保留，而且包括国务卿蓝辛在内的八位成员还与顾商讨了保留的条件。但在事实上也未能收到实效，因为总统威尔逊不同意。

其时，陆征祥由于担心不允保留后的拒签会导致中国失去参加国联这样一个世界性机构之机会，对中国产生不利的影响而犹豫不决。在此，又是顾维钧主动提出由他考虑解决。幸运的是，他在与美国人的讨论中发现了一个空子可钻，即"通过对奥和约的签字，中国就可以成为国联成员国，因为对奥和约的第一部分就是国联盟约"。因此顾"更加自信，不允保留，自当断然拒签"②。在 6 月 28 日早晨，虽然再作任何努力都将是徒劳的，但顾维钧仍不放弃这最后的时间，他又约见和会的秘书长迪培斯塔，希望在会议上发表一个坚持保留的口头声明，但也被拒绝。为了国家的尊严，顾维钧真是绞尽了脑汁，坚持到既定时间的最后一刻。虽然当时中国政府已下定决心签字，而且身为中国代表团团长、外交总长的陆征祥也赞成签字，但顾维钧却在国内强大舆论的支持下，说服了陆征祥反对签字。

因此，6 月 28 日下午，中国代表团以拒绝出席和会签字的形式，在 1840 年以来中国的外交中第一次表现了对列强们的蔑视，为以后华盛顿会议收回中国山东主权打下了基础。而出席华盛顿会议的三位中国全权代表就

①　顾维钧：《顾维钧回忆录》第 1 分册，中国社会科学院研究所译，中华书局 1983 年版，第 205 页。

②　同上。

有两位是出席巴黎和会的代表：顾维钧和施肇基，另一位代表则是留学英国的王宠惠博士。王正廷虽然未出席华盛顿会议，却是会后中国收回山东主权的代表、"鲁案"中日联会委员会委员长，他代表中国接收了青岛和胶济铁路。到此，由日本提出"二十一条"所惹起的山东主权问题，终于在全国人民的支持下，由接受了近代西方正规高等教育、具有民族平等意识和国家主权观念的留学生们顾维钧、施肇基、王正廷、王宠惠等爱国志士的折冲樽俎、据理力争，经千折百回，最终以拒签的行动显示了觉醒了的中国人民的心愿。

（三）留学生精英引燃了五四爱国运动

1919 年 5 月 4 日下午，北京 13 所学校的 3000 多名学生集聚在天安门前，抗议巴黎和会关于中国山东问题的决定。学生高呼"誓死力争，还我青岛""收回山东权利""拒绝在巴黎和约上签字""废除二十一条""外争主权，内除国贼"等一系列口号进行示威游行。一场深刻影响中国近代史的五四爱国运动由此正式拉开了序幕。其中，蔡元培、林长民等留学生精英对五四爱国运动的爆发起到了引导、引燃作用。

随着第一次世界大战的结束和巴黎和会的召开，中国的有识之士除了像顾维钧那样提前在国外默默地预作准备之外，在国内的一些社会名流和政治家也都出于民族的尊严和正义感，投入争取中国外交胜利的活动之中。其时有两个互相呼应的组织，一个是 1918 年 12 月 18 日成立于总统府的官方的外交委员会，一个是 1919 年 2 月 16 日成立的民间的国民外交协会，二者目的都是尽力为中国政府提供巴黎和会的策略，支持中国代表在巴黎和会为收复主权所作努力。其主要组成人员均为清末民初著名的社会名流、政治家、政府官员和知识界代表，且身跨两会，相当一部分人还是留学生，例如重要的有林长民、范源濂、蔡元培、王宠惠、叶景莘。以他们在外交委员会的地位、作用以及对五四爆发的影响而论，这些人中又当推林长民、蔡元培、叶景莘以及北大教授邵飘萍、陈独秀等。他们与五四运动的爆发都有直接或重要的关系。

林长民（1876—1925），福建闽侯人。1897 年中秀才。1906 年赴日本早稻田大学学习政治经济。1909 年回国后，任福建咨议局秘书长、南京临时参议院议员，同年参与组织共和宪政会（后改为共和党）。1913 年当选为民国众议院议员兼秘书长。1914 年任北京政府政事堂参事、参政院秘书长。1917 年任段祺瑞内阁司法总长。1918 年任大总统徐世昌的顾问兼外交委员会委员、事务长。1919 年巴黎和会开始后，还担任国际联盟同志会总务干事。

蔡元培（1868—1940），浙江绍兴人。1892 年中进士，曾任清翰林院编修。后曾任南洋公学总教习、中国教育会会长，参与组织光复会，参加同盟会。1907 年留学德国，先后在柏林大学、莱比锡大学学习。辛亥革命后任南京临时政府教育总长。1917 年任北京大学校长。

叶景莘（1882—1986），浙江杭县人。天津北洋大学毕业后赴英国留学，初入伯明翰大学，后入维克多利亚大学。1912 年毕业回国，次年任北京政府财政部工业专门委员，1914 年任币制局钱币处处长，1917 年任财政总长梁启超的秘书，并因此得以进入上述两个委员会。

当时，外交委员会曾拟出一个提交巴黎和会的提案，包括废除列强在华的势力范围、统一管理铁路、取消领事裁判权、关税自主、撤退外国军队、停付庚子赔款等内容。作为大总统徐世昌的顾问和外交委员会的事务长，林长民虽然不是会长，但却是该会的实际负责人，对此方案的形成起到了重要的作用。尽管这个方案后来被列强否决，但其内容反映了中国人民挣脱列强束缚、要求民族平等、尊重国家主权的心声，体现了觉醒的一代知识分子有关国家的现代观念和民族意识，与五四运动抗日反帝爱国救亡精神是一致的。因此，1919 年 5 月 2 日，在巴黎和会上中国外交失败、国民不明是非真相的情况下，林长民以痛心疾首的文字在北京《晨报》上发表了《外交警报敬告国人》，首先公开披露了中国外交失败的真相："胶州亡矣，山东亡矣，国不国矣，"并证实"此噩耗前两日仆即闻知"。因为"4 月 30 日、5 月 1 日，陆征祥自法国电告北京政府巴黎和会会议情况的电文，林均见之"[①]。对一个政府官员来说，这是一种泄密行为。而正是这种泄密行为，为密切关注巴黎和会事态发展的北京知识分子提供了重要的信息。

作为大总统徐世昌的顾问，林长民当然深知徐世昌在有关巴黎和会问题上的暧昧与软弱，更深知段祺瑞等皖系亲日派的态度，而他不仅不后退，反

---

① 林长民：《外交警报警告国人》，北京《晨报》1919 年 5 月 2 日。

而力主"外交委员会开会决议，拒绝在巴黎和会上签字，报徐世昌核夺"①。作为外交委员会事务长，他的作用和勇气是可以想见的。更重要的是，"5月3日，林长民获悉：国务院已发出密电，令代表团签字。汪大燮焦急，叶景莘建议速告蔡校长。汪大燮即坐马车到东堂子胡同蔡子民先生家。当晚，蔡先生召北大学生代表罗家伦、傅斯年、康白情、段锡朋等，告此消息"②。也就是说，林长民利用特殊的身份和工作之便，把密电的内容告诉了汪。汪在焦急无奈的情况下，接受了叶景莘的建议速告蔡元培，意在通过蔡来发动学生游行请愿，造成国内舆论拒签的导向，阻止中国政府和中国代表签字。于是，发动学生游行的意图就这样形成了。从其作用来看，林、叶、汪、蔡缺一不可。在此意义上讲，林长民对五四运动的爆发起到了别人难以替代的作用。

蔡元培对五四运动的爆发更起到了直接的作用。巴黎和会召开以后，作为一个伟大的爱国者和教育家，蔡元培密切注视着巴黎和会和中国外交动态。1919年2月23日，国民外交协会在中央公园（今中山公园）召开讲演大会，蔡元培即出席并发表讲演，谴责了政府当局的秘密外交，要求国民起来加以纠正，提醒到会者尤须关心时局。这应该视为他5月3日成功地诱导五四北大学生示威游行的思想基础。因此，他在获悉汪大燮从林长民处得来北京政府训令中国代表团签字的消息以后，果断地召集学生开会，隐秘地为五四运动点燃了导火线。这有多个证明，如五四运动的主要参加者之一许德珩回忆：

> 五月二日，我从蔡校长那里听到了这个晴天霹雳的消息，便约集参加《国民杂志》社的各校学生代表，当天下午在北大西斋饭厅召开了一个紧急会议，讨论办法。高工的一位学生代表夏秀峰当场咬破手指，写血书，大家激动得眼里要冒出火来。于是发出通知，决定五月三日（星期六）晚七时在北河沿边北大法科（后来北大三院）大礼堂召开全

---

① 叶景莘：《五四运动何以爆发于民八之五月四日》，天津《大公报》1948年5月4日。
② 同上。

体学生大会，并约北京十三个中等以上学校学生代表参加。①

又如当时北大哲学系学生，毕业后留学美国，曾任国民政府考试院考选部部长、台湾当局"司法院"院长的田炯锦在《五四的回忆与平议》中写道：

> 五月三日下午，与笔者在北大东斋同住一间宿舍的狄君武学长归来时说："今天上午在一会议上，蔡先生言巴黎和会的情势，对我国极为不利，列强对日本要在山东夺取我许多权益之无理要求，有认可之意，而我政府将被迫在和约上签字，倘不幸如此，国家前途不堪设想。散会后，许多同学商议，欲今晚在法科大礼堂召集全体同学大会，共商对策。"②

当时北大的学生、后留学法国、抗战后任北平市市长的何思源回忆："五月二日，蔡元培在北京大学饭厅召集学生班长和代表一百余人开会。他讲述了巴黎和会帝国主义互相勾结，牺牲中国主权的情况，指出这是国家存亡的关键时刻，号召大家奋起救国。我参加了这次会，听了他的讲话，心情非常激动。"③

由上可见，叶景莘与北大三位学生回忆的基本事实是一致的，即蔡元培在获悉中国代表团准备签约的消息后，召集学生开会。其差异是叶景莘的回忆认为蔡是 5 月 3 日召集学生开会的，与田炯锦的回忆一致，但也有上午与晚上之差；而许德珩与何思源的回忆是 5 月 2 日召集的。这可能是事隔多年记忆有误造成的，但不影响蔡获悉政府训令签字的消息以后召集学生开会的基本事实。

于是当晚，在北大法科礼堂召开全体学生大会，除北大 1000 多名学生

---

① 许德珩：《五四运动六十周年》，《文史资料选编》第 61 辑，中华书局 1979 年版，第 19 页。

② 田炯锦：《五四的回忆与平议》，见陈占彪《五四事件回忆：稀见资料》，生活·读书·新知三联书店 2014 年版，第 194 页。

③ 何思源：《五四运动回忆》，见北京市政协文史资料委员会编《文史资料选编》第 4 辑，北京出版社 1979 年版，第 67 页。

参加外，还有北京高等师范、法政专门学校、高等工业专门学校、农业专门学校等 12 所中等以上学校的代表。大会先由《京报》主笔、北大新闻学研究会讲师邵飘萍（留日）报告巴黎和会山东问题交涉失败情形，他沉痛而激昂地向与会者大声疾呼："现在民族命运系于一发，如果我们再缄默等待，民族就无从挽救而只有沦亡了。北大是全国最高学府，应当挺身而出，把各校同学发动起来，救亡图存，奋起抗争。"① 接着，北大学生以及其他学校代表相继发言。当场通过四项决议，其中第三项就是定于次日（五月四日，星期日）齐集天安门举行学界大示威。

伟大的五四运动就这样爆发了！其过程有多种书刊文字介绍，在此不赘述。但须强调的是，《新青年》主编、北京大学教授陈独秀（留日）在当天因带头参加五四运动，言辞激烈而被捕。

事发后，北京政府欲追究责任，甚至主张解散北大，把蔡撤职查办。"他们恨蔡元培，是把学界所有的举动，都归到北大；把大学生所有的举动，归到蔡校长一人身上。"② 甚至要以 300 万元收买刺客暗杀蔡元培，可见军阀政府对蔡元培是何等之恨！但这也从反面证明蔡元培与五四运动的关系。从军阀政府的角度看，他们并没有冤枉蔡元培。其后，蔡元培更不遗余力为营救被捕的学生而奔走，这又从另一方面表明了他对五四爱国学生的爱护。笔者以为这不仅体现了他作为校长的责任，还有他作为五四运动的引导者这一秘不能宣的义务。

后来，蔡元培在谈到自己对学生运动的态度时说："民国七年夏间，北京各校学生，曾为外交问题，结队游行，向总统府请愿；当北大学生出发时，我曾力阻他们，他们一定要参与；我因此引咎辞职。经慰留而罢。"但是，"到八年五月四日，学生又有不签字于巴黎和约与罢免亲日派曹、陆、章的主张，仍以结队游行为表示，我也就不去阻止他们了"③。1925 年旅欧期间，他曾回顾五四以来的学生运动，他说："学校当局的看法是，如果学生的行动不超出公民身份的范围，如果学生的行为怀有良好的爱国主义信

---

① 北京大学历史系编：《北京大学学生运动史》（1919—1949），北京出版社 1998 年版，第 2 页。

② 亿万：《一周中北京的公民大活动》，北京《每周评论》第 21 号，1919 年 5 月 11 日。

③ 蔡元培：《我在北京大学的经历》，见沈善洪主编《蔡元培选集》（下），浙江教育出版社 1993 年版，第 1333 页。

念，那么，学生是无可指责的。学校当局对此应正确判断，不应干预学生运动，也不应把干预学生运动看成是自己对学生的责任。"对于五四北大学生游行，"学校当局正是基于这点才以极大的同情与慈爱而保护他们"①，这又从另一个角度表明了蔡元培与五四运动的关系和他当时对学生的态度。

概括地讲，与五四运动的爆发直接有关的是林长民、蔡元培、叶景莘、汪大燮和邵飘萍，他们心照不宣、通力导演了五四运动，而在巴黎和会上舌战群儒的则是顾维钧以及施肇基等留学生出身的外交家。由此不难看出留学生与五四爱国运动的特殊关系和其爱国行为。需要指出的是，在 20 世纪初，国家、民族急需大量学贯中西的新型人才的背景下，留学生们得以捷足先登，发挥旧式政治家、外交家无法替代的作用。但也有少量留学生逆历史潮流，如五四当天被声讨冲击的曹汝霖、陆宗舆、章宗祥等。但近代中国留学生群体的主流是爱国主义，则是不容否定的。

第四节　留学生群体多元的文化选择及救国道路之争

民初政局变动频繁，军阀混战连年，中央权力衰落，"当时北京政府命令是出不得都门的"②。正是这样一个变动无常的时期，中央集权控制力减弱，言论空前自由，从而为不同留学生群体多元的文化选择提供了契机。因此，北洋政府时期又是一个思想流派众多、各种救国思潮百家争鸣的时代，这给了留学生们很大的空间去宣传并实践自己的理想。特别是随着新文化运动的发展，留学生群体对于如何救国展开了激烈的讨论，而后走上了不同的道路。他们或创办报刊著书立说，或投身政界身体力行，或进入教育界教书育人，或加入实业界一展身手，体现了在选择职业及救国道路时的多元性。无论是以救国为己任的激进的思想者，还是以"教育救国""科学救国"为己任的实践派，都在北洋社会中占有重要地位，对民初乃至 20 世纪中国的

①　蔡元培：《中国现代大学观念及教育趋向》，见沈善洪主编《蔡元培选集》（上），浙江教育出版社 1993 年版，第 609 页。

②　郑廷玺：《我所知道的王占元》，见全国政协文史资料委员会编《文史资料选辑》第 51 辑，中华书局 1964 年版，第 254 页。

政治、思想、社会的走向产生了重大影响。

一　留学生与"科学救国""教育救国"思潮

在北洋时期，归国留学生等新知识分子的职业选择和文化选择多种多样，其中一部分坚持"科学救国""教育救国"的理念，运用专业所学，倡导对中国社会的改造。①

(一) 中国科学社和"科学救国"

鸦片战争以后，中国危机深重，先进的知识分子开始探索中国的救亡图存之路。林则徐提出"师夷长技以制敌"，魏源提出"师夷长技以制夷"，他们的这种理性认识成为后来"科学救国"理论的先声。其后，洋务运动将"师夷长技以制夷"奉为指导思想并付诸实践，对"科学救国"思想的传播起了进一步的推动作用。

民国初年，历经清末新政和新文化运动、五四运动的洗礼，先进的知识分子普遍接受了"科学"的概念和"科学救国"的思想，"科学"和"民主"成为新知识分子改造中国的两面大旗。而在中国社会接受"科学"和"民主"的基本概念和精神的过程中，留学生成为运用、实践、传播这些思想的先行者。背负"救亡图存"重任的留学生们，在走出国门之后，经过若干年专业知识的学习，最终确立了自身的专业方向，并成为"科学"的拥护者。留学期间，他们痛感国内政局的动荡，在晚清到民国的巨变中逐步明确了自身在中国社会改造中肩负的使命和责任。留学界特别是留美学界普遍认为中国最缺乏的是科学，因此，留学生等知识分子纷纷创立科学团体，宣传科学思想，创办科学刊物，审订科学名词，进行科学普及宣传。例如，1907年王焕文等成立了中国药学会，1913年詹天佑等成立了中华工程师协会，1915年颜福庆等人创立了中华医学会。此外留学生群体还创立了《湖北学生界》《药学杂志》《海外丛学录》等杂志，宣传科学救国思想。这其中以中国科学社存在时间最长，影响最大、最持久。

中国科学社，原名科学社，是由留学美国康奈尔大学的中国学生任鸿

---

① 近代中国的知识分子，往往在几种身份中不断转换，某些人身兼数职，某些人时为高等学校教授、研究员，时为政府高官，积极参政。因此，不能单纯地判断某一类人为政治型人物或学术型人物。

隽、赵元任、杨铨等在1914年发起成立的民间科学团体，1918年迁回国内，1959年被迫停止活动。在近半个世纪的艰难岁月中，中国科学社对科学思想在中国的传播，推动中国现代科学文化的发展，贡献颇大。

1914年6月，在美国康奈尔大学留学的几个中国学生在聚餐后的闲谈中，认为为国效力最切实的方法，莫过于向缺乏科学精神的国人宣传科学，创办一个专门的杂志倡导科学。于是，他们议定成立以"科学社"（Science Society）命名的学术机构，以"联络同志、研究学术，以共图中国科学之发达"为宗旨，并发行月刊，定名为《科学》（Science）杂志。发起人共有9名，分别是任鸿隽、秉志、周仁、胡明复、赵元任、杨杏佛、过探先、金邦正、章元善①。其中任鸿隽为稽勋留美生，其他人均在晚清以庚款留美生的身份赴美留学。1915年1月，《科学》杂志第1卷第1期在上海印刷出版，发刊词将"科学"与"民权"并列，申明创办此刊的目的是"以传播世界最新科学知识为职志"。同年10月，科学社改组为中国科学社（The Science Society of China），社内分设农林、生物、化学、机械工程、电机工程、土木工程、采矿冶金、物理数学及普通等9股。从此，中国科学社由发行刊物的集股公司转变为从事多学科科学事业的专业学会。

中国科学社以留学欧美的学生为核心成员。其第一届董事会由任鸿隽

---

① 任鸿隽（1886—1961），四川垫江人。1909年赴日留学，在东京高等工业学校学习，1911年回国。1913年以稽勋身份赴美留学，在康奈尔大学文理学院主修化学和物理学专业，并任《留美学生季报》总编辑。1914发起成立中国科学社，创办《科学》月刊等。1916年入哥伦比亚大学学习，获化学硕士学位。1918年回国。秉志（1886—1965），河南开封人。1908年毕业于京师大学堂。第一届庚款留美生，1909年赴美国康奈尔大学留学，1918年获哲学博士学位，同年回国。周仁（1892—1973），江苏江宁人。第二届庚款留美学生，1910年赴美留学，入康奈尔大学，习机器工程，1914年得机械工程师资格，1915年获硕士学位，同年回国。胡明复（1891—1927），江苏无锡人。第二届庚款留美学生，1910年赴美留学，入康奈尔大学，1914年毕业。1917年获哈佛大学数学专业哲学博士学位，1917年9月回国。赵元任（1892—1982），江苏武进人。第二届庚款留美学生，1910年赴美留学，入康奈尔大学，主修数学，选修物理、音乐，1914年毕业。1915年参与发起中国科学社，同年考入哈佛大学，修读哲学，并继续选修音乐，1918年获哲学博士学位。1920年回国，在清华大学任教。过探先（1886—1929），江苏无锡人。第二届庚款留美学生，1910年留美，先入威斯康辛大学习农业，1912年入芝加哥大学习理科，旋入康奈尔大学习农学，1915年获硕士学位。1915年回国，任江苏省立第一农业学校校长。金邦正（1886—1946），安徽黟县人。第一届庚款留美学生，1909年留美，进康奈尔大学、理海大学学习森林学，1914年毕业，获林学硕士和理学士学位。回国后任安徽省立农业学校校长、北京国立农业学校校长等，1920年任清华学校校长。章元善（1892—1987），江苏苏州人。第三届庚款留美学生，1911年赴美留学，入康奈尔大学文理学院主修化学，1913年任《留美学生月报》经理。1915年毕业回国。

（社长）、赵元任（书记）、胡明复（会计）、秉志、周仁 5 人组成，均为留美学生。此后任鸿隽连任社长。1918 年，主要创办者学成归国，中国科学社也随之迁回国内，设总社于南京高等师范学校，明确该社的宗旨为"联络同志、研究学术，以共图中国科学之发达"①。之后，更进一步将"提倡科学，鼓吹实业，审订名词，传播知识"② 定为该社宗旨。

1922 年中国科学社改组，原先的董事会改名为"理事会"。以后，历任中国科学社理事会会长的分别是著名的地质学家丁文江③、翁文灏④和气象学家竺可桢⑤等，他们均为留学归来的科学精英，因此具有很大的号召力和影响力。而且由于当时的中国还没有一个全国性的官方的科学领导机构，因此，中国科学社虽然是一个民间的学术团体，但是从诞生开始，实际上就成了中国科学事业最权威的领导机构，这种特点和性质与英国皇家学会非常相似。这为中国科学社传播科学、宣传科学救国也提供了很大的便利，其"社会地位也不断提升，逐渐成为民国时期民间科学的象征"⑥。中国科学社社员从最初的 9 人发展到 1916 年的 180 人，到 1949 年已拥有 3700 余名社员，成为中国最大的科学社团，社员遍布全国各大高校、各大城市。

中国科学社为科学普及做了多方面的工作，如发行《科学》杂志，介绍国外科学知识和科学原理；创办通俗刊物《科学画报》，编译《科学译丛》《科学季刊》等杂志以及《论文专刊》《科学丛书》《科学史丛书》；审订外来科技名词等。自 1915 年创刊以来，中国科学社就以传播世界最新科学知识为目的，在宣传科学理念、介绍科学知识、传播西方最新科技动态、发掘整理中国古代科学成就等方面做了大量卓有成效的工作。仅在 1919—1938 年，《科学》杂志就刊行了 20 卷，600 余人通过《科学》发表了近

---

① 任鸿隽：《中国科学社社史简述》，见全国政协文史资料委员会编《文史资料选辑》第 15 辑，中华书局 1961 年版，第 5 页。

② 胡适：《回忆明复》，《科学》1928 年第 13 卷第 6 期，第 829 页。

③ 丁文江（1887—1936），江苏泰兴人。1902 年东渡日本留学。1904 年夏，由日本前往英国。1906 年秋入剑桥大学学习。1907 年在格拉斯哥大学攻读动物学及地质学，1911 年获双学士，回国。

④ 翁文灏（1889—1971），浙江鄞县人。清末留学比利时鲁汶大学，1912 年获地质学博士，回国。

⑤ 竺可桢（1890—1974），浙江上虞人。第二届庚款留美学生，1910 年入伊利诺大学农学院学习。1913 年夏毕业后转入哈佛大学研究院地理系专攻气象，1918 年获博士学位，回国。

⑥ 张剑：《三个时代的中国科学社》，《科学文化评论》2005 年第 1 期，第 80 页。

2000 篇论文，1400 余万字。其中任鸿隽的贡献尤为突出，在留学美国期间，他就体会到科学对国家强盛的重要作用，坚信"科学救国"是中国摆脱落后局面的富强之路，社会的发展、政治的改革、国家的强盛等方方面面都需要科学支撑。他认为："一切兴作改革，无论工、商、兵、农，乃至政治之大，日用之细，非科学无以经纬之故。"[①] 作为"科学救国"思想的先驱人物，他在《科学》杂志上发表了《科学精神论》《科学与实业》《科学与发明》等一系列有影响的文章。其中"1915—1922 年，任鸿隽在《科学》杂志上发表各类文章 50 篇"[②]，向国民播撒科学的种子，推动科学的发展。

1933 年中国科学社创办的普及性《科学画报》半月刊，旨在"把普通科学知识和新闻输送到民间去……用简单文字和明白有意义的图片或照片，把世界最新发明、事实、现象、应用、理论以及于谐谈游戏都绍介给他们，逐渐地把科学变为他们生活的一部分"[③]。该刊发行量很大，对推进中国"科学化"运动贡献卓著。中国科学社还出版了有学术价值的论文专刊、科学丛书和科学译著等，如吴伟士的《显微镜理论》、李俨的译著《爱因斯坦与相对论》等。

中国科学社还通过创办科学图书馆、开展学术交流、举办通俗科学演讲等形式，以传播科学思想和科学知识，开阔国人的科学视野。如为纪念胡明复所建的明复图书馆 1931 年开馆；1936 年金叔初捐赠的贝壳学图书，为"东亚最完善之贝壳学图书馆……凡英德法美比日各国之斯学杂志，皆灿然大备，卷序有长至数十年者，洵为现今不易搜罗之专门典籍"[④]。在国内，中国科学社每年都召开学术年会，如从 1916 年到 1936 年连续召开 26 届，与会者也由最初单一的团体发展为多个团体联合，地点遍布全国，交流范围不断扩大，且学术论文大多用西文行文，有利于产生国际影响。在国际上，中国科学社邀请世界著名专家学者来华讲学。如 1920 年邀请美国教授推士演讲"科学事业与科学团体"、法国数学家班乐卫演讲"中国科学与教育问题"、英国哲学家罗素演讲"爱因斯坦引力新说"；1926 年还派出竺可桢等

①　樊洪业、潘涛、王勇忠编：《任鸿隽卷》，中国人民大学出版社 2014 年版，第 25 页。
②　张剑：《尽瘁于科学宣传与推展的任鸿隽》，《历史教学问题》2004 年第 3 期，第 5 页。
③　王秀梁：《发刊辞》，《科学画报》1933 年第 1 卷第 1 期，第 1 页。
④　《金叔初捐赠本社名贵图书》，《社友》1936 年第 54 期，第 2 页。

科学家出席东京的第三届泛太平洋学术会议，等等。

中国科学社还创立了科学研究机构，促成"物理学会""数理学会""农学会"等专业协会的成立，为中国科学的发展做了许多拓荒工作。1922年，任鸿隽创立的中国科学社生物研究所，为中国第一个以发展科学研究为目的的研究机构。在30余年中，生物研究所一方面大力开展生物学的标本采集与研究，在原生动物、两栖爬行类等领域取得了突破性成就，像张景钺的《蕨类组织之研究》、钱崇澍的《安徽黄山植物之观察》等成果，在中国生物发展史上都具有里程碑意义；另一方面培养了王家楫、张孟闻、张春霖、何锡瑞等一批科学家。中国科学社还积极扶持和帮助北平静生生物调查所、中央研究院动植物研究所等生物学研究机构的科研工作。

中国科学社是中国最早的综合性科学团体，除了胡适提倡的白话文运动之外，它对于科学研究本身，对于北洋政府时期乃至整个民国时期科学研究氛围的形成、科学知识的传播，都有不可估量的贡献，成为社会呼唤的"赛先生"成长的基础和基石。在以"中国科学社"为代表的科学团体的推动下，近代科学思想成为对中国社会产生强大影响力的思潮，广泛而深远地影响了中国教育和中国社会。作为受过国外系统科学知识熏陶的以留学生为主的科学社团的成员，他们超越了传统士大夫本身的局限，对科学有更具体而深刻的体会，把他们对科学精神、科学内涵、科学价值等方面的认识，传输给对科学理解匮乏的国人，开启了民智，宣传和扩大了"科学救国"思潮的影响。尽管时局动荡，经费短缺，但是，复杂的社会现实并没有磨灭他们践行科学理想的信念。回望这段波澜壮阔的"科学救国"思潮，至今，我们仍不能不感慨中国科学社的留学生们为科学救国所作出的努力。

（二）留学生与"教育救国"思潮

近代教育救国思潮自洋务运动时期即已发轫，它促进了洋务时期西学学堂的设立和留学教育的发展。甲午战争以后，深重的民族危机促使国人从教育的角度寻找救亡之路，新式学堂的数量和规模逐渐扩大，发展教育已成为朝野争相倡导的主张。辛亥革命后，在以思想启蒙为主要特征的新文化运动中，倡导教育救国论者主张以教育作为改造"国民性"、制造"新民"的重要手段，教育救国成为民国以后知识界普遍认同的观念之一。特别是归国的知识分子纷纷提出了各类教育救国方案，从国民素质的角度看，包括军国民教育思潮、国民教育思潮、平民教育思潮；从社会现象的角度看，有实业教育思潮、职业教育思潮、工读教育思潮；从文化的角度看，有乡村教育思潮。此外还有以留法勤工俭学为代表的勤工俭学教育思潮，等等。①

1. 民初归国留学生任职教育界情况

从上述意义上说，北洋时期的归国留学生都是"教育救国"思想的拥护者。20世纪初负笈海外的中国留学生，无论所学专业为理工农医还是文学、法学、军事，都将教育国民作为头等重要的大事。回国之初，尽管投身政界的留学生占了相当大的比例，但是对于教育的热情促使他们与中国高等教育之间产生了直接的联系。特别是专业为理工农医科的留学生，与教育科研的联系更为紧密，因此，大量的归国留学生投身高等教育成为近代高等学校的奠基者，或是高等教育当中某些学科的创建者。舒新城称"高等教育界之人员亦十分之九以上（据民国十四年东南大学、北京大学同学录），为留学生，……高等教育界之科学教师，更无一非留学生"②。从《北京东西洋会员录》（1916）的材料来看，很多在政府各部任职的留学生，在回国之初，都从事过一段时间的教学工作，之后或者继续从事教育事业，或者转而从事与所学专业有关的政府技术部门。此外，直接任教于各教育机构的人数也占到相当大的比例。表3—7是1916年北京归国留日、留美、留英生的职业统计。

表3—7　　　　　　1916年在北京的归国人员职业分布

职业	留日生人数	留美生人数	留英生人数
各部院职员	541	83	72
教育行业	37	44	19
其他职业	35	23	11
不详	8	7	8
共计	621	154	112

资料来源：《1916年北京东西洋会员录》。

注：因留美生中有少数身兼二职或数职者，因此，职业统计总数多于实际留美归国人。

① 陈竞蓉：《民国时期教育救国思潮新探》，《广西教育学院学报》2003年第5期，第23页。
② 舒新城：《近代中国留学史》，上海书店2011年版，第138页。

从上述资料来看，1916 年任职于北洋政府各部院，是留学生职业选择的热点，这已在本章第一节中论述过。由于北京是中央政府所在地，留学生集中于这里有不同于其他城市的特殊原因。除了任职于各部院之外，留学生比较集中的地方就是各高等教育部门，无论是留日、留美或是留英生的职业分布都反映了这一特点。如果将时间再往后推移，直至 20 世纪 30 年代，留学生集中于教育界的趋势表现得将更为显著。如果抛开 1916 年这一时间横面，纵观这一群体中具体人的职业历程，就可发现很多人都与教育有着千丝万缕的联系：很多在这一时间任职于政府部门的人，在归国之初都从事过教学或仍在学校兼职；或者在 1916 年之后，也参与了教育事业。因此，如果从更广阔的时间范围来看，从事教育的归国留学生的比例还将更高。上述任职于教育行业的留学生所在单位情况如表 3—8 所示。

表 3—8　　　　　　　　　　1916 年任职于教育行业留学生情况表

学校名称	人数	学校名称	人数
北京大学	56	京师大学预科	1
北京工业专门学校	16	育才学校	1
清华学校	11	陆军大学校	1
蒙藏学校	4	陆军中学校	1
中国公学	3	船学学校	1
法政专门学校	2	汇文大学	1
北京师范学校	1	化学试验社	1
总计		100	

资料来源："各银行学校等留学比较图"，《1916 年北京东西洋会员录》。

从以上人员来看，任教于北京各学校的人员共计 100 名，这一人数虽然不能与当时 806 名任职于政府部门的留学生人数相比，但它说明，教育行业也是留学生比较集中的职业。事实上，在北洋政府任职的很多人也同时在教育界有兼职。不过，由于从 1912 年 7 月起，北洋政府要求各部职员不得兼职过多,① 因此，很多人在各部员与教员之间流动，很难严格区分他们的职业选择。

以上资料记载的是民初在北京高校任职的留学生情况。同期（1917）清华学校出版《游美同学录》②，记载了归国留美生在全国范围内的职业状况（见表3—9）。

表3—9 　　　　　　　　　　1917 年游美回国学生职业分类

教育（人次）	135	
	（甲）管理员	38
	（乙）教员	97
政治（人次）	110	
	行政官	103
	立法官	3
	司法官	4
工程及实业（人次）	90	
	建筑师	2
	工程师	62
	律师	4
	医生	22
其他（人次）	42	
	银行行长及办事员	8
	工厂商店经理及办事人员	21
	报馆记者及通信员	2
	宗教及社会事业	11
合计	377	

注：377 个任职者，一人兼二职者共 27 人，一人兼三职者共 3 人，实际任职总人数为 340 人。

---

① 如教育部查："大学校分科各学校长中法政科大学学长工世征有总统府兼任职务；农科大学学长叶可梁有外交部兼任职务，商科大学学长吴乃琛有财政部兼任职务。"教育部认为这与国务院通令不符，"且大学学长所负教育责任至为重大，兼承他职必有顾此失彼之虞，外间舆论对此评骘频多，相应照请贵校长查照前项通令转嘱各该学于学校职务与官署职务之中何去何从，择任其一"。"教育部照会大学校长：分科各学长多有兼任职务，转嘱各该学长于学校、官署两项职务择任其一以饬官纪文"，1912 年 7 月 7 日第 68 号，《政府公报》第 3 册《公文》，第 121 页。

② 北京清华学校编：《民国六年游美同学录》，北京清华学校 1917 年 3 月。

　　从以上的粗略统计中可以看到，留美学生的职业选择主要集中在教育行业，人数占总人次的 35.81%。这表明，留美生在选择职业时仍以高等学校作为首选。行政行业占总人次的 29.18%，留美生在各部中也有任职者①，二者占总人次的 64.99%。在教育行业的留美生具体情况如表 3—10 所示。

表 3—10　　　　　　　　1917 年留美回国学生教育界分布情况

职位	学校	人数	合计
（甲）管理员	文华大学	2	38
	复旦公学	2	
	女学校	3	
	国立医学校	2	
	国立高等师范学校	2	
	北京大学	3	
	清华学校	6	
	其他各学校	18	
（乙）教员	岭南大学	5	97
	女学校	5	
	国立农业学校	4	
	国立高等师范学校	14	
	北京大学	10	
	上海交通部工业专门学校（南洋公学）	5	
	唐山工业专门学校（唐山路矿学校）	5	
	清华学校	5	
	金陵大学（南京汇文书院）	2	
	南伟烈大学（九江同文书院）	2	
	南京河海工程专门学校	4	
	长沙雅礼学校	2	
	其他各学校	24	

　　资料来源：北京清华学校编：《民国六年游美同学录》，1917 年 3 月。

――――――――

　　①　在政治部门任职人数中，包括任职于交通部下属的各铁路部门技术人员。

从 1917 年 344 名留美归国人员的职业状况来看，就职于教育界的有 97 人。需要指出的是，表 3—10 中"国立高等师范学校""国立医学校"并非指某地的师范学校、医学校，而是全国范围内该类学校之和。因此，从具体学校的人数上来说，仍以北京大学和清华学校人数最多。而这 97 人在北京者居多数，上海、南京、武汉等民初重要城市，也都有留学生分布。除了国立高等学校之外，留美学生选择在教会类学校任职者也不在少数。由于留美生所学专业主要以理工农医类为主，因此在各类工业、农业、医学学校任教的也占据相当比例。

2. 平民教育运动

北洋政府时期的留学生以"教育救国"为信念和职志的人数是相当多的，其中平民教育运动之影响非常大。民国时期倡导平民教育的归国留学生有很多，蔡元培在任南京临时政府教育总长时，就十分积极地倡导平民教育。在任北大校长期间，他办校役班和平民夜校，提倡平民教育，鼓励女子教育，提倡普及义务教育、男女同校。由其首倡的"养成健全人格""教育机会均等"等思想，为民国时期平民教育思潮的兴起创造了有利的条件。1919 年 5 月 3 日、4 日，美国哲学家约翰·杜威（John Dewey）来华，在上海的江苏教育会发表演讲，而其最早的演讲就是《平民主义的教育》。这些平民教育思想对 20 世纪 20 年代中国平民教育运动的发展产生了重要的推动作用。

平民教育运动以晏阳初、陶行知为代表，时人称之为"南陶北晏"。他们都于民国初年留学美国，从 20 世纪 20 年代开始，以留学所学专业为依托，走出书斋，走近平民，走进乡村，试图通过教育来唤醒民众的国民意识，提高国民素质，在当时产生了巨大的社会反响。

晏阳初（1893—1990），四川巴东人。1913 年考取香港圣保罗书院，并获得该校英王爱德华七世奖学金，但他拒绝改变国籍而放弃。1916 年入美国耶鲁大学攻读政治学与经济学，曾受教于塔夫脱和威尔逊两位美国前总统，获学士学位。1917 年中国政府向德国宣战，约有 20 万华工踏上欧洲战场。1918 年毕业后的晏阳初赴法国，任北美基督教青年会战地服务干事，为欧洲战场的华工提供志愿服务，萌生了教授华工识字的念头。1920 年，晏阳初获普林斯顿大学研究院硕士学位回国。他认为，在国内推行平民教育、启发民众的民主意识和国家观念，是当前教育的当务之急，并首先以"上海基督教青年会"为依托，开展平民识字运动，号召"除文盲、做新民"。1922 年，晏阳初在湖南长沙组织平民教育讨论会，兴办平民学校，推行其《全城平民教育运动计划》。他将长沙分为 52 个单位，发动 400 名小学教师以游行、散发传单等方式宣传平民教育。不久又筹资组建了 200 所平民学校，先后招生 2500 余人。这次识字运动是晏阳初平民教育理论的第一次大规模实验，取得了重大影响和成功。1923 年 3 月，在国务总理熊希龄夫人朱其慧和文化名流张伯苓、蒋梦麟、陶行知等人支持下，晏阳初在北京成立"中华平民教育促进会"，出任总干事，开始推进平民教育。到 20 世纪 20 年代中期，全国大部分省市都成立了中华平民教育促进分会，华北、华中、华东、华南的大都市先后掀起了扫除文盲的识字运动。在推进平民教育的过程中，晏阳初逐渐认识到占中国人口大多数的农民的教育问题更加迫切，因此平教会设立了乡村教育部，之后，平民教育从以城市为重点转为以农村为重点。1926 年以后，晏阳初在河北定县从事平民教育。他认为中国农民问题的核心是"愚贫弱私"四大病，提出以"学校式、社会式、家庭式"三大方式结合并举，"以文艺教育攻愚，以生计教育治穷，以卫生教育扶弱，以公民教育克私"。这四种教育连环并进的农村改造方案产生了良好的社会效果。20 世纪 30 年代初，晏阳初在定县的乡村教育实践得到国民政府民政部的肯定，并决定向全国推广，设立乡村建设育才院，在中国各省各划出一个县进行乡村教育试点。1949 年后，晏阳初到国外从事乡村和平民教育运动，成就斐然，被誉为"世界平民教育运动之父"。

陶行知（1891—1946），安徽歙县人。1914 年毕业于金陵大学，同年留学美国，入伊利诺大学读市政学，1915 年获政治学硕士学位。1915 年，又入哥伦比亚大学教育学院。在此期间杜威的教育思想对他产生了很大影响。1917 年回国，到南京高等师范学校（1921 年更名为"国立东南大学"）就职。从此一直到 1923 年，陶行知在此主讲教育学、教育史、教育心理等学科，他提出了"生活即教育""社会即学校""教学做合一"等理论，并邀请美国著名教育家杜威、孟禄来华讲学，积极宣传杜威学说。他非常重视农村教育，认为在农民中普及教育至关重要。1919 年 1 月，陶行知发起并参加新教育共进社，同时兼任该社月刊《新教育》南京高等师范学校编辑代表，负责师范教育审稿工作。为了提高全国教育行政人员及中小学教师的教学、科研水平，1920 年夏，陶行知在南京高等师范学校主持开办了第一期暑期学校，来自各省市 1300 名学员进行了为期一个多月的学习，是为中国高等学校开办暑期学校之始。[①] 1921 年底，陶行知与蔡元培等发起成立中华教育改进社，任中华教育改进社机关刊物《新教育》主编，发表了《我们对于新学制草案应持之态度》《评学制草案标准》《中国建设新学制的历史》等文章。1923 年后他专任中华教育改进社主任干事，还与晏阳初等人发起成立中华平民教育促进会总会，赴各地开办平民识字读书处和平民学校，推动平民教育运动。

1925 年，中华平民教育促进会总会从"中华教育改进社"中独立出去，陶行知走上了与晏阳初不同的平民教育道路。他希望通过平民教育下乡的实践，使普通民众不仅仅学会读书识字，更重要的是用谋生的知识来改造乡村生活。[②] 在"到乡村去"的口号影响下，乡村试验学校、乡村幼稚园、乡村师范学校等相继创办。1927 年，陶行知在南京创办了享誉中外的乡村师范学校——晓庄学校，推行以"农夫的身手""科学的头脑""改造社会的精神""健康的体魄""艺术的兴趣"为代表的教育思想，标志着生活教育运动的开始。此后，陶行知又发起科学下嫁运动，向广大群众普及科学知识，创办乡村工学团等，被人们亲切地称为"穷苦人的导师""我们乡巴佬的真导师"，获得了"人民教育家"的称号，其影响一直到当代。

事实上，北洋时期归国留学生文化选择和职业选择相当广泛。当时社会为留学生们提供了一个可以进行多元选择的场所，留学生个人也表现出各自不同的价值取向。"科学救国""教育救国"以及"实业救国"等思想的发展和留学生的实践，促使近代中国的民众越来越多地接触"科学"，了解"教育""实业"的重要性。归国留学生们不同的价值取向和职业选择，无论对于归国留学生个体，还是对当时的社会发展，都有重要的影响，值得日后进一步探讨。

---

① 朱泽甫编：《陶行知年谱》，安徽教育出版社 1985 年版，第 24 页。
② 童富勇等：《陶行知传》，教育科学出版社 1991 年版，第 77 页。

二 留学生与马克思主义的传播和中共的创建

从辛亥革命到 20 世纪 20 年代，是中国历史上少见的思想文化百家争鸣时期，特别是五四新文化运动，"引领人们寻找一种新的生活哲理观念"[①]，更推动了中国文化史上前所未有的思想文化大繁荣，对中国思想、文化、政治、社会、经济、教育等都产生了深远的影响。由于这种思想的繁荣和现实的冲突，也促使新文化运动后期以留学生为主体的新知识分子分化，并首先发生在《新青年》的同人中。其中最主要的是以陈独秀、李大钊等为代表的知识分子接受和传播马克思主义，发起成立了中国共产党，影响了新文化运动的走向和中国的历史发展。

（一）陈独秀、李大钊等与马克思主义的传播

十月革命的胜利实践了马克思主义，这给急于解决中国社会问题的中国知识分子以极大的鼓舞。作为《新青年》的主要创办者，陈独秀、李大钊在经过认真思考和研究之后，接受了马克思主义。他们由民主主义向马克思主义转变，与对下列事件的思考有很大关系：辛亥革命后的军阀混战使得他们对民主共和的理想产生了怀疑，第一次世界大战的人类浩劫促使他们深刻反思资本主义制度无法解决的矛盾，俄国十月革命的胜利给予他们巨大的鼓舞，而巴黎和会中各列强出卖中国利益的行径使他们"彻底觉悟"，他们认为资本主义无法改变社会和拯救中国，需要有新的理论指导。于是，陈独秀、李大钊开始向共产主义者转变，开始运用马克思主义的观点来重新认识第一次世界大战、思考中国现实问题。

十月革命后，《新青年》成为宣传马克思主义、宣传反帝反封建思想的阵地。1918 年 10 月，李大钊就在《新青年》上发表了《庶民的胜利》《布尔什维主义的胜利》等文章，较早地进行马克思主义思想的传播。自此，《新青年》的政治色彩更为明显，逐渐成为宣传马克思主义的思想阵地。1919 年 5 月，《新青年》第 6 卷第 5 号还专门辟"马克思主义思想研究专号"，李大钊发表了《我的马克思主义观》，标志着他已经完成了从革命民

---

① Dr. T. T. Lew；Prof. Hu Shih；Prof. Y. Y. Tsu；Dr Cheng Ching yi：China To-day Through Chinese Eyes，New York：George Hdorn compang. 1922.

主主义者向马克思主义者的转变。陈独秀成为马克思主义者的时间要晚一些，1919 年陈独秀在《每周评论》上发表了《二十世纪俄罗斯的革命》，接着又发表了《立宪政治与政党》《吃饭问题》。这些文章标志着陈独秀完成了由民主主义向社会主义的转变，成为一个比较明确的马克思主义者。

从 1919 年至 1921 年上半年，《新青年》发表有关马克思主义、十月革命和工人运动的论文及译介文章 130 余篇。从 1920 年 9 月第 8 卷第 1 号起，《新青年》迁至上海，实际成为中国共产党上海发起小组宣传马克思主义的专门刊物。在此期间，陈独秀主编的另一刊物《每周评论》也成为刊载马克思主义的重要刊物。除陈独秀、李大钊外，早期宣传马克思主义的还有李达①和张闻天②。李达在日本留学期间就开始撰写介绍科学社会主义与欧洲工人运动的文章，李达所写的《什么叫社会主义》《社会主义的目的》在 1919 年 6 月寄给上海的《国民日报》"觉悟"副刊发表。张闻天的《社会问题》③ 是在 1919 年 8 月发表的，文章中明确表示要用马克思的"唯物历史观"来观察社会，而且还列举了《共产党宣言》的十条纲领。以他们为代表的早期马克思主义者的宣传，使马克思主义被越来越多的人接受，为中国共产党的建立奠定了思想基础。

（二）留学生与中共的创建

1920 年初，李大钊和陈独秀等人开始酝酿建党的问题。在法国留学的蔡和森则明确提出应该建立"中国共产党"。在共产国际代表的帮助下，中国共产党的最早组织首先在上海建立。1920 年 8 月，上海共产主义小组正式成立，成员先后有陈独秀、李汉俊、李达、陈望道、俞秀松、沈玄庐、施存统、杨明斋、周佛海、袁振英、沈雁冰、林伯渠、李启汉、李中、沈泽民

---

① 李达（1905—1993），陕西眉县人。1913 年赴日求学，后因病回国。1917 年再次赴日，考入日本第一高等学校（东京帝国大学）学习，开始研究和宣传马克思主义。1920 年回国，与陈独秀、陈望道等人发起建立中国共产党早期组织，并代理书记，任《共产党》月刊主编，并参加《新青年》编辑工作。

② 张闻天（1900—1976），江苏南汇（今属上海）人。1920 年 7 月赴日留学，1921 年 1 月回国；1922 年 8 月自费赴美国加利福尼亚大学伯克利分校留学，1924 年 1 月回国；1925 年被中共派赴莫斯科中山大学、红色教授学院学习，并任助教、翻译，1931 年 2 月回国。

③ 发表于《南京学生联合会日刊》，1919 年 8 月 19—21 日该刊第 50 号至第 52 号连载。

等 10 余人。① 这 10 余人当中，除沈玄庐、沈雁冰、李启汉、李中无留学背景外，其他都有留学背景。大家一致推举陈独秀任党的书记，由陈独秀、俞秀松、李汉俊、施存统、陈公培 5 人制定党纲，并由李汉俊执笔。他们所拟定的《中国共产党宣言》明确规定组织名称为"中国共产党"，提出党的最终目标是："经济方面消灭私有制，政治方面消灭政权和社会方面消灭阶级。"

在此基础上，北京、武汉、长沙、广州、济南等地也先后成立了一些党的早期组织。此外，旅居日本和法国的中国共产主义者也成立了类似的组织。1921 年 6 月，上海共产主义小组通知各地共产主义小组，派代表来沪召开中国共产党第一次全国代表大会。除旅法小组因路途遥远联系不畅未能派代表外，其他各地代表陆续抵达上海。7 月，中共"一大"在上海召开。代表原本有 12 名：李达、李汉俊、张国焘、刘仁静、毛泽东、何叔衡、董必武②、陈潭秋、王尽美、邓恩铭、陈公博、周佛海；后来陈独秀另派包惠僧参加，这样中共"一大"代表共计 13 名。

会议通过了《中国共产党党纲》《关于当前实际工作的决议》，选举了党的领导机构。"一大"通过的党纲主要内容有：党的名称是中国共产党；性质是无产阶级政党；奋斗目标是以无产阶级革命军队推翻资产阶级的政权，消

---

① 李汉俊（1890—1927），湖北潜江人。留学日本，毕业于东京帝国大学。回国后主要从事著述和翻译，宣传马克思主义。陈望道（1891—1977），浙江义乌人。1915 年赴日本留学，先后在东洋大学、早稻田大学、中央大学等校学习文学、哲学、法律等，并阅读马克思主义著作。1919 年回国。1920 年 12 月参加《新青年》编辑工作。俞秀松（1899—1939），浙江诸暨人。1925 年 10 月到 1932 年 7 月在苏联中山大学、列宁学院学习。1935 年 6 月派赴新疆工作。施存统（1898 年—1970 年），浙江金华人。1920 年 6 月至 1922 年 1 月留学日本。杨明斋（1882—1938），山东平度人。1901 年到俄国海参崴做工。1908 年后在西伯利亚地区边做工边读书，参加了布尔什维克领导的工人运动，后入莫斯科东方大学学习。1920 年回国。周佛海（1897—1948），湖南沅陵人。1917 年留学日本，先后入第七高等学校、京都帝国大学经济科。1924 年回国。袁振英（1894—1979），广东东莞人。1921 年 8 月前往法国里昂中法大学学习，1924 年 9 月回国。林伯渠（1886—1960），原名林祖涵，湖南安福人。1903 年考取公费生，赴日本留学，1904 年入东京弘文学院，1905 年年底回国。1927 年 10 月入莫斯科中山大学进修，1933 年回国。曾任陕甘宁边区主席等。沈泽民（1902—1933），浙江桐乡人。1920 年赴日本入东京帝国大学半工半读。1921 年初回上海，5 月加入上海共产主义小组。

② 董必武（1886—1975），湖北黄安（今红安）人。1903 年中秀才。1905 年入湖北"文普通"学堂，后任黄州中学英文教员。1911 年参加辛亥革命，加入同盟会。1914 年考入日本大学学习法律，加入中华革命党。1915 年 6 月回国从事反袁活动，两次被捕入狱。1916 年出狱后再度赴日，1917 年毕业于日本大学法律专科，1918 年回国。1928 年赴苏联莫斯科中山大学、列宁学院学习，1932 年回国。

灭资本家私有制，由劳动阶级重建国家，承认无产阶级专政，直到阶级斗争结束，即直到消灭社会的阶级区分；基本任务是从事工人运动的各项活动，加强对工会和工人运动的研究与领导；大会选举产生党的领导机构——中央局，对宣传马克思主义和建党有特殊功劳的陈独秀虽然没有参加会议——当时他在广州忙于广东的教育改革（李大钊则在四川讲学），但是却以其威望当选为书记，中央局的另两个成员为组织主任张国焘、宣传主任李达。

在一些文章中，常见到中共"一大"代表中归国留学生有七八个人的说法，这不准确。因为在参加会议的 13 名代表中，只有李达、李汉俊、董必武、周佛海为留学生。几年以后，刘仁静、何叔衡、陈潭秋才赴苏联留学，陈公博则是在退党后赴美留学的（1922—1925 年留美）。但是，共产党"一大"的核心是以陈独秀为代表的留日学生这一事实却是无可争议的。

事实上，从 1921 年中国共产党创建到 1927 年共产党的"五大"，担任中共中央局书记的一直是陈独秀；而且在此期间，担任中共中央委员、中央局委员的中共领导层当中，留学生所占的比例也相当高（见表 3—11）。

表 3—11　　　　　　　中共一大至五大中央委员留学情况

时间和会议	职务	总人数	留学生人数			
			总计	留日	留欧	留苏
1921 年 7 月中共"一大"	中央委员	3	2	2		
1922 年 7 月中共"二大"	中央委员	7	4	2	2	
1923 年 6 月中共"三大"	中央委员	14	4	3	1	
	中央局委员	6	2	1	1	
1925 年 1 月中共"四大"	中央委员	15	8	2	3	3
	中央局委员	6	5	1	2	2
1927 年 5 月中共"五大"	中央委员	47	22	2	8	17
	政治局委员	10	6	2	4	2

资料来源：中共中央组织部、中共中央党史研究室：《中国共产党历届中央委员大辞典（1921—2003）》，中共党史出版社 2004 年版；其中第二届中央委员情况根据沈学明等主编：《中共第一届至十五届中央委员》（中央文献出版社 2001 年版，第 801 页）、徐世华：《关于中共"二大"代表和中央委员名单的考证》（《历史研究》1981 年第 2 期）资料进行了补充。

注：留学两个国家以上者，各计 1 次；委员中包括候补委员。

1921—1927 年，在五届中共中央领导人中留学出身的占了多数。在中共"一大"中央局委员中，陈独秀、李达为留学生；在"二大"中央委员中，除陈独秀、李大钊外，又增加了蔡和森、向警予；在"三大"14 名中央委员中，陈独秀、李大钊、李汉俊 3 人留日，蔡和森 1 人留法；在"四大"中央委员 15 人中，有留学背景的 8 人：陈独秀、李大钊留日，蔡和森、李维汉、向警予留法，彭述之、瞿秋白、张太雷留苏；"五大"中央委员先后有 47 人，有留学背景的 22 人：陈独秀、李维汉、瞿秋白、蔡和森、李立三、罗亦农、赵世炎、张太雷、陈延年、周恩来、刘少奇、任弼时、夏曦、彭述之、杨之华、顾顺章、陈乔年、黄平、刘伯庄、袁达时、陈潭秋、庄文恭，其中又以留苏学生最多。从中央局委员来看，"三大"中央局委员 6 人，分别是陈独秀、毛泽东、蔡和森、谭平山、罗章龙、王荷波，其中陈、蔡二人为留学生。"四大"中央局委员 6 人，陈独秀、蔡和森、彭述之、瞿秋白、向警予留学出身，仅张国焘非留学出身。1927 年"五大"始设中央政治局，委员人数增至 10 人（包括候补委员）：陈独秀、蔡和森、李维汉、瞿秋白、张国焘、谭平山、李立三、周恩来，其中留学生 6 人：陈独秀、蔡和森、李维汉、李立三、周恩来、张太雷，占 60%。因此，从中共"一大"到"五大"中央委员和政治局委员的领导集体来看，留学生在中共创建和初期发展过程中起了举足轻重的作用。

三　胡适等留学生自由主义知识分子群体的形成

随着新文化运动的发展和国内政局的变化，作为《新青年》主要编者和新文化运动主要发起人之一的胡适，逐渐与陈独秀、李大钊、鲁迅等渐行渐远，以他为代表的一批以留学生为主体的知识分子逐渐成为新文化运动的右翼，形成了民国时期中国自由主义者的庞大群体，这最先表现在《每周评论》这个期刊上。

1. "问题与主义"之争

自 1919 年 6 月第 28 期起，《每周评论》由胡适开始接任主编，办刊方向有了很大改变，发表了一些反对马克思主义和宣扬实用主义的文章，引起了"问题与主义"之争。

《每周评论》1918 年 12 月 22 日创刊于北京，也是五四运动时期重要的报刊之一。为更密切地关注现实，11 月 27 日，陈独秀邀约李大钊、高一涵、高承元、张申府、周作人等人，讨论《每周评论》的创刊事宜。与会者公推陈独秀为书记及编辑，其他人为撰述。《每周评论》前 25 期由陈独秀主编，内容以反映当前迫切的政治问题为主，坚持反对北洋军阀和日本帝国主义的政治鼓动，宣传反封建的文化思想，初步介绍社会主义思想，为五四运动作了重要的思想准备，在当时具有很大的影响。如 1919 年 1 月 5 日，李大钊在《每周评论》第 3 号上发表《新纪元》一文，指出第一次世界大战和俄国革命"洗出一个新纪元来"，"这个新纪元是世界革命的新纪元，是人类觉醒的新纪元"，"从今以后，生产制度起一个绝大的变动，劳工阶级要联合他们全世界的同胞，作一个合理的生产者的结合，去打破国界，打倒全世界资本的阶级"。4 月 6 日《每周评论》在"名著"栏内刊载《共产党宣言》第二章《无产者与共产党人》后面属于纲领的一段并加注按语，指出："这个宣言是马克思和恩格斯最重大的意见……其要旨在主张阶级战争，要求各地的劳工联合。"

但是，自陈独秀因为在五四运动中散发传单被捕，作为资产阶级自由主义者的胡适担任《每周评论》主编后，在 1919 年 7 月 20 日出版的第 31 号《每周评论》上，就发表了《多研究些问题，少谈些"主义"！》的文章，主要观点如下：

第一，空谈好听的"主义"，是极容易的事，是阿猫阿狗都能做到的事，是鹦鹉和留声机器都能做的事。

第二，空谈外来进口的"主义"，是没有什么用处的……

第三，偏向纸上的"主义"，是很危险的。这种口头禅很容易被无耻政客利用来做种种害人的事。欧洲政客和资本家利用国家主义的流毒，都是人所共知的。现在中国的政客，又要利用某种主义来欺人。[①]

李大钊看到后，写了一封给胡适的长信，谈了自己的看法：

————————

[①]　胡适：《多研究些问题，少谈些"主义"！》，《每周评论》第 31 期，1919 年 7 月 20 日。

一、"问题"与"主义"，有不能十分分离的关系。不论高揭什么主义，只要你肯竭力向实际运动的方面努力去做，都是对的，都是有效果的……

二、假冒牌号的危险。因为有了假冒牌号的人，我们愈发应该，一面宣传我们的主义，一面就种种问题研究实用的方法，好去本着主义作实际的运动，免得阿猫、阿狗、鹦鹉、留声机来混我们骗大家。

三、所谓过激主义。在这种浅薄无知的社会里，发言论事，简直是万难，东也不是，西也不是。我们惟有一面认定我们的主义，用他作材料，作工具，以为实际的运动；一面宣传我们的主义，使社会上多数人都能用他作材料，作工具，以解决具体的社会问题……

四、"根本解决"这个话，很容易使人闲却了现在不去努力……我们应该承认：遇着时机，因着情形，或须取一个根本解决的方法，而在根本解决以前，还须有相当的准备活动才是。

后来，胡适把李大钊的这封来信，加上标题《再论问题与主义》，发表在 8 月 17 日出版的第 35 号上。紧接着，他又在第 36 号《每周评论》刊登了《三论问题与主义》，并写好了《四论问题与主义》，准备在 8 月 31 日出版的第 37 号刊出。但由于《每周评论》在 8 月 30 日被北洋军阀查封，所以，胡适此文当时未能与读者见面。

虽然《每周评论》存在的时间很短，但是它开展的"问题与主义"之争，却是影响中国现代思想文化及政治哲学思潮的重大事件。长期以来，人们认为"问题与主义"之争，是胡适的实用主义与李大钊所信奉的马克思主义之间的冲突①，但到 1990 年以后，有的学者如罗志田教授等认为，胡适所针对的并非马克思主义，这一论争也并不意味着新文化人的"分裂"②，

---

① 中国共产党早期领导人邓中夏将"问题与主义"之争定性为"资产阶级学者"与"社会主义信仰者"的激烈斗争，而且结果是社会主义派取得了胜利。不过，他并不认为社会主义派就是马克思主义派，而指出社会主义派是极为分歧的：有无政府主义，有工团主义，有基尔特社会主义和马克思共产主义（布尔什维主义），此外还有傅立叶的空想社会主义、托尔斯泰的无抵抗主义和日本武者小路实笃的新村主义等派别。详见邓中夏《中国职工运动简史》，人民出版社 1953 年版，第 22 页。

② 罗志田：《因相近而区分："问题与主义"之争再认识之一》，《近代史研究》2005 年第 3 期，第 44 页。

至少，这并不是他们之间真正的分裂。

此论言之有理。胡适所针对的并非完全是空谈马克思主义，即使有点醉翁之意，起码也不能认为这是他们之间真正分裂的开始。为了深化对这一问题的理解，从内容以及李大钊的回应来看，我们还应搞清胡适所指的具体原因。事实上，在胡适此信发表之前，也只有李大钊在旗帜鲜明地宣传马克思主义。故李大钊看到胡适此信后，在远离北京的河北昌黎对他的论调进行了反批评。对胡适可能的醉翁之意，国外学者也指出："胡适的《问题与主义》的文章，反映了对其友人陈独秀、李大钊等人进入共产主义阵营引起的烦恼。"[1]

1920 年 8 月 1 日，由胡适领衔，联合以北大教授为主的同人蒋梦麟、陶履恭、王征[2]、张祖训（慰慈）、李大钊、高一涵等 7 人，在北京《晨报》增刊上联名发表了《争自由的宣言》。"宣言"开篇即说：

> 我们本来不愿意谈实际的政治，但实际的政治，却没有一时一刻不来妨害我们。自辛亥革命直到现在，已经有九个年头。这九年在假共和政治之下，经验了种种不自由的痛苦；便是政局变迁，这党把那党赶掉，然全国不自由的痛苦仍同从前一样。政治逼迫我们到这样无路可走的时候，我们便不得不起一种彻底觉悟，认定政治如果不由人民发动，断不会有真共和实现。但是如果想使政治由人民发动，不得不先有养成国人自由思想自由评判的真精神的空气。我们相信人类自由的历史，没有一国不是人民费去一滴一滴的血汗换来的。没有肯为自由而战的人民，绝不会有真正的自由出现。这几年军阀政党胆敢这样横行，便是国民缺乏自由思想自由评判的真精神的表现。我们现在认定，有几种基本的最小限度的自由，是人民和社会生存的命脉，故把他提出，让我全国

---

① ［美］费正清编：《剑桥中华民国史》（1912—1949）上卷，杨品泉等译，中国社会科学出版社 1994 年版，第 428 页。

② 王征（1887—?），黑龙江省宁安人。留学美国哥伦比亚大学，1919 年 4 月回国，长期服务于银行界，历任美国新银行团秘书、天津交通银行副经理、中国实业银行总经理等职。

同胞起来力争。①

该宣言还提出：民国三年公布的治安警察、出版法、报纸、预戒条例应即废止；民国八年所公布的管理印刷业条例应即废止；不遇外患或战争，不得国会、省议会议决或市民请求，不得滥行宣布戒严。同时还要求下列四种自由：①言论自由；②出版自由；③集会结社自由；④书信秘密自由。

由上可见，此宣言以英美式的民主、人权、自由、法治精神作参照，对现行政治从具体到原则都提出了合理正义的要求。"宣言"发表后，《东方杂志》立即转载②，同时还刊登署名文章，认为几位北京教授所争的"言论上自由则得其所争之本"，希望"有志之士群起赞助北大之行动，使之实现"③。

这一宣言被研究者视为自由主义者的第一份宣言，署名者全部是从海外留学归国的学生。在此我们可以看出，在那时，积极宣传马克思主义的李大钊与信仰资产阶级自由主义的胡适等人还没有截然对立。不过，当时的李大钊实际上已经在酝酿创建共产党了。

2.《努力周报》与"好人政府"

事实上，20世纪20年代中国自由主义知识分子的首度聚集④，应该是从胡适等人创办《努力周报》开始的。

1917年，胡适在回国之初曾表示"不谈政治"，但现在却不得不一次又一次地介入社会或政治的论争当中。在上述宣言发表之后的1922年5月7日，胡适等人创办了《努力周报》⑤，由胡适任主编，撰稿人及主要成员主要有胡适、高一涵、陶孟和、张慰慈、丁文江、任鸿隽、陈衡哲（留美）、朱经农、徐新六（留英）、蒋梦麟、蔡元培、王云五、徐志摩、顾颉刚等。其中除王云五、顾颉刚没有留学背景之外，多数人曾留学欧美，相似的教育

---

① 胡颂平编著：《胡适之先生年谱长编初稿》第2册，（台湾）联经出版事业公司1990年版，第410—411页。

② 胡适等：《争自由的宣言》，《东方杂志》1920年第17卷第16号，第133—134页。

③ 求实：《争自由》，《东方杂志》1920年第17卷第16号，第6—7页。

④ 杨志为：《〈努力周报〉——中国自由主义知识分子的首度聚集》，《安徽史学》2006年第8期。

⑤ 《努力周报》1923年10月31日终刊，共出版75期，另有增刊《读书杂志》18期。

背景使他们聚合为一个松散的团体。

《努力周报》是自由主义知识分子主办的政治与文艺综合性刊物，致力于西方民主、自由和议会、宪政的宣传。1922年5月14日，该刊第2期发表了《我们的政治主张》①的宣言，针对20世纪20年代初的中国社会状况，提出了解决问题的政治方案。"宣言"认为中国的军阀混战、国无宁日，全是因为好人自命清高，不愿参与政治，让坏人当道；认为"政治的清明全靠好人出来奋斗"，应由知识分子中的"好人"组成"好人政府"，努力改变政府腐败的现实，形成社会的重心，一点一滴地改造社会，创造出一个完美的"大我"。此外，"宣言"还提出了宪政的政府、公开的政府、有计划的政府等政治要求。这种"好政府主义"主张初步显示出独立的自由精神，体现了现代中国独立的、自由的知识分子干预政治的模式。提出这一政治主张的有16人，他们的教育背景如表3—12所示。

表3—12　　　　《我们的政治主张》提议人教育、职业情况

提议人	教育背景	职业
蔡元培	留学德国莱比锡大学	北京大学校长
王宠惠	留日，留美加利福尼亚大学、耶鲁大学	北京大学教员
罗文干	留学英国牛津大学	北京大学教员
汤尔和	留日金泽医专，留德柏林大学医学	北京医学专门学校校长
陶行知	留美伊利诺大学、哥伦比亚大学	东南大学教育科主任
王伯秋	留日早稻田大学，留美哈佛大学	东南大学政法经济科主任
梁漱溟		北京大学教员
李大钊	留学日本早稻田大学	北京大学图书馆主任
陶孟和	留学英国伦敦经济学院	北京大学哲学系主任
朱经农	留学美国华盛顿大学	北京大学教授
张慰慈	留学美国衣阿华大学	北京大学教员
高一涵	留学日本明治大学	北京大学教员
徐宝璜	留美密歇根大学	北京大学教授

---

① 该文也刊载于1922年5月15日《晨报》，又载上海《民国日报·觉悟》副刊，1922年5月18日。

提议人	教育背景	职业
王征	留美哥伦比亚大学	美国新银行团秘书
丁文江	留日，留英格拉斯哥大学	前地质调查所所长
胡适	留美哥伦比亚大学	北京大学教务长

资料来源：名单及职业根据《我们的政治主张》原文；留学背景根据各种传记资料整理。

从表3—12可见，在16位提议人当中，有留学背景的竟达15人，且以留学欧美者居多，多数获得硕士、博士学位。可以说，这一政治主张反映了留学生中自由主义知识分子的主张。1922年9月，在吴佩孚的支持下，在《我们的政治主张》上签字的王宠惠、汤尔和、罗文干等人入阁，王担任国务总理，汤、罗担任部长。当时他们被认为是无党无派的"好人"，因而这个政府被称为"好人政府"。然而与军阀武夫们谈好人政治，无异于与虎谋皮。这一内阁只存在72天①就垮台了，"好人政治"遂成泡影。这使曾经力倡"好政府主义"的胡适、丁文江等人开始对军阀政府心灰意冷，《努力周报》也于1923年10月31日停办。

尽管"好人政府"未能如愿实现政治的清明，但《努力周报》仍努力实现其通过舆论监督政府的初衷：主张组织"好人政府"监督军阀"裁兵""制宪"，实行"联省自治"。此外，该刊还攻击中国共产党提出的民主革命纲领和"打倒帝国主义""打倒军阀"的口号，为此曾受到《向导》等革命刊物的批驳。随着国内政局的动荡，胡适与陈独秀、李大钊等马克思主义者之间对于时局、现实和文化的分歧越来越大，行动也因此相异，并越来越明显，新文化运动初期的统一战线成员陈独秀、李大钊等马克思主义者与胡适等资产阶级自由主义者逐渐分道扬镳。

3. 中国自由主义思潮的由来与立场

概括地说，中国的自由主义思潮是在吸收欧美各种自由主义思想，尤其是英美自由主义的基础上产生的。它的传播，"始于19世纪末20世纪初，

---

① 1922年9月19日至11月29日。

主要是通过维新派介绍的，代表人物首推严复、梁启超"①。到五四运动时期，自由主义走向高潮，汇聚了一大批自由派知识分子，成为中国政治思想界一个庞大而驳杂的流派，以胡适、张君劢、张东荪为代表，还有罗隆基、王造时、储安平、丁文江、徐志摩等②，他们都是信仰欧美资产阶级政治民主学说的知识分子。其中，以胡适最有代表性，如费正清指出："胡适在五四以后继续坚守他的基本看法，尽管这时他在各个方面都受到敌对者的指责。1924—1927 年间轰动一时的一些事件及随之而来的激情都没有使他动摇。非理性的政治激情总是和真理毫不相干。尽管他和他的导师杜威一样，决不偏袒资本主义，但他仍然确信中国根本的灾难不应归之于外国帝国主义。他继续抨击孙逸仙和马克思主义者的'教条'。"③

中国自由主义思想在发展的过程中，主要受英美自由主义的影响。"来自美国的主要是杜威的民主—自由主义"，胡适等一批留美学生受其影响最深。相比较而言，对中国自由主义影响最大的是英国费边式的社会——自由主义。当时，费边主义思想家拉斯基在伦敦大学政治经济学院执教，吸引了一批中国留学生投其门下，尤其是罗隆基、王造时、储安平、张君劢等，"他们将拉斯基的政治思想广泛传播于中国，其影响之大，几乎成为现代中国自由主义之主流"④。中国的自由主义的主要特征是："崇尚意识独立，强调个人本位，反对盲从权威；要求重新估定传统文化的价值，全面肯定西方文化的优越性；主张对社会进行'一滴一点'的改良，反对'根本解决'等。"⑤ 如果单从理论上讲，他们的观点或许也有可取之处，但是，严酷的中国现实不允许一点一滴的改良。因此，中国社会的发展道路长期处于艰难

①　王金铻、李子文：《中国现代政治思想史》，吉林大学出版社 1991 年版，第 278 页。

②　对中国自由主义思想及留学生中自由主义知识分子的界定异常困难，或许新儒家中的冯友兰等以及《太平洋》杂志的主要成员李剑农、周鲠生、杨端六等也可在内。限于篇幅，暂略。《太平洋》(The Pacific Ocean) 创刊于 1917 年 3 月，在上海出版，月刊，其成员绝大部分是当时仍在英国和日本研究政治、法律、经济等科的留学生，如最初的主编李剑农及杨端六、周鲠生等都是留英学生。

③　[美] 费正清编：《剑桥中华民国史》(1912—1949) 上卷，杨品泉等译，中国社会科学出版社 1994 年版，第 498 页。

④　许纪霖：《中国知识分子的自由主义传统》，《许纪霖自选集》，广西师范大学出版社 1999 年版，第 100 页。

⑤　彭明、程啸主编：《近代中国的思想历程：1840—1949》，中国人民大学出版社 1999 年版，第 603 页。

的、充满论争的探索中，对中国自由主义的人物和主张的看法，也处在不断的变化中。

受欧美自由主义政治学说影响而诞生的中国自由主义知识分子们，在政治上是民主与自由的积极宣传者和坚定捍卫者，他们既不属于共产党，反对暴力革命，也不完全赞成国民党。他们对于中国的发展道路和方向有着自己的判断，始终坚信民主终将成为世界的潮流，"今后的中国，非成立一个民主国家不可。因为非民主的国家，在今日的世界上，已没有存在的机会"①。一方面，他们认为未来中国只能效仿西方选择走民主的道路，但这种道路也并不是对英美民主的照抄照搬，因此，它克服了 20 世纪民主只是在消极方面解除对政治自由的束缚而不能在积极方面充实人民在经济上自由权利的弊端，增加了经济民主的内容。② 另一方面，他们在学术上表现为积极地倡导思想自由，呼吁思想观念的解放，相应地要求政府放开言论出版的自由，但这种自由并不是毫无规则所限的自由。"我们说思想自由，但思想必须合乎逻辑，必须依伦理的法则而推展，决非胡思乱想。所谓思想自由，是指发表自由，不受外力的束缚，并非不受理性认识的支配。"③ 同时，自由的理念在政治上表现为以胡适、储安平、傅斯年等为代表的自由主义知识分子积极参与政治，通过创办《努力周报》《观察》等报纸期刊，以报刊为宣扬民主自由的前沿阵地，吸引了一大批留学生出身的知识分子。其留学海外的经历及常年受欧美自由民主思想的熏陶，使得他们眼界开阔、思想开放，他们在报刊上公开表达自己的政治理念和看法，以文章形成舆论进而影响国民政府的政治导向，对当时的中国政局产生了一定的影响。

当然，从另一个角度看，这些自由主义的知识分子们，无论其出身还是他们所提出的观念，都与中国最广大的阶层——工农相距甚远，他们不可能深入工农群众中去，自然也就不会提出符合工农迫切需要的方案，因此，也不会得到工农的支持，其思想理念长期只能在知识分子间流行，而没有成为

①　中国民主同盟中央文史资料委员会：《中国民主同盟历史文献》（1941—1949），文史资料出版社 1983 年版，第 72—73 页。

②　林建华、李伟：《论 20 世纪 40 年代自由主义知识分子的特征认知及其意义》，《北方论丛》2005 年第 3 期，第 99 页。

③　罗忠恕：《学术自由与文化进步》，《观察》1946 年第 12 期，第 8 页。

领导中国人民变革的旗帜。

四　留学生群体与"科玄论战"

20 世纪 20 年代是一个思想激荡的时代，面对中国的诸多现实问题，以留学生为代表的知识分子精英们以报刊为阵地，不厌其烦地开展了热烈的讨论。其中"科学与玄学的论战"尤其值得回首评说。

1923 年 2 月 14 日，曾在德国研究哲学的北京大学教授张君劢，在清华大学作了题为"人生观"的专题演讲，并整理成文，发表于《清华周刊》第 272 期。张君劢的主要观点是：科学是客观的，它受因果律的支配，方法上则以逻辑与分析方式为主；人生观则是主观的，为自由意志的表现，了解人生观要采用直觉与综合的方法，主张科学不能支配人生观。针对这一观点，留学英国的地质学家丁文江于同年 4 月在《努力周报》上发表《玄学与科学——评张君劢的"人生观"》[1] 一文，首先挑起了论争。丁文江认为，科学与人生观不可分离，科学对人生观具有决定作用，"今日最大的责任与需要，是把科学方法应用到人生问题上去"。张君劢随后对此作了详尽答辩，从此引发了关于"科学与人生观"关系问题的论争。胡适支持丁文江的观点，认为坚持科学的方法可以解决人生观的问题；梁启超、范寿康等认为科学不能解决人生观的全部，理智的部分可以由科学解决，情感的部分非科学所能解决；陈独秀、瞿秋白等人也运用马列主义唯物史观，对科学和玄学之争发表了看法，宣传了唯物史观，主张以唯物史观作指导，树立科学的人生观。在《科学与人生观》论文集的序言中，陈独秀以唯物主义的立场对双方的缺陷进行了批驳："我们相信只有客观的物质原因可以变动社会，可以解释历史，可以支配人生观，这便是'唯物的历史观'。"[2] 此后，邓中夏在《中国青年》[3]、瞿秋白在《新青年》[4] 上也用马克思主义的观点发表了评论文章，在基本支持科学派的同时表明了自身的一些观点与看法，揭示了论战双方哲学思想上的唯心主义错误，从而推动了马克思主义的唯物史观与科学

---

① 丁文江：《玄学与科学——评张君劢的"人生观"》，《努力周报》1923 年第 48、49 期。
② 陈独秀：《科学与人生观·序一》，见《科学与人生观》，山东人民出版社 1997 年版，第 7 页。
③ 邓中夏：《中国现在的思想界》，《中国青年》1923 年第 6 期，第 2—6 页。
④ 瞿秋白：《自由世界与必然世界——驳张君劢》，《新青年》1923 年第 2 期，第 36—47 页。

方法论的传播。

在这一论战前后，先后对"科学与人生观"发表看法的学者众多，从《科学与人生观》所辑录论战双方人员及文章情况可见一斑（见表3—13）。

表3—13　　　　　　　《科学与人生观》所录人员留学背景情况

人名	教育背景	发表文章篇名	发表期刊
陈独秀	东京高等师范学校、东京正则英语学校、早稻田大学	《科学与人生观·序一》	
胡适	哥伦比亚大学	《孙行者与张君劢》	《努力周报》
		《科学与人生观·序二》	
张君劢	早稻田大学、柏林大学、英国①	《人生观》	《清华周刊》
		《再论人生观与科学并答丁在君》（上、中、下）	《晨报副刊》
		《科学之评价——张君劢先生在中国大学讲演》	《时事新报·学灯》
丁文江	留日、英国格拉斯哥大学	《玄学与科学——评张君劢的〈人生观〉》《玄学与科学——答张君劢》《玄学与科学的讨论的余兴》	《努力周报》
梁启超		《关于玄学科学论战之"战时国际公法"——暂时局外中立人梁启超宣言》《人生观与科学——对于张、丁论战的批评》	《时事新报·学灯》
任叔永（任鸿隽）	东京高等工业学校、康奈尔大学、哥伦比亚大学	《人生观的科学或科学的人生观》	《努力周报》
孙伏园	留学法国	《玄学科学论战杂话》	《时事新报·学灯》
章演存②	东京帝国大学	《张君劢主张的人生观对科学的五个异点》	《努力周报》
朱经农	华盛顿大学	《读张君劢论人生观与科学的两篇文章后所发生的疑问》	《努力周报》

① 张君劢（1887—1969），江苏宝山（今属上海）人。清末留学日本早稻田大学，1910年毕业回国，参加留学生考试，授翰林院庶吉士。1913年留学德国柏林大学，获政治学博士学位。各种记载中没有他留英的记录，而在1934年的《留英同学录》中有"张嘉森 Carson"一条的收录，表明他曾于1915—1916年在英国研究政治学（无具体学校的记载），可谓其留学英国的明证。

② 即章鸿钊（1877—1951），浙江吴兴人。1905年官费赴日本留学，日本京都第三高等学校毕业后入大学农科，改学地质，1911年东京帝国大学理学部地质系毕业，获学士学位。同年9月应清学部留学生考试，获得"格致科进士"。

续表

人名	教育背景	发表文章篇名	发表期刊
林宰平	东京帝国大学	《读丁在君先生的〈玄学与科学〉》	《时事新报·学灯》
唐钺	康奈尔大学、哈佛大学	《心理现象与因果律》《"玄学与科学"论争的所给的暗示》《一个痴人的说梦——情感真是超科学的吗?》《科学的范围》《读了〈评所谓"科学与玄学之争"〉以后》	《努力周报》
张东荪	东京帝国大学	《劳而无功——评丁在君先生口中的科学》	《时事新报·学灯》
菊农①	哈佛大学	《人格与教育》	《晨报副刊》
陆志韦	芝加哥大学	《"死狗"的心理学》	《时事新报·学灯》
王星拱	伦敦大学	《科学与人生观》	《努力周报》
穆②	无	《旁观者言》	《时事新报·学灯》
颂皋③		《玄学上之问题》	《时事新报·学灯》
王平陵	无	《"科哲之战"的尾声》	《时事新报·学灯》
吴稚晖	东京高等师范学校	《箴洋八股化之科学》	《晨报副刊》
		《一个新信仰的宇宙观及人生观》	《太平洋》
范寿康	东京第一高等学校、东京帝国大学	《评所谓"科学与玄学之争"》	《学艺》

资料来源：人名及文章名根据：《科学与人生观》目录，亚东图书馆 1923 年版；发表期刊一栏根据黄玉顺：《超越知识与价值的紧张——"科学与玄学论战"的哲学问题》，四川人民出版社 2002 年版，"科学与玄学之论战月表"。

从表 3—13 可见，不仅张君劢、丁文江外，胡适、梁启超、吴稚晖、张东荪、林宰平、王星拱、唐钺、任鸿隽、孙伏园、朱经农、陆志韦、范寿康等知名学者纷纷发表文章，就连当时在无锡初级小学任教的钱穆也向上海《时事新报》副刊《学灯》投稿。在上述 20 人当中，除了梁启超、《时事新

① 菊农，即瞿世英（1900—1976），江苏常州人。1918 年考入燕京大学哲学系，次年参加五四运动。1922 年获研究科硕士学位。1924 年赴美国哈佛大学研究院深造，1926 年获哲学与教育学博士后归国，历任北京大学、清华大学、北京师范大学、北京女子师范大学教授。1930 年受晏阳初之聘，协助中华平民教育促进会，开展乡村平民教育运动。

② 穆，即钱穆。经钱穆证实《旁观者言》为其旧作，参见赵灿鹏《钱穆早年的几篇轶文》，《读书》2010 年第 3 期，第 129 页。

③ 颂皋，即"吴颂皋"，曾留学法国巴黎大学。

报》副刊《学灯》的主编王平陵，以及孙伏园、瞿世英和钱穆没有留学（孙、瞿留学在此次论战之后）背景外，其他都是归国留学生。因此，这场论战的主角是归国留学生，而且基本上是自由主义知识分子。

这场学术界普遍关注的论争，使科学和玄学成为当时学术界的热点，涉及科学派、玄学派和唯物派三方。其实质是如何正确认识和处理中西方文化关系。后来的研究者将主张科学无法支配人生观的张君劢一派称为玄学派，以上海的《时事新报》副刊《学灯》为核心；将坚持科学对人生观具有决定作用的丁文江一派称为科学派，他们将相关文章发表于《努力周报》。后来，上海亚东图书馆编辑出版了《科学与人生观》一书，收入29篇论战文章，陈独秀、胡适作序；上海泰东图书局则发行了内容相同的《人生观的论战》文集，张君劢作序。至1923年底，科学与玄学论战大体结束，但是其影响却一直持续到当今。

综上所述，北洋政府时期是一个政局不稳、战乱频仍、思想流派众多、各种思潮百家争鸣的多元时期。北洋政府文官制度的确立对留学生入仕产生了重要的影响，使归国留学生得以在北洋政府的任职人员构成中占有较高的比例。由于大批留学生进入政府各部门和高校，留学生在社会上的地位日隆，民众不仅接纳、仰慕甚至将社会改造的重担寄托于留学生。特别是五四新文化运动的兴起，为留学归来的知识分子在日益严酷的国内外局势下，如何看待政治现实、如何对待传统文化和中国的出路等重大问题提供了思考和表现的时机。他们或坚持学术研究的立场，或主动或被动地陷入政治的漩涡，或将目光转向十月革命后的俄国。虽然在1920年前后他们仍然互为声援，但是不同的救国道路选择已是他们必须面对的艰难抉择。从此，归国的留学生们真正踏上了政治、文化迥异的道路。这一切充分表明，从五四新文化运动后期开始，新文化队伍已严重分化，实际上也就是以留学生为代表的知识分子队伍的分化——在经过五四的洗礼之后，他们各自对中国的社会发展和文化发展的方向产生了歧异，也就是对中国未来的现代化道路作出了不同的选择。

第四章

南京政府前期的留学生群体及其社会影响

南京政府是在国内外矛盾异常尖锐的情况下成立的。当时，不仅中日之间的民族矛盾日益加剧，国共之间的矛盾也正式开始并演化为武装冲突，而且国民党内部各种派系之间的斗争也层出不穷。直到"卢沟桥事变"爆发，党派矛盾、中央与地方的矛盾以及国民党内的矛盾才趋于缓和。在此期间，在各个派系中身居要职，出国背景不同、信仰不同的留学生们也表明了自己的立场，表达了各自的观点，发挥了不同的作用。

第一节　国民党中央领导层的留学背景
与派系权力之争

1927 年 4 月，国民政府定都南京后，又于 1928 年 6 月收复河北，在东北易帜后，南北分治、军阀割据的局面基本结束，南京国民政府在形式上实现了国家的统一。之后，蒋介石宣称遵照孙中山遗训进行国家建设，确立了"以党治国"的一党专政体制。其时治国要人大都有留学背景，因此，他们也不可避免地卷入了派系权力之争。而为了巩固政权和培养人才，国民政府又相继颁布了一系列留学法规，对留学政策进行了调整和规划，使其逐步完善，为以后留学教育的发展奠定了基础。

一　留学生群体与国民党一党专政体制的确立

经历了北伐和"四·一二反共事变"之后，1927 年 4 月 18 日，蒋介石集团在南京成立了国民政府，同以汪精卫为首的武汉国民政府形成了对峙的局面。不久，蒋介石采取以退为进的策略，宣布下野。1927 年秋，武汉国民政府迁往南京，实现了"宁汉合流"。但此后，国民党内部各派系斗争并未止息，尤其是奉系军阀的南下，为蒋介石提供了复职的机会。1928 年初，国民政府特任蒋介石为国民革命军总司令。接着，在南京召开的国民党二届四中全会上，蒋介石总揽了党政军大权。1928 年底，张学良宣布"东北易帜"，全国"统一"。可见，南京国民政府是国民党内部以蒋介石为首的新的政治力量和军事势力通过北伐战争，扫荡北洋军阀，排斥共产党，并且为了对抗国民党内其他势力集团而建立的。对蒋介石集团和南京政府而言，复杂、险恶的国际形势和共产党乃至国民党内部其他派系的威胁还没有解除，因而，定都南京以后，对如何巩固政权还不敢懈怠，建立"以党治国"的一党专政体制于是被提上了议事日程。

国民党一党专政体制的指导思想是孙中山的党治思想。由于长期旅居海外，孙中山对欧美国家的政党建设比较了解，因而，他在从事革命之初就注意组建革命政党，依靠政党来发动和领导革命。从组建兴中会、同盟会再到中国国民党，可以看出，孙中山一直坚持"以党建国""以党治国"的道路。在他看来，中国的国民素质不高，必须"由此少数优秀特出者集合为政党，以领导全部之国民"[1]。但孙中山在初期并不赞成一党制，他认为一个文明国家如果仅有一党，则"仍是专制政体，政治不能进步"[2]。十月革命之后，孙中山主张"此后欲以党治国，应效法俄人"[3]。在他看来，俄国的共产党一党专政"比美英法之政党握权更进一步"[4]。1924 年 1 月，在国民党第一次全国代表大会上，孙中山说："我们现在并无国可治，只可以说以党建国，待国建好，再去治他。"[5] 孙中山俄国式的党治思想，其核心是以

---

①　孙中山：《国民党宣言》，见中国社会科学院近代史研究所中华民国史研究室等合编《孙中山全集》第 2 卷，中华书局 1982 年版，第 396—397 页。

②　孙中山：《在国民党成立大会上的演说》，见中国社会科学院近代史研究所中华民国史研究室等合编《孙中山全集》第 2 卷，中华书局 1982 年版，第 408 页。

③　孙中山：《在广州国民党党务会议的讲话》，见中国社会科学院近代史研究所中华民国史研究室等合编《孙中山全集》第 8 卷，中华书局 1986 年版，第 268 页。

④　孙中山：《关于组织国民政府案之说明》，见中国社会科学院近代史研究所中华民国史研究室等合编《孙中山全集》第 9 卷，中华书局 1986 年版，第 103 页。

⑤　同上书，第 103 页。

国民党的党义治国。孙中山虽强调政党的作用，但最终的归宿却是要实现民治。从国民党的改组及孙中山提出的联俄、联共、扶助农工的三大政策可以看出，孙中山并不排斥其他革命政党，并有意将国民党改组成以广大工农群众为基础的政党，其"党治"思想实质就是要在国民党的三民主义指导下实现全民政治。但也不可否认，孙中山"把党放在国上"的主张，容易导致过分强调党对国家至高无上的权力，甚至可能出现以党代政、以党专政的现象，给以后执政的国民党实行一党专政体制找到了理论借口，也给以后中国的政党建设带来了长期的、多重的负面影响。由此也可以看出作为一个受过西方政治文化学说影响的、留学生出身的国民党总理思想的局限，而且这一局限还影响了整个国民党的思想基础和治国理念。

　　南京国民政府成立后，蒋介石宣称遵照孙中山的遗训进行国家建设，于是孙中山提倡的以民族、民权、民生为核心的"三民主义"理论，成为南京国民政府立法的指导思想。南京国民政府确立的一党专政体制主要通过三个法律性文件来体现，即1928年10月制定的《中国国民党训政纲领》，1931年6月颁布的《中华民国训政时期约法》，1932年12月起草的《中华民国宪法草案》。这三个指导性法律文件主要是由孙中山的助手、留日出身的三民主义理论家胡汉民所制定。

　　1928年北伐讨奉获得胜利后，南京国民政府宣布"军政"时期结束，"训政"时期开始。1928年10月3日，国民党中央执行委员会第172次常委会通过了《中国国民党训政纲领》，以相当于国家根本大法的形式，将"训政"时期"以党治国"的政治体制初步确立了下来。《训政纲领》是由国民党元老、孙中山的主要政治继承人之一胡汉民一手拟定出来的。他认为，以三民主义为指导的中国国民党是"中国革命分子唯一的组合体""党外无政，政外无党"[①]。因此，国民党便成为中国唯一正确的政党，其他政党与团体皆成多余。也就是说，在训政时期必须实行国民党一党专政。《训政纲领》将"以党治国"的理念，确定为"训政"时期政权运作的最高指导原则，国民党一党专政的地位得以从根本制度上确定下来。

　　但是，国民党内部长期实行的委员会制与长期形成的各派系之间仍不可

---

① 胡汉民：《党外无政，政外无党》，《大公报》1928年9月21日。

避免地钩心斗角，还存在着相互抗衡的成分，相当多的国民党老人、要人对蒋的大权独揽和治国理念不满。随着蒋介石在党、政、军内地位的巩固，这样的权力运作方式显然难以满足个人权欲，他在"以党治国"的理念上与胡汉民产生了严重的分歧。1931 年 5 月国民党召开了国民会议，6 月颁布了《中华民国训政时期约法》。该约法与《训政纲领》最大的不同在于它将国民政府行使的四种政权和五种治权实际化："选举、罢免、创制、复决四种政权之行使，由国民政府训导之"，"行政、立法、司法、考试、监察五种治权由国民政府行使之"①。此项规定，扩大了国民政府的实际权力弱化了中政会的权力。这样，有着国民政府主席与行政院院长双重身份的蒋介石，成功地摆脱了国民党中央委员会的约束而独掌政权。从其内容来看，《中华民国训政时期约法》从法律上确认国家权力交由国民党行使，确认国民政府对国民党的隶属关系，使国民党一党专政合法化，实际上也确立了蒋介石作为最高独裁者的地位。

1932 年 12 月，国民党召开四届三中全会，议决起草《中华民国宪法草案》，确立总统制为核心的五院制度，其实质是继续推行以蒋介石为领袖的国民党一党专政。立法院从最初受命制定宪法草案，到最后国民政府颁布"五五宪草"，历时三年，七易其稿。"宪草"的最大特点是总统的权力越来越大，国民大会的权力越来越小；总统个人具有至高无上的权力；人民的权利只有法律上的保障而没有宪法上的保障。

南京国民政府在"训政"时期的"党治"模式是一种地道的垄断政权与治权的统治。国民党凌驾于一切机构和权力之上，成为全国唯一的合法政党，既缺乏党外力量的有效监督，也没有给民众提供参与政治的合法渠道。民众的一切活动都要从国民党的利益出发，国民党党权代替了政府的行政权，一党专政成为国民党上层集团实行独裁的前提和基础。这不仅与西方的政党政治大相径庭，也与民初以宋教仁为代表的政党政治追求的方向差之甚远。由此可见，国民党的上层虽然大都有留学背景，但是西方的民主政治学说和政治制度并没有得到切实体现，这不仅说明了中国社会现实的复杂，也

---

① 《中华民国训政时期约法》，见中国第二历史档案馆编《中华民国史档案资料汇编》第 5 辑第 1 编《政治》（一），江苏古籍出版社 1994 年版，第 271 页。

说明了国民党内留学生出身人员构成的复杂及其理论的局限性。或者说，国民党一党专政体制的确立与国民党内留学生出身的政要有重要的关系，不仅其指导思想源于孙中山的党治思想，而且对确立一党专政体制的三个法律条件的制定也与留学生有直接的关系。

二　南京政府的建制与组成人员的留学背景

南京国民政府是依据国民政府组织法而成立的，但是，"以党治国"的方针早就确定了。1925 年 7 月在广州成立的国民政府所依据的组织法，就规定国民政府受国民党指导监督，负责全国政务。国民政府由委员组成，推定其中一人为主席，设常务委员处理日常事务；军事、外交、财政各部部长由委员兼任；此时主席为汪精卫。1927 年 3 月，国民革命军北伐进抵长江流域时，国民政府组织法第一次修正，废除主席，设常务委员。设财政、外交、交通、司法、教育、劳工、农政、实业、卫生等部，每部部长仍以国民政府委员兼任。1928 年 2 月国民政府组织法第二次修正，恢复主席制，在常务委员中推定。设内政、外交、财政、交通、司法、工商等部，及最高法院、监察院、考试院、大学院、审政院、法制院、建设委员会、军事委员会、蒙藏委员会、侨务委员会；此时主席为谭延闿。1928 年 10 月，国民政府已定都南京，国民政府组织法第三次修正，主席总揽全国治权，兼陆海空军总司令。设行政、立法、司法、考试、监察五院。公布法律及发布命令，经国务会议议决，由国民政府主席及五院院长署名。1930 年 11 月，国民政府组织法第四次修正，国务会议改称国民政府会议，行政院会议改称国务会议。1931 年 6 月，国民政府组织法第五次修正，主席代表国民政府，五院对国民政府负责，此期间主席为蒋介石。1931 年 12 月国民政府组织法第六次修正，主席不负实际政治责任，不得兼任其他官职。五院各自对中国国民党中央执行委员会负责。其后 1932 年 3 月、1932 年 12 月、1934 年 10 月国民政府组织法又作第七、八、九次修正，与主席之职权无关，此期间主席为林森（留美）。

国民政府组织法的历次修正，多与主席权的升降有关，这实际反映了国民党内部的争权夺利，实际上主要是蒋介石、汪精卫以及胡汉民之间的权力、地位的升降。至于国民政府委员的人员构成，每次略有不同（见表

4—1）。

表4—1   1928—1937年历次政府委员背景

任职时间	人数	教育程度	党员背景	出身
1928年2—10月	52	大专以上占85%，留日者占50%	同盟会时期老党员占65%，其后入党者占35%	任职北京政府者占48%，任职广州国民政府者占58%，属于各军系者占48%
1930年11月—1931年6月	18	大专以上占89%，留日者占33%	同盟会时期老党员占67%，其后入党者占33%	任职于北京政府和广州国民政府者均在50%以上，属于各军系者占39%
1931年6—12月	42	大专以上占86%，留日者占26%	同盟会时期老党员占48%，其后入党者占52%	任职北京政府者占57%，任职广州国民政府者占38%，属于各军系者占38%
1931年12月—1935年12月	47	大专以上占81%，留日者占38%	同盟会时期老党员占72%，其后入党者占28%	任职北京政府者占51%，任职广州国民政府者占40%，属于各军系者占32%
1936年—1937年7月	41	大专以上占80%，留日者占41%	同盟会时期老党员占76%，其后入党者占24%	任职北京政府者占54%，任职于广州国民政府者占27%，属于各军系者占24%

资料来源：根据张玉法《中华民国史稿》，（台北）联经出版事业公司2001年版，第188页表改制。

据张玉法先生统计，上述历届国民政府委员，除重复任职者外，共96人，主要来自：①国民党领袖，如汪精卫、胡汉民、谭延闿、蒋介石等；②重要军事将领，如何应钦、阎锡山、冯玉祥、杨树庄、刘湘、龙云、韩复榘；③担任"党国"重要职务者，如陈果夫、叶楚伧等；④同盟会时期老党员，如黄复生、熊克武等；⑤社会名流，如唐绍仪、马良等。如果从国民政府委员的人事结构来分析国民党政权的性质，应属于"职业革命家"、官僚与军人的结合①，这是有道理的。

但如果从留学生的视角分析，根据表4—1可以得出，仅留学日本者平均就有47.6%。上述国府委员中留学生出身的绝非来自日本一国，还有一些留学欧美的。如1931年12月28日国民党第四届中央执行委员会第一次

---

①   以上分析参考了张玉法《中华民国史稿》，（台北）联经出版事业公司2001年版，第186页。

全体会议通过的 33 位政府委员，有案可稽的至少有 5 人是留学欧美的：唐绍仪、蔡元培、邵元冲、宋子文、孔祥熙。这样，此届委员中留学日本以外其他国家的至少占 14%，在此届国府委员中至少有 60% 是留学生出身。

当时国民党实行一党训政，各级政府均受各级党部的指导监督。因为中央一级无上级党部和上级政府可以呈报，故在国民政府和中央执行委员会之间设政治委员会，作居间联系机构。依据《训政大纲提案说明书》，党于政府建国大计及对内对外政策有所变动，必须以政治委员会的"连锁"以达于政府，即政治委员会在启动政治根本方案上对党负责，国民政府在执行政治方案上对政治委员会负责。

政治委员会的委员也基本为留学生出身。政治委员会成立于 1924 年 7 月，1926 年 7 月改为政治会议。政治委员会或政治会议的首脑，自 1924 年 7 月成立到 1932 年 11 月"四中"全会前由委员互推主席。第四届中执会成立之初，采常务委员制，常务委员为蒋介石、汪精卫、胡汉民 3 人，均有留学背景。至 1932 年 12 月四届三中全会后改由中常委 9 人兼任，他们是胡汉民、汪精卫、蒋介石、于右任、叶楚伧、顾孟余、居正、孙科和陈果夫。其中胡、汪、蒋、于、顾、居、孙 7 人均为留学生。会议主席由中常委委员轮流担任。1936 年五大后，采主席制，主席、副主席由中执会推定。政治委员会负责国政大计，每遇国家发生重大外交及国防问题时，常增设特殊机关。1937 年 8 月，中常会为应付抗战需要，决定设国防最高委员会，以取代政治委员会，而委员长就是蒋介石。

由上可见，国民党在训政时期，实行党政军合一。中央领导阶层组成人员，或为一个委员会的委员，或兼若干委员会的委员。委员职务愈多，权力愈大。而不管多少机构，归国留学生仍然是其中的主体，因此，民国的是是非非，也就与留学生密切相关。

三　国民党中央领导层的留学背景与派系权力之争

南京政府建立后，在其后 10 年间举行的国民党"三大"、"四大"和"五大"，都是在国内外尖锐的矛盾中召开的。在此期间，经历了宁、汉、沪三方的纷争，宁汉、宁粤的对立与国民政府的改组，蒋介石与汪精卫、胡汉民派的争斗，蒋介石与各地方实力派的混战等事件。作为从辛亥革命开始登上中国政治舞台的群体，归国留学生成为南京国民政府和国民党中央上层集团中主要的和多数的成员，因此，他们也不由自主地卷入到各种派系和争斗之中。

（一）国民党"三大"中执委的留学背景及派系权力之争

从1927年定都南京到抗战前的10年中，国民党经历了三次全国代表大会。国民党第三次全国代表大会于1929年3月15—28日在南京召开，推选国民党第三届中央执行委员会委员36人，他们是蒋介石（留日）、谭延闿、戴季陶（留日）、何应钦（留日）、胡汉民（留日）、孙科（留美）、阎锡山（留日）、陈果夫、陈铭枢、叶楚伧、朱培德、冯玉祥、吴铁城（留日）、于右任（留日）、宋庆龄（留美）、宋子文（留美）、汪精卫（留日）、伍朝枢（留美、英）、何成浚（留日）、李文范（留日、法）、王柏龄（留日）、邵元冲（留日、美、德）、朱家骅（留德）、张群（留日）、刘峙、杨树庄、方振武（留日）、赵戴文（留日）、周启刚、陈立夫（留美）、刘纪文（留日、英）、陈肇英、刘庐隐、丁惟汾（留日）、曾养甫（留美）、方觉慧（留日）。据笔者查核统计，具有留学背景的25人，占总数的69.4%。也就是说，国民党"三大"中央执行委员的69.4%卷入了当时的派系权力之争。

国民党"三大"是在定都南京后，国民党在形式上一统天下的形势下召开的，是蒋派得胜的标志。在会上蒋介石作党务报告，谭延闿作政治报告，何应钦作军事报告，陈果夫作监察工作报告。会议反对中共的阶级斗争理论，强调国民党不分阶级，代表全民，认为北伐革命对象为军阀、共产党与帝国主义，指责苏联为"赤色帝国主义"，会议正式宣布军政时期结束，训政时期开始，确定《三民主义》《五权宪法》《建国方略》《建国大纲》及《地方自治开始实行法》为训政时期中华民国最高根本大法、指导思想或重要法规。

国民党"三大"的人事变动主要为恢复西山会议派林森、张继、谢持、邹鲁、居正、石瑛、覃振、石青阳、茅祖权、沈定一的国民党党籍。本来以邹鲁、覃振、谢持等为代表的西山会议派坚决反对孙中山"联俄、联共、扶助农工"的三大政策，因此，他们与北伐初期没有实行清党反共的蒋介石之间在意识形态方面出现了分歧。"四·一二反共事变"后，双方在反共的立场上取得了一致，达成了和解，蒋又部分满足了西山会议派的权力欲望，与西山会议派的矛盾也逐渐消解。

此次会议还开除了桂系李宗仁、白崇禧以及李济深的国民党党籍，会议决定讨伐桂系。南京国民政府成立之后，为实现国家的军令与政令的统一，蒋介石随即提出了"整军方案"，也想趁机削弱非嫡系部队。经过蒋的一系列军事打击和政治分化活动后，地方实力派主要还有桂系、阎系和冯系。冯玉祥、阎锡山、李宗仁等人一直对中央虚与委蛇。此次会后不久就先后发生了蒋桂战争、蒋冯战争和中原大战等中央与地方实力派的混战。以李宗仁、白崇禧、黄绍竑为首的桂系军事集团，是与蒋介石集团斗争时间最长、对蒋系势力威胁最大的地方实力派。1927年8月13日，受桂系逼宫，蒋发表《辞职宣言》，从此，蒋桂矛盾开始激化。1929年三四月间，蒋桂战争爆发，桂系受到重创，李宗仁、白崇禧、黄绍竑败避海外。但他们仍伺机东山再起，1930年参加了中原大战，1931年又与粤军联合反蒋。1931年底，蒋第二次下野后，桂系以广西为根据地，推行一系列的政治、经济、军事自治措施，与蒋长期抗衡。直到抗战爆发，桂系出于民族大义才服从国民党中央，加入抗战阵营。冯系是以冯玉祥为首的国民党地方实力派。1928年北伐结束时，冯系成为国民党内力量最强大的地方实力派。对于冯系，蒋介石采取的是以阎制冯的策略，在势力范围的划分上制造阎冯矛盾，但蒋冯之间的矛盾也日益加剧。1929年4月，蒋冯大战爆发。蒋对冯部采取重金收买分化瓦解的策略，致使冯在军事上失利，被迫通电下野。冯玉祥下野后被阎锡山骗往山西加以软禁。为达到反蒋目的，冯还是决定联阎反蒋，参加中原大战。结果以失败告终，冯部被彻底分化，残部被收编为第二十九军。蒋桂、蒋冯大战后，蒋即将目标指向了阎锡山。为此，阎、桂、冯三系结成反蒋联盟，1930年4月，阎在太原就任全国陆海空总司令，公开反蒋，中原大战爆发。但最终被蒋各个击破，阎也宣布下野，避居大连。"九·一八事变"后，阎锡山得以重返山西，埋头于山西的经济建设，继续控制晋绥。此后，随着日军加紧侵华，华北危急，蒋阎矛盾才逐步缓解。

此外，国民党"三大"还开除陈公博、甘乃光的党籍以及顾孟余的党籍三年，给汪精卫以书面警告。至此，汪派与蒋派完全破裂，但汪派仍有很大的势力和基础。

长期以来，对蒋介石与桂系、冯系和阎系等地方实力派之间的矛盾，大陆学术界多斥之为军阀混战，此说不无道理。但是，客观地讲，蒋介石当时代表的不仅是一个全国政权，而且其治国理政的基本方略，除了反共应另当别论外，其他也不无合理之处，特别是在日本侵华气焰咄咄逼人之时，让地方实力派服从中央政府的指令，维护国家统一的行动应该肯定。就此而论，以蒋介石为代表的以留学生为主体的南京政府对地方实力派的战争，有利于国家的统一，有利于抗战的准备，因而表现出国民党内大多数留学生的意愿。当然这其中也有争权夺利的因素，也有留学生不同派别之间的争斗。

（二）国民党"四大"中执委的留学背景及派系权力之争

国民党第四次全国代表大会，由于国民党的分裂，开了三次：第一次是蒋派"四大"，1931 年 11 月 12—23 日在南京召开；第二次是粤派"四大"，于同年 11 月 18 日至 12 月 5 日在广州召开，由孙科主持；第三次是汪派"四大"，由广州四大分裂出来的 156 名代表参加，12 月 3 日在上海法租界召开，汪精卫主持，当天结束。但是从四届一中全会开始，却是统一的，12 月 22—29 日，南京、广州、上海三方国民党中执、中监委员，在南京联合召开四届一中全会，宣告国民党统一。会议对宁、粤、沪三方大会选出的委员一概承认。国民党第四届中央执行委员会委员 72 人，他们是：蒋中正（留日）、汪精卫（留日）、胡汉民（留日）、孙科（留美）、戴传贤（留日）、宋庆龄（留美）、何应钦（留日）、陈果夫、陈铭枢、叶楚伧、朱培德、吴铁城（留日）、于右任（留日）、宋子文（留美）、何成浚（留日）、王柏龄（留日）、邵元冲（留日、美、德）、朱家骅（留德）、张群（留日）、刘峙、杨树庄、周启刚、陈立夫（留美）、陈肇英、丁惟汾（留日）、曾养甫（留美）、李济深、方觉慧（留日）、王伯群（留日）、何香凝（留日）、方振武（留日）、伍朝枢（留美、英）、李文范（留日、法）、刘纪文（留日、英）、刘芦隐、邹鲁（留日）、阎锡山（留日）、冯玉祥、赵戴文（留日）、李烈钧（留日）、柏文蔚、覃振（留日）、石青阳（留日）、熊克武（留日）、陈友仁（留美）、王法勤、陈公博（留美）、程潜（留日）、顾孟余（留德）、经亨颐（留日）、甘乃光（留美）、居正（留日）、石瑛（留法、英）、刘守中、丁超五、张贞、孔祥熙（留美）、王正廷（留美）、周佛海（留日）、顾祝同、夏斗寅、贺耀祖（留日）、杨杰（留日）、桂崇基（留美）、马超俊（留日）、陈济棠、陈策、白崇禧、李扬敬、余汉谋、林翼中、张惠长（留美）。据笔者查核统计，具有留学背景的 48 人，占总数的 66.7%。

国民党第四次全国代表大会是在十分复杂激烈的矛盾中三方分别召开的，但由于"九·一八事变"后民族矛盾的上升，国民党各派系围绕党权与军权的斗争有所缓和。因此，四届一中全会是在蒋介石宣布辞去国民政府主席及行政院长职后联合召开的会议。会议通过了改组中央常委会、中政会常委会案，决定以林森为国民政府主席，孙科为行政院长。为蒋、汪、胡"团结"的需要，全会决定设立中央政治会议，但不专设主席，改常委制，把原来由蒋担任主席的中政会主席制改为蒋、汪、胡三人任常委的常委制，由他们轮流担任主席。这样，表面上蒋、胡、汪三派实现了和解，派系之间暂时取得了平衡，国民党宣告"统一"，但蒋、汪拒绝入京，而胡汉民也不视事，所以，孙科虽在胡汉民等的支持下组阁，但国民党中政会根本无法运转。1932 年 1 月 16 日，蒋、汪在杭州举行会谈，汪精卫放弃之前与胡汉民的联合反蒋协议，决定与蒋联袂入京。1 月 28 日孙科辞去行政院长职，由汪精卫继任。1932 年 3 月，蒋介石任军事委员会委员长，从此形成"蒋主军，汪主政"的格局。蒋与汪派的斗争主要是政治权力之争，此外还有政治理念之争。随着中日民族矛盾的激化，他们最后还是分道扬镳。

以胡汉民为代表的胡派与蒋之间的矛盾集中于是否需要制定约法、召开国民会议。1930 年 11 月，取得中原大战胜利之后，蒋介石为了将多年来与各派斗争的胜利成果合法化，提议召开国民大会，制定约法。但身为国民党元老的胡汉民，虽曾在帮助蒋介石打败竞争对手的过程中起了很大作用，但现在却坚持认为孙中山并没有在"训政"时期制定约法的主张，反对召开国民会议。胡蒋之间除了治国理念不合之外，另一个更深层的原因是权力之争。胡寄希望于掌控党权与蒋介石的军权相抗衡，用"五院制"以及中政会的集体领导来制衡蒋的个人专权，以达到与蒋分权的目的，但结果被蒋囚于汤山。待胡重获自由后，胡与两广、西南地方实力派结盟，结成反蒋势力，与蒋的中央政府抗衡，胡成为西南反蒋势力的精神领袖，对蒋的统治形成重要威胁。胡蒋矛盾一直持续到 1936 年胡汉民去世。

从蒋、汪、胡在国民党党政军机构中的权力演变来看，在党务系统，国民党的最高机关是每一届全国代表大会选出的中央执行委员会、中央监察委员会。蒋、汪、胡三派妥协产生的第四届中央执行委员会，形式上由蒋、汪、胡同任常委，轮流主持会议，但因胡长期不视事，实际上由蒋、汪控制。蒋介石担任委员长的军事委员会名义上隶属于国民政府，但实际上却凌驾于五院政府之上。

（三）国民党"五大"中执委的留学背景及派系权力之争

1935 年 11 月 12—22 日召开的国民党第五次全国代表大会，推选第五届中央执行委员会委员 120 人，他们是：蒋介石（留日）、汪精卫（留日）、胡汉民（留日）、戴季陶（留日）、阎锡山（留日）、冯玉祥、于右任（留日）、孙科（留美）、吴铁城（留日）、叶楚伧、何应钦（留日）、朱培德、邹鲁（留日）、居正（留日）、陈果夫、何成浚（留日）、陈立夫（留美）、石瑛（留法、英）、孔祥熙（留美）、丁惟汾（留日）、张学良、宋子文（留美）、白崇禧、刘峙、顾祝同、朱家骅（留德）、杨杰（留日）、马超俊（留日）、张治中、曾扩情、贺衷寒（留苏、日）、蒋鼎文、方觉慧（留日）、陈济棠、黄慕松、钱大钧（留日）、韩复榘、何健、曾养甫（留美）、刘芦隐、陈诚、周佛海（留日）、徐恩曾、洪兰友、余井塘（留美）、陈策、邵元冲（留日、美、德）、张道藩（留英、法）、陈布雷、方治、陈公博（留美）、梁寒操、李宗黄、刘纪文（留日、英）、徐源泉、潘公展、王法勤、柏文蔚、王陆一、张群（留日）、刘维炽、吴醒亚、丁超五、赵戴文（留日）、蒋伯诚、顾孟余（留德）、甘乃光（留美）、陈继承、萧吉珊、王以哲、李文范（留日、法）、张厉生（留法）、周伯敏、王柏龄（留日）、苗培成、刘健群、谷正纲（留德、苏）、梅公任、余汉谋、郑占南、王漱芳、朱绍良（留日）、林翼中、谷正伦（留日）、傅作义、吴忠信、王祺、黄旭初（留日）、戴愧生、于学忠、陈肇英、张冲（留苏）、萧同兹、周启刚、麦斯武德（土耳其）、卫立煌、洪陆东、焦易堂、李生达、田昆山、刘湘、陈绍宽、陈仪（留日）、彭学沛、茅祖权（留日）、沈鸿烈（留日）、熊式辉（留日）、夏斗寅、鹿钟麟、王伯群（留日）、徐堪、傅秉常、乐景涛、李杨敬、唐有壬（留日）、王泉笙、缪培南、王均、罗桑坚赞、贡觉仲尼。据笔者查核统计，具有留学背景的 49 人，占总数的 40.8% 。

此次会议是在日本侵华步步逼紧的情况下召开的，体现了外敌当前、团结对敌的意愿。从会议报告人即可见一斑：林森主持开幕典礼，于右任作主席团工作报告，蒋介石作政治报告，何应钦作军事报告，孙科作中央执行委员会工作报告，张群作中央监察委员会工作报告。大会通过了《确定救党救国原则案》，决定授予蒋介石统筹一切的权力，全党必须听其指挥；通过了《授权政府在不违背另文陈述之方针下应有进退伸缩之全权以应此非常时期外交之需要案》《国难时期集中力量充实国防建议案》《接受蒋中正关于外交之建议案》，提出了"和平""牺牲"的抗战原则，即"和平未到完全绝望时刻，决不放弃和平；牺牲未到最后关头，决不轻言牺牲"。因此，蒋又声称：若到了和平绝望的时期与牺牲的最后关头，则"当听命党国，下最后之决心"。国民党对日妥协的外交政策已开始发生相当程度的变化。

引人注目的是，这次会议以新设立的政治委员会取代了中央政治会议的功能，成为党政联系的枢纽。这一机构以汪精卫为主席，蒋介石副之，表明汪派又重新获得了党权，蒋汪又开始合作。从行政系统来看，从1932年1月至1935年11月汪精卫长期担任行政院长一职。但在汪组阁期间的内阁成员中，蒋系掌握了行政院的要害部门，控制了军政、财政、教育等大权。从军事系统来看，这一时间，阎锡山已退至山西一省之内，西南地方势力仍局限于两广，张学良也丢失了东北，蒋系中央军占据明显优势。蒋掌握了国家的军事指挥系统，无论是汪派还是胡派都没有力量与之抗衡。由此可见，胡虽然以西南地方实力派的精神领袖形象出现，对中央采取不合作态度，但西南诸省军人谋政，很难整合与统一；汪派只是占据了党政系统的一些非要害部门。由于行政和军事实权掌握在蒋介石手中，所以其他派系根本无力制衡蒋介石。因而可以说，当时蒋介石才是真正左右南京政府和国民党中央的实权人物。1935年12月1日，汪精卫辞去行政院长之职，由蒋接任。

1937年8月，设立国防最高会议，蒋介石任主席，汪精卫副之。国防最高会议成为凌驾于党政之上的超级权力机构，蒋介石在权力分配上占据了主导地位，汪已在权力结构中处于边缘化状态，这样蒋汪名义上的并立已变成蒋领导汪的格局。1936年7月10—14日，国民党在南京召开五届二中全会。会上决定成立国防会议，蒋介石任国防会议议长，阎锡山、冯玉祥等32人为会员。蒋介石原来的对手都因为抗战的需要回到了国民党中央和蒋介石的旗帜下。随着中日战争全面爆发，国家政治体制完全转向战时非常体制，因权力欲望得不到满足的汪精卫叛国，更打破了原有的权力分配格局，蒋介石的个人威望达到顶峰，以蒋介石为最高领袖的独裁体制也最终形成了。与此同时，蒋介石也逐渐成为民主和革命的对象。

根据上述对国民党第三、第四、第五届中央执行委员会委员出身的分析，具有留学背景的委员平均占总数的53.5%，而蒋介石就是留学生群体在南京政府和国民党中央最主要的代表，归国留学生在国民党集团上层中的地位和作用不难想见。为了进一步了解留学生在国民党中央的地位和影响，不妨对1927—1938年这三次代表大会期间的国民党中央执行委员会常务委员的出身作进一步的考察，见下表4—2：

表4—2　　　　1927—1938年国民党中央执行委员会常务委员及留学背景

任职时间	主席	中常委	合计（留学出身）	留学出身百分比（%）
1927年3月		汪精卫（留日）、谭延闿、蒋介石（留日）、孙科（留美）、顾孟余（留德）、谭平山、陈公博（留美）、徐谦、吴玉章（留日）	9（6）	66.7
1927年4月		蒋介石（留日）、胡汉民（留日）、甘乃光（留美）、李济深、丁惟汾（留日）、萧佛成	6（4）	66.7
1927年9月		汪精卫（留日）、蔡元培（留德）、谢持	3（2）	66.7
1928年2月		戴季陶（留日）、丁惟汾（留日）、于右任（留日）、谭延闿、蒋介石（留日）	5（4）	80
1929年3月		蒋介石（留日）、胡汉民（留日）、谭延闿、孙科（留美）、戴季陶（留日）、于右任（留日）、丁惟汾（留日）、陈果夫、叶楚伧	9（6）	66.7
1931年12月		胡汉民（留日）、汪精卫（留日）、蒋介石（留日）、于右任（留日）、叶楚伧、顾孟余（留德）、居正（留日）、孙科（留美）、陈果夫	9（7）	77.8
1935年12月	胡汉民蒋介石（副）	胡汉民（留日）、汪精卫（留日）、蒋介石（留日）、冯玉祥、丁惟汾（留日）、叶楚伧、孔祥熙（留美）、邹鲁（留日）、陈立夫（留美）	9（7）	77.8
1938年4月	蒋介石（总裁）	丁惟汾（留日）、居正（留日）、于右任（留日）、戴季陶（留日）、孔祥熙（留美）、孙科（留美）、阎锡山（留日）、冯玉祥、叶楚伧、邹鲁（留日）、陈果夫、何应钦（留日）、李文范（留日、法）、白崇禧、陈公博（留美）	15（11）	73.3

资料来源：王奇生：《党员、党权与党争——1924—1949年中国国民党的组织形态》，上海书店出版社2010年版，第162—163页图表；周棉主编：《中国留学生大辞典》，南京大学出版社1999年版。

由表4—2可见，具有留学背景的国民党中央执行委员会常务委员平均占这期间常务委员的76%以上，而且留日出身的更多。据此可以说，南京国民政府前期的军国大事基本上掌控在他们手中，其派系斗争也大都由他们担任主角。这些身居要职、位高权重的留学生们，又因为具体政治主张和权力、地位、地域的不同，而不断在派系权力斗争中变换角色。但是，由于民族矛盾的上升，各派在抗战前大体上都有所约束，从而在整体上表现出留学生群体的爱国主流。然而，在此期间国共两党依然互相敌视，一直到"西安事变"发生后双方才改弦更张。中国共产党内留学生出身的精英周恩来、叶剑英等，则为即将开始的国共合作进行了艰辛的努力。

第二节　留学生群体与南京政府抗日外交政策的确立

南京政府成立后，国基未固，不仅国内多种矛盾未能消弭，外交上也面临一系列的难题，特别是东方的日本，恃强凌弱，侵害中国国家和民族利益，激起了朝野的强烈反对，民族主义的呼声日益高涨。其中散布于各个阶层的留学生们也从不同的角度，表达对中国涉外事务特别是对日外交的看法，形成了主流是积极抗日的民族主义语境。

1927年南京政府成立之初，蒋介石试图与日本友好，但"济南惨案"的发生粉碎了其依靠日本统一中国的幻想，促成南京政府外交方针开始重要转向，寻求能与日本抗衡的西方国家，特别是与美国建立友好关系。但是，由于国内外复杂的矛盾所致，蒋介石和南京政府从开始就对日本奉行消极的妥协外交，特别是以"九·一八事变"为标志，日本发动了蓄谋已久的侵华战争。国民党政府更是奉行"攘外必先安内"的政策。随后，一方面，日本步步紧逼，继"九·一八事变"之后，又接连制造"一·二八事变"，策动"华北五省自治"，直到发动全面的侵华战争；另一方面，全国各界的抗日呼声日益高涨，迫使国民政府放弃对日妥协，实施比较积极的抗日外交政策。在这一外交政策转变的过程中，留学生群体作出了艰难的努力。

一　以留学生为主体的欧美使领馆人员极力呼吁

"九·一八事变"之后，在民族危机加剧的形势下，国内各政治派系与军阀实力派之间的矛盾表面上有所缓和，但并未根本消除，一些地方实力派，如四川的刘湘和刘文辉之间、山东的韩复榘和刘珍年之间的混战尚在进行，国共两党之间"围剿"与"反围剿"的斗争则日趋白热化，这引起了外交界的广泛关注。

留学出身的著名外交家顾维钧认为，中国目前最大的危险是日本，应该设法使共产党军队与政府并肩作战，以打击共同的敌人——日本，[①] 这一观点也为当时的驻英大使郭泰祺所认同。因此，出使法国和负责国联交涉的顾维钧，刚到日内瓦就联合中国其他驻外代表，呼吁团结抗日。1931 年 10 月 30 日，颜惠庆（留美）、郭泰祺（留美）、顾维钧（留美）、莫德惠、施肇基（留美）、刘文岛（留日、法）、罗忠诒（留英）及诸昌年联名通电外交部及山东和四川的军阀实力派，呼吁"值此国难临头，祸迫眉睫"之时，大家应该"风雨同舟，共济危局"[②]。

在这些联名通电、呼吁团结抗日的驻外使节中，很多人在北京政府时期就曾经为维护中国的权益，与日本进行针锋相对的斗争。前述顾维钧即是在巴黎和会上以其坚决的对日态度及在中日关于山东问题上出色的辩论而蜚声国际。

颜惠庆在北洋政府时期曾出任外长，也曾出面组阁，是外交界的元老之一，巴黎和会时即作为代表团顾问赴会巴黎，配合顾维钧为中国权益而发声。北洋政府覆灭后，颜惠庆曾经一度隐退，但是他一直关注日本的对华政策，认为"日本多年来一直以狡猾的手段，不断加强他对满洲的控制"[③]。"九·一八事变"之后，南京政府请颜惠庆出任"中央政治会议特种外交委员会"委员，委其游说美国驻华大使，希望美国政府根据"九国公约"召集国际会议，解决中日争端。1931 年 10 月 17 日，"特种外交委员会"第 16 次会议根据颜惠庆所拟的草案，议决对日 6 项暂时原则：

（一）日本必须在国联监视之下撤兵。（二）中日将来交涉必须在

---

①　顾维钧：《顾维钧回忆录》第 2 分册，中国社会科学院近代史研究所译，中华书局 1985 年版，第 375 页。

②　同上书，第 74 页。

③　颜惠庆：《颜惠庆自传——一位民国元老的历史记忆》，商务印书馆 2003 年版，第 219—220 页。

国联照拂之下进行。（三）地点在日内瓦或其他国联所认为适当之地。（四）以后交涉必须在国际公约所定原则之下进行，不得违反下列三要点：（甲）尊重中国独立主权、领土完全、行政完整。（乙）实行门户开放、机会均等。（丙）促进远东和平，不得以武力为实行国策之手段。（五）日本必须负此次出兵之责任。（六）日本所有任何提案，我方保留修正及另行提案之权。①

这 6 项原则，尤其关于尊重中国领土、主权及行政完整之意见，奠定了对日政策的基调，为促成日后的抗日外交政策奠定了基础。

曾经在美国哥伦比亚大学留学的严鹤龄，在 1919 年巴黎和会时期，曾担任中国代表团专门委员，后接任秘书长，为挽回中国权益、解决山东问题作出了贡献。1931 年 10 月，他以参事身份被任命为中国驻美国公使馆代理公使，虽然颜惠庆很快到任，严不再代理公使，但当时由于颜前往瑞士出席日内瓦国联会议，故严鹤龄仍负责驻美使馆事宜。随着 1931 年日本侵入东三省并炮制伪满洲国，严表示："即令日本撤兵之后，中国亦不欲与日本开始直接谈判。因日人已在东三省设立傀儡政府，必须将此类政府驱逐后，中国始愿与日本开谈也。"② 对日态度颇为鲜明。

除顾维钧、颜惠庆、严鹤龄外，施肇基、王正廷、金问泗等都曾在北洋政府外交部供职，都有在巴黎和会及华盛顿会议期间与日本抗争的经历外，在"九·一八事变"后，面对日本的侵华行动，作为南京政府的驻外使领人员，他们自然地形成抗击日本侵略、反对妥协的对日主张，很快成为所有驻外使领馆人员的主流声音。

1932 年，上海"一·二八事变"后，出使德国的刘文岛（曾留学日本、法国），奋笔疾书，致信蒋介石，指责其"亲小人，远贤臣"③，敦促其早日

① 秦孝仪：《中华民国重要史料初编——对日抗战时期》绪编（1），（台北）中国国民党中央委员会党史委员会 1981 年版，第 296 页。

② 转引自石建国《严鹤龄：两度出任清华校长的外交官》，《世界知识》2011 年第 22 期，第 61 页。

③ 吴正春：《刘文岛》，见中国人民政治协商会议湖北省武穴市委员会学习文史工作委员会《武穴市文史资料》第 7 辑，2004 年版，第 190—196 页。

抗日。其实，早在 1915 年日本向袁世凯提出"二十一条"时，正在日本留学的刘文岛就作为留日学生总代表，带领一部分留学生离日归国，并分头联络，积极讨袁，反对与日本妥协。

曾经留学日、美，并曾在国民政府外交界供职的沈观鼎，晚年曾回忆了这样一件事情：1932 年 1 月，他接替胡世泽出任外交部亚洲司司长兼国际联盟中国代表团专门委员。当时顾维钧任外长，亚洲司共分为四科，原第一科科长因不懂日文，对日本国情也没有研究，被认为不适合履职。经胡世泽推荐，他考察了曾经留学日、美的第一科科员黄朝琴。"经邀黄君面谈，觉得抗日精神溢于言表，……我乃决予提拔"，虽然亚洲司帮办许念曾"未表赞同，说'台湾人靠不住'（注：黄乃台湾出生，祖籍福建），我仍签呈准黄兄任一科科长"①。由此可以看出当时国民政府外交部门之对日情绪。

1933 年《塘沽协定》缔结后，南京政府对日妥协的行径遭到了包括众多曾经留学海外的外交官的不满，此时还在国联参加会议的顾维钧、颜惠庆、郭泰祺等人认为，既然政府对日仍在妥协，他们在国联的努力就毫无意义。为此他们一方面就中国抗战不力问题致电外交部，另一方面建议撤销中国参加国联全体大会的代表团。② 虽然这一建议最终并未落实，但他们仍与前来伦敦参加世界财政经济会议的宋子文就中国的对外政策进行了广泛而深入的探讨，并作了详细的记录，由宋子文回国亲自向国民政府和国民党中央汇报，以期促成抗日。

1935 年华北事变以后，在国际国内形势的驱策下，国民政府抗日外交政策逐渐形成。1936 年 11 月，外交部专门致电顾维钧征求意见。顾坦率地作了答复："我于保全领土主权行政完整之固定范围内，实无与日本妥协之望，则宜速谋与此四国（指英、法、俄、美）接近。"并提议："惟是推行外交政策，须先联络感情，尤恃彼此国内舆论之援助。如派遣有组织有准备之考察团，邀请彼邦名人访员赴华游历讲演，增加经济商业上之关系，诸如此类，均足为增进友谊，促成提携之助。"③ 就在同一天，顾维钧在给外交

---

① 沈观鼎：《对日往事追忆》，（台北）《传记文学》第 24 卷第 4 期，第 90—91 页。
② 颜惠庆：《颜惠庆日记》第 2 卷，中国档案出版社 1996 年版，第 724 页。
③ 顾维钧：《顾维钧回忆录》第 2 分册，中国社会科学院近代史研究所译，中华书局 1985 年版，第 362 页。

部的另一封长电中，叙述了日德签约后，从新闻界的评论中反映出来的欧洲各国的看法，表达了与四国接近以抵抗日本的重要性。顾维钧晚年在回忆录中写道："1936 年末，政府在各方面的驱策下，已在考虑重新制定政策这一问题。这些驱策，来自国外的有我和郭泰祺极力主张，在国内有孙科，北方的张学良，国民党内以陈铭枢为代表的西南方面，以及广西集团。这些集团都有社会舆论支持。"①

顾维钧、郭泰祺、颜惠庆、施肇基等驻外使节的对日态度，一方面体现了他们个人的抗日愿望，另一方面也反映了他们对欧美国家关于中日关系态度取向的认识。在他们看来，倘若中国本身采取消极政策而不急于解决与日本的严重问题，世界上的其他国家，即使是那些与中国有大量贸易及有其他利害关系的英美等国，自然也不愿有所作为。② 也就是说，中国自身的抗日行动是他国援助中国的前提和基础。他们的立场对于国民政府确立抗日外交政策无疑产生了积极的影响。正如顾维钧本人所说："我们国外的这些意见，无论如何，还是起了一定的作用。"③

二　国内思想文化界留学生精英的积极推动

"九·一八事变"以后，日本的侵略行径和南京政府的不抵抗政策，激起了人民的强烈不满，许多曾经留学海外的社会各界人士积极行动起来，向政府施加压力，推动政府抗日。

1931 年 12 月，上海 54 个群众团体的代表成立了"上海民众反日救国联合会"，由陈公愚（留日）任常务委员会主席。1932 年 2 月 3 日，"一·二八事变"后不久，鲁迅（留日）、郁达夫（留日）、胡愈之（留法）、陈望道（留日）等 43 人联名发表《上海文化界告世界书》，抗议日本进攻上海。是年底，宋庆龄（留美）、蔡元培（留德）、杨杏佛（留美）在上海发起成立中国民权保障同盟，联络爱国民主力量，抗议蒋介石政府的内外政策。1934 年，面对日本的步步紧逼，宋庆龄、何香凝（留日）等发起成立了中

---

① 顾维钧：《顾维钧回忆录》第 2 分册，中国社会科学院近代史研究所译，中华书局 1985 年版，第 360—361 页。
② 同上书，第 245 页。
③ 同上书，第 379 页。

华民族武装自卫委员会，征集签名，要求抗战。

在北京学界，北京大学的教职员组织了"北大教职员对日委员会"，由周炳琳（留美、英、法）教授担任主席，并推举周炳琳、胡适（留美）、燕树棠（留美）三位教授起草致国民党中央党部及国民政府的函电，吁请政府向日本提出严重抗议，要求日本立刻撤兵。针对日本炮制华北自治的阴谋，北京五大学校校长：北京大学校长蒋梦麟（留美）、清华大学校长梅贻琦（留美）、北平大学校长徐诵明（留日）、燕京大学校长陆志韦（留美）、北平师大校长李蒸（留美），代表北平文化教育界于 1935 年 11 月 24 日发表宣言，要求政府动用全国的力量，维护国家的领土及行政的完整。《大公报》上列出的其他几位签名代表傅斯年、任鸿隽、胡适、顾毓琇、张奚若、蒋廷黻、查良钊，也都是留学生。同年 12 月 4 日下午 4 时，徐诵明、梅贻琦、李蒸、陆志韦、陶孟和、蒋廷黻、傅斯年、周炳琳、张奚若、刘运筹、顾毓琇一行十余人，到中南海居仁堂，向军事委员会北平分会代理委员长何应钦报告华北时局情形，并陈述对于时局的意见。这是一个全部由具有海外留学经历的校长和教授组成的代表团，堪称学界名流。事实上，早在 12 月 2 日由周炳琳和傅斯年代表平津教育界起草的《国立平津院校教职员联合会宣言》和通电，[①] 就对华北自治的意见作出了明确的表示。

1936 年，以沈钧儒（留日）、李公朴（留美）等人为理事的"上海各界救国联合会"成立，领导抗日运动。之后上海又成立"全国各界救国联合会"，由宋庆龄、马相伯等 41 人为执行委员。"七·七事变"以后，上海社会名流于 7 月 28 日成立了"文化界救亡协会"，宋庆龄、何香凝、蔡元培、胡愈之、张志让等 83 人当选为理事。8 月 24 日，又在上海出版机关报《救亡日报》，由郭沫若（留日）任社长，夏衍（留日）等为总编辑，要求抗日。以留学生为主体的知识界和社会名流的抗日主张，形成了促使国民政府最终放弃对日妥协政策的强大的舆论力量。

同时，留学生名流还积极创办报刊杂志，呼吁抗日。

《东方杂志》是近代中国出版时间最长、影响最大的大型综合期刊。该

---

① 《国闻周报》1935 年第 12 卷第 48 期；又见于《周炳琳文集》，北京大学出版社 2012 年版，第 48 页。

刊物于"一·二八事变"中因遭日机轰炸而一度停刊，复刊后由胡愈之（留法）担任主编。在复刊后的第一期，胡愈之写道："以文字作为分析现实、指导现实的工具，以文字作民族斗争社会斗争的利器"①，表明了该刊的对日立场。在"九·一八事变"后，该刊立即表现出强烈的抗日取向，对蒋介石国民党"攘外安内"和"不抵抗"政策表达了强烈的不满，强调中日关系的解决途径只有一条："对待敌人只有用铁与血，……只有向敌人作勇敢的奋斗，才是民族谋生的唯一途径。"② 在《东方杂志》强有力的撰写者队伍中，大部分都曾经是归国的留学生，如陶孟和（留日）、张知本（留日）、钱端升（留美）、周鲠生（留日）、王造时（留美）、陈翰笙（留美）、楼同孙（留法）、马寅初（留美）、费孝通（留英）、潘光旦（留美）、朱光潜（留英、法）、郭沫若（留日）、丁文江（留日、英）、胡适（留美）、梁实秋（留美）、朱自清（留英）、冯友兰（留美）、巴金（留法）、郑振铎（留英）、童第周（留比）、竺可桢（留美）、严济慈（留法）等。

恰是在日本侵华、国内局势危难之时，胡适（留美）及其同仁，包括蒋廷黻（留美）、丁文江（留日、英）、任鸿隽（留日、美）、吴景超（留美）、周炳琳（留美、英、法）、傅斯年（留英、德）、张奚若（留美）、顾毓琇（留美）等，创办了《独立评论》，公开要求政府对日本的侵略采取积极的抵抗措施。1936年底，因反对日本策划"华北政权特殊化"，《独立评论》还一度被停刊。在一般人眼中，胡适及《独立评论》同仁在"九·一八事变"之后的很长一段时间内，对日态度是主和的。其实，他们与国民政府中的一般亲日派主和意见有着明显的不同，此前他们虽然主张依靠国联，以局部妥协换取中日问题的解决，但此时则表示："我们到了这个时候，真不容再假借期待国联的藤牌来姑息自己了。"③ 因此，他们坚决反对日本侵略，揭露日本的侵华政策，"我们对日本，对世界，决不可回避这个满洲问题，……我们决不可因敌人忌讳而就忽略了这三千万人民所在的失地，让他们去任日本军阀的随意宰割"④！可见，他们保守的对日态度是以国家利益

① 胡愈之：《本刊的新生》，《东方杂志》1932年第29卷第4号，第12页。
② 有心：《抗日的决心》，《东方杂志》1933年第30卷第6号，第2页。
③ 胡适：《内田对世界的挑战》，《独立评论》第16号，1932年9月4日。
④ 胡适：《解决中日的"任何悬案"？》，《独立评论》第102号，1934年5月27日。

为原则来考量的。

此后，以胡适为代表的《独立评论》同仁武力抗日的态度日趋明显。《独立评论》先后又刊出了翁文灏的《我们应努力拥护统一》、傅斯年的《北方人民与国难》《中华民族是整个的》《晋察冀时局的收拾》等文章，反对所谓的"华北自治"阴谋，表明了他们的抗日主张。正如蒋廷黻说的那样："我们晓得：欲想获得和平，保持和平，必须要中日双方努力才能有效，但现在日本方面要侵略，因此，我们也只有渐渐转而主张备战了。"[①]

张季鸾（留日）、胡政之（留日）等主持的新记《大公报》在对日态度上，也与《独立评论》一样有类似的转变经历。除此之外，杜重远（留日）创办的《新生》周刊，沈兹九（留日）、杜君慧（留日）主办的《妇女生活》，李公朴（留美）主编的《读书生活》，胡愈之（留法）、钱亦石（留苏）等人筹办的《世界知识》等，都积极从事抗日宣传。颇有影响的《益世报》主笔颜泽祺、罗隆基、钱端升也都曾留学海外，呼吁抗日。

思想文化界名流精英的对日态度在很大程度上影响了国民政府的对日政策。"九·一八事变"后，蒋介石通过多种方式，与胡适、蒋廷黻、张季鸾、吴鼎昌、胡政之等人联络，听取他们在中日关系上的意见。虽然《独立评论》《大公报》并非蒋介石控制下的"党媒"，但是其对日态度的转变历程与国民政府的对日政策基本同步，这不仅仅是巧合，而在很大程度上是他们相互接触、相互影响的结果。

蔡元培曾说过，北洋政府之所以能"对付时局，全靠着一般胥吏式的学者"，"政府哪一个机关能离掉留学生"[②]？这种情况在南京国民政府中有过之无不及。国民政府抗日政策的确立在相当程度上受到以留学生为代表的思想文化界精英名流的影响。

1937年，日本悍然发动了全面的侵华战争。蒋介石在庐山召集了谈话会，邀请各党派、各民主团体、各界知名人士，听取他们的意见。从7月15日到8月15日，共200余人，计划分三批进行。根据1938年7月15日出版的《中国全面抗战大事记》记载，7月16日第一批出席谈话会的共158人，

---

① 蒋廷黻：《蒋廷黻回忆录》，岳麓书社2003年版，第144页。
② 蔡元培：《蔡元培宣言》，《努力周报》1923年第39期，第4页。

除蒋介石、汪精卫等国民党政要 7 人，各界知名人士 151 人①，其中有据可查的有留学经历的代表有 115 人，占总数的 76% 强。在谈话会上，胡适代表来宾致辞，张君劢（留日、德）、张志让（留美、德）等人发言，他们大多表示"目前国难严重，民族生存之重要超过一切。必先有民族，方能谈到其他"②，表达了抗日愿望。第二天，蒋介石随即作了著名的《抗战宣言》演讲。这些有国外留学经历的精英名流明确而坚定的抗日主张，是国民政府形成抗日外交政策的重要动力。如果说抗日政策在很大程度上影响中国历史走向的话，那么，我们就不应该忽略有留学背景的思想文化界名流精英的积极推动作用。

三　海外留学生的强烈促成

身居海外的留学生，既不是国家政要，也不是文化精英，表面上看，与抗日政策的确立没有直接的关联，但是，在"九·一八事变"爆发后，他们却用自己独特的方式，向全国乃至全世界表达了他们的抗日愿望，成为抗日救国旗帜下的一支生力军。

海外留学生对抗日外交政策确立的影响，可以从两个阶段进行考察：

第一个阶段，"九·一八事变"刚刚爆发之后。

首先行动起来的是在日本的留学生。留日学生向来对政治比较敏感，此次事件又因日本而起，置身敌国的留日学生旋即作出反应。1931 年 9 月 26 日，东京十几所学校的中国留学生代表举行集会，29 日，大阪、京都、仙台、名古屋等地的中国留学生也举行集会，并且在会后选出了学生代表到中国驻日公使馆请愿，要求下旗回国、对日绝交、对日决战、发给全体留日同学归国船票。③ 在日本学习军事的士官生也不顾军纪约束，纷纷罢学归国，据《申报》报道："士官学校之中国学生，因关心国事，无心读书，现已实行罢课。士官生共计二百九十八名，现已终止一切演习，决定待命返国。"④

归国后的留日学生，一方面组织成立了"抗日救国会"，据《申报》天

---

① 华美晚报编：《中国全面抗战大事记》，美商华美出版公司发行 1938 年版，第 27 页。
② 汪国权、王炳如：《庐山"夏都"记事》，江西高校出版社 2003 年版，第 164 页。
③ 《和平统一与抗日救国》，《申报》1931 年 10 月 15 日。
④ 《留日华侨大恐慌　各地华侨均准备出境　留学生纷纷停课返国》，《申报》1931 年 9 月 29 日。

津消息称："留日学生回国者已逾二千人，东北籍贯占多数，已在津成立抗日救国会。"① 从日本归国的士官生还组成了"留日士官学生退学救国团"，其宣言云：

> 东邻暴日，无端称兵，惨杀我同胞，占领我疆土，烧掠我财货，轰炸我重城，淫威所至，草木为烬，哀我国民，频受天灾之变，方呻吟而未已，复遭亡国之痛，诇侥幸而得生，天下古今，宁有此惨祸耶！……窃念吾辈武学生，职在捍国，当此国家濒危之时，正吾辈拼弃性命杀敌救亡之日，何能缄默笔砚间与敌人讲武纸上乎？②

另一方面，留日学生归国后，还派留学生代表向南京政府请愿。10 月17 日，归国留日学生向南京政府及外交部请愿，没有得到圆满答复。26 日留日学生再次派出代表，进行第二次请愿，对国民政府表达了抗议和不满。

从群体特征上看，留学欧美的学生常以不问政治的超然态度而和留日学生有很大的差异，但是"九·一八事变"的烽火也使不少留学欧美的学生为了抗日救国而愤然回国。如留学法国的哲学家詹剑峰曾经在回忆录中提及："'九·一八事变'使不少中国留学生陆续回国。我也于1932 年乘船回国，准备为挽救民族危亡尽自己的匹夫之责。"③ 由于条件及资料限制，当时究竟有多少欧美留学生因"九·一八事变"之日本侵华而愤然回国已经不得而知，由于地域及人数的原因，他们没有也不可能像留日学生那样形成集体归国行动，但是他们传达出的抗战愿望和爱国热情却没有什么不同。

第二阶段，1932 年以后。

无论是当时抑或是现在，其实都很难划出一个严格的时限来划分这一阶段的起始，大约是在"九·一八事变"和"一·二八事变"稍告一段落以后到抗日战争以前。在这一阶段，留学生对国民政府抗日外交政策的促成主要表现在两个方面。

---

① 《留日学生回国者已逾二千人成立救国会》，《抗日救国运动》，《申报》1931 年10 月6 日。
② 《留日士官学生退学救国团消息发表宣言》，《申报》1931 年10 月22 日。
③ 詹剑峰：《詹剑峰自传》，山西人民出版社1985 年版，第430 页。

一是通过信函、通电、宣言等形式，与国内保持密切联系，对中日关系及一切关系到政府对日政策的重大事件发表意见，表达抗日愿望，促成抗日政策之形成。在"九·一八事变"后，海外留学生对诸如"一·二八事变"与十九路军抗战、"塘沽协定"、"何梅协定"、国民党五全大会、"西安事变"、"福建事变"、"七君子事件"等，都有急切关注。他们的意见和观点主要集中在三个方面：一是揭露日本侵华阴谋和野心；二是贬斥国民政府的"攘外安内"和"不抵抗"政策；三是要求武力抵抗日本侵略。

现试举几例欧美留学生与国内联系之事实。

"九·一八事变"后，留英学生会致电北平，"称已成立中国留英抗日会，并电请中央全国统一，捐除成见，厉行对日经济绝交，取消日本在华一切特殊权利，确定远大的外交政策"①。1933 年，日本突破长城，攻陷热河，威逼国民政府与之签订了《塘沽协定》，1934 年又在东北扶植溥仪做伪"满洲国"的皇帝，对中国可谓步步紧逼。为此，留英中国学生开会，"通过一议决案，主张国民政府对日挑衅应取坚决态度，议决案当即电达南京，到会者均签名云"②。

"一·二八事变"后，"美国哈佛大学留学生电汇三百零九元七角三分，合华银九百零八两零三分，嘱代购糖果香烟，为犒军之用"③。哥伦比亚大学中国学生 50 人，电请中国政府，准其离校回国从戎④，而留美学生朱霖等则捐助钢盔一千顶，以助将士抗日。⑤

二是联结团体，创办报刊杂志，积极宣传抗日主张。

"九·一八事变"和"一·二八事变"之后，归国呼吁抗日的留日学生面对按兵不动的国民政府，无奈之中，有人开始返日。但他们身处敌国，心系祖国，在日本组织学会、出版刊物，关心祖国的前途和命运。据不完全统计，到 1936 年初，留日学生的各种团体多达 90 个（这还不包括大多数的左

---

①　《抗日救国运动》，《申报》1931 年 10 月 28 日。

②　《三十日国民电·伦敦》，《申报》1934 年 5 月 1 日。

③　《华侨踊跃输将　各界慰劳始终不懈》，《申报》1932 年 2 月 6 日。

④　《留美学生电请回国从戎》，《申报》1932 年 2 月 6 日。

⑤　《抗日救国运动》，《申报》1932 年 3 月 29 日。

翼团体），出版物 30 多种。① 这些刊物主要使命有二：第一，研究了解日本情况，为国内对日政策提供依据。如留日学生创办的《留东学报》从第二卷第四期起，连续出版日本问题研究专号，从不同的侧面介绍日本 1936 年的政治、财政、金融、农业、教育等方面的情况，"在这严重的时机，我们要知己知彼，然后才能了然于这次国难的意义，然后才能设计出必要而有效的应付策略"②。第二，从事反日宣传。在这方面左翼留日学生的贡献尤其突出，在日的左翼文化团体创办的《东流》《质文》《诗歌》《文艺科学》等，产生了很大影响。据蔡北华回忆，这些刊物"旗帜鲜明，立场坚定，充满爱国救亡热情，敢于揭露黑暗面，受到广大读者的热烈欢迎，在国内文化界都产生了很大影响。刊物一到上海，立时销售一空"③。

与留日学生相比，留学欧美的学生人数相对较少、分布较为分散，加之国内的政治分野，一般欧美留学生对国内政治少有集中的行动。但在"九·一八事变"之后，还是有不少人开始以"抗日"为主要诉求，缔结团体。1936 年，欧美各国留学生团体逐步开始形成联合阵线，如"纽约全侨抗日救国会""旅德华侨抗日联合会""旅法华侨民族战线大同盟""留英中国学生抗日救国会"等。同年 9 月，在抗日的旗帜下，欧洲留学生和华侨相互联络，在巴黎召开了全欧留学生和华侨抗日救国大会，宣布成立"全欧华侨抗日联合会"，该会不仅把在欧洲的中国留学生组织到了一起，还把在欧洲的中国留学生和工商侨胞组织到了一起。联合起来的欧美留学生也积极创办刊物，宣传抗日救国。据不完全统计，1932—1937 年，留学欧美的中国学生编辑出版的报刊达 30 种，如留英学生创办的《解放》《中国新闻》；留德学生创办的《抗日战线》《救亡》《抗联会刊》；留法学生创办的《救国报》《救国战线》；留美学生创办的《抗日救国周刊》，等等。这些刊物创办时间不一，存在的时间也不等，但是主题始终只有一个，那就是抗日救国，这一点仅从刊物的名称就可以看出。

---

① 王奇生：《留学与救国——抗战时期海外学人群像》，广西师范大学出版社 1995 年版，第 54—55 页。

② 杨家骆：《民国以来出版新书总目提要》，商务印书馆 1936 年版，第 218 页。

③ 蔡北华：《回忆东京左联活动》，见中国社会科学院文学研究所《左联回忆录》编辑组编《左联回忆录》（下），中国社会科学出版社 1982 年版，第 705 页。

在国难当头之际，海外的留学生利用自己的特点，倡导抗日救亡，和国内的学生运动相互配合、相互声援，成为 20 世纪 30 年代抗日救亡运动的"第二战场"，对促使国民政府最终确立抗日外交政策起到了推动作用。

四　以留学生为主体的亲英美派政治势力的内部影响

国民政府时期，亲英美派（或称"英美派"）势力有着广泛的影响，但是它本身又很难有一个严格的界定，究竟什么人属于英美派，有不同的说法。大多数人在述及英美派时主要将之定性为政治势力，以宋子文、罗文干、顾维钧、施肇基、颜惠庆、郭泰祺等为代表。这些人大多供职于外交部门，外交本身就是政治的延续，把国府中的部分外交官划为政治势力的英美派自成逻辑。施、颜、顾、郭等作为驻外使领馆人员前面已有专门论述，此处主要对以宋子文、罗文干等为代表的民国政要加以论述。

宋子文是蒋介石的妻兄，他和兄弟姐妹都曾经在美国留学，他本人曾先后获哈佛大学和哥伦比亚大学经济学硕士、博士学位，历任国民政府行政院长、财政部长、外交部长等职务，在国民政府内的影响非同一般。"九·一八事变"后，国内抗日情绪高涨，日方有报道称："宋氏系欧美派之首领，如宋肯同意缓和抗日，则中日问题可渐入轨道。"[①] 1933 年底，宋子文辞去财政部长之职时，胡适曾说："最近财长宋子文辞职，西洋文的报纸的议论都说这是和中国外交政策的改变有关系的。他们自然疑心宋子文的辞职是日本的胜利。"[②] 可见，当时无论中外，皆明晰宋子文的抗日主张，以宋子文为代表的英美派在国民党政府对日关系的影响力也由此可见一斑。

"亲英美派"作为一个政治势力，是 20 世纪 30 年代在国民党原各派政治势力相互倾轧的基础上，围绕"九·一八事变"以后国民政府对日政策不断分化组合而形成的一个群体。事变之后第三天，南京政府成立了由戴季陶、宋子文为正副会长的特种外交委员会，顾维钧任该会秘书长，罗文干、颜惠庆、于右任等是该会成员。宋子文等把解决问题的希望寄托在国联方面，希望借助国联，制止暴日侵华。何应钦、居正及驻日公使蒋作宾等则主

---

① 《日方期等殷切》，《申报》1933 年 8 月 25 日。
② 胡适：《世界新形势与中国外交方针》，《独立评论》第 78 号，1933 年 11 月 26 日。

张对日进行直接交涉。亲英美派和亲日派的分野开始显现。

1931 年 12 月，粤派利用蒋胡约法之争和"九·一八事变"之后国民政府对日的妥协，迫蒋下野。粤派领军人物孙科（留美）任行政院院长，但孙科内阁只存在短短不到一个月就夭亡了。

就在蒋介石复职的同一天，1932 年 1 月 28 日，日本在上海制造了"一·二八淞沪事变"。对此，国民党内以汪精卫为代表的亲日派希望对日妥协，先行解决上海问题，而以宋子文、罗文干、顾维钧为代表的英美派则认为，上海问题与英美利益有密切之关系，希望借助英美诸国的调停，将上海问题与东北问题联系在一起，谋求中日关系的全面解决。① 同时，他们主张通过坚决的抗日行动来实现这一目标。蒋介石也号召前线将士"为民族求生存，为革命尽责任，抱宁为玉碎毋为瓦全之决心，以与此破坏和平、蔑弃信义之暴日相周旋"②。但实际上他仍未放弃"攘外安内"的想法，本着"一面抵抗、一面交涉"的方针，暗地里绕过罗文干的外交部，由汪精卫出面主持，同日本进行妥协谈判。

随后签订的《淞沪停战协定》，遭到了国民党内主张抵抗人士于右任（留日）、宋子文（留美）、罗文干（留英）等人的反对。4 月 23 日，于右任向中监会提出弹劾汪精卫一案，罗文干"公开劝汪早些走开"③ 并愤然提出辞职。

1932 年 10 月，宋子文代行行政院院长一职。面对国联的软弱无力和日本的得寸进尺，宋子文等英美派进一步认识到靠自身抵抗日本侵略的重要性。1933 年 2 月，宋子文经北平到热河前线视察，他向北平新闻界宣布：

> 本人此次来平，与热河局势有关。中央政府对日之谋攻热河，极为重视。热河为中国整个的一部分，正如广东与江苏等省然，攻击热河，不啻攻击首都。日人如实行攻击，则吾人将以全国之力对付之。日本既

① 杨菁：《宋子文传》，河北人民出版社 1999 年版，第 105 页。
② 蒋介石：《告全国将士电》（1932 年 1 月 30 日），见上海市中共党史学会编《上海抗日救亡运动资料选编》，上海市中共党史学会 1985 年版，第 55 页。
③ 冯玉祥：《冯玉祥日记》，江苏古籍出版社 1992 年版，第 643 页。

已占据中国之东北部，若再前进，必予以抵抗，成败在所不计。①

在热河视察时，宋子文再次表达了政府抗日的决心："本人代表中央政府敢向诸君担保，吾人决不放弃东北，吾人决不放弃热河，纵令敌方占我首都，亦绝无人肯作城下之盟。"②

在明确表示抗日的原则之后，宋子文等英美派仍不放弃对英美等国的争取。1933 年 4 月 15 日，他利用到伦敦参加世界经济会议的机会访问美国，并和欧洲各国进行了广泛的接触和交流，加强中国和列强的经济联系以抵御日本侵略，促成了美国金融复兴公司向中国提供 5000 万美元的"麦棉借款合同"。虽然由于日本的破坏和其他客观原因的影响，该项借款实际只完成了 1000 多万美元，但这毕竟是"九·一八事变"后西方向中国提供的第一笔贷款。在伦敦会议期间，宋子文希望获得英国等国家经济支持的努力，虽然一再遭遇挫折，但他没有气馁，又把目标放在国联框架下的对华技术合作上，并排除日本的阻挠和破坏，使计划得以通过。虽然该项计划名义上是纯技术性的，但是其政治意义不言而喻。

日本深知宋子文身份地位的重要和特殊，有意促成宋在世界经济大会结束回国途经日本之际访日，以混淆视听。但 1933 年 8 月 25 日宋子文船抵日本后，拒绝登岸，赢得了中国舆论界的好评。宋子文本人亦曾表示："假若中国要在共产主义与日本军国主义的军事统治之间做出抉择的话，中国将选择共产主义。"③ 国民党内亲英美派的对日态度成为南京政府抗日外交政策确立的巨大内部动力，就连日本驻南京总领事须磨也明确表示："当局中亲英美派则力言排日，实为我折冲对华外交之最大阻力。"④

1935 年，在外交部长罗文干、次长刘崇杰事先一无所知的情况下，蒋介石授意何应钦、黄郛和日本人谈妥了《塘沽协定》。5 月 27 日，《塘沽协定》签订在即，蒋介石自忖必然遭到一部分人的反对。为此，他把孙科、于

---

① 详见《申报》1933 年 2 月 14 日。

② 详见《大公报》1933 年 2 月 19 日。

③ [美]斯特林·西格雷夫：《宋家王朝》，中国文联出版公司 1986 年版，第 437 页。

④ 杜春和、耿来金：《1935 年日本驻华总领事会议记录》，转引自张学继《黄郛传》，北京团结出版社 2005 年版，第 225 页。

右任、罗文干等人召集到庐山，告知他们协定的内容。孙科等人当即表示反对，认为立法院不会通过任何妥协协议。罗文干则表示，外交部绝不同意停战。《塘沽协定》缔结后，罗文干再次愤而提出辞职，外交次长刘崇杰（留日）也随之辞职。为此，于右任以"失职误国"和"丧地辱国"为由，提出对张作相和汤玉麟的弹劾案。围绕着对日的"和""战"问题，于右任、孙科、宋子文、张继、李石曾、蔡元培、吴稚晖以及前述的欧美使领馆人员都坚持反对对日妥协的立场。这不能不给蒋介石以很大的压力。此后随着日军侵华的加剧，亲英美派利用自身的权力对亲日派频频出手，特别是1934年4月13日，孙科主持的立法院举行秘密会议，抨击黄郛（留日）在华北的行径，并向国民党中央建议，华北的外交不必由黄办理。1935年6月，于右任主持的监察院以"媚日卖国"为由，建议弹劾负责华北交涉的黄郛、殷同、殷汝耕等6人。后在蒋介石、汪精卫的全力打压下，该案虽未能提出，但对奉行亲日妥协的黄郛等人仍然是一个巨大的打击。8月，监察院又针对汪精卫提出了"外交部长不信任案"，虽然遭到国民党中央政治会议的否决，但再次打击了亲日派。

1935年11月，汪精卫被刺受伤，12月外交次长唐有壬被刺中弹身亡。次年，政学系大将、以亲日著称的杨永泰也被刺身亡。这表明，亲日派已激起众怒，随时都有生命之虞，而日本侵华的扩大也进一步影响了英美的在华利益。"西安事变"后，南京政府进行了改组，受过西方教育并且一直与所谓亲西方派有密切往来的王宠惠博士，代替了有留日背景的张群任外交部长，孔祥熙（留美）、宋子文（留美）、李石曾（留法）、陈公博（留美）、杨杰（留日）等先后被派到欧洲各国访问，这是亲英美派得势和南京政府准备放弃对日妥协政策的重要信号，国民政府抗日外交的基调也基本形成。

五 以蒋介石为首有留日背景的国民政府政要的最终抉择

南京国民政府建立后，蒋介石逐渐站稳了脚跟，集党政军权于一身，成为国民党和国民政府的权力中枢。蒋本人曾留学日本，对他能够产生影响的好友及同窗也大多留学日本。从整体上看，在1928年10月到1946年5月的南京政府委员中，留日学生占52.4%；在1928—1949年15人次的行政院长中，9人次为留日者；在外交部长中，基本上呈日、欧、美三分天下的局面。从实际作用看，上述先后掌握过对日外交实权的人有黄郛、张群、戴季陶、何应钦等，都有留日经历。从党权上看，在此期国民党五届中央执委中，留日出身的占委员的接近1/3，占常委的一半以上。[1] 曾留学日本的政府政要的外交观，对以蒋介石为首的南京政府抗日外交政策的形成有着重要影响。

黄郛和张群是国民政府的重要人物，与蒋介石关系非同一般。他们和蒋都曾留学于日本的振武学校，并曾与蒋互换兰谱，结盟为兄弟。他们一生追随蒋介石，蒋对他们也非常信任，在蒋走向权力巅峰的很多重要时刻都能看到张、黄的足迹。1928年和1933年，在"济南惨案"和"热河事件"后，黄郛两次应蒋介石之请，与日本谈判，并因此身陷对日外交漩涡，替蒋背负骂名。1935年，病重中的黄郛听说日本挑起华北事变，逼迫中国签订"何梅协定"，不顾自己重病在身，专门到南京，向蒋介石建议改变对日政策，加紧对日作战准备。张群则在接替汪精卫任外长之后，为蒋介石分析了国际国内诸多因素，认为日本的侵华日益扩大，中日之战势不可避免，对外除加紧与英美联盟外，还应与近邻苏联修好以共同对日。因此对日外交谈判，应当改变过去迁就软弱的立场和委曲求全的态度，全盘调整中日之间的关系，否则国民党对全国的统治将为抗日救亡的怒潮所倾覆。[2]

戴季陶是另一位对蒋介石影响颇深的人物，1905年在日本留学期间结识了蒋介石，与蒋介石既是同乡，又是好友。"九·一八事变"后，国民党中央成立了特种外交委员会，专议对日事宜。戴季陶是该委员会的委员长，被蒋委以外交决策全权。1931年11月，戴季陶向中央政治会议提交了题为《处理时局之根本方针》的报告，该报告着眼于反共，虽然对日本仍以主和为主，但同时表示出为民意牺牲也在所不惜的抗日决心。戴季陶一直坚信，中日之争，中国必然取得最后胜利。从"九·一八事变"到全国抗战，他始终对中国充满信心。南京政府西迁时，有人问他，此次西行，要多久才能

---

① 于杨：《留日学生在南京政府中的地位及对中日政策的影响》，《徐州师范大学学报》（哲社版）2006年第6期，第1页。

② 杨跃进：《蒋介石的终身幕僚张群》，北京团结出版社2007年版，第71页。

回京？他回答道，多则十年，少则八年，决可重返南京。① 虽然戴从未放弃过反共，但其对日态度的原则以及对抗战的乐观态度，对蒋介石及国民政府确定抗战政策产生了积极影响。

需要强调的是，对蒋介石而言，所有的外部因素固然不可忽视，但外部因素的影响最终还得通过他本人起作用。关于蒋介石的抗日思想，学界大多认为，不是有没有的问题，而是什么时候形成的问题。应该说，蒋介石是一个民族主义者。早在 1912 年，他第三次东渡日本后，就创办了《军声》杂志，发表了多篇文章，表达了反对列强侵略中国的民族主义思想。在日本侵华问题上，他的抗战思想始终存在。"九·一八事变"发生的次日，蒋介石在日记中写道："倭寇果乘粤逆叛变、内部分裂之时，而来侵略我东省矣！呜呼！痛哉！……余所恃者一片爱国丹心。此时明知危亡在即，亦惟有鞠躬尽瘁，死而后已，拼以一身，报我总理，报我民族，报我先烈！"② 当月 24 日，蒋介石派蔡元培、张继、陈铭枢携手书，前往广东，呼请粤方"相见以诚，勿使外间以为中山党徒只顾内争，不顾国难"③。

对于日本的对华野心，蒋介石有比较清醒的认识，"九·一八事变"之后，他在 9 月 20 日的日记中写道："倭寇处心积虑，侵略东省，不幸今竟成为已成事实"，而且"倭寇野心既已爆发，必难再改。东亚从此无宁日矣"④。但在"卢沟桥事变"前，尤其是 1935 年之前，蒋介石始终没有下定抗战之决心，主要的原因，一方面就是所谓"攘外必先安内"的指导思想。在日本侵略和红军的存在两者之间，蒋介石认为，共产党和红军的存在是"心腹之患"，而日本的侵略只是"肢体之患"，因此剿共是第一位的，抗日是第二位的。另一方面，他认为当时的中国还远远不是日本的对手，不能逞一时之激愤而不顾大局："自东北问题发生以来，一股激于悲愤，不暇审择，或不顾事实，徒逞快意之论者；不曰对日宣战，即曰对日绝交；不知中国若有适当之国防实力，则当朝鲜之惨杀华人，及万宝山之案发生，皆可为宣战

---

① 黎洁华、虞苇：《戴季陶传》，广东人民出版社 2003 年版，第 274 页。
② 王晓华：《蒋介石日记秘档》，台海出版社 2014 年版，第 277 页。
③ 木吉雨等编译：《蒋介石秘录》，广西人民出版社 1989 年版，第 344 页。
④ 王晓华：《蒋介石日记秘档》，台海出版社 2014 年版，第 278 页。

绝交之理由，不必暴日铁蹄蹂躏沈阳之时也。"①

到1935年，蒋介石的抗日思想基本形成。他后来在南京国防最高会议上作《国府迁渝与抗战前途》的演讲时，道出了自己作出抗日决定的时间及其原因：

> 自从"九·一八"经过"一·二八"以至于长城战役，中正苦心焦虑，都不能定出一个妥当的方案来执行抗日之战。关于如何使国家转败为胜转危为安，我个人总想不出一个比较可行的办法，只有忍辱待时，巩固后方，埋头苦干。但后来终于定下抗日战争的根本计划。这个计划什么时候才定下来呢？我今天明白告诉各位，就是决定于二十四年入川剿匪（注：指1935年进入四川追剿红军）之时。到川以后，我才觉得我们抗日之战，一定有办法。因为对外作战，首先要有后方根据地。如果没有像四川那样地大物博人力众庶的区域作基础，那我们对抗暴日，只能如"一·二八"时候将中枢退至洛阳为止，而政府所在地，仍不能算安全。所以自民国二十一年至二十四年入川剿匪之前为止，那时候是决无对日抗战的把握。一切诽谤，只好暂时忍受，决不能没有计划的将国家牺牲。真正为国家负责者，断不应该如此。到了二十四年进入四川，这才找到了真正可以持久抗战的后方。所以从那时起，就致力于实行抗战的准备。②

其实，促使蒋介石下定抗日决心的不仅是他找到了川贵作为抗日的后方根据地，还在于以下原因：一是日本得寸进尺，威胁了国民党的统治根基；二是经过五次"围剿"，共产党只剩下三万余人，对蒋来说，已不再构成多大威胁；三是国民政府的"建设计划"也取得了初步的成效。在当时全国积极要求抗战的舆论环境下，这些主客观因素促使蒋介石不得不作出抗日的决定。

---

①　熊志勇编：《中国近现代外交史资料选辑》，世界知识出版社2012年版，第291页。
②　蒋介石：《国府迁渝与抗战前途》（1937年11月19日），见中华民国陪都史课题组编《中国战时首都档案文献》，重庆出版社2014年版，第2页。

蒋介石的态度是国民党最终确立抗日政策的决定性因素。因此，在1935 年 11 月国民党第五次全国代表大会上，蒋介石公开阐明了中国抗日的立场"以不侵犯主权为限度"①。1936 年 7 月，在国民党五届二中全会上，蒋介石又对确定的对日外交五大方针进行了具体的说明："中央对外交所抱的最低限度，就是保持领土主权的完整。""我们绝对不订立任何侵害我们领土主权的协定，并绝对不容忍任何侵害我们领土主权的事实。"②"七·七事变"后，虽然国民党内仍然有不少人认为中国国力不足以抵抗日本，主张"和平"对外，但蒋介石却力排众议，发表了著名的《抗战宣言》，此后又表示："此意既定，无论安危成败，在所不计"；"应战宣言既发，再不作倭寇回旋之想，一意应战矣"③，这表明以蒋介石为代表的有留日背景的国府政府的抗战决心已定。

综上所述，留学生群体对国民政府抗日外交政策的确立产生了重要的影响。舒新城曾这样说："戊戌以后的中国政治，无时不与留学生发生关系，尤以军事、外交、教育为甚。"④ 就国民政府对日关系来说，留学生群体以其独特之知识和教育背景、价值取向及爱国热情，对促成南京政府抗日外交政策的形成发挥了重要的作用：对上，他们中的很多人能够代表及形成舆论；对下，他们中的很多人是手握重权的国府政要；对外，他们代表中国人；对内，他们更了解外国人。这为他们在国民政府的外交领域发挥作用，尤其是促成抗日外交政策的形成提供了重要条件。以顾维钧、颜惠庆、施肇基等为代表的欧美使领馆人员的极力呼吁，是迫使国民政府最终改弦易辙、实施抗日外交的外部动因；以留学生为主体的国内知识界和社会名流的积极推动和海外留学生的强烈要求，则为国民政府实施抗日外交提供了强大的舆论压力，迫使其"憬悟于亡国之可怕与民意之不可侮"⑤。国内亲英美派的抗日要求是国民政府最终放弃对日妥协政策的内部力量。正如周恩来所说：

---

① 《蒋委员长对外关系演词》，《国闻周报》1935 年第 12 卷第 46 期，第 2 页。
② 王桧林：《中国现代史参考资料》，高等教育出版社 1988 年版，第 152—153 页。
③ 曾景志：《蒋介石家书日记文墨选录》，团结出版社 2010 年版，第 269 页。
④ 舒新城：《近代中国留学史》，新世纪出版社 2011 年版，第 137 页。
⑤ 中央档案馆编：《中共中央文件选集》（11），中共中央党校出版社 1991 年版，第 84 页。

"抗战是逼成了，谈判也算逼成了，统一战线也算逼成了。"[①] 在促使、迫使国民政府实施抗日外交的诸种因素中，国民党内亲英美派的努力和蒋介石本人的转变，起到了关键的作用。在国家存亡的重要关口，以蒋介石为首的留日生为主体的国民政府顺应了全国人民的抗日要求，最终与共产党合作，结成了广泛的抗日民族统一战线，"七·七事变"后，确立了一致对外的共同抗日外交政策。

第三节　留学生群体与中国社会性质的论战

1928—1936 年，中国知识界对中国社会性质、中国社会史、中国农村社会性质等问题进行了长期的论战，这三个方面的论战是一个连续的思想学术论争的过程，总称为"中国社会性质问题论战"。从论战参与者的身份来看，留学生不仅与论战的缘起有着密切的关系，而且从他们在论战中发表的论文、出版的论著及其阐述的主要观点来看，他们都是这场论战当之无愧的主导者。他们在论战中阐述的主要观点，对于弄清当时中国的社会性质、引导中国前进的方向都具有重要意义。虽然以往学术界对于这场论战给予不少关注，但却很少有人从留学生的角度即论战的主体对其进行阐述，故本节拟从留学生的角度，对"中国社会性质论战"进行新的探索。

一　留学生群体与论战的缘起

关于中国社会性质的论争，最初由共产国际内部的分歧影响到中国共产党内，然后又扩展到中国共产党外，这个过程与留学生有着密切的关系。

在 20 世纪 20 年代后期，苏联共产党内出现了在许多问题上有根本对立意见的两派：一派是以托洛茨基为代表的少数派，另一派是以斯大林为代表的多数派。随着两派争论的愈演愈烈，一些存在分歧的问题就被带到共产国际里面来，关于中国革命问题也成为当时争论的一个重点。

国民党"清共"以后，共产国际内部的两派对中国社会性质及革命性

---

① 周恩来：《论统一战线》，《周恩来选集》上卷，人民出版社 1981 年版，第 196 页。

质的争论更加激烈。比如，少数派的拉狄克断言："中国农村中的农民斗争与其说是反对封建残余，不如说是反对资产阶级。"① 斯大林在批评拉狄克时说："这种原始积累型的商业资本在中国农村是和封建主的统治、和地主的统治独特地结合着的……拉狄克的错误在于他不了解这种独特性。"② 托洛茨基认为："中国革命具有民族资产阶级的性质，其基本原因在于中国资本主义生产力的发展受阻于中国关税，受帝国主义国家的控制。"③ 斯大林在批评托氏时说："托洛茨基的基本错误在于他不懂中国革命的意义和性质"，"中国的资产阶级民主革命不仅反对封建残余，同时也反对帝国主义"，"中国的资产阶级民主革命是反封建残余和反帝国主义的结合"④。由此可知，以托洛茨基为代表的少数派认为，中国早已是一个资本主义国家，中国革命应当是反对资产阶级的社会主义革命；而以斯大林为代表的多数派认为，中国是半殖民地半封建社会，中国革命是反帝反封建的资产阶级民主革命。⑤ 这两种论断关系着中国是否还要进行资产阶级民主革命这样一个重大原则性问题。共产国际这种内部的争论被留苏学者带到中国，从而在中国共产党内引起了关于中国社会性质的争论。

1927 年 11 月 7 日，中国留苏学生梁干乔、区芳等参加十月革命十周年纪念游行，并同苏联托派一起发生了拥护托洛茨基而反对斯大林的"红场事件"。此后不久，托洛茨基即被开除党籍，参与该事件的中国留学生中的托派分子，大多数从 1927 年底开始被陆续遣送回国。拥护托洛茨基的留苏学生，如史唐、陆一渊、张特、梁干乔等，回国后在上海成立了中国第一个托派早期组织"中国布尔什维克列宁主义反对派"⑥，1929 年 4 月，该组织创办机关刊物《我们的话》（这些人也因之被称为"我们的话派"），介绍托洛

①　斯大林：《和中山大学学生的谈话》，见中共中央马克思恩格斯列宁斯大林著作编译局译《斯大林全集》第 9 卷，人民出版社 1954 年版，第 217 页。

②　同上书，第 218 页。

③　斯大林：《中国革命和共产国际的任务》，见中共中央马克思恩格斯列宁斯大林著作编译局译《斯大林全集》第 9 卷，人民出版社 1954 年版，第 261 页。

④　同上书，第 259—261 页。

⑤　饶良伦：《第二次国内革命战争时期关于中国社会性质问题的论战》，《求是学刊》1983 年第 4 期，第 90 页。

⑥　苏若群：《中国托派的命运》，《党史博览》2012 年第 8 期，第 52 页。

茨基论述中国问题的文章、讲话和相关文件等，这些内容引起了留日出身的原共产党重要领导者陈独秀的共鸣。从 1929 年 7 月起，陈独秀陆续向中共中央写了 3 封信（1929 年 7 月 28 日、8 月 5 日、8 月 11 日），尤其是 8 月 5 日的《关于中国革命致中共中央信》，在关于中国社会性质、阶级关系及中国革命的性质与任务等一系列根本问题上，都同"六大"的政治路线完全对立。他认为中国从经济上、政治上都是资本主义社会①，从而挑起了关于中国社会性质问题的党内争论。陈独秀在大革命失败后受到共产国际和斯大林的冷眼相待，此时却受到了托派的表扬和肯定，因此，他主动要求参加"我们的话派"，但被拒绝。为此，他于 1929 年 9 月，和留苏归国托派分子彭述之、尹宽等建立第二个托派组织"中国共产党左派反对派"。接着，中共在党内开展了反对"托陈取消派"的斗争，并于 11 月 15 日把陈独秀等反对派开除出党。12 月 15 日，陈独秀等 81 人又抛出了《我们的政治意见书》，这场争论就由此扩展到了社会上。

在党外，"国民党的一些头面人物与各种反马克思主义派别相互呼应，创办刊物，发表文章，在中国社会性质和革命等根本问题上提出了自己的观点"②。其中代表性的有以留日归国的汪精卫为首的国民党改组派。1928 年，在汪精卫的反共方针指导下，留美归国的陈公博在上海创办了《革命评论》和《前进》两份杂志，而顾孟余（留德）、周佛海（留日）等则从 1928 年开始，陆续发表了多篇关于中国社会性质问题的文章。与此同时，国民党右派文人陶希圣、李季等人创办了《新生命杂志》；1928 年胡适（留美）在上海创办了《新月》杂志，并提出"中国现状"这个题目引起讨论。可见关于中国社会性质的讨论已形成一股潮流，而归国留学生就是这股潮流的发起者和主要参与者。

面对各种反对理论，中国共产党立即组织理论、学术界工作者予以反击，其中留学生出身的共产党员又起到了先锋作用。1929 年 1 月，留日出身的李达出版了《中国产业革命概观》，此书是"论战爆发以来进步理论战线

---

① 阿荣：《中国社会性质问题论战的来龙去脉》，《前沿》2005 年第 3 期，第 160 页。
② 同上。

出版的第一部系统地研究中国社会性质和革命性质问题的专著"①。同年 12 月，李立三（留苏）写了《中国革命的根本问题》，该书系统地批驳了"托陈取消派"在中国社会性质和中国革命问题上的观点。在中共的领导下，1929 年 11 月，留日出身的著名理论家王学文等人在上海创办了《新思潮》，公开向社会征文，希望就中国当前社会性质问题展开讨论。1930 年 4 月，在该刊第五期出版的"中国经济研究专号"上发表了潘东周（留苏）、王学文（留日）、吴黎平（留苏）、李一氓（留法）等归国留学生写的一组文章。由于他们以《新思潮》杂志为阵地，故被称为"新思潮派"。"中国经济研究专号"的出版，标志着这场论战的全面展开。

概言之，从中国社会性质论战的缘起来看，留学生不仅把苏联及共产国际的观点带到国内，而且在中国共产党内甚至在党外进行宣扬和争论。不同派别的归国留学生，无论其立场、观点如何，他们的积极参与都在很大程度上促进了论战的进行，即使有部分留学生提出了一些相反观点，这也有助于问题的进一步澄清。因此，可以说，这场关于中国社会性质的争论与留学生群体有着直接的关系。

二　留学生群体在论战中的地位

留学生积极参与论战，其中一个主要表现就是在论战中发表了相当数量的论文和专著。由于当时国民党实行反共的文化"围剿"，因而许多作者在文章上不敢署自己的真名，多数作者用的是化名、别名，有时一个作者可能用多个别名来署名。比如，王学文就曾署名王昂、思云、郑景等，张闻天就曾署名思美、刘梦云等。曾参与论战的冯和法说："不知刘梦飞是否即刘梦云？听说刘梦云就是张闻天同志。"② 可见，就连当时参与论战的作者也有可能搞不清楚某篇文章的真正作者是谁。笔者通过对多种资料进行搜集整理，现把能确认署名和原作者是同一个人的部分留学生在论战中发表的论文和专著情况整理出来，见表 4—3 和表 4—4。

---

① 吴泽：《大革命失败后中国社会性质、革命性质及社会史问题论战研究》，《社会科学辑刊》1990 年第 1 期，第 83 页。

② 周子东等编：《三十年代中国社会性质论战》，知识出版社 1987 年版，第 130 页。

表4—3　　　　　　　　　　　　　　　　论战中部分留学生发表的论文

作者	留学国家及学校	发表的论文题目（署名）	发表刊物及时间
顾孟余	德国莱比锡大学、柏林大学	农民与土地问题	《前进》第4期，1928年7月
		中国农民问题（公孙愈之）	《前进》第4—6期，1928年7—8月
		国民党必须有阶级基础吗？	《前进》第1卷第3号，1929年12月10日
蔡和森	法国蒙达尼男子中学	论陈独秀主义	《布尔塞维克》第4卷第5期，1931年9月10日
		中国革命的性质及其前途	《布尔塞维克》第2卷第1期，1928年11月1日
潘东周	苏联莫斯科中山大学	中国经济发展中的根本问题	《世界月刊》第1卷第1期，1929年7月
		中国对外贸易问题	《世界月刊》第1卷第2期，1929年8月
		中国工业问题	《世界月刊》第1卷第3期，1929年9月
		一九二九年之中国	《新思潮》第2、3期合刊，1930年1月20日
		中国经济的性质	《新思潮》第5期，1930年4月15日
		中国国民经济的改造问题	《社会科学讲座》第1卷，1930年6月
吴黎平	苏联莫斯科中山大学	军阀混战的社会基础	《新思潮》第6期，1930年5月15日
		反对派对于中国问题的错误（吴良赋）	《布尔塞维克》第3卷2、3期合刊，1930年3月15日
		中国土地问题	《新思潮》第5期，1930年4月15日
李一氓	法国	中国劳动问题	《新思潮》第5期，1930年4月15日
王学文	日本东京同文书院、京都帝国大学	中国经济的性质是什么？——评中国几位社会科学家的见解（思云）	《读者月刊》第1期，1931年7月15日
		中国资本主义在中国经济中的地位其发展及其前途（王昂）	《新思潮》第5期，1930年4月15日
		经济要素之意义	《新思想》第7期，1930年7月1日
		银价暴落的原因及其影响（郑景）	《新思潮》第4期，1930年2月28日
李立三	法国、苏联	中国革命的根本问题	《布尔塞维克》第3卷2—5期，1930年3—5月

续表

作者	留学国家及学校	发表的论文题目（署名）	发表刊物及时间
沈泽民	日本东京帝国大学、苏联莫斯科中山大学	第三期的中国经济	《布尔塞维克》第 4 期第 2 期，1931 年 5 月
张闻天	日本、美国；苏联莫斯科中山大学、红色教授学院	是取消派取消中国革命还是中国革命取消取消派（思美）	《布尔塞维克》第 4 期第 3 期，1931 年月 10 日
		中国经济之性质问题的研究（刘梦云）	《读书杂志》第 1 卷第 4、5 期合刊，1931 年 8 月 1 日
胡适	美国康奈尔大学、哥伦比亚大学	我们走哪条路？	《新月》1929 年 12 月
朱镜我	日本东京第一高等学校、名古屋第八高等学校、东京帝国大学、京都帝国大学	帝国主义与殖民地的工业化（张焕明）	《研究》第 1 期，1932 年 4 月 1 日
		民族解放运动之基础（谷荫）	《新思想》第 7 期，1930 年 7 月 1 日
		改组派在革命现阶段上的作用及其前途（谷荫）	《新思潮》第 6 期，1930 年 5 月 15 日
		中国目前思想界底解剖（谷荫）	《世界文化》第 1 期，1930 年 9 月 10 日
严灵峰	苏联莫斯科东方大学	中国是资本主义的经济还是封建制度的经济？	《动力》第 1 卷第 1 期，1930 年 7 月 15 日
		再论中国经济问题	《动力》第 1 卷第 2 期，1930 年 9 月 30 日
		在"战场"上所发见的"行尸走肉"	《读书杂志》第 1 卷第 4、5 期，1931 年 8 月 1 日
		关于任曙、朱新繁及其他	《读书杂志》第 2 卷第 7、8 期，1932 年 8 月 1 日
		中国农村经济现阶段性质的商讨	《新中华》第 1 卷第 18 期，1933 年 9 月 25 日
王礼锡	日本早稻田大学	中国社会发展中之谜的时代	《读书杂志》第 2 卷第 7、8 期，1932 年 8 月 1 日
		古代的中国社会	《读书杂志》第 3 卷第 3、4 期，1933 年 4 月 1 日
		中国社会史论战序幕	《读书杂志》第 1 卷第 4、5 期，1931 年 8 月 1 日

续表

作者	留学国家及学校	发表的论文题目（署名）	发表刊物及时间
孙冶方	苏联莫斯科东方大学、中山大学	财政资本统治与前资本主义关系	《中国农村》第1卷第12期，1935年9月30日
		一封讨论生产力和生产关系的来信	《中国农村》第1卷第12期，1935年9月30日
		农村经济底对象	《中国农村》第1卷第10期，1935年7月10日
		论农村调查中农户分类方法	《中国农村》第1卷第10期，1935年7月10日
		为什么要批评乡村改良主义工作	《中国农村》第2卷第5期，1936年5月1日
		"资本主义万岁"和"打倒资本主义"	《中国农村》第2卷第11期，1936年11月
熊得山	日本明治大学	中国农民问题之史的叙述	《读书杂志》第1卷第4、5期，1931年8月1日
		中国商业资本的发生之研究	《读书杂志》第2卷第7、8期，1932年8月1日
		中国农民问题之史的叙述（续论战第一辑）	《读书杂志》第3卷第3、4期，1933年月1日
钱亦石	苏联莫斯科中山大学	现代中国经济的检讨——一幅半殖民地经济的透视画	《中山文化教育馆季刊》第1卷第1期，1934年8月
黄松龄	日本明治大学	研究现代中国经济问题的几点方法上的意见	《劳动季报》第4期，1935年2月10日
王毓铨	美国哥伦比亚大学	关于农村经济研究之方向及任务的讨论	《中国农村》第1卷第8期，转载《益世报》副刊"农村周刊"第56期，1935年5月1日
		论中国农村经济底研究方法	《中国经济》第3卷第7期，1935年7月
		中国地租形态之现况及其发展	《中国经济》第3卷第5期，1935年5月1日
		中国租佃关系转变中的几个现象	《中国经济》第3卷第4期，1935年4月1日
尹宽	法国日耳曼公学、木兰公学；苏联莫斯科东方大学	关于中国农村问题研究之试述（王景波）	《中国农村》第1卷第10期，1935年7月10日

续表

作者	留学国家及学校	发表的论文题目（署名）	发表刊物及时间
沈志远	苏联莫斯科中山大学	现阶段中国经济之基本性质	《新中华》第 3 卷第 13 期，1935 年 7 月 10 日
翦伯赞	美国加利福尼亚大学	殷代奴隶制度之批判	《劳动季刊》第 1 卷第 11 期，1935 年 8 月
郭沫若	日本东京第一高等学校、九州帝国大学	周易的时代背景与精神生产（杜衍）	《东方杂志》，1928 年 11 月
		读《中国封建社会史》（杜荃）	《新思潮》第 2、3 期合刊，1930 年 1 月
邓飞黄	英国伦敦大学	中国经济的衰落程度及其前途	《中国经济》第 1 卷第 1—3 期，1933 年 4、5、6 月
杨玉清	日本早稻田大学、法国巴黎大学	经济帝国主义与中国民族的生存问题	《中国经济》第 2 卷第 5 期，1934 年 5 月 1 日
胡秋原	日本早稻田大学	略复孙倬章君并略论中国社会之性质	《读书杂志》第 2 卷第 2、3 期合刊，1932 年 3 月 1 日
		亚细亚生产方式与专制主义	《读书杂志》第 2 卷第 7、8 期合刊，1932 年 8 月 1 日
		中国社会：文化发展草书（上）	《读书杂志》第 3 卷，1933 年
王亚南	日本	封建制度论	《读书杂志》第 1 卷第 4、5 期合刊，1931 年 8 月 1 日
郑学稼	日本	资本主义发展中之中国农村	《读书杂志》第 2 卷第 7、8 期合刊，1932 年 8 月 1 日
刘仁静	苏联莫斯科中山大学	评两本论中国经济的著作（镜园）	《读书杂志》第 1 卷第 4、5 期合刊，1931 年 8 月 1 日
		中国经济的分析及其前途之预测（刘镜园）	《读书杂志》第 2 卷第 2、3 期合刊，1932 年 3 月 1 日
周佛海	日本京都帝国大学	明年的新生命	《新生命》第 1 卷第 12 号，1928 年
秦邦宪	苏联莫斯科中山大学	中国经济的性质（伯虎）	《布尔塞维克》第 4 期第 2 期，1931 年 5 月
		中国经济问题之商榷（白英）	《读书杂志》第 2 卷第 7、8 期合刊，1932 年 8 月 1 日
陈公博	美国哥伦比亚大学	国民革命的危机和我们的错误	《贡献》第 2 卷第 2 期、第 3 期、第 4 期，1928 年
陈翰笙	美国芝加哥大学、哈佛大学；德国柏林大学	中国的农村研究	《劳动季刊》第 1 卷第 1 号，1931 年 9 月

表 4—4　　　　　　　　　　　论战中部分留学生出版的论著

作者	留学国家及学校	书名	出版社	出版时间
李达	日本东京第一师范	中国产业革命概观	昆仑书店	1929 年
萨孟武	日本第一高等学校、第三高等学校、京都帝国大学	中国社会问题之社会学的研究	华通书局	1929 年
郭沫若	日本东京第一高等学校、九州帝国大学	中国古代社会研究	联合书店	1930 年
秦含章	比利时圣布律高等农学研究院、布鲁塞尔大学植物学院；德国柏林大学	中国农业经济问题	新世纪出版社	1931 年
严灵峰	苏联莫斯科东方大学	追击与反攻	神州国光社	1932 年
		中国经济问题研究	新生命书局	1931 年
顾孟余	德国莱比锡大学、柏林大学	中国农村问题、土地问题（署名公孙愈之）	太平洋书店	1933 年
何干之	日本早稻田大学、明治大学	中国经济读本（署名杜鲁人）	上海现实出版部	1934 年
		中国社会性质问题的论战	生活书店	1937 年
		中国的过去现在与未来	生活书店	1936 年
		中国社会史问题论战	生活书店	1937 年
		近代中国启蒙运动史	生活书店	1937 年
陈翰笙	美国芝加哥大学、哈佛大学；德国柏林大学	广东农村生产关系与生产力	上海中山文化教育馆	1934 年
		封建社会的农村生产关系	上海国立中央研究院	1930 年
		东北的难民与土地问题	上海国立中央研究院	1930 年
		现代中国的土地问题	上海国立中央研究院	1933 年
		中国的地主和农民	美国纽约（英文版）	1936 年
王亚南	日本	中国经济社会史纲（署名王渔村）	生活书店	1936 年

　　资料来源：高军编：《中国社会性质问题论战》（资料选辑）（下）附录，人民出版社 1984 年版，第 879—889 页；周子东、杨雪芳、季甄馥、刘卫平编著：《三十年代中国社会性质论战》附录二，知识出版社 1987 年版，第 135—158 页；王礼锡、陆晶清编著：《中国社会史的论战》（上、下）目录，上海书店 1990 年影印版；《中国农村社会性质论战》目录，新知书店 1936 年版；周棉主编：《中国留学生大辞典》，南京大学出版社 1999 年版。

从表4—3、表4—4可见，至少有36个留学生参加了这场论战，他们至少发表了72篇文章，出版了18部著作。其论战之激烈不难想见。留学生群体之所以能成为这次论战的主要参与者，或者说在论战中居于主导地位，这与论战的内容以及留学生自身的特点有很大关系。

首先，从根本上讲，关于中国社会性质问题的论战并不是一个纯粹的学术问题，而是一个色彩相当浓厚的政治理论问题。作为试图在中国推行共产主义学说和夺取中国革命政权的苏联共产党和共产国际而言，他们对此问题的关注和研究比中国人更早更热烈。因此，如前所述，最初对中国社会性质进行争论的不是在中国而是在苏联和共产国际，并影响了中国的留苏学生，如潘东周、吴黎平、孙冶方、严灵峰等。他们对中国问题的争论所发表的论文被装订成册，连同他们的观点被留苏学者带回国，或者说被留学过苏联、熟悉俄语的留学生所了解或传播。从这个角度来说，留学苏联、熟悉俄语的留学生最容易了解苏联学者对中国问题争论的内容及观点，而作为关注中国未来的留苏学生，也容易受到苏联学者的观点和情绪感染，急于发表他们自身的看法。

其次，苏联学术界对中国问题的争论又引起了日本学者对中国某些问题的争论。这是因为，在历史上中日两国的文化交往密切，特别是明治维新以后，日本朝野出于多种目的，对中国政局和发展的关注度空前加强，而中国对日本的看法、态度和联系，在甲午战争以后，比以往更有过之而无不及。日本的教育理念和社会科学思想更时刻在影响中国。比如在亚细亚生产方式问题上，日本学者对此研究分成了许多派别①，并进而研究中国其他的社会史问题。日本学者对中国问题的研究，势必会引起留学过日本、熟悉日语的中国留学生的注意，如王学文、王礼锡、郭沫若、王亚南等。他们利用自己懂日语的优势，介绍日本学者的观点来批驳他人的观点。因此，参与论战的留学生大多数都留学日本和苏联这两个国家。此外，是留学欧美国家的学者。

再次，参与论战的学者不仅是留学生，而且大都是对政治问题比较感兴趣的留学生出身的政治家、社会学家、历史学家或是经济学家，如孙冶方、沈志远、张闻天、郭沫若和陈翰笙等。他们不仅懂得外语，拥有扎实的专业

①　何干之：《何干之文集》，北京出版社1993年版，第279—288页。

知识和丰富的理论，更重要的是对国事的热情使他们对于当时中国学术界出现的论争敏感而热心，因而积极参加，且在论战中游刃有余，居于主导地位。至于国内的其他知识分子，或者因为对这样深奥难解的政治理论问题不感兴趣，或者因为不懂外语，搞不清怎么回事而作壁上观。

三　留学生群体引导了论战的方向

留学生群体在这次论战中所阐述的观点，引导了论战的方向。下面仅从论战的主要内容对他们所阐述的主要观点进行分析。

1. 关于中国社会性质问题的主要观点

较早关注中国社会性质问题的是留学生出身的共产党员。1928 年，蔡和森（留法）在《中国革命的性质及其前途》一文中说："中国革命是资产阶级革命呢还是资产阶级民权性的革命，或已转变到无产阶级社会主义革命？这一根本问题将决定今后革命之一切战术与策略。"[1] 1930 年，李立三（留法、苏）发表了《中国革命的根本问题》，具体论述了中国半殖民地半封建社会的特点，对中国"托派"在中国社会性质和革命性质问题上的观点展开批判。[2] 与此同时，留苏、留日学者在《新思潮》杂志开辟的"中国经济研究专号"上发表了有关中国社会性质问题的一系列文章，其中有王学文（署名王昂）的《中国资本主义在中国经济中的地位其发展及其前途》、潘东周的《中国经济的性质》、吴黎平的《中国土地问题》、李一氓的《中国劳动问题》等。[3] 这些文章基本上都是用马克思主义的观点来论述中国社会的半殖民地半封建性质的。

潘东周和王学文的几篇文章是"新思潮派"的代表作，以他们为代表的"新思潮派"，在帝国主义和封建势力的关系问题上坚决反对过度重视帝国主义在中国的进步作用，认为帝国主义对民族产业起到了破坏作用。对"问题论述最为完整、最为深刻的却是张闻天"，他于"1931 年 8 月在《读

---

① 高军：《第一次国内革命战争失败后关于中国社会性质问题的论战》，《史学月刊》1982 年第 2 期，第 55 页。

② 郭若平：《新民主主义理论的学理探源——对"中国社会性质问题论战"有益成果的吸收》，《中共党史研究》2003 年第 4 期，第 53 页。

③ 高军编：《中国社会性质问题论战》（资料选辑上），人民出版社 1984 年版，目录第 1 页。

书杂志》上发表《中国经济之性质问题的研究——评任曙君的〈中国经济研究〉》（署名刘梦云）"①。文章运用大量的史实材料和数据对比，说明帝国主义阻碍了中国资本主义的独立发展。有学者认为"这是我所看到的关于中国社会性质论战的最完整而且较深刻的著作"，甚至认为张闻天"是中国社会性质论战胜利的奠基人"②。

2. 关于中国社会史问题的主要观点

留学日本的历史学家郭沫若著的《中国古代社会研究》一书的出版是引起社会史论战的开端。该书"第一次把鸦片战争以前的中国历史叙述为原始社会、奴隶社会和封建社会等几种社会经济形态有规律更替的历史"③。但该书一出版就遭到了"新生命派"等其他派别的攻击和批评。1931—1933年，《读书杂志》的主编王礼锡（留日）诚邀各派在该刊上发表关于中国社会史方面的讨论文章，由此，《读书杂志》成为社会史论战的主要阵地之一。关于社会史论战的内容主要包括以下三方面。

第一，关于"亚细亚生产方式"问题的争论。郭沫若在《〈诗〉〈书〉时代的社会变革与其思想上的反映》一文中认为，马克思在《政治经济学批判》序言中所说的"亚细亚"是指古代的原始共产社会。对"亚细亚生产方式是否为东方社会所特有"这一问题的回答最具有代表性的是留日学者胡秋原，他说："特殊亚细亚生产方法论者将亚洲社会看作一种与奴隶制、封建农奴制、前资本制本质不同的社会，是毫无根据的、反马克思主义的。"④ 王礼锡对"亚细亚特殊论"也提出了批评，他认为有些人"觉得中国是一个特殊的社会，不是用历史的常态所可解释，于是在马克思文献中找出一顶特殊的帽子'亚细亚的'或'东方的'，来加冕于这一个时代"⑤。

第二，关于中国有无奴隶社会问题的争论。中国有无奴隶社会，这个问题最初是由郭沫若所提出的，而肯定中国有奴隶社会的学者也首推郭沫若。

---

① 阿荣：《中国社会性质问题论战的来龙去脉》，《前沿》2005 年第 3 期，第 161 页。

② 程中原：《张闻天传》，当代中国出版社 1993 年版，第 129 页。

③ 吴怀友、刘艳：《中国社会性质问题论战与中共对国情认识的变化》，《党史研究与教学》2013 年第 6 期，第 48 页。

④ 胡秋原：《亚细亚生产方式与专制主义》，《读书杂志》1932 年第 2 卷第 7—8 期合刊，第 6 页。

⑤ 王礼锡：《中国社会史论战·序言》，见王礼锡、陆晶清编著《中国社会史的论战》第 1 辑，上海书店 1990 年版，第 3 页。

他在《中国古代社会研究》中认为，中国的西周时代即为奴隶社会。① 郭沫若以扎实的古代文献论证了马克思主义关于原始社会、奴隶社会、封建社会的社会演化阶段在中国同样存在，这是他对论战学术价值的最大贡献。虽然这本书出版以后他遭到许多人的批评，但"自从1935年以来，郭沫若的中国史观好像复活起来。六七年来为思想界所集中抨击的观点，忽然变了大家共同信奉的真知灼见，甚至许多从前反对过他的人，也改变了态度"②。吕振羽说："我以为郭（沫若）先生对中国社会史研究的功绩，不在于其见解是否完全正确，而在于他首先应用历史唯物论来系统地研究中国史，其开创的功绩，是不能否认的。"③ 顾颉刚认为，郭氏的研究"富有精深独到的见解，中国古代社会的真相，自有此书后，我们才摸着一些边际"④。在郭沫若研究的基础上，翦伯赞（留美）进一步以唯物史观为指导对中国古代社会作认真研究，1935年8月，他在《劳动季刊》上发表了《殷代奴隶制度之批判》，肯定了中国历史上存在奴隶制度。

第三，关于鸦片战争以前中国社会性质问题的争论。王礼锡认为，"自秦代至鸦片战争以前这一段历史"，是在封建主义与资本主义之间的"过渡时期"⑤。郭沫若等史学家则完全肯定鸦片战争以前中国社会还处于封建制度阶段。他在《中国古代社会研究》中指出，"秦统一了天下以后，在名目上虽然是废除封建而为郡县，其实中国的封建制度一直到最近百年都是岿然的存在着的"⑥。中国社会史论战的关键问题，是关于秦汉以后、鸦片战争以前中国社会的性质问题，因为这个问题直接联系着鸦片战争以后中国的社会性质和革命性质，在当时具有现实的政治意义。

3. 关于农村社会性质问题的主要观点

关于农村社会性质的论战主要以《中国农村》和《中国经济》两杂志为阵地。"中国农村派"主要是在陈翰笙（留美、德）领导下发展起来的一

---

① 金敏：《〈读书杂志〉与中国社会史问题论战》，《浙江学刊》2007年第5期，第77页。

② 何干之：《何干之文集》，北京出版社1993年版，第309页

③ 周子东等编著：《三十年代中国社会性质论战》，知识出版社1987年版，第56页。

④ 顾颉刚：《当代中国史学》，辽宁教育出版社1998年版，第91页。

⑤ 王礼锡：《中国社会形态发展史中之谜的时代》，《读书杂志》1932年第2卷第7—8期合刊，第17页。

⑥ 郭沫若：《中国古代社会研究》，中国华侨出版社2008年版，第17页。

批进步青年。1928 年陈翰笙从苏联回国后，受蔡元培聘请到中央研究院工作，为了进一步弄清中国农村社会性质，他利用研究所的名义、经费等有利条件，带领一批热心爱国的有志青年，先后在全国 24 个县进行农村调查。1933 年 6 月，陈翰笙辞职到上海，以钱俊瑞、薛暮桥、王寅生等进步青年为基础，联络了孙冶方、吴觉农等人，发起建立了中国农村经济研究会，1934 年 10 月又创办了《中国农村》这一公开出版的战斗性很强的理论刊物。在论战初期，"中国农村派"认为应以生产关系为研究对象，而"中国经济派"认为应以生产力为研究对象。到 1935 年 5 月，论战转移到对"土地问题"和"中国农村社会性质"的辩论上面去了。"围绕中国农村社会性质是什么这个中心问题，双方就帝国主义在农村经济中的作用，农村的土地问题、租佃关系、雇佣劳动问题和阶级关系等几个方面展开了争论。"①

关于帝国主义在中国农村经济中的作用，"中国经济派"认为帝国主义的侵略对中国农村资本主义的发展有促进作用。"中国农村派"则认为帝国主义对中国农村的剥削和统治是以维持落后的封建生产关系为前提的，薛暮桥的《中国农村社会性质问答》《怎样研究中国农村经济》、钱俊瑞的《中国农村社会性质与农业改造问题》等文章，基本上都阐述了这个观点。在土地问题上，"中国农村派"坚决反对"中国经济派"的观点，指出中国农村的中心问题是土地问题，租佃关系、地租形式及其雇佣劳动问题，都是由土地掌握在谁的手中所决定并以此为制约的。陈翰笙在《现代中国的土地问题》一文中，用调查所得的资料证明，当时中国农村的土地 70% 集中在仅占农村人口 10% 的地主、富农手里，而占人口 90% 的广大贫苦农民只占有 30% 的土地。不研究土地问题就不能正确认识租佃关系和雇佣劳动问题，也不能认清中国农村社会的性质。②"中国农村派"也不完全否认资本主义的因素在租佃关系上有某些滋长，在农村中有少量雇佣劳动关系的出现，但这种雇佣关系并未占主要地位，当然不足以说明农村社会的资本主义性质。孙冶方在《财政资本的统治与前资本主义生产关系》一文中指出，少数封建地主和高利贷者、商人垄断了全国大多数土地，他们是财政资本及无数分散

---

① 周子东等编：《三十年代中国社会性质论战》，知识出版社 1987 年版，第 83 页。
② 同上书，第 88 页。

的直接生产者之间的联络者，也是维持其统治的重要支柱，这是判明殖民地半殖民地农村经济封建性质的一个重要依据。①

论战的第一阶段主要是在"新思潮派"和"动力派"之间进行的，最终以留学生占绝大多数的"新思潮派"的胜利而告终。在论战的第二阶段，在关键的几个问题上，比如郭沫若首先提出"西周是我国奴隶社会"的这个观点，虽当时遭到许多人批判，但最终得到了全国学术界的认可。在论战的第三阶段，"中国农村派"最终战胜了"中国经济派"，"中国农村派"的成员除了部分留学生之外，钱俊瑞、薛暮桥、冯和法等都是归国留学博士陈翰笙的学生，且他们所运用的都是陈翰笙所指导的实证方法，此方法将理论分析与中国实际结合起来，与论战前期文章中所表现出来的空洞无内容的纯理论的说理方法相比，无疑是一个巨大的进步，这也成为后来许多学者经常借鉴运用的方法。

综上所述，20世纪二三十年代关于中国社会性质的论战，其发起人和参加者绝大多数都是归国留学生理论家。这场论战对中国共产党来讲成绩是明显的，它明确了中国社会的半殖民地半封建性质，阐明了中国革命性质的问题，提出了"新的民主革命"②等观点。归国留学生专家在论战中所倡导的观点与论战最终的理论导向是基本一致的。从这个方面来说，留学生们发起的这场论战为中共制定革命纲领找到了理论根据，这也反映了受到马克思主义影响的中国留学生对中国社会问题的关注。同样，由于留学生群体理论的多源及对中国社会和中国革命的认识不同，其多种乃至针锋相对的观点，也反映了留学生群体政治信仰的多重性和复杂性，这也值得人们进一步反思。

---

① 孙冶方：《财政资本的统治与前资本主义生产关系》，《中国农村》1935年第1卷第12期，第36页。

② 周子东等编：《三十年代中国社会性质论战》，知识出版社1987年版，第100—102页。

第五章

八年抗战和留学生群体的分化与影响

从 1937 年 "卢沟桥事变" 到 1945 年抗战胜利结束，中华民族经历了近代史上血与火的洗礼。在此期间，民族矛盾上升为主要矛盾，但国民党与共产党之间以及多个党派之间的矛盾，多种社会问题之间的矛盾也层出不穷，留学生群体也在不断聚合和分化中演变，并对中国特别是对抗战及宪政运动产生了重要影响。

第一节　抗战爆发和国民政府知识分子政策的调整

1937 年 7 月 7 日 "卢沟桥事变" 爆发。在民族危亡的关键时刻，团结御侮，共赴国难，已成为全国人民的共同要求。南京国民政府在日本全面灭亡中国的武力威胁下，在全国人民抗日高潮的影响和中国共产党的推动下，进一步调整其对内政策，实施了一些有利于团结抗战的措施。其中关于知识分子政策的调整就是其中重要的内容。而作为知识界名流的归国留学生们，也在这次调整中显山露水，表现出对国家、民族的关心和参政热情。

一　召集知识界人士共商抗战大计

自 "九·一八事变" 后，国难当头，全国人民积极投身抗日救亡运动。但是，南京国民政府依然奉行 "攘外必先安内" 的妥协政策，压制各种抗日活动，以致酿成了 1936 年的 "西安事变"。次年 2 月 10 日，中国共产党为推动全国抗日民族统一战线的形成，致电即将召开的国民党五届三中全会，提出五项国策并作出四项保证。五项国策包括了 "言论、集会、结社之自由，释放一切政治犯"和"召集各党各派各界各军代表会议，集中全国人材共同救国"① 等要求。国民党五届三中全会基本接受了共产党的主张，承认停止内战的原则，通过了《中国经济建设方案》《国防经济建设》等要案。在《促进救国大计案》中强调："安内攘外诸端大政，首需要者为统一之领导，其次则在人才。当兹积极抗日之际，更应无偏无颇，容纳全国人才，悉令效力于政府之下，务使人尽其材，贤能并举。"② 22 日，蒋介石向中央社记者发表谈话时公开表示："要扩大民主，修改选举法，在一定条件下，开放言论，集中人才和释放政治犯。"③ 以上口头承诺、中央全会决议案和公开谈话都表明，国民党当局的知识分子政策开始发生变化，由严厉限制、打击知识分子的抗日主张和宣传活动转变为有限度地允许抗日。

1937 年 7 月，蒋介石为"与全国智识界产业界之有力分子，对于政治、外交、经济、教育种种问题，交换意见，并得以从容商榷"④，决定以国民党中央政治会议的名义，邀请各党派代表、各界领袖和著名学者、社会名流到庐山举行暑期谈话会，共商抗日御侮大计。此举开创了国民党执政以来邀请各党派各方人士共商国是之先河，隐含有团结各党派和社会各界共赴国难的意义。从 7 月 3 日开始，青年党、国社党、第三党、村治派、职业教育派及救国会的领导人，教育界、学术界、金融界、经济界的代表人物纷纷参会。谈话会举行期间，"卢沟桥事变"爆发，国民政府在军事上紧急部署应对的同时，共举行了两次谈话会。

第一次于 7 月 16 日举行，到会宾主 157 人：王星拱、任鸿隽、张东荪、何炳松、吴贻芳、李剑农、竺可桢、胡适、浦薛凤、马寅初、梅贻琦、陈之迈、张伯苓、顾毓琇、蒋梦麟、赵乃抟、陶孟和、傅斯年、陈源、张奚若、张志让、钱昌照等文化教育界著名人士参会。第二次于 7 月 26 日举行，参加谈话来宾 31 人：燕树棠、洪深、王芸生、胡庶华、张佛泉、周炳琳、许

---

① 《中共中央给中国国民党三中全会电》（1937 年 2 月 10 日），见中央档案馆编《中共中央文件选集》（1936—1938）第 11 册，中共中央党校出版社 1991 年版，第 157 页。

② 荣孟源主编：《中国国民党历次代表大会及中央全会资料》下册，光明日报出版社 1985 年版，第 445—446 页。

③ 张宪文、方庆秋主编：《蒋介石全传》上，河南人民出版社 1996 年版，第 427 页。

④ 章伯锋、庄建平主编：《中国近代史资料丛刊·抗日战争》第 3 卷《民族奋起与国内政治》（上），四川大学出版社 1997 年版，第 61 页。

仕廉、张凌高、萨孟武等文化教育界著名学者、教授参会。"与会诸人咸愿在政府领导下，精诚团结，共御外侮。"① 据统计，参加第一次谈话会的 157 名宾主中 94 人具有留学背景，占总数的 59.9%；参加第二次谈话会的 31 名来宾中 19 人具有留学教育背景，占总数的 61.3%。②

7 月 17 日，蒋介石在出席第一次庐山谈话会时，发表了对"卢沟桥事变"的严正声明，表示退让已到了最后关头，再"没有妥协的机会，如果放弃尺寸土地与主权，便是中华民族的千古罪人"。他还表示："如果战端一开，那就是地无分南北，年无分老幼，无论何人，皆有守土抗战之责任，皆应抱定牺牲一切之决心。"③ 庐山谈话表明了国民党政府准备抗战的积极态度。7 月 31 日，因主张抗日救国被捕入狱的救国会领袖沈钧儒、章乃器、邹韬奋、李公朴、沙千里、史良、王造时等 7 人获释并被蒋介石约见，随即投身抗战工作。此后，国内政治犯被分批释放，"各报载，不久前在南京释放囚犯约 600 名，其中多系政治犯。南京政府亦已下令释放苏州监狱内之政治犯，已释放者 138 人，其中有中国共产党中央委员 1 人。各政治犯于释放后组织委员会，在南京政府领导下，进行抗日救国工作"④。召集各界人士共商抗战大计、开放党禁、释放政治犯等行动，既是南京政府走上抗日救国道路的具体表现，也是落实调整后的知识分子政策的重要举措。

为适应战时需要，建立战时体制，南京国民政府调整了军事指挥机构，于 8 月 14 日成立了作为全国国防最高决策机构的国防最高会议，由军事委员会委员长蒋介石任主席，中央政治委员会主席汪精卫任副主席。为听取各方面对抗战大事的建言，又增设国防参议会，作为政府的国防咨询机构，以国防最高会议主席蒋介石的名义聘请各党派领袖和社会名流组成，主要是在

---

① 章伯锋、庄建平主编：《中国近代史资料丛刊·抗日战争》第 3 卷《民族奋起与国内政治》（上），四川大学出版社 1997 年版，第 60 页。

② 两次庐山谈话会与会人员名单详见章伯锋、庄建平主编《中国近代史资料丛刊·抗日战争》第 3 卷《民族奋起与国内政治》（上），第 60—61 页。与会人员中具有留学教育背景者所占比例系根据徐友春主编《民国人物大辞典》（河北人民出版社 1991 年版）、周棉主编《中国留学生大辞典》（南京大学出版社 1999 年版）及相关资料统计得出。实际上，张伯苓是出国考察，此处是把他作为留学看待。

③ 章伯锋、庄建平主编：《中国近代史资料丛刊·抗日战争》第 3 卷《民族奋起与国内政治》（上），四川大学出版社 1997 年版，第 14—15 页。

④ 同上书，第 66 页。

野各抗日党派以及无党派人士，以知识界著名人士居多。据《胡适日记》
所载，1937 年 8 月 17 日晚在汪精卫宅召开国防参议会第一次会议的列名参
议议员应为：张伯苓、蒋梦麟、黄炎培、张君劢、张耀曾、沈钧儒、曾琦、李
璜、蒋百里、梁漱溟、陶希圣、傅斯年、毛泽东、马君武、晏阳初、胡适共
16 人。实际到会者 8 人，周恩来代表毛泽东出席。[①] 最初列名参议员的 16
人中具有留学身份者多达 12 人（见表 5—1），占总数的 75％。

表 5—1 国防参议会参议员留学经历

姓名	留学国家	留学学校	专业	学位
张伯苓	美国	哥伦比亚大学师范学院（考察）	教育学	
蒋梦麟	美国	加州大学、哥伦比亚大学	教育学	博士
张君劢	日本 德国	早稻田大学 柏林大学	政治学、法学	
张耀曾	日本	东京第一高等学校、东京帝国大学	法学	
沈钧儒	日本	东京法政大学	法学	
曾 琦	日本 法国	东京中央大学 巴黎社会学院	法学	
李 璜	法国	巴黎大学	文学	硕士
蒋百里	日本	陆军士官学校	军事学	博士
傅斯年	英国 德国	爱丁堡大学、伦敦大学 柏林大学	哲学	
马君武	日本 德国	京都大学、 柏林工业大学、柏林农科大学	化学、冶金学	博士
晏阳初	美国	耶鲁大学	历史学	硕士
胡 适	美国	康奈尔大学、哥伦比亚大学	哲学、外国文学	博士

资料来源：胡适著、曹伯言整理：《胡适日记全编》，安徽教育出版社 2001 年版；周棉主编：《中国留
学生大辞典》，南京大学出版社 1999 年版；徐友春主编：《民国人物大辞典》，河北人民出版社 1991 年版。

此后，国防参议会人员"屡次扩充，增加至二十余人"，又囊括了江恒
源、左舜生、罗文干、杨赓陶等知名人士和社会名流。其中，青年党领袖左

① 胡适著、曹伯言整理：《胡适日记全编》第 6 册，安徽教育出版社 2001 年版，第 703 页。

舜生曾由中华书局资助赴法国留学，法学界名家罗文干曾赴英国牛津大学荣誉班攻读法律并获得法学硕士学位。国防参议会的组织和职权都很简单，没有组织条例之类的文字规定。作为临时设立的国防咨询机关，"含有团结各党派来参加抗战大计，共同为国努力的意思"，"无论如何是抗战期间，团结与民主的巨流中的产物，指示着这个巨流的动向"。国防参议会还成为后来"国民参政会的胚胎"①。

国民党知识分子政策的调整在 1938 年 3 月 29 日至 4 月 1 日召开的全国临时代表大会上表现得更为明确。这次大会是为检查抗战全面爆发以来的工作，确定以后的任务和行为的方针而召开。4 月 1 日，大会通过了《抗战建国纲领》。与知识分子政策有关的内容主要体现在政治和民众运动两个方面。民众运动方面要求"发动全国民众，组织农、工、商、学各职业团体，改善而充实之，使有钱者出钱，有力者出力，为争取民族生存之抗战而动员"，"在抗战期间，于不违反三民主义最高原则及法令范围内，对于言论、出版、集会、结社当与以合法之充分保障"；政治方面表示要"组织国民参政机关，团结全国力量，集中全国之思虑与识见，以利国策之决定与推行"②。《抗战建国纲领》体现了国民党抗战初期的政治主张。在大敌当前、亡国灭种危机加剧的紧急形势下，国民党一定程度上采纳了人民群众的合理要求，在政治改革和开放民主方面作出了让步，允许人民拥有基本的民主自由权利，并注意动员包括知识分子阶层在内的社会各界力量开展抗战救国活动。这些政策和措施的推行，对于调动各阶层、各党派团体的积极因素，具有积极的作用。

为寻求各方支持，国民政府决定扩大国防参议会之规模，设立国民参政会作为政治咨询机关，邀请各党派及各界人士共商抗战大计。3 月 31 日，临时全国代表大会通过了《组织非常时期国民参政会，以统一国民意志增加抗战力量案》，指出："唯是民族国家在此危急存亡千钧一发之际，欲求国事万几，算无遗策，允宜遍集天下贤才、民众领袖，共襄大计，以济事功。

---

① 孟广涵主编：《国民参政会纪实》上卷，重庆出版社 1985 年版，第 41—43 页。
② 章伯锋、庄建平主编：《中国近代史资料丛刊·抗日战争》第 3 卷《民族奋起与国内政治》（上），四川大学出版社 1997 年版，第 96—97 页。

且本党五全大会曾有召集国民大会之决议，兹当抗日战争爆发，国民大会既难召集，则设置国民参政会，以统一民众意志，增加抗战力量，似不可缓。"① 尽管根据 1938 年 4 月公布的《国民参政会组织条例》中关于国民参政会参政员资格和选举办法的规定，国民党以外的抗日党派只能以文化或经济团体代表的身份出任参政员②，但实际上参政员的成分还是比较广泛的，全国各界基本上都有代表，具有相当的代表性。因此，以国民党为主体的国民参政会这一政治机构的设立，对于一向不许其他党派和各界人士过问国事的国民党来说，毕竟是一个进步，更是国民党政治体制前所未有的变化，可以为各党派和各界人士提供公开发表政见、批评时政的合法场所。6 月 17 日，经过国民党中央执行委员会遴选确定的第一届国民参政会参政员名单正式公布。据统计，有 100 名参政员具有留学教育背景，占 200 名参政员总数的 50%。③ 其中，学界和教育界名流占有相当大的比例，他们大多数具有留学教育背景，如周炳琳、梅光迪、陶行知、王造时、杨端六、孟庆棠、陈裕光、陶孟和、张彭春、杨振声、张君劢、蒋百里、张东荪、沈钧儒、胡适、左舜生、晏阳初、张伯苓（考察）、傅斯年、罗文干、钱端升、邹韬奋、吴贻芳、罗隆基、余家菊、陈启天、梁实秋、韦卓民、钟荣光、张奚若、张忠绂、任鸿隽等。知名学者、著名教授在国民参政会中比例之高，以至于邹韬奋在《抗战以来》中分析国民参政会人员组成时，提出在各党派各社会团体外，还有令人注目的"教授派"。他写道："参政会中有十几位大学教授，他们因为平日往返比较接近，对于政治多多少少有一些共同点或共同兴趣，于是在开会期间，他们每有他们的小组聚会，交换关于各种问题的意见，在提案中互为声援，形成教授派的力量。这一派的人物有罗隆基、罗文干、陶孟和、周炳琳、傅斯年、张奚若、杨振声、钱端升、任鸿隽诸先生。"④ 邹

① 章伯锋、庄建平主编：《中国近代史资料丛刊·抗日战争》第 3 卷《民族奋起与国内政治》（上），四川大学出版社 1997 年版，第 109 页。

② 孟广涵主编：《国民参政会纪实》上卷，重庆出版社 1985 年版，第 46 页。

③ 第一届国民参政会参政员名单详见《国民参政会纪实》上卷，重庆出版社 1985 年版，第 66—68 页。第一届国民参政会参政员中具有留学教育背景者所占比例系根据徐友春主编《民国人物大辞典》（河北人民出版社 1991 年版）、周棉主编《中国留学生大辞典》（南京大学出版社 1999 年版）及相关资料统计得出。

④ 孟广涵主编：《国民参政会纪实》上卷，重庆出版社 1985 年版，第 71—72 页。

韬奋提及的以上参政员无一不是留学出身。参政员中具有留学背景者占有较高比例、学术教育界著名人士占有较高比例的状况，在此后的第二、三、四届国民参政会中一直存在。

国民党知识分子政策的调整，使得一些曾受当局迫害和通缉被迫流亡海外的知识分子，陆续重返祖国，投身抗日并得到重用。如早年留学日本九州帝国大学的郭沫若，曾因参加南昌起义并加入共产党被通缉流亡日本，后回国参加抗战，任《救亡日报》社长，1938 年任国民政府军委会政治部第三厅副厅长，领导文艺界抗日文化宣传工作；1933 年"福建事变"时任中华苏维埃共和国人民革命政府文化委员会文化宣传处主任的胡秋原，在反蒋失败后到英国、苏联和美国避难，抗战全面爆发后回国，1939 年任国防最高委员会秘书，1940 年当选国民参政会参政员；曾经留学日本早稻田大学的诗人王礼锡，1933 年因发起中国社会史论战并大量印行进步文艺作品和马列主义书籍而触犯国民党当局，被迫出走欧洲，1938 年回国后，任中华全国抗敌协会理事、国民政府立法院立法委员、作家战地访问团团长等。

全面抗战爆发后，国民党当局的文化专制政策也有所松动。通过修正《出版法》、下放出版检查权等形式，一度放松了对左翼进步人士抗日宣传活动的限制。长期受到不抵抗政策压抑的文化人士得以迅速置身于风起云涌的抗日救亡运动中，大声呼吁全民总动员，使抗日文艺运动在抗战初期达到前所未有的高潮。

当然，国民党知识分子政策的调整是有限度的，总体上服从于其片面抗战路线。无论是对知识分子的抗日救亡宣传和抗战救国活动，还是对民众有限开放的基本民主自由权利，都严格限制在"不违反三民主义最高原则及法令范围内"[①]，而对认为有损国民党一党专政和独裁政策的抗日民主运动则加以压制和取缔。国民党所吸纳联络的知识分子也多为对当局统治态度较为亲近或温和的自由主义知识分子，以利于控制知识分子的抗日民主运动，从而在国民党主导的专制独裁政治架构下领导抗战。另外，国民党对知识分子政策的调整也是暂时的，随着抗战形势的发展，国民党五届五中全会后南京

[①]　章伯锋、庄建平主编：《中国近代史资料丛刊·抗日战争》第 3 卷《民族奋起与国内政治》（上），四川大学出版社 1997 年版，第 97 页。

国民政府抗战态度逐渐走向消极，其对知识分子的政策也由抗战初期的开明转向紧收，重新加强对进步思想文化的压制和对进步知识分子的迫害，以维护其独裁统治和一党专政的体制。这决定了国民党的知识分子政策不能最大限度、始终如一地调动广大知识分子投身抗日救亡运动，也最终决定了国民党不能成功吸纳知识分子为己所用的社会基础。这也表明，在国民党内，虽然有赞成西方民主的一大批留学生出身的官员，但在大的决策方面难以有实质性的影响力，只能在一定程度上推动民主宪政的发展。

二　确立战时留学统制政策，加强统筹规划

日军发动的侵华战争，极大地干扰了中国留学运动的正常进程，迫使国民政府实行战时统制政策。

本来1927年南京国民政府建立后，在留学教育方面颁布了一系列法令，对留学政策进行了规划，包括提高出国留学生特别是自费留学生的资格；在学科上加以限制，以理工科为主；以地方选送留学生为中心，中央以监督和指导为主；加强和完善对留学生的管理。这些措施有利于提高留学生群体的质量，扭转了文理不平衡的留学状态，有利于调动地方政府的积极性，使中国的留学管理措施逐步趋向合理和完善，为以后留学教育的发展奠定了基础，并提供了有益的借鉴。[①]

但是，为了抗战，为适应战时需要，国民政府对留学政策作了较大幅度的调整。总的趋势是初期加强留学管理，严格限制出国留学，以节省财源，利于抗战；后期则着眼战后国家建设的人才需要，重新开放并拓宽留学渠道，增加派出留学名额，并把重点定位于技术高精人才的培养方面。南京国民政府十年建设时期对留学政策所作的调整和规划，总体上体现了训政时期教育宗旨的要求。

据1934年出版的《第一次中国教育年鉴》统计："就目前国外留学人数统计，约共五千余人，年费约需国币二千万元。"[②] 燕京大学历史系教授

① 魏善玲：《抗战前南京国民政府对留学政策的调整与规划》，《徐州师范大学学报》（哲社版）2008年第3期，第1页。

② 教育部中国教育年鉴编审委员会编：《第一次中国教育年鉴·国外留学概况》（1934年5月），开明书店1934年版。

齐思和 1937 年 7 月在《独立评论》撰文指出这一数字过低，他估计抗战全面爆发前中国留学生"总数绝不下八千人，用费绝不下三千万。这足与全国公私立大学经费相当"。他强烈呼吁政府当局选派国外留学生"要根据国家社会的需要细密计划，以免虚靡国帑"①，并建议调整留学政策，由教育部统一事权、通盘筹划。巨额的留学费用对于战时极为宝贵的国家外汇储备而言，是一笔难以继续承受的沉重负担。为支撑旷日持久的民族抗战，国民政府不得不压缩包括文化教育事业在内的各项财政支出，以缓解国家财政日益紧张的局面。为节省外汇，国民政府决定对留学教育实行战时统制，以防财源外溢，提高留学效益。

1938 年 4 月，由国民党临时全国代表大会通过的《抗战建国纲领》，决定实施战时教育方针，强调"训练各种专门技术人员，与以适当之分配，以应抗战需要"②。大会还通过了《战时各级教育实施方案纲要》，其中第十三条规定："改订留学制度，务使今后留学生之派遣，成为国家整个教育计划之一部分，对私费留学亦应加以相当之统制，革除过去分歧放任之积弊。"③这一方案明确提出留学教育应纳入国家教育的总体计划通盘考虑，实行留学统制政策。教育部制定的《战时各级教育实施方案》强调："派遣学生出国学习各种学术，我国行之已久。然今日国内学术水准之高，远非二、三十年前可比。留学生之派遣，自应由泛而严。"④派出留学的要点是：学习的科目及专题，以在国内不能得到适当的指导以及设备又为国家所需要的；派往外国的学生，应在国内对所学科目及专题已有适当的准备；在国内不能得到适当指导的科目与专题，如国家所需较广，可由教育部从国外聘请适当之学者来华讲授，并充实设备，不必派遣学生出国留学；改革留学生监督制度，除管理留学经费外，应有指导留学生选择学校及考核留学生研究题目及成绩

① 齐思和：《选派国外留学生问题》，《独立评论》1937 年第 244 号，第 6—11 页。

② 章伯锋、庄建平主编：《中国近代史资料丛刊·抗日战争》第 3 卷《民族奋起与国内政治》（上），四川大学出版社 1997 年版，第 98 页。

③ 国民党临时全国代表大会通过之《战时各级教育实施方案纲要》，国民政府教育部档案，见中国第二历史档案馆编：《中华民国史档案资料汇编》第 5 辑第 2 编《教育》（一），江苏古籍出版社 1997 年版，第 15 页。

④ 教育部《战时各级教育实施方案》，国民政府教育部档案，见中国第二历史档案馆编：《中华民国史档案资料汇编》第 5 辑第 2 编《教育》（一），第 34 页。

之责任；留学生归国时，应将其成绩、资格证明文件及留学生监督报告交由教育部参考审定，发给审定证明文件。这表明国民政府开始采纳文教界人士的建议，从限制留学科目、提高选派标准、强化留学监督、严核留学成绩等方面调整留学政策。

1938 年 6 月 17 日，教育部与财政部会商颁布了《限制留学暂行办法》，共四条。

第一，凡选派公费留学生及志愿自费留学生，研究科目一律以军、工、理、医各科有关军事、国防为目前急切需要者为限。

第二，凡公费或私费留学生须具有下列资格之一：①公私立大学毕业后，曾继续研究或服务两年以上，卓有成绩者；②公私立专科学校毕业后，曾继续研究服务四年以上，卓有成绩者。

第三，现在国外留学生领有留学证书，其有特殊成绩，确须继续在国外研究，或其所习学科为军、工、理、医各科有关军事国防者，经肄业学校及驻外各使馆证明后，得以通融延长。

第四，现在国外留学生，未领留学证书者，请求外汇时，教育部一律不予证明；其愿即行回国经驻外各使馆证明属实者，得呈请教育部发给回国旅费外汇证明书。[①]

此"办法"从学习科目、出国前的服务年限、研究实绩等方面，对出国留学人员作出了明确限制。但对有关军事国防的军、工、理、医各科留学科目的时限放宽，反映出战时留学服务抗战的鲜明特色。

1939 年 4 月，国民政府教育部又公布了《修正限制留学暂行办法》，对出国留学的限制更为严格。如第一条："在抗战期内公费留学生，非经特准派遣者，一律暂缓派遣；自费留学生，除得有国外奖学金或其他外汇补助费，足供留学期间全部费用无须请购外汇者外，一律暂缓出国。"又如第三条："特准派遣之公费生，以研习军、工、理、医有关军事国防为目前急切需要者为限。"第六条规定："已在国外之公费生，所习科目非军、工、理、医有关军事国防之科学，而出国已满三年者，应令即行回国，但出国虽未满

三年，而成绩不佳者，得令提前回国，已令回国之留学生，逾期不回国者，一律不发外汇通知书。"第七、八两条针对自费生规定：已在国外之自费生，除成绩优良或成绩不佳应令提前回国而家庭无力负担其费用，由教育部酌给救济费或回国川资两种情况外，"无论学习何种科目，一律不核给外汇"①。根据修正的《限制留学暂行办法》，公费留学非经特准一律暂缓派出，自费留学则必须获得足够的国外奖学金或外汇补助费。由此可见，无论公费留学还是自费留学，都极为不易。该暂行办法的实施，使研习与军事国防科学相关的军、工、理、医之外科目的青年学生几乎不再有出国深造的可能。例如1943 年 8 月，大名鼎鼎的教育家张伯苓为推荐著名戏剧家曹禺留学，专门致函教育部部长陈立夫：

　　立夫部长先生勋鉴：
　　　　敬启者：苓学生万家宝（笔名曹禺）对于戏剧颇知努力研究，年来写剧本，均属精心之作，想为先生所深知。近闻教部将选拔各项专门人材派遣国外，藉求深造。若万君者倘能予以出国之机会，将来返国后对于我国剧坛，定必大有贡献也。特函介绍，敢乞留意，予以存记，无任拜祷。专此，顺颂
　　公绥

　　　　　　　　　　　　　　　　　　　　　　　张伯苓 谨启
　　　　　　　　　　　　　　　　　　　　　　　八月十一日

　　但陈立夫却在回函中予以拒绝："查本部本年考选派留学生计划，经呈奉核定，并无文法商等科名额，万君所学，系为戏剧一科，无法予以派遣深造，至希察宥是荷。"② 在此情况下，已在国外学习的留学生也不得不大批回国。

---

　　① 教育部《修正限制留学暂行办法》（1939 年 4 月 21 日），国民政府教育部档案，中国第二历史档案馆藏。见教育部编《教育法令汇编》，正中书局 1940 年版，第 281 页。
　　② 《张伯苓为请予曹禺出国留学机会与陈立夫往来函》（1943 年 8—9 月），国民政府教育部档案，中国第二历史档案馆藏。

据教育部统计，1929—1946 年出国留学生数如表 5—2 所示（不包括伪政权所派）。

表 5—2 　　　　　　　　　抗战前后历年度出国留学生数统计

学年度别	留学人数	学年度别	留学人数
1929 年	1657	1938 年	92
1930 年	1030	1939 年	65
1931 年	450	1940 年	86
1932 年	576	1941 年	57
1933 年	621	1942 年	228
1934 年	859	1943 年	359
1935 年	1033	1944 年	305
1936 年	1002	1945 年	8
1937 年	366	1946 年	730

资料来源：《抗战前后历年度出国留学生统计表》（1929—1946 年）。

由上可见，1938—1941 年四年间出国留学生人数急转直下。这主要是教育部对留学政策进行了调整，造成由此前的每年成百上千人跌落到每年不足百人，从而形成民国留学史上持续时间较长的一大低谷。这情形直到 1942 年才开始转变。

《限制留学暂行办法》及《修正限制留学暂行办法》是根据战时形势和抗战需要制定的，带有浓厚的战时留学色彩。这也决定了这种严格限制留学的政策不能长久持续下去，必然要随着抗战形势的好转而再度调整。太平洋战争爆发后，中国抗日战争成为世界反法西斯战争的重要组成部分。1943 年前后，美、英等西方国家相继与中国签订新约，宣布取消在华特权，中国成为与美、英、苏并列的四强之一，国际地位大大提高。鉴于国际环境好转，国民政府认为抗战胜利在望，开始着眼战后国家建设对人才的大量需求，决定突破以往的严格限制政策，派遣大批人员外出留学。1942 年 8 月，教育部在《关于国民党历届会议对于教育决议案及其实施情形之检讨总述》中，反思严格限制留学政策执行以来的成效后指出："留学教育，年来因外汇及交通关系，几陷于停顿，影响专门人才及大学师资者甚大。际此同盟国家战争生产猛进之时，应由政府从速规划改善留学办法，作有计划之大量遣派，以为国家储备技术与管理人才。"①

深受国际形势好转、中国国际地位提升鼓舞的蒋介石信心满怀，开始追求实现战后强国梦想。1943 年 3 月，他出版了由陶希圣代笔的《中国之命运》一书，在论述建国工作重心时预计战后十年内需要高级干部人才 50 万。② 如全部由国内大学和研究院培训，势必难以满足。为此，4 月 28 日他下达机密甲字第 7628 号手令，提出："以后对于留学生之派遣应照十年计划，估计理工各部门高中低各级干部所需之数目，拟具整个方案呈报为要。"③

根据蒋介石的指示，国民政府教育部先后拟订出为期五年的中期留学计划《留学教育方案》和为期一年的短期留学计划《三十二年度教育部遣派公费留学英美学生计划大纲》。《留学教育方案》规划在 1943—1947 年，每年选派公费生 1000 名分赴英美留学。留学期限定为两年，出国派遣、回国分配均由教育部负责；同时，大力提倡自费留学，计划每年派遣自费留学生 1000 名，五年内共计派遣公费和自费留学生 1 万名。派遣方针是："以适应实业计划实施之需要，培植高级技术专精人才及业务管理人才为主要方针，同时顾及国家各项建设之需要，并造就高等教育师资。"④《三十二年度教育部遣派公费留学英美学生计划大纲》则具体规划了 1943 年公费留学派遣方案。在 1000 名公费留学生中，700 名留美，300 名留英；80% 学习理工农医，20% 学习文法商教。派遣方式是 500 名由教育部公开考选，200 名由教育部选派大学教授、副教授、讲师、助教和获得硕士学位者，300 名由教育部会同经济建设各部门选调技术人员和行政人员。

教育部、经济部和交通部三部门为选派出国研究、实习、考察人员，还

---

① 中国历史档案馆编：《中华民国史档案资料汇编》第 5 辑第 2 编《教育》（一），江苏古籍出版社 1997 年版，第 296 页。

② 蒋中正：《中国之命运》，正中书局 1943 年版，第 148—149 页。

③ 刘真主编、王焕琛编著：《留学教育：中国留学教育史料》第 4 册，（台北）"国立"编译馆 1980 年版，第 2082 页。

④ 《留学教育方案》，1943 年，国民政府教育部档案，中国第二历史档案馆藏。

分别拟订出 1943 年派遣国外实习人员方案。① 1943 年 8 月，蒋介石饬令国民党中央设计局组织派遣国外学习人员计划审议委员会，统筹审议政府各部门派遣留学实习人员计划方案，指令王世杰、熊式辉、陈立夫等 7 人为审议委员。中央设计局先后召开四次审议委员会会议，最终确定了 1943 年度总额 1200 名的留学计划，其中研究员 95 名，考察员 60 名，实习员 445 名，留学生 600 名。② 其中实习员就有后来成为"两弹一星"功勋的科学家黄纬禄。为取得真知灼见，黄纬禄还申请延期实习时间：

> 谨呈者：窃学生黄纬禄于卅二年被派来英工厂实习无线电制造科目即将两载，但以英政府战时法令所限，多项无线电工作认为有关军事秘密不得参加，故第一年之实习科目仅为普通工场经验，是项工作与国内工场实习无多差异，当时虽一再向英工业协会请求更调节目或另换他厂均未获照准，故于第一年期满后得蒙大使馆及英工业协会之核准入伦敦大学作无线电研究工作，并于假期内入工厂实习，今为获得较多学识与经验，尚乞钧座准予延长留英时期至一九四七年三月……③

1943 年 10 月，教育部颁布的《国外留学自费生派遣办法》规定：自费留学生一律由教育部统筹派遣并进行管理；每年派遣人数从严限制，暂定600 名为最高额。研习学科暂定理工医农等实科者占 60%，文法商教等文科者占 40%；留学期限，暂以两年为限；留学资格为"专科以上学校毕业，并须经过本部考试，考试及格后，由部发给留学证书"；报名应试时还需呈缴由银行商号或担保该生费用之机关或公私法人出具的留学费用证明书。④

---

① 教育部方案名称为"选派公费出国研究实习员办法"，经济部方案名称为"选派国外工矿实习人员办法"，交通部方案名称为"派遣国外学习生办法"。

② 王奇生：《留学与救国——抗战时期海外学人群像》，广西师范大学出版社 1995 年版，第 242页。

③ 《教育部派赴英国实习员黄纬禄关于延长留英时间的呈文》（1945 年 8 月 20 日），国民政府教育部档案，中国第二历史档案馆藏。

④ 《教育部国外留学自费生派遣办法》（1943 年 10 月），国民政府教育部档案。见中国第二历史档案馆编《中华民国史档案资料汇编》第 5 辑第 2 编《教育》（一），江苏古籍出版社 1997 年版，第 872—873 页。

此派遣办法尽管较 1939 年的留学政策大为宽松，但并未完全恢复到战前对自费留学的管理规定，在留学资格、留学名额、留学科目等方面都有限定，尤其是首次明确要求自费生留学必须经过教育部组织的考试才能获得留学证书，表明国民政府将自费留学纳入国家人才培养规划统筹管理，积极提高自费留学生质量的清晰意图。1943 年 12 月，教育部组织了第一届自费留学生考试。共有 751 名学生应考，327 人考试合格，其中实科类 160 人、文科类 167 人，于 1944 年秋陆续放洋赴美出国。①

　　1944 年 4 月，教育部又颁发《大学教授、副教授自费出国进修办法》共计 4 条，规定抗战期间除研究社会学科者外，"现任各大学教授、副教授，其资格曾经本部审查认可，并任职满五年以上，所教授或研究之学科确有出国进修之必要，而自行筹足经费者，准予出国进修"。申请出国进修时，应呈缴国内外大学毕业证书、出国进修计划、出国进修费用证明等证件；进修期限"以两年为限，并应如期返国服务"②。同年 12 月，国民政府颁布《教育部关于公布〈国外留学办法〉的训令》，规定所有公费留学生的派遣一律由中央办理，取消各省派遣留学生的权力。无论公费还是自费，所有留学生出国前均须经教育部统一考试。随后举行的首届公费留学统考，从 1824 名应考者中录取 209 人。③ 1945 年，军政部根据蒋介石的指示，由西南联大的吴大猷、华罗庚、曾昭抡 3 位教授，遴选、率领在数、理、化方面可堪造就的李政道、朱光亚、孙本旺、王瑞行、唐敖庆 5 位青年学生出国研习。蒋介石从抗日战争后的军事需要出发，暗中指示这一批科技人员去美国研究原子弹。虽然这反映了蒋介石的幻想，但这些人后来确实成为中国乃至世界的科技精英。

　　从留学人数看，抗战期间留学人数锐减，1938—1941 年 4 年间，仅有 300 位左右出国留学，南京政府在 1942 年废除了《限制留学暂行办法》后，

---

　　① 国民政府教育部教育年鉴编纂委员会编：《第二次中国教育年鉴》，商务印书馆 1948 年版，第 880 页。

　　② 《大学教授、副教授自费出国进修办法》，1944 年 4 月，国民政府教育部档案。见中国第二历史档案馆编《中华民国史档案资料汇编》第 5 辑第 2 编《教育》（一），江苏古籍出版社 1997 年版，第 875 页。

　　③ 王奇生：《中国留学生的历史轨迹》（1872—1949），湖北教育出版社 1992 年版，第 160 页。

留学生人数有所增加，但与战前相比，差距仍然较大，在 1942—1945 年的 4 年中，出国留学生总共有 900 人左右。[①]

从留学国来看，因欧洲发生战争，此期出国留学者主要到美国，形成了战时留美学生群。据 1948 年《中华年鉴》记载，1938—1945 年赴美人数共 3172 人，而根据梅贻琦等人的调查，在此期间历年进美大专院校的人数之和为 2000 人。[②]

除了根据战时情况对留学生选派政策进行适当调整外，抗战期间国民政府对留学生回国也有一系列明确的规定。1939 年 1 月，教育部公布了《抗战期间回国留学生登记办法》，规定留学生登记经审查合格后，"（一）国外专科以上学校毕业或国内大学毕业后在国外研究院研究一年以上者，由本部就可能范围内，按照本人专门研究，分别介绍服务，并得由本部指定相当工作，酌给生活费。（二）出国前在国内专科以上学校尚未毕业，出国后在国外专科以上学校亦未毕业者，由本部按照其所习学科，分发于国内同等学校试读，俟学期试验及格后，编为正式生"[③]。7 月，颁发留学生服务简则，主要是一些编译、研究、教学、技术类工作。[④] 但鉴于"抗战期间，百端待举，各方需材孔殷，回国之留学生既各学有专长，自应代谋适当之安置，俾就其所学，作特殊之贡献，报效党国，以符总理'人尽其才'之至意。如仅限于教育方面工作之介绍，殊不足以宏国家培养人才之本旨"，而同时国内急需农工采矿及其他交通运输、建设等专才，教育部"拟请钧院通令各部会转饬所属机关，以后需用是项技术人才，及举办各项建设事业，希能尽量聘用回国留学生担任工作，并径由各部会咨请本部介绍，庶留学生回国免生

　　① ［美］马祖圣编著：《历年出国/回国科技人员总览》（1840—1949），社会科学文献出版社 2007 年版，第 287 页。

　　② 梅贻琦、程其保：《百年来中国留美学生调查录》（1853—1953），见陈学恂、田正平编《中国近代教育史资料汇编·留学教育》，上海教育出版社 1991 年版，第 688 页。

　　③ 《教育部公布抗战期间回国留学生登记办法》（1939 年 1 月 31 日），国民政府教育部档案，中国第二历史档案馆藏。见中国第二历史档案馆编《中华民国史档案资料汇编》第 5 辑第 2 编《教育》（一），江苏古籍出版社 1997 年版，第 861—862 页。

　　④ 《教育部颁发抗战期间回国留学生分发服务简则》（1939 年 7 月 28 日），国民政府教育部档案，中国第二历史档案馆藏。见中国第二历史档案馆编《中华民国史档案资料汇编》第 5 辑第 2 编《教育》（一），江苏古籍出版社 1997 年版，第 864 页。

抱才向隅之憾，而亦所承恢弘国家百年树人之大议"①。

在国民政府的大力招揽和妥善安置下，留学生也出于民族感情，纷纷回国服务。除了战争期间因交通不便而滞留国外的季羡林、钱学森等无法回国、成为爱国的守望者以及少数滞留日本的民族意识淡漠者外，留学生基本全部回国，其中纯粹的科技人员有472人②，包括后来成为著名天文学家的戴文赛，大地测量专家陈永龄、夏坚白，光学家龚祖同，地质学家顾功叙、任美锷，数学家华罗庚、柯召、许宝騄、庄圻泰，航空专家梁守槃，植物学家娄成后、娄康后、殷宏章，物理学家马大猷、王竹溪、翁文波，化工专家苏元复、王序，气象专家赵九章，医学家吴英恺，考古专家夏鼐、曾昭燏等。

统观抗战后南京政府对留学政策的再度调整，不难看出规划加强、适时调整、留学管理规范、留学形式多样等特点，表明南京政府试图建立一套以立足现实、着眼未来、统筹规划、强化管理为基础的留学统制政策，服务于培养战后国家建设所需高精人才的总体目标。可以说，受到战争影响的留学教育政策经过一再调整，已基本形成较成熟的留学教育体制。遗憾的是，国民党当局无力推动抗战正面战场形势的根本好转，反而由于军事政治危机不断，无法集中物力、财力实施上述留学计划。抗战胜利后由于内战爆发，军费开支猛增，国家财政陷入危机，国统区经济全面崩溃，抗战后期所制定的一系列留学规划也大大地打了折扣。

第二节　抗战前期留学生群体的分化

抗战全面爆发后，中日之间的民族矛盾已经上升为主要矛盾。在历史危急关头，作为中华民族特殊群体的留学生不可避免地被卷入这场战争中，并因对日本军国主义侵华的认识不同，出现了明显分化。但其主流是坚持维护

---

① 《教育部请转饬各部会录用回国留学生服务呈》（1940年4月），国民政府教育部档案，中国第二历史档案馆藏。又见中国第二历史档案馆编《中华民国史档案资料汇编》第5辑第2编《教育》（一），江苏古籍出版社1997年版，第881页。

② ［美］马祖圣编著：《历年出国/回国科技人员总览》（1840—1949），社会科学出版社2007年版，第472页。

中国主权，捍卫民族尊严和领土完整，坚决反对日本的武装侵略，他们在全民族抗战中发挥了重要作用。也有极少数留学生丧失民族原则和爱国立场，叛国投敌沦为汉奸，成为留学生群体抗日主潮中的逆流。他们不仅是中华民族的败类，也是留学生群体中的败类，最终遭到了历史的审判和人民的唾弃。也有少量留学生因战乱不能归国，在欧美忍耐而等待，成为爱国的守望者；还有一部分留学生滞留敌国或不顾日本侵华的现实留学日本，是民族意识的淡漠者。

一　积极抗日：留学生群体的主流

抗战全面爆发后，中国各界民众都投入到了抗日救国的洪流中。留学生虽然曾经身处异国或正在国外，接受过外国的教育和文化，但是他们中的绝大部分都怀抱着爱国和报国之心，在国家和民族遭到日本军国主义侵略时，表现出了抗日的坚定决心，义无反顾地投入到了抗击日本侵略的斗争中去。他们是中国留学生群体中的主流，也是当时中国反对日本侵略的中坚。

（一）战事爆发时正在国外的中国留学生的情况

20 世纪 30 年代中期，海外中国留学生共约 1 万人，其中留日学生5000—6000 人，留欧美学生保持在 4000 人左右。[①] 抗战爆发后一年左右的时间，将近 8000 名留学生归国，投身抗战救国的洪流，形成了中国留学史上规模最大、场景最为壮观的回国潮。

在这次回国潮中，留日学生的行动最为迅速，步伐最为一致，声势最为浩大。近代以来，由于日本不断对华实施侵略计划，留日学生也就不断地开展各种抗日活动。"卢沟桥事变"前，留日学生先后组织了中国留日学生总会、留日学生救国团、留日学会、留日学生抗日救国会、留日学生组反日会、东京"左联""文化座谈会""社会科学研究会""日本问题座谈会"等 30 多个名称各异、形式各样的抗日救亡文化团体。[②] "卢沟桥事变"后，中国留日学生激愤于日寇入侵、国土沦丧，为共赴国难，以集体退学方式辍

---

① 王奇生：《留学与救国——抗战时期海外学人群像》，广西师范大学出版社 1995 年版，第 22—23 页。

② 刘建美：《全面抗战爆发前留日学生的抗日救亡运动》，《党史研究与教学》2003 年第 4 期，第 43 页。

学归国。至 1937 年 9 月上旬，留日学生将近 4000 人归国。9 月下旬，国民政府教育部下令留日学生"撤离敌国，回国参战"①，剩余的留日学生也大都回国。根据日本外务省 1937 年 12 月的调查结果，当时仅有 403 名中国本部学生滞留日本。② 据战后南京国民政府统计，在 1940 年 3 月汪伪政权成立时，散布在日本各个大学里的中国学生有 434 人。③ 考虑到 1937 年 12 月至 1940 年 3 月赴日留学者有 277 （详见 P343—344）人，所以在 1937 年 12 月前，真正滞留日本未归的留学生仅余 157 人。从日本回到上海的留日学生组成"中国归国留日同学救亡会"，作为上海救国会领导下的一个抗日团体，到部队、工厂和农村进行抗日宣传、街头募捐、慰劳伤员、救济难民等活动。同时，另有一部分从日本回到广州的留学生也投入到南方的抗日救亡运动中。很快，归国留日学生的抗日救亡活动扩大到全国各地。

留学欧美的学生虽然对日本侵华的激愤程度不及留日学生那样强烈，辍学归国也非采取一致行动，多是自发回国，根据情况自行安排归国日程。7 月 14 日，王文才、高光斗、毛礼锐等 14 名赴欧美留学生回国，成为抗战全面爆发后第一批归国的欧美留学生。1937 年 10 月，法国里昂中法大学王季文等 7 名中国留学生响应全欧抗日救国联合会派遣华侨回国参战的决议，组成第一批回国参战服务团，在 10 月中旬归国。④ 随后，又有四五十名留欧学生组成第二批参战服务团回国。"抗战前夕，中国留学欧美学生总数约 4000 人，在抗战爆发后一年内回国者近 2000 人。其中多数为自动归国，亦有少数为国民政府教育部饬令回国者。"⑤

（二）国内归国留学生情况

在国内的留学生人数众多，并且相当一部分人在国民政府中任部长、委员、将军以上的高官。据统计，"在南京国民政府（1928.10—1937.11）中

---

① 《教育部令留日学生一律回国》，《大公报》1937 年 10 月 29 日。

② 《事变前后留学生省别比较表》，伪华北临时政府教育部档案，全宗号 2017，案卷号 179，中国第二历史档案馆馆藏。

③ 《留日学生学籍科别人数统计表及学费来源统计表》，国民政府教育部档案，中国第二历史档案馆馆藏。

④ 《里昂中法大学同学第一批回国参战服务团》，《救国时报》1937 年 10 月 25 日。

⑤ 王奇生：《留学与救国——抗战时期海外学人群像》，广西师范大学出版社 1995 年版，第 129 页。

先后担任过委员的 81 人中，留日生 40 人，占 49%；在重庆国民政府（1937.11—1946.5）中先后担任过委员的 66 人中，有留日生 37 人，占 56%"[①]。另外，中国共产党的高层领导中也有一批留学生。1936 年 10 月红军到达陕北后，中共中央 12 名政治局委员中有 9 名是留学生，占 75%。[②] 1938 年红军接受改编后，八路军总部 6 位负责人中有 5 位是留学生，占 83%。朱德（留德）为十八集团军总指挥，彭德怀为副总指挥，叶剑英（留苏）为十八集团军参谋长，左权（留苏）、滕代远为十八集团军副参谋长，任弼时（留苏）为政治部主任，邓小平（留法）、王稼祥为政治部副主任。在南方游击队改编成的新四军中，前任军长叶挺（留苏）、后任军长陈毅（留法）、政治委员刘少奇（留苏）也都是留学生，而且，他们中的大多数人都参加并领导了抗日的各种活动。

在此，有必要列举出抗战全面爆发后为捍卫中国主权和领土完整，努力抗战的具有留学经历的著名人士：蒋介石、何应钦、程潜、阎锡山、孙科、宋子文、宋庆龄、宋美龄、王宠惠、顾维钧、周恩来、朱德、刘伯承、聂荣臻、邓小平、左权、汤恩伯、宋希濂、邱清泉、胡适、蒋梦麟、罗家伦、张伯苓（考察）、梅贻琦、翁文灏、曾养甫、蒋百里、王世杰、叶剑英、叶挺、陈毅、陈赓、郭沫若、钱昌照、徐祖诒、孙立人、廖耀湘等。他们在不同的领域为争取抗日战争的胜利作出了重要贡献。

1. 军事领域

抗战全面爆发后，国共合作的抗日民族统一战线在军事上体现为战略上互相配合的两个战场：一个是主要由国民党军队担负的正面战场，以打正规战为主；另一个是主要由共产党军队担负的敌后战场，以打游击战为主。两个战场以打击共同敌人为目标，相互配合，相互协助。但也时有摩擦，特别是抗战中后期，摩擦力加剧。在两个对日作战的战场上，国共两党具有留学经历的将领们都有卓越的表现。

早年留学日本振武学校的蒋介石，作为国民政府军事委员会委员长、抗

---

① 张海鹏：《中国留日学生与祖国的历史命运》，《中国社会科学》1996 年第 6 期，第 186 页。

② 李里峰：《中共中央领导层中的留学生群体分析　1921—1949》，《徐州师范大学学报》（哲社版）2005 年第 6 期，第 2 页。

战时期中国战场的最高统帅，领导了抗日战争的正面战场，也是留学生群体中坚持抗战的主要代表之一。从"九·一八事变"后到"卢沟桥事变"前，蒋介石对日态度总的趋势是由妥协逐渐强硬，以1935年11月召开的国民党第五次全国代表大会为标志，以蒋介石为代表的国民政府对抵抗日本侵略的态度趋向明朗，开始着手整军备战，加强工业和交通建设，寻求国际援助，进行抗战准备。国民党五全大会后，南京国民政府的人事有了较大的变动：其中蒋介石为行政院长和军事委员会委员长，何应钦为军政部长，阎锡山、冯玉祥为军事委员会副委员长，程潜为参谋总长。从此开始，他们五人成为中国军界最高级的指挥官。其中，除冯玉祥外，有四个人是留学日本的。"西安事变"和平解决、抗日民族统一战线初步形成后，蒋介石接受停止内战、一致对外的主张，确定了全民族抗战的方针。

"卢沟桥事变"爆发后，7月17日，蒋介石代表中国政府发表了著名的"最后关头"的讲话，郑重地宣布了中国准备抗日的方针：

> 我们希望和平解决，但固守我方立场。这个立场就是：一、任何解决，不得侵害中国主权与领土之完整。二、冀察行政组织，不容任何不合法之改变。三、中央政府所派地方官吏，如冀察政务委员会委员长宋哲元等，不能任人要求撤换。四、第29军现在所驻地区，不能受任何约束。
>
> ……我们希望和平但不求苟安，准备迎战而决不求战。……如果战端一开，就是地无分南北，年无分老幼，无论何人皆有守土抗战之责任，皆应抱定牺牲一切之决心。

蒋介石"最后关头"的讲话，标志着中国政府不惜一切捍卫中国主权独立和领土完整的决心。虽然他仍寄望日方控制事态发展，谋求以和平方式解决事端，但宣布了国民政府准备抗战的决心。蒋介石还先后兼任第一、三、五、八战区司令长官，何应钦又兼任参谋总长、第四战区司令长官，程潜调任第一战区司令长官，阎锡山任第二战区司令长官。他们与八路军总指挥朱德以及聂荣臻、刘伯承、邓小平、陈毅等留学生出身的高级将领，一起成为指挥中国军队在正面和后方与日军作战的统帅和主要将领。此后，国民政府开始全面积极的抗战。而日军不顾国民政府的"极度容忍"① 和多次和平解决的提议，蓄意扩大事端，并于 7 月 29 日攻占北平。同日，蒋介石以应对记者采访的形式重申对日方针："今既临此最后关头，岂能复视平津之事为局部问题，任听日军之宰割，或更制造傀儡组织？政府有保卫领土主权与人民之责，惟有发动整个之计划，领导全国一致奋斗，为捍卫国家而牺牲到底，此后决无局部解决之可能。"②

8 月 7 日，中国政府第一次国防会议决定以"持久消耗战"为对日作战的"最高战略"，作出了华北的防御部署。8 月 12 日，国防最高会议与党政领导机关召开联席会议，推举蒋介石担任全国陆海空军大元帅，并以军事委员会为抗战最高统帅部，确立了全国的抗战体制。8 月 13 日"淞沪抗战"爆发，次日国民政府即发表《自卫抗战声明》，郑重表示："中国为日本无止境之侵略所逼迫，兹已不得不实行自卫，抵抗暴力"，"中国决不放弃领土之任何部分，遇有侵略，惟有实行天赋之自卫权以应之"③。8 月 20 日，国民政府军事委员会为统筹全国战局，把全国分为五个战区。8 月 22 日，国民政府军事委员会下达把中国工农红军改编为中国国民革命军第八路军的命令（9 月 11 日，按全国统一的战斗序列改称为第十八集团军）。10 月，南方的游击队改编为新四军，北伐名将、留学苏联的叶挺任军长。从此，八路军正式开赴华北抗战的前线，新四军在大江南北开展敌后抗战。

在战略防御阶段，蓄势已久的日军凭借军事上的暂时优势，妄图速战速决、实现"三个月灭亡中国"的迷梦，进攻的主要目标是重要城市、交通要道和战略要地。以国民党军队为主体的正面战场，担负了抗击日军战略进攻的主要任务。蒋介石采取比较积极的抗战态度，制定了持久消耗战的基本战略方针，并先后组织起淞沪、忻口、徐州、武汉四次大型会战，以自身损失 100 多万军队、丢掉近 1/4 国土的重大牺牲，损耗了日军兵力约 70 万，打破了其速战速决的战略计划，奠定了中国持久抗战的基本格局。抗战进入相持阶段后，尽管蒋介石的抗战意志明显低落，时有动摇，幻想依靠美英力

---

① 章伯锋、庄建平主编：《中国近代史资料丛刊·抗日战争》第 3 卷《民族奋起与国内政治》（上），四川大学出版社 1997 年版，第 15 页。

② 同上书，第 16 页。

③ 同上书，第 19—21 页。

量进行抗战，并与共产党领导的八路军、新四军发生摩擦，但他始终留在抗
日阵营领导抗战。这一时期国民党军队对日军的进攻也进行了抵抗，并组织
中国远征军入缅作战，支援盟军作战，有些战役还取得了局部胜利。抗战后
期蒋介石作为中国战区统帅，与罗斯福、斯大林、丘吉尔一起，成为国际反
法西斯统一战线的四巨头之一，大大提高了中国的国际地位和威望。

　　除蒋介石作为统帅指挥抗战全局外，在正面战场对日作战中具有留学经
历的将领主要有何应钦、程潜、阎锡山、蒋百里、陈仪、汤恩伯、孙立人、
邱清泉、廖耀湘以及空军英雄高志航等。① 下面以何应钦为例略加说明。

　　何应钦（1890—1987），贵州兴义人，早年留学日本陆军士官学校，抗
战时期任参谋总长兼军政部长及第四战区司令长官等，集作战、后勤重任于
一身，是国民政府指挥对日抗战的第二号人物和正面战场初期重大战役的主
要决策人物之一。"七·七事变"后，根据蒋介石的抗战思想，何应钦主持
了 33 次会议，确立战时体制，全国进入战争状态。第一，实行军队总动员，
建立战区制。从 7 月起全国军队统一编制，根据抗战需要而设立四大战区。
此后，随着战争的变化，战区不断调整，编制抗战序列。同时颁布《兵役

---

① 　相关人物生平介绍及抗战时期的表现，详见徐友春主编《民国人物大辞典》（河北人民出版社
1991 年版）、周棉主编《中国留学生大辞典》（南京大学出版社 1999 年版），以及有关的人物传记。大致
情况为：程潜（1882—1968），湖南醴陵人。早年留学日本东京振武学校和陆军士官学校。"卢沟桥事
变"后，任平汉线方面指挥官。1938 年任第一战区司令长官，指挥兰封会战，围攻土肥原师团。花园口
决堤后，以黄河水遏止日军西进，指挥所部乘势反击，相继收复豫北、豫东、鲁西许多失地。阎锡山
（1883—1960），山西五台人。早年入日本东京振武学校和陆军士官学校留学。抗战爆发后，任第二战区
司令长官，组织了忻口会战等重大战役，迟滞了日军对华北、西北的进攻，是华北地区抗战的主要将领。
汤恩伯（1898—1954），浙江武义人。早年先入日本东京明治大学学习政治经济，后改入日本陆军士官学
校。抗战爆发后，参与南口、保定、娘子关、台儿庄、豫湘桂等重要战役。孙立人（1900—1990），安徽
庐江人。毕业于清华大学，后留学美国普度大学和弗吉尼亚军校。抗战爆发后率财政部税警总团参加淞
沪抗战，率部防守苏州河南岸，与日军激战两周，7 次击退强渡苏州河的日军。1942 年入缅作战后，取
得仁安羌等数次大捷。在国际军界享有崇高声誉，是西方第二次世界大战史中唯一列入名将榜的中国将
军。邱清泉（1902—1949），浙江永嘉人。留学德国，在工兵学校和柏林陆军大学学习机械化部队理论。
抗战爆发前归国，建议组建现代化国防军，深得蒋介石赏识。"卢沟桥事变"后，随教导总队参加淞沪
会战和南京保卫战。1939 年在昆仑关战役中表现出色，被国民政府授予四等宝鼎勋章。1943 年底为配合
缅北战役，率部迭克芒市、畹町，打通中印公路，又获三等宝鼎勋章，并获美国政府授予的铜制自由勋
章。高志航（1907—1937），辽宁通化人。早年留学法国莫拉诺高等航空学校和伊斯特陆军航空战斗学
校。1937 年"八·一四"空战中，任空军第四大队队长，率部与日本空军木更津联队在杭州笕桥上空激
战，击落日机 6 架，开中国空军击落日机之创举。

法》等。第二，国民经济转入战时轨道。从 7 月下旬起，南京政府全面筹划交通、粮食、资源、财政、金融等各个领域之控制与管理，分别由军政、交通、铁道、实业、财政、内政、资源等各部负责执行。为准备对日持久抗战，国民政府也开始把中枢机关逐步从南京向西内迁，并决定将军事工厂、重要工商企业、重要学术机关和文化教育单位以及其他一些机构向西南内陆地区转移。何应钦还主持制定了国民政府大本营《国军战争指导方案》《国军作战指导计划》等有关正面战场初期防御作战及影响抗战的指导方针。1944 年冬兼中国陆军总司令，在昆明主持编训军队，接受美援；1945 年 9 月奉派为中国战区接受日军投降代表，主持接受侵华日军总司令冈村宁次大将的投降签字仪式。

在共产党领导的敌后战场，朱德、周恩来、叶挺、刘伯承、邓小平、聂荣臻、陈毅、叶剑英、左权①等具有留学经历的高级将领领导人民军队坚持抗战直至最后胜利，为民族抗战作出了杰出贡献。其中，朱德（1886—

---

① 周恩来（1898—1976），早年留学日本东京东亚高等预备学校，后在早稻田大学和京都帝国大学旁听，还曾赴法国、德国勤工俭学。作为中共主要领导人之一，他积极推动抗日民族统一战线的形成，并率中共代表团抵达武汉，负责指导南方工作，担任国民政府军委会政治部副主任，成为以国共合作为基础的抗日民族统一战线的杰出代表，是留学生中反对日本侵略的中坚之一。刘伯承（1892—1986），早年参加辛亥革命。加入共产党后，组织过南昌起义。国共合作破裂后，到苏联伏龙芝军事学院学习。抗日战争中，任八路军一二九师师长，与政委邓小平率部深入敌后，在太行山建立了晋冀鲁豫抗日根据地。邓小平（1904—1997），1920 年赴法留学，参加了旅欧共青团支部工作。1926 年赴苏联，在莫斯科中山大学学习。回国后先后被派往西安冯玉祥处、广西等地工作，在红七、红八军中都任过要职。1937 年 8 月 25 日，任八路军政治部副主任。1938 年任八路军一二九师政治委员，与刘伯承一起在太行山区开辟晋冀豫边区抗日根据地。聂荣臻（1899—1992），1919 年赴法勤工俭学。1924 年进莫斯科东方大学学习，后转入苏联红军学校中国班学习军事。抗战爆发后，先后任八路军第一一五师副师长、政治委员。在忻口会战中，与林彪共同指挥所部进行了平型关战斗。1937 年 11 月，任晋察冀军区司令员兼政治委员，在五台山区创建敌后第一个抗日根据，先后开辟了冀中、冀东、平西、平北等根据地。陈毅（1901—1972），1919 年赴法国勤工俭学。1938 年任中共中央军委新四军分会副书记、第一支队司令员，开辟了以茅山为中心的抗日游击根据地，任江南指挥部指挥，率部在南京、上海之间打击日伪军。后挺进苏北，任苏北指挥部指挥。皖南事变后，任新四军代理军长。叶挺（1896—1946），留学苏联莫斯科东方大学和红军学校，北伐名将。抗战爆发后回国，1938 年任新四军军长，领导开辟了华中敌后战场和抗日根据地。1941 年"皖南事变"后被国民党扣押。叶剑英（1897—1986），留学苏联莫斯科中国共产主义劳动大学，抗战开始后，任八路军参谋长，并先后作为八路军驻南京、武汉办事处的代表，在国统区工作。1941 年任中央军委参谋长兼第十八集团军参谋长。左权（1905—1942），湖南醴陵人。曾在苏联莫斯科中山大学、伏龙芝军事学院学习。抗战期间，任八路军副参谋长、前方总部参谋长。1942 年 5 月掩护总部转移时牺牲，是敌后战场上牺牲的中共最高将领。

1976），四川仪陇人。早年先后在德国哥廷根奥尔格—奥古斯特大学和苏联莫斯科东方大学学习。"七·七事变"前任中共中央军委副主席、红军总司令。抗战初期，他不仅是八路军战略上的决策者之一，还一直战斗在抗日最前线。1937 年 9 月，率八路军总部开赴华北抗日前线，开展游击战争，建立和扩大抗日根据地，为敌后战场的开辟奠定了基础。1940 年，指挥八路军发动百团大战，减轻了正面战场的压力，延缓了日军南下的步伐，使敌后战场成为中国抗战的两大战场之一。

2. 经济领域

以宋子文、翁文灏、孙越崎、陈光甫为代表的具有留学经历的国民政府官员为维持战时经济、支持长期抗战作出了重要贡献。

宋子文早年赴美国哈佛大学攻读经济学获硕士学位，后入哥伦比亚大学获博士学位，是民国时期著名的经济学家和金融财政专家。抗战全面爆发后，凭借学到的经济学知识，对维持战时财政金融、筹备军需作出了重要贡献。他亲自主持救国公债的劝募工作，并且首先以个人身份认购 5 万元（相当于发行总额的万分之一）以作垂范，激励各界积极认购。在其努力之下，从 1937 年 9 月 1 日到 10 月 1 日，救国公债的总额达到了 2.4 亿元。"八·一三事变"之后，他策划中央银行、中国银行、交通银行、中国农民银行成立"四行联合办事处"，成为战时金融和财政政策的最高决策机构，对于加强中国国家银行的联合、统一财政力量、协助政府应付危局，起到了关键性的作用。

留学比利时获得鲁汶大学地质学博士学位的翁文灏，是抗战期间国民政府大后方经济行政及工矿生产的最高主管。"卢沟桥事变"前任国民政府军事委员会资源委员会秘书长，1938 年起出任行政院经济部部长兼资源委员会主任委员、工矿调整处处长等职，长期致力于推动战时经济建设，参与了国民政府经济备战的核心工作。他亲自主持沿海工矿企业的内迁，理顺了内迁过程中的各种关系，保护了民族企业家和工人的爱国热情，保全了当时中国的工业实力；领导了后方工矿业的发展建设，大力发展电力事业，提高钢铁生产能力，改造机械制造业，加强对特种矿产资源的开发。这些都增加了抗战的经济实力，奠定了长期抗战物质基础。

曾经留学美国依阿华州辛普森大学和宾夕法尼亚大学沃顿财经商业学院

的民国著名金融家陈光甫，1938 年 9 月以行政院贸易委员会主任委员身份被国民政府派到美国洽商财政贷款事宜。在驻美大使胡适的配合下，陈光甫同美国各方积极交涉，以中国出售桐油与锡矿作抵押的形式，先后争取到 2500 万美元和 2000 万美元两笔贷款，史称"桐油贷款"和"滇锡贷款"，使美国对华政策朝着制日援华方向发展迈出了重要一步。

3. 外交领域

以孙科、胡适、顾维钧、王宠惠、蒋廷黻、宋子文、宋美龄为代表的具有留学经历的人士为开展战时外交、谋求盟国援助、争取国际社会同情做了大量工作。

孙科曾长期在美国学习，先是毕业于圣路易斯学院（相当于中学），后入加利福尼亚大学，又获哥伦比亚大学经济学硕士学位。"卢沟桥事变"后，代表中国政府与苏联谈判，签订了《中苏互不侵犯条约》。为争取苏联对华军械援助和贷款，于 1938 年和 1939 年三次出访苏联，签订《中苏商务条约》，改善和发展了中苏关系，支持了抗日战争。

胡适早年留学美国康奈尔大学和哥伦比亚大学，获得博士学位，归国后以其学术地位和声望享誉学界。抗战全面爆发后，胡适对抗战的态度由此前的谨慎低调转向逐渐乐观，支持国民政府的抗战立场。1938—1942 年出任中国驻美大使期间，兢兢业业，四处奔走、八方演讲，凭借自己在美国人心中的声望和留学美国的文化背景，向美国朝野宣传中国抗战的国际意义以及中美之间的利害关系，直言不讳地批评美国孤立主义的危害性，全力争取美国政府对中国抗战的支持，受到美国总统罗斯福及其内阁以至美国知识界、舆论界的欢迎和支持。他还积极促成由其美国老同学发起成立"美国不参与日本侵略委员会"，在影响美国制日援华方面做了大量工作。太平洋战争爆发后，美国成为中国抗战的主要盟国，对美外交在国民政府战时外交中占据压倒性地位。

1941 年底，被国内外舆论公认为国民政府"英美派"领袖之一的宋子文被任命为外交部长，常驻美国争取美援。在不到两年的时间内，宋子文利用在美留学期间建立的人脉，广泛接触能影响美国政府决策的核心人物，成功地从美国争取到四笔数额巨大、条件优惠的借款，而且进一步密切了中美两国的同盟关系。①

早年留学美国佐治亚州威斯理安女子学院和麻省卫尔斯利女子学院，并获文学学士学位的宋美龄，1939 年担任中美文化协会名誉会长，积极对外宣传中国抗战。1942 年和 1943 年出访美国，在美国国会参众两院联席会议上发表演说，呼吁美国增加对华援助以抗击日本侵略，产生极大影响，后在调解蒋介石和史迪威的关系上起了重要作用。1943 年，陪同蒋介石出席开罗会议，提高了中国的国际地位和影响。

4. 宣传领域

以郭沫若、田汉、宋庆龄为代表的具有留学经历的人士在宣传抗战救亡、唤起民族抗战中发挥了显著作用。

郭沫若是文化界留学生知识分子投身抗日救亡宣传运动的代表和反对日本侵略的中坚人物，是国内外公认的文化界的旗帜。全面抗战爆发后他毅然返国，一到上海就发表激昂的声明，明确表示："沫若为赴国难而来，当为祖国而牺牲。"他随即投入抗日救亡运动中，领导创办《救亡日报》，亲自撰写大量政论、时评、杂感、战地通讯和诗歌作品。这些宣传抗战救亡的作品对于打击日军、鞭笞汉奸走狗以及鼓舞中国人民的抗战热情，都产生了重要的作用。1938 年初，他担任国民政府军事委员会政治部第三厅厅长，竭尽全力宣传抗战、支援抗战。以他为首的中华全国文艺界抗敌协会，团结文艺工作者，组织了大量的抗日宣传活动。在纪念抗战爆发一周年时，郭沫若又在武汉发起爱国献金运动，参加者多达 1000 万人以上，毛泽东、周恩来等中共领袖及蒋介石等国民党要员还带头献金。筹集到的献金总计 100 万元以上，并最终真正用到了伤员和将士身上，有力地支持了前方作战。

自幼爱好戏剧的田汉，早年留学日本，先习海军，后改学教育，进入东京高等师范学校。抗战全面爆发后，他参与发起组织上海文化界救亡协会，后在武汉参加抗日活动，发起成立中华全国戏剧界协会，创造了大量宣传抗战救亡的作品，其中经聂耳谱曲的《义勇军进行曲》脍炙人口，激励了全国军民奋起抵抗日寇侵略。

---

①　陈永祥：《胡适、宋子文与抗战时期美援外交》，《抗日战争研究》2011 年第 2 期，第 113—123 页。

曾经共同留学美国佐治亚州威斯理安女子学院的宋霭龄、宋庆龄和宋美龄三姊妹，抗战期间跨越政治信仰的分歧，为了救亡图存的共同目标聚首陪都重庆，一致宣传抗战、慰问伤病、救济难民，并通过电台向盟国民众发表讲话，显示了中国各界团结抗战、共御外侮的精神。宋庆龄针对亡国论者散布的"中国必败"的悲观论调，发表《中国是不可征服的》一文，鼓励全国军民奋起抗战。1938 年，其在香港发起组织保卫中国同盟，致力于抗战宣传、医药供应和儿童福利等工作，并用中、英两种文字出版《保卫中国同盟》双周刊，向全世界宣传抗日。

二 投降卖国：留学生群体的逆流

"卢沟桥事变"前后，留学海外的学子纷纷归国御侮，和全国人民一道共同演奏了一组悲壮的抗战旋律。但是，在这个主旋律中也夹杂着不和谐的音符。少数留学生沦入汉奸的行列，在中国历史舞台上留下了极不光彩的一幕。

（一）投降派留学生情况

在这些汉奸眼中，抵抗是一种错误，只有对日妥协退让才能求得和平。他们主张无条件与日友好，实质上是对日投降。因资料所限，现在还不能精确考证投降派中的留学生到底有多少人，但可以肯定的是，他们有一定数量，如中国第二历史档案馆的档案中就有一本可以称为汉奸名录——1941年 6 月编印的《中华留日同学会同学录》。这些人占当时留学生总数的比例不大，而且他们主要分布于日本在中国扶植的各个伪政权中。

为了加强对中国的控制，1937 年后，日本先后扶植的主要伪政权有1937 年 12 月在北京扶植的伪中华民国临时政府；1938 年 3 月在南京扶植的伪中华民国维新政府；1940 年 3 月由汪精卫在南京建立的最大的伪政权——伪中华民国国民政府。在此，对在 3 个伪政权中任职省长、部长以上的留学生作一简单统计（见表5—3、表5—4、表5—5）。①

---

① 1932 年 3 月，日本在东北沦陷区扶植建立伪"满洲国"政权。根据汪朝光《抗战时期伪政权高级官员情况的统计与分析》一文，1936 年，伪"满洲国"49 名高级官员中有留学经历的占45%，《抗日战争研究》1999 年第 1 期，第69—84 页。

表5—3　　　伪"中华民国临时政府"留学生出身高级官员情况简况

姓名	主要伪职	留学情况	结局
王揖唐	内政总长	日本士官学校	1948 年被处死
杜锡钧	治安督办	日本士官学校	1951 年被处死
汪时璟	财政部长	日本陆军主计学校	无期徒刑
王荫泰	实业总长	留日	无期徒刑
汤尔和	教育总长	东京成城学校	1940 年病死
董　康	司法委员长	留日	1947 年病死
朱　琛	司法总长	东京帝国大学	1943 年病死
殷　同	建设督办	日本陆军经理学校	1942 年病死
余晋龢	建设督办	日本士官学校	在狱病死
周作人	教育督办	日本立教大学	无期徒刑
苏体仁	山西省长	东京高工	逃日

表5—4　　　伪"中华民国维新政府"留学生出身高级官员情况简况

姓名	主要伪职	留学情况	结局
温宗尧	立法院长	留美	无期徒刑
陈群	内政部长	明治大学	1945 年自杀
陈箓	外交部长	巴黎法律大学	1939 年被刺
许修直	司法行政部长	日本中央大学	1954 年病死
陈锦涛	财政部长	耶鲁大学	1939 年病死
胡礽泰	司法行政部长	留日	病死
朱履龢	司法行政部长	留英	1945 年病死
陈则民	江苏省长	日本大学法科	无期徒刑
何佩榕	湖北省长	日本士官学校	1942 年被日军毒死
苏锡文	上海市长	早稻田大学	不详

表5—5　　　伪"中华民国国民政府"留学生出身高级官员情况简况

姓名	主要伪职	留学情况	结局
汪精卫	主席	日本法政大学	1944 年病死
周佛海	财政部长	日本第七高等学校	无期徒刑

续表

姓名	主要伪职	留学情况	结局
江亢虎	考试院长	留日	关押
诸青来	立法院副院长	留日	徒刑
褚民谊	外交部长	留日	1946 年被处死
李士群	警政部长	苏联东方大学	1943 年被日军毒死
陈君慧	建设部长	美国纽约大学	10 年徒刑
傅式说	铁道部长	东京帝国大学	1947 年被处死
赵正平	教育部长	日本早稻田大学	1945 年自杀
李圣五	教育部长	牛津大学	关押
张一鹏	司法行政部长	东京法政大学	病死
吴颂皋	司法行政部长	巴黎大学	无期徒刑
岑德广	赈委会委员长	留日	不详
罗君强	安徽省长	留法	无期徒刑
黄自强	江西省长	日本士官学校	战后逃台被毙
杨揆一	湖北省长	日本士官学校	1946 年被处死
蔡　培	南京市长	早稻田大学	无期徒刑
唐　蟒	集团军司令	日本士官学校	保释
袁履登	米粮统委会主委	美国圣约翰大学	7 年徒刑

资料来源：周棉主编：《中国留学生大辞典》，南京大学出版社 1999 年版；汪朝光：《抗战时期伪政权高级官员情况的统计与分析》，《抗日战争研究》1999 年第 1 期。

注：有前后任职和兼职者，列主要职务；有些人留学不同国家的学校，列主要学历；结局仅指抗战胜利后最初一段时间的情况，以后境遇及政治立场这里不赘。

根据汪朝光在《抗战时期伪政权高级官员情况的统计与分析》中统计，伪"中华民国临时政府"主要官员为 23 人，其中留学生 12 人，占 52%，且 100% 留日；伪"中华民国维新政府"主要官员为 15 人，其中留学生 9 人，占 67%，留日 5 人，占留学生出身的 60%；伪"中华民国国民政府"中高级官员为 50 人，其中留学生 19 人，占 38%，留日 13 人，占留学生出身的 68%。

由上可知，在汉奸政权中留学日本的占了绝大多数，在抗战中他们依附日本为日本侵略中国效力，成为丧失民族气节的投降派。同时也可看出，日本帝国主义利用留日学生对中国实行统治的用心。

(二) 留学生叛国投敌原因

部分留学生之所以走上叛国投敌的道路，沦为投降派，其中既有留学国的原因也有个人原因。

1. 留学国方面的原因

一方面，日军在相继侵占我华北、华中和华南广大地区后，仍不能摧毁中国军民的抗日意志，迫使中国政府屈膝投降，而自身则陷入长期对华作战的泥沼难以自拔。为尽快摆脱困境、结束战争，日本帝国主义开始实行所谓"和平运动"的政治诱降，以分裂抗战阵营，瓦解国民政府。以汪精卫为首的国民党亲日派官员是日本方面政治诱降的重要对象。另一方面，为了推行"以华治华"战略，日本一些别有用心者早就处心积虑地设想通过接受中国留学生培养亲日分子甚至侵华帮凶，这已是公开的秘密。"留学不仅是一种文化的传播过程，也是一种'意识'的塑造过程。此一塑造过程具有潜移默化一个人的思维模式、价值取向与行为规范的作用，足以改变一个人的文化价值和政治倾向。其结果，留学某国者，往往对某国文化产生认同与亲和感。"① 留学"派出国和接受国都希望通过留学生的选派培养国家间的互信感情。接受国更希望替他国培养人才的同时，培养对本国具有亲善感情的人。这是国际通例，也是国际社会可以接受的。前提只有一个，不论国家强弱大小，国与国之间只在平等的基础上交朋友"②。近代日本作为接收中国留学生最多的国家，培养了大批留日学生活跃于清末民初的社会各界。日本政府在对华留学教育中也着意培养中国留学生的亲日情感，并作为其侵华活动的工具，但结果并不令其满意。日本人士大惑不解的是，为何"来日之中华民国留学生归国之后，多成为排日论者，而留学美国之归国者却多成为亲美论者"③？正是日本政府极力推行的灭亡中国政策，注定了留日学生在情感上憎恶和敌视日本。

抗战爆发后，爱国的留日学生和曾经留学日本的爱国人士怀着强烈的民

---

① 王奇生：《中国留学生的历史轨迹》，湖北教育出版社1992年版，第216页。

② 张海鹏：《中国留日学生与祖国的历史命运》，《中国社会科学》1996年第6期，第192页。

③ ［日］实藤惠秀：《中国人留学日本史》，谭汝谦、林启彦译，生活·读书·新知三联书店1983年版，第98页。

族主义情感，踊跃投身民族抗战的事业，坚决反对向日本妥协和投降。但也有一部分留学生对日本的侵华野心警惕不够，民族意识和国家观念不强，陷入日本人的圈套。如曾经赴日留学的周作人就是典型。他最初入东京法政大学预科，后改入立教大学学习海军技术。不久改学日语，学习日本文化，被称作真正的"知日派"。1943 年，在《留学的回忆》中他说："我自己在东京住了六年，便不曾回过一次家。我称东京为第二故乡，也就是这个缘故。鲁迅在仙台医学校时还曾经受到种种刺激，我却是没有。说在留日时代造下抗日的原因，我总深以为疑。照我们自己的经验看，相信这是不会有的。"①正是这种将已成为敌国的留学国认同为故乡的文化心理，使周作人抗战期间失足落水附逆，担任伪"华北政务委员会"常委兼教育总署督办、汪伪"国民政府"国府委员和东亚文化协会会长等职，成为"文化汉奸"的巨头。日本学者山田敬三认为："使周作人陷入这惨境的是日本的侵略政策。"②这就从一个方面清楚地说明了当时留学生投敌留学国的原因。

2. 个人原因

留学生沦为投降派的个人原因相当复杂，主要是他们惧怕日本的侵略，对抗战前途悲观失望，贪图权势富贵，有强烈的政治野心而又在官场上失意等。这些因素在一代巨奸汪精卫、周佛海、陈公博等人身上表现尤为明显。

汪精卫早年留学日本东京法政大学，后赴法国攻读社会学及文学，加入同盟会后，因刺杀摄政王载沣入狱，成为名满天下的革命志士，民国建立后长期担任国民党高级领导。1931 年"九·一八事变"后，汪精卫对抵抗日本侵略始终缺乏信心，一味地妥协退让成为其对日态度的基本特征。1932年 1 月至 1935 年 11 月担任行政院长期间，他以"一面抵抗，一面交涉"的名义，与日本签订了《上海停战协定》《塘沽协定》《秦土协定》《何梅协定》等一系列丧权辱国的协定。1935 年 11 月，因对日妥协、大肆出卖国家主权激起民愤，在国民党四届六中全会召开之际遇刺负伤，到欧洲治疗。1937 年 1 月回国后，汪精卫任国民党中央政治委员会主席，"卢沟桥事变"

① 知堂：《留学的回忆》，《中国留日同学会季刊》1943 年第 3 期，第 133 页。

② ［日］山田敬三：《清末留学生——鲁迅与周作人》，《鲁迅研究月刊》1996 年第 12 期，第 53页。

后任新成立的国防最高会议副主席，在 1938 年国民党临时全国代表大会上被推举为国民党副总裁，还担任国民参政会议长，成为国民党中仅次于蒋介石的二号人物。周佛海早年赴日留学，毕业于京都帝国大学，曾参加中共一大，"卢沟桥事变"前曾任国民党中央执行委员、江苏省教育厅长等职。陈公博留学美国哥伦比亚大学，曾参加中共"一大"，抗战全面爆发前任国民党中央政治会议委员、实业部部长等职。他们是汪精卫"主和派"的核心骨干成员，追随汪精卫一起成为日本帝国主义维持占领区殖民统治的帮凶。

汪精卫、周佛海等人被日本帝国主义一时的军事优势和侵华的嚣张气焰所吓倒，对抗战充满恐惧和失败主义情绪。汪精卫 7 月 29 日在庐山发表讲话，以所谓"最后关头"为幌子，大谈抗战的实质就是牺牲，认为抵抗必然导致国家灭亡、全民族牺牲，给民众展示的是一幅极其悲观暗淡的抗战前景，即"所谓抵抗，便是能使整个国家、整个民族为抵抗侵略而牺牲。天下既无弱者，天下即无强者，那么我们牺牲完了，我们抵抗之目的也达到了"[1]。同年 12 月 18 日，汪精卫夫妇秘密脱离战时首都重庆，潜伏河内，并于 29 日发表"艳电"，响应近卫第三次对华声明，公开叛国投敌。广州、武汉相继失陷后，他们更是大肆散布"抗战亡国"论，认为抗战已经失败，与其彻底失败而亡国，不如利用现在还掌握的半壁河山与日本停战，接受日方的要求和条件，实现所谓的"和平"。可见，民族失败主义是汪精卫等走上叛国道路的重要思想基础。

顽固的反共立场是汪精卫集团叛国投敌的主要借口。自 1927 年后，他长期坚持顽固的反共立场。"西安事变"爆发后，他强烈反对蒋介石联共抗日、国共重新合作的政策。抗战全面开始后，汪精卫等"主和派"人士就大肆攻击共产党团结抗战的主张。周佛海攻击中共"唯恐天下不乱"[2]，联合桂系及失意的官僚政客，以抗日为"倒蒋唯一手段，他们因为要倒蒋，所以高唱持久的全面战争"[3]。汪精卫投敌后，更是攻击中共力主抗战是接受第三国际的指令，"利用民族意识，在民族意识的掩护之下，来做摧残民族

---

[1] 黄美真、张云编：《汪精卫集团投敌》，上海人民出版社 1984 年版，第 175—176 页。

[2] 同上书，第 8 页。

[3] 同上书，第 4 页。

断送国家的工作"[1]。日本帝国主义抓住汪精卫集团的仇共反共心理，以共同防共反共为条件，分化抗日战线，诱降汪精卫，使其为反共不惜丧失民族立场。

追求个人的权势地位、实现其政治野心，是推动汪精卫等人投敌叛国的关键因素。作为国民党元老的汪精卫，为掌握国民党最高领导权与蒋介石分分合合，明争暗斗20年。1938年3月，国民党临时全国代表大会确定实行总裁制，由总裁独揽国民党最高权力，汪精卫对自己再一次屈居蒋介石之下，在国民党内被矮化为蒋介石的副手极为愤懑。而汪系"主和派"人马也因冒天下之大不韪，散布"抗战亡国"论调，鼓吹对日妥协求和，受到社会舆论的强烈抨击，在政治上日渐孤立和边缘化。所以，日本方面提出的"扶汪代蒋"政策，对汪精卫"主和派"人士极具诱惑力。汪精卫希望依靠日本的支持将蒋的领袖地位取而代之，掌握梦寐以求的国民党及国民政府的最高权力。周佛海、陈公博等人权欲熏心，也幻想因拥汪有功而在新成立的汪记中央政府中位居高位，因而不惜为满足个人的权欲而出卖国家主权。日本帝国主义正是利用汪精卫等"主和派"为追逐个人权势地位而置国家民族利益于不顾的弱点，施放和平烟雾，诱使其一步步走上叛国道路。

除了以上两个原因外，还有其他一些原因，并且对每个人来说也不尽相同。但是这两个原因是主要的，对他们绝大多数人来说是二者兼而有之。在整个抗日战争的大潮中，这些叛国投敌的留学生，在整个留学生界只是少数，是民族自卫战争的逆流。历史证明，他们的所作所为是错误的、可耻的。

中华民族历经艰苦卓绝的全民抗战，最终战胜了不可一世的日本军国主义。抗战的胜利，不仅宣告了日本帝国主义企图利用对华留学教育培养亲日分子以控制中国政策的破产，也证明以汪精卫、周佛海等为代表的民族失败主义者大肆鼓吹"日本不可战胜""抗战必亡"的谬论，是对历史的严重误判。这些留学生出身的民族败类，最终也因叛国投敌受到了司法的审判和中国人民政治上、道义上永远的审判。

---

[1]　章伯锋、庄建平主编：《中国近代史资料丛刊·抗日战争》第6卷《日伪政权与沦陷区》，四川大学出版社1997年版，第809页。

三　在欧美"忍耐而等待"：爱国的守望者

与留学生群体中的抗日中坚不同，抗战时期有一些留学生因种种原因滞留在海外，但是，他们又不同于那些民族意识淡薄，不关心国内战局的留学不归者。他们绝大多数滞留在欧美各国，尽管身处异国他乡，却仍然心系祖国，默默地忍耐着、等待着、拼搏着，为的是终有一天对祖国有所回报。因此，我们称其为爱国的守望者。

据 1938 年 5 月南京国民政府教育部统计资料显示，当时"在国外的公自费生尚有 2500 人。其中美国约 1000 人。法德英比等国共约 1500 人"[①]。1938 年，基本上已经无人留学日本。在这一时期滞留欧美各国未归的留学生中，后来成为各界名人的有：世界著名科学家钱学森、著名核物理学家钱三强、原子核物理专家何泽慧、语言学家季羡林、生物化学专家王应睐、化学家卢嘉锡、生物学家庄孝德、桥梁及力学专家李国豪、金属专家李熏、电力学家徐士高、地质学家徐克勤、水声学家汪德昭、石化专家武迟、物理学家彭桓武、生物营养学家鲁桂珍等。

这些滞留海外的游子之所以无法回国，虽然有个人原因，如学业未成、珍惜来之不易的求学机会以期学成归国等，但最主要的原因还是第二次世界大战爆发，东西方的交通路线被切断，使他们无法回国。因此，他们一边在忍耐，一边在等待着局势的好转，同时也在为祖国的抗日战争摇旗呐喊。

早在 1931 年"九·一八"事变后，欧美留学生就迅速行动起来，开展各种抗日宣传活动。10 月 15 日，留比中国学生数百人齐集日本驻比利时大使馆前示威。10 月 17 日，留英学生为日本侵占东三省发表告国人书，主张立即停止内战、对日经济绝交等，并组织反帝大同盟。1935 年 10 月，北美中国学生会举行年会，发表抗日救国宣言。12 月 9 日，《救国时报》在巴黎创刊。12 月，留美学生出版《留美学生月刊》和《抗日救国周刊》。1936 年，伦敦中华学生会、费城中国学生会、纽约学生抗日会、北美中国学生会等分别致电国内，声援"一二·九"运动。1936 年 1 月 5 日芝加哥中国留学生和华侨联合举行抗日救国示威游行。1 月 19 日，留美学生和华侨成立

"纽约全侨抗日救国会"。同日，巴黎中国留法学生和华侨成立"中华民众抗日救亡会"。3月2日，留德学生与华侨成立"旅德华侨抗日联合会"，出版《抗联会刊》。3月14日，留英学生与"世界学生保障和平自由与文化联合会"共同发起世界学生援助中国学生救国运动大会，有10个留欧中国学生团体的代表参加。4月23日，留法学生与华侨成立"旅法华侨战线大同盟"。9月20日，欧洲中国留学生和华侨在巴黎联合举行抗日救国大会，宣布成立"全欧华侨抗日联合会"。11月，中国留日学生联合会成立。同月，留英中国学生抗日救国会成立。

"七·七事变"后，他们继续进行国际宣传，以唤起国际舆论的同情和支持。在法国，以留法学生为主体的"全欧抗联"，为发动法国人民支援中国抗战做了许多工作：1938年新年之际，"全欧抗联"印发抵制日货、援助中国的法文小册子《日本侵略中国与中国人民之英勇抗战》，赠送给法国各界人士。此后，又多次组织讲演，宣传抗战的正义性。在比利时，留比学生会同欧洲其他国家的留学生利用九国公约会议在布鲁塞尔召开之机，共同展开国际宣传。在美国，1938年8月世界青年大会举行，留学欧美的学生派出14名代表参加。会上，中国代表报告了抗战以来中国青年的救亡工作，促成大会签订了一项和平协约。此外，留美学生还积极向驻美使馆了解国内抗战新闻并加以宣传，派人到美国礼拜堂去演讲，撰写系统的宣传文章等。

创办刊物是当时留学生们宣传抗战的主要途径。当时在欧美的中国留学生们创办了很多刊物。如《抗战情报》是1937年7月由德国抗联创办的小型日报；《救国周报》是1937年9月由德国抗联与柏林中国学生会创办；《抗日周刊》是1937年由华盛顿中国学生会创办的英文周刊；《远东杂志》是1937年由纽约的中国学生会创办的英文月刊；《祖国抗战情报》是1938年由全欧抗联创办的日刊。由此可以窥见海外学子的拳拳爱国之心。

由于身居欧美无法回国，海外留学生除了参与宣传、讲演等抗日活动外，就是在"守望"、在学习。"无法回国、学而为国"，是他们在国外生活的真实写照。一方面他们在"为国"而学，另一方面是在盼望，以期学成归国后为祖国作更大的贡献。钱学森、季羡林、钱三强等人，就是其中的杰出代表。

钱学森（1911—2009），浙江杭州人，1935年负笈远游美国，初到美国他就感到"在这个国家里所要学习的科学技术知识太多了"。因此，"他晨昏苦读、昼夜不倦"①，于 1936 年秋获得麻省理工学院航空硕士学位，后来转而进行理论学习。这与其父"指望儿子能学成归来，报效中国，多造飞机，抗击日寇"的初衷似乎"背道而驰"②。其实，只有钱学森最清楚自己的选择。通过后来成为他岳父的蒋百里规劝其父的谈话③，我们可知，钱学森非但没有摈弃"学而为国"的志向，反而在这一思想的促使下作出了通过理论学习进而报国的决定。他认为，当时的中国危机四伏，根本没有财力物力来试造飞机，因此更应该在理论上下功夫。从此，他便如饥似渴、废寝忘食地攀登理论的高峰，后来又和冯·卡门一起从事与世界反法西斯战争紧密相连的军事研究。第二次世界大战胜利后，钱学森受到美国空军司令阿诺德的通令嘉奖。从这个意义上看，钱学森也为世界反法西斯战争的胜利作出了贡献。

季羡林（1911—2009），山东临清人，1935 年赴德国留学。由于第二次世界大战爆发，交通隔绝，被迫在德停留 10 年。他时刻惦记着祖国："我在国内的时候，只怀念，也只可能怀念一个母亲。现在到国外来了，在我的怀念中就增添了一个祖国母亲。这种怀念在初到哥廷根的时候异常强烈。以后也没有断过。对这两位母亲的怀念，一直伴随着我度过了在德国的十年，在欧洲的十一年。"④"卢沟桥事变"发生时，季羡林留德交换期已满，但不久希特勒却发布命令：关闭国门，凡是外国人一律不准离开德国。就这样，季羡林和祖国音讯隔绝了。但是，越是联系不上祖国，他的思乡怀国之情就越强烈。他每天在炮声中忍耐，在忍耐中苦读，在苦读中进步，终于在 1941 年以 4 个优的成绩获得博士学位。"多年的夙愿终于实现了，我立即又想到自己的国和家。山川信美非吾土，漂泊天涯胡不归。"⑤ 但 1942 年德国政府为了配合日本侵华，承认了汪伪政权，这就意味着季羡林等留德学生的护照作废。在对待这一至关重要而又亟待解决的问题时，季羡林果断作出决定：

① 胡士弘：《钱学森》，中国青年出版社 1997 年版，第 128 页。
② 同上书，第 33 页。
③ 同上书，第 35—36 页。
④ 季羡林：《留德十年》，东方出版社 1992 年版，第 52 页。
⑤ 同上书，第 72 页。

到警察局去宣布自己是"无国籍者"。所谓"无国籍"就是对任何国家都没有任何义务，但同时也不受任何国家的保护。这对身处法西斯国家的季羡林来说是异常危险的，但他的爱国心决定他只能那么做，同时也可以看出他对国内伪政权的不屑。

像钱学森、季羡林这样的留学生还有钱三强等人。不赘述。

总之，全面抗战爆发后以钱学森、季羡林、钱三强等为代表的滞留欧美的中国留学生，由于严酷的战争环境成为特殊的为国而学的守望者。他们忍耐着祖国被侵略的悲痛，在战火中流离，在游离中苦学，在苦学中锻炼成材。他们虽然没有能够回国直接参加抗战，但也无可厚非，应该肯定。

四　滞留日本：民族意识的淡漠者

"卢沟桥事变"的爆发使中日最终进入全面战争状态，绝大多数留日学生再一次踏上归途参加抗战。随后国民政府停止派遣留日学生，曾经兴盛一时的留日大潮戛然而止。但是，仍有少量的中国学生滞留日本未归，同时，新沦陷区、伪"满洲国"和日据台湾的各色政权仍派出少数学生赴日留学。[①] 因为当时日本已成敌国，所以在此情况下滞留、前往日本的中国留学生，基本上属于民族意识的淡薄者。[②]

先分析抗战全面爆发后逆着归国潮赴日留学的情况。

抗战全面爆发后，在留日学生集体归国的同时，仅有 157 名留学生滞留未归。另有 277 名留学生于 1937 年 12 月至 1940 年 3 月逆流赴日留学，这其中包括：1938 年日本占领山东后，日本领事馆派遣的 6 名学生；[③] 华中方面，南京"维新政府"1939 年 9 月派遣的 37 名学生；[④] 华北方面，1938 年自费赴日的 10 名学生；[⑤] 伪"华北临时政府"1939 年派出的 224 名学生。[⑥]据战后国民政府统计，在 1940 年 3 月汪伪政权成立时，散布在日本各个大

① 受史料所限，抗战全面爆发后日据台湾的留日教育，不作论述。

② 其中也有极个别由于特殊原因滞留日本未归的留学生，如以后成为经济学家的留日学生朱绍文因参加抗日活动被东京宪兵逮捕无法归国。

③ 钟春翔：《抗战时期的山东日伪教育》，《抗日战争研究》2003 年第 1 期，第 144 页。

④ 《中华民国维新政府概史》（日文版），1940 年 3 月编，第 223 页。

⑤ 《公自费学生人数表》，华北教育总署档，全宗号 2021，案宗号 505。

⑥ ［日］安藤德器编：《北支那文化便览》，东京生活社 1939 年版，第 40—41 页。

学里的中国学生共计 434 人。①

这些滞留日本和逆流赴日的学生大多数来自华北新沦陷区。国难当头，仍滞留或前赴敌国求学，其具体原因在于：自甲午中日战争以来，特别是"九·一八事变"以后，由于日本反复挑起对中国的武装侵略和外交威胁，而又未能灭亡中国，因此使得部分留学生对日本企图灭亡中国的野心认识不够，对全面抗战能否爆发抱有疑虑，幻想暂安一时，继续求学。这使部分持观望心态的留学生未能及时归国。另一方面，那些持久未归甚至逆流前赴者，则在很大程度上受到了日本的影响，淡化了其自身的民族意识。

应当承认，日本通过明治维新成为亚洲强国后，对接纳中国留学生做了不少工作，其中有一部分人是抱着中日双赢态度的，如早稻田大学学监高田早苗说过："教育中国人不仅符合中国人的利益，也同样符合我日本之利益"，"只要诚心诚意为中国国人谋利益，其结果自然等同于为日本谋利益"②。但必须指出的是，也有一些人是抱着不可告人的目的的。③ 因此，他们不仅把对中国留学生的教育视为获得中国人信赖的一种手段，而且还期望以此来培植亲日势力，作为在中国的代理人，以有利于其侵略乃至并吞中国。

为了达到这种目的，日本帝国主义还充分利用经济诱惑这一手段，其中最恶劣的是用"庚款"补助这种已被中国政府严正拒绝了的方式，来利诱和收买中国学生。1923 年，日本国会通过了所谓"将庚款余额及解决山东悬案所得之库券及赔偿金一并移充对华文化事业之用"的法令，其实质就是在所谓的"对华文化事业"的名义下，用"庚款"大搞文化侵略。1923 年2 月 6 日，北京政府虽然与日本订立了《中日文化协定》，但实际上中国并不能自主掌握这笔赔款，庚款的处置权仍操在日本手中，而且庚款的去向也很少真正用于中国的文化事业，多数是投在了日本侵略中国的各种文化事业上。

由于该协定对中国具有赤裸裸的侵略性质，南京国民政府建立后对日

---

① 《留日学生学籍科别人数统计表及学费来源统计表》，国民政府教育部档案，中国第二历史档案馆馆藏。

② ［日］高田早苗：《关于中国人的教育》，《太阳》第 2 卷 9 号（明治三十九年六月十五日）。

③ 详见本书第 32 页。

本的"对华文化事业"持否定、反对的态度，外交部和教育部建议废止这项协定。1929 年 7 月，国民政府通令全国：私人或团体赴日参观，不得接受日本文化事业部"庚款"补助，但日本方面依旧我行我素。抗战全面爆发前后，为加强控制华北，实施"以华治华""以战养战"的策略，日本有意识地用"庚款"补助方式在华北培植一批民族意识淡薄的亲日分子。据日本外务省 1937 年 12 月调查，当时仍有 403 名中国本部学生滞留日本，其中 94 名华北伪政权派出的留学生是日本单方面"庚款"补助的接受者。[1] 抗战全面爆发后类似的经济诱惑，在那些民族意识薄弱者身上也依旧发生效用，那些滞留未归甚至逆流赴日者，就是这些民族意识薄弱者的典型。

下面再看一下伪满洲国留日学生的情况（见表 5—6）。

表 5—6   1936—1943 年伪满洲国留日学生情况

年度	留日总人数	自费人数	公费人数
1936 年	1820	1379	451
1937 年 6 月	1939		
1937 年 12 月	1844	1404	380
1938 年	1519		
1939 年	1204		
1940 年	900		
1943 年	1004		

资料来源：武强主编：《东北沦陷十四年教育史料》（第 2 辑），吉林教育出版社 1993 年版；［日］实藤惠秀：《中国人留学日本史》，谭汝谦、林启彦译，三联书店 1983 年版；延安时事问题研究会编：《抗战中的中国文化教育》，上海人民出版社 1961 年版。

由表 5—6 可见，在事变以后，伪满洲国的留日学生数量也在不断下降，这表明中国东北地区的人民仍然心系中华，关心全中国的安危。到"七·七事变"后的第六年，即 1943 年，伪满留日生人数虽然有所上升，但人数也

---

[1] 《事变前后留学生省别比较表》，伪华北临时政府教育部档案，编号 2017—179，中国第二历史档案馆馆藏。

不过 1000 人左右，远不如"七·七事变"前的规模大。不过，在全面抗战之初，伪满留日教育虽开始走向下坡路，但仍有相当规模。这是由奴化留学教育规章制度的完备、日伪的经济利诱、日本长期政治控制东北等多种原因促成的。

为配合日本军国主义对中国东北的殖民统治和皇民化教育，伪满政权在成立之初就对派遣学生留学日本一事，恬不知耻地说："为了力图达成培养人才之重大使命，与采取友邦日本，及其他各先进国家文物制度之特长起见，特派遣留学生。"① 后来，又进一步说是为了"养成将来之中坚分子，深得日满一体观之人才"②。所以，伪满政权的留日教育，其实质就是赤裸裸的汉奸奴化教育。

这种奴化留学教育制度在"九·一八事变"后已经完备，并自成体系。抗战全面爆发后，部分东北学子走向反满抗日的道路，再加上其他原因，愿意留日者减少，伪满留日教育有衰落的危险。伪满政权又出台了学席制作为补救措施，使奴化留学教育制度更趋完备，而伪满政权的相对巩固和集权，又为这些制度的贯彻提供了有利条件，使伪满学子在去留之间的选择上受到严格限制。

为维护奴化留学教育，伪满政权还对留日学生进行经济诱惑。伪满留日学生的经费来源多样，数额丰厚。根据《满洲留日学生费制调查表》（"康德"4 年 12 月末，即 1937 年）显示，当年留学补助的主要来源是"民生部"补助费和"文化事业部"补助费。据"民生部"第二十二号令第二章第十五条规定，留日学生能够受到有亲日背景的自治团体和民间团体的补给，甚至可以得到日本政府的补给;③《派遣社会教育指导之留学生》表明，社会教育指导之留学生甚至能够得到"家族津贴"。④

伪满政权为诱惑、欺骗更多的青年留学日本接受奴化教育，还对归国的留日学生予以重用，由当局一律录用，不用自谋出路。对"留学生之卒业

---

① 武强主编:《东北沦陷十四年教育史料》第 1 辑，吉林教育出版社 1989 年版，第 372 页。
② 伪满民生部:《民生年鉴》1940 年版，第 36 页。
③ 武强主编:《东北沦陷十四年教育史料》第 1 辑，吉林教育出版社 1989 年版，第 641 页。
④ 同上书，第 344 页。

时，与总务厅人事处协力斡旋，就职于诸官署或特殊会社"①。1936 年末，伪满统治下的各大城市举行了第一次留学生考试，"卒业者"全部被伪满当局及各特殊会社录用，还被授予相当职务，伪满政权各部局也任用了一批留日学生。但是这种就业有严格的限制："民生部大臣对受留学生补助费支给之留学生毕业后，得命其从事特定之职务"②，"受前项之命令者毕业后，合于其受补助费支给期间负有从事职务之义务"③。而社会教育指导"留学生归国后二年间，有听从文教大臣所任命之职务之义务"④。可见其经济诱惑和奴化限制是一体的，民族意识淡薄者难免受其经济利诱而进入奴化圈套。不过，这种别有用心的策略，随着中华民族抗战运动的兴起和胜利，也逐渐趋于破产。

因此，抗战爆发后仍滞留日本或逆流赴日的中国留学生，基本上是民族意识和国家观念的淡薄者。这也是日本军国主义政府服务于其侵华政策，对留日学生施加奴化教育、进行威逼利诱的结果。在当时他们少有明显的叛国行为，但是在战后大多数也少有作为。

另外，抗战期间还有台湾的留日学生，他们又不同于"九·一八事变"和"七·七事变"后沦陷区的留日学生。待以后论述。

综上所述，由"七·七事变"而引起的战争是一场侵略与反侵略的战争。中国留学生在此背景下被卷入其中，其主流是反对日本的武装侵略，他们在全民族的抗日战争中起到了重要的作用。他们坚持中国主权，捍卫民族尊严和领土完整的行为是正义的，并且已被历史所证明。他们抵抗日本的武装侵略，但并不反对日本人民，也不排斥日本传统文化。如在台儿庄战役胜利之后，蒋介石就提醒中国各界对日本的谴责仅止于日本军阀，决不可诽谤日本皇室和日本民族。又如八路军的聂荣臻将军在与日军的战斗之后救助日本幼女的事实，成为战争期间中国人民对日本人民友好的佳话，今天已为中日两国人民所共知。丧失民族原则和爱国立场，投降日本、沦为汉奸的留学生，只是他们当中的极少数，是"七·七事变"前后留学生群体抗日主潮

① 武强主编：《东北沦陷十四年教育史料》第 2 辑，吉林教育出版社 1993 年版，第 213 页。
② 武强主编：《东北沦陷十四年教育史料》第 1 辑，吉林教育出版社 1989 年版，第 642 页。
③ 同上。
④ 同上书，第 344 页。

中的逆流。他们不能代表留学生群体，更不能代表中华民族和中国人民。他们不仅是留学生群体中的败类，也是中华民族的败类。他们的所作所为与中华民族的利益是背道而驰的，日本帝国主义企图利用中国留日学生以控制中国的目的最终也没有能够得逞。在战后，这些留学生当中的败类理所当然地受到中国司法机关的审判和人民的唾弃。

第三节　战时高校内迁与留学生群体的
文化传承和科学研究

近代以来，日本一直推行侵略扩张的政策，在发动"九·一八事变"，侵占我国东北地区以后，更一步一步把侵略的魔爪伸向华北、华东，特别是"卢沟桥事变"之后，更疯狂地向中国发动了全面进攻，河北、山西、山东、河南等地相继沦陷。沿海的华东地区特别是中国最富庶的宁沪杭地区，也是当时中国的政治、经济中心，随时都有可能陷入日军的炮火之中。为保护中国的经济文化命脉，中国政府作出了西迁沿海地区工厂和高校的重大决策。以西南联大为代表的战时高校，以弘扬中华民族精神和文化传统为己任，坚定抗战必胜信念，万众一心，历经千难万险，不但迁校于中国西部复学，而且在十分险恶的环境和极端困难的条件下，弘扬中国优秀的传统文明，传播现代科学文化和自由民主观念，培养文化学术英才，为传统文化的传承和民族精神的光大作出了不朽贡献，创造了中国现代教育史和文化史的奇迹。作为西迁高校主要师资和中坚的留学生群体，在此过程中立下了不朽的殊勋。

一　留学生群体与战时高校内迁

由于历史发展的原因和地理因素，中国近代的工业设施、高等教育机构多集中于华北、华南、长江中下游及东部沿海地区。战前，全国符合工厂法规定标准即有动力或 30 名以上工人的工厂总数为 3935 家，其中分布于冀、鲁、苏、浙、闽、粤及天津、威海卫、青岛、上海四市的 2998 家，占总数的 76%，而居于长江下游三角洲地带苏、浙、沪三个省市的竟达 2336 家，占总数的 59%。仅上海一市即有 1235 家，达总数的 31%。① 当时，中国的高等院校共有大学 42 所、独立学院 34 所、专科学校 32 所，共计 108 所。② 其中北京 16 所、天津 7 所、上海 27 所、南京 5 所、广州 8 所、杭州 4 所、苏州 3 所、无锡 2 所、南通 1 所、安徽 1 所，③ 约占当时中国高校总数的 72%。也就是说，上述地区为全国经济、教育精华萃集之地，对中国的经济发展、文化传统影响甚大，实为中国存亡继绝之要地，也是日本侵略者的馋涎欲滴觊觎之地。

　　为了达到长期侵占中国的目的，日本不仅疯狂地破坏、掠夺中国的矿产资源，还残暴地"摧毁我教育及文化机关，欲以消灭我固有之文化"④。如著名的私立南开大学就首先遭受了日军的轰炸和破坏。据《申报》1937 年 7 月 30 日报道："二十九日下午津战甚烈，飞机四出到处轰炸，声震屋瓦，以市府警察局、南开大学、东总两车站等处为尤甚。现二十九日下午一时许，有轰炸机四架，飞河北在市府上空任意投弹，甚有炸弹八枚同时下降者，办公房舍多被炸毁，同时有两架到八里台南开大学投弹，该校秀山堂及图书馆已成灰烬。"⑤ 直至 8 月 1 日报道："现仍有大批保安队盘踞其中，日方拟投弹轰炸之，但因阴雨未果……邮局人员今晨已恢复工作，南开大学已成瓦砾场，今晨火犹未息。"⑥ 另据美国记者爱泼斯坦（I. Epstein）的记录："日本人轰炸了南开大学。他们的飞机一队队飞到南开的上空，飞得很低，简直是把炸弹放在校园。那座辉煌的图书馆和内部藏书，连同其他建筑毁于一旦。轰炸以后，日本士兵拿着稻草和汽油赶到现场，把没有炸掉的东西全部放火烧掉。"⑦

---

　　① 齐植璐：《抗战时期工矿内迁与官僚资本的掠夺》，见中国人民政治协商会议全国委员会文史资料研究委员会编《工商经济史料丛刊》第 2 辑，文史资料出版社 1983 年版，第 63 页。

　　② 《抗战时期的中国教育》（1937—1945 年），见中国第二历史档案馆编《中华民国史档案资料汇编》第 5 辑 第 2 编《教育》（一），江苏古籍出版社 1997 年版，第 301 页。

　　③ 侯德础：《抗日战争时期中国高校内迁史略》，四川教育出版社 2001 年版，第 32—34 页。

　　④ 《抗战时期的中国教育》（1937—1945 年），见中国第二历史档案馆编《中华民国史档案资料汇编》第 5 辑 第 2 编《教育》（一），江苏古籍出版社 1997 年版，第 299 页。

　　⑤ 《南开损失奇重》，《申报》1937 年 7 月 30 日。

　　⑥ 《日军进袭琉璃河站经击退后日援兵开到在对峙中津总站东站稠密区域亦遭炮轰京高级官员对日军暴行极愤慨目前沉寂为暴风雨前暂时宁静》，《申报》1937 年 8 月 1 日。

　　⑦ 〔美〕爱泼斯坦：《人民之战》，贾宗谊译，新华出版社 1991 年版，第 44 页。

　　有鉴于此，为了避免中国的民族工业和高等教育事业遭受日寇的毁灭，保全国家的经济命脉，延续中华文明的血脉传承，南京政府作出了内迁沿海地区工厂和高校的一系列重大决定。"卢沟桥事变"不久，国民政府资源委员会主任钱昌照即提出政府资助拆迁上海主要民营工厂到后方。1937 年 8 月，成立了上海工厂联合拆迁委员会。从此，中国开始了历史上空前的大规模的工厂西迁，从而打破了日本帝国主义企图侵占我国经济发达地区进而迫使中国屈服的幻想，为中国的持久抗战提供了有力的经济保障。与此同时，南京政府紧急部署京津宁沪杭等地的高校内迁。1937 年 8 月，相继颁发《总动员时督导教育工作办法纲要》《战区内学校处置办法》，要求非战区的学校尽量收容沦陷区的学生，做好学校转移等应急准备。[①] 9 月 29 日，教育部发布《战事发生前后教育部对各级学校之措置总说明》，正式作出高校内迁的明确指示。

　　由于战事紧急，国民政府除尽力指导、安排高校西迁外，还于 1938 年 2 月在汉口成立全国战时教育协会，负责统筹各地高校的迁建工作。该会的宗旨是负责全国战时教育运动，并联合国际教育界，发起反侵略的活动，受托负责沦陷区学校的内迁事宜。其主要成员常务理事、理事大都有留学背景，具体情况如下[②]：

　　常务理事：陈礼江（留美）、陈时（留日）、叶溯中、张申府（留法、德）、蒋建白、白桃、朱启贤（留美）（兼总干事）、陈东原（留美）、王卓然（留美）。

　　理事：吴俊升（留法）、孔庚（留日）、邰爽秋（留美）、杨亮功（留美）、俞庆棠（留美）、季平、尚仲衣（留美）、何兹全（留日）、张西曼（留苏）、王洞若、张宗麟、杜佐周（留美）、张北海、李燕（留美）、黎锦熙、何思源（留德、法）、姜琦（留日）、范文澜（留日）、李建勋、杨东莼（留日）、顾颉刚、范寿康（留日）。

---

　　① 《战区内学校处置办法》（1937 年 8 月 19 日），见中国第二历史档案馆编《中华民国史档案资料汇编》第 5 辑第 2 编《教育》（一），江苏古籍出版社 1997 年版，第 3 页。

　　② 《朱启贤等为组织全国战时教育协会报送会章等补行备案呈与中央社会部指令》（1938 年 11 月—1939 年 7 月），见中国第二历史档案馆编《中华民国史档案资料汇编》第 5 辑 第 2 编《教育》（二），江苏古籍出版社 1997 年版，第 699—701 页。

由上可知，在 31 位理事和常务理事中具有留学经历者至少 21 人，占总数的 65%。他们"努力于战时教育之设计、研究、宣传与推行"[1]，为战时高校的内迁做了大量的工作。

尤其需要强调的是，各校校长都对学校的内迁、发展付出了巨大努力甚至牺牲。下面是该时期各国立高校校长（包括内迁或原在大后方）的具体情况：

表 5—7　　　　　　　　　　**战时国立大学[2]及校长名单**

学校名称	内迁校址	校长及留学国别
西南联大	云南昆明	蒋梦麟（留美）、梅贻琦（留美）、张伯苓（考察美、日）
中央大学	重庆沙坪坝	罗家伦（留美、英）
西北大学	陕西城固	胡庶华（留德）、赖琏（留美）、刘季洪（留美）
中山大学	广东坪石	许崇清（留日）、邹鲁（留日）、张云（留法）、金曾澄（留日）
交通大学	重庆、贵州平越	黎照寰（留美）
同济大学	四川南溪	赵士卿（留德）、周均时（留德）、丁文渊（留德）、徐诵明（留日）
暨南大学	福建建阳	何炳松（留美）
武汉大学	四川乐山	王星拱（留英）
东北大学	四川三台	臧启芳（留美）
浙江大学	贵州遵义、湄潭	竺可桢（留美）
四川大学	四川成都	张颐（留美）、程天放（留美）、黄季陆（留美）
湖南大学	湖南辰溪	胡庶华（留德）、皮宗石（留日、英）、李毓尧（留英）
云南大学	云南昆明	熊庆来（留比、法）
厦门大学	福建长汀	萨本栋（留美）
广西大学	广西桂林	马君武（留日、德）、黄旭初（留日）、白鹏飞（留日）、雷沛鸿（留美）、高阳（留美）
中正大学	江西泰和	胡先骕（留美）

①　《朱启贤等为组织全国战时教育协会报送会章等补行备案呈与中央社会部指令》（1938 年 11 月—1939 年 7 月），见中国第二历史档案馆编《中华民国史档案资料汇编》第 5 辑 第 2 编《教育》（二），江苏古籍出版社 1997 年版，第 694 页。

②　指直属于教育部，经费来源于国库，由中央负责与宏观管理的综合性大学。综合性国立大学代表了当时中国高等教育的最高水平。西南联大由北京大学、清华大学和南开大学组成，其中南开大学为私立大学。西南联大不设校长，原三校的校长组成了管理联大的常委。

续表

学校名称	内迁校址	校长及留学国别
河南大学	河南嵩县	张仲鲁（留美）、刘季洪（留美）、王广庆（留日）
复旦大学	重庆北碚	钱新之（留日）、吴南轩（留美）、章益（留美）
贵州大学	贵州贵阳	张廷休（留英、德）
重庆大学	重庆沙坪坝	胡庶华（留德）、叶元龙（留美）、张洪沅（留美）
山西大学	山西宜川	冯纶（留日）、阎锡山（留日）、王怀明（留美）
英士大学	江西泰顺	吴南轩（留美）、杜左周（留美）

资料来源：上述高校目前的网站、校史；上述人物的传记；周棉主编：《中国留学生大辞典》，南京大学出版社 1997 年版。

由上表可知，在战时担任过各国立大学校长的 48 人中，几乎全部都有留学经历，表明该时期国立各大学的掌舵者都是归国留学生出身的教育家：上述大学中，原在大后方没有迁移的大学实际上只有云南大学、四川大学、广西大学、贵州大学和重庆大学等 5 所。也就是说，当时几乎所有的国立大学都参加了西迁。

这些留学生出身的校长们，以民族、国家利益为重，审时度势，不畏艰难，带领本校的教职员工和学生，在漫天的烽火中，开始了中国教育史上最悲壮、艰辛而又漫长的大迁移。如中央大学校长罗家伦，未雨绸缪，在"八·一三事变"的炮火中，在教育部还没有明确下达迁移命令时，就不顾外界的误解，顶住部分教职工的压力，较早地确定了内迁计划，迅速选定内迁地点，最先迁校，到达重庆，使中央大学成为内迁高校中损失最小的国立大学。厦门大学则在校长萨本栋的带领下，选择在福建西部山区的长汀办学，没有长途跋涉，迁移一次，所受损失少，为厦大创造了良好的办学环境。

实际上，就整个西迁的高校来看，像中央大学和厦门大学这样早迁移、巧搬迁、损失较小的高校实属侥幸。由于日军进攻的疯狂和西迁条件的限制，绝大多数高校都是辗转数省，多次搬迁，其艰难程度也就不知要大多少倍。如北平大学、北平师范大学与天津的北洋工学院三校，首迁西安，组成西安临时大学，后又迁至陕西南郑，更名为西北联合大学。中山大学首迁广东罗定，又迁云南澄江，再迁返广东坪石。交通大学唐山工程学院初迁湖南湘潭，二迁湘乡，三迁贵州平越，四迁四川璧山，等等。据统计，迁校 4 次以上的高校约有 19 所，迁校二三次的更是占绝大多数。① 如同济大学的西迁最为曲折，首由吴淞迁入上海市区，二迁浙江金华，三迁江西赣州，四迁广西贺县八步，五迁云南昆明，六迁四川南溪。在此过程中，留学生出身的校长们"身先士卒"，表现出了高尚的民族气节和个人品德。如浙江大学在校长竺可桢的带领下，两年间 5 次搬迁，历经无数艰辛，途径浙、赣、湘、桂、黔 5 省，行程 5000 余里。尤其令人感动的是，内迁期间竺可桢痛失爱妻幼子，仍坚守岗位，与师生同甘共苦，最终到达贵州。

作为知识精英的大学教授们，很多都具有留学海外的经历，在国难面前更是展现出刚毅坚卓的品格。他们师生一致，共赴国难，积极配合和参与高校的内迁。1937 年 8 月，奉教育部指示，由北京大学、清华大学、南开大学迁至湖南长沙组成的临时大学，不久又再次西迁昆明。1938 年 2 月 20 日，由闻一多、曾昭抡、黄钰生、李继侗、袁复礼、许维遹、李嘉言、王钟山、毛应斗、郭海峰、吴征镒等 11 名留学生出身的教授和 244 名学生共同组成的"湘黔滇步行团"（后改为旅行团），踏上了西迁的征途。他们出发前在长沙圣经学校门前集体宣誓，自比"历史上的张骞通西域，玄奘游大竺，郑和下西洋"，"学生们豪气横生"②。此次行程 1671 公里，历时 68 天，于 4 月 28 日抵达昆明，在中国教育史上谱写了光辉的一章。此外，陈岱孙、朱自清、冯友兰、郑昕、钱穆等十余位教授，则经桂林、柳州、南宁，从镇南关取道河内转乘滇越铁路火车赴昆明。哲学家、哥伦比亚大学博士冯友兰在途中手臂不慎被刮伤骨折，仍然无所畏惧地前行。

正是由于有这样一批校长和教师，正是由于中华民族的万众一心，西迁的高校虽然经历了极大的灾难，但是，他们都以顽强的精神，历时三年，到达了比较安全的中国西部后方，续写复学后新的篇章。留学生出身的校长和教授们在西迁过程中的贡献，他们表现出来的精神和气节，将永远保留在中华民族的史册上！

---

① 徐国利：《抗战时期高校内迁概述》，《天津师范大学学报》（社会科学版）1996 年第 1 期，第 61 页。

② 刘克选、方明东主编：《北大与清华 中国两所著名高等学府的历史与风格》（上），国家行政学院出版社 2011 年版，第 172 页。

二　留学生群体的文化传承与科学研究

抗战初期中国高校成功的西迁，意义极其重大。中国的高等教育事业虽然因为日军侵华遭受了空前的劫难，但是，由于西迁，中华民族的文化教育根基免遭摧毁，中国高等教育的精华和血脉得以保存延续。西迁后的高校在以重庆、昆明为中心的西南地区，在以桂北粤西湘西、湘南粤北为中心的中南南部山区，在以浙西、浙南、赣南、闽西等为中心的华东南部丘陵地区，在以关中、陕南为中心的西北地区，在战时极其艰难的环境里开始了新的教育征程。到1940年，无论是学校数量，还是在校学生数量，都超过战前的1936年。抗战胜利后的1946年，与1936年相比都增加2倍。[①]这不能不说是一个巨大的奇迹。

战时高校的顽强发展，从宏观上讲，这与当时国民政府"抗战与建国"并举的战略决策有关，与战时教育部对教育的高度重视有关。具体而言，则与广大坚守在教育领域的校长和教授们的奉献有关，是他们在国难当头之际，高瞻远瞩，坚持"抗战兴学"，把中国传统文化的传承作为抗战胜利、民族复兴的使命。如中央大学校长罗家伦就说过这样的名言："我们抗战，是武力对武力，教育对教育，大学对大学，中央大学抗日的对象就是敌人的东京帝国大学。"[②]

应该说，罗家伦的看法并不属于他个人，也并不仅仅属于中央大学，而是反映了当时整个以留学生群体为代表的教育界、大学校长们和教师们、教授们的普遍看法。也正因为有这种共识，他们才能众志成城，披肝沥胆，弘扬民族精神，传承民族优秀文化，开展科学研究，教书育人，创造了不仅在中国教育史上，而且是人类教育史上的奇迹。例如，到1946年抗战胜利复校回杭时，浙江大学已"从原来的文理、工、农三个学院16个学系发展到文理、工、农、师、法、医7个学院25个学系，10个研究所"[③]。浙大也因

---

① 详见国民政府教育部教育年鉴编纂委员会编《第二次中国教育年鉴》，商务印书馆1948年版，第1400页。

② 罗家伦：《对中大的期望》，见（台北）国史馆等汇编《罗家伦先生文存》第5册，（台北）国史馆1976年版，第388页。

③ 浙江大学校史编写组：《浙江大学简史》，浙江大学出版社1996年版，第151—152页。

此获得了"东方剑桥"的美誉。

在战时高校中，影响最大最深远的莫过于由国立北京大学、国立清华大学和私立南开大学组成的西南联合大学，简称西南联大。1937 年 8 月，此三校最先以国立长沙临时大学的名义在长沙组建，1938 年初再迁昆明，改称西南联合大学。1946 年秋，在抗战胜利一年后，三校各自返回平津复校。西南联大的师资队伍具有极为鲜明的留学出身背景。图 5—1、图 5—2、表5—8 可以充分说明联大的教师阵容基本上由一批学贯中西的新型知识分子组成。其中，留学生出身的教师占了很大的比例，又以留美出身者居多。

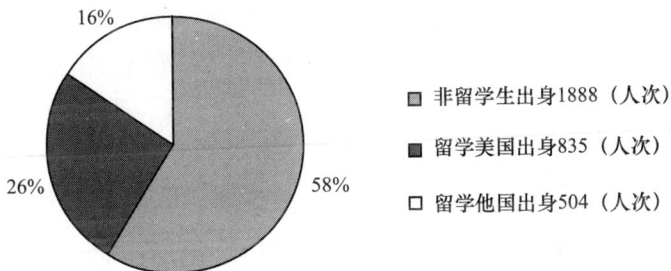

16%

26%

58%

■ 非留学生出身1888（人次）

■ 留学美国出身835（人次）

□ 留学他国出身504（人次）

图 5—1 西南联大教师出身对照

注：需要说明的是，这里统计的是 1940 年、1942 年、1943 年、1944 年四年中中文系等 18 个系教授、副教授的出身情况，不包括管理人员和师范学院的教授、副教授的出身情况。

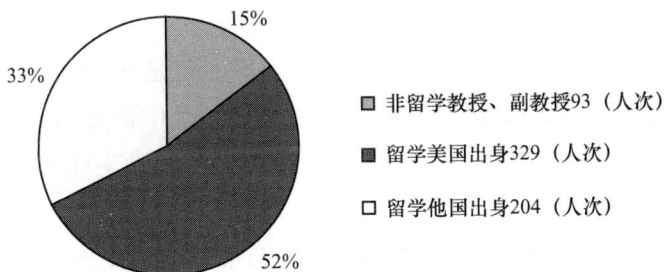

15%

33%

52%

■ 非留学教授、副教授93（人次）

■ 留学美国出身329（人次）

□ 留学他国出身204（人次）

图 5—2 西南联大教授、副教授出身

注：1937—1940，1942—1946 年数据，缺少 1941 年数据。

图 5—1、图 5—2 均为张慕洋博士编制。

表5—8 西南联大教授副教授出身构成

年度	教授副教授总数	留学生出身人数	所占比例（%）	留美出身人数	占教授副教授总数比例（%）	占留学生出身人数比例（%）
1940	168	136	81	90	54	66
1942	142	137	96	83	58	61
1943	155	123	79	73	47	59
1944	161	137	85	83	52	61

西南联大荟萃了北大、清华和南开三所著名大学的知名学者，人才济济、群星灿烂，人文社会科学方面有陈寅恪、刘文典、闻一多、朱自清、罗常培、王力、叶公超、柳无忌、吴宓、钱钟书、朱光潜、雷海宗、钱穆、张荫麟、傅斯年、郑天挺、冯友兰、汤用彤、金岳霖、沈有鼎、贺麟、熊十力、张奚若、罗隆基、钱端升、浦薛凤、陈岱孙、赵乃抟、伍启元、周炳琳、燕树棠、罗文干、陈序经、潘光旦、李景汉、吴泽霖、费孝通等；自然科学方面则有姜立夫、饶毓泰、吴有训、叶企孙、曾昭抡、黄子卿、李继侗、王竹溪、吴大猷、华罗庚、陈省身、周培源等。他们都是抗战期间中国第一流的人文社会科学和自然科学学者，兼通中西、学养深厚，很多还是中国近代社会科学、自然科学和工程技术学科的开创者及奠基人。由以上学术界的精英人物为主体组成了20世纪40年代中国高等学府中阵容庞大、令人仰慕的名家方阵。

1948年，中央研究院选出院士81人，其中曾是西南联大教师的有26人，占院士总数的32%，全部具有留学生身份。其中留美出身21人，占西南联大当选院士总数的81%；留学他国出身5人，占西南联大当选院士总数的19%（见图5—3）。

众所周知，教师特别是教授的水平如何在很大程度上决定一所大学的教学水平和人才培养质量。浙江大学校长竺可桢说过："一个学校实施教育的要素，最重要的不外乎教授人选，图书仪器设备和校舍建筑三者。这三者中，教授人才的充实最为重要。"[①] 著名教育家梅贻琦在1931年就任清华大

① 贵州省遵义地区地方志编委会编：《浙江大学在遵义》，浙江大学出版社1990年版，第23页。

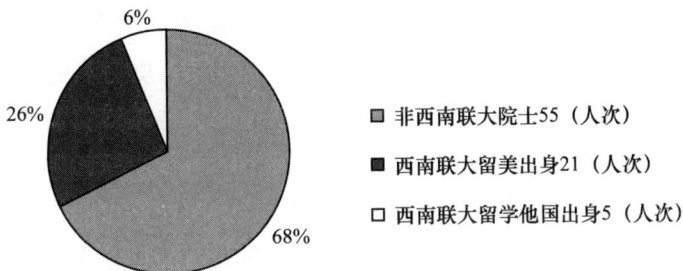

6%

26%

68%

■ 非西南联大院士55（人次）

■ 西南联大留美出身21（人次）

□ 西南联大留学他国出身5（人次）

图5—3　1948年中央研究院首届院士出身

注：图5—3为张幕洋博士编制。

学校长的演讲中说："一个大学之所以为大学，全在于有没有好教授……所谓大学者，非谓有大楼之谓也，有大师之谓也。"执掌西南联大后，他反复强调："师资为大学第一要素，吾人知之甚切，故亦图之至亟也。"① 由以上数据不难看出，学贯中西的留学生出身的教师构成了西南联大教师的主体，其中又以留美生为核心，大师级的教授极一时之冠。这为西南联大成为国难深重时期中国文化教育的"干城"奠定了无与伦比的基础。

严格的国学训练和系统的西方教育，使西南联大以留美生为核心的教授群体具有融会中西文化的优势，在他们身上表现出通过整合中西文化建设中国新文化的高度自觉和主体意识。长期主持校务的梅贻琦先生早在1931年即提出："我们做教师做学生的，最好最切实的救国方法，就是致力学术，造成有用人才，将来为国家服务。"② 哲学心理学系教授贺麟曾在美国奥柏林大学、哈佛大学学习西方哲学，获得硕士学位，后又到德国柏林大学研读德国古典哲学，是新儒家的代表人物之一。他在1938年发表的《抗战建国与学术建国》中提出："一个民族的复兴，即是那一民族学术文化的复兴。一个国家的建国，本质上必是一个创进的学术文化的建国。"因此，抗战建国就是学术建国，以弘扬民族精神、更新民族文化为宗旨的学术研究即是文化精神的抗战，是以"学治"战胜"力治"，所以知识分子群体"在抗战期间每一个人生活中的一鳞一爪、工作上的一痕一迹、意识上的一思一感，都

---

① 梅贻琦：《中国的大学》，北京理工大学出版社2012年版，第58页。

② 梅贻琦：《梅贻琦谈教育》，辽宁人民出版社2015年版，第8页。

特别具有深远的意义"①。历史学系教授雷海宗在清华学校毕业后留学美国，在芝加哥大学获得文学学士学位，又入该校研究院历史学研究所获得博士学位，是抗战时期活跃于大后方的战国策派的领军人物。他运用德国历史学家斯宾格勒的文化形态史观，创造性地提出了中国文化周期说，论证了中国文化在历史演进中具有超乎寻常的独立性和生命力，指出中国文化不仅"独具二周"，在抗战中如吸收"列国酵素"、"抛弃大一统型的骄态与执见"，就发展成为"最活跃、最灿烂、最紧张而最富创作"②的新文化，进入第三个文化生命周期。

西南联大以留学生为核心的教授群体怀着强烈的文化自信心和崇高的历史使命感，以学术教育救国、复兴民族文化这一深沉的书生报国方式，在残酷的战争环境中坚守、奋斗、抗争，为中华传统文化的传承和民族精神的光大作出了不朽的贡献。联大教授的科研水平在国民政府教育部举办的历次学术评奖中得到了充分展示。1941—1945 年，教育部连续举办了五届学术评奖活动，③西南联大教师科研成果参加 1941—1943 年、1945 年四届的学术评奖获奖情况如表 5—9、图 5—4 所示。

表 5—9　　　　　　　　　　西南联大教师获（教育部）奖情况

年份	姓名	获奖作品	等级	留学背景
第一届 1941 年	冯友兰	《新理学》	一	美
	华罗庚	《堆垒素数论》	一	英、美
	金岳霖	《论道》	二	美
	许宝騄	《数理统计论文》	三	英、美
第二届 1942 年	周培源	《湍流论》	一	美
	吴大猷	《多原子分子振动光谱与结构》	一	美
	钟开莱	《对于概率论与数论之贡献》	二	美

---

① 贺麟：《文化与人生》，商务印书馆 1988 年版，第 2 页。

② 雷海宗：《历史的形态——文化历程的讨论》，《大公报》（重庆版）1942 年 2 月 4 日"战国副刊"。

③ 详见国民政府教育部教育年鉴编纂委员会编《第二次中国教育年鉴》，商务印书馆 1948 年版，第 866—872 页。

续表

年份	姓名	获奖作品	等级	留学背景
第二届 1942 年	孙云铸	《中国古生代地层之划分》	二	德
	李谟炽	《公路研究》	二	美
	王　力	《中国语法理论》	三	法
	张印堂	《滇缅铁路沿线经济地理》	三	英
	冯景兰	《川滇铜矿纪要》	三	美
	费孝通	《禄村农田》	三	英
第三届 1943 年	陈寅恪	《唐代政治史述论稿》	一	西欧、美
	汤用彤	《汉魏两晋南北朝佛教史》	二	美
	闻一多	《楚辞校补》	二	美
	王竹溪	《热学问题之研究》	二	英
	张青莲	《重水之研究》	二	德
	赵九章	《大气天气之涡旋运动》	二	德
	郑天挺	《发羌之地望与对音》	三	
	高华年	《昆明核桃等村土语研究》	三	
	张清常	《中国上古音乐史论丛》	三	
	阴法鲁	《先汉乐律初探》	三	
第五届 1945 年	马大猷	《建筑中声音之涨落现象》	二	美
	蔡方荫	《用求面积法计算变梁之弯曲恒数》	二	美
	崔书琴	《三民主义新论》	三	美
	阴法鲁	《唐宋大曲之来源及其组织》	三	

资料来源：西南联合大学北京校友会编：《国立西南联合大学校史》，北京大学出版社 2006 年版，第 395—396、401、405—406、424 页；周棉主编：《中国留学生大辞典》，南京大学出版社 1999 年版；徐友春主编：《民国人物大辞典》，河北人民出版社 1991 年版。

可见，西南联大获奖教师中具有留学生出身的占了 81%，其中具有留美经历的教师则占了获奖总数的 55%。西南联大具有留学出身的教授代表性著作主要如下。

文学院院长、哲学家冯友兰先生著《贞元六书》。冯友兰留学美国，在哥伦比亚大学研究院攻读哲学，获得哲学博士学位后归国。在抗战时期艰苦的情况下著《贞元六书》，建立了自己恢弘的哲学体系。其第一本《新理

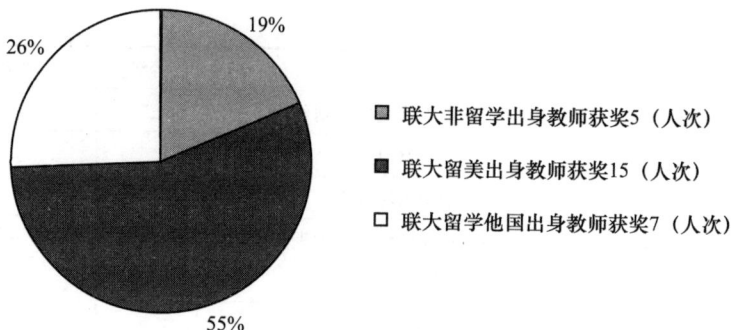

图5—4　西南联大教师获教育部奖励比例

注：此表为张慕洋博士编制。

学》写于南渡之际，最后一本《新知言》则成于北返途中。冯友兰公开表明自己写作《贞元六书》之目的，就是通过民族文化的传播和创造来维系民族文化血脉，进行学术救国。在《新原人》"序言"中他写道："'为天地立心，为生民立命，为往圣继绝学，为万世开太平'，此哲学家所应自期许者也。"他还解释书名说："所谓'贞元之际'，就是说，抗战时期是中华民族复兴的时期。""历史上有过晋、宋、明三朝的南渡。南渡的人都没有能活着回来的。可是这次抗日战争，中国一定要胜利，中华民族一定要复兴，这次'南渡'的人一定要活着回来。这就叫'贞下起元'。这个时期就叫'贞元之际'。"① 这番文字不仅表现了冯友兰先生宏大的个人抱负，也反映了他通过哲学致力民生、传承中华文明的历史使命感。

历史学系教授陈寅恪著《隋唐制度渊源略论稿》和《唐代政治史述论稿》。陈寅恪教授堪称联大教授群的代表，其家学不仅有中国传统的文化积淀，还有进步的维新精神。从1902年东渡日本留学开始，他先后到德国柏林大学、瑞士苏黎世大学、法国巴黎高等政治学校就读，后来又曾在美国哈佛大学、德国柏林大学学习多种东方文字，打下了常人难以具备的中西文化基础，故其治学风格和学术见解尤为国内外学人所推重。早在1929年所作的《清华大学王观堂先生纪念碑铭》中，他就提出"独立之精神，自由之

---

① 冯友兰：《三松堂自序》，人民出版社1998年版，第263页。

思想"① 为学术精神与价值之取向。他还满怀深沉的民族文化情感，指出保持中国学术的独立地位"实系吾民族精神上生死一大事者"②。在联大期间他写出了《隋唐制度渊源略论稿》和《唐代政治史述论稿》这两部学术价值极高的传世之作，多次强调区分民族的标准不是种族而是文化。只要民族文化不湮灭，中华民族就不会灭亡。

国文系教授闻一多在教师中生活最艰苦，学术成就也很大，写出了《神话与诗》《周易义证类纂》《楚辞校补》《尔雅新义》《庄子内篇校释》等著作，目光犀利、考索翔实，显示了一个留美学者深厚的国学功底。如《神话与诗》并不囿于传统的方法，而是从多学科、多角度进行综合研究，把研究中国神话学传统的考据方法和西方的现代"理性"精神结合起来，把诗歌与神话中一些看似孤立的意象串联起来，把散漫的神话片段还原成先民的生活画卷，从而在中国古典文学研究领域开辟出了一条新的道路。

值得特别提出的是，自然科学研究需要借助必要的设备仪器，而西南联大的实验条件极为简陋，许多教学仪器未能顺利内迁，更因战时物价上涨，设备很难添置。但是，正如西南联大的学生、著名科学家朱光亚所说："西南联大在科学研究工作上也做出了令人注目的成绩，在国内外各类学术期刊上发表论文数百篇，出版了若干很有影响的学术专著，而且师生们还结合社会需要，包括抗战的需要，进行工程技术和其他应用学科的研究或调查研究，取得不少成果。"③ 例如留美博士、物理系教授周培源的《湍流论》，留美博士、物理系教授吴大猷的《多原子分子震动光谱与结构》，留英的数学系教授华罗庚的《堆垒素数论》等成果，都接近当时的世界先进水平，这是相当不容易的。为了开展科研，教师往往自制仪器。化学系做实验没有烘箱，就用饼干箱替代；没有电炉设备，就用泥土炉子烧木炭代替；买不到双氧水、盐酸，就自行配制。1942 年吴大猷托人由美国带回一具低压贡弧灯，在一所泥地泥墙的房子里拼凑成一个最原始的分光仪，试着做一些"拉曼效

① 陈寅恪：《清华大学王观堂先生纪念碑铭》，见刘桂生、张步洲编《陈寅恪学术文化随笔》，中国青年出版社 1996 年版，第 9 页。

② 陈寅恪：《吾国学术之现状及清华之职责》，见《金明馆丛稿二编》，三联书店 2001 年版，第 363 页。

③ 《清华校友通讯》复 36 期，清华大学出版社 1996 年版，第 129 页。

应工作"①。1943 年 3 月汉学家李约瑟博士应邀讲学，在谈及这次访问时说："在这个生气勃勃的重要的科学研究机构，给访问者留下的主要印象是，中国科学工作者坚持在他们国家边远地区所表现出来的非常坚韧不拔的精神和勇气，和他们身处逆境之中所显示的非凡的乐观，甚至是愉悦。"②

西南联大的人才培养更是成绩斐然。落户昆明后，尽管生存条件和工作境遇极端恶劣，但教授群体安贫乐道、孜孜以求，以开放超前的教育理念，既弘扬中国传统文化学术，也传播西方现代科学，以育天下英才为乐事。

梅贻琦校长在一篇文章中写道："敌机更番来袭，校舍被炸之下，弦诵之声，未尝一日或辍，此皆因师生怵于非常时期教学事业即所以树建国之基，故对于个人职守不容稍懈也。"③ 曾赴英国皇家学院和伦敦大学学习语言学和英国文学的朱自清教授一次身患痢疾，批改一宿作文，竟腹泻 30 余次，第二天仍强支病体匆匆赶去上课。④ 清华学校毕业后赴美留学的外文系教授吴宓，初入弗吉尼亚大学，后转入哈佛大学比较文学系，获得硕士学位。曾以休假机会在英国牛津大学研究，又到欧洲各国游历，但"备课极为认真，每讲授一次欧洲文学史，总要尽力重读他已十分熟悉的从荷马史诗，直到莎士比亚、塞万提斯的原著"⑤。为躲避空袭，联大校舍极为分散。家住昆明北门外岗头村的吴大猷教授，"为了同学学习效果好，从不采取连续数小时集中讲授方式，一门 3 学分课程必按每周三次来校授课，不辞数小时辛苦跋涉，并视为当然"⑥，为此，他早上要五点多出门，花一个小时步行到学校。1926 年，获得哈佛大学哲学博士学位的经济学家陈岱孙先生，执教清华 25 载，强调治学如筑塔，重视基础，治学极其严格，时间掌握准确，为全校第一。上课前一两分钟他已站在黑板前，上课铃响，就开始讲课，讲完最后一句话，恰恰是一个段落结束，下课铃也响了。他讲课不念讲稿，出口成章，条理清晰，没有废话，听课者只要手头勤快，记下笔记，这一节课

①　吴大猷：《回忆》，中国友谊出版公司 1984 年版，第 34 页。

②　转引自［美］易社强《抗日战争中的西南联合大学》，曾景忠、符致光译，《抗日战争研究》1997 年第 1 期，第 205 页。

③　梅贻琦：《梅贻琦谈教育》，辽宁人民出版社 2015 年版，第 80 页。

④　季镇淮：《朱自清年谱》，《朱自清文集》第一卷，江苏人民出版社 1978 年版，第 66 页。

⑤　西南联合大学北京校友会编：《国立西南联合大学校史》，北京大学出版社 1996 年版，第 71 页。

⑥　同上。

就是完整的一章一节教科书的一部分。他的考试也非同一般。他在经济系开过《财政学》课程，有一次学年考试，考题是"假如我是财政部长"。这个题目实质上等于对《财政学》课程的全面测试，不光考记诵，还要考联系实际的措施。由此可见其一代大师的教学风范。

朱自清、吴宓、吴大猷、陈岱孙这样的名师、大师，在异常艰难困苦的战时条件下，认真践行"刚毅坚卓"的联大精神，坚守学术研究阵地、辛勤耕耘三尺讲台，培养了大批国际知名学者和许多为人类社会作出多种贡献的杰出人才，创造了中国战时高等教育的奇迹。八年中，联大入校的学生有8000余人，毕业生2522人。其中许多人都成为振兴中华的英杰，还有约1000人在海外成为教育科学领域的佼佼者。其中就有后来获得诺贝尔物理学奖的杨振宁、李政道。杨振宁回忆："联大的生活为我提供了学习和成长的机会。我在物理学里的爱憎主要是在该大学度过的6年时间里（1938—1944）培养起来的。诚然，后来我在芝加哥接触了前沿的研究课题，并特别受到费米（E. Fermi）教授风格的影响。但我对物理学中某些方面的偏爱则是在昆明的岁月里形成的。"[①] 此外，还有"两弹元勋"邓稼先，核武器专家朱光亚，著名半导体专家、国家科技奖获得者黄昆，著名气象学家、国家科技奖获得者叶笃正，创建三元流动通用理论的气动热力学家吴仲华，中国卫星总设计师王希季，中国中远程火箭总设计师屠守锷，著名化学家唐敖庆，数学家孙本旺，物理学家胡宁，医学家黄家驷、汪德熙、张炳熹、洪朝生，数理逻辑学家王浩，在美国最早参加电子计算机开发的专家陈同章，享誉美国的政治学家邹谠，思想家殷海光，历史学家何炳棣，著名作家汪曾祺和诗人穆旦（查良铮）等，可谓不胜枚举。

西南联大之所以能在艰苦卓绝的环境里取得辉煌的研究成果，培育出一批英才，除了受到强烈的爱国意识和民族传统影响外，还与联大的办学精神、教育制度有密切关系。

联大的办学精神即《国立西南联合大学校史》所揭示："坚持学术独

---

① 杨振宁：《科学、教育和中国现代化》，人民日报出版社1987年版，第4页。

立、思想自由，对不同思想兼容并包。"① 组成联大的三校，都是中国现代教育史上的名校。北大由清代的京师大学堂演变而来，有蔡元培开创的"思想自由原则"、"兼容并包主义"的风气和"五四"科学民主爱国的传统；清华是由庚子赔款建成的留美预备学校升格而来，深受西方教授治校的影响，主张大学独立，重视通才教育；南开则是1919年由张伯苓、严修先生创办的私立学校发展而来，独立性向来很强，强调少而精的精英培养原则。联大成立后，和衷共济、共克时艰，坚持和发扬了大学独立、教授治校、学术民主、思想自由的优良传统。

由原来三校校长组成的常务委员会是西南联大的最高行政管理机构。但因为北大校长蒋梦麟、南开大学校长张伯苓均有兼职，张还常驻重庆，所以联大校务实际上一直由清华校长梅贻琦主持。蒋梦麟和张伯苓放手让梅贻琦大胆负责，梅贻琦也非常尊重蒋梦麟和张伯苓，遇到重大事件必与蒋、张两位协商，所以三人合作融洽，常委会工作有条不紊地进行，同时联大校长的梅贻琦尊重教授，作风民主，有关学校的重大事情注意听取教授的意见。他说："教授是学校的主体，校长不过是率领职工给教授搬搬椅子凳子的。"② 学校还设有校务会议和教授会。校务会议的成员由常委、常委会秘书主任、教务长、总务长、训导长、各学院院长及教授代表组成，主要职权是审议学校的预决算、学系的成立和废止、学校规章制度的颁行、建筑及重要设备的添置等；教授会由全体教授、副教授组成，常委和常委会秘书是当然成员，主要职责是听取常委会主席报告工作、讨论学校重大问题、选举参加校务会议的代表等。作为"教授治校"体制核心的校务会议，其成员全部由联大教授组成。除校长、训导长由教育部任命外，其他人都由各种选举产生，既无党派掣肘，也无官本位痕迹，能按照高等教育规律自主决策学校的行政和教学事务。教授会虽然是咨询机构，但其决议很有权威性，一般都能得到落实。"大学独立、教授治校"这一民主管理体制的确立，增强了教师的主体意识，提高了学校管理的实效性，同时也为实现学术民主、思想自由创造了

---

① 西南联大北京校友会编：《国立西南联合大学校史》，北京大学出版社1996年版，第3页"前言"。

② 同上书，第11页。

有效途径。

西南联大教授的主体是具有留学教育经历的自由主义知识分子。由于深受西方教育理念和民主自由观念的浸染，西南联大养成了学术研究民主、学术研究自由的学术传统。美国弗吉尼亚大学教授易社强（John Israel）认为："和战时其他大学相比，联大最大特色是师生都享有超常自由，无论其表达的观念所涉及公共领域之广泛性，还是所针对公共问题之重要性。"① 在联大，上课没有统一的教材，也没有统一的教学大纲；同一门课程，往往由不同的教师根据各自的研究特长讲授；学生选课自由，不受限制，还可同时旁听其他教师、学科的课；无论课内课外学生对老师可以随时提问，并与老师辩论；各种流派、各种见解都可以在联大自由地研究和公开地讲演，校方从不干预；讲究启发式教学，考试形式自由多样；主张通才教育，学生转系自由，一二年级基本不定系。曾经就读于西南联大的哈佛大学教授王浩这样形容联大的风气："昆明的物质生活异常清苦，但师生们精神生活却很丰富。"他认为，对当时西南联大自由民主的学风，只有身临其境才有最亲近的感觉，因为那里"教师之间、学生之间、师生之间，不论年资和地位，可以说谁也不怕谁。……做人和做学问的风气是好的"②。联大校园自由民主精神的高扬，在培养学生形成现代民主意识和平等观念的同时，也促使广大师生关心国事天下事，投身民主运动，议论时政，臧否人物，为联大赢得了"内树学术自由之规模，外来民主堡垒之称号"③。

西南联大为学生提供了宽松的学习环境，同时也规定了严格的学习要求。1944—1946 年在联大机械系读书的潘际銮院士回忆说：西南联大"考试严格，学校规定考试不及格的课程不能补考，必须重修。学校管理也很严格，如高等数学上两个学期，如果在一年级上学期高等数学（一）不及格，就不能学高等数学（二）以及有关的后续课程，物理亦如此。联大老师对

① John. Israel：《西南联大模式对公共知识分子的影响》，http://www.confucius2000.com/outside/ldmsdggzsfzdyx.htm。

② ［美］王浩：《谁也不怕谁的日子》，见云南政协文史资料研究委员会等编《云南文史资料选辑》第 34 辑，云南人民出版社 1988 年版，第 66 页。

③ 《国立西南联合大学纪念碑》，见西南联合大学北京校友会校史编辑委员会编《国立西南联合大学校史资料》，北京大学出版社、云南大学出版社 1986 年版，第 135 页。

学生要求很严，在联大，越严格的老师越受尊敬。学生认为有水平的老师才会要求严格。有些教师的课相当多的学生考不及格，越是这样，选他课的人越多"[①]。理工科学生课程负担重，"每周都有考试，甚至星期天也有考试，暑假也安排课程。考试评分极为严格，不及格率很高"。学校在动手实践能力上对学生要求也很高，"如化学系的定量分析实验，实验数据达不到一定精度，老师拒绝签字，必须连夜重作。工学院的工程画和金工实习等，对学生的作业也有严格要求，使学生受到严格的基础训练。文、法学院训练方式不同，大量的参考书，无止境的探索与追求，要想学得出色，非下苦功夫不可"[②]。由于形成了严格的考试制度和管理制度，"没有哪一个学生能在西南联大混到毕业文凭"，有些学生"如果一门课学不好总是不及格，学生自己就自动离开学校"[③]。在弹性学制和淘汰制下，联大办学8年，招收学生8000余名，有近1/3的学生没有拿到毕业文凭。抗战兴学的信念、严格的要求、高淘汰率的压力，三者互相作用，使学生在西南联大受到扎实的科学训练、严谨学风的熏陶，为毕业后从事实际工作、迅速打开局面奠定了坚实的基础。李政道被吴大猷教授推荐到美国芝加哥大学研究生院深造时本科尚未毕业，他曾深有感触地说："在昆明的这一时期是我一生学物理过程中的大关键，因为有了扎实的根基，使我在1946年秋入芝加哥大学之后，便可立刻参加研究院的工作。"[④]

"艰难困苦，玉汝于成"。在烽火连天的抗战岁月中，西南联大以留学生为主体的知识分子群体以传承文化为己任，以学术报国为职守，苦干实干，奋发自强，创造出学术研究的辉煌和人才培养的奇迹，维系了中华民族传统文化的血脉，使中华文明薪火相传、民族精神弘扬光大，在中国现代文化教育史上树立起一座历史丰碑。虽然西南联大存在的时间不长，但其在国家民族遭受巨大劫难时表现出来的刚毅坚卓的联大精神，与日月同光、与世长存；其成功的办学经验和优秀的学术传统，也是一笔珍贵的精神文化遗

---

① 潘际銮：《西南联大办学经验对我们的启示》，《中国教育报》2007年11月1日。

② 西南联大北京校友会编：《国立西南联合大学校史》，北京大学出版社1996年版，第70—71页。

③ 潘际銮：《西南联大办学经验对我们的启示》，《中国教育报》2007年11月1日。

④ 李政道：《回忆吴大猷先生》，见北京大学校友联络处编《笳吹弦诵情弥切》，中国文史出版社1988年版，第221页。

产，值得当前的教育界认真总结学习和继承。

第四节　抗战时期国民党的执政弊端和
留学生群体的宪政运动

抗日战争进入战略相持阶段后，国民党对内对外政策发生了重大变化。由于国民党顽固派与民主改革的潮流背道而驰，其政权在抗战后期日益腐败。为推动国民党尽快实行宪政，奠定持久抗战的政治基础，以留学生为主体的知识分子在国统区发起了两次宪政运动，传播了现代民主观念，推动了抗日民主运动的发展。

一　国民党政权的腐败和日益严重的执政危机

1938年10月，抗日战争开始进入战略相持阶段。日本帝国主义在"速战速决"的战略方针破产后，转而采取政治诱降为主、军事打击为辅的方针，试图引诱国民政府投降，以尽快结束战争。日本侵华战略的变化对中国国内政治产生了重大影响。同时，一党专政和战时体制的弊端也因战争的严酷而未能及时克服，酿成了很多后患。

首先，蒋介石个人独裁进一步强化。为适应战争期间严峻的形势，抗战初期国民政府建立了战时体制。1938年3月，临时全国代表大会正式确立领袖制，推举蒋介石为总裁，代行孙中山在世时所任的总理之权，凌驾于国民党一切组织之上。1939年1月，国民党五届五中全会决定设立国防最高委员会，统一指挥党政军事务，并代行中央政治委员会的职权，实际上是党政军一体化、权能合一的战时最高决策、执行和监督机构。由蒋介石担任委员长，其"对于党政军一切事务，得不依平时程序，以命令为便宜之措施"[①]。高度集权的战时体制对应付战争时期的复杂局面是必要的，但极容易走向极端，造成专制独裁。结果也正是这样，由于强化了蒋介石在战争期间的特殊权利，助长了他的个人独裁，使委员长成为名正言顺的独裁者，极

①　荣孟源等主编：《中国国民党历次代表大会及中央全会资料》下册，光明日报出版社1985年版，第564页。

不利于抗日战争期间的民主政治的建设。高度的个人独裁严重削弱了政权的政治基础，政事处置随意，任人唯亲，行政混乱，效率低下，造成严重的政治腐败。蒋侍从室的亲信唐纵曾私下抱怨："委座处理政治，如同处理家事，事事要亲自处理。""国家大政，不与各主管官商定"①，即自行决定。各机构都以蒋的指令为转移，"凡事不经委座批示，各部负责人即不知推动"，既无积极作为精神，更害怕承担责任，以致"一切细小之事均来请示"②。政权机关疲沓涣散、推诿塞责等弊病习染成风。到抗战后期，蒋介石虽想改变政权的软弱无能和官员的腐化堕落，但却无计可施，从而埋下了政权动荡的种子。

其次，国民党一党专政更为加剧。南京国民政府建立之初，即开始实施"训政"。抗战开始后，由于战争时期的特殊需要，一党专政成为国民党统治的政治基础。1939 年 1 月，国民党五届五中全会后，进一步强化一党专政，在"国家至上，民族至上，军事第一，胜利第一，意志集中，力量集中"③ 的口号下，钳制抗战民主舆论和不同声音。1942 年 3 月，国民政府颁布《国家总动员法》，以法律形式肯定了一党专政体制，而对战时政治体制的弊端严重认识不足，以致国民党一党专政与蒋介石的个人独裁紧密结合，激起民主党派的严重不满。

再次，官僚资本迅速膨胀，官员贪污腐化盛行，国统区民众苦不堪言。抗战爆发后，国民政府实行经济统制政策，加强国家资本在金融、工矿、交通等领域的垄断地位。这对战时集中财政、物资用于抗战是必要的。但是极容易产生垄断腐败。豪门权贵利用特权掌控国家经济命脉，肆无忌惮地牟取私利，大发国难财。主持行政院的孔祥熙与下属通同作弊，私吞美金公债券，引起社会侧目、民怨沸腾。有一英国人讲，像孔这样的人在欧美早被枪毙了。④ 由于国民政府实行恶性通货膨胀政策，国统区物价飞涨、民不聊

① 公安部档案馆编注：《在蒋介石身边八年——侍从室高级幕僚唐纵日记》，群众出版社 1991 年版，第 451 页。

② 同上书，第 557 页。

③ 章伯锋、庄建平主编：《中国近代史资料丛刊·抗日战争》第 3 卷《民族奋起与国内政治》（下），四川大学出版社 1997 年版，第 828 页。

④ 竺可桢：《竺可桢日记》（1936—1942）第 1 册，人民出版社 1984 年版，第 749 页。

生。据王世杰 1943 年日记所载："物价高至战前百倍以上，近日政府对于限价物品，实际上只是放任，日用品价格之高尤猛。政府准许公务员照战前薪水增一倍，只是杯水车薪。"① 战争年代，后方民众和前线士兵都在艰难窘迫中苦捱，而贪官污吏却胡吃海喝、挥霍无度。有外国记者报道说："只要在重庆的酒楼饭馆转一圈，就可以看到每个客人都衣着华丽，饮食讲究，挥金如土。如果把这些人都逮捕起来，政府将难以重新补充许多行政及军事机构中的大批官员，更不论内阁中的一些职务了。"② 当时广为流传"前方吃紧，后方紧吃，前方有什吃什，后方吃什有什。前方一身流血，后方满口流油"③ 的民谣。官僚资本的巧取豪夺、大小官吏的敲诈勒索，造成国统区人心浮动，对国民党政权的不满和愤怒无时无刻不在民众心中郁积。

最后，严重的腐败也在军事领域滋生蔓延，军纪松弛，军心涣散，军民关系紧张。国民党依靠保甲长实行征兵，保甲长利用职权徇私舞弊，或强拉硬抓入伍，或拦截商旅充数。接兵官员把新征壮丁看作囚徒，绳捆索绑、肆意残害。唐纵日记中记有戴笠向其谈及："在西北闻某补训处活埋病兵与枪毙病兵事，殊难令人置信。"④ 兵役部部长鹿钟麟在 1944 年报告中说："抗战七年来征兵达一千一百余万，然实际到达战场者恐不及五百万人。逃亡病故者太多也。"⑤ 有的军官热衷于从事武装走私，偷运货物同日伪军进行交易，以牟取暴利。军官贪污兵饷、中饱私囊早成惯例。"士兵日不能饱，时思逃跑，官长则时以防止士兵逃跑为急务……带兵且如此困难万分，遑论练兵，既不训练，何能作战？"⑥ 抗战意志普遍消沉、战斗力严重下降的国民党军队，却自恃武力在手，任意侵犯百姓利益，使军民关系势同水火。1944年秋冬，"第九军自西北开赴贵州增援，步行已两月，人困马乏，多数士兵患病，足破流血。沿途所见，部队尚未进城，全城店铺打烊，户户关门。军

---

① 《王世杰日记》第 4 册，（台北）"中央研究院"近代史研究所 1990 年影印版，第 94 页。

② 伊斯雷尔·爱泼斯坦：《中国未完成的革命》，陈瑶华、谢念非等译，新华出版社 1987 年版，第 241 页。

③ 公安部档案馆编注：《在蒋介石身边八年——侍从室高级幕僚唐纵日记》，群众出版社 1991 年版，第 198 页。

④ 同上书，第 195 页。

⑤ 同上书，第 474 页。

⑥ 同上书，第 159 页。

中所携锅灶有限，茶水粥饭，供应全成问题"。该军军长"深感老百姓已拒彼等于数千里之外，而政治上军事第一军人第一，徒成口号而已"①。抗战后期，国民党正面战场上的败绩，不能不与军队的严重腐败，军政关系、军民关系和官兵关系的高度紧张有关。

二　留学生群体与第一次宪政运动

推行政治改革，实现宪政和民主，既是全面抗战的迫切需要，也是全国人民的强烈愿望。抗战进入战略相持阶段后，严重的政治、经济和军事危机激起了国内各阶层人士的愤怒和不满，他们强烈要求国民党改弦更张，废除一党专政，实行宪政，以挽救危局。1939—1940 年，在以留学生为主体的中间派民主人士的推动下，国统区掀起了第一次宪政运动，推动了抗日民主运动的发展。

国民参政会作为公开发表政见、批评时政的合法场所，为第一次宪政运动的兴起创造了有利条件。从第一届国民参政会开始，争取实行民主、结束训政、厉行宪政就一直是中心议题。张君劢、邹韬奋、王造时、曾琦、周览等参政员提出不少要求改革内政，保证民主权利的议案，但最后都不了了之。更让参政员感到忧虑的是，国民党五届五中全会后，加强了一党专政和个人独裁，"将抗战初期人民和各抗日党派争得的某些权利，一概取消"②，各党派团结抗日的局面受到了严重威胁。为加强团结，坚持抗战，推进政治民主化进程，非国民党籍的参政员以及部分社会贤达纷纷要求结束党治、实行宪政、改革政府。

1939 年 9 月，在重庆开幕的国民参政会一届四次会议掀起了"一个晴天霹雳的宪政运动"③。左舜生、张君劢、章伯钧等留学生出身的参政员提出了许多有关宪政的提案，要求国民党承认各党派的合法存在，禁止迫害进步人士，结束一党专政，定期召开国民大会，制定宪法、实行宪政等。宪政提案提交国民参政会后，经过一番激烈舌战，"那热烈的情况虽不敢说是绝

---

① 公安部档案馆编注：《在蒋介石身边八年——侍从室高级幕僚唐纵日记》，群众出版社 1991 年版，第 476—477 页。

② 毛泽东：《两个战场》，《毛泽东选集》第 3 卷，人民出版社 1991 年版，第 1042 页。

③ 韬奋：《经历》，三联书店 1978 年版，第 218 页。

后，恐怕可算是空前的"①。15 日大会通过决议："政府明令定期召集国民大
会，制定宪法，实行宪政"；"由议长指定参政员若干人，组织国民参政会
宪政期成会，协助政府促成宪政"②。作为国民参政会议长的蒋介石，在各
方压力下，根据此决议指定 25 名参政员组成宪政期成会，协助政府修改宪
法草案、促成宪政。

国民参政会一届四次会议宪政起草人共 9 人，从教育背景看，除江恒
源、张申府没有留学经历外，其余 7 人都具有留学经历，研修专业以政治
学、法学等社会科学为主（见表5—10）。

表5—10 　　　　国民参政会一届四次会议宪政提案起草人留学背景

姓名	留学国家	留学学校	专业	学位
孔 庚	日本	振武学校、陆军士官学校	军事学	
陈绍禹	苏联	莫斯科中山大学	政治学	
左舜生	法国			
张君劢	日本	早稻田大学	政治学	
	德国	柏林大学	法学	
章伯钧	德国	柏林大学	哲学	
王造时	美国	威斯康辛大学	政治学	博士
沈钧儒	日本	东京法政大学	法学	

王造时具有政治学博士学位，张君劢还是民国知名的宪法学专家。由国
共两党参政员以及青年党、国社党、第三党、职教派、救国会等中间党派和无
党派民主人士组成的宪政期成会，共 25 名委员：张君劢、张澜、周炳琳、杭
立武、史良、陶孟和、周览、李中襄、章士钊、黄炎培、左舜生、李璜、董必
武、许孝炎、罗隆基、傅斯年、罗文干、钱端升、褚辅成、梁上栋、胡兆祥、
章伯钧、马亮、王家桢、李永新（黄炎培、张君劢、周览三人为召集人）。③

---

① 韬奋：《经历》，三联书店 1978 年版，第 232 页。
② 章伯锋、庄建平主编：《中国近代史资料丛刊·抗日战争》第 3 卷《民族奋起与国内政治》
（下），四川大学出版社 1997 年版，第 1167 页。
③ 同上书，第 1180 页。

其中，具有留学海外背景的 16 人，占总数的 64%（见表 5—11）。

表 5—11　　　　　　　　　　宪政期成会委员留学背景

姓名	留学国家	留学学校	专业	学位
张君劢	日本	早稻田大学	政治学	
	德国	柏林大学	法学	
陶孟和	英国	伦敦经济学院	社会学	
周炳琳	美国	哥伦比亚大学	文学	硕士
	法国	巴黎大学		
	英国	伦敦大学		
杭立武	美国	威斯康辛大学	政治学	博士
	英国	伦敦大学		
章士钊	日本	东京正则学校	文学	
	英国	阿伯丁大学	法学、政治学	
左舜生	法国			
李璜	法国	巴黎大学	文学	硕士
董必武	日本	东京日本大学	法学	
	苏联	莫斯科中山大学、列宁学院		
罗隆基	美国	威斯康辛大学、哥伦比亚大学	政治学	博士
傅斯年	英国	爱丁堡大学、伦敦大学	哲学	
	德国	柏林大学		
罗文干	英国	牛津大学	法学	硕士
钱端升	美国	北达科他大学、哈佛大学	政治学	博士
褚辅成	日本	东洋大学	警政	
梁上栋	英国	伯明翰大学	工科	
章伯钧	德国	柏林大学	哲学	
王家桢	日本	庆应大学	经济学	博士

资料来源：周棉主编《中国留学生大辞典》，南京大学出版社 1999 年版；徐友春主编《民国人物大辞典》，河北人民出版社 1991 年版。

钱端升、罗文干、傅斯年、罗隆基、周炳琳、章士钊等还是当时著名的教授、学者或政治活动家。宪政提案起草人和宪政期成会委员的教育背景，能够从一个侧面反映出具有留学经历的中高级知识分子在抗战时期宪政运动中的骨干作用。

以国民参政会一届四次会议通过的宪政决议和成立宪政期成会为标志，抗战期间的第一次宪政运动开始兴起。从 1939 年 10 月到 1940 年 3 月，由张澜、沈钧儒、邹韬奋等多名参政员在重庆发起宪政座谈会，集中讨论宪政问题。1939 年 12 月，重庆各界成立宪政促进会，对各地宪政运动的开展产生了重要的推动作用。重庆众多妇女团体在史良和曾经赴法勤工俭学的刘清扬的领导下，发起成立妇女界宪政促进会，青年团体也发起召开青年宪政座谈会。

宪政期成会还负责对"五五宪草"进行修改工作，在征集各方意见的基础上提出了《中华民国宪法草案（五五宪草）修正草案》。鉴于"五五宪草"中规定的国民大会成员过多，每六年才开会一次，而且会期又短，治权属于行政院、政权属于国民大会的原则难以实现，该修正草案中增加了"国民大会议政会"[1] 一章，提出在国民大会闭会期间成立国民大会议政会这一常设机构，执行国民大会之职权，形式类似于西方民主国家的议会。这是第一次宪政运动以西方民主制度改革中国现行国家政治制度的重要方案。如果能获实现，势必削弱国民党的绝对统治地位，推动中国民主政治前进一大步。"五五宪草"修正草案的蓝本是由在昆明的国民参政员罗隆基、罗文干、陶孟和、周炳琳、傅斯年、张奚若、杨振声、任鸿隽、钱端升共同拟订的。这 9 名参政员全都是具有留学教育背景的大学教授，其中罗隆基、罗文干、陶孟和、周炳琳、傅斯年、钱端升是宪政期成会委员。其余 3 人张奚若早年赴美国哥伦比亚大学学习政治学，1920 年获政治学硕士学位；杨振声 1919 年赴美国哥伦比亚大学专攻教育学和教育心理学，获博士学位，又入哈佛大学攻读教育心理学；任鸿隽 1908 年东渡日本，考入东京高等工业学校应用化学科，后因辛亥革命爆发中断学业，回国参加革命，1913 年到美国康奈尔大学、哥伦比亚大学学习化学，1918 年获得化学硕士学位。

在全国舆论的强大压力下，1939 年 11 月，国民党五届六中全会表示接受国民参政会的决议，声称"召集国民大会，制定宪法，以确立建国基础，

---

[1]　章伯锋、庄建平主编：《中国近代史资料丛刊·抗日战争》第 3 卷《民族奋起与国内政治》（下），四川大学出版社 1997 年版，第 1185—1186 页。

实有积极进行之必要"①，并承诺 1940 年 11 月 12 日召开国民大会制定宪法。就在中间派民主人士认为民主宪政即将实现时，1940 年 2 月，国民党中央提出实施宪政问题的四项指示，强调以前包办选举的国民大会代表仍然有效，"五五宪草"具有"合法性"，讨论国民大会问题只能在各省市国民党党部和地方当局组织下进行，讨论的问题不能违反或曲解三民主义。② 当局还指使特务流氓破坏宪政座谈会和宪政促进会的活动，限制报刊发表关于宪政的言论。

1940 年 4 月，在国民参政会一届五次会议上，蒋介石对正在讨论的"五五宪草"修正案极表不满，批评修正案"为袭取欧西之议会政治，与总理遗教（指五权宪法）完全不合"，还指责该案"对执政之束缚太甚，即为不能施行之制度。强行之，必遭破坏"。蒋还扬言："今后国人如以国事倚畀于我，亦就不要束缚我才行。"③ 最后，会议强行通过一项决议："本会宪政期成会草拟之中华民国宪法草案修正案暨其附带建议及反对设置国民大会议政会之意见，并送政府。"④"待国民大会来采择，来作最后的决定。"⑤ 此修正案虽免遭否决，但被束之高阁。9 月，国民党五届八中全会以交通不便为由，议决原定 11 月 12 日召开的国民大会延期，其召集日期另行决定。至此，历时一年的第一次宪政运动浪潮逐渐沉寂下去。

民主政治无疑是中国政治体制的发展方向，以留学生为主体的参议员的提案也反映了这种要求，但是，却被同为留学生出身的议长蒋介石及其国民党所搁置。以往的论者肯定者有之，反对者亦有之。问题是，在 1940 年抗战形势依然险恶的形势下，在多大程度上可以实行？这表明留学生群体对中国的现实和政治走向存在严重的分歧。还有，像蒋介石这样军人出身的当权者向来对民主都是敬而远之的，况且在严峻的战争期间建立宪政制度更要被

---

① 荣孟源主编：《中国国民党历次代表大会及中央全会资料》下册，光明日报出版社 1985 年版，第 610 页。

② 章伯锋、庄建平主编：《中国近代史资料丛刊·抗日战争》第 3 卷《民族奋起与国内政治》（下），四川大学出版社 1997 年版，第 1242—1244 页。

③ 中国文化书院学术委员会编：《梁漱溟全集》第 6 卷，山东人民出版社 2005 年版，第 569 页。

④ 章伯锋、庄建平主编：《中国近代史资料丛刊·抗日战争》第 3 卷《民族奋起与国内政治》（下），四川大学出版社 1997 年版，第 1251 页。

⑤ 孟广涵主编：《国民参政会纪实》上卷，重庆出版社 1985 年版，第 685 页。

大大打折。总之，在中国要实行民主政治的道路还相当遥远。

三　留学生群体与第二次宪政运动

第一次宪政运动"延期"无果之后，国统区民众要求实行民主宪政的呼声更为强烈，文化教育界中具有留学教育背景的国民党籍知识分子也强烈要求当局实行民主宪政，第二次宪政运动的序幕很快又揭开了。

1943 年秋，西南联大常务委员蒋梦麟邀请联大的国民党籍教授座谈，提议以联大区党部的名义给蒋介石写信发表对时局的意见，借训导长陈雪屏到重庆之机送呈。大家公推哲学心理学系冯友兰教授起草信稿，还专门开了一次会议讨论信稿内容，要求国民政府为收拾人心而开放党禁，实行立宪。信中写道："睹一叶之飘零，知深秋之将至。""昔清室迟迟不肯实行宪政，以致失去人心，使本党得以成功。前事不远，可为殷鉴。"据说，蒋看罢"为之动容，为之泪下"。区党部几天后收到蒋介石的回信，"说他很注意联大区党部的意见，并且说，现在形势虽然危急，但有像联大的这些党员，相信可以转危为安"①。根据当事人冯友兰教授的追述，此事虽是联大国民党籍教授向当局陈述政见之举，但反映的是联大绝大部分教授主张推行民主宪政的要求。联系到西南联大教授群体引人注目的留学教育背景，可以说是以留学生为主体的知识分子首开第二次宪政运动的先声。联大国民党籍教授中到底有哪些人士具体参与此事，现在已无法考证，但确定与此事有关的三人蒋梦麟、冯友兰、陈雪屏，全都具有留学美国的经历。其中，陈雪屏毕业于美国哥伦比亚大学心理研究所，获硕士学位。

此时的国民党政权正受到来自盟邦的政治压力。1943 年围绕重开滇缅战场和中国国内政治局势，美国政府与蒋介石的矛盾逐渐扩大，英美报刊出现大量抨击蒋介石政府独裁专制的言论。美国总统罗斯福出于远东战局考虑，向蒋介石提出，在"中国宜从早实施宪政"和"国民党退为平民，与国内各党派处同等地位，以解纠纷"②等建议。

迫于各方责难和压力，国民党在 1943 年 9 月召开的五届十一中全会上

---

① 冯友兰：《三松堂自序》，人民出版社 1998 年版，第 107—108 页。
② 许汉三：《黄炎培年谱》，文史资料出版社 1985 年版，第 152 页。

通过了《关于实施宪政总报告之决议案》，提出："战争结束后一年内，召集国民大会，制定宪法而颁布之。"从现在起，"筹备国民大会及开始实施宪政各项应有之准备"①。尽管国民党政府鉴于当时的抗战形势无法立即实施宪政，也无意采取任何具体民主措施，但还是明确提出将在"战争结束后一年内"推动宪政运动。这种对宪政态度的松动，无疑给寻求结束训政、建立宪政的中间派民主人士提供了绝好机会。以中国民主政团同盟为主体的中间党派和无党派民主人士抓住这一时机，在国民参政会上呼吁立即结束国民党一党专政、实施宪政，从而掀起了第二次宪政运动。

在三届二次国民参政会开幕的前两天，国民参议员张君劢和左舜生向秘书长王世杰郑重提议：由国民党与参政会出面，共同组织一个宪政实施筹备机关，应吸收国民党以外的人士参加，商讨如何推动言论结社自由、改进民选机关等问题。两人甚至软中有硬地表示：此提议能否获得同意，是他们能否参加本届国民参政会的前提。9月18日，三届二次国民参政会开幕，张君劢和左舜生仅是报到而没有出席大会。这一做法虽属个人行为，却传递了中间派的态度。②

在多方压力下，蒋介石不得不接受了提议，国民参政会三届二次会议通过了《设立宪政实施筹备会机构案》，并呼吁"朝野人士合力以赴，切实推进宪政筹备"③。随后，黄炎培、张君劢、左舜生、李璜、周炳琳、褚辅成等中间派民主人士，在与王世杰、邵力子、雷震等负责国民参政会具体事务的国民党官员磋商宪政实施筹备会事宜时，鉴于第一次宪政运动的教训，为防止政府当局事后反悔，多数人提议该会最好隶属国民政府，以蒋介石为会长，以五院院长为当然委员或名誉委员，所有会员全部由蒋介石确定。10月13日国防最高委员会开会讨论国民参政会决议案，把案中的机构名称"宪政实施筹备会"改为"宪政实施协进会"。尽管只是两字之差，但其性质和权限在无形之中被篡改了。

1943年11月，由各方人士组成的宪政实施协进会宣告成立，附属于国防

---

① 荣孟源主编：《中国国民党历次代表大会及中央全会资料》下册，光明日报出版社1985年版，第844页。

② 闻黎明：《第三种力量与抗战时期的中国政治》，上海书店出版社2004年版，第211页。

③ 孟广涵主编：《国民参政会纪实》下卷，重庆出版社1985年版，第1244页。

最高委员会，以蒋介石为会长，召集人指定为孙科、黄炎培、王世杰。其任务为："（一）向政府提出与宪政筹备有关之建议。（二）考察关于地方民意机关设立情形并随时提出报告。（三）考察与促进宪政实施有关各法令之实施状况，并随时提出报告。（四）沟通政府与民间团体关于宪法问题暨其他有关政治问题之意见。（五）依政府之委托审议一切与宪政实施有关之事件。"① 尽管蒋介石有意将张澜、章伯钧、沈钧儒等著名民主人士排除在外，但中间派民主人士仍占很大比重，而其中留学生出身的会员比重更大（见表5—12）。

表5—12　　　　　　　　　　宪政实施协进会会员留学背景

会员类型	姓名	留学国家	留学学校	专业	学位
主席	蒋介石	日本	振武学校	军事学	
当然会员	张伯苓	美国	哥伦比亚大学师范学院（考察）	教育学	
	吴贻芳	美国	密执安大学	生物学	博士
	李璜	法国	巴黎大学	文学	硕士
	王宠惠	日本			博士
		美国	耶鲁大学	法学	
	王世杰	英国	伦敦大学	政治学	博士
		法国	巴黎大学	法学	
	江庸	日本	东京成城学校、早稻田大学	法政、经济	
中央委员	孔祥熙	美国	奥柏林大学、耶鲁大学	矿物学	硕士
	孙科	美国	加利福尼亚大学、哥伦比亚大学	经济学	硕士
	张厉生	法国	巴黎大学	社会学	
	张群	日本	陆军士官学校	军事学	
	熊式辉	日本	陆军大学	军事学	
	朱家骅	德国	柏林矿科大学、柏林大学	地质学	博士
		瑞士			
	张道藩	英国	伦敦大学美术院	美术	
		法国	巴黎最高美术学院		
	吴经熊	美国	密执安大学法学院	法学	博士

———————————

① 章伯锋、庄建平主编：《中国近代史资料丛刊·抗日战争》第3卷《民族奋起与国内政治》（下），四川大学出版社1997年版，第1311—1312页。

续表

会员类型	姓名	留学国家	留学学校	专业	学位
参政员	褚辅成	日本	东洋大学	警政	
	张君劢	日本	早稻田大学	政治学	
		德国	柏林大学	法学	
	邵从恩	日本	东京帝国大学	法学	
	左舜生	法国			
	钱端升	美国	北达科他大学、哈佛大学	政治学	博士
	周炳琳	美国	哥伦比亚大学	文学	硕士
		法国	巴黎大学		
		英国	伦敦大学		
	董必武	日本	日本大学	法学	
		苏联	莫斯科中山大学、列宁学院		
	傅斯年	英国	爱丁堡大学、伦敦大学	哲学	
		德国	柏林大学		
	萨孟武	日本	京都帝国大学	法学	学士
	达浦生	印度南洋		宗教学	
	梁上栋	英国	伯明翰大学	工科	
	孔庚	日本	振武学校、陆军士官学校	军事学	
指定会员	吴尚鹰	美国	奥瑞根州立大学	经济学	
	黄右昌	日本	岩仑铁道学校、法政大学	政治学	
	王造时	美国	威斯康辛大学	政治学	博士
	周恩来	日本	早稻田大学、帝国大学		
		法国	勤工俭学		
		德国	勤工俭学		
	蒋梦麟	美国	加州大学、哥伦比亚大学	教育学	博士
	燕树棠	美国	哥大、哈佛大学、耶鲁大学	法学	博士
	张志让	美国	加利福尼亚大学、哥伦比亚大学	法学	硕士
		德国	柏林大学		
	萧公权	美国	密苏里大学、康奈尔大学	政治学心理学	博士

资料来源：章伯锋、庄建平主编：《中国近代史资料丛刊·抗日战争》，第3卷《民族奋起与国内政治》（下），四川大学出版社1997年版，第1312—1313页；周棉主编：《中国留学生大辞典》，南京大学出版社1999年版；徐友春主编：《民国人物大辞典》，河北人民出版社1991年版。

宪政实施协进会共 54 名成员，其中确认有留学经历的成员计有 35 名，占总数的 64.8%，显示出较为明显的海外教育背景。除国民党 12 名中央委员属于党团代表情况特殊，中共方面有董必武和周恩来两名代表外，倾向民主的中间党派和无党派民主人士占有相当比例，其中有张君劢、王造时、张志让、钱端升、燕树棠、萨孟武、萧公权、王世杰等知名的宪法学和政治学专家，他们的身份与学识有助于第二次宪政运动的深入发展。

宪政实施协进会成立后，国统区各地再次掀起研究修改宪法草案的热潮。中国民主政团同盟 1941 年 9 月秘密成立时，就将"实践民主精神，结束党治"① 列入自己的政治纲领。第二次宪政运动开始后，民盟更是积极从事民主宪政运动。1944 年 1 月，由曾经留学法国和德国的民主人士张志让担任主编的《宪政》月刊在重庆创办，同样具有留学经历的沈钧儒、郭沫若等著名民主人士纷纷在该刊发表文章，旗帜鲜明地宣传宪政，使之成为宪政运动的舆论重镇。张君劢、左舜生领衔与黄炎培、沈钧儒、章伯钧、王造时、张志让等 16 人在重庆发起成立宪政座谈会，讨论实行宪政的"先决条件"，要求实行真正的宪政。2 月，张澜在成都联合邵从恩、李璜发起成立蓉市民主宪政促进会。宪政实施协进会吸取第一次宪政运动在修宪问题上徒耗精力的教训，以解决具体实际问题为目标，并取得了三项具体成果：在言论自由方面争取到《改善书报检查办法》；在人身自由方面争取到《保障人民身体自由办法》；在国民参政会职权方面争取到国家预算初审权。这些虽然还仅停留在文字上，但针对的是国民党独裁统治，对于推动民主政治建设具有一定意义。

相对于第一次宪政运动，第二次宪政运动的社会动员面更加广泛。国统区文化界和工商实业界人士也积极投身宪政运动。昆明作为战时中国文化教育中心，文教界留学归国学者、教授在宪政运动中极为活跃。1943 年 12 月 30 日，美国哥伦比亚大学毕业的西南联大教授张奚若作《中国宪政问题》演讲，听众如潮，将会场窗外和走廊挤得水泄不通。"这确实是联大九年来

---

① 中国民主同盟中央文史资料委员会编：《中国民主同盟历史文献》（1941—1949），文史资料出版社 1983 年版，第 8 页。

最热闹的一个学术讲演会了。"① 民盟昆明支部举行宪政座谈会，吸引了西南联大、云南大学的众多师生参加。崔书琴、钱端升、杨振声、查良钊、邵徇正、潘大逵等留学出身的知名学者，在云南地方当局成立的宪政讨论会中出任研究委员会委员。潘光旦、潘大逵、曾昭抡等具有留学经历的西南联大教授，还在民间发起成立的昆明学术界宪政研究会中担任理事。留美学者、著名民主人士李公朴②和闻一多还创办《自由论坛》，抨击国民党独裁统治，要求真正实行民主宪政，吸引潘光旦等留学归国教授积极撰文。1944 年 3 月，内迁四川乐山的武汉大学由协进法学社组织"五五宪草"座谈，具有留学教育经历的著名学者朱光潜、彭迪先等出席指导并发表意见。③ 1944 年 4 月，重庆文化界举行招待会，具有留学经历的沈钧儒、章伯钧等民主人士呼吁言论自由、思想自由、学术自由。深受官僚资本压制的民族工商业家也投身于宪政运动中。

国民党内部不满现状的民主人士宋庆龄、李济深、孙科、冯玉祥等，也呼吁国民党政府实行民主，加强抗战，改革政治，其中立法院院长孙科是"鼓吹宪政最力者"④。由于其青少年时代长期在美国接受教育，受美国自由民主思想浸润较深，孙科"用西洋的方式来思想行事。他要求西洋式的改革"⑤，因此一度享有"国民党民主派领袖"的美称。1943—1944 年，孙科在《中央日报》发表《实施宪政的几个问题》，在电台发表《认识宪政与研究宪草》的广播讲话，并在家中组织宪政促进会，公开批评国民党顽固派的一党一派专政观念，承认其他民主党派的合法地位，呼吁国民党开放民主、实行宪政。由于孙科有"国父哲嗣"的特殊家世背景，他明确支持宪政运动的表态，在国民党自由派民主人士中具有一定的号召力。曾留学英、法的巴黎大学法学博士王世杰，是民国时期的政治学名家，曾经在高校任教，后

　① 章伯锋、庄建平主编：《中国近代史资料丛刊·抗日战争》第 3 卷《民族奋起与国内政治》（下），四川大学出版社 1997 年版，第 1340 页。

　② 李公朴（1900—1946），江苏扬州人。1928 年 8 月赴美国俄勒冈州雷德大学政治系学习，1930 年回国。

　③ 章伯锋、庄建平主编：《中国近代史资料丛刊·抗日战争》第 3 卷《民族奋起与国内政治》（下），四川大学出版社 1997 年版，第 1337 页。

　④ 王金吾主编：《中国现代资产阶级民主运动史》，吉林文史出版社 1985 年版，第 480 页。

　⑤ ［美］白修德、贾安娜：《中国暴风雨》，以沛、端端译，群益出版社 1949 年版，第 104 页。

来涉足政坛，是民国时期学者从政的代表人物之一。在第二次宪政运动中，他对沈钧儒、张君劢等民主人士争取言论出版自由的努力也给予了支持。1944 年 4 月 6 日，在宪政实施协进会上，他力主改革或撤销图书审查制度。12 月 11 日，他又以国民党中央宣传部部长身份，在中常会上提出"放宽新闻之检查"的宣传方针，在激烈争辩中由国民党中央秘书处勉强审查通过。孙科、王世杰、邵力子、于右任、冯玉祥等思想开明、倾向民主的国民党高层人士，还经常参加由宪政月刊社主办的座谈会。

　　由于民主人士在"开端于中间党派"① 的第二次宪政运动中，于国统区各地成立了众多研究宪政的团体，创办有各种讨论宪政的杂志，组织了各种推动宪政的集会和座谈活动，从而推动了第二次宪政运动的发展。但是，由于没有相关完整的资料，所以具体参与人员极难统计。现以大型资料丛书《抗日战争》"政治卷"收录的此次宪政运动史料，以及闻黎明的专著《第三种力量与抗战时期的中国政治》第六章"温和改良：第二次宪政运动"叙述此次宪政运动时所涉及的民主人物为限，辑录出 1943 年 11 月宪政实施协进会成立后，参加宪政运动的具有留学教育背景的民主人士名单（见表5—13）。此名单尽管不完整，但仍可以大致反映出具有留学经历的民主人士在第二次宪政运动所发挥的重要作用。

表5—13　　　　　第二次宪政运动中具有留学经历的民主人士

姓名	留学国家	留学学校	专业	学位
张志让	美国	加利福尼亚大学、哥伦比亚大学	法学	硕士
	德国	柏林大学		
张君劢	日本	早稻田大学政治学		
	德国	柏林大学	法学	
左舜生	法国			
沈钧儒	日本	东京法政大学	法学	
章伯钧	德国	柏林大学	哲学	

---

　　① 中共中央文献研究室编：《周恩来年谱　1898—1949》，人民出版社、中央文献出版社 1989 年版，第 572 页。

续表

姓名	留学国家	留学学校	专业	学位
王造时	美国	威斯康辛大学	政治学	博士
邓初民	日本	东京法政大学	法学	
刘王立明	美国	伊利诺伊州西北大学	生物学	硕士
刘清扬	法国	（勤工俭学）		
屈　武	苏联	莫斯科中山大学、苏联陆军大学	军事学	
沈志远	苏联	莫斯科中山大学	政治经济学	
何公敢	日本	第七高等学校、东京帝国大学	经济学	学士
孙亚夫	日本	早稻田大学	历史学	
郭春涛	法国			
董必武	日本	日本大学	法学	
	苏联	莫斯科中山大学、列宁学院		
戴修瓒	日本	中央大学	法学	
褚辅成	日本	东洋大学	警政	
杨卫玉	日本	东京高等师范学校	教育	
傅斯年	英国	爱丁堡大学、伦敦大学	哲学	
	德国	柏林大学		
章士钊	日本		政治学	
	英国	阿伯丁大学		
陈北鸥	日本	东京帝国大学	外国文学	
祝世康	美国	哥伦比亚大学、依阿华大学、印第安纳州大学	经济学	博士
向乃祺	日本	早稻田大学	政治学	学士
钱新之	日本	神户高等商业学校	商学	
康心如	日本	早稻田大学	政治经济学	
陈　时	日本	庆应大学、中央大学、早稻田大学	法学	学士
刘攻芸	美国	宾夕法尼亚大学	经济学	博士
	英国	伦敦大学经济学院		
王志莘	美国	哥伦比亚大学	银行学	硕士
吴羹梅	日本	横滨高等工业学校	化学	
潘序伦	美国	哈佛大学、哥伦比亚大学	管理学、经济学	博士

姓名	留学国家	留学学校	专业	学位
何葆仁	美国	华盛顿大学 伊利诺大学	商科 政治经济学	博士
陆绍云	日本	东京高等工业学校	纺织技术	学士
孙 科	美国	加利福尼亚大学、哥伦比亚大学	经济学	硕士
邵力子	苏联	莫斯科东方大学	政治学	
王世杰	英国	伦敦大学政治学	政治学	博士
	法国	巴黎大学	法学	
韩幽桐	日本	早稻田大学、东京帝国大学	法学	
彭迪先	日本	庆应大学、九州帝国大学	经济学	
张奚若	美国	哥伦比亚大学	政治学	硕士
朱光潜	英国	爱丁堡大学、伦敦大学	文学、哲学	博士
	法国	巴黎大学、斯特拉斯堡大学	心理学	
崔书琴	美国	哈佛大学研究院	政治学	博士
钱端升	美国	北达科他大学、哈佛大学	政治学	博士
王赣愚	美国	哈佛大学	政治学	博士
杨振声	美国	哈佛大学、哥伦比亚大学	教育学、心理学	
查良钊	美国	康奈尔大学、芝加哥大学、哥伦比亚大学	教育学	学士
邵循正	法国	法兰西学院	历史学	
	德国	柏林大学		
潘大逵	美国	斯坦福大学、威斯康辛大学	政治学	硕士
潘光旦	美国	哥伦比亚大学	生物学 遗传学	硕士
曾昭抡	美国	麻省理工学院	化学	博士
周新民	日本	明治大学	法学	
徐炳昶	法国	巴黎大学	哲学	
李公朴	美国	雷德大学	政治学	
闻一多	美国	芝加哥美术学院	美术文学	
伍启元	英国	伦敦经济学院	经济学	博士
陈序经	美国	伊利诺大学	政治学	博士
	德国	柏林大学、基尔大学世界经济学院	社会学	
陈岱孙	美国	威斯康辛大学、哈佛大学	经济学	博士

续表

姓名	留学国家	留学学校	专业	学位
赵凤喈	法国	巴黎大学	法学	硕士
周炳琳	美国	哥伦比亚大学	文学	硕士
	法国	巴黎大学		
	英国	伦敦大学		
邵从恩	日本	东京帝国大学	法学	
李璜	法国	巴黎大学	文学	硕士
吴之椿	美国	伊利诺大学、哈佛大学	经济学	硕士
	英国	伦敦政治研究院		
	法国	巴黎大学		
龙国桢	日本	中央大学	法学	学士
周恩来	日本	早稻田大学、帝国大学		
	法国	（勤工俭学）		
	德国	（勤工俭学）		
陶孟和	英国	伦敦经济学院	社会学	
黄墨涵	日本	早稻田大学	政治经济学	
钱永铭	日本	神户高等商业学校	财经	
俞颂华	日本	东京法政大学	法学	学士
刘国钧	美国	威斯康辛大学	图书馆学	博士
章元善	美国	康奈尔大学	化学	学士
漆琪生	日本	京都帝国大学	经济学	
诸文绮	日本	名古屋高等工业学校	化学	
徐仲年	法国	里昂大学、巴黎大学	外国文学	博士
徐孝刚	日本	陆军士官学校	军事	
陈筑山	日本	早稻田大学	政治经济	学士
	美国	密歇根大学		
魏时珍	德国	法兰克福大学	数学	博士
		哥廷根大学	物理学	

资料来源：闻黎明：《第三种力量与抗战时期的中国政治》，上海书店出版社 2004 年版，第 214—258 页；章伯锋、庄建平主编：《中国近代史资料丛刊·抗日战争》第 3 卷《民族奋起与国内政治》（下），四川大学出版社 1997 年版，第 1297—1343 页；周棉主编：《中国留学生大辞典》，南京大学出版社 1999 年版；徐友春主编：《民国人物大辞典》，河北人民出版社 1991 年版；刘国铭主编：《中国国民党百年人物全书》，团结出版社 2005 年版。

　　就在以留学生为主体的民主人士致力于推动第二次民主宪政运动时，国民党正面战场出现了豫湘桂大溃败局面，引起国内外舆论哗然，盟国纷纷表示对国民党当局的不满。1944 年 7 月，美国总统罗斯福告知蒋介石："我觉得中国情况如此危殆，假若还不立即实行彻底和迅速见效的补救方法，我们的共同目标将受到不幸的挫折。"① 国内更是民怨沸腾、舆论激昂。"随着国民党失败越来越明显地暴露，中国国内的不满在迅速发展。党的威信空前低落，蒋越来越失去作为领袖曾一度享有的尊敬。"② 国统区民众强烈要求国民党立即结束一党专政、改组政府。"于是，围绕如何挽救危机的问题，国统区的民主运动以空前规模蓬勃兴起。"③

　　在抗日民主运动不断高涨，社会各阶层对国民党专制统治表示失望和愤慨，废除一党专政改组政府已成为民众心声之际，中国共产党适时提出了成立联合政府的主张。9 月 15 日，在国民参政会三届三次会议上，林伯渠代表共产党正式提出"立即结束一党统治的局面，由国民政府召开各党各派、各抗日部队、各地方政府、各人民团体的代表，开国事会议，组织各抗日党派联合政府"④ 的主张。10 月 10 日，周恩来在延安发表《如何解决》的演讲，进一步阐明成立联合政府的具体方法和步骤，在全国立即引起了强烈反响。民盟发表《对抗战最后阶段的政治主张》，拥护中共成立联合政府的建议，要求国民政府"立即结束一党专政，建立各党派之联合政权，实行民主政治"⑤。在此次国民参政会结束后的第二天改组成立的中国民主同盟，代表着国统区各种不同政治倾向的中间势力，对建立联合政府主张深表赞同和热烈响应，充分说明这一建议反映了大后方民众包括中间势力在内的共同诉求。

　　建立联合政府的主张，已经大大超出第二次宪政运动要求开放民主、改

---

　　① 世界知识出版社编辑部：《中美关系资料汇编》第 1 辑，世界知识出版社 1957 年版，第 135 页。

　　② ［美］约瑟夫・W. 埃谢里克编著：《在中国失掉的机会——美国前驻华外交官约翰・S. 谢伟思第二次世界大战时期的报告》，罗清、赵忠强译，国际文化出版公司 1989 年版，第 164 页。

　　③ 侯外庐：《韧的追求》，三联书店 1985 年版，第 159 页。

　　④ 中央档案馆编：《中共中央文件选集》第 14 册，中共中央党校出版社 1992 年版，第 334 页。

　　⑤ 中国民主同盟中央文史资料委员会编：《中国民主同盟历史文献》（1941—1949），文史资料出版社 1983 年版，第 32 页。

革政治、实行宪政的范围，直接挑战的是国民党的执政地位。抗日民主运动从此有了新的方向和动力，各界民主进步力量在联合政府的口号下集聚起来，推动了抗日民主热潮的高涨。在昆明，西南联大、云南大学和文化界人士 5000 余人在双十节纪念会上，要求国民党立即召集国是会议，组成全民政府，保障人民民主权利；在成都，四川大学、华西大学等高校主办"国是座谈会"，也以要求结束国民党一党专政、成立联合政府为主旋律。到 1945 年元旦，国统区在以民盟为主体汇集了众多具有留学经历的民主人士的中间力量的推动下，要求成立民主联合政府的声势越来越猛烈，斗争形式由座谈、演讲发展到示威游行。

但是，国民党当局对于这种要求置若罔闻，仍执意召开国大以抵制共产党等党派和无党派人士要求成立民主联合政府的主张。3 月，蒋介石在重庆宪政实施协进会上公开声明，不同意组成联合政府的主张，并宣布预定于 11 月 12 日召集国民大会。① 随后，5 月召开的国民党"六大"拒绝了中共"七大"关于成立联合政府的要求，确立了维护一党专政的政治路线。"六大"还决定于 1945 年 11 月 12 日召集"国民大会"，并由这个大会通过"宪法"。实际上所要召集的"国民大会"的代表，是国民党抗战前"圈定"和包办"选举"产生的；所要通过的"宪法"仍然是 1936 年国民政府公布的"五五宪草"，国民大会的职权也得由国民党中央"授予"。这样的"还政于民"只会加强国民党的一党专政。蒋介石也承认："在实施宪政以后，本党的责任不但不因之减轻，而毋宁更为加重。"② 虽然国民党统治集团的主要成员也大都是归国留学生，但由于他们已经成为执政党的干城，对民主政治的要求远没有在野的留学生人士和以留学生为主的社团那样强烈。这或许是由于战事的需要，讨论宪政在他们看来似乎还为时过早过速。但是，历史是不以人们的意志为转移的，客观上国民党集团已深陷日益严重的执政危机。

以留学生为主体的民主人士发起推动的两次宪政运动，是抗战时期国统区人民民主运动的主要潮流，具有广泛的群众基础。虽然在当时的历史条件

---

① 章伯锋、庄建平主编：《中国近代史资料丛刊·抗日战争》第 3 卷《民族奋起与国内政治》（下），四川大学出版社 1997 年版，第 1370—1373 页。

② 荣孟源主编：《中国国民党历次代表大会及中央全会资料》下册，光明日报出版社 1985 年版，第 905 页。

下，未能实现民主政治的目标，但对专制独裁统治的猛烈抨击和对民主宪政的大力宣传，孤立了国民党内的顽固势力，广泛传播了现代民主观念，提高了各阶层民众的政治参与意识。通过两次宪政运动，以留学生为主力的民主人士也得到了锻炼，在民盟的旗帜下走向联合并逐渐政党化，成为抗战后期活跃于中国政坛上的一支重要民主力量。

第六章

战后中国的前途和留学生群体的艰难抉择

　　从 1945 年 8 月抗日战争胜利结束到 1949 年 10 月新中国成立的 4 年间，中国社会又处于重要的历史转折关头，两种前途、三种路线的选择成为该时期政治、军事斗争的主要内容。是坚持内战、独裁，还是成立和平、民主的联合政府，抑或是建立"十足地道民主国家"，成为中国人民面临的重大抉择。处此特殊历史阶段，素来具有忧患意识的知识分子特别是精英的留学生们，又陷入深深的忧虑之中，无可避让地处于时代的前沿，为中国的前途奔走呼号，进行论辩乃至角逐，在每一次重大政治事件中都留下了沉重的足迹。不过，最终因为生活经历、政治态度各异，他们不可避免地发生了巨大裂变，或出走他国、流落海外，或背井离乡、退居海岛，但绝大多数还是选择留在大陆，进入新的时代。

第一节　战后的留学政策和党派社团中留学生的构成

　　抗日战争胜利后，国内外形势发生了巨大变化，中国由此进入了一个新的历史时期。随着民族矛盾的消失，以国共两党为主的矛盾因受降纷争等一系列事件逐渐凸显，内战的阴云再次弥漫在刚刚获得和平的中国上空。同时，美苏两国在战后初期基于国际格局和本国利益需要所采取的对华政策，也在一定程度上影响了中国国内形势的发展，从而使战后中国复杂局势变得更加扑朔迷离。这是一方面。另一方面，从战后国家建设、民族复兴的角度来看，人才的培养也是南京国民政府在抗战后期就开始考虑的国策；而共产党从夺取政权、建设新中国的目标出发，也重视知识分子的工作。这一切，对战后留学生的派遣不能不产生重要的影响，而长期在不同集团内归国留学生的构成，对战后时局的发展也同样有着重要的影响。

一　战后留学政策的恢复

抗战胜利后，南京国民政府工作千头万绪，但有关知识分子政策尤其是留学生的工作在一段时间内依然被置于重要位置。因为日军的侵华战争，整个中国千疮百孔，百废待兴，各行各业需才孔亟，因此，留学教育的恢复势在必行。概括说来主要包括以下几个方面。

（一）救助战时滞留国外留学生回国并统筹安排工作

抗战期间，一部分战前派出的已毕业留学生，因交通及环境阻碍，未能及时回国而滞留于国外。抗战胜利后，他们纷纷回国参加建设，国民政府为促进战后各项建设，也积极鼓励前期滞留海外的留学生归国。战后不久，教育部就通令："在外国已毕业之留学生，早日返国，由政府就复员需要分派工作。"[①] 又如 1947 年 7 月 9 日，国防部致电战史编纂委员会，称由本部派遣的留美学员回国后，"分发服务由本部统筹办理，各机关部队不得自行罗致任用，以重人事纪律"[②]。不仅如此，国民政府还对归国人员进行资助，尤其对那些无力回国的自费生，不仅补助旅费，还贷给其半年的生活费。该项措施取得了较好的效果，从欧美国家回国的很多，以致形成了一股热潮。如 1945 年 12 月至 1946 年 7 月，仅留德学生就有季羡林等 4 批 70 余人相继回国。又如 1946 年中国首批留美铁路人员 19 名顺利结业回国。[③] 这些为国民政府恢复国家建设增添了信心与力量。

但是，也有个别人因为学业的需要留下来在美国深造。如西南联大外文系学生巫宁坤，出于抗战热情，1943 年参加飞虎队译员考试，"10 月，由航委会分配为赴美受训的重轰炸 30 组第三批飞行人员担任英语译员"。第二次世界大战结束后，"上级有意调我回国参加创建工作（指国民政府空军总部

---

① 《留学考试教部决定续办，明春夏间举行》，《中央日报》1945 年 11 月 14 日。

② 《国防部关于留美归国学员各单位不得自行任用的代电》（民国三十六年 7 月 9 日），国防部史政局和战史编纂委员会档案，中国第二历史档案馆藏。

③ 《我留美铁路人员首批 19 名结业，十年我将扩展铁路至四万英里》，《中央日报》1946 年 2 月 6 日。

办的'副官学校',笔者注)。回顾辍学从军数年,对抗战作了力所能及的贡献,可引以为慰。如今抗战既已胜利,深感学业荒疏,应当留美继续英美文学,事不宜迟,便辞去空军翻译的职务"①。

(二)恢复公自费留学考试

在召回留学国外毕业生的同时,国民政府亦恢复留学生派遣制度,到1948年因内战白热化经费短缺而停止。抗战时期,由于各方面的限制,国民政府公费留学生派遣工作受到很大影响,对自费留学的限制也非常严格。战后不久,国民政府即开始着手留学生的派遣工作,并决定合并举行公自费留学联合考试。为此,教育部颁布了《三十六年度自费生留学考试章程》等。其中《教育部公费生留学考试章程》(1946)规定:

(一)名额 本部公费生120名,法国政府交换生50名,中英文教基金董事会公费生20名,共计190名。其中(1)留法交换生50名;(2)留英公费生40名;(3)留美公费生40名;(4)留瑞士公费生22名;(5)留瑞典公费生13名;(6)留丹麦公费生7名;(7)留澳洲公费生4名;(8)留比公费生5名;(9)留荷公费生4名;(10)留加拿大公费生2名;(11)留意公费生3名。

(二)资格 (1)曾在公立或已立案之私立大学或(私)立学院毕业者;(2)曾在公立或已立案之私立专科学校毕业并曾任与所习学科有关之职务或研究工作二年以上者。

……

(九)留学年限及待遇 (1)出国公费生留学期限定为二年,必要时得申请延长一年。(2)在国外入学研究二年后,得视需要申请实习或赴各地考察或转学他国。②

另外,还规定分区在南京、重庆、北平、上海、西安、武汉、广州、昆

---

① 巫宁坤:《往事回思如细雨:从扬州到维州》,见〔美〕李又宁主编《留美八十年》(3),纽约天外出版社2003年版,第2—3页。

② 《教育部三十五年度留学公费生考试章程》,国民政府教育部档案,中国第二历史档案馆藏。

明等地分别报名考试。考试科目分普通科（三民主义及本国史地、国文、留学国语文）、专业科目（二种）及外国语口试三门，其中专门科目占50%、外国语文占30%、三民主义及本国史地占20%。

1946年7月，战后首届公费自费留学考试联合分区进行，最终录取公费生148名。其中包括中英文教基金董事会留英公费生王佐良等17名；教育部留法交换生吴冠中、吴文俊等40名；教育部留英公费生李璞等16名；教育部留美公费生毛汉礼等33名；教育部留瑞士公费生王复周等19名；瑞典6名、丹麦6名、澳洲2名、荷兰4名、加拿大2名、意大利3名；自费生1934人（含未达公费录取标准而转为自费者718人），留学国别包括英、德、美、苏、法、比利时、瑞士、瑞典、丹麦、荷兰、意大利、加拿大、澳大利亚等国。

抗战时期，由于战争需要，国民政府征调大批大学毕业（肄业）学生从事战时工作。抗战胜利后，根据相关规定，教育部举办了主要针对被征调学生之留学派遣事宜，其主要形式有青年军官留学考试和翻译官留学考试两种。在举办公费自费考试的同时，为奖励战时从军知识青年，国民政府特别设立了青年军留学名额，并由军事委员会青年军管理处和教育部协调制定了《青年军公费留学考试章程》，其资格是："公立或已立案之私立专科以上学校毕业，受训期间成绩优良证件完全者。"地点仍然在南京、重庆、北平、上海等九区举行。考试科目同《教育部公费生留学考试章程》，其中"留学年限及待遇"为：

（1）在国外入学研究，二年后须视需要申请实习，或赴各地考察，或转学他国。

（2）青年军公费留学生之往返旅费、出国治装费及留学期间之生活费等，由青年军复员管理处拨付教育部转发。

（3）留学期满归国后应向青年军复员管理处及教育部报到，青年军管理处得指定服务，其办法另定之。①

---

① 《青年军公费留学考试章程》（1946年6月），国民政府教育部档案，《教育通讯》1949年第11期，第23—24页。

1946 年 7 月，青年军留学考试与公费自费留学生考试合并进行，最终录取 25 名，专业涉及英文、兽医、西洋史、经济、细菌、水利、临床麻醉、地方行政、法律、机械、工商管理、土木工程等。

抗日战争后期，美国曾派遣军队赴中国战区参战，为方便交流，南京国民政府征调部分大学生充任翻译。抗战胜利后，为奖励该批战时翻译人员，国民政府亦特设翻译官留学名额，以选拔其中的优秀分子出国深造。1947 年 4 月间，教育部举行了第一届翻译官留学考试。此次考试共计录取留学生 97 名。

除上述几种外，该时期还有一批获得国外特殊资助而出国留学者，如美国罗氏基金社、华医社、美国医药助华会及各院校提供奖学金，资助国内医药学生出国留学，计 1945 年 5 人，1946 年 37 人，1947 年 87 人。[①]

1947 年 4 月教育部公布了《国外留学规则》。与之前相比，该规则除规定留学生出国前均应经教育部考试及格，以规范自费留学外，还对省派公费留学权限加以限制，规定"各省市之公费留学生，复试统由教育部办理"。另外，还规定将"高等考试及格者"[②] 列为留学生考试资格之一。

需要指出的是，虽然因为内战的原因，1948 年教育部以经费缺乏为由暂停公自费留学考试，但仍规定：凡国内大学毕业生自请获得国外大学入学许可且可自备外汇者，教育部可发给出国证明。这反映出，当时的教育部对留学教育还没有束之高阁。不过，事实上，此后随着国内局势的恶化，国民政府在大陆已经停止留学生派遣。

总的来说，战后四年，时间、财力均有限，但南京国民政府派遣留学生的成绩斐然。据美国政府的报告："虽然留学生总数在第二次世界大战期间有所下降，但在战后由中国政府启动了大规模派遣留学项目，留美学生的人数立即回升。1948—1949 学年，近 4000 名中国学生进入美国的学院、大学学习，是在美国的除加拿大学生之外最大的外国学生群体。"[③] 另外，派往欧洲的还有近千人，其中包括 1945 年 11 月至 1946 年教育部派往英国实习

---

① 林子勋：《中国留学教育史》（1847—1975），（台北）华冈印刷厂 1976 年版，第 515—517 页。

② 《国外留学规则》，《教育部公报》1947 年第 5 期，第 12 页。

③ *Chinese Students in the United States*，1948 – 55—*A Study in Government Policy*，Committee on Educational Interchange Policy，1956，pp. 1 – 14.

的留学生①，总计5000人左右。

（三）对抗战时期留日学生回国后的甄审

抗战爆发后，在日留学生几乎全部回国，国民政府对日留学生的派遣也随之停止。但在日本控制的伪满、汪伪"政府"控制的地区，为培养亲日分子，对留日学生的派遣依然进行。客观地说，该时期的留日学生虽不乏汉奸分子，但大多数还是以赴日学习知识、回国效力为目的的。抗战胜利后，为妥善处理这些留日学生，国民政府确立了甄选政策，对之加强审查。为此，先后颁布了《留日学生召回办法》《抗日战争期间留日学生甄选办法》，并设立留日学生资格甄审委员会主持办理甄选事宜。《留日学生召回办法》规定，对"学业已告完成或已告一段落者；无力自行继续留学者；其他特殊原因者"② 均由教育部统筹召回。回国后，各该生应即向教育部申请登记，同时上交登记表、保证书、学历证件及自传等材料以办理甄选事宜。并规定，其曾在日本专门以上学校毕业者，须认真研读"国父遗教（包括三民主义、《建国方略》、《建国大纲》）及中国之命运，并在书内加以圈点"，同时将读书报告上交甄选委员会，经委员会审查合格者依其原毕业学校性质程度，发给甄选合格证明书。③ 据统计，截止到1948年2月，先后有1594名留日学生前往教育部登记，其中呈交证书、报告、自传等手续者543人。④ 之后因时局大变，甄选制度无以为继，最终随着国民党的败退而有始无终。

应该说，留学政策在战后的恢复与延续，不仅是国民政府知识分子政策的重要内容，也反映了其战后恢复国家建设的初步规划。但随着内战的爆发，由于经济形势日益恶化和币制改革的失败等原因，国民政府的财政日益困难，尤其是军事上的节节失利，其政权亦岌岌可危，因而也就无暇顾及留学生事务，对留学生的派遣工作基本陷入停顿状态。

---

① 详见《教育部选派三十四年留英实习生工作报告》，国民政府教育部档案，中国第二历史档案馆藏。

② 《教育部公布抗战时期留日学生甄别办法令》1947年1月8日，中央大学档案，中国第二历史档案馆藏。

③ 《教育部留日学生召回办法令》1947年1月8日，中央大学档案，中国第二历史档案馆藏。

④ 《留日学生甄选，教部正在办理中》，《中央日报》1948年2月17日。

二 战后党派社团和国大国府中留学生的构成

作为一个复杂的知识分子群体，抗日战争胜利后的留学生们因社会地位、经济条件和价值取向以及对时局的认识不同所致，大致分属于国民党、共产党和民主党派三种不同的社会政治集团之中，并在其中发挥了重要的影响，这也决定了他们在战后中国社会发展进程中扮演着不同的角色。从某种意义上说，正是由于他们之间的相互影响与斗争，才促进了战后社会结构的巨变。

（一）国民党内留学生群体的人员构成

作为一个发起于海外的政党，国民党与留学生有着千丝万缕的联系，以孙中山、黄兴等为首的第一代领导集体几乎都有过留学的经历。国民政府成立后，留学生的派遣与任用亦受到相当重视，而作为执政党的国民党更是近水楼台先得月，极力延揽留学生，故而留学生在国民党和国民政府中尤其是在上层占据重要位置。

1945 年 5 月，国民党"六大"在重庆召开。据《国民党政治与社会结构之演变》（1905—1949）一书统计，在 460 名中央委员群体①中，"已查清学历的中执委和中监委 356 人，有留学经历者 156 人，占 43.54%，其中留学欧美者 93 人，占留学人数的 60%，留日 26 人"②，留苏 7 人，有留学经历者占中央委员群体总数之 33.91%。其具体情况如下。

1. 从留学地域看国民党内归国留学人员的构成

由于留学历史所定，中国留学生主要集中于欧美、日本与苏俄，这在国民党内也不例外。据此，可分为三个群体。

其一，留学欧美人士，这是国民党内一个极其庞大的留学生群体，包括从晚清留学欧美以来进入国民党上层的归国留学生。主要人员有：马星野、王世杰、王宠惠、王正廷、王若僖、王星拱、王宗山、王隽英、韦永成、邓家彦、甘乃光、孔祥熙、叶秀峰、孙科、孙越崎、朱家骅、朱经农、刘攻芸、刘维炽、刘恒静、宋庆龄、宋美龄、宋子文、李文华、李文范、李先

---

① 包括中央执行委员、候补中央执行委员，中央监察委员、候补中央监察委员。

② 崔之清：《国民党政治与社会结构之演变》（1905—1949）（下编），社会科学文献出版社 2007 年版，第 1305—1309 页。

良、李永新、李煜瀛、李绮庵、杨端六、吴国桢、吴铸人、狄膺、谷正纲、何思源、何浩若、赫联奎、余井塘、麦斯武德、谷正鼎、张厉生、张伯苓、张邦翰、张道藩、张静愚、罗时实、罗霞天、陈立夫、陈绍贤、陈逸云、罗家伦、郑彦棻、林叠、林云陔、周异斌、柳克述、段锡朋、钮永建、胡庶华、倪文亚、杨继增、桂永清、顾孟余、顾希平、顾维钧、章益、赵棣华、翁文灏、郭泰祺、梅贻琦、萨本栋、钱用和、钱昌照、黄少谷、黄季陆、谭振、彭学沛、董显光、程天放、程天固、程思远、蒋梦麟、傅岩、傅秉常、曾养甫、谢冠生、赖琏、萧铮、谭伯羽、魏道明、李明洋、陈庆云、陈绍宽。

其二，留学日本人士，这是从清末新政以来留学日本的归国留学生在国民党内的留学生群体。主要人员有：丁惟汾、王芃生、王陵基、方治、方觉慧、朱霁青、刘文岛、刘纪文、戴季陶、吴敬恒、吴铁城、吴鼎昌、邹鲁、邵力子、张继、张知本、张嘉璈、陈树人、居正、罗贡华、胡秋原、黄麟书、钱大钧、徐箴、燕化棠、雷震、雷殷、韩振声、潘公弼、熊克武、王俊、白海风、朱绍良、刘斐、汤恩伯、许崇智、宋希濂、沈鸿烈、李济深、李烈钧、张轸、杨杰、谷正伦、何应钦、何成浚、何柱国、陈仪、邹作华、徐景唐、贺耀祖、黄旭初、阎锡山、程潜、曹浩森、蒋介石、熊式辉。

其三，留学苏联人士，这是 20 世纪 20 年代国民党派往苏联留学的归国留学生，人数不多，在国民党内的影响也最小。主要人员有：王懋功、邓文仪、任卓宣、张镇、蒋经国、郑介民、康泽。

事实上，据最新资料显示，上述名单中尚有一些未被录入者，至少还有16 人，分别是：吴南轩（留美）、于右任（留日）、贺衷寒（留苏）、马超俊（留日）、张群（留日）、吴保丰（留美）、范予遂（留英）、楼桐荪（留法）、甘家馨（留日）、邓飞黄（留英）、向传义（留日）、张维（留美）、吴尚鹰（留美、加）、刘季洪（留美）、齐世英（留日、德）、张廷休（留英、德）、陈访先（留日）。如此计算，具有留学经历者至少占中央委员群体的 37.39%。

该次大会产生中执委 222 人，其中具有留学经历者至少 99 人，约占44%。具体名录如下：于右任（留日）、何应钦（留日）、叶楚伧、居正

（留日）、孙科（留美）、陈诚、戴季陶（留日）、吴铁城（留日）、邹鲁（留日）、宋子文（留美）、丁惟汾（留日）、白崇禧、陈果夫、张治中、梁寒操、陈立夫（留美）、陈布雷、朱家骅（留美、德）、胡宗南、冯玉祥、朱绍良（留日）、贺衷寒（留苏）、顾祝同、钱大钧（留日）、何成浚（留日）、马超俊（留日）、宋庆龄（留美）、程潜（留日）、阎锡山（留日）、张厉生（留法）、谷正伦（留日）、傅作义、谷正纲（留德、苏）、麦斯武德（留土）、刘健群、杨杰（留日）、蒋鼎文、段锡朋（留美、英等）、鹿钟麟、余井塘（留美）、潘公展、甘乃光（留美）、陈继承、焦易堂、李文范（留日、法）、吴忠信、于学忠、狄膺（留法）、方觉慧（留日）、刘维炽（留美）、王正廷（留美）、刘峙、曾扩情、周伯敏、余汉谋、黄旭初（留日）、黄季陆（留日、美）、方治（留日）、张群（留日）、卫立煌、薛笃弼、谷正鼎（留日、德）、张道藩（留英、法）、萧同兹、陈策、俞飞鹏、陈庆云（留美）、陈树人（留日）、徐源泉、柏文蔚、丁超五、熊式辉（留日）、傅秉常（留香港）、洪兰友、林翼中、沈鸿烈（留日）、曾养甫（留美）、周启刚（留美）、李品仙、蒋伯诚、陈绍宽、罗家伦（留美、英等）、马鸿逵、邓家彦（留日）、刘纪文（留日）、赖琏（留美）、何健、彭学沛（留日、比）、陈仪（留日）、刘建绪、李宗黄、朱霁青（留日）、李扬敬、洪陆东、顾孟余（留德）、缪培南、李任仁、戴愧生、陈济棠、张强、罗桑坚赞、唐生智、吴保丰（留美）、陈肇英、王泉笙、苗培成、茅祖权（留日）、夏斗寅、吴挹峰、叶秀峰（留美）、杨爱源、萧吉珊、赵允义、时子周、余俊贤、黄实、吴开先、萧铮（留德）、孔祥熙（美）、徐堪、田昆山、傅汝霖、梅公任、林叠、王东原、罗卓英、骆美奂（留美）、宋美龄（留美）、桂永清（留德）、宋希濂（留日）、关麟征、康泽（留苏）、黄宇人、顾维钧（留美）、翁文灏（留比）、吴绍树、周至柔、张镇（留苏）、黄仲翔、王耀武、邓文仪（留苏）、郑介民（留苏）、王启江、陈石泉、孙蔚如、马元放、顾希平（留法）、朱怀冰、俞鸿钧、李惟果（留美）、刘瑶章、李默庵、汤恩伯（留日）、郑彦棻（留法）、邓宝珊、冯钦哉、胡健中、卢汉、王缵绪、李翼中、范予遂（留英）、楼桐荪（法）、庞镜塘、袁守谦、李中囊、张之江、梅贻琦（留美）、万福麟、白云梯、甘家馨（留日）、邓飞黄（留英）、陈剑如、向传义（留日）、邓锡侯、夏威、陈希豪、柳克述、张维（留美）、项定荣、燕化棠（留日）、吴尚鹰（留美、加）、沙克都尔扎布、韩振声、潘公弼（留日）、彭绍贤、刘季洪（留美）、程思远（留意）、齐世英（留日、德）、李书华（留法）、达理扎雅、许绍棣、杨端六（留日、英）、董显光（留美）、王宗山（留美）、方青儒、郭忏、王陵基（留日）、李大超、陈雪屏（留美）、张廷休（留英、德）、魏道明（留法）、李汉魂、徐箴（留日）、陈联芬、林学渊、罗霞天（留德）、陆福廷、周异斌（留英、美）、刘文辉、吕云章、沈慧莲、梅友卓（华侨）、李培基、龚自知、欧阳驹、陆崇仁、热振、张嘉璈（留日）、张国焘、陈国础、陈访先（留日）、王懋功（留苏）。

由上可见，留学生在国民党中央执行委员中的比例是相当大的，且地位也非常高，反映出国民党对留学生的重视。留学生群体在国民党内尤其是高层的地位与势力，也足以影响国民政府内政外交政策的制定。如战时及战后国民政府外交上的亲英美路线，某种程度上正是留学欧美者在国民党内部地位与影响的体现。

2. 按基本政治倾向看国民党内留学生的构成

按战后国民党内留学生的政治态度尤其是对内战和共产党的政治态度进一步考察，又可分为以下三种类型，这种构成在某种意义上恰恰决定了国民党在战后中国大陆的政策与命运。

其一为军人强硬集团，以蒋介石、何应钦、阎锡山以及汤恩伯、桂永清、王叔铭等人为代表，他们大多曾经留学日本或德国。在战争频繁的近代中国，掌握军权者往往具有最后的核心决策权，从而成为国民政府内举足轻重的人物，其领导和影响下的政府在某种意义上可以说属于军人政府。这种情况对处于转型期的近现代中国有多重意义。一般来说，军人政府都属于强势政府，具有强大的社会整合能力，加之蒋介石等人雄心勃勃，曾留学海外，具有一定的现代意识和较强的民族意识，某种程度上能够站在国家和民族的立场整合社会资源，促进国家统一与建设。这种作用在1927—1945年特别是抗战期间表现突出，国民党政府在领导国家建设与民族抗战方面也确有贡献，这也是战后初期国民党在民众心目中威望升高的重要原因。但是，以蒋介石为首的军人政府也存在一些致命的缺陷。由于军人出身，且又大都在军国主义比较盛行的日本和德国留学，他们很容易把军队中绝对服从的作风与制度带进政府机关，从而堵塞言路，压制民主，导致政治上的专制、独裁。而军人的思维方式和处事原则，也使得他们更倾向于采用暴力手段来解决国内社会问题。这种弊端在1946—1949年表现得更为突出。这也不难理解为什么战争一直是该时期的主流，且会发生"一二·一惨案""下关惨案""李闻惨案""五·二〇惨案"等暴力事件了。因此，就此而言，军人政府的性质，是国民党政府最终失去民众支持特别是知识分子支持而失败的原因之一。而作为留学生出身的军人领导人，蒋介石等的所作所为在不同程度上反映了当初留学国思想文化的影响。

其二为亲英美反共集团，以孔祥熙、宋子文、陈立夫等人为代表。这些人不同于军事留学生，他们大都留学欧美且学有专长，熟悉财政、经济和资源，对民国的社会发展也确有贡献。如孔祥熙、宋子文等长期执掌民国的财政、经济、银行和外交等领域，对民国财政、经济、外交的发展及中国国际地位的提高都有不可抹杀的贡献。但同时他们也为自己或家族、集团谋得了巨大利益，从而成为国民党内的最大受益者。如战时，孔祥熙等人就利用权势大肆敛财、发展官僚资本；抗战胜利后，他们又借接收敌伪资产大发横财。内战期间他们仍以经济改革等各种名义为自己牟利，从而将国民党在抗战期间树立起的崇高威望损失殆尽，失去了人们的爱戴与拥护。这个集团虽然具有现代化意识和能力，但在既得利益和社会发展发生冲突的时候，他们往往会顽固地维护其既得利益，阻碍社会变革与发展。因此，在战后他们大都逆社会潮流而动，成为该时期民众反对的目标，激起人民推翻国民党政府的决心。

其三为自由主义集团，该群体以翁文灏、王宠惠①、王世杰②、邵力

---

① 王宠惠（1881—1958），广东东莞人。1901年赴日本学习法律，1902年转学美国加利福尼亚大学、耶鲁大学，获法学博士学位，毕业后赴欧洲研究法律。民国成立后任外交总长、司法总长、国务总理、外交部长、代理行政院长、司法院院长等。著有《宪法刍议》《宪法》等。

② 王世杰（1891—1981），湖北崇阳人。1913年入英国伦敦大学经济学院，获经济学硕士学位，后转赴法国巴黎大学，获法学博士学位。1920年回国，历任北京大学法律系教授、主任、湖北省教育厅厅长、武汉大学校长、教育部部长、国民党中央宣传部部长、外交部长，第一届中研院院士。1949年后，任"总统府"秘书长、"总统府"资政等。著有《比较宪法》等。

子①、吴国桢②以及朱家骅③、蒋廷黻④等为代表，国民党内政学系中的留学生基本上都属于这个群体。他们大都曾经留学欧美，接受西方现代文化的熏陶，具有较强的民主、自由等现代政治理念，对世界形势的发展有敏锐的把握，也希望用这些理念改造中国。在某些方面，他们也能够影响国民政府相关政策的制定与实施，但在总体上他们尚处于被支配地位，况且又遭到国民党内部派系斗争的倾轧与排挤，加之最高决策者潜意识中的强权观念，使得他们不可能真正实现政治改革的抱负，无力改变中国的政治规则。而且他们的政治理想与共产党的政治理想在根本上南辕北辙，最终也不会被共产党接受。因此，他们虽然也居庙堂之上，但只是在自己力所能及的范围内对现实做一些小修小补工作。这个群体最大的贡献在于教育、外交、资源开发等专业性比较强的领域。在特殊时期，尤其是战后，他们为重庆谈判的举行、政治协商会议的召开，都进行了认真的努力，促进了战后民主政治的发展。

（二）共产党内留学生群体的人员构成

作为一个五四时期成立的政党，中国共产党最初主要是由留学生出身的知识分子所创建，此后又吸引了包括留学生在内的大批知识分子参加，且随着 20 世纪二三十年代留法、留苏热潮的兴起，留学生在其中的比重更是日益增加，但其基层党员为一般的工人、农民。经过长时间的洗礼与革命的历练，留学生大都成为共产党的重要领导干部，在共产党的发展壮大中发挥了

---

① 邵力子（1882—1967），浙江绍兴人。1906 年留学日本，加入同盟会。1907 年回国后创办《民立报》。1927 年后，历任国民革命军总司令部秘书、中国公学校长、甘肃省政府主席、陕西省政府主席、国民党宣传部部长、驻苏联大使等。

② 吴国桢（1903—1984），湖北建始人。1921 年留学美国，先后在格林内尔学院和普林斯顿大学获经济学硕士、政治学博士学位。1926 年回国，历任汉口市财政局局长、湖北省财政厅厅长、汉口市市长、重庆市市长、外交部政务次长、国民党宣传部部长、上海市市长、台湾省主席等职。著有《中国的传统》等。

③ 朱家骅（1893—1963），浙江吴兴人。早年加入同盟会，参加辛亥革命。1914 年留学德国柏林大学。1916 年回国任北京大学教授。1918 年留学美国。1919 年又赴瑞士伯尔尼大学、德国柏林大学学习，1922 年获地质学博士学位。回国后历任中山大学教授、中央大学校长、浙江省政府主席、教育部部长、行政院副院长等。1949 年后去台湾，曾任"总统府"资政、"中研院院长"等职。

④ 蒋廷黻（1895—1965），湖南邵阳人。1911 年留学美国，先后就读派克学院、奥伯林学院和哥伦比亚研究院，获哲学博士学位。1923 年回国，历任南开大学教授、清华大学教授、清华大学文学院院长、行政院政务处处长、驻苏大使、善后救济总署署长、中国驻联合国常任代表等。著有《中国近代史》等。

重要作用。

1. 党员留学生构成

下面以 1945 年 4—6 月中共在抗战胜利前夕召开的第七次全国代表大会为例，分析参加此次大会的代表及所选举出的中央委员中留学生的比例构成。

这次大会共有代表 755 人，其中正式代表 547 人、候补代表 208 人，各区代表名额如下：中直、军直代表 56 人，陕甘宁边区代表 144 人，晋绥代表 52 人，晋察冀代表 126 人，晋冀鲁豫代表 106 人，山东代表 74 人，华中代表 113 人，大后方代表 84 人。据此在 755 名代表中，留学生出身者共有 87 人，占代表总数的 11.52% 左右。其中曾经赴苏联留学者 61 人，占留学生总数的 70.11%。另外比较集中的两个留学国家是日本和法国，其中日本有 17 人，法国有 13 人。各区代表中留学生名录及其留学国别具体如下（括号内为留学国家）：

中直、军直代表团（24 人）：李富春（法）、赵毅敏（苏）、朱宝庭（苏）、孟庆树（苏）、范文澜（日）、曹轶欧（苏）、李唐彬（苏）、王鹤寿（苏）、黄火青（苏）、王学文（日）、萧三（苏）、张琴秋（苏）、徐以新（苏）、刘芝明（日）、张如心（苏）、李初梨（日）、浦化人（苏）、陈伯达（苏）、刘英（苏）、李范五（苏）、师哲（苏）、许之桢（苏）、艾思奇（日）、余光生（美）。

陕甘宁边区代表团（共 14 人）：林伯渠（日、苏）、萧劲光（苏）、李卓然（法）、欧阳钦（法）、周扬（日）、何思敬（日）、李维汉（法）、高自立（苏）、南汉宸（日）、甘泗淇（苏）、关向应（苏）、乐少华（苏）、郭化若（苏）、李强（苏）。

晋绥代表团（共 3 人）：许光达（苏）、乌兰夫（苏）、吴亮平（苏）。

晋察冀代表团（共 5 人）：聂荣臻（法、比）、马辉之（苏）、蔡畅（法）、孙志远（苏）、成仿吾（日、法）。

晋冀鲁豫代表团（共 11 人）：朱德（德）、刘伯承（苏）、傅钟（法、苏）、王稼祥（苏）、杨秀峰（法）、张闻天（日、美、苏）、杨尚昆（苏）、刘亚雄（苏）、唐哲明（日）、陆定一（苏）、何长工（法、比）。

山东代表团（共3人）：朱瑞（苏）、康生（苏）、解方（日）。

华中代表团（共13人）：陈毅（法）、危拱之（苏）、伍修权（苏）、曾涌泉（苏）、王盛荣（苏）、王明（苏）、陈郁（苏）、邓发（苏）、柯庆施（苏）、任弼时（苏）、刘少奇（苏）、李士英（苏）、严朴（苏）。

大后方代表团（共14人）：叶剑英（苏）、孔原（苏）、蔡书彬（苏）、周恩来（日、法）、徐特立（法、苏）、董必武（日、苏）、何克全（苏）、钱瑛（苏）、黄松龄（日）、夏之栩（苏）、秦邦宪（苏）、吴玉章（日、苏）、吴克坚（苏）、程子健（苏）。

在大会选举出的中共第七届中央委员中，留学生出身者也占了很大比例（见表6—1）。

表6—1　　　　**中国共产党第七届中央委员会委员教育背景**

姓名	是否留学	留学国别	姓名	是否留学	留学国别
毛泽东	否		周恩来	是	日、法
朱德	是	德、苏	刘伯承	是	苏
刘少奇	是	苏	郑位三	否	
任弼时	是	苏	张闻天	是	日、美、苏
林伯渠	是	日、苏	蔡畅	是	法
林彪	否		邓小平	是	法
董必武	是	日、苏	陆定一	是	苏
陈云	是	苏	曾山	是	苏
徐向前	否		叶剑英	是	苏
关向应	是	苏	聂荣臻	是	法、比
陈潭秋	是	苏	彭德怀	否	
高岗	否		邓子恢	否	
李富春	是	法	吴玉章	是	日
饶漱石	是	苏	林枫	否	

续表

姓名	是否留学	留学国别	姓名	是否留学	留学国别
李立三	是	法、苏	滕代远	是	苏
罗荣桓	否		张鼎丞	否	
康生	是	苏	李先念	否	
彭真	否		徐特立	是	法国
王若飞	是	日、法	谭震林	否	
张云逸	否		薄一波	否	
贺龙	否		陈绍禹（王明）	是	苏
陈毅	是	法	秦邦宪	是	苏

资料来源：周棉主编：《中国留学生大辞典》，南京大学出版社 1999 年版；中共中央党史研究室第一研究部编：《中国共产党第七次全国代表大会代表名录》，上海人民出版社 2005 年版。

由表 6—1 可知，在中共七大 44 名中央委员中，具有留学经历者 28 人，占总数的 63.6％。在七届一中全会选出的 13 名政治局委员中①，留学生 7 人，占 53.8％，他们是朱德、周恩来、刘少奇、康生、董必武、林伯渠、张闻天。在具有最高决策权的 5 名书记处书记中，除了毛泽东外，朱德、周恩来、刘少奇、任弼时 4 人都是留学生出身。可见留学生出身者在共产党领导层中的比例是相当高的。

2. 党内留学生群体特点

第一，留学国别相对集中。与国民党内留学生群体相比，共产党留学生的留学国大都集中在日、法、苏三国，很少有留学美国的。这与 20 世纪的几次留学高峰和共产主义思潮的流行有关。日本在抗战爆发前一直都是中国人留学的重要目的地，共产主义思想在中国的传播最早也是通过留日学生译介的，中共早期领导人陈独秀、李大钊等都曾留学日本。十月革命后，苏联成为当时世界上仅有的社会主义国家，因此，留学苏联就成为中国部分信仰共产主义的青年的理想。但当时的北洋政府尚未与苏联建立外交关系，很多青年转道去了共产主义的发源地欧洲留学。恰在此期间，留法勤工俭学运动

① 中国共产党七届一中全会选出之中央政治局委员分别是：毛泽东、朱德、刘少奇、周恩来、任弼时、陈云、高岗、康生、彭真、董必武、林伯渠、张闻天、彭德怀。

发生，加之法国又是共产主义社会雏形——巴黎公社的诞生地，从而吸引了许多具有革命理想且出身贫苦的青年选择赴法留学。随着共产党的成立，尤其国共合作以后，赴苏留学者渐多。1927年后，作为当时共产国际下属的中国共产党更是将留苏作为学习革命理论的唯一途径。

第二，共产党中留学生的学历普遍偏低。除少数人外，共产党留学生群体大多没有获得较高的学历，甚至没有受过正规的学历教育。以留法生为例，他们由于大都出身贫寒，无法支付学习费用，只有半工半读，况且很多人工作的时间远远多于学习的时间，因此，也就不可能接受正规的学历教育。对于留苏生来说，他们大多接受的是政治教育与培训，对其他知识的学习则相对欠缺。虽然如此，留学生在中国共产党内的职位还是相对较高。1927年后，共产党被国民党政府视为匪徒，长期处于非法的地位，这极大地影响了共产党的发展。除少数意志坚决的知识青年外，大多数知识分子因政府的态度而不愿加入共产党，参加共产党的大多是生活无着、目不识丁的贫苦大众。在这种情况下，有文化知识，又有海外经历的留学生自然肩负起更多的任务，在党内担任相对较高的职务。

总之，留学生在共产党内部，尤其是领导层占有很重要的地位。这种格局也决定了留学生在战后发挥了不可替代的作用。如在国共重庆谈判中，周恩来和王若飞作为共产党代表，与国民党反复磋商，最终达成了《双十协定》。在随后的停战谈判和政治协商会议上，以周恩来、王若飞、董必武、叶剑英等留学生为主体的共产党代表，也为推动战后和平与发展民主统一战线作出巨大贡献，在军事斗争领域，以朱德、邓小平、刘伯承、陈毅等留学生为代表的共产党人，在战场上与国军英勇奋战，为和平谈判的进行和共产党夺取全国政权立下了赫赫战功。

（三）民主党派中留学生群体的人员构成

抗战胜利前后，受国际国内各种因素的影响，中国知识分子出现了一次参政议政的高潮，掀起了声势浩大的民主宪政运动，有学者将其称为"参与爆炸"①。该时期国内相继成立的各民主党派也就成为他们参政议政的主要

---

① 许纪霖：《中国自由知识分子的参政》（1945—1949），见《许纪霖自选集》，广西师范大学出版社1999年版，第112页。

载体，而留学生在这些党派的成立与发展中都发挥了重要作用。

1. 民盟的演变和人员构成

中国民主同盟是当时国内除国共之外的第三大政治团体，在战后中国扮演了非常重要的角色。1940 年，随着抗战局势的变化，国民政府的外部压力有所减轻，其注意力开始向内部转移，于是在国共之间军事摩擦加剧的同时，政治上，国统区的民主活动亦受到限制，如先后有十余处传播进步、民主思想的生活书店被相继查封。在此环境下，民主派人士日感自身力量弱小，于是想联合社会力量，以制约国民党的独裁统治。经各方奔走，救国会、第三党、乡村建设派、中华职业教育社、国家社会党、青年党等三党三派联合成立了中国民主政团同盟。抗战后期，为适应国内民主运动的发展形势，扩大民盟组织以吸收非党人士参加，1944 年，在民盟全国代表大会上，中国民主政团同盟正式更名为中国民主同盟，从此进入一个新的发展时期。到抗战胜利时，民主同盟已是中国第三大政团组织，成为一支举足轻重的政治力量。

抗战胜利后，民盟呼吁民主，反对独裁，坚持以中间派的身份调解国共冲突。其主张因在一定程度上与中共战后政策相似而得到了共产党的支持，而国民党亦为压制民主力量的增长，对其分化拉拢，最终借政协会议和国民大会将民盟内部的青年党和国家社会党分离出去。到 1947 年，国民政府更是宣布民盟为非法团体，予以取缔。民盟在几经思量后最终放弃了中间路线，转而响应共产党的号召，成为中共坚定的同盟者。

作为一个以知识分子为主体的民主政党，留学生在民盟的发展过程中起了重要的作用，可以说留学生就是民主同盟的中坚力量。下面以该盟前两届中央委员会常务委员为例，分析留学生在民主同盟中的构成：

中国民主同盟中央委员会常务委员名单（1944 年）

张澜（留日）、张君劢（留日、德）、章伯钧（留德）、左舜生（留法）、潘光旦（留美）、李璜（留法）、沈钧儒（留日）、梁漱溟、黄炎培。

中国民主同盟中常委委员（1945 年 10 月）

张澜（留日）、沈钧儒（留日）、黄炎培、章伯钧（留德）、罗隆基（留美）、梁漱溟、左舜生（留法）、史良、张君劢（留日）、张东荪（留日）、张申府（留法）、杜斌丞、陶行知（留美）、朱蕴山、潘光旦（留美）、马哲民（留德）、周鲸文（留美）、蒋匀田。

由上可知，在 1944 年推选的 9 名民盟中央常委中，具有留学经历者 7 人，占总数的近 78%；而在 1945 年选举的 18 名常务委员中，亦有 12 人具有留学经历，所占比例近 67%，可见留学生，尤其是留学欧美者，在民盟高级领导层始终占大多数。这种格局极大地影响了民盟的各项政治主张，使他们更倾向于倡导在中国建立欧美政治制度。这也正是战后初期他们为什么坚持主张第三条路线的重要原因，但中国的社会现实及国内局势的发展，迫使他们最终不得不放弃自己的中间派立场，在国共之间作出抉择。

2. 中国青年党的演变和人员构成

中国青年党也是存在时间较长且有一定影响的政党。1923 年，一批国家主义信仰者曾琦、李璜、李子醾、张子柱等人鉴于"非有新革命党组织，不足以对抗共产党"① 的目的，在法国秘密成立了中国青年党，自此反对共产主义也就成为该党的一贯主张。1924 年中国青年党将党部由法国迁到国内，很快就与国民党右派分子相呼应，大肆攻击共产党，因而遭到共产党和国民党左派的批判。"九·一八事变"后，青年党政治态度有所改变，为抗击外敌，该党呼吁"速息内争，以御外侮"②，并主动停止对国民党的攻击，开始与之接触。抗战爆发后，左舜生代表青年党致书蒋介石、汪精卫"表示团结合作之意"③。抗战胜利后，国民党在制造一系列民主惨案、暴力打击民主势力的同时，也对民盟进行了分化、拉拢，而青年党便是其拉拢的首批对象。1946 年初，青年党借政协会议代表名额之争，与民盟彻底决裂，成为国民党的同盟者，后又参加了由国民党一手包办的国民大会；次年加入国民党组织的联合政府，成为所谓的执政党之一。1949 年随着国民党逃离大陆，青年党首领大部追随国民党败退台湾，其组织也在大陆崩溃瓦解。

从历史来看，中国青年党与留学生有着非常密切的关系。首先，留学生是青年党的最早发起人与创建者，也是该党各时期的核心领导者，如曾琦、李璜、李子醾、张子柱、何鲁之等均为留法学生，且自成立之时起，留学生

---

① 李义彬编：《中国青年党》，中国社会科学出版社 1982 年版，第 235 页。

② 同上书，第 256 页。

③ 同上书，第 270 页。

就一直是该党的领导核心。以 1945 年底召开的青年党第十次全国代表大会所选举的领导层为例，其主任委员曾琦（留日、法）、外务部长李璜（留法）、宣传部长左舜生（留法）、训练部长余家菊（留法）、文化运动委员常燕生（留日）等人均曾留学海外，可以说留学生在青年党内占据很重要的地位。其次，该党信仰国家主义，而留学生正是在中国传播国家主义思想的主力。国家主义思想在 20 世纪初流行于欧洲，20 世纪 20 年代曾琦、左舜生、李璜等人留学欧洲时接受了这种思想并将之传播到国内，成为 20 世纪二三十年代国内盛极一时的思潮之一，并在其影响下，爆发了收回教育权运动等事件。可以说，青年党与留学生的联系密不可分。

3. 九三学社的成立与人员构成

九三学社也是战后成立的一个以留学生为主体的政治团体。其前身为战时重庆科技文化界发起的"民主科学座谈会"，发起人许德珩（留法）、潘菽（留美）、税西恒（留德）、黄国璋（留美）等都是科技、文化界留学生的杰出代表。抗战后期，该团体受国内宪政运动的影响改名为"民主科学社"。1945 年 9 月 3 日，为纪念抗日战争胜利，"民主科学社"正式改名为"九三学社"，并成立了九三学社筹备委员会。次年 5 月 4 日，九三学社召开成立大会，通过了社章，发布了成立宣言和对时局的主张，号召国人"本'五四'的精神，为民主与科学之实现而努力"①。

作为一个由科技、文化界知名人士组成的团体，留学生在九三学社中也占了很大部分，如 1946 年该社理事会的 16 位理事中，至少 10 位具有留学经历，占 62.5%。这 16 位理事是：王卓然（留美）、许德珩（留法）、严希纯、李世豪、吴藻溪（留日）、张西曼（留苏）、张迦陵、张雪陵、孟宪章（留日）、涂长望（留英）、黄国璋（留美）、笪移今、彭饬三、税西恒（留德）、褚辅成（留日）、潘菽（留美）。在其监察委员会的 8 位监事中，有 5 位曾留学海外，亦占总数之 62.5%：卢于道（留美）、刘及辰（留日）、何鲁（留法）、陈剑翛、侯外庐（留法）、梁希（留日、德）、詹熊来、黎锦熙。因此可以说，九三学社也就是以留学生为主体并由其领导的民主社团。

---

① 陈竹筠、陈起城选编：《中国民主党派历史资料选辑》下册，华东师范大学出版社 1985 年版，第 316 页。

九三学社成立后，积极投身国内的民主、和平运动。内战爆发后，该社先后多次以各种形式发表对时局的看法，呼吁停止内战，实施民主改革。因其职业、社会地位等关系，九三学社非常关注教师、学生的权利问题，如1946 年底沈崇事件①发生后，许德珩等立即发表致美国驻华大使司徒雷登抗议书，要求美方"对于犯罪之士兵，迅绳以法"，并"保证此后绝不再有类似事件在中国任何地方发生"②。1947 年 2 月，针对国民党在北平大肆逮捕进步人士之行为，九三学社领导人又联合各界人士发表《保障人权宣言》，呼吁"将无辜被捕之人民，从速释放"，"并保障不再有此侵犯人权之举"③。

1947 年 11 月，九三学社联合各界人士发表《我们对于政府压迫民盟的看法》，对国民党宣布民盟为非法团体并强迫解散的行为表示强烈抗议，严厉指责这种"不民主、不合理、而且不智的举动"④。通过此事件，九三学社同其他党派一样彻底放弃了对国民党的幻想。1949 年，该社以独立团体的身份参加了新政协。

4. 其他民主党派的演变和人员构成

除上述各党派外，战后中国还存在着一些以留学生为主体或主导的其他民主党派，他们在该时期的政治舞台上也发挥了各自的优势，为推动该时期民主政治的发展作出了努力。

中国国民党革命委员会　简称民革，是由国民党内民主派在战后联合成立的一个政党。其前身主要是由李济深、何香凝领导的中国国民党民主促进会和由谭平山、柳亚子、王昆仑等领导的三民主义同志联合会。内战爆发后，国民党内民主派亦开始寻求联合以对抗蒋介石。在李济深等人的努力下，1947 年底，各民主势力在香港召开联合大会，宣布脱离国民党中央，成立中国国民党革命委员会。大会指责战后蒋介石反对民主、破坏和平，号召国人推翻蒋的反动统治；公布了《中国国民党革命委员会成立宣言》《中

---

①　指 1946 年 12 月 24 日夜，美国海军陆战队皮尔逊等人在北京东单操场强奸北京大学先修班一女生之事。

②　陈竹筠、陈起城选编：《中国民主党派历史资料选辑》下册，华东师范大学出版社 1985 年版，第 320 页。

③　同上书，第 321 页。

④　同上书，第 325 页。

国国民党革命委员会行动纲领》，并选举了中央委员会，成立了由李济深（留日）、何香凝（留日）、何公敢（留日）、张文、邓初民（留日）、朱学范（留美）、李民欣、郭春涛（留法）、王葆真（留日）、冯玉祥等人组成的常务委员会。民革的成立标志着国民党内民主派与右派的彻底决裂。由于该党的领导人多为国民党元老或具有重大社会影响的人物，因此对蒋介石的独裁统治是一个重大打击。该党成立后，立即投身反独裁、争民主的斗争，并与其他党派一道响应共产党的"五一"号召，参与新政协的召开。

中国民主建国会　简称民建，也是战后成立的党派。该团体由以黄炎培为首的中华职教社和以胡厥文等为代表的民族资产阶级组成。抗战胜利后，国民党的"劫收"政策和美国资本商品的入侵，极大地损害了民族资本的发展，使之陷入困境。为团结职业界和实业界共同抵制官僚资本和外来势力的压制，1945 年 12 月，黄炎培、胡厥文等人发起成立民主建国会，该会推举胡厥文、黄炎培、李烛尘（留日）、黄墨涵（留日）、施复亮（留日）、杨卫玉（留日）、孙起孟、章元善（留美）、吴羹梅（留日）等人为常务理事，并就对外关系、经济建设、教育文化等方面提出自己的主张。民主建国会开始也标榜自己是代表中间派的政治力量，其成立后也确实多次站在中间派的立场，向政治协商会议及国共双方就人权、政治、军事、参政、货币、企业自由等方面提出建议。民盟解散后，该党也被迫转入地下。1948 年，国民党"行宪"国大召开，民主建国会多次发表声明否认其合法性。同年，中共发表"五一节"口号后，该会积极响应，踏上了追随共产党的道路。

中国民主促进会　简称民进，该会是战后由在上海的一部分民主人士成立的政治团体。其主要成员由两部分组成，一是以马叙伦、周建人、林汉达等人为代表的文化教育工作者；另一部分是以王绍鏊、梅达君等为代表的上海工商界人士。1945 年 12 月 30 日，中国民主促进会在上海召开成立大会，通过了《中国民主促进会章程》，发表了《中国民主促进会对于时局的宣言》，大会选举马叙伦（留日）、严景耀（留美、苏）、陈巳生（留美、欧）、王绍鏊、林汉达（留美）、许广平、郑振铎、冯少山（留美）、曹鸿翥、周建人、曹梁厦（留英）、柯灵、梅达君、徐伯昕、谢仁冰组成理事会。马叙伦、陈巳生、王绍鏊、林汉达、许广平为常务理事。民进成立后，立即向正在召开的政治协商会议提出了修改"五五宪草"、绝对保障人民一切自由、重选国大代表等七项建议。政协结束后，民进又与其他民主团体一道为实施政协决议等而努力。在遭到国民党的迫害，对其彻底失望后，民进于1948年响应中共"五一"号召，参加了新政协。

中国农工民主党　其前身是由章伯钧领导的中国解放行动委员会（即第三党）改组而成。作为民主同盟的组成部分，第三党一直坚持民主、反对独裁，并在召开政协、反对国大召开等政治事件中发挥重要的作用。1947年2月，该党召开第四次全国代表大会，决定改名为中国农工民主党。大会通过了《中国农工民主党党章》，发表了《中国农工民主党第四次干部会议宣言》，选举章伯钧（留德）、丘哲（留日）、郭冠杰、李伯球、王一帆、季方、严信民（留苏、德）、何世琨（留日）、黄琪翔（留德）等人为中央执行委员，选举章伯钧为中央常务委员会主席、彭泽民（马来西亚华侨）为中央监察委员会主席、丘哲为秘书长。该党成立后，多次发表宣言，对国民党一手主导之改组政府、行宪国大进行批评与谴责。1948年，中共"五一节"口号发出后，该党也积极响应，随后参与新政协的筹备工作。

此外，该时期存在的民主党派还有中国致公党和台湾民主自治同盟，无一例外，留学生在这两党中都占有很重要的地位。如1947年中国致公党第三次全国代表大会推选的中常委李济深（留日）、陈其尤（留日）、陈演生、黄鼎臣（留日）、雷荣珂（留日）、伍启元（留英）等人大都具有留学经历；而台盟的早期主要领导人谢雪红（留苏）、李纯青（留日）等也都曾在国外留学。

综上所述，留学生是该时期民主党派的主体，也正是在他们的领导与主持下，各民主党派积极投身战后民主事业，推动了国内政治格局的变化，引发了中国近现代史上最后一次民主宪政高潮。

（四）国大和国民政府的人员构成与留学生群体的比重

内战爆发后，在国内外的政治压力下，国民党不得不采取一些措施，以挽回日渐衰退的政治影响。1946年11月召开的"制宪"国大和1948年3月召开的"行宪"国大及国民政府的改革与调整，都是国民党展示"民主"，以示其统治合法性的重要举措。这两次大会虽然遭到共产党和民主同盟的抵制，但又不可否认仍是中国近代宪政史上的两件大事，留学生们在其中也扮演了极其重要的角色。

1. "制宪"国大和"行宪"国大代表的构成

1946年11月，国民党在南京召开了国民大会，制定了《中华民国宪法》。随后，又于1948年3月召开了"行宪"国大，宣布结束训政实施宪政，并"依法"选举了总统与副总统。留学生作为社会的精英，在两次国大代表中，成为其重要组成部分，占有很大比例。

（1）"制宪"国大代表的构成及留学生所占比重。

"制宪"国大的代表分地方代表、职业代表、军队代表、妇女代表和党派代表五大类，其中党派代表按规定有国民党、共产党、民主同盟、青年党和社会贤达代表，但因民主同盟和共产党抵制此次大会的召开而拒绝参加，因此党派代表中仅有国民党代表、青年党代表、社会贤达代表及刚由民盟分化出去的民主社会党代表。在此，仅举两例以具体说明"制宪"国大的代表构成，尤其是留学生在代表中所占比例。"制宪"国大选举了由46人组成的大会主席团，详见表6—2。

表6—2   "制宪"国大主席团人员留学背景

姓 名	留学国别	代表团体	姓 名	留学国别	代表团体	姓 名	留学国别	代表团体
蒋中正	日	国民党	孙科	美	国民党	白崇禧		国民党
于右任	日	国民党	曾琦	法、日	青年党	胡适	美	自由职业
吴铁成	日	国民党	陈果夫		国民党	李璜	法	青年党
左舜生	法	青年党	程潜	日	国民党	白云梯		特种选举
吴贻芳	美	社会贤达	邹鲁	日	国民党	张厉生	法	国民党
于斌	法、意、梵	黑龙江区域	莫德惠		松江区域	孔庚	日	湖北区域
谷正纲	德	国民党	陈启天		青年党	李宗仁		国民党
张群	日	国民党	吴敬恒	日	国民党	陈诚		国民党
图丹桑批		西藏	陈立夫	美	国民党	朱经农	日、美	自由职业
阿合买提江	苏	新疆区域	胡庶华	德	社会贤达	孔祥熙	美	国民党
朱家骅	德	国民党	林庆年		特种选举	何成浚	日	国民党
黄国书	日	台湾区域	张继	日	国民党	梁寒操		国民党
郭仲隗		河南区域	黄芸苏	美	特种选举	曾扩情		国民党
段锡朋	美、英、法	国民党	孙蔚如		军队	刘恒静	美	国民党

续表

姓　名	留学国别	代表团体	姓　名	留学国别	代表团体	姓　名	留学国别	代表团体
王云五		社会贤达	贺衷寒	苏	国民党	王德溥	未知	辽宁区域
余井塘	美国	国民党						

资料来源：刘国铭主编：《中华民国国民政府军政职员人物志》，春秋出版社 1989 年版；周棉主编：《中国留学生大辞典》，南京大学出版社 1999 年版；余克礼等主编：《中国国民党全书》下，陕西人民出版社 2001 年版。

由表 6—2 可知，在主席团的 46 人中，具有留学经历的有 32 人，占总数的近 70%，可见留学生在当时的社会地位与威望。

在国大代表中，有一个特殊的群体，那就是社会贤达。他们既不是纯粹的地方代表，也不是职业代表，更不是某一党派利益的代言人，而是各行各业中的精英。可以说他们代表的范围比其他团体更广泛，而留学生在其中所占的比例，也就更能反映他们在当时社会精英群体及该次国民大会中的地位。据统计，在国民政府公布的 70 名社会贤达中，具有留学经历者有 39 名，占总数的近 55.7%，由此可以窥见作为社会精英的留学生对当时社会发展的贡献及其社会地位。

此次国民大会公布的社会贤达名录如下：王世颖、王云五、尹述贤、孔德成、仇鳌（留日）、司徒美堂（未报到）、成舍我、伍纯武（留法）、光升（留日）、江庸（留日）、李洽、李荐廷、但懋辛（留日）、沈百先、李烛尘（留日）、冷遹（留日）、吴贻芳（留美）、岳宝琪、周览、周炳琳（留英、美、法，未报到）、邵从恩（留日，未报到）、胡霖（留日）、胡子昂、胡庶华（留德）、马乘风、高君珊（留美）、章士钊（留日、英）、晏阳初（留美）、陶玄、陶希圣、陶桂林、陈文渊（留美）、陈孝威、陈纪彝（留美）、陈博生（留美）、康心如（留日）、郭沫若（留日，未报到）、张含英（留美）、张难先、张肇元、溥儒（留德）、过祖源（留美）、黄健中、傅斯年（留英、德）、喜饶嘉措、彭革陈、程希孟（留英、美）、褚辅成（留日）、达浦生、邹树文（留美）、温源宁（留英）、赵巨旭、熊芷（留美）、郑揆一（留法）、郑珠娜姆、潘朝英（留美）、刘霨凌、郑曼青、刘真如（留法）、蔡葵（留美）、蒋碧薇（留日、法）、卢毓骏（留法）、钱昌祚（留法）、缪嘉铭（留美）、邝炳舜（留美，未报到）、罗家衡（留日）、顾颉刚、许德珩（留法，未报到）、苏斑。

（2）"行宪"国大代表的构成和留学生所占比重。

继"制宪"国大后，国民党又于 1948 年召开了"行宪"国大，宣布还政于民。该次国大的代表有各省、区、直辖市代表、侨民代表、内地生活习惯特殊代表、职业团体、妇女团体代表等。同"制宪"国大一样，留学生在"行宪"国大的代表中占有很大比例。

大会主席团成员共 85 人，具有留学经历者有 35 人，占总数的 41% 多。他们是于右任（留日）、谷正纲（留美）、马文车（留日）、余家菊（留英、法）、何成浚（留日）、张伯谨（留美）、左舜生（留法）、何应钦（留日）、贺衷寒（留苏）、何鲁之（留法）、程潜（留日）、吴忠信（留日）、朱家骅（留德）、周钟岳（留日）、王宠惠（留日、美）、胡靖安（留日）、王世杰（留英）、李文范（留日）、戴传贤（留日）、黄季陆（留美）、胡适（留美）、梅友卓（留美）、方觉慧（留日）、叶秀峰（留美）、吴敬恒（留日）、夏勤（留日）、吴焕章（留苏）、魏元光（留美）、于斌（留梵、法、英）、李士珍（留日）、曾宝荪（留英）、陈裕光（留美）、张维翰（留日）、钱大钧（留日）、顾毓琇（留美）。

在各省代表中，以江苏省为例，该省共选出国大代表 75 人，其中具有留学经历者至少 17 人，占总人数的 22%。他们是赵棣华（留美）、吴敬恒（留日）、袁行洁（留法）、袁希洛（留日）、叶秀峰（留美）、李寿雍（留英）、沈云龙（留日）、蒋建白（留美）、顾希平（留法）、季源溥（留日）、刘季洪（留美）、顾葆常（留德）、夏勤（留日）、滕杰（留日）、朱文伯（留日）、陈倬（留日、德）、庞树森（留日）。

再如，在行政院直属的 12 个直辖市所选的 30 名国大代表中，就有南京市代表陈裕光（留美）、陈纪彝（留美）；上海市代表方治（留日）、钱大钧（留日）、钱新之（留日）、刘维炽（留美）；天津市代表时子周（留日）；广州市代表刘纪文（留日）；汉口市代表吴锦南（留美）等 9 人具有留学经历，占总数的 30%。

教育界历来都是留学生相对较多的领域。此次大会教育界代表分为教育会代表、教育团体及教育团体妇女代表三部分。其中在教育会的 58 名代表中，具有留学经历的代表至少有 15 名，占总数的 26% 多，他们是朱家骅（留德）、光升（留日）、郑通和（留美）、刘芬资（留美）、毛彦文（留美）、田培林（留德）、周谦冲（留法）、陈端本（留日）、陆幼刚（留日）、游弥坚（留日）、黄开绳（留日）、周均时（留德）、赵元贞（留美）、陈人哲（留英）、王星拱（留英）。

教育团体 22 名代表，几乎所有人都具有留学经历，他们是胡焕庸（留法）、顾毓琇（留美）、朱国璋（留英）、丁文渊（留瑞、德）、章益（留美）、朱经农（留日）、罗家伦（留美、英、德、法）、袁敦礼（留美）、胡适（留美）、梅贻琦（留美）、姚从吾（留德）、周鲠生（留日）、王治孚（留德）、王星拱（留英）、李季谷（留日）、金曾澄（留日）、邓植仪（留美）、张洪沅（留美）、何鲁之（留法）、辛树帜（留英、德）、唐得源（留美）、方永蒸（留美）。

教育团体妇女代表 6 人，至少 4 人具有留学经历，占近 66.7%。她们是黄翠峰（留美）、李祁（留英）、贾秉德、袁昌英（留英、法）、刘思兰（留美）、喻忠权。

总体来说，在"制宪"国大和"行宪"国大的代表中，虽然因所处职业团体或地域的不同，留学生所占的比例有所差异，但作为一个特殊群体，留学生因其高层次的学识和相对较高的社会地位，成为国大中举足轻重的重要构成。

2. 战后中华民国政府组成人员的构成

以 1948 年 5 月"行宪"国大为限，战后国民政府分为前后两个阶段。前阶段为仍处于"训政"时期的国民政府；"行宪"国大之后，原国民政府改组为中华民国政府（总统府），国府主席改称总统，中华民国进入所谓"宪政"时期。在这两个阶段的政府人员中，留学生均占很大比重。

（1）"还都南京"至"行宪国大"召开期间政府组成人员的构成。

1946 年 5 月，国民政府还都南京后，对机构作了一些调整，如撤销了原来的军政部，另于行政院下设立了国防部。1947 年 4 月，国民党还拉拢青年党和民社党组成了所谓"多党政府"，实行联合执政。该时期的政府组成及各部门历任主管人员具体如表 6—3、表 6—4 所示。

表6—3　　　1946年5月—1948年5月国民政府主席及五院院长留学背景

政府部门及职务	姓名	留学国别
主席	蒋中正	日
副主席	孙 科	美
行政院	宋子文	美
行政院	蒋中正	日
行政院	张 群	日
立法院	孙 科	美
司法院	居 正	日
考试院	戴传贤	日
监察院	于右任	日

资料来源：刘国铭主编：《中华民国国民政府军政职员人物志》，春秋出版社1989年版；周棉主编：《中国留学生大辞典》，南京大学出版社1999年版；余克礼等主编：《中国国民党全书》下，陕西人民出版社2001年版。

表6—4　　　1946年5月—1948年5月行政院所属各部历任主管人员留学背景

部门名称	姓名	留学国别	部门名称	姓名	留学国别
内政部	张厉生	法	地政部（地政署）	郑寰宇	
外交部	王世杰	英、法	卫生部（卫生署）	李敬斋	美
国防部	白崇禧		卫生部（卫生署）	金宝善	日、美
财政部	俞鸿钧		卫生部（卫生署）	周诒春	美
经济部	王云五		蒙藏委员会	罗良鉴	
经济部	李 璜	法	蒙藏委员会	许世英	
经济部	陈启天		侨务委员会	陈树人	日
教育部	朱家骅	德、瑞士、美	侨务委员会	刘维炽	美
教育部	潘平之		善后救济总署	蒋廷黻	美
交通部	俞大维	美、德	善后救济总署	霍宝树	美
农林部	周诒春	美	绥靖区政务委员会	宋子文	美
农林部	左舜生	法	绥靖区政务委员会	蒋介石	日
社会部	谷正纲	德、苏	全国经济委员会	宋子文	美

部门名称	姓名	留学国别	部门名称	姓名	留学国别
粮食部	徐　堪		资源委员会	钱昌照	英
	谷正伦	日		翁文灏	比
	俞飞鹏		善后事业保管委员会	王云五	
水利部（水利委员会）	薛笃弼		全国粮食管理局	卢作孚	
司法行政部	谢冠生	法	新闻局	董显光	美

资料来源：刘国铭主编：《中华民国国民政府军政职员人物志》，春秋出版社1989年版；周棉主编：《中国留学生大辞典》，南京大学出版社1999年版；余克礼等主编：《中国国民党全书》下，陕西人民出版社2001年版。

注：除上述各部门外，隶属行政院的还有赔偿委员会（主任由行政院副院长兼）、物资供应委员会（主任由财政部长兼）。

（2）中华民国总统府组成人员的构成。

1948年3—5月，"行宪"国大选举了中华民国总统与副总统，原国民政府改制为总统府，国府主席改称总统，至国民党败退大陆期间政府人员构成如表6—5、表6—6所示。

表6—5　　　1948年5月—1949年5月总统府及五院院长留学背景

政府部门	姓名	留学国别
总统	蒋中正	日
副总统	李宗仁	
行政院	翁文灏	比
	孙　科	美
	何应钦	日
	阎锡山	日
立法院	孙　科	美
	童冠贤	日、美、英、德
司法院	王宠惠	日、美
考试院	张伯苓	美（考察）

续表

政府部门	姓名	留学国别
监察院	于右任	日

资料来源：刘国铭主编：《中华民国国民政府军政职员人物志》，春秋出版社1989年版；周棉主编：《中国留学生大辞典》，南京大学出版社1999年版；余克礼等主编：《中国国民党全书》（下），陕西人民出版社2001年版。

表6—6　　　　　　1948年5月—1949年5月行政院各部部长留学背景

政府部门	姓名	留学国别	政府部门	姓名	留学国别
内政部	张厉生	法	社会部	谷正纲	德、苏
	彭昭贤	苏	水利部	薛笃弼	
	洪兰友			钟天心	英
	李汉魂		地政部	李敬斋	美
外交部	王世杰	英、法		吴尚鹰	美、加
	吴铁城	日	卫生部	周诒春	
	傅秉常			林可胜	英
	叶公超	英、法		朱章赓	美
	胡适	美		金宝善	日、美
国防部	何应钦	日	粮食部	关吉玉	德
	徐永昌		主计部	徐堪	
	阎锡山	日		庞松舟	
财政部	王云五		资源委员会	孙越崎	美
	徐堪		蒙藏委员会	许世英	
教育部	刘攻芸	美、英		白云梯	
	朱家骅	德	侨务委员会	关吉玉	德
	梅贻琦	美		刘维炽	美
	杭立武	英、美		戴愧生	
司法行政部	谢冠生	法	新闻局	董显光	美
	梅汝璈	美		沈昌焕	美
	张知本	日	美援运用委员会	沈熙瑞	美
农林部	左舜生	法	善后事业委员会	张厉生	法
工商部	陈启天			王云五	
	刘维炽	美		蒋梦麟	美

政府部门	姓名	留学国别	政府部门	姓名	留学国别
交通部	俞大维	美、德	中英文教基金董事会 伦敦购料委员会	郑天锡	英
	端木杰		宪政督导委员会	莫德惠	

资料来源：刘国铭主编：《中华民国国民政府军政职员人物志》，春秋出版社1989年版；周棉主编：《中国留学生大辞典》，南京大学出版社1999年版；余克礼等主编：《中国国民党全书》下，陕西人民出版社2001年版。

注：除上述各单位外，该时期隶属行政院者还有绥靖区政务委员会、经济管制委员会、物资供应委员会和赔偿委员会等，其主管人员分别由行政院院长、财政部部长、行政院副院长兼任。

由上可知，在1946年5月至1948年5月，国民政府正、副主席及五院院长均由留学生担任；1948年5月以后的总统府时期，在先后担任总统及各院院长的11人中，亦有10人具有海外留学经历。在1946年5月至1948年5月的33名历任各部部长中，具有留学经历者21人，占总数的63.63%；1948年后先后担任各部部长的47人中，具有留学经历者达32人，占总人数的68.09%。如此比例，可见留学生在国民政府中的地位，亦可知国民党对知识分子尤其是具有留学经历的高级知识分子的重视。

第二节　战后留学生群体的政治诉求

由于战后国内局势异常复杂，留学生群体的政治诉求也有很大差异，这在重庆谈判、政治协商会议和其他宪政运动中均得以具体体现。也正是这些差异，最终导致了留学生群体的分化。

一　国共重庆谈判代表的构成和留学生代表的政治诉求

抗战胜利后不久，国共两党均派出了以有留学背景党员为主体的代表团，在重庆就国内诸问题进行谈判。经过激烈争论，两党最终签订了《政府与中共代表会谈纪要》（《双十协定》）。重庆谈判的举行和《双十协定》的签订，在某种程度上也反映了两党留学生的政治诉求。

（一）国共两党代表的构成

抗战胜利后，国民党内部在如何对待共产党的问题上有严重分歧：以黄埔系军人和 CC 系为代表的强硬派坚决认为对待共产党不能有丝毫妥协，力主武力解决；而政学系及一批留学欧美的高级官吏则从当时国内外局势出发，认为战后不易马上发动内战，力主和谈，企图借和谈将共产党纳入国民党的体制之内，进而约束、同化或消灭之，最终统一中国。蒋介石鉴于国内外要求和平的呼声正高，同时发动内战的准备不足，于是采纳和谈建议。1945 年 8 月 14 日、20 日、23 日，蒋介石连续发了三封电报邀请毛泽东赴重庆谈判。此时，共产党审时度势，提出了"和平、民主、团结"的三大口号，以争取人民的支持。同时，鉴于战后初期国民政府在社会上的威望正高，且在国际上也得到了美苏等国的支持，故适时调整了武装推翻国民党政府的策略，试图利用谈判之机争取和平，推迟内战的爆发，进而以和平、合法的方式改变国民党一党专政的局面，成立民主的联合政府，以达到改造社会的目的。正是在此策略指导下并征询了苏联意见，1945 年 8 月 23 日，共产党派出了毛泽东、周恩来、王若飞①三位和谈代表，在国民党代表张治中和美国驻华大使赫尔利的陪同下，由延安飞抵重庆，参加与国民党的谈判，试图在维护自身存在的基础上实现共产党的政治理想。

国民党方面，除蒋介石（留日）幕后指挥外，主要有张群（留日）、张治中②、王世杰（留英、法）、叶楚伧③、张厉生④、邵力子（留日、苏）等人，可以说他们是国共谈判的实际操作者。他们大都曾经留学海外，留学经历及专业知识使得他们能从整个世界和国内大局出发考虑国共关系和中国的

---

① 王若飞（1896—1946），贵州安顺人。早年参加反袁，1917 年留学日本，1919 年赴法国勤工俭学，1923 年入苏联莫斯科东方劳动者共产主义大学学习。1925 年回国，历任中共豫陕区委书记、中央秘书部主任、陕甘宁边区宣传部长、华北工作委员会秘书长兼八路军副总参谋长、中央秘书长、中共南方局工委书记等。1946 年因飞机失事在山西兴县黑茶山遇难。

② 张治中（1890—1969），安徽巢湖人。1916 年毕业于保定陆军军官学校。历任黄埔学生军总队长、军官团团长、中央军校教育长、第五军军长、第四路军总指挥、第九集团军总司令、湖南省主席、国民政府军事委员会政治部部长、新疆省主席。新中国成立后，历任西北军政委员会副主席、全国人大副委员长、民革中央副主席等。著有《张治中回忆录》等。

③ 叶楚伧（1887—1946），江苏吴县人。1910 年与柳亚子等人共同发起"南社"。民国成立后创办《太平洋报》《生活日报》《民国日报》。历任国民党第一届中央执行委员、国民政府委员、国民党中央执行委员、常务委员、江苏省政府主席、国民党中央宣传部部长、秘书长、中央政治会议秘书长、立法院副院长等。著有《叶楚伧文存》等。

④ 张厉生（1901—1971），河北乐亭人。1922 年留学法国巴黎大学。1925 年回国，历任北伐军第十军政治部秘书、杭州市政府秘书长、国民党组织部部长、行政院秘书长、内政部部长、行政院副院长等。

未来。他们认识到，和平与民主已成为当时世界不可阻挡之潮流。因此，他们力主和平、民主地解决国内争端，并为两党谈判奔走呼号。

与国民党代表一样，共产党的谈判代表也均是留学生中的杰出人才。在谈判期间，毛泽东只是就谈判原则作了规划，谈判的具体过程则由周恩来、王若飞实际参与负责。周恩来先后留学日本和欧洲，王若飞也曾先后留学日本、苏联，丰富的留学经历和长期的革命实践使他们具有广阔的国际视野，加之他们都有长期负责对外及统战工作的经验，有高超的谈判技巧。也正是在他们的努力下，国共两党的谈判才得以顺利进行，并在一定程度上达到了预期目标。据此也可以说，重庆谈判及其通过的各项协议，反映了战后广大人民和社会各阶层的意愿，而国共两党留学出身的代表也顺应了这种历史潮流。

（二）国共两党的主张与留学生代表的作用

8月29日，国共双方进行初步会谈。因为国民党没有料到毛泽东能到重庆谈判，因此，对谈判并没有充分准备。直到当天，蒋介石才为国民党拟出谈判"三原则"："（一）不得于现在政府法统之外谈改组政府问题；（二）不得分期或局部解决，必须现时整个解决一切问题；（三）归结于政令、军令之统一，一切问题必须以此为中心。"① 由此可见蒋介石真实的谈判意图，即谈判及以后的政府改组都必须以维护国民党"法统"为前提，政府改组也不能在损害其利益的基础上进行；同时，蒋介石把军令、政令的统一视作谈判的核心，暴露了他试图借谈判取消中共解放区和军队，打压其政治影响，进而达到国民党一统天下的目的。

9月3日，共产党代表首先提交了一个方案作为两党谈判的基础。其主要内容有：确定和平建国方针，以和平、团结、民主作为统一的基础，实行1924年国民党第一次全国代表大会宣言中的三民主义；拥护蒋介石的领导地位；承认各党派合法平等地位并长期和平建国；承认中共解放区政权和抗日部队；严惩汉奸，解散伪军；重划受降地区，中共应参加受降工作；停止一切武装冲突，令各部队暂留原地待命；在结束党治过程中，迅速采取必要

---

① 中共重庆市委党史工作委员会、重庆政协文史资料研究委员会等编：《重庆谈判纪实》（1945年8—10月），重庆出版社1983年版，第189页。

措施，实行政治民主化、军队国家化、党派平等合作等 11 条。① 显而易见，共产党是想以承认国民党、蒋介石的领导为前提，换取国民党、蒋介石对中共解放区及其军队的合法承认，同时借党派合法平等地位与政治民主化，促进国民党改革一党专制，实施宪政，进而达到改造国民党政府为人民的政府之目标。

9 月 8 日，国民党代表提出《对于中共九月三日提案之答复案》，对共产党提出的和平建设方针，拥护蒋介石领导地位，惩治汉奸，解散伪军，受降、释放政治犯等大致赞同，但在政治民主化、党派合法化、解放区地位、军队编制、国民大会等问题上有很大差异，因此国共谈判的焦点也就主要集中在这几方面。

从 8 月 29 日到 10 月 10 日，国共两党就国民大会、解放区地位、军队国家化等方面进行了谈判，各自也在某些问题上作了妥协。

关于建国方针，国民党当然是以维护其统治为前提的，但由于准备不足，没有提出具体的方案。于是当共产党提出"确定和平建国方针，以和平、团结、民主为统一的基础，实行民国十三年（国民党第一次代表大会）宣言中的三民主义"和"拥护蒋介石的领导地位"② 时，对孙中山宪政思想素有好感的国民党代表立即表示"态度甚好、不胜赞佩"③。因此，在这一点上两党并未有异议。

在国民大会方面，共产党代表提出了三项建议：①重新选举国大代表，否认战前所选国大代表的合法性；②推迟国大召开日期，在此之前召开由各党派和无党派人士参加的政治协商会议，商讨国民大会的具体事宜；③修改战前通过的国民大会组织法、选举法和《五五宪法草案》，重新制定真正符合宪政时期的宪法草案。由于这几条建议从根本上动摇了国民党的"法统"，否认了一党专制的合法性，因此遭到了国民党代表的坚决反对。国民党代表指出，原当选国大代表应继续有效，可以在此基础上为共产党及各民主党派增加适当名额；对于宪法，国民党代表也表示以后的宪法草案必须以

① 中共重庆市委党史工作委员会、重庆政协文史资料研究委员会等编：《重庆谈判纪实》（1945 年 8—10 月），重庆出版社 1983 年版，第 191 页。

② 同上。

③ 同上书，第 193 页。

"五五宪草"为基础。两党在此问题上互不相让，其主要焦点在于战前选出的国大代表是否具有合法性。共产党的主张实际上否定了战前国民党政府选出之代表的合法性；国民党代表之所以坚持也就是维护这种合法性。今天看来，国民党代表的观点不是不可以理解，要想马上否决战前选出的国大代表是不现实的。因此，对此问题双方最终未能达成共识，决定提交即将召开的政治协商会议讨论。这又表明，国共代表又都作了让步，显示了新一代受过西方教育的政治家们的气度。

关于党派合法化问题，国民党代表的态度在前后有所变化。起初蒋介石以"中国没有内战"的论调，企图否认共产党及其领导的解放区和人民军队的合法性，但最后不得不改变这一说法，进而表示"各党派在法律之前平等，本为宪政常轨，今可即行承认"①。

关于中共解放区问题，是两党谈判的焦点之一。针对共产党提出的"承认解放区及一切收复区内的民选政权"②，国民党代表则以"解放区为战时之状态，现在战事已结束"③ 为由，否认其存在的合法性，并以统一政令为借口，要求取消解放区。后来，共产党提出重新划分省区的提议，国民党代表也拒绝接受，提出可以考虑由中共推荐某些行政人员的提议。此后中共代表又多次提出其他方案，国民党代表均予以拒绝。从争论可以看出，共产党的主张实际上是想在国民党和南京政府统治的区域内保持自己的独立性以免被瓦解兼并，而国民党代表之所以拒绝并提出新的方案，则是从中央政府的立场出发，认为应由中央来推荐安排共产党人的岗位以免出现新的割据。客观地说，双方的观点均有其合理性，国民党代表从中央政府的角度出发要求取消解放区的存在，符合维护国家统一与独立这一现代国家原则，但却忽略了共产党人的意志及其解放区的现实存在。而共产党根据客观存在之现实提出各项主张，也确有道理。因该问题属两党之原则性立场，双方都不愿相互妥协，最终亦未有结果。在此问题上，留学生代表们是完全服从于党派利益的。

---

① 中共重庆市委党史工作委员会、重庆政协文史资料研究委员会等编：《重庆谈判纪实》（1945 年 8—10 月），重庆出版社 1983 年版，第 251 页。

② 同上书，第 190 页。

③ 同上书，第 195 页。

关于军队问题，是两党谈判的另一焦点。国民党代表一开始以军队国家化和裁军为由，提出"中共军队之组编，以十二个师为最高限度。驻地问题，可由中共提出具体方案，经双方商讨决定"①。在军队问题上，周恩来、王若飞开始提出中共部队应改编为 48 个师，并在北平成立行营和政治委员会，由中共将领主持，指挥鲁、苏、察、热、绥等解放区军队。此提议立即遭到国民党代表否决，他们只同意最多改编为 12 个师，并认为"中共不宜任北平行营主任职，不同意设置北平政治委员会"②。为了显示谈判诚意以尽快达成合约，9 月 19 日，周恩来、王若飞提出新的方案，提出可以编为 20 个师，并拟将海南岛、山东、浙江、苏南、皖南、湖北、湖南、河南境内、黄河以南等九个地区的军队撤出。国民党对此表示可以接受，但对共产党提出的驻地问题，只提议以后解决，因此，该问题最终也没有达成协议。

作为深受西方民主思想和国家观念影响的国民党留学生代表来说，提出军队国家化的主张是完全可以理解的。这不仅表现了他们对国民党政府的维护，也表现了他们现代的国家观念和军队意识。但是，这在客观上又将消除中共的军事力量，而这对信奉枪杆子里面出政权，靠红色武装割据得以发展的共产党人来说，又是不可能被接受的。因此，尽管后来又依据赫尔利等人提议，按照国共两党军队比例将中共军队改编为 20 个师，国民党代表最后表示可以接受；双方同意组成一个由军令部、军政部、中共三方面组成的三人小组具体计划军队整编，但军队问题一直是两党甚至是以后政协会议上的焦点问题之一。及至最后，驻地问题也没有解决。

以上分歧表明，国民党的代表虽然是比较开明的留学生出身的政治家，但他们的底线是不能动摇国民党中央政府的基础；不能说他们没有看出国民党的严重问题，但他们出于政治信仰和国家主义的认识，又不能同意共产党与国民党分庭抗礼。不可否认，以留学生为主体的国民党代表为谈判的顺利进行确实作出了很大努力，在某些方面也作出了较多让步。如邵力子等在谈判中更是努力使和谈"朝有利团结、合作、和平的结局"③ 发展，但在一些

①　中共重庆市委党史工作委员会、重庆政协文史资料研究委员会等编：《重庆谈判纪实》（1945 年 8—10 月），重庆出版社 1983 年版，第 191—192 页。

②　同上书，第 201 页。

③　朱顺佐：《邵力子传》，浙江大学出版社 1988 年版，第 281 页。

问题上同共产党的立场与观点存在较大差异，也是不可避免的，这就使得双方在国民大会、解放区合法化、军队等核心问题上始终坚持己见，不肯妥协，最终亦未达成一致意见。这又表明，在当时的中国，行政一体化、政治民主化、军队国家化还是行不通的，是否要实现这一目标，中华民族还要经历一条漫长曲折的道路来检验。

经过40多天的激烈争论与谈判，1945年10月10日，国共两党代表王世杰、张群、张治中、邵力子和周恩来、王若飞共同签署了《政府与中共代表会谈纪要》，即《双十协定》。该协定将两党谈判的概况作了简略介绍，并对未达成一致意见的问题也将各自主张列出，表示"将在互信互让之基础上，继续商谈，求得完满之解决"[①]。重庆谈判的举行及《双十协定》的签订，为战后和平奠定了政治基础，并在一定程度上推迟了内战的爆发，为战后赢得了宝贵的和平，同时也为后来解决各党派纠纷提供了可资参考的范例。这些成果的实现，与以留学生为主体的国共两党代表的努力是分不开的。

二　政协会议代表的构成和留学生代表的主张

按照重庆谈判所达成的协议，国民政府召集由各党派和社会贤达组成的政治协商会议协商国是、讨论和平建国及国民大会的相关问题是实施宪政的必要步骤。但由于重庆谈判后，国共两党小规模的内战不断，政协会议不得不一再推迟，直到1946年1月，在全国人民反对内战和美国特使马歇尔调停的双重压力下，两党才签署停战协议，政协会议也随之召开。经各党派的协商，最终出席会议的有国民党、共产党、民盟、青年党以及无党派人士共38人。经过激烈的争论，各党派最终达成了《和平建国纲领》《政府组织案》《国民大会案》《军事问题案》和《宪法草案》五项决议。值得注意的是，在各党派派出的代表中，留学生均占了绝大多数。因此，政治协商会议的决议，事实上是由各派留学生代表所在政治团体在战后的政治诉求。

---

① 中共重庆市委党史工作委员会、重庆政协文史资料研究委员会等编：《重庆谈判纪实》（1945年8—10月），重庆出版社1983年版，第250页。

（一）以留学生为主体的国民党代表的构成和主张

根据协议，国民党有 8 名代表，他们是邵力子（留日）、吴铁城①（留日）、王世杰（留英、法）、孙科②（留美）、陈布雷③、陈立夫④（留美）、张厉生（留法）、张群（留日）。从出身来看，除陈布雷外，全部是归国留学生，且大都属于国民党内的开明派。与迷信武力的黄埔军人系和拒绝改革的顽固派相比，他们具有一定的世界眼光和政治远见，认识到在当时社会环境下，国民党如果一味拒绝改革，阻挡民主，坚持内战，就会失去人民的支持。同时，留学经历也使他们能够从国际大势考虑国内问题，他们认识到如果坚持内战、独裁，在国际上亦将被孤立。因此，他们力主通过协商解决一切政治问题，并通过自己的努力影响最高当局的决策。

当然，作为执政党的代表，他们的主张与其他党派尚有一定差距，他们所能容忍的和平协议也是以维护国民政府为前提的。这在政协期间国民党代表所提议案及发言中均得以充分表现。如在改组政府问题上，国民党代表在《扩大政府组织方案》中提出，"国府委员就原有名额增加三分之一"，这就意味着所谓的政府改组，只不过是在原有政府的基础上吸收一部分其他党派的人士参加而已，国民党在国民政府内仍占绝对优势。同时，该方案还提出"遇有紧急情形时，国民政府主席得为权宜之处置，但应予处置后，报告国民政府委员会"⑤。这实际上等于赋予了国府主席至高无上的权力。又如，

① 吴铁城（1888—1953），广东香山人。早年加入同盟会，参加辛亥革命。1913 年入日本明治法政大学攻读法律。回国后历任国民革命军独立一师师长、广东省建设厅厅长、侨务委员会委员长、广东省主席、立法院副院长、行政院副院长兼外交部部长等职。

② 孙科（1891—1973），广东中山人。1912 年赴美留学，先后获加州大学柏克莱分校文学士、哥伦比亚大学硕士学位。1917 年回国，历任广州市市长、行政院院长、立法院院长、国民政府副主席。著有《宪政要义》《中国的前途》等。

③ 陈布雷（1890—1948），浙江慈溪人。蒋介石高级幕僚。1911 年毕业于浙江高等学校，1912 年加入同盟会。历任浙江省政府秘书长、浙江省教育厅厅长、国民党中央党部秘书长、教育部副部长、国民党中央宣传部部长、蒋介石侍从室第二处主任、国民党中央政治会议秘书长、最高国防委员会副秘书长等职。

④ 陈立夫（1898—2001），浙江吴兴人。1923 年赴美留学，获匹兹堡大学硕士学位。1925 年回国，历任黄埔军校校长机要秘书、国民党中央党部秘书长、国民党中央组织部部长、教育部部长、立法院副院长等职。1949 年后曾任中华文化复兴运动推行委员会副会长、孔孟学会理事长等。著有《唯生论》《四书道贯》等。

⑤ 四川大学马列主义教研室中共党史科研组编：《政治协商会议资料》，四川人民出版社 1981 年版，第 176 页。

在国民大会问题上，虽然遭到其他党派的一致反对，但国民党代表始终坚持原有代表有效，拒不让步。各党派经过反复激烈的争论，最后才决定另增加党派及社会贤达代表700名，增加台湾、东北地区及其职业代表150名的方案。最终，在各党派尤其是中共与民盟代表的联合施压下，国民党代表在不违背其本身原则的情况下，也接受了一些有利于民主、和平的决议。

但是，国民党代表与各党派共同签署的政治协商协议，还是引起了国民党内强硬派的不满，并在1946年3月召开的国民党六届二中全会上遭到激烈批判。在此次会议上，虽然个别代表也曾努力解释，但无奈人少言微。最后，会议通过了《对于政治协商会议报告之决议案》，提出了5项决议：①制定宪法，应以建国大纲为基本依据；②国民大会应为有形之组织，用集中开会之方式，行使建国大纲规定的职权；③立法院对行政院不应有同意权及不信任权，行政院亦不应有提请解散立法院之权；④检察院不应有同意权；⑤省无须制定省宪。① 这就实际上否定了政协通过的和平建国纲领和宪法草案，"动摇了政治协商会议的决议"，"与各党各派、社会贤达、全国人民以及友邦的期望完全背道而驰"②。六届二中全会的召开，标志着战后国民党内主和派失势，强硬派占上风，其政策亦随之转变，和平、民主的解决国内问题的方式已无法获得认同。随着内战的爆发，政协决议也很快变成了一纸空文。

（二）以留学生为主体的共产党代表的构成和主张

根据协议，中共派出了7名代表参加政协会议，他们是周恩来（留日、法）、董必武（留日、苏）、王若飞（留日、苏）、叶剑英（留苏）、吴玉章（留日）、陆定一（留苏）、邓颖超。正是这批以留学生为主体的共产党代表，在政协会议上与民盟等其他党派一道与国民党周旋，最终迫使其通过了一系列利于民主的决议。他们的主张大致如下。

关于改组政府，董必武在报告中指出，"国民党一党专制的政策，实有改变之必要"，并进而揭出改组国民政府的原则与意见，其核心如下：改组

---

① 中共中央党校党史教研室选编：《中共党史参考资料》（6），人民出版社1979年版，第103—104页。

② 四川大学马列主义教研室中共党史科研组编：《政治协商会议资料》，四川人民出版社1981年版，第396页。

政府应有一个共同纲领；改组政府必须结束训政；改组后的政府主要职员"大党所占的地位（名额）不要超过三分之一"；政府改组后，党费不应该由国库开支；针对国民党代表关于国府主席有紧急处置权的提议，董必武指出，这"并非国家元首必不可少之权"①，并认为这会妨碍政权机构的行政效率，从而否定了国民党的主张。

在宪法草案方面，吴玉章②提出了宪法的几个原则：保障人民权利、中央与地方权利均分；省自治，实施普选并制省宪法；确立国策，包括军事政策应是民主的而不是军国主义的；文化政策应是民主的、科学的、大众的；经济政策要鼓励民族资本的发展等。这些政策正是共产党新民主主义政策的体现，因此也得到各民主党派的支持。

在军队国家化问题上，共产党代表首先批驳了国民党先军队国家化再政治民主化的言论，并表示赞同青年党提出的政治民主化和军队国家化同时进行的提议。在如何实施军队国家化问题上，共产党代表"同意全国整编与大量裁兵的原则"，提出成立一个专门执行整编全国军队任务的委员会，主张"凡抗日有功的军队，应该一面承认，一面整编"；同意青年党文人主管军政的主张，"改革军队制度与教育问题"；军党分开，现役军官不做官吏等12项建议。③

关于施政纲领，共产党代表提出了《和平建国纲领草案》，对人民权利、中央机构、国民大会、地方自治、军事改革、财政经济改革、文化教育改革等方面作了阐述。该方案因反映了战后各界人民的愿望而被各派所接受，最终成为和平建国纲领的基础。

总之，周恩来、董必武等人在政治协商会议上的提案与发言，代表了中共在战后的主张。为了显示诚意，共产党代表还在一些问题上作出妥协让步，以取得各民主派的支持与理解。同时，为孤立国民党，共产党代表还采

---

① 四川大学马列主义教研室中共党史科研组编：《政治协商会议资料》，四川人民出版社1981年版，第170页。

② 吴玉章（1878—1966），四川自贡人。1903年赴日留学，入成城学校，1911年回国，先后参加广州起义、四川保路运动、荣县独立等。曾任南京临时政府总统府秘书、陕甘宁边区政府文化委员会主任、中共四川省委书记等。著有《辛亥革命》《吴玉章回忆录》等。

③ 四川大学马列主义教研室中共党史科研组编：《政治协商会议资料》，四川人民出版社1981年版，第198—204页。

取灵活的谈判技巧，尽量扩大统一战线，如周恩来在关于军队问题的发言时多次强调同意青年党的观点，强调两党的共性。这种策略使中国共产党在一些方面取得了主动。可以说，政协决议的通过与以留学生为主体的共产党代表的努力是分不开的。

（三）以留学生为主体的民盟代表的构成与主张

召开政治协商会议，不仅是国共谈判的结果，还是包括民盟在内的众多民主派知识分子在战后的政治愿望。早在抗战胜利初期，民盟就倡议"政府召集各党派及无党派人士的政治会议，解决当前一切紧急和重大的问题"①。国民政府决定召开政协会议后，民主同盟也是对其寄予厚望，派出了9名代表，其中归国留学生6人：张澜②、沈钧儒③、罗隆基④、张东荪⑤、张君劢、章伯钧⑥。另3名为没有留学背景的张申府、黄炎培、梁漱溟，参加各项议题的讨论。

和平与民主，是战后民盟追求的基本政治目标。因此，沈钧儒在政协开幕致辞中就指出，政治协商会议的目的要"求国内的和平，求政治的民主"，因为"永久的和平是中国建国的先决条件"，同时"和平与民主是相辅而行相依为命的两件事"⑦，再次阐明了民盟重视和平、民主的主张。那

---

①　中国民主同盟中央文史资料委员会编：《中国民主同盟历史文献》（1941—1949），文史资料出版社1983年版，第62页。

②　张澜（1872—1955），四川南充人。1903年留学日本，就读东京弘文书院。回国后领导四川保路运动。辛亥革命后，历任川北宣慰使、嘉陵道道尹、四川省省长。1941年发起成立中国民主政团同盟，任盟中央执行委员会主席、民盟第一届中央委员会主席。

③　沈钧儒（1875—1963），浙江嘉兴人。1905年赴日留学，入东京私立法政大学，1908年回国。历任浙江省咨议局副议长、浙江省教育会副会长、浙江省教育司长、民盟中央主席等职。

④　罗隆基（1896—1965），江西安福人。1921年留学美国威斯康辛大学和哥伦比亚大学学习，后赴英国伦敦政治经济学院就读，获政治学博士学位。1928年回国，在光华大学任教，创办《新月》杂志。抗战期间参与发起成立中国民主同盟。

⑤　张东荪（1886—1973），浙江杭州人。1904年赴日留学，入东京帝国大学哲学系学习。1911年回国，历任南京临时政府内务部秘书、国立政治大学、私立光华大学、北京大学、燕京大学教授，民盟中央常委、秘书长。

⑥　章伯钧（1895—1969），安徽桐城人。中国民主同盟和农工民主党创始人。1922年赴德国留学，入柏林大学攻读哲学。1926年回国，任中山大学教授，参加过北伐战争、南昌起义，曾任国民参政会参政员。

⑦　四川大学马列主义教研室中共党史科研组编：《政治协商会议资料》，四川人民出版社1981年版，第122—123页。

么如何实现民主呢？张东荪主张，首先要给人们基本的自由权利，他认为如果人民连基本自由都没有的话，即便加入政府，"也做不出什么事来"①。章伯钧则提议释放张学良、杨虎城等政治犯，并制定"侵害人民自由治罪法"，以保障人民合法权益。

在军事问题上，民盟提出了两个方案："①全国所有军队应即脱离任何党派关系，而归属国家，达到军令政令之完全统一；②大量裁减常备军额，而积极从事科学研究、工业建设，而一面普及国民军训，以为现代国防根本之图。"为此，民盟提议成立一个由国共双方军事人士、非两党之军事人士与非军事人士组成的整军计划委员会专门负责该项工作。为避免出现偏私，民盟还主张"全国任何党派的军队都要整编，不是只要一个党交出军队，也不应把其他军队都看成就是国家的军队"②。

在改组政府方面，民盟代表提出了三个原则：①必须有一个共同纲领作为施政的准绳；②"共同决策机关要真能决策"；③"各方面人参加执行机关办法，要使它能真执行。要是既不能决策，又不能执行，那就违背我们主张改组政府的意愿了"③。并认为只有顾及这三点，才能使政府真正向民主过渡，否则任何改革都毫无意义。

在国民大会问题上，针对国民党代表提出的战前选出的国大代表仍有效的提议，民盟代表坚决不予承认，并就国民大会问题提出三项建议："①由政治协商会议成立一委员会，公平举办民意测验，测验旧代表应否有效。若全民测验不易办，可先从有知识人士方面测验。②旧代表复决，一律提名为国民大会代表候选人，举行重选。③不用国民大会，由专家制宪，以公民投票表决。"④

总之，民主同盟在政协会议上的提案反映了其中间路线的主张，并极力引导中国走向由其设计的、以西方宪政为模式的"十足的民主国家"。这反映了其留学西方所受到的影响。但其某些主张也与共产党不谋而合，所以在

---

① 中国民主同盟中央文史资料委员会编：《中国民主同盟历史文献》（1941—1949），文史资料出版社1983年版，第120页。

② 同上书，第126页。

③ 同上书，第121页。

④ 同上书，第131页。

一些问题上两党能够紧密合作，向国民党的独裁专制挑战，迫使其不得不接受一些利于民主的议案。

（四）以留学生为主体的青年党代表的构成和主张

由于国民党的拉拢等原因，政协会议前青年党脱离了民主同盟，并在随后以独立党派的身份参加了政协会议。按会前协议规定，青年党派出了5名代表：曾琦①、陈启天、杨永浚、余家菊②、常乃德③。其中曾琦、余家菊、常乃德3人为归国留学生。

作为在法国成立的以留学生为主体的现代型政党，青年党无疑具有一定的民主思想，且反对一党专制也是其战前政治活动的主要内容之一。抗战胜利后，这种思想亦并未因曾与国民党合作抗日而改变。在1945年底召开的全国代表大会上，青年党提出要"从速树立一个现代民主国家的体系，而使全国人民可以振奋兴起"④。因此，政治民主化就成为青年党在政协会议上重点关注的话题之一。其提出的《改革政治制度实行政治民主化案》指出："依据目前国内与国际的形势……政府之必须有所改组，以一新中外耳目，殆已形成一种无可避免的事实。"⑤ 为此，该党提出了改组后的政府必须是：①是全国性的，必须包括全国各主要党派和社会贤达；② 有真正的代表性，"参加这个政府的分子，有党的真能代表他们的党，无党的必须真能取得人民的信赖"。所以，青年党代表又对国策决定机关、政务执行机关、人民监督机关等国家机构的改革提出了具体建议，如主张以中央政治会议代替国防最高委员会，改组行政院以利于向宪政过渡，增加国民参政会人数并扩大其职权等。

---

① 曾琦（1892—1951），四川隆昌人。1919年赴法留学，1923年组织发起中国青年党。1924年回国，宣传国家主义。历任青年党中央执行委员会委员长、主席，国民参政会参政员、"国大"主席团主席、总统府"资政"等职。

② 余家菊（1898—1976），湖北黄陂人。1922年赴英留学，先后在伦敦大学、爱丁堡大学攻读哲学、心理学、教育哲学。1924年回国，历任国立武昌师范大学哲教系主任、东南大学教授、制宪国大代表、国民政府委员、行宪国大代表、总统府国策顾问等。

③ 常乃德（1898—1947），山西榆次人。1920年北京高师毕业后赴日本学习。回国后在燕京大学、大夏大学、四川大学、河南大学、齐鲁大学等校任教。历任青年党中央执行委员兼宣传部部长、青年党中央常务委员、国民政府行政院政务委员、国民政府委员。

④ 李义彬编：《中国青年党》，中国社会科学出版社1982年版，第295页。

⑤ 同上书，第297页。

在关于宪法草案的问题上，曾琦代表青年党提出四项主张："第一，应该采取内阁制；第二，应该采取两院制；第三，五院制只可保存其精神，不必拘泥于形式；第四，省制应该采取均权主义，确定省之自治地位。"[①]

由于国共两党对政治民主化和军队国家化有先后之争，青年党代表主张二者应并重施行，认为"军队国家化实为政治民主化之必要条件，政治民主化复为军队国家化之必要保障，无论偏重任何一端，均不能有利于问题之解决，必须二者并重，同时实行"。在当时条件下，停止军事冲突是实施军队国家化的前提。为此青年党提出了停止军事冲突的三项办法：①国共双方分别命令所属军队立即停止冲突；②任何军队不得破坏铁道，而由改组之后的政府组织护路队员负责保护；③组织由各方参加的视察团赴军事冲突区考察真相。在此基础上，青年党又拟定了实行军队国家化的六条原则："实行公平编遣，以建立精练的国防军；实行军民分治，以免军人干政；实行征兵制，以彻底改革全国军队；设立国防部，以统一陆海空军之行政；实行民意监督，以彻底整饬军纪风纪。"[②]

总的来看，青年党在政协会议上的提案和发言体现了西方现代资产阶级民主政治的理念，并在国共之间保持了中间派的立场。在一些具体问题上，青年党代表也没有因国民党的拉拢而丧失独立的政治主张。青年党的这种立场，客观上进一步孤立了国民党，促进了政协各项决议的顺利通过。该党在政协期间与民盟的最大不同，主要表现在与共产党的关系上：因诸多主张的相似性，政协期间民盟与共产党协力合作，共同对国民党施压，而青年党则始终与共产党保持一定距离。

（五）以留学生为主体的社会贤达代表的构成和主张

除国民党、共产党、民盟、青年党等党派代表外，政协会议还有所谓由社会贤达组成的"第四方面"。按照协定，参加政协的无党派人士共9名，他们是莫德惠（后因故未参加）、邵从恩（留日）、王云五、傅斯年（留英、德）、胡霖（留日）、郭沫若（留日）、钱永铭（留日）、缪嘉铭（留美）、

---

① 《曾琦对政治协商会议宪草之主张》，见陈正茂等编《曾琦先生文集》上，中央研究院近代史研究所1993年版，第485页。

② 四川大学马列主义教研室中共党史科研组编：《政治协商会议资料》，四川人民出版社1981年版，第212—216页。

李烛尘（留日）。这些无党派人士来自工商、教育、文化各界，且都具有一定的社会影响，但他们并不像其他派别那样有统一的主张，甚至其政治见解各异。即便如此，无党派人士在政协会议上还是提出了不少有益的建议，促进了政协会议向民主方面发展。

和平与民主是战后社会各界人士的最大期盼，作为无党无派的社会贤达代表在这方面的发言颇能代表人民的意愿。如进士出身又留学日本帝国大学学习法政的邵从恩，曾任清朝法部主事、北洋政府国务院法制局参事兼北京政法大学教授等职，当时其已年逾古稀，抱病参加政协。在发言时他多次强调消除内战，和平建国，呼吁"各党各派要相互谅解"①。社会贤达李烛尘对国民党的一党专制则予以严厉批判，他甚至过激地表示："就是资本操纵政治，这也是进步的，总比一个党操纵政治十年以上好。资本操纵政治最多五年一换，你不好，别人来；而一党专政，却有背'天下为公'的宗旨。"②在国民大会问题上，邵从恩明确反对由国民党一手包办国民大会。他主张通过三个会议解决国民大会问题：第一个是政治协商会议，其任务是讨论修改国民大会组织法、选举法及宪法草案，将所有意见整理成提案。然后提交给第二个会议，即预备国民会议，该会议只讨论并决定国民大会的选举法与组织法，其性质大致等同于孙中山先生所主张的国民会议。第三个会议即是根据组织法、选举法所产生的国民大会，决定制宪并行宪。

关于改组政府问题，针对国民党提出的方案，郭沫若提出反驳，他认为国民党提出的增加三分之一国府委员的建议，无法达到实施宪政的目的。因为这个"人选权在主席"的委员，"不仅没有决定权，连建议权也没有"③。

可以说，社会贤达代表在政协会议上为追求民主、和平，实施宪政各抒己见，表现出非党人士对国内政治形势发展的关注与思考。若按其政治态度则可分为三类：一是以著名诗人、学者郭沫若为代表的左派人士；二是以邵

---

① 四川大学马列主义教研室中共党史科研组编：《政治协商会议资料》，四川人民出版社1981年版，第125—127页。

② 蒋丽萍、林伟平：《一九四六：众声喧哗——读〈新民报〉记者浦熙修旧政协代表专访》，《书城》2007年第12期，第30页。

③ 四川大学马列主义教研室中共党史科研组编：《政治协商会议资料》，四川人民出版社1981年版，第171页。

从恩为代表的中间人士；还有就是以傅斯年、王云五为代表的稍右人士。他们本身的政治态度也就决定了其在政治协商会议上的表现，如傅斯年虽然对国民党的统治多有批评之词，但他对共产党、共产主义也多是不满。因此，他一开始就没有对政协抱成功的希望，而王云五等人的一些发言则是以不损害国民党统治为前提的。但不管怎么说，政协体现了一种浓烈的民主气氛，在中国民主宪政史上是空前的。

因此，政协会议的召开是继国共谈判之后的又一项重大政治事件，同时也是现代中国民主宪政发展史上的一个里程碑。作为实施宪政的前提与基础，各党派、各社团与社会贤达齐集一堂，为解决国是开辟了一个明确而光明的途径，且其通过的各项决议，从根本上否认了国民党一党专政的合法性，并为各党派活动提供了政治准则，具有临时宪法的作用。同时，政治协商会议的召开，为国内政治创造了一个较为宽松的环境。正是在这种环境下，以留学生为主体的各民主党派才得以有机会以合法的途径表达自己的政治主张，因此，该时期的党派活动异常活跃。据此，我们可以说，以蒋介石为首的国民党在大陆失败的政治原因之一，很大程度上在于未能认清国际国内之大势，固执地坚持所谓"正统"思想和法统地位，不思实质性的民主改革，结果输给了轰轰烈烈、日益高涨的民主运动，而力争民主的正是留学生出身的知识分子。

三　留学生群体和民主党派的民主宪政活动

根据孙中山先生的政治设计，民国政府经过军政、训政阶段后将进入宪政时期，届时将还政于民，建设民主社会。因此，实施宪政也就成为民国政府和国民党以及各民主党派人士的最高政治理想。但国民党政权建立后，鉴于复杂的国内外矛盾，坚持以党治国、一党专政，致使宪政一拖再拖。鉴于此，抗战时期，各党派利用国民参政会这一合法政治舞台，开展了宪政运动，要求国民党结束党治、实施宪政。面对各党派的政治压力，国民党也不得不表示接受，并决定于 1940 年 11 月 12 日召开国民大会制定宪法，但1940 年国民党又以各地交通不便为由宣布推迟国大的召开，从而引起各党派的不满。1944 年，各派民主人士又一次掀起了民主宪政运动的高潮，但终因国民党的不作为而无法落实。

抗战胜利后，实施宪政再一次成为社会各界所追求的共同目标，同时美国出于各种利益的考虑，也对国民党施压，要求其改变一党专制的政治格局。在内外双重压力之下，国民党不得不作出实施宪政、还政于民的姿态，先后召开了"制宪"国大和"行宪"国大。但由于没有获得中共和民主党派的广泛支持，结果也留下了很多笑柄。在此过程中，围绕宪政实施的各种问题，以留学生为主体的民主党派发生了分歧，从而导致了留学生群体的分化。

（一）围绕"制宪"国大的斗争

根据重庆谈判关于实施宪政的建议，"应先采取必要步骤，由国民政府召开政治协商会议，邀集各党派代表及社会贤达协商国是，讨论和平建国方案和召开国民大会各项问题"①。1946 年 1 月召开的政治协商会议，就国民大会问题进行了专门讨论，决定于同年 5 月 5 日召开国大，并要求在此之前完成政府的改组和宪法草案的拟定等准备工作。但政协会议后，国共两党党争未息，且在东北地区问题上的争斗愈演愈烈，因此 4 月间，民主党派代表主张推迟召开国民大会，蒋介石接受了该建议。7 月 3 日，国民党宣布在 11 月 12 日召开国大，要求共产党及民主党派交出出席国大人员名单，而中共则要求先改组政府。7 月 15 日，民盟政协代表在上海记者招待会上指责国民党违反政协决议的行为。蒋介石对此却视若无睹，并于 9 月 23 日指使国大代表选举总事务所主任张厉生电催民盟交出国大代表名单。民盟政协代表又致电蒋介石，表示在此"一党专制之局不改，全国统一之局不成"的情形下，由当权在位的国民党单独召开国民大会，无疑会"陷国家于长期分裂、永久内战之境地，国命民命，万劫不复，此为同人栗栗危惧宁死不愿见者"。为此民盟代表"不止不敢冒昧从事，且将呼吁国人共起反对而制止之"②，拒绝交出出席国大代表名单。10 月 11 日，国民党军队攻占中共占领的张家口，被胜利冲昏头脑的国民党政府在未和其他党派协商的情况下，单方面决定于 11 月 12 日召开国大。这一做法立即遭到各民主党派的反对。

① 中共重庆市委党史工作委员会、重庆政协文史资料研究委员会、红岩革命纪念馆等编：《重庆谈判纪实》（1945 年 8—10 月），重庆出版社 1983 年版，第 250 页。

② 中国民主同盟中央文史资料委员会编：《中国民主同盟历史文献》（1941—1949），文史资料出版社 1983 年版，第 233—234 页。

　　为进一步孤立共产党及民主人士，国民党再次对中间派进行分化拉拢。继拉拢青年党之后，国民党又以"制宪"需要为理由，将素以宪法治国为理想且与国民党和美国有相当关系的张君劢及其领导的民主社会党，也从民主阵营中分化出去。同时，蒋介石还争取了诸如胡适、傅斯年等无党派社会名流，以点缀其一党国大。面对国民党的分化与拉拢，11 月 14 日，民盟发出紧急通告，指出"民盟必须在政协决议程序全部完成后，才能参加国大，否则就失去了民盟的立场"①。11 月 25 日，民盟再次发表保持第三者地位的声明，明确指出民盟之所以拒绝参加国大，是因为国民党违背了政协决议的精神。

　　与此同时，以留学生为主体的其他党派和团体也纷纷发表声明，反对国民党的一党国大，如第三党在《对开国大的意见》中表示："这样的没有经过政治协商的国民大会，结果只会造成分裂的局面，我们是不愿意参加的。"② 在重庆的 21 个党派团体也联合发表声明，谴责国民党一党国大的行为"实等于玩弄国大以作独裁政治之装饰，其所定宪法，亦不过意图增加独裁政治之合法基础而已"③，并号召国人共同抵制一党国大的召开。召开国大本为战后各党派所期盼，而却因国民党一意孤行以致引起众人反对，这表明，国民党在此问题上不仅已失去民心，也基本上失去了长期支持它的知识分子阶层特别是其中的精英留学生群体。

　　1946 年 11 月 15 日，在全国各民主党派反对的声浪中，国民大会于南京召开。因其主要任务为制定宪法，所以又称"制宪"国大。经过激烈的争论，大会最终于 12 月 25 日通过了《中华民国宪法》和《宪法实施之准备程序》，并定于 1947 年 1 月 1 日公布，12 月 25 日正式实施。鉴于国内外民主势力的压力，加之起草宪法的张君劢等留学生深谙英美法案，该部宪法带有明显的西方法律色彩。从内容来看，该法的确比"五五宪草"有很多进步，在中国宪政史上还是有一定进步意义的。但法律的制定与实施却是另外一回事。在独裁者眼中，宪法只不过是掩饰专制的工具而已，他们从来也没有想

---

　　① 　中国民主同盟中央文史资料委员会编：《中国民主同盟历史文献》（1941—1949），文史资料出版社 1983 年版，第 246 页。

　　② 章伯钧：《对开国大的意见》，《民主》周刊，1946 年第 39 期。

　　③ 《渝市二十一人民团体呼吁全民制止分裂的国大》，《新华日报》1946 年 11 月 10 日。

过要遵守宪法。事实上，自宪法颁布之日起，国民党内部就开始了破坏宪法的活动。如在宪法公布后不久，国民党就发起"戡乱建国"总动员运动，以此取消了人民拥有的许多合法权益。特别在宪法正式实施的当天，国民党颁布了《戡乱时期危害国家紧急治罪条例》，将宪法赋予人民的各项权力悉数收回，宪法终成一纸空文。

　　对国民党主导的国民大会及其通过的宪法，各党派纷纷发表声明拒绝承认国大及宪法的合法性。11 月 19 日，周恩来在南京发表声明，指出这一"违背政协决议与全国民意而由一党政府单独召开"的国民大会及其即将通过的"宪法"，试图"把独裁'合法'化，把内战'合法'化，把分裂'合法'化，把出卖国家与人们利益'合法'化"，"我们中国共产党人坚决不承认这个'国大'"①。民主同盟也于 12 月 24 日致书中国民主社会党，宣布开除张君劢和民主社会党中参加"国大"者的盟籍，并于 12 月 31 日发表声明，认为"用破坏政协的行动而制成片面的宪法，则所谓宪法已失去了法律根据"，因此"民盟站在争取中国真正民主的立场，愿保留其接受此宪法的权利"②。同日，民主建国会、中国民主促进会、九三学社等民主团体也发表声明，指出这部宪法是反民主反政协的，是国民党"借以伪装民主，对付异党，扩大战争，苦重人民"③ 的工具。后来的事实证明，迷信军事武力的蒋介石和国民党，抛弃了大多数知识分子，抛弃了崇尚民主的留学生精英，抛弃了全国人民希望的和平，也就抛弃了自己的统治。

　　（二）"行宪"国大选举是非

　　得道多助，失道寡助。国民党召开"制宪"国大的做法，非但没有达到其目的，反而使之更加孤立。然而国民党并没有吸取教训。由于 1947 年颁布实施的宪法是"宪政"时期的宪法，但当时的国民政府仍处于训政阶段，因此，为了实现由"训政"到"宪政"的过渡，国民党又决定于 1948 年 3 月召开"行宪"国大。

―――――――――――

　　①　魏宏运主编：《中国现代史资料选编》（5），黑龙江人民出版社 1981 年版，第 133 页。

　　②　中国民主同盟中央文史资料委员会编：《中国民主同盟历史文献》（1941—1949），文史资料出版社 1983 年版，第 259 页。

　　③　《上海十一团体对伪宪法的声明》（一九四七年一月一日），《文汇报》1947 年 1 月 1 日，收录于陈竹筠、陈起城选编《中国民主党派历史资料选辑》下册，华东师范大学出版社 1985 年版，第 524 页。

为此，国民党先后成立了选举总事务所和国民大会筹委会等组织，开始"行宪国大"的准备工作。为严肃各地代表的选举工作，蒋介石还特地发布《饬行政院制止全国各地竞选流弊训令》，要求："各参加竞选人员，均应恪遵法令，依循正轨，以争取选民之同情，不得稍有威胁利诱或其他舞弊情事。"① 但此时的国民党内部矛盾重重，蒋的手令也起不到多大作用，各地选举舞弊营私现象依然严重。围绕国大代表的选举，国民党内部中央各派之间、中央与各地方势力间争得不可开交。其中留学生们也不能清静，或主动介入或被动卷入。

在国民党内部争斗期间，青年党和民社党也在代表问题上向国民党提出了要求。为了显示民主，蒋介石拉拢青年党、民社党及一部分社会贤达参加大会，但"为了扩大政府基础而纳入政府的两个少数党人员，贪心于争权夺利，超过了许多国民党人士"②。其中的一部分投机分子借机向国民党提出各种要求，经过一系列协商，三党间才达成妥协。但在实际选举过程中，由于国民党对各地政治资源的垄断，这些"友党"在代表选举上非常不利，有的地方的代表名额几乎全被国民党独占。为此，蒋介石决定让出一些名额给青年党、民社党。但这立即遭到一些国民党代表的激烈反对，蒋介石不得不软硬兼施才逼迫一些代表让出名额，"合法国大"的代表就这样以非民主、非合法的手段"选定"。但仍有一些人不甘心花费巨资才得来的代表资格被取消，于是在国大期间演出了绝食、硬闯国大等闹剧。

1948年3月29日"行宪国大"召开。关于总统的人选，各派皆以为非蒋介石莫属，但在国大召开前，蒋却表示自己不参加总统的选举，并推举胡适为总统候选人。胡适当然不会因此而受到愚弄。蒋之消极，究其原因，首先是随着内战的扩大，尤其是人民解放军进入反攻阶段以后，国民党军队战斗力下降，此前支持蒋介石的美国政府也逐渐对蒋失去兴趣，不愿再为其提供援助，蒋介石想以退为进换取美国政府的援助。更为重要的是，按照当时的宪法规定，总统只是一个虚职，而蒋不愿当一个没有实权而受摆布的空头

---

① 蒋介石：《饬行政院制止全国各地竞选流弊训令》，见中国第二历史档案馆编《中华民国史档案资料汇编》第5辑第3编《政治》（二），江苏古籍出版社1999年版，第752页。

② ［美］肯尼斯·雷、约翰布·鲁尔编：《被遗忘的大使司徒雷登驻华报告》（1946—1949），尤存、牛军译，江苏人民出版社1990年版，第132页。

总统，于是借退出选举向各方施压，要求扩大总统权力。为了支持蒋介石当选总统，国民党特地召开会议商讨，最后决议向国大提出增加"戡乱时期临时条款"，赋予总统有紧急处分权的建议并使该条款最终在国大通过。此时的蒋介石也就"当仁不让"地参加了总统选举，并以 2330 票当选。

与总统选举相比，副总统的选举却相当激烈。最早宣布参加副总统竞选的是桂系首领李宗仁。他当时因获得美国的暗中帮助和对学生运动的相对开明态度而受到各界较多支持，呼声较高。随后，又有孙科、于右任、程潜、莫德惠、徐傅霖等人宣布参与竞选。虽然蒋介石不希望昔日的政敌和军事对手李宗仁当选，并为此要弄种种阴谋手段加以阻挠，但最终李宗仁还是以 1438 票的多数击败了 1295 票的孙科，当选为副总统，行宪国大至此落幕。

随后，蒋介石重组政府，6 月 1 日，以留学比利时出身的地质学家翁文灏为行政院院长的新内阁组成，顾孟余任副院长，国民党人士张厉生、王世杰、何应钦、王云五分掌内政、外交、国防、财政等部，青年党首领左舜生、陈启天分任农林部部长和工商部部长。在各部部长中，除少数外，绝大多数都具有留学经历，这也反映了内战进行到第三个年头，国民党内政外交已陷入困境，迫切希望借此"民主"改革，赢得国外援助和国内各界的支持，以应付内战所带来的各种危机。同时，这种人员构成也反映了归国留学生在国民政府的地位。

实施宪政、还政于民，本是孙中山先生政治设计的最后阶段，也是包括留学生在内的中国知识分子的政治理想，但蒋介石却为达到独裁的目的而操纵行宪国大，并成为其登上大总统的通道，从而激起了广泛的抗议。5 月 3 日，民革、民盟及其他各民主党派相继发表声明，否认行宪国大选举的合法性，并号召"全国人民再接再厉为铲除人民公敌结束卖国独裁政权而奋斗到底"①。在国民党内部，各种矛盾也因国大代表和副总统的选举而日益尖锐。1949 年，就连当初响应国民党实施宪政号召而积极主持起草宪法的张君劢，也因逐渐对其失望而远走美国。这一切，致使国民党政权的合法性遭到前所未有的质疑。

---

①　陈竹筠、陈起城选编：《中国民主党派历史资料选辑》上册，华东师范大学出版社 1985 年版，第 124 页。

（三）以留学生为主体的中间派别的分化和政治活动

所谓中间派别，是借战后较为宽松的政治环境而兴起的有别于国共两党的政治势力，尤以"三党三派"（国家社会党、青年党、农工民主党，职业教育派、乡村建设派、救国会）联合组织起来的中国民主同盟为其典型。其他如中国民主促进会、中国民主建国会等党派也都属于中间派别。如前所述，留学生在这些党派中都占有很重要的地位，所以说，他们的发展变化，也就是留学生群体战后政治活动的反映。中间派别的政治追求较为复杂，但有共同点，那就是主张和平、民主，反对战争、独裁，这也是他们能够相互联系的基础。总体说来，受西方民主政治制度的影响，在战后以留学生为主体的中间派主张站在国共中间调停国共冲突，和平建国，使中国走上介于西方资本主义和苏联社会主义之间的道路。

不过，随着战后国内形势的急剧变化和对国家未来的不同理解，作为一个较为复杂的社会群体，以留学生为主体的中间派发生分裂也就在所难免。而且，战后中国每发生一次重大政治事件，中间派别就要发生一次分化。这种分化，使留学生群体内部的不同团体更加坚定了自己的政治追求与信念，而正是由于不同的政治追求与信念，才导致他们在大变革时期作出了不同的政治选择。

1. 政治协商会议的召开与中间派别的分化

1946 年 1 月召开的政治协商会议，是战后国内各政党共商国是的一次有意义的尝试，其通过的五项决议更是成为各民主党派与国民党斗争的合法武器。但这次会议也成为各派政治态度的试金石，并由此引发了以留学生为主体的中间派别的第一次分化，这在民盟内部表现得非常突出。

政协会议召开前，国民党为了孤立共产党、降低民主同盟的政治影响，对民主同盟进行了分化、拉拢，以曾琦、余家菊等留学生为首的青年党在民盟内部挑起了代表名额之争。按规定，出席政协的代表共 36 人，其中国民党、共产党、民主同盟和社会贤达各 9 人，但青年党却提出要占民盟 9 个名额中的 5 个。这一要求遭到民盟内部其他团体的反对后，青年党便以此为由，宣布以独立党派身份参加政协。最终通过协调，按共产党代表的提议，决定民盟的 9 个名额不变，青年党以独立单位参加政协，占 5 个名额，由共产党让出 2 个、国民党让出 1 个，再由总额上加 2 个名额，增至 38 人。自此，青年党便从民主同盟中分化出去。

青年党的行为，固然与国民党对民主同盟的分化有关，但更重要的还是留学生之间政治态度的差异。战后初期，民主同盟以中间派自居，在国民党和共产党之间采取不偏不倚的政策，企图以中间人的身份调停国共冲突。这种政策与青年党的宗旨是相冲突的。因为青年党自成立之日起就视共产党为洪水猛兽，反共是该党的一贯立场，这一点与国民党非常相似。在某种程度上说，青年党之所以极易被国民党拉拢和利用，是因为他们有着共同的反共立场（虽然在追求民主、自由等方面存在很大差异）；其与民盟的最终分裂，是因为它不可能像民盟那样真正在国共之间选择中立。可以说，青年党的分化，标志着战后一批极端反共的留学生及其团体向国民党靠拢。从政协会议上的讨论可见，青年党在总体上仍然坚持了中间派别的主张，也对国民党的独裁提出一些批评，要求实施民主，但与民盟不同的是，它始终与共产党保持距离，甚至在某些方面支持国民党的观点。

2. "国民大会" 的召开与中间派别的第二次分化

1946 年 11 月，国民党召开了由其一手包办的国民大会，但因违背政协决议而遭到包括以留学生为主体的民盟等中间派别的抵制。为此，国民党故伎重演，再一次对中间派别进行分化、拉拢，以留学生为主体的中间派再次发生分化，其典型案例就是以张君劢为首的民社党继青年党以后脱离民盟，参加了 "国大"。为此，1946 年 12 月 24 日，民盟发表声明，指出 "民主社会党违反政协，参加'国大'，与本盟的政治主张显有出入"，因此，"认为民社党已碍难在本盟内继续合作"，"至有民主社会党党籍之盟员，而参加'国大'者应予退盟"①，开除了民社党的盟籍。

民主社会党的分化，首先仍然与其政治态度有关，张君劢等民社党领导人都曾经留学海外且长期研究民主政治，可以说终生追求民主宪政。他们战后反对国民党，只是反对国民党的一党专政，而并不反对国民党本身。在他们看来，只要用英美式的政治制度改造国民党统治，成立所谓由多党派参加的联合政府就可以实现民主政治，这也是他们的政治目标。而国民党的 "国

---

① 中国民主同盟中央文史资料委员会编：《中国民主同盟历史文献》（1941—1949），文史资料出版社 1983 年版，第 255 页。

民大会"也作出了实施民主的姿态，正是"共同参加制宪工作""结束训政、实施宪政"这些政治诱饵，使张君劢等人感觉到他们的政治抱负可以得以施展，因此也就不反对"国民大会"。事实上，"制宪国大"也确实让一些留学生看到民主政治的前景，如该次大会通过的《中华民国宪法》，就是由"宪法之父"张君劢起草后，又经王宠惠、吴经熊等法学家略加修改而成。此外，国民党在"国民大会"召开后，还邀请青年、民社两党入阁，并且共同签署了施政纲领"十二条"，宣布成立所谓的多党政府。可以说，国大的召开使一批盲目信仰民主政治形式的留学生及其团体似乎看到了"希望"，但后来的现实证明这只不过是一个幻影。

3. 张申府事件与中间派别的再分化及其政治活动

1948 年 11 月 15 日，因所谓"迭次违反本盟历来政治主张"，民盟又作出了开除张申府盟籍的决议，民盟内部留学生群体再次分化。根据民盟决议，开除张申府的理由之一是：因为他"最近于《观察》杂志第五卷第九期更复发表《呼吁和平》的荒谬言论，公开承认国民党政府的'宪政'，拥护蒋介石的'戡乱政策'，污蔑人民解放军为匪"①。那么，张申府的《呼吁和平》是一篇什么样的文章呢？我们只要看其文中的一句话便知：

> 戡乱不能止于乱，革命不能止于革。如果双方都完全标明只为和平而战，也许会出师更有名，也许会打得更起劲。②

从这句话可以看出，张申府对国共两党各打五十大板，并没有偏向哪一方的意思。在某种程度上说这恰是中间派的思维，也是民盟一贯的立场。那么为什么坚持中间立场的张申府会被开除呢？其原因就在于，民盟的政治立场在该时期已随着国内局势的变化发生了转变。自内战爆发起，以留学生为主体的中间派就已经失去了其存在的价值，民主党派必须重新确立自己的政治立场与态度。而随着内战规模的扩大，国民党同时也加紧了对民主党派的

---

① 中国民主同盟中央文史资料委员会编：《中国民主同盟历史文献》（1941—1949），文史资料出版社 1983 年版，第 484 页。

② 张申府：《呼吁和平》，《观察》1948 年第 9 期。

迫害，1947 年底更是干脆宣布民盟为非法团体，予以取缔，这无疑将民盟及与民盟持有相同政见的各中间党派推向了其对立面。所以，在 1948 年 1 月的一届三中全会上，民盟就宣布放弃中间路线，支持武装斗争，"为彻底摧毁南京反动政府，为彻底实现民主、和平、独立、统一的新中国而奋斗到底"①。而张申府在这个时候仍然坚持中间立场，以调停人自居，当然就与民盟和其他民主党派的立场发生冲突，必然遭到反对。客观来说，张申府的政治态度不管正确与否，但在当时的背景下，显然是跟不上时代潮流了。可以说，张申府事件表现了固执坚持中间派立场的留学生及其团体与顺应时代潮流转变态度的留学生之间的冲突与分化。

总之，以留学生为主体的各中间派别虽然在追求民主、崇尚建立现代宪政国家的认识上存在许多共识，但由于一系列原因，各党派在内战期间还是不可避免地发生了分化。他们中的一部分人向国民党靠拢，一部分人向共产党靠拢，还有一部分固执地坚持中间立场。中间派别的分化，实际上也就是留学生群体的裂变，这也决定了他们在 1949 年历史大变革时期不同的政治和人生抉择。

第三节　国共北平和谈破裂和留学生群体的裂变

内战进行到 1949 年，结局日渐明朗，国民党已无可挽回地败落。为赢得时间卷土重来，蒋介石于该年年初发出了后来被毛泽东称为"战犯求和"的文告。在蒋介石宣告下野、李宗仁上台之后，国共双方又于 4 月在北平进行了和平谈判，留学生代表们为此进行了艰苦的努力，但终因两党的目标差距太大而宣告失败。谈判破裂后，人民解放军横渡长江，国民党政权在大陆即将成为历史。面对这一变局，留学生群体不可避免地发生了分裂，他们或留在大陆迎接新时代，或追随国民党退踞台湾，或去国离乡，远赴海外，从而踏上了不同的人生和政治道路。

---

① 中国民主同盟中央文史资料委员会编：《中国民主同盟历史文献》（1941—1949），文史资料出版社 1983 年版，第 364 页。

一 留学生群体与国共北平和谈

1949 年初，经过淮海、辽沈、平津三大战役，国民党精锐军队已丧失殆尽，败局已定。为挽救残局，蒋介石试图请求外援，但此时的美国因对国民党的统治丧失了信心而拒绝援助，苏联也放弃了支持国民政府的"承诺"。与此同时，国民党内部也发生了严重分歧，以李宗仁、白崇禧为首的地方实力派借机主张和谈，以图国政。在四面楚歌声中，1949 年元旦蒋介石发表了文告，提出了下野的意愿及条件：

> 只要共党一有和平的诚意，能作确切的表示，政府必开诚相见，愿与商讨停止战事恢复和平的具体方法；只要和议无害于国家的独立完整，而有助于人民的休养生息；只要神圣的宪法不由我而违反，民主宪政不因此而破坏，中华民国的国体能够确保，中华民国的法统不致中断，军队有确实保障，人民能维持其自由的生活方式与目前最低生活水准，则我个人更无复他求。中正毕生革命，早置生死于度外，只望和平果能实现，则个人进退出处，绝不萦怀，而一惟国民的公意是从。如果共产党始终坚持武装叛乱到底，并无和平诚意，则政府亦唯有尽其卫国救民的职责，自不能不与共党周旋到底。[①]

针对蒋介石的"求和声明"，毛泽东于 1949 年 1 月 14 日代表中共中央发表了《评战犯求和》予以回应，提出了"惩办战犯；废除伪宪法；废除伪法统；改编一切反动军队；没收官僚资本；改革土地制度；废除卖国条约；召开没有反动分子参加的政治协商会议，成立民主联合政府，接受国民党反动政府及其所属的各级政府的一切权利"等八项和谈条件，彻底击破了蒋介石企图借下野与和谈维护国民党及其法统进而苟延残喘的幻想。

其时，两党的要求有天壤之别，严峻的现实已使国民党无法再战，只有先借和谈维持残局。1 月 21 日，蒋介石发布《隐退谋和文告》宣告下野，

---

① 魏宏运主编：《中国现代史资料选编》(5)，黑龙江人民出版社 1981 年版，第 724—725 页。

由副总统李宗仁代行总统职权。随后，李宗仁开始着手和谈事宜，留学生再次充当了两党和谈的信使与中坚。1 月 27 日，李宗仁致电毛泽东表达了和谈意愿。2 月 14 日，受其指派，以资深外交家颜惠庆（留美）以及章士钊（留日、英）、江庸（留日）、邵力子（留日）等人组成的上海人民和平代表团以私人身份赴北京、西柏坡等地，与共产党接触并商谈相关事宜，为和谈的切实进行作了各种准备。

4 月 1 日，由张治中、邵力子、黄绍竑、李蒸①（留美）、刘斐②（留日）等组成的国民党和谈代表团抵达北平，与由周恩来、聂荣臻、林伯渠、林彪、叶剑英（留苏）、李维汉③等组成的中共代表团进行谈判。实际上，此时的和谈对国共双方来讲，都是权宜之计。国民党的主张与中共的主张相差甚远，如在渡江问题上，两党就势不两立：国民党以不让人民解放军渡过长江为其谈判的底线，企图划江而治，以保存其势力与地盘以图再起；共产党则力主"宜将剩勇追穷寇"，坚决要渡江解放全中国，这也就决定了国共和谈的最终结局。4 月 15 日，共产党提出了《国内和平协议》最后修订稿，送交国民党代表团，并限期答复。16 日，黄绍竑将协议文本带到南京商议，立即遭到白崇禧、吴铁城等人的强烈反对。次日，何应钦等将协议送交给在浙江的蒋介石，蒋看后大呼"文白辱国"（文白指张治中），认为答应此协议无异于无条件投降。20 日，南京方面正式通知北平代表团，明确拒绝签署和平协议，北平和谈最终失败。21 日，毛泽东、朱德发布了《向全国进军的命令》，人民解放军开始渡江战役，22 日国民党政府撤离南京，23 日人民解放军占领南京。值得提出的是，不管是由留学生组成的上海人民和平代表团还是参加北平谈判的国民党代表，后

---

① 李蒸（1895—1975），河北唐山人。1923 年赴美留学，入哥伦比亚大学，1927 年获博士学位后回国。历任北京大学教授、北平大学教授、北平师范大学教授、中央大学教授、国民政府教育部社会教育司司长、北平师范大学校长、西北师范学院院长、国民政府立法委员等。

② 刘斐（1898—1983），湖南醴陵人。早年入桂军。1927 年留学日本陆军大学，1934 年毕业。回国后历任第四集团军高级参谋、国民政府军事委员会第一部作战组组长、军令部第一厅厅长等。

③ 李维汉（1896—1984），湖南长沙人。早年同毛泽东等组织新民学会。1919 年赴法勤工俭学，组织旅欧中国少年共产党。回国后历任中共湘区委员会书记、临时中央政治局常委、江苏省委书记。1931—1933 年赴苏联学习。1933 年后任中央组织部部长、陕甘省书记、陕甘宁边区秘书长等。著有《李维汉文集》《回忆与研究》。

来均留在大陆，这也显示了他们对内战、对国民党独裁统治的不满与对新中国的期盼。

需要指出的是，战后初期，留学生出身的一批知识分子对国共两党的政策都提出了异议，试图走中间路线。他们认为国民党坚持独裁的反民主政治无疑违反了整个国家利益和绝大多数人民利益，同时也与孙中山先生的三民主义和革命传统相违，是无论如何也走不通的；而中共"实际上已经成为一个以农民为中心的政党"，不可能代表全国人民，因此断言："只有中间派的政治路线，在客观上才足以代表全国人民的共同要求和整个国家的共同利益。"于是他们在国共之外提出了一条新式的建国道路，即"第三条路线"，希望借此把中国建成"十足道的民主国家"，其代表人物有当时著名宪政理论家施复亮、张君劢、张东荪等。第三条路线的主要目标为：政治上，主张实行"英美式的民主政治，但决不允许它成为少数特权阶级所独占的民主政治，必须把它变为多数平民所共治的民主政治，进一步且须变成为全体人民所共治的民主政治"；经济上，"尽量利用资本主义生产方式的各种优点，以促进整个国民经济的迅速工业化"，并"尽量革除资本主义生产方式的种种弊端"；在农村，为"提高农业的生产力和农民的购买力，主张立即实施进步的土地革命"，"主张跟工人贫农合作，共同反抗官僚买办大资本家和大地主的压迫"。总之，中间派是要"建设一种新资本主义的经济和新民主主义的政治，而其斗争的方式和态度又是和平的，渐进的，本质上是改良的"[1]。

战后初期，中间路线具有广泛的社会影响，而政协会议的召开及通过的各项决议，似乎也体现了中间路线的政治主张，因而中间路线的影响在政协期间达到了顶峰。但随后内战的大规模爆发，使之失去了存在的政治土壤，"想在国共之间建立起中间道路的第三大党运动是失败了"[2]。1947年10月，民主同盟被宣布为非法团体，第三条路线也宣告彻底破产，这部分留学生知识分子的政治理想也就随之破灭了。随着国内局势的发展，他们被迫必须在

---

① 该部分引文参见施复亮：《中间派的政治路线》，见魏宏运主编《中国现代史资料选编》（5），黑龙江人民出版社1981年版，第156—166页。

② 周恩来：《关于目前民主党派工作的意见》，《周恩来选集》上卷，人民出版社1980年版，第284页。

国共之间作出选择。

二 留学生群体的不同选择

1949 年，中国发生了翻天覆地的变化，统治中国 22 年的国民党政府在大陆败退，共产党建立了中华人民共和国，中国社会发生了根本性转变。面对如此剧烈之变局，何去何从成为众多留学生面临的重大抉择，并由此导致了该群体的巨大裂变。

1. 追随国民党退踞台湾

北平谈判破裂后，人民解放军迅速南下，国民党及其残余势力几经辗转最终退踞台湾，以图再起。在败退大陆前夕，国民党曾制定了"抢救大陆学人计划"[1]，并由傅斯年、陈雪屏与蒋经国三人组成小组，负责具体"抢救"事宜。据此计划，必须"抢救"出来经南京送赴台湾的学人几乎全是当时国内卓有成就的杰出知识分子，主要有四种：一是大专院校的负责人；二是中央研究院院士；三是因政治原因必须限令离开大陆的高级知识分子；四是在国内外学术上有杰出贡献者。然而，在北平的大多数杰出知识分子人各有志，并不准备去南京跟蒋介石赴台，而是愿意留在北平等待中共新政权的建立。1948 年 12 月 14 日，南京"抢救大陆学人"的飞机在北平南苑机场等候了两天，才有胡适、蒋梦麟、陈寅恪、毛子水、钱思亮、英千里、张佛泉[2]等少数著名教授登机去南京。12 月 21 日，第二批被"抢救"的学人也

---

① 关于"抢救大陆学人计划"的制定与实施，详见赫坚《蒋介石逃往台湾的前前后后》，吉林人民出版社 1999 年版，第 136—144 页。

② 毛子水（1893—1988），浙江衢州人。早年参加新文化运动，1922 年赴德国柏林大学留学。1930 年回国，历任北京大学教授、北京大学图书馆馆长、西南联大教授等。著有《毛子水全集》等。钱思亮（1907—1983），河南新野人。1931 年赴美留学，1934 年获伊利诺大学博士学位。回国后历任北京大学化学系教授、西南联大化学系教授、北京大学化学系主任等。著有《立体化学研究》等。英千里（1900—1969），北京人。少时出国留学，1924 年于英国伦敦大学毕业后归国。自 1927 年起历任辅仁大学教授兼秘书长、北平教育局长、社会教育司司长、台湾大学教授、辅仁大学教授等职。著有《逻辑学》等。张佛泉（1908—1994），天津宝坻人。1932 年留学美国约翰·霍普金斯大学。1934 年回国，历任北京大学政治系教授、西南联大政治系教授兼主任、国立编译局编辑、东吴大学政治系教授兼主任。著有《自由与人权》《民权初步释义》等。

只有清华大学校长梅贻琦以及李书华、袁同礼、杨武之①等 20 多位教授。除国民党籍留学生外，去台湾的留学生学人，大致有如下几种情景：一是一贯坚持反共立场的，如余家菊、左舜生等。因各自政治信仰及理念不同，这些人一直视共产主义为洪水猛兽，在共产党胜利之际，他们只有仓皇出走。二是与国民党有密切联系的，如无党派的胡适、傅斯年等人。这些人都有较高的社会地位，曾受到国民政府的"礼遇"，因此在心理上更倾向于国民党。另外，还有一些留学生到台湾去的原因比较复杂。如美国哈佛大学文学博士、文学家梁实秋，在 20 世纪二三十年代与鲁迅等左翼作家打过笔仗；抗战期间又在国民参政会上与共产党参政员有过冲突，以至于在参政院筹组华北慰劳视察团时，延安方面直接点名拒绝梁实秋到访。② 因此，面对即将成立的共产党政权，梁实秋最终只有选择东渡海岛。

总之，这些选择离开大陆跟随国民党去台的知识分子，或是在国民党阵营中担任过要职，或是在思想文化立场上对共产党缺乏了解和认同，或是对共产党领导的革命不理解，甚至曾坚持过"反共"的政治立场，等等。这些人之所以这样决定，也是在反复权衡种种利弊、个人得失之后，带着凄惶与恐惧，无奈地背井离乡。这些留学生虽然出于种种原因选择赴台，并且到台湾后的命运也各不相同，但他们无疑为台湾带去了当时最前沿的文化因子，为 1949 年以后台湾教育、科技、中华传统文化的复兴、传承与发展贡献了力量。

---

① 李书华（1889—1979），河北昌黎人。1913 年留学法国，获法国国家理学博士学位。1922 年回国，历任北京大学物理系教授兼主任、中法大学教授兼代理校长、北平大学代理校长、国民政府教育部政务部长、中央研究院总干事，1948 年当选为首届中央研究院院士。1949 年后侨居法国、德国、美国，并一度担任联合国教科文组织中国代表等职。著有《原子浅说》《科学概论》等。袁同礼（1895—1965），河北徐水人。1920 年留学美国，入哥伦比亚大学和纽约州立图书馆专科学院。1923—1924 年入英国伦敦大学。1924 年底回国，历任岭南大学图书馆长、北京大学教授兼图书馆馆长、北平图书馆馆长等职。1949 年后侨居美国，先后在国会图书馆、斯坦福大学就职。著有《永乐大典考》《宋代私家藏书概略》等。杨武之（1896—1973），安徽合肥人。1923 年赴美留学，先后获斯坦福大学数学硕士、芝加哥大学数学博士学位。1928 年回国，历任厦门大学教授、清华大学数学系教授兼主任、西南联大数学系教授兼主任、同济大学教授、复旦大学教授。论著有《凡整数皆为九个塔数之和》等。

② 在得知视察团将赴延安后，毛泽东曾给重庆方面发电报，大意如下："国民参政会华北慰劳视察团来访问延安，甚表欢迎，唯该团有青年党之余家菊及拥汪主和在参政会与共产党参政员发生激烈冲突之梁实秋，本处不表欢迎。如果必欲前来，当飨以本地特产高粱酒与小米饭。"参见刘炎生《潇洒才子梁实秋》，湖北人民出版社 2006 年版，第 180 页。

2. 留在大陆

1948 年 4 月 30 日，中共中央提出了"五一劳动节口号"，号召"各民主党派、各人民团体、各社会贤达迅速召开政治协商会议，讨论并实现召集人民代表大会，成立民主联合政府"①。这成为留学生知识分子与共产党合作的新契机。相近的斗争对象和政治诉求，使中共与各民主党派在前所未有的基础上联合起来，形成了统一战线。因此，沈钧儒、章乃器、李济深、何香凝、马叙伦、彭泽明等有留学背景的民主人士纷纷代表所在党派通电响应。1949 年初，为筹备新政协，各党派领导人在共产党安排下，陆续由香港等地到达东北解放区。可以说，正是共产党召开新政协的号召，促使以留学生为主体的各民主党派选择留在大陆或从海外归来。

除各民主党派外，那些平时与政治保持一定距离的留学生大多没有因政局骤变而离开。如在中央研究院的共 81 位院士中，就有竺可桢、李四光、金岳霖等 60 多位选择留在大陆。在当时留学生比较集中的北大、清华、北师大等高校，以汤用彤、朱光潜、贺麟等为代表的绝大多数教职员工，也选择留在北平迎接新时代。

他们之所以选择留在大陆，原因是复杂的，或是深深眷恋着这片苦难深重的土地和浓郁的文化氛围，或是对国民党统治彻底绝望，或是对共产党有好感，或是对未来新政权有期待。但归根结底，是出于对国民党统治的失望。如果再具体分析，他们之间又有着某些差异。对大多数人来说，他们留在大陆是基于对共产党政策的认同与支持。如民盟自愿在中共领导下，"精诚团结，共相勉励，以完成这个建设新中国新社会的历史使命"②。对于那些与政治始终保持一定距离的留学生来说，他们留在大陆，更多的是出于对文化的眷念以及对共产党某些相关行为的赞赏。如在北平解放前夕，解放军专门派人找到著名建筑学家梁思成，请教城里哪些文物建筑需要保护，并让他在地图上标出，以便攻城时炮火能够避开。这增加了梁思成等留学生对共

①　中共中央党校党史教研室选编：《中共党史参考资料》（6），人民出版社 1979 年版，第 413—414 页。

②　中国民主同盟中央文史资料委员会编：《中国民主同盟历史文献》（1941—1949），文史资料出版社 1983 年版，第 584 页。

产党的好感，使他们感觉到"这样的党，这样的军队，值得信赖，值得拥护"①。还有一部分留学生，他们留在大陆并不是基于对共产党的感情，甚至一些人对共产党还抱有一定的成见。前者有如冯友兰之所以没走，并不完全是对共产党的欢迎："当时我的态度是，无论什么党派当权，只要它能把中国治理好，我都拥护"②；后者如陈寅恪之去京南下、吴宓之隐居西南，他们或对由谁执掌政权抱无所谓的态度，或是因为留恋故土，不愿流亡而选择留在大陆。

3. 流亡海外

1949 年国内政权革故鼎新之际，还有一些留学生，既没有退居台湾，也没有留在大陆，而是去了两党控制之外的港、澳，或者干脆去国离乡、远赴欧美。其中去港澳者如著名银行家、上海商业储蓄银行创办人陈光甫；出走他国者如赵元任（美国）、陈省身（美国）、李书华（先后侨居法国、德国、美国）、吴宪（美国）、林可胜（美国）等中央研究院院士。

在这批留学生中，有一些人既对国民党的统治失望之极，也不赞同共产党的政治主张，如终生反对在中国实行俄国式社会主义道路，但又不满蒋介石不遵守其亲手制定的《中华民国宪法》的"宪法之父"张君劢，最终定居美国安度余生。另外，也有一些留学生因"对共产党产生疑惑"③ 甚至恐惧而出走。如萧乾在香港时就有朋友跟他说，"在西方学习、工作过的人，在共产党政权下没有好下场，知识分子跟共产党'蜜月'长不了"④，劝其不要去解放区。受此影响，一些人虽然不反对共产党政权，但对回大陆仍持观望态度。不过，萧乾后来还是回到了大陆。

4. 滞留海外

当时滞留海外的主要是抗战后派往美国的留学生，他们绝大部分在新中国成立之前没有回来。其根本原因是到美不久，正在攻读学位，希望学成以

---

① 陈新华：《林徽因》，河北教育出版社 2003 年版，第 262 页。
② 冯友兰：《三松堂自序》，人民出版社 1998 年版，第 120 页。
③ 胡绳：《关于知识分子问题》，《群众》1948 年第 28 期。
④ 王嘉良、周健男：《萧乾评传》，国际文化出版公司 1990 年版，第 244 页。

后再回国效力，如 2011 年、2013 年获得国家最高科技奖的谢家麟[①]等。这种情况是绝大多数。因为在抗日战争胜利后到美国留学的学生中，基本是 1948—1949 年才去的，第一届留美公费生自费生考试是 1946 年 7 月，而近 4000 名中国学生进入美国留学，是在 1948—1949 年，所以，在新中国成立之前能获得学位并离开美国的，只有中国科学院院士梁思礼[②]等 20 多人。他们是在 1949 年 9 月乘"克利夫兰总统号"从美国旧金山出发回国的。9 月 30 日，当"克利夫兰总统号"正航行在接近亚洲的太平洋海域时，梁思礼从收音机里听到了新中国成立的消息。不过，像梁思礼这样从海外归来的实在是寥若晨星。据最新发现的《1948—1955 年间美国政府关于留美中国学生政策的报告》，"1948 年至 1949 年，随着中国共产党军队的前进、发展，多数在美的中国学生发现自己的经济援助被切断了。1949 年年中，据报告称，约 2200 名学生迫切需要援助"[③]。也就是说，这个时期到美国的中国留学生基本上留在了美国。直到 1950 年 10 月开始，才有后来的中国科学院院士张存浩[④]等离开美国回国。但此后由于国内外复杂的形势，这个时期出国学习的留美生后来回国的也并不多，从而给国家和个人留下了无穷的遗憾和反思。如曾任国民党中央常委的孙震，在为李又宁教授主编的《留美八十年》所作的"序"中说："有一位长期旅美的昔日留美生表示：数十年之中，去国离乡，未能有直接的贡献，不免遗憾。"[⑤]

---

① 谢家麟（1920—2016），1943 年毕业于燕京大学物理系，1947 年赴美留学，1948 年获加州理工学院硕士学位，1951 年获斯坦福大学物理学博士学位。1955 年回国。历任清华大学工程物理系教授、中国科学院电子学研究所研究员、中国"八七工程"加速器总设计师、北京正负电子对撞机工程经理、中国科学院院士等。

② 梁思礼（1924—2016），梁启超第五子，火箭系统控制专家。1941 年赴美留学，先后在普渡大学、辛辛那提大学学习，1949 年获博士学位。1950 年回国，历任国防部第五研究院自动控制研究室主任、二分院第一设计部副主任，是我国第一枚地对地导弹控制系统技术负责人之一。后任第七机械工业部副院长、中近程导弹控制系统主任设计师，远程导弹、长征二号副总设计师，中国科学院院士等。

③ *Chinese Students in the United States*, 1948 – 55 — *A Study in Government Policy*, Committee on Educational Interchange Policy, 1956, Pages 1 – 14.

④ 张存浩（1928—　），出身于天津，家世显赫，祖父张鸣岐乃清末最后一任两广总督，外祖父为晚清两广巡按使龙济光。1948 年赴美留学，在爱阿华州化学系读研究生，1950 年获美国密歇根大学硕士学位。1950 年回国后，历任中国科学院大连化学物理所研究员、所长，中国科学院院士、化学部主任，国家自然科学基金委员会主任等。

⑤ 孙震：《留学生的报国与怀乡》，见［美］李又宁主编《留美八十年》（1），纽约天外出版社 1999 年版，第 5 页，"序"。

当时的留美生滞留海外的另外一个原因是，有的留学生对政局不了解，甚至对共产党的政策心存疑虑而在观望徘徊。由于这种心理驱动，在 20 世纪 50 年代后他们更远离了故国故土，归化了美国。至于如何看待这些人，肯定会有多种看法。章开沅先生关于"落叶归根与落地生根"的观点，或许可能将被更多的人所接受："根的更深层意义是祖国（或乡土）情结，只要不忘这个根，无论是'海归'还是'归海'，都不会有失落与飘零之感。"①

总之，在 1949 这个大转折的年代，面对急剧变化的政治局面，留学生群体发生了巨大裂变。他们出于种种原因，最终作出了不同的选择，或留在了大陆，或跟随国民党政权到了台湾，或流亡海外，或滞留美国等异国他乡，反映了留学生群体在大变革时代的不同人生追求。不过，1949 年后，中国留学生的大多数人依然在不同地区、以不同方式，为中华民族的复兴与发展而工作。

---

① 此为章开沅先生在参加 2003 年 12 月"香港"近代中国留学生国际学术讨论会的演讲论文，后发表于《徐州师范大学学报》（哲社版）2004 年第 2 期，第 9 页。章先生的有关观点还见于《辛亥前后史事论丛续编》，华中师范大学出版社 1996 年版，第 376 页。

下 编

第七章

留学生群体与中国现代文化教育
体系的转型和建立

中国现代文化体系和教育体系完全不同于中国传统的以儒家学说为中心的文化体系和教育体系，它是在西学东渐的历史大潮中，在以五四为中心的历史时期所建立。在此过程中，作为中外文化交流的重要使者，留学生们当仁不让地发挥了主导作用。

第一节　留学生群体与中国现代学科的
创建和学术体系的形成

在中国近代以来的社会转型和文化教育转型过程中，包括自然学科和人文社会学科在内的中国现代学科的创建和学术体系的形成是其中极其重要的部分。在此过程中，留学生群体起到了重要的作用。他们是创建中国现代学科和学术体系的主体，中国现代学科和学术体系经过他们的努力而得以最后完成。

为了方便一般读者明白学科与学术之间的关系，在此，需要先对相关的概念作出界定。所谓学科，是指学术的分类，即一定科学领域或一门科学的专业分支，如人文社会科学中的社会学、文学，自然科学中的化学、物理学等。因此，学科是与知识相联系的一个学术概念，是自然科学、人文社会科学两大知识系统内子系统的集合概念、下位概念。简单地说，学科是学术的一部分。所谓学术，则是指系统专门的学问，它常以学科和领域来划分。其英文对应词为 academia，它常对应于中文的"学术界"或"学府"。延伸开来，academia 这个词也可用来指"知识的累积"。在此意义上，它通常译为"学术"。诸多中国现代学科集合在一起，就构成了完整的学科体系。同时，也构成了中国现代完整的学术体系。

所谓中国现代学科，主要是指为了适应从晚清开始的社会变革的需要，中国人在高等学校中建立的为培养人的知识技能，提高人的基本素质和树立新的价值观而设置的自然科学学科和人文社会科学学科。其中自然科学学科包括数学、物理、化学、天文学、地学和生物学等；人文社会科学学科包括哲学、政治学、社会学、经济学、历史学、法学、文学、艺术学、伦理学、语言学等。

就中国现代学科的创建者而言，其主体毫无异议应该是留学生群体。具体而言，是指鸦片战争以后到日本、欧美等国家和地区学习，在五四期间回国的中国人。他们既是西学东渐的产物，也是西学东渐进程中主要的传播主体。

至于这门学科是否创建，根据国内外有关学科体制的论述，本书确立了以下标准作为参照：第一，引进和翻译了一定数量的学科基本知识和基本理论；第二，建立了初具规模的学科教育体系，包括学校（大学）设立专业课程，具有一定数量的专业教师和学生；第三，建立了比较完备的学科研究体系，包括具有一定数量的职业工作者、学科研究成果、研究团体、科研机构和专业期刊等。只有这样，这门学科才有存在的基础，才能通过教育培训制度和学校，培养学生和专业工作者，形成学科的科学共同体，形成专业权威结构，建立学术范式，对职业工作者进行评估，在学术期刊的支持下推动学科的持续发展。当然，对具体的学科而言，可能还会有所区别。

基于以上理由和论述的方便，下面从人文社会科学学科与自然科学学科的建立两大方面，论述留学生们在创建过程中的贡献。因为本书的篇幅不允许包罗全部学科创建的内容，而且因为中国现代各个具体学科的创建有其基本相似的过程、大体相同的类型和大致相同的时间范围，因此，特选择五个学科加以论述。

一　留学生群体与中国现代人文社会科学学科的创建

在中国古代的学术话语中，只有经、史、子、集等类别概念，没有现代的学科概念，因此，也就没有中国现代的学科分类。实际上，中国现代人文社会科学学科是在西方现代学科理念和学科规范影响下转型的结果。因此，在西学东渐的大背景下，以留学生为代表的现代知识精英开始了创建中国现代人文社会科学学科的努力，并圆满地推动了现代学科的转型。

（一）留学生与中国现代哲学学科的建立

中国现代学科的创建是在晚清西学东渐的大潮中，学习、借鉴乃至移植西方现代学术话语和学科规范的过程中逐渐建立的，哲学学科的建立也是这样。中国古代有哲学之实，但无"哲学"之名。中国传统文化中没有西方严格定义上的哲学概念，其思想则散见于经、史、子、集有关典籍中，作为其基础的逻辑学仅存于名家等古代思想中。因此，中国现代哲学学科①的建立是在西方现代哲学思潮和学科规范的影响下，中国传统"哲学"向现代转型的结果。在这一过程中，以归国留学生为主体的知识分子起到了决定性的作用。他们既是西学东渐的产物，是继传教士之后西学东渐的传播主体，也是创建包括中国哲学学科在内的中国现代学科的主体，中国哲学学科是经过他们的努力而得以最后建立的。

关于哲学学科是否创建，根据国内外有关学科体制的论述②，本书确立了以下标准作为参照：第一，引进和翻译了一定数量的哲学学科基本知识和基本理论；第二，建立了初具规模的哲学学科教育体系，包括学校（大学）设立哲学专业课程，具有一定数量的哲学专业教师和学生；第三，建立了比较完备的哲学学科研究体系，包括具有一定数量的职业工作者、学科研究成果、研究团体、科研机构和专业期刊等。

1. 西方哲学在中国的传播

"我们今日的学术思想，有这两个大源头：一方面是汉学家传给我们的

---

①　本书立足于在广义的基础上承认"中国哲学"和哲学学科的存在，故哲学界关于"中国哲学合法性"问题的讨论不在本书论述的范围之内。

②　重要的如［美］华勒斯坦（Immanuel Wallerstein）等：《开放社会科学》，刘锋译，三联书店1997年版；《学科·知识·权力》，三联书店1999年版。

古书；一方面是西洋的新旧学说。"① 哲学也不例外。在中国哲学学科的建立过程中，西方哲学的思想体系和术语系统（包括脱亚入欧的日本）对中国哲学学科的建立产生了重要的影响。

（1）明末清初西方哲学在中国的传播。

西方哲学传入中国，从明末清初开始。最早来自西方的传教士，如葡萄牙传教士高因勃耳等不仅自己翻译，还与中国学者合作翻译了亚里士多德的《论灵魂》等。清初，意大利经院哲学家托马斯·阿奎那的著作被介绍进来。在此期间，当时西方哲学的一些观念和哲学术语也被译介进来。据朱谦之等学者考证，耶稣会士艾儒略在其《西学凡》（1623）一书中，介绍欧洲大学教科书课程纲要为 6 科，其中理科（理学）斐禄所费亚（Philosophia，哲学）之下又分为：落日伽（Logica，逻辑学）、默达费西加（Metaphysica，形而上学）、厄第加（Ethica，伦理学）以及马得马第加（Mathematica，数学）、费西加（Physica，物理学）5 种。② 这应该是胡适所说的西方的"旧学说"，而且都是传教士输入的，它使少量的中国人了解了西方的一些文化。但这种分法表明，欧洲中世纪各门学科尚未从哲学中分化出来，还没有经过现代理性化规则的清晰界定，没有学科化和专业化，不能构成具有制度化结构特征的现代学科。③ 具有现代准学科标准的"哲学"，17 世纪以后才在西欧产生，而大量传入中国则是鸦片战争以后的事情。

（2）鸦片战争至辛亥革命时期西方哲学在中国的传播。

"哲学"是个舶来词，中国本无"哲学"一词，它最早出自希腊文的"Φιλοσοφία"（PHILOSOPHIA），即"PHILO"（喜爱）和"SOPHIA"（智慧、爱智慧）。19 世纪 70 年代，日语的"哲学"由日本最早的西方哲学传播者西周借用古汉语的"哲""学"二字合成，译为"哲学"，后由中国驻日公使黄遵宪于 1896 年前后译介过来。

---

① 胡适：《中国哲学史大纲》，上海古籍出版社 1997 年版，第 6—7 页。

② 详见朱谦之《中国哲学对欧洲的影响》，河北人民出版社 1999 年版，第 112 页；陈启伟：《"哲学"译名考》，《哲学译丛》2001 年第 3 期，第 60 页。

③ 请参阅［美］华勒斯坦等：《开放社会科学》第一章"从十八世纪到 1945 年社会科学的历史重建"，三联书店 1997 年版，第 3—34 页；［美］华勒斯坦等：《学科·知识·权力》之"学科规训制度导论"，三联书店 1999 年版，第 12—34 页。

鸦片战争后，国门洞开，特别是 19 世纪末到 20 世纪初，西学如潮，西方哲学大量传入中国。美国和西欧的新教传教士以及清政府的同文馆、京师大学堂等，翻译了许多西方学术著作，如培根的《新工具》、卢梭的《社会契约论》等一大批哲学名著先后被译介进来。仅京师大学堂从 1898 年到 1911 年的 10 年多时间里，就翻译出版了近 40 部西方哲学著作。如 1903 年就有日本藤井健次郎著、范迪吉译的《哲学泛论》；德国科培尔著，日本下田次郎译、蔡元培重译的《哲学要领》；日本佛教哲学家井上圆了著、留日学生团体游学社译的《哲学微言》等。当然，有的译著并非严格意义上的哲学著作。如 1906 年蔡元培翻译、井上圆了著《妖怪学讲义录总论》，本是作者用西方哲学观点撰写的一部提倡科学、破除迷信的启蒙读物，但张东荪认为："蔡先生把它翻译到中国来却亦足以代表那个时候中国人对于哲学的态度。这乃是西方哲学初到东方来的应有的现象。"[①] 哲学家贺麟指出："从变法运动到五四运动时期，这是一个启蒙介绍时期，特点是宣扬维新，改良政治，反对传统风俗习惯，而且有的人应用佛学和中国哲学来讲西方哲学，也不免有些牵强附会，一般说只是一种文化批评和观察印象。"[②] 这种看法或可适用于蔡元培翻译的井上圆了的著作。

当时，各种期刊特别是留日学生和亡命日本的中国志士创办的期刊，如留日学生戢翼翚、杨廷栋、杨荫杭、雷奋等 1900 年在东京创办的《游学译编》，梁启超 1902 年在横滨创办的《新民丛报》等，都广泛地介绍了古希腊哲学和西方近代哲学。如梁启超由于不懂外文，就用编译的方式宣传西方哲学思想，仅 1902 年在《新民丛报》发表介绍西学的论文就有《进化论革命者颉德之学说》《天演学初祖达尔文之学说及其传略》等。他的编译有时难免浅显，但由于其文笔生动，故产生了很大影响。同时，物质、精神、唯心论、唯物论等西方哲学中的许多新名词、新概念也传入中国。特别是"哲学"一词，20 世纪初由日本传入中国后，被广为运用，使哲学从儒学、经学等领域中剥离出来，标志着中国学者对现代哲学认识的开始，对构成中国

---

① 张东荪：《文哲月刊发刊词》，《文哲月刊》1935 年第 1 卷第 1 期。

② 贺麟：《康德黑格尔哲学东渐记——兼谈我对介绍康德黑格尔哲学的回顾》，《中国哲学》第 2 辑，三联书店 1980 年版，第 344 页。

现代哲学的术语系统有重要的意义。

在晚清至辛亥革命时期传播西方哲学的过程中，中国留学生已逐渐成为传播的主体。就群体而言，留日学生最多，其特点是通过日文介绍日本学者或欧洲学者的研究成果。其中马君武的成就较大。马君武（1881—1939），广西临桂人，1901 年赴日本京都帝国大学留学。在日期间，他编译过西方哲学如《新派生物学（天演学）家小史》，译过弥勒的《自由原理》《社会主义与进化论比较》《唯心派巨子黑格尔学说》《弥勒约翰之学说》《论理学之重要及其效用》等。其文章的特点"在于把唯物论、无神论和法国资产阶级革命联系起来，认为唯物论和无神论有助于法国 1789 年革命的成功。并且还联系中国的革命现实"[1]。

这个时期，译介西方哲学最力、贡献最大的是 1877 年赴英国伦敦格林威治皇家海军学院（Royal Naval College）学习海军业务的严复。1898 年，他把赫胥黎的《进化论与伦理学》以《天演论》为名出版，一时洛阳纸贵。此后，在 1901—1909 年的 10 年间，严复又相继翻译了亚当·斯密的《原富》（《国富论》）、斯宾塞的《群学肄言》、穆勒的《群己权界论》（《自由论》）、甄克思的《社会通诠》、孟德斯鸠的《法意》（《论法的精神》）、穆勒的《穆勒名学》（《逻辑学》）和耶芳斯的《名学浅说》8 种名著，在中国学术史上皆占有重要地位。尤其是《天演论》和《穆勒名学》给中国思想界学术界带来了巨大冲击：《天演论》是第一次改变了中国人传统宇宙观的哲学著作，中国近代的风流人物梁启超、毛泽东、胡适、鲁迅等无不受到其巨大影响；严译《穆勒名学》虽然比 1895 年广学会出版的逻辑学著作《辨学启蒙》晚十余年，但影响更大，可以说是改变了中国人传统思维方式的逻辑学著作。它乃实证主义哲学认识论和方法论之代表作，其基本观点贯穿于赫胥黎、斯宾塞和穆勒等人的著作中。因此，严复介绍和接受的不是西方某个实证主义哲学家，而是整个英国的实证主义思想体系，不仅《天演论》的进化观念对中国哲学思想产生了重大影响，《穆勒名学》的实证主义哲学也开中国之先河，成为近代中国一种重要的思潮：由严复开始，中经王国维、胡适，到冯友兰、金岳霖等历经半个世纪而不衰。对外来哲学术语的译

---

①　陈应年、陈兆福：《20 世纪西方哲学理论东渐述要》，《哲学译丛》2001 年第 1 期，第 66 页。

介引入，严复也作出了重大贡献。王国维说："侯官严氏，今日以创造学语名者也。"① 由《天演论》等而出现的严复译词，如物竞、天择、储能、效实、进化、公例……随之流行，严译哲学主体语汇，如形（body）、神（mind）、灵（ratio）、良知（reason）、元知（intuition）、觉（percept）、感（sensation）、情（emotion）、思（thought）、志（volition）等，则辉煌地登上当时中国文化学术的大舞台，成为当时中国哲学界最风行的术语，② 对支撑中国哲学学科的初建有重要作用。因为哲学术语系统的建立是中国哲学学科得以建立的重要依据，它既与中国传统的古书中有关哲学的材料相关，也与形式有关。甚至可以说，哲学"特有术语系统的建立才承载和支撑起中国哲学学科的建立"③。

（3）留学生与五四时期至 20 世纪 20 年代西方哲学在中国的传播。

以五四为中心的新文化运动，推动了各种西方社会文化思潮在中国的传播，引发了中国历史上前所未有的西学东渐大潮，包括马克思主义哲学在内的各种西方哲学更以前所未有的势头传入中国。钟情于西方文化的知识分子们特别是一大批归国留学生们，如鱼得水，取代了传教士而成为传播西方哲学的急先锋和主体。其中下面几种哲学在中国的影响较大。

其一，实用主义哲学在中国的传播。这主要是一些留学生通过邀请美国实用主义哲学家杜威来华演讲传播开的。1919 年初，北大校长蔡元培与胡适（留美）、陶孟和（留日、留英，伦敦大学经济学博士）等教授商量，以北京大学、尚志学会和江苏教育会的名义邀请杜威来华。1919 年 4 月杜威来到中国，在一年多时间里，他先后在 11 个省讲演 100 多次，系统地介绍实用主义哲学，包括"社会哲学与政治哲学""教育哲学""现代的三个哲学家"等五部分。其讲演稿后来被编为《杜威五大讲演》出版。从此，杜威的实用主义哲学在中国得以传播。作为杜威的学生，胡适做了大量工作。1919 年他撰写了《实验主义》，1922 年又写了《五十年来的世界哲学》，后

---

① 王国维：《论学语之输入》，见傅杰编校《王国维论学集》，中国社会科学出版社 1997 年版，第 387 页。

② 至于五四以后严译哲学术语被日语术语大量取代的原因，极其复杂，请参阅张法《严复哲学译词：内容、特征、命运、意义》，《中国政法大学学报》2009 年第 2 期。

③ 程志华：《中国哲学学术术语系统的形成与发展》，《中国哲学史》2007 年第 2 期，第 14 页。

来又与哈佛大学博士唐钺翻译了杜威的《哲学的改造》。此外，刘伯明①翻译了杜威的《思维术》，孟宪承②翻译了美国哲学家詹姆斯的《实用主义》等。由于这些留美学生的宣传，杜威的实用主义哲学风靡中国。这确如胡适所言："自从中国文化与西洋文化接触以来，没有一个外国学者在中国思想界的影响有杜威先生这样大的。"③

其二，康德哲学在中国的传播。在中国，最先介绍康德哲学的是梁启超，早在 1902 年，他就在《新民丛报》上发表了《近世第一大哲康德学说》。虽然他并未能真正理解和把握康德哲学的精髓，但仍称康德为"近世第一大哲"。"五四"时期中国开始了对康德的真正研究。1919 年上海的《晨报》《上海周刊》《学灯》《今日》和《东方杂志》陆续发表了介绍康德的文章。1924 年牛津大学哲学博士张颐开始在北京大学哲学系讲授康德和黑格尔哲学，标志着康德和黑格尔的哲学正式进入了中国大学的课堂。张颐自云："余自欧洲抵沪上时，所遇友朋，皆侈谈康德，不及黑格尔，竟言认识论，蔑视形而上学。"④ 1924 年是康德诞辰 200 周年，中国掀起了介绍和研究康德的第一个高潮，《学灯》《晨报》等报刊纷纷刊登介绍康德学说及其纪念文章。《学艺》和《民铎》杂志还出版"康德专号"，发表了张东荪等人 30 多篇论文。其中被贺麟称为中国 20 世纪二三十年代"最初搞康德哲学的人物"张铭鼎，即张铁生，江苏高邮人，1929 年赴柏林留学，其《康德批判哲学之形式说》（《民铎》第 6 卷第 4 号，1925 年 4 月）已初步接触到了康德哲学中的精华，"看到了'形式'在康德认识论中的重要性以及它的价值所在"⑤。

---

① 刘伯明（1887—1923），江苏南京人。1911 年入美国西北大学攻读哲学及教育，1915 年获哲学博士学位，历任金陵大学、东南大学教授等。著有《西洋古代中世纪哲学史大纲》《近代西洋哲学史大纲》等。

② 孟宪承（1899—1967），江苏武进人。1918 年入华盛顿大学，1920 年获教育学硕士学位，赴伦敦大学研究生院深造。1921 年回国，历任东南大学、浙江大学教授和华东师范大学校长等。著有《教育概论》《教育史》《大学教育》等。

③ 胡适：《杜威先生与中国》，《胡适文存》卷 2，上海书店出版社 1989 年版，第 199 页。

④ 张颐：《读克洛那、张君劢、瞿菊农、贺麟诸先生黑格尔逝世百年纪念论文》，《大公报》文学副刊 207 期，1931 年 12 月 25 日。

⑤ 黄见德：《20 世纪西方哲学东渐史导论》，首都师范大学出版社 2007 年版，第 89 页。

此外，必须提及的是范寿康①，他在《民铎》第 6 卷第 4 号（1925 年 4 月）上发表的《康德知识哲学概说》，概括较客观准确，评价也相当公允，其中"关于知识形式根究的分析"②，"模模糊糊接触到康德认识论的核心所在"③。1926—1927 年，范寿康还出版了《康德》《认识论浅说》等书，介绍了康德的生平及哲学思想中的一些问题，如认识论中先验的综合、时间、空间、范畴及先验的自我意识之统一等。

其三，马克思主义哲学在中国的传播。19 世纪末 20 世纪初，中国人在学习西方的过程中，也接触到马克思主义学说。而其传播则始于留日学生在日本创办的杂志并翻译日本学者研究马克思主义的论著。④ 其时，在日本的中国留学生办刊译书成风。1900 年，在东京的留学生戢翼翚等创办了《译书汇编》。在 12 月 6 日的创刊号上，就刊登了署名"坂崎斌"⑤ 所译日本著名学者有贺长雄（1860—1921）之《近世政治史》。1903 年 2 月，广西留学生马君武在《译书汇编》第 11 期又发表了《社会主义与进化论比较》。此外，留学生创办的如《新世纪学报》《浙江潮》《天义报》等十几种刊物，也都零星介绍过马克思、恩格斯及其学说。1912 年 6 月，肄业于东京法政大学法政速成科的同盟会会员朱执信，在《新世界》第 2 期发表了《社会主义大家马儿克之学说》（"马儿克"即马克思）一文。但这一阶段传入中国的并不是马克思主义哲学，而是其社会政治和经济学说，其影响也微乎其微。而且，当时对马克思主义的介绍还是不自觉的、零散的，其中甚至还包含一些曲解和误解。但这种传播却为五四时期马克思主义在中国的传播打下了基础。

其后，十月革命的胜利和五四新文化运动的发展，为马克思主义在中国

---

①　范寿康（1896—1983），浙江上虞人。早年留学日本，先后就读于东京第一高等学校、东京帝国大学文学部，获教育与哲学硕士学位。1923 年回国，曾任中山大学教授兼秘书长、武汉大学哲学系教授兼系主任、台湾大学哲学系教授等。著有《哲学通论》《中国哲学史通论》《教育哲学大纲》等。

②　黄见德：《20 世纪西方哲学东渐史导论》，首都师范大学出版社 2007 年版，第 89 页。

③　同上书，第 90 页。

④　其他说法还有待深入考证，关于马克思主义最早是 1898 年或 1899 年在中国开始传播的说法虽流传很广，但争议很大，基本上被否定，见唐宝林《马克思主义何时传入中国》，《光明日报》1998 年 4 月 3 日，等等。

⑤　"坂崎斌"之真实姓名待考，但为留日学生无疑。

的传播创造了必要的条件。其中留学生出身的共产党人李大钊、陈独秀、李达等对传播马克思主义哲学特别是唯物史观贡献卓著。有关他们传播马克思主义哲学的情况已广为人知，暂略。

其四，罗素、尼采、柏格森等西方哲学在中国的传播。1920 年，在赵元任（留美）、瞿世英（留美）、王星拱（留英）、杨端六（留日）等一批留学生的配合支持下，英国哲学家罗素在中国的演讲稿以"罗素丛书"等形式出版，罗素的分析哲学思想和科学方法从而得以在中国广泛传播，并对中国现代哲学学科的建立和发展有重要影响。哲学史家郭湛波讲，当时"中国研究罗素思想最有心得，介绍最力的是张申府先生"[①]。曾在法国研究、任教多年的张申府，早在 1920 年 10 月《新青年》8 卷 2 号就发表《罗素》一文。"张申府热衷于数学哲学，是中国积极译介英国哲学家伯兰特·罗素的第一人……在罗素访华时，二人有过学术交流。中华人民共和国建国后，罗素失去了和张的联系，还曾专门写信询问张的下落。"[②]

尼采哲学最早是通过赴日留学生或流亡日本的中国学者传入中国的。20 世纪初，梁启超、王国维和鲁迅都曾介绍过尼采。1907 年，鲁迅留学日本时所写的《文化偏至论》《摩罗诗力说》和《破恶声论》，就受到当时日本流行的尼采思想的影响。新文化运动兴起后，由于"陈独秀一再引用援引尼采的思想，以开导和启发中国的青年一代"[③]，尼采思想受到大力推崇。留日出身的郭沫若、田汉甚至连茅盾都曾宣传过尼采的"超人"哲学。1922年《民铎》杂志出版"尼采专号"，广泛地介绍尼采学说。1923 年郭沫若译的《查拉图司屈拉抄》在《创造周报》上连载后，产生了广泛的影响。郭沫若还翻译了尼采的《扎拉图士特拉如是说》（1928）。该书后来又被留学德国的徐梵澄重译（生活书店 1936 年版）。[④]

另外，柏格森哲学在五四时期也得到广泛传播。在传播柏格森哲学的学

---

① 郭湛波：《近五十年中国思想史》，北平人文书店 1931 年版，第 377 页。
② 见《维基百科》"张申府"条，"最后修订于 2011 年 4 月 29 日"。
③ 黄见德：《20 世纪西方哲学东渐史导论》，首都师范大学出版社 2007 年版，第 97 页。
④ 进入 20 世纪 30 年代，尼采其他的著作译本有：《朝霞》（梵澄译，商务印书馆 1935 年版）、《快乐的知识》（梵澄译，商务印书馆 1939 年版）；曾在日本东京高等师范学校留学的李石岑还出版了评论著作《超人哲学浅说》（商务印书馆 1931 年版）。这表明尼采哲学在中国读者中仍有影响和市场。

者中，主要代表者为李石岑、瞿世英、张东荪（留日），他们从不同的角度，介绍和阐释柏格森哲学的实质。

总之，五四时期西方哲学东渐大潮汹涌，内容之丰富、规模之壮观，构成了中外文化交流史和哲学发展史上灿烂的篇章，在不同程度上推动了中国现代哲学学科的建立。

2. 留学生与中国高校中的哲学教育

中国高校的哲学教育是传播西方哲学和建立中国现代哲学学科的重要环节，也与留学生密不可分。作为一门学科，哲学学科的教育应具备三个要素：师资、教学管理机构和教材（学生当然也是重要因素，但因篇幅所限，本文暂不涉及）。

（1）留学生与中国高校哲学系的创立。

中国高校哲学系的创立始于北京大学，其他高校哲学系都是在北大哲学系的影响下建立的，而且，无论北大还是其他高校的哲学系，无不是以归国留学生为主体创建的。北京大学哲学系是中国高等学校中最早成立的哲学系，创建之初为北大文科哲学门，亦称"中国哲学门"。"1912 年，北京大学设立哲学门，哲学从此成为中国现代大学的独立学科。1914 年，北大哲学门正式招生，标志着现代的中国哲学教育的开始。"[①] 1919 年更名为哲学系。[②]

其后，1919 年南开大学在文学院下设哲学组，1923 年改为哲学系；再后是南京大学的前身南京高等师范学校，在 1920 年设立了哲学系，留美博士刘伯明任文理科主任兼哲学系首任主任。1923 年武汉大学设立教育哲学系，1928 年改为哲学系，范寿康任系主任。建于 1926 年的清华大学哲学系，也是中国大学最早建立的哲学系之一，由著名哲学家金岳霖、冯友兰等创建，被视为 20 世纪前期"清华学派"的主干之一。此后一批高校陆续创建了哲学系。"只是依托北京大学哲学系和后来建立的其他大学的哲学系，中

---

①　赵敦华：《中国哲学现代形态的建立及其世界意义——在北京大学哲学系建系九十周年庆典大会上的发言》，《学校党建与思想教育》2004 年第 7 期，第 13 页。

②　《中国大百科全书》总编委会编《中国大百科全书·哲学 II》（中国大百科全书出版社 1987 年版，第 1185 页）认为"1916 年改名为哲学系，张颐、蒋维乔等先后任系主任"，据《北京大学哲学系史稿》编委会编《北京大学哲学系史稿》，有误。

国哲学才具备了名副其实的现代形态。"正是"北大的哲学家们、中国的哲学家们，抓住了这个稍纵即逝的历史机遇，在一个不长的历史时期，就把有着两千多年历史的传统哲学转变为现代形态的中国哲学，这不能不说是一个历史的奇迹"①。

（2）留学生与北大哲学系的建立和教学。

北京大学的前身是 1898 年成立的京师大学堂，此前张之洞等厘定的"学堂章程"扬言"不可讲泰西之学"。据此，1906 年王国维在《奏定经学科大学文学科大学章程书后》中，呼吁中国课堂应设置哲学科目："哲学之不可不特立一科，又经学学科不可不授哲学。"民国建立后，严复任北大校长，文科下始设"哲学门"，但因无教师未能招生。1914 年，胡仁源②任校长，对本科和预科进行调整充实，哲学门正式招生，在中国教育史上哲学教育由此开始。1919 年，翰林出身又曾长期在德国莱比锡大学、柏林大学学习的著名学者蔡元培接掌北大，哲学门正式更名为哲学系。此为中国大学有"哲学系"之始。一大批从国外回来的哲学新锐胡适、蒋梦麟、熊十力、唐钺、邓以蛰、汤用彤、金岳霖、冯友兰、宗白华、朱光潜、冯定、陈康、贺麟、沈有鼎、洪谦以及梁漱溟等先后在此执教，从而开创了中国哲学教育的新时代。

北京大学哲学系的开创性意义主要在于用现代大学哲学系的标准，建设学科与构建学科体系、课程体系。1914 年北大中国哲学门初建时，课程设置残缺，类别也仅限于中国哲学史类，教师授课方式也仿照朱熹讲解理学的方式。1917 年前后，由于一些从欧美或日本回国的留学生"把新思潮和新的哲学观念带回到国内，国内专攻中国哲学的学者在新思潮的感染下，也逐渐摆脱了寻章摘句的注解式研究，开始学习从思想脉络的总体上把握和阐发

---

① 赵敦华：《中国哲学现代形态的建立及其世界意义——在北京大学哲学系建系九十周年庆典大会上的发言》，《学校党建与思想教育》2004 年第 7 期，第 13 页。

② 胡仁源（1883—1942），浙江吴兴人。1899—1901 年在南洋公学师范班学习。1902 年中举人。后留学日本，仙台第二高等学校毕业，又留学英国推尔蒙大学，学习造船。回国后历任江南造船厂总工程师，京师大学堂教员，北京大学预科学长、工科学长、代理校长、校长，教育部总长，唐山交通大学校长，浙江大学教授等。编有《机械工学教科书》，译有康德的《纯粹理性批判》、萧伯纳的《圣女贞德》等。

中国古代经典的方法"①。从此，哲学门的课程设置与教学方式开始有了实质性的改进，以西方理论和学术范式理解中国传统的风气渐成主流。

表7—1　　　　　1917年北京大学中国哲学门课程设置及授课教师出身情况

课程科目	教员	留学国别	课程科目	教员	留学国别
中国哲学	马叙伦	日	中国哲学	胡　适	美
中国哲学史	胡　适	美	中国哲学史	陈汉章	—
中国哲学史大纲	胡　适	美	西洋哲学史大纲	胡　适	美
哲学概论	陈大齐	日	伦理学	康心孚	日
论理学	章士钊	日、英	心理学	陈大齐	日
社会学	陶履恭	日、英	人类学	陈仲骧	—
生物学	李石曾	法	印度哲学概论	许　丹	
印度哲学概论	梁漱溟	—	言语学概论	沈步洲	美
经济学原理	顾梦渔	德	外国语		—

资料来源：张慕洋根据《北京大学哲学系史稿》（内部资料2004年版，第92页）、周棉主编《留学生大辞典》（南京大学出版社1999年版）编制。

由表7—1可知：第一，授课教师主要为留学生出身的教员，除梁漱溟、许丹、陈汉章等外，多数都有留学经历，留学国家涵盖美、英、日、德、法，基本上代表了当时世界上先进的资本主义国家。第二，课程内容丰富。有关哲学内容的课程，既有中国哲学，也有印度哲学，还有西洋哲学，基本上代表了人类思想史上的主要哲学。此外，还开设了其他社会科学和自然科学的课程。尤其值得指出的是，胡适的《中国哲学史大纲》在中国哲学学科建立的过程中具有开创性意义。对此，我们将在下面详细阐述。

从北京大学哲学系系主任的人选及其管理，也可看出留学生在中国哲学学科创建过程中的作用。1917年底，校长蔡元培倡导教授治校思想，主持出台了《学科教授会组织法》，规定本校各门学科均设教授会，负责有关的教学事宜，讨论本门课程的增设与废止、应用教材等。1918年2月，哲学门教授会成立，曾留学英伦的陶履恭当选为哲学门首任主任。其后，陈大齐等

① 《北京大学哲学系史稿》编委会编：《北京大学哲学系史稿》，内部资料2004年版，第4页。

留学生教授相继任系主任（见表7—2）。

表7—2　　　　　1918—1937 年北京大学哲学系历届系主任留学情况

主任	任职时间	留学国家	毕业学校	学位
陶履恭	1918.2—1919.3	日、英	伦敦大学	社会学博士
陈大齐	1919.3—1919.11	日	东京帝国大学	文学学士
蒋梦麟	1919.11—1921.9	美	哥伦比亚大学	哲学、教育学博士
陶履恭	1921.9—1923.2	日、英	伦敦大学	社会学博士
陈大齐	1923.3—1926.4	日	东京帝国大学	文学学士
徐炳昶	1926.4—1929.3	法	巴黎大学	
邓以蛰	1929.4—1930	日、美	哥伦比亚大学	文学博士
张　颐	1930—1933	美	密歇根大学、牛津大学	哲学博士
汤用彤	1934—1937.8	美	哈佛大学	哲学博士

资料来源：张慕洋根据《北京大学哲学系史稿》附录（内部资料 2004 年版）、周棉主编《留学生大辞典》（南京大学出版社 1999 年版）编制。

　　从表7—2可见，从1918年至1937年的20年间，历任系主任都有留学背景，而且以留学美国者居多，都毕业于世界名校，多为博士学位，部分人还有留学多国、多校的经历。其中邓以蛰为"两弹元勋"邓稼先之父；汤用彤后来曾任北大副校长，为著名的佛教哲学家。他们学历和专业的现代背景，使他们在北大哲学系的学科建设中发挥了重要作用，特别是1930—1933年任系主任的张颐建树卓著。

　　张颐（1887—1969），四川叙永人。1913年赴美国入密歇根大学留学，获文学学士、教育硕士及哲学博士学位。1919年入英国牛津大学，再获哲学博士学位，是中国第一位牛津大学哲学博士学位获得者。他对西方古典哲学尤其是黑格尔哲学有精深研究，著有《黑氏伦理研究》《黑格尔与宗教》《圣路易哲学运动》等。他在任系主任期间，不仅聘得汤用彤、贺麟、陈康、郑昕等著名学者，还依照现代英美哲学体系的标准建设哲学系学科与课程体系，如规定哲学系修业年限为4年，每学年上课至少在28个星期以上，并取消了1919年后实行的计算课程的单位制，实行学分制等。这是北大哲学系史上的重大转变："真正地建立起现代意义上的哲学系，从而把自己跟中文系和历史系等区别开来。从当时来说，北大哲学系也成了全国范围内第一个现代意义上的哲学系。可以说，从张颐先生担任北大哲学系系主任开始，中国才真正有了独立的'哲学'这门学科。"①

3. 留学生群体与中国的哲学研究及研究体制的建立

随着西方哲学的大量译介与中国哲学队伍的壮大，中国现代哲学的研究及其研究体制开始形成。这直接导致了中国哲学的现代转型。在中国思想史上，中国哲学曾有过两次大的转型：第一次是从先秦的"子学"形态转变为汉代的"经学"形态；第二次是从"理学"形态转变为"科学"形态，即以西方近代以来的哲学为标准建立的学术范式。虽然在第二次大转型中，洋务派、维新派及后来民主革命派的哲学思想，对中国现代哲学的形成产生了积极的影响，但中国哲学真正的现代转型产生于五四新文化运动。有的专家甚至更具体判定："中国现代哲学的真正逻辑起点是 1923 年的科玄论战"，因为"它是近代以来第一次以纯哲学的形式展开的论战"②。这也就是说，中国的哲学家们在五四时期已经有了哲学的自觉，在熟练地运用现代哲学话语来表达自己对哲学和社会的看法。而这显然是以他们的研究成果为基础和前提的。

（1）中国哲学流派的形成及其意义。

在西方哲学的传播和中国现代哲学学科的创建过程中，在时间上，"五·四"不仅是传播中心，也是中国不同的哲学流派形成的中心。其中主要的有自由主义西化派，以留学生胡适、陈序经等为代表；传统的保守派，以康梁为代表；东方文化派，以杜亚泉、梁漱溟和张君劢等为代表；现代新儒家，以熊十力、冯友兰、张东荪、金岳霖和贺麟等为代表；还有对 20 世纪的中国产生重大影响的马克思主义学派等。实际上，这标志着中国现代哲学研究的繁荣。更可喜的是，一些哲学家中西哲学会通，取得了开创性的硕果，如胡适把实验主义的方法论与清代的朴学联系起来，开创了研究中国古代哲学的新方法；张东荪从马堡学派出发，形成了一个以逻辑主义和主智论为特征的多元知识论雏形。此后，金岳霖借鉴西方科学哲学的成果并使之与

---

① 《北京大学哲学系史稿》编委会编：《北京大学哲学系史稿》，内部资料 2004 年版，第 13 页。
② 郑家栋：《现代新儒学概论》，广西人民出版社 1990 年版，第 39 页。

中国传统哲学融合，建立了自己的哲学体系。至于熊十力，则在改造佛学唯识论基础上，吸收柏格森的生命哲学，建立了"新唯识论"；贺麟融合德国哲学与宋明理学，建立了"新心学"；冯友兰将英美实在论与程朱哲学结合，运用分析方法，建立了"新理学"①。有关的成果如蔡元培《哲学与科学》（1919）、《中国伦理学史》（1921）；胡适《先秦名学史》（英文，1922）、《戴东原的哲学》（1925）；熊十力《唯识学概论》（1924）；张竞生《美的人生观》（1925）；王星拱《物和我》（1921）、《哲学方法和科学方法》（1924）、《科学概论》（1930）；张东荪《科学与哲学》（1925）、《认识论》（1934）；金岳霖《逻辑》（1936）；冯友兰《人生理想之比较研究》（1923）、《人生哲学》（1924）等，恕不赘述。在五四精神的影响下，中国哲学家们希望通过对哲学的考问以探寻中国社会出路的热情依然高涨，譬如对西方哲学的研究、传播，一直持续到抗战前后。正是如此众多的哲学流派及其成果，显示了中国现代哲学和哲学学科建立之繁荣。

（2）胡适与冯友兰对中国哲学学科建立的贡献。

中国现代哲学史告诉我们，中国哲学学科是以相关的中国古典学术为材料（关于传统的古书术语以及佛教术语对中国哲学学科建立的影响，本书暂略）、以西方哲学的范式为标准建构起来的。在中国哲学学科的建立过程中，许多哲学家特别是留学生出身的哲学家都有不同程度的贡献，其中胡适与冯友兰对中国哲学学科建立的贡献更为突出、重要。

首先看胡适对中国哲学学科建立的开创之功。

1917年，刚从美国哥伦比亚大学哲学系毕业的胡适，由于新任文科学长陈独秀的推荐（文科学长负责哲学门事务），来到北大哲学门教书。胡适在哥大学习期间，师从实用主义大师杜威。他在讲授中国哲学史时，直接从春秋战国讲起，与当时"言必及三代"的传统大不相同，引起很大的轰动。哲学门在设立之初，少有合适的教材，这也是中国现代学科在建立之初通有的难处。而留学生们在海外学习期间，深谙学科内容和教材体例，回国以后注意模仿，编写新的教材。胡适此时所讲之《中国哲学史大纲》则是他按照西方哲学的学科范式和教材规范，对中国哲学史进行梳理整合研究的结

---

① 黄见德：《20世纪西方哲学东渐史导论》，首都师范大学出版社2007年版，第147—148页。

果。虽然《中国哲学史大纲》仅有"上"无"下"，并受到一些人的嘲弄，但其长篇导言却揭示了胡适的哲学史观。他把研究哲学史的目的首次确定为明变、求因、评判三个要点，强调要首先弄清思想派别的沿革变迁，并追寻线索和原因，然后客观地、批判地评述。在具体梳理论述过程中，胡适把西方哲学史通行的分类方法较完整地移植过来，按照宇宙论、知识论、伦理学、教育哲学、政治哲学、宗教哲学六方面来清理中国思想，评述先秦诸子学说，开启了在整体结构上中学西解的路径，从而为中国哲学史学科描绘出了大体轮廓，开创了中国哲学（史）学科的范式，并于 1919 年 2 月以《中国哲学史大纲》（上）之名出版，成为中国哲学史专业的奠基之作和中国现代哲学教材体例的发凡之作。蔡元培在为该书作序时称其为"第一部新的哲学史"，赞扬该书的长处是"证明的方法、扼要的手段、平等的眼光及系统的研究"[①]。即运用逻辑的方法，从远古神话和政治史中辨析出纯粹的哲学成分；同时以中西平等的眼光，用西方学科观念和哲学术语系统，打破中国传统学术的价值体系，对中国学术进行系统的研究，注重史实的还原和发展脉络。这些特点，只有严格受过西方文化学术系统的训练之后方能具备，而这一点，则是胡适以前的中国学者所不具备的。如在杜威实用主义哲学的影响下，胡适批判地阐述了孔子、荀子的正名主张和墨家的逻辑思想，对后期墨家残缺不全的文献资料索隐钩沉，进行综合研究，表明了他对中国传统文献和逻辑方法的重视，不能不令他同时代的学者耳目一新。冯友兰也多次肯定"在中国哲学史研究的近代化工作中，胡适创始之功，是不可埋没的"[②]。

再看冯友兰对中国哲学（史）学科建立的完成之功。

如果说，具有现代学术和学科特征的中国哲学（史）学科是从胡适开始，他的《中国哲学史大纲》（上）为学术界公认的哲学学科的奠基之作，那么冯友兰的《中国哲学史》则标志着中国哲学学科建构的完成。

冯友兰（1895—1990），河南南阳人。1915 年考入北京大学法科，后改入文科中国哲学门，1918 年毕业，留学美国哥伦比亚大学，1923 年获博士学位。归国初任中山大学哲学系教授等，1926 年任燕京大学哲学教授，

①　胡适：《中国哲学史大纲》，上海古籍出版社 1997 年版，第 2 页。
②　冯友兰：《三松堂全集·自序》第 1 卷，河南人民出版社 2001 年版，第 195 页。

1928 年任清华大学教授兼任哲学系主任，翌年再兼任文学院院长。1929 年兼北大哲学系教授。在燕京大学任教期间，冯友兰讲授中国哲学史，1931 年、1934 年完成《中国哲学史》上、下册，后作为大学教材。该书第一次呈现出中国哲学的全貌，这是冯友兰对中国哲学（史）学科的建构里程碑式的建树，从而确定了他作为中国哲学史学科主要奠基人的地位。

关于《中国哲学史》，冯友兰在其自序和绪论中确定了两个原则，一个是哲学性，另一个是民族性。他强调哲学的民族性，是因为人类"各哲学之系统，皆有其特别精神、特殊面目，一时代一民族亦各有其哲学"①。这不仅解答了中国有无哲学（即"中国哲学史"成立的可能性）的问题，而且厘清了中国哲学和西方哲学之间的关系："所谓中国哲学者，即中国之某种学问或某种学问之某部分之可以西洋所谓哲学名之者也。所谓中国哲学家者，即中国某种学者，可以西洋所谓哲学家名之者也"②（为此，他曾受到业内一些专家的批评）。因此，他的《中国哲学史》的结构形式、术语系统也源于西方哲学。他不但进一步细化了宇宙论、人生论、知识论的框架，而且对哲学术语的选择和转释更为完善，逻辑分析方法的运用也更为纯熟。正是在西方哲学理念的关照下，该书用西方哲学的形式和术语系统，完成了对"中国哲学史"整个发展进程的叙述。据此，有的专家对冯著《中国哲学史》的学科原则进行了归纳：①中国不仅有哲学，而且中国哲学的系统建构和历史叙述是可能的。但中国哲学并不是中国传统学术中固有的形式，而是依照西方哲学的观念对中国传统学术资源拣择、转释、重构的结果。②把西方哲学的分类原则和哲学史观念作为建构中国哲学的摹本，将西方哲学的叙事模式整体地移植过来。这是保有"中国哲学史"合法身份的重要基础。③在学科属性上，"中国哲学史"介于哲学和历史学之间，既要符合现代哲学的普遍规范，又要兼顾历史学所追求的目标。④重视广义的逻辑方法。⑤在"中国哲学史"的建构和叙事中，需要与西方哲学的内容具体的比较，在不断的参照对比中，找到一些相似对应的原则。

应该指出，虽然对胡适、冯友兰所代表的哲学家所建构的中国哲学学科

---

① 冯友兰：《中国哲学史》上册，中华书局 1947 年版，第 16 页。
② 同上书，第 8 页。

是否"合法",至今还有不同看法,但要改变这一已有八九十年历史的学科似乎已不可能,需要的是不断的探索和完善这门在人文学科领域具有特别意义的学科,以提高中华民族的素质和中华文化的内涵。

(3) 哲学专业学术团体和期刊的建立。

专业学术团体和期刊的出现是学科建立的主要标志之一。哲学学科的建立需要哲学专业学术团体和期刊的帮助和支持,而哲学专业学术团体和期刊的出现又促进了哲学学科的建立。五四时期开始出现的哲学专业学术团体和期刊,是中国哲学学科建立的必要条件和主要标志。

先看中国哲学团体。1917 年 12 月成立的"北京大学哲学门研究所",应该是中国最早的哲学学术团体,内设研究科和特别研究科两项。其职责为研究学术、切磋教授法、特别问题探索、中国旧学钩沉、审定译名、译述名著、介绍新书、发行杂志等。凡愿意入该所为研究员者和哲学门三年级以上学生均可入所研究。研究所设主任一职,相继由留学生出身的教员胡适、陈大齐、蒋梦麟担任。在 12 月 3 日成立的当日,蔡元培作了"哲学与科学之关系的演讲"。此后,该所举行不定期演讲,如 1918 年,胡适作"最近欧美哲学"的演讲,陈大齐作"近世心理学史"的演讲,陶履恭作"心理学应用方面之发展"的演讲。1920 年夏,由于该所范围太小,停止活动。

其后,1918 年 2 月,冯友兰、陈钟凡等人成立了哲学研究会,但很快就被 1919 年 1 月 25 日成立的北京大学哲学研究会所取代。北京大学哲学研究会是中国高校最早建立的哲学研究会,主要发起人为留学生出身的教员杨昌济、马叙伦、陶履恭、胡适等。该会的宗旨为"研究东西诸家哲学,瀹启新知",会议章程由陶履恭、胡适等起草。1920 年后,哲学会渐无活动。1925 年,陈大齐、胡适、徐炳昶、屠孝寔等 28 人再次发起成立"哲学研究会"。该会以研究哲学为宗旨,发行不定期刊物,翻译西方哲学名著并重印中国哲学名著。

1920 年 3 月,李大钊在北京发起成立了"马克思主义研究会",这是中国最早的一个学习和研究马克思主义的团体,也是五四时期具有广泛社会影响的哲学社团。

在所有哲学社团中,中国哲学会的成立最具意义。20 世纪 20 年代末,北京的一些研究者感到有组织联络的必要,以北京大学、清华大学和燕京大学三校的哲学教授为主，采用自由方式，每一两个月不定期举行哲学聚餐会一次，讨论哲学问题。1934 年 10 月，有人提议举行哲学年会，推举贺麟、冯友兰、黄子通负责筹划组织。1935 年 4 月 13—15 日，在北京大学举办了中国哲学会第一届年会。冯友兰致开幕词，选举中国哲学会第一届理事会理事 12 人：黄建中、方东美、宗白华、张君劢、范寿康、林志钧、胡适、冯友兰、金岳霖、汤用彤、贺麟、祝百英。其中常务理事 3 人：冯友兰、金岳霖（任会计）、贺麟（任秘书）。会议根据各地哲学研究者的意见，提出了正式组织全国性哲学会的方案，组成筹备委员会，由贺麟、金岳霖、黄子通三人负责召集。1936 年 4 月，中国哲学会成立，宗旨是"本合作精神以促进哲学研究，推广哲学知识"，并通过会章，选举 15 人组成理事会，方东美、张君劢、范寿康、胡适等为理事，冯友兰、金岳霖、祝百英、宗白华、汤用彤为常务理事；同时，编辑出版会刊《哲学评论》（月刊）。① 其后艾思奇、沈志远等于 1936 年成立了新哲学研究会，以研讨马克思主义哲学。由于那时中国还没有统一的专门的哲学研究机构组织全国的哲学研究，因此，这两个哲学团体的成立，对于推动中国现代哲学的发展发挥了重要的作用。

再看专业的哲学期刊。在五四时期众多的期刊中，刊载哲学论文的并不少见，如《学衡》等，但真正属于哲学研究的专业期刊还数《哲学评论》。该刊创刊于 1927 年 8 月，原由北京尚志学会主办，是中国第一个哲学研究专刊，由留学生出身的著名哲学家张东荪与瞿世英负责。从第 7 卷起改由中国哲学会主办，作为中国哲学会会刊。尚志学会创办《哲学评论》的初衷是扩大政学系在文化领域的影响，然而其结果远远超出了创办初衷。当时中国哲学研究的热潮方兴未艾，西方各种思想如前所述纷纷涌入，同时对中国古典文化遗产的态度问题也不断引起激烈的争论。在此背景下创刊的《哲学评论》，为哲学工作者提供了一块重要的学术阵地，通过介绍、刊载他们的成果，不仅推动了中国哲学学科的构建，也对西方哲学史上的重要思想进行了初次系统的评述，介绍了诸多近代西方哲学思潮，为中西哲学界的交流架

---

① 以上中国哲学会情况根据台北"中国哲学会"http：//www. cap. twmail. net/介绍整理。1949 年，中国哲学会迁台，继续推动各项活动。

起了桥梁，曾给许多中国人以思想启迪和哲学启蒙①，促进了中国哲学在 20 世纪 30 年代的繁荣。

综上所述，中国现代哲学学科是在鸦片战争以后社会变革的大背景下，在西方现代哲学的影响下，从中国传统经学形态逐渐向现代形态转型的结果。其学科体系的形成开始于"五·四"期间，到 20 世纪 30 年代中期基本完成。在此过程中，从国外归来的留学生们起到了主导和主体的作用。需要强调的是，中国传统哲学的现代转型一开始就呈现多元趋向，并在以传统儒家思想为主导的中西融通、重建中国哲学方面取得了重要成就，"但对 20 世纪中国哲学走向具有决定意义的是通过对传统儒家思想进行否定性批判，在政治上作出马克思主义的抉择，开拓了以马克思主义哲学为主导的中国哲学的新传统"②，从而改变了 20 世纪中国的哲学走向和社会发展方向，直接影响了中国传统人学思想的现代转型。

（二）留学生群体与中国现代文学学科的创建

中国现代文学学科是在清末民初西学东渐的大潮中，学习、借鉴乃至移植西方现代学术话语和学科规范的过程中逐渐建立的。在中国传统文化中，可以说没有西方严格定义上的文学概念，在很长一段历史时期里，文学与史学、神话并无明显的界限，中国最早的文学是对历史和神话的记录，纯粹的文学到周朝才出现，后来被收入经、史、子、集中的"集"部。而且，其中只收入历代作家的散文、骈文、诗、词、曲等集子和文学评论著作，作为中国现代文学主要门类之一的小说则被排除在外。因此，中国现代文学是在西方现代文学思潮的影响下，中国传统"文学"向现代转型之后的结果，是在西方学科规范的影响下所建立。在这一过程中，以归国留学生为主体的知识分子不仅是其先导，而且起到了特别重要的作用。

根据华勒斯坦（Immanuel Wallerstein）等《开放社会科学》《学科·知识·权力》等有关学科体制的论述，一门学科是否创建，要有相应的标准作为参照。③ 下面即讨论中国现代文学学科的建立。

---

① 1947 年由于时局不定，中国哲学会停止活动，《哲学评论》出刊到第 10 卷第 6 期停刊。

② 谢龙等主编：《中国学术百年·哲学百年·前言》，北京出版社 1999 年版，第 1 页。

③ 重要的如［美］华勒斯坦（Immanuel Wallerstein）等：《开放社会科学》，刘锋译，三联书店 1997 年版；《学科·知识·权力》，三联书店 1999 年版。

1. 西方文学在中国的传播

如同中国现代其他学科的建立受到西方学科和学术规范的影响一样，作为一门新学科，中国现代文学学科的建立也明显地烙上了中国近代社会转型过程中西方文学影响的印记。但是，与西方自然科学在中国的传播从明末清初开始不同，西方文学在中国文学的传播要晚得多，直到鸦片战争以后，包括西方文学在内的西方人文社会科学才逐渐登陆中国大地，对中国现代学科的建立产生了极其重要的影响。对此，胡适曾云：

> 我们今日的学术思想，有这两个大源头：一方面是汉学家传给我们的古书；一方面是西洋的新旧学说。①

文学也不例外。在中国现代文学学科的建立过程中，中国传统文学的"古书"无疑是基础。但是，西方文学思潮、文学作品和术语系统对中国现代文学学科建立之作用，不仅是源头，更是催化剂，是指导的理论与规范。

关于中国文学接受外国文学的影响，周扬、刘再复认为，这种影响有两次高潮：第一次是东汉至唐宋佛教文化的影响……另一次是鸦片战争之后。②"特别是19世纪末以来，由于外国的政治、经济、文化学说大量地涌进，与此相应，改良主义的代表人物大力倡导政治小说，一些翻译家也大力把外国小说引入。晚清时期，翻译的国外小说达400种，仅1907年，翻译的小说就有80种，其中英国小说32种、美国22种、法国9种、日本8种、德国2种、其他国家的7种。其中仅林纾在辛亥革命前后近30年中，就翻译介绍（与别人合作）了英、美、法、俄、日、西班牙、比利时、挪威、希腊等国180余种小说，达1200万字。其中属于名著的就有40多种。这种翻译介绍到了'五四'运动前后达到最高点，其数量令人惊叹，世界上著名作家的作品几乎都被介绍过来。这就使中国文学打开了自己的视野，从思想内容到艺术形式都受到震动。中国的现代文学家采取'拿来主义'的态

---

① 胡适：《中国哲学史大纲》，上海古籍出版社1997年版，第6—7页。
② 笔者注：这种划分当然可以，但是把第二次高潮的下限一直延续到五四时期，难免太长，且淡化了五四新文化运动的特殊性。故笔者认为还是把五四时期作为第三阶段为好。

度，努力加以借鉴，使新文学进入十分兴旺发达的时代。"① 具体地说，晚清时期西方文学的东传，以西方小说的译介最多也最重要，林纾、包天笑、周瘦鹃、曾朴等人翻译了许多西方小说名著，其中林纾的影响最大，其所译的《茶花女》《唐·吉诃德传》等，在晚清拥有大量的读者。其实，不仅在晚清，其后还有大量的读者。对此，钱钟书曾有回忆：

> 我自己就是读了他的翻译而增加学习外国语文的兴趣的。商务印书馆发行的那两小箱《林译小说丛书》是我十一二岁时的大发现，带领我进了一个新天地，一个在《水浒》《西游记》《聊斋志异》以外另辟的世界。我事先也看过梁启超译的《十五小豪杰》、周桂笙译的侦探小说等等，都觉得沉闷乏味。接触了林译，我才知道西洋小说会那么迷人。我把林译里哈葛德、欧文、司各特、迭更司的作品津津不厌地阅览。假如我当时学习英文有什么自己意识到的动机，其中之一就是有一天能够痛痛快快地读遍哈葛德以及旁人的探险小说。②

由此，不难想象林纾译作对于中国现代文学发展的影响。

2. 留学生与高校的中国现代文学教育

一门学科是否建立，有大致相同或相近的标准，其中重要标志就是是否进课堂，成为"一门课"。因此，这里需要首先论述中国现代文学的诞生，因为只有中国现代文学的存在，才有创建这门学科的可能。不过，鉴于相关的成果较多，而且笔者从留学生的角度另有专论，因此，在此只简要概述。

（1）留学生群体与中国现代文学的诞生。

中国现代文学又叫"新文学"，是中国文学的一部分，是中国传统的古典文学在近代转型的结果。鸦片战争以后，西方列强凭借现代的坚船利炮，打开了中国封建的大门，随着西学东渐大潮的影响，中国传统文学也在欧风美雨影响下开始现代转型。首开近代以来中国"文学新风气的是以

---

① 周扬、刘再复：《中国文学》，中国大百科全书总编辑委员会编《中国大百科全书·中国文学》卷1，中国大百科全书出版社1988年版，第11页。
② 钱钟书：《旧文四篇》，上海古籍出版社1979年版，第66页。

龚自珍、魏源、林则徐等为代表的开明派"①，作为封建统治阶级的一员和开眼看世界的先驱，他们敏锐地看到了大清王朝面临的严重危机和必须改弦更张的迫切性，在提出改革内政、抵御外来侵略的同时，写出了一系列具有时代色彩的诗文。其后，冯桂芬、王韬等以其远见和创作，反对桐城派古文，使报章的古文社会化、通俗化，在白话文学的道路上开拓创新。维新变法期间，在康梁等影响下，晚清的中国文学出现了改良思潮。其中近代著名翻译家、留学英国的严复和南社的主要成员、留学日本的陈去病、苏曼殊、秋瑾等，则在小说界革命和资产阶级民主主义革命文学中，表现了一些革新的内容。但是，由于他们关于文学变革的初衷主要是改良社会、革新政治，而这又与他们当时狭隘的民族主义思想紧密联系在一起，所以，他们不可能抛弃中国传统的诗文及其文学观念，从而留下了历史的局限。而要真正实现中国文学的转型，必须进行一场彻底的变革，必须在世界现代文学观念指导下，进行一次从作品内容到艺术形式的彻底变革。事实上，这一彻底转变是以五四文学革命为决定性标志的；而五四文学革命又恰恰是由留学生出身的北京大学教授、讲师乃至校长等"一班新人物"（毛泽东语）发难的，如胡适、陈独秀、李大钊、鲁迅、钱玄同、沈尹默、周作人等。正是在他们的积极推动下，以五四新文化运动为中心，五四文学革命取得了胜利，新文学堂而皇之地登上了中国文学的大舞台，并逐渐被社会各界所承认和运用。

由此可见，近代中国不断变化的社会转型，也在不断地推动文学的转型和变革。鸦片战争时期首开文学新风气的开明派，晚清改良主义的文学运动，吹响了中国传统文学向现代文学转型的号角，以清末留日出身为主的南社成员更表现了一些新的文学内容；五四时期，一大批喝过洋墨水、意气风发的海归派人士，高举文学革命的大旗，掀起了史无前例的五四文学革命，最终完成了中国传统文学的现代转型，中国文学史上空前的中国现代文学由此正式宣告诞生。因此，中国现代文学才又成为新学科的可能。

---

① 季镇淮：《近代文学》，中国大百科全书总编辑委员会编《中国大百科全书·中国文学》卷1，中国大百科全书出版社1988年版，第325页。

（2）留学生群体与中国高校中的现代文学教育。

中国高校的现代文学教育是建立中国现代文学学科的重要环节，也与留学生密不可分。作为一门学科，中国现代文学学科的教育必须具备如下要素：课程的设立、师资和教材。①

第一，中国现代文学课程的设立。

中国现代文学学科建立的一个重要标志，是中国现代文学作为一门独立的课程在大学的开设。中国现代文学，最早叫新文学，很明显，是区别于中国传统的以诗歌为正宗的古典文学的。最早用"中国现代文学"概念的可能是钱基博，他在1930年出版了《现代中国文学史》一书，这个概念后来逐渐被接受。但是，与其他一些新学科早在北京大学开设②不同，中国现代文学迟至1929年朱自清在清华大学开设"中国新文学研究"课程，中国高校中的中国现代文学教育才蹒跚起步。这个原因比较复杂。

首先，中国传统的文学概念在封建的士大夫和一般的国人印象中，已固化了几千年，形成了定势，短期内难以改变。其实，白话入文入诗即使在时髦的留美学生中，看法也大相径庭，如胡适与梅光迪、吴宓等在留美期间就有争论，③从胡适的留美日记中就可看出水火不相容。如1916年7月13日胡适追记所言：

> 再过绮色佳时，觐庄亦在，遂谈及"造新文学"事。觐庄大攻我"活文学"之说。细析其议论，乃全无真知灼见，似仍是前此少年使气之梅觐庄耳。
>
> 觐庄治文学有一大病：则喜读文学批评家之言，而未能多读所批评之文学家原著是也。此如道听途说，拾人牙慧，终无大成矣。此次与觐

---

① 其中学生无疑是重要因素，但因篇幅所限，在此暂不涉及。

② "1912年，北京大学设立哲学门，哲学从此成为中国现代大学的独立学科。1914年，北大哲学门正式招生，标志着现代的中国哲学教育的开始。"赵敦华：《中国哲学现代形态的建立及其世界意义——在北京大学哲学系建系90周年庆典大会上的发言》，《学校党建与思想教育》2004年第7期，第13页。

③ 对于留学生之间对新文学的不同看法，笔者另有专述。简言之，有的人虽然留学于国外，但是，并没有融入开放的环境，没有建立国际化的大视野，不懂得语言和文学必然随着社会的变化而变化的规律，偏执于习惯传统，故对新文学持保守态度。

庄谈，即以直告之，甚望其能改也。[1]

这种类似的记载，还见于吴宓日记。不同的是，胡适的日记虽然也记载了留美同学之间在白话入文入诗上的分歧，倒还温文尔雅，平心静气，而吴宓日记的记载，则处处充满了火药味。[2]

其次，大学中文系保守势力的阻挠。后来以白话为语言载体的现代文学虽然流行开来，但是，语言的演变是一个复杂的过程，不可能在一夜之间鸟枪换炮，加上习惯势力的阻挠，实际上文言文也并没有马上绝迹，运用依然普遍。特别是当时大学中文系的顽固保守势力极其强大，极力阻挠新文学。如黄侃、胡小石等著名学者，一直不遗余力地坚持文言文，反对新文学，在武汉大学时，他们就曾挤走了新文学作家郁达夫。负责武汉大学中文系的刘颐，为黄侃高足，擅长文字、声韵、训诂；武大中文系另一负责人刘永济，重视古典文学的词曲，动辄借题发挥，非难五四以来的新派人物与新文学。曾在此任教的苏雪林后来回忆："大凡邃于国学者，思想总不免倾向保守。武大中文系几位老先生都可说是保守分子。"[3]

再次，新文学主将们离开了新文学学科建设的前沿。中国现代文学迟迟未进课堂的具体原因，我们还可以从发动五四文学革命的主要人物的实际情况略作考察：胡适从美国回国后，在北大所从事的主要是中国哲学史的教学，与文学无关；陈独秀同胡适发动文学革命不久，就专心从事中共的建党工作，对文学与高校教学的兴趣已经转移。至于鲁迅，虽然以其创作的丰硕成果显示了五四文学革命的实绩，但是他在大学的地位一直不高，话语权不大。

因此，中国现代文学在高校成为一门课程比较晚，而且不是在五四新文化的发源地北京大学，而是在清华大学。具体说，首开这门课的是著名作家

---

[1] 胡适：《觐庄对余新文学主张之非难》（1916年7月13日追记），《胡适留学日记》下，安徽教育出版社1999年版，第355—356页。觐庄，即梅光迪，1890年生，安徽宣城人。中国首位留美文学博士。1911年赴美留学，先在西北大学，后到哈佛大学专攻文学，并在哈佛大学执教。1920年回国，任南开大学英系主任。1921年任东南大学洋系主任。《学衡》杂志创办人之一，反对新文学。

[2] 详见《吴宓日记》留美期间内容，《吴宓日记》，生活·读书·新知三联书店1998年版。

[3] 苏雪林：《我们中文系主任刘博平》，见龙泉明、徐正榜编《走进武汉》，四川人民出版社2000年版，第52页。

朱自清，时间是 1929 年春，课程名称为"新文学研究"。但据朱自清《清华大学的中国文学系概况》（1931 年 6 月 1 日《清华周刊》第 35 卷第 11、12 期）一文所说，1928 年留美学者杨振声①主持中文系时，就提出了一个新目标："创造我们这个时代的新文学。"② 据此，可以说，朱自清开出新文学研究这门课，实际上是杨振声主持清华中文系时教学计划的一部分。朱自清与杨振声所开的新课程为：当代比较文学、中国新文学研究、新文学习作。③ 1930 年，燕京大学开设"现代文学"课程，授课人为杨振声、朱自清。

武汉大学是继清华大学、燕京大学之后开设新文学课程的又一所大学。时间是 1930 年下半年，著名作家沈从文任教于武汉大学，开设了新文学课程。1931 年该校还印出了他的《新文学讲义》。接着，同年秋留法归来的作家苏雪林继续开设"新文学研究"。此外，武汉大学文学院又增开了"小说入门"和"戏剧入门"④ 两门与新文学相关的课程。"新文学研究"课之所以能在武汉大学站稳脚跟，与一大批有留学背景的海归成为武汉大学的师资有关，如王世杰、李四光、王星拱、周鲠生、陈源、凌叔华、杨端六、袁昌英、闻一多、苏雪林等。特别是闻一多、陈源两位新文学作家先后任文学院院长：

闻一多：1928 年 9 月—1930 年 6 月任院长。

陈源：1930 年 8 月代理，1931 年 10 月任院长，1935 年 10 月续聘为院长。

这表明，1928—1937 年武汉大学文学院新文化的力量占据主导地位，这对新文学课程的开设无疑是有积极意义的。而且在文学院的教师中，闻一

---

① 杨振声，山东蓬莱人。1915 年考入北京大学国文系。1919 年赴美国哥伦比亚大学留学，专攻教育学和教育心理学，获博士学位，又入哈佛大学攻读教育心理学。1924 年回国，历任武昌大学、北京大学、燕京大学、中山大学中文系教授，清华大学教务长、文学院院长兼中文系教授。1930 年 5 月任青岛大学校长，延聘一大批人才特别是海归到校任教，如闻一多任文学院院长兼中文系主任，梁实秋任外文系主任兼图书馆馆长，黄敬思任教育学院院长兼教育行政系主任，黄际遇任理学院院长兼数学系主任，王恒守任物理系主任，曾省任生物系主任，赵太侔任教务长。另有杜光埙、游国恩、张煦、沈从文、傅鹰，稍后应聘的则有老舍、洪深、任之恭、王淦昌、童第周等。

② 朱自清：《朱自清全集》第 8 卷，江苏教育出版社 1993 年版，第 405 页。

③ 同上书，第 405 页。

④ 见刘绍唐、吴相湘：《国立武汉大学一览》（1935 年）第 48—51 页所刊登"文学院课程指导书"（1）"中国文学系的课程"，（台北）传记文学出版社 1971 年版（影印本）。

多、陈源、凌叔华、沈从文、袁昌英、苏雪林都是新文学作家，这对开设新文学课程、讲解新文学内容，无疑有近水楼台先得月之便。其中除沈从文无留学背景外，其他6位都是留学生出身的著名作家，视野比较开阔。由于开设新文学课程的基础较好，因此，在1935年《国立武汉大学一览》中"各学院概况、课程内容及课程指导书"有这样的话语：

> 本学程讲授五四运动后之国语文学。先叙新文学之运动，及文坛派别等等，用以提挈纲领；继分五编，评论新诗、小品文、小说、戏剧、文学批评。一面令学生研读名人作品，养成新文艺之鉴赏力，随时练习创作，呈教员批改。[①]

此后，一些大学陆续开设了这门新课程，最典型的如1932年王哲甫在山西省立教育学院开设新文学课程。一个并不起眼的山西省立教育学院居然开设新文学课程，而且自编教材，这表明，中国现代文学课程已经在高校中扎根。

第二，中国现代文学课程的研究基础。

与中国史学、哲学等学科的转型主要运用传统史料和翻译的西方著作不同，中国现代文学之所以能够进课堂，是以其所创作的足够的作品为研究基础的。下面就是1930年前大家所熟知的各个体裁方面的代表作：

> 现代诗歌方面：胡适的《尝试集》；郭沫若的《女神》；朱自清等《雪朝》第一集、《毁灭》；闻一多的《红烛》《死水》；徐志摩的《志摩的诗》；冰心的《繁星》《春水》，等等。
>
> 现代戏剧方面：欧阳予倩的《泼妇》；丁西林的《一只马蜂》《压迫》；田汉的《咖啡店一夜》，等等。
>
> 现代散文方面：鲁迅的《野草》《朝花夕拾》；周作人的《自己的园地》《雨天的书》；冰心的《寄小读者》，等等。

---

①　刘绍唐、吴相湘：《国立武汉大学一览》（1935年），（台北）传记文学出版社1971年版（影印本），第31页。

现代小说方面：鲁迅的《呐喊》《彷徨》；茅盾的《幻灭》三部曲；郁达夫的《沉沦》，等等。

应该说，上述作品仅仅是 20 世纪二三十年代中国现代文学学科基本建立时间内的部分作品。正因为有如此多的现代文学作品为基础，中国现代文学学科才有丰厚的作品基础，老师才有著书立说、在课堂上讲授的可能，学生也才有大量阅读、研习的材料。

还需要指出的是，完成这些作品的作者特别是诗歌和戏剧作品的作者，绝大部分都是留学生出身的作家。最典型的例证是被权威的《中国大百科全书》收入的中国现代文学史上的经典性作家，基本上都是留学生出身。此不赘述，请参看。

3. 留学生群体与中国现代文学的研究及其体制的建立

凡是一门学科，总需有研究、值得研究才能成立。中国现代文学学科是否具备学科的条件，也离不开研究。其中关于此门学科及其体制的建立与否相当重要。

（1）文学领域中的留学生群体为中国现代文学学科的建立提供了研究的基础和对象。

大凡一门学科之所以存在，构成一门学问，就必须有供人研究的必要，有进课堂让学生掌握的必要，而要研究、教学，就必须有基本的研究对象和研究资料。中国现代文学之所以作为一门学科，其基本的研究对象、研究资料，皆荟萃于赵家璧主编的《中国新文学大系》。该书为中国最早的大型现代文学选集，1935—1936 年由上海良友图书印刷公司出版。全书分为 10 卷：①《建设理论卷》，胡适编选。②《文学论争集》，郑振铎编选。③《小说一集》，茅盾编选。④《小说二集》，鲁迅编选。⑤《小说三集》，郑伯奇编选。⑥《散文一集》，周作人编选。⑦《散文二集》，郁达夫编选。⑧《诗集》，朱自清编选。⑨《戏剧集》，洪深编选。⑩《史料·索引》，阿英编选。编选创作的 7 卷，共收小说 81 家 153 篇作品，散文 33 家 202 篇作品，新诗 59 家 441 首诗作，话剧 18 家 18 个剧本。这些作品及作家，是新文学诞生以来中国现代文学学科建立所需要的作品及作家。其中代表性作品的作者都是留学生。不仅如此，留学生们在为现代文学学科的创建提供了研究资料和研究基础的同时，他们自己也成为现代文学学科研究的对象。因此，可以这样说，文学领域中的留学生群体为中国现代文学学科的建立提供了研究的基础和对象。

（2）创作新文学的留学生作家走进课堂，以作家、教师和学者的三重身份，为中国现代文学学科的建立鸣锣开道。

作为新文学的主要创建者和奠基者的留学生们，有一部分走进了大学中文系的课堂，从原来的作家、诗人，成为教授和学者。例如，杨振声不仅是一位教育家，还是一位具有独特风格的现实主义作家，创作了大量的文学作品，有中短篇小说20余部（篇）和散文、杂文、诗歌等50余篇（首），在学生期间就发表了《渔家》《一个兵的家》《贞女》和《磨面的老王》等反映社会问题的小说，1924年又发表了代表作中篇小说《玉君》。他的作品体现了"五·四"新文学的特征，表达了强烈的爱国主义思想。因此，鲁迅说：

> 杨振声的文笔，却比《渔家》更加生发起来⋯⋯他"要忠实于主观"，要用人工来制造理想的人物。而且凭自己的理想还怕不够，又请教过几个朋友，删改了几回，这才完成一本中篇小说《玉君》。①

并且将他的作品作为现代文学史上第一个文学流派"新潮派"小说的代表作选入《新文学大系·小说二集》。这也是他后来首先倡导新文学进课堂的基础和动因。在此，我们要特别肯定杨振声的倡导之功。应该说，以往肯定朱自清开创现代文学学科的功绩，是完全客观的、正确的。但是忽略了杨振声的倡导，虽然也会提到，但明显不到位。杨振声对现代文学学科建立的倡导之功，上面已有论述，其实不仅如此，就在朱自清1928年落实杨振声前一年的教学计划，开设"新文学研究"之后，他们就共同开设有关的课程，后来在燕京大学也一同开设有关课程。因此，杨振声对开创中国现代文学学科的功劳，必须予以充分肯定。

---

① 鲁迅：《中国新文学大系·小说二集》"导言"，见赵家璧主编《中国新文学大系》，上海文艺出版社1935年版，第3页。

　　以原来的作家、诗人身份走进课堂的，远远不止上面所提到的几位，还有一大批，其中留学生出身的，就有胡适、鲁迅、周作人、刘半农、钱玄同、林语堂、丰子恺、郁达夫、许地山、朱湘，等等。虽然有的作家进入大学后并不从事新文学的教学，但是，作为过来人，他们对中国现代文学学科的建立还是充满热情和支持的。凡是对新文学稍有了解的都会知道西方文学对中国现代文学的影响。作为一个新文学作家和欧美文学专家，你很难设想他会反对新文学进课堂。如作家、教育家袁昌英，湖南省醴陵人，1916年、1926年先后入英国爱丁堡大学、法国巴黎大学学习，创作了戏剧《孔雀东南飞》《活诗人》等、散文《巴黎的一夜》《琳梦湖上》等。1928年回国后，她任上海中国公学教授，1929年开始执教于武汉大学，主讲希腊悲剧、希腊及罗马神话、戏剧入门、法文、现代欧美戏剧、中英翻译等课程。

　　（3）留学生与中国现代文学学科研究著作的出现。

　　中国现代文学学科研究著作包括两方面的内容，一是文学史著作，这方面朱自清有筚路蓝缕之功，在此首先要肯定。对于朱自清在建立中国现代文学学科方面的贡献，前面已有论述，下面用王瑶先生的话来总结："真正用历史总结的态度来系统地研究现代文学的，应该说是始于朱自清先生。他1929年至1933年在清华大学等校讲授'中国新文学研究'的讲义，后来整理发表题为《中国新文学研究纲要》，是现代文学史的开创性著作……"①

　　在此，需要辨析朱自清的出身。首先应指出，朱自清1929年在清华大学开设"中国新文学研究"课程时，还没有出国留学。他是1931年到英国留学研修文学，1932年7月回国。也就是说，留学在他开设此门新课期间，而且《中国新文学研究纲要》的整理是在出国之后，因此，牵强一点说，朱自清在开设中国现代文学学科这门新课时，也可以说是留学生。

　　此后，其他中国现代文学研究著作也在1930年后相继出版，如陈炳堃的《最近三十年中国文学史》（1930）、伍启元的《中国新文化运动概观》（1934）、王丰园的《中国新文学运动述评》（1935）、吴文祺的《新文学概要》（1936）等。其中朱自清的《中国新文学研究纲要》和王哲甫的《中国新文学运动史》，因为出版时间早且内容扎实，对于中国现代文学史作为一

---

① 王瑶：《中国现代文学三十年·序》，上海文艺出版社1987年版，第1—2页。

门学科的建立产生了重要的影响。

至于研究新文学的论文，可以说从文学革命的大旗举起时就已经开始，因此，数量非常之多，难以计数，其中当时最集中的是赵家璧主编的《中国新文学大系》的序与导言。该书由蔡元培撰写总序，其他各卷编选者还分别就所选内容写了导言。其中《建设理论集》《文学论争集》和《史料·索引》选辑近 200 篇论文，系统地反映了新文学运动和新文学理论建设从无到有、逐渐确立的历史过程。总序和各篇导言都是当时卓有声望的名家、大家所写，对于新文学的发生发展、理论主张、活动组织、重大事件、各种体裁的创作，或作历史的回顾，或为理论的阐述，表现了对中国现代文学的真知灼见。可以说，在此后的中国现代文学研究中，这些导言的影响甚至比《中国新文学大系》本身的价值更大，影响也更为深远。

需要强调的是，总序和 10 篇导言的作者共 11 人，其中蔡元培、胡适、鲁迅、周作人、郁达夫、朱自清和洪深为留学生出身，即占 64%。

（4）留学生与新文学专业团体和期刊的建立。

专业学术团体和期刊的出现是学科建立的主要标志之一。中国现代文学学科的建立需要文学专业学术团体和期刊的帮助和支持，而文学专业学术团体和期刊的出现又促进了文学学科的建立。五四时期开始出现的文学专业学术团体和期刊，是中国文学学科建立的必要条件和主要标志。先看中国文学团体，截止到 1929 年，代表性的有文学研究会、创造社、新月社等；再看专业的文学期刊，截止到 1929 年，代表性的有《小说月报》《创造》季刊、《创造周报》《创造月刊》《新月》等。可以说，在中国现代学科的创建过程中，还没有哪一个专业团体和期刊像中国现代文学学科这样多，而且，归国留学生作家们对这些团体和期刊的创建和发展起了特殊的作用。如周作人等之于文学研究会，郭沫若等之于创造社，徐志摩等之于新月社等，都为其中的重要骨干。

（5）胡适对中国现代文学学科建立的贡献。

在此，我们要特别提及胡适对中国现代文学学科的贡献，尽管这已众所周知。如同中国现代哲学学科的建立与胡适有不解之缘一样，胡适与中国现代文学学科的建立也有非同一般的关系，其贡献是多方面的。

第一，作为新文学的主要倡导者，为新文学的诞生建立了特殊的功绩。

换言之，由于他的特殊贡献，新文学的建立才有可能。鲁迅等新文学巨匠们也有相似不等的贡献，此略。

第二，积极支持新文学进课堂。如同任何一个创业者都自然地希望他所开创的事业得到发展一样，胡适对新文学学科建立的态度也是这样。对此，我们可以从他与沈从文的通信和推荐作家学者到高校任教得到证明。

1937 年 7 月 4 日，沈从文发表了致胡适的通信《关于看不懂》，建议把新文学传播到中学生中去，目的是引导中学生对新文学有一个客观的认识。要达到这一目的，关键是中学老师，而中学老师都是从大学毕业的。为此，沈从文提出："在大学课程中……国文系每星期至少有两小时对于'现代中国文学'的研究，作为每个预备作中学教员的朋友必修课。"他还希望胡适请"所有国立大学（尤其是师范大学）文史学系的负责人注意"①。对此，胡适在《编辑后记》中专门答复："对于从文先生大学应该注意中国现代文学的提议，我当然同情。从文先生大概还记得我是十年前就请他到一个私立大学去教中国现代文艺的。现代文学不须顾虑大学校不注意，只须顾虑本身有无做大学研究对象的价值。"② 由此，我们可以看出胡适的影响特别是在大学文史系的影响。当时的胡适早已离开新文学阵营，既非教育部长，也非大学校长，但是，沈从文却请他提醒"所有国立大学（尤其是师范大学）文史学系的负责人注意"。更重要的是，胡适表明了他对新文学进课堂的积极态度。

另外，还需提及的是，胡适还推荐朱自清到清华任教，推荐沈从文到武汉大学任教。而他们，对新文学进课堂都有开创之功。限于篇幅，不赘述。

综上所述，中国现代文学学科是在鸦片战争以后社会变革的大背景下，在西方文学和学科规范的影响下，从中国传统的文学学科形态逐渐向现代学科形态转型的结果。其形成开始于 20 世纪 20 年代后期，到 20 世纪 30 年代初基本完成。在此过程中，从国外归来的留学生们起到了主导作用：在五四时期，完成了中国传统文学向现代文学的转型；五四以后，又倡导和促进了中国现代文学学科的创建。

---

① 胡适主编：《独立评论》1937 年 7 月第 241 号。

② 胡适：《胡适全集》第 22 卷，安徽教育出版社 2003 年版，第 579 页。

二　留学生群体与中国现代自然科学学科的建立

从中国近现代学科发展来看，今日众人熟知之数学、物理学、化学、地学、生物学等，都是在明清以来西学东渐的基础上，以留学生为主要代表的新知识分子群体所创建。但是，严格地讲，建构者并不是单一的，它也倾注了中外各界人士的汗水和努力，除了留学生外，还包括传教士和非留学生出身的中国人。为了彰显留学生的作用，下面先概述他们在中国现代学科创建中的作用。

中华文明源远流长，以四大发明为代表的中国物质文明曾经给西方世界以较大的影响，但是，在以儒家文化为核心的中国传统文化中，属于自然科学的物质文明其实并未受到重视，更兼封建制度的束缚，中国自然科学的发展在 15 世纪以后已经落后于西方，而且没有学科的分类。早在 16 世纪中期，欧洲的传教士就来到大明帝国，但西方传教士与新学科发生关系则始于鸦片战争之后的晚清，而且是从传播西学开始的。就动机而言，他们传播西学的各种活动，应该说是其传教过程中的附带性作业。在主观上他们的有关活动并不是要创建中国的什么学科，而是根据神学的经典，向受众传播教义，试图将"上帝的福音"传到中国的一个环节、一种方式和一种途径，且在一定程度上有帮助中国走向富强的诚意。就作用而论，"从总体上说，在传播西方科学方面，新教传教士所做工作较天主教士为多，新教传教士中，林乐知、李提摩太等世俗派所做工作较戴德生等基要派为多，19 世纪后期所做工作较 20 世纪初期为多"①。他们开辟了多种传播西学的途径，如创办报刊、翻译和出版书籍、兴办学校等。其中兴办最早的小学是 1839 年美国传教士布朗夫妇在澳门设立的马礼逊学堂，那时就开过一些化学课程。传教士们创办的大学直接与学科建设有关，明显地不同于中国历史上的中央官学、国子监等。中国真正现代意义上的大学出现于 19 世纪，并且最早的大学都是由传教士开办的。1880 年前后基督教大学在中国出现，第一所是美国长老会在山东登州（今烟台）开办的登州文会馆。该馆原是一所小学，后演变为教会中学，1882 年正式升为学院。19 世纪中国的基督教大学共有 5

---

① 熊月之：《西学东渐与晚清社会》，上海人民出版社 1994 年版，第 25—26 页。

所，其他 4 所为 1888 年开办的北京文汇书院、1889 年建立的通州华北协和大学、1890 年设置大学课程的上海圣约翰学院、1893 年设立的杭州长老学院。这些学校对中国现代学科的建立发挥过一定的作用。但由于受到当时中国特定的社会环境的影响，在 20 世纪早期中国大学建立的高潮中，教会学校和传教士在学科建设中的影响逐渐下降，不得不让位于中国人自办的大学和归国的留学生。

在中国现代学科建设过程中，非留学生出身的中国人也发挥了积极的作用。这部分中国人包括洋务派、维新派以及其他的中国人士，甚至还包括在大势所趋之下不得不改弦更张的保守派官员。在鸦片战争以后 80 年左右的时间里，出于对国事的敏感和关心，他们对西学的引进和中国现代学科的建立表现出不同程度的热情，在不同的阶段扮演了不同的角色，在总体上起到了推动作用。但他们碍于传统的文化视野和狭隘的国家意识、民族感情，不愿意抛弃传统文化，"中学为体，西学为用"这八个字，实际上就概括了他们当时复杂的心态。由于现实所决定，他们不可能离经叛道，不愿意在西化的道路上渐行渐远，为此，甚至留下过歪斜的足印，但他们为中国走向世界所作的努力，应该得到今人充分的理解和赞赏；他们在中国现代学科建立过程中的劳绩，也将融入辉煌的中国现代学科史和学术史中。

（一）留学生与中国现代地学学科的创建

现代地学是中国最早由西方引进的一门新的学科，尽管中国古代有关地学的成就曾令国人引为自豪，但是自 17 世纪中期到 19 世纪中期，它几乎未见任何发现和论述，[①] 而在 15—16 世纪，近代科学已率先在欧洲兴起，新航路的大发现促使现代地理新思想产生。19 世纪，西方各国的地理学会开始陆续建立，地理研究开始走向国际化，西方地学思想观念开始冲击和影响中国传统的舆地之学。也就在此情况下，西方地学思想由传教士开始广泛传入中国。

西方现代地学的一些零星概念和知识，最初是由明清之际的西方传教士传入中国的，前已述及，不赘。鸦片战争后，有关地学的书籍渐入国人的视

①　王鸿祯：《中国地质学发展简史》，《地球科学——中国地质大学学报》1992 年 11 月，第 3 页。

野。1848 年出版的《地球图说》介绍了世界各主要国家和地区的地理位置、风土人情等。1871 年，美国丹纳撰、华蘅芳笔述的《金石识别》，是 19 世纪中国介绍西方矿物学中最重要的一部。1873 年出版的英国地质学家莱伊尔著、华蘅芳笔述的《地学浅释》，也是晚清传入中国的西方地学名著，介绍了西方现代地质学等知识。但是，在 1840—1912 年的半个多世纪中，由于清政府的腐败，中国实际上没有认真开始地质事业的实践。

第一，留学生与西方地学的传播。

清末，留日学生最早开始传播西方地学，他们中有多人编译了关于地学的论文。中国人写的最早介绍中国地质情况的文章，是留日学生虞和钦发表于《科学世界》1903 年第 2—3 期上的《中国地质之构造》一文，这比鲁迅以"索子"为笔名发表在东京出版的《浙江潮》月刊第 8 期上的《中国地质之略论》还要早几个月。① 在同一时期，中国第一位专攻地质学的留日学生顾琅与鲁迅合写的《中国矿产志》，1906 年在上海出版，但是，这些文章并不是地质研究的成果，仅是介绍而已。不过，作为译者编者的留日学生却成为中国传播西方近代地学知识最早的弄潮儿。

第二，留学生与中国现代地学教育。

中国现代地质教育始于 1862 年建立的同文馆，高等地质教育始于 1909 年京师大学堂格致科（相当于现在的理科）中设立的地质学门（即现在的地学系）。这也是中国理科高等教育中的首开学科。此前，天津的"西学学堂"（北洋大学前身）、上海的"南洋公学"（南洋大学前身）设置了与地学相关的"采矿冶金门"（系）。但系统、规范的地学教育体系则是由归国留学生从北京大学开始建立的。1913 年，北京大学附托农商部开办的地质研究所招收了一届学生，执教者为著名的地学先驱章鸿钊、丁文江、翁文灏等。他们都是留学国外的知名学者，后来都成为中国近代地学的重要奠基人。1926 年在《中国地质学会志》、1929 年在英国《地质学杂志》上发表有关东亚和全球构造文章的留英博士李四光，可能是第三世界地质学者涉

---

① 《科学世界》创刊于光绪二十九年三月初一，即公元 1903 年 3 月 29 日，是中国最早的一家科普杂志，由上海科学仪器馆出版。鲁迅的《中国地质之略论》曾长期被认为是中国人写的最早介绍中国地质情况的文章，有误。因其发表于 1903 年 10 月，时间上晚于虞和钦文章发表的时间。

全球问题的第一人。因此，中国大学中最早设立地学系的高校是北京大学，而且是由一群归国留学生出身的地学家所开创。表 7—5 是北京大学建立地质系后 20 年间历任系主任的出身情况。

表 7—5　　　　　**北京大学地质系历任系主任情况**（1918—1937）

时间	1918—1924	1924—1927 1929—1931	1927—1929	1931—1936	1936—1937
系主任	何杰	王烈	王绍瀛	李四光	谢家荣
留学国家	美国	美国	美国	美国	美国

资料来源：张慕洋根据《北京大学校史》（上海教育出版社 1981 年版）等资料编制。

继北京大学之后，1921 年东南大学设立地学系，著名留美学者竺可桢教授为创始人，任首任系主任。此前该校前身南京高师已设有地理学、矿物学及地质学等科目，1924 年该系增设地质学科。该系教授多为留美学生，开设课程齐全，东南大学因此一度成为中国地学的中心。1929 年清华大学设地质科，1932 年改为地学系。实际上，其前身清华学校 1923 年已设地理系，1927 年开设地质课程。1928 年改为清华大学后，历届系主任都是海归，首任系主任是留学比利时鲁文大学的博士翁文灏，继任者有留美博士谢家荣、袁复礼、冯景兰等。

以上三所大学，在当时的中国具有无可争议的代表性。这表明，由留学生们所建立的中国地质教育体系在 20 世纪 20 年代已经初具规模。

第三，中国现代地学机构的建立和研究的开展。

中国近代地学的先驱，在传播近代地学的同时，还仿照留学国家通行的做法，建立了中国近代地学社团和机构，推动了中国地学的发展。

最早的中国地学社团是 1909 年在天津成立的中国地学会，发起人为著名的地理学家、教育家张相文。它的成立是中国地学史上的里程碑。1912 年学会迁到北京后，陆续吸收了许多同行专家，且多为海归人士，如章鸿钊、丁文江、翁文灏、袁复礼等。该会还创办了中国第一个地理学术刊物——《地学杂志》。

其次为农商部地质研究所。民国建立后，南京临时政府实业部下设地质科，章鸿钊任科长。从此，他与丁文江等人形成了中国近代地学领域的核心，使地学走在了中国近代科学的前面。1913 年，由于他与丁文江等人的努力，北京政府农商部创办了地质研究班，次年改为地质研究所，章鸿钊任所长。这是一个专门的地质科学研究和教育机构，也是当时中国地质事业初创时期实际的领导机构，还是当时东亚和世界知名的科学研究中心，不仅培养了谢家荣等一批后来著名的地学家，还奠定了中国地质学和古生物学的基础，领导了史前考古学的研究，在矿业、土壤、地震预报等实际应用研究领域也有重要贡献。

再次为 1916 年成立的国立地质调查所。该所为中国第一个国立科学研究机构，也是中国最早从事地质科研与教育的重要机构之一。其重要成员均为留学生，丁文江为首任所长兼编译股股长。地质调查所为中国地质事业做了大量开创性工作，包括测绘与编制中国地质图，普查中国矿产资源与找矿，开展中国地层古生物研究、地震与地球物理学研究、土壤学研究以及燃料研究和地震研究等。

另一个重要的地学社团是中国地质学会，1922 年成立于北京。它是在中国地学会基础上建立起来的正式的地学社团，首任会长为章鸿钊，总编辑为丁文江。在 23 个中国发起人中，海归有 14 人。中国地质学会一开始就注意跨国学术交流，其会刊《中国地质学会志》是外文版，论文多用外文发表，到 1936 年已与 220 个国外重要学术团体交换刊物。从 1936 年起，该会还刊行中文版《地质评论》，中国近代地学的诸多重要成果都通过这两种刊物产生了影响。

概言之，西方地学知识是最早传入中国的新的学科知识，始于明清之际。清末，留日学生广泛传播西方地学，中国近代地质教育始于 1862 年建立的同文馆，高等地质教育始于 1909 年的京师大学堂。"五·四"前后，地学的研究团体和研究机构诞生，而中国现代地学学科的创建，最终则由留学生们于 20 世纪 20 年代完成。

（二）留学生与中国现代数学学科的创建

中国的传统数学曾经有过辉煌的历史，在 13 世纪达到巅峰，但以后逐渐落后于西方，并且没有融入现代数学。因此，中国现代数学几乎是重起炉灶，从西方移植过来的。① 其过程则是从明末清初开始的。

第一，西方传教士与数学知识在中国的传播。

西方现代数学最早于 17 世纪初传入中国，前已述及。经过鸦片战争，中国封闭的大门被迫打开，西方现代数学大量传入中国。一是翻译出版西方数学专著。在这方面，传教士伟烈亚力、傅兰雅和艾约瑟等贡献卓著。《几何原本》前 6 卷在明清之际译为中文输入中国后，1857 年，后 9 卷由英国传教士伟烈亚力和李善兰合译出版。两年后他们合译的《代微积拾级》，是中国第一本介绍包括解析几何、微分学和积分学的书籍，从此，中国有了高等数学。伟烈亚力与李善兰合译的《现代数学》13 卷，标志着西方近代代数学被引进中国。同一时期，英国传教士艾约瑟和李善兰等合译了《圆锥曲线论》等；英国传教士傅兰雅与华蘅芳合译了《代数术》25 卷、《微积溯源》8 卷、《三角数理》12 卷等多种数学著作。这一时期大规模引进和翻译的西方近代数学著作，为中国传统数学向现代数学的转型奠定了基础。二是通过教会学校开展数学教育。教会学校作为新型的学校，在中国最早开设了一些含有数学内容的课程。其中美国传教士狄考文在山东编译了许多数学教材，并与中国教师邹立文合作，先后出版了《代数备旨》《笔算数学》等数学著作，畅销全国各地。另一个美国传教士潘慎文与中国学生谢洪赉合译的《代形合参》，是一本专门系统阐述西方解析几何的书籍。

第二，晚清中国人关于西方数学知识的引进。

近代中国最早开设数学课程的学校是京师同文馆。此后，其他一些新式学校也大多设有数学学科，如 1867 年开办的福州船政学堂。戊戌变法后，中国许多新式学堂采用日本数学教科书，内容大体相当于现在初中代数的水平，这标志着西方数学在中国的逐渐普及。1902 年和 1904 年，清政府先后颁布了壬寅学制和癸卯学制，明确规定中小学堂一律开设数学课，此后，西方数学在中国新兴的学校教育中逐渐占了主导地位，而中国的传统数学则慢慢退出了历史舞台。

在维新思潮的推动下，清末民间出现了许多数学团体和数学杂志，如谭

---

① 张奠宙：《中国现代数学的形成：1859—1935》，《科学技术与辩证法》1986 年第 2 期，第 54—55 页。

嗣同等在湖南成立浏阳算学社,周达在扬州创立知新算社。数学杂志有1897年浙江人黄庆澄在温州独办的《算学报》,该报是近代中国的第一份数学期刊。此外还有1899年广东人朱宪章在桂林出版的《算学报》,1900年杜亚泉在上海出版的《中外算报》等。这些杂志虽然发行量不大、维持时间不长,但是表明近代数学已引起民间的注意。

第三,留学生与中国现代数学学科的创建。

首先,创建了中国现代数学教学体制。自清末民初开始,随着大批留学生归国,留学生逐渐成为中国高校教育的主要师资,其中数学专业留美学生的贡献更为突出。如前所述,在中国高等教育中,京师大学堂最早开设了数学课程。京师大学堂更名为北京大学后,1912年创立了中国第一个数学门(次年招生),它标志着中国现代高等数学正规教育的开始。当时数学门的两位教授冯祖荀和胡濬济都是留学生。1919年,北京大学数学门改称数学系。自北大之后,在20世纪20年代,中国高校普遍建立了数学系,而且各高校数学系的开创者都是留学生,如1921年留美学生姜立夫在南开大学创建数学系,1922年留法学生熊庆来在清华学校创办数学系。此外,留美学生胡明复在大同大学、留日学生陈建功在武汉大学也创办了数学系,清华大学还率先招收研究生。

据1934年《教育年鉴》,全国21所大学的数学系主任,除了3人外,其余都是留学生出身(见表7—6)。

表7—6   20世纪30年代初全国高校数学系主任教育背景

校名	系主任及教育背景	校名	系主任及教育背景
中山大学	何衍璇(留法)	燕京大学	陈在新(留美)
中央大学	张镇谦(留法)	山东大学	黄际遇(留日、美)
北平大学	顾澄(清末格致书院毕业)	四川大学	谢苍璃(留德)
北平师范大学	赵进义(留法)	武汉大学	曾瑊益(即曾昭安,留日、美)
浙江大学	苏步青(留日)	暨南大学	汤彦颐(留美)
清华大学	熊庆来(留法)	安徽大学	郭坚白(留法)
大同大学	吴在渊(自学成才)	东北大学	冯祖荀(留日)
光华大学	朱言钧(即朱公谨,留德)	大夏大学	何衍璇(留法)

续表

校名	系主任及教育背景	校名	系主任及教育背景
南开大学	姜立夫（留美）	金陵大学	余光琅（留日、美）
岭南大学	麦丹路（美国人）	厦门大学	张希陆（留美）

资料来源：据张奠宙《中国近现代数学的发展》，河北科学技术出版社 2000 年版，第 21—22 页资料编制。

此外，留学生还编写了大量的数学教材。如辛亥革命后，商务印书馆等书局出版的《共和国新教科书》和《民国新教科书》，大部分是由归国留学生所编写。不难看出，在归国留学生的努力下，中国现代数学教育体制在辛亥革命后的十余年中已逐步确立。

其次，建立了中国现代数学科研体制。相对于中国数学教育体制的建立而言，中国数学的科研体制定型较晚。其主要原因倒不是不具备科研实力，而是北方的一些数学家虽有兴趣，但资历名望欠缺，南方的资深数学家如胡敦复，则因事务繁忙而无暇顾及。辛亥革命以后，一些高等院校先后建立数理学会，留学生在其中发挥了重要作用。其中 1929 年成立的"中国数理学会"，是中国数理学界最早建立的全国性学术组织，主要负责人为冯祖荀、熊庆来。该会积极开展中外学术交流，促进了中国数学会的成立。

20 世纪 30 年代，在归国留学生的带领下，中国现代数学研究队伍已初具规模，数学研究机构也开始建立。1935 年，由何鲁、熊庆来、陈建功、苏步青等倡议筹建，中国数学会在上海正式成立，胡敦复被推选为主席。此事"可以标志中国现代数学的形成"[①]，实际上这为以后成立的中央研究院数学研究所作了组织准备，初步形成了中国数学的科研群体和研究职能。该会刊行了《中国数学会学报》和《数学杂志》两种数学杂志，还组建审定数学名词委员会，出版了《算学名词汇编》，从而在数学界乃至科学界产生了广泛的影响。

再次，现代数学研究取得了开创性的成就。从 20 世纪初开始，中国留

---

① 张奠宙：《中国现代数学的形成：1859—1935》，《科学技术与辩证法》1986 年第 2 期，第 54 页。

学生在一些数学领域开展了研究。中国现代数学真正起步的标志是中国最早一批数学留学生的博士论文。1917 年，胡明复完成了博士论文《具有边界条件的线性积分——微分方程》，发表于 1918 年 10 月号《美国数学会会刊》；姜立夫的《非欧的线球变换几何》是中国第一篇有关现代几何学的论文；1921 年，陈建功在日本用英文发表的题为《关于无穷乘积的一些定理》的论文，被苏步青称为"是一篇具有重要意义的创造性著作，无论在时间上或质量上，都标志着中国现代数学的兴起"①。也就是说，在 1920 年前后，以归国的留学生为中坚、以各大学为基地、以中国数学会为核心，中国现代数学的研究队伍和科研体制已逐步形成。

综上所述，辛亥革命后，以留学欧美为主体的数学留学生先后回国，投身于中国现代数学的教学科研中，在中国最高学府——北京大学开始设立现代意义的数学门（系）。从 1917 年中国的数学研究正式起步，到中国数学会在 20 世纪 30 年代中期建立，中国现代数学学科已建立了基本完整的体制，并对中国的众多领域产生了影响。

（三）留学生与中国现代生物学学科的创建

中国古代虽然有不少有关生物知识的作品，如《本草纲目》等，但它们主要局限于应用生物学知识，称不上现代意义上的生物学。中国现代生物学科是一门新建的学科。在五四运动前后，在留学生群体为主的中外人士的努力下，基本完成了学科体制的创建。其创建过程与地学、数学等学科的创建情况相近，主要经历了以下阶段。

第一，西方传教士与生物学知识的传播。

明清之际，随着西方商人和传教士的东来，西方生物学知识也逐渐传到中国。最早介绍西方生物学知识的中文著作，是 1593 年出版的《无极天主正教真传实录》。

鸦片战争后，西方生物学知识的传播速度加快，内容也比以往丰富，主要通过以下渠道输入中国。一是通过出版生物学书籍，传播生物学知识。1851 年墨海书馆出版的《全体新论》是近代第一部系统介绍西方人体解剖

---

① 转引自蔡溯澜《陈建功》，《自然杂志》社编《科学家传记》，上海交通大学出版社 1985 年版，第 246—247 页。

学的著作；1858 年，英国传教士韦廉臣和李善兰合译的《植物学》，是中国第一本介绍西方近代植物学的著作。二是通过教会学校开展生物学教育。首开生物学知识课程的教会学校，是最早在中国开办的马礼逊学校（1839），1877 年后，教会中学的课程含有动物学、植物学、人体解剖等知识。其教材最初都直接源于西方，后来则由益智书会编辑出版。

第二，晚清中国人关于西方生物学知识的引进。

晚清的中国生物学基本上局限于对西方生物学知识的翻译介绍阶段。19 世纪末 20 世纪初，中国人除翻译介绍欧美有关生物学著作外，更多的是转译自日文。1897 年，农学会创办的《农学报》是中国最早传播农业科技的专业刊物，所刊文章主要是译文，多与生物学有关。20 世纪初，《农学报》还组织翻译出版了《农学丛书》等动、植物学著作近百种，如日本宇田川榕编译的《植学启原》、松村任三的《植物学教科书》等。

晚清，中国人还通过生物学教育以传播生物学知识。中国最早开设生物学课程的学校是光绪十九年（1893）湖北建立的自强学堂。1902 年，京师大学堂创立师范馆，教学内容中包括植物学、动物学、生理学和矿物学。1905 年废除科举，兴办新学，生物教学在学校中逐渐发展。不过师资和教材严重缺乏，当时不仅教材大都取自日本和欧美的有关教科书，教师也多为聘任的日本教师。实际上，这说明中国缺少一批真正具有现代生物学素养的知识分子群体。

第三，中国现代生物学学科的创建。

随着民国的建立，中国现代生物学学科的创建进入实质性阶段。

首先，西方生物学理论在中国进一步传播。1895 年，留英生严复的《原强》一文在天津发表，这是达尔文进化论传入中国的标志。1898 年，严复译《天演论》出版，第一次介绍了达尔文进化论的核心"物竞天择，适者生存"的原理，在中国传统的学术界产生了巨大影响。严复还向读者介绍了西方论述人类起源学说的三部经典著作，即达尔文的《人类原始及类择》、海克尔的《人类的进化》和赫胥黎的《人类在自然界中的位置》。辛亥革命至五四新文化运动时期，达尔文学说和人类起源学说在中国获得了广泛传播，其中留欧博士马君武一人就翻译出版了达尔文的《物种起源》和《人类原始和性的选择》以及海克尔的名著《宇宙之谜》。这时，留学生们除了继续编译国外著作以外，更多的是自己动手撰写评介文章和著作。1918年，北京大学教师陈映湟出版的中国第一部人类学专著《人类学》，反映了当时中国学者对人类起源学说的认识。

其次，中国生物学教学体制开始建立。辛亥革命以后，晚清设立的优级师范学堂都改为师范学校，且大多设立了包含生物学的博物部。其中影响较大的是民国元年成立的北京高等师范学校，执教者大都为归来的留学生。又如，1917 年南京高等师范学校设农业专修科，留美学生邹秉文任主任并讲授植物学。此外，1917 年北京大学也设立了生物学门（后改系），留法归来的李石曾和谭熙鸿等在此任教。五四运动后，一批大学开始设立生物系。如1921 年，南京高等师范农业专修科改为东南大学农科（后来又改为中央大学），这是中国学者自办的第一个生物学系，在当时影响卓著，系主任为秉志；胡先骕、钱崇澍、胡经甫、戴芳澜、张景钺等都在此执教过。随着留学归国学生数量大增，设立生物系的大学也不断增加，如清华、燕京、复旦、同济、南开、金陵、齐鲁、厦门、岭南等，在此期间都设立了生物系。到1930 年，中国已有近 40 所大学设立了生物系，生物学教师一百数十名，学生有数百人。[①] 当时，中国大学生物学教学的主要教材，也大都是留学生们所编写，如 1916 年，邹秉文、谢家声编写了第一本植物病理学专著《植物病理概要》；次年，邹秉文、胡先骕、钱崇澍又编写了中国第一本大学植物学教科书《高等植物学》；1929 年，蔡翘编著了中国第一本大学生生理学教科书《生理学》。

再次，中国生物学科研体制开始建立。19 世纪末和 20 世纪初出国学习生物学专业的留学生大都在五四前后回国，成为中国现代生物学学科的奠基人。他们在 20 世纪 20 年代以前已有研究成果。如 1915 年秉志发表了《加拿大金杆草上部的昆虫》，1916 年钱崇澍发表了《宾州毛茛的两个近缘种》等。从 20 世纪 20 年代开始，中国生物学界陆续出现了专门的研究机构，主要有：①中国科学社生物研究所，1922 年留美学生秉志、胡先骕、钱崇澍等筹建，这是中国第一个生物学研究机构。②北平静生生物调查所，1929年秉志、胡先骕等人创建，是 1949 年前中国最大的生物学研究机构，为中

①　谢振声：《上海科学仪器馆与〈科学世界〉》，《中国科技史料》1989 年第 10 期，第 61—66 页。

国近代生物学的发展奠定了良好基础。③中央研究院动植物研究所，1930年成立，是最早由政府设立的生物学研究机构，主要成员王家楫、裴鉴、罗宗洛等都为留学回国人员。

也是从20世纪20年代开始，中国生物学会雨后春笋般地出现。其中成立最早的生物学社团，是1924年留法学生周太玄、张玺等在里昂成立的中国生物科学学会。其他的学会还有：1926年成立的中国生理学会，首届会长林可胜；1929年成立的中国植物病理学会，首届会长邹秉文；1930年成立的中华水产生物学会，首届会长胡经甫……这些学会的主要创建人都是留学生。每个学会都有会刊，如中国生理学会的会刊为英文版的 *The Chinese Journal Physiology*。这些学会的建立，标志着中国生物学研究体制的建立，反映了生物学研究的繁荣。

据上，留学生群体在自然科学新学科的建设过程中，起到了特殊的决定性作用。尽管在不同的时期、不同的阶段，在传播西学和建构新学术的过程中，中外有关人士都有不同程度的参与和贡献，但留学生却成为无可争议的主体。他们的作用主要表现为：①从清末到五四，积极宣传以进化论为代表的西方社会科学，广泛地影响了朝野，逐渐取代了传教士与其他中国人，成为传播西学的主体，其中严复成为当时影响最大的传播西学的代表性人物。②他们中的一些人成为革新派（如蔡元培等），在民初颁布了一系列充满改革精神的教育法令、法规，否定了封建的教育宗旨，增添了具有资产阶级民主主义色彩内容，为五四新文化运动期间现代学科的集中建立奠定了良好的基础。③从辛亥革命到五四期间，积极参与中国大学及其专业学科的创建，成为中国现代学科教育的主要创建者。④较早地开拓了专门学科的研究，成为该学科研究的奠基人。因此，留学生对中国现代学科的创建和新学术的形成之功，是传教士与其他社会阶层和群体所无法比拟的。明乎此，对于深入理解现代中国新学术的创建以及传统文化和人学思想的现代转型具有非常重要的意义。

三　留学生群体创建中国现代学科和学术体系的意义

由于留学生们的参与和推动，当时被部分国人视为洪水猛兽的西学，经过80余年的扫荡，到五四新文化运动期间，已经彻底瓦解了中国传统的文化学术体系和政治思想体系，促进了中国现代新学术的诞生和传统思想的裂变，建立了中国现代学科和学术体系。那么，导致中国学科、学术变化的内在原因又是什么呢？留学生们推动新学科、新学术建立的真谛和意义何在？它对于中国传统人学思想现代转型的意义又何在？

（一）创建中国现代学科和学术体系的内在原因

如前所述，当时被绝大部分国人视为洪水猛兽的西学，到五四新文化运动期间，催生了中国现代新学术的诞生和传统思想的裂变，事实上已经瓦解了中国传统的文化学术体系和思想政治体系。那么，导致这种变化的根本原因是什么呢？也就是说，形成中国现代学术文化的基础究竟又是什么呢？

从自然科学方面来讲，中国传统的一些学科如物理学、化学、天文学等，虽然在某一个时期曾经散发出耀眼的光芒，但大多局限于经验性的描述，缺少最必需的验证。而根据现代自然科学的方法论，实验方法是自然科学运用的最重要、最基本、最普遍的研究方法，离开了实验方法，自然科学将寸步难行。因此，中国古代的自然科学也就难以上升到理性和逻辑的高度。更由于封建制度的束缚，中国的自然科学者缺少良好的研究环境和条件，很多充满科学思想的火花都湮灭在封建专制的高压之下和恶劣的生活环境之中。所以，中国古代自然科学中没有一个门类成为独立的学科。例如，中国传统的物理学，仅为"经学、理学和伦理学的一部分，并且是紧密地与后者结合在一起的"①。到清代，中国传统的自然科学更是大大地落后于文艺复兴后的西方现代自然科学，而西方自然科学的发展正如大科学家爱因斯坦所论断："是以两个伟大成就为基础的，即希腊哲学家发现的形式逻辑体系（在欧几里德几何学中），以及通过系统的实验发现有可能找出因果关系（在文艺复兴时期）。"② 因此，在文艺复兴后，西方的自然科学技术得到了空前的发展，并为欧洲许多国家的海外殖民提供了强大的支持。在此情况下，所谓的中西文化交流，只能是高势能的西方自然科学取代低势能的中国传统自然科学。至于中国古代原来没有的学科，也就只能用西方的学科来填补空白。

---

① 戴念祖主编：《中国科学技术史·物理学》，科学出版社2001年版，第5页。
② 许良英：《爱因斯坦文集》第1卷，商务印书馆1976年版，第574页。

从人文社会科学而言，中国传统的人文社会科学以儒家思想为核心，儒家经典所确定的一系列封建的伦理纲常，成为不得冒犯改动的圣道和维护封建统治的工具。但是，鸦片战争以后，其形成的社会基础已经遭到严重破坏，其合理性在急剧变化的现实面前，在沐浴着欧风美雨的封建士大夫面前，也被笼罩在山雨欲来风满楼的氛围之中。天不变，道亦不变；天已变，道则不得不变。这个"天"，就是西学东渐后正在变化的社会现实和期待文化学术变化的爱国的智者。在此情况下，西方人文社会科学对中国传统的人文社会科学领域的"侵犯"也就不可避免，其民主、自由、博爱的内核，尽管在中国封建的大地上，有其脱离现实的一面，但比起缺少生气、生机和人文精神的中国传统的经史子集，无疑具有更大的合理性和吸引力；至于中国传统文化中所缺失的学科，其空白处更容易被外来文化建立自己的领地。

因此，中国现代学科基本上是鸦片战争后引进西方科学文化的结果，它与西学的传播基本同步进行，经历了一个比较漫长的过程；以新学科的创建为基础和标志的中国现代学术体系，既非一朝一夕所完成，也不是抽象的，而是通过一个个新学科的创建所构成；诸多中国现代学科集合在一起，就构成了完整的中国现代学科体系，同时，也建构了完整的中国现代学术体系，而且是以留学生为创建的主体，以西方文化为主导，不同程度地吸收了中国原有学科知识的基础逐渐建立。

就过程而言，中国现代学科的创建经过了西学东渐和理性创建两个阶段，一般都先经过译介西方某专业学科的著作。接着，先后建立起来的学校（教会学校、同文馆和清末的新式学校）或讲解一些含有这门学科的知识，或开设这门专业的粗浅课程，逐渐过渡到五四时期的高等师范学校、大学正式设置这门专业和门、科、系。同时，相关的研究著作问世，相关的学术社团出现。于是，这门学科体制的创建大功告成。

就方式而言，有两种形式，一种是中国传统学科（专业）在欧风美雨影响下向现代转型的结果，如哲学、史学、文学、语言学等；另一种是基本或完全移植西方现代学科的结果，如物理学、生物学、地学等。

就时间而言，除了最近几十年兴起的新学科外，从时间上讲，它经过了80载欧风美雨和政治变革的反复洗礼；中国现代（近代）所有学科的建立从萌芽到基本完成，都经过了一段比较漫长的时间，但决定性的时间是在五四前后 10—15 年内，即在清末废科举、兴学校的 1905—1935 年，特别是在 1912—1930 年，完成了中国现代学科体制的创建。

（二）创建中国现代学科和学术体系的意义

古人云，天行有常。其实，历史的发展、社会的变迁也"有常"，其走向的轨迹是不以人们的意志为转移的。如西学东渐及其影响之于晚清、现代、当代就是如此。当时，曾有几千年辉煌文明史的中国人何曾想到西方奇技淫巧的坚船利炮竟然势不可当！长期紧闭的国门，竟会在一夜之间被白皮肤、蓝眼睛的西方人无礼地撞开！在当今，每一个中国人都无可回避，不管我们今天如何理性地看待西学东渐对中国社会转型和文化转型的积极影响，但我们却不能不承认，这个巨变给我们所带来的道德上的屈辱和心灵上的震撼是何其强烈和惨痛！悖论是，当历史已经清晰地向我们展示：中国传统的封建文化，必将惨败于文艺复兴后的西方文化；在中国延续几千年的封建政治制度，也必将让位于民主共和制的事实时，我们也就应该从学理的角度，理性地、心平气和地看待和分析这次东渐的西方文化及其影响。

如前所述，中国现代学科体系的建立，实际上标志着中国现代学术体系的建立，而中国现代学术体系实与中国传统的以经史子集为代表的学术体系远隔蓬山千万重！这种距离在于中国现代学术体系是在西方文艺复兴后的人文主义思想和科学理念指导下建成的，它虽然也吸收了部分中国传统文化的精华，但在本质上与中国传统的以孔孟的儒家思想为中心的学术文化体系已不可同日而语。

这是因为，一方面，中国现代学术体系的建立，实际上标志着中国传统学术体系的崩溃，而中国现代学术体系的定型和完成，更标志着中国传统学术体系的彻底颠覆。在此意义上讲，中国现代学术体系虽然脱胎换骨于中国传统的学术体系，但又与之不同。它是在中国传统的部分自然科学和人文社会科学基础上的现代转型。换言之，这也就是中国现代学术体系所以建立的真谛。其文化意义实在难以估量。一言以蔽之：彻底更新了中国传统的文化体系和思想体系，彻底改变了国民传统保守的价值观，彻底改变了中国！

另一方面，因为中国现代学术体系是在西方近代科学文化体系的影响下建立的，而西方文化的核心又是人文主义，因此，中国现代学术体系在建立之初，在价值观上就明显地趋同于西方的文化精神，而不同于中国古代的学术体系和人文思想。就西方而言，欧洲经过了漫长的中世纪以后，资本主义生产方式在16世纪前后开始萌芽。为了打破封建的生产关系，新兴的资产阶级在政治、经济、思想文化领域向落后的封建贵族势力发起了进攻。他们首先在古希腊、古罗马文化中找到了反对宗教神学和封建统治的武器，在思想文化领域掀起了以复兴古典文化为标志的"文艺复兴"运动，高扬"人文主义"旗帜，提倡人性，反对神权；崇尚理性，反对神启；鼓吹个性解放和自由平等，反对中世纪的禁欲主义、蒙昧主义。这就极大地丰富了以人自身为核心的人文主义内涵，成为几百年来整个西方世界引以自豪的人文主义。而中国，作为世界上最早由奴隶制发展到封建制的国家，在长达两千多年的封建社会里，一直奉行重农抑商、重道轻器、重文轻技、贵德贱艺的基本国策，以农业文明为基础的封建文化的伦理特质异常鲜明，但轻视人的本性和欲望。鲁迅认为中国的文化传统满纸都是"吃人"的说法虽然难免偏激，但中国传统的学术体系和人学思想，与西方文艺复兴后的现代学术体系和人学思想有根本的质的不同，这却是无可置疑的，与中国现代在西方人学思想和科学思想影响下建立的学术体系和逐渐形成的人学理念也有质的分野。事实上，中国现代学术体系和人文思想体系与西方的科学文化思想体系倒有更多的相近和相似之处。这更反映了西方科学文化和思想理念对中国现代学术体系和思想体系的巨大影响。

概言之，以儒家思想为核心的中国传统学术文化体系，在留学生们创建中国现代学科和学术体系的过程中，也就不得不随之转型直至颠覆。从沉闷的几近僵死的经史子集转向现代的自然科学和人文社会科学；从重所谓的德性之知，转变为重见闻之知；从存天理、灭人欲，无视人的本性，到重民主、讲自由、倡科学，张扬人性等，从而形成了具有20世纪时代色彩、有科学主义思想支撑和以人文主义为中心的现代学科和学术体系。实际上，这也就是五四以来人们一直乐此不疲、经常谈论乃至争论的话题：科学、民主和人文主义思想。从这个意义上讲，留学生创建中国现代学科和学术体系的功绩是长久的。

第二节　留学生群体与民国时期新式教育体制的建立

民国建立后，政体革新，众多留学生归国后纷纷涌进教育界，加速了中国教育现代化的进程，教育宗旨、教育体制、教学内容、教学规模等方面都发生了明显的变化。其中学制改革和教育行政改革相辅相成，成为民国时期教育变革的主要标志，推动了中国教育由传统向现代的转型，使民国初步实现了教育体制①的现代化。

一　留学生群体与民初的学制改革

鸦片战争以后，中国传统的封建教育已无法应对民族危机并推动社会发展，一些仁人志士转而开始批判以科举制为核心的封建教育制度，洪仁玕、容闳以及郑观应等都提出要借鉴、学习西方教育制度，建立现代教育体制的主张。② 1901 年 5 月，罗振玉、王国维在上海创办了《教育世界》，介绍日本学制，也刊载了英、法、德等国的教育情况。随着维新运动的开展，旧的封建教育体制逐渐瓦解，现代教育体制开始酝酿产生。1902 年清政府公布了由管学大臣张百熙主持制定的《钦定学堂章程》，即"壬寅学制"。该学制虽未曾实施，但也不失为中国第一个新型学制。1903 年张百熙、荣庆、张之洞等又主持制定了《奏定学堂章程》，即"癸卯学制"，并在全国施行。这是中国历史上第一个由官方颁布并在全国施行的新型学制，在一定程度上推动了近代中国学校教育的发展。1905 年秋，清廷下令废除科举制度，同年 12 月设立学部，并将国子监事务归并学部。随后，各省设立提学使司，各州县设立劝学所，初步建立了一套具有西方现代色彩的教育行政体系，但残留了太多封建教育的痕迹，对女子教育也不重视。而且，在借鉴国外学制时，几乎单纯照搬日本学制的模式，所建立的各级教育行政机关均以日本文部省为建制模式，缺乏创造性，新旧杂糅，带有明显的过渡痕迹。民国的建

① 教育体制：教育机构与教育规范的结合体、统一体，由教育的机构体系与教育的规范体系所组成，与"教育制度"的含义相近，其主体是"学制"。

② 详见洪仁玕《资政新篇》中《谕天下读书士子》、容闳《西学东渐记》和郑观应《盛世危言》等。

立，为学制的改革和关心教育的留学生们提供了历史的机遇。

（一）留学生群体与"壬子癸丑学制"

民国初建，百废待举。在教育总长蔡元培的规划下，进行了一系列为建立资产阶级教育制度而需要的改革，其中学制改革成为当务之急。其最重要的成果就是"壬子癸丑学制"的拟定和出台。在此过程中，孙中山、蔡元培等留学生出身的政治家、教育家起到了决定性的作用。

当时，局势未定，政事繁杂，但孙中山对教育事业仍很关心。他认为国家兴旺的根本在于教育："窃尝深维欧洲富强之本……所谓人能尽其才者，在教养有道，鼓励以方，任使得法也。"① 因此，普及教育就尤为必要。要"多设学校，使天下无不学之人，无不学之地"②，"令普通人民都可以得到教育……先办幼稚园，次办小学，再办中学，然后才可以办大学。……让人人能够读书，才可说是普及教育制度"③。鉴于"中国女子虽有二万万，惟于教育一道，向来多不注意"的现状，他强调"提倡女子教育为最要之事"④。孙中山的这些见解，影响了民初资产阶级教育体制的发展路径。

蔡元培受命为民国教育总长后，即开始主持构建新的现代教育体制。1912 年 1 月，他主持教育部发布《中华民国教育部普通教育暂行办法通令》（14 条）和《普通教育暂行课程标准》（11 条），规定："初等小学校可以男女同校"；"清学部颁行之教科书，一律禁用"；"小学读经科，一律废止"；"中学校为普通教育，文实不必分科"；"废止旧前奖励出身"⑤，废除了晚清教育制度中的封建残余。2 月 8 日，他发表《对于新教育的意见》一文，认为"忠君与共和政体不合，尊孔与信仰自由相违"⑥。9 月 2 日，教育部公布

---

① 孙中山：《上李鸿章书》，见中国社会科学院近代史研究所中华民国史研究室等合编《孙中山全集》第 1 卷，中华书局 1981 年版，第 8 页。

② 孙中山：《致郑藻如书》，见中国社会科学院近代史研究所中华民国史研究室等合编《孙中山全集》第 1 卷，中华书局 1981 年版，第 2 页。

③ 孙中山：《在桂林学界欢迎会的演说》，见中国社会科学院近代史研究所中华民国史研究室等合编《孙中山全集》第 6 卷，中华书局 1985 年版，第 74—75 页。

④ 孙中山：《在广东女子师范第二校的演说》，见中国社会科学院近代史研究所中华民国史研究室等合编《孙中山全集》第 2 卷，中华书局 1982 年版，第 358 页。

⑤ 璩鑫圭、唐良炎：《中国近代教育史资料汇编·学制演变》，上海教育出版社 1991 年版，第 596—597 页。

⑥ 中国蔡元培研究会编：《蔡元培全集》第 2 卷，浙江教育出版社 1997 年版，第 16 页。

教育宗旨："注重道德教育，以实利教育、军国民教育辅之，更以美感教育完成其道德。"① 强调教育"应分为二：一普通，一专门。在普通教育，务顺应时势，养成共和国民健全之人格。在专门教育，务养成学问神圣之风习"②。这些举措为民初现代教育体制的建立扫除了障碍，奠定了理论基础。

当时，蔡元培延揽了很多归国留学生到教育部任职。他说过，教育部的职员"一半是我所提的，大约留学欧美或日本的多一点；一半是范君静生所提出的"③。其实范源濂提出的那批人仍以有留学经历者为主，④ 因范本身也有出国留学的背景。范源濂（1875—1927），湖南湘阴人。早年就学于长沙时务学堂。戊戌变法失败后流亡日本，入东京高等师范学校学习。1905 回国任学部主事，时任教育部次长，后来还曾任教育总长。1912 年 5 月，教育部共 70 人，其中 60 余人有留日背景，如周树人、樊炳清、路孝植、马邻翼、毛邦伟等人。当时政局不稳，在到 1913 年春的一年中，教育总长、次长先后有 6 人：蔡元培、景耀月、范源濂、董鸿祎、刘冠雄、陈振先，都有留学经历，⑤ 比较了解国外的情况。

在蔡元培的领导下，教育部这些职员参加了"壬子癸丑学制"的起草、议决和颁布工作。如当事人蒋维乔后来回忆："当时教育部之重要工作，即在草拟新学制。召集东西留学生，各就所长，分别撰拟小学、中学、大学规程，每日办公六小时，绝似书局之编辑所……计临时政府三个月，而教育部之学制草案，亦于是时告成。"⑥ 1912 年 7 月 10 日，教育部召开全国临时教育会议，审定新学制草案。出席会议 82 人，其中留日生就有 13 人，他们是

---

① 王炳照、田正平主编：《中国教育思想通史》第 6 卷，湖南教育出版社 1994 年版，第 29 页。

② 中国蔡元培研究会编：《蔡元培全集》第 2 卷，浙江教育出版社 1997 年版，第 64 页。

③ 中国蔡元培研究会编：《蔡元培全集》第 17 卷，浙江教育出版社 1997 年版，第 462 页。

④ 田正平、杨晓：《辛亥革命与中国教育近代化》，《浙江大学学报》（人文社会科学版）2002 年第 1 期，第 8 页。

⑤ 景耀月（1881—1945），山西芮城人。1903 年中举人，1904 年入早稻田大学攻读法律，获法学士学位。1909 年回国。历任南京临时政府教育次长代总长等。董鸿祎（1878—1916），浙江仁和（今属杭县）人。1901 年就读于早稻田大学政治科，1904 年回国。民国后任教育部秘书长、教育部次长。1913 年 4 月代理教育总长。刘冠雄（1861—1927），福建福州人。1886 年赴英学习海军驾驶业务等。1887 年回国后在北洋水师服役。1913 年 3 月任北洋政府海军总长，曾兼时兼代交通总长和教育总长。陈振先（1876—1938），广东广州人，美国加利福尼亚大学毕业。清末任驻美公使馆书记官、考察宪政大臣随员等。1909 年授翰林院编修，1912 年 6 月任农林部次长、总长，后署理教育总长。

⑥ 陈学恂：《中国近代教育史教学参考资料》（中），人民教育出版社 1987 年版，第 164 页。

林葆恒、洪熔、萧友梅、陈毅、蔡漱芳、杨保恒、顾琅、贾丰臻、夏锡祺、何燏时、彭清鹏、陈宝泉、钱家治。[1] 会议由蔡元培主持，他强调："此次教育会议，即是全国教育改革的起点"，并重申"五育"教育的宗旨。在肯定日本学制"取西洋各国之制而折中之，取法于彼，尤为相宜"的同时，他呼吁"兼采欧美相宜之法"，并建议结合中国的实际，还可大胆采用"即使日本及欧美各国尚未实行而教育家正在鼓吹者"[2]。但是，"须从原理上观察，可行则行，不必有先我而为之者"[3]。他的发言显示了一个教育大家博大的胸怀和宏阔的视野，也为此次会议奠定了基调。而后选举出的会议主席王邵廉也是留学生出身，在他与张伯苓的主持下，会议对学校系统、各级各类学校令等进行了多次讨论修正并最终通过，即"壬子学制"，并附有 9 条说明，于同年 9 月公布。此后到 1913 年 8 月的一年间，教育部又相继颁布了《小学校令》《中学校令》《师范学校令》《专门学校令》《大学校令》等各种学校令，并将"壬子学制"与这些法令的内容综合，"与前项系统各有出入，综合起来又成一个系统，谓之壬子癸丑学制"[4]。

　　"壬子癸丑学制"是中国第一个真正资产阶级性质的学制。它的颁布标志着近代西方资本主义教育体制在中国的初步确立，为当时全国的教育提供了法规指导，为以后的教育改革和教育体制的现代化奠定了基础。以孙中山、蔡元培、范源濂为代表的留学生群体是"壬子癸丑学制"的起草者、

　　① 杨保恒（1873—1916），上海人。光绪年间留学日本弘文学院。1912 年始任江苏省立第一师范校长、教育部教科书审查等。贾丰臻（1880—1945），上海人。清光绪年间留学日本弘文学院。1912 年任江苏省立第二师范学校校长等。顾琅（1880 —?），江苏南京人。1902 年留学日本弘文学院。后在京帝国大学学习，回国后任直隶高等工业学堂教务长、实业部参事等。夏锡祺（1877—1938），浙江镇海人。1905 年留学日本京都帝国大学哲学系，1909 年毕业回国。历任北京师范学校校长、北京大学文科学长等。何燏时（1878—1961），浙江诸暨人。1898 年留学日本大学工科，1905 年毕业，获工科学士学位。1906 年春回国，任京师大学堂工科监督。1912 年任北京大学首任校长等。陈宝泉（1874—1937），天津人。1903 年到日本学习师范。1904 年回国。1905 年任直隶学务公所图书课副课长。1912 年任北京高等师范学校校长等。彭清鹏（1882—?），江苏人。清末留学日本，习格致科。1910 年回国，授格致科举人。钱家治（1882—1969），浙江杭州人。清末留学日本东京高等师范学校。1911 年任浙江省立一中校长。1914 年任教育部视学等。
　　② 璩鑫圭、唐良炎：《中国近代教育史资料汇编·学制演变》，上海教育出版社 1991 年版，第 638—641 页。
　　③ 同上书，第 640 页。
　　④ 朱有瓛：《中国近代学制史料》第 3 辑上册，华东师范大学出版社 1990 年版，第 27 页。

推动者和实践者。虽然"教育部中所招致之留学生，英、美、德、法、俄、日皆备，原拟将各国之学制译出，舍短取长，以造成适合于我国之学制。结果所译出之条文，与我国多枘凿不相容"①。在参与拟定该学制的留学生中，专门研究教育的仍以归国的留日学生为主，而"由欧美回国之人，专习教育者绝少，不能窥见欧美立法精神，译出文件，泰半不适用"②。所以，"屡经讨论，仍趋重于采取日制"③，模仿日本的痕迹依然很重。但是，"拟遍采欧美各国之长，衡以本国情形，成一最完全之学制"④ 的努力也没有白费，主要表现为蔡元培所倡导的指导思想"民主共和思想"受欧美教育的影响，这明显区别于日本学制的"君主立宪"宗旨。高等教育要设置大学预科、研究院、评议会等措施，其渊源主要来自德国学制。

（二）留学生群体与"壬戌学制"

"壬子癸丑学制"施行到 1922 年，逐渐显露出诸多问题，改革势在必行。众多留学生敏锐地意识到这一点，积极参与酝酿新学制，主持拟订新学制草案，成为学制改革的中流砥柱。

1915 年 10 月，在全国教育联合会第一届年会上，湖南教育会提出改革学制系统案，年会决定各省教育会用三个月时间对此进行讨论，就中学改革、师范教育改革、如何借鉴国外学制等问题提出了建议，开改革学制之先河。此后讨论逐渐深入，并在第五、六届年会上取得显著成果。1919 年 10 月，在第五届年会上，邓萃英、经亨颐⑤、郭秉文、胡适等留学生出身的教育家和热心教育事业人士积极参与讨论学制改革问题，并邀请美国教育家杜威到太原演讲。在他们的共同努力下，年会最后通过《改革女学制度案》《改革学校系统案》《推广义务教育案》等议案。1920 年 10 月，在第六届年

---

① 舒新城：《近代中国教育史料》第 4 册，上海科学技术文献出版社 2015 年版，第 196—197 页。
② 蒋维乔：《清末民初教育史料》，《现代读物》1936 年第 8 卷第 18 期，第 11 页。
③ 璩鑫圭、唐良炎主编：《中国近代教育史资料汇编·学制演变》，上海教育出版社 1991 年版，第 629 页。
④ 蒋维乔：《清末民初教育史料》，《现代读物》1936 年第 8 卷第 18 期，第 11 页。
⑤ 邓萃英（1885—1972），福建福州人。清末留学日本东京高等师范学校。辛亥革命后回国，任福州师范学校校长。1918 年留学美国哥伦比亚大学师范学院。1920 年任北京师范大学校长。1922 年 8 月任教育部代次长、署教育部总长等。经亨颐（1877—1938），浙江上虞人。1903 年留学日本东京高等师范学校，1910 年回国，筹办浙江两级师范学堂并任校长兼浙江省教育会会长等。

会上，郭秉文在开幕致辞时鼓励与会者自由地讨论学制问题。会间，邓萃英代表教育部发言，建议"各省斟酌本省情形，有必须改革之处，可各就适当施行，教育部不加限制"，"对于本届议案，自必本民治主义，格外竭诚采纳"①。在他们的促进下，年会在最后议决案中提出了改革学制系统问题："请各省区教育会……先组织学制系统研究会，以研究之结果，制成议案。"②

　　1921年，第七届年会在广州召开，由广东省教育会主办。当时广东省教育行政委员会委员长是陈独秀，广东省教育会会长是汪精卫。汪还与金曾澄、钟荣光三人作为广东的代表参加会议，并出任年会主席。根据第六届年会决定，本届年会先议学制案再议其他。因为各省区提案太多，各省区教育会代表认真审查后，确定以广东省教育会的《学制系统案》作为审查基础，再参考其他省区的提案，拟订学校系统草案。广东省教育会的《学制系统案》之所以能成为蓝本，是因为其博采广纳，优于他案，且有明显的美国色彩。原来第六届年会结束后，广东省教育会率先召集了由地方教育界名流和专家学者71人组成的学校系统研究会来专门讨论改革学制，③其中归国留学生14人（见表7—7）。

表7—7　　　　　　　　广东省学校系统研究会人员留学生

姓名	籍贯	当时职务	留学国家
汪精卫	广东番禺	广东省教育会会长、广东大学筹备员	日本
金曾澄	广东番禺	广东省教育会副会长、广东高师校长	日本
钟荣光	广东香山	岭南大学校长	美国
黄希声	广东台山	岭南大学高等师范教员	美国
林云陔	广东信宜	广东省学校系统研究会编辑主任	美国
程天固	广东香山	广州市公务局长	美国
陈独秀	安徽怀宁	广东省教育行政委员会委员长	日本

---

①　《全国教育联合会第二次大会记》，《申报》1920年10月26日。

②　璩鑫圭、唐良炎：《中国近代教育史资料汇编·学制演变》，上海教育出版社1991年版，第847页。

③　详见《广东省提出学制系统之经过及其成立》之介绍，《新教育》1922年第4卷第2期。

续表

姓名	籍贯	当时职务	留学国家
吴稚晖	江苏武进	西南大学筹备员	日本
胡汉民	广东番禺	广东大学筹备员	日本
廖仲恺	广东归善	广东大学筹备员	日本
许崇清	广东番禺	广州市教育局长	日本
麦应端	广东香山	农业专门学校学监	日本
金章	广东番禺	公立法政专门学校校长	日本
邓植仪	广东东莞	农业专门学校校长	美国

资料来源：《广东省教育会民国十年会员名表》，《广东省教育会杂志》第1卷第1、3、5期；《广州市志·教育志》，广州出版社2000年版；曹思彬、林维熊、张至编：《广州近百年教育史料》，广东人民出版社1983年版，第170—180页。

由表7—7可见，留学生是广东学校系统研究会的主导力量。在会上，留学美国的黄希声和韦悫先后提出了《分组研究之办法案》和《各级学制拟先由委办分别研究案》，并成为讨论学制问题的依据；汪精卫指派金曾澄、韦悫、黄希声等人为起草员，搜集德、英、美、法、日五国学制，编写学制报告，作为制定新学制的参考资料。在此基础上，会员们经过两个多月的反复修改，终于在1920年8月初通过了"六三三制"学制系统草案。

根据全国教育联合会第七届年会的决议，此学制系统草案被邮寄到各地教育会和教育机关，并在《民国日报》《申报》《新教育》等各种报刊公开发表，全国范围内掀起了一个学制改革运动。教育界人士纷纷涌进讨论新学制的行列里来，其中那些在国内很有影响的专家学者大都是留学生出身。如陶行知在《我们对于新学制草案应有之态度》一文中指出，"此次所提草案，确是适应时事之需要而来的"，呼吁大家"虚心讨论、研究、实验，以构成面面俱到之学制"[1]。陶孟和在《论学制系统》中肯定此次学制制定的进步性，并就学制和学科、补习教育、高等教育三个方面阐述了看法。[2] 廖

① 陶行知：《陶行知全集》第1卷，湖南教育出版社1984年版，第189页。
② 璩鑫圭、唐良炎：《中国近代教育史资料汇编·学制演变》，上海教育出版社1991年版，第903—907页。

世承先后发表《新学制和中等教育》和《关于新学制一个紧急的问题》等文章，就中学学制方面提出了建议，极力推崇"六三三制"。同年，余家菊在《时事新报》上发表《评教育联合会之学制改造案》，指出要"顾虑各方情形而采弹性方案"①。其时，美国教育家孟禄也专门撰文肯定新学制的优点，并提出建议。他们的这些意见，促进了学制草案的进一步完善。学制草案发布后，留学生主持的广州执信学校和天津南开中学率先实践新学制草案，成为学制实验的主要试点，其实践为大家进一步认识新学制、完善新学制提供了经验。

1922 年 9 月，教育部在北京召开学制会议，通过了一个新的重要学制草案——学制会议案，但在随后的会议上引起了争议并被否决。10 月，全国教育联合会第八届年会在济南召开，讨论并审定学制系统案。留学生出身的蔡元培、蒋梦麟、胡适、汤尔和等参加会议，其中胡适起到了关键作用。

会议之初，教育部试图"抹煞第七届联合会的学制草案"，"希望联合会'悉心讨论'学制会议的议决案"。这引起了很多与会代表的不满，会议一时进入困境。最后大部分代表接受了胡适的建议："给中华民国制定一个最合适的学制"，"老老实实的根据广州的议案，用学制会议的议决案来参考比较，择善而从，定出一个第三方案，把学制问题作为一个总结束，呈请教育部颁布施行"②。时任教育部特派员的陈容等也主动找胡适谈论学制问题，"承认学制会议的原案是不能不改动的了"，希望他"提出一个折中的修正案"。于是，胡适等人起草了一个审查方案，确立了七个标准：①适应社会进化之需要；②发挥平民教育之精神；③谋个性之发展；④注意国民经济力；⑤注意生活教育；⑥使教育易于普及；⑦多留各地方伸缩余地。③ 可见国外平民教育思潮、实用主义教育思潮的影响。据此，对学制草案又作了修正，并最终使"全案修正通过"。

会后，胡适、黄炎培等人又与教育部接洽。在他们的推动下，1922 年

---

① 璩鑫圭、唐良炎：《中国近代教育史资料汇编·学制演变》，上海教育出版社 1991 年版，第 878 页。

② 胡适：《记第八届全国教育联合会讨论新学制之经过》，见欧阳哲主编《胡适文集》，北京大学出版社 1998 年版，第 89—90 页。

③ 邱椿：《学制》，商务印书馆 1933 年版，第 58—60 页。

11月1日，由留学生出身的国务总理王宠惠和教育总长汤尔和副署，以《大总统颁布之学校系统改革案》的形式，向全国颁布了《学校系统改革案》，即"壬戌学制"。代表民间教育改革力量的全国教育联合会居然战胜了教育部，取得了完全的胜利。这不仅反映了当时的民主气氛，也表明了美国教育思想和教育体制在中国的影响。具体而言，该学制能顺利通过，反映了胡适审时度势、折冲樽俎的才干，也与他当时在文化界、学术界和教育界的影响和地位是分不开的。

"壬戌学制"不仅具有鲜明的现代性，而且考虑到中国当时的实际情况，成为民国学制的典范。壬戌学制基本上采用了当时美国已普遍实行的"六三三制"，规定全部学校教育时间为16—18年，分三段五级：初等教育阶段6年，按照中国国情，又分初小4年、高小2年两级；中等教育阶段6年，分初中3年和高中3年两级；高等教育阶段4—6年，不分级。学生自6岁入小学，22—24岁大学毕业。中国的学制至此基本定型，后来国民政府教育部陆续订立的各项学校组织法令及抗战期间颁布的学制系统，也只是在"壬戌学制"大框架不动的前提下，作一些临时变通或局部调整。可以说，"壬戌学制"的出台是中国现代教育体制基本建立的标志。

（三）留学生群体与"戊辰学制"

1927年4月，南京国民政府成立后，蔡元培以大学院院长身份，主导了一次教育改革，开始了一次争取教育独立的尝试。1928年5月15日，国民政府于南京召开了第一次全国教育会议。会前聘任朱经农（留日）、高君珊（留美）、金曾澄（留日）、许寿裳（留日）、过探先（留美）等5人为全国教育会议筹备委员会常委从事筹备工作。会议代表85人，出席者81人（宋子文、丁惟汾、白云梯、朱霁青未出席），其中归国留学生51人。[①]

针对当时教育中存在的问题，代表们提出了很多提案并获得通过，如姜琦、陈礼江、黄统等提出的关于确立"三民主义教育"为全国教育宗旨、取消"党化教育"的提案，一致通过了以下实施原则："（1）发扬民族的精神；（2）提高国民道德；（3）注重国民体魄的锻炼；（4）提倡科学的精神，推广科学的应用；（5）励行普及教育；（6）男女教育机会均等；（7）注重

---

① 中华民国大学院编《全国教育会议报告》（甲编），商务印书馆1928年版，第18—21页。

满蒙回藏苗瑶……等教育的发展；（8）注重华侨教育的发展；（9）推广职业教育；（10）注重农业教育；（11）阐明自由界限，养成服从纪律的习惯；（12）灌输政治知识，养成使用政权的能力；（13）培育组织能力，养成团体协作的精神；（14）注重生产合作消费及其他合作的训练；（15）提倡合于人生正轨的生活，培植努力公共生产的精神。"[1] 此外，还通过了程时煃、孟宪承等提出的《整理学校系统案》，陈礼江提出的《厘订学校系统提案》；姜琦提出的《整理学制系统案》，据孟宪承、黄婉、程时煃、陶行知、欧元怀等个人提案综合修订而成的《整顿师范教育制度案》等。最后，会议议决通过了《整顿中华民国学校系统案》，即"戊辰学制"。其基本框架沿袭"壬戌学制"，分为原则与组织系统两大部分。第一部分提出了六项原则：①根据本国实情；②适应民生需要；③增高教育效率；④谋个性之发展；⑤使教育易于普及；⑥留地方伸缩可能。第二部分为学校系统，较"壬戌学制"在中等教育和师范教育方面有一定的改动。但会后不久，因蔡元培辞职，大学院也被取消，这次改革也随之告终，"戊辰学制"也未施行，但是它影响了20世纪30年代战前的教育改革。

在抗战前的学制变革中，中学教育一直是被关注的焦点，相关的讨论在1934年达到了高潮。[2] 这次讨论并没有对中学学制作出大的变革，但它为《中学规程》《中学课程标准》的修订提供了指导。民国时期的学制改革到此基本结束。

尚需提及的是，抗战爆发后，全国进入战时状态，教育也随之进入战时状态。根据战时教育的指导原则，[3] 在陈立夫（留美）的领导下，教育部在不改变原有学校系统框架的基础上，根据现实情况进行了局部改革和适当调

---

[1]　蔡芹香：《中国学制史》，世界书局1933年版，第224—225页。

[2]　如《大公报》、《教育杂志》等报刊接连发表了蒋梦麟、胡适、陶孟和、郑宗海、姜琦、林砺儒、张安国等人关于中小学教育制度的建议，转载了教育部有关人员关于改革中等教育的观点，特别是《教育杂志》第25卷第1号，集中刊登了30多位专家关于学制改革的观点，周鲠生、范寿康、廖世承、郭一岑、金曾澄等留学生出身的教育家参与了讨论。

[3]　有关内容主要见1937年8月国民政府教育部颁布的《总动员时督导教育工作办法纲领》、1938年4月国民党政府临时全国代表大会通过的《战时各级教育实施方案纲要》所规定的抗战期间教育的"九大方针"、"十七项实施要点"和1939年3月蒋介石在第三次全国教育会议上关于《今后教育的基本方针》的讲演。

整。主要内容有：在招生、考试方面，实行统一招生，在大后方的 19 个省市分区举行大学统一考试，使中国大学的入学考试与毕业考试有了统一的标准；训育教育，将三民主义等内容作为课堂的教学内容；贷金制度，主要用于对青年的救济和训练，资助那些来自战区、没有经济来源的学生。陈立夫历来以反共著称，但对战时中国的教育确有贡献，他也为此而沾沾自喜："我献身党国数十年，于党政工作，多所参与，成败得失，有待公评，唯有战时这一段教育行政工作，虽然未必能达到理想，总算对于国家，竭尽绵薄。"①

可以说，民国成立后，学校系统一直是教育改革的重要内容，在归国留学生的参与、主导和推动下，取得了很大的成功，不仅推动了中国教育近代化的进程，也为当代的教育改革提供了历史的借鉴。

二　留学生群体与民国教育行政体系的改革

在制定新学制的同时，蔡元培及其后任者也开始构建民国教育行政体系，在十年左右的时间里逐步确立了不同于清代的新的中央—省—县三级教育行政体系，并一直延续到现在。从根本上讲，民国教育行政体系的架构及其设立取决于民国时期的政治体制，但在具体过程中，执掌教育部的留学生官员和全国各地留学生出身的教育家实在功不可没。

1. 蔡元培主持制定中央教育部官制

1912 年 1 月 3 日，蔡元培就任民国首任教育总长。据当时已被蔡元培邀请任教育部秘书长的蒋维乔回忆：他们于 1 月 12 日由上海赴南京，蔡元培先晋谒临时大总统孙中山后，又拜访江苏督府内务司长马相伯，在碑亭巷内务司楼上借了三大间房子，作为教育部办公室。"教育部既成立，是时各部皆依照官制草案，呈荐人员。子民先生谓余曰：'我之主张，办理部务，当与办社会事业一例：在正式政府未成立，官制未通参议院以前，不必呈荐人员，除总次长已由大总统任命外，其余各人，概称部员，不授官职，为事择

---

①　陈立夫：《陈立夫回忆录：成败之鉴》，（台北）正中书局 1994 年版，第 321 页。

人，亦不必多设冗员。'余极赞成之。"① 由此不难看出，蔡元培办事讲究程
序、规范和效率。他关注中央教育行政机构的设置，主持制定教育部官制，
并据此组建了中国历史上第一个教育部，实现了中央教育行政机构的现代化
转变。事实上，几乎在南京临时政府成立的同时，蔡元培就迅速实现了"中
央教育行政根本改革，正其名曰教育部"②，并委托蒋维乔草拟教育部官制。
3 月他又建议南京参议院专门召开会议，确定教育部官制。后来在他的主持
下，教育部出台了《民国教育部官制草案》。4 月，临时政府迁往北京，蔡
元培派王家驹等接收晚清学部，与范源濂一道依照南京参议院所议定教育部
官制，"正式改组教育部。总长以下设参事三人。承政厅设秘书长一人，分
文书、会计、统计、建筑四科，编纂、审查二处。设普通、专门、社会三
司"③。

　　与晚清学部相比，民初教育部在机构设置方面精简合理，职能分工明
确，显示了教育部在蔡元培的领导下，努力改革管理机关的新气象。④ 当时
"新教育部组织之最大特色，厥为社会教育司之设置。……首任教育总长蔡
元培先生，留欧多年，感于各国社会教育之发达，而悲我国之落后，因竭力
提倡，终使社会教育适应时代需要而成立"⑤。多年的留学经历，让蔡元培
看到各国社会教育的发达现状，意识到教育的责任不仅在于教育青年，更要
兼顾多数长年失学的成人，所以坚持设立社会教育司，掌管宗教礼俗、科
学、美术和通俗教育等事项，使教育部机构适应社会的发展。鲁迅就是在此
情况下应邀为社会教育司佥事。在他的规划下，1912 年 5 月，教育部建制为
一厅三司，至此，民国中央最高教育行政机关建制组织基本完备，而后的中
央教育行政机构建制依据时势变化有所增减，但主体机构仍然是民初教育部
官制的框架。

　　① 璩鑫圭、唐良炎：《中国近代教育史资料汇编·学制演变》，上海教育出版社 1991 年版，第 638
页。
　　② 朱有瓛等编：《中国近代教育史资料汇编·教育行政机构及教育团体》，上海教育出版社 1993 年
版，第 163 页。
　　③ 朱有瓛等编：《中国近代教育史资料汇编·教育行政机构及教育团体》，上海教育出版社 1993 年
版，第 164 页。
　　④ 李华兴主编：《民国教育史》，上海教育出版社 1997 年版，第 408 页。
　　⑤ 雷国鼎：《中国近代教育行政制度史·自序》，（台北）教育文物出版社 1983 年版，第 2 页。

需要指出的是，南京国民政府建立后，作为教育家的蔡元培，为了使教育摆脱国民党政治体制的束缚而达到教育独立的目的，以其威望使南京政府设立了大学院而不设教育部，并任大学院院长，舍弃了他倾注心血建立的教育部体制。但事实证明，这只不过表现了他的书生之见。一个体制的建立和废弃都非一日之功，教育部的建立和存在都有其合理性和合法性，而教育独立在当时的中国只能是美好的幻想。

2. 汤化龙、范源濂促成省级教育厅制的出台

民初几年，省级教育行政机关先后经历提学使司、教育司、学务司等阶段，变动频繁，更因"位卑职小，只能办循例公文，而于本省教育之应兴应革，不敢有所主持"，以"致行政效率大减"①，成为当时教育事业发展的体制障碍。留学生出身的教育部负责人汤化龙、范源濂等先后意识到这个问题，并切实采取行动，最终促成了省级教育厅的设立。

1914 年 12 月，时任教育总长的汤化龙②上书大总统袁世凯："请以各省政务厅中之教科及视学官等组织教育厅"，"使各省有督促之人，以任提倡之专责"。并单独拜谒袁世凯，"反复陈述"，强调这是"当今不可不行之事"③。教育部还专门订立《教育部设立各省教育厅之计划》，以解决当时政府所虑的经费问题。虽然他的建议没有被袁采纳，但在教育界引起极大反响，设立教育厅作为省级行政机构的呼声日益强劲。随后的全国教育联合会第一、二两届年会也均专门讨论此事，并通过《请速设各省区教育厅案》，从"事务性质""责任专属""中国历史""各国通例"四个方面来阐述设立教育厅的必要，指出"近鉴教育之消沉，上循历史之习惯，因以维系人心，推行学务，更不能不设教育厅也"，并强调"各教育厅之设，实有不能再缓者"④。

1917 年，范源濂重任教育总长，更积极主张各省设立教育厅。由于他

①　朱有瓛等编：《中国近代教育史资料汇编·教育行政机构及教育团体》，上海教育出版社 1993 年版，第 165 页。

②　汤化龙（1874—1918），湖北蕲水人。清光绪进士。1906 年留学日本法政大学。1908 年秋回国。历任湖北省咨议局议长、北京临时参议院副议长、众议院议长。1914 年任教育总长。

③　朱有瓛等编：《中国近代教育史资料汇编·教育行政机构及教育团体》，上海教育出版社 1993 年版，第 129 页。

④　同上书，第 130—131 页。

的推动，同年 9 月 6 日，"大总统命令，公布教育厅暂行条例，直隶于教育部，设厅长一人，由大总统简任，秉承省长，执行全省教育行政事务，监督所属职员，暨办理各地教育之各县知事"。而后教育部又颁布了《教育厅署组织大纲》《教育厅长职权》等相关法规，正式确定教育厅作为省级教育行政机构。"于是，各省教育厅次第成立，省级教育行政始有独立机关"①，并一直延续到现在。

3. 留学生教育家催生县级教育局制度

民初县级教育机构变化不大，先后颁布过《劝学地方学事通例》《学务委员会规程》等法规，但基本上沿用了清朝的"劝学所制"。这种制度独立性差，结构与人员构成也十分简单，不利于管理庞大落后的农村教育，阻碍了基层教育事业的发展。

1921 年 10 月，全国教育联合会在广州召开第七届年会，如前所说，汪精卫、金曾澄、钟荣光、雷沛鸿、陈独秀等留学生出身的名流参加会议，其中汪、金出任会议的正副主席，美国教育行政专家孟禄也应邀来广州指导。在他们的努力下，浙江省代表提出的《改革地方教育案》受到重视。与会者认为：劝学所的名称已不适应教育的发展，它是一个官办机关，其地位与职权均有变更的必要，要"通过改革地方教育行政制度案，主张代以教育局制"②。

1922 年 9 月，教育部召开学制会议，改革地方教育行政制度为重要议题之一。当时，由于王宠惠已辞教育总长职，汤尔和尚未就任，蔡元培代表教育部主持会议开幕，并当选为会议主席，与会议副主席王家驹、教育部次长邓萃英等留学生出身的教育家共同主持了会议。留日出身的陈宝泉代表教育部提出《县市教育行政机关组织大纲》，表示赞同"县市教育之独立"，并提出应该重点讨论的问题："教育局长由县知事推荐，则应详加讨论，其资格亦似太高"；"教育局长是否可以参加董事会，亦应讨论"。对此，陶行知发言说："对于地方教育，乡镇与都会应该分别办理"；"教育局长之资

① 朱有瓛等编：《中国近代教育史资料汇编·教育行政机构及教育团体》，上海教育出版社 1993 年版，第 165 页。

② 《清末民初教育史料》，《现代读物》1936 年第 8 卷第 18 期，第 18 页。

格，亦应地方大小相适应"；"教育局之人员，应以活动为宜"，主张以灵活的方式探索解决问题的途径，奠定了讨论的基调。而后陶行知、张伯苓、章慰高①、陈宝泉等 5 名留学生出身的教育家进入审查委员会，把原案修正为《县教育行政机关组织大纲》和《特别市教育行政组织大纲》两案，于第六次会议通过。② 1923 年 4 月，根据北京学制会议的决议，北京政府公布了《特别市教育局规程》11 条和《县教育局规程》15 条。自此，各县劝学所一律改为教育局，"地方教育始有完备机关"③，民国的基层教育事业开始出现转机。

由上可见，经过十几年的探索，民国时期终于形成了中央教育部—省（市）教育厅—县教育局（科）为主体的三级教育行政管理体系，初步实现了教育管理的现代化，基本确立了中国现代教育管理体制。应该说，蔡元培、汤化龙、范源濂、陶行知等众多留学生出身的人士对此卓有贡献。

三　留学生群体与民国时期新式教育体制的发展变化

由上可见，民国时期的教育变化巨大，特别是经过民初十余年的不断变革，中国初步建立了以新式学制和现代教育行政管理体系为主要内容的现代教育体制。在这个过程中，深深地烙上了以留学生为代表的知识分子群体变革求索乃至中国留学教育的痕迹。

1. 由师法日本转向学习美国，强化了科学、民主和现代性

留日教育为清末留学教育的主流，而且留日学生多学习法政和师范专业，归国后多进政界和教育界，对当时教育改革影响很大，这一现状基本上决定了清末民初教育制度走师法日本的道路。"钦定"和"奏定"两个学堂章程，乃清末新政教育界的标志性成果，虽为张百熙和张之洞所主持拟定，但因为幕僚身份的留日学生的影响，"在具体上的草创过程中，留日归国学

---

① 章慰高（1878—1948），江苏苏州人。清末留学日本，归国后任苏州劝学所总董等。民国后任苏州市公所议会董事、江苏省教育厅视学等。

② 《学制会议第六幕》，《申报》1922 年 9 月 29 日。

③ 朱有瓛等编：《中国近代教育史资料汇编·教育行政机构及教育团体》，上海教育出版社 1993 年版，第 166 页。

生实出力不小"①，清末学制改革也就自然地走上了师法日本的道路。

民国建立后，教育部的官员留学生居多，且以留日生为主，对民初教育制度改革的影响是不言而喻的。这是因为蔡元培虽为部长，为教育大家，其指导思想和地位之影响，在教育界无人望其项背，但是他留欧时学的是美学而不是教育，故具体做法多嘱托他人。留学欧美的刘冠雄、陈振先、王邵廉等虽为副部长等，但刘、王都是19世纪欧洲军事留学生出身，陈也非教育专业出身，他们对教育改革难以拿出具体方案，且刘只是短期兼代，更不会有所作为。所以范源濂、景耀月、董鸿祎等众多留日出身的人员，对民初教育体制改革的具体走向产生了决定性的影响。所以，拟订的学制草案虽"拟遍采欧美各国之长"，但结果"仍是采用日本制"②。

1908年，美国决定退回部分"庚款"以资助中国青年赴美留学，加上众多的自费留美生和各省、各部以及企业、学校派出的留美青年，留美生数量不断增长。他们归国后，相当一部分进入教育界。根据《清华归国生职业支配表》，在1909—1922年516名归国的清华留学生中，从事教育者187人，占总数的36%以上③，居所有职业之首。这些归国留美生推崇美国的教育制度，先后请美国著名教育家杜威和孟禄来华指导新学制的修订和推行。故"壬戌学制"摒弃了原教育体制中日本学制的影响，从指导思想到具体措施，处处可见美国教育模式的影响，其中反映美国中学教育模式"六三三"制的影响最为显著，以致后来曾任教育部部长的陈立夫说过："中国现代的教育制度，大体上是仿照美国教育制度。"④"壬戌学制"采用美国单轨制，在形式上，任何儿童、少年和青年都可以由小学而中学直到大学，具有浓重的民主意识。其"发挥平民教育精神""使教育易于普及"则是中国教育制度民主化的深层表现。这个学制还尊重教育发展的客观规律，强调教育与社会生活的结合，注重适应学龄儿童身心发展的阶段及其特点，具有科学精神。这与民国以后特别是五四时期崇尚科学民主的潮流是一致的，这也是"壬戌学制"之所以成为中国现代教育体制的关键因素。

---

① 王奇生：《留学生与中国教育的近代化》，《东南文化》1989年第1期，第1页。
② 陈学恂：《中国近代教育史教学参考资料》（中），人民教育出版社1987年版，第164页。
③ 舒新城：《近代中国留学史》，上海书店出版社2011年版，第168—170页。
④ 陈立夫：《美国教育对中国的影响》，《中央日报》1941年1月6日。

2. 由最初基本模仿国外学制发展到结合中国国情，开始走上本土化道路

清末民初的教育体制受到日本很多影响，有其先进性。但因为 20 世纪初的留日教育规模庞大，人员参差不齐，管理不严，速成居多，教育质量低，[①] 学有专长的毕业生比例不高，虽然也出现了范源濂这样的著名教育家，但毕竟太少。他们回国后，大都只能照搬其所学，模仿有余而创新不足，清末"对于日本学制，更加抄得完备"，民初"也是依旧随意抄袭"[②]。

相比较而言，民初的留美教育规模虽然不如清末留日教育大，但质量高，以胡适、蒋梦麟、陈鹤琴、陶行知、廖世承等为代表的留美学生，大多数就读于美国著名高等学府，基本上都获得了硕士、博士学位，是高层次教育人才，拥有一般留日学生难以企及的科学文化素质。因此，留美生迅速成长为各地教育界的领军人物。他们不再随意抄袭国外学制法令，而注意在结合本国国情的基础上学习、借鉴，力求制定出适合中国的教育制度。如1921 年陶行知强调："对于外国的经验，应明辨择善，决不可舍己从人，轻于吸取"，要注意中国的"特别情形"[③]。有鉴于此，"壬戌学制"明确提出要"注意国民经济力"，"多留地方伸缩余地"，并据此在学制的各个阶段作了比较灵活的规定。[④] 县级教育局制度方面，根据中国当时的行政建制情况，把原教育部拟定的《县市教育行政机关组织大纲》修正为《县教育行政机关组织大纲》和《特别市教育行政组织大纲》两个方案。这表明，中国教育体制在实现初步现代化的同时，也开始走上与本土化结合的道路。因此，"壬戌学制"在中国表现出较强的生命力，而这背后则隐含着中国留学

---

① 如 1907 年清朝学部奏折称："详查在日游学人数已逾万人，而习速成者居百分之六十，习普通者百分之三十，中途退学辗转无成者百分之五六，入高等专门者百分之三四，入大学者仅百分之一而已。"石棉：《中国现代化运动与清末留日学生》，台湾嘉新水泥公司文化基金会 1968 年版，第 155 页。

② 璩鑫圭、唐良炎：《中国近代教育史资料汇编·学制演变》，上海教育出版社 1991 年版，第1052—1053 页。

③ 陶行知：《我们对于新学制草案应有之态度》，见《陶行知全集》第 1 卷，湖南教育出版社 1984年版，第 190 页。

④ 如中学校修业年限为六年，初高级各三年，但也可以"初级四年，高级二年；或初级二年，高级四年"。在一般情况下，高、初中并设，但"有特别情形时，得单设之"。初中阶段施行普通教育，"但视地方需要，兼设各种职业科"。高中又分为普通、农、工、商、师范等，但要"斟酌地方情形，单设一科或兼设数科"。

教育发展的影子和留学生群体的功劳。

3. 学制变革受制于政治体制、政局变化诸多因素

如前所述，民国教育体制的变革并非一帆风顺。就实质而言，教育的发展终究要受到政治、经济、文化等各种社会因素的制约。教育体制的变革是政治体制变革的一部分。就现实而言，中国特殊的历史传统和复杂的现实，对教育的影响就更为明显。民初教育制度的变革除了留学生教育家、政治家的推动、主导外，还受制于当时政治、政局变化的大环境，受到当权者等个体的影响。

民初现代教育体制之所以能够建立并不断完善，首先取决于辛亥革命后新的政治导向和政治体制，也得益于政治家在关键时刻提供的政治保障。1912 年，以孙中山为首的留学生出身的政治家建立了资产阶级共和国——中华民国，宣告在中国延续数千年的封建专制统治的终结，民主共和成为不可逆转的潮流。在此背景下，蔡元培、范源濂等留学生教育家顺应时代要求，制定了民初学制和教育部官制。不久，袁世凯当政，搞封建复辟，现代教育体制的进程暂时中断，1914 年教育总长汤尔和力主设立各省教育厅而未果的主要原因也就在于此。其后，中国进入北洋军阀割据时期。1919 年，留日出身的山西实权派阎锡山，为全国教育联合会第五届年会的召开营造了氛围，现代教育体制的讨论得以继续。而 1920 年，原定在粤召开的全国第六届年会，则由于广东局势不宁被迫移会上海。1921 年，孙中山、汪精卫、胡汉民等留学生出身的政治家稳定了广东政局，陈独秀、金曾澄、钟荣光等留学生出身的教育家才得以成功地主办了全国教育联合会第七届年会，拟定了学制草案，引发全国范围内的学制改革运动，推动了现代教育体制的革新。而此后大学院的建立和撤销、"戊辰学制"的通过和搁置，又再次说明了个人在中国政界、教育界的影响。特别是由于现实政治的黑暗，包括留学生在内的知识分子有时刻意逃避政治，试图全然不顾现实和政治，争取所谓教育的独立性。但这样的结果却使新的教育体制更加难以完善、发展。

在中国教育史上，民国时期所建立的新的教育体制不仅具有重要的地位，而且有更深远的现实意义。因为对中国这种落后的后发国家而言，只有建立科学的现代教育体制，才能促使教育向现代方向全面发展。以蔡元培为

代表的教育界留学生群体，在民国现代教育体制的建立过程中，自始至终都起到了主导的作用。由于他们的努力，中国教育体制在民初短短的十几年内基本上实现了现代转变，并走上了本土化的道路，一直影响到现在，其贡献是前所未有的。

第八章

留学生群体与民国时期的国民经济

民国时期内忧外患，战乱频仍，又处于经济转型时期。如何改革财政经济体制，促进国民经济的发展，既是一个民生问题，也是一个财经体制的转型问题。这为在国外学习财经的归国留学生们提供了用武之地。

第一节　留学生群体与民国时期农业的发展

清末民初，在西方资本主义农业的影响下，中国传统的农业虽然依旧落后，但新式耕作方式已初露端倪，在沿海沿江的局部地区出现了小规模的现代农业生产，逐步地改变着内陆地区原有的生产方式。在这个时期，随着中国人口的持续增长，人均耕地面积已不断缩减，全国81%的耕地集中在占总人口14%的地主与富农手中。① 沿海沿江地区的一些农民种植了烟草、棉花、蚕桑等经济作物或园艺作物，逐渐出现了棉、茶、桑、烟草、小麦等专门生产区，在部分大城市郊区出现了专门生产经济作物、园艺、家禽饲养的租地农场。在垦殖区、工商业比较发达或商业性农业较发达的地区，甚至还出现了一些农牧垦殖公司，经营种植棉、桑、桐树或漆树，并垦荒、园艺、饲养牲畜等。这种状况为西方现代农业科技的进一步传播提供了可能。

西方现代农业科技知识是在鸦片战争后西学东渐的浪潮中，随着宗教的传播进入中国大地的。化之安、李提摩太等传教士通过《西学考略》《七国

---

① 中国人民大学农业经济系编：《中国近代农业经济史》（农经专业用），中国人民大学出版社1980年版，第109页。

新学备要论》等论著，初步传播了西方现代农业科技及其教育状况。西方现代农业生产的高效性、农业科技的先进性与系统性吸引了越来越多的中国各阶层人士，尤其是知识分子及商人们的注意。经传教士们的宣传、示范，农民们也逐步接受了各类选育种、施用土壤肥料、防治病虫害等新方法。在选种育种方面，从19世纪80年代起，传教士开始将西方优良的果树品种及选育种方法引入中国。出于发展国内实业的需要，清政府也开始主动地引进西方的优良农业品种。为拓宽纱厂原棉的供货渠道，1904年，清政府从美国进口了大量的棉种，分发各地种植。此后，又引进了其他农作物品种及畜牧、家禽、蚕桑等，并开始农作物改良活动。在化学肥料方面，20世纪初，有人引进了国外现代化学肥料，进行宣传、试用，并出现了专门的化肥贸易公司。新式化学肥料施用后，其良好的效果逐渐引起了农民们的注意，化肥开始被引入中国。在病虫害防治方面，1903年，何德刚向农民介绍波尔多液防治李树"癣病"之法。

在中国沿海、沿江地区以现代科技开展农业生产的现象，也引起了部分中国知识分子的关注，他们逐渐意识到现代科技对农业生产具有积极的促进作用，从而产生了研究现代农业的愿望。郑观应认为："泰西农政皆设农部总揽大纲，各省设农艺博览会一所，集各方之物产，考农时与化学诸家详察地利，各随土性，分种所宜"[1]，"我国似宜……参仿西法"[2]。著名维新派人士谭嗣同建议组织学会宣传西方的农业科技，即"士会于庠而士气扬，农学于疆而农业倡……会成而学成"[3]。在他们的推动下，19世纪90年代中国出现了现代农业科技的宣传组织。1896年，罗振玉、徐树兰等人相聚研究农业科学，在《时务报》等报刊上征友，成立"务农总会"并创办会刊《农学报》。此后，在江浙及北方地区陆续出现了"农桑公社""务农支会""树艺会"及"农会"等传播现代农业科技的组织。

---

① 郑观应：《农功》，见夏东元编选《郑观应集》上册，上海人民出版社1982年版，第735—736页。

② 同上书，第737页。

③ 蔡尚思、方行编：《谭嗣同全集》，中华书局1981年版，第437页。

一　现代农学留学教育的兴起和发展

（一）农学留学教育的兴起

由于西方现代农学的传入和农民的实践，一些有识之士不仅产生了学习、研究西方农学的兴趣，而且产生了兴办中国现代农学教育的动机。特别是甲午海战的惨败及丧权辱国的《马关条约》签订后，维新运动兴起，"实业救国""科学救国""教育救国"等思潮此起彼伏，越来越多的人开始认识到创办现代农业教育、培养包括农学在内的实业专门人才的重要意义。1896年，杭州知府林启创办了杭州蚕学馆，开创了中国现代农业教育之先河。之后，创办新式农学教育的呼声日益增强。受此影响，1898年，光绪帝钦定"各省州县皆立农务学堂"。在这样的形势下，20世纪初，大江南北先后出现了江南蚕桑学堂、保定直隶高等农业学堂、安徽农工学堂、南京江南高等实业学堂（内设农科）、江西高等农业学堂、京师大学堂（内设农科）、南通中等农业学堂、浙江农业教育养成所、广东农林学堂等农学堂。这些学堂为国内农科等实业的发展及农业教育培养了所需的农学专门人才，也为部分青年学子未来的越洋深造奠定了较为扎实的知识基础。

清末国内的现代农业教育尚处于起步阶段，无法满足农业发展的需要。于是，在倡导、传播现代农学的过程中，农学留学教育应运而生。中央及许多地方政府与国内有关组织积极支持留学教育事业，他们派遣或资助青年学子，前往美、欧、日等国高等院校学习现代农业科技，以满足国内对农业高级专门人才之需。一些农学教育的热心者也开始探索农学留学事业。1897年，林迪臣从杭州蚕学馆选送附生汪有龄等2人赴日学习养蚕制种，选派蚕学馆毕业生方志澄、朱显邦赴日学习养蚕和制丝技术。[1] 这一时期总体上赴日学农者多于赴欧美者，但后者大多获得了较高学位。据统计，1881—1911年中国有51人赴美习农学，其中获学士学位者41人，硕士学位者7人，博士学位者3人。[2]

民国以降，出国学农者人数明显增多，仅1912—1927年，赴美学农者

---

[1]　朱馥生：《关于浙江留日学生史的点滴补充》，《档案与史学》1996年第5期，第74页。

[2]　刘曰仁主编：《中国农林研究生教育》（1935—1990），辽宁科学技术出版社1991年版，第110页。

就有 170 人左右，他们多集中于康奈尔大学（40 人）、明尼苏达大学（37 人）、依阿华大学（21 人）、威斯康辛大学（12 人）、加州大学农科（12 人）；南京国民政府时期，约 190 人赴美学习农学，仍主要集中在康奈尔大学（61 人）、依阿华大学（15 人）、威斯康辛大学（12 人）、加州大学农科（12 人）、明尼苏达大学（9 人）。①

回国后，这些留学生大多从事高等农学教育或与其相关的活动。如留美生过探先，1910 年考取"庚款留美生"资格，先后入威斯康辛大学、康奈尔大学专修农学，1914 年获硕士学位。1915 年学成回国后，任江苏省立第一农业学校校长、东南大学农科教授及农艺系主任、农科副主任兼推广系主任、金陵大学农林科主任等职务，从事农学教育和农作物改良活动。又如留日生王舜，早年由京师大学堂选送日本帝国大学农科学习，获农业硕士学位。1912 年回国后，担任苏州江苏省立第二农业学校校长，从事教学与推广无核葡萄等活动，1928 年任无锡教育学院农业教育系教授。抗战时期，任上海南通农学院农业经济系主任兼教授。再如陈嵘，1909 年赴日留学，1913 年回国，1922 年与 1924 年先后赴美、德两国学习和研究，获哈佛大学林学硕士学位，曾任浙江省立甲种农业学校校长、江苏省第一农业学校林科主任、金陵大学林学系教授等。1916 年，上述三人与他人在苏州共同发起成立了中华农学会，开始大规模地传播现代农业科技知识。此后，国内各地如雨后春笋般地出现了多类农学组织、农事试验场。至 1936 年，全国共有高级农业学校、农场 126 个。② 在归国留学生的推动下，许多高等农业院校独立或以与政府及其他民间机构合作的形式建立了农事改良机构、农事试验场 489 个。③ 如金陵大学农学院在留日生胡昌炽④、留美生孙文郁⑤、留美生

---

① 此数据根据周邦任、费旭主编《中国近代高等农业教育史》，中国农业出版社 1994 年版，第 147—152 页相关情况统计而得。

② ［实业部档案］表 1 "全国学校农场各省市分布表（民国二十五年）"，见中国第二历史档案馆编《中华民国史档案资料汇编》第 5 辑第 1 编《财政经济》（七），江苏古籍出版社 1994 年版，第 393 页。

③ ［实业部档案］表 1 "全国农事试验场成立时期统计表"，见中国第二历史档案馆编《中华民国史档案资料汇编》第 5 辑第 1 编《财政经济》（七），江苏古籍出版社 1994 年版，第 394—395 页。

④ 胡昌炽（1899—1972），江苏苏州人。1916 年赴东京帝国大学学习农学，1920 年应聘为苏州江苏省立第二农业学校教员。1924 年再赴东京大学研究园艺学。1928 年任金陵大学园艺系教授兼系主任等。

⑤ 孙文郁（1889—1981），山西宁武人。1924 年赴美留学，1930 年获斯坦福大学农学硕士学位，后一直在金陵大学农学院从事教育、研究及农业推广工作。

沈宗瀚[①]等领导或参与下，与中央农业推广委员会合办乌江农业推广实验区农场，建有园艺试验场 5 个，农艺试验场 5 个，植物系有 2 个试验场，蚕桑系有 2 个试验场，森林系有 4 个试验场，专修科有试验场 100 亩。这些活动为以后中国高等农学教育和现代农业科技的发展奠定了基础。

（二）民国时期归国农学留学生的结构分析

由于相关文献资料的不全面或缺失，目前还难以获得民国时期农学留学生的各种精确数据。据笔者对搜集到的 348 名有留学背景的高等农业院校教师所作的不完全统计，归纳出这个群体的如下特征：从性别来看，女性仅 5 人，约占总人数的 1.4%，男性占绝对优势。究其原因，既有中国人重男轻女传统教育观念的影响，也有男女生理特征的差异，导致女性学农者人数寥寥。从地域分布看，江、浙等东部沿海地区是农学留学生的主要生源地（见图 8—1）。

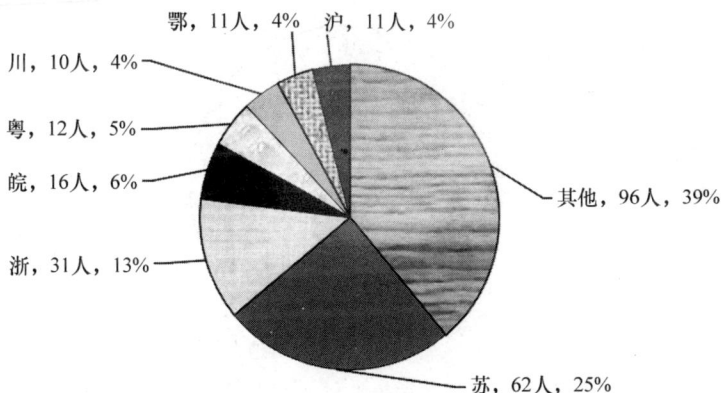

图 8—1　1909—1949 年中国农学留学生来源地域分布

资料来源：根据周棉主编《中国留学生大辞典》（南京大学出版社 1999 年版）以及中国科学家、农学家传记等资料编制。

这是由于江浙及沿江等地区文化底蕴深厚，经济发达，开放时间较早，

[①]　沈宗瀚（1895—1980），浙江余姚人。1923 年赴美，先后进佐治亚大学农科研究院、康奈尔大学研究院深造。1926 年回国后在金陵大学从事作物育种的教学研究。1927 年 10 月获博士学位。从 1934 年起历任中央农业实验所总技师和所长等。

人们对现代教育的观念较为开放，因此这些地区的青年学子赴海外学农者较其他地区为多。

从留学国别来看，1910 年以前留日者居多。因为甲午海战以后中日两国对赴日留学采取了鼓励和吸引的政策，所以此前赴日学农者人数相对集中；而从 1909 年开始，美国政府利用"庚款"吸引中国留学生，赴美学农者人数随之逐渐增加，至 20 世纪二三十年代，特别是抗战爆发后留日生纷纷回国，因而留美生所占的优势凸显。此外，留学法、英、德、比等欧洲国家及加拿大、澳大利亚、印度、埃及等其他英联邦成员国者，也占有一定的比例。另有少量留学意大利、菲律宾、丹麦等国者。

从留学院校看，主要集中在美国的康奈尔、威斯康辛、伊利诺、明尼苏达和依阿华 5 所大学（见图 8—2）。

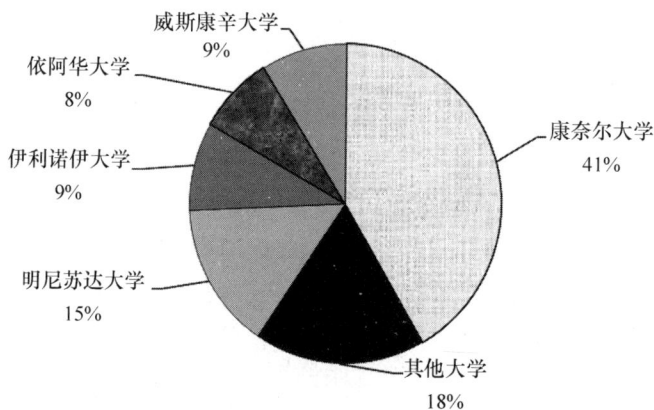

图 8—2　1909—1949 年中国农学留学生在美国高等院校分布

资料来源：根据周棉主编《中国留学生大辞典》（南京大学出版社 1999 年版）以及中国科学家、农学家传记等资料编制。

从 1862 年起，在美国政府创办"赠地学院"的政策驱动下，各类农工学院不断涌现，服务社会、发展农工等实学思想迅速传播，康奈尔大学、威斯康辛大学、伊利诺大学、明尼苏达大学、依阿华大学等众多高校的农学学科获得了迅速的发展，教学与科研的力量迅速增强，吸纳国外留学生的能力也日益增强。

在日本，中国农学学生主要集中于东京帝大、鹿儿岛高等农林、九州帝大和北海道帝大4所高校（见图8—3）。

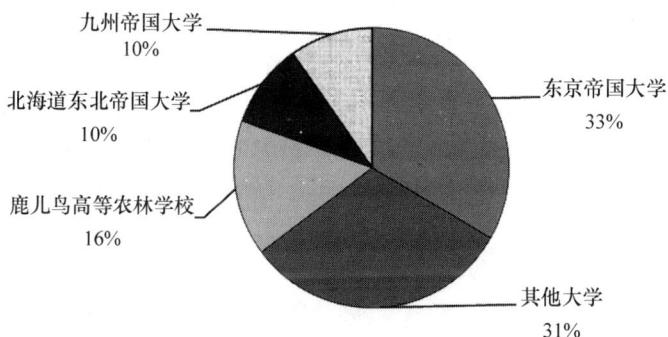

图8—3　1909—1949年中国农学留学生在日本高等院校分布

资料来源：根据周棉主编《中国留学生大辞典》（南京大学出版社1999年版）以及中国科学家、农学家传记等资料编制。

这是因为随着日本明治维新的推行，特别是19世纪末及20世纪初的高教改革，这些学校的农学教育水平与科研力量也获得了很大提升，这对于吸引和接纳中国农学留学生起到了很大作用。

从所获学位看，在美国、欧洲高等农业院校留学者的学历层次普遍高于日本，以博士、硕士学位获得者居多（见表8—1）。

表8—1　　　1909—1949年部分中国农学留学生所获学位比例分布统计　　　（单位：人）

国别 \ 学位	学士		硕士		博士		工程师		学农人数	学农比例	留学生总数
	人数	比例	人数	比例	人数	比例	人数	比例			
美	15	62.5%	75	87.2%	73	70.9%			163	71.8%	263
日	9	37.5%	3	3.5%	2	1.9%	1	50%	14	6.1%	173
法			3	3.5%	9	8.7%	1	50%	12	5.3%	44
德					5	4.9%			9	4.0%	27
英联邦成员国			5	5.8%	10	9.7%			27	11.9%	27

续表

国别\学位	学士		硕士		博士		工程师		学农人数	学农比例	留学生总数
	人数	比例	人数	比例	人数	比例	人数	比例			
比利时					4	3.9%			2	0.9%	4
总数	24	100%	86	100%	103	100%	2	100%	227	100%	518

资料来源：根据中国科学技术专家协会编撰、中国科学技术出版社 1999 年版《中国科学技术专家传略·农学篇》；郭文韬主编、中国科技出版社 1989 年版《中国近代农业科技史》；沈宗瀚编著、台湾商务印书馆 1985 年印行《中华农业史论集》；李佩编撰、社会科学文献出版社 1999 年版《学在康大，志在中华》；中华民国史事纪要委员会编著、（台北）中华民国史料研究中心 1974 年版《中华民国史事纪要（初稿）》（中华民国元年至三十四年，影印本）；中国第二历史档案馆编撰、江苏古籍出版社 1991 年、1997 年、1999 年、2000 年版《中华民国史档案资料汇编》（第 3、4、5 辑）及中央大学、金陵大学、北京农业大学、浙江大学、中山大学、岭南大学等校史等文献，资料中农学留学生的情况搜集、汇编、统计而成。

　　据笔者对 227 名获得学位及工程师称号的留学生统计，博士学位获得者最多，其次是硕士学位获得者、学士学位获得者。从国别看，以美国留学生所占比例最大，在笔者收集到的 263 名留美学生中，获学位者有 163 人，其中以博士、硕士学位获得者居多。究其原因，一方面是由于美、欧国家的学位授予制度已经成熟、完善，在高等农学教育领域形成了学士、硕士、博士等不同层次的学位制度；而日本国内在高等农学教育领域则以学士、硕士为主，农学硕士学位授予制度形成较迟且要求极高，博士学位为荣誉学位，其授予的对象基本为学识极为渊博的学者。另一方面，赴美、欧留学者都是经过中国国内的严格选拔，他们的科学文化基础知识扎实、深厚，而赴日留学者的文化水平参差不齐，且受当时的政治影响较大，无法静心从事学习、研究，所以，获得学士以上的学位者人数极少。

　　概括地说，民国时期，在美、日、欧等国或地区因专业和性质各异，留学生数各不相同，且学历层次的差异较大。在留学国别和留学时间上，日本、美国是中国留学生相对集中的国度，其留学时段的分水岭大致在 20 世纪二三十年代。在前一个阶段以留日者居多；后一个阶段是从 20 世纪二十年代至四十年代末，留日学农者日渐减少，赴美欧者不断增多。在专业上，各院校都有自己的特色专业，且在不同时期，留学生所选专业亦有所差异。

在清末民初，赴日本、法国的农学留学生多选择蚕桑、农艺、园艺等专业。20世纪20年代以后，留学生所选专业更为广泛，以农、林、园艺、畜牧兽医、土壤、遗传、植物病理、农业经济等专业为主，小科类专业种类繁多，其中，留美者的专业分布最为全面。

这些留学生毕业于不同国家或地区的院校，具有较高的学历、学位和专业水平。从20世纪初起，他们受到了国外大学"为社会服务"理念的影响，在传播西方现代农业科技的同时，根据国内情形，与时代精神和社会需要，切实培养人才，"贯彻科学精神，实行教学、研究、推广的'三一制'（即三结合）"[①]，在艰难条件下，投身于民国时期的农学教育、农业科技和农业生产中。至20世纪30年代，他们中的一些人已跻身于中央及地方政府农业及农业科技相关部门、机构、组织，成为其高级官员、技术骨干（见表8—2），领导或指导中国农业生产与农业科技的发展。虽然旧中国政治腐败，战乱频仍，他们中的一些人也难免近墨者黑，难有作为，但是他们中的大部分人仍能立足于所学专业，努力推动农业和农业科技的发展。

表8—2　　　　民国时期部分农林、农商、农工等部门归国留学生高级官员统计

时期\职务\国别	北洋政府时期（1912—1927）		国民政府时期（1928—1949）		
	美国	日本	美国	日本	欧洲
部长	周自齐、颜惠庆等	宋教仁、陈振先、杨文恺、金邦平、章宗祥、谷钟秀、江天铎、李根源	孔祥熙、陈公博	易培基、吴鼎昌、谷正伦等	左舜生
政务次长			程天固等		关吉玉、麦焕章、萧瑜、郭春涛等
常务次长			曾养甫、穆藕初、周诒春、钱天鹤		谷正纲等

---

① 陈裕光：《回忆金陵大学》，见谢泳等著，陈远编《逝去的大学》，同心出版社2005年版，第158页。

续表

职务 \ 国别 \ 时期	北洋政府时期（1912—1927）		国民政府时期（1928—1949）		
	美国	日本	美国	日本	欧洲
司长			虞振镛、程绍迥		

资料来源：本表根据章伯锋、李宗一等编撰《北洋军阀》（1912—1928）第 1 卷第 186 页 "中华民国的内阁" 和第 201 页 "北京历届内阁国务院更迭简表"；《国民政府公报》"国民政府五院主要职官表"（1928—1937）；中国第二历史档案馆编撰《中华民国史档案资料汇编》第 5 辑第 1 编《政治》（一）；周棉主编《中国留学生大辞典》等文献资料编制。

注：北洋政府 41 届内阁中，农林部曾先后被改为农商部、农工部等；在民国时期的不同阶段，有关农业的政府部门名称有所变动，各职位名称也有所不同。

二　农学留学生与民国农业的发展

留学生们回国后，面对中国传统农业与西方发达国家在农业生产、农业科技、农民生活等方面存在的巨大差距，根据自身在国内外的体验，认识到现代农业科技对中国农业生产的巨大作用，身体力行地开展 "科学救国" "农业救国" "教育救国" 等活动，在其专业领域内努力开展科研实践活动，为民国时期农业及农业科技的发展发挥了重要作用。

（一）参与农业科技方针的制定和国际交流，组织和落实计划的实施

在北洋政府时期及南京国民政府建立早期，国内政局动荡，政权更迭不断，军阀争相割据，各自为政，战祸频仍，天灾不断，民不聊生。在这样的状况下，农业生产受到了很大的破坏。1914 年，第一次世界大战爆发，欧洲资本主义势力无暇东顾，使得国内民族工业获得了巨大发展空间和机会。以留学生为主体的知识分子趁机提倡 "实业救国" "科学救国" "教育救国"，民国政府出台了一些推动农业生产、农业科技进步的措施。在东部沿海沿江等商品经济较为发达、现代农业科技与现代农业生产力水平相对较高的地区，各类农业改良机构、农学科技组织、农业学校及农学专业日渐增多，参与农业科技、农业教育的队伍不断充实，农事改良活动的范围也逐渐扩大，涉猎的领域也有所拓宽，农产品出口量也获得了空前的增长。

其时，农学留学生广泛地分布于农业生产、农学教育与农业科技领域及一些农业行政部门。他们凭借掌握现代农业科学文化知识的优势和 "农业救

国”的激情，研究农业科学，指导农业生产，部分人员逐渐进入各级政府的农业生产、农业科研、农业教育的主管部门，指导农业生产和农业科技工作，并制定有关的方针、政策。如留日生谷钟秀[①]，1916 年 8 月 4 日出任农商总长，在就职演说中，他多方面论述了对农业的看法，倡导对农业生产"稍加改良"，对"今日培养材木亦开辟利源之唯一方法"的森林，"将所有官荒山地准人民承领造林"，"数十年后，全国林木日茂，即全国之利源亦自然日充"；对渔牧诸业，"各项逐一讲求新法"，"就各项家畜种类分别改良"，"并对于业此者施以相当之指导或保护"[②]，以促进农业生产与农业科技的发展。虽然其构想因之后不久发生的政局更替而未能实施，但其他留学生仍砥砺前行。如农矿部部长易培基[③]于 1929 年与中央大学农学院合作创办了"中央模范农业推广区"，发展中国的农业改良工作。又如留美农学硕士穆藕初，1914 年回国后，即开展棉种改良和植棉推广工作，创建了上海德大、厚生及郑州豫丰等纱厂。此后，他曾任北京政府农商部出席美国"太平洋商务会议"首席代表、南京政府工商部常务次长和实业部中央农业实验所筹备主任、国民政府行政院农产促进委员会主委、经济部农本局总经理等。他认为，"欲办理农业，应罗致专门人才"[④]，"夫农业推广为一专门技术，从其事者需具充分之农业学识与经验，刻苦耐劳，深入民间"[⑤]。穆藕初积极参与探讨制定经济政策、改良经济制度与政府职能等问题。为了推进中国棉业改良，解决中国农业生产、农业科技之间的矛盾，他从政府职能及其责任出发，规划创办实业学校、农场、工厂，[⑥] 培养既有专业知识又有实践能力的农学等实业人才。

---

① 谷钟秀（1874—1949），河北定县人，清末优贡，北京大学肄业后留学日本。1912 年任南京临时政府参议院议员，1916 年任农商总长兼全国水利总裁。

② 华辰选编：《北洋政府农商总长谷钟秀就职演说辞》，《民国档案》2005 年第 2 期，第 3—4 页。

③ 易培基（1880—1937），湖南长沙人。早年留学日本，曾任民国副总统黎元洪秘书、故宫博物院首任院长，1928 年任农商部部长。

④ 穆藕初：《李馥荪氏重农说之再进一解》，见赵婧等编《穆藕初文集》，北京大学出版社 1995 年版，第 380 页。

⑤ 穆藕初：《农业推广通讯》创刊词，见赵婧等编《穆藕初文集》，北京大学出版社 1995 年版，第 519 页。

⑥ 李忠、王筱宁：《穆藕初的实业教育思想及其实践》，《河北师范大学学报》（教育科学版）2009 年第 1 期，第 22—27 页。

这些归国留学生不仅学到了国外的先进农业科技知识、农业教育的先进经验，而且大多数人还身体力行，积极参与农业教育、农业科研、农业发展规划等方面的活动。如归国留学生沈宗瀚、梁希①、钱天鹤②、邹钟琳③等农业科技专家，联名写信给教育部，吁请当局采取具体措施，调整全国农业教育机构，充分发挥其效能。这一建议受到教育部领导的重视，对推进按农业自然环境分区设立高等农业院校，推进农业教育与生产、科研相结合，产生了重要影响。

相比北洋时期，南京国民政府对农业生产与农业科技有所关注。从1929年起，南京国民政府就开始统一管理全国农业技术的推广工作。是年，中央政府成立了中央农业推广委员会，公布了《中央农业推广委员会组织章程》。其成员基本为留学生出身。为配合全国的农业推广工作，教育部成立了农业教育委员会，中央农业推广委员会和农业教育委员会的成员大多为有留学背景的专家教授。教育部农业教育委员会在农业教育推广工作的实施方针中明确提出，各农业教育机关"须全力推行"改进农业生产的方法、提高农民生产技能、改善农村组织与农民生活，普及农业科学，促进农民的生产消费合作等，使之"与产业界取得切实联络，俾有实用"④。1930年7月，中央农业推广委员会公布了《农业专科以上学校农业推广处组织纲要》。9月，行政院发布第3744号令，要求各省设立高等农业学校，作为推广农业的基础机构，与行政机关合作开展农业推广服务工作。1931年1月，实业部会同教育部、内政部通令：中央已经核准了《省级农业推广机关组织大纲》，各省市应遵照办理，并规定省级农业推广委员会应设常务委员会，分设执行、技术两部，农业专科以上学校应设农业推广处或推广委员会。而农

---

① 梁希（1893—1972），浙江吴兴人。1913—1916年在东京帝国大学农学部林科学习，1923年赴德国塔朗脱高等林业学校研究。1927年回国，在南京金陵大学、浙江大学从事林学教学与研究。

② 钱天鹤（1893—1972），浙江余杭人。1913年赴美国康奈尔大学农学院就读，1918年获农学硕士学位。1919年回国，历任金陵大学农科教授兼蚕桑系主任、实业部中央农业研究所筹备委员会副主任、中央农业研究所常务副所长、全国稻麦改进所所长、国民政府经济部农业司司长、农林部常务次长等。

③ 邹钟琳（1897—1983），江苏无锡人。1929年入美国明尼苏达大学学习，1931年入康奈尔大学攻读博士学位。1932年回国，任中央大学农学院副教授兼江苏省昆虫局技术部主任等。

④ 费旭、周邦任编：《南京农业大学史志 1914—1988》，南京农业大学农业教育信息中心1994年版，第140、159—161页。

业专科学校的骨干基本以归国留学生为主，有关的任务也就自然地落到留学生身上。如 1929 年，为了促进教学、研究、推广的密切结合，留学生王善佺①带领中央大学农学院师生与农矿部合作创办了"中央模范农业推广区"，开展农业推广工作。通过农业技术推广，在一定程度上改变了农民对科学种田的认识，增强了他们科学种田的能力，为现代农业科技知识的进一步普及奠定了基础。而随着农学科研成果推广到生产实践之中，中国的农业生产也获得了相应的发展，如水稻单产由民初的 100 余市斤/市亩，提高到抗战前的 355 市斤/市亩，② 为企业提供了丰富的原材料，也一定程度上充实了国力。

1930 年，留美生孔祥熙改任实业部部长后，开始整治农业、农民、农村的"三农"问题。他认为："如欲改进民生，自以发展农业为最重要之策。"③ 为此，他主张设法救济，以事辅助农民增加生产，推动农业的复兴，而"救济方法，尤重在健全农村合作之组织，以利农产品之生产、抵押及保证"④ 等，推动中国农业科技的发展。

1931 年 4 月，南京政府实业部决定筹建中央农业研究所，由该部次长留美生穆藕初为筹备委员会主任，留美生钱天鹤为副主任，沈宗瀚、谢家声、邹秉文⑤、赵连芳⑥等归国留学生与部分外籍专家为筹委会委员，草拟了研究所的组织规程及任务等，将该组织定名为"中央农业实验所"，负责全国农业研究、改良和推广工作。

1933 年，中央农业实验所正式成立，这标志着全国性的农业科技综合研究工作的正式启动，累辞所长不就而任副所长的钱天鹤挑起了重担。此时

---

① 王善佺（1895—1988），四川石柱人。1916 年赴美国乔治亚大学求学，获科学硕士学位，1920年回国，时任中央大学农学院副教授兼院长。

② 严中平等编：《中国近代经济史统计资料选辑》，科学出版社 1955 年版，第 361 页。

③ 孔祥熙：《约法中国民生计章之要义》，《中央周报》1931 年第 160 期。

④ 孔振东编：《孔庸之（祥熙）先生演讲集》，（台北）文海出版社 1972 年版，第 461 页。

⑤ 邹秉文（1893—1985），江苏苏州人。1910 年赴美学习，1912 年入康奈尔大学学习，获农学士学位，1916 年回国，历任金陵大学教授、东南大学农科主任、中央大学农学院长、中国驻联合国粮农组织首任首席代表、中美农业技术合作团中方团长等。

⑥ 赵连芳（1894—1968），河南罗山人。1921 年赴美学习，1923 年获依阿华大学学士学位，入威斯康辛大学专攻作物遗传种学，1926 年获博士学位。历任金陵大学、中央大学农学院教授、系主任及全国经济委员会农业处处长、中央农业实验所技正兼稻作系主任等。

留美生卢守耕①、赵连芳任职中央农业研究所。他们积极与各大学的农学院进行广泛联系，不断充实内部人才，以加强水稻育种工作。1933 年，卢守耕等稻作技术人员在中央农业实验所的委派下分赴苏、浙、皖、赣、湘、鄂等 6 省农田采选籼、粳、糯稻单穗 4 万余枚，并向国内外征集水陆稻优良品种 664 种。② 1933 年，在穆藕初、钱天鹤、沈宗瀚、谢家声等农学留学生的支持和推动下，中央农业实验所的农业科研力量得到了极大的扩充，科研设备也获得了完善。他们凭借在学术上的强势、在政府中较高的地位与在社会上较大的影响及其炽热的报国意愿，积极地开展农业科学研究与农业生产指导，渐进地推动着农业生产与西方现代农业科技知识的中国化进程，在一定程度上解决或缓解了当时在中国农业、农村及农民等方面所存在的"三农"问题。

20 世纪 40 年代，中央农业实验所还促成了中美农业技术合作与交流。1943 年，邹秉文、赵连芳、沈宗瀚等借参加在美国召开的战后世界粮食会议之机，向美国农业部及州立农学院的有关专家、学者与官员表达了加强中美农业技术交流合作的意向。这一提议得到了美国农业界人士的欢迎和支持。1944 年 4 月，中央农业实验所所长谢家声、农林部驻美代表邹秉文与美国农业部正式洽商有关事宜，不久得到了美国政府的同意。同年秋，美方代表驻华大使馆农业参赞陶逊先生与中华民国农林部洽谈了两国间的农业技术合作事宜。沈宗瀚等 13 名归国留学生被选为中美农业技术合作团的中方团员。其中，邹秉文、沈宗瀚分任团长、副团长。由于上述留学生的努力，国内农科学子有 4 批共 200 多人获得了赴美国进修深造的机会。③

（二）担任农业院校、系科的主要领导和师资，推动农学教育，开展科研活动

农学留学生回国后，大都坚守"农业救国"的理想，在国内的农业院校通过各种教学和科研活动，加强院校或系科建设，推进中国的高等农业院

---

① 卢守耕（1896—1989），浙江慈溪人。1930 年赴美留学，获康奈尔大学哲学博士，后任中央农业实验所技正兼全国稻麦改进所技正、浙江大学农学院院长等。

② 《中央农业实验所稻系 1937—1947 年工作总报告特刊》，见中央农业实验所稻作系《中国稻作》（双月刊），1949 年 6 月第 8 卷第 1—6 期合刊，外封内面。

③ 沈宗瀚、赵雅纾编：《中华农业史论集》，（台北）商务印书馆 1979 年版，第 488 页。

校向前发展，使之形成了多学科、多门类、多层次、立体的、复合的农学教育体系。

清末，虽然中央政府在《奏定高等学堂章程》《奏定大学堂章程》等法规中规定：京师大学堂的农科大学及高等农学堂应设置农艺学、农业化学、林学、兽医学四学门（相当于后来的学系），但中国高等农学尚属起步阶段，师资力量严重不足，中等学堂毕业生的现代科学文化知识基础极为薄弱，各类教学与实验的设备、设施严重匮乏，缺乏较为成熟的教学管理经验，而从日本及美、欧国家照搬来的东西难以适应中国的实际状况。所有这些，严重地制约了晚清高等农学的发展。因此，直至1910年京师大学堂才正式开办农学、农艺化学两学门。进入民国以后，随着归国留学生人数的逐渐增多，特别是从美国高等农业院校毕业的归国留学生队伍的壮大，他们中有很多人在不同时期走上了中国高等农业院校的讲坛，运用所学知识，培育新人，开展农业科学研究，也推动了中国农学系科的发展。在他们的努力下，至1949年，北京大学农学院、西北农学院、中央大学农学院、金陵大学农学院、中山大学农学院、岭南大学农学院、浙江大学农学院等学校不仅新建、扩建或改建了学科专业，而且建立了专科、本科、硕士等不同层次的农学教育体系。其他院校也获得了不同程度的发展或扩充。在这个过程中，归国留学生教师以领导者、组织者、参与者等不同角色发挥了不同的作用。如抗战结束后的北京大学农学院在归国留美博士李连捷和黄瑞伦、留英博士林传光、留美硕士应廉耕等人的积极参与下，系科建设获得了很大的发展，设有农艺、园艺、昆虫、植物病理、森林、农业化学、土壤、畜牧、兽医、农经10个学系；其他农业院校的系科建设，如西北农学院在留英博士章文才、留德生沙玉清，中央大学农学院在留美生金善宝、留美博士罗清生和邹钟林等归国留学生主持或参与下得以建立和发展。中山大学农学院以留美硕士邓植仪和彭家元、留美博士赵善欢等为骨干，浙江大学农学院则以留日生蔡邦华、留美硕士虞振镛等为骨干。其他农业院系的情况较为相似，不再一一赘述。

在这些院校中，相当多的留学生担任了讲师、副教授、教授乃至校长等职。据笔者不完全统计，仅任职于高等农业院校的留美生就达190人次，在当时所有留学国家中处于首位。其中，1930—1949年，金陵大学农学院的这种情况最为突出（见表8—3）。

表8—3　　　　　　1930—1949年金陵大学农学院部分归国留美学生职务

姓名	职务	职称	留学院校及所获学位
谢家声	院长	教授	密歇根大学硕士、康奈尔大学硕士
章之汶	副院长、代理院长、院长	教授	康奈尔大学硕士
沈宗瀚	农艺系系主任	教授	康奈尔大学硕士、博士
郝钦民	农艺系系主任 农科研究所农艺部主任	教授	康奈尔大学硕士
凌道扬	农科主任	教授	
李德毅	森林系主任	副教授	加利福尼亚州立大学硕士
钱天鹤	蚕桑系系主任	教授	康奈尔大学硕士
应廉耕	农业经济学系	教授	康奈尔大学硕士
戴芳澜	植物病理系主任	教授	哥伦比亚大学硕士
张巨伯	昆虫学组主任	教授	俄亥俄州立大学硕士
吴湘淦	农业工程学系主任	教授	依阿华州立大学硕士
孙文郁	农业经济学系主任、农科研究所农业经济部主任、代理院长	教授	斯坦福大学硕士
王绶	农艺系主任、农艺部主任	教授	康奈尔大学硕士
乔启明	农业经济学系主任	教授	康奈尔大学硕士
吴绍骙	农艺研究部主任	教授	明尼苏达大学硕士、博士
汤湘雨	农艺系主任	教授	康奈尔大学博士
魏景超	农业研究所农艺部植物病学组主任、农学院科研委员会主席、金陵大学教务长	教授	威斯康辛大学博士
黄瑞采	土壤研究室主任、农艺系系主任	教授	明尼苏达大学硕士
章文才	园艺研究部主任	教授	英国伦敦大学博士

　　资料来源：张宪文主编：《金陵大学史》，南京大学出版社2002年版，第291—399页。

　　虽然民国政局不稳，特别是日寇侵华，高等院校内迁，但高等院校仍然获得了发展。农业院校的数量从民国初期的6所，发展到民国后期的几十所，仅第二次世界大战结束后回迁的各类农业院校就有21所，1946年，复办的本科农学院、农业系科有6所，专修科及专科3所，新办本科院校、系

25 所，新办专修科、专科农业学校 4 所，正在筹办的 4 所;[①] 在办学层次方面，将清末单一的预科教育发展为民国后期集专科、本科、研究生三个层次的高等农业教育体系及其他各类初、中等农业教育体系。20 世纪 20 年代，在"壬戌学制"的规范下以及在"为社会服务"理念的引导下，中国高等农学教育在"专改大"运动中由专科层次提升至本科层次。1928—1934 年，南京国民政府整顿教学秩序，完善教学管理，高等农学教育，尤其是本科教育质量有了明显的提高，从美、欧归国的农学留学生从母校带回了农学研究生教育的宝贵经验。随着国内其他学科学位授予制度的完善，1935 年，中国高等农学踏上了硕士研究生层次。此后，由于战火不断，教学秩序难以稳定，农学硕士研究生教育历经坎坷，办学规模、教学质量也受到了一定的影响，但这些仍为 1949 年以后中国农学博士研究生教育奠定了厚实的基础。同时，中央及许多地方政府与各高等农业院校、科研与推广机构，也制定了相关的留学派遣政策、方法，派遣青年学生前往欧美、日本学习现代农、林、畜牧、兽医等农学科技知识，培养出一批中国社会需要的农学人才；在办学类型上，由清末依靠中央或地方财政直接拨款建立的京师大学堂农科与高等农业学堂，发展至民国后期经费来源渠道多样的国立、省立、私立等类型或多种经费筹措交叉使用的高等农学办学类型；至于农学本身，则由清末民初的农、林、农业化学、畜牧兽医四个学门，发展至 20 世纪 40 年代后期的农、林、园艺、植物、植物病理、蚕桑、畜牧、兽医、农业化学、土壤、农业经济、农业社会、农业教育、农业历史、农业工程、农田水利、水产等十几个大的学科。其中，农学中又派生出作物育种、作物遗传、作物生理等学科；作物育种学又衍生出棉作、稻作、麦作、烟草等更为细致的学科。又如，森林学则衍生出森林管理、森林经济、森林昆虫等学科。这些学科的产生与建立，又直接推动了高等农业院校系科的拓展，产生出更多的学院、学系、学组或专科学校的教学、研究，为以后中国高等农学系科的进一步发展奠定了基础。

在教育教学的基础上，农学留学生们开展了一系列的科研活动。如东南

---

① 此处数据为作者对周邦任、费旭主编的《中国近代高等农业教育史》（中国农业出版社 1994 年）内容统计而成。

大学在留美生邹秉文的领导下，订立了《东南大学农科事业报告讨论会章程》，通过"东南大学农科事业报告讨论会"的组织形式，有系统、全方位地开展农业科学研究工作。同年，江苏省政府与上海银行、东大农科共同在东南大学农科内组建了江苏省昆虫局。1930 年，在归国留美生邓植仪主持下建立了广东省农林局，1932 年，改隶于中山大学农学院，命名为中山大学土壤调查研究所。1930—1937 年，广东省土壤调查所在对粤省境内 94 个县 60 余万平方里的土壤情况进行逐县调查。根据调查、研究的结果，邓植仪、彭家元合著了教材《土壤学》，邓植仪编撰了《广东土壤提要初编》，彭家元撰写了《广东土壤肥沃度概述》等。这些调查报告和教材为后续的农学研究、农业推广及高等农业院校的教学提供了便利，从而使教学、科研、服务三方面的工作得以有机地联系在一起，为广东乃至中国的农业生产、农业科学研究发挥了奠基作用。

（三）组建社团，创办期刊，传播农业科学技术，开展学术研究

如同其他专业的归国留学生一样，农学留学生还发起或建立各类农业科研机构或组织，创办多种专业性较强的农学期刊、杂志，走上了农业科研的第一线，直接参与、组织和领导农业的科技活动，推动农业科技的国际交流与合作。

民国以降，许多农业院校及农业科研机构在归国留学生的发起或组织下，建立了各类专门的学术组织，创办了相应的杂志（见表8—4）。

表8—4　　　　　　民国时期归国留学生创办农学学术团体、期刊一览

名称	时间	地点	创办者	来源	会刊	研究领域
中华农学会	1917	南京	过探先、邹秉文	全国	《中华农学会报》	农、林、畜牧蚕桑、水产
中华林学会	1917	南京	凌道扬	全国	《森林》《林学》	林学
六足学会	1924	南京	张巨伯	全国	《昆虫与植保》	昆虫学
作物育种研究社	1925	南京	陈骥等	农艺系师生		农艺学
中国园艺学会	1927	南京	吴耕民、胡昌炽	全国		园艺学
中国植物病理学会	1929	南京	邹秉文、戴芳澜	全国		植物病理学
浙江大学园艺学会	1929	杭州	吴耕民、蒋芸生	浙大		园艺学

续表

名称	时间	地点	创办者	来源	会刊	研究领域
中国水利工程学会	1931	西安	李仪祉	全国		水利工程学
中国林学会	1932	北平	贾成章、王正等	北大农学院林学系		林学
中国植物学会	1933	重庆	钱崇澍、胡先骕	全国	《植物学杂志》	植物学
中华土壤学会	1934	广州	邓植仪、彭家元	全国	《土壤与肥料》	土壤肥料学
中国畜牧兽医学会	1936	南京	罗清生、程绍迥	全国		畜牧兽医学
中国农业协进会	1938	成都	董时进	全国		农业社会学
中华昆虫学会	1944	重庆	张巨伯、邹树文	全国	《中华昆虫学会通讯》	昆虫学

资料来源：根据周棉主编《中国留学生大辞典》以及中国现代科学家、农学家传记资料等整理编制。

　　上述学会会刊及其他部分期刊按照内容可分为综合性期刊和专门性期刊。综合性期刊主要有《农学》《农学杂志》《新农业》《农林》《农声》《西北农报》等；专业性期刊刊载农、林、园艺、畜牧兽医、农业经济、农业化学、病虫害、土壤、昆虫学等学科的专业性论文。20 世纪二三十年代，一些归国留学生以这些科研团体和期刊为依托，将部分国外的教材翻译成中文，以拓展国内农学学生的学术视野。其中，留日生汤尔和翻译了《近世微生物免疫学》（日本微生物学家志贺洁著，1933 年出版），留学东京帝国大学农学部的杨开渠翻译了《农林种子学》，李达翻译了日本农业经济学者河田嗣郎著《土地经济学》等。但他们更多地从中国具体国情出发，脚踏实地地不断探索，逐渐完成了具有一定理论高度的、较为系统的学术论文。如东京帝国大学农学部毕业的农学家丁颖[①]的《澄江稻作法之考察》《西南各省公路沿线之农业概况》《中大农学院稻作试验场育成优良稻种特性概要》《本省改进稻作五午计划之现阶段的问题》《广东稻之种性问题》《水稻纯系

---

　　①　丁颖（1888—1964），广东高州人。1924 年日本东京帝国大学农学部毕业，获农学学士学位，曾任国立广东大学及中山大学农学院教授、院长等。

育种之研讨》《纯粹科学的农学观》；①卢守耕的《迁湄三年来水稻育种之成果》《籼粳之比较研究》《水稻栽植疏密对于产量及其他性状的影响》；留美硕士孙逢吉的《芸苔属花粉率大小之研究》《葱菜（芥菜类新突变品种）之研究》《大油菜与小油菜分类地位之检定》《美棉生殖生长与气候之关系》《美棉之生长曲线》② 等，大部分成果被充实进农学教材之中，部分发表在《浙大农艺》《病虫知识》《浙大农业经济学报》《广西农业》《中华农学会报》《科学》等国内外期刊上。由于这些成果都来源于教学、科研和生产实践，表达方式言简意赅，深受当地乃至全国农民的欢迎。这些成果对于促进农业生产、改善农村生活环境、提高农民生活质量、转变农民观念、提高中国农业科技水平，起到了很大的促进作用，也为以后进一步开发中西部地区创造了条件。随着农业技术的推广，对普及农业科学知识、提高人民文化水平起到了较好的作用。更重要的是，他们在农、林、牧、渔等相关领域取得了丰硕的研究成果，有的被直接用于农业生产。如在水稻改良方面，留日生丁颖于20世纪30年代初进行了水稻杂交育种研究，于1933年首创了世界上用野生稻种与栽培稻育成水稻新品种"中山一号"的范例；1936年用野生稻与栽培稻杂交，获得世界上第一个水稻"千粒穗"品系，曾引起东亚稻作学界极大关注。丁颖的水稻杂交育种方法对以后水稻品种的改良起到了积极的推动作用。

在传播、组织和参与现代农业科研的过程中，中国科学社发挥了很大的作用。这是一个综合性的民间学术组织，因它成立早、影响大，当时许多院校的农学教师都成了其中的一员。1918年，中国科学社迁入南京高等师范学校（东南大学、中央大学前身），农科主任邹秉文"仿照美国康大与金大方式"③ 进行教学、研究、推广三位一体模式的中国化探索。国内其他高校的一些教师也被吸收为中国科学社成员，他们积极开展科学研究活动。其

①　《中国现代教育家传》编委会编：《中国现代教育家传》第4卷，湖南教育出版社1987年版，第140页。

②　贵州省遵义地区地方志编委会编：《浙江大学在遵义》，浙江大学出版社1990年版，第207—208页。

③　"美国康大与金大方式"：指根据1922年美国康奈尔大学与南京金陵大学签署的中国作物改良合作计划书（*Nanking Cornell Cooperative Project on Crop Improvement*）而开展的合作方式。依计划，康大每年派遣1名育种学教授赴金大主持农作物改良，金大为其提供试验场所及研究设备。

中，东南大学、中山大学、浙江大学、金陵大学、北京农业大学、岭南大学等在开展农业科研的同时，还与当地政府合作，建立了许多官方或民间的校外农学科研机构，如1932年建立了中央农业实验所，留美生钱天鹤任所长。至1934年，这类机构已发展到691个，其中国立52个，省立356个，余者皆为县立、私立或社团所办。①

（四）投身农业生产实践，推广农业科技

从留学的动机看，农学留学生的初衷就是革新中国落后的农业技术，提高农产品的产量和质量，解决中国的贫困问题。因此，从20世纪20年代起，他们以"教学、研究、推广"相结合为原则，参与农业生产、科研与推广等活动。在这些方面，金陵大学、中央大学等高等农业院校凭借其高质量的师资队伍及其丰硕的科研成果率先开展了各类农业推广活动。留学归国的专家、教授们当仁不让地站到了领导者、指导者的岗位上。

1929年，在中央政府的统一领导下，各农业院校在归国留学生的组织和带领下，建立了农业推广组织，在全国范围内先后开展了多项农业推广活动。

第一，举办乡村教育，帮助农民接受现代农业科技知识。如1934年，金陵大学农学院在乌江实验推广区举办塾师讲习会、农民领袖讲习会、民众学校及巡回演讲团等；1938年以后对温江、仁寿、新都等农业推广区进行改组，并将它们交由各县农业推广所负责，农学院还为这些县集中训练出一批农业推广人员。

第二，兴办农村合作组织，提高农业推广效率。如截至1936年，金陵大学农学院组织的合作社达40个，1200余人；1938年，在温江农业推广实验区成立了62个合作社，5000人。② 在归国留学生康奈尔大学农学硕士生郝钦铭、乔启明等带领下，推广效率获得了很大的提高。

第三，指导农业生产，普及农业科技。这是近代中国归国留学生们推广先进农学科研成果的重要途径。如中央大学农学院在"中央模范农业推广区"指导农民育蚕、垦荒及选种小麦等；浙大农学院在推广部成立之初，就

---

① 王思明：《中美农业发展比较研究》，农业科技出版社1999年版，第102页。
② 张宪文主编：《金陵大学史》，南京大学出版社2002年版，第387、389页。

向农民宣传农学科普知识，编印并向农民散发各种农业浅说读本，内容涉及治蝗、植棉、植树、养蚕、施肥须知以及小麦、桃树、菊花等栽培浅说等。

第四，推广优良种苗，提高农业生产效益。如 1929 年，中央大学农学院在留学生孙恩麎等人领导下在汤山、镇江等地推广"爱字棉"6000 亩，亩产增收 20—70 斤。① 浙江大学农学院在卢守耕、金善宝、章文才等归国留学生的主持下，培育出许多农、林、牧、园艺新品种，并通过推广部与农、林场协同向周围农民推广小麦、水稻、陆稻等农作物良种；还提供扁柏、法桐、白杨等苗木。通过推广优良种苗，当地农业生产的效益有所提高。

这些工作在一定程度上提高了农民的科学知识，改良了农、林、禽畜品种，有利于农业生产，提升了农业产量，增加了农民的收入，在较大程度上改善了这些区域农村社会的生活状况。如金陵大学农学院、中央大学农学院、浙江大学农学院等在留学生出身的农学家章之汶、蔡邦华、孙恩麎、原颂周等人的带领下，在"乌江农业推广实验区""江宁农业推广示范县""温江农业推广实验区""仁寿农业推广实验区""新都农业推广区""南郑农业推广实验区""泾阳农业推广区""中央模范农业推广区"和贵州遵义等地的农村社会组织建设过程中积累了丰富的经验，不仅在一定程度上为解决中国的"三农"问题提供了宝贵的经验，也为当今中国农村体制的改革与完善提供了一定的借鉴意义。

抗战时期，浙江大学农学院在贵州湄潭开展的科学研究取得了很大的成绩，其中，农艺系在留美生卢守耕等人主持下育成了 5 个水稻良种、2 个小麦良种、1 个杂交油菜良种；园艺系在留日生吴耕民等人主持下选出 9 个果树优良品种，成功试种了洋葱、番茄、甜瓜等经济作物；蚕桑系在留日生夏振铎主持下进行柞蚕饲育及家蚕留种饲育、桑树品种选育试验；病虫害系在留日生院长蔡邦华的主持下进行了白木耳人工栽培研究，产量比当地生产方法提高 23.58 倍。这些优良品种在当地农家推广后取得了很大的经济效益，促进了当地农业经济的发展。此外，病虫害系对湄潭茶树、桑树的病虫害进行了调查，对五倍子、水稻害虫防治进行了研究；农业经济系对湄潭地区农民生活及农业生产状况进行了调查，为湄潭地区农业资源的开发和利用提供

---

① 周邦任、费旭主编：《中国近代高等农业教育史》，中国农业出版社 1994 年版，第 117 页。

了科学依据。[①]

农学留学生们的生产科研活动，在某种程度上为解决"三农"问题提供了宝贵的经验。他们通过各种农业科技活动，在一定程度上改变了农民对科学种田的认识，也锻炼了他们运用现代农业科技从事农业生产的能力，为以后现代农业科技知识的进一步普及奠定了基础。随着许多农学科研成果推广到生产实践之中，中国的农业生产获得了较大的发展，为许多企业提供了丰富的原材料，推动了近代中国民族工业的发展，在一定程度上充实了国力。

综上所述，作为特定历史阶段的特殊群体，民国时期的农学留学生群体抱着"农业救国"的朴素情怀，出国留学又回到祖国，克服种种困难，传播西方现代农业科学研究理念，"教学、研究、推广"，建立科研机构和组织，创办科研刊物，开展多种科研活动，投身于农业生产技术的推广，在一定程度上提升了中国的农业科技水平，促进了农业生产的发展。然而，由于时代使然，他们也留下了诸多遗憾。特别是国内动荡的社会环境使他们无法最大限度地实现"科学救国""农业救国""教育救国"的抱负。如20世纪二三十年代丁颖培育的具有野生稻抗劣环境的杂交稻新品种"中山1号"，就因为日军侵华而未能及时示范、推广。[②] 20世纪30年代中期初步建立的中国农业教育与研究体系，也因日军侵华及其后来的内战而受到严重破坏。

第二节　留学生群体与民国现代工业体制的建立

民国时期的现代工业是在晚清工业的基础上发展起来的。在此过程中，留学生群体以其先进的科学理念和专业基础知识，推动了民国现代工业体制的建立。

清末民初，中国现代工业已有了一定的基础，初步形成了一个以输入国外机器、技术为主的工业体制。甲午战争前，洋务派作为主角，在镇压太平

---

① 贵州省遵义地区地方志编委会编：《浙江大学在遵义》，浙江大学出版社1990年版，第207—215页。

② 戚经文：《丁颖教授在中国野生稻研究上的卓越贡献》，见吴妙燊主编《野生稻资源研究论文选编》，中国科学技术出版社1990年版，第94页。

天国运动的硝烟笼罩下开始了旨在"自强""求富"的洋务运动。被人称为"旧文化的代表人物，甚至于理想人物"①的曾国藩，创建了第一个洋务企业——安庆内军械所，并有李善兰等科技英才的加入，但毕竟没有现代意义上科技知识的注入而流于手工作坊式的小打小闹。后来，曾国藩认识到"外国技术之精，为中国所未逮"②，加快了建设中国现代工业的步伐，并在耶鲁大学毕业生容闳的帮助下，直接从美国引进先进技术以缩小差距。容闳奉命远赴美国购买机器"一百数十种，均交上海机器局收存备用"③，江南制造总局因而一度成为中国规模最大、技术最先进的洋务企业，其主体造船所"设备完全，规模宏大，为全国各造船所之首"④。清末新政以来，清政府出台了一系列创新程度不等的新工业经济政策和法规，如《奖励华商公司章程》《公司律》等。但是，在实施过程中受到了多方掣肘，技术构成尤其不理想，直接表现为技术人才缺乏，而传统教育又提供不了。因此，发展留学教育、借异地育才也就成为不少洋务大吏的共识。但是，晚清时期从事实业的留学生很少，对晚清的现代工业影响不大。在此背景下，随着民国的建立，留学生群体参与工业建设的广度和深度日益增加，所起作用日益重要，从而对民国工业体制的建立产生了至关重要的影响。

一　留学生群体在民国现代工业体制建立中的地位与优势

中国现代工业体制的建立，是一项长期、复杂的系统工程。曾有学者指出，工业化是经济发展和社会进步的必由之路，是社会生产力发展到一定阶段的重要标志，是 20 世纪中国的主流经济思想。⑤ 在工业化的道路上，传统教育培养的职业军人、地主绅商、行政人员，具有初步近代科学知识的洋行买办和新式学堂毕业生，或在海外艰苦奋斗而自学成才的华侨，无论是单个人还是整个群体，可能起到最早的发轫作用，甚至能够草创现代工业体制的

---

① 蒋廷黻：《中国近代史》，新世界出版社 2014 年版，第 48 页。

② 《奏带陈兰彬至江南办理机器片》，《曾国藩全集·奏稿》（十二），岳麓书社 1994 年版，第 7133页。

③ 《容闳赴西洋采办铁厂机器有功请予奖励片》，《曾国藩全集·奏稿》（九），岳麓书社 1991 年版，第 5505 页。

④ 朱邦兴等合编：《上海产业与上海职工》，上海人民出版社 1984 年版，第 556 页。

⑤ 赵晓雷：《中国工业化思想及发展战略研究》，上海社会科学院出版社 1995 年版，第 16 页。

模型，但不可能全程驾驭工业化的进程，承担起建立现代工业体系的时代重任。如状元实业家张謇，南洋华商胡文虎、张弼士或者荣氏家族等。因为工业化、工业体制的建立不是简单的农业再生产，也不仅是某一项工业产品的开发研制，而是在全国范围内多个工业部门协调发展，提高科技含量的工业化、制度化、科学化的动态过程。在中国工业化、现代工业体制建立过程中，只有留学生群体才能成为主力、主角。

留学生群体对于民国现代工业体制的初步建立，经历过一个从历史的边缘逐渐走进时代巅峰的过程。相对于其他群体，留学生群体在民国工业现代化的进程中地位较独特，在四个方面优势较明显。

首先，他们具有先进的国际技术教育的背景，在专业知识、信息资源、技术创新等方面具有得天独厚的优势。民国时期留学生群体的规模逐渐形成，并且随着留学作为一种"洋科举"式的浪潮而日益扩大。到新中国成立前，留日学生约有 10 万，留美学生也约有 1.4 万。[①] 有的留学生早在留学期间就对国情有所分析与研究，部分留美学生的博士论文就可以佐证这一点。[②] 例如傅鹰的博士论文《硅胶自溶液中吸附问题》（密执安大学，1929）就吸附作用以及影响吸附的多种因素进行试验和研究，在国际学术界产生了重大影响，是中国胶体化学的主要奠基人。又如马逢华的《共产主义中国公共投资的财政》（密歇根大学，1921）、丁枕的《工业化资本的改革与节流》（哈佛大学，1946）、浦寿昌的《中国的劳动政策》（哈佛大学，1946）等。可以说，留学生较为关注祖国经济及其工业体系发展的情怀一直没有变更。其中有不少人像耶鲁大学矿物学硕士孔祥熙、留美学生宋棐卿一样，选择工程科学、企业管理等专业，日后更成为民国时期现代工业体制构建、调整的关键人物。

其次，身居要职，掌握了民国工业的行政领导权。民国建立后，从南京临时政府到北洋政府再到南京国民政府，不管是国家元首、政府首脑还是实业部长、工商部等部级主管，基本上是留学生（见表 8—5）。

---

① 彭小舟：《近代留美学生与中美教育交流研究》，人民出版社 2010 年版，第 78 页。

② 参见刘真主编、王焕琛编著《留学教育：中国留学教育史料》，（台北）"国立"教育编译馆1980 年版第三册第九章第五节"留美学生得博士学位者"的相关内容。

表 8—5　　　　　　　　　部分民国工业行政负责人留学背景及职务

职务	姓名	留学国家	主要职务	任职时间
国家元首	孙中山	檀香山王国	首任临时大总统	1912.1—1912.4
	段祺瑞	德	北京政府临时执政	两度担任
	汪精卫	日	广州国民政府主席	1925.5—1927.7
	蒋介石	日	南京政府国防委员会委员长	1938.3—1947.6
政府部长	唐绍仪	美	北京政府首任国务院总理	1912.3—1912.6
	颜惠庆	美	北京政府国务院总理	多次任职或代理
	宋子文	美	南京政府行政院长	1945—1947
	张群	日	南京政府行政院长	1947.4—1948.5
	马君武	日	国民临时政府实业部次长	1912.1—1912.3
	金邦平	日	北京政府农商总长，由次长署任	1916.4—1916.6
	杨文恺	日	北京政府农商总长	三度担任
	孔祥熙	美	南京府首任实业部长	1928—1931
	翁文灏	比	南政府经济部长	1938.1—1945

资料来源：据钱实甫编《北洋政府职官年表》、徐友春主编《民国人物大辞典》等编纂而成。

　　南京国民政府时期，相对其他群体而言，留学生主导民国工业行政机关的时间更长。引人注目的是，自谭延闿转任行政院长后，蒋介石、汪精卫、林森等历任国家元首均是归国留学生，谭氏去世后，汪精卫、孙科、张群、孔祥熙、翁文灏、阎锡山等历任政府首脑也均是留学生。由于归国留学生长期处于民国工业领域的领导地位乃至政府首脑、国家元首，而且他们比较了解国内外工业发展的情况，因此，对民国工业的发展比较有利。

　　再次，回国后从事工业建设的留学生，具有较大的经济实力和较高的地位。近代第一个留美学生容闳在送詹天佑等人学习工程科学的同时，也将自己儿子送进耶鲁工学院深造。1912 年 4 月 21 日，容闳在离开人世之前，嘱咐毕业于耶鲁大学、当时正在纽约李洛克林军械公司当经理的次子觐槐回国，为新生的民国效力。容觐槐拜会了孙中山与黄兴，后被广东都督胡汉民任命为石井兵工厂厂长兼工程师，曾被授予少将军衔。[①] 容氏长子觐彤也曾

---

　　① 刘中国、黄晓东：《容闳传》，珠海出版社 2003 年版，第 538—539 页。

在国内长期担任矿冶工程师。可见，与曾国藩、张之洞、孙中山、黄兴有过密切交往的容氏父子，在晚清到民初现代工业逐渐兴起期间，就作为留学生群体的一员参与工业化建设。容闳的学生、留美幼童吴仰曾等人在民初更直接参与了开滦煤矿的管理。

到抗战爆发前，留学生群体在民国实业界的地位十分重要，在中国最大的工业基地上海更是举足轻重。曾有人对 1936 年以前 238 家工厂主要创办人出身进行调查，发现浦东电灯公司的童世亨、大中华橡胶厂的华侨余芝卿、寰球铁工厂的王宛卿、大上海轧发刀剪厂的吴伯生均是留日学生，中国铅笔厂的吴羮海曾在日本工厂学习过。而维大纺织用品公司、厚生纱厂与德大纱厂的穆藕初，天原电化厂、天厨味精厂、上海炽昌制胶厂的吴蕴初，大鑫钢铁厂的余名钰，中国制钉公司的钱祥标，永固油漆厂的陈广顺等人是留美学生。[①] 考虑到所调查公司都是比较大的实体，以及幕后关系，留学生的实力不容小觑。

最后，值得注意的是，相对于晚清官僚或手工业者，乃至自学成才的个人，这些留学生出身的主管人员，拥有无可比拟的与国际接轨的专业信息量，而且尤具规模化、前瞻性的技术优势。由于中国工业化的技术进步必须沿着世界先进国家现代工业发展的既有轨迹快速赶上，但又不能搞简单移植，自己培养技术人才也根本来不及，那些在特定的技术范围之内通过经验而产生的知识难以独自编纂，并且在很大程度上"只能通过人与人之间的接触而传递"[②]，故技术现代化的时间紧、压力大、任务重，曾经在国外生活、学习过的留学生群体因此成为技术主力。在实现工业化、迈向现代社会的过程中，从事实业建设的留学生成为新知识分子群体的典型代表，为现代工业体制的构建与逐步完善付出了辛勤的努力，发挥着越来越大的作用。

这四个方面缺一不可，相互影响，所以留学生群体能够在民国时期内忧外患的艰难形势下，在全国范围内，在朝野两个方面，同时推进第一线工业经营与政策上的工业行政管理，进而进行结构性的调整与改善，推动民国现

---

① 陈真、姚洛：《1936 年以前上海 238 家工厂主要创办人出身调查》，见陈真、姚洛主编《民族资本创办和经营的工业》《中国近代工业史资料》第 1 辑，三联书店 1957 年版，第 247—256 页。

② Brezis, E. S., Krugman, P. R., and Tsiddon, D., "*Leapfrogging in International Competition: A Theory of Cycles in National Technological Leadershi*", American Economic Review, Vol. 83, No. 5, pp. 1213, 1993.

代工业体制的建立与调整、改善。也正是由于留学生群体的独特优势及其努力，其所主导的中国工业领域才日益"显示大国规模效益"[1]，使民国时期现代工业发挥了当时中国的后发优势和潜在优势，获得了一种反梯度推移的跨越式发展。

二　留学生群体与民国工业结构的建立与调整

"生产分工是最新的世界经济发展趋势"[2]，作为经济制度的核心内容，工业体制首先可以简单分为重工业与轻工业、军事工业与民用工业两大系统。民国时期的现代工业也包含以上不同的生产部门，并分布在一定的地区。在内忧外患的艰难环境中，民国时期留学生群体凭借无可替代的技术性优势、政治性优势，推动了轻工业、重工业的同时发展及其比例调整，并强力推动了工业布局的区域平衡。总的说来，在留学生群体的共同努力下，民国工业体制初步建立起来了。

在抗战爆发前，沿海大城市工业发展快，内陆地区工业仍发展缓慢。相比较而言，重工业发展较慢，民用工业发展较快，其中投资少、周期短、见效快的面粉业、纺织业发展最快。但朝野之间摩擦较多，纠纷不少。抗战以后，在全民族抗战的大背景下，朝野合作比较顺利，工厂纷纷内迁，国防工业得到倾斜发展，大后方工业开始崛起，不但官方的政策引导和行政管理得以彰显，工业的内部结构与外在的区域布局也日益趋于平衡。留学生们的努力具体表现在以下几个方面。

（一）助推军事工业与重工业的先行与升级转型

从晚清容闳购买"制器之器"并将其运到江南制造总局开始，留学生群体对中国重工业与轻工业的发展均有特殊贡献。第一次世界大战以后，民国的轻工业得到较快发展，重工业的发展也在艰难中进行。尤其是抗战以后，由于东北、华北与华东沦陷，南京政府在工业发展方向、工业布局方面被迫作出重大调整，其目的主要是为坚持抗战、夺取胜利而大力发展军事工

---

[1]　Dosi, G. , C. Freeman, R. Nelson, G. Silverberg and L. Soete eds. *Technical Change and Economic Theory*. London: Pinter Publishers, 1988, p. 210.

[2]　［美］彼得·德鲁克:《变动世界的经营者》，林克译，东方出版社2010年版，第147页。

业和重工业。

第一，石油工业。

石油工业作为能源和基础原材料生产部门，对交通运输、国防建设都有着重要的意义。清末民初以来，中国对煤油、柴油等液体燃料的需求迅速增大，但是，由于技术落后，中国的石油开采非常落后，长期主要依靠进口。1933 年，"汽油之进口额为 3100 余万加仑，至二十五年，已增至 4500 余万加仑"①。因此，国民政府建立不久，农矿部基于"我国煤油产量甚微……全赖舶来品补足，计每年损失六千万海关两以上"的现实，认识到"故非开发国内油矿，不足以杜漏卮及应国防需要"②，开始拟订矿业建设实施方案。中央政府和陕西地方政府开始关注陕北延长油田的开采。陕西籍留日学生吴源澧、杨宜鸿、舒承熙、由天章四人就是当时中国的第一批石油专业技术人才。他们于 1908 年由陕西石油官厂从省城高等学堂派赴日本自费学习石油技术，1910 年学成回国，回到陕西石油官厂，恢复了因日本技师回国而中断的油田勘探。1914 年，民国北京政府将全国地方油矿都收归国有，表明民国政府开始对石油的重视。1931 年开始，地质调查所连续三年派王竹泉、潘钟祥、谢家荣到陕北进行油田勘探。1932 年，地质调查所所长翁文灏博士又组织人员到陕北勘探。早在 1927 年，他就曾提出《开发西北矿业计划》。1933 年，孙越崎、严爽、张心田③到陕北勘探。1934 年陕西地质勘探处成立，孙越崎任处长，陕北的油田得以发展。1935 年 4 月，国民政府资源委员会成立，直接隶属于国民政府军事委员会。留学比利时的地质学家翁文灏担任主任，作为蒋介石长期幕僚的留英学生钱昌照出任副主任。他们都是国民政府时期石油调查、勘探、开发事业的主要领导人和参与者。资委会成立后，于 1936 年 3 月制定了一项发展重工业的计划，要求在 5 年内投资 2.7 亿元，兴建钢铁、燃料等 30 余座大中型厂矿。翁文灏、钱昌照对西北金矿、石油矿及煤矿的勘探、开发等，有过系统的规划，在资源委员会的计划中，石油的开发资金占 30%，其中，大部分用于西北地区油田的开发。

---

① 张家佑：《非常时期应取之石油政策》，《中行月刊》1937 年第 15 卷第 2、3 合期，第 24 页。
② 胡鸣龙：《西北富源之蕴藏及其开发》，《新亚细亚》1933 年第 5 卷第 5 期，第 68 页。
③ 以上所提到的王竹泉、潘钟祥、谢家荣、翁文灏、严爽、张心田、孙越崎皆归国留学生。

为此，他们还派人到陕北肤施（延安）、延长等地勘定探油井位。

抗战爆发后，石油的需要倍增。为此，南京国民政府加大对石油工业的投资，集中力量开采甘肃玉门油田，这对支持持久抗战具有战略意义，在民国石油工业史上也具有坐标性意义。1941 年 3 月 16 日，孙越崎被资委会任命为甘肃油矿局总经理。他以勘探中国第一个油田——延长油田而著名，这为后来开发玉门油田积累了丰富的经验。而严爽作为留学生出身的工程师，则是第一个实地到达老君庙玉门油矿的技术人员。在玉门油田建设遇到瓶颈之时，翁文灏、钱昌照致函中共驻重庆代表团周恩来，请求将留存陕北的两台钻机调至玉门钻探，得到中共的同意。经过努力，他们决心把玉门油田"建成为中国第一个运用自己人力物力成功采油炼油的企业"①。第二年玉门油田年产 180 万加仑汽油及其他煤油、柴油等油料，尽最大能力满足军用交通、军备保障和工业、民用的需求，有效地支援了持久抗战，回击了"中国贫油论"的陈词滥调。其原油产量在 1949 年以前约占全国的 70% 以上②，在大庆油田产油前，玉门油田是中国最大的油田。

此外，一部分石油专业的归国留学生，在石油地质调查和石油勘探方面进行长期的理论探索，为支持石油工业的发展提供了理论支撑。李四光（英国伯明翰大学毕业，首创地质力学）、潘钟祥（美国明尼苏达大学地质学博士）、谢家荣（美国威斯康辛大学硕士）以自己翔实的调查论证，驳斥了"中国贫油"的谬论，潘钟祥更提出了著名的"陆相生油说"，为开发西北的石油资源创造了条件，西北地区从而成为中国石油工业的生产基地。

第二，军事工业。

留学生群体助推军工业与重工业的先行与升级转型，还表现在十分敏感而关键的军工业上。

先看航空工业。北洋政府比较重视航空工业建设，尤为重视中央航空行政建设。1919 年国务院设立航空事务处，翌年改名为航空署，留日出身的同盟会会员李根源在 1922 年任督办，统辖南苑航空教练所、南苑清河航空

---

① 钱昌照：《钱昌照回忆录》，中国文史出版社 1998 年版，第 43 页。
② 玉门石油管理局史志编纂委员会编，张叔岩执笔：《玉门油矿史　1939—1949》，西北大学出版社 1988 年版，第 1 页 "前言"。

工厂、东三省航空处与京汉航空线管理局。其中，南苑航空教练所最有实效，留欧学生秦国镛为首任所长，留美返国的厉汝燕为飞行主任教官，留比博士蒋丙然等人任地面学科教官。该所名称几经更改，办学 15 年，共毕业 4 期飞行学员 158 名。它作为第一所培养航空人才的学校，在中国航空发展史上占有重要的历史地位。

被国民奉为"国父"的孙中山，坚持"航空救国"，曾派遣林森和杨仙逸去美国招收和培训航空人才，黄光锐于 1920 年参加杨仙逸组织的飞行训练队。1922 年底黄光锐与同学黄秉衡、杨官宇三人携带飞机器材回国。1923 年，广东革命政府成立军事飞行学校，黄光锐等人任飞行教练，后来又接替黄秉衡为第二任校长。南京国民政府成立后，1929 年 6 月颁布《国民政府之航空计划》，宣告"航空事业关系国防重大，若非急起直追，尽量发展，不足以言救国"①。1928 年，国民政府在军政部下设立航空署，留美归侨张惠长为署长；留美学生黄秉衡为副署长，后升任第二任署长。1934 年 5 月航空署改名为航空委员会，直属军委会，职掌空军行政和作战事项。蒋介石自兼委员长，其夫人留学美国的宋美龄任秘书长。他们通过各种平台，加强了航空工业的建设。

正是在留学生和各界的共同努力下，抗战时期航空工业取得了较大成就。通过向国外购买、仿制和自制飞机，国民政府建立起一支拥有 9 个大队、305 架飞机的空军。1938 年春，航委会秘书长宋美龄因健康原因辞职，由同是留美学生的哥哥宋子文接任，留日学生钱大钧实际负责。钱大钧极力主张"恢复并增强已有之制造能力"②，并组织空军远航日本本土夜投"纸弹"（宣传单），引起了国内外巨大的反响（详见本书第九章第三节）。

再看重工业。南京政府建立后，逐渐推进工业体制的建设。1934 年，以蒋介石为委员长、翁文灏与钱昌照为政府秘书长的国防设计委员会，1935 年被改组为资源委员会，仍然由翁文灏担任主任委员。该会从 1934 年开始拟订《重工业建设计划》，计划建立包括钢铁、汽油、酸碱、飞机发动机、电工器材等 17 个种类的 31 家国营厂矿。由于翁文灏、钱昌照等人的努力，

---

① 《国民政府之航空计划》，《东方杂志》1929 年第 26 卷第 11 期，第 109 页。
② 钱大钧：《抗战建国与空军建设问题》，《中国的空军》1939 年第 18、19 期合刊，第 3 页。

1936 年筹备设立了中央钢铁厂、茶陵铁矿等 10 家厂矿，1937 年又陆续增设了湘潭煤矿、四川油矿、青海金矿等 11 家企业或筹备机构①，工程进展较为迅速。不幸的是，这一进程很快被日本法西斯侵华所打断。

抗战爆发后，资委会的职责范围扩大，继续调查、规划，大力兴办电力、煤炭与石油工业。重点以大西南为中心，实行经济厂矿的内迁，不仅把东部沿海的一些主要厂矿搬迁到西南的川、黔、滇等省，还在这些地区兴建了一大批厂矿，包括石油矿、铁矿、铜矿、炼钢厂等，分布于湖南、湖北、云南、四川等省。军火工业也是调整的主要对象，为此，国民政府又任命留美学生俞大维为署长，加快发展制造军火（详见本书第九章第三节）。1941 年，蒋介石主持的国民党五届八中全会通过《积极动员人力物力确立战时经济体系案》，规定了国民政府尽快调整各级经济机构，扩大国营，联合民营，"以军事第一与经济国防化"，"实行全面经济统制"，"建立健全之经济有机体"②。翁文灏领导的资源委员会为坚持长期抗日而大力发展军事工业，为取得最终胜利奠定了一定的工业基础，不但对民国现代工业体制的建立与调整有重要作用，同时还推动了中国工业近代化的进程，也为新中国成立后工业的发展奠定了基础。其中留学生的努力与贡献应充分肯定。

毋庸讳言，在留学生们的积极参与和主持下，民国时期特别是抗日战争时期，中国形成了以军火制造、油气勘探为核心的重工业先行的发展战略。这不但是历史的选择，也是工业发展、国防安全、民族复兴所必需。

（二）开辟民国时期民用工业发展之路

工业是国民经济的主导，特别是新式工业更是城市与国家近代化水平的一个重要体现。第一次世界大战爆发后，中国民族工业尤其是轻工业得到较快发展，且较为全面。众所周知，民用轻工业比重工业发展要快，其中棉纺织业、面粉业与火柴业、卷烟业、造纸业、针织业、玻璃制造业、食品工业和制革业的发展尤为快速。不容忽视的是，民用重工业方面也取得了较大成绩。当时作为国民经济基础的电力、煤炭、钢铁、水泥等工业，产量全面倍

---

①　孙拯：《资源委员会经过述略》，《资源委员会月刊》1939 年第 1 卷第 1 期，第 3—10 页。

②　《国民党五届八中全会通过的积极动员人力物力财力确立战时经济体系案》1941 年 4 月 2 日，见中国第二历史档案馆编《中华民国史档案资料汇编》第 5 辑第 2 编《财政经济》（五），江苏古籍出版社 1997 年版，第 44 页。

增，如电力、水泥、生铁的年增长率都在 9.5% 左右。[①] 据统计，1936 年，中国工农业生产总值已增加到 306.12 亿元，其中工矿业总产值约为 106.89 亿元，占工农业总产值的 35%。[②] 这种显著成绩的取得，离不开留学生与各界的共同努力。

在民族工业分布集中的上海和天津，在技术含量高、资本密集、管理先进的机器制造、化学工业等民用工业方面，留学生的贡献尤为突出。抗战前上海有机器厂 20 多家，值得注意的是，这些知名企业主开始有了技术创新意识和布局全国的观念，并付诸实践。留美学生余名钰与人合资，在江浦路上创办大鑫钢铁厂（现上海重型机器厂前身），自任经理和工程师，引进国外先进的电炉炼钢技术，制造出中国第一台电弧炉。抗日战争爆发后，为不使电炉等重要设备落入日军之手，余名钰率领职工将设备辗转数千里，经武汉运至重庆，和民生公司、金城银行合资，组建了渝鑫钢铁厂股份有限公司，自任总经理兼总工程师。余名钰还曾到新疆乌鲁木齐水磨沟，帮助建设新疆金属冶制厂，并兼任重庆大学矿冶系主任，在大后方工业建设和工业教育两方面都比较活跃。

留美回国的机械工程师严庆龄，子承父业，主持大隆铁工厂，规模很大，职工上千，有资本 50 万元，聘请外国专家治厂，"管理之严，技术之优，为上海各华商机器厂之冠"[③]。严庆龄还在上海、常州、郑州创办有纱厂。

再如留日学生范旭东、留美博士侯德榜，对化工工业的发展贡献卓著，他们联合主持永利化学公司，在中国首先研制生产出纯碱，名扬海内外，内迁到四川后依然成果显著。范旭东鉴于自流井"地下井盐存量甚丰，碱水与镁钾含量甚多，为井盐与化学工业的探采地带"，在此设厂，到 1940 年钻盐井 2000 多座，"制造牙膏及其他化学用品甚多"，在战时"享有盛名满誉"[④]。酸碱是工业之母，发达的制碱业为整个民族工业的发展提供了坚定

---

① ［美］阿瑟·恩·杨格：《一九二七至一九三七年中国财政经济情况》，陈泽宪、陈霞飞译，中国社会科学出版社 1981 年版，第 449—451 页。

② 石柏林：《凄风苦雨中的民国经济》，河南人民出版社 1993 年版，第 260—261 页。

③ 朱邦兴等合编：《上海产业与上海职工》，上海人民出版社 1984 年版，第 560 页。

④ 卢中度：《八年抗战乱世随笔》，多伦多光华立体地图服务社 1990 年版，第 28 页。

的基石。

留学生出身的企业家对民国民用工业发展的贡献是巨大的，他们在当时享有盛名，在赵云声《中国大资本家传书》（时代文艺出版社 1954 年版）一书列举的 37 位传主中，相当一部分是有留学背景的，如"盐碱大王"李烛尘、"中国化工先导"范旭东、"金融奇才"周作民、"金融巨头"康心如、"东南纺织巨龙"唐星海，5 人均留学日本；"洋场金融泰斗"陈光甫、侯德榜，"东方味精大王"吴蕴初，"东亚纺织大王"宋棐卿，4 人均留学美国，二者共占总数的 24.3%。这表明留学生在工业领域的地位。一直到新中国成立初期他们仍是"实现国家工业化不可缺少的力量"[①]。

（三）推动民国战时工业布局的调整

由于中国地理的原因，特别是近代以来的战乱和军阀割据，民国时期现代工业体制在内部结构、外部布局等方面存在重大缺陷。根据 1933 年的调查，除东北地区和甘、宁、青、新、滇、黔等大西部省份，全国 17 个省共有工厂 2435 家，其中冀、鲁、苏、浙、闽、粤等沿海 6 省有 2241 家，占全国工厂的 92%；[②] 仅上海一地就有 1186 家，占华北、华南、西南地区工厂总数的 48.7%。[③] 1939 年《大公报》曾经指出："我们的工业百分之七十在沿海"，工业布局"畸形的分配，正是致命伤"[④]。为了适应抗战的需要，国民政府决定对工业布局等领域进行大的战略调整。在此过程中，由于朝野留学生群体的艰辛努力，工业布局在抗战爆发前后得到了较大的改善。

首先，"七·七事变"前后，为坚持长期抗战和避免日寇掠夺，国民政府与工业界对现代工业体制的地区布局与部门比例重新进行规划，其中最主要也最先开始的就是工业内迁。7 月 22 日，国民政府设立国家总动员设计委员会，蒋介石、张群（留日）分别兼任主任、秘书长，决定急需将粮食、资源、交通等统制起来，其中资源统制由资源委员会召集。8 月份，国民政

---

① 陈云：《技术人员是实现国家工业化不可缺少的力量》，见《陈云文稿选编》，人民出版社 1982 年版，第 39 页。

② 陈真编：《中国工业的特点、资本、结构和工业中各行业概况》，见《中国近代工业史资料》第 4 辑，三联书店 1961 年版，第 17 页。

③ 同上书，第 17 页。

④ 徐盈：《中国的工业》（上），重庆《大公报》1939 年 3 月 11 日。

府又设立农产、贸易、工矿三个调整委员会及水陆运输联合办事处，以留美学生周作民、陈光甫，留欧博士翁文灏以及民族资本家卢作孚分别为主任委员。

当时，最首要的任务就是负责尽快将沿海工业内迁大后方。7月28日，留美硕士、资源委员会专门委员兼工业联络组组长林继庸参加了机器和化学工业组的会议，建议迅速迁移上海机器和化学工厂，以"应兵工需要"①。这是国民党政府关于上海民营工厂内迁的最初倡议。第二天，上海工厂联合迁移委员会组建完成，委员共11人，其中就有余名钰、钱祥标等留学生。②"在战火中进行工厂转移是一项非常艰苦的工作"③，在上海的工厂开始转移时，上海已经进入战斗状态，机械设备的拆卸和搬运要在日机空袭下冒着生命危险进行。民间工厂的机械搬运只能用传统的白木船，从宜昌到重庆650公里的路程，需要30—40天。但是，在各界的努力下，到1940年迁移的工厂有449个，技术人员约1.2万人。④8月10日，上海工厂迁移监督委员会成立，林继庸任主任委员，负责对内迁工厂提供经费和安排路线的具体工作。当时任中央大学工学院院长、中央工业试验所所长的留美学生顾毓琇，1938年1月致函西部科学院院长卢作孚，就中央工业职业学校内迁建新校址一事请给予帮助，卢氏立即答应"当相助觅得附近空地"⑤，后来中央工业实验所化学部果然迁至该院。

其次，抗战爆发后，以众多留学生为主体的国民政府还大力发展军事工业，及时成立了多个由留学生担纲的军工部门。在1937年8月20日，大本营下设第四部掌国防经济，留学日本东京高等商业学校的吴鼎昌为部长，耶鲁大学博士何廉、俄亥俄州立大学硕士黄季陆两位留美学生任副部长。原来所设的第三部后来改掌国防工业，当时翁文灏为部长、钱昌照与哈佛大学博士俞大维为副部长。二者后来均归并于翁文灏担任部长的经济部及有关各

---

①　张小雁、朱琪选编：《抗战时期工厂内迁史料选辑》（一），《民国档案》1987年第2期，第36页。

②　张朋园、林泉：《林继庸先生访问记录》，永裕印刷厂1983年版，第32页。

③　[日]石岛纪之：《中国抗日战争史》，郑玉纯、纪宏译，吉林教育出版社1990年版，第86页。

④　同上书，第86页。

⑤　黄立人编：《卢作孚书信集》，四川人民出版社2003年版，第618页。

部。军政部兵工署仍以哈佛大学博士俞大维任署长并兼技术司司长，军政部军需署由东京政法大学毕业的周骏彦（蒋介石的塾师）任署长。

最后，选择性重点发展能源工业。当时西北工矿业开发较快，以留学生为主体的资源委员会在四川大力兴办矿产企业，以资金雄厚、规模大、产量多，成为大西部工业发展的主要推手。特别是大力开发玉门油田，先后成立了甘肃油矿筹备处、甘肃油矿局，并以孙越崎为总经理主持油田的开采，取得了巨大进展。正是由于留学生的爱国热情与共同努力，中国能源工业走出原有的"现代性和落后性能够肩并肩地存在着"[①] 的困境。

战时大后方新建工业的一举一动，极大地促进了整个大后方工业及其他事业的发展，特别引人注目的是国营和民营都以重工业为重点，成为支持中国长期抗战的经济支柱，其积极性、重要性、爱国性不容忽视。八路军总司令、留德出身的朱德就曾表示："自然科学的进步，工农各业的发达，生产能力的提高，富源的开发与正确利用，实业的正确管理，只有做到这些，才能充实我们的力量，充实军队的战斗力，使人民获得富裕的生活，提高人民的文化程度与政治觉悟，来取得抗战的胜利，建国的成功。"[②] 日本学者也指出这意味着中国"开始摆脱半殖民地的工业体系"[③]。

总体说来，翁文灏、钱昌照领导的资委会及其前身国防设计委员会，在抗战前后建立了比较完整、独立性较强的国营工业体系，通过政府投资、内地建厂、工业内迁等方式，初步改变了近代中国工业结构不合理、布局不合理的局面，也为新中国的工业发展奠定了一定的基础，在此过程中，归国留学生的贡献非同一般。

但是，由于种种原因，抗战胜利后的内战甚至自抗战后期开始，民国工业活力开始衰竭，从资金到人事，民办工业受官方的渗透日益加深而萎缩，国有工业因官僚资本垄断出现畸形繁荣，工业结构的彻底调整因而不可能真正完成。热心于中国经济、工业发展的留学生们，在这种畸形和矛盾的漩涡里也就难以实现工业报国的愿望了。

---

① A. Getshenkron, *Economic Backwardness in Historical Perspective*, Harvard University Press, 1966, pp. 377 – 385.

② 朱德：《科学与抗战结合起来》，《解放日报》1941 年 8 月 3 日。

③ ［日］石岛纪之：《中国抗日战争史》，郑玉纯、纪宏译，吉林教育出版社 1990 年版，第 87 页。

三　留学生群体与民国工业管理制度的初步建立

工业行政管理体制的建立与逐步改革，是民国时期现代工业体制初步建立的外在标志。在留学生的长期努力下，民国工业行政管理体制形成了一套科层化的行政领导班子，陆续出台了一系列工业政策与法令，推动民国工业取得了一定的成就。

（一）建立一套专门机构，推动工业行政管理体制的初步科层化

民国时期，工业部门领导人从国家元首、政府首脑到主管机构实业部（工商部、农商部或经济部）的负责人，多是留学生，他们在不同程度上推动了工业管理的制度建设。

南京临时政府存在时间虽短，但在民国工业体制史上仍有其独特地位。当时政府要员除临时大总统孙中山与总统府秘书长胡汉民外，另有 8 位总长，其中陆军总长黄兴、外交总长王宠惠、教育总长蔡元培、司法总长伍廷芳都是留学生。曾在日本京都大学读化学的马君武首任实业部次长，并在张謇长期不到职的情况下实际负责部务。他极力主张"实业救国"，鉴于"实业为民国将来生存命脉"，向各省都督、实业司明确指出："唯战乱以后，小民生计维艰，国家元气未复，若民国不亟图实业振兴，何以立富国裕民之计"①，故积极推动民族工商业的发展。

从对留学生的任用方面来看，即使把袁世凯看作临时政府的对立面，他也是比较重视留学生，鼓励工商业发展的。袁氏早在晚清就曾重用、保举过唐绍仪、詹天佑等留学生。唐绍仪、段祺瑞、颜惠庆等人在北洋政府时期都曾担任过政府首脑。北洋政府主管工业经济的农商总长前后共 47 人，其中留学美国、日本和英国的共 23 人，占 49%；科举出身的 16 人，占 34%；在国内受新式教育的 6 人，占 13%；行伍出身的 2 人，占 4%。其中宋教仁、陈其美、王正廷、刘揆一等都是革命党人，又全是留学生。可以看出，历任总长有将近 2/3 的人受过新式教育，近一半在国外留过学，接受过正规的西方教育，具有现代新知识，因此也就不难理解民国工业发展的原因。

---

① 《实业部咨各都督饬实业司详细呈报筹办实业情形文》，《临时政府公报》1912 年第 25 期，第 1 页。

　　南京政府经济机构的类型比北洋政府要多元丰富。1928 年 6 月初，北伐军刚占领北京，作为财政部长的宋子文（留美）就开始筹备"全国经济会议"。中原大战后，蒋介石集党政军权于一身，1930 年，他主导国民党中央制定"实业建设程序"。1933 年 11 月，他又主导国民党中央政治会议通过《建设大纲草案》，此次会议上，立法院长、孙科（留美）认为，"关系国家前途之基本工业及矿业，如钢铁业、基本化学工业、大煤矿、铁矿、油煤矿、铜矿等，悉由国家建设经营之"①。同时建议对私企也给予保护、扶助和奖励。作为发展全国工商业的统筹机关——国民政府实业部，也在 1927 年 7 月增设，1928 年，改名为工商部（孔祥熙任部长），1931 年与农矿部合并后恢复实业部的名称（翌年由陈公博继孔祥熙任部长）。抗战爆发后实业部又改名为经济部（翁文灏担任部长）。留学生在此过程中掌控实权，发挥了重大作用。孔祥熙就任伊始，即召集工业界头面人物开会，提出一个 16 条施政纲领——《工商行政宣言》，后又陆续公布了《工商业管理法》等行政法规，对鼓励国民政府时期工业的蓬勃发展与促进管理体制的初步建立有一定的积极意义。他还积极提倡国货，遗憾的是限于种种原因实际作为有限。这些有关工业体制的立法及其实施条例，均是国民政府"六法全书"体系的有机组成部分，推动了民国工业体制在立法上的初步形成。

　　1932—1935 年，留学美国哥伦比亚大学的陈公博继任实业部长之初，即提"四年计划"，拟建国营钢铁厂、化学工厂、造纸厂、机器厂，以及大规模为农业服务的工厂。②因陈是汪精卫集团的主要干将，贯彻这一计划困难较多，但其任内还是在武汉建成了一家"中国酒精制造厂"，这对促进中国酒精业的发展和谋求自给有一定意义。

　　1935 年 12 月，留日学生吴鼎昌接替了陈公博的职位。他大力贯彻蒋介石 1935 年在贵阳提出的兴起经济建设运动的口号：第一，新建"国民经济建设运动委员会"，作为实业部推行工商业发展计划的机构。第二，开始大

---

① 孙科：《建设大纲草案及其说明》，《财政日报》1928 年第 324 期，第 12 页。
② ［美］小科布尔：《上海资本家与国民政府》，杨希孟译，中国社会科学出版社 1988 年版，第 290 页。

办企业，如首先接管金陵电灯官厂，经过改造，年发电达 3900 万度[①]，基本上解决了南京照明用电不足的问题。第三，在吞并成医堰电厂、长兴煤矿而积累了一些资金后，自办了一些工矿企业，其中最大企业是淮南煤矿。

中原大战结束后，全国工业发展的环境相对和平与稳定。同盟会元老张静江倡议建立全国经济委员会，为全国的经济开发与建设提供指导和发展规划。该会于 1931 年 11 月，由著名经济学家、美国哥伦比亚大学经济学博士马寅初担任主席。它不直接经营企业，只是利用国家经济机构的领导作用和指导监督职能，组织别的代理机关去进行。1933 年 10 月，该会在由宋子文接替主持后，其职能便发生了变化，开始直接进入经济建设领域。遗憾的是，国家机构与私人资本搅和到一起，出现一些严重而又不可避免的弊端。

在国家制度层面，抗战初期工业行政管理体制调整比较激烈，当然也比较得力。1938 年 1 月，南京国民政府颁布了《调整中央行政机构令》，规定了经济领导机构的调整原则，将原实业部改组为经济部，并将军委会所属主管重工业动员的第三部，主管轻工业、农业和外贸动员的第四部，资源委员会及工矿调整委员会、农产调整委员会、国民政府所属的建设委员会、全国经济委员会的水利机构部分，并入经济部，部长由留欧博士翁文灏出任，原全国经济委员会秘书长、留美学生秦汾任次长。此次改革在体制改革上的进步性毋庸置疑，"不但有横的合理化组织，更有纵的合理化联系"[②]，使现代工业体制获得合理化之统一，而且也基本理顺了工业行政领导机制的关系，形成了经济建设上的统一领导，从而统一了事权，提高了经济效率，翁文灏也因此被誉为"中国最不自私，最爱国和最勤于职守的部长"，"一个真实的热心者，科学家"[③]。同时，这也标志着国民政府战时经济领导体制的形成。这有利于国内军用及民用必需物资的生产与调配，对加强战时后方经济建设、提高政府工作效率具有重要意义，为打下坚持持久抗战的物质基石提供了制度可能。

---

① 陈真编：《清政府、北洋政府和国民党官僚资本创办和垄断的工业》，见《中国近代工业史资料》第 3 辑，三联书店 1961 年版，第 798 页。

② 经济部：《抗战建国以来之经济建设工作报告》（1938 年 6 月），《民国档案》1989 年第 3 期，第 9 页。

③ ［英］弗雷达·阿特丽：《扬子前线》，石梅林译，新华出版社 1988 年版，第 55 页。

（二）颁布一系列条例法规，推动工业管理体制的初步法律化

民国时期，政府工业部门的主管大都是留学生，他们为发展民族产业，制定、颁布诸多工业法规法令，促进现代工业体制的构建与调整付出了不懈的努力，推动了工业体制的法制化。

民国肇建，社会各界要求大力进行以现代工业为中心的资本主义经济建设的呼声日益高涨，如中华民国工业建设会曾呼吁"群策群力，建设工业社会"①，一时间有 70 多家实业团体纷纷成立。相对而言，留学生群体更进一步，他们不但积极投身民初工业建设，甚至认为工业法制建设要先行一步，才能充分指导、保障现代工业的发展。留英学生、南京临时政府司法总长、清末修律大臣伍廷芳就是其中典型代表。他积极倡导和实践以法治国，公开提出"国家之强弱，全视乎法律之精神"②。民初为工业经济立法提供了适宜的政治和社会环境，其中工商部在第一、二任总长陈其美、刘揆一两位留日学生任内（1912—1913）制定颁布的有关发展实业的条例、章程、细则、法规等达 86 项之多，内容包括保护专利、奖励、倡导实业等，对民初工业经济的发展起到了解除限制、鼓励、扶植等作用。如《商业注册规则》就是旨在"使商人就地禀请，不致有烦难之虑"③。由于受历史条件与现实政治的制约，北洋政府的经济立法存在着一些明显的缺陷和不足，除或多或少沿用了前清的商律外，工业法规本身内容粗陋、滞后，种类较欠缺、体系不完善。相关立法活动缺乏权威性和连续性，执行不力。但不容否认的是，北洋政府的工业经济立法有一定的开创性、先进性，一定程度上推动了近代经济法制的根本转折，进而规范和促进了民族资本主义经济的发展。据估算，1913 年，中国全部资本（包括国家资本和私人资本）估计有 2919 万元，1920 年，即迅速增长到 4811 万元，其中工业投资由 219 万元增为 516 万元④，增长额近一倍。

在留学生的推动下，南京政府期间工业法制建设相对积极和完善。一方

---

① 汪敬虞编：《中国近代工业史资料》（1895—1914）第 2 辑下册，科学出版社 1957 年版，第 860 页。此书为中国科学院经济研究所"中国近代经济史参考资料丛刊"第二种。

② 伍廷芳：《法国宪政通诊序》，见《伍廷芳集》，中华书局 1993 年版，第 529 页。

③ 徐建生：《论民国初年经济政策的扶植和奖励导向》，《近代史研究》1999 年第 1 期，第 201 页。

④ 吴承明：《中国资本主义发展史》第 2 卷，人民出版社 1990 年版，第 1043 页。

面体现在法理上。1931 年 5 月国民会议通过《训政时期约法》，不仅确立了蒋介石政府的合法地位，也同时给国民党和国民政府施政提供了法理依据。该法第四章的第一条就称"为发展国民生计，国家对于人民生产事业，应予以奖励及保护"，第三条称"国家应兴办油、煤、金、铁矿业，并对于民营矿业予以奖励及保护"，第四条规定"国家应创办国营航空，并对于民营航业予以奖励及保护"①，对于鼓励发展多元门类工业、全面保护私人办厂和进行技术革新的积极性，在长时期内发挥着根本大法性质的作用。另一方面体现在具体法令当中。由孔祥熙担任部长的工商部于 1928 年 6 月公布了《奖励工业品暂行条例》，规定了对新产品、新制造方法予以专利权，对仿制外国产品成绩显著的也给予褒奖。1929 年 7 月 31 日，公布的《特种工业奖励法》，鼓励兴办化学、纺织、建筑材料、机器制造、电料等"特种工业"，还以减免运费或税收等优惠政策作为奖励。国民政府还鼓励小工业运用现代技术。1931 年 5 月 15 日，孔祥熙领导的实业部公布了《小工业及手工艺奖励规则》，规定对进行技术改良和革新的小工业及手工艺，给以褒状、奖章、匾额等奖励，实际上得奖的极多，这在一定程度上促进了小企业的技术更新与升级转型，推动了国民经济的整体发展。

　　1932 年 9 月 20 日，由实业部（部长陈公博，留日）颁布的《奖励工业技术暂行条例》，奖励个人技术进步、发明工业产品，并与《特种工业奖励法》相互补充和配合。1934 年 4 月 20 日，又公布了全新的工业奖励法规——《工业奖励法》，同时废止《特种工业奖励法》，明确规定："应用机器或改良手工制造货物，在国内外市场有国际竞争者。采用外国最新方法，首先在本国一定区域内制造者。应用在本国享有专利权之发明"，给予在国内制造者"减低或免除出口税，减低或免除原料税，减低国营交通事业之运输费，给予奖励金，准在一定区域内享有五年以下之专制权"②的奖励，提倡技术创新，这对民族工业的发展有一定的激励作用。

　　可见早在抗战前，南京国民政府就鼓励技术的发明和创新、发展工业，

---

　　① 中国国民党中央执行委员会编：《中华民国训政时期约法》，中国国民党中央执行委员会 1931 年版，第 7 页。

　　② 《工业奖励法》1934 年 4 月 20 日，国民政府实业部档案，见中国第二历史档案馆编《中华民国档案资料汇编》第 5 辑第 1 编《财政经济》（五），江苏古籍出版社 1997 年版，第 113 页。

基本上形成了一套自成系统的奖励法规，刺激着民族工业开始较快的发展和振兴。其中，归国留学生官员的作用是不可缺少的。

（三）研究、贯彻科学管理法，推动工业企业管理体制的初步科学化

留学生群体还热情地投入工业建设的第一线，在实际过程中大力运用现代工业技术与科学管理知识，推动了现代企业制度在工业领域的普及。

民国工业发展的主要问题是多方面的，就企业内部而言，除"工人不稳，内战的继续，捐税的滥征"等现象外，工厂"熟练人员与管理经验的缺乏"[①] 也是个不可忽视的因素。当时的现代工厂盛行旧式工头制，对职工的"进、退、奖、惩、教、养、老、死"都没有制度的规定，由此导致工厂劳资关系紧张、人际关系恶化，严重影响工厂的发展，要想求生存、谋发展，唯有"在经营管理上下工夫"[②]。因此，推行科学管理是工厂自身发展的迫切需要。留学生企业家依据现代企业经营管理理论，努力推动企业的可持续发展。

工业企业制度的创新，实际是"工业所有制结构和企业基本制度的变革过程"[③]。由于留学生出身的企业家的努力，民国时期工厂"职能机构的职责"超越了原来意义上的"规定标准和最终目的，以保证权力机构能够更有效地工作"[④]，不仅要管理好各专业管理部门，加强企业内部的组织性，提高企业生产效率，适应大型化、复杂化企业的管理需要，也应协调企业与外部环境之间的关系，实现企业个体与国家、社会的宏观发展相一致，从而真正落实到统筹企业内部的生产经营管理活动上来。在这方面留学生企业家和管理学家主要做了以下工作。

一方面，归国留学生从美国引进了泰罗的科学管理理论。1911 年，美国科学管理理论的创始人泰罗出版了科学管理的标志性著作《科学管理原理》。4 年后，留美学生杨杏佛就公开发表了论文《人事之效率》，1918 年

---

① 上海社会科学院经济研究所编：《刘鸿生企业史料》（1911—1931）上册，上海人民出版社 1981 年版，第 301 页。

② 刘念智：《实业家刘鸿生传略——回忆我的父亲》，北京文史资料出版社 1982 年版，第 64 页。

③ R. J. Gilbert, and D. Newbery, *Preemptive Patenting and the Persistence of Monopoly*, American Economic Review, June 1982, p. 72.

④ ［美］钱德勒：《看得见的手——美国企业的管理革命》，重武译，商务印书馆 1987 年版，第 133 页。

11 月又推出《科学的管理法在中国之应用》一文，将管理法分为"习行之管理法""有条理之管理法""科学的管理法"三大类，体现了这位康奈尔大学 MBA 的理论眼光。此外，林和成、张廷金、杨端六和王抚洲等留学生，除个人研究、引进有关理论外，还组织团体，研究、宣传、实践科学管理理论。留美心理学博士何清儒等曾发起成立"中国人事管理学会"，开展人才培训、方法试验等。1930 年 6 月，成立中国工商管理协会（中国科学管理学会）的理事长为孔祥熙，总干事长为前清华学校校长、哈佛大学毕业生曹云祥。该会"以研究科学管理方法，增进工商业生产效率，实现民生主义为宗旨"，鉴于"管理已成为一种专门科学，为实业诸要素之中心"①，编印了《科学管理》丛刊、创办了《工商管理月刊》、开办了工商管理补习学校，还成立了科学管理服务部等，直接负责社会服务，影响很大。

　　另一方面，归国留学生群体广泛运用科学管理法。穆藕初自费赴美留学期间，结识了泰罗及其弟子古尔培莱，还参观过美国南方的塔夫脱农场，实地感受到运用科学管理思想取得的巨大成效。归国后，他悉心钻研《科学管理原理》一书并将其翻译出来，1916 年，由中华书局以《工厂适用学理的管理法》（该书将泰罗的名字译为"戴乐尔"）为名出版。他在"译者序"中指出，"吾国工业不兴，实以缺乏管理人才故"，读泰勒著作后，"于以恍焉悟美国实业界管理方法之精进，实此辈先觉左右指导之功居多"，并真诚地告诉国内"一般有志改进家，……参用此项新管理法，无不立收奇效，是又私衷所馨香祷祝者矣"②。在办理德大纱厂的实践中，穆氏系统运用实践科学管理法，对"如何得人之心，如何尽人之长，如何减轻制造费，如何减少耗废料"③ 认真研究，在德大、厚生、豫丰三大纱厂的生产实践过程中取得了理想的效果。正如他自己所言，"不能不说是实行科学管理的结果"④。穆氏的管理实践在实业界引起了强烈的反响，来参观实习者络绎不绝，其本人也成为孔祥熙的核心幕僚与得力助手。周学熙次子周志俊的实践也较突出。周氏曾就学美国亚历山大汉密尔顿商业函授学校，学到了一些现代企业

① 曹云祥：《发刊词》，《工商管理月刊》1934 年第 1 期，第 1 页。
② ［美］戴乐尔：《工厂适用学理的管理法》，穆藕初译，中华书局 1916 年版，"译者序"。
③ 穆藕初：《中国花纱布业指南自序》，见《穆藕初文集》，北京大学出版社 1995 年版，第 222 页。
④ 穆藕初：《科学管理》，见《穆藕初文集》，北京大学出版社 1995 年版，第 573 页。

管理的知识。在担任大康、隆兴、富士等八纱厂常务董事、主持厂务期间，他一改以前"严加管束"的方式，试行一些比较原始的劳动保险制度，实行厂内诊所免费医疗，并大力开展福利建设，如"加强职工教育，增进福利设施"①，不仅使职工队伍素质不断提高，也储备了后备力量，成为随周氏南下开拓新局面的生力军。此外，留日学生范旭东与留美学生宋棐卿、蔡声白、郭棣活等人也曾在各自企业实践过科学管理法，效果良好。

在留学生群体等多种力量的努力下，民国时期初步建立现代工业体制，不但促进了民国时期资本主义工业经济的发展，更为持久抗战奠定了物质基础。但是，他们的努力明显地受制于当时的历史条件，因为，民国时期中国的现代工业，相对于西方国家来说，资金匮乏，设备落后，技术水平低且规模小、效益差，因此，难以在短时间内改变中国工业的落后面貌。《观察》杂志主编储安平（留英生）曾理智地总结道：

> 我们要求民主政治，要求工业化，但要民主政治成功，工业化成功，先须大家有科学的精神，现代头脑。我们要求在政治、经济、社会、教育、军事各方面的全盘现代化。……唯有现代化了，才能求得更大更迅速的进步，才能与并世各国并驾齐驱，共同生存。②

这实际上讲出了一个现代化的系统工程原理，值得深入探究，由此，也可以看出受过西方现代教育的留学生们的远见。

第三节　留学生群体与民国时期现代财政体制的初建

民国建立前后，中国正处于建立现代财政体制的重要时期。外部的先进制度、列强压力，内部的经济发展、传统束缚，各种力量交织融汇，共同作用于中国财政，使之发生了新的变化，同时，仍存在诸多弊端亟须解决。在此情况下，财经专业留学生投身于中国现代财经体制的创建工作，为推动民

---

① 寿充一等编：《近代中国工商人物志》第1册，中国文史出版社1996年版，第285页。
② 储安平：《我们的志趣和态度》，《观察》1946年9月1日创刊号，第4页。

国时期财经体制的建立进行了长期的努力。

一　民国建立前后中国的财政体制

民国建立前后，中国的财政体制混乱落后，主要表现在以下几个方面。

1. 税收制度紊乱

民国前后，中国税制正在从传统税制向现代税制过渡。第一，税收主体由农业税转向工商税。近代以前，中国政府的财政收入主要以农业税（田赋增粮）为主，工商税为辅。太平天国运动爆发以后，晚清赋税结构发生了根本性的变化。财政收入从以农业税为主体逐渐转变到以工商税为主体。咸丰以后，特别到了光绪、宣统年间，田赋收入比重大为下降，这表明以厘金、盐课、海关税为代表的工商税在晚清税收结构中的比重上升。第二，税收权力不断下移。近代以前，清政府实行中央集权财政管理体制，由户部统一掌管财权，统一确定税制，统一核销支出。① 以户部为中枢将地方钱粮的征收、使用、管理等权限统一于中央，中央为主导的特征十分明显。在镇压太平天国的战争中，清政府为筹集巨额的战争费用，不得不允许各省"就地筹饷"，以解燃眉之急。各地督抚及统兵大员千方百计地自筹军费，扩大地方财政收入。于是，地方财政逐步形成。此后，中央与地方的财政关系逐步改变，中央对地方财政收支越来越难以掌控，传统的解饷制度难以执行。中央集权的财政管理体制逐步解体，中央与地方分权并存的财政管理体制悄然建立。第三，税收名目增加。近代以前，清王朝曾经力求实行"轻徭薄赋"。近代以后，不仅中央政府增加税收名目，地方督抚更是努力扩大税收范围，一方面加重旧税，另一方面开办新税，各地纷纷新增捐税名目，其中厘金最为著名。

2. 货币制度纷杂

民国建立前后，中国货币制度伴随着社会转型发生变化，呈现出纷杂混乱的景象。主要表现为三种：一是不同形态的货币并行；二是不同机构发行的货币并行；三是不同国家的货币并行，造成了流通货币本位不明、主辅不清、种类繁杂等弊端。最为明显的影响是导致兑换关系复杂，阻碍了商品经

---

① 邓绍辉：《晚清财政与中国近代化》，四川人民出版社 1998 年版，第 20 页。

济发展。因此整顿和改革币制、确立本位制度、统一国家货币，已成为民国财政制度改革的关键。

3. 中央银行职能残缺

中央银行是一个国家唯一货币发行机构，还有参与制定货币政策、执行货币政策、代理国库、监管国内金融、参与世界金融等职能。然而，中国通商银行、大清银行、交通银行这些名义上的国家银行并没有全面履行中央银行使命，从而导致中国中央银行的缺位和金融领域的混乱。

由上可见，民国建立前后中国财政体制正处于从传统向现代的转型过渡之中，建立健全中央银行的现代职能，成为中国财政金融改革的重大课题。这历史的重任落在了具有现代财经学识的归国留学生身上。

二　投身民国财政领域，推动财政改革

近代以来，尽管开始了若干财政改革，但是或中途夭折，或收效甚微，其中原因之一就是缺少改革的中坚力量。随着时间的推移，早年出国留学的归国人员逐步成熟，更多的留学人员返回祖国，其中一批成员凭借日益提升的社会声望、联系朝野的社会关系，尤其是学贯中西的专业知识，投身中国财政改革，扮演了不同角色，发挥了举足轻重的作用。民国时期财政领域的留学生，就其兴趣和实际来看，主要可分为两类。

（一）担任财政部门的各级主管，推动财政改革

民国建立以后，一大批财经专业留学归国人员进入政府的财经部门工作，充当各级财政机关领导，肩负起主管财政的重任，扮演了领导、推动财政改革的重要角色。按其任职情况，可分为两类。

1. 担任中央政府的财长，主管全国财政

民国初建，南京临时政府财政总长陈锦涛①与掌握实权的财政次长王鸿

---

① 陈锦涛（1870—1939），广东南海人。早年毕业于香港皇仁书院，1901 年留学美国，初入哥伦比亚大学，学习数学及社会学，后入耶鲁大学，学习政治经济学，1906 年夏获哲学博士学位。9 月回国后，历任大清银行监察、统计局局长、印铸局局长、币制改良委员会会长等职。民国后历任南京临时政府财政总长，北京政府财政总长，南京政府币制研究委员会主席等。

猷①均为留学归国人员。北洋政府建立以后，周自齐、曹汝霖②等留学归国人员先后出任财政总长。1912—1928 年，留学归国人员出任财政总长的有16 届，近 20 人次（见表8—6）。

表8—6　　　南京临时政府、北京政府具有留学经历的财政部长名录

届次	姓名	籍贯	留学国家	留学学校	专业	任职时间
南京临时政府	陈锦涛	广东南海	美国	哥伦比亚大学、耶鲁大学	数学、社会学、政治经济学	1912.1—1912.3
	王鸿猷	湖北咸宁	比利时		政治经济	1912.1—1912.3（次长）
北京政府第 5 届	周自齐	山东单县	美国	哥伦比亚大学	国际法	1914.5—1915.4
第 8 届	周自齐	山东单县	美国	哥伦比亚大学	国际法	1916.5—1916.6
第 9 届	陈锦涛	广东南海	美国	哥伦比亚大学	国际法	1916.6—1917.4
第 13 届	曹汝霖	上海	日本	早稻田学校、东京法政大学	政法	1918.3—1919.1
第 14 届	龚心湛	安徽合肥	英国	早稻田学校、东京法政大学	政法	1919.1—1919.9
第 16 届	周自齐	山东单县	美国	早稻田学校、东京法政大学	政法	1920.8—1921.5
第 17 届	李士伟	河北永平	日本	早稻田大学	政治经济学	1921.5—1921.10
第 19 届	董　康	江苏武进	日本	帝国大学	法律	1922.6—1922.8
第 21 届	罗文干	广东番禺	英国	牛津大学	法律	1922.9—1922.11
第 23 届	刘恩源	河北河间	德国		军事	1923.1—1923.5
	张英华	河北衡水	英国	曼彻斯特大学、维多利亚大学	经济	1923.5—1923.7（署理）
第 26 届	王正廷	浙江奉化	美国	耶鲁大学	法律	1924.10—1924.11
第 28 届	陈锦涛	广东南海	美国	耶鲁大学	法律	1925.12—1926.3
第 30 届	顾维钧	江苏嘉定	美国	哥伦比亚大学	国际法	1926.5—1927.1

---

①　王鸿猷（1878—1916），湖北咸宁人。1904 年赴比利时留学，学习政治经济。1905 年春在布鲁塞尔加入孙中山建立的革命团体，后转为同盟会员。辛亥革命后任南京临时政府财政部次长。

②　曹汝霖（1877—1966），上海人。1900 年赴日本留学。晚清任职商部、外务部。民国期间历任外交部次长、交通总长、交通银行总理、财政总长等职。五四运动时被指为卖国贼，后转而致力实业。

续表

届次	姓名	籍贯	留学国家	留学学校	专业	任职时间
第31届	汤尔和	浙江杭县	日本	成城学校	军事	1927.1—1927.6
			德国	柏林大学	医学	
第32届	阎泽溥	直隶天津	英国			1927.6—1928.6

资料来源：中国第二历史档案馆相关档案；张宪文主编《中华民国史大辞典》，江苏古籍出版社2001年版；周棉主编《中国留学生大辞典》，南京大学出版社2000年版；部分地方史志。个别任职时间较短，资料不详者没有统计。

为了反对北洋军阀统治，国民党在广州建立军政府及国民政府，后迁移武汉，最后建立南京国民政府，古应芬、宋子文、孔祥熙等留学归国人员先后领导财政部，共有14人次具有留学经历的人员担任财政总长（见表8—7）。

表8—7   广州、武汉、南京国民政府时期具有留学经历的财政部长名录

时期	姓名	籍贯	留学国家	留学学校	专业	任职时间
广州政府	唐绍仪	广东中山	美国	哥伦比亚大学		未到任
	廖仲恺	广东惠阳	日本	中央大学	政治经济学	1925.7—？
	古应芬	广东番禺	日本	法政大学	政法	
	宋子文	广东文昌	美国	哥伦比亚大学	经济学	
武汉政府	宋子文	广东文昌	美国	哥伦比亚大学	经济学	1927.3—？
南京政府	古应芬	广东番禺	日本	哥伦比亚大学	经济学	1927.4—1928.2
	钱永铭	浙江吴兴	日本	神户高等商业	财经银行学	1927.4（代理）
	孙 科	广东中山	美国	哥伦比亚大学	经济学	（兼任）
	宋子文	广东文昌	美国	哥伦比亚大学	经济学	1928.2—1931.12
	黄汉梁	福建厦门	美国	哥伦比亚大学	银行	1931.12—1932.1（代理）
	宋子文	广东文昌	美国	哥伦比亚大学	银行	1932.1—1933.10
	孔祥熙	山西太谷	美国	耶鲁大学	财经	1933.1—1944.11
	刘攻芸	福建闽侯	英国	伦敦大学	经济学	1949.3—？
	关吉玉	奉天辽宁	德国	柏林大学	经济学	1949

资料来源：中国第二历史档案馆相关档案；张宪文主编《中华民国史大辞典》，江苏古籍出版社2001年版；周棉主编《中国留学生大辞典》，南京大学出版社2000年版；部分地方史志。个别任职时间较短，资料不详者没有统计。

纵观民国时期，留学归国人员出任财政总长的比例很高。财长人数总计59人次左右，其中留学归国人员达到32人次，占总数的54.2%。民国各届政府合计存续38年，留学归国人员出任财长的时间约为24年，超过总时间的60%（见表8—8）。

表8—8　　　　　　　　　　**民国时期担任财长的留学归国人员统计**

	前期				后期				总计
	临时政府	袁世凯时期	军阀统治时期	合计	广州政府	武汉政府	南京政府	合计	
财长总数	2	11	28	41	5	1	12	18	59
留学人员	2	3	13	18	4	1	9	14	32
留学人员所占百分比（%）	100	27.3	46.4	43.9	80	100	75	77.8	54.2

资料来源：中国第二历史档案馆相关档案；张宪文主编《中华民国史大辞典》，江苏古籍出版社2001年版；周棉主编《中国留学生大辞典》，南京大学出版社2000年版；部分地方史志。个别任职时间较短，资料不详者没有统计。

南京临时政府时间较短，财长一直由留学归国人员担任。北京政府更替频繁，先后出现32届内阁，其中留学归国人员出任财长的有15人次，占总数的46.9%；北京政府存续17年，其中留学归国人员出任财长的时间约为90个月，大约8年，占总时间的40%以上。国民政府历经广州、武汉、南京三个阶段，共有近20人次被任命为财政总长，其中留学归国人员达到14人次，占总数的77.8%；国民政府三个阶段总计存续24年，其中留学归国人员出任财长的时间约16年，约占总时间的2/3。由此不难看出留学归国人员在中国财政界的重要地位。在具有留学经历的财长中，出现了几位重要人物。民国北京政府时期影响最大的当属周自齐，在南京政府时期著名的是宋子文和孔祥熙。①

　　作为长期主管民国财经工作的留学生出身的政府官员，他们进行了一系列的工作。如鉴于民国财政领域积弊太深，朝野上下改革弊端的呼声甚高。民国各届政府特别是南京政府，相继召开了一系列会议，讨论经济问题。1928 年 6 月 20 日，南京政府财政总长宋子文以财政部的名义，在上海召开了第一次全国经济会议，讨论中国经济发展问题，建立现代财经制度是会议的主要内容。作为南京政府首任财政部长，宋子文在财政整顿和建设过程中的领导作用毋庸置疑，可以说他直接促成了南京政府早期金融秩序的建立和财政体制的发展。面对政府初建的财政窘境，宋子文于 1928 年 4 月提交了整理财政议案。在报告中，他提出在整理财政之前应先由政府有关部门召开全国军事会议，然后由财政部召开全国性财政会议，并建议"先在上海召集银行界、实业界及各商会诸领袖召开会议，征集意见，以为举行财政会议之预备"②。根据以上思路，6 月 20 日，他以财政部的名义召集全国经济界人士，在上海召开了第一次全国经济会议。参会人数为 117 人③，据笔者统计，留学出身的为 44 人，占总人数的 38%。会议分金融、公债、税务、贸易、国用 5 个小组，其中除贸易股外，其他各股主任如钱永铭（新之）、李铭、贾士毅、张嘉璈都是留学出身。7 月，宋子文在南京主持召开了第一次全国财政会议。其中财政会议委员杨端六、唐有壬、李权时、刘大钧、寿毅成、

　　①　周自齐（1871—1923），山东单县人。1896 年赴美国哥伦比亚大学留学。晚清出使海外，创办清华学堂。民国初年历任山东都督、中国银行总裁、交通总长、陆军总长、财政总长、农商总长等。1922 年任北洋政府国务总理兼教育总长，代行过民国大总统职务。在理财方面有着丰富的经验，曾多次出任财政总长。宋子文（1894—1971），毕业于上海圣约翰大学，继入美国哈佛大学经济系学习，后获哥伦比亚大学博士学位。1924 年 8 月任中央银行行长。后历任政府商务厅长、财政部长兼广东省财政厅长，整理财务颇有成绩。1926 年 12 月任武汉国民政府委员、财政部长等职。1928 年 2 月为南京国民政府财政部长，随之任中央银行总裁。1931 年 6 月任行政院副院长兼财政部长，一度代理行政院长。1933 年 10 月后，辞政府职，专门从事财政金融活动。次年 4 月兼任中国银行董事长。孔祥熙（1880—1967），1901 年留学美国，毕业于耶鲁大学研究生院，主修矿物学。辛亥革命后，曾任山西都督阎锡山的顾问。1924 年任广东革命政府财政厅长。1927 年任武汉国民政府实业部长。后历任南京政府实业部长、财政部长、行政院长、中央银行总裁和中国银行总裁等。
　　②　《国府秘书处奉准由财政部召集全国财政会议并抄送原提议函稿》，1928 年 4 月，国民政府档案，见中国第二历史档案馆编《中华民国档案资料汇编》第 5 辑第 1 编《财政经济》（一），江苏古籍出版社 1994 年版，第 43 页。
　　③　全国经济会议秘书处编：《全国经济会议专刊》（一），见沈云龙主编《近代中国史料丛刊三编》第 87 辑，（台北）文海出版社 1999 年版，第 19—22 页。

刘秉麟、戴蔼庐、董修甲8人，全部是留学出身的财经专家；而同样拥有留学经历的贾士毅、卫挺生、赵文锐、俞希稷等，则以财政部工作人员身份参加了此次会议，并担任财政会议审查会委员。如贾士毅任财务行政组主任委员，寿毅成为常务委员，赵文锐为委员；刘大钧任税务组常务委员；刘秉麟任公债组常务委员，俞希稷为委员；李权时、刘秉麟、董修甲、杨端六为金融组常务委员。[①]他们从中国的具体国情出发，借鉴了西方财经发展的先进经验，就当时国内金融、税收等领域存在的问题提出了许多建设性意见。宋子文根据以上两次会议通过的决议案，整理成《统一财政确定预算整理税收并实行经济政策财政政策以植财政基础而利民生建议案》，在随后召开的国民党二届五中全会一致通过。此后，在他的全力主持下，这一方针政策得到贯彻实施，推进了国家银行、币制、税收等领域的改革。孔祥熙也长期主管民国的财政经济，在其任上对南京政府财经体制的进一步改革，做了很有成效的工作。

2. 加入各级各类财政机构，扮演了推动改革的中坚角色

第一，进入财政机关，参与财经行政。南京国民政府建立后，陈行、卫挺生、贾士毅、赵文锐、俞希稷等留学归国人员先后进入财政部和地方财政机关。贾士毅便是其中成就显著者之一。贾士毅（1887—1965），江苏宜兴人。1908—1911年在日本留学，毕业回国后，历任财政金融重要职务达数十年。北洋政府期间历任财政部参事、会计司司长、库藏司司长等职。南京国民政府期间出任赋税司司长、财政部常务次长等职。任职期间，贾士毅精心规划，悉心设计，参与许多整顿税收、革新税制的活动，并且相继出版了《关税与国权》《关税与国权补遗》《国债与金融》等专著，对当时中国的财政、税收、外债和关税等问题做了全面描述，撰写了《民国财政经济问题今昔观》等重要著作，保留了大量的统计数据。1933年起，贾士毅从中央转至地方继续从事财政工作，先出任湖北省财政厅厅长，对湖北财政进行全面改革。有学者评价：湖北财政之现代化，应以民国二十二年为起点，"建立

---

①　全国财政会议秘书处编：《全国财政会议汇编》（一），见沈云龙主编《近代中国史料丛刊三编》第29辑，（台北）文海出版社1989年版，第38—40页。

此现代化财政制度之功臣，应为担任财政厅长达五年余的贾士毅"[①]。1943年，贾士毅接任江苏省财政厅厅长，署理江苏省政府主席。抗战胜利后，他又担任鄂湘赣区财政金融特派员，负责接收整理日伪财经机构。

第二，加入立法机关，参与财政立法。留美博士马寅初长期主持立法院财政委员会，担任委员长，陈长蘅、刘大钧、卫挺生、董修甲、唐有壬等进入立法机关，担任立法委员，担负起对财政工作的法律指导、支持与监督职责。如立法委员卫挺生做了很多工作，是建树较多的代表。[②]

第三，加入审计机关，参与财政监督。留学归国人员陈其采长期主持国民政府主计处，担任主计长。陈其采（1880—1954），浙江吴兴人。16岁中秀才，1898年官费留学日本，进入日本士官学校步兵科学习。归国后参与湖南武备学堂的创办等。辛亥革命后任江苏都督府参谋厅长、临时大总统府咨议。南京国民政府成立后，先后任浙江省财政厅厅长、国民政府主计处主计长、中央银行常任理事等。此外，杨汝梅、刘大钧、潘序伦、秦汾、吴大钧等留学归国者进入南京政府主计处，担任主计官，执行了对财政工作的协助、监督职责。

（二）从事财经理论研究，担当财经改革的建言者

财政体制变革不仅需要财政机关内部人员具体实施，更需要一定的社会基础与社会氛围。民国期间，大批留学归国人员或以在野之身、或以学者视角，关注国家财政，多方建言献策，为财政变革建构深厚的理论基础，营造良好的社会氛围，从而影响财政体制，推动财经改革。

---

① 苏云峰：《政局与财政的互动关系：以战前湖北为例》，见（台北）"中央"研究院近代史所组编《财政与近代历史论文集》上册，"中央"研究院近代史研究所1999年版，第146页。

② 卫挺生（1890—1977），湖北枣阳人。1906年东渡日本就读于大成中学，1911年9月，以公费留学美国，在密歇根大学、哈佛大学攻读政治、经济、财政、金融等科，获得商业管理和文学两个硕士学位。1927年任关务署税科长，次年10月出任立法院立法委员，设计《财政管理法》，起草《公债法》《预算法》《会计法》《统计法》《公库法》《决算法》等一系列财政法规，主持起草《公司法》，参加了《土地法》与《宪法》的起草和讨论修改。其中1938年公布实施的《公库法》规定：各省市地方政府收到的国家公款，一律缴存公库，不得擅自截留、挪用，以为抗日战争经费提供制度保证。1943年春，其草拟的《地方税捐条例》，报财政部长孔祥熙获准，在全国第二次财政会议中讨论通过，主张废止杂税杂捐，虽然没有切实执行，但对于整顿地方财政仍有指导作用。1944年，卫以中国财政代表团顾问身份出席在美国召开的国际平准基金协会。经他等力争，中国当选为该会常务理事国，得以在国际金融组织中长期保持"四强"之一的地位。

首先，翻译编撰图书，交流财政理念。译介西方的财经著作，清末民初即已出现，到 20 世纪 30 年代逐渐增多。据胡寄窗先生统计，1930—1949 年，共计出版财政学著作 133 部，其中论述财政学原理的有 24 部，8 部为译作，相当一部分由留学生翻译。① 例如由留学日本明治大学专攻财政金融学科的童蒙正编译、德国瓦格涅所著的《瓦格涅财政学提要》② 就是比较典型的译著。撰写财政学专著是留学归国人员宣传、研究现代财政学更重要的途径。仍以 20 世纪三四十年代为例，在这个时期出版的 16 部财政学原理专著中，留学归国人员的著作占有重要地位。例如东京帝国大学毕业的陈启修所著的《财政学总论》③ 曾广为流传。陈启修早在日本留学期间就翻译了日本小林丑三郎著的《财政学提要》④，后来在北大任教期间曾讲授《资本论》，并于 1930 年 3 月将《资本论》翻译成中文，由上海昆仑书店出版，这是中国已知最早的一本正式的《资本论》中文译本。《财政学总论》的出版，表明陈启修不满足于照抄式地介绍财政学知识，而开始尝试结合国情来阐释财政学原理。此外，留美博士李权时撰写了《财政原理》⑤，耶鲁大学博士何廉和李锐合著《财政学》⑥，法国巴黎大学博士尹文敬撰写了《财政学》⑦，苏联中山大学毕业生钱亦石撰写了《财政学纲要》⑧。这些著作不仅体现了留学生结合国情、以图报国的意愿，同时也反映了他们介绍财政思想的源头已从日本一国为主变为欧美、苏俄等多个国家。

以上著作特色鲜明，陈启修的《财政学总论》以在北京大学的讲义为蓝本编制而成，其中内容广泛吸取日本小川乡太郎的财政学理论，李权时的《财政原理》重点介绍英美的预算制度，何廉和李锐的著作则偏重于中国财政制度的解读，尹文敬的著作详尽介绍财政学的理论，比较准确地论述了支出论及预决算论中的法理。这些财政著作质量较高，适应社会需求，不仅畅

---

① 谈敏:《中国经济学图书目录: 1900—1949》，中国财政经济出版社 1995 年版。
② [德] 瓦格涅:《瓦格涅财政学提要》，李百强译，上海大江书局 1931 年版。
③ 陈启修:《财政学总论》，上海商务印书馆 1934 年版。
④ [日] 小林丑三郎:《财政学提要》，陈启修译，上海科学会编译部 1914 年版。
⑤ 李权时:《财政学原理》，上海商务印书馆 1935 年版。
⑥ 何廉、李锐:《财政学》，上海商务印馆 1935 年版。
⑦ 尹文敬:《财政学》，上海商务印书馆 1935 年版。
⑧ 钱亦石:《财政学纲要》，上海中华书局 1935 年版。

销当时，而且流传后世。这些著作架设了中外财政思想交流的桥梁，也在疏通传统与现代的通道，为财政改革提供了丰厚的理论资源。

其次，发表财经论著，研究社会问题。这一时期留学生群体并没有止步于笼统的交流与介绍，而是尝试运用西方财政理论研究民国财政，出版发表了一批重要论著。其中既有贾士毅针对历史撰写的《民国续财政史》（1930）等为代表的财政史著作，还有马寅初针对现实撰写的《财政学与中国财政问题——理论与现实》（1948）等为代表的现实性著作。财政史著作虽然以历史反思为主，但其内容涉及中央与地方财政划分、预算与决算、收入与支出、公债发行与管理等现代财政内容，其中部分章节还分析财政与政治的关系、评价财政制度的利弊，现代财政学理论的影响显而易见，解析中国国情的意向有目共睹。现实性著作更是试图以现代财政学分析当时社会，将当时中国经济混乱的实情与西方的学理结合起来，指出了症结之所在。如马寅初反对原封不动地将外国学说移植于中国，把凯恩斯理论结合中国经济的情况进行整理，勾勒出一个轮廓，使读者一目了然。另外，这个时期一些财政学著作力求使财政理论与中国实际更广泛的结合，如罗介夫的《中国财政问题》（1933）、贾士毅的《国债与金融》（1930）、李权时的《中国关税问题》（1936）等在论述中国财政问题的同时，还将财政问题与当时政治、经济、文化、军事等问题联系起来考察。留学生群体关于财政的论著，影响了当权者，也影响着包括企业家、青年学生在内的普通社会成员，营造了变革的社会氛围，对民国财政改革发挥了重要作用。

综上所述，民国时期财政领域汇集了一批数量可观的留学生精英，他们试图通过改革积弊以扭转民国财政的问题。尽管由于阶级立场、个人素质所限，他们的动机也并非绝对纯洁，行为也并非尽善尽美；也尽管由于体制、战乱等原因，在当时特定的历史条件下，他们没有也不可能从根本上重振国家的经济命脉和改变人们的贫困状况，但是，他们作为一支新生力量，为民国金融、税制、币制等重大改革创造了有利的条件，在当时特定的社会格局中，艰难地推动了中国现代财政体制的创建。

三 主持民国税收改革，奠定现代税制基础

税收制度关系着政府运行、资源分配，影响着国民经济的发展与社会的

安定，因此，税制改革成为中华民国财政改革的一个重大课题。民国时期，在财经专业留学归国人员的积极参与下，中国税制改革取得了重要进展，国税地税划分以及许多中央和地方税制重大改革都在此时实现了重大突破。

1. 划分国税、地税

中国历代统治者虽然重视财政问题，却始终没有明确地划分中央财政和地方财政，财政收支长期以中央政府的名义运行。虽然晚清时期中央已不能有效控制地方财政，但是并没有建立严格的制度规范。在清末预备立宪过程中，有人提出国家税地方税章程，提出划分国地两税的建议①，其影响不大，并未落实，比较切实地划分国税地税的活动始于民国。在将近代西方财政划分思想引入中国的过程中，留学归国人员担负起交流与创新的重担。

民国前期，财经领域围绕划分的重要性、划分标准、税费归属等重大问题展开了比较深入的调查和讨论，留学归国人员以其得天独厚的优势参与了讨论。无论是身居要津的陈锦涛、周自齐等人，还是立志学术的李权时、马寅初等人，均以不同形式参与讨论，试图将自己的意见融入法规，促使北京政府先后颁布了一系列国税与地税划分的法规。例如 1913 年颁布的《国家税法与地方税法草案》和《国家费目地方费目标准案》，1914 年颁布的《国家税法与地方税法修正案》，1923 年颁布的宪法中的相关条款，② 等等。由于政局混乱，这些主张与法规并没有切实实施，不过，为制定与推行切实可行的国地税划分制度提供了思路。

南京国民政府建立以后，开始制定严格意义上的划分法规。1927 年夏，在财长古应芬③主持下，南京政府提出《划分国家收入地方收入暂行标准案》，成为划分法规的基础。其基本原则是：①尊重历史惯例，划分现行税目；②参照国际惯例，划分新增税目；③吸收现代经验，税目各自独立；④新税种施行以后，废止重复旧税；⑤两税划分之初，应预筹救济办法。④

① 胡寄窗、谈敏：《中国财政思想史》，中国财经出版社 1989 年版，第 759 页。

② 贾士毅：《民国续财政史》（一），商务印书馆 1932 年版，第 15—18 页。

③ 古应芬（1873—1931），广东番禺人。1904 年赴日本留学，1905 年在东京加入同盟会。1906 年毕业于日本法政大学速成科，升入专门部。1907 年毕业归国，历任广东法政学堂编纂、广东咨议局秘书等职。

④ 贾士毅：《民国续财政史》（一），商务印书馆 1932 年版，第 23—24 页。

显然，这一方案在尊重传统的同时，更多地吸取了世界经验。

1928 年 7 月，宋子文出任财长，召集全国财政会议，并将古应芬制定的国地分税法案提交会议讨论修订。同年 11 月，公布了商定的国地税划分标准以及中央与地方税收权限。主要规定如下：国税与地税重复者，优先保证国税收入；国税与地税划分后，不可增设附加税（除所得税可征收 20% 以内的附加税外）；新税与旧税相抵触者，旧税应废止，新税与旧税性质相同者，两税应归并；厘金及一切国内通行税暂由中央接管，限期六个月裁撤；田赋收入虽归地方，但关于土地税法的大纲仍由中央主持制定颁行。①以后，尽管国税、地税划分规则几次调整，分税制度实施几经波折，但国税、地税划分正式法制化以及付诸实施却是滥觞于此。依照现代政府事权与财权相对应的原则，国民政府设计调整了中央与地方财政收支结构，这是整顿全国经济、实施国家复兴计划的关键举措，不仅缓解了长期以来存在的中央与地方的财政矛盾，而且缓解了中央财政困难，古应芬、宋子文作为财长，为国民政府统一全国财政发挥了重要作用。

2. 领导中央税制改革

民国建立以后，税收制度混乱，直接影响财政收支平衡，北京政府无力彻底整顿；南京国民政府成立之初，蒋介石、古应芬、宋子文等人极力主张整顿和改革税制，并首先从改革中央税制着手。

改革之一是实施关税新政。

关税是国家的重要税收，关税自主也是一个国家主权独立的标志之一。鸦片战争以后，中国的海关行政、海关税率、关税收支与保管均被列强控制。中国人民一直努力争取关税自主，留学归国人员积极参与其事，历经挫折，取得成绩。例如 1921 年 11 月 23 日，曾留美的顾维钧在太平洋及远东问题总委员会上提出关税自主案，提出中国有自行规定及区分本国税率的完全自由，这是民国政府对于该问题的首次正式提案。但是，此案遭到英、美、法、日等国反对，未能通过。顾维钧为此提出保留案声明：将来遇适当机会，再求考虑自主权问题。南京政府成立后，留学归国人员领导了争取关税自主的活动。1927 年，首任财长古应芬等人宣告关税自主，并公布《进

① 吴兆莘：《中国税制史》下册，商务印书馆 1937 年版，第 129—131 页。

口税暂行条例》。1928 年 6 月，继任财长宋子文等人发表"改订新约"的对外宣言，关税自主为其主要内容之一。同年 7 月，宋子文与美国公使马克谟首先签订了《整理中美两国关税关系条约》，条约规定："历来中、美两国所订立有效之条约内所载关于在中国进出口货物之税率、存票、子口税并船钞等项之各条款，应即撤销作废，而应适用国家关税完全自主之原则。"[1]随后，宋子文又同挪威、比利时、意大利、丹麦、葡萄牙、荷兰、英国、瑞典、法国、西班牙等国谈判，缔结了"友好通商条约"或新的"关税条约"，其中都包含关税自主条款。[2] 同年 12 月，宋子文等人颁布《海关进口税则》，把税率从 7.5% 至 27.5% 不等的七级税则确定为法定税则，并声明自 1929 年 2 月 1 日起实行，以提高税率为特征的争取关税自主的努力维护了国家主权，推动了社会进步。[3]

在宋子文等人主持下，收回海关行政权的活动不断推进。到 1937 年，在全国 39 个口岸中，已经有 1/3 的税务司由国人担任；尽管总税务司仍是外国人，但国民政府要求其"摆脱一切政治性的、超出本职之外的职权和联系"，明确他只是中国政府的外籍雇员。同时，关税税款保管的职权也逐步从外国银行转入中国中央银行，改变了大权旁落的状况。

改革之二是实施盐税新政。

盐税是中国的又一主要税收，由于民国初年盐税成为善后大借款的担保，外国政府密切关注盐税收入，加上军阀混战资金匮乏，中国政府和地方军阀更把盐税视为重要收入，于是盐税成为中国增长最快而且最为混乱的税种之一，成为国民政府税制改革的重要对象，主持盐税改革的依然是时任财长的宋子文。第一，改无序运行为划一管理。1931 年 3 月，财政部宣布对盐税制度进行改革，规定财政部统一整理各省盐税附加税，制定共计 7 章 39 条的《盐法》。[4] 第二，改杂乱税率为划一税率。1932 年 6 月，财政部召开盐税整理会议，决定调整各地轻重不一的税率，实行重税减轻，轻税增加，

①　王桧林：《中国现代史参考资料》，北京师范大学出版社 1992 年版，第 324 页。

②　张宪文：《中华民国史》第 2 卷，南京大学出版社 2006 年版，第 154 页。

③　[美] 阿瑟·恩·扬格：《一九二七至一九三七年中国财政经济情况》，陈泽宪、陈霞飞译，中国社会科学出版社 1981 年版，第 483—484 页。

④　吴兆莘：《中国税制史》下册，商务印书馆 1937 年版，第 127—131 页。

力求税率大致均衡。1933 年 10 月，宋子文等人实行第二步整顿计划，再度划一税率，使全国各税区的税率基本均衡。第三，改庞杂税种为划一税项。1932 年，财政部将繁杂的盐税项目归类合并为生产地缴纳的盐税及中央附税构成的正税、销售地缴纳的岸税及中央附税构成的销税、地方附加税构成的附税三种。① 第四，改混乱度量为划一度量。1934 年 1 月，财政部开始实行盐务新衡制，废除旧秤，改用划一的新秤。整理和改革不仅改变了原有的混乱局面，而且使盐税收入大为增加。

改革之三是实施统税新政。

厘金是水陆交通要津关卡征收的货物通过税，财经部门的留学归国人员顺应大势，主持了废除厘金的改革。国民政府建立之初，古应芬等主管财政的政府大员即表示，要"将万恶之厘金及类似之制度，彻底清除，以苏民困"②。1928 年 7 月，宋子文等主持成立了裁厘委员会，制定《渐撤国内通过税施行大纲》，开始着手准备裁撤厘金。1930 年 12 月 15 日，宋子文主持裁厘会议，并通电全国，宣布全国厘金及厘金变名之税一律永远废除。"自二十年一月起上列征收机关名义，绝对不得再行存在，如有藉故延宕，巧立名目，阳奉阴违，自便私图者，是居心违背政令，法律固属不容，公意亦所共弃。"③ 这一通电得到社会各界响应，1931 年 1 月 1 日起，裁撤厘金终于得以在全国推行。1934 年 5 月，国民政府在南京召开第二次财政会议通过了《整理田赋减轻附加，废除苛捐杂税计划案》《整理地方财政案》，再次对厘金的变种及其残余开刀，进一步废除了类似厘金的苛捐杂税。自此，作为三大恶税之一的厘金在中国社会基本消亡。

为弥补裁撤厘金后的财政资金缺口，南京国民政府开始推行新的统税，开设一物一税的新统税，并于 1928 年 1 月正式公布条例。为了避免重蹈厘金的覆辙，宋子文等人确定了以下几项原则：①统税为国税的性质，地方不得重征和截留；②统税以大宗消费品为对象，各地不得随意变动增减；③统

① 孔祥熙：《十年来的中国金融与财政》，见《抗战十年前之中国》，（台北）文海出版社 1948 年版，第 108—109 页。
② 贾士毅：《民国财政经济问题今昔观》，（台北）中正书局 1990 年版，第 102 页。
③ 张宪文、张玉法主编：《南京国民政府十年经济建设》，见《中华民国专题史》第 6 卷，南京大学出版社 2015 年版，第 77 页。

税实行一物一税原则，遇有重征应予以退税；④统税采用全国统一税率，各地不得随意变更；⑤统税采取内外平等原则，中外商人待遇一律相同。这样，比较健全的统税体系逐步建立，随着经济的发展和对外贸易的扩大，统税收入日益增加，成了政府第三大税源。①

宋子文及其后继者孔祥熙等人在改革关税、盐税、统税的同时，对印花税和烟酒税也进行了整理，并且开办另一重要税种——所得税。1929年1月，提出《所得税暂行条例（草案）》，试图开设所得税，但限于形势被迫搁置。1936年7月，国民政府公布《所得税暂行条例》，规定从10月1日正式开征所得税。这不仅包含增加税收的动机，也是实行"平均原则，调节贫富"、实行"普及原则，提高国民纳税意识"的有益尝试。

中央税制改革是民国税制改革最重要的成果，它确立了国民政府中央税收制度，加快了税制现代化的步伐，留学生出身的官员、专家为此作出了特殊的贡献。

3. 倡导地方税制整顿

南京政府在改革中央税收制度的同时，也开始进行整顿地方税收制度，但两者进展大相径庭。1933年11月，宋子文辞去财长时，中央税制改革已取得明显成效，而地方税制整顿却步履蹒跚，收效甚微，另一留学归国人员孔祥熙接过接力棒，主持了整顿地方税制的工作。

整顿地方税制的第一个内容是整顿田赋附加税，推行田税新法。田赋自古以来就是政府的主要税收，国民政府将田赋首次划为地方税，成为省级财政的主要收入来源。孔祥熙出任财长后，力主整顿田赋附加税和预征行为，多次明令废除田赋附加税。1934年5月，第二次全国财政会议上，财政部提出《办理土地陈报案》《整理田赋减轻附加废除苛捐杂税计划案》《减轻各省县田赋附加地方费用不足由中央另筹抵补案》等25个议案。会议要求政府明确承诺嗣后永远不再增加田赋附加税②，并商定改革田赋征收制度的四项基本原则。这些办法虽没有切实执行，但内容却切中时弊，意在防止征税

---

① 吴兆莘：《中国税制史》下册，商务印书馆1937年版，第47页。

② 李荣廷：《民元来国内外经济大事记》，见朱斯煌主编《民国经济史》，银行学会刊行1948年版，第739页。

官员中饱私囊，减轻农民负担，促进农业生产。

　　整顿地方税制第二个内容是：整顿土地税收，推行地税新法。孔祥熙力主开征地价税和土地增值税。地价税是按土地的本身价格课征的税收，土地增值税是根据土地价格改良后增加的数额课征的税收。孔祥熙等自称这一做法是继承孙中山征收地价税和"土地涨价归公"的遗愿，目标是"平均地权"和"节制资本"。但是，由于当时很多地区土地尚未核查，地价难以核定，结果只有广东省以及上海、青岛、杭州等市地区实施，而且数额甚微。尽管如此，地税新法却是充分发掘利用土地价值的有益尝试，其中经验教训值得总结。

　　整顿地方税制第三个内容是：整顿苛捐杂税，推行杂税新法。长期以来，中国杂捐繁杂苛细，制约社会发展。对此，孔祥熙等人进行了调查，并尝试采取裁撤冗税、合并税种、调整税率等多种方法进行整顿。据孔祥熙在国民党六中全会上报告：1934 年 7 月到 1935 年 8 月一年之间，全国各省区裁撤苛捐杂税 5000 余种，计为百姓减免税额 5000 万元。并且宣称：这些仅是第一、二批废除的项目，以后还将出台第三、第四批的裁撤项目，预计全国需裁撤的苛捐杂税应在万余种以上。[①] 在当时的历史条件下，裁撤税捐遇到众多阻力，不仅宣布的项目未能如数落实，明裁暗增、边裁边增的情况也有报告。

　　总的来说，在留学生群体的主持下，民国时期的税制改革取得了初步的成功，中央与地方税制基本厘清，苛捐杂税有所规范，屈辱关税逐步被废除，现代税赋思想逐步实践，现代税制的基本框架初具规模，这是中国财政现代化的一个重要步骤，为社会转型奠定了重要基础。尽管孔祥熙等人对地方税制的整顿受到时代、阶级以及个人等多种因素的制约，存在诸多不尽如人意之处，但是，这些努力依然推动着中国税制的蹒跚前行，并为后人留下值得深省的经验教训。

四　推进民国币制改革，实现货币统一

　　鸦片战争后，中国的国门被列强打开，封建社会的银两制度也逐步瓦

----

　　① 孙文学：《中国近代财政史》，东北财经大学出版社 1990 年版，第 313 页。

解。旧币制对内无法适应经济发展，对外遭到了日益严重的"镑亏"。面对严峻局面，很多人都提出了币制改革的方案，但由于种种原因都未实施，直至清朝灭亡，币制依旧混乱。币制改革的任务落到了民国各届政府的肩上，历届政府财经部门的留学归国人员参与币制改革活动，承担起越来越重要的责任。

1. 参与北洋政府币制改革

民国建立以后，社会各界就开始积极筹备币制改革。尽管民国前期币制改革的主持人不是留学人员，袁世凯主政时期主要由财政总长周学熙主持，段祺瑞主政时期主要由梁启超策划，但留学生已积极参与了币制改革，并发挥了举足轻重的作用。

民国初建，南京临时政府总统孙中山与财政部负责人陈锦涛、王鸿猷就开始计划建立新的货币本位制，留学美国的陶德琨①把留学时撰写的《中国币制问题纲目》呈交给孙中山审阅，得到高度赞赏。1912 年 12 月 3 日，孙中山在《钱币革命》的讲演中再次提出了"钱币革命"的主张，"即以国家法令所制定纸票为钱币，而悉贬金银为货物。国家收支，市厘交易，悉用纸币，严禁金银，其现作钱币之兑金银，只准向纸币发行局兑换纸币，不准在市面流行"②。虽然临时政府的计划没有来得及实施，但民国首届政府的计划给予后继者深刻影响。尽管孙中山的纸币政策在当时的条件下难以实施，但革命领袖的敦促给予当政者巨大压力。这些活动与言论敲响了民国币制改革的前奏，促使北洋政府于 1913 年成立新的币制委员会，1914 年公布《国币条例》，开始了步履蹒跚的币制改革。

当时，社会各界围绕币制改革条件、货币本位等问题展开热烈讨论，留学生发表了许多有见地的意见。陶德琨主张中国货币采取金汇兑本位制，建议中国货币与实行金本位制或金块本位制国家的货币保持固定的比价，以改

---

①　陶德琨（1883—1970），湖北襄阳人。1902 年留学美国，先后在俄亥俄州立大学、康奈尔大学研究院研习财政、经济、货币学，获硕士学位，1905 年加入同盟会，后考察了欧、美、亚部分国家的货币与金融制度。1910 年回国，历任财政部参事、币制研究会委员等，参与了民国前期币制改革的酝酿以及设计等。此后，在国民政府财政部从事货币改革、设计工作，参与设计了中央银行、中国银行、交通银行、农民银行所发行的法币。

②　孙中山：《倡议钱币革命对抗沙俄侵略通电》，见中国社会科学院近代史研究所中华民国史研究室等合编《孙中山全集》第 2 卷，中华书局 1982 年版，第 545 页。

变没有明确本位的局面。以后，陶德琨又发表《币制问题之治标策》一文，提出了中圆说，即将银主币单位缩小一半，由一圆变为中圆，也就是五角，便于人们熟悉使用。留学日本东京高等商业学校的吴鼎昌指出，发行不兑换纸币需要三个条件：一为政府信用厚固；二为国家主权健全；三是金融机关完备①，敦促政府为币制改革创造必备条件。留学人员丰富多彩的意见，为币制改革提供了有益的参考，影响了北洋政府币制改革政策。例如1915年币制委员会拟订的《修正国币条例草案》中，确认银币与铜元的比价为货币统一做准备，铸造金主币为将来过渡到金本位制作铺垫等内容，就有陶德琨等人主张的影子。1917年政府制定币制改革大纲，准备分整理纸币、统一主币、采用金本位三步实施币制改革，在一定程度上吸收了吴鼎昌等人的意见。

留学归国人员设计监制了统一的主币。民国初建，陶德琨建议中华民国临时政府铸造孙中山开国纪念币，以期统一货币。1914年，陶德琨亲自设计，并监制铸有袁世凯头像的一元银币（俗称"袁大头"）。从此，这一银币成为当时广泛流通的主要货币。1919年五四运动爆发，上海市民罢课、罢工、罢市，钱业工会决议取消外国鹰洋流通，统一使用中国自造的银元——主要是1914年铸造的"袁大头"，进一步强化了"袁币"全国统一货币的地位。

2. 主持国民政府"废两改元"的币制改革

民国成立后，北京政府开始货币改革，但其措施有的无疾而终，有的半途而废，中国货币依然混乱。美国财政专家甘末尔曾指出："中国的币制是在任何一个重要国家所仅见到的最坏的制度。"② 南京国民政府接过币制改革的接力棒，在此情况下，其时币制改革的主导力量已经转为海归留学生群体。"废两改元"就是在海归群体领导下，币制改革比较成功的重要一步。

首先，主持"废两改元"的准备工作。南京政府刚刚建立，留学归国人员便开始积极推动"废两改元"。1928年3月，留学美国归来的经济学家

---

① 《上海吴鼎昌致大总统暨国务院电 五月二十三日》，《政府公报》1912年第35期，第10页。
② ［美］阿瑟·恩·杨格：《1927—1937年中国财政经济情况》，中国社会科学出版社1981年版，第171页。

马寅初率先提出"废两用元"，建议废除落后的称量货币，使用相对进步的金属符号货币，统一紊乱的金融市场，并从理论上论证"废两用元"的必要性和可行性。财政部核议后认为，"废两用元"可以作为统一币制、整理财政之基础，于是"废两用元"开始提上政府议事日程。时任财政部长的宋子文深知"统一国家之币制，统一全国之金融"的重要性。1928年6月，他在上海召开全国经济会议，决定以一年为准备期，一年以后即1929年7月1日实行"废两改元"。此外会上还通过了《国币条例草案》《废两用元案》《取缔纸币条例草案》《造币厂条例草案》等议案。7月，宋子文等又主持全国财政会议，再次确认："废两改元，应从速实行，以期币制之统一。"[①]"1932年7月，宋子文与上海银钱界要人进行非正式会谈，说明废两改元的原则：一、实行废两改元，完全采用银元制度，来统一币制；二、旧币仍然使用；三、每元法价决定后，即开始铸造新币。"[②] 随后财政部又召开了"废两改元问题研究会"，提出了具体的实施建议。而国民政府首脑蒋介石，早在20世纪20年代初曾钻研经济学说，发现金融的重要作用，认识到军事一统依赖政治一统，政治一统依赖经济一统，经济一统依赖金融一统。在与宋子文等人磋商之后，蒋认可了"废两改元"，这样，"废两改元"便定为国策。

1928年11月，中央银行在上海成立，财政部部长宋子文兼任中央银行总裁，逐步对其他银行采取了多种限制性措施，货币发行权已逐渐集中于中央银行，这本身就是"废两改元"所要达到的目标，反过来又在一定程度上保证了"废两改元"的初步成功，也为1935年的币制改革提供了准备与条件。1929年4月，南京国民政府颁布中央造币厂组织法，决定将原上海造币厂改建为中央造币厂，筹办开铸统一的国币，并定于1933年3月1日开始铸造正面是孙中山像、背面为帆船图案的银元。这正是为配合南京国民政府进行的货币制度改革而铸造的本位币。

其次，主持"废两改元"的实施和争取对"废两改元"的国际支持。这可以宋子文为代表。就"废两改元"问题在上海与金融界人士及专家学

---

① 章开沅主编：《中国经济史》，高等教育出版社2002年版，第278页。

② 陆仰渊、方庆秋主编：《民国社会经济史》，中国经济出版社1991年版，第334页。

者讨论与协商后，宋子文便以财政部的名义发布了一系列训令，有条不紊地开始改革。第一步是上海试点。1933 年 3 月 1 日，财政部发布《废两改元令》，宣布自 3 月 10 日起，上海试行"废两改元"，作为全国的先导，本区各行各业交易往来一律改用银币计算。① 第二步是开铸银币。上海中央造币厂依据《银本位币铸造条例草案》，开始铸造币值为 1 元的新版银本位货币，银本位货币正式发行和流通。② 第三步是推向全国。4 月 5 日，国民政府先后发布《废两改元布告》等文告，宣布 4 月 6 日起在全国正式"废除银两，改行银元"。"所有公私款项之收付，与订立契约、票据及一切交易，必须一律改用银币，不得再用银两。"在国际交往日益密切的时代，币制改革必然需要争取国际支持。1929 年，宋子文曾邀请经济和货币专家甘末尔以及专家顾问团，参与中国币制改革方案的研究与设计。1929 年 11 月，甘末尔向宋子文提交《中国逐渐采行金本位币制法草案》，提出储备充分的准备金、中央银行必须独享货币发行权、创立合宜的辅币制度、先从比较发达地区试行等建议。尽管方案不尽如人意，但是，它毕竟是国民政府主动邀请外国专家制定出的第一个币改方案。专家团对中国货币制度所提出的各种主张与建议，为中国的币制改革提供了参考。在技术层面，上海的造币厂曾邀请美国造币专家克利弗德·休维特、罗伯特·格兰特等来华充任造币厂顾问，并派遣三位中国造币技术人员前往美国费城造币厂实习，回国担任上海造币厂的各部门领导。造币厂在中外专家的指导下，工作出色，所铸新银元经反复检验，没有发现不合标准的产品。在资金层面，1931—1933 年宋子文等凭借与留学国的社会关系，向美国争取到以中美棉麦借款为代表的若干贷款，在一定程度上缓解了币制改革的资金压力。

留学人员主持的"废两改元"，通过法律的形式，确立了中国的银本位，基本结束了银两与银元并用的混乱货币制度，推动了财政金融整顿与现代银行体系的建立，为 20 世纪 30 年代中国币制的另一项重大改革——"推行法币"打下了重要基础，有利于经济发展和社会进步。

---

① 《废两改元令》，见中国人民银行总行参事室《中国民国货币史资料》第 2 辑，人民出版社 1991 年版，第 93 页。

② 《中国币制改革问题》，上海档案馆藏，全宗号：[Z] Y10212171。

3. 推动国民政府发行"法币"

1933 年的"废两改元"使币制混乱的局面有所改变，但是，并没有从根本上改变中国币制的脆弱局面。于是，国民政府在 1935 年 11 月宣布"法币政策"，开始了新一轮的币制改革。改革的主导力量依然是留学归国人员，主持人则是孔祥熙。

首先，推行"法币政策"。由于"法币政策"将以纸币代替金属货币，信用至关重要，留学人员利用自己的声望大力推行。财政部部长孔祥熙以《财政部布告》和《财政部长宣言》的形式，颁行币制改革命令：①以中央、中国、交通银行发行的纸币为法定货币，实施缴纳及交易；②实行白银国有；③确立法币的外汇本位制；④实行法币准备金，等等。此时改任为中国银行行长的宋子文声明坚决支持改革，表示改革是医治经济的良方；相信政府所发钞票今后必可一如既往地受到人民的信任；预测新办法将为资金提供更大的流动性；预期政府会顺利地贯彻实施为全国造福的改组币制和财政的长远方案。其他留学人员也采取不同形式表示了对改革的支持，国防设计委员会成员徐新六、吴鼎昌、张嘉璈等留学归国人员积极参与币制改革的设计，法币发行准备管理委员会中的钱永铭、陈光甫、李铭、吴鼎昌、周作民等留学归国人员更是身体力行，推进法币发行。

其次，参与有关法币的"外交交涉"。由于"法币政策"的推行必然引发与列强的博弈，对外交涉必不可少，留学人员利用自身的优势广泛参与。他们先是希望通过外交手段谋求美国支持与帮助。如 1934 年 9 月 24 日，孔祥熙照会美国政府，提出中国将实行以金本位取代银本位的币制改革，希望美国以交换白银方式提供黄金支持中国的币制改革。① 12 月 9 日他又致电美国政府，请求美国对中国币制改革予以合作，希望美国不要以高于每盎司 45 美分的价格收购国外白银，以促使银价稳定。② 宋子文则用另一种语气向美国施压，1935 年 1 月 31 日，他托美国驻苏联大使布列特转告罗斯福及美国国务院远东司司长贺百克："中国在数月之内必将因货币问题而引发危机，

① 李家智：《论西方大国对国民政府币制改革的反响及其成因》，《西华师范大学学报》2006 年第 3 期，第 86 页。

② 同上。

将不得不接受日本方面条件苛刻的贷款，甚至出现币制分裂。"① 具有留美经历的中国驻美大使施肇基，也多次与美国财政部部长摩根索等人磋商。在美国政府以委婉的方式拒绝了中国请求后，孔祥熙等人又开始频繁地与英国交涉，希望得到英国对中国币制改革的帮助，促成英国财政顾问李滋罗斯来华参与中国币制改革方案的设计。李滋罗斯对中国的币改方案提出许多宝贵意见，更重要的是，他的到来增强了中国对币制改革的市场信心与心理预期。后来，由于美国国内政治变化，出现愿意帮助与支持中国进行币制改革的迹象。包括孔祥熙、宋子文在内的留学人员再次表示愿意与美国结成货币联姻，经过与美国政府的多次谈判，终于由曾留学美国的陈光甫代表中国与美国达成了中美白银协定，实现了中国白银与美国货币挂钩的虚金本位制，中国从美国得到部分美金以支持中国币制改革。

再次，参与发行"金圆券"争论。抗战爆发以后，为应对不断增加的财政支出，法币发行量急剧上涨。抗战结束，国内重燃战火，以致军费开支浩繁，财政赤字剧增，法币发行量进一步快速上升。法币膨胀导致物价飞涨，致使法币加速贬值，造成货币危机。为了应对危机，国民政府于 1948 年 8 月公布了《金圆券发行办法》。这一币制改革方案的主要制定者是王云五，当政者总统蒋介石、行政院长翁文灏等留学出身的政要则是这一方案的决策人，他们一方面利用声望为"金圆券"制造舆论，一方面运用权力强行推行新政策。在蒋介石派遣到各大都市监督"金圆券"发行的经济督导员中，就有上海区协助督导留学苏联的蒋经国、广州区督导员宋子文（时任广东省政府主席）等人。但部分留学归国人员则对"金圆券"发行态度消极乃至反对。如张嘉璈在蒋介石几次征求对"金圆券"的意见时，一直表示发行新币必须有充分预备金；如不减少预算支出，降低发行额，新币必然贬值，并预测不出三四个月货币发行就将冲破所定的 20 亿元限额，物价必将继续上扬，后果将不堪设想。② 由于种种原因，"金圆券"发行导致币值剧烈贬值，物价飞快上涨，成为民国法币政策的最后一幕，也为中华民国在

---

① 李家智：《论西方大国对国民政府币制改革的反响及其成因》，《西华师范大学学报》2006 年第 3 期，第 86 页。

② 姚崧龄：《张公权先生年谱初稿》，（台北）传记文学出版社 1982 年版，第 1014—1016 页。

大陆的统治画上了句号。

尽管留学生参与主持的币制改革存在种种不足，但改革毕竟确立了本位制度，基本统一货币，理顺了主辅币关系，推动中国货币制度与世界货币制度进一步接轨，这是中国财政现代化的又一重要步骤，为经济发展开拓了道路。

五 参与民国金融改革，建立中央银行

中央银行体制是社会商品经济与信用制度发展到一定阶段的产物，中央银行既是政府管理金融的行政机关，又是调节供需总量、融通社会资金的独立金融机关，双重身份与广泛职能，使之在经济运行中发挥着举足轻重的作用。中华民国中央银行建立的过程比较复杂，早期以中国银行代行部分职能，后期建立了中央银行行使相应职能，几经转折才最终确立了中央银行体制。在这一过程中，留学归国人员发挥了主导作用。

1. 改建"中国银行"

民国初建，百废待兴。新政府既无充裕资金，又无实践基础，如何组建国家银行是困扰当权者的一大难题。一批具有一定知识储备的归国留学生挺身而出，采取推动"大清银行"转轨、建立中国银行的方式，创建了中华民国第一个国家银行。

1912 年 1 月，中华民国临时政府宣告成立，建立新政府的中央银行迫在眉睫。受命担任临时政府财政总长的陈锦涛建议将大清银行改为中央银行。大清银行建立于 1905 年 8 月，原名户部银行，1908 年 2 月改为大清银行，试图行使中央银行职能。由于政府资金匮乏，大清银行吸收部分商股，为官商合办的股份制银行，资本总额 1000 万两白银，官股商股各占一半。经过 3 年经营，到 1911 年，大清银行在全国共建立分支机构 35 处，发展成为当时中国规模最大的银行。在辛亥革命后的战乱之中，作为清政府国家银行的大清银行，大部分分支机构已经停业，只有上海分行勉强支撑。为了保全商本，应对变局，1911 年 11 月 5 日，大清银行股东成立股东联合会，为了适应形势发展，1911 年 12 月 4 日，股东联合会改组为"商股联合会"。陈锦涛认为大清银行本来就是清政府的国家银行，实力雄厚，建立新政府中央银行，应该"借已有之基础，应目前之急需"，认为这样"既可以增长民

国之实力，又可因其资金为通融，实为民国国家与银行股东两得兼利之道"①。为实施这一设想，陈锦涛没有前往南京任临时政府财长，而是驻足上海，协同大清银行各地商董反复商讨谋划。在陈锦涛的敦促下，1912 年 1 月，大清银行"商股联合会"上书中华民国临时大总统孙中山，建议"就原有之大清银行改为中国银行，重新组织，作为政府的中央银行"②，并得到孙中山的支持。1912 年 1 月 24 日，陈锦涛以财政部名义，将孙中山指示转达大清银行"商股联合会"。

　　1912 年 1 月 28 日，大清银行"商股联合会"召开股东大会，传达了财政部批示。议定中国银行临时理监事会人选，委托监事会同正副监督共同筹订章程，管理银行事物，实施改组报告的计划。一面清理原大清银行业务，取消原有清政府的官股 500 万两，作为抵偿战区各行所受损失及烂账；一面组织新的中国银行，原大清银行商股 500 万两转为中国银行股份，另外再加招商股 500 万两作为新股，原大清银行财产及其相关业务也一并由新银行接收，新银行暂代国家银行职能。这样，旧有的大清银行被改组为新的国家银行——"中国银行"，1912 年 2 月 5 日在上海正式开业。临时政府北迁后，在北京另组中国银行，注入政府资金，其基础依然是大清银行改组后的中国银行。

　　中国银行内部既有官股又有商股，外部面临政治倾轧、军事战乱，这些造成了政府与银行分歧不断、官股与商股斗法不停的局面。银行与政府对抗的主要事例是"抵制停兑"。1916 年，袁世凯在财政拮据、罗掘俱穷的情况下，挪用中交两行储蓄金，并通过两行滥发纸币，引起社会恐慌，商民纷纷提款兑现，迫使北洋政府下达了停兑令，终于演变成一场金融风潮。北洋政府的停兑令遭到中国银行上海分行领导人张嘉璈（留日）的抵制。张嘉璈主张为保全中行信用就不能随意停止兑现，并且呼吁要"维护中国金融之生命"，只有"寄其希望于不受政府非法支配之银行"③。为了惩罚张嘉璈违抗

　　① 陈锦涛：《致临时参议院咨文》，中国第二历史档案馆馆藏。又见于中国银行行史编辑委员会编著《中国银行行史》（1912—1949）上，中国金融出版社 1995 年版，第 15 页。

　　② 《大清银行商股联合会致大总统呈》（1912 年 1 月），见中国银行总行、中国第二历史档案馆合编《中国银行行史资料汇编 1912—1949》，档案出版社 1991 年版，第 1 页。

　　③ 姚崧龄：《张公权先生年谱初稿》上册，（台北）传记文学出版社 1982 年版，第 27 页。

政府命令的行为，1916 年 6 月 30 日，北洋政府酝酿将张嘉璈由金融中心上海调往相对偏远的重庆。对此张嘉璈在江浙资产阶级支持下，拒不离沪，政府再次碰壁。

在这次停兑风潮中，由于以张嘉璈为代表的上海分行强调银行的独立性，坚持照常兑现，促进了中国银行的发展，信用大大增加，存款成倍增长，钞票流通范围扩大。同时，张嘉璈的举动，又是对北洋政府的公然违抗，开创了国家银行拒不执行政府指令的先例。值得指出的是，对抗政府的核心人物是曾留学日本的张嘉璈，站在张对面的政府代表是曾留学德国的总理段祺瑞、留学美国的财长陈锦涛。后来，在官商博弈中的双方人员依然以留学人员为骨干，商股一方是王克敏、张嘉璈，官股的后台则是段祺瑞和徐树铮，这表明了留学生出身的经济学家、银行官员、政府官员在民初金融界的影响。

2. 创立区域"中央银行"

正当北京政府的国家银行——中国银行被官商博弈所困扰之时，与北京政府对峙的南方，一个新的国家银行——中央银行正在酝酿之中，其主要决策人依然是留学归国人员。

首先，筹建"广州军政府中央银行"。孙中山以及负责财政的留日归国人员廖仲恺认为，为了加强财政、金融管理，广州军政府以及随后组建的国民政府必须拥有自己的国家银行，决心建立中央银行，并把这一具体的筹备任务交给具有美国留学经历的宋子文。1923 年 4 月，孙中山在陆海军大元帅大本营之下设立中央银行筹备机构，任命宋子文为中央银行筹备员。5月，进而任命宋子文为筹备中的中央银行副行长，开始了广东政府中央银行的筹备工作。宋子文拟订了中央银行最初的条例、章程等根本性文件，交由孙中山逐一审查修改，经大本营政务会议讨论通过，然后颁行实施。1924年 8 月 5 日，"广州军政府中央银行"在广州南堤成立，宋子文出任第一任行长。以后，该行陆续在广州市设立部分兑换处，继而又在广东省重要城市设立分行或办事处。孙中山、廖仲恺以及宋子文等人采取各种措施，明确"广州军政府中央银行"的发行货币权，确保该行纸币在流通、支付领域的地位，并及时应对挤兑风潮，巩固银行的信誉。

其次，主持建立"广州国民政府中央银行"。1925 年 7 月，广州国民政府建立，同年 9 月，宋子文被任命为广州国民政府财政部长，仍兼任中央银行行长。"广州国民政府中央银行"基本沿袭军政府中央银行的章程，为巩固国民革命根据地、支持北伐战争作出了巨大贡献。

再次，扩建"汉口中央银行"。国民政府从广州迁至武汉后，宋子文立即筹备汉口中央银行。1927 年 1 月 20 日，汉口中央银行在原华俄道胜银行旧址挂牌营业。宋子文兼任这一银行行长，他要求该行"办事须取法广东中央银行总行，不可因袭汉口各银行习惯"。宋子文要求武汉地区部分金融机构代兑汉口中央银行钞票，要求武汉国民政府命令各军政机关将资金往来业务交归中央银行，同时，将旧军阀政府管辖的湖北官钱局交由汉口中央银行与银行公会接管，这些做法使汉口中央银行较快地站稳了脚跟。

3. 组建全国"中央银行"

广州中央银行和汉口中央银行实际上只是区域性金融机构，随着国民政府统治区域的扩大，建立全国性国家银行的任务提上议事日程。对此，蒋介石、胡汉民等人给予有保留的支持，具体排除干扰，操作其事的依然是宋子文。起初，宋子文设想将区域性中央银行扩展为全国性中央银行。1927 年 3 月，宋子文赴上海考察江浙财政，便开始思考筹设新的金融中枢机构，并设想把上海华俄道胜银行旧址作为日后中央银行行址，不久，他又在上海的财政部办事处内设立中央银行筹备处。由于原有国民政府中央银行实力有限，这一计划没有得到实现。于是，宋子文又设想原有国家银行改组为新的国家银行。为了能于短时期内收到建立国家银行之功效，他设想将已有基础并博得民众信任的中国银行改为中央银行。为此，宋子文希望中国银行使用"中央银行"名称，增加政府股份，但是这一改组计划被中国银行婉言辞绝。

正当扩展计划与改组计划相继受挫之时，由于与蒋介石的矛盾，宋子文一度被摒除于财政金融事务之外，筹备中的南京国民政府中央银行首任行长由周佩箴担任，新的中央银行筹建一度裹足不前。1928 年 1 月初，随着政局变化，"宁汉合流"，宋子文再次被推选为南京国民政府的财政部长，筹建中央银行的工作继续展开。1928 年 11 月，南京政府中央银行正式成立，宋子文兼任中央银行总裁。此后，宋子文等人千方百计加强中央银行的地位与职能。为确立中央银行金融中枢的地位，中央银行总行没有设立于首都南京，而设立于金融中心上海，在各省省会及中心城市设立分行。为保持中央银行国家银行的性质，宋子文几次明确规定中央银行由国民政府投资经营，商股份额不得过半，直到 1936 年修改中央银行法，才将商股上限提高到 60%。事实上，南京政府中央银行一直没有切实召集商股。为加强中央银行经理国库的职能，宋子文规定政府收入必须存入中央银行，财政部各项存款必须转入中央银行，所有解缴税款必须交由中央银行办理，原来的由外商银行代办的关税、盐税款项必须改为中央银行管理。为了确立中央银行的货币发行权，宋子文多次向中央政府各部门、各级地方政府以及各财政征收机关，宣布中央银行发行的钞票法律地位，无论行政费用、债务偿还、市场流通，一律通用。1929 年 1 月，宋子文进一步取消其他各类银行发行辅币的权力，又将发行辅币券的专权给予中央银行。在宋子文等人的努力下，中央银行已经开始履行全国性中央银行的职能，为民国的币制改革、税收改革，推动国家的财政现代化奠定了一块坚实的基石。

纵观民国时期的财政改革，尽管存在种种不足，甚至在特定环境下，其成果可能为独裁、垄断暂时利用，但是，改革冲破了重重难关，打造了现代税制、现代币制和中央银行等重要支柱，搭建了现代财政的基本框架，推动了经济发展和社会转型，符合社会发展趋势，有利于国家的长远利益。仔细分析改革中的留学归国人员，虽然作为不同个体，分属不同阶级和利益集团，有的就是某个政党、派系和政治集团的代表人物，必然受到层层限制，在财政改革中的活动并非无可挑剔，然而，他们作为一个群体，利用知识、权力、人脉以及舆论，勤勉工作，顺应世界潮流，发挥了财政制度改革先锋的作用，推动了民国的社会进步。

第九章

留学生群体与民国时期军事和
国防的现代转型

　　近代中国军事和国防的现代转型，是鸦片战争以来社会转型的一部分，其目的是不断学习、借鉴世界上先进国家的军事思想和国防理念以提高军队战斗力和国防水平。它不只是军事技术的变革或武器装备的革命，而是涉及武器装备、军事思想、军事制度、战略战术和国防观念等一系列重要因素的系统工程。19世纪70年代起，清政府派遣留学生到国外学习西方先进的科学技术，特别是军事制造技术。民国以后，中国各届中央政府和地方实力派都不同程度地认识到，派遣军事留学生是培养军事人才、提高军事实力的重要途径。因而，他们通过各种方式派遣了大量留学生赴国外学习先进的军事理论和军事技术，学习世界发达国家军队建设和国防建设的经验。这些留学生回国后，在近代军事国防领域中形成了新的军事人才群体，以其在国防理念、军事理论、装备技术、能力素质等方面的优势，大胆实践，学以致用，为民国时期的军事和国防的转型以及中国军事现代化作出了特殊贡献。

第一节　留学生群体与民国时期的
军事思想和国防理念

　　近代以来，中国军事和国防思想现代化的过程，就是不断扬弃传统军事思想、汲取西方军事理论的新陈代谢过程。民国时期，随着科学技术广泛应用于军事领域，世界范围内的军事变革迅速发展，战争形态、作战手段和作战样式等都发生了深刻变化，西方先进的军事思想开始广泛地在中国传播开来，推动中国传统的军事思想和国防理念不断向现代化方向演进。在这演变过程中，一些留学生特别是军事留学生，在介绍引进西方军事思想以及对中国传统军事理论改造方面，将西方先进的军事理论运用于中国军事与国防建设，促进了民国时期中国军事思想与国防理念的现代转型。

一　关于全民族战争观

鸦片战争以来，中国一直面临着严重的民族危机，其国防也经历了前所未有的破坏和削弱。从晚清到民国，东西方列强多次发动对中国的侵略，侵占了中国的大片领土。在此严峻的国防形势下，留学生出身的军事理论家和政要结合现实，开始了军事和国防理论的探讨。

何谓战争？这是军事学首先应该回答的问题。留学生出身的军事理论家蒋百里①、蔡锷、杨杰等对此发表了一系列独到的见解。首先，他们运用西方的军事观点对战争作出了新的诠释。蒋百里①在《孙子新释》中引述毛奇、克劳塞维茨和伯卢麦三位德国著名军事学家的话，对"战争"一词作了概念界定。其中毛奇在《普法战争史》中对"战争"一词的界定是："往古之时，君主则有依其个人之欲望，出少数军队，侵一城，略一地，而遂结和平之局者，此非足与论今日之战争也；今日之战争，国家之事，国民全体皆从事之，无一人一族，可以幸免者。"克劳塞维茨在《战争论》中对"战争"的界定是："战争者，国家于政略上欲屈敌之志以从我，不得已而所用之威力手段也。"伯卢麦在《战略论》中对"战争"的界定是："国民以欲遂行其国家之目的故，所用之威力行为，名曰战争。"② 通过对这三种定义的引述，蒋百里表达了他对近代战争的认识，即战争的爆发不是偶然的行为和孤立的事件，而有其深刻复杂的社会背景；两国战争的爆发是国与国之间政治、经济矛盾冲突的必然结果，战争也是这种矛盾冲突的特殊表现形式。这

---

① 蒋百里（1882—1938），浙江海宁人。中国现代著名军事理论家、军事教育家。1901 年赴日留学，1906 年以第一名的成绩毕业于日本陆军士官学校步兵科，后又留学德国。曾先后任保定陆军军官学校校长及代理陆军大学校长等。其对日持久战等军事理论对中国抗日战争战略的形成有重要影响。

② 蒋百里：《孙子新释》，《蒋百里（方震）先生文集》，见国防学会编《近代中国史料丛刊》（758），（台北）文海出版社 1972 年版，第 105 页。

就在一定程度上揭示了现代战争的本质。

其次，提出了政略决定战略的观点。蒋百里与蔡锷二人分别以广阔的战略眼光，论述了战争与国是、政略、战略、军队之间的复杂关系，并提出现代战争是政略冲突的必然结果。他们都把军事问题置于国家政治中应有的重要地位，阐明了振兴军事、增强国防必须立足于国家政治经济变革的基础。蔡锷指出："国是者，政略之所出也。战争者，政略冲突之结果也。军队者，战争之具，所用以实行其政者也，所用以贯彻其国是者也……故政略定而战略生焉，战略定而军队生焉。军者，国之（精）华，而未有不培养其根本而能华能实者也。"① 在这里，蔡锷并没有孤立地看待战争和军队的关系，而是深刻地指出了战争与交战双方"政略"冲突的关系："政略"是由国家的根本利益和基本国策，即"国是"来决定的。一国的战略又受制或者说从属于政略，军队则是贯彻政略的工具。任何一个国家要应付国内外形势的挑战，首要的任务是要制定正确的"国是"。"国是"确立的过程，也正是"政略之所出"的过程；"政略"一经确立，战略也就由之决定。

此外，早年留学德、美等国的董问樵②也接受了"全民族战争"的观点。其名著《国防经济论》（商务印书馆 1940 年版），是抗战时期一部系统介绍西方"国防经济学"研究成果的著作，由马寅初作序。作者认为，现代战争是全体性的战争和全民族的战争。战争的主体不仅限于军队，而且包括全体居民，战争活动的对象包括交战国全部生存空间。它是随着武器的进化和军制的演进而逐步形成的。全民族的战争，指现代战争已经不只是军队和政府的事情，而是全民族为生存发展而进行的斗争。

由上可见，新的全民族战争观点的提出，是近代中国军事思想的新发展，也是建立全体性（或者说总体性）国防理论体系的前提和基础。这一思想的形成与发展是多位精英人物共同作用的结果。在此过程中，蔡锷、蒋百里、杨杰、董问樵等归国留学生贡献了自己的智慧。

---

① 蔡锷：《军事计划》，见《蔡锷集》，湖南人民出版社 1983 年版，第 300 页。

② 董问樵（1909—1993），上海人，上海同济中学毕业后到德国留学，1932 年获汉堡大学博士学位。1933 年又赴美国留学。1935 年回国，在四川大学、重庆大学任教。1950 年始任复旦大学教授。20世纪 50—80 年代翻译德国文学名著数百万字，1988 年被德国总统授予一级十字勋章。

二 建立现代"全体性国防"理论体系

"全体性国防"理论是 20 世纪中国国防理论的一大发展。1937 年，蒋百里在为张君劢翻译鲁登道夫的《全民族战争论》所写的序言中提出："未来的战争不是'军队打仗'，而是'国民拼命'；不是一定短时间内的彼此冲突，而是长时间永久的彼此竞走。"[①] 他认为，现代战争并不是单纯兵力之间的战争，而是全民族的战争。未来战争有三种重要的方式：武力战、经济战、宣传战。同时，他还认为，当今世界新军事的主流是全体性战争，也就是总体性战争，其中包含着经济、政治、文化、外交、思想以及心理等各方面的斗争，从而揭示了总体战的主要组成部分。蒋百里还强调，全体性战争（全民族战争）是世界各国的国防趋势。

1907 年，《东方杂志》上发表了《兵力与国力之关系》一文指出："国之强，非兵一端所能独强也，治国如浮水然，必全体平匀，而勿致于一体，其事始克济而无后患。""治国者而注力于一体，不能计其全体，则其始也全体必为此一体所害，而其继也，此一体亦必为全体所害而不能独全。"[②] 运用这种综合性思路考察国防建设问题，实际上是中国近代"全体性国防"理论的起点，但真正提出并构建中国"全体性国防"理论体系的则是以留学生为代表的新式军事人才。他们系统提出并着力建构全体性的国防理论体系，对中国现代国防理论体系的确立和抗日战争的胜利贡献卓著。

1. 建构本土性、"全体性国防"理论

1935 年，德国军事家鲁登道夫元帅出版了他的《总体战》一书。鲁登道夫认为：现代战争已经演变为一种总体战，它要求充分发挥国家的全部物质力量和精神力量，综合使用军事、民用的力量展开全方位的作战。次年，此书传入中国后，对中国近代军事思想产生了深远的影响，特别是一些学习军事或对军事感兴趣的留学生，如蒋百里、杨杰、董问樵、吴保生等国防理论研究者很快就接受了鲁登道夫的观点，并在此基础上结合中国的实际情况

---

① 蒋百里：《国防论》，上海古籍出版社 2013 年版，第 32 页。
② 《兵力与国力之关系》，《东方杂志》光绪三十三年（1907）第 4 卷第 1 期，第 1 页。

加以改造，形成了中国的"全体性国防"① 理论体系。

蒋百里从总体性战争观出发，对国防力量的层次结构作了剖析，提出了一个国力、武力与兵力三位一体的全体国防理论。他认为，"武力者，国力之用于战争者"②，国力即是综合国力，包括一个国家的人、地、物、机械之运动力和政治力五种要素；兵力与武力又不同，是"武力之主体"，兵力的使用即表现为武力。他强调国家之政治机能在使国力转化为武力过程中的重要作用，如果国家不能处理好各种国力要素之间的关系，则可能"国力为武力，则有视乎国家政治之机能……武力转有因国力之大，而益小者矣"③。反过来，如果兵力过多，财政支出过大，将又导致国家财力不足以维持战时的支出。蒋百里是 20 世纪 30 年代提倡"全体性国防"理论的重要代表人物。他虽没有使用"全体性国防"这一概念，但他认为："新军事的主流，是所谓全体性战争，国防建设应该与之相适应，使一切建设都服从于国防的需要，动员国家的全体力量以抵御外来侵略。"④ 这种看法充满了真知灼见，对指导当时的抗战极有意义。

在近代中国明确提出并使用"全体性国防"这一概念而又产生较大影响的，首推留学日本的军事理论家杨杰⑤。他在蔡锷、蒋百里之后发展和推进了全体国防理论。1942 年他在《国防新论》中指出："战争的范围，随着人类生产的进步一天一天扩大，国防的范围也随着战争范围的扩大而扩大；战争的要素，随着人类生活的进步一天一天复杂，……战争是全体性的，国防也必然是全体性的；没有全体性的国防，就不能应付全体性的战争。"⑥ 因此，他认为现代国防已经演变成"全体性国防"，必须确立全体国防理论

---

① 皮明勇：《中国近代国防建设思想发展论纲》，《军事历史》1994 年第 5 期，第 10 页。

② 蒋百里：《国防论》，上海古籍出版社 2013 年版，第 46 页。

③ 同上书，第 70 页。

④ 皮明勇：《中国近代国防建设思想发展论纲》，《军事历史》1994 年第 5 期，第 11 页。

⑤ 杨杰（1889—1949），云南大理人，民国时期著名军事家、军事理论家。1907 年被清政府选送日本成城学校学习，1909 年加入同盟会。两年学习期满后，升入日本陆军士官学校第 10 期炮科学习。1911 年回国参加辛亥革命，1915 年投入护国运动。后又东渡日本，入陆军大学深造。1924 年冬回国，历任军界多职。1931 年后当选为国民党中央执行委员，国民党中央军事委员会参谋次长兼陆军大学校长，抗战后任驻苏大使。后与蒋介石逐渐产生矛盾并倾向共产党，1949 年被蒋介石暗杀。著有《国防新论》《军事与国防》《大军统帅学》和《战争要诀》等。

⑥ 杨杰：《国防新论》，国防部新闻局 1947 年版，第 73 页。

观念。因为战争方式随生产方式的变化而变化，新兵器的出现又改变了战争和国防的性质，因而国家的国防理念、战争观点也必须随之变化。"立体化战争和全体性战争的炮火，改变了现代的国防观念"，"现在的战争，不是兵与兵的战争，而是国与国的战争，是交战国国力的总决赛。战争在三度空间里进行着，飞机可以飞到老远的大后方投弹。地无分南北东西，从陆到海，从天空到地面，统统都是战场，人无分男女老幼，疾病残废，都要受战争的影响，统统都是战斗员。这样的战争，叫做全体战争"①。同时，他认为："现代的战争既为全体性战争，要应付全体性战争，就不能不实行国家总动员。把全国的人力、财力、物力全部集中起来，准备作战。"② 为此，杨杰提出了国家总动员的国防形式，把蒋百里的国家总动员理论向前推进了一大步，对国防总动员的意义、目的、范围、内容以及动员计划的编制、政策法令的制定、动员的组织指挥等，作了系统的论述。他认为，国家总动员应是全面的、总体的，应该包括军事动员、产业动员、交通动员、经济动员、政治动员以及其他各项动员。③

具有留学背景的蒋介石，对现代国防观念也有自己的认识。他认为，无国防即无国家，但国防绝非单指军事国防，还有经济（工业）、精神（思想）等；在战争时期，国家的一切生产要以国防为中心；现代国家的军事、政治、经济、文化和教育等都应以巩固国防为唯一目的，民生与国防合一。随着日本侵华脚步的加紧，蒋介石在 1935 年国民党"五中"全会上第一次表现出了对日本的强硬姿态，其国防观也出现了重大变化。他在《现代国家的生命力》《全国总动员的要义》等讲演中，开始阐述了现代国防的内涵。"现代之所谓武力，乃包括国家所有的国民，人人应参加战争，致力国防；所有一切的物质，哪怕一草一木，皆为战争与国防之所需，莫不为武力之要件。所以广义的'武力'，不仅是教育与经济皆包括在这武力之中，凡是学术、政治、外交、文化、军事、思想，尤其是主义和其他一切精神与物质的力量，亦皆包括在武力之中。"④ 由此可见，蒋介石此处所指的国防概念，

① 杨杰:《国防新论》，国防部新闻局 1947 年版，第 36—37 页。
② 同上书，第 38 页。
③ 同上书，第 217 页。
④ 张其昀主编:《蒋总统集》第 1 册，国防研究院中华大典编印会 1968 年版，第 906 页。

已经涵盖国家生活各个方面，已经接近于现代国防的概念。他进而指出，要达到建设现代国防的目的，就必须运用"全国总动员"的方法，全国实行有效的组织，分工协作，形成严密、健全的全国军事化的组织。抗日战争爆发后，他更明确提出并制定守势的国防方针，加强西南战略后方建设；强调政略高于战略，战略服从政略，以政略为依归。为此，他在全国推行军事体制，提倡尚武精神，要求学生和全体国民参加军事训练，寓将于学，寓兵于农；规定政治、经济、教育、社会等一切设施皆以军事为中心，使整个社会成为一个战斗体。

2. "全体性国防"理论的要素和原则

针对当时中国国防建设的实际状况，蒋百里、杨杰等留学生军事理论家提出"全体性国防"理论，并分别就其中牵涉的军事、经济、政治、文化等方面的问题，提出了许多颇有针对性的对策。

第一，现代国防的三要素。蒋百里指出，人、物以及人与物的组织这三者是构成国力的三要素，只有将国家的一切要素结合起来，形成综合军备，才有强大的国防。这其中，首先是人。人是最重要的要素，没有人就没有国家，也就没有国防。杨杰认为，人口不等于就是国力，人口多的国家也并不等于强国强盛，因此，提高人口素质对于提高国家国防力量有着重要的意义。"能够发生国防力的人，有三个条件：第一身体健全；第二有生产技能；第三思想正确，遵守国家法令。三个条件完全具备，才能称之为国防人。"①其次是物。物是重要的要素，它包括土地、食粮、水源、能源等各种资源，以及机器、武器、装备等。蒋百里认为：现代国防对物的依赖性越来越强，物的地位相对提高，中国的国防建设应立足于物资自足。所以，他主张国防力量必须在自力更生的前提下，以自给自足为基础。运用国防经济学的观点来看，经济力即是战斗力，"战斗力与经济力之不可分，这原理的实行就是'自给自足'，不仅是买外国军火，不可以同外国打仗，就是吃外国米，也不配同人家打仗"②。蒋百里的这一观点可谓一针见血，如果在军火粮食上都依赖国外，又怎么能不受制于他国呢？第三是人与物的组织。一个国家的

---

① 杨杰：《国防新论》，国防部新闻局1947年版，第75页。
② 蒋百里：《国防论》，上海古籍出版社2013年版，第13—14页。

盛衰强弱不仅由其经济力量和技术力量所决定，还与其组织管理水平的高低有着密切的关系。所以，国防建设是一项重要而艰巨的任务，就是抓好人与物的组织建设，积极发展国防力量中人力、物力、兵力三个层次和综合国力之人、物、组织三要素，构成总体国防。

第二，现代国防的三原则。"全体性国防"理论认为，现代国防建设必须坚持全民投入、物质与精神并重、平战一致三个重要原则。蒋百里主张，要从总体上规划全国国防经济建设，把"民事与军事融成一片"，建立平战结合、文武结合、兵民结合的国防经济体制和国家总动员体制。

全民投入，是因为现代两国之间的战争已不是传统的战争，它已由过去军人间的拼杀肉搏转变为国家全体国民的对垒，军人只是全体国民的一小部分。因此，现代国防建设必须着眼于规划和动员全体国民参加，不能仅把注意力放在前线，盯住军人，而要把前方与后方、军人与平民都纳入国防建设所需考虑的范围之内。杨杰在看到各国人民奋起反抗法西斯侵略所产生的巨大力量后，提出了"人民国防"的观念。"现代国防是人民的国防，战争的方式已经由武力战斗员的互相歼灭转移到全体人民的互相对垒。人民的战争是最进步的战争……人民的国防应该是为全体人民的利益建设，由全体人民去从事建设，建筑在全体人民身上的国防。"[1] "正因为现代战争'全民化'了，每一个国民都成为正式的或非正式的战斗员。"[2] 应该说这种全民皆兵、人民国防的理论，符合中国的抗日战争实际。

关于物质与精神并重的原则，很多留学生出身的军事家几乎不约而同地达成了共识。蒋百里认为："杀敌致果，固有赖于优良之武器，而拼命到底，尤须有压倒敌人之精神。"中国最大的武器就是坚强不屈的民族意志，这是没有任何力量可以战胜的。他还指出："战争的目的，在屈服敌人的意志。"[3] 杨杰认为："在今天看来，文化是国防的第一线，文化战是全体性战争的前哨。"[4] 为了有效地抵抗日本帝国主义的文化侵略，我们在加紧进行国防物质力量建设的同时，还必须努力构筑中华民族的"精神国防"。因

---

① 杨杰：《军事与国防》，商务印书馆 1944 年版，第 19 页。
② 杨杰：《国防新论》，国防部新闻局 1947 年版，第 199 页。
③ 蒋百里：《抗战的基本观念》，见《蒋百里抗战论集》，新阵地图书社 1939 年版，第 7 页。
④ 杨杰：《国防新论》，国防部新闻局 1947 年版，第 199 页。

而，他认为："所谓国防文化，它的最大效用就是假手教育来武装国民的头脑，铸成一座坚强的精神堡垒，以抵抗异民族的同化。"[1] 在敌强我弱的情况下，强调精神的作用无疑有一定的价值。"九·一八事变"之后，蒋介石提出了"精神国防"的思想，强调以礼义廉耻的精义教化民众，使人人修身力行，发扬中华民族传统道德，奠定国家的精神基础。1934年，国民政府在全国推行"新生活运动"，以重整道德、改变社会风气。因其从改造国民的日常生活入手，所以命名为新生活运动，蒋介石希望将"新生活运动"和塑造"精神国防"连成一体。用他的话来讲："新生活运动……也就是精神国防的建设运动！"虽然1949年后对之评价不高，甚至否定批判，连民国时期的独立知识分子也颇有微词，[2] 但蒋介石一直把"精神国防"理论和其所倡导的"礼义廉耻"四维及"忠孝仁爱信义和平"八德，作为军队的精神支柱。他竭力提倡和发扬以"仁"为中心的"智信仁勇严"的武德和"不成功，便成仁"的精神。他一再强调："我们要打倒日本侵略的野心，要打倒日本侵略的武力，先得打倒他日本侵略的精神（笔者注：即武士道精神等）。要打倒日本侵略的精神，先要完成自己应该具备的革命精神——固有的民族精神。"[3] 这在当时国内外复杂的历史条件下，也不无积极意义。如抗战初期，侵华日军在给国内大本营的电报中有云："南京政府领导的新生活运动，现已转变为国家军事的总动员运动。他们过分相信自己，因此，必然要出现对日轻侮的行动。"[4] 由此可见该运动客观上造成的影响力。

关于平战一致的原则，即国防建设要注意和处理好平时与战时的关系，注意解决国防与经济建设的关系，注意把军用与民用结合起来。平时的一切非军事建设都要考虑到战时军事的需要，平时的军事建设也要尽可能兼顾民用建设的需要。这样，平时与战时之间的差距就会缩小，就能做到平战一致，其国防效益就可以得到提高。为此，蒋百里根据中国当时的实际情况，

---

[1] 杨杰：《国防新论》，国防部新闻局1947年版，第197—198页。

[2] 如"新生活运动"开始一年后，胡适在1935年4月的《大公报》发表评论，认为从内容概要上看"都是一些柴米油盐、家常便饭的事情"。

[3] 蒋中正：《要抵抗日本帝国主义先要抵抗日本武士道的精神》，见张其昀主编《蒋总统集》（二），国防研究院中华大典编印会1968年版，第764页。

[4] 日本防卫厅战史室编：《华北治安战》，天津人民出版社1982年版，第17页。

结合世界各国的先进经验，主张实行"生产性国防"而力避"消费性国防"。即国防建设要有利于经济建设，平时也不应只为了战争的需要而不顾生产的其他效用。他认为法国的马其诺防线耗资巨大，平时毫无用处，战时随着军事技术的发展，其军事作用也不大，而德国的高速公路网则是"生产性国防"的典型代表，做到平战一致的原则。因此，蒋百里认为：国防建设与经济建设要结合起来，国防建设应着眼于两者之间的紧密联系，按"生产性国防"的方向去规划去建设。

抗日战争的实践证明，"全体性国防"理论中"三要素"和"三原则"是科学的、正确的，既符合现代战争的一般情况，也符合抗战的实际，对于南京政府制定抗战方略产生了重要的影响。

3. "全体性国防"理论下的国防经济学

国防经济学理论是辛亥革命以来中国国防思想的新发展。20世纪二三十年代，蒋百里融会中外军事和国防学说，结合中国军事与国防建设的实际情况，从多方面阐明适合中国国情的全体性国防理论，提出并阐述了国防经济学理论，使之成为其国防思想的一块基石。其中"生活条件与战斗条件一致"的观点，不仅是蒋百里国防经济学的核心，也是其"全体性国防"理论体系的核心。

在对中外军事史的研究中，蒋百里发现"生活条件与战斗条件一致则强，相离则弱，相反则亡"[1]，因此，他主张要建立"既能吃饭，又能打仗"的国防格局。他认为，欧洲大战中产生的总体战思想及战后各国确立起来的国家总动员体制，归根到底都体现了"生活条件与战斗条件一致"的原理。战斗力与经济力不可分，经济力就是战斗力，平战一致，是其国防经济建设的指导原则，也是一种典型的军事经济一体化思想。为此，他强调应朝"民事与军事融成一片"的方向进行国防建设，从国家的总体角度去规划国防经济建设。国防经济建设实行文武合一、兵民结合、寓兵于农，才能"使国防设备费有利于国民产业的发展"，开辟出一条花费最省的国防建设道路，从而达到兵民相通、寓兵于民的目的。

虽然蒋百里的国防经济建设理论并未充分展开，但其军事经济一体化原

---

① 蒋百里：《国防论》，上海古籍出版社2013年版，第33页。

则却受到当时中国其他国防理论专家的赞赏，被他们接受并发展，从杨杰的《国防新论》《军事与国防》到吴保生的《国防论》、黄淦的《国防要义》等著作都可看出；而把军事经济一体化观点加以系统发挥，并形成完整的国防经济建设理论的则是留德生董问樵的《国防经济论》。

1943 年，董问樵出版了代表作《国防经济论》，这是中国抗日战争时期出版的一部系统介绍西方"国防经济学"研究成果的著作。他的国防经济理论以其现代战争观作为出发点。他认为，现代战争是全体性的战争和全民族的战争。全体性的战争，指战争的主体不仅限于军队，而且包括全体居民，战争活动的对象包括交战国全部生存空间。它是随武器的进化和军制的演进逐步形成的。"经济的国防力，至少必须能够制造保卫国家存在的武力所需之战备和武装。它必须在战时保证军队与民众之独立力量的需要，不依赖于外援。"[①] 他还认为：国防经济作为一种经济制度，包含有四个阶段：平时国防经济、经济动员、战时经济和经济复员。为了使人们对国防经济有一个明确的把握，董问樵进一步说明了国防经济、国民经济和私人经济三者的区别和联系。同时，在序言中董氏提出："真理是具体的是全体的，国防经济的原则，是我们二十世纪民族生存的真理，至少是值得我们科学界、经济界、军事界的人们，用最大努力去研究的。"[②]

4. "全体性国防"理论下的国防政治建设

国防政治建设是"全体性国防"理论的重要组成部分。杨杰认为，国防政治建设，需要把每一个国民训练成一个标准的国防人，使他们平时为加强国家的作战力量而努力从事生产，在战时能够自动地、勇敢地将他们的生命和财产贡献给国家，愿意为保卫国家的生存而战，以至战死。这就首先必须把政治本身建设成为一种国防政治，而国防建设所需要的政治制度，是强有力的政治制度。杨杰认为："国防政治建设应该……从主义的建设开始，主义是一种掌握人民的有效工具，同时也是打击敌人的有效武器。而主义的是否有效，完全看它是不是合乎人民的需要。"[③] 他认为：政府要发动和吸

---

① 董问樵：《国防经济论》，商务印书馆 1940 年版，第 27 页。
② 同上书，第 2 页"自序"。
③ 杨杰：《军事与国防》，商务印书馆 1944 年版，第 33 页。

引民众投身国防建设中来，通过法治建设以达到勤廉高效。当然，由于各个留学生研究者自身政治立场的差异，他们所提出的国防政治建设的具体内容也不尽相同，但由于受"全体性国防"根本观点的影响，他们对国防政治的重视却是一致的。

总体上看，蒋百里、杨杰、董问樵等留学生融合西方近代军事思想和中国传统军事思想的精华，从多方面对中国现代"全体性国防"理论所进行的论述，涉及了当时中国国防建设的各个方面，其论述的深度和广度都达到了空前的水平，促成了中国现代"全体性国防"理论体系的形成，对战胜外来侵略具有重要意义。

三　探讨现代军事战略战术

在对国防建设的诸多论述中，民国时期的留学生们还从不同视角对军事战略和战术作了探讨，提出过若干建设性的战略原则和战术构想。

1. 关于军事战略

为了适应民国时期中国国防作战的需要，蒋百里、杨杰、蒋介石等留学归国人员提出了一些重要的军事战略思想，主要集中于以下方面。

第一，积极防御的军事战略。蒋百里不止一次地指出，中国与外国的战争属于自卫性质，中国必须拥有强大的国防以抵抗外来侵略。中国军队"建制之主义——以自卫为根本原则，绝对排斥侵略主义"。自卫指的是国防和战争的性质，"唯所谓'国民防御'，所谓'国民自卫'，乃指国家军事之大方针而言。与战略上战术上的攻势守势不可相混，上文所谓自卫主义、侵略主义之利害，不能以之作战略战术上之攻击防御利害解，而军事上之自卫主义与军事教育上的攻击精神，不仅不相妨害且有相得益彰之理"①。此外，他还强调"防御自身决不能成为目的，而只是一种手段，借此节省兵力用到决战方面去"②。在此，蒋百里虽未正式提出"积极防御"的概念，但在实际上却蕴含着攻势防御即积极防御的思想。杨杰也针对日军的速战速决战略

---

①　蒋百里：《国防论》，上海古籍出版社 2013 年版，第 75 页。
②　蒋百里：《最近法国之战见》，见《蒋百里先生文选》，（台北）文海出版社 1972 年版，第 200页。

提出："除应用节陈抵抗，诱敌深入，然后一举歼灭之消耗战术，别无他法。"[1] 这种采取防御的战略思想，实质是通过争取时间，达到逐渐削弱敌人、使我转弱为强，最后战胜敌人的目的，实际上是一种主动的、积极的持久战略思想。

　　第二，备战御敌的战略思想。中国古代强调军备，有"兵可百年而不用，不可一日而无备"[2] 之说。对此，蒋百里赋予了新的内容和意义，他把"备"提到国防战略的高度加以论析，把军队战备与全民动员两者结合起来，认为"备"有两种意义，一是预备之备："预就胜，不预就不胜"，这是一条军事铁则。另一种意义是完备之备，备战必须努力做到"无所不备"，临战时才可稳操胜券。1933 年蒋百里赴日考察，回国后提出中日战争不可免，提醒国民政府应备战，并拟就多项国防计划。在抗日战争全面爆发前夕，他提出的国防动员总体计划和实施纲要就体现了其备战御敌的战略思想。国防动员是实现军民结合、寓军于民的重要组织形式和桥梁。其中包括五项要点：人力、物力、财力、地理力和政治力。其中人力包括体力、智力和道德力；物力主要指生产力；财力主要包括财政、税收、金融、国际贸易等；地理力主要指充分利用地理条件与开发水陆交通；政治力主要包括政治制度的革新、组织指挥与领导能力的提高等。[3]

　　第三，持久消耗的战略思想。所谓持久战，顾名思义，是指持续时间较长的作战，是相对速决战而言的。中国现代第一个倡导持久作战的人是蔡锷。他曾在《曾胡治兵语录》中指出："鄙意我国数年之内，若与他邦以兵戎相见，与其为孤注一掷之举，不如采用'波亚战术'，据险以守，节节为防，以全军而老敌师为主。俟其深入无继，乃一举歼除之。昔俄人之蹶拿破仑于境外，使之一蹶不振，可借鉴也。"[4] 这是中国最早公开提出的持久战理论，而针对的主要外敌就是日本。蔡锷认为，以中国当时的国力，还不具

---

① 杨杰：《防御战术》，转引自杨德慧《杨杰将军思想研究》，云南人民出版社 1989 年版，第 101 页。

② 《南史·陈暄传》。

③ 余子道：《从〈军事计划〉、〈国防论〉到〈国防新论〉——论蔡锷、蒋百里、杨杰的国防思想》，《军事历史研究》2002 年第 4 期，第 68 页。

④ 曾国藩、胡林翼：《曾胡治兵语录》，中央党校出版社 2008 年版，第 88 页。

备与他们对打的实力，一旦外敌来犯，与其死打硬撑，不如诱敌深入，利用中国有利的地形，在持久战和消耗战中伺机歼灭之。

有鉴于此，1922 年，蒋百里在《裁兵与国防》一文中告诫当时的中央政府：中日战争一旦爆发，中国应采取的军事策略是"彼利急，我利缓；彼利合，我利分；彼以攻，我以守。此自然之形势，而不可逆转者也"①。由于日本侵华的战略是速战速决，将兵力重点布置在中国的第一线，那么我方的战略方针就是反其道而行之。这是蒋百里对日进行持久战略的最初想法。1923 年，他甚至预言中日战争将在平汉、粤汉铁路以西，即太原、洛阳、襄阳、衡阳一线展开最后的总决战。因此，他认为，中国的国防应以洛阳、襄阳、衡阳的"三阳线"为最后坚守决战的阵线，中心区应建于"三阳线"，大致上是东部平原与西部山脉地区的交界。国防工业建设应以平汉、粤汉铁路以西为总根据地，这就是著名的"三阳线"决战论。按照他的设想，我军让出东部，依托西南山区与日军周旋，只要坚守此线，便能立足山川纵横、资源丰富的西部地区，与敌人展开持久消耗战，而日军将在此线以东地区被迫分散，遭受损耗。

蒋百里提出的持久战及"三阳线"决战的理论与设想，深受各界人士的关注和重视，产生了广泛的社会影响，也不同程度地影响了蒋介石等国民政府要人的对日作战思想，持久战战略从而逐渐成为国民政府对日作战的指导思想。② 其主旨为：利用中国广大的国土优势和人力资源，扩散战场，长期抗战，不断消耗敌人，同时积极培养战力，捕捉反攻机会，争取最后胜利。

由于中日两国国力、军力悬殊太大，而中国又是个大国，因此蒋介石认为，中日战争必将是"持久战"。"一·二八事变"爆发不久，蒋介石即于1932 年 2 月 25 日命何应钦加紧准备第二期抗战计划，强调"与倭持久作

---

① 薛光前主编：《蒋百里先生全集》，（台北）传记文学出版社 1971 年版，第 206 页。

② 此战略思想的形成与毛泽东的持久战思想没有关系，据杨天石先生考证："不论是白崇禧，或是蒋介石，在提出'积小胜为大胜，以空间换时间'的方针时，都不可能受到《论持久战》一文影响，程思远的有关回忆是错误的。在相当长的时间内，蒋介石并没有读过《论持久战》。蒋介石阅读范围较广，马克思、列宁、斯大林、毛泽东等人的著作他都读，而且常在日记中加以记录，并发表读后感。有时，甚至自叹读之过晚。但是，检阅蒋介石这一时期的日记，却完全没有他阅读《论持久战》的记载。"详见《国民党"持久战"思想其实有独立来源》，《南方都市报》2009 年 7 月 7 日。

战，非如此不足以杀其自大之野心"①。1933 年初，长城抗战爆发，蒋介石
表明了持久作战的思想："现在对于日本，只有一个法子，就是作长期不断
的抵抗……这样长期的抗战，越能持久，越是有利。"② 1933 年，他开始考
虑西南西北大后方的建设，在 8 月 17 日的日记中他写道："大战未起之前，
如何掩护准备，其唯经营西北与四川乎?"③ 1935 年 2 月，蒋明确提出了
"四川应为复兴民族之根据地"④。同年 10 月，国民政府参谋本部制定《国
防大纲》，熊斌奉派到华北征求各地将领意见，也转述了蒋介石长期抗战的
思想。⑤ 由此可见，"持久战"已成为蒋介石和国民政府制定对日作战计划
的指导思想。

为具体部署对日作战，1937 年 1 月，蒋介石任命时任参谋总长的程潜
上将组织国民政府参谋本部人员拟订《民国二十六年度国防作战计划》，强
调"大本营对于作战指导，以达成'持久战'为基本主旨"。甲案云："国
军对恃强凌弱轻率暴进之敌军，应有坚决抵抗之意志、必胜之信念。虽守势
作战，而随时应发挥攻击精神，挫败敌之企图，以达成国军之目的，于不得
已，实行持久战，逐次消耗敌军战斗力。"⑥ 3 月 18 日，蒋介石发表《敌人
战略政略的实况和我军抗战获胜的要道》，再次表明要坚持持久战、消耗战。
"因为倭寇所恃的，是他的强横的兵力，我们要以逸待劳，以拙制巧，以坚
毅持久的抗战，来消灭他的力量。"⑦ 3 月 20 日，蒋介石以大本营大元帅名
义发布《国军作战指导计划》，规定"国军部队之运用，以达成持久战为作
战之基本主旨。各战区应本此主旨，酌定攻守计划，以完成其任务"⑧。

---

①　秦孝仪总编纂:《总统蒋公大事长编初稿》卷 2，（台北）中正文教基金会 1978 年版，第 182—
183 页。

②　同上书，第 294 页。

③　杨天石:《蒋氏密档与蒋介石真相》，社会科学文献出版社 2002 年版，第 401 页。

④　杨天石:《卢沟桥事变前蒋介石的对日谋略》，见《蒋氏秘档与蒋介石真相》，社会科学文献出
版社 2002 年版，第 401—402 页。

⑤　徐永昌:《徐永昌日记》第 3 册，1935 年 10 月 15 日，中央研究院近代历史研究所 1991 年版，
第 318 页。

⑥　马振犊:《国民党政府 1937 年度国防作战计划（甲案）》，《民国档案》1987 年第 4 期，第 42
页。

⑦　秦孝仪主编:《先总统蒋公思想言论总集》卷 14《演讲》，中国国民党中央委员会党史委员会
1984 年版，第 608 页。

⑧　中国第二历史档案馆编:《抗日战争正面战场》上，江苏古籍出版社 1987 年版，第 3 页。

1937 年 8 月 20 日，蒋介石命令颁发的国民政府大本营训令第一号《战争指导方案》中又重申了这一观点。1938 年 2 月 7 日，蒋介石在武昌中枢纪念周演讲说："我们现在与敌人打仗，就是争取时间，我们就是要以长久的时间，来固守广大的空间，要以广大的空间，来延长抗战的时间，来消耗敌人的实力，争取最后的胜利。"[1] 同年 3 月 5 日，蒋介石考虑对日作战方略："我之对倭，在以广大之空间土地，求得时间持久之胜利；积各路之小胜，而成全局之大胜。"[2]

在当时的历史条件下，大而弱的中国抗击小而强的日本，采取持久消耗的战略，以空间换取时间无疑是正确的。它对于打破日军企图速战速决的战略，保存中国的军事力量，坚守大西北、大西南后方，奠定抗战最后胜利的基础，起到了重要的作用。然而，由于中国抗日战争的复杂性，民国政府和蒋介石在这方面的诸多失误也是明显的，与中国共产党提出的依靠自己的力量实行持久抗战的思想，在实际效果上也有着很大区别，值得认真对比总结。

第四，夺取制海权的战略思想。近代比较成型的制海权理论由美国军事理论家艾尔弗雷德·塞耶·马汉（Alfred Thayer Mahan，1840—1914）提出，其主要著作有《制海权对历史的影响：1660—1783》（*The Influence of Sea Power up on History* 1660—1783）、《海军战略》（*Naval Strategy*）等。马汉在其论著中分析制海权对军事、民族、领土和商业各方面的影响，被西方公认为研讨海军战略问题的权威。在这一理论的传播过程中，留学生特别是留日学生或发表演说，或撰写文章，或翻译书籍宣传制海权理论，大声疾呼振兴中华海权，并提出以争夺制海权为目标来建设中国海军，指导中国海军作战。他们在制海权理论指导下，从不同角度对中国海军的作战问题进行研究探讨，构建中国的海军战略理论体系。

1910 年，留日学生创办《海军》杂志，载文痛陈"所谓帝国主义者，语其实则商国主义也。商业势力之消长，实与海上权力兴败为缘，故欲伸国

---

[1] 蒋介石：《抗战必胜的条件与要素》，见秦孝仪主编《先总统蒋公思想言论总集》卷 15《演讲》，中国国民党中央委员会党史委员会 1984 年版，第 122—123 页。

[2] 秦孝仪总编纂：《总统蒋公大事长编初稿》卷 4 上册，（台北）中正文教基金会出版社 1978 年版，第 184 页。

力于世界，必以争海权为第一义"，"立国之道，国防而已，处此弱肉强食之秋，立国之元素在军备，军备之撷要在海军"①。留日生吕德元认为，一个"国家的兴衰，无不与海权有重大关系"②；"海权问题，为中华民族解放的总枢纽所在"，中华民族的复兴，中国经济贸易的发展，"皆有赖于海上控制权"③。留日学生萧举规在《海军论》中进一步指出："观国之光，当观其国民精神之弱与强，国民精神强则其海权亦因以强。"④ 1927 年，日本早稻田大学毕业生唐宝镐，将马汉《制海权对历史的影响：1660—1783》这一名著的核心部分翻译了出来，并取名为《海上权力之要素》。同年 12 月，《海军》从第 1 卷第 6 期开始，先后分 8 次刊登这一名著，这是中国第一次完整地介绍了马汉的制海权理论。

正是在此认识的基础上，民国时期中国海军才将争夺制海权作为海军作战的根本目标和基本指导原则提出来。尽管这种夺取制海权的战略思想并没有完全为当时的中央政府所吸收和采纳，但这种理论的提出，无论在当时还是现在都具有重要的战略意义。

2. 关于军事战术

在战术原则上，近代以来许多军事留学生在积极汲取中国传统战术原则和外国先进战术理念的基础上，提出了若干行之有效的军事战术思想，同时又灵活地运用于中国军事实践中，不仅丰富了中国的军事战术理论，也对当时中国反对外来侵略有着重要的意义。

第一，陆、海、空军多兵种协同作战的战术。近代新式陆军的出现，协同作战概念才有了制度化的趋势。在中国，第一次提出近代意义上陆空联合作战构想的是蔡锷。蔡锷的陆军野战军编制，不仅包括步兵、骑兵、工兵辎重兵及电信队，还配备铁路部队和飞机。因此，将整个战区的陆军各兵种和飞机、铁路联合起来，便有了联合作战的构想。尽管中国 1919 年才有民航空运，但蔡锷早在 1913 年的《军事计划》中就讲到把飞机用于作战。不管用于运输补给，还是用于地面作战，其将飞机配属于野战军的构想，已经领

① 皮明勇：《关注与超越——中国近代军事变革论》，河北人民出版社 1999 年版，第 379—380 页。
② 吕德元：《海军与国家之国际地位》，《海军》1935 年第 8 卷第 3 期，第 6 页。
③ 吕德元：《海军与民族之关系》，《海军》1935 年第 8 卷第 4 期，第 3 页。
④ 皮明勇：《关注与超越——中国近代军事变革论》，河北人民出版社 1999 年版，第 378 页。

先于当时了。

关于海军与陆军在战略上之协同作战的战术最早也是由留学生提出来的。留日学生朱伟、姜鸿滋等陆军大学教官多次在其编写的《海战学》讲义中提出："敌我均有海岸者，宜先集海军之全力，击破敌之海军，确实获得制海权，然后攻击敌之海岸，并运输陆军上陆与敌决战。"① 书中还就自法国路易十四以来 200 年间的上述两类战例进行统计，通过分析比较以证明其观点。此外，留日学生李北海认为，海军不仅应同空军密切协同，还应建立海军自己的航空部队，无自己航空部队的海军，在现代"已不能称之为海军"，"直类于去一手一足之跛者"②。海军作战还应与陆军协同。为了确保海陆军在战略上的协同作战，作者还提出要"将海陆两军统属于一人指挥之下，复罗致两方重要人物为幕僚，公同计划一切"③。海军留日学生关于陆海联合作战理论的提出，对于丰富海军作战理论，提高海军作战水平，即使到今天都具有重要意义。

第二，实行游击战术。民国时期游击战术的提出，主要是为了对付日本的侵略，首先倡导的是蒋百里。他认为，抗战是持久战，为了最后胜利，要发展敌后游击战，有效地阻击和牵制日军的进攻步伐，使日军无法利用占领地区提高战力。为把游击战战术付诸实践，抗战前，蒋百里到山东邹平拜访搞乡村建设的梁漱溟。"他一面劝梁漱溟先生除致力乡村教育外，应兼办乡村自卫，培养民兵制和游击战，以防万一对外之用。"④ 同时，他又向国民政府提交了《新式游击战战术纲要》。该《纲要》规定了游击战的目的、组织及攻击目标和所使用的武器等方面的要求：由于中国国防空虚、武器落后等原因，鼓励农村抵抗，进行广大而分散的游击战术；人员"必须分散"，"必须精选且预授以相当教育"，"愈少愈好"，但"指挥必须统一"；其目的"不在伤敌人而在破坏其物品，因大量物品袭击较易而功效较大也"⑤；攻击

---

① 海军司令部《近代中国海军》编辑部编著：《近代中国海军》，海潮出版社 1994 年版，第 1139 页。

② 李北海：《现代国防与海军航空兵备之关系》，《海军》1931 年第 3 卷第 7 期，第 25 页。

③ 皮明勇：《民国初年中国海军战略战术述论》，《军事历史研究》1994 年第 2 期，第 104 页。

④ 薛光前：《蒋百里的晚年与军事思想》，见《蒋百里先生全集》第 6 辑，（台北）传记文学出版社 1971 年版，第 25—26 页。

⑤ 国防学会编：《蒋百里先生文选》，（台北）文海出版社 1972 年版，第 239、240 页。

目标应集中于敌人的运输系统、仓库和储蓄品及各类生产机关等。这表明他所设计的游击战术主要是用来袭击敌军的交通运输系统及后勤设施，而非直接打击敌军。这反映了蒋百里的先见之明：阻止敌军利用沦陷区物资以战养战。抗战爆发后，蒋百里又发表了《与德国亨斯少校研究新式游击战术》一文，认为游击战战术的两种方式，一为俄国已经应用之旧方式（指西方干涉俄国革命时苏俄所用的战术），一为德国自鲁尔被占据后所用之新方式。由于中国南北方地理位置的差异，他认为，"中国北方区域广大，交通不便"，可以采用俄国红军的游击战术，打击日本侵略者，"唯中国南部及沿江海一带，最适宜于用新式"①。

蒋介石对于蒋百里的游击战术极为赞赏。1934 年他在庐山军官训练团讲演时强调，将来抗日战术有四，第四条就是"要注重游击战术"②。1938年1月，在北方高级将领会议上，蒋介石再次强调："所谓游击战，实在是正规战之一种，一定要正式的部队尤其是纪律好精神好战斗力强的正规部队才能够担任……不可视为一种奇巧的名称。"③

总的说来，在中国近代军事思想的发展过程中，留学生的作用是极其重要的。他们在中国继承传统军事理论的基础上，从当时中国面临的国防现实出发，不断借鉴西方先进的军事理论精华，并把这些理论运用于中国近代军事实践中，有效地反击了外来侵略，推动了近代中国军事思想的变革。

第二节　留学生群体与民国时期军事制度的建立

清末民初时期，大批留学归国人员，特别是留日士官生进入军事领域，担任了重要职位，其中部分人放眼世界军事变革的大局，运用西方先进的军事理论，紧紧围绕现代化军队建设的需要，积极参与军事制度的变革。他们

---

① 蒋百里：《与德国亨斯少校研究新式游击战术》，见《蒋百里抗战论集》，新阵地图书社1939 年版，第114 页。

② 蒋介石：《抵御外辱与复兴民族》，见秦孝仪主编《中华民国重要史料初编——对日抗战时期》绪编三，中国国民党中央委员会党史委员会1981 年版，第125 页。

③ 《蒋委员长对抗战检讨与必胜要诀训词》，见秦孝仪主编《中华民国重要史料初编——对日抗战时期》第二编《作战经过》（一），中国国民党中央委员会党史委员会1981 年版，第95—96 页。

不仅对新形势下国防和军队制度的改革进行了探索，形成了具有时代特色的军制改革理论，而且在这一理论指导下，积极参与军队的体制、教育训练、兵役、后勤、装备以及国防动员等方面的全方位改革，促进了中国军事制度的现代转型。

一　主导建立现代军事组织体制

军事组织体制与现代军队的战斗力有很大的关系，只有达到军事体制与军事编制的有机结合，才能形成一支精干、高效而具有战斗力的军队。由于大量留学生进入中国军界，故民国时期中国军事组织体制的变化与归国留学生群体有着千丝万缕的联系。

1. 主持建立现代军事组织体制

中华民国经历了南京临时政府、北洋政府、南京国民政府三个时期。在南京临时政府时期，政府中的主要领导人都是留学生，如临时大总统孙中山、陆军部总长黄兴、陆军部次长蒋作宾等，因而军事组织体制的制定亦主要在留学生的领导下进行。临时政府设立了陆军部、海军部掌管陆海军行政，设参谋本部掌军令。南京临时政府按照西方资产阶级共和国的模式颁布了一些法令，设立了一些军事机构，使之在军制建设上初具规模，建立起一套资产阶级共和国的军事制度。

军队的统率权是军事组织体制中最为重要的一部分。1912 年 1 月 2 日，南京临时政府参议院通过了《中华民国临时政府组织大纲》，其第三条规定："临时大总统有统率海陆军之权。"[①] 该大纲还规定临时大总统的统率权通过陆军部、海军部和大总统军事幕僚机构——参谋部来实现；参谋本部为临时大总统的军令机构。[②] 3 月 10 日，参议院又通过了具有宪法效力的《临时约法》，其第四章第三十二条规定："临时大总统，统帅全国海陆军队。"但政体采用总理制，陆军部、海军部两部改隶于国务总理。《临时约法》规定的中央军事系统如图 9—1 所示。

---

① 《临时政府公报》第 1 号，见中国第二历史档案馆编《中华民国史档案资料汇编》第 2 辑，江苏古籍出版社 1991 年版，第 5 页。

② 王绍军等：《军制史话》，社会科学文献出版社 2000 年版，第 111 页。

```
                              ┌───── 陆军部
        临时大总统—国务总理 ├───── 海军部
                              └───── 参谋部
```

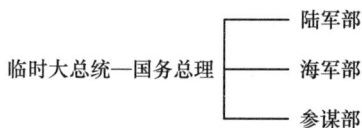

图9—1　《临时约法》规定的军事系统

　　军队体制编制是人与武器装备相结合的组织形式，是战斗力构成的重要因素。在孙中山、黄兴与时任南京临时政府陆军部次长蒋作宾（留日）等的领导下，南京临时政府陆军部制定了《陆军暂行编制》。1912年1月16日，该编制由临时大总统孙中山下令正式颁布施行。《陆军暂行编制》规定军队各级建制单位的名称为：军、师、旅、团、营、连、排、班，废止清末新军所采用的镇、协、标、队、棚五班军队编制称谓。同时该编制规定：军为最高的编制单位，实行"二四制"[①] 编制。尽管南京临时政府只控制了少量军队，但其对军队统率权、军队的编制等规定，对后来军事组织体制的发展产生了深远的影响。

　　后来北洋政府也制定了陆军编制，但与南京临时政府时期所制定的军事体制相差不大，只是以师为战略单位，师的编制与前所规定大抵相同。1925年广州国民政府成立，确立军事委员会为最高军事机关，在中国国民党中央委员会的指导和监督下，统率国民政府辖区内的陆海军、航空队及一切的军事机关。[②] 国民革命军的编制以黄埔军校教导团为基础，采用"三三制"，即自班至师皆以三进。[③] 1927年4月至5月，南京国民政府颁布了《国民政府军事委员会组织大纲》《国民革命军总司令部组织大纲》，在国民党中央执行委员会下设军事委员会，作为国民党最高军事行政机关。军事委员会有管理全国海、陆、空兵力及军事制造机关之权。8月，军事委员会决定裁并军队，制定发展海军、建设空军的战略。10月，军委会决定军队编制案，以军为单位，军之上分路，各路负责者总指挥，以数目表示之。军之编制，每军三师制。这些工作，为全国陆军整编作出了必要的准备。1930年10月

---

　　① 茅海建：《中华民国军制述略》，《历史教学》1986年第4期，第14页。
　　② 王绍军等：《军制史话》，社会科学文献出版社2000年版，第121页。
　　③ 同上书，第123页。

中原大战结束，蒋介石全面开展陆军建设，进一步调整陆军的中央指挥系统，规范陆军的编制及行政制度、后勤供给制度、军事教育制度等。

在开始陆军近代化建设的同时，国民政府加强了海军空军建设。中国海军在甲午战争中遇到了毁灭性打击，辛亥革命后，在北洋政府统治时期，中国海军建设没有多大的发展。1929 年 6 月，南京政府成立海军部，这意味着中国海军经过多年的内战纷争后重新归于一统。其重要将领如萨镇冰、桂永清等皆为留学出身，对民国海军的发展有较大影响。

中国空军起步较晚，辛亥革命后，第一批飞机才进入中国领空。1919年北洋政府设立航空事务处，统管飞行训练和机械维修。1921 年 2 月 9 日，航空事务处改组扩编为航空署。航空事务处原来只设置几个科，改组为航空署后，则设有参事室和军事、机械、航运、总务厅，厅下设有教育、编译、储运、材料、气象、采购、庶务等科。其中丁锦（留日）任首任航空署署长，秦国镛（先后在法国、比利时留学）、徐祖善任参事，厉汝燕（留英）任机械厅厅长，陈虹任军事厅厅长，姚锡九（留法）任航空厅厅长，王鹗（留学法国和德国）任经理厅厅长。这几位航空署的主要领导者，除军事厅厅长陈虹以外，都有在国外留学的经历。

南京国民政府成立后，大力发展空军，1928 年 10 月成立了航空署，由熊斌担任首任署长，毕业于英国利物浦工业专门学校的张静愚任副署长。1929 年 4 月，国民政府正式启用陆、海、空军之衔称。1930 年航空署迁往杭州。次年 2 月，航空署及其下属单位开始实行空军编制。同年为了统一政令，航空署及其下属单位完全从军政部划出，改组为航空委员会，直属于军委会之下，蒋介石兼任委员长，宋美龄[①]为秘书长，陈庆云为办公室主任。航委会的成立，是中国空军发展成为独立军种的重要标志。至此，国民政府已经正式形成了陆、海、空三军建制。

2. 参与将官选拔制度的制定

军队的战斗力在很大程度上取决于军官的素质，而军官素质的高低将直

---

① 宋美龄（1897—2003），广东文昌县人（今属海南省）。毕业于美国威斯里女子学院（Wellesley College，MA）。1927 年与蒋介石结婚，凭借孔宋家族的强力支援与美国留学背景，活跃于政治、外交等领域，对近代中国历史与中美关系都产生了深远的影响。1936 年初，任"国家航空委员会"秘书长，负责当时中国空军之组建，后被誉为"中国空军之母"。

接影响部队的战斗力。因此，建立现代军官选拔制度为军队现代化建设的重要一环。

对于军官的选拔任用，蒋百里主张重才能而不应只重军功："勇者受勋，能者在位。"他指出，自民国成立以来无论哪一派当权，都是重军功而不重才干。一个粗犷的武夫，只要立一点点功，当局不管其懂不懂军事和经济，就提拔他做独当一面的大员，以致误国误民。所以，他认为对于军官应以荣誉酬军功，而不以职位酬平庸。① 杨杰认为军官是士兵的表率，担负"作之君、作之亲、作之师"的重大任务，因而对于军官的选拔、培养要严格慎重。被选拔的对象不仅要有以服兵役为终身职业的志愿，同时还要有在军事上、国防上作进一步贡献的抱负，需要有崇高的武德、高尚的人格、优异的才能、卓越的统率力以及责己严而对人恕的品格。②

南京政府完成了对全国形式上的统一后，重视对军队干部的培养和教育，开始建立比较完备的军官选拔任用制度。1928 年，蒋介石在整编军队的同时，也开始着手军官官佐的培养与选拔，并力图建立比较完备的军官教育制度。1928 年 8 月，国民党二届五中全会上通过了蒋介石提出的《整理军事案》，指出要统一军事教育，"将各军中年富力强、学识俱优之精壮士官，调入大学或专门学校，合一炉而冶之"。"军事教育之统一，为完成国军之基础……各军各地方，不得自设军官学校及类似军官教育之学校。"

1928 年黄埔军校停办后，蒋介石在南京创办了国民党中央陆军学校，并亲自兼任校长。此外，国民政府继续筹办陆军大学，并先后任命杨杰、蒋百里等为校长。1932 年前后，国民政府为了加强对各种军官的培养，依照日本军事学制，先后创办了各种兵科学校，包括步兵学校、炮兵学校、工兵学校、辎重学校、防空学校等，蒋介石一律兼任学校校长，学校的实际负责人、教育长多为留学生出身。如步兵学校的王俊先后毕业于日本士官学校和日本陆军大学。

另外，留学生比较集中的海军部，参阅中外文献，结合海军实际，制定出有关海军军官的铨选法则，通过了《海军官佐服役任免暂行条例》和

---

① 李娟丽、包东波：《军学奇才——蒋百里》，兰州大学出版社 1998 年版，第 285 页。
② 杨杰：《国防新论》，国防部新闻局 1947 年版，第 283 页。

《海军军官佐任官暂行条例》。这两项法规具体规定了海军军官官阶、执掌、赏罚等铨选法规，经法制委员会审议、立法院批准，公布施行。此铨选法标准明确，使海军将领的选拔有法可依，同时又对约束海军派系斗争起了重要作用。

　　3. 主导组建现代新兵种

　　为了适应军队现代化建设的需要，南京国民政府先后筹建和整顿了装甲兵、炮兵、工兵、通信兵、辎重兵、铁道兵等兵种，筹设了步、炮、工、骑及辎重兵等军事学校。在此过程中，军事留学生把他们在国外学习到的军队建设先进经验应用于军事领域，做了大量卓有成效的工作，下面择要述之。

　　第一，参与组建机械化部队。辛亥革命后，军阀割据，广州的国民政府与各系军阀开始拥有小型的机械化装甲武力，其中多为自制的铁甲汽车、卡车及铁甲列车，还谈不上机械化部队。南京政府成立后，留学美国的财经专家宋子文最先注意到坦克的作用。1928 年，他以财政部长身份率领中国代表团参加英国国王加冕庆典期间，对坦克非常感兴趣，未经政府同意，便擅自购回 12 辆，留在财政部税警总团，编为"财政部稽私大队战车队"，后来被移交给南京警卫军。1929 年 3 月，在南京编成陆军教导第一师战车队。至此，中国才算正式拥有了自己的第一支坦克部队，不过仍隶属于步兵，并非独立兵种。

　　随着日本对华侵略的加剧，为了应对侵略战争的威胁，南京政府加强了军备建设。1933 年，战车队扩建为战车教导营，由留学柏林陆军大学参谋班学习机械化战术的彭克定任首任营长，并从英国购进 32 辆坦克，用于装备扩建后的战车营。1934 年，徐庭瑶率领军事代表团赴欧考察军事机械部队的情况。1935 年，蒋介石指令他主持筹建中国第一所战车学校——陆军交辎学校。该校成立之初，出国留学的黄埔军校第六期学生纷纷回国到该校任教。如留学德国的耿光翟，留学英国的胡献群，留学美国的吴家让、阮绩熙、谢兆齐、郭彦，留学法国的蔡庆华等。1937 年 3 月，战车营营长一职由英国皇家坦克学校毕业的胡献群担任。

　　1938 年，陆军交辎学校改名为陆军机械化学校，国民政府以装甲兵团为基础，在湖南湘潭成立了中国第一个机械化师——陆军第 200 师，杜聿明任师长，邱清泉任副师长，廖耀湘任参谋长。邱清泉毕业于黄埔军校，1934

年被派往德国柏林陆军大学学习，1937 年返国后曾任教导总队参谋长。廖耀湘，1928 年黄埔学校第六期毕业后，因成绩特优，被蒋介石亲自批准出国留学，1930 年赴法国学习机械化骑兵，1936 年以第一名的成绩从圣西尔军校毕业回国。第 200 师下辖一个战车团、一个汽车团、两个步兵团。其中战车团由胡献群任团长，留法学生蔡庆华任副团长，留学美国的郭彦任汽车兵团副团长。① 1939 年，该师被扩编为第五军，先后参加了昆仑关战役、衡阳保卫战等，给日军以重创，名震中外。后来，该军作为中国远征军的一部分，赴缅甸、印度抗战。1943 年，在印度的部分官兵在美国的帮助下，组成驻印军战车训练班，由前交辎学校辎重兵科教育处长、日本陆军士官学校第十九期辎重科毕业的蔡宗濂任训练班主任，后来编练为 7 个战车营，参加了缅北对日作战。在 1944 年 3 月的瓦鲁班之战中，战车第一营配属于廖耀湘的新 22 师，向胡康河谷地的行政中心孟关发起进攻。3 月 3 日，在决战关头，战一营奇袭了日军第 18 师团指挥部，战果辉煌。1948 年，在战车第一团团长蒋纬国的提议下，南京政府以每年的 3 月 3 日为国军装甲兵日。

　　抗战胜利后，驻印战车营的全体官兵回国。国民政府以此为基础，连同原在国内的少量战车和人员，成立了陆军装甲教导部大队，由黄埔军校第六期毕业后留学美国陆军装甲学校的石祖黄任总队长。在此期间，留学德国慕尼黑军校和美国陆军航空兵战术学校的蒋介石次子蒋纬国，也于 1945 年被调往装甲兵最高指挥部教导总队部，历任处长、战车团团长、装甲兵司令部参谋长、副司令等。蒋纬国回忆："父亲规定石祖黄每周都要去见他一次，专谈装甲兵的事情，父亲知道要培养装甲兵，一定要用国家的力量来培养，绝不是以'国防部'的力量就可以达成的。当时父亲对装甲兵的照顾可以说是无微不至。""特种兵团的编制是少将，不论是任官、授阶或受职都由父亲亲自来颁授。"② 尽管如此，多次参加过对日作战的留学生将领们没有想到的是，在随后的三年内战中，这支机械化部队大部分被解放军消灭，只有少数人员撤到台湾，蒋纬国不久也成了国军装甲兵司令，而共产党则在此基

---

　　① 冯少云、陈启銮：《国民党机械化部队简介》，见《文史资料选辑》第 38 辑，中国文史出版社 2000 年版，第 109、110 页。

　　② 蒋纬国口述，刘凤翰整理：《蒋纬国口述自传》，中国大百科全书出版社 2008 年版，第 106 页。

础上组建了解放军的第一支装甲部队而且就在蒋氏父子刚到台湾的 1950 年，留学苏联的许光达成了解放军的首任装甲兵司令。

第二，主导组建宪兵部队。中国宪兵部队始建于 1925 年 8 月。廖仲恺遇刺事件后，蒋介石组建了宪兵连，负责国民党中央机关和领袖们的警卫工作。1927 年，蒋又将宪兵连进一步扩大为宪兵团。次年，为了进一步扩大宪兵部队，经留日学生贺耀组推荐，蒋介石任命谷正伦为宪兵司令，统率所有的宪兵部队。从此，宪兵部队成为国民党的一个特殊兵种。

谷正伦毕业于日本士官学校第十一期炮科专业。在日学习期间，他就选修过宪兵科目，因而对宪兵的职责、组建、任务、行动方式和指挥等十分在行。谷上任后，他把北伐时期的宪兵营扩编为宪兵第一团，把他原来任师长时的一个基干团改编为宪兵第二团，又把原武汉宪兵团改为宪兵第三团，另外还成立了交通宪兵第二团。不久他又在蒋介石的支持下，以日本宪兵教习队为楷模，开办了中国第一个宪兵教导队。1929 年，谷又以南京卫戍司令部的名义，设立了宪兵教练所，自兼所长。次年，他又向蒋介石提出成立宪兵司令部、充实宪兵教练所、扩建宪兵部队的建议。蒋介石很快批准了他的方案。1931 年，宪兵司令部正式成立，谷正伦任宪兵司令部司令。宪兵司令部下设总务、军需、警务、军医、军械、政训等六个处。

1932 年，谷正伦把宪兵教练所改称宪兵训练所，扩大规模，加强力量。1935 年 3 月，他又把宪兵训练所改为宪兵学校，蒋介石兼任校长，自任教育长。这期间，他一面通过宪兵学校培训骨干，另一面又招考新兵。在新兵训练期满后，即编成新的宪兵团，遣散原有的宪兵。正是由于这些"政绩"，谷正伦后来获得国民党"宪兵之父"的美誉。

第三，组建战车防御部队。1937 年 7 月，抗战全面爆发以后，日军战车的猛烈火力对国民政府正面战场威胁较大。面对这种情况，毕业于日本陆军大学的步兵学校教育长王俊建议：为了加强作战部队的火力，应尽快成立各种炮兵部队。为此，他在步兵学校积极筹备成立战车防御炮兵干部训练班。1938 年，为了统一战车防御炮的指挥、教育和训练，国民政府在湖南湘潭成立了陆军战车防御炮教导总队，由留日士官生张权任少将总队长兼 54 团团长，留学美国的明世勋任教导总队部上校参谋长。陆军战车防御炮教导总队的成立，标志着中国战车防御部队的形成。

二　推动现代兵役制度的转型

民国时期，留学生为改革中国传统的兵役制度，力主实行义务征兵制，以适应中国近代国防军事建设的需要，做了大量的工作，推动了中国兵役制度的转型。

首先，提倡和宣传义务兵役法规。实行义务兵役制度是孙中山早年设想的理想兵役制度。他在《中华民国临时约法》中规定："人民有依法律服兵役之义务"，首次将依法服兵役规定为人民的义务。1924 年 1 月，他在《国民党政纲》中再次明确提出要"将现在的募兵制度，渐改为征兵制"。然而自民国建立以来，由于内有军阀混战，外有列强侵略，国家政权不统一，地方行政不健全，征兵制并没有建立和推行的基础。因而至南京国民党政府初期，一直沿用清末盛行的募兵制。

为了推动中国早日实行义务征兵制，蔡锷、蒋百里等多次著书立说，介绍西方义务征兵制的优越性："为一切军事之原动，而国军组织之根本者，则义务兵役制也。"蔡锷认为："既欲其精，又欲其多，而国家之军费，则又有一定之范围不可逾，于是义务兵役之制起。是故纯粹自军事上之目的言，则征兵者，以少数之经费，得多数之军队，而又能不失其精度。"① 由此可见，蔡锷主张实行义务兵役制，是建立在国防军建设必须正确处理数量与质量关系的基础上的。

义务兵役制不仅有利于军队建设，而且能够带动后备役力量的建设，推动国家武装力量体系的形成。蔡锷主张，"凡国之男子自 17 岁迄 47 岁，皆有服兵役之义务"，以使国家武装力量构成常备兵、后备兵、补充兵、国民军体系，极大地增强国防能力。蔡锷强调实行义务兵役制法律化，认为"民非强迫不肯服兵役，国亦非强迫不能行征兵也"。此外，他还强调要努力创造条件，实行义务兵役制。② 应当肯定，在中国军制发展史上，全面阐述义务兵役制度，蔡锷当为第一人。义务兵役制对中国新式军队的建设乃至整个国防能力的提高起了重要的作用。

---

① 　曾业英编：《蔡松坡集》，上海人民出版社 1984 年版，第 1279 页。
② 　同上书，第 1279—1280 页。

其次，努力实施义务兵役制度。由于蔡锷、蒋百里等人对义务兵役制度的推崇和宣传，再加上当时募兵制已不能适应时代发展的需要，国民政府也开始考虑实行义务兵役制度。1928 年中原大战后，蒋介石为加强对各派系军队的控制，统一军政以确保其庞大军队的兵源，在大规模整顿军事机构和体制编制的同时，把改革现行兵役制度、在全国推行征兵制问题提上了议事日程。8 月，根据蒋介石《军事整理案》精神，训练总监何应钦提出《征兵制施行准备方案》，呈报国民党第二届中央执行委员会五中全会议决。由此，国民政府开始进入制定兵役法规、建立征兵制度的准备阶段。

1929 年 7 月，军政部在何应钦的领导下，军事委员会拟订的《兵役法原则》经立法院通过公布，作为制定兵役法的基本依据。1933 年 2 月，军事委员会据此拟订《兵役法草案》，经立法院讨论修正通过。6 月 17 日，国民政府为"适应局势，整顿军队"，颁布了中国历史上第一部《兵役法》，改募兵制为征兵制，划区试办，按户口分摊。[①]《兵役法》规定，兵役分为常备兵役和国民兵役两类，常备兵役又分为现役、正役、续役，征调服役时具体以抽签定之。该法于民国二十五年（1936）明令在全国施行，是中国历史上第一个具有现代意义的义务兵役制度，是中国兵役制度的一大进步。它试图以征兵制代替募兵制与征兵制结合的兵役制度，使得公民的兵役负担比较合理。但是《兵役法》颁行后，南京国民政府只注重现役兵的征集，忽视了募兵制，从而使得战时兵员不足，又采取抓壮丁的做法，结果造成拉兵、抓兵、买兵等不法现象。

1938 年，留美博士陶行知主张以志愿兵制补充《兵役法》的不足，并在国民参政会第一届二中全会上提出了《建立志愿兵役区以补充兵役法之不足》的建议，会议一致通过了该议案。[②] 1940 年 3 月，何应钦在重庆召开的全国第三次兵役会议上所作的报告，承认了兵役制度方面存在的许多缺陷和弊端。1942 年 8 月，他又在国防会议上作了《征兵政策之检讨》的报告，指出国民政府征兵政策的弊端和以后的改革方法。11 月 18 日，在国民党五

①　陈高华、钱海皓主编：《中国军事制度史·兵役制度卷》，大象出版社 1997 年版，第 382—383 页。

②　方秋苇：《抗战时期的〈兵役法〉和兵役署》，《民国档案》1996 年第 1 期，第 126 页。

届十中全会上，何应钦又提出《策进兵役宏裕兵员案》，"建议国民党政府修改兵役法，训练国民兵，拟三年内将国统区甲级壮丁训练完毕"[①]。后来，该《兵役法》几经修改，但所规定的条文也基本上没有执行。

虽然如此，留学生在近代中国兵役制度的变革过程中，不断借鉴古代中国及德、日等国兵役制度合理因素，推动中国义务兵役制度的努力仍值得肯定。

第三节　留学生群体与民国时期军事科学技术的发展

19世纪末20世纪初，西方军事技术达到近代军事技术的较高发展阶段。无烟火药的问世、自动枪炮的诞生、新型航种的出现、电报电话在军事上的广泛运用，使世界各国陆海军的武器装备发生了明显的变化，作战方式也发生了重大的变化。清政府也认识到以西方坚船利炮为代表的现代军事技术的重要性，开始重视西方先进军事技术与军事装备的引进和研制工作，先后创办了金陵制造局、江南制造局等近代军事工业。民国以后，中国的军事技术得到了进一步的发展。在此过程中，留学生成为近代军事技术引进和军事武器、装备研制的重要力量。他们不仅介绍西方先进的军事技术，还亲自参与造舰工业、航空工业、兵器工业以及其他军事科学技术的研制工作，推动了中国现代军事技术的发展。

一　促进造舰工业和技术的发展

海军舰艇发展的基础是造船业，海军没有舰船，就不成其为海军。晚清和民国时期海军出国留学生，相当一部分就是学习船舶建造技术的，回国以后他们多数成为民国时期修造船舰的骨干。

留学生们修造船舰的工作，始于晚清福州船政学堂赴英留学生。民国以后，这种工作得到了延续。1912年，林葆怿在留学英国期间就参与监修英国制造的"肇和"号军舰的工作。李和、黎弼良二人也在留英期间参与监修英国制造的"应瑞"号军舰的工作。同年，留日海军学生李国圻、曾瑞

---

①　熊仁宗：《何应钦：漩涡中的历史》（下），贵州人民出版社2001年版，第886页。

琪、郑贞能、黄显宗等负责监修"永丰"号"永翔"号的工作。[①]

当时中国最大的造船厂为江南造船所，但为外国所控制。1917 年，中国向英美派遣的留学生陆续回国，投入海军船舰的建设事业。经过 10 多年的努力，直到 1930 年海军部长陈绍宽上任并兼所长后，终于把江南造船所的实权从外国人的手上夺回。不久，他又保荐留美毕业生马德骥为所长。从此，该所在他们二人带领下，锐意进取，不断创新。江南造船所技术骨干由马德骥、袁晋、叶芳哲、叶在馥、曾国晟、陈策骐、梁训颖、俞健复、王荣瑸等留学国外的造船专家组成。其中马德骥、袁晋、叶芳哲、叶在馥 4 人都毕业于美国麻省理工学院，学成回国后，由海军部以差遣员名义派至海军江南造船所工作。曾国晟早年留学日本学习造船技术，后又赴英国皇家海军学院学习造船技术。陈策骐、梁训颖、俞健复 3 人也都曾留学美国，后为江南造船所工程师。王荣瑸 1929 年 9 月被派往英国曼彻斯特大学留学，学习内燃机设计和制造技术，1932 年 8 月回国后被派遣至江南造船所工作。江南造船所的控制权回到国人手里后，为中国海军制造了许多军舰，其中"平海"和"宁海"这两艘新型巡洋舰是当时中国海军最重要的军舰。

留学生们还参与建造中国新式军舰，尝试引进水下作战平台——潜水艇。1915 年，晚清时期留学英国的魏瀚率领魏子浩等 12 名学员赴美学习飞机、潜艇建造技术，这是中国最早派遣的赴国外学习潜艇制造技术的留学生。不久，北洋政府又派遣马德骥等 5 人赴美国波士顿学习造船工业和潜艇建造技术。但是因为中国经济落后，建造潜艇费用昂贵，所以留学生回国后，并没有制造出中国自己的潜艇来。然而，派遣留学生赴国外学习潜艇技术，却为新中国培养出一批制造潜艇的技术人员。

二　促进航空工业和技术的发展

作为中国近代航空工业的骨干力量，留学生积极创建航空科研机构和飞机制造厂，担任飞机制造厂的主要领导者和重要的技术人员，克服各种困难，开展新飞机研制工作，为中国近代航空工业的发展作出了艰辛的努力。

---

① 杨志本主编：《中华民国海军史料》（下），海洋出版社 1987 年版，第 1013、1014 页。

1. 促进中国航空工业的产生

中国近代航空工业始于华侨，其后留学生紧紧跟进，促进了中国航空工业的诞生与发展。1909 年，旅美华侨冯如在美国制造了第一架飞机，其后另一旅美华侨谭根也成功研制出一架水上飞机，并荣获世界飞机比赛大会冠军。在国内，留日学生李宝竣、刘佐成于 1911 年 3 月在北京南苑成功地研制出中国第一架国产飞机。3 年后，留法学生潘世忠在南苑航空学校自行研制出一架飞机，除发动机以外，所有螺旋桨、机身、机翼以及各种零件，都仿法国"高德隆"而成。潘世忠，民国初年自费留学法国，在"高德隆"公司学习航空工程，并兼学飞行技术。[①] 虽然由于该机实用性不强，再加上其他一些原因，飞机就被搁置一边，但这 5 位航空先驱设计制造的飞机，在中国早期航空工业史上具有重要的地位，显示出中国人具有创建与发展航空工业的智慧和技能。

中国近代航空工业肇始于 1918 年。该年，留美归国学生建立了中国第一个正规飞机制造厂——海军飞机工程处，巴玉藻为主任，王助、王孝丰和曾贻经为副主任，共同负责飞机的研制工作。1916 年 6 月，他们以优异的成绩毕业于美国麻省理工学院航空工程系，后又应聘到美国著名的飞机制造厂工作。1917 年冬，巴玉藻、王助、曾贻经和王孝丰抱着献身于祖国航空事业的宏伟志向，毅然放弃国外优越的工作条件和丰厚的待遇回国。他们组建了飞机制造厂，成为中国最早的一批高级航空工程人员。但由于北洋政府对飞机认识不足，重视不够，海军飞机工程处制造飞机的计划和经费极难批准。但在极其艰难的条件下，巴玉藻、王助等人利用原有造船的机器设备，集中优秀技工，对其进行专业培训。通过筛选国产材料，测试物理性能，积极吸收欧美技术改革创新，终于在 1919 年 8 月造出了"甲型一号"双桴双翼水上飞机。它是一种利用水面滑行继而升空的飞机，与美国波音公司的第一批飞机为同一类型。

广东是中国近代航空工业最早略具雏形的基地。1920 年，孙中山也在广东建立飞机制造厂，由被他誉为"中国航空之父"的杨仙逸出任厂长。杨仙逸，留美归国华侨，早年曾在纽约攻读航空专科，并以优异成绩获得万

---

① 大明：《最早的航空工厂和工程师》，《中国的空军》1947 年第 100 期，第 24 页。

国飞行会水陆飞行执照。1923 年 6 月，杨仙逸领导技术人员在极其恶劣的条件下，经过一次次艰苦努力，用两个月时间终于成功研制了中国第一架双翼双座侦察、教练机。

这一时期，作为中国近代航空工业先驱的留学生，利用在国外学到的飞机制造技术，自主设计和制造了许多飞机，虽然由于经费困难，始终未成批量生产，但其不仅为中国航空工业的创建与初步发展作出了贡献，而且还在一定程度上为中国培养了第一代航空工程技术人才。

2. 推动抗战前航空工业的发展

20 世纪三十年代初期是民国航空工业发展和建设的重要时期。归国留学生则是航空工业的主力。虽然总体上这一时期制造新飞机的成绩比前一时期要少得多，但中国航空工业仍获得了较大的发展。

1927 年，国民政府在上海虹桥成立了上海飞机修理厂，次年又改称上海航空工厂，沈德燮任厂长。沈德燮，1920 年曾赴英国皇家空军学校深造，后又在美国学习军事飞行技术。虽然该厂人员不多，但技术力量很强，特别是有一些留学国外的航空专家，如饶国璋、朱家仁等人，作为该厂飞机修护和制造的骨干。1929 年 2 月，由饶国璋、朱家仁等人负责设计和制造的中国第一架飞行教练机——双翼双座教练机"成功"号问世。

1928 年，广东飞机制造修理厂扩建为东山飞机制造厂，梅龙安继任厂长。梅龙安，祖籍广东台山，自幼侨居美国，受孙中山"航空救国"的影响，从机械专业转入学习飞行和飞机制造。1927 年国共合作期间，他被选拔到苏联学习飞机制造技术。后该厂扩建为韶关飞机制造厂，后又改为空军第一飞机制造厂，由留苏学生周宝衡担任厂长，谢零耀、雷兆鸿、陈作儒等20 多名留美留欧人员担任设计师、结构工程师和技术人员。从 1935 年底开始，该厂生产自行设计的双翼飞机，名为"复兴"式，并计划在此基础上逐步设计制造高级教练机、双座驱逐机、侦察机和轻型轰炸机。该厂在留学生的带领下，经过改进设计，至抗日战争全面爆发前，共生产了"复兴"式飞机 4 架。

1930 年 8 月，国民政府军政部航空署决定在南京明故宫机场筹建飞机修理厂。第一任厂长是华侨留学生林福元。1933 年 3 月，该厂正式改名为首都航空工厂，留美生刘敬宜担任航空委员会技术处处长，钱昌祚（留美）

被推荐担任该厂厂长。刘敬宜分析了厂内的技术力量，决定成立研制小组，由该厂总工程师田培业、技师朱家仁及乔刚等留学生与他一道共同负责研制飞行训练机。[①] 田培业，毕业于美国密西根大学（University of Michigan）航空工程科。1933 年 12 月，刘敬宜和田培业与技术人员一道，从众多国外机型中选择了美国道格拉斯厂生产的教练机作为蓝本，开始飞机的研制工作，半年后终于研制成功并命名为"巴侨"号，后改名为"爪哇"号。

1931 年 1 月，海军制造飞机处由福建马尾迁往上海，并入江南造船所。海军飞机制造处除了制造传统的水上飞机外，还开始制造陆上飞机，也开始修理仿制飞机的任务。其中比较突出的是 1933 年为海军"宁海"号军舰设计制造的"宁海"号侦察机。该机主要是由留美归国专家马德权任主任设计师负责设计制造的。

1933 年，国民政府开始采取与外国飞机公司合资建厂的方式，先后开办了中央杭州飞机制造厂、中央南昌飞机制造厂等多家飞机制造厂，开始装配、仿制美、意、德各型飞机。1933 年 10 月，中央杭州飞机制造公司成立，王助被任命为监理，为中方的最高负责人。[②] 作为中国当时一个著名的飞机制造厂，该厂汇聚了曾桐、华凤翔、马德树、杨彭基等一些航空留学生精英，在抗战前他们就装配了大小军用飞机 100 余架，创全国大批飞机制造的新纪录。

1935 年，国民政府与意大利合办了中央南昌飞机制造厂，留美生朱霖担任监理，为中方的最高负责人。1937 年 2 月工厂建成，4 月开始制造飞机。按照原定计划，首先制造布雷达 25 式教练机 15 架和萨伏亚 S - 81 式双发动机轰炸机 6 架，这是中国首次制造双发动机大型轰炸机。后来该厂遭到日机轰炸，工厂全部被毁。

3. 推动抗战时期航空工业的发展

抗战爆发后，民国的航空工业受到了严重挫折，部分飞机厂毁于日军的炮火，其余则全部内迁。在此极其困难的环境里，以留学生为主体的民国航空工业员工，艰苦创业，维护和推动了中国航空工业的发展，支持了全民族

①　李永：《刘敬宜传》，中国文史出版社 2001 年版，第 83 页。
②　钱昌祚：《服务航空界的回忆》（上），（台北）《传记文学》1973 年第 23 卷第 5 期。

的抗战。如南昌飞机制造厂迁往四川改名为空军第二飞机制造厂，当时就汇聚了当时中国一大批留学欧美的优秀的飞机设计制造专家。他们大都在国外留学多年，有着丰富的飞机制造经验。如担任该厂厂长的朱霖、钱昌祚、顾光复 3 人，就先后获得美国麻省理工学院航空工程硕士学位。该厂工务处处长林同骅，在美国麻省理工学院攻读飞机设计制造时获得硕士学位。该厂主要的技术骨干是由 25 名留学意大利学习航空制造技术的归国学生组成，如担任厂务佐理即副厂长的陈再安、季文美，担任监督处官员、厂务课长的向惟萱、俞乃喜，以及担任各科工程师的张象贤、陆履坦、唐勋治、丁士雄、张燕波、许玉赞、王达新等人。在这些归国留学生具体领导和参与下，空军第二飞机制造厂利用苏联援助的材料，仿造苏 E－16 驱逐机制成飞机多架。1939 年，该厂又自行设计研制了忠 28－甲型下单翼战斗机，除飞机的主翼梁、起落架、轮胎是用苏联原件外，其余都是自己研制的，共仿制 3 架，改型 30 架。其中，航空专家林同骅教授带领几名年轻学生，经过两年多的努力，于 1944 年 8 月设计、制造成功中国第一架运输机中运一号木质双发中型运输机。

又如空军第一飞机制造厂从韶关迁往昆明。1941 年，朱家仁担任该厂厂长，开始继续研制飞机，并取得了很大成绩。朱家仁，1920 年赴美学习航空工程技术，1926 年获麻省理工学院航空工程硕士学位。1936 年，他成功设计研制了一架双翼教练机，命名为"苏州"号。1941 年后，他领导第一飞机制造厂，先后仿制苏 E－15 式驱逐机 30 多架。1944 年经过一年多的时间，朱家仁成功地研制出一架"蜂鸟"甲型直升机。1947 年春，为解决国内中级教练机的迫切需要，该厂在朱家仁的率领下，自行仿制美国 AT－6 式机中高级教练机一架。

1939 年 7 月，国民政府航空委员会决定在成都建立中国航空研究所，由毕业于美国航空学校的黄光锐兼任所长，王助任副所长，为该所实际上的负责人。研究院的人员大多都有在国外留学多年的背景。1941 年 8 月研究所扩充为航空研究院。黄光锐仍兼院长，王助任副院长。航空研究院利用国产材料研制出大批急需的航空器材和备件，还研制出研教－1 型教练机、研教－2 型教练机、研教－3 型教练机、研运－1 号滑翔运输机等型号的飞机多架。其中，研运－1 号滑翔运输机能有效载荷 30 名全副武装的伞兵及正副驾驶员 2 名，也可以用来运货，是一种无动力以隐蔽方式进入敌后的运兵运货两用滑翔运输机。在第二次世界大战中德国曾有此先例，但只能装运 10 余名全副武装的伞兵，而王助研制的这架滑翔运输机可载运 30 名伞兵，可谓巨型滑翔运输机。该飞机除起落架、仪表及操纵系统外，全部采用竹木复合结构，这在世界上是没有先例的，因而它在中国航空史上乃至世界航空史上都是一种大胆的尝试和创举。

留学生积极参与中国飞机的设计与制造，促进了中国近代航空工业的发展。也正是在留学生的苦苦支撑下，抗战时期民国的航空工业虽历经艰难困苦，但仍然在国脉如缕的时势里有所发展。

三 促进兵器工业的发展

兵器工业是中国近代工业的先河，始于洋务运动，但在清末民初，由于政府无能、政治腐败、经济落后、人才匮乏，发展缓慢。南京政府建立后，面对日本侵略日益加剧的危险，开始重视兵器工业。抗战时期，兵器工业体系初步形成，改变了近代中国在兵器方面依赖西方的局面，有力地支持了全民族的抗战。其中大批相关专业的留学生聚集于此，在兵器工业部门担当主管与技术骨干，为中国近代兵器工业的发展作出了突出贡献。

1. 担任兵工署的主要领导

北洋政府时期，由于连年军阀混战，各地兵工厂被急于扩充军事实力的军阀所控制，全国兵器工业基本处于分散经营、各自为政的状态。南京国民政府成立后，设立兵工署统管全国的兵器生产，使兵器工业由先前的分散走向集中，进入统一规划和有计划发展时期。

1928 年 11 月 11 日，国民政府在南京组建兵工署。同年 12 月 11 日，颁布《军政部兵工署条例》，规定"兵工署直隶于军政部，掌管全国兵工及关于兵工之一切建设事宜"。兵工署对全国兵工单位实行直接领导，全国兵工厂的生产、建设、科学研究、产品设计、武器制式、产品检验、主要原材料采购、主要人员任免、经费开支等，均由兵工署负责办理，地方政府不得干涉。这从组织和立法上确定了兵器工业的集中统一领导。

兵工署的成立是中国近代兵器工业管理体制的重大改进，标志着兵器工业已经完全成为中国近代工业的一个单独门类。由于南京国民政府的重视，一大批研习军事科技相关专业的留学生回国后，通过各种途径被兵工署吸纳，服务于兵器工业。兵工署署长、下属各部门及研究机构的领导几乎全是留学生，使兵器工业成为国民政府时期留学生集聚程度最高的行业之一。南京国民政府时期兵工署五任署长，除第三任署长洪中毕业于湖北自强学堂，没有留学经历外，其他四任署长都具有留学履历。而洪中的任期仅有半年多，对兵工署的工作没有实质性影响。其他四位署长所学专业均与兵器相关，特别是陈仪和俞大维长期在兵工署任职，对兵工署的用人原则产生了重要影响。

张群（1889—1990），四川华阳人，日本陆军士官学校炮科毕业。1928年4月任上海兵工厂厂长，11月以军政部政务次长身份兼兵工署首任署长、兵工研究委员会主任。陈仪（1883—1950），浙江绍兴人，1900年赴日入陆军士官学校炮兵科，毕业后两次入日本陆军大学深造。1929年4月任兵工署第二任署长，5月任军政部常务次长仍兼兵工署署长。俞大维（1897—1993），浙江绍兴人，1917年赴美国留学，获哈佛大学数学博士学位，后赴德国柏林大学攻读数学及弹道学。1933年1月至1946年4月任兵工署署长。杨继曾（1899—1993），安徽怀宁人，德国柏林工科大学毕业，机械工程师。1929年始任兵工研究委员会兼任、专任委员。1933年任行政司司长，1945年任副署长，次年5月任署长。

正是在他们任内，大批研习军事科技相关专业的留学生被招揽进兵工署，成为兵工署的科技精英。"国内外学人及专家踊跃投效兵工事业"[1]的现象，也使得兵工署成为留学生荟萃、人才济济的地方（见表9—1）。

表9—1　　　　　南京国民政府时期兵工署科技精英留学履历

姓名	籍贯	留学情况	兵工署职务
李承干	湖南长沙	东京帝国大学电气机械科毕业	1932年任金陵兵工厂厂长，1946年4月任副署长兼第二十一厂厂长

① 《国士风范、智者行谊——俞大维先生纪念专辑》，俞大维先生逝世十周年纪念专辑编辑委员会编印2003年版，第23页。

续表

姓名	籍贯	留学情况	兵工署职务
李待琛	湖南衡山	东京帝国大学，哈佛大学冶金学博士	1928 年任兵工署设计科科长、兵工研究委员会专员，1933 年任资源司司长，1934 年任军政部兵工专门学校校长，1946 年任副署长
陈哲生	浙江新昌	法国巴黎大学理学院，硕士	1933 年任监查科科长，1934 年任事务科科长，1940 年任第二十厂厂长，1949 年任副署长
胡霨	四川成都	德国汉诺甫城工业大学机械科	1928 年任检验科科长、兵工专员，1934 年始任军械司代司长，1946 年任兵工署主任秘书
毛毅可	浙江黄岩	德国柏林工业大学	1928 年任兵工署监查科科长、兵工专员，1933 年任巩县兵工厂厂长，1940 年任技术司司长
钟毓灵	广东	东京帝国大学造兵科	1928 年任兵工专员、监查科科长，1932 年任汉阳兵工厂厂长兼兵工专门学校校长
庄权	江苏武进	德国撒克逊工业大学机械科	1931 年始任兵工专员、检验科科长、炮兵器材科科长、技术司司长、制造司司长等
郑家俊	湖南长沙	德国柏林大学	1932 年任监查科科长，1939 年任兵工专员，1941 年任技术司司长，1945 年任制造司司长
吴钦烈	浙江诸暨	麻省理工学院、芝加哥大学、德国德皇威廉纤维化学研究院	1928 年任兵工专员，1932 年初负责筹建军政部理工研究所，1933 年任技术司司长，1938 年任应用化学研究所所长
江杓	上海	德国柏林工业大学机械科	1933 年任兵工专员兼理化研究所所长，1934 年任技术司设计处长，1936 年任技术司司长
刘东睐	广东东莞	德国柏林工业大学，工学学士	1934 年任器材科科长，1937 年 9 月至 1940 年任技术司司长，1944 年任兵工专员
张郁岚	江苏灌云	德国启尔大学化学博士	1929 年始任检验科技术员等，1934 年参与筹建应用化学研究所，任特种兵器材料科科长，1945 年任技术司代司长、司长等
方光坼	江苏江都	美国芝加哥大学物理研究院	1934 年任技术司弹道科技正，1937 年任兵工专员，1946 年起任训练司副司长、司长，1949 年任研究发展司司长
周志宏		美国哈佛大学	1938 年任兵工署材料实验处处长
刘守愚	陕西商县	东京帝国大学造兵科	1929 年任兵工署兵工研究委员会兼任委员、兵工署购料委员会主任委员
汪浏		德国波恩大学博士，后在该校做研究工作一年	先任兵工署特种兵器材料科科长、兵工研究委员会专员，1934 年任应用化学研究所所长

续表

姓名	籍贯	留学情况	兵工署职务
梁　强	浙江绍兴	京都帝国大学，工学学士	1934 年任兵工专门学校教务主任，1936 年任兵工委员等，1937 年任兵工专门学校校长等
李维城	江苏嘉定	留美学习机械制造	1934 年任兵工署制造司考工科科长
丁天雄	浙江余姚	德国勃来劳司工科大学	1928 年任兵工专员，1934 年参与筹建应用化学研究所等，1937 年任弹道研究所专员
周自新	江苏江阴	1934 年柏林工业大学精密测量仪器专业，工程师	1934 年任兵工署理化研究所技士、百水桥研究所筹备处处长等，1936 年任军用光学器材工厂筹备处处长，1946 年任兵工专员
赵学颜	河南修武	德国柏林大学弹道科，工程师	1934 年任兵工署技术司弹道科技正
赵　达	江苏常熟	德国哈诺佛工业大学，工程师	1938 年任兵工署炮兵技术研究处驻汉办事处主任
江元方	江苏南京	美国西北大学工厂管理班	1932 年任兵工署技术员、技正、工业司行政科科长，1949 年初任制造科科长
陈修和	四川乐至	1936 年法国高等兵工学校	任兵工署兵工委员兼兵工专门学校教官，1946 年任九十工厂总厂长
钟　林	湖南湘乡	美国麻省理工学院化学工程系	历任汉阳兵工厂、辰溪炮厂技士、工程师等，1939 年任兵工专员

资料来源：徐友春主编：《民国人物大辞典》，河北人民出版社 1991 年版；周棉主编：《中国留学生大辞典》，南京大学出版社 1999 年版；《中国近代兵器工业》编审委员会：《中国近代兵器工业——清末至民国的兵器工业》，国防工业出版社 1998 年版；李滔、陆洪洲：《中国兵工企业史》，兵器工业出版社 2003 年版。

据表 9—1，在兵工署总部任职的具有留学背景的 25 名科技精英中，12 人具有留德经历，5 人具有留美经历，4 人具有留日经历，2 人具有留法经历，还有 2 人具有多国留学经历。其中德国留学生在兵工署中占有重要地位是一显著特点。这既有南京国民政府与德国建立全面军事合作关系的客观因素，也有兵工署署长重视吸收德国留学生的主观倾向。如陈仪在掌管兵工署前，曾率团于 1928 年 3—11 月赴欧洲考察，考察国家包括德国、意大利、瑞士、荷兰、瑞典等。有研究指出，陈仪在这一时期接触到大量留学德国的中国学生，"陈仪担任兵工署署长，许多德国留学生就被吸引进兵工署工作"①，从而使留德学生在兵工署中成为主力。在俞大维主持兵工署的 13 年时间里，留德归国的工程师和军火专家在兵工署的高层干部中占据优势。另外，兵工署官员和年轻的受训者被派往德国的化学和弹道工业部门接受各种培训。兵工署的各种图表一律使用中德两种文字，并以德国工业规范为标准。②

兵工署设立后，为改良兵器并研究适合战术要求的技术，经国民政府批准于 1928 年 12 月 31 日成立兵工研究委员会，其主任委员和专任委员也经由国民政府批准任命。第一任主任委员由兵工署署长张群兼任，第一批任命的专任委员 9 人，都是留学归国人员。③ 兵工署所辖各兵工厂的厂长人选基本也都是具有兵器专业知识和管理经验的归国留学生。抗日战争开始前夕，兵工署所属 11 个兵工厂的厂长，除 1 人学历不详外，其余 9 人（内有 1 人兼任另一厂厂长）都是留德、留美、留日学习理工科专业的毕业生，有的还有硕士学位。④ 到 1944 年，在兵工署所属 27 个兵工厂的厂长（其中有 5 个分厂厂长）中，有 22 个厂长都是留学生，留日者 6 人，留美者 4 人，留法者 4 人，留德者 8 人。⑤

2. 推动兵器工业的发展

经过晚清以来半个多世纪的艰辛创业，到 20 世纪二三十年代中国近代兵器工业已具备了一定的基础。支持兵器工业发展的冶金工业、化学工业、机器制造业有了一定的发展；兵工署作为兵器工业的国家主管机关，机构设置逐步完善，业务分工逐步明确，管理能力逐步提高；兵工厂实行了集中统一领导，工厂管理趋于制度化、规范化。而被延揽到兵工署各部门及下辖兵工厂的留学生们，则为南京国民政府时期兵器工业的发展提供了雄厚的技术

---

① 文思编：《我所知道的陈仪》，中国文史出版社 2004 年版，第 22 页。

② ［美］柯伟林：《德国与中华民国》，陈谦平、陈红民等译，钱乘旦校，江苏人民出版社 2006 年版，第 247—248 页。

③ 《国民政府任命张群兼兵工研究委员会主任委员钟毓灵等为专任委员令》（1928 年 12 月 3 日），见《中国近代兵器工业档案史料》编委会编《中国近代兵器工业档案史料》（三），兵器工业出版社 1993 年版，第 52 页。

④ 曾祥颖：《中国近代兵工史》，重庆出版社 2008 年版，第 146 页。

⑤ 《军政部长何应钦卸任陈诚就任兵工单位交接清册》（1944），见《中国近代兵器工业档案史料》（三），第 249—250 页。

支持和有力的人才保障。在他们的努力下，南京国民政府时期的兵器工业较之晚清和北洋政府时期有明显的发展，改变了中国在兵器科技方面单纯引进西方的局面，有力地支援了全民族抗战对兵器的需要。其作用主要表现在以下五方面。

其一，建立兵器科研机构，进行新兵器及兵器制造技术的研究。兵工署成立后，特别是留德归国的兵工专家俞大维1933年主持兵工署后，重视加强兵器科研工作，相继建立了理化研究所、应用化学研究所、弹道研究所、精密测试研究所、炮兵技术研究处、航空兵器技术研究处等研究机构。"研究人员之高中级者，全为留学欧美归国之专家学者"①，留学生在筹建上述兵器研究机构中发挥了关键作用。如1932年在南京建立的理化研究所由留美归国的化工专家吴钦烈负责筹建，从事基础科学研究和材料产品分析试验；1934年在南京建立的应用化学研究所由留德归国的汪浏、张郁岚、丁天雄等负责筹建，从事化学战剂、防化技术、毒伤医疗和化学兵器的研究；1934年在南京建立的精密测试研究所由留德归国的周自新负责筹建，从事样板制造、精密测试和材料试验；1937年在南京建立的弹道研究所由弹道学专家俞大维亲自兼任所长，丁天雄协助处理所务，从事兵器内外弹道和火药的研究工作。

尽管这些兵器科研机构建立不久，就因抗战爆发而没能做出多少成就，但它们的建立标志着中国的兵器工业由全盘仿制开始走向自行研制的道路，并且购置了一批较先进的设备，聚集了一批兵工专门人才，对以后的兵器研制十分有益。

其二，筹建新型兵工厂应对日本的侵略。"九·一八事变"后，日本妄图侵占中国的野心日益暴露。南京国民政府在继续执行军事剿共政策的同时，也开始暗中积蓄力量，做抵御日本军国主义侵略的军事准备，筹建新型兵工厂即是其中的一项工作。军事科技留学生群体在筹建新型兵工厂方面发挥了积极作用。如南京国民政府鉴于第一次世界大战中化学武器显示出的重要性，为对付日军可能进行的化学战争，决定筹建化学兵工厂。1932年4月，留美归国的化学专家、技术司司长吴钦烈奉派赴美考察，订购设备、物

---

① 王国强：《中国兵工制造业发展史》，（台北）黎明文化事业股份有限公司1987年版，第98页。

色技术人才。他同美国伊利湖化学公司等单位签订了建立硫酸厂、食盐电解厂、催泪气厂、烟雾剂装填厂和化学毒剂装填厂的合同，还聘请了白伟德等6位化学专家来华工作。1936年2月，巩县兵工分厂建成，吴钦烈任厂长。1937年该厂奉命迁川，改名为兵工署二十三工厂，在吴钦烈主持下制造出毒气弹、催泪弹、烟雾罐、防毒面具等14种产品。他还重视选拔本国技术人员，逐步形成一支中国的化工队伍，在外籍技术人员回国后，能维持正常的生产工作。1942年春，军政部以他"办事切实，刻苦研究，对利用氮气提炼硝酸及国产代替品研究甚力，殊属难得"①，给予嘉奖。

再如毕业于德国工业大学的周自新，曾在德国蔡司光学公司实习，了解到中国向德国购买的军用光学仪器很多，但国内不能维修，利用率很低。1934年回国后他写信给兵工署建议成立光学器材修理工厂。1936年他被任命为军用光学器材工厂筹备处处长。他亲赴欧洲考察，奔走于德国、意大利、奥地利、瑞士、匈牙利等国，订购设备、洽谈技术引进和合作事宜，终于从瑞士威特厂购得800毫米和1250毫米两种测远镜的制造权，并聘请两位专家协助建厂。后又从奥地利美克厂购买到迫击炮瞄准镜的制造权。抗战爆发后，军用光学器材厂由南京迁往适宜光学器材生产的昆明。1939年1月军用光学器材工厂在昆明建成，定名为兵工署二十二工厂，后因日机轰炸迁往海口，共试制生产了14种军用光学仪器，其中有11种进入批量生产，结束了军用光学仪器完全依赖进口的历史。1941年军政部以二十二工厂"为国内唯一军用光学器材制造厂，设备新颖，性能优良，管理合宜，员工工作努力，主要设备均设于山洞中"，给周自新记大功一次。②

其三，组织兵工厂内迁，建立后方兵工基地以支持长期抗战。抗战全面爆发后，日军迅速向华北和华东进犯。根据国民政府的部署，俞大维派遣兵工署制造司司长杨继曾率领考察团，到川、康等地勘察兵工厂迁建地址，并组织搬迁工作。经过两年多的工作，到1940年形成以四川、云南、贵州三省为中心的抗日后方兵工生产基地。兵工署机关和研究所以及大部分兵工厂集中在重庆地区。新建和迁建的兵工厂，大都倚山近河，修筑适合于战时生

---

① 李滔、陆洪洲编：《中国兵工企业史》，兵器工业出版社2003年版，第169—170页。
② 同上书，第170—171页。

产的人工或天然山洞厂房。在国土大部分沦丧的情况下，后方基地的兵工厂有力地支援了抗日战争对兵器的需要。

在内迁途中，担任各兵工厂厂长的留学生普遍表现出坚韧不拔的毅力和抗战到底的精神，克服了重重艰难困苦，使兵器生产尽快恢复。如金陵兵工厂是南京国民政府时期规模较大的兵工厂，1931年7月，留学日本归国的著名兵工专家李承干被任命为厂长后，生产得到明显改观。抗战爆发后，日军进攻上海，南京危在旦夕，金陵兵工厂也多次遭到日机轰炸，1937年11月奉令全部搬迁到重庆江北陈家馆建厂恢复生产。迁渝员工计1100多人，各类机器设备500多台，各类材料物资4300多吨。在李承干的精心组织下，1937年12月6日最后一批人员和物资撤离南京，12月13日南京沦陷。1938年3月1日，金陵兵工厂在重庆新址正式复工生产，改名兵工署二十一工厂。从奉令搬迁到复工生产只用了三个多月时间，其速度之快实属罕见。

其四，改进兵器性能和生产工艺，试制抗战急需的新型武器。抗日战争时期，兵工署集聚的留学生群体根据前方的需要，按照大批量生产和原材料立足国内的要求，积极发挥专业所长，在改进武器性能和生产工艺以及试制急需的新型兵器方面，取得了很大成绩。如兵工署二十一工厂，在厂长李承干的主持下，1940年8月对中正式步枪重新设计，改进了枪筒、瞄准、击火等部件的结构，使其性能优于原中正式和汉阳式步枪。1943年经军政部主持鉴定，批准新中正式步枪正式生产，该式步枪逐渐成为抗战后期中国军队普遍使用的武器。1940年李承干还主持改进宁造24式马克沁水冷式重机枪，提高了性能和零件的互换性。1945年又主持将马克沁重机枪由水冷式改为气冷式，性能更为优越。又如获德国柏林工业大学博士学位的顾敬心，抗战爆发后，他毅然放弃在德国的工作回国服务，1940年抗日前线急需黄磷燃烧弹，1941年9月他用电热法从兽骨中制取黄磷成功，受到军政部嘉奖。1942年，顾敬心任兵工署二十三工厂昆明分厂筹备处长，并主持用昆明附近的磷酸钙矿制取黄磷成功，1943年12月制成日产200千克黄磷的冶炼炉，供应抗战前线的需要。再如曾赴美国麻省理工学院化学工程系学习的中共党员钟林回国后，一直隐蔽身份在兵工署工作。1945年12月受命主持研究制造火箭弹。火箭弹是第二次世界大战后出现的新兵器，当时在国内尚未仿制成功，他不分昼夜查阅资料，解决试制过程中出现的尾管炸裂和尾翼脱落等问题，1946 年终于试制成功，达到美制火箭弹的水平。1947 年他将火箭弹的全部资料带往解放区，在河北井陉和辽宁沈阳重新试制，1949 年 3 月取得了成功。

其五，研究兵器学术，培育兵工人才。为改变中国兵器工业落后的面貌，兵工署的留学生群体还致力于推动中国兵器学术的发展。如曾任兵工署副署长的兵工专家李待琛，在兵工建设和兵器制造方面造诣颇深，尤其对枪炮弹药的制造技术有精深研究。他在 20 世纪二三十年代先后著有《国防建设之基础》《改进兵工厂之要图》《我国兵器与列强兵器之比较》《我国兵器制造之发达及其现状》《火炮之制造》《世界枪炮之现状》等，编译《近代之美国陆军炮》等。

对于培养兵工人才，留学生们也倾注了大量精力。如军政部兵工专门学校，是民国时期唯一的培养中高级兵工技术人才和军械人才的学校。李待琛、梁强等留学生专家先后任该校校长。到 1949 年迁台前，该校已培养兵工专门人才 800 多人，成为中国近代兵器工业的一支重要力量。兵工署总部机关和各兵工厂内具有留学经历、实践经验丰富的专家都曾在兵工学校兼职任教。如 1932 年被派往法国高等兵工学校留学的陈修和（解放军元帅陈毅堂兄），毕业回国后任兵工署兵工委员，兼任兵工专门学校教官，曾撰写《改进吾国兵工意见书》送呈蒋介石。在该校历届毕业生中考入国防部、教育部、经济部等部门的派往外国留学者计 98 人，多能不负所学，成为军事工业以及相关国防科技部门科研、教学和生产等方面的中坚，有的还成为卓有成就的尖端人才，如后来成为"长征一号"火箭总设计师的任新民院士、成为"长征三号"火箭总设计师的谢光选院士等。

由此可见，南京国民政府时期兵器工业在生产组织、学术研究和人才培养等方面所取得的成绩，多与集聚在兵工署总部和所辖各兵工厂的军事科技留学生的聪明才智和不懈努力密不可分。尽管在内战时期他们的工作曾一度服务于当局的军阀混战和剿共战争，但在抗日战争期间他们抱着"科学救国"的信念，同仇敌忾、克服困难、坚持生产，为全民族抗战的最后胜利付出了艰辛的努力。而且 1949 年后，其中的大多数军工专家如李承干、陈修和、钟林、周自新、顾敬心、龚祖同等，又献身于新中国的国防现代化事业，成为新中国国防科技战线的宝贵人才。

需要指出的是，留学生们还博采众长，追赶世界军事技术发展的潮流，引进最新的军事科技，如无线电通讯技术、防空技术、防化技术等。当时中国追赶外军科技的步伐之快、间隔时间之短，使后人惊叹。如1896年意大利人马可尼发明无线电报，1905年中国就请意大利专家在天津开办无线电培训班，并购买7台马可尼电火发式无线电报机安置在军营和军舰上。这是中国最早使用的军用无线电，距无线电报的发明仅仅9年。而1919年6月，北洋政府就派遣傅德同等4人赴伦敦马可尼公司学习无线电技术，此时距无线电报的发明也就23年。1928年南京国民政府成立无线电管理处，由留学美国的恽震出任副处长。1930年恽震还与留美的无线电专家王崇植合作，出版著作《无线电与中国》。1934年8月，国民政府军事委员会成立防空处，由留学德国的黄镇球任防空处处长、防空学校校长。此时距1911年意大利与土耳其为争夺利比亚进行的战争史上首次空袭与防空对抗行动，也是23年，而距1931年黄镇球前往德国学习防空技术仅仅20年。又如防化技术，1933年在兵工署副署长俞大维、教导总队长桂永清、炮校校长邵百昌等留德归国高级将领的支持下，组建了陆军化学兵部队，专门负责毒气的使用和防毒药剂的研究及防毒人员培训，此时距1914年法军在战场上发射装填溴乙酸乙酯的有毒枪榴弹仅为19年，距留学美国弗吉尼亚军事学院的首任陆军化学兵部队学兵队队长李忍涛1929年赴德国陆军参谋大学学习军事化学和理化科学专业，仅为4年。① 由此，不难想见在灾难频仍的民国时期，有识之士对中国国防现代化的重视和留学生们为建设国防所付出的努力。

第四节　留学生群体与民国时期军事教育的转型

军队教育训练是军队建设的一项基础性工程，军队的实力在很大程度上取决于军队教育训练水平的高低，而军队教育训练水平的高低又取决于部队军官和教员素质的高低。从1881年李鸿章在天津设立北洋水师学堂开始，清政府创办了北洋武备学堂、广东水师学堂、北洋陆军讲武堂、陆军师范学堂和保定军官学堂等现代军事院校，成为培养中国近代军事将领的摇篮和军

---

① 戚厚杰、刘顺发、王楠编著：《国民革命军沿革实录》，河北人民出版社2001年版，第614页。

事训练的基地。到民国时期，军事学校无论在门类上，还是在数量、质量上，都较清末有很大发展。大批留学生赴英、法、德、奥、日等国学习军事，回国后他们成为近代军事教育训练的重要力量，为民国的军事教育和训练做了大量工作，推动了中国军事教育的现代化转型。

一 担任军事院校的领导职务

民国时期，在国外军事院校学习过的留学生回国后，走上了军事院校的领导岗位，承担起领导军事教育的重任。根据军事院校的性质，可以分为两类：一般的陆军院校和军事专科院校，留学生在其中都担任了主要职务。

1. 担任陆军院校的主要领导

民国时期，陆军院校主要由中央政府主办的保定陆军军官学校（简称保定军校）、黄埔军校、陆军大学和地方主办的云南陆军讲武学堂等。

保定军校是民国军事教育史上成立较早、规模较大、学制较正规的军事学府。在从1912年3月7日建立到1923年8月停办的8任校长中，蒋百里、曲同丰、杨祖德、贾德耀、孙树林等5任校长具有留学经历，且均毕业于日本陆军士官学校，为校长总数的62.5%。该校的教育长、队长也大多由归国留学生担任。

黄埔军校是民国时期最著名的军事院校，担任该校重要职务的人，都有留学国外的经历，特别是留学日本陆军士官学校的经历。这其中就包括校长蒋介石，日本士官学校预校（振武学校）第八期肄业；代校长、教育长王柏龄，日本陆军士官学校第十期步兵科毕业；战术部总教官何应钦，日本陆军士官学校第十一期步兵科毕业。

陆军大学是民国时期军事教育的最高学府。学校历经晚清、民国、共和国三个历史时期，延续40多年历史，校址几经迁移，前后在保定、北京、遵义、重庆、南京、广州等地建校。在陆军大学十余任校长中，大多具有留学经历。北洋政府期间有胡龙骧、贾宾卿、韩麟春等日本陆军士官学校毕业生担任校长，约占校长总数的60%；国民政府期间有蒋中正、杨杰、黄慕松、蒋方震（代理）、陈仪（代理）等日本振武学校、陆军士官学校、日本陆军大学毕业生担任校长，约占校长总数的80%。在整个民国时期陆军大学的11人校长中，有留学背景的8人，占校长总数的72.7%（见表9—2）。

表9—2 **留学生出身的陆军大学校长、教育长**

姓名	任教时间	教育出身	职务
张厚琬	1916—1923	日本陆军士官学校	校长
韩麟春	1925—1928	日本陆军士官学校第六期炮科	校长
黄慕松（代）	1928—1929.6	日本陆军士官学校、日本陆军大学，英国	校长
周斌	1928.6—1930	日本陆军大学	校长
杨杰	1932—1937	日本陆军士官学校、日本陆军大学	校长，后改任教育长
蒋介石（兼）	1933.12—1947	日本陆军士官预备校（振武学校）	校长
蒋百里（代）	1938	日本陆军士官学校、德国陆军大学	校长
周亚卫（兼）	1938—1939	日本陆军士官学校	校长
陈仪（代）	1943—1945	日本陆军士官学校、日本陆军大学	校长
徐培根	1941—1949	德国陆军大学	教育

资料来源：中国第二历史档案馆和江苏省政协文史资料委员会：《民国时期的陆军大学》，《江苏文史资料》第79辑，江苏人民出版社1994年版。

在重要的地方军校中，留学人员也身居要职。最典型的是云南陆军讲武学堂。该校由日本陆军士官学校第三期毕业生胡景伊、韩建铎筹建。从1909年成立起，就聚集了当时留日士官生的精华，从学校的创办人、校长到教官，绝大部分都是留日士官高才生（见表9—3）。

表9—3 **民国初年云南陆军讲武堂校长状况**

姓名	籍贯	留学背景	任职时间	军职
胡文澜	四川重庆	日本陆军士官学校第三期步兵	1909 年	不详
高尔登	浙江杭州	日本陆军士官学校第三期骑兵	1909 年	师长
李根源	云南永昌	日本陆军士官学校第六期步兵	1910 年	陆军总长
谢汝翼	云南徽州	日本陆军士官学校第六期炮兵	1912 年	滇军师长
刘祖武	云南昆明	日本陆军士官学校第六期步兵	1912 年	滇军师长
顾品珍	云南昆明	日本陆军士官学校第六期骑兵	1914 年	滇军总司令
吴和宣	安徽安庆	日本陆军士官学校第五期工兵	1915 年	兵工厂督办
张子贞	云南大理	日本陆军士官学校第八期步兵	1916 年	滇军师长
郑开文	云南临安	日本陆军士官学校第六期步兵	1918 年	滇宪兵司令

资料来源：马继孔等：《云南陆军讲武堂史》，云南民族出版社1993年版。

其他地区军校由留学人员执掌校印的实例同样不胜枚举。在西南，沈尚朴（日本士官学校四期，以下毕业此校的，校名略）、涂永（五期）、王凯臣（五期）、罗炜（六期）、曾承业（七期）先后担任四川陆军讲武堂、陆军小学堂、陆军军官学堂的主要负责人；董绍祺（五期）、雷寿荣（七期）任广西陆军小学堂监督；杨荩诚（七期）任贵州陆军小学堂总办。在华南，陈其采（一期）、张华辅（六期）、石陶钧（五期）、李云龙（四期）先后担任湖南陆军小学堂、湖南陆军讲武堂的领导；魏邦平、程潜（六期）先后担任广东讲武堂、广州大本营陆军讲武学校负责人。在华东，金永炎（四期）任南京临时政府军官学校、北洋第二军官预备学校校长，蒲槛（六期）任江苏陆军讲武堂副堂长，李德瑚（四期）任安徽陆军小学堂监督。在西北，史可轩（日本浩然军事学社）在邓小平等人协助下，创立西安中山军事政治学校并任校长。在东北，崇恭（六期）等任奉天陆军小学堂总办。[①]

2. 军事专科院校的主要领导

为了适应军事技术的发展、专业化程度提高的趋势，民国期间陆续创立了一批专业军事院校，如海军学校、航空学校等。由于这些学校的专业要求比较高，故校长、教育长之职也大都由归国留学生担任。

在海军学校里，主要领导者和教官大多由回国留学生担任。如在青岛海军学校的六任校长中，除第六任校长刘襄是烟台海军学校毕业外，凌霄、刘田莆、黄绪虞、王时泽等五任校长都曾留学日本。同时，该校初期的教育制度也是依照日本海军士官学校建立的，学校教材也多从日本翻译过来。[②] 在福州海军制造学校的五任校长中，除代理校长曾宗巩没有留学经历，陈林璋、陈长龄、沈笏玉三人留学法国，陈藻藩留学英国。[③]

在军事航空学校方面，留学生担任学校主要领导者和教官的更多。如1913年中国最早的航空学校——南苑航校，第一任校长秦国镛曾留学法国学习飞行技术，航校教官大多由留学英、美、法、德等国的归国学生担任。如飞行教官厉汝燕留学英国，潘世忠、姚锡九和鲍丙辰三人留学法国。1918

---

① 参见来新夏：《北洋军阀》第一册，上海人民出版社1988年版；张侠等：《北洋陆军史料》，天津人民出版社1987年版。

② 杨志本主编：《中华民国海军史料》（上），海洋出版社1987年版，第64、67页。

③ 陈贞寿：《图说中国海军史》（中），福建教育出版社2002年版，第512页。

年 10 月，秦国镛辞职后，北洋政府委派厉汝燕担任南苑航校校长。1920 年该校改为航务教练所，划归航空事务处主管，王郛担任所长，姚锡九担任教育长。后来留学法国的蒋逵任教育长，同时该校又聘请了菲律宾留学回国的曹志明、陈泰耀、刘道夷为飞行教官。[①] 又如 1928 年组成的中央陆军军官学校航空队，由留美生张静愚担任队长。后来该队改为航空班，由黄秉衡、厉汝燕二人负责，其中黄秉衡曾留学美国、意大利等国。1931 年该校改为军政部航空学校，校长由毕业于苏联第二军事学校的毛邦初担任，教育长兼观察主任由毕业于美国麻省理工学院航空工程专业的钱昌祚担任。[②] 1932 年 9 月 1 日，该校正式改名为中央航空军官学校，简称中央航空或中央航空学校，由蒋介石兼任校长，毛邦初任副校长。蒋介石特别重视该校的航空教育训练，在给该校的手谕中说："视本校教育之成败，即中国革命之成败。"[③] 其后不久，周至柔、陈庆云、黄光锐、黄毓沛、丁纪徐等具有留学背景的人，先后出任该校的校长、教育长等高级职务。

　　此外，在一些军事院校的创始人及其主要官员中，也有很多人具有留学经历。例如中国第一所军事警察学校——北京宪兵学校的首任校长，是毕业于日本陆军士官学校的殷学潢；第一所工兵学校——陆军工兵学校的首任校长，是留学日本工兵学校的林伯森；第一所防化学校——陆军化学兵学校的首任校长，是留学美国弗吉尼亚军校和德国陆军参谋大学的李忍涛；第一所军事后勤学校——陆军辎重兵学校的首任校长，是留学日本的李国良；第一所专业炮兵学校——南京炮兵学校的首任教育长，是留学日本的张亮清（蒋介石兼校长）。留学德国的黄镇球担任防空学校（江苏南京）首任校长；留学美国的林伟成担任首任副校长（主持工作）；留学日本明治大学的王扬滨担任警官高等学校（北平）首任校长；留学日本警官学校的李士珍担任中央警官学校（南京）首任校长；留学日本的张叙忠担任军政部军需学校（南京）首任校长；留学日本士官学校的汤恩伯担任西南游击干部训练班（湖南衡阳）主任。

---

　　① 蒋逵：《旧中国航空界见闻》，见天津市政协文史资料委员会编《天津文史资料选辑》第 27 辑，天津人民出版社 1984 年版，第 2—5 页。

　　② 《航空学校教职员已委定》，《航空杂志》1931 年第 2 卷第 7 期，第 9 页。

　　③ 马毓福：《1908—1949 中国军事航空》，航空工业出版社 1994 年版，第 430—431 页。

综上所述，民国时期的军事训练是中国军事现代化的一部分，归国留学生出任军事院校的主要官员是历史的必然。他们中的大部分人具有比较优秀的军事素质，为提高部队的训练水平、提高中国军队的素质作出了自己的努力。

二 担任军事院校的教师

清末民初，是中国军事从传统向现代转型的主要时期，军事院校已成为培养人才的主要摇篮，归国留学生在那里聚集、任教任职更是大势所趋（见表9—4）。

表9—4　　　　　日本士官学校一至九期部分毕业生任职军事教育机构

期数	学生总数	任职行政	所占比例	任职院校	所占比例
一	40	1	2.5%	7	17.5%
二	25	4	16%	6	24%
三	95	2	2.1%	20	21%
四	83	1	1.2%	13	15.6%
五	58	2	3.4%	15	25.6%
六	143	3	2%	34	23.8%
七	55	1	1.8%	3	5.5%
八	54	1	1.9%	3	5.6%
九	37	1	2.7%	2	5.4%
合计	590	16	2.7%	103	17.5%

资料来源：来新夏等：《中国近代史资料丛刊·北洋军阀》第一册，上海人民出版社1988年；张侠等：《北洋陆军史料》，天津人民出版社1987年版；沈云龙编：《中国近代史资料丛刊》67辑《陆军士官学校入学中华民国前清人名簿》，油印本；郭荣生校补：《中国近代史资料丛刊续编》32辑《日本陆军士官学校中华民国留学生簿》，（台北）文海出版社1977年版。

具体来说，在保定军校特别是1912年蒋百里出任校长后，进行大刀阔斧的改革，将原来教官和队长中资历不足、学识浅薄、能力较差而有负众望者，大都撤换，而改聘一些留学德国和日本，且资历、学识俱优的人担任学校教育长、炮兵科长、骑兵队长等职。如教育长毛继承及其续任张承礼、贾德耀、赵协璋等，教官刘克厚、杨言昌、邸志龙、吴剑学，炮兵科长谭学夔，骑科教务长邹致权，步兵科长孙树林等，都为留日士官生。同时，该校各连连长、教官也多由留日士官生担任。① 蒋百里辞职后，由日本士官学校毕业生曲同丰继任，但对蒋氏所聘教官多未变动，到第六任校长贾德耀时，所聘请的教育长孙树林、二队队长戴联玺、三队队长杨正治、骑兵队长何柱国、炮兵队长钱大钧等，皆为日本士官学校毕业生。正是在他们的努力下，保定军校历经 11 年，共办 9 期，毕业生 6500 余名，② 为中国培养了一大批军事人才。

黄埔军校长期被国民政府视作珍宝，其聘用的教官不少具有留学经历。除校长蒋介石，代校长、教育长王柏龄，军事战术总教官何应钦留学日本外，军事教官钱大钧、方鼎英，分别为日本士官学校第十二期炮科、第八期炮科毕业。另外，该校党代表廖仲恺、周恩来曾留学日本，军事教官熊雄曾在苏联东方劳动者共产主义大学和红军军事学校中国班深造。美国齐锡生教授的研究结果表明："有 25 人曾在黄埔军校工作过，在这 25 人中，有 5 人曾进过日本士官学校或其他预备学校；有 7 人曾在日本的大学或学院学习过；有 2 人留学美国；2 人留学法国。"③ 从数字上可以粗略看出留学生在黄埔军校军事教育中的地位和作用。特别是一些留日生，"他们是改革年代的产物，是儒家传统文化与西方、日本近代科技知识的结晶"④。这些留学生无论是管理还是教学都能得心应手，其科学的训练方法、先进的训练手段以及严格的训练要求，为中国培养了大批优秀的军事人才，其中就有解放军的高级将领林彪、左权和陈赓等。

陆军大学同样如此，主持教务的教育长有毕业于日本炮兵学校的江寿祺、张厚晼、阮肇昌、张国元、李端浩，毕业于日本陆军大学的刘光、周斌、王泽民、杨杰和毕业于德国参谋大学的徐培根。1932 年，陆军大学从

---

① 河北省政协文史资料委员会、保定市政协文史资料研究委员会编：《保定陆军军官学校》，河北人民出版社 1987 年版，第 83 页。

② 中国社会科学院近代史研究所藏：《保定陆军军官学校同学录》。

③ ［美］齐锡生：《中国的军阀政治》（1916—1928），杨云若、萧延中译，中国人民大学出版社 1991 年版，第 104 页。

④ ［澳］冯兆基：《军事近代化与中国革命》，郭太风译，上海人民出版社 1994 年版，第 94 页。

北京迁往南京后，特别是杨杰担任陆军大学校长后，重视陆军大学师资的建设，聘请了许多军事素质优秀的留学生担任教官，如战役战术教官由日本陆军大学出身的张亮清、何成璞、徐祖诒等担任，后方勤务教官是从日本留学回国的谭家骏，兵学地理教官是负有盛名的游凤池等。抗战开始后，由于陆军大学的德国教官都已撤走，学校师资力量有所减弱。国民政府军令部于1940年决定，派到欧美各国学习军事的留学归国人员，一律先到陆军大学任教。这样不仅加强了陆大的师资力量，而且也将欧美各国最新军事学术思想介绍给陆大学员。①

在地方军事院校中，如云南讲武堂的军事教官，"大部分来源于日本士官学校毕业生……由日本士官学校毕业回国的人很多，……在讲武堂担任专职或兼职，兼任讲武堂的军事教官计有40余人，当时讲武堂的军事教官和文职教官主要由留日学生充任"②。到1935年云南讲武堂改为国民党中央陆军军官学校第五分校为止，该学堂先后培养了近万名杰出军政人才，在辛亥革命、护国运动、北伐战争中担当大任。从云南讲武学堂学员中还走出了中国的元帅朱德（三期）、越南国防部长的武元甲大将（讲武堂短期受训）、朝鲜最高人民委员会委员长崔庸健将军（十七期）等3个国家的军队统帅，由此可见其影响。

尤其需要指出的是，在一些军事专业院校中，留学生担任学校教师的比例更高，学历学位也高于陆军院校的师资。如中央军医学校，抗战爆发后，军政部军医学校从南京迁往广州，兼并了广州军医学校。此时在该校任教的留学归国人员就有留德博士孔锡锟（病理学）、梁舒文（外科）、刑文嵘（药理学）、高禩瑛（皮肤科）、陈任（眼科）、沈毓桢（总医院外科）和留学美国的药科化学专家袁开基。1938年该校迁往贵州安顺后，改名为中央军医学校。这时归国留学生在该校教师队伍中更多，力量更为强大。德国医学博士于少卿担任教务处长兼医科主任，德国医学博士李雨生和张静吾先后任该校附属医院的院长。在一般课程或专业教学中，教授英文的甘毓津、教

---

① 戚厚杰、林宇人：《陆军大学校发展史略》，见江苏省政协文史资料委员会、中国第二历史档案馆编《民国时期的陆军大学》（《江苏文史资料》第79辑），江苏人民出版社1994年版，第34页。

② 周开勋：《云南讲武堂的回忆》，见全国政协文史资料委员会编《中华文史资料文库》第八卷《政治军事》编，中国文史出版社1996年版，第724页。

授生物学的郁康华、教授卫生勤务学的李旭初三人是留美生。教授德文的王位中、教授化学的华乾吉、教授物理的俞钧权三人是留德生。在基础医学方面，留学生在教师队伍中的比例也比较高，解剖学系实验室就有留德医学博士张岩、留美胚胎学博士陈伯康，病理学实验室有留德医学博士孔锡锟，生物学系实验室有留美医学博士沈寯锟，药理学系实验室有留德医学博士刑文嵘，生化实验室有留美硕士万昕、留美化学博士陈素及留美生陈美瑜，细菌学系实验室有留美生李振翩。在临床医学方面，内科学主任教官为留美医学博士杨济时、汤泽光。1940 年二人离校后，改由德国医学博士张静吾、曾宪文担任。外科学方面由梁舒文、阮尚丞、朱裕壁担任教官，此二人均曾赴德国学习过医学。妇产科学教官为美国医学博士汤汉志，眼科学教官为德国医学博士陈任，耳鼻咽喉学教官先后为留德医学博士张酒华、留美医学博士陈世彬，皮肤花柳科学教官为留德医学博士高禩瑛。在药科方面，基本化学系实验室有袁开基、严仁荫、郑法玉，他们三人都曾留学美国，其中严仁荫曾获化学博士学位，生物学系实验室有留学日本的李承祜、留学美国的管光地，制药化学实验室有留德制药化学博士龙康候以及留美人员葛祖良和王赞卿，药品鉴定学系有美国化学博士孔宪保等。[①]

也就是说，中央医学校的主要师资几乎全是归国留学生，而且大部分都有博士学位，医疗水平之高可想而知，同时也可看出留学生们在抗战时期从军报国的热情。

三　编译军事书籍

为了使近代西方先进的军事技术和科学军事理论得以传播，留学生特别是一些军事留学生翻译、撰写了大量军事著作，大体上可分为三类。

其一，翻译、编著军校教材。这一时期，许多军校所需的军事教材大都是由留学生翻译和撰写的，如保定军校所需的军事教材，"多半是翻译日本陆军士官学校最新出版的教材"[②]。译者大多是日本陆军士官学校毕业生，

---

① 以上关于医学教育方面的资料，参见张建《敬悼军医长才于少卿博士——兼述抗战时期的军医教育》，（台北）《传记文学》1980 年第 37 卷第 6 期、1981 年第 38 卷第 1 期。

② 河北省政协文史资料研究委员会、保定市政协文史资料研究委员会编：《保定陆军军官学校》，河北人民出版社 1987 年版，第 90 页。

如毕业于该校一期的教官杨言昌，独自翻译以及与别人合译的军事著作就有《初级战术》《战术难问题之解决》《指挥顾问》《士官学校战术讲授录命令作为法》《高等兵器学》（3 册）、《野外勤务令详解》（18 册）、《大战学理》《夜间演示》等。[①] 他还与杨邦藩翻译注解了日本兵书《阵中要务详解令》（一套 10 本），军事学价值很高。另外，保定军校留日士官生翻译的还有《作战纲要详解》（7 本）等军事教学用书。

留学生们还编著军校教材特别是航校和海军学校的教材。南苑航校的教育长兼飞行教官蒋逵，自编军事教材《飞航学》，这是初学长途飞行者的指南，学习飞机驾驶的人基本上人手一册。留学生林钧也自编军事教材《学飞》，为初学飞行者指南，该书图文并茂，内容翔实。

海军教材大多也是留学生编译的。北洋政府时期，陆军大学为了适应陆海军协同作战的需要，开设了一些海军学课程，而海军教材就是由留学国外学习海军的教官编写的。这些留学国外的海军教官人数虽然不多，但由于曾经受过正规的海军教育，对海军学术研究均有一定的造诣，因而他们成为民国初年中国海军学术界的中坚力量。他们多次编写《海战学》讲义，且每次编写又都是一次新的学术研究，从而推动了海军战略战术的研究和中国海军教育事业的发展（见表 9—5）。

表 9—5　　　　　　　　　　民国初年海军留学生学术成果一览

书名	作者	教育背景	备注
《海军战术辑要》	朱伟	日本海军学校、海军大学	陆军大学第六期教材，1922 年度教材
《海军战略》	吕德元	日本商船学校、英国皇家海军大学	陆大第七期教材，约印于 1924—1926 年
《海战学》四卷	朱伟	日本海军学校、海军大学	陆大第七期教材，1924—1926 年 3 次编印
《海军军事学》	刘华式	日本海军学校	陆大第八期教材，约编印于 1928 年
《海军战术讲义》	姜鸿滋	日本海军学校	陆大第八期教材，约编印于 1928 年

资料来源：皮明勇：《民国初年的中国海军战略战术的理论论述》，《军事历史研究》1994 年第 2 期。

---

① 杨言昌：《兵书编译的回忆》，《军事杂志》1942 年第 142 期，第 61 页。

　　这一时期编译海军书籍且影响较大的留学生，还有毕业于英国皇家海军大学的魏济民，毕业于英国皇家炮兵学校的邓萃功，毕业于日本早稻田大学的唐定镐，赴日学习鱼雷制造技术的何希琨，留学日本学习海军驾驶技术的卓金梧等人。他们编译的海军教材对两次世界大战时期国外海军作战理论作了认真的介绍和思考，使中国海军战略、战役和战术三个层次的作战理论都有了新的发展。

　　其二，翻译军事理论著作。如1913年留日学生林炳章、张为珊利用在日本学习之机，翻译了日本参谋本部新编写的《最新列国陆军之现状》一书，内容丰富，将世界各国的国势、军情及平时的部队编制介绍给国人。1927年12月，日本早稻田大学毕业生唐宝镐把德国马汉《海权对历史的影响》这一名著的核心部分，翻译成《海上权力之要素》，由《海军期刊》从第1卷第6期开始发表，这也是中国第一次完整地介绍马汉的海权理论。1937年留欧生张君劢翻译了鲁登道夫的《全民族战争论》，这也是中国学者第一部系统介绍德国鲁登道夫全民族战争理论的军事著作。

　　其三，编著军事著作。留学生并不满足于西方军事书籍的翻译，照抄外国的军事理论，而是力图在融合中外军事学说的基础上，结合本国的实际，建立中国近代化的军事理论体系。在陆军方面，1911年留日士官生蔡锷，摘录了曾国藩、胡林翼二人有关治兵的言论，分类编辑成《曾胡治兵语录》一书，并在每章后面加以评论，以阐明他的军事思想。此书出版后，受到了广大官兵的热烈欢迎，1924年蒋介石将此书列为黄埔军校的指定教材，并增辑《治心》一章，以《增补曾胡治兵语录》出版。1943年八路军《军政杂志》也出版了蔡锷《增补曾胡治兵语录白话句解》，1945年八路军山东军区还重印该书。近年来，蔡锷编辑的该书又不断重印，并被列为"中国古代十大兵书"之一，可见该书影响之大。1917年，蔡锷又撰写了他的另一本军事著作《军事计划》，该书是他留学日本及归国以来从军十多年军事学术研究成果的总结，从国家的政治、安全出发，论述了国防内容，国防基础，国防赖以建立的军制改革、军事教育、军事训练和军事管理等内容，从而在中国较早地提出较为系统的国防理论，成为中国近代军事理论发展史上一部重要的军事著作。较之《曾胡治兵语录》，该书更能概括和体现其军事思想。

著名军事理论家蒋百里，不仅把近代西方先进的军事理论介绍到中国，还先后撰写了《孙子新释》《孙子浅说》《军事常识》《国防论》等军事著作，特别是其代表作《国防论》，凝聚了他一生军事思想的精华。此书出版时，正值抗战前夜，敌强我弱，国民党恐日心理相当严重，为此，蒋百里在卷首写道："万语千言，只是告诉大家一句话：中国是有办法的！"因此，该书的出版犹如一针清醒剂，注入了当时民众的心胸，"使国人在苦闷中求得安慰，于失望中得到鼓励"①。

军事理论家杨杰，一生从事于军事教育，曾多年负责陆军大学的教学工作，对军事学术和军事教育理论有很深的研究，出版发行了《国防新论》和《军事与国防》等军事著作，对中国近代军事教育发表了一系列独特的看法，特别是他在《军事与国防》一书中提出的"人民国防"的观念，丰富了中国的国防理论和军事理论。又如民国时期中国著名的航空专家钱昌祚，特别重视航空名词的规范。1929年，他和程流章合作编印过一本《英汉对照航空名辞草案》，这是中国最早的航空专用名词著作。1931年，他还在南京出版了《中国航空沿革纪略》一书。另外，他还撰写了《考察欧美航空报告书》等。

综上所述，民国时期留学回国人员在编译军事著作方面有几个重要的特点。

第一，人员广泛。译者中既有军事科学的泰斗蒋方震、杨杰等人，也有军事教育的领军人物徐培根、黄镇球等人；既包括在军事教育战线辛勤耕耘的吴光杰、端木彰、李浴日等人，也包括关心国防教育的学者郑麐、张君劢等人；既有留学前辈杨伯恺、刘华式等人，更有大批后起之秀的归国留学生。

第二，译著丰富。例如由归国留学主持的训练总监编译处翻译的图书与教材便有136种，占该处全部译著的28.2%，其中翻译的日本著作87种，超过该处全部日本译著的50%，翻译的其他国家著作也占50%。再如李浴日，是介绍世界兵学的代表之一，他于1941年在广东曲江创办"世界兵学

---

① 薛光前：《蒋百里先生晚年与军事思想》，见《蒋百里先生全集》第6辑，（台北）传记文学出版社1971年版，第190页。

社"，出版《世界兵学月刊》，发表各种兵学著述，并在《世界兵学月刊》上介绍各国新兵学，"阐扬中国固有兵学，介绍各国最新兵学"的宗旨，代表了留学生们交流军事科学的意愿。

第三，编译的军事著作与其留学活动密切相关（见表9—6）。

表9—6　　　　　　　　　　训练总监军学编译处翻译军事图书

项　目	日本	德国	法国	美国	其他	小计
总论	2	0	0	0	1	3
军事理论	5	2	0	0	3	10
世界军事	36	1	1	0	2	40
中国军事	4	0	0	0	0	4
各国军事	26	14	4	8	1	53
战略战术	2	1	0	0	2	6
非常规战	0	0	0	0	1	1
军事情报	0	0	0	0	0	0
军事技术	12	3	0	0	3	18
军事地理	0	0	0	0	0	0
合计	87	21	5	9	14	136

资料来源：依据北京图书馆《民国时期总书目·军事（1911—1949）》（书目文献出版社1994年版）和上海、重庆等图书馆所藏有关书籍和资料编制而成。

军事翻译图书来源国的数量排序与各国吸纳中国军事留学生的数量排序基本一致，日本、德国、苏俄、美国、英国、法国依次递减，说明了翻译图书来源与留学方向的密切关系；军事翻译图书内容分布与留学生学习专业分布基本一致，陆海空军递减，说明引进军事科目与留学专业选择密切相关。同时，留学生还将中国宝贵的军事经典介绍给世界。留学日本的李浴日多次编著孙子兵法研究的著作，介绍评述日本等国对孙子兵法的研究。留学欧美的郑麈致力于中国古籍的整理和翻译工作，整理翻译的中国古籍达102种之多，其中就包括中国军事经典《孙子兵法》。

第四，译著与民国时期的国防形势密切相关，这是民国时期留学生翻译、编著军事著作的最大特点，也是他们从事此项工作的出发点。说得更具体一点，民国时期产生重大影响的军事著作大都与抵抗日本的侵略及增强中国的国防有关。如1937年，张君劢翻译鲁登道夫的《全民族战争论》，就明显地与当时中华民族的抗日有关；蒋百里在该书的序中之所以强调现代战争并非敌国之间单纯兵力之间的战争，而是全体民族的战争，其意图也就在于揭示抗日战争乃全中华民族反对日本帝国主义侵略的特点。董问樵的名著《国防经济论》也是如此。实际上，汉堡大学经济学博士出身的董问樵，编写此书前本是重庆大学银行保险系主任、四川银行经理，所以关注国防经济，醉翁之意并不在学术，而在于抗战开始后中国的经济与国防的关系。非军事理论家的张君劢与董问樵尚且如此，那么作为军事理论家的蔡锷、蒋百里、杨杰等军事著作的指向也就更清楚不过了。特别是蒋百里的《国防论》《蒋百里抗战论集》、杨杰的《国防新论》等，都是直接为抵抗日本的侵略而作，知己知彼，论述精当，对中国反击日军、夺取抗战的胜利发挥了重要的作用。

概言之，民国时期大量归国留学生厕身军事院校，引进先进的军事科学技术和训练方法，加速了中国军事教育的改革，缩短了与世界先进水平的差距，推动了民国时期军事教育的转型，使中国的军事教育在师资本土化、科学现代化、课程系统化等方面取得了长足的发展，培养了一大批军事人才，增强了中国的军事力量，促进了中国军事现代化的进程。

综上所述，民国时期各届中央政府和地方实力派都认识到军事人才的匮乏是制约军事实力提高的一个重要因素，而派遣军事留学生则是培养军事人才、提高军事实力的一个重要途径，因而，民国历届政府都派遣许多青年学子到国外去学习西方先进的军事理论和军事技术。他们回国后，在军队系统中形成了一个新的人才群体，即军事留学生群体，成为民国时期中国军事和国防建设中新的血液和新生的力量。民国时期军事发展、转型的历史进程告诉我们，中国军事和国防的现代化是一个艰难的过程，既伴随中国社会内部的新陈代谢而不断演进，也在国内多种军事力量和政治派系明争暗斗的夹缝中曲折前进，更是在反对日本帝国主义的民族战争中得到了较快的发展。但由于民国复杂的政治体制和军事体制，他们又难以实现中国军事现代化的目标。特别是抗战结束后的内战，使刚刚起飞的中国军事现代化事业遭受了重大挫折。虽然如此，在从1912年南京临时政府建立到1949年国民政府败退台湾的短短的 38 年间，作为近代中国军事和国防现代化先驱的留学生们，学以致用，大胆实践，充分发挥在军事观念、知识结构、能力素质方面的优势，在国脉如缕的非常年代，殚精竭虑，不仅为中华民族抗击外敌入侵、打败日本帝国主义作出了贡献，也为民国时期中国军事思想和国防观念的转型，为中国军事和国防现代化的发展作出了贡献，还为后来新中国军事和国防现代化建设留下了许多宝贵的经验教训。

第十章

留学生群体与中国近代民族国家的建立

中国古代，没有现代意义上的国家概念，更无现代民族国家的概念。在中国近代民族国家概念的形成和民族国家的建立过程中，民国时期深受西方现代国家观念影响的留学生群体作出了特殊的贡献。

第一节　留学生群体与中国近代国际观的确立

近代以前，中国人对国际社会没有明确的认知。近代以后，随着国门被打开，中国与西方国家之间的接触和交往不断增加，中国人传统的天下观开始受到挑战和冲击，尤其是 20 世纪以后，国际法知识大量传播，新型的国际观开始在中国确立。在这一新型的国际观念确立的过程中，熟悉现代国际观的留学生们起到了重要的作用。

一　用《春秋》比附国际法，搭建接受近代国际观的桥梁

中国人接受西方国际观，并不是直接的，而是如同接受其他西方学说一样，有一个曲折的过程。其主要特征是用《春秋》比附国际法，为当时愚昧的中国人接受近代国际观架起中外连接的桥梁。

两次鸦片战争的客观事实让很多人意识到，天朝上国的想法是虚幻的，即便地理上世界中心的位置也是不存在的。但当时，一方面"通商以来，各国恃其富强，声势相联，外托修和，内存觊觎，故未列中国于公法，以示外之之意"；另一方面，中国"亦不屑自处为万国之一列入公法，以示定

于一尊"①，以致于中国对国际社会及国际形势的认知还是非常有限的。郑观应在《论公法》一文中，一面分析中国被排除在国际社会之外的危害性，认为中国"正所谓孤立无援，独受其害，不可不幡然变计者也"。另一方面也指出："然必自视其国为万国之一，而后公法可行焉。"② 这就是说，中国融入国际社会的前提是放弃中国本位观念，把自己看作是国际社会的一员，自列为万国之一，然后才有可能。

在当时中国保守的社会氛围中，从中国本位到自列为万国之一，其过程是痛苦而漫长的。19 世纪 70 年代中期，郭嵩焘被清政府任命为驻英公使后，国内的士大夫竟认为这样有辱国格，对郭群起而攻之，可见保守风气之烈，绝大部分的中国人还不能很快从中国本位观念中解放出来。在风气将开未开之际，一些知识分子从传统的观念出发，从中国丰富的文化遗产中汲取素材，用《春秋》比附国际法，将春秋战国时期的状况放大到全球的角度去衡量近代国与国之间的关系，这种借助于传统观念的比附，无疑为人们接受新的国际观念架起了桥梁。例如早在 19 世纪 60 年代初，冯桂芬即表示："今海外诸夷，一春秋时之列国也。不特形势同，即风气亦相近焉。"③ 值得注意的是，在此时冯桂芬的观念中，西方国家仍然属于夷狄。1864 年，丁韪良为清政府翻译了《万国公法》后，请张斯桂作序，张斯桂在序中写道："尝观天下大局，中华为首善之区，四海会同，万国来王，遐哉勿可及矣。此外诸国，一春秋时大列国也，若英吉利、若法郎西、若俄罗斯、若美利坚之四国者，强则强矣，要非生而强也。"④ 文中，张斯桂一方面较早地把西方列强比喻成春秋时代的华夏列国，不再以夷狄视之，另一方面，仍自喻中国为东周天子，带有强烈的中国本位意识。郑观应、王韬等早期改良思想家也多有类似的观点。

近代中国早期的留学生对冯桂芬、张斯桂等人的观点进行了发挥和修正。马建忠是近代中国较早留学国外的著名维新派思想家。1876 年，他遵照李鸿章的指示，随福州船政学堂的学生一道赴法国，在巴黎政治学院学习

① 郑观应：《论公法》，见《郑观应集》上册，上海人民出版社 1982 年版，第 67 页。
② 同上。
③ 冯桂芬：《重专对议》，见《校邠庐抗议》，上海书店出版社 2002 年版，第 58 页。
④ ［美］惠顿：《万国公法》序二，［美］丁韪良译，上海书店出版社 2002 年版，第 2 页。

国际法，该校政治、经济、外交等方面的专门教育使马建忠眼界大开。他认为当时的欧洲是一个"均势之局"，而所谓的"均势之局，即战国合纵连横之说，名异而事同者也"①。他有意无意地将中国放到列国的地位，放弃了中国中心本位观念。在此基础上，他主张中国主动与西方国家进行广泛的贸易往来以期富强："宇内五大洲国百数，自朝鲜立约，而闭关绝使者无其国矣。若英，若法，若俄，若德，若英属之印度，无不以通商致富。"② 言下之意，中国乃五大洲内数百国之一，效仿英法等国，通商致富乃可行之道。曾经留学英国的何启和出生香港并在香港接受西方新式教育的胡礼垣则这样表示："中国道学、文学二者合而为一，故欲明道学须知文学。道学以知天为圣功，以安民为王道，孔子不言天道，而两论所载，无非理性之自然，孟子不言民权，而七篇之词，无非自由之实际。孔孟距今二千四百年，而置其道于今日公理公法中，仍属坚致精莹，其光莫掩，以此知凡脱尽私心，主持公道者，所立之言虽历千秋万岁，亦不能磨灭也。"③ 何启和胡礼垣喻时势为春秋，喻孔孟之道为公理公法，他们和马建忠一样，字里行间，已经不再将中国凌驾于列国之上，而是悄然隐身为列国之一了，这是人们接受和理解新的国际观念的前提和基础。

维新运动开展以后，这种比附之风达到了高潮。梁启超也曾经用孔子和《春秋》来比附虎哥（即荷兰法学家 Hugo Grotius，译为"虎哥"，另译为"格老秀斯"）和他的国际法著作："以布衣而著万国公法，天下遵之，今孔子之作春秋乃万世公法也。"④ 皮锡瑞、徐仁铸、唐才常、宋育仁、黄遵宪、谭嗣同等人皆有过这样的比附。到1894年，用中国历史知识中春秋与战国的形势来解释当时的国际现状者，不下十数人之多。⑤ 虽然以《春秋》比附公法的观念，与以平等的主权国家为主体的现代国际观念还有一定的距离，

---

① 马建忠：《适可斋纪言纪行》，见沈云龙主编《近代中国史料丛刊》第16辑，（台北）文海出版社1968年版，第85页。

② 同上书，第12页。

③ 何启、胡礼垣：《新政论议》，见郑大华点校《新政真诠——何启、胡礼垣集》，辽宁人民出版社1994年版，第112页。

④ 梁启超：《读春秋界说》，见《饮冰室合集》第1册，中华书局1988年版，第15页。

⑤ 王尔敏：《十九世纪中国士大夫对中西关系之理解及衍生之新观念》，见《中国近代思想史论》，社会科学文献出版社2003年版，第21页。

但这种比附仍具有重要价值。对此，王尔敏认为："将十九世纪和春秋战国比较，乃反映一种新的国际意识，自然地放下中国中心观念，以古史的镜子，重新思考中国所面对的新世界。"对古代邦交经验的参考引用，"正是由中国中心的国际观念转变为对等国际关系观念的一个天然的有效的通道"①。可见，维新思想家及留学生的这种比附正是中国人面对鸦片战争以来的变局，适应外部环境，调整自身观念、心态与思维方式的积极体现。

二 引进西方外交观念，促使中国传统的华夷观念彻底崩溃

如果说用《春秋》比附国际法，为人们接受和了解国际社会架起桥梁的话，那么，留学生们对西方外交观念的不断引入，则是促使中国人传统的华夷观念开始动摇，并最终彻底崩溃的重要动力。

近代以后，西方外交观念逐渐传入中国，马建忠较早地向国人作了相关介绍。1878 年，他在《巴黎复友人书》中，引进了西方外交中的"均势"一词，向中国人介绍西方的均势理论。他说："夫欧洲列国，壤地毗连，虽一境之文治武功由我独断，然保无有狡焉，思启者乘间抵隙，以为与国虞，于是诸列国申盟，要言以强弱相恤、大小相维，成一均势之局。"② 均势理论源于欧洲，是近代西方主权平等的国际观念之下产生的外交策略，是近代欧洲国家之间保持平衡的重要机制，目的是通过国际社会实力均衡的结构体系来维持其相对稳定。此前，在丁韪良等翻译的国际法著作中，对欧洲的均势理论已有不同程度的介绍，但是并未引起国人足够的关注。马建忠根据这一理论提出："自均势之局定，而列国安危所系，莫大于邦交。第交不可无，而择亦宜慎。"在数千年未有之大变局面前，敦睦邦交显得尤其重要："盖天下事，众擎则易举，孤掌则难鸣，理之常也。夫同宅寰中，此疆彼界而建为国，则必小事大，大事小，忧危与共，战守相援，而势乃不孤。"③ 强调了国际结盟的重要性。中法战争前，张佩纶和陈宝琛联合上奏，要求联德拒

---

① 王尔敏：《十九世纪中国士大夫对中西关系之理解及衍生之新观念》，见《中国近代思想史论》，社会科学文献出版社 2003 年版，第 22 页。

② 马建忠：《适可斋言纪行》，见沈云龙主编《近代中国史料丛刊》第 16 辑，（台北）文海出版社 1968 年版，第 85 页。

③ 同上书，第 94—95 页。

法；甲午战争前，国人多视俄国为"强秦"，主张联合他国抗俄；甲午战争后，俄国倡导干涉还辽，郑观应则认为应联合俄、德、美以应英、日。① 这些都是对均势理论的具体运用。事实上，在列强把持的世界政治体系中，半殖民地半封建的中国只能在列强"均势"旗号下，任人摆布，它不可能挽救清政府的命运。正如《春秋》被比附为国际法一样，均势观在晚清国人的眼中也多被视为春秋战国的"合纵连横"，但它却反映出中国已经开始主动地加入国际社会并根据自身形势选择外交的政策和策略，大大动摇了华夷观念、夷夏之防的传统观念。

与此同时，从中国的现实情境出发，源自西方的国家主权观念，也受到了中国先进的知识分子尤其是 20 世纪初留日知识分子的关注，如冯桂芬、郑观应、薛福成、马建忠等早期的维新思想家。甲午战争之后，康有为、梁启超、严复等维新思想家进一步认识到主权问题的重要性，康有为第一次提出了"国权"的概念，并成立了"保国会"以申国权。如果说 19 世纪的中国只有少数的知识精英和上层官僚主要从具体利权角度关注国家主权问题的话，那么 20 世纪初期，以留日学生为主体的新式知识分子则普遍地关注起主权问题，并将这一关注上升到观念和学理层面，表现出了新的特点：首先，他们将主权上升到国家最高属性的高度加以认识。"主权者，国家之至高无上之特征，具不受其他制限之性质者也。"② 一个国家的强大，关键在"恃其有特立不羁，至尊无上之主权者也"。因此，"凡有主权者则其国存，无主权者则其国亡"③。其次，留日学生还进一步把主权区分为对内和对外两个方面，并把国民视为国家合法性的根本来源。1905 年 6 月，在东京创办的《二十世纪之支那》上，一位署名为"黔首"的作者在《国际法上之国家》一文中说道："国法之主权乃政治上加被统治者以权力，故生服从之义务；国际法上之主权，则反是不服从他国亦不能致他国之服从。要之，国家主权，其体虽一，其用不同。在于自国，曰国法上之主权；对于外国，曰国际

---

① 田涛：《国际法输入与晚清中国》，济南出版社 2001 年版，第 283—284 页。

② 芙峰：《叙德俄英法条约所载"高权"及"管辖权"之评论因及"舟山条约"之感慨》，《浙江潮》1903 年第 2 期，第 30 页。

③ 《中国灭亡论》，《国民报》1901 年第 2 期，第 12 页。

法上之主权。世所用对外主权一语，即国际法主权之变文也。"① 在此基础上，"中国者，中国人之中国"一语悄悄地流行起来。② 这不仅表明主权观念在清末思想界的广泛影响，更重要的在于，它表明以留日学生为主体的新式知识分子已经完全突破了"天下主义"的世界观，接受了由平等国家组成的国际体系。

观念的转变与实践的变化是相辅相成的。一方面，第二次鸦片战争以后，斌椿使团、蒲安臣使团、崇厚使团先后出使欧美，1872 年近代中国第一批官派留学生被派往美国，1875 年"马嘉理事件"及郭嵩焘英国之行等，加速了中国向外派驻使臣的步伐。在此后的四五年间，清政府先后向英国、美国、西班牙、秘鲁、日本、法国、德国、俄国 8 个国家派驻了 19 位公使，改变了过去"彼有使来，我无使往"的单向外交关系。另一方面，着眼于保国卫权，中国于 20 世纪初掀起了轰轰烈烈的收回矿权运动、抵制美货运动、拒俄运动等。清政府也着手考虑收回国人最为关注的领事裁判权和关税自主权。此处值得一提的是两位留学生，即伍廷芳和唐绍仪，前者于 1903 出任修律大臣，会同沈家本修订律例，主持清末法律改革；后者则于 1906 年督办税务处成立后担任该处的会办大臣，为收回领事裁判权和关税自主权做法律和制度上的准备。以上变化成为中国承认并进入国际社会的标志。

随着"均势""主权"一起传入的还有国际法、派驻使节等西方外交观念。两次鸦片战争以后，中国人在数千年未有之变局面前，以留学生为主要媒介，在西方外交观念的引导下，认识到世界是由主权平等的国家组成，正如康有为所言：　"大地八十万里，中国有其一，列国五十余，中国居其一，"③ 这不仅是地理学意义上的改变，更重要的是促使中国传统的华夷观念动摇和崩溃，这是中国人走向世界必须克服的第一道障碍。

---

① 黔首：《国际法上之国家》，《二十世纪之支那》1905 年第 1 期。

② 许小青：《1903 年前后新式知识分子的主权意识与民族国家认同》，《天津社会科学》2002 年第 4 期，第 126 页；郭双林：《门罗主义与清末民族国家的认同》，见郑大华编《中国近代史上的民族主义》，社会科学文献出版社 2007 年版，第 327 页。

③ 康有为：《康有为全集》（四），中国人民大学出版社 2007 年版，第 3 页。

三 深刻反省义和团运动，推动近代中国加速融入国际社会

义和团运动是近代史上北方民间以"扶清灭洋"为口号的暴力运动，由于时代的局限和农民运动的偏狭，运动中义和团团民杀外国使节、攻外国使馆等违反国际法的行为，使中国为此付出了巨大的代价。在战后议和过程中，八国联军首先指责中国"殊悖万国公法"，公然提出要中国"惩前毖后"。清政府也不得不依据国际公法对此事进行道歉，应允以后必不再有如此之事。这一事件发生的 20 世纪初年，正是中国留学生，特别是以留日学生为代表的新型知识分子开始大显身手的年代，留日学生对这一事件进行了深刻的反省。

一方面，留日学生认识到中国人不了解国际法的危害。传统中国封闭保守，不谙外情，导致绝大部分国人对国际通行的外交准则——国际法一无所知。1903 年，在由留日学生戢翼翚、杨廷栋、杨荫杭等创办于日本东京的《政法学报》上，有人撰文指出这一状况的危害："一国之安危，一国之盛衰，几以国民能知公法与否为断。盖国民加于他国之损害，国家不可不负责任，是国家有监督人民之义务应生之结果也。因国民不知公法之故，而遗累于国家，古来多见其例……至于我国因杀害外国宣教士，所受损害，几难偻计，轻则赔款，重至割地，征过去数十年之历史，较较然也。"因此，国际公法"为今日立国要具"，国家之于公法，犹如个人之于法律，"个人而不知法律，则权利义务任人播弄，有害无益，有屈无伸；国家而不知公法，所受损害正与此同，虽欲苟避，不可得也。盖公法者，所以示正道倡公理，虽有野心，必稍有所顾忌而不敢故犯天下之不韪，故积弱之国，尤所宜讲……今吾中国积弱已极，拯国之法，千端万绪，而研究公法，则所谓当务之急"①。这一观点得到了很多人的赞同。许多人意识到，研究和了解国际公法，不仅是执掌外交的人的当务之急，而且也应该"为一般国民之责任"，只有这样才能避免像义和团运动那样因盲目排外而使国家蒙受灾难和损失。有的人还提议在中等学堂开设"外交科"，借以向广大民众宣传外交常识："然则讲明外交之故，以启导吾民，非今日教育家所当从事者哉？谓宜于中

---

① 守肃：《论国际公法关系中国之前途》，《政法学报》1903 年第 3 期，第 43—44 页。

等学堂增外交一科，使知外交事理，开此日之常识，立他年之基址。庶几人人切国耻而戒虚骄，教祸之烈，其有豸乎？"①

　　另一方面，留日学生还对义和团运动中的盲目排外行为进行了批判。在义和团运动中，出于反帝义愤，一部分参加者把外国侵略者与传教士及西学、西技混为一谈，杀教士，烧教堂，拆电杆，毁铁路，甚至"见有售洋货者，或紧衣窄袖者，或物仿洋式，或上有洋字者，皆毁物杀人"②。这种盲目排外的做法使运动备受非议。义和团运动之后，知识界的态度大致分为三派，一派是以康有为、麦孟华、唐才常、黄遵宪等部分保皇派知识分子为代表，对义和团运动采取敌视和否定的态度。一派是以梁启超、蔡锷、秦力山、章太炎等人为代表的中立派，他们在一定程度上肯定义和团民众的行为对中国政治产生的积极影响。还有一派以容闳、孙中山、陈天华、冯自由、郑贯公等为代表，他们多为留日学生中的革命派，他们对运动背后的"民气"表现出欣喜，对运动多为肯定和赞赏。③ 但他们都对义和团盲目排外的行为予以否定，并进行了深刻的反思。麦孟华认为："团匪之乱，固非独国家之害，实我四万万人切肤之灾者也。夫彼之毁人租界，杀人人民，戕人公使，诚快彼排外之野心矣。然使外人日骂我为野蛮，日辱我为犷种，我四万万人遂无颜复对外人。"④ 即使是对义和团运动持褒扬态度的留日革命派知识分子，也对义和团运动中的盲目排外进行了批判，陈天华说："这义和团心思是很好的，却有几件大大的不好处……我们虽然恨洋人的很，也只好做应敌的兵，断不能无故挑衅。说到那围攻使馆、烧天主堂，尤为无识。"⑤ 邹容在《革命军》中也表示："有野蛮之革命，有文明之革命。野蛮之革命，有破坏，无建设，横暴恣狙，适足以造成恐怖之时代。如庚子之义和团，意大利之加波拿里，为国民增祸乱。"⑥ 因此，"列位若是单逞着意气，

---

① 《论国民当略知外交》，《东方杂志》1906 年第 13 期，第 231 页。
② 中国史学会编：《义和团》（二），上海人民出版社 1957 年版，第 146 页。
③ 赵泉民：《试析晚清新知识分子对义和团运动的心理》，《华东师范大学学报》（哲社版）2000 年第 3 期，第 53 页。
④ 伤心人：《论义民与乱民之异》，《清议报》1900 年 7 月第 52 册，第 3331—3332 页。
⑤ 陈天华：《警世钟·猛回头》，华夏出版社 2002 年版，第 12 页。
⑥ 邹容：《革命军》，华夏出版社 2002 年版，第 35 页。

野蛮排外，也可使得。若是有爱国的心肠，这野蛮排外断断不可行的"。①
一时间，相对于"野蛮排外"的"文明排外"②，相对于"野蛮革命"的
"文明革命"③，相对于"腕力排外"的"心力排外"④，相对于"形迹排外"
的"精神排外"⑤，在舆论界被广为提倡。

通过反思，以留学生为代表的中国人认识到盲目排外的危害性，尤其是
在中国当时国力不济的情况下，要想维护国权，修改不平等条约，必须承认
现存的国际秩序，以当时通行的国际法为原则，通过外交途径，在法律轨道
上寻求问题的解决。正如义和团运动以后时人总结的那样："今日中国，不
能独立开战也明矣，独开战而不能必胜也明矣。恃外交上之筹划，以期决胜
于万一，当外交之局者可不深长思乎?"⑥ 同时，对义和团运动的反思也使
人认识到向西方学习的重要性，一时间，"海波沸腾，宇内士夫，痛时事之
日亟，以为中国之变，古未有其变，中国之学诚不足以救中国。于是醉心欧
化，举一事革一弊，至于风俗习惯各部相侔者，靡不惟东西之学说是依"⑦。
尤其是"国际公法之研究，所为不可一日缓也"⑧，已经在留日学生中成为
共识。正因如此，20 世纪初的留日学生成为国际法译介和传播的主力军。
同时，这一认识也表明，人们已经认同西方资本主义世界的交往原则，并根
据世界形势和中国自身的情况去寻求恰当的对外方略，加速了中国融入国际
社会的进程。

四 大量翻译国际法著作，为确立近代新型国际观奠定基础

大量译介和传播国际法著作是近代中国人国际观念转变的产物，反过
来，它又进一步促进了旧的华夷观念的彻底崩溃和新的平等的国际观念的确
立。在国际法传播的过程中，就传播的来源和主体来看，留学生在其中发挥

---

① 陈天华：《猛回头·警世钟》，华夏出版社 2002 年版，第 92 页。
② 同上。
③ 邹容：《革命军》，华夏出版社 2002 年版，第 35 页。
④ 伤心人：《论义民与乱民之异》，《清议报》1900 年 7 月第 52 册，第 3327—3332 页。
⑤ 勇立：《论排外不宜有形迹》，《东方杂志》1906 年第 12 期，第 228 页。
⑥ 泷川：《中国外交之前途》，《政法学报》1903 年第 3 期，第 9 页。
⑦ 张枬、王忍之：《辛亥革命前十年间时论选集》第 2 卷，三联书店 1963 年版，第 44 页。
⑧ 守肃：《论国际公法关系中国之前途》，《政法学报》1903 年第 3 期，第 38 页。

了重要的作用。

　　近代中国输入国际法的第一阶段是从第一次鸦片战争到庚子之役。在这一阶段，国人主要从欧美人士的著述中学习和接受国际法知识，称之为"公法"或"万国公法"。近代中国人有意识地了解西方国际法，是从林则徐开始的。1839 年，林则徐在广州查禁鸦片期间，为了应付外夷，曾请美国人伯驾（Peter Parker）和袁德辉翻译了瑞士人滑达尔（E. Vettel）的《国际法》的一部分作为参考。袁是林则徐的通译，曾经在马来西亚受过教育，对林则徐的行动颇有影响。1864 年美国传教士丁韪良主持翻译了第一部较为完整的国际法著作《万国公法》，随后在丁主持同文馆工作期间，又先后有《星轺指掌》《公法便览》《公法会通》《陆地战例新选》《公法新编》等多种国际法著作问世。与此同时，江南制造总局翻译馆也曾有国际法翻译著作问世。近代中国早期的留学生对国际法的传播也作出了重要贡献。马建忠留学法国期间在《巴黎复友人书》《玛赛复友人书》中，向国人介绍了国际法的产生、发展以及他对国际法价值的认识。另外，伍廷芳、罗丰禄等早期留学生也不同程度地传播了国际法，并用他们掌握的国际法知识与外国人打交道。

　　近代中国输入国际法的第二阶段是从庚子之役到清政府统治结束。这一阶段，中国人主动地翻译日文国际法著作，名称改为"国际法""国际公法""国际私法"，学校里的国际法教材也以日文译著为主。在这一阶段的国际法翻译和传播中，留学生尤其是留日学生的功劳可谓无人可及。国际法传入中国要早于日本，但日本的国际法学发展快于中国。自光绪朝中期开始，中国人开始翻译日本人写的国际法著作，也有不少留学生到日本学习国际法。田涛在《国际法输入与晚清中国》一书中，特别介绍了留日学生与20 世纪初的国际法输入。书中说，早在 1901 年 7 月留日学生编辑出版的《译书汇编》所罗列的"已译待刊书目录"中，就有《国际法论》。该书的作者是法国学者罗诺尔，由日文转译为中文。另外，杨廷栋编写的《公法论纲》于 1902 年印行，这是留日学生较早出版的国际法方面的著作。同年问世的还有《国际公法总纲》，该书由浙江温州留日学生王鸿年借助各种国际法著作编辑而成。1903 年先后问世的比较有影响的国际法著作有李叔同翻译的《国际私法》、汪郁年翻译的《国际法学》、林棨编译的《国际公法精义》等。此外，在范迪吉等人根据日本中小学教科书和一般大专程度的参考书为主要参考资料编译而成的《百科全书》中，也包含了中村太郎的《国际私法》和北条熊谷、元笃直太撰写的《国际公法》在内的相关国际法著作。1904 年，湖北籍留日学生编辑出版的《法政丛编》则收录了三种国际法著作：《平时国际公法》《战时国际公法》和《国际私法》，这三本书均在日本印刷出版。1906 年，廖作勋翻译的《平时国际公法》由湖南治群书社编辑出版。1907 年，《新译国际私法》出版，该书由袁希濂翻译、潘承锷校订。另外还有张仁静编辑的《国际私法》，陈履洁根据日本人山胁页夫的讲义编写而成的《平时国际法》，也在 1907 年出版。谭汝谦主编的《中国译日本书综合目录》收录了清末留日学生翻译的国际法书籍，计 13 种，实际上还远远不止这些。从中国政法大学图书馆编的《中国法律图书总目》一书收录的清末外国法律译著来看，大部分译著来自日本，其中留日学生编译的国际法译著至少在 50 种以上。① 但是，即便如此，也不能肯定留日学生把这方面的所有译著都已经包括在内。

在这一阶段，除了编译出版专著以外，留日学生还通过其他渠道，不遗余力地向国内传播国际法知识。在当时留日学生出版的刊物中，对国际法的介绍是最常见的内容之一，有些还是专业性很强的政法类刊物，比如 1903 年创办的《政法学报》、1906 年创办的《法政杂志》、1907 年创办的《法政学交通社杂志》和《法政学报》，这几种刊物都是留日学生在东京创办的。国际法方面的文章是刊物的主要内容之一，比如沈其昌编辑的《法政学报》就设有"国际法"一栏。留日学生创办的其他杂志和刊物也经常刊登与国际法有关的文章，如湖南留日学生创办的《二十世纪之支那》，就曾经刊登《国际法上之国家观》一文；有的留日学生在其办的《学海》"法律"栏目上，也刊登有《战争与国际法》《国际法与国内法之关系》等文章。由上可见，当时的国际法传入中国，留日学生成为主要中介。

留日学生对国际法的翻译和传播只是一个表面现象，其目的在于修改不平等条约，追求国际平等地位。正如留日学生创办的《政法学报》指出的那样："欲改正条约，与他国立于同等之地位，受同等之利益，其必自研究

---

① 中国政法大学图书馆：《中国法律图书总目》，中国政法大学出版社 1991 年版，第 738—747 页。

国际公法始。"① 近代中国以留学生为先驱，大力译介和传播国际法，是对鸦片战争以后西方列强强加给中国不平等地位的一种抗争。鸦片战争以后，西方国家在中国攫取了大量权益，并"依靠条约法规使各种权利成为制度"②，在中国构建了不平等条约制度体系，这种制度体系在某种程度上已经被清政府看作是国内的法律制度，正如奕䜣说的那样："昔日允之为条约，今日行之为章程。"③ 留学生试图通过国际法来改变不平等条约体系对中国的约束，折射出当时以留学生为主体的新式知识分子全新的国际观念，即国际社会是由相互平等的主权国家形成的，天朝上国不过是地理和信息相对封闭、不通外情的产物；国际法是国家间打交道的基本准则，盲目排外的态度是不可取的。在此基础上，以留学生为主体的新式知识分子主张以积极的心态，运用国际法，在国际舞台上与列国周旋，使中国加快融入以西方为中心的国际社会，在国际秩序中找到应有的地位。

当然，人们也不无遗憾地认识到，在西方列强强权入侵下，国际法并不完全可恃，就像梁启超说的那样："两平等者相遇，无所谓权力，道理即权力也；两不平等者相遇，无所谓道理，权力即道理也。"④ 在此之前马建忠也曾感慨道："泰西之讲公法者，发议盈廷，非说理之不明，实所利之各异。……于是办交涉者不过借口公法，以曲徇其私。"⑤ 外交强弱归根到底还在于一个国家的实力大小，但是，也不可否认，在中国当时实力非常有限的情况下，国际法对于捍卫国家主权、加速融入国际社会仍具有重要意义。在这个过程中，留学生积极地向国人介绍近代西方的国际知识和外交观念，使传统的华夷观念开始彻底崩溃；他们将《春秋》比附公法，为人们接受新型的国际观念架起桥梁；他们反思义和团运动有悖公法的危害，并不遗余力地翻译国际法著作，传播国际法知识，使新的国际观念得到越来越多的人

---

① 守肃：《论国际公法关系中国之前途》，《政法学报》1903 年第 3 期，第 46 页。

② ［美］费正清、刘广京编：《剑桥中国晚清史》上卷，中国社会科学出版社 1993 年版，第 242 页。

③ 宝鋆：《筹办夷务始末·同治朝》卷 50，见沈云龙主编《近代中国史料丛刊》第 62 辑，（台北）文海出版社 1971 年版，第 4808 页。

④ 梁启超：《灭国新法论》，见《饮冰室合集》第 2 册，中华书局 1988 年版，第 39 页。

⑤ 马建忠：《适可斋纪言纪行》，见沈云龙主编《近代中国史料丛刊》第 16 辑，（台北）文海出版社 1968 年版，第 91 页。

的认同，加速了中国融入国际社会的进程。

第二节　留学生群体与近代中国民族国家的建立

关于民族、民族主义和民族国家，国内外很多学界泰斗都有经典表述。① 但至今为止，学界也没有形成关于这些名词的统一概念。② 具体到近代中国民族国家的建立，也是见仁见智。大多数学者认为，近代中国民族国家的建立经历了晚清以后一个长期的历史过程。在此过程中，有两个环节具有标志性：一是自觉的中华民族共同体的形成。二是人民主权的确立。关于前者，统一的"中华民族"族称和自觉的民族意识的形成，是这一共同体形成的前提。关于人民主权的确立，则包括对内和对外两层含义。对外，人民主权意味着民族独立，即以民族为单位的拥有主权的政治实体的建立；对内则意味着政治民主化的实现。③ 当然，民族国家的人民性在不同的历史条件下有不同的要求，而且其人民性的程度也是逐渐提高的。应该看到，不论是自觉的中华民族共同体的形成，还是人民主权的确立，都不是一个具体的事件，而是 20 世纪以后一个漫长的、渐进的历史过程。在此过程中，留学生群体留下了独特的足迹，为近代中国民族国家的建立作出了巨大的贡献。

一　留学生群体与"中华民族"族称的形成

在中国古代，没有"中华民族"这个族称。今天众人习惯了的"中华民族"这个词，实际是近代才出现的。对此，留学生出身的学者、专家有特殊的贡献。

在近代以前中国人奉行的"天下"观念中，普遍缺乏维系本民族共同

---

① 例如伯伦知理的《国家论》、霍布斯鲍姆的《民族与民族主义》、吉登斯的《民族—国家与暴力》、厄内斯特·盖尔纳的《民族与民族主义》等。

② 如杜赞奇认为，民族本身就是一个颇有争议的现象，"无怪乎研究民族主义的学者对'民族''民族国家'及'民族主义'等词语的界定感到非常为难"。见杜赞奇《从民族国家拯救历史·导论》，社会科学文献出版社 2003 年版，第 1 页。

③ 有关观点请参见周平：《对民族国家的再认识》，《政治学研究》2009 年第 4 期；张建军：《民族国家研究综述》，《中南民族大学学报》2005 年第 2 期；张树青：《关于民族国家的思考》，《兰州大学学报》1999 年第 2 期。

体之精神生命的民族观念和民族意识。近代以后，这种情况才开始改变。正如霍布斯鲍姆说的那样："似乎唯有在优势民族挟其强权进行兼并的威胁下，才会让被侵略的人群生出休戚与共的民族情操，一致对外。"① 留学生出身的著名社会学家费孝通在其《中华民族多元一体格局》一文中也曾说过：

> 中华民族作为一个自觉的民族实体，是近百年来中国和西方列强对抗中出现的，但作为一个自在的民族实体则是几千年的历史过程所形成的。②

近代西方对中国的武装侵略，使中国人萌生出休戚相关的民族情感。此前几千年多民族王朝国家统治下自在的民族实体，为其奠定了长久的建国史和悠久的文化传统。在此基础上，自觉的中华民族实体开始形成。

"中华民族"这个族称的形成是自觉的中华民族形成的重要环节，它为中国近代民族国家的建立找到了统一的认同符号，而留学生群体无疑是这一符号的锻造者。在近代中国历史上，第一次使用"中华民族"这个概念的人是梁启超。1902 年，他在《论中国学术思想变迁之大势》一文中说："上古时代，我中华民族之有海权思想者厥惟齐，故于其间产出两种观念焉：一曰国家观，一曰世界观。"③ 这里的中华民族实际指的是汉族，确切地说是从上古至今不断发展壮大的汉族。1903 年，梁启超在其《政治学大家伯伦知理之学说》一文中，对中华民族概念进行了重新阐发："伯氏下民族之界说曰：同地、同血统、同面貌、同语言、同文字、同宗教、同风俗、同生计……而以语言、文字、风俗为要焉。由此言之，则吾中国言民族者，当于小民族主义之外，更提倡大民族主义。小民族主义者何？汉族对于国内他族是也。大民族主义者何？合国内本部属部之诸侯以对于国外之诸族是也。"

---

①　[英]埃里克·霍布斯鲍姆：《民族与民族主义》，李金梅译，上海人民出版社 2000 年版，第 40 页。

②　费孝通：《中华民族多元一体格局》，中央民族大学出版社 1999 年版，第 3 页。

③　梁启超：《论中国学术思想变迁之大势》，见《饮冰室合集》第 2 册，中华书局 1988 年版，第 21 页。

他并断言："合汉合满合蒙合回合苗合藏，组成一大民族"①，以共同对外，乃是中国救亡的不二法门。这一表述为科学的中华民族观的形成作了最初的思想引导。

最先受到西方民族主义思想影响的留学生对这个问题非常关注。以留日学生为主的资产阶级革命派知识分子对梁启超的观点进行了否定。孙中山在同盟会纲领中提出的"驱除鞑虏，恢复中华"，即从狭隘的汉族角度出发，宣扬排满和种族复仇情绪。在邹容、陈天华、秋瑾、汪精卫等人的文章中，也经常表达出要"驱逐居住在中国之满洲人"以及"非我族类，其心必异"②之类的言辞。邹容在《革命军》中还把满洲人称为"贼满人"，表达出强烈的排满复仇情绪。

但是，也有一部分有留学经历的知识分子表达了和梁启超类似的观点，例如严复、杨度等。严复在《原强》中表示："今之满、蒙、汉人，皆黄种也。由是言之，则中国者，邃古以还，固一种之所君，而未尝或沦于非类，区以别之，正坐所见隘耳。"③ 意即排满派所说的异族其实是名不符实的，满族与蒙古族、汉族一样，都是黄种人，如果强调满汉之辨，恰恰是狭隘的表现。1907 年，杨度在他的《金铁主义说》中则表示："华之所以为华，以文化言，不以血统言，可决知也。故欲知中华民族为何等民族，则于其民族命名之顷，而已含定义于其中。"他认为，华之为华，说的是文化，不是血统，因此他主张，"中国之在今日世界，汉、满、蒙、回、藏之土地，不可失其一部；汉、满、蒙、回、藏之人民，不可失其一种"④，从而达到"中国全体之人混化为一，尽成中华民族，而无有痕迹、界限之可言"⑤。

总体来说，辛亥革命前，反清排满思想在清末具有广泛的社会影响，正如章开沅先生感慨的那样，任凭梁启超等大谈政治大家伯伦知理的学说，反

---

① 梁启超：《政治学大家伯伦知理之学说》，见《饮冰室合集》第 4 册，中华书局 1988 年版，第 75—76 页。

② 邹容：《革命军》，华夏出版社 2002 年版，第 45 页。

③ 严复：《原强》，见王栻编《严复集》第 1 册，中华书局 1986 年版，第 10 页。

④ 杨度：《金铁主义说》，见刘晴波编《杨度集》，湖南人民出版社 1986 年版，第 304 页。

⑤ 同上书，第 372 页。

而不如陈天华、邹容的"排满"小册子更容易赢得人心。① 然而，难能可贵的是，随着辛亥革命的胜利以及新的边疆危机的出现，民族团结问题开始引起重视。以孙中山为首的革命派和留日学生开始从"汉族中心"和"排满复汉"的思维模式中走出来，针对中国的历史和现实情况，对自身的民族观进行了重新定位。早在《民报》创刊周年庆祝会上，孙中山就曾表示，"民族主义，并非是遇着不同族的人便要排斥他"，如果说"民族革命是要尽灭满洲民族，这话大错"②。这一思想为他后来民族观的转变奠定了理论基础。辛亥革命以后，他及时提出了"五族共和"思想以取代过去的排满反清的民族观念，在1912年的临时大总统就职宣言中，他明确表示"国家之本，在于人民。合汉、满、蒙、回、藏诸地为一国，即合汉、满、蒙、回、藏诸族为一人。是曰民族之统一"③。但是对于这个五族共和的新的共同体的具体称呼还没有明确。与此同时，代表着五族共和的五色旗取代了建立18行省汉族国家的18星旗（不包括东北、内外蒙古、新疆、西藏）。

南京临时政府成立不久，革命党人领袖黄兴和刘揆一（留日）等领衔发起组织了"中华民国民族大同会"，不久改名为"中华民族大同会"。该组织发起电文中称："民国初建，五族涣散，联络感情，化除畛域，共谋统一，同护国权，当务为急，无逾于此日。互相提挈，人道宜然，凡我同胞，何忍歧视？用特发起中华民族大同会。"④ 不久，孙中山批准该会立案，并在财政极端困难的情况下，给该会拨付经费。受该会的影响，全国各地致力于五族共和的团体和组织纷纷建立，如"汉、满、蒙、回、藏五族共进会""五大民族共和联合会""五族国民合进会"等。其中"五族国民合进会"成立时，选举总统府顾问姚锡光为会长，五个副会长，汉、满、蒙、回、藏各一人，可见它是名副其实的五族联合组织。黄兴、蔡元培参与发起此组

---

① 沈松平：《"近代中国民众动员的社会观念"国际学术讨论会综述》，《社会科学研究》1996年第5期，第100页。

② 孙中山：《在东京〈民报〉创刊周年庆祝大会的演说》（1906年12月2日），见中国社会科学院近代史研究所中华民国史研究室等合编《孙中山全集》第1卷，中华书局1981年版，第324—325页。

③ 孙中山：《临时大总统宣言书》（1912年1月1日），见中国社会科学院近代史研究所中华民国史研究室等合编《孙中山全集》第2卷，中华书局1982年版，第2页。

④ 《中华民族大同会募款公告》，见周秋光主编《谭延闿集》第2册，湖南人民出版社2013年版，第869页。

织，影响仅次于中华民族大同会。

　　曾经留学日本的进步党人吴贯因，对五族共和的大民族主义思想的阐释甚力。1913 年初，他在《庸言》上连载了《五族同化论》一文，论证了中国境内汉、满、蒙、回、藏五族的混合性质，对"中华民族"这一族称的认同和确立产生了重大影响。李大钊则是自觉地举起"再造现代中华民族"旗帜的第一人："盖今日世界之问题，非只国家之问题，乃民族之问题也。而今日民族之问题，尤非苟活残存之问题，乃更生再造之问题也。余于是揭新中华民族之赤帜，大声疾呼以号召于吾新中华民族少年之前。"① 此后，"中华民族"一词逐渐被广泛使用。1924 年，孙中山在国民党"一大"上，对三民主义进行了全新的阐释：一则中国民族自求解放；二则中国境内各民族一律平等。他特别强调，今后国民党为求民族主义之贯彻，"当得国内诸民族之谅解，时时晓示其在中国国民革命运动中之共同利益"②。

　　综上所述，19 世纪中后期帝国主义的侵略，使以留学生为主体的先进中国人打破了汉族的局限，认识到"合汉满蒙回苗藏"为"一大民族"即"中华民族"的必要。留学生对"中华民族"一词的发掘使用，尤其是严复、杨度等人的民族观及以孙中山、黄兴等为代表的资产阶级革命派在民族观上的转变，为近代中国找到了新的民族国家认同符号，也为近代中国民族国家的建立准备了先决条件。随着民族危机的加深，"中华民族"这一新兴的民族认同符号被不断强化。1935 年，在日本炮制华北五省自治的运动中，留日作家田汉作词的《义勇军进行曲》唱响了大江南北，其"中华民族到了最危险的时候"更成为长久以来凝聚人心、警醒世人的最具号召力的口号。历史发展到今天，"中华民族"已经成为中国境内各民族共同接受的族称。

二　留学生群体与民族主义潮流的兴起

　　"民族主义"是一个由西方传入的概念，"民族国家"也首先形成于西

---

　　① 李大钊：《李大钊文集》（上），人民出版社 1984 年版，第 301 页。

　　② 孙中山：《中国国民党第一次全国代表大会宣言》（1924 年 1 月 23 日），见中国社会科学院近代史研究所中华民国史研究室等合编《孙中山全集》第 9 卷，中华书局 1986 年版，第 119 页。

方。19 世纪末 20 世纪初，民族主义思潮一经传入中国，就引起了知识界的广泛关注。梁启超在《新民说》一文中明确指出："今日欲抵挡列强之民族帝国主义，以挽浩劫而拯救生灵，唯有行我民族主义之一策。"[1] 孙中山则认为："要救中国，想中国民族永远存在，必要提倡民族主义"[2]，把民族主义作为三民主义的第一条。身处日本的留学生最先受到民族主义思潮的影响，强烈的危机意识和紧迫的救亡任务，使他们迫不及待地把源自西方的民族主义思潮大量地介绍给中国人。因为在实现民族独立的过程中，民族主义是最根本的动力。不论是从各个被压迫民族争取民族解放的实践，还是从西方各民族国家的建立过程来看，民族主义思潮都不能不说是极其重要的思潮。民族主义"为民族国家的缔造提供了思想保证和理论依据，是民族国家整合国民和进行社会动员最好的、最重要的思想武器"[3]。因此，留日学生创办了很多报刊杂志，以宣传民族主义为宗旨，在传播民族主义的潮流中发挥了无可替代的作用。

《浙江潮》是浙江留日学生孙翼中、蒋智由、蒋方震、马君武等人于1903 年 2 月在东京创办的刊物。该刊物高举民族主义大旗，尖锐地揭露西方列强对中国的侵略和清政府的腐败，大声疾呼民族危亡，形势严峻，提出了救国救民的道路——民族主义建国。它着重介绍西方国家的政治经济制度和社会政治学说，发表了许多鼓吹民族革命的文章。余一的《民族主义论》即其中最著名的一篇，文称："今日者，民族主义发达之时代也，而中国当其冲，故今日而再不以民族主义提倡于吾中国，则吾中国乃真亡也。"[4] 另外，匪石的《中国爱国者郑成功》、章太炎的《狱中赠邹容》等都是这一时期该刊宣传民族主义的力作。《浙江潮》在当时深受读者欢迎，每期印数高达 5000 份，其第一、第二期还曾经重新刊印，可见影响之大。与《浙江潮》同期的还有《江苏》月刊，它由江苏留日学生同乡会主办，总编辑为早稻田大学的秦毓鎏，参加编辑工作的还有黄宗仰、张肇桐、汪荣宝、陈去病、丁文江等人。该刊热烈倡导民族主义，曾发表柳亚子以"亚卢"为笔名写

---

①　梁启超：《新民说》，见《饮冰室合集》第 4 册，中华书局 1988 年版，第 4—5 页。
②　孙中山：《三民主义》，见《孙中山选集》上册，人民出版社 1981 年版，第 621 页。
③　李宏图：《民族与民族主义概论》，《欧洲》1994 年第 1 期，第 13 页。
④　余一：《民族主义论》，《浙江潮》1903 年第 1 期，第 20 页。

的《郑成功传》和《中国革命家第一人陈涉传》《台湾三百年史》，以及汉儿的《为民族流血史公可法传》、浴血的《革命军传奇》、佚名的《民族精神论》《民族主义》等，在倡导民族主义、传播革命思想方面起到过重要作用。据不完全统计，从 1898 年 9 月到 1911 年 12 月，中国人在海外创办的报刊共 198 种，绝大部分是留学生创办的，而其中又以留日学生为最。[①] 除上述的《浙江潮》和《江苏》月刊外，杨毓麟、杨度等湖南籍留日学生创办的《游学译编》，宋教仁、黄兴、田桐、程家柽、陈天华等创办的《二十世纪之支那》，高天梅、田桐创办的《复报》，湖北留学生在东京创办的《湖北学生界》（后改名为《汉声》），李叔同、马君武、陈去病等创办的《醒狮》等刊物，也都曾有过重要影响。除了在日本，留学生还在其他国家和地区出版报刊杂志，有很多也同样致力于民族主义宣传，把宣传民族主义作为主要任务，如陈楚楠、居正等在新加坡创办的《中兴日报》，陈树人、刘思复等在香港会同谢英伯创办的《东方报》，孙中山在美国旧金山创办（曾由蒋梦麟任主笔）的《华民自由日报》，等等。

与此同时，留学生还在国内积极创办报刊，致力于启迪民智、传播民族主义。《苏报》是 20 世纪初国内宣传民族主义的一面旗帜。1902 年 11 月，蔡元培、章太炎、蒋维乔、吴稚晖、张继等留学生在上海组织了爱国学社，并与《苏报》建立了密切联系。1903 年 6 月 9 日，《苏报》在"新书介绍"栏目介绍了《革命军》一书，并给予了比较高的评价，称："其宗旨专在驱除满清，光复中国。笔极锐利，文极沉痛，稍有种族思想者，读之当无不拔剑起舞，发冲眉竖。若能以此书普及于四万万人之脑海，中国当兴也勃焉。"[②] 章士钊于 1903 年 8 月在上海创办了《国民日日报》，参加工作的主要有张继、陈独秀、陈去病、苏曼殊、刘师培等留日学生。该报坚持《苏报》的宗旨，宣传排满革命，时人誉为"苏报第二"。留学生在国内创办的致力于民族主义宣传的刊物还有很多，如蔡元培与刘师培等创办的《俄事警闻》，陈去病、柳亚子等创办的《二十世纪大舞台》，于右任创办的《神州日报》《民呼日报》《民吁日报》《民立报》，秦力山、杨廷栋等创办的《大

---

① 叶再生：《中国近代现代出版通史》第 1 卷，华文出版社 2002 年版，第 789—804 页。
② 同上书，第 660 页。

陆报》，陈去病创办的《新中华报》，赵正平主笔的《南报》，陈树人主持的《平民日报》，朱执信、邹鲁主持的《可报》，田桐创办的《国风日报》，戢翼翚、秦力山、雷奋等创办的《大陆》，孙炳文任总编的《民国报》，陶成章创办的《锐进学报》，李石曾创办的《民意报》等，其创办者和主要参加者都有留学国外的经历。这些刊物与国外的刊物相互呼应，为 20 世纪初期民族主义的广泛传播做了大量工作。

主权观念是近代民族国家形成的主要标志。20 世纪初，民族主义潮流的激荡使中国新式知识分子的主权意识逐渐强化。"中国者，乃中国人之中国！"成为清末报刊杂志中甚为流行的口号。许小青在其《1903 年前后新式知识分子的主权意识与民族国家认同》、郭双林在其《门罗主义与清末民族国家的认同》中，都考察了这句口号的众多出处。在郭双林统计的清末 27 处宣传这一口号的文章中，其中绝大部分作者是留日学生（包括改良派），登载的又大多是在《浙江潮》《湖北学生界》《游学译编》《江苏》《复报》《汉帜》等留日学生创办的刊物。① 美国学者卡尔霍恩曾说过："无论称主权的人实际期盼的是什么，当主权成为从下由人民提出而不是从上由上层统治者提出的主张时，民族国家的现代理想就产生了。"② "中国者，乃中国人之中国！"口号的流行，说明国家主权意识的高涨和民族主义潮流的盛行。

不可否认，在 20 世纪初，在传播民族主义的热潮中，留学生对民族主义的理解还有许多偏差和错误，属于政治思想范畴的民族主义、民族国家和作为经济形态的帝国主义常常被混为一谈，表现出理论上的混乱与肤浅。同时，在一段时间内，在对"民族国家"中"民族"的理解上，也有一些人不顾中国国情，忽略长期以来中国境内各民族多元一体的历史和现实，因而，在民族国家的方案设计上表现出"排满建国主义"与"大民族主义"的倾向。但是，随着孙中山"五族共和"理论的阐述和"中华民族"的族称被认同，民族主义确已成为中华民族救亡图存的重要精神动力。在民族危

---

① 郭双林：《门罗主义与清末民族国家的认同》，见郑大华编《中国近代史上的民族主义》，社会科学文献出版社 2007 年版，第 328—330 页。

② ［美］克雷洛·卡尔霍恩：《民族主义与市民社会：民主、多样性和自决》，见邓正来等编《国家与市民社会》，中央编译出版社 1999 年版，第 351—352 页。

机日益严重的近代中国，"若再不以民族主义提倡于吾中国，则中国乃真亡也"①。正因为如此，留学生身体力行，为中国添加了新的活力。

三　留学生群体对民主化进程的推进

在中国，民主化的推进是一件极其艰难的事情，也是鸦片战争以来无数志士仁人长期奋斗的目标。在此目标追求和进程的推进中，留学生毫无疑义地成为时代的弄潮儿。

就西方民族国家的形成来看，它是与民主化进程紧密联系在一起的。霍布斯鲍姆曾说："政治民主化的两大成效：一是选举权范围（男性）日益扩大，另一则是公民动员对近代国家的影响日愈明显，都有助于将'民族'问题，也就是一般人民对'民族'的归属感和效忠问题变成首要的政治议题。"② 在专制主义条件下，不可能建立起真正的民族国家。只有建立在民主政治基础上的民族主义才是真正健康的民族主义。深受西方民族、民主政治学说影响的留学生们，在近代中国政治民主化推进中，首先对以民权思想为核心的、新型的西方政治文化进行了传播。

由于特殊的历史和文化原因，近代中国在王朝国家消亡、建立民族国家的历史进程中，民主化进程经历了漫长而曲折的过程。应该说，"主权在君"还是"主权在民"，是传统王朝国家和近代民族国家的一个分水岭。容闳曾经表达了这样的愿望："藉西方文明之学术以改良东方之文化，必可使此老大帝国，一变而为少年新中国。"③ 早期资产阶级改良派知识分子马建忠在留学法国以后也曾表达过"民心"之类的看法："初到（法国）之时，以为欧洲各国富强专在制造之精，兵纪之严，及披其律例，考其文事，而知其讲富强以护商会为本，求强者以得民心为要。"④ 把民心视为富强之本，表明马建忠已经窥见了西方政治的民主性。这一时期，近代中国留学潮刚刚

---

① 余一：《民族主义论》，《浙江潮》1903 年第 1 期，第 19 页。

② ［英］埃里克·霍布斯鲍姆：《民族与民族主义》，李金梅译，上海人民出版社 2000 年版，第 100 页。

③ 容闳：《西学东渐记》，恽铁樵、徐凤石译，珠海出版社 2006 年版，第 111 页。

④ 马建忠：《上李伯相出洋工课书》，《适可斋纪言纪行》卷 2，见沈云龙主编《近代中国史料丛刊》第 16 辑，（台北）文海出版社 1968 年版，第 79—80 页。

兴起，中国人对西方社会科学知识的了解还非常有限，这一思想的影响也同样很有限。

戊戌维新运动时期堪称近代中国历史上民权思想传播的第一个高潮。康有为、梁启超、严复、谭嗣同等人对此用力甚勤，其中严复的影响颇为突出。严复早年曾经就读于福州船政学堂，1877 年赴英国格林威治皇家海军学院学习海上驾驶。留英期间，他对西方的社会科学知识产生了浓厚的兴趣，一有时间就到图书馆阅读西方资产阶级学者的著作，有时还到法院旁听审判，西方的民权思想给他留下了深刻的印象，这为他日后成为近代中国最具影响的翻译家、思想家奠定了基础。1895 年 3 月，严复在天津的《直报》上发表了《辟韩》一文，对宣扬君权神授、专制有理、君主民仆的韩愈的《原道》一文痛加驳斥，论述了主权在民、君仆民主等反对封建专制的启蒙思想。他说："国者，斯民之公产也，王侯将相者，通国之公仆隶也。"[①] 人民为了保障自己的权利和自由，订立社会契约，组成国家，因而国君是人们的公仆。如果国君违背民意而变成专制暴君，人民有权推翻他的统治。这一新型的政治文化观颠覆了两千年来中国传统的君民关系，起到了振聋发聩的效果。此后的十余年间，严复先后翻译的《天演论》《原富》《法意》《群己权界论》《穆勒名学》《群学肄言》等世界名著，均是当时学界为数不多的宣传启蒙思想的翻译珍品。

中国近代历史上宣传民权思想的第二个高潮是在 20 世纪初，留日学生成为主要的推动者。是时，甲午战争的失败使中国人逐渐改变了对日本的传统看法，视之为学习的榜样。由于日本与中国一衣带水，有许多学习上的便利条件，此时中国兴起了学习日本的热潮。留日学生组织了许多翻译团体，如译书汇编社（1900）、教科书译辑社（1902）、湖南编译社（1903）、闽学会（1904）等。这些团体通过翻译、出版书籍，主办发行报刊杂志，大量介绍了传入日本的西学和近代日本的学术文化成果。其中译书汇编社成立于 1900 年，是最早的中国留日学生翻译机构。其成员有陆世芳、杨廷栋、吴振麟、章宗祥、曹汝霖等十余人。该社专门编译欧、美的法政名著，如卢梭

---

① 严复：《辟韩》，见丁守和编《中国近代启蒙思想》上卷，社会科学文献出版社 1999 年版，第 252 页。

的《民约论》（《社会契约论》）、孟德斯鸠的《万法精理》（《论法的精神》）、约翰·穆勒的《自由原论》（《论自由》）、斯宾塞的《代议政体》等。此后，各省留日学生纷纷创办报刊杂志，对清末西方思潮的传入起到了重要作用。

根据《译书经眼录》统计，1900—1904 年，在翻译成中文的 533 种译书中，译自日本的竟达 321 种之多，占总数的 60%，比译自英、美、法、德、俄等国的译书总和还要多。[①] 除严复以外，林纾、马君武、王国维、梁启超、章太炎、丁福保、范迪吉、杜亚泉、张相文、樊炳清、赵必振等都是杰出的翻译家。其中，马君武、王国维、丁福保、范迪吉、樊炳清、赵必振都曾经留学日本，而流亡日本的梁启超、章太炎无疑是当年不同政治派别的留日学生的精神领袖。尽管革命派和改良派政见不同，势同水火，但在传播西学、引进西方民主思想的问题上却持有相同的观点。革命派认为，中国振兴之道"非灌输路索、孟德斯鸠、达尔文、斯宾塞诸儒之学说以淘洗之，茫茫大陆将随学界长沦于黑暗之中矣"[②]。改良派的梁启超则认为，当时的中国必须吸收西方近代的"新学术"，"有新学术然后有新道德、新政治、新技艺、新器物；有是数者然后有新国、新世界"[③]。西方的民权思想就这样通过这些留日学生流进中国。一位英国学者描述洋务运动中开始的留学热潮及其影响时，曾经这样说："19 世纪 70 年代起，年青一代的中国人掀起'出国留学热'，纷纷到美国、欧洲和日本求学，尤其是留日学生人数不断增加。1906 年，在日本留学的中国留学生达到 1.3 万人，其中只有数百人完成了严谨的学业，但是所有的留学生都受到新文化和新政治的影响"，"那些留学国外的人成为新思想的主要来源"[④]。他们最先把西方先进的政治文化介绍到中国，影响了后来几代中国人的精神世界。

以留学生为主要骨干的革命党人正是以西方先进的政治文化为思想武器，把建立西方资产阶级民主共和国作为自己的奋斗目标，最终推翻了封建

---

①　王晓秋：《近代中日文化交流史》，中华书局 2000 年版，第 415 页。

②　李书城：《学生之竞争》，《湖北学生界》第 2 期，1903 年 2 月，第 10 页。

③　梁启超：《近世文明初祖二大家之学说》，《新民丛报》1902 年第 1 号，第 11 页。

④　［英］休·西顿·沃森：《民族与国家》，吴洪英、黄群译，中央民族大学出版社 2009 年版，第 379 页。

帝制，在近代政治民主化道路上迈出了重要一步。1912 年 3 月 11 日，南京临时政府颁布的《临时约法》，第一次以根本大法的形式规定中华民国之主权属于国民全体，并参照西方国家三权分立的原则，构建了民国的政治体制。它标志着西方的主权在民思想在中国已经取得了阶段性的成果。在近代中国政治民主化的道路上，留学生是西方民权思想的最初倡导者和传播者，也是中国第一个资产阶级政权——南京临时政府的制度设计者。不仅如此，他们还是后来政治民主化进程的主要推进者。他们以"主权在民"和"天赋人权"等西方资产阶级启蒙思想为武器，在推进中国的民主化进程中留下了不可磨灭的印记。

"民族国家属于民族"，其"具体表现，就是人们拥有国家主权，国家的权力属于人民。在专制主义条件下，不可能建立起真正的民族国家……从这意义上说，民族国家的政府，必须是宪政化的政府"①。当然，一个国家的民主程度在不同的历史条件下有不同的要求，而且民主化、宪政化的程度也是逐步提高的。在近代中国民族国家建立的过程中，宪政制度的实现也是一个渐进的过程，留学生在这方面功不可没。

四　留学生群体与近代民族国家——中华民国的构建

"中国在构建民族国家的过程中具有历史意义的事件有两个：一是辛亥革命；二是中华人民共和国的成立。"② 辛亥革命在近代民族国家构建中的意义在于它结束了传统的王朝国家。就此而论，留学生是近代民族国家——中华民国的主要缔造者和领导者。

首先，留学生是近代民族国家——中华民国的缔造者。

前文曾提及留学生创办刊物，翻译书籍，高举民族主义大旗，传播新型的政治文化观念，为中华民国的建立奠定了思想基础。与此同时，他们促进了统一的资产阶级革命政党的成立，领导了多次反清爱国运动和武装起义，是近代中国民族国家的真正缔造者。随着民主革命思想的传播和资产阶级革

---

① 周平：《论中国民族国家的构建》，见黄卫平、汪永成主编《当代中国政治研究报告》，社会科学文献出版社 2009 年版，第 98 页。

② 同上书，第 106 页。

命的孕育发展，国内一些思想激进者和革命失败者流亡日本，其中有的乘机到日本的学校学习，由"亡命客"而成为留学生，并积极发起和参加革命活动。

这些留学生还积极促成国内资产阶级革命团体的建立，如华兴会的骨干黄兴、宋教仁、陈天华、刘揆一、刘道一、张继等均为留日学生，光复会的核心成员陶成章、龚宝铨、秋瑾、徐锡麟等也是留日学生。1905 年，孙中山第三次来到日本，受到了留日学生的热烈欢迎。是时，日本留学界革命风气蒸蒸日上，建立一个全国性的革命政党成为亟待解决的中心问题。在孙中山的推动下，同年 8 月，同盟会在东京成立。在同盟会成立初期的 1905 年和 1906 年，"共有 963 人参加了这个组织，其单单在东京一地加入的就有863 人，其余则是在欧洲、马来西亚、河内和香港吸收的"①。从此，在孙中山、黄兴等留学生为主体的同盟会的领导下，全国的反清革命力量进一步凝聚起来，为辛亥革命的胜利奠定了基础。

同盟会成立前后，留日学生组织了多次反清爱国运动。1903 年，留日学生是拒俄运动的发起者和骨干力量；1906 年，湖南留日学生刘道一、蔡绍南等发动了萍浏醴起义；1907 年，秋瑾、徐锡麟、王金发等留日学生发动了皖浙起义；1907—1908 年，孙中山、黄兴直接领导了两广和云南边境的 6 次起义，其中留日学生达 100 多人；在 1911 年广州黄花岗起义中，有 8名留学生献出了自己的生命。

辛亥革命的导火线——四川的保路运动也与留日学生的积极筹划密不可分。1907 年，留日学生熊克武、黄树中、谢奉绮等奉同盟会总部命令，回到四川，积极筹划起义。武昌起义的两个领导机构——文学社和共进会也与留日学生关系密切。1911 年 1 月成立的以蒋翊武、詹大悲、刘复基等为主要领导的文学社，其领导者和社员大多出身行伍；以刘公、孙武等为首的共进会，1907 年成立于日本，是同盟会的外围组织，其领导者以留日学生为主，成员多来源于会党。由于分属阶层不同，加上地域因素，这两个机构过去往往自立门户，各行其是。1911 年 2 月、6 月，留日学生谭人凤两次来到武汉，劝他们和衷共济，实行联合。在他的促成下，两个革命组织的负责人经

---

① ［美］薛君度：《黄兴与中国革命》，杨慎之译，湖南人民出版社 1980 年版，第 50—51 页。

过多次协商，达成协议，建立了湖北中部同盟会分会，组成了起义的临时司令部，并邀请黄兴、宋教仁、谭人凤等来武汉主持大计，对起义作出安排。

此外，留学生也是各地新军的主要领导者，1911 年 10 月，在云南起义的 40 名新军军官中，有 31 人是留学生。① 武昌起义后，各省的兵权几乎都掌握在留日士官生手中，如江西的李烈钧、云南的蔡锷、上海的陈其美、安徽的王天培、福建的许崇智、直隶的张绍曾、东北的蓝天蔚、四川的尹昌衡、浙江的蒋尊簋、陕西的张凤翔、山西的阎锡山等。可见留学生在组建同盟会、发动辛亥革命的过程中发挥了骨干作用，孙中山曾深有体会地说："本党从前在日本组织同盟会所得的会员，不过一万多学生，他们回国之后到各省去宣传，便收辛亥年武昌起义登高一呼，全国响应，不到半年全国就统一的大效果。"②

其次，留学生也是近代民族国家——中华民国的设计者。

推翻封建专制体制，在中国建立资产阶级共和国，把西方的民主政治移植到中国，这是以孙中山、黄兴为代表的资产阶级革命派的理想所在。但对于新政权究竟应该采取什么样的政治制度，在武昌起义前，他们还没有充分的考虑。1911 年武昌起义的胜利，把这个问题带到了革命党人的面前。以留学生为主体的革命党人也理所当然地成为这个新政权的主要设计者，在匆忙中诞生的南京临时政府就是他们政治理想的具体体现。

当时西方国家的政治制度大致有三种类型，即总统制、内阁制和委员制。三种制度各有利弊，即将成立的新政权究竟应采取什么样的政治制度，同盟会内部曾对此进行了热烈的讨论，并大概形成了两派意见，一派主张总统制，一派主张内阁制。从人数上来看，主张总统制的人比较多。1911 年12 月 3 日通过的《中华民国临时政府组织大纲》就体现了多数人的意愿，规定新政权实行总统制。当时，王正廷、马君武、雷奋三位留学生受命起草了《大纲》，通过法律的形式建立了资产阶级共和国政体的基本框架，成为中华民国的"立国文献"。1912 年 1 月 2 日公布的《修正中华民国临时政府

---

① 汪向荣：《中国的近代化与日本》，湖南人民出版社 1987 年版，第 50 页。
② 孙中山：《在广州中国国民党恳亲大会的演说》（1923 年 10 月 15 日），见中国社会科学院近代史研究所中华民国史研究室等合编《孙中山全集》第 8 卷，中华书局 1986 年版，第 285 页。

组织大纲》明确规定实行总统制，大总统"有统治全国之权"，"有统率海陆军之权"，"有宣战、媾和、缔结条约之权（得征求参议院之同意）"，"有制定官制官规和任免文武官员之权（制定官制和任免国务员及外交专使时须征得参议院同意）"，"有设立临时中央审判所之权（须得参议院之同意）"①，从而赋予了大总统较大的权力。

随着南北和谈进展，袁世凯取代孙中山任大总统一事在即，原先主张总统制的人开始改变看法，而力主内阁制的宋教仁认为："改总统制为内阁制，则总统政治上权力至微，虽有野心者，亦不得不就范。"② 宋教仁的意见得到了孙中山的认可，他也主张改总统制为内阁制，以防止专制独裁现象的发生，赞成根据形势需要，把《临时政府组织大纲》修改为更加完善并具有宪法效力的《中华民国临时约法》，从法律上为中国的民主政治铺平道路成为当务之急。宋教仁、王正廷、王宠惠、马君武等曾经留学国外、对西方民主政治比较了解的人，负责草拟了《中华民国临时约法》，1912 年 3 月 8 日获得通过。该《约法》参照西方资产阶级的民主制度，对中华民国的国家性质、权力行使以及人民的权利自由等作出了完整的阐述和规定。它确立了三权分立的原则，从法律上否定了封建专制制度，勾画了资产阶级民主共和的美好蓝图，留学生就是这一蓝图的主要设计者。

最后，留学生也是近代民族国家——中华民国的主要领导者。

中华民国成立后，在南京临时政府中，按照"部长取名，次长取实"的原则，即在任用"名宿"为部长"以收缙绅之望"的同时，任用同盟会会员作次长以掌握各部实权。孙中山直接任命的 9 个次长，即陆军次长蒋作宾、海军次长汤芗铭、外交次长魏宸祖、内务次长居正、财政次长王鸿猷、司法次长吕志伊、教育次长景耀月、实业次长马君武、交通次长于右任，乃清一色归国留学生。即使在 9 名部长中，留学生出身的亦占到 5 名，即陆军总长黄兴、外交总长王宠惠、财政总长陈锦涛、司法总长伍廷芳、教育总长蔡元培。

---

① 《修正中华民国临时政府组织大纲》第六条，《临时政府公报》1912 年第 1 期，第 8 页。

② 胡汉民：《同盟会之改组与各省都督之更动》，见《胡汉民自传》，（台北）传记文学出版社 1987 年版，第 73 页。

此外，在总统府内设有秘书处，先后在此任职的有：

秘书长：胡汉民；

总务组：李肇甫、熊成章、肖友梅、吴玉章、任鸿隽；

军事组：李书城、耿伯钊、石瑛、张通典；

外交组：马素、张季鸾、邓家彦；

民事组：但焘、彭素民、廖炎；

电务组：谭熙鸿、李骏、刘鞠可、黄芸苏（另有归国华侨多人）；

官报组：冯自由、易廷熹；收发组：杨铨。①

在这份由当事人之一任鸿隽提供的 23 人的名单中，包括秘书长胡汉民在内有据可查的留学生有 18 人②，占总数的 78%，而在非留学生出身的 5 人中，有 4 人③在孙中山解职后，也由稽勋局外送出国留学。在另一份由《时报》提供的临时政府秘书处的名单中，情况与此类似④，留学生在民初南京临时政府中的作用和地位可见一斑。

在后来唐绍仪内阁的 10 名成员中，除财政总长熊希龄、外交总长陆征祥、内务总长赵秉钧外，其余 7 人都是留学出身：海军总长刘冠雄（留英）、工商总长陈其美（留日，未到任，由曾经留学日、美的王正廷代理）、教育总长蔡元培（留德）、司法总长王宠惠（留美）、陆军总长段祺瑞（留德）、农林总长宋教仁（留日）、交通总长唐绍仪（留美，兼，后由留美的施肇基

---

① 任鸿隽：《忆南京临时政府及其他》，见《辛亥革命回忆录》第 1 集，文史资料出版社 1981 年版，第 411—412 页。

② 胡汉民、李肇甫、熊成章、肖友梅、吴玉章、任鸿隽、李书城、耿伯钊、石瑛、马素、张季鸾、邓家彦、但焘、彭素民、廖炎、黄芸苏、冯自由、易廷熹。

③ 这 4 人是谭熙鸿、李骏、刘鞠可、杨铨。黄芸苏也由稽勋局外派再次赴美继续学业。

④ 《时报》1921 年 1 月 22 日提供的名单共 29 人，具体名单是秘书长：胡汉民；总务科：冯自由、李肇甫、熊成章；军事科：耿觐文（伯钊）、石瑛、李书城；财政科：秦毓鎏、唐支厦、王夏；民政科：张通典、程明超、郑宪武；文牍科：康宝忠、张炽章（季鸾）、王毓仁、黄藻、廖炎、林启一、彭素民、任鸿隽；英文科：马素、邓家彦；电报科：李骏、邵逸周、余森郎、刘式庵、谭熙鸿、李晓生。在这一名单中，有据可查的留学生有胡汉民、冯自由、李肇甫、熊成章、耿觐文、石瑛、李书城、秦毓鎏、唐支厦、王夏、程明超、康宝忠、张炽章、廖炎、彭素民、任鸿隽、马素、邓家彦、邵逸周、李晓生 20 人。后来，李骏、邵逸周、余森郎、刘式庵、谭熙鸿在孙中山卸任总统后，由稽勋局选派出国留学。

接任)。可见留学生确已成为民国的主要领导者。

梁启超在他的小说《新中国未来记》中描述了两个主人公,一个是留学英、德的黄克强,一个是留学英、法的李去病。留学生成为他选择的当之无愧的救国英雄。众所周知,梁启超一度曾和日本留学生的关系甚为密切,很早就关注到留学生这一群体。在他看来,留学生作为从文化落后的国家到西方先进国家学习取经的知识分子,无疑是最有资格建立近代民族国家的人。事实验证了梁启超的想法,近代中国民族国家建立的过程中每一个环节都留下了留学生的足印:是他们在探索中挖掘出现代民族国家的认同符号——中华民族;是他们创办报刊杂志,翻译西书,宣传民族主义,为民族国家的建立提供了精神动力;是他们以西方新型的政治文化观为思想武器,不懈地致力于近代中国的宪政运动,为民族国家提供了内在凝聚力;最后,还是他们,身体力行,成为近代中国民族国家的缔造者和主要领导者。

第三节　留学生群体与中国近代外交体制的建立

中国近代的外交体制是在鸦片战争以后才逐步建立的。近代以前,中国的对外关系是以传统的"华夷"秩序观念为理论基础的"宗藩体制",也称为"朝贡体制"。鸦片战争以后,这一制度已经远远不能适应新的形势需要。从总理衙门到《辛丑条约》以后改设的外务部,在西方列强的威压和炮火中,中国的外交体制开始了艰难的转型。在此过程中,学贯中西、熟悉外语的留学生们,进入外交界,从根本上改变了国门洞开之初中国外交队伍的构成,成为中国外交界的主力,为中国近代外交体制的建立和发展谱写了其他群体难以比拟的篇章。

一　留学生群体与中国近代外交队伍构成的变化

从清末开始,留学生逐渐进入中国的外交领域,从而改变了中国近代外交队伍的构成,并以其特殊的身份、视野和才干,逐渐成为外交界为人关注的有生力量。

鸦片战争前,中国没有近代意义上的外交,在所谓对外交涉中,也没有专门的机构,而是由礼部、理藩院、鸿胪寺等机构负责接待外国朝贡使臣。

1757—1840 年，中国只准在广州一隅与外国通商，由两广总督兼理对外交涉。鸦片战争后，清政府被迫开放宁波、上海等五口通商，对外交涉也由广州扩大到其余的通商口岸。1844 年，清廷设五口通商大臣负责处理通商口岸的对外事务。五口通商大臣是钦差大臣，不是专职，也无专署，先后由两广总督和两江总督兼任。钦差大臣办理对外交涉只是执行任务，遇到交涉事宜要上奏皇帝，皇帝收到其奏折要交付军机处商讨，再由皇帝下谕旨办理。这一过程本身就比较复杂，再加上通讯的不便、官员的拖沓，外国人对此很不满意，因而曾经多次试图北上与清廷直接交涉，但清廷始终不许他们入京。

在第二次鸦片战争中，英法联军直接北上，越过钦差大臣，直接与军机处交涉，用武力迫使清政府签订了《天津条约》，从而突破了清政府的外围外交。至此，建立一个专职的对外机构已经不可避免。1860 年，清廷在北京嘉兴寺设"抚夷局"，并于 1861 年初改称总理各国事务衙门，又称"总理衙门""总署"或"译署"，办理对外交涉，这是中国第一个专门办理对外交涉的中央机构。它既是中国被迫对外开放的产物，又适应了对外关系发展的需要。从此，晚清外交的近代化迈开了艰难的第一步。

但是，总理衙门并不是严格意义上的政府外交机关，在制度设计上存在着很多缺陷。首先，从总理衙门设立的初衷上看，其具有临时性。1861 年 1 月 13 日，恭亲王奕䜣、大学士桂良及户部左侍郎文祥联名上书咸丰帝，奏称："近年各路军报络绎，外国事务，头绪纷繁，驻京之后，若不悉心经理，专一其事，必致办理延缓，未能悉协机宜。请设总理各国事务衙门，以王大臣领之。军机大臣承谕旨，非兼领其事，恐有歧误，请一并兼管。并请另给公所，以便办公，兼备与各国接见。其应设司员，拟于内阁、部、院、军机处各司员章京内，满汉各挑取八员，轮班入值，一切均仿军机处办理，以专责成。俟军务肃清，外国事务较简，即行裁撤，仍归军机处办理，以符旧制。"① 设立之初，只有总理各国事务大臣等 3 人：奕䜣、桂良、文祥，同治朝时增设至 9 人左右。其次，总理衙门虽然是为负责对外交涉而设，但它同时又负责通商、关税、传教、邮电、铁路、矿务、练兵、新式学堂等一系

---

① 贾桢等编：《筹办夷务始末·咸丰朝》第 8 册，中华书局 1979 年版，第 2675—2676 页。

列内政事务，而且在对外交涉方面，总理衙门的职权也不统一。当时，南、北洋大臣及地方的封疆大吏都有办理对外交涉的权力。南洋大臣源于五口通商大臣，第二次鸦片战争以后，对外通商的口岸已经扩展到南北沿海及长江各地，五口通商大臣即改为南洋通商大臣，开始由江苏巡抚兼任，后由两江总督兼任，负责南方口岸的涉外通商事务。北方的牛庄、天津、登州三口则设三口通商大臣，管理对外通商事务，开始为专职，1870 年后改由直隶总督兼任，称北洋通商大臣。南、北洋通商大臣作为地方性涉外机构，与总理衙门并没有制度上的隶属关系。"由于清政府残存着天朝至尊意识，对于在北京同外国人打交道仍存厌恶之感，因而它设立南、北洋大臣，不无沿袭五口通商大臣的旧例，把外交事务推到地方上去的意图。"① 因此，清政府对南、北洋大臣的外交职能不但不限制，反而有意识地强化。此外，封疆大吏的外交也成为清政府外交体制中引人注目的现象。

不过，总理衙门毕竟是中国有正式对外机构的开始，在中国近代外交史上写下了重要的一页。首先，总理衙门成立以后，几次遣使出洋，从斌椿使团到蒲安臣使团，验证了遣使的可行性，增强了清政府遣使驻外的信心。直到 1875 年，清政府任命郭嵩焘出使英国，旋即又正式派其为驻英公使，此后清政府的驻外使领馆制度逐渐建立起来。其次，它培育和造就了一批近代外交人才。两次鸦片战争中，由于缺乏精通外国语言文字和风俗礼仪的人才，清政府在对外交涉中常处于被动和尴尬的地位。1862 年，清廷在总理衙门下设立京师同文馆，以培养相关专门人才，很多后来供职于晚清外交界的专才都毕业于这里，如刘式训、张德彝、萨荫图、荫昌、杨晟、刘镜人、吴宗濂、杨兆鋆、陆征祥等。同时，清政府还选派留学生赴欧美学习，这些人中也有很多人后来进入了外交界，如梁如浩、蔡廷幹、刘玉麟、梁诚、梁敦彦等都是当年清廷派出的留美幼童，而罗丰禄、吴德章等则是清廷从福州船政学堂选派的赴欧留学生。

八国联军侵华以后，根据《辛丑条约》的规定，总理衙门改为外务部，班列六部之首。从外务部的产生可以看出，它迫使中国走进了现代国家关系的行列，反映了形势发展的需要，正如光绪帝在上谕中说的那样："从来设

---

① 王立诚：《中国近代外交制度史》，甘肃人民出版社 1991 年版，第 90 页。

官分职，唯在因时制宜，现当重订和约之时，首以邦交为重，一切讲信修睦，尤赖得人而理。从前设立总理各国事务衙门，办理交涉，虽历有年所，唯所派王大臣等，多系兼差，恐未能惮心职守，自应特设员缺，以专责成。"①

外务部是中国历史上外交近代化的重要产物。首先，外务部的成立很大程度上改变了总理衙门时期外交权分散的情形，使中央政府确立了自身在外交事务上的权威和地位。外务部成立后，先后主持议定了《交收东三省条约》《中英续订藏印条约》等。虽然南、北洋大臣仍然存在，但是在对外交涉中的作用已经今非昔比，外交权由外务部统一的体制基本形成。其次，外务部修改了原来总理衙门制定的《出使章程》，并逐步改进外交机构，使晚清的外交制度进一步完善。早在 1876 年，总理衙门就颁布了近代中国的第一个出使章程——《出使章程十二条》规定驻外使臣仅作为皇帝的钦差，并非实官，其迁转仍须在实缺所在的国内衙门进行，所以不是职业的外交官。另外使馆馆员的派遣采用的是幕僚制，他们随出使大臣外驻，实际作为大臣的幕僚，由使臣挑选，客观上造成了"一朝天子一朝臣"的局面，给使馆馆务的延续造成了很大困难。20 世纪初，随着对外交往的增加，驻外使领馆的建立和驻外使节的增加，外交官的职业化问题越来越突出。在众多使节的力荐下，清政府外务部于 1907 年 4 月奏定《变通出使章程》，对《出使章程》进行了重大修改，为外交官职业化铺平了道路。再次，无论是从主观认识还是从客观条件上讲，外务部大量延揽和重用新式知识分子，尤其是延揽和重用留学生，改变了晚清外交官队伍的结构，为晚清外交近代化奠定了基础。

留学生对近代中国外交体制的贡献是从晚清留学生大量进入外交界开始的。1905 年，就在清廷宣布废除科举考试的同一年，清政府开始考试归国留学生，为留学生入仕扫清了障碍。1906 年，外务部也调整了用人制度，即由人推荐保送然后经考试录用的办法被停止，规定："嗣后需用人员，应先就兼习各国语言文字、曾经出洋或曾在各省办理洋务者，择优调取。至卒

---

① 朱寿朋编：《光绪朝东华录》第 4 册，中华书局 1958 年版，第 4685 页。

业学生，亦宜先仅曾经留学欧美各国及日本者，而专在本国学堂肄业者次之。"① 从而对外务部用人的语言要求做了规定，并明确表示，在人员选择上，留学生优先，本国学堂毕业的学生次之。

针对当时外交人才缺乏的情况，外务部奏请从在读的留学生中选拔培养："先就各国留学生之肄习政治、法律、商务、理财者，详加遴选，无论官派私费，但系品诣端正、程度较深，即由臣部酌给学费，异日毕业回国专归臣部委用。数如不足，再就各省著名学堂之普通卒业学生择优调考，酌取若干，咨遣出洋学习。"② 外务部用人时对语言及专业的特殊要求以及优先录用留学生的规定，为留学生大量进入外交领域提供了特殊的便利。因此，晚清以后，"由于对外交官所要求的高度知识水准，尤其是娴熟的外语，这个领域因此几乎成了出洋留学生的独霸天下"③。

从清末 10 年外交官的阵容上看，由于留学生的加入，外交官的更新换代逐渐显著，改变了外交官队伍的构成。如 1901 年中国有 7 位使臣：罗丰禄（驻英）、伍廷芳（驻美）、裕庚（驻法）、吕海寰（驻德）、李盛铎（驻日）、杨儒（驻俄）、李寿朋（驻朝），其中有留学背景仅有 2 人，即罗丰禄（留美）、伍廷芳（留英）。而在清末驻外使节有 10 人：张荫棠、吴宗濂、李国杰、刘镜人、沈瑞麟、梁诚、刘式训、陆徵祥、刘玉麟、汪大燮，其中梁诚、刘式训、刘镜人、刘玉麟 4 人具有留学背景，受过西学教育的人则更多。在 1901 年后任出使大臣的 36 人中，留学生达 10 人，即罗丰禄、刘玉麟、荫昌、杨晟、梁诚、吴德章、刘镜人、施肇基、刘式训、伍廷芳。这种情况恰如晚清时评所言："平心论之，以我国之外交官，较之外国之外交官，固不能不形其逊，而以我国今日之外交官，较之我国十年前之外交官，实有过之而无不及矣。"④

留学生大量进入外交界，使清末开始形成的外交官队伍发生了很大的变化，为他们以后在民国外交界发挥作用奠定了基础。

---

① 《外务部奏陈调用人员办法并设立储材馆折》，《东方杂志》第 3 卷 1906 年第 8 号，第 73 页。
② 同上书，第 75—76 页。
③ 王立诚：《中国近代外交制度史》，甘肃人民出版社 1991 年版，第 298 页。
④ 《论政府宜竭力援助外交官》，《外交报》1905 年第 2 卷第 8 期，第 2 页。

二　留学生群体与民国外交体制的建立

作为整个国家政治体制的一部分，晚清的外交制度是与封建的专制体制相一致的，在这一政治制度下，外交体制的近代化是有限的。直到民国以后，中国近代的外交体制才得以确立。在此过程中，留学生作出了重要的贡献。

（一）留学生群体与民国时期外交权的运作体制

留学生群体是中华民国的缔造者、主要领导者，也是制度的主要设计者，因此，他们也是民国外交权运作体制的创立者。所谓外交权，狭义上是指接受和任免使节、缔结条约、宣战、媾和四种权力。究其本质而言，外交体现的是内政：外交机构的运转、外交官权限的设置、外交决策的程序等，无一不受国内政治模式的支配。将西方制度移植到中国，在中国建立资产阶级共和国，是留学生出身的孙中山、黄兴等资产阶级革命派的政治理想。辛亥革命后，他们开始参照西方民主政治三权分立的模式来构建国家政权，宋教仁、王正廷、王宠惠、马君武等留学生起草的《中华民国临时约法》，即体现了这种理想，外交权作为国家权力的一个组成部分也相应地被纳入这一轨道。

按照《中华民国临时约法》规定，"临时大总统任免文武职员，但任命国务员及外交大使、公使，须得参议院之同意"。对外，临时大总统"经参议院之同意，得宣战、媾和及缔结条约"，对于参议院议决事件，临时大总统"如否认时，得于咨达后十日内声明理由，咨院复议"。但是，如果"参议院对于复议事件如有到会参议员三分之二以上仍执前议时"，临时大总统仍需按照参议院的决议办理。① 这些原则强调了大总统在行使宣战、媾和、缔约、制定官制官规及任免官吏时，须得到立法机构的同意，凸显了立法机构在外交上的权力，体现了资产阶级民主制度下民意对政府外交的监督。但事实上，不久继任总统的袁世凯无法忍受这一权力模式，因为外交直接关系到东西方列强对他的态度和政权的稳固。为此，他镇压了"二次革命"，并于1913年废除了《临时约法》，制定了一部《新约法》，其中规定："大总

---

① 《临时政府法令及来往公文》，《东方杂志》1912年第8卷第10号，第21页。

统为国之元首，总揽统治权"。在外交方面，大总统有权宣战、媾和、缔结条约及制定官制官规、任免官员，且可独立决定，不受立法机关限制。虽然规定缔结条约"须经立法院之同意"①，但是作为立法机构的立法院根本没有成立，而是由大总统的咨议机构——参政院代行其职权。这一新约法实际上使袁世凯在外交上拥有至高无上的权力，而外交部作为中央外交机构则成为摆设。袁世凯之后的皖系军阀拒绝恢复旧国会，其御用的安福国会只是军阀手中的工具而已。直皖战争之后，直系军阀虽然把旧国会议员召回北京，但在军阀控制下，除了贿选丑闻外，所谓三权分立、权力制衡只剩下一纸空文。

1927 年，南京国民政府成立之初，其政权组织沿袭了广州国民政府之制，由国民政府对外行使宣战、媾和、缔结条约等权力，中华民国主席对外代表国民政府。国民政府内设外交委员会，由包括外长在内的若干政府委员组成。1927 年 6 月初设时，由蒋介石、胡汉民、吴稚晖、李石曾、伍朝枢任委员。这一委员会的职权是接受外交部报告，核定外交部请示，建议外交策略。② 由此可以看出，这实际上是一个专门的外交决策机构，其 5 个委员都有留学背景，体现了留学生对外交的影响力。这一委员会于 1928 年 10 月国民政府改组时停止行使职权。

国民党统一全国以后，留学生群体在国民党中掌握了主要领导权，政治制度及外交权运作模式的设计者的主体，就是以蒋介石为首的有海外留学背景的国民党要人。1928 年 10 月，国民党中央常务委员会通过了《训政纲领》，确立了一党专制的政权体系，1931 年 6 月又颁布了《中华民国训政时期约法》，将这一体制以国家根本大法的形式固定下来，外交权力模式也相应被纳入这一体系。《训政纲领》规定，"中华民国于训政期间由中国国民党全国代表大会代表国民大会领导国民行使政权"。这样，国民党全国代表大会代替国民大会，成为国家的最高权力机关，"中国国民党全国代表大会闭会时，以政权付托国民党中央执行委员会执行之"，将选举、罢免、复决、创制等权力转移到国民党手中。该纲领虽然规定"治权之行政、立法、司

---

① 卞修全：《近代中国宪法文本的历史解读》，知识产权出版社 2006 年版，第 186—187 页。
② 商务印书馆编：《中华民国现行法规大全》，商务印书馆 1934 年版，第 210 页。

法、考试、监察五项，付托于国民政府总揽而执行之"①，但在随后国民党第三次全国代表大会上通过的《确定训政时期党政府人民行使政权治权之分际及方略案》，却又同时规定："中国国民党中央执行委员会政治会议，在决定训政大计、指导政府上，对中国国民党中央执行委员会负责；国民政府在实施训政计划与方案上，对中国国民党中央执行委员会政治会议负责。"②这样，国民政府之重大国务的实施、政府组织法的修改和解释等，都由国民党中央执行委员会政治会议（简称中央政治会议，或中政会）决定。国家的政权和治权通过中央政治会议实现了统一，由此也奠定了国民政府党国外交体制的基础。

中央政治会议作为国家最高权力机关，外交权是其控制的一部分。在这一机构中，曾任最高领导人的蒋介石、胡汉民、汪精卫都有留学日本的经历。从1928年10月国民党宣布进入"训政时期"开始，中政会委员人数即已超过80人，到1931年四届"一中"全会，政治会议委员96人，候补委员76人，加上列席人数，总数超过180人。由于人数太多，中政会开会往往流于形式，只是象征性地通过一些决定，并不能起到实际决策的作用。因此，该机构的实际权力与该会的领导体制有密切关系。从1928年到1931年12月四届"一中"全会前，该会实行主席制，基本上由蒋介石一人揽权。四届"一中"全会后，改为常委制，由胡汉民、汪精卫、蒋介石轮流担任主席。1935年12月，国民党五届"一中"全会对中央政治会议进行改组，采取正副主席制，委员由19—25人组成。虽然人数进行了精简，但实际上仍由蒋介石掌握大权，主席汪精卫则因被刺住院，后又赴欧养伤。1937年"卢沟桥事变"后，国防最高会议（后改组为国防最高委员会）成立，中政会即停止活动，抗战胜利后才恢复。

行政、立法、司法、监察、考试五项由国民政府"总揽"的治权由五院分掌，在五院的外交权分配中，留学生群体的地位和作用也很突出。

行政院为国民政府的最高行政机构，各部委长官包括外交部部长，由行

---

① 荣孟源：《中国国民党历次代表大会及中央全会资料》上，光明日报出版社1985年版，第657—658页。
② 荣孟源：《中国国民党历次代表大会及中央全会资料》上，第659页。

政院院长提请国民政府主席任命。凡重大决策，由行政院正副院长及各部部长、各委员会委员长组成召开行政院会议议决，就外交方面而言，包括向立法院提出宣战案、媾和案、条约案以及其他主要的国际事项等内容。此外，行政院还负责协调外交部与其他部委间的权限纠纷。1928—1949 年，先后担任过南京政府行政院长职务的有 15 届 11 人次，即谭延闿、蒋介石、陈铭枢、孙科、汪精卫、孔祥熙、宋子文、张群、翁文灏、何应钦、阎锡山，除谭延闿之外，其余 10 人都有留学背景。在抗战前南京国民政府委员中，有留日背景的委员就占 49%。在重庆国民政府中，有留日背景的委员就达到 56%。①

立法院为国民政府的最高立法机构，设正副院长及若干立法委员。关于外交的宣战案、媾和案、条约案及其他重要的国际事项由行政院提交立法院议决。立法院内专设外交委员会，由若干名立法委员担任，并由立法院院长指定委员长一人，关于外交方面的提案由行政院提出后，先交外交委员会审议，然后付全院会议议决。对于属立法院审议范围而未交它审议的外交事项，或者交由它审议但未忠实履行的，立法院有权向行政院或外交部提出质询，至于质询的结果，并没有相应的制度保证。1928—1949 年，先后担任过立法院院长的有胡汉民、林森、张继、孙科。其中林森任期从 1931 年 3 月 3 日到 12 月 9 日，张继任期从 1931 年 12 月 9 日到 1932 年 1 月 28 日，任期均较短，且实际未到任，分别由副院长邵元冲、覃振代理，上述 6 人均有留学背景。

司法院是国民政府的最高司法机构，在外交权方面主要在于解释条约及涉外法规。1928—1949 年，先后担任过司法院院长的有王宠惠、伍朝枢和居正，他们均有留学背景，其中居正在职时间最长。

监察院为国民政府最高监察机构，该机构在外交方面的主要作用表现为，一是对外交部的经费进行审计，二是就外交部门的违法或失职行为对相关官员行使弹劾权。1928—1949 年，担任过监察院院长的有蔡元培、赵戴文、于右任，也均有留学背景。但蔡元培和赵戴文两人实际均未就任，因此，对监察院影响最大的是于右任。

---

① 张海鹏：《中国留日学生与祖国的历史命运》，《中国社会科学》1996 年第 6 期，第 186 页。

考试院为国民政府的最高考试机构，负责外交官的考核和铨叙。1928—1949 年，担任过考试院院长的有戴季陶、张伯苓二人，其中戴有留学背景，1928—1948 年在任，时间最长，影响较大。

因此，中央政治会议实际上是国民党外交的最高决策机构，下设外交组作为外交顾问机构，国民政府的立法和监察机构无法对它进行制约。"九·一八事变"以后，外交组改为"特种外交委员会"，在实质上已经成为那个特殊时期的外交决策机构，外交部不过成为一个普通的办事机构。1935 年12 月，中央政治会议改为中央政治委员会，原来的外交委员会撤销，改设外交专门委员会，其地位也相应改为较为单纯的外交顾问机构。但这种权力模式也只是法规上的，实际上则是根据国民党内部各派系力量的此消彼长而有所变化。

"七七事变"后，国民党成立了国防最高会议，以蒋介石为主席，统一指挥党政军各部门，并且规定在紧急状态下，有权"不依平时程序以命令为便宜之措施"[1]，原中央政治委员会的活动也随战时这一体制的确立而停止。1938 年 3 月国民党实行总裁制，由蒋介石出任总裁，1939 年 1 月国防最高会议又改组为国防最高委员会，该委员会委员长由蒋介石担任，同时该委员会代行中央政治委员会的职权，作为党政军的最高决策机构。蒋介石通过这一体制将国民党的党政军大权集于一身。1947 年 4 月国防最高委员会撤销，中央政治委员会恢复。也就是说，南京政府的外交权实际上掌握在以蒋介石为首的留学生出身的国民党手中。

由上可见，留学生不仅是民国时期外交权运作体制的主要设计者，也是外交权运作的主要负责者，虽然这一体制不可避免地存在着许多缺陷，但是它毕竟标志着近代的外交体制的建立。

（二）留学生群体与民国时期外交管理体制的完善

在微观的外交管理体制方面，外交部起到的作用最为关键。民国以后，这一部门就成为留学生的天下。北洋政府统治时期，在历届外交总长 26 任16 人中，留学生出身的就有 11 人：梁如浩、唐绍仪、伍廷芳、颜惠庆、顾维钧、王正廷、施肇基、黄郛、蔡廷幹、王荫泰、罗文干，比例达 68.8%；

---

[1] 陈之迈：《中国政府》第 1 册，商务印书馆 1946 年版，第 117 页。

在 12 任、10 人次的外交次长中，8 人有留学背景：颜惠庆、刘式训、曹汝霖、高尔谦、陈箓、曾宗鉴、王荫泰、吴晋，比例高达 80%。南京政府时期的外交官队伍与此前已不可同日而语了。从 1925 年广州国民政府成立算起到 1949 年止的 17 任、16 个外长中，除傅秉常一人外，胡汉民、陈友仁、伍朝枢、黄郛、王正廷、施肇基、罗文干、汪精卫、张群、王宠惠、郭泰祺、宋子文、王世杰、吴铁城、胡适都是留学生，而傅本人毕业于香港大学，其学历背景与留学生区别不大。也就是说，南京政府时期，留学生出身的外长比例达 93.7%，驻外使节的情况也大体相当。更为重要的是，这些外交官大多数都具有外交方面的专门知识，一部分人还有专业博士、硕士学位，如顾维钧、王宠惠、施肇基、宋子文、郭泰祺、王世杰、罗文干、王正廷等。根据 1936 年出版的《中国外交年鉴》记载，时任重要的外交官及领事官 86 人，其中国外学校毕业者 73 人，占 84.88%。[①] 这两个数据都在北洋政府的基础上有了更大提高。外交部成为民国历届政府各部门中留学人员最为集中的部门之一。

留学生大量进入外交界对外交管理体制的变革产生了重要的影响，主要表现在两方面。

一方面，就外交官人事制度而言，1913 年颁布了《外交官领事官试验暂行规则》，直到 1915 年正式颁布《外交官领事官考试令》才被取代。依据考试令的实施细则和甄录规则规定，外交官、领事官考试与文官高等考试合并，同时举行，每三年一次（必要时可进行临时考试或停止考试），其典试适用于文官高等典试令，典试官以文官高等典试官兼充，襄校官则就外交部遴选各员中呈请大总统派充。考试分为甄录试和正式考试。甄录试由外交部甄录委员会进行，委员长由外交次长兼任，委员由外交总长在外交部遴选。甄录试及格后，才能参加正式考试。1919 年在这个考试令的基础上颁布了《外交官领事官考试法》，与此前的考试令相比，考试法只是在某些考试科目上略有调整，其余基本没什么变化。因此，考试令基本上体现出民初北洋政府统治时期外交官领事官的选拔制度和方法[②]，此令的出台和实施显

---

① 岳谦厚：《民国外交官人事机制研究》，东方出版社 2004 年版，第 58 页。
② 同上书，第 29 页。

示了留学生们的影响。

南京政府成立后，曾于 1928 年 7 月 6 日制定公布了《外交部驻外使领馆职员考试简章》，作为考试院未成立前外交官领事官考试的一种暂时过渡办法。1933 年国民政府考试院公布了《修正高等考试外交官领事官考试条例》，对外交官、领事官的资格要求和考试程序办法重新作了规定。这一条例与上述北洋政府时期的相关考试制度相比，有两点不同：一是在考试科目上增加了"党义"一科，表明南京政府关于外交官领事官的选拔和任用，其政治色彩得到了强化；二是在北洋政府时期该考试由外交部主导，而南京政府时期则按照所谓的"五权分立"的原则，使外交官、领事官的考试与外交行政部门分离，彼此制衡。其余各方面则仍与北洋政府统治时期的相关制度大同小异。1936 年又公布《外交官领事官任用暂行章程》，1944 年又有《驻外使领人员任用条例》作为相关补充，但总体上并不影响上述基本制度。这表明，留学生大量进入外交界后，对外交官人事制度管理的影响已经被制度化了。

另一方面，就外交部办事规程及使领馆馆务等方面而言，随着留学生出身的职业外交官群体的崛起，外交部的办事规程也日趋合理化，逐步褪去原来的半殖民地的色彩。比如，按照国际惯例，外长上任，各国的使节接到通知后应先到外交部拜会。但是，清末中国国势衰微，列强驻北京的公使团如同中国的"太上政府"，各国使节骄横跋扈，到民国初年，一般外长上任都要先造访这些驻京外国使节。1920 年，颜惠庆出任外长后，改变了这种情况，不再去拜访驻京使节，"兹除分送就职通知书外，仅遣价向各使节投刺而已"[1]。

再如，外交部与各国使节交涉时，国际惯例是各国使节亲自或者派代表到外交部拜访，但是在民国初年，外交总长回复外国使节提出的问题，不是招外使来部，而是派秘书去公使馆答复。[2] 1923 年日本公使芳泽甚至因摄政内阁代行元首职责而不屑请外长安排呈递国书，也不拜访外长呈递国书副

---

① 颜惠庆：《颜惠庆自传》，（台北）传记文学出版社 1973 年版，第 106 页。

② 顾维钧：《顾维钧回忆录》第 1 分册，中国社会科学院近代史研究所译，中华书局 1983 年版，第 103 页。

本。对于这种既无视中国政府又不符合国际惯例的无礼行为，留学美国并受过专门外交训练的外长顾维钧没有隐忍迁就。等到芳泽以日本公使身份履行职责的时候，顾维钧下令不予理睬，理由是"外长尚不知道芳泽先生已经抵京，更不知道他是以何种身份来京的"①。芳泽虽然多方请人从中说情，但顾始终没有放弃原则，最终迫使芳泽拜访外长顾维钧，递交国书副本，才宣告此事了结。类似的外交事件逐步改变了以前旧例，使外交部的办事规程逐步褪去了半殖民地的特点，开始向合理化的方向发展，在一定程度上维护了国家的尊严。

　　驻外使领馆是一个国家办理外交的前哨阵地，其组织是否完善、运转是否顺畅，直接关系到与驻在国交往的效果。清末，驻外使馆的馆务经过整顿以后，开始走上正规化的道路，在民国时期尤其在国民政府时代，为适应形势的变化，陆续有许多调整，这与外交界留学生们的努力大有关系。在此，要首先说说顾维钧。

　　顾维钧是民国时期著名的外交家，曾经留学美国，步入外交界以后又长期驻外，有丰富的外交经验，对西方国家民主传统及民众舆论在国家对外关系中的影响也有着深刻的认识。他不止一次地提醒国民政府对外宣传的重要性，他认为："老派人士躲避报纸和舆论是大错特错的，有些时候关键因素就在于当事国报纸所反映的群众的认识，因为在有些国家，政府的政策是受舆论影响的。在美国，没有群众的支持，任何一届政府也不能成功地推行一项外交政策。"② 这一建议得到了国民政府的认可。抗战时期，通过宣传以争取国际同情和支持，成为驻外使领馆的重要事务。例如，程天放在驻德使馆，"每天或隔一天印行小型战事报，将中国战讯登载出来。邮寄柏林外交团、德国各机关、各报馆，以及教育、实业界知名人士，免得他们专听片面的消息"③。金问泗在驻荷使馆，也"随时撰印英文宣传品，分送各界，称为《中日危机之最近进展情形》"④。在美国，这类宣传由 1940 年夏赴美、

　　① 顾维钧：《顾维钧回忆录》第 1 分册，中国社会科学院近代史研究所译，中华书局 1983 年版，第 323 页。

　　② 同上书，第 399 页。

　　③ 程天放：《程天放早年回忆录》，（台北）传记文学出版社 1968 年版，第 132 页。

　　④ 金问泗：《外交工作的回忆》，（台北）传记文学出版社 1968 年版，第 49 页。

不久出任外长的宋子文负责，后来宋美龄也亲自出马，场面更为壮观。在美国，宋子文、宋美龄、顾维钧等人还联系了一批政客，形成了一个"院外援华集团"，在国会和白宫游说。陈之迈于 1944 年在美任公使衔参事，以使领馆为阵地，专门从事宣传工作。当时在美的宣传机构则有《青年中国报》《国民日报》两家中文报纸，以及中央通讯社和中国通讯社在美国的分支机构，规模颇为庞大。"宣传是国民政府时代使馆馆务的一大创新，其意义超过了原来驻外使节的沙龙社交。"① 正是这些留学生出身的外交官，以其丰富的外事经验和广博的专业知识，在外交实践中使外交部的办事规程及使领馆的馆务不断地正规化、制度化，适应了日益复杂的外交形势的需要。

（三）推进了民国外交体制的近代化

与晚清相比，在留学生外交人员的推动下，民国外交体制的近代性逐渐体现，并集中表现在以下几个方面。

首先，民国以后，由于深谙国际法的留学生们的努力，在法律上确立了国民主权原则，民意对于外交的影响力日益显著，外交体制也逐渐褪去了半殖民地化的特点，开始向近代化、专业化方向发展。

南京临时政府成立以后，以留学生为主体的民国政治制度的设计者以西方政治体制为蓝本，在其制定的《临时约法》中，首次明确规定中华民国之主权属于国民全体。宣布了中国不再是皇帝或是朝廷少数人垄断的专制国家，而是全体国民的国家。国家主权至上的外交原则在形式上得以确立。虽然此后在军阀统治下，作为中国基本政治制度一部分的外交体制仍具有半殖民化的特点，但是在形式上国家主权至上的原则是没有人敢否定的。正如北洋时期杨荫杭所说的那样，"今日中国，无论何人就总统职，反对者皆可斥为非法。故攻人非法者，皆振振有辞"②。虽然对于军阀来说，"法"不过是攻讦对手的一个借口，但是对"法"的表面尊重乃是不争的事实。在此基础上，民众对外交的关注更加密切，可以这样说，民国以后，已经没有什么外交事件能够逃脱民众的眼睛，国民外交运动也随之蓬勃兴起。民众对外交的影响力日益显著，它"在很大程度上影响了政府外交的走向"，"迫使民

---

① 王立诚：《中国近代外交制度史》，甘肃人民出版社 1991 年版，第 261 页。
② 杨荫杭著、杨绛整理：《老圃遗文集》，长江文艺出版社 1993 年版，第 601 页。

国时期的外交制度向民主化方向推进"①。北洋时期，政府曾于 1918 年、1923 年、1925 年，分别由徐世昌、黎元洪、段祺瑞三次设立象征民意的临时性外交委员会，聘请社会贤达及外交、法律、经济方面的专家，为外交决策提供咨询和顾问。南京政府外交部于 1938 年上海沦陷后在沪设立外交讨论委员会，以期"集思广益，利用部外专家的意见作为外交政策之参考"，同时，传达民意，"防止外交政策遇受官吏意见之束缚而至与民意脱节"②。后为将民意纳入正轨，国民政府设立了国民参政会，其组织条例规定"抗战期间，政府对内对外之重要施政方针，于实施前，应提交国民参政会决议"③。

当然，民国时期政府对民意的尊重只是停留在表面上，北洋时期的对外政策决定权在操纵北京政府的军阀实力派手中，而南京政府的外交体制是与国民党"以党统政"的基本特征相吻合的，因此，国民政府的外交体制归根到底是"党国外交"。在对外关系上，首先考虑的也是国民党自身的利益，因而也就不可能完全褪去半殖民地化的特点。但是，随着外交观念的更新，外交体制透过与外交相关的民意、机构、组织等相互交织，共同推动民国以后的外交体制向近代化方向发展。

其次，民国时期的外交权不断向中央集中的过程，体现了中央政治权威对外交的主导地位逐步确立，有利于统一连贯的外交政策的实施。在此过程中，留学生们功不可没。

民国初年，陆征祥在各省设特派交涉员，在重要商埠设交涉员，作为外交部的直属机构，将晚清督抚的地方外交权收归中央，扩大了外交部的权威。④ 另外，由于外交直接关系到军阀自身的利益，因此军阀对外交的控制也在加强。袁世凯在世时，基本上由他本人控制外交，袁世凯去世后，由于军阀之间派系纷争，矛盾重重，外交权基本上是随着军阀实力派地位的消长及对中央政权的控制而定。不过，随着顾维钧、颜惠庆、施肇基等一批留学生出身的职业外交家的崛起，在北洋政坛上有一群超然于派系之争的"外交

---

① 印少云：《国民外交运动与民国外交现代化》，《江西社会科学》2007 年第 2 期，第 118 页。
② 陈体强：《中国外交行政》，商务印书馆 1943 年版，第 79 页。
③ 四川大学马列教研室编：《国民参政会资料》，四川人民出版社 1984 年版，第 7 页。
④ 石源华：《中华民国外交史》，上海人民出版社 1994 年版，第 31 页。

系"掌控外交。他们的活动很大程度上虽然受到政治斗争的制约，甚至成为政治斗争的重要筹码，但是，毕竟由于他们的坚持，中国政府的外交权不断向中央集中，体现了中央政治权威对外交的主导地位在艰难缓慢地逐步确立。

民国外交耆宿顾维钧曾经说过："在民国时期的各位元首中，袁世凯是个例外，他对处理对外关系颇有经验，当他任总统时，实际上同时又是外交总长。"而袁世凯的继任者们不大参与外交事务，每遇对外交涉，北京政府极愿征求外交部的意见。随着国民党政府在南京的成立，一切就都大不一样了。"1928 年以后，南京政府非但不屑于征求中国外交代表的意见，而且常常在做决定时，除通知那些驻在直接有关国家的外交代表外，对驻在其他国家的外交代表甚至连通知都不给。显然国民党的领导们自己懂得外交。他们熟悉情况，因此外交代表的地位就降为仅仅是外交部的代理人。"① 虽然顾维钧在他的陈述中对国民政府的外交制度不免有些微词，但就政治发展的角度而言，国民政府对外交的控制是中央政治权威得以强化的重要表现。在抗日战争时期，国民政府采取务实的外交策略，相继寻求与德、苏、美三大国的合作，以此来抵抗日本的侵略。尤其是在全面抗战开始以后，中国逐步突破外交上的困境，向全世界揭露日本在华暴行，广泛宣传中国军民的抗战业绩，并积极参与国际重大会议，签署国际宣言、参与创建联合国。同时，还不失时机地加速废除旧的不平等条约，订立新的平等条约，努力争取大国地位。这些外交成果的取得，很大程度上得益于政治权威的建立和统一连贯的外交政策的制定实施。而这一权威的核心成员恰恰是以蒋介石为代表的留学生群体。

再次，民国建立以后，在留学生外交人员的推动下，外交机构在组织机构、人事制度、办事规程及使领馆管理等方面都建立起相对较为完善的制度，使得这一时期的外交体制向正规化、法制化方向发展。

随着中外关系的增多，外交人员的重要性日渐提升，留学生的作用也得到进一步的重视。从清末民初开始，一批年轻有为的留学生进入中国的外交

---

① 顾维钧：《顾维钧回忆录》第 1 分册，中国社会科学院近代史研究所译，中华书局 1983 年版，第 390—393 页。

队伍。在他们的影响下，经过民初的改革，外交制度得以完善：拟定了新的外交部组织法，把使领馆改造成为一个由职业外交官充任的专业机构，并通过相关制度调整了外交部与驻外使领馆的关系。如此等等，使中国的外交机构在组织、人事和运作方式上都实现了全面的革新。1912 年 11 月，北洋政府颁布了《外交官领事官之暂时任用章程》，1913 年颁布了《外交官领事官试验暂行规则》，1915 年又正式颁布了《外交官领事官考试令》。1919 年在 1915 年考试令的基础上颁布了《外交官领事官考试法》，外交官、领事官及相关的人事制度得以逐渐完善。

此后，在留学生出身的外交人员的努力下，南京政府制定公布了一系列的外交条例。在 1928—1936 年颁布的有关条例的基础上，南京政府又于 1944 年颁布了《驻外使领馆人员任用条例》，使外交官的人事制度不断补充，趋于完善。与此同时，其他外交方面的法律法规也在不断完善，如仅在抗日战争时期，国民政府就根据需要，制定了《外交部工作成绩考核委员会办事细则》《外交部工作成绩考核委员会组织大纲》《外交部驻印度专员公署组织暂行条例》《外交部员工福利事业促进委员会组织条例》《外交部业务检讨会议实施办法》《外交部学术会议实施办法》，等等。另外还有一些适应战时特点的法律法规的制定，如《外交部防空洞发证委员会暂行规则》《外交部颁发及保管英文密电本规则》《外交部专员支俸表》《驻外使领馆会计人员办理会计事务暂行办法》，等等。这些法规规范了外交部日常工作的运转，使许多相关事务的进行有了制度依据，推进了外交制度的制度化、正规化，是近代外交制度确立的重要表现。"从北洋到国民政府，外交部的组织机构递经嬗变，其组织的合理化程度确实在不断地提高。"① 这是对民国时期外交制度比较中肯的评价。

由上可见，留学生在民国时期外交制度建立的过程中起到了重要作用：从国家主权至上的原则的确立，到留学生主体的政治权威对外交权的主导，以及以外交部为主的行政机构对外交体制正规化、法制化的建设，都表明了留学生们的努力和作用。

---

① 王立诚：《中国近代外交制度史》，甘肃人民出版社 1991 年版，第 234 页。

三　留学生群体与近代外交——以收回关税自主权为主的讨论

留学生进入外交界与中国近代外交体制的建立是一个相互作用的过程，一方面，留学生大量进入外交界，促进了中国近代外交体制的建立；另一方面，中国近代外交体制的建立又为留学生群体在外交舞台上大显身手提供了机会，这在近代中国谋求关税自主的过程中得到了充分体现。

从《南京条约》开始，中国逐渐丧失了关税自主权。1853年，列强又夺取了中国的海关管理权，海关成为列强侵略中国的重要工具。此后，中国为谋求海关独立进行了不懈的努力，留学生群体在其中的贡献尤为突出。

（一）留学生与晚清收回关税主权的尝试

关税权是国家主权的一个方面，较早地认识到丧失关税自主权危害的是早期维新思想家。郑观应曾经表示，"税饷则例，本由各国自定，客虽强悍，不得侵主权而擅断之"①。陈炽也曾指责清政府把税则定入不平等条约是"太阿倒持，授人以柄；九州之铁，铸错竟成"②。此后，曾经留学法国的马建忠对关税自主权的丧失有着更加深刻的认识，他说："道光季年以来，彼与我所立约款税则，则以向欺东方诸国者转而欺我。"③他认为，"外洋恤商之策，首在于重征进口货，而轻征出口货"。相比之下，"中国之税反是"④，应重征进口货税而轻征出口货税，"以夺西人之利"。他主张通过自主制定税则，实行有利于本国的关税政策，表示出对关税自主权的深切关注。

晚清政府也曾经试图就关税主权问题与列强交涉，1906年设立的督办税务处体现了这一想法。税务处隶属度支部，下辖总税务司和各口海关，主持全国税务总署的工作。户部尚书铁良任督办税务大臣，派外务部左侍郎唐绍仪任会办大臣。唐绍仪是留美幼童出身，从美国返国后不久，唐绍仪就曾经上书清廷，对赫德独揽中国海关大权表示不满。督办税务处成立后，唐绍仪立即电召赫德及各关税务司到北京听训，并从外务部和户部抽调了部分人

---

① 郑观应：《郑观应集》上，上海人民出版社1982年版，第388页。
② 陈炽：《陈炽集》，中华书局1997年版，第96页。
③ 马建忠：《适可斋纪言纪行》，见沈云龙主编《近代中国史料丛刊》第16辑，（台北）文海出版社1968年版，第211页。
④ 同上书，第17页。

员到税务处充当高级官员，加强华员在各海关的力量，使得近代海关外籍税务司制度开始动摇。从这个意义上来说，唐绍仪是近代中国力图收回海关主权的第一人。1908 年他还在北京创立税务学堂，倡议开办学府，培养人才，以争取完全收回海关主权。他的这一想法得到了同为留美幼童出身的外交大臣梁敦彦的赞同。虽然唐绍仪对海关的关注还仅仅停留在海关管理权问题上，并没有涉及关税自主的问题，但是仍然为列强所不满。很快，唐绍仪就被调离税务处，海关主权问题就此停止。这从反面也可以看出顾维钧等留学生在收回关税主权中的作用。

（二）留学生与北洋时期收回关税自主权的开始

从北洋时期开始的收回关税自主权的斗争，是民国成立后外交工作的一件大事。留学生们直接参与了这一关于国家主权的活动，建立了相应的功绩。

19 世纪末 20 世纪初，随着民族主义浪潮的不断高涨，帝国主义控制中国海关的现状已经越来越不能适应形势的要求，关税自主问题受到了社会的普遍关注。1912 年，中华民国刚刚成立，就向列强提出废除协定关税的要求。但是由于国际承认问题还没有解决，这一问题遂被搁浅。1917 年，"协约国"驻华公使联合向北洋政府发出照会，以中国向德国宣战为条件同意修订进口税则。中国方面为尽快修订税则同意对德宣战，并在对德宣战之后的 1918 年在上海成立了由中外代表共同组成的国际委员会，开始调查货价，酌定标准，为进口税率的修改作前期准备。

1919 年，在第一次世界大战之后召开的巴黎和会上，中国政府第一次向国际社会提出了关税自主的要求。是时，中国政府在巴黎和会上，提出了七项希望条件①，关税自主即是其中一项。虽然这一要求最终被拒绝，但是会前会后围绕着这一问题，很多留学生进行了不懈的努力。

早在第一次世界大战结束之前，驻美公使顾维钧即从美国方面得知战后召开和平会议的消息并为此进行了积极的准备。他成立了一个小组来收集各

---

① 七项希望条件是：（1）二十一条和山东问题；（2）归还租借地；（3）取消在华领事裁判权；（4）归还在华各地租界；（5）撤走外国驻军；（6）取消外国在华设立的邮电机构；（7）恢复中国关税自主。

种资料，进行研究和分析，以确定中国未来的政策。当年清政府派出的留美幼童容揆就是其中的重要成员。政府派往和会的代表团成员除外长陆征祥外，其余4人——施肇基、王正廷、顾维钧、魏宸组均有留学背景。另外，北洋政府还派金问泗、严鹤龄、颜惠庆等有留学背景的人充当代表团顾问。孙中山也派出郭泰祺、陈友仁、汪精卫、伍朝枢、李石曾等，代表南方政府到巴黎监视和观察中国代表团，并了解有关中国在和会上面临的国际形势，这些人无一例外都有留学背景。和会期间，梁启超也应总统徐世昌之请，以代表团顾问兼记者身份来到欧洲，为中国代表团争取舆论支持。梁氏一行7人中包括了各个方面的专家，除他本人和负责后勤的杨鼎甫以外，其余5人蒋百里（军事）、刘崇杰（外交）、丁文江（工业）、张君劢（政治）、徐新六（经济），均是留学生出身。正在巴黎留学的中国学生也对这次会议给予了高度关注。李宗侗、李麟玉、王世杰、陈和铣、戴修俊、王凤仪等人，在巴黎倡导成立了中国国际和平促进会，组织在法华工和留学生声援中国代表团。李璜和周太玄还组织成立了巴黎通讯社，与上海《新闻报》保持联络，及时把和会消息通报国内。在国内，为巴黎和会提供咨询的外交委员会中，陆宗舆、王宠惠、陈箓、叶景莘、梁敬錞等有留学背景的人都是热心的参与者。而在1919年2月成立的国民外交协会中，林长民、王宠惠、范源濂、蔡元培等曾经的留学生也对巴黎和会给予了密切的关注。在这次会议上，中国政府所提出的关于关税自主的要求与其他合理要求，虽然没有得以实现，但却改变了中国外交始终退让的局面。和会上顾维钧、王正廷、施肇基等留学生出身的职业外交家的崛起和抗争，连同和会内外的留法学生的热情关注和参与，都使西方人看到了中国民族主义激荡下激昂的民气，中国争取关税自主运动也因此拉开了帷幕。

如果说巴黎和会对于中国废除不平等条约、实现关税自主只是一个开始的话，华盛顿会议则成为中国关税走向自主的重要一步。正是通过华盛顿会议，从鸦片战争以后就被固定的进口货物税率得以松动。留学生群体在华盛顿会议上所起到的作用是无可替代的，这可以从三个方面得到体现。

一是中国派往华会的代表团（其成员中有留学背景的人占据很大比例）与当时正在美国的留学生一起，声援并监督华会代表，为中国关税自主有利方案的初步达成提供了有利条件。1921年8月18日，外交部成立了以外交总长颜惠庆为首的"太平洋会议筹备处"，由颜本人亲任主席，并委任曾经留学法国的外交次长刘式训和曾经在英美留学的刁作谦负责具体工作。不久中国又派出了以驻美公使施肇基为首的代表团，包括顾维钧、王宠惠及南方代表伍朝枢（未到会）。出席大会的中国代表团阵容空前强大，人数达 130名之多，除外长及上述几位正式代表均有留学背景外，代表团的国内顾问中，有留学背景的人也比比皆是，其中包括周自齐、梁如浩、蔡廷幹、黄郛、罗文干及华会中国代表团专门委员贾士毅、秘书长刁作谦，以及后来接替刁作谦的严鹤龄等。全国商教联合会和上海九团体也派出蒋梦麟、余日章两位曾经的留美学生为国民代表，专程赴美开展国民外交。在此期间，正在美国留学的学生也对这次会议高度关注。为了进行有效的组织，罗家伦、段锡朋、鲍明钤、张彭春、蒋廷黻、吴之椿、郝耀东等成立了"华盛顿会议后援会"，以期"影响友邦舆论，监督及援助本会代表"①。

　　二是"联美制日"外交策略的制定为关税问题达成相对有利的解决方案奠定了基础，这与有留美经历的国民政府官员及与会代表有很大关系。外交总长颜惠庆早年在美国留学，此次会议他对美国寄予了很大期望，早在北京政府接到美国参加华会的邀请后，颜惠庆就认为"美为吾之与国，日为吾之敌国"②。他在复照中表示："愿在会议中，根据来照中仰仗友谊及诚意，体会祛除争端之宗旨，以诚恳之精神暨友爱之态度，相互讨论，共同核定"，并希望美国政府"多所供助"③。同样留学美国的顾维钧认为，"联美制日"应该是中国主要对外策略。11 月 16 日，在太平洋远东委员会举行的第一次会议上，中国代表施肇基根据北京政府训令及他与顾、王三位代表商议的结果，向大会提出了十项原则，表示中国"赞同门户开放主义，即与约各国在中国一律享有工商业机会均等的原则"④，这一"联美"策略为关税问题的初步解决奠定了基础。

　　三是以施肇基、顾维钧、王宠惠为主的华会代表团成员，尤其是顾维

---

① 《留美学生华盛顿会议后援会之由来及组织》，《申报》1921 年 12 月 4 日，第 7 页。
② 杨玉圣：《中国人的美国观——一个历史的考察》，复旦大学出版社 1996 年版，第 84 页。
③ 《条约：复谢美总统邀请加入太平洋会议致外交部照会（八月十六日致驻美公使施公使电）》，《外交公报》1921 年第 3 期，第 64 页。
④ 北洋政府外交部编：《外交公报》第 6 期，（台北）文海出版社 1987 年版，第 36 页。

钧，就中国关税自主问题在华盛顿会议上折冲樽俎，作出了艰辛的努力。当时，得知美国有意召集华盛顿会议的消息以后，陈箓、顾维钧等驻外使节就曾致电国务院，表达自己对会议的观点，并注意到关税自主问题对于中国的重要性。来美之前，顾维钧特地就这一问题与英国前驻华公使朱尔典交换了看法，表达了收回关税自主权的愿望。1921 年 11 月 12 日，华盛顿会议召开，顾维钧负责关税问题。当时，北京政府在财政上已濒临绝境，对关税问题尤为关注，它于 11 月 17 日致电华会代表团，要求代表着眼于紧迫的财政危机，向华会提出，在现行值百抽三七（3.7%）的基础上，增加 1/4，达到实际值百抽四六（4.6%），以解燃眉之急。这与顾对关税问题的期待相距甚远。顾维钧电复外交部，希望不要"因小失大"，而是应"忍痛须臾，以免牵动会议"①。在顾维钧的坚持下，经过多次激烈辩论，最终决定：以切实值百抽五为标准尽快修订税则，由签字国组织特别会议，从速筹划废除厘金及征收附加税。这一解决方案与顾维钧的期待仍有非常大的距离，但相比北京政府微弱增加关税以解燃眉之急的想法无疑有更大的收获。这次会议作为中国"第一次没有丧失更多的权利，且争回一些民族权利的国际交涉"②，顾维钧等留学生出身的与会代表的贡献是不可否认的。

华盛顿会议前，陈独秀曾经指出，中国人尤其是知识阶层，特别是美国留学生，对美国、对华盛顿会议有个唤不醒的迷梦。他认为，在帝国主义时代，"哪一个不是借口自由竞争实行弱肉强食"，"他们如何能够主张正义人道来帮助弱小民族"。因此，他大声疾呼："我们中国人，尤其是美国留学生赶快不要做梦吧！"③ 从陈独秀的语气中，我们不难看出他对华盛顿会议的谴责，但是从另一方面来说，如果说华盛顿会议还是为中国争回了一些权益的话，那么留学生群体，尤其是留美学生的贡献是不可抹杀的。在与会代表及中国各方，尤其是留学生出身的代表们的努力下，关于中国关税自主问题最终达成了《九国间关于中国关税税则之条约》。其主要内容有：第一，以切实值百抽五立即修订关税税率；第二，以尽快裁厘为条件征收附加税；

①　天津历史博物馆：《秘笈录存》，中国社会科学出版社 1984 年版，第 420 页。
②　陶文钊：《中美关系史》，重庆出版社 1993 年版，第 80 页。
③　陈独秀：《太平洋会议与太平洋弱小民族》，《新青年》1921 年第 9 卷第 5 号。

第三，裁厘前，对应纳关税之进口货按值百抽二五的附加税，奢侈品得有增加，但不超过值百抽五；第四，四年后修订税率，以后每七年修订一次。[①] 该条约为关税问题的初步解决奠定了法律基础。

华会结束后 3 个月，中国照会与约国召开关税会议。但是由于列强作梗，该会一直到 1925 年才得以召开。1925 年 9 月 5 日，段祺瑞派沈瑞麟、颜惠庆、王正廷、黄郛、王宠惠、施肇基、蔡廷幹、叶恭绰、莫德惠、梁士诒、李思浩、姚国桢共 12 人为关税特别会议委员会委员，严鹤龄任秘书长。[②] 以上 13 人中，除了沈瑞麟、李思浩、梁士诒、莫德惠、姚国桢 5 人外，其余皆有留学背景。10 月 26 日，关税特别会议在中南海居仁堂开幕。沈瑞麟、颜惠庆、王正廷、施肇基、黄郛、蔡廷幹、陈锦涛 7 人（后又加派王宠惠）出席了会议，除沈瑞麟外，其余均有留学背景。大会开始后，由全权代表王正廷代表中国政府向大会提出了"关税自主"提案，不久，因奉军进入北京，会议中止。与会国草草达成如下草案：与会各国代表议决通过"关税自主"条款，以便连同随后议定之其他事项，加入本会议将来缔结条约以内。各缔约国承认中国享有关税自主权，应允解除各国与中国间现行条约内之关税束缚，并允许中国国定关税税率条例于 1929 年 1 月 1 日发生效力。[③] 应该看到，这与当时民众关税自主的要求还有相当的距离，但是，它已经无形中突破了华盛顿会议对中国关税问题的限制。实际上，这也是中国丧失关税自主权后 80 余年来，列强第一次明文承认中国的关税自主权，为国民政府解决关税自主权问题提供了依据。

不久，南方政府以首创"革命外交"著称的留学生外长陈友仁，于 1926 年 9 月 7 日公布《出产运销暂行内地税征税条例》，并向各国发出通告。是时，陈友仁以"五卅运动"激昂的民气为后盾，以"沙基惨案"后发起的对英"杯葛"运动为契机，以征收内地税的形式，宣布实行二五（2.5%）加税。虽然此举遭到了列强的反对，但是，在广州国民政府的强硬政策下，各国只得承认。这是中国迈向关税自主的重要一步，并为最终废

① 薛典曾、郭世雄：《中国参加之国际公约汇编》，商务印书馆 1937 年版，第 321 页。
② 周康燮：《中华民国史事日志》第 3 册，香港大东图书公司 1978 年版，第 232 页。
③ 赵淑敏：《中国海关史》，（台北）"中央"文物供应社 1982 年版，第 30 页。

除一切不平等条约打下基础。在广州政府的首倡之下，各个割据势力和地方军阀如脱缰野马，纷纷自行开征加税，这使等待关税会议批准的北京政府显得更加尴尬，群众的反对声浪此伏彼起。1926 年 12 月，在代总理兼外交部长顾维钧的主持下，宣布从 1927 年 1 月 1 日起征收华会允许的附加税。1927 年 1 月 3 日，北京政府召开了临时关税委员会和内阁的联席会议，决定立即根据华盛顿会议的有关原则，开征 2.5% 的普通品附加税和 5% 的奢侈品附加税。为此，顾维钧还以极其强硬的姿态罢免了历来被称为"太上总长"的海关总税务司——英国人安格联。顾维钧在他晚年的回忆录中对这件事情进行了详细的描述，此略。

（三）留学生群体与南京政府时期关税自主权的实现

南京政府成立以后，对废除不平等条约给予了较多的关注，尤其是对关税自主和领事裁判权问题更是如此。在实现关税自主的过程中，伍朝枢、宋子文、王正廷等留学生出身的外交官员都进行了不懈的努力。1927 年 5 月 10 日，伍朝枢在就任南京政府外交部长的当天，就宣布了新成立的政府的外交方针：第一，不采用暴动手段；第二，于相当时期提议废止不平等条约；第三，打倒帝国主义非排外主义。[1] 国民政府虽然表面上没有放弃废除不平等条约的说法，但是，其口气和方法显然已今非昔比。次日，伍朝枢发表《国民政府将采取正当手续废除一切不平等条约之宣言》，表达了运用外交手段解除不平等条约的意愿。1927 年 11 月，伍朝枢又先后两次发表宣言，宣布国民政府废除旧约，并愿在平等基础上另订新约之意。其时，恰逢中国与西班牙的条约期满，南京政府宣布中西之旧约废除，并提出了新约订立前的过渡办法，对此西班牙政府未作反应。1928 年 2 月，留日背景的黄郛出任国民政府外长，不久，中葡商约期满，外交部照会葡萄牙驻华公使，宣布旧约期满失效，要求在平等基础上另订新约，葡方表示同意，后因"济南惨案"发生，此事遂被搁置。

南京国民政府统一全国以后，与各国修订不平等条约一事进入主要议事日程。如果说伍朝枢、黄郛任外长时只是一个序幕的话，那么在王正廷任期内，国民政府的改定新约运动便正式开始了。按照王正廷的设想，"要在

---

① 程道德：《中华民国外交史资料选编》（1919—1931），北京大学出版社 1985 年版，第 410 页。

1928 年内完成与各国谈判收回关税自主权，而 1929 年和 1930 年为进行撤废领事裁判权（治外法权）之期；1930 年与 1931 年为着手收回租界主权与撤销外国驻军之期；1932 年则拟自外人手中收回内河航行权与沿海航行权；1933 年则拟收回各国的租借地，恢复我国固有的全部主权"①。

1928 年 6 月 15 日，王正廷对外发表宣言，强调了废除不平等条约的重要性。7 月 7 日，外交部再次发表宣言，指出："对于一切不平等条约的废除，及双方平等互尊主权新约之重定，久已视为当务之急。"废除旧条约，订立新条约的原则有三个方面："一、中华民国与各国间条约之已界期满者，当然废除，另订新约。二、其尚未期满者，国民政府应即以相当之手续解除而重定之。三、其旧约业已期满，而新约尚未订定者，应由国民政府另订适当临时办法，处理一切。"② 在这之后，国民政府又颁布了旧约废除、新约未定之前的临时办法。

关于关税自主问题，王正廷指出："关税一项，实最重要。因其性质是普遍的，故弊之所及，实以全国为范围。我国之国内外商业都不发达，可谓皆由关税不能自主而来。若欲望实业与商业之发达，非关税先得自主不可。"③ 当时，在关税方面和中国订有不平等条约的国家共有 12 个：美、英、法、日、意、荷、比、葡、瑞（典）、挪、丹、西。其中，比、意、丹、葡、日、西 6 国与中国所定旧约已届期满。王正廷分别向这些国家的驻华公使发出照会，告知旧约已满、另订新约之意。这 6 国中除日本外，其余 5 国虽然表示同意另订新约，但态度傲慢，口气蛮横，而且还提出了很多附加条件，谈判的难度可想而知。

这时，急欲在国际对华关系中取得主导地位的美国首先打破了这一僵局。是时，美国在华侨民约 9800 人，其中传教士就占了一半。为了改善教会在中国人心目中的形象，各地教会都纷纷致函白宫或发表声明，敦促政府与国会努力改善对华关系，曾经担任中华基督教青年会全国协会第一任华人总干事的王正廷，对这一切显然有充分了解。早在 1928 年 6 月，美国国务

---

① 李恩涵：《论王正廷的"革命外交" 1928—1931》，《抗日战争研究》1992 年第 1 期，第 60 页。
② 程道德：《中华民国外交史资料选编》（1919—1931），北京大学出版社 1985 年版，第 456 页。
③ 吴天放编：《王正廷近言录》，上海现代书局 1933 年版，第 29 页。

卿凯洛格就曾与当时的中国驻美公使伍朝枢商讨过关税问题。南京政府关于改定新约的宣言发表之后不久，凯洛格就照会外交部长王正廷，表示将以驻华公使为代表，商讨中美关税问题，以期定成新约。1928 年 7 月，凯洛格连续向美驻华公使马克谟发出训令，催促其尽快与南京政府进行关税自主谈判。① 恰在此时，财政部长宋子文等陪同蒋介石去北平巡视。7 月 20 日，宋子文会见了马克谟，当马克谟表示美国政府愿意与中国谈判修改关税协定时，宋子文询问，他是否愿与宋本人缔结这样一个条约，颇令马克谟吃惊。宋还表示，他将于 7 月 26 日回南京，希望在此之前达成协议。仓促之间，马克谟向宋子文出示了 1927 年秋在国务院时与凯洛格商定的谈判方案，以此作为谈判基础。② 宋子文除对草案中要求中国不得以增加关税来酬报任何特权与利益一点表示异议外，其余均表赞同。很快双方就达成协议。7 月 25 日，王正廷授权宋子文与马克谟缔结了《整理中美两国关税关系之条约》。条约第一条就指出："历来中美两国所订立有效之条约内，所载关于在中国进出口货物之税率、存票、子口税并船钞等项之各条款，应即撤销作废，而应适用国家关税完全自主之原则。"③ 中国的关税自主权因此得到明确承认。

虽然中国从中美条约中获得的关税自主权是不完整的，"唯缔约各国，对于上述及有关之事项，在彼此领土内享受之待遇，应与其他享受之待遇，毫无区别。缔约各国不论以何种借口，在本国领土内，不得向彼国人民所运输进出口之货物，勒收关税，或内地税，或何项捐款，超过本国人民，或其他人民所完纳者，或有所区别"④。但对刚刚与中国开始交涉的那些旧约期满的国家来说，还是起到了很大的影响和示范作用。很快，与中国条约期满的国家西、比、意、葡、丹 5 国就与中国另订新约。新约内容除个别条款略有差别外，基本上沿袭了中美关税新约的内容。1928 年 9 月 12 日，国民政府又分别照会旧约尚未期满的挪威、瑞典、荷兰、英国和法国，要求就关税自主问题开始谈判。由于有中美新约在前，谈判也没有经历太多的曲折。到 1928 年底，除日本外，世界上与中国有贸易往来的主要国家均与中

---

① 陶文钊：《中美关系史》，重庆出版社 1993 年版，第 130 页。
② 王建朗：《中国废除不平等条约的历程》，江西人民出版社 2000 年版，第 242 页。
③ 程道德：《中华民国外交史资料选编》(1919—1931)，北京大学出版社 1985 年版，第 476 页。
④ 同上。

国签订了新的关税条约，承认了中国的关税自主权。1929 年，随着东北张学良易帜和中日之间悬案的陆续解决，王正廷、宋子文和日方展开多轮会谈，中国和日本之间的新《关税协定》最终于 1930 年 5 月 6 日签订。至此，所有的国家都承认了中国的关税自主权。但是由于日方的苛刻要求，输入中国的日货按不同类别分别在 1—3 年不予增税，这意味着中国一直要到 1933 年 5 月以后才能真正实现关税自主。

在中国实行关税自主的过程中，留学生群体的贡献是特殊的。在评价留学生群体对近代中国实现关税自主的贡献的时候，应该同时注意到以下问题。

第一，顾维钧、施肇基、颜惠庆、王正廷等是先后供职于北京政府、南京政府的外交人员，他们与列强的交涉、谈判，一方面执行了政府的外交宗旨，另一方面，相关的交涉成果也是他们个人能力和水平的体现。正是他们特殊的语言和专业背景使他们得以进入外交界并作出了贡献。他们在民国外交界的成长和崛起是中国外交现代化的必然要求，他们特殊的外交才能和外交谋略，是他们能够在近代中国追求关税自主的斗争中发挥重要作用的前提条件。

第二，这些外交人员表现出来的胆略和才能是以 20 世纪激昂的民气为后盾，这是中国民族主义潮流高涨的必然结果。它冲击了帝国主义在中国的统治地位，为近代中国关税自主问题的最终解决奠定了基础。如在 1925 年段祺瑞政府主持召开关税会议之前，全国舆论强烈要求以强硬的姿态解决关税自主问题，甚至连列名关税会议委员的李思浩、叶恭绰等人的住宅也被游行的队伍捣毁。在这种形势下，段祺瑞不得不任用力倡关税自主的王正廷来替换梁士诒，充当关税会议的全权代表。[①] 民国时期舆论的激昂可见一斑。

第三，部分留学生对关税自主和废除不平等条约的关注，顺应和迎合了 20 世纪 20 年代以后中国日益高涨的民族主义浪潮，为关税自主权的最终实现创造了条件。1930 年世界书局出版了一套由范祥善编辑的《现代新文库十册》，文库中有专门的《现代外交评论集》，里面收录了当时报刊杂志上发表的有影响的外交方面的文章 24 篇。其中有资料可查的（有的用化名或

---

①　完颜绍元：《王正廷传》，河北人民出版社 1999 年版，第 174 页。

笔名）有留学背景者撰写的文章就达 11 篇，涉及楼桐孙、许性初、许德珩、彭学沛、吴颂皋、戴季陶、张奚若、杨端六、盛俊等人。其中，盛俊撰写的《国定协定税则制与最高最低税则制之比较观》、楼桐孙撰写的《不平等条约和中国》、彭学沛撰写的《由守势的外交到攻势的外交》等文章都对关税自主权问题给予了充分的关注。另外，也有很多学者撰写专著，探讨关税问题的影响及关税自主的重要性。如童蒙正撰写的《中国陆路关税史》（商务印书馆 1926 年版），武堉干撰写的《中国国际贸易史》（商务印书馆 1928 年版），《中国关税问题》（商务印书馆 1931 年版），杨端六撰写的《六十五年来中国国际贸易统计》（国立中央研究院社会科学研究所 1931 年版），李权时撰写的《中国关税问题》（商务印书馆 1936 年版）等著作，都表明曾经在外留学的知识分子对关税问题的关注。1928 年 8 月，谭延闿、蔡元培联名，在国民党二届五中全会上向国民政府呈送了《关于外交问题提案》，指出："不平等条约束缚中国八十余年，使我国民族之政治生活及经济生活，日就萎瘁。而此种条约义务中，其为害最烈者，尤推片面的协定税则及领事裁判权两项。"[①] 明确要求国民政府宣布从 1929 年 1 月 1 日起实施国定税则。这些呼声使南京政府感觉到，"南京如无法将此两事办妥，反对派将起而代之"[②]。朝野留学生群体对关税问题的关注和争取关税自主权的外交实践，在近代中国实现关税自主的过程中发挥了重要作用。

概言之，民国现代外交体制的建立，在很大程度上顺应了近代世界外交制度近代化的趋势，是现代中国政治发展的体现和民国走向现代化的一个标志。在民国现代外交体制的建立过程中，留学生群体不仅是这种外交体制的设计者和运作者，而且作为外交领域的主体，为摆脱晚清以来不平等条约的束缚，维护中国的主权，提高中国的国际地位，扩大中国的影响，在外交领域折冲樽俎，进行了艰辛的努力，作出了特殊的贡献。

---

① 蔡元培：《关于外交问题提案》，见中国蔡元培研究会编《蔡元培全集》第 6 卷，浙江教育出版社 1997 年版，第 282 页。

② 李恩涵：《论王正廷的"革命外交"　1928—1931》，《抗日战争研究》1992 年第 1 期，第 56 页。

综论

留学生群体与民国的现代化

从留学生的出现、留学运动的产生和留学生群体的形成来看，留学生无疑是鸦片战争以后中国社会发展的产物，留学生群体之所以能广泛地作用于民国社会的发展，有的还能够在海外产生影响，成为推动中国社会发展和现代化的特殊群体，离不开民国的社会现实。也就是说，民国的社会现实与留学生群体之间有一种互动的关系；留学生群体是与其他群体相比较而存在、发展的；留学生群体的事功是民国时期各种合力作用的结果，不仅与其在国外接受西方现代科学文化、民主政治理念有关，也与民国时期的政权更迭、社会变迁、党派冲突、外交事件、学科发展等方面，有着千丝万缕的联系，也是与其他群体、阶层如工人、农民、商人、官僚等相比较而言的；就留学生群体中的每个人而言，则更具特殊性。一言以蔽之，留学生与民国的现代化是留学生与民国各种关系的中心，实际上也是本书力图阐明和论述的关键之所在。

上面十章从不同的方面论述了留学生群体对民国社会发展的影响、作用，也论述了民国社会环境、现实对留学生群体演变和历史作用的影响。下面再就一些有所涉及但未能展开的问题特别是留学生与民国的现代化等，作一些补充、归纳和集中论述。

一　留学生群体介入民国社会的动机和方式

1. 关于介入社会的动机方面

留学生群体实际上是一个跨地域、跨领域、跨党派、跨学科、跨专业的、特殊的、不断演变的知识分子群体。从清末新政时期，他们开始多方面地介入中国的社会实际，民国时期则大规模地参与国家和社会的实践。从留学史来看，留学生群体似乎有一种与生俱来的改造旧中国的使命感，介入中国社会实践的动机强烈，有鲜明的爱国报国意识，自负感明显。这一点明显地不同于一般的工人、农民、商人等，似乎"先知先觉"。如《清国留学生会馆第五次调查报告》就反映出了辛亥革命前留日学生的心理：

> 望中国之日新，必不能不望留学生之日众……
> 他日立中国之强固之根基，建中国伟大之事业，以光辉于廿世纪之历史者，必我留学生也。①

这种心理，也表现于此后的胡适等庚款生：

> 如今我们已经回来，
> 你们请看分晓吧！

1917 年 3 月，胡适在日记中写下了《伊利亚特》中的诗句，并说这句诗可以作为印在这代归国留学生旗帜上的座右铭。胡适向来温文尔雅，不出狂言，但在这里也不免流露出以英雄自许、非己莫属的情怀。后来的事实不仅证明了留学生们介入中国社会的动机，也证明了在他们的介入下中国社会的巨大变化。他们在亲身体验了中国衰败的现状之后，又深切地领悟了以西方文化为代表的现代文明，从而萌生了以西方之石而攻中国传统之玉的强烈愿望乃至献身精神。

由于有在国外求学、生活的经历，留学生比同一时期的其他社会群体，如农民、市民、商人和官僚，更早、更多地接受了西方先进的科技文化和民主思想，接受了当时西方进步的价值观念。又由于他们学贯中西，能够比较中外古今，因此，他们比其他群体对中国传统文化的局限和现实的弊端有更深刻的认识，从而在民族意识和国家观念的影响下，立志改变中国的落后面貌。他们力求通过自己的所作所为，使国人摆脱封建的束缚，兴利除弊，推

---

① 《清国留学生会馆第五次调查报告》，原件藏上海鲁迅纪念馆。

动社会的进步和民族的复兴。他们既积极倡导，又身体力行。这种意识最早体现于中国留学运动的奠基人容闳：

> 予当修业期内，中国之腐败情形，时触予怀……当第四学年中尚未毕业时，已预计将来应行之事，规画大略于胸中矣！①

孙中山在回忆录中也有过类似的体会。他的手书自传写道：

> 十三岁随母往夏威夷岛，始见轮舟之奇，沧海之阔，自是有慕西学之心，穷天地之想。②

这种介入动机和报国意识，在后来民国时期的留学生中具有相当的普遍性。如鲁迅《自题小像》：

> 灵台无计逃神矢，风雨如磐暗故园。
> 寄意寒星荃不察，我以我血荐轩辕。

对此，著名旅美华人历史学家李又宁教授在 1997 年曾这样概括："留学生的历史使命就是带领中国走向世界。"③ 这个概括应该具有普遍的代表性。这也是留学生群体区别于其他群体的显著标志。

2. 关于介入社会的形式

为了实现振兴中华的远大目标，留学生们在回国以后，进入社会的各个领域，希图运用自己在国外所学，为国家作贡献，为民族争荣光。他们介入社会的热情高，方式多种多样，涉及的领域也是多方面的。

---

① 容闳：《西学东渐记》，恽铁樵、徐凤石译，珠海出版社 2006 年版，第 27—28 页。

② 孙中山：《复翟理斯函》，见中国社会科学院近代史研究所中华民国史研究室等合编《孙中山全集》第 1 卷，中华书局 1981 年版，第 47 页。

③ ［美］李又宁：《中国留学生的历史使命与贡献》，《徐州师范大学学报》（哲社版）2004 年第 2 期，第 1 页。此为美国圣约翰大学亚洲研究所李又宁教授在 2003 年 12 月 17—18 日香港"近代中国留学生国际学术研讨会"上的讲演。

第一种，通过办刊、办报、译介等方式，宣传西方的自由民主观念、教育思想、科学理念和学科专业知识。

这在辛亥革命前的留日学生中表现得最早。他们创办了一大批期刊，如《开智录》《译书汇编》《游学译编》《浙江潮》《江苏》《河南》《四川》《云南》《夏声》等，介绍西方学术文化，宣传君主立宪或民主共和。在美国，以留学生创办《科学》杂志为最典型，后来成为中国宣传自然科学时间最长、影响最大的刊物。当时，任鸿隽、赵元任、周仁、胡达、秉志、章元善、过探先、金邦正、杨铨等留学生痛感中国落后，"所缺乏的莫过于科学"①，"倡议发刊一月报，名之曰《科学》，以'提倡科学，鼓吹实业，审定名词，传播知识为宗旨'"②。经过大家的努力，1915 年 1 月《科学》杂志正式创刊。它始终以"传播世界最新科学知识"为宗旨，刊登各类科学文章，及时报道最新科学时讯，开创了在中国传播科学的新时代，为国人了解西方科学、促进中国现代科学事业的发展，起到了重要的作用。

留学生创办的期刊，产生的社会影响很大，有的是难以估量的。他们往往能为"天下先"，成为某一思潮、某一理论、某一学科的弄潮儿或掌旗人，如五四时期的陈独秀之于《新青年》，就以此为阵地，掀起了五四新文化运动，影响了 20 世纪的中国。至于留学生们译介西方自然科学和社会科学著作的活动，那就更不胜枚举了。时间最早、影响最大、成果最辉煌的莫过于严复。他翻译的《天演论》，以"物竞天择""适者生存"的生物进化理论阐发其救亡图存的观点，提倡鼓民力、开民智、新民德。其后，他又翻译了亚当·斯密的《原富》、斯宾塞的《群学肄言》等 8 种著作，第一次把西方的古典经济学、政治学理论等较为系统地引入中国，对启蒙国人的思想产生了巨大的作用。

留学生群体之所以能这样做，是与他们得天独厚的新知储备和近水楼台的便利所决定的，这也是其他群体所不能比拟的。为什么清末民初传播西学的杂志集中地在日本，为什么《科学》杂志诞生于美国，就说明了这一点。

---

① 樊洪业、张久春选编：《科学救国之梦——任鸿隽文存》，上海科技教育出版社、上海科学技术出版社 2002 年版，第 723 页。

② 胡适：《胡适留学日记》，岳麓书社 2000 年版，第 152 页。

第二种，进入民国的各个专业领域，传播新学新知，开宗立派。

相对于中国传统的知识分子而言，留学生是一个全新的知识分子群体，其知识构成既不同于以往传统的读书人，也不同于同时代的其他群体。他们学贯中西，通晓古今，其学历、阅历、视野都非其他群体所能相比，特别是具有西方现代的科学文化知识，能够适应时代发展的需要。因此，其中数量众多的专业人员进入医药卫生、文化教育、科学研究、工程技术、新闻出版、金融银行、艺术表演等多种专业领域。从留学史来看，留学生归国后从事教育专业的最多，这从清末新政时期大量学习师范的留学生开始，就形成了一个传统。清末民初，归国留学生主要集中于中小学。1920 年代后，以庚款生和其他欧美生为代表和主体，归国留学生进入教育领域且大多在高等学校。如陈独秀、周作人、李四光、曾昭抡、徐志摩等进入北京大学；梅贻琦、赵元任、罗家伦、冯友兰、闻一多、周培源等进入清华大学；冯文潜、姜立夫、陈省身等进入南开大学；郭秉文、梅光迪、竺可桢等进入东南大学，等等。在高等学校，留学生们传播现代科学文化知识，培养了大批人才，创建了现代中国所有的新学科。如 19 世纪末和 20 世纪初出国学习生物学的留学生，大都在五四前后回国进入高校，教书育人，创建了中国现代生物学。中央研究院首届院士 81 人，其中生物组 25 人全部是归国留学生。

第三种，率先进入民国实业领域，从事现代实业，振兴民族经济。

留学生进入现代实业领域，从留美幼童开始，如吴仰曾等长期在开平煤矿任工程师等。民国时期，在"实业救国"思想的影响下，从事各种实业的专门人员大增，著名的如范旭东、侯德榜等。范旭东，1900 年东渡日本，1910 年毕业于京都帝国大学理科化学系，1911 年回国，1914 年在天津塘沽创办久大精盐公司，1917 年创建永利碱厂，成为中国化工企业的奠基人。侯德榜，1913 年留学美国，先后在麻省理工学院、哥伦比亚大学学习，1921 年获博士学位后回国，投身中国的化学化工实业，创立了中国人自己的制碱工艺——侯氏制碱法，领导建成了中国第一家兼产合成氨、硝酸、硫酸和硫酸铵的联合企业。他用英文撰写的《纯碱制造》一书，影响远及海外。

像他们这样的留学生企业家还有一批，他们与传统企业家最大的区别在于知识构成和管理理念。如穆藕初，1909 年夏赴美留学，先后在威斯康辛大学、伊利诺大学学习农科、纺织和企业管理等。1914 年获农学硕士后归国，1915 年与胞兄共建德大纱厂，此后，创办了上海厚生纱厂、郑州豫丰纱厂等。他曾几次拜访过被后人称为"科学管理之父"的泰罗，是唯一与这位大管理学家有过交流的中国人。穆藕初还翻译了泰罗的名作《科学管理原理》①，并在自己厂内推行实践。因此，作为一个留学生企业家，他与一般企业家的最大区别是：在中国第一次提出改革企业管理体制的思想，是中国第一位把西方现代科学管理思想与工业的具体实践相结合的开拓者，是中国近代企业管理体制改革的先驱。

第四种，率先组织现代社团党派，成为中坚，参与民国各种社会政治活动。

留学生组织社团始于留日学生，如"励志会""编译社""广东独立协会""拒俄义勇队""青年会""军国民教育会"等，这些社团存在时间不长，带有临时性、短期性等特点。这是由其留学时间和强烈的爱国意识所决定的。对中国产生最大影响的留学生社团是同盟会，1905 年成立于东京，最初成员基本为留学生，如黄兴、宋教仁、胡汉民、邹容、陈天华、陈其美、秋瑾、陶成章、林觉民、方声洞、居正、朱执信、廖仲恺等。他们归国后推动了反清革命运动的发展，推翻了清王朝，开创了共和政体。进入民国后，留学生组建的社团党派很多，门类也多，如前面所述之留美生 1915 年创建的中国科学社，是中国近代史上第一个民间综合性科学团体，汇聚了各门学科的精英，他们为传播现代科学做了大量卓有成效的工作。自成立后，中国"真正的科学活动才逐渐开展"②，其成员由最初的 35 人发展到 1950 年的 3793 人。③ 民国时期纯粹的留学生团体是欧美同学会，成立于 1913 年，一直延续至今。民国时期参加政党社团的留学生基本为政府官员或者专业技术人员，但共产党内的留学生比较特殊，既非政府官员，也很少是专业技术人员，而是职业革命者。这在民国的政党中是非常少见的。民国时期的主要

---

① ［美］泰勒：《科学管理原理》，穆藕初译，上海中华书局 1916 年版。当时书名译为《工厂适用学理的管理法》。

② 林文照：《中国科学社的建立及其对我国现代科学发展的作用》，《近代史研究》1982 年第 3 期，第 228 页。

③ 《中国科学社三十六年来的总结报告》，1950 年。上海档案信息网：《中国科学社社史档案资料选辑之二》，2012 年 10 月 17 日，详见 http://www.archives.sh.cn/slyj/dahb/201210/t20121017_36951.html。

政党，如国民党、共产党、民主同盟、九三学社等上层人员的构成，留学生都超过一半（详见上编有关章节）。因此，留学生也是民国时期各社团党派的主要成员和骨干，他们在民国的各个时期都有不同的表现，其代表性的是：以中国国民党为代表的社团，试图把中国引向资本主义现代化；以中国共产党为代表的社团，试图把中国引向社会主义现代化。民国时期无论是国民党内上层，还是共产党内上层，具有留学背景的人员都占多数（详见上编有关章节）。这表明，留学生群体对民国时期的社会发展有决定性的影响，而这是其他群体所不能企及的。

第五种，直接加入民国时期的政府部门，参与民国的管理和建设。

归国留学生步入政坛，成为政府官员，从南京临时政府成立就开始。随后的北洋政府，其大部分阁员仍然都是留学生出身，在很多部门中，归国留学生的比例都相当高，有的甚至在一半以上。代表性的如蔡元培首先执掌教育部，推荐一批欧美生进入教育部工作，留日出身的次长范源濂也荐引了一部分归国留日生。据统计，1912 年司法部有职员 48 人，其中有留学背景的 27 人，占总人数的 56.5%。[①] 南京政府成立后，其上层基本为归国留学生所占据，如蒋介石、胡汉民、于右任、何应钦、宋子文、孔祥熙、陈立夫、阎锡山、王世杰、朱家骅、钱昌照等一大批留学生出身的国民党官员，进入政府高层和国民党中央。

留学生群体之所以能在回国后扶摇直上，从根本上讲，是国家和社会所需。辛亥革命后的中国，正处于社会转型期，各方面的人才奇缺，而留学生群体之所以能捷足先登，则因他们的知识构成、管理视野和社会阅历适应了时代所需。作为留学生个人的事功，不仅与留学背景有关，还与个人的机遇、才干等有关。例如顾维钧后来之所以成为中外瞩目的外交家，固然与其哥伦比亚大学的博士背景有关，但与袁世凯成为大总统后急需英文秘书也有关。胡适之所以能暴得大名，哥伦比亚大学的招牌固然重要，但其对中国语言文学和哲学的认识之深透，也绝非一般人所能及。

---

① 详见本书第三章。

二　留学生群体与民国社会的互动关系

社会是无数个因素组成的综合体，任何一种变化都是多种因素和多种力量作用下合力的结果，不仅不是单方面的作用，而且常常是互相作用的。留学生和近代中国社会之间的变化也是这样，呈现一种互相依存、互相促进又互相制约的互动关系。

民国时期，留学运动不断发展，留学生群体不断壮大、演变，也不断地推动民国社会的发展。但是，中国留学运动的发生和留学生群体的发展并非一帆风顺，期间经历了几次大的政权更迭以及抗战和内战，社会变迁剧烈，历届政府的知识分子政策颇多变化。这些复杂的环境因素对留学生群体的演变和社会参与、政治参与，产生了多方面的深刻影响。如体制变化、政权更迭、重大外交事件、国民党与北洋政府的对立、国共两党之分合、抗日战争及其胜利后的内战等重大历史事件、民间社会的舆论和行为动向，都有力地推动了留学生群体的分化和重组，进而影响他们的社会作用。这些，本书在上编中已作了论述，下编又专章论述留学生群体在一些主要领域的作用，下面再从三方面对民国社会与留学生群体之间的互动关系作进一步梳理与概括，予以强调。

1. 国内外形势及留学制度化与留学运动、留学生群体之间的互动关系

从根本上讲，近代中国的社会转型始于鸦片战争及西学东渐的影响。留学运动也就在此背景和影响下发生，这在前面的导论中已经强调。留学生群体特别是清末数以万计的留学生群体的形成，则与甲午战争、"庚子事变"及清末新政有直接的关联。甲午战争、"庚子事变"把中国推入了随时都可能被豆剖瓜分的悲惨境地。在此情况下，清政府推行新政，大力提倡游学，制定了一系列的规章制度，对当时乃至以后的留学运动产生了深远影响。进入民国后，不同时期的执政者虽然对留学的重视程度有所改变，但都因时因事制定了相应的规章鼓励留学。如南京政府成立不久，就对留学教育进行调整和规划，制定了一套比较完整的留学规章，如 1928 年底教育部颁布的《选派留学生暂行办法大纲》；1929 年《改进全国教育方案》中关于留学教育的 6 条改革办法；教育部修订的《发给留学证书规程》；国民政府颁布的《陆海空军留学条例》；训练总监部颁布的《军事留学计划》；1930 年教育部

制定的《改进留学生派遣办法》；1931 年训练总监部颁布的《考选陆军留学员生办法》；1931 年国民党中央常委会通过的《三民主义教育实施原则》中第八章；1933 年教育部颁布的《国外留学规程》等。其内容涉及强化选派标准，提高留学者的学历资格和外语水平，通过考试选拔公费生；注重理工农医等自然学科；强调政治标准和党化目标，等等。管理措施也严格系统，如实行留学证书制度，实行留学国货币制度；实行奖惩制度；理工科学生实行实习制度等。国民党政府的目的当然是以培养其需要的"建国""建党"人才，但是在客观上为国家和民族培养了一批精英，如钱学森、季羡林、钱伟长、钱三强、何泽慧等。可以说，从清末开始，留学生的派出已经制度化，提倡留学已经成为民国历届政府不可动摇的国策。对此，留美学者评价甚高，如李又宁认为："留学的制度化，是近代中国的一项创举、一大成就，也是近现代史上最光辉的一章。"①

在清政府政策的指引和鼓励下，中国出现了空前的留日大潮，形成了一个庞大的留学生群体，因此，清末留学生群体的形成是清末新政的产物。这个留学生群体，其主体是数以万计的留日学生，包括黄兴、胡汉民、宋教仁、汪精卫、蔡锷、蒋介石、李烈钧、杨度、刘师培、陈独秀、李大钊、鲁迅等。另外，还包括留学欧美的孙中山、唐绍仪、伍廷芳、严复、顾维钧、王宠惠、孔祥熙、蔡元培、王世杰等。清末留学生群体在形成后，就以中国历史上前所未有的新的知识结构和形态，参与社会实践，推动社会变革；并因现实的刺激和观念的不同产生了严重的分化，基本上可以分为立宪派和革命派两种。倾向于立宪的大多为留日学生，如杨度、汪荣宝等参加了新政的各项工作，希望通过新政，实现有序、平稳的体制改革，在中国实现君主立宪。因此，他们留在清廷体制内，从事新政章程的制定与实施。革命派则主张用暴力革命的方式，彻底革新政治，建立新型的民主国家，他们以孙中山、黄兴为代表，成立了以留学生为主体的同盟会，举起了暴力革命的大旗，加紧了反清武装起义的步伐，最终推翻了清王朝。此后，民国时期国内外复杂的形势及其不同时期的留学政策，都使留学生群体不断演变和分化，

---

① ［美］李又宁主编：《华族留美史：150 年的学习与成就》，纽约天外出版社 1999 年版，第 5 页"导言"。

并作用于民国社会。如北洋政府时期，由于实行文官政策，留学生成为历届政府中内阁成员的多数。其主流是坚持民主共和，但是，在宋教仁案、袁氏帝制自为、护国战争、护法战争等问题上，都给留学生们以极大的影响，这期间留学生的分化也最明显，他们作用于社会的力度、强度也空前加强。如宋案激起了二次革命；袁氏称帝导致了护国战争，原来并不广为人所知的留日士官生蔡锷一时间成为风云人物。

　2. 国家体制转型、政权更迭与留学生群体之间的互动关系

　留学运动发展如何、留学生群体如何演变及发挥多大的作用，很大程度上受制于国家体制的转型和政权的更迭。就此而言，对民国时期留学运动的发展、演变和留学生群体的作用影响最大的有两次事件：辛亥革命和1949年国民政府退踞台湾。从政权和体制的角度看，辛亥革命表现为清末民初政权的鼎革和国家体制、政体的更替；就留学生而言，辛亥革命后，皇权崩溃，民国肇建，共和体制建立，以总统孙中山、总理唐绍仪等为代表的留学生入主民国政府中枢，一大批归国留学生进入政府部门，参与国家各种事务的管理，标志着一个新的知识分子群体——留学生群体，登上了20世纪中国政治历史的大舞台！也就是说，推动清末民初政治鼎革的主要力量是以留学生为代表的新的知识分子阶层，而从此开始，留学生作为政府的主要管理者，一直贯穿民国发展的历史，不仅南京临时政府时期是这样，北洋政府时期和南京政府时期也是这样。也正因如此，留学生群体又影响了民国的社会发展，并表现于各个方面。在国民政府和国民党内部，影响其政策制定的，主要是留学欧美的归国学生和留学日本的归国学生。这是因为，从形式上看，他们虽然并无定型，但是，由于他们"在国外居住过一段时间，经历过文化的震撼和适应，能够做文化的比较和选择"①。因此，不同留学国的政治和文化背景，不同程度地制约了国民政府和国民党大政方针的制定和走向。

　1949年政局的变化与留学生群体多重、多层次的关系在于：如果就群体出身而言，对抗战后的内战爆发，某些留学生的责任无可推卸；而国共内

---

　① ［美］李又宁主编：《华族留美史：150年的学习与成就》，纽约天外出版社1999年版，第5页"导言"。

战的爆发又促使留学生群体严重分化，特别在 1948 年、1949 年，内战进入白热化阶段，南京政府岌岌可危。一方面大批青年学子赴美留学；一方面各党派的留学生们为中国向何处去而担忧，为消弭内战、促进和平奔走呼号。在国民政府退往台湾之时，相当多的留学生留在了大陆，只有北京大学的胡适、毛子水等几个教授搭乘南京政府派来的飞机远去台湾。但此后的极左路线和极左思潮，却使留在大陆的部分留学生精英人物受到了伤害，令人扼腕叹息。

3. 重大事件、事变与留学生群体之间的互动关系及其影响

作为懂得外语、了解西方的留学生而言，他们对时局的变化特别是外交事件尤为敏感。举凡民国时期的重大事件、事变，无不与他们密切相关，因而民国时期的重大事件、事变与留学生们构成了多种多重互动关系。

如五四爱国运动的爆发，实际上起因于巴黎和会，当时举国上下都希望借此取消列强在华特权，废除日本在 1915 年提出的"二十一条"，归还中国在第一次世界大战期间被日本掠夺的山东主权。而当传来会上中国失败的消息时，蔡元培、林长民等具有号召力的留学生名流，通过北京的大学生们集会、游行，从而"导演"了这场爱国运动。另一方面，从 1917 年开始，陈独秀以《新青年》为阵地，以北京大学的教授们如胡适、李大钊、钱玄同、周作人、鲁迅等归国留学生为主体，宣传民主和科学，激发了知识分子的爱国热情，为五四爱国运动的爆发奠定了思想基础。因此，从 1919 年 5 月 4 日开始，新文化运动和学生反帝爱国运动融为一体。[①] 概言之，参加巴黎和会的中国代表、"导演"大学生上街游行的精英名流、宣传新文化的北京大学教授们，都是留学生出身，五四运动与留学生的关系可见一斑。按照周策纵的观点，五四运动的影响主要有三点：首先，"它使中国知识分子首次意识到有必要彻底改革中国传统文明"。其次，"标志着中国知识分子对人权和民族观念的迅速觉醒"。再次，五四时期对中国传统的伦理、道德、风俗、制度的主要挑战，来自以自由、民主、科学这类观念所体现的西方思想，但

---

① "五四"运动包含新文化运动与学生爱国运动的看法，很多史学家和思想家（如李泽厚）都力主此说。

是苏俄作出的对抗西方的榜样，却助长了民族主义情绪。① 如果再从被影响者方面考察，可以说五四运动的另一个直接结果是催生了一批朝气蓬勃的具有现代民主思想和科学文化知识的新型的爱国知识分子和共产主义新人。而新文化运动后期的分化，实际上也就是五四时期留学生精英们，因政治理想、思想倾向和对现实看法的差异所产生的分化，即他们对中国未来的发展方向产生了分歧。林毓生认为："李大钊对其抱持'主义'的说明，预示着激进的中国共产运动将采取的意识形态的方向与内容。另外一边，胡适对中国的变革所应采取自由主义渐进式改革的立场做了有利的辩护。"② 这应是五四新文化运动后期新文化统一战线、留学生群体之所以分化的主要原因和标志。由此可见五四运动与留学生群体之间复杂的互动关系。

"九·一八事变""卢沟桥事变"与留学生的关系，就大的方面来看，主要是日本的侵华行为直接导致了留日学生人数的起落和反日爱国情绪的高涨。"九·一八事变"发生后，在日本留学的很多中国学生通过多种形式以示抗议，如1931年9月26日，东京工业大学等17所学校的中国学生集会。此后，日本京都等地的中国学生纷纷参加并组成"中华留日学生会""中华民国留日同学抗日救国会"等团体，2000多名学生到中国驻日公使馆请愿，要求中国对日宣战，并且许多留日学生回国。当时，民国政府对日实行妥协外交，没有通令留学生回国，因此，回国的留日学生在中日紧张关系平缓后，一部分又回去复学。但此后留日大潮的起落一直随日本对华关系的变化而变化，"卢沟桥事变"对留学生的影响更大，已经不仅仅局限于正在日本的中国学生，而是扩大到整个在国外的留学生。其主要标志是，南京政府一方面要求全体留学生归国，一方面对派遣留学生实行严格的限制，从而导致留学生出国与归国数量的更大起落。这种因外交事件诱发的留学生出国与回国的变化，就留学目的而言，影响了留学生正常的学业，但也激发了他们的爱国情绪，深化了留学生群体的爱国主义主体意识。因为随着日本侵华行为的加剧，中国与日本之间的民族矛盾成为中国的主要矛盾，不仅使得国民党

① ［美］周策纵：《五四运动：现代中国的思想革命》，周子平等译，江苏人民出版社1996年版，第16页。

② 林毓生：《"问题与主义"论辩的历史意义》，见刘青峰编《胡适与现代中国文化转型》，香港中文大学出版社1994年版，第3页。

内以留学生为主体的权力之争有所缓和，国共两党也暂时撇开党争，促进了"西安事变"的和平解决，促成了抗日民族统一战线的形成。

三　留学生群体作用于民国社会的优势

在研究和肯定留学生①对中国社会发展的贡献时，还必须注意留学生群体与非留学生群体作用于民国社会的区别。因为，留学生群体与非留学生群体的不同是显而易见的，但是，过多的细微的比较不仅难以操作，而且也不一定必要，应根据具体情况而论。就本书而论，则主要从留学生群体的主流，从对留学生群体优势的揭示，彰显其贡献，在此过程中显示其与非留学生群体作用于中国社会的区别。

1. 留学生群体与其他非留学生群体自身的区别

任何团体、群体都有其自身的特点并区别于其他团体和群体。因此，只要稍加比较就会发现，留学生群体与其他群体之间有明显的差别，主要有以下几点。

第一，留学与非留学的差别，实际上反映了留学生与非留学生所受文化教育的差别，即不同于中国传统文化教育和西学教育的差别，并表现在知识结构、价值观念、施政方式、思维方式等方面。

留学生在不同的时间、不同的国家留学就接受了不同的教育，感受了不同的风土人情，获得了不同的人生体验，并在语言文字、专业知识、思想理念和眼界视野等方面体现出来。其中，最典型的差别是价值观念、施政方式、思维方式等。如中国留学之父容闳最早提出了以当时进步的西方文明使中国富强的观念：

> 以西方之学术，灌输于中国，使中国日趋于文明富强之境。②

这也应该是中国最早的现代化观念，极不寻常。不仅如此，还有更多，

---

① 本书的"留学生"除特定情况下为个人外，都是指集体，为集合名词；非留学生则任何情况下都是指集体。

② 容闳：《西学东渐记》，恽铁樵、徐凤石译，珠海出版社2006年版，第28页。

如孙中山视总统职位为敝屣、天下为公的理念；唐绍仪不因担任中国有史以来第一位总理而恋栈、坚守契约的精神；宋教仁对议会道路超越时代和现实的执着追求；顾维钧常为人先的国家观念等，都非常鲜明地显现了在国外接受现代西方教育的印记。

但是，非留学生由于没有在国外学习的背景，因此，也就没有留学生国外生活学习的感受与体验，语言和专业知识虽然也可以在国内学习，但是在当时的历史情况下，要比留学生晚得多，且质量难以与在国外学习过的留学生相比。实际上，留学不同的国家，在一些行事方式上也会产生差异。如"留日学生更加激进、更具有革命性，他们积极发起并参与了国内的一系列革命"；"留美学生则更多地在政府和社会各个层面发挥着建设性的作用。他们通过在政府担任重要职务建立现代政治经济体制，通过进入教育领域而变革教育制度和内容，通过翻译西方现代政治、哲学著作和伟大人物的传记而进行新思想的传播"[①]。

第二，留学生群体的自身优势。

与非留学生群体相比较，留学生群体的优势主要有以下几点。

一是外国语言优势，有的还不仅仅通晓一种语言，而是通晓多种外语，如陈寅恪、钱钟书、杨宪益、季羡林、冯至等。这为他们进入民国社会提供了一种常人不具备的通行证，为他们个人事业的发展和国家社会的需要提供了有力的翅膀。

二是具备新的专业知识，特别是留学欧美的学生接受了正规的现代教育，获得的专业知识比较完整，相当多的人取得了专业学位。据旅美学者袁同礼先生统计，自 1905 年两名中国学生在美取得博士学位开始，"至 1960年，不下于三千名中国留学生在百余所美国高校取得了博士学位。这些中国留美学生极有可能是在美获得博士学位的最大外国留学生群体，并且美国也成为授予中国留学生博士学位最多的留学目的国"[②]。至于辛亥革命前的留日速成生、勤工俭学生以及 20 世纪 20 年代的留苏生，虽然在专业知识方面

①　Y. S. Tso: The relation of the Returned Students to the Chinese Revolution, The Journal of Race Development, 1913, Vol. 4, No. 1.

②　Yuan, Tung—Li: A Guide to Doctoral Dissertations by Chinese Students in America 1905—1960, The Library Quarterly, Vol. 32, No. 3, July, 1962, pp. 241—242.

逊色于欧美生，但是也有其特长，特别是在那个年代，也是一时之人才俊彦。

三是不同于中国传统的西方现代文化政治理念和马克思主义革命学说。无论是受到西方政治民主理论影响的欧美留学生，还是接受了马克思主义的留学苏俄生和勤工俭学生，抑或受到具有日本特色的现代政治文化理论影响的留日生，他们与非留学生相比在这些方面都有明显的优势。对那些最一般的民众而言，他们的现代知识文化根本无法与留学生相比，即使对那些学有专长未喝过洋墨水的优秀人士而言，他们无论是整体还是个体，其知识结构也很难能与留学生相比。这在本书上面多种比较分析中已经非常清楚，无须再赘。而这，也正是他们得以在社会转型期的民国社会一展身手的基础和优势。

以上留学生的优势，虽然对有的非留学生而言，也可以在国内获得，但那仅限于个别人。当然，留学生，无论是个人还是群体，都有不足，最大的劣势是对中国国情认识不足，理论容易脱离实际。最典型的是留苏回来的一些人，空谈马克思主义，不能与中国革命的具体实践相结合。

2. 留学生群体与非留学生群体作用于民国社会的优势

由于自身特点所规定，留学生群体在社会实践中，与非留学生群体有显著的区别，并在多方面呈现出明显的优势。

第一，率先译介新书，传播西学。

自严复首开传统之后，留学生们在这方面一直捷足先登。此后，留日学生从日本大量翻译并引进了教育学等各种西方著作，其中王国维译的《教育学》被公认为是引进中国的第一部教育学著作。又如中举后的胡仁源，在日本仙台第二高等学校毕业，又留学英国推尔蒙大学。回国后历任江南造船厂总工程师，京师大学堂教员，北京大学预科学长、工科学长、代理校长、校长，唐山交通大学校长等，不仅编有《机械工学教科书》，还译有康德的《纯粹理性批判》、萧伯纳的《圣女贞德》等，可谓学贯中西，文理兼通。像王国维、胡仁源这样的留学生并非绝无仅有，而是举不胜举。但是，在非留学生中可能是凤毛麟角。

第二，率先进入新的专业领域，传播新的专业知识，著书立说，创建专业学术团体，开宗立派。

　　在现代中国，除了极少数传统专业外，其他专业、学科都由留学生所创建[①]，如标志中国现代数学真正起步的是中国最早一批数学留学生的博士论文，包括 1917 年胡明复的博士论文《具有边界条件的线性积分——微分方程》[②]、姜立夫的《非欧的线球变换几何》和 1921 年陈建功在日本用英文发表的论文《关于无穷乘积的一些定理》等，而这是非留学生们所无法比拟的。又如建筑学，辛亥革命后，一批回国的建筑学留学生开始把西方现代建筑学理论引进中国，开创了中国近代高等建筑学教育专业，创建了具有现代意义的中国建筑学学科。最早开设建筑学课程的是农工商部高等实业学堂，但此学堂并无建筑系，东京帝国大学毕业的留日学生张锳绪为授课教师，时间大约在 1910 年前后。1923 年，江苏省立苏州工业专门学校创立了建筑科，创建者是东京高等工业学校的毕业生柳士英、刘敦桢、朱士圭。后来刘敦桢成为中国建筑学的大师，与梁思成并驾齐驱，被称为"南刘北梁"。1927 年苏州工专建筑科并入第四中山大学（后来的国立中央大学），成为该校建筑系的前身。中央大学建筑系是中国大学中最早创立的建筑系，由刘福泰、刘敦桢、贝季眉、卢树森、李毅士等 5 位留学生共同筹建。又如清末民初时期，化学社团在中国留学生中最先出现。1907 年留欧学生在巴黎成立了"中国化学会欧洲支会"；1923 年留美学生在美国成立了"中华化学会"等。这些化学团体的成立，不但推动了中国近代化学的传播与发展，也标志着中国近代化学学科体制的渐趋成熟。如此类似的专业领域很多，无一不显示了留学生群体与非留学生群体的差别。

　　第三，率先进入某个专门领域或从事重大专项活动，发挥特殊作用。

　　这种情况在外交领域或外交活动中表现得最为突出，有三个显著标志：一是从王宠惠担任南京临时政府外交总长开始，到 1949 年 5 月担任外长的叶公超，民国时期的历任外长几乎都是留学生。二是民国时期的驻外大使几乎都是留学生，在历史的特殊时期，一些留学生出身的学术名流也被派出，如"卢沟桥事变"前后，蒋廷黻、胡适先后出任中国驻苏、驻美大使。1945

---

　　① 详见本书第七章第一节。

　　② 胡明复：《具有边界条件的线性积分——微分方程》，《美国数学会会刊》1918 年 10 月号，第 19 卷第 4 期。

年，蒋廷黻还被任命为中国驻联合国常任代表，王宠惠代表中国出席在美国召开的《联合国宪章》制宪会议。三是参加一些重大外交活动的中国代表团成员，几乎都是留学生出身。如出席 1919 年巴黎和会的中国代表团 5 名成员，其中 4 人是留学生出身，顾问颜惠庆等也有留学背景。之所以这样，是因为民国时期的外交活动异常艰巨复杂，特别需要懂得外语和国际法的专家。丰富的专业知识和特殊的外交才能，是他们能够在近代中国发挥重要作用的重要前提；而娴熟的外语及国际外交知识，则是非留学生群体所难以具备的。

第四，率先成为中国政要的秘书，居于中枢，参与决策，进而扶摇直上。

从晚清开始，中国涉外事务渐多，而外语人才不足，尤其是高级外语人才奇缺，一些留学生得以脱颖而出，有的还赶上机遇，直接进入中枢，成为高级政要的秘书。如宋霭龄、宋庆龄姐妹先后成为孙中山的秘书。有的秘书还借此展现了过人才华，飞黄腾达。如顾维钧，1912 年他正在哥伦比亚大学准备博士论文之时，即接到了北京政府邀请他回国担任袁世凯大总统府英文秘书的信件。但此时学业尚未完成，顾维钧非常为难。不过，在导师约翰·穆尔的劝说支持下，他还是启程回国赴任，开始了其中国外交家的历程，并一步一步辉煌于国际外交舞台。但像这种机遇，非留学生出身的人士是很难遇到的；即使有，也很难像顾维钧这样捷足先登，直达中枢。

第五，中国社会转型时期特定的历史背景，便于留学生群体捷足先登。

民国时期是中国社会发展和文化转型的重要阶段，不仅封建专制被宪政体制所代替，而且由于近代工业特别是科学文教事业的发展，使中国的政治、经济和文化逐步摆脱了"中世纪"的影响而开始艰难转型。其过程虽然曲折，但中国社会仍在前进，各行各业也需要新的人才。在此大背景下，留学生作为一个新兴的知识分子群体，正是历史和时代所需。从大的方面看，南京临时政府、北洋政府、南京国民政府，作为中国社会转型期的政府，其内阁成员大都具有留学背景，就是这种历史和时代使之然。如本书第 3 章所述，北洋政府时期先后出任国务总理的共计 46 人次，其中留学生出身的人员就达 30 人次，约占 65.22%，而同一时期，北洋政府内阁阁员共计 620 人次，留学生为 365 人次，占总人次的 58.87%。

就具体部门而言，似乎更是这样。如民国成立后，新的教育体制亟须建立，蔡元培、范源濂邀约了大批有留学背景的人进入教育部，建立了既不同于中国传统的私塾教育，也有别于清末新政时期的教育体制，并一直影响至今。再如，从清末民初开始，中国的财政、税收、金融状况一片混乱，财经体制迫切需要改革，以建立中国现代财经体制，有利于国计民生。而此重任，非熟悉西方财政金融的留学生专家莫属。因此，民国时期财政部的历任部长基本上都是留学生出身，如张嘉璈、宋子文、孔祥熙等，其司局长也大都有留学背景，都是学有专攻的财政专家。也正是在他们的努力下，到20世纪30年代中国现代财经体制得以初步建立。

由上可见，民国社会与留学生群体之间存在多重的互动关系，民国社会为留学运动的发展、演变和留学生群体的作用，提供了社会基础、发展环境和发挥历史作用的舞台。同时，作为从晚清开始形成和活跃于中国社会的留学生群体，在中国社会转型的过程中，顺应历史发展的时代潮流，从政治体制的变革、国家政权的更迭、文化教育的转型、学科的建立、社会团体的创建、财经军工的发展等方面，全面地推动了民国的现代化进程。

四 留学生群体与民国的现代化①

季羡林先生曾说："对中国近代化来说，留学生可以比作报春鸟，比作普罗米修斯，他们的功绩是永存的！"② 这个精辟的比喻生动地概括了留学生在中国走向现代化过程中的作用和影响。实际上，上面所述的留学生群体对民国社会发展的推动与贡献，也就是留学生群体推动民国乃至推动中国走向现代化的贡献。

作为鸦片战争后中国社会转型时期的产物，留学生群体的爱国主义精神、报国情怀与中国的现代化有一种天然的联系。这从中国近代留学运动的奠基人容闳即已开始。他在出国之后，一方面接受了欧风美雨的洗礼，一方面又表现了中华民族和中国传统文化中优秀的爱国主义精神："予虽贫，自

---

① "现代化"的内容较为丰富，学术界的阐释也有较大差异。为方便和简洁起见，下面主要围绕上层建筑的一些变化而有限度地展开，还望读者见谅。

② 季羡林为周棉主编的《中国留学生大辞典》之题词，《中国留学生大辞典》，南京大学出版社1999年版。

由所固有，他日竟学，无论何业，将择其最有益于中国者为之。"① 更难能可贵的是，他破天荒地提出了以当时进步的西方文明使中国富强的观念：

> 以西方之学术，灌输于中国，使中国日趋于文明富强之境。②

　　虽然中国的现代化运动发端于洋务运动时期，但是像容闳这样的概括还很少见。洋务运动前魏源的"师夷长技以制夷"的观点，洋务运动的指导思想"自强""求富"，戊戌变法时期康有为的"托古改制"理论，严复所译《天演论》所传达的社会进化观——在当时也可以说是一种现代化理念③，还有梁启超风行一时的"新民说"，都与现代化有或多或少的关联，相比之下，容闳的这个概括似乎更明确、完整。或许可以说，这应该是中国最早的关于现代化的表述。

　　也就是从容闳开始，爱国主义成为中国留学运动和留学生群体的主流和本质，而国家富强、民族振兴，实现中国现代化乃是留学生群体报国的起点和终极目标。为此，不同时期成千上万的留学生披荆斩棘，跋山涉水，东西奔走，上下求索，以"索我理想之中华"④。由于留学生群体的积极参与和强力作用，旧中国乱石崩云，惊涛拍岸，中国传统的文化形态和社会形态受到了空前的挑战，悄悄而又惊天动地地发生前所未有的巨变！可以毫不夸张地说：无论是从推动中国社会的政治变革和文化转型，还是从推动科学技术和生产力的发展来看，20 世纪 50 年代之前中国留学生之信仰、思想和行动，都反映或代表了 20 世纪中华民族和中国走向世界的信仰、思想和行动，决定或者至少是影响了 20 世纪中国的走向和命运⑤。

---

　　① 容闳：《西学东渐记》，恽铁樵、徐凤石译，珠海出版社 2006 年版，第 24 页。

　　② 同上书，第 28 页。

　　③ 罗荣渠认为此书的影响"足以说明十九世纪末二十世纪初中国知识分子探求现代化道路与理论饥渴的程度"，见罗荣渠《现代化新论》，北京大学出版社 1997 年版，第 344 页。

　　④ 李大钊：《晨钟报》创刊号"发刊词"，1916 年 8 月。2013 年 10 月 21 日中共中央习近平总书记在欧美同学会成立 100 周年庆祝大会的讲话中，曾特别引用此语。

　　⑤ 1996 年，笔者在《近代中国留学生群体的形成、发展、影响之分析与今后趋势之展望》一文中，提出的是"20 世纪 70 年代中期之前的中国留学生……"，见《河北学刊》1996 年第 5 期，因为本书论述范围的限制，此处改为"20 世纪 50 年代之前"，但基本观点不变。

作为一个新兴的知识分子群体，从晚清到 1949 年南京政府奔逃台湾，留学生群体一直在致力于中国的现代化，其与现代化关系密切的活动主要表现于四个历史阶段，下面简述之。

（一）留学生群体与清末新政和辛亥革命时期的中国现代化

留学生群体与清末新政的关系、留学生群体对新政的影响，实际上就是留学生群体最早参与的具体的现代化活动及其影响。就清末新政本身而言，它是对中国几千年来的封建制度和封建文化的一次空前的改革，举凡具体的改革措施，几乎无不与资本主义的政治、经济、文化、教育、法律等有关。因此，它与传统的封建制度自身的完善措施截然不同，是一次具有上升时期资本主义性质的现代化运动。它的领导者是清廷统治者和开明的中上层官僚，但是，在具体的运作者中，归国留学生特别是留日学生，起了至关重要的作用。例如，1949 年后曾任中央人民政府最高人民法院院长的沈钧儒，1905 年秋以进士身份被清政府派赴日本，入东京法政大学学习。1908 年回国后，任浙江咨议局筹办处总参议，又与留日归国生褚辅成等发起组织立宪国民社，推动浙江省的立宪运动，当选为浙江省咨议局副议长。

从新政的具体措施上看，涉及政治、经济、工商等方面。就废科举、兴学校而言，其影响之广之大，都史无前例。废科举，彻底废弃了自隋朝以来的封建选官制度，标志着新的具有资本主义特点的人才选拔制度将在封建体制的躯壳上出现，而与科举分离的新式学校，无论在制度上还是在内容上，都有别于封建的教育体制和教育内容，是中国第一次具有资本主义教育性质的现代化变革。而且新式学校的相当一部分教师是留学生，如阮性存，清末留学日本法政大学，回国后，在杭州创办了中国第一所私立法政学堂——浙江私立法政学堂。又如大家熟知的鲁迅，宣统元年（1909）从日本回国后，任杭州浙江两级师范学堂生理学和化学教员，并兼任日本教员铃木珪寿的植物学翻译。不仅如此，新式学校教材的编纂者也大都是留学生，如教育家陈宝泉，1903 年留学日本弘文学院。回国后，1905 年春任直隶学务公所图书课副课长，主持编辑《国民必读》《民教相安》等教科书，印行 10 万册，产生了广泛的社会影响。

清末新政对法律的改革也是空前的。光绪二十八年（1902）5 月 13 日，清廷上谕："著派沈家本、伍廷芳将一切现行律例，按照交涉情形，参酌各国法律，悉心考订，妥为拟议。务期中外通行，有裨治理。"[1] 其中伍廷芳为清末民初杰出的法学家、外交家，1874 年自费留学英国，入伦敦学院攻读法学，成为中国近代第一个法学博士并获大律师资格。1882 年，他出任李鸿章幕府的法律顾问，参与中法谈判、马关谈判等。1896 年始长期任驻外公使，熟悉西方法律。1902 年任修订法律大臣。在修律过程中，他主张引进西方的法律制度，并得到了沈家本的支持，中国法律的现代化也由此起步。他们修订、新订的一系列法律，奠定了清末和民国时期法律的基本框架。特别是《大清刑事民事诉讼法》《大清新刑律》《民律草案》，影响深远，并为 20 世纪上半叶的民国政府所继承。

在此，需要强调新政时期的政治改革和留学生们的作用。长期以来，学界对清政府的"仿行立宪"贬多于褒，自有其合理性，其实还可仔细分析。君主立宪的进步性不仅对于改革封建专制体制、弱化皇权，是一个空前的进步，也为辛亥革命和建立民主共和打下了基础。光绪三十二年（1906）9 月 1 日，清廷颁布《仿行立宪上谕》，预备立宪。光绪三十四年（1908）又颁布《钦定宪法大纲》，规定"君上神圣尊严，不可侵犯"，又把"臣民的权利和义务"作为附则，其重君权（国权）、轻民权的保守和落后，非常明显，带有浓厚的封建专制特点。但是，它以宪法的形式规定了臣民的权利和义务："臣民于法律范围以内，所有言论、著作、出版及集会、结社等事，均准其自由"，"臣民非按照法律所定，不加以逮捕、监禁、处罚"[2]。因此其意义也就不容低估。它是中国历史上第一部宪法性文件，打破了中华法系的传统结构，使宪法作为国家的根本大法首次独立于刑法、民法等普通法律之外。而新政时期有关立宪的文件、章程等，均为留日学生所起草。也就是说，留学生虽然不是新政的决策人，但是，他们通过具体而且是重要文件的起草，为新政时期的立宪提供了依据和参照，使得清廷君主立宪制的尝试具有一定的现代民主政治色彩。宣统元年（1909），清廷开始了中国历史上第一次各省咨议局选举。宣统二年（1910），又举行了中国历史上资政院第一

---

① 上海商务印书馆编译所编纂：《大清新法令：1901—1911》点校本第 1 卷，商务印书馆 2010 年版，第 16 页。

② 王培英编：《中国宪法文献通编》（修订版），中国民主法制出版社 2007 年版，第 419 页。

次开院礼，从而启动了中国民主政治的闸门，对辛亥革命后民国的民主共和体制有一定的影响。从时间上看，这个创举距新政开始不过十年，这不能不说是一个巨大的飞跃。问题是，清廷的统治者太偏执于狭隘的清朝皇室，出笼了一个既被包括留学生在内的立宪派所诟病，又被以留学生为主体的革命派所暴怒的"皇族内阁"，从而不仅使轰轰烈烈的立宪活动成为一江东水，更使或许还能苟延残喘的清王朝在瞬间灭亡终结。于是，辛亥革命在各方各派的不经意间爆发并成燎原之势。以孙中山、黄兴等留学生为代表的革命派长期以来所追求的目标——颠覆清廷，建立民国，终于成为现实，留学生群体从而正式登上了20世纪中国历史的大舞台，建立了中国历史上、也是亚洲历史上第一个民主共和制的国家——中华民国，制定了《中华民国临时约法》，确立了以责任内阁为核心的共和立宪制。虽然，辛亥革命和新建的中华民国有很多不足，但是，谁也不能否认，实际上也否认不了：中国的封建帝制已经被埋藏，即使死灰复燃，如不久的袁世凯帝制自为，张勋复辟，也只能很快就灰飞烟灭。因为民主共和的思想已深入中国的民众之心，民主共和制的现代政治躯壳谁也不敢毁灭。

当然，思想观念的更新并不会因为一个封建王朝的覆灭，或一个政权的新建就能完成。在这次清末新政—辛亥革命，始而温和、继之暴烈的疾风骤雨式的革命之后，中国未来的路在何方，或者更确切地讲，中国的现代化之路是什么，还需要探索，许多人都在探索，留学生群体更以其特有的政治情怀、文化观念和报国意识，开启了新的探索。

（二）留学生与五四时期中国现代化路径的争鸣与实践

迄今为止，对五四时期的研究可以说车载斗量，难以细数，其中评价五四新文化运动对中国传统文化与新文化的立场、态度的观点，也见仁见智，争论不休。今天看来，当时一些人彻底否定中国传统文化，难免偏激，对中国传统文化和民族精神中的精华都是一种亵渎和摧残，应该深刻反省和补救。但是，五四新文化运动提倡以民主科学为中心的新文化不但无可厚非，而且非常必要。因为这种新文化就是现代化——当时鼓吹的新文化之内容，实际上都被"现代化"这一涵盖性很宽的概念所覆盖。

相对于在几千年的封建文化、封建专制规范和束缚下的中国人民来说，清末新政以来或者再向前推到戊戌变法开始，西学真正对中国的影响也不过二十多年，即使从洋务运动算起，也不过半个多世纪。实际上这种影响也仅仅限于大中城市和东南沿海，范围极其有限。至于中国的广大乡村和绝大多数民众，对西学甚至可以说闻所未闻。笔者出身于在全国经济文化并不算十分落后的苏北，家庭还多少有点文化，但笔者 20 世纪 60 年代上小学读书时，还长期说"上学堂"；一直到 20 世纪 90 年代，家乡的人们还把厨房的菜刀称为"石刀"。从语言学上讲，这应该是一种习惯，但语言的变化实际上反映了社会的变迁和文明的进程。由此可以想见，五四时期的中国社会普遍缺少现代新文化、新知识：不仅缺少新文化的常识，也缺少现代社会最基本的器具。而作为新文化核心的民主和科学，不仅与中国的普通民众相隔十万八千里，就是在上层社会中知之者也极其有限。于是，在辛亥革命后共和制的民国北洋政府期间，演出了一幕幕逆历史潮流的闹剧，如洪宪帝制、张勋复辟、尊孔读经和军阀混战，等等。这显然与近代以来中国的现代化趋势背道而驰。也正是在此背景下，新文化运动应运而生。

客观地讲，最初的新文化运动仅仅局限于语言、文学的改良和革命，这从"首举义旗之急先锋"胡适的《文学改良刍议》的名称和内容即可看出。随之而来的陈独秀的《文学革命论》高举"文化革命军"之大旗，提出了文学革命的"三大主义"。其后，由文学革命开始逐渐向新文化运动的其他领域，如陈独秀从最初对西方民主自由的鼓吹到成为俄国十月革命后马克思主义的忠实信徒；梁启超在考察欧洲之后所写的《欧游心影录》，对西方的资本主义文明表示了怀疑；梁漱溟在 1921 年以《东西文化及其哲学》引起了东西方文化之争；"科玄论战"则在 1923 年以留学生为主体的知识分子中展开；胡适等自由主义知识分子保持超然的政治态度，对思想文化和时政时有批评，倾向资产阶级的民主自由；鲁迅则以其少有的冷峻和深刻，批判中国的封建文化和封建制度，后来成为左翼文化运动的巨擘。还有的留学生努力实践"科学救国""教育救国""实业救国"等主张，试图通过这些方式改变中国的命运，把中国带入现代发达的国家之列。以留学生为代表的新知识分子组成的统一战线，在新文化运动后期流产崩溃，"中国的出路"成为以留学生为代表的知识分子挥之不去的问题。

思想文化争鸣的实质是中国社会未来发展方向的争鸣，不仅依然延续，而且更急迫的是，马克思主义的广泛传播以及随后出现的诸多问题，都表明新文化运动后期中国社会发生了重大变化，特别是中国社会未来发展的方向等现实问题已经被推到前台。

作为留学生的杰出代表，孙中山于1917—1919年完成了《建国方略》。由于当时它并不属于新文化运动的内容，因此，长期以来也就没有成为研究新文化运动的对象。但是，当我们现在研究留学生与这一时期中国的现代化时，也就不能绕过《建国方略》。其实，学界普遍认为它是第一幅描绘在中国建设资本主义现代化国家的蓝图。其第二部分《实业计划》（《物资建设》）最早把经济建设放到首位，提出了对外开放、引进外资的思想，是一份在中国全面推进经济建设的纲领。对此"计划"，美国著名的中国史专家韦慕庭曾有肯定性评价①。《民权初步》是《建国方略》的"社会建设"部分，主要内容是关于民主政治建设，反映了孙中山倡导的民主政治思想，后来成为国民党执政的指导思想。与此不同的是，1921年，在陈独秀、李大钊等留学生的影响下，以马克思主义为指导思想的中国共产党成立。起初，国共两党共存，两党合作，因为"国共两党的奋斗目标，有共同之处。孙中山所追求的世界大同理想与共产党的共产主义理想，都是为了建设一个美好的、进步的、富裕的现代中国"。"为中国的发展和进步，创造了良好的机遇。可是，国共两党都试图以自己的政治理念、政治纲领、政治策略主导中国社会的改造并改造对方，其走向分裂不可避免。"② 1927年4月，蒋介石发动反共政变，宣布"清党"，建立了南京政府。随后不久蒋汪合流，第一次国共合作全面破裂。留法勤工俭学、留学苏俄的周恩来和留学德国的朱德等，与毛泽东等中国共产党领导人，发动了反对国民党的武装斗争，把社会主义作为奋斗的目标。

可以说，尽管留学生们及其所属党派对中国未来发展道路的认识和选择各有不同，但其总的方向都是在探索中国的富强、独立和现代化，而且其方向和路径基本上包含了迄今为止的中国现代化的方向和路径。

---

① 详见［美］韦慕庭在《孙中山：壮志未酬的爱国者》（新星出版社2006年版）结尾：这个文件系统性地把经济建设、国民精神建设和政体构造结合了起来，并最终引导中国人民在半个世纪后逐步实现了他为中国谋求解放的梦想。

② 张宪文等：《中华民国史》第1卷，南京大学出版社2005年版，第10页。

（三）留学生群体与南京政府前期中国的现代化

从 1927 年南京政府成立，到 1937 年日军全面侵华前的民国十年，被民国史专家称为"中国现代化建设的曲折发展"① 阶段。总的说来，相对于中国现代化进程中过渡性的民国北京政府的少作为乃至不作为而言，以蒋介石、汪精卫、胡汉民等留学生为代表的国民党中央和南京政府，力图实现中国的统一和独立，在一定程度上还是推进了这个时期民国的现代化进程的。但是，国民党实行一党专制，以党治国的局限性乃至反现代性也相当明显，遭到共产党、民主党派和国民党内部分成员的反对。

从执政方式上看，1927 年底东北易帜、全国统一后，中华民国即进入孙中山所设计的"训政"时期。所谓"训政"是孙中山根据英美的政治制度，结合中国的国情，对中国政体设计的一个阶段。早在 1906 年的《同盟会革命方略》中，孙中山即把革命程序分为三个阶段："军法之治""约法之治"和"宪法之治"。在 1914 年的《中华革命党总纲》中，他又把革命活动分为三个时期：（1）军政时期；（2）训政时期；（3）宪政时期②，以"军政""训政""宪政"替代了"军法""约法"和"宪法"三个阶段。在 1920 年的《中国国民党总章》中，他更强调，"自革命起义之日至宪法颁布之日，总名曰革命时期"。在此期间，"一切军国庶政，悉由本党负完全责任"③。

应该说，孙中山的"革命程序论"具有一定的合理性：民智未开，革命艰难。他对中国政体的设计原则是三民主义和民主政治。正如有的专家所指出："'革命程序论'是孙中山基于他对中国社会的观察和革命实践的总结而提出的，是对革命过程构想的一套较完备的理论，在当时的历史条件下，有相当的进步意义。它反映了民主革命的一般过程，对不同时期的划分，有利于革命党人把握不同阶段的核心任务与工作重点。但它也有消极的因素，尤其体现在对'训政时期'的阐释方面。"④

---

① 张宪文等:《中华民国史》第 2 卷，南京大学出版社 2005 年版，扉页。

② 孙中山:《中华革命党总章》，见中国社会科学院近代史研究所中华民国史研究室等合编《孙中山全集》第 3 卷，中华书局 1984 年版，第 97 页。

③ 孙中山:《中国国民党总章》（1920 年 11 月 9 日修正），见《孙中山全集》第 5 卷，第 402 页。

④ 张宪文等:《中华民国史》第 2 卷，南京大学出版社 2005 年版，第 80 页。

孙中山承认人民是国家的主人，但他又认为人民对"民主制度"与当家作主是陌生的，"五千年来被压作奴隶的人民，一旦抬他作起皇帝，定然是不会作的"，"只好用些强迫的手段，迫着他来作主人，教他练习练习"①。对中国一般的老百姓而言，开启民智诚然重要，必不可少，但孙中山的观点却反映了他的英雄史观和对一般民众的轻视，表明了其民主思想的局限。

后来，国民党的重要理论家胡汉民（留日）对孙中山的"训政"理论作了具体的诠释，确立了实施"训政"的三条原则：（1）"以党求统一，以党训政，培植宪政深厚之基"；（2）"本党重心，必求完固，党应担发动训政之全责，政府应担实行训政之全责"；（3）"以五权制度作训政之规模，期五权宪政最后之完成"②。为孙中山的"训政"理论提供了具体的实施方法。

在实践中，孙中山的"训政"理论成为国民党治国的重要指导思想，"五权"制度也成为南京国民政府的组成形式。用西方现代通行的民主政治思想来看，从当时中国的现实来看，"训政"理论和"五权"制度都有其严重的局限。以党治国的"训政"制度不符合西方现代的民主宪政制度，后来造成了国民党的一党专政和蒋介石的个人独裁，因此受到共产党等党派的反对和胡适等留学生出身的自由主义知识分子的抨击。如胡适认为这种体制下国民党党部和政府机关严重侵犯人权：

> 我们最感觉痛苦的是种种政府机关或假借政府与党部的机关侵害人民的身体、自由及财产……无论什么人，只须贴上"反动分子"、"土豪劣绅"、"反革命"、"共党嫌疑"等等招牌，便没有人权的保障。③

胡适还呼吁制定一部国家的宪法，发表了《我们什么时候才可有宪法》等犀利的文章，反映了自由主义知识分子对民主政治制度和人权的认识，获得了罗隆基、梁实秋等留学生出身的名流的呼应和支持。后来胡适把他及朋友的相关文章编成《人权论集》单独出版，成为中国最早的关于人权的论

---

① 孙中山：《在上海国民党本部会议的演讲》，见《孙中山全集》第 5 卷，第 401 页。

② 《胡汉民、孙科为拟订训政大纲致谭延闿等电》（1928 年 6 月 3 日），《历史档案》1983 年第 11 期，第 82 页。

③ 胡适：《人权与约法》，见《新月》第 2 卷，2 号（1929 年 5 月）。

著。他声明要有批评一切的言论自由："我们所要建立的是批评国民党的自由和批评孙中山的自由。上帝我们尚且可以批评，何况国民党与孙中山！"①为此，刊发此文的当期《新月》杂志和《人权论集》，被国民党以"肆行反动"的罪名所查禁。

胡适等人对国民党"党治"与"训政"理论的批评，实际上开启了批判国民党政治制度的先声，反映了按照西方宪政理论治国的更高要求和一种规范意义上的宪政理念，体现了一种理想的政治制度和人权观念，道出了在野的受到英美资产阶级民主政治思想熏陶的知识分子的呼声。不过，相对于中国几千年的封建专制和北洋政府时期军阀武夫的乱国荒政而言，孙中山的"训政"学说和"五权"制度理论尽管有其严重局限，但在当时的历史条件下，孙中山的治国理念和国家政体设计还是一种进步，在中国现代化历史上也不无可取之处。而另外一些留学生，如留学英美的孙科、王宠惠、王世杰等则通过进入国民党内和政府体制的方式，以其专业所长，试图仿效英美的民主政治体系，在中国实现资本主义。在实质上，他们都试图按照自己心中的模式，推进中国的社会进步和现代化进程。

在思想文化领域，关于中国现代化问题的讨论也在进行，典型的如1933 年 7 月上海《申报》月刊刊出了"中国现代化问题号"特辑，提请讨论中国现代化采取的方式和实行的困难。此次讨论收到 26 篇长短不一的专论，陶孟和（留日）、吴泽霖（留美）、周宪文（留日）、郑学稼（留日）、吴觉农（留日）等有留学背景的著名知识分子以及樊仲云、金仲华等学者，发表了他们对中国现代化的看法，"观点五花八门，对现代化的理解也很不一致。但对中国现代化问题的总的趋向性意见，多数人都是一致的。征文中认为中国现代化应走社会主义或资本主义道路的观点，都非常少，绝大多数人主张走节制的资本主义或非资本主义发展道路"②。另外，倾向社会主义的有 5 篇，主张资本主义与社会主义混合形式的有 9 篇，没有明确回答的有8 篇。这表明，尽管对中国采用什么样的方式实现现代化，众人的看法很不一致，但对中国一定要实现现代化却达成了共识。这既说明了实现中国的现

---

① 转引自胡明著《胡适传论》（下），人民文学出版社 1996 年版，第 681 页。
② 罗荣渠：《现代化新论》，北京大学出版社 1997 年版，第 357 页。

代化是一种历史潮流，同时也反映了专家学者们对选择中国现代化道路的慎重和探索。

此后，思想文化界又掀起了新的中西文化之争，实际上是中国未来怎样发展的方向之争。1935 年，陶希圣、萨孟武（留日）、何炳松（留美）等十位教授发表了"中国本位的文化建设宣言"，强调要用三民主义文化统一中国，其为国民党张目的政治意图显而易见，但也使得一年前陈序经（留美）在《中国文化的出路》中提出的"全盘西化"的观点，引起学术界的广泛注意。这次关于中西文化之争的辩论，参加者甚众，胡适等著名的专家、学者发表了 150 多篇论文，其中各种观点应有尽有，不一而足，表明了以留学生为主体的中国知识分子对中国文化和现代化走向的关心。

也就是从这次讨论开始，"现代化这个新概念取代了'西化'、'中国化'等概念"①。"从'东方化'引出中国本位观点，从'西化'引出'现代化'的观点，表明中国思想界对中国发展道路的思想认识在逐步深化中，把现代化的基本概念确定为工业化、科学化、合理化、社会化，在这些年中也基本形成。中国知识界通过自身的思想论辩与探索得出的现代化概念，与战后西方学者根据马克斯·韦伯的观点提出的现代化概念，是基本一致的。到四十年代初，'现代化'一词不仅进入我国政治家的语汇中，还引起冯友兰、贺麟等哲学家讨论的兴趣。"② 如冯友兰认为：

> 从前人常说我们要西洋化，现在人常说我们要近代化或现代化。这并不是专有名词上改变，这表示近来人的一种见解上彻底改变。③

但是，中国究竟应该走什么样的现代化道路，知识分子和政界人士还在不断地探索中。例如，梁漱溟和吴景超（留英）关于以农立国和工业立国的争论，就是当时的一种。更应注意的是，国共两党在社会实践上对中国现代化道路的探索。"1927 年国共两党关系破裂后，双方采取了不同的改造中

---

① 罗荣渠：《现代化新论》，北京大学出版社 1997 年版，第 363 页。
② 同上书，第 364—365 页。
③ 冯友兰：《新事论》，见冯友兰《三松堂全集》第 4 卷，河南人民出版社 2001 年版，第 225 页。

国社会的道路。中国共产党最初是学习苏联的革命方式，走城市起义的道路，在中国资本主义尚不发达的情况下，过早地，不适宜地提出了消灭资本主义的理论、政策和策略，从而在政治实践上造成严重危害。多次城市起义均遭失败后，毛泽东总结教训，将共产党的工作重心转向农村，在占中国人口80％以上的农民中，探寻改造中国的新出路，积累改革中国的新经验。而中国国民党则主要占据广大城市，实施了较为深刻的政治、经济改革，采取了一些较为有效的政治纲领和财政经济措施，促使中国在现代化的道路上向前迈出了一大步。"①

（四）留学生群体与抗战胜利后关于中国发展方向的探索

中华民族苦难深重，民国时期艰难的现代化进程推进到1937年，就被"卢沟桥事变"日军侵华战争的炮火所打断，中华民族不得不为了生存而战。作为中国的执政党和政府——国民党和南京国民政府，不得不转入战时阶段，不仅把经济建设、科学文化教育的发展纳入战时体系，带有很多封建残留的民主政治建设更是无从进行。作为国民党民主政治建设标志的宪政的实施时间也被迫一拖再拖。在此期间发生的以留学生为主体的两次宪政运动，虽然延续了清末以来中国民主政治运动的线索，但是由于处在抗战的特殊时期，对国民党和南京政府的政治改革很难产生实质性的推动。但是，为了中国的现代化，在中国共产党的导引下，以国统区留学生为主要参加者的民主宪政运动的目标越来越明确，即结束国民党的一党专政，实行民主政治。这种势头在抗日战争胜利以后终于以国共谈判特别是政治协商会议的形式表现出来，其层次之高，范围之广，声势之大，影响之烈，都是前所未有的。

抗日战争胜利以后，中国的局势相当复杂，主要矛盾的双方是国共两党之争，其中还夹杂着几个重要的民主党派，被日本侵华战争中断了的中国社会发展问题又成为国民党政府和在野的共产党等党派亟须解决的问题。其当务之急是解决中国的发展方向、国家政权的建设、武装力量的统辖、各党派的地位等问题。于是，在国共谈判之后，各党派平等协商的政治协商会议于1946年1月召开，最后并通过了五项重要决议：

（1）关于军事问题，确立了军队属于国家、军党分立、军民分治的原

---

① 张宪文等：《中华民国史》第1卷，南京大学出版社2005年版，第10页。

则；（2）关于宪法草案问题，确立了国会制、内阁制、省自治的原则，规定立法院为国家最高立法机关，由选民直接选举；行政院为国家最高行政机关，对立法院负责；省为地方自治最高单位。（3）关于建国纲领，确定了和平、民主、团结的方针。（4）关于政府组织，确定修改政府组织法，增加国府委员等。（5）关于国民大会问题，增加各党派及社会贤达的国大代表名额，确定第一届国大的职权为制定宪法。

实际上，政协通过的这些协议并不是共产党所主张的新民主主义的内容，但是，从共产党的角度而言，它是中共和民主党派以及国民党内部开明的谈判代表真诚协商的结果，是中共统一战线的胜利。它实质上否定了国民党的一党专政和蒋介石的独裁统治，动摇了国民党统治的合法性，确定了中国民主改革的大方向。因此，在随后召开的国民党六届二中全会上，政协通过的协议遭到了国民党顽固派的强烈反对，尤其《宪法草案案》首当其冲。

从中国现代化的视角来分析，政协的召开和"通过的诸项决议为中国打开了民主化进程的门户"，是"国民党统治时期难得的一次民主化进程"①。政协通过的协议特别是《宪法草案案》体现了中国自由主义者的宪政理想，在中国民主政治史上和现代化史上具有重要的意义。

从留学生的视角看，政协的召开和"通过的诸项决议"又主要是以受过西方现代民主政治文化影响下的留学生们共同努力的结果，体现了各党派的留学生们在维护所在党派利益的大前提下，为实现中国人民和各党派和平建国、推进中国政治民主化进程的愿望。留学生在此过程中的作用主要体现在以下方面。

1. 最先通过多种方式，促成国共和平谈判

抗战胜利后的国共谈判以及随后的政协会议，由国内外多种因素所决定。留学生的作用即是其中之一。1945 年日寇投降前夕，国共之间剑拔弩张，一些爱国的民主中间人士担心内战发生，以褚辅成（留日）、黄炎培、冷遹、傅斯年（留英、德）、左舜生、章伯钧（留德）、王云五为首的 7 名参政员，于 6 月 2 日致电毛泽东、周恩来，希望国共继续商谈，团结建国，

---

① 汪朝光：《1946 年早春中国民主化进程的顿挫——以政协会议及国共关系为中心的研究》，《历史研究》2000 年第 6 期，第 107 页。

得到了毛泽东、周恩来的热烈响应。6月18日，他们复电褚等前来延安商谈国是。7月1日，褚辅成等6人（王云五因病未去）由中共的王若飞陪同抵达延安，毛泽东、朱德、周恩来等到机场迎接。他们在延安五天，与毛、周就有关国民代表大会和政治协商会议进行会谈，达成了《中共代表与褚辅成、黄炎培等六参政员延安会谈纪要》。7月5日，褚辅成等参政员回到重庆，褚立刻将延安之行向蒋介石当面叙说，对国共谈判起到了促进作用。1945年8月5日，由留学生组成的民主同盟发表《在抗战胜利声中的紧急呼吁》，提出"民主统一、和平建国"的口号，对蒋介石又产生了新的影响。其后，在日寇投降期间，身为总统府秘书长的吴鼎昌（留日）建议蒋介石邀请毛泽东到重庆谈判，为蒋所采纳。随后，吴鼎昌先后于8月14日、20日和23日为蒋介石起草了三份电稿，向延安发出邀请电。吴鼎昌与张群（留日）、王世杰（留英、法）、邵力子（留日、苏）等属于国民党内的政学系、"温和派"，虽然反共，但是，他们都主张蒋介石邀请毛泽东到重庆谈判，《中央日报》总主笔陶希圣说："谈判的办法是政学系想出来的。"① 因此影响深远的国共重庆谈判和政治协商会议，与不同身份的留学生的促成有重要关系。

2. 国共重庆谈判和政协会议的主要代表都是留学生出身的政治家

关于谈判代表的构成情况，本书第六章有详细的分析，概括地说，留学生出身的代表占大多数。在此，需要强调的是，留学生代表虽然不是以个人的身份而是以所在党派、团体的身份参加谈判的，但是，他们个人长期所受到的西方文化和政治理念的熏陶，对他们提出的提案或接受政协的协议具有不可忽视的潜在影响。例如，作为国民党主要谈判代表的张群、王世杰、邵力子和张治中等，属于政学系、"温和派"，他们不仅是国民党的重臣，与蒋介石的个人关系也很好。在战后初期这段时间蒋介石政治上没有重心、方针路线没有非常明确的情况下②，他们"利用蒋对他们的信任和依赖，参与制定并执行了国共重庆谈判、签订停战协议、召开政治协商会议等重大事件的决策"③。又如周恩来等共产党代表，其参加谈判的基本原则当然是共产

---

① 中共重庆市委党史工作委员会、重庆政协文史资料研究委员会等编：《重庆谈判纪实》（1945年8—10月），重庆出版社1983版，第419页。

② 胡乔木：《胡乔木回忆毛泽东》，人民出版社1994年版，第422页。

③ 孙彩霞：《论战后初期的政学系》，《扬州大学学报》（人文社科版）2002年第5期，第83页。

党中央特别是毛泽东所定，但是其具体方案、谈判时与各方代表交流、争辩时即席发言的观点，则主要取决于个人的学养。也正因为周恩来富有远见的政治理念和折冲樽俎的外交才干，为政协会议的最终达成作出了无与伦比的贡献。

3. 留学生代表对《宪法草案案》的形成有特殊贡献

政治协商会议通过的《宪法草案案》所包括的《宪草修改原则》，最为艰难。

它是中共、民盟和国民党反复论辩的产物。政协会议期间，成立了专门的宪草组，主要讨论对"五五宪草"的修订。原成员共10人。国民党代表为孙科（留美）、邵力子（留日、苏），共产党代表为吴玉章（留日）、周恩来（留日、法），民盟代表为罗隆基（留美、英）、章伯钧（留德），青年党代表为陈启天、常乃德（留日），无党派代表为傅斯年、郭沫若（留日）。召集人为傅斯年和陈启天。民盟代表张君劢（留日）在从欧洲考察于1月17日抵达重庆后也参加了宪草组。这样参加宪草讨论修改的总共11人，其中有留学背景的9人，占到了82%，皆当时著名的社会名流，如张君劢为著名的宪法学家、罗隆基为政治学家、章伯钧为哲学家，等等。

有学者指出："民盟作为第三大党在会议上扮演着极为重要的角色。在讨论宪法问题时，以民盟为代表的中间党派要求对1936年国民党一手包办的'五五宪草'进行修正，以便在五权宪法与西方宪政模式之间开辟一条中间道路"[1]，并基本达到了目的。从目前已知的史料看，民盟代表、著名的宪法学家张君劢对具体的修改工作用力甚多。当时，参加政协会议的五方代表，除执政的国民党外，在野的四方即共产党、民盟、青年党和社会贤达都一致主张修改"五五宪草"，起初争论激烈，最后，连国民党代表、主持"五五宪草"的孙科也点头称是。宪草小组经过反复推敲，以张君劢的提议为基础，对违反民主政治和现代化方向的"五五宪草"作了重大修改，确定了议会制、责任内阁制、中央与地方均权及人权保障等原则，得到了除国民党顽固派以外各党派、各阶层的热烈欢迎，表明了众人对中国从训政走向

---

① 石毕凡：《历史性妥协的瞬间：近代中国移植西方宪政之最后尝试》，《社会科学战线》2004年第4期，第214页。

宪政的期待，以为中国从此将迈上和平发展、民主建国的新阶段。但是，这种效法欧美民主政治、三权分立的主张，却在 1946 年 3 月召开的国民党六届二中全会上遭到了批判和否决，孙科、王世杰等人更遭到了国民党内顽固派的围攻。"因为政协决议一旦实行，即意味着国民党将由无竞争的一党垄断执政权退而为通过民主竞争而取得执政权"① ——这对国民党来讲，是非常危险的，也是国民党顽固派极力否定之症结。也正是通过这些微妙之处，我们可以发现留学生个人、留学生群体对中国发展方向的共识和差异，还有他们为达成这些协议所作的努力。

据在政协会议上同中共代表关系密切的民盟代表罗隆基回忆，政协会议期间，"共产党同民盟双方的代表每天晚间总是聚在一起共同讨论。那 12 条宪草修改原则，就是共同讨论的结果"②。其要点就是修改"五五宪草"，消除蒋介石的个人专权与独裁，反映了共产党和民盟等在野党派的政治愿望。至于《宪草修改原则》的特点，则如当时的美国特使马歇尔所说："中共及民盟又欲国府主席之权愈小愈好，且实行权力制衡制度，如美国之所为；地方之分权与三权之鼎立，亦皆如美国。"③ 这表明《宪草修改原则》倾向于美国式民主。对此，早在 1946 年 1 月 31 日，周恩来在致马歇尔的电文中就明白地表示了这种倾向：

> 　　吾人相信中国将采取之民主，应效法于美国。盖在目前中国，采取社会主义所必须之条件尚不存在，中国共产党人在理论上固以社会主义为吾人最终之目标，惟在最近之将来，并无即付实行之意，亦不认为有即付实行之可能性。④

① 汪朝光：《战后国民党对共政策的重要转折——国民党六届二中全会再研究》，《历史研究》2001 年第 4 期，第 74 页。

② 罗隆基：《从参加旧政协到参加南京和谈的一些回忆》，见全国政协文史资料研究委员会编《文史资料选辑》第 20 辑，中国文史出版社 1990 年版，第 200 页。

③ 转引自杨天石《蒋介石 1946 年修宪风波》，《凤凰周刊》2012 年 11 期。

④ 《中共代表周恩来致马歇尔特使报告摘要》（1946 年 1 月 31 日），见秦孝仪主编《中华民国重要史料初编——对日抗战时期》第 7 编《战后中国》（2），国民党中央委员会党史委员会编印 1981 年版，第 249—250 页。

正是基于这样的认识，周恩来才明确表态：中国将来的一段时间里的民主"应效法于美国"，这或许是他本人的权宜之计，但是也确实反映了当时共产党对中国的一种认识和愿望。在政治协商会议五项协议签署后的第二天，中共中央即向全党发出了《中央关于目前形势与任务的指示》，指出：

> 由于这些决议的成立及其实施，国民党一党独裁制度即开始破坏，在全国范围内开始了国家民主化……从此中国即走上了和平民主建设的新阶段。①

中共对民主政治和现实的这种认识，不仅代表了共产党当时的认识和党的利益，也是周恩来等政协代表苦心孤诣的结果。如罗隆基说："共产党同民盟不止做了认真实现政协决议的开始准备，并且做了实行宪法，实施宪政，在宪政中做合法斗争的准备。"②

历史的悖论是，政治协商会议通过的各项原则，特别是《宪法草案案》的内容，尽管"为中国绘制了一幅宪政政府和法治国家的精美图画。对于孙中山修正西方三权分立制所独创的五权宪法，以民盟为代表的中间党派又对之作了修正，意欲使之尽可能向西方的宪政常轨靠近。"但是却被国民党所彻底否决，成为"近代中国移植西方宪政之最后尝试"。因为"这种制度设计方案虽在中国极具开出一条'新路'的意义，但它急功近利地引进西方自由主义宪政制度，无疑带有超时代的理想化色彩，与中国国情与传统显有难以契合之处"③。因此，这种西方式的制度设计后来又被1949年10月执政的共产党所一直否定。而当时否定了政协协议的国民党，不顾共产党和民盟等民主党派的强烈反对，违反政治协商会议各方所达成的协议，于1946年11月悍然召开了一党主导的"制宪国大"，通过了《中华民国宪法》，试图

---

①　《中央关于目前形势与任务的指示》（1946年2月1日），见中央档案馆编《中共中央文件选集》第16册，中共中央党校出版社1992年版，第62—66页。

②　罗隆基：《从参加旧政协到参加南京和谈的一些回忆》，见全国政协文史资料研究委员会编《文史资料选辑》第20辑，中国文史出版社1990年版第201页。

③　石毕凡：《历史性妥协的瞬间：近代中国移植西方宪政之最后尝试》，《社会科学战线》2004年第4期，第219页。

通过重建政府的合法性来确保国民党政府法统的一贯性和长久性，但这种违反民主程序和制宪基础的孤注一掷，恰恰使国民党失去了执政的合法性与权力的正当性，被抗战胜利后共产党领导和影响的各阶层人民反内战、争民主的潮流所包围，以至于 1948 年召开"宪政国大"，并不是国民党实施宪政的荣耀之日，而是无可奈何花落去的回光返照，从而为夺取全国政权后的共产党探索有中国特色的社会主义现代化留下了空间和时间，也给一百多年来"索我理想之中华"的留学生们探索中国的现代化留下了空间和时间。

征引文献
（以文献责任者首字母为序）

一　档案、公报

[1]《北洋政府教育部档案》，中国第二历史档案馆藏。

[2] 陈旭麓、顾廷龙、汪熙主编：《辛亥革命前后——盛宣怀档案资料选辑之一》，上海人民出版社1981年版。

[3]《国防部史政局和战史编纂委员会档案》，中国第二历史档案馆藏。

[4]《国立中央大学档案》。

[5]《国民政府教育部档案》，中国第二历史档案馆藏。

[6]《国民政府档案》第2册，2450卷，中国第二历史档案馆藏。

[7]《国民政府实业部档案》，中国第二历史档案馆藏。

[8]《国民党中央执行委员会档案》，中国第二历史档案馆藏。

[9]《国民党中央秘书处档案》，中国第二历史档案馆藏。

[10] 故宫博物院明清档案部汇编：《清末筹备立宪档案史料》上册，中华书局1979年版。

[11]《华北教育总署档》，中国第二历史档案馆藏。

[12] 黄彦、李伯新编：《孙中山藏档选编——辛亥革命前后》，中华书局1986年版。

[13]《教育公报》，1915年。

[14]《临时政府公报》，1912年。

[15]《南洋官报》，1907年。

[16]《外交公报》，1921年。

［17］《伪华北临时政府教育部档案》，中国第二历史档案馆藏。

［18］中国第一历史档案馆档案。

［19］中国第二历史档案馆编：《中华民国史档案资料汇编》第 5 辑第 1 编《财政经济》，江苏古籍出版社 1991 年版。

［20］中国第二历史档案馆编：《中华民国史档案资料汇编》第 5 辑第 1 编《政治》，江苏古籍出版社 1994 年版。

［21］中国第二历史档案馆编：《中华民国史档案资料汇编》第 5 辑第 2 编《财政经济》（5），江苏古籍出版社 1997 年版。

［22］中国历史档案馆编：《中华民国史档案资料汇编》第 5 辑第 2 编《教育》，江苏古籍出版社，1997 年版。

［23］中国第二历史档案馆编：《中华民国史档案资料汇编》第 5 辑第 3 编《政治》，江苏古籍出版社 2000 年版。

［24］中国第二历史档案馆编：《中华民国史档案资料汇编》第 2 辑，江苏古籍出版社 1991 年版。

［25］中国第二历史档案馆编：《中华民国史档案资料汇编》第 2 辑，江苏人民出版社 1981 年版。

［26］《中国科学社社史档案资料选辑》之二，上海档案信息网。

［27］《中国近代兵器工业档案史料》编委会编：《中国近代兵器工业档案史料》（三），兵器工业出版社 1993 年版。

［28］《中国币制改革问题》，上海档案馆，全宗号［Z］Y10212171。

［29］中国第二历史档案馆、云南省档案馆编：《中华民国史档案资料丛刊·护国运动》，江苏古籍出版社 1988 年版。

［30］中央档案馆编：《中共中央文件选集》第 11 册，中共中央党校出版社 1991 年版。

［31］中央档案馆编：《中共中央文件选集》第 14 册，中共中央党校出版社 1992 年版。

［32］中央档案馆编：《中共中央文件选集》第 16 册，中共中央党校出版社 1992 年版。

［33］《政治官报》，1909 年。

［34］《政府公报》，1912—1916 年。

［35］《中央大学档案》，中国第二历史档案馆藏。

二　资料集

［1］北京清华学校编：《民国六年游美同学录》，1917 年。

［2］北京图书馆编：《民国时期总书目·军事：1911—1949》，书目文献出版社 1994 年版。

［3］北京大学图书馆古籍善本特藏部整理：《北京大学图书馆馆藏稿本丛书》，天津古籍出版社 1987 年版。

［4］北京市政协文史资料委员会①编：《文史资料选编》第 4 辑，北京出版社 1979 年版。

［5］《北京大学哲学系史稿》编委会编：《北京大学哲学系史稿》，北京大学哲学系史稿编委会 2004 年版。

［6］陈学恂、田正平编：《中国近代教育史资料汇编·留学教育》，上海教育出版社 1991 年版。

［7］陈元晖、朱有瓛编：《中国近代教育史资料汇编·教育行政机构及教育团体》，上海教育出版社 2007 年版。

［8］陈竹筠、陈起城选编：《中国民主党派历史资料选辑》下册，华东师范大学出版社 1985 年版。

［9］长沙市政协文史资料研究委员会编印：《长沙文史资料》第 5 辑，1985 年版。

［10］程道德等编：《中华民国外交史资料选编：1919—1931》，北京大学出版社 1985 年版。

［11］陈真等编：《中国近代工业史资料》全 4 辑，三联书店 1957—1961 年版。

［12］冯自由：《革命逸史》，中华书局 1981 年版。

［13］国民政府教育部教育年鉴编纂委员会编：《第二次中国教育年鉴》，商务印书馆 1948 年版。

---

① 为使注释简要，凡中国人民政治协商会议全国委员会，一律简称"全国政协"；凡地方政协，如中国人民政治协商会议北京市委员会简称"北京市政协"，以此类推。

［14］ 贵州省贵阳市政协文史资料研究委员会编印：《贵阳文史资料选辑》第二辑，1981 年版。

［15］ 湖北省武穴市政协学习文史工作委员会编印：《武穴市文史资料》第 7 辑，2004 年版。

［16］ 洪仁玕撰：《资政新篇》，1859 年（咸丰九年）刊行。

［17］ 河北省政协文史资料委员会、保定市政协文史资料研究委员会编：《保定陆军军官学校》，河北人民出版社 1987 年版。

［18］ 高军编：《中国社会性质问题论战》（资料选辑）上册，人民出版社 1984 年版。

［19］ 教育部中国教育年鉴编审委员会编：《第一次中国教育年鉴》，开明书店 1934 年版。

［20］ 教育部编：《教育法令汇编》，正中书局 1940 年版。

［21］ 江苏文史资料编辑部：《江苏文史资料》第 79 辑，江苏人民出版社 1994 年版。

［22］ 刘锦藻编纂：《清朝续文献通考》，商务印书馆 1955 年版。

［23］ 刘真主编、王焕琛编著：《留学教育：中国留学教育史料》，（台北）“国立”编译馆 1980 年版。

［24］ 刘克选、方明东主编：《北大与清华 中国两所著名高等学府的历史与风格》（上），国家行政学院出版社 2011 年版。

［25］ 李希泌等编：《护国运动资料选编》下册，中华书局 1984 年版。

［26］ 来新夏等编：《北洋军阀》，上海人民出版社 1993 年版。

［27］ 罗家伦主编：《革命文献》第 2 辑，（台北）“中央”文物供应社 1978 年出版。

［28］ 孟广涵主编：《国民参政会纪实》上下卷，重庆出版社 1985 年版。

［29］《南史·陈暄传》。

［30］《大清宣统新法令》，第 15 册《补遗》，商务印书馆宣统元年编。

［31］《清国留学生会馆第五次调查报告》，上海鲁迅纪念馆藏。

［32］ 清华同方光盘股份有限公司：《清华校友通讯》复 18、36 期，清华大学出版社 1996 年版。

［33］ 丘权政、杜春和选编《辛亥革命史料选辑续编》，湖南人民出版社

1983 年版。

[34] 璩鑫圭、唐良炎编：《中国近代教育史资料汇编·学制演变》，上海教育出版社 1991 年版。

[35] 丘权政、杜春和编：《辛亥革命史料选辑》，湖南人民出版社 1981 年版。

[36] 戚厚杰等编著：《国民革命军沿革实录》，河北人民出版社 2001 年版。

[37] 全国政协文史资料研究委员会编：《文史资料选辑》第 15 辑，中华书局 1961 年版。

[38] 全国政协文史资料研究委员会编：《文史资料选辑》第 20 辑，中国文史出版社 1990 年版。

[39] 全国政协文史资料委员会编：《文史资料选辑》第 38 辑，中国文史出版社 2000 年版。

[40] 全国政协文史资料研究委员会编：《文史资料选辑》第 48 辑，中华书局 1964 年版。

[41] 全国政协文史资料研究委员会编：《文史资料选辑》第 51 辑，中华书局 1964 年版。

[42] 全国政协文史资料研究委员会编：《文史资料选辑》第 61 辑，中华书局 1979 年版。

[43] 全国政协文史资料委员会编：《中华文史资料文库》，中国文史出版社 1996 年版。

[44] 全国政协文史资料研究委员会编：《工商经济史料丛刊》第 2 辑，文史资料出版社 1983 年版。

[45] 清华大学校史编写组：《清华大学校史稿》，中华书局 1981 年版。

[46] 清华大学校史研究室编：《清华大学史料选编》，清华大学出版社 1991 年版。

[47] 秦孝仪主编：《中华民国重要史料初编——对日抗战时期》"绪编"，中国国民党中央委员会党史委员会 1981 年版。

[48] 秦孝仪主编：《中华民国重要史料初编——对日抗战时期》第 2、7 编，中国国民党中央委员会党史委员会 1981 年版。

[49] 荣孟源、章伯锋主编：《近代稗海》第 1—3 辑，四川人民出版社 1985

年版。

[50] 荣孟源等主编：《中国国民党历次代表大会及中央全会资料》下册，光明日报出版社 1985 年版。

[51] 沈桐生辑：《光绪政要》，江苏广陵古籍刻印社影印 1991 年版。

[52] 世续、陆润庠等纂修：《大清德宗景皇帝实录》卷 476，中华书局影印本 1987 年版。

[53] 舒新城：《近代中国教育史料》（第 4 册），上海科学技术文献出版社 2015 年版。

[54] 舒新城编：《中国近代教育史资料》，人民教育出版社 1981 年版。

[55] 四川大学马列教研室编：《国民参政会资料》，四川人民出版社 1984 年版。

[56] 四川大学马列主义教研室中共党史科研组编：《政治协商会议资料》，四川人民出版社 1981 年版。

[57] 沈云龙主编：《近代中国史料丛刊》，（台北）文海出版社 1966 年版。

[58] 沈云龙主编：《近代中国史料丛刊》第 16 辑，（台北）文海出版社 1968 年版。

[59] 沈云龙主编：《近代中国史料丛刊》第 62 辑，（台北）文海出版社 1971 年版。

[60] 沈云龙主编：《近代中国史料丛刊》第 76 辑，（台北）文海出版社 1972 年版。

[61] 沈云龙主编：《近代中国史料丛刊续编》第 86 辑，（台北）文海出版社 1981 年版。

[62] 沈云龙主编：《近代中国史料丛刊三编》第 6 辑，（台北）文海出版社 1966 年版。

[63] 沈云龙主编：《近代中国史料丛刊三编》第 29 辑，（台北）文海出版社 1989 年版。

[64] 沈云龙主编：《近代中国史料丛刊三编》第 87 辑，（台北）文海出版社 1999 年版。

[65] 商务印书馆编：《中华民国现行法规大全》，商务印书馆 1934 年版。

[66] 世界知识出版社编辑部编：《中美关系资料汇编》第 1 辑，世界知识

出版社 1957 年版。

[67] 沈家五编：《张謇农商总长任期经济资料选编》，南京大学出版社 1987
年版。

[68] 上海社会科学院经济研究所编：《刘鸿生企业史料》，上海人民出版社
1981 年版。

[69] 上海社会科学院历史研究所编：《辛亥革命在上海史料选辑》，上海人
民出版社 1981 年版。

[70] 上海市中共党史学会编：《上海抗日救亡运动资料选编》，上海市中共
党史学会 1985 年版。

[71] 上海商务印书馆编译所编纂：《大清新法令：1901—1911》点校本第 1
卷，商务印书馆 2010 年版。

[72] 天津历史博物馆编：《秘笈录存》，中国社会科学出版社 1984 年版。

[73] 天津市政协文史资料委员会编：《天津文史资料选辑》第 27 辑，天津
人民出版社 1984 年版。

[74] 谈敏编：《中国经济学图书目录》（1900—1949 年），中国财政经济版
社 1995 年版。

[75] 武汉大学历史系中国近代史教研室编：《辛亥革命在湖北史料选辑》，
湖北人民出版社 1981 年。

[76] 武强主编：《东北沦陷十四年教育史料》（第 1 辑、第 2 辑），吉林教
育出版社 1993 年版。

[77] 王礼锡、陆晶清编著：《中国社会史的论战》第 1 辑，上海书店 1990
年版。

[78] 吴相湘主编：《中国现代史丛刊》第 1 册，正中书局 1980 年版。

[79] 魏宏运主编：《中国现代史资料选编》（5），黑龙江人民出版社 1981
年版。

[80] 王桧林主编：《中国现代史参考资料》，高等教育出版社 1988 年版。

[81] 王培英编：《中国宪法文献通编》（修订版），中国民主法制出版社
2007 年版。

[82] 伪满民生部：《民生年鉴》，1940 年版。

[83] 汪敬虞编：《中国近代工业史资料》第 2 辑，科学出版社 1957 年版。

［84］学部总务司编：《学部奏咨辑要》卷1，学部宣统元年（1909年）。

［85］徐有朋编：《袁大总统书牍汇编》第4卷，上海广益书局1920年版。

［86］薛典曾、郭世雄编：《近代中国参加之国际公约汇编》，商务印书馆1937年版。

［87］熊志勇编：《中国近现代外交史资料选辑》，世界知识出版社2012年版。

［88］云南省政协文史资料研究委员会等编：《云南文史资料选辑》第34辑，云南人民出版社1988年版。

［89］杨松、邓力群原编，荣孟源重编：《中国近代史资料选辑》，三联书店1954年版。

［90］严中平编：《中国近代经济史统计资料选辑》，科学出版社1955年版。

［91］贾桢等编：《筹办夷务始末·咸丰朝》，中华书局1979年版。

［92］朱寿朋编：《光绪朝东华录》，中华书局1958年版。

［93］朱有瓛主编：《中国近代学制史料》（第3辑）上册，华东师范大学出版社，1990年版。

［94］朱有瓛等编：《中国近代教育史资料汇编·教育行政机构及教育团体》，上海教育出版社1993年版。

［95］章伯锋、庄建平主编：《抗日战争》第3卷《民族奋起与国内政治》（上、下），四川大学出版社1997年版。

［96］章伯锋、庄建平主编：《抗日战争》第6卷《日伪政权与沦丧区》，四川大学出版社1997年版。

［97］中国国民党中央执行委员会编：《中华民国训政时期约法》，中国国民党中央执行委员会1931年版。

［98］中国史学会编：《义和团》，上海人民出版社1957年版。

［99］中国科学院历史研究所第三所编：《云南杂志选编》，科学出版社1958年版。

［100］中国科学院近代史研究所史料编译组编辑：《辛亥革命资料》，中华书局1961年版。

［101］中国国民党中央委员会党史史料编委会编：《革命文献》第1至第40辑，（台北）"中央"文物供应社1968年版。

［102］中国史学会编：《辛亥革命》，上海人民出版社 1957 年版。

［103］中国哲学编辑部编：《中国哲学》第 2 辑，三联书店 1980 年版。

［104］中国社会科学院近代史研究所编：《华侨与辛亥革命》，中国社会科学出版社 1981 年版。

［105］中国社会科学院近代史研究所编：《近代史资料》，中国社会科学出版社 1981 年版。

［106］中国民主同盟中央文史资料委员会编：《中国民主同盟历史文献：1941—1949》，文史资料出版社 1983 年版。

［107］中国社会科学院近代史研究所藏：《保定陆军军官学校同学录》。

［108］中国银行总行、中国第二历史档案馆合编：《中国银行行史资料汇编》，档案出版社 1991 年版。

［109］中国人民银行总行参事室编：《中国民国货币史资料》，人民出版社 1991 年版。

［110］中国政法大学图书馆编：《中国法律图书总目》，中国政法大学出版社 1991 年版。

［111］中国银行行史编辑委员会编著：《中国银行行史》（1912—1949）（上），中国金融出版社 1995 年版。

［112］中共重庆市委党史工作委员会等编：《重庆谈判纪实》（1945 年 8—10 月），重庆出版社 1983 年版。

［113］中共中央党校党史教研室选编：《中共党史参考资料》（6），人民出版社 1979 年版。

［114］邹鲁编：《中国国民党概史》，（台北）正中书局 1953 年版。

［115］张枬、王忍之编：《辛亥革命前十年间时论选集》第 2 卷，三联书店 1963 年版。

［116］章开沅：《辛亥前后史事论丛续编》，华中师范大学出版社 1996 年。

［117］张侠等编：《北洋陆军史料》，天津人民出版社 1987 年版。

［118］张宪文、张玉法主编：《中华民国专题史》第 6 卷，南京大学出版社 2015 年版。

［119］张之洞：《张文襄公奏稿》卷 37，民国出版。

［120］周子东等编著：《三十年代中国社会性质论战》，上海知识出版社

1987 年版。

［121］ 中华年鉴社编：《中华年鉴》，1948 年版。

［122］ 中华民国大学院编：《全国教育会议报告》（甲、乙编），商务印书馆 1928 年版。

［123］ 中华民国开国五十年文献编纂委员会编纂：《中华民国开国五十年文献》第 1 编第 11 册，（台北）正中书局印行 1969 年版。

［124］ 中华民国开国五十年文献编纂委员会：《中华民国开国五十年文献》第 2 编第 2 册，（台北）正中书局印行 1969 年版。

［125］《中华民国史事纪要》编辑委员会编：《中华民国史事纪要》（初稿），（台北）中华民国史料中心 1974 年版。

［126］ 周康燮主编：《中华民国史事日志》第 3 册，香港大东图书公司 1978 年版。

［127］ 郑观应：《盛世危言》：华夏出版社 2002 年版。

［128］ 张振鹍主编：《中法战争资料》（三），中华书局 1996 年版。

三　年谱、日记、回忆录

［1］ 北京大学校友联络处编：《箫吹弦诵情弥切：国立西南联合大学五十周年纪念文集》，中国文史出版社 1988 年版。

［2］ 陈锡祺主编：《孙中山年谱长编》，中华书局 1991 年版。

［3］ 陈立夫：《陈立夫回忆录：成败之鉴》，（台北）正中书局 1994 年版。

［4］ 蔡廷锴：《蔡廷锴自传》，黑龙江人民出版社 1982 年版。

［5］ 程天放：《程天放早年回忆录》，（台北）传记文学出版社 1968 年版。

［6］ 陈占彪编：《五四事件回忆：稀见资料》，生活·读书·新知三联书店 2014 年版。

［7］ 凤冈及门弟子编：《三水梁燕孙先生年谱》上册，上海书店出版社 1990 年版。

［8］ 冯玉祥：《冯玉祥日记》，江苏古籍出版社 1992 年版。

［9］ 冯友兰：《三松堂自序》，人民出版社 1998 年版。

［10］ 公安部档案馆编注：《在蒋介石身边八年——侍从室高级幕僚唐纵日记》，群众出版社 1991 年版。

［11］顾维钧：《顾维钧回忆录》，中华书局1983年版。

［12］胡颂平编：《胡适之先生年谱长编初稿》第2册，（台北）远流出版公司1991年版。

［13］胡适：《胡适留学日记》，岳麓书社2000年。

［14］胡适著，曹伯言整理：《胡适日记全编》第6册，安徽教育出版社2001年版。

［15］黄远庸：《远生遗著》卷2，商务印书馆1927年版。

［16］胡汉民：《胡汉民自传》，（台北）传记文学出版社1987年版。

［17］胡乔木：《胡乔木回忆毛泽东》，人民出版社1994年版。

［18］胡明：《胡适传论》（下），人民文学出版社1996年版，第681页

［19］贺麟：《文化与人生》，商务印书馆1988年版。

［20］蒋纬国回忆，刘凤翰整理：《蒋纬国口述自传》，中国大百科全书出版社2008年版。

［21］蒋廷黻：《蒋廷黻回忆录》，岳麓书社2003年版。

［22］金问泗：《外交工作回忆》，（台北）传记文学出版社1968年版。

［23］刘成禺：《世载堂杂记》，山西古籍出版社1995年版。

［24］刘桂生、张步洲编：《陈寅恪学术文化随笔》，中国青年出版社1996年版。

［25］卢中度著述：《八年抗战乱世随笔》，多伦多光华立体地图服务社1990年版。

［26］毛注青编：《黄兴年谱长编》，中华书局1991年版。

［27］茅盾、巴金等：《忆鲁迅》，人民文学出版社1956年版。

［28］秦孝仪总编纂：《总统蒋公大事长编初稿》，（台北）中正文教基金会1978年版。

［29］钱昌照：《钱昌照回忆录》，中国文史出版社1998年版。

［30］全国政协文史资料研究委员会编：《辛亥革命回忆录》第1集，文史资料出版社1981年版。

［31］全国政协文史资料研究委员会编：《辛亥革命回忆录》第6集，文史资料出版社1981年版。

［32］钱昌照：《回忆国民党政府资源委员会》，中国文史出版社1988年版。

［33］宋教仁：《宋教仁日记》，湖南人民出版社 1980 年版。

［34］施肇基：《施肇基早年回忆录》，（台北）传记文学出版社 1985 年版。

［35］谭人凤：《石叟牌词》，甘肃人民出版社 1983 年版。

［36］陶菊隐：《筹安会六君子传》，中华书局 1901 年版。

［37］王世杰：《王世杰日记》第 4 册，（台北）"中央"研究院近代史研究 1990 年版。

［38］吴大猷：《回忆》，中国友谊出版公司 1984 年版。

［39］许汉三编：《黄炎培年谱》，文史资料出版社 1985 年版。

［40］徐永昌：《徐永昌日记》，（台北）"中央"研究院近代历史研究所 1990 年版。

［41］夏晓红：《燕园学文录》，复旦大学出版社 2011 年版。

［42］姚崧龄编著：《张公权先生年谱初稿》，（台北）传记文学出版社 1982 年版。

［43］颜惠庆：《颜惠庆日记》第 2 卷，中国档案出版社 1996 年版。

［44］颜惠庆：《颜惠庆自传》，（台北）传记文学出版社 1973 年版。

［45］杨云慧：《从保皇派到秘密党员——回忆我的父亲杨度》，上海文化出版社 1987 年版。

［46］俞大维先生逝世十周年纪念专辑编辑委员会编印：《国士风范，智者行谊——俞大维先生纪念专辑》，2003 年版。

［47］杨振宁：《科学、教育和中国现代化》，人民日报出版社 1987 年版。

［48］王晓华：《蒋介石日记秘档》，台海出版社 2014 年版。

［49］吴天放编：《王正廷近言录》，上海现代书局 1933 年版。

［50］中共中央文献研究室编：《周恩来年谱》（1899—1949），中央文献出版社、人民出版社 1989 年版。

［51］中国社会科学院近代史研究所《近代史资料》编译室主编：《五四运动回忆录》（上），知识产权出版社 2013 年版。

［52］中国社会科学院文学研究所《左联回忆录》编辑组编：《左联回忆录》（下），中国社会科学出版社 1982 年版。

［53］竺可桢：《竺可桢日记》，人民出版社 1987 年版。

［54］朱德裳：《三十年闻见录》，岳麓书社 1985 年版。

[55] 邹韬奋：《经历》，三联书店 1978 年版。

[56] 张朋园、林泉访问，林泉记录：《林继庸先生访问记录》，永裕印刷厂 1983 年版。

四 文集

[1] 蔡尚思、方行编：《谭嗣同全集》，中华书局 1981 年版。

[2] 陈炽：《陈炽集》，中华书局 1997 年版。

[3] 陈旭麓主编：《宋教仁集》，中华书局 1981 年版。

[4] 陈云著、中共中央书记处研究室编：《陈云文稿选编》，人民出版社 1982 年版。

[5] 陈旭麓、郝盛潮主编：《孙中山集外集》，上海人民出版社 1990 年版。

[6] 蔡元培著、沈善洪主编：《蔡元培选集》（上），浙江教育出版社 1993 年版。

[7] 陈正茂等编：《曾琦先生文集》上，"中央"研究院近代史研究所 1993 年版。

[8] 丁贤俊等：《伍廷芳集》，中华书局 1993 年版。

[9] 端方：《端忠敏公奏稿》，（台北）文海出版社 1967 年版。

[10] 樊洪业、张久春选编：《科学救国之梦——任鸿隽文存》，上海科技教育出版社、上海科学技术出版社 2002 年版。

[11] 冯友兰：《三松堂全集》，河南人民出版社 2001 年版。

[12] 冯至：《立斜阳集》，工人出版社 1989 年版。

[13] 国防学会编：《蒋百里先生文选》，（台北）文海出版社 1972 年版。

[14] 顾廷龙等主编：《李鸿章全集》（二），上海人民出版社 1987 年版。

[15] 湖南省社会科学院编：《黄兴集》，中华书局 1981 年版。

[16] 胡绳武主编：《戊戌维新运动史论集》，湖南人民出版社 1983 年版。

[17] 胡适：《胡适文存》卷二，上海亚东图书馆 1921 年版。

[18] 黄立人编：《卢作孚书信集》，四川人民出版社 2003 年版。

[19] 黄季陆编：《总理全集》下册，成都近芬书屋 1944 年版。

[20] 何干之：《何干之文集》，北京出版社 1993 年版。

[21] 季羡林编：《胡适全集》第 22 卷，安徽教育出版社 2003 年版。

［22］蒋百里：《蒋百里抗战论集》，新阵地图书社 1939 年版。

［23］蒋复璁、薛光前主编：《蒋百里先生全集》，（台北）传记文学出版社 1971 年版。

［24］孔振东编：《孔庸之先生演讲集》，（台北）文海出版社 1972 年版。

［25］康有为：《康有为全集》，中国人民大学出版社 2007 年版。

［26］梁启超：《饮冰室合集》，中华书局 1988 年版。

［27］梁启超：《梁启超全集》第 5 册，北京出版社 1999 年版。

［28］廖一中、罗真容编：《袁世凯奏议》（上、下），天津古籍出版社 1987 年版。

［29］刘述礼等编：《梅贻琦教育论著选》，人民教育出版社 1993 年版。

［30］李大钊：《李大钊文集》，人民出版社 1984 年版。

［31］罗家伦：《罗家伦先生文存》第 5 册，（台北）国史馆 1976 年版。

［32］骆宝善、刘路生主编：《袁世凯全集》，河南大学出版社 2013 年版。

［33］毛泽东：《毛泽东选集》第 3 卷，人民出版社 1991 年版。

［34］毛注青等编：《蔡锷集》，湖南人民出版社 1983 年版。

［35］欧美同学会等编：《留学人员与辛亥革命暨第二届中国留学文化国际学术研讨会论文集》，华文出版社 2011 年版。

［36］欧阳哲生主编：《胡适文集》，北京大学出版社 1998 年版。

［37］秦孝仪编：《先总统蒋公思想言论总集》，中国国民党中央委员会党史委员会 1984 年版。

［38］任建树等编：《陈独秀著作选》第 1 卷，上海人民出版社 1993 年版。

［39］沈宗瀚、赵雅纾编：《中华农业史论集》，（台北）商务印书馆 1979 年版。

［40］斯大林著：《斯大林全集》第 9 卷，中共中央马克思恩格斯列宁斯大林著作编译局译，人民出版社 1954 年版。

［41］孙中山：《孙中山选集》上册，人民出版社 1981 年版。

［42］石芳勤编：《谭人凤集》，湖南人民出版社 1985 年版。

［43］陶行知：《陶行知全集》（第 1 卷），湖南教育出版社 1984 年版。

［44］王栻编：《严复集》，中华书局 1986 年版。

［45］王晴波编：《杨度集》，湖南人民出版社 1986 年版。

[46] 王国维：《王国维论学集》，傅杰编校，中国社会科学出版社 1997 年版。

[47] 吴妙桑主编：《野生稻资源研究论文选编》，中国科学技术出版社 1990 年版。

[48] 夏东元编：《郑观应集》，上海人民出版社 1982 年版。

[49] 薛光前主编：《蒋百里先生全集》，传记文学出版社 1971 年版。

[50] 许良英编译：《爱因斯坦文集》（第 1 卷），商务印书馆 1976 年版。

[51] 许纪霖：《许纪霖自选集》，广西师范大学出版社 1999 年版。

[52] 杨荫杭著、杨绛整理：《老圃遗文集》，长江文艺出版社 1993 年版。

[53] 苑书义等编：《张之洞全集》，河北人民出版社 1998 年版。

[54] 曾国藩：《曾国藩全集》，岳麓书社 1994 年版。

[55] 曾业英编：《蔡松坡集》，上海人民出版社 1984 年版。

[56] 张一麐：《心太平室集》第 8 卷，民国自印本 1947 年版。

[57] 张其昀主编：《蒋总统集》，国防研究院中华大典编印会 1968 年版。

[58] 张之洞：《张文襄公全集》，中国书店 1990 年版。

[59] 赵炳麟：《赵柏严集》，（台北）文海出版社 1968 年版。

[60] 赵婧等编：《穆藕初文集》，北京大学出版社 1995 年版。

[61] 郑大华点校：《新政真铨——何启、胡礼垣集》，辽宁人民出版社 1994 年版。

[62] 中国国民党中央党史委员会：《国父全集》第 4 册，（台北）近代中国出版社 1989 年版。

[63] 中国社会科学院近代史研究所主编：《孙中山全集》（全 11 卷），中华书局 1981—1986 年版。

[64] 中国蔡元培研究会编：《蔡元培全集》，浙江教育出版社 1997—1998 年版。

[65] 中国文化书院学术委员会编：《梁漱溟全集》，第 6 卷，山东人民出版社 1993 年版。

[66] “中央”研究院近代史所社会经济史组编：《财政与近代历史：论文集》，（台北）“中央”研究院近代史所 1999 年版。

[67] 周恩来著、中共中央文献编辑委员会编辑：《周恩来选集》上卷，人

民出版社 1980 年版。

［68］周炳琳：《周炳琳文集》，北京大学出版社 2012 年版。

［69］周秋光主编：《谭延闿集》第 2 册，湖南人民出版社 2013 年版。

［70］朱自清：《朱自清文集》第 1 卷，江苏人民出版社 1978 年版。

五　著作

［1］北京大学历史系编：《北京大学学生运动史》（1919—1949），北京出版
社 1998 年版。

［2］卞修全：《近代中国宪法文本的历史解读》，知识产权出版社 2006
年版。

［3］蔡锷编，曾国藩、胡林翼著：《曾胡治兵语录》，中央党校出版社 2008
年版。

［4］蔡芹香：《中国学制史》，世界书局 1933 年版。

［5］蔡元培等：《中国新文学大系·导论集》，上海良友复兴图书公司 1940
年版。

［6］陈寅恪：《金明馆丛稿二编》，三联书店 2001 年版。

［7］陈启天：《近代中国教育史》，台湾中华书局 1979 年版。

［8］陈天华：《警世钟·猛回头》，华夏出版社 2002 年版。

［9］陈旭麓主编：《近代史思辨录》，广东人民出版社 1984 年版。

［10］陈新华：《林徽因》，河北教育出版社 2002 年版。

［11］陈贞寿：《图说中国海军史》，福建教育出版社 2000 年版。

［12］陈体强：《中国外交行政》，商务印书馆 1943 年版。

［13］陈之迈：《中国政府》，商务印书馆 1946 年版。

［14］陈启修：《财经学总论》，上海商务印书馆 1934 年版。

［15］陈高华、钱海皓主编：《中国军事制度史·兵役制度卷》，大象出版社
1997 年版。

［16］程中原：《张闻天传》，当代中国出版社 1993 年版。

［17］崔之清主编：《国民党政治与社会结构之演变》（1905—1949）（下），
社会科学文献出版社 2007 年版。

［18］董问樵：《国防经济论》，商务印书馆 1940 年版。

[19] 邓中夏：《中国职工运动简史》，人民出版社 1953 年版。

[20] 邓正来等编：《国家与市民社会》，中央编译出版社 1999 年版。

[21] 邓绍辉：《晚清财政与中国近代化》，四川人民出版社 1998 年版。

[22] 丁守和编：《中国近代启蒙思想》上卷，社会科学文献出版社 1999 年版。

[23] 丁晓强、徐梓编：《五四与现代中国——五四新论》，山西人民出版社 1989 年版。

[24] 戴念祖主编：《中国科学技术史·物理学》，科学出版社 2001 年版。

[25] 戴鸿慈：《走向世界丛书》之一，岳麓书社 1986 年版。

[26] 范铁权：《体制与观念的现代转型——中国科学社与中国的科学文化》，人民出版社 2005 年版。

[27] 范小芳：《国民党理论家戴季陶》，河南人民出版社 1992 年版。

[28] 冯桂芬：《校邠庐抗议》，上海书店出版社 2002 年版。

[29] 冯友兰：《中国哲学史》上册，中华书局 1947 年版。

[30] 冯自由：《中华民国开国前革命史》第 1 册，上海书店出版社 1990 年版。

[31] 费孝通：《中华民族多元一体格局》，中央民族大学出版社 1999 年版。

[32] 费旭、周邦任编：《南京农业大学史志》（1914—1988），南京农业大学农业教育信息中心 1994 年版。

[33] 顾颉刚：《当代中国史学》，辽宁教育出版社 1998 年版。

[34] 郭沫若：《中国古代社会研究》，中国华侨出版社 2008 年版。

[35] 郭湛波：《近五十年中国思想史》，北平人文书店 1936 年版。

[36] 贵州省遵义地区地方志编委会编：《浙江大学在遵义》，浙江大学出版社 1990 年版。

[37] 华美晚报编：《中国全面抗战大事记》，美商华美出版公司发行 1938 年版。

[38] 黄见德：《20 世纪西方哲学东渐史导论》，首都师范大学出版社 2007 年版。

[39] 黄福庆：《清末留日学生》，（台北）"中央"研究院近代史研究所专刊（34）1975 年版。

［40］黄美真、张云编：《汪精卫集团投敌》，上海人民出版社1984年版。

［41］赫坚：《蒋介石逃往台湾的前前后后》，吉林人民出版社1999年版。

［42］何应钦：《从日本的废藩说到我国的整军》，重庆行营政训处1937年版。

［43］何廉、李锐：《财政学》，上海商务印书1935年版。

［44］侯宜杰：《二十世纪初中国政治改革风潮——清末立宪运动史》，中国人民大学出版社2011年版。

［45］胡适：《中国哲学史大纲》，上海古籍出版社1997年版。

［46］黄新宪：《中国留学教育的历史反思》，四川教育出版社1991年版。

［47］胡寄窗、谈敏：《中国财政思想史》，中国财经出版社1989年版。

［48］海军司令部《近代中国海军》编辑部编著：《近代中国海军》，海潮出版社1994年版。

［49］胡士弘：《钱学森》，中国青年出版社1997年版。

［50］侯外庐：《韧的追求》，三联书店1985年版。

［51］侯德础：《抗日战争时期中国高校内迁史略》，四川教育出版社2001年版。

［52］季羡林：《留德十年》，东方出版社1992年版。

［53］蒋介石：《中国之命运》第五章，正中书局1943年版。

［54］蒋中正：《增补曾胡治兵语录注释》，军学印书馆1943年版。

［55］蒋廷黻：《中国近代史》，中州古籍出版社2005年版。

［56］蒋百里：《国防论》，上海古籍出版社2013年版。

［57］贾士毅：《民国财政经济问题今昔观》，（台北）中正书局1990年版。

［58］贾士毅：《民国续财政史》（一），商务印书馆1932年版。

［59］孔祥熙：《抗战十年前之中国》，（台北）文海出版社1948年版。

［60］梁启超撰，朱维铮导读：《清代学术概论》，上海古籍出版社1998年版。

［61］雷国鼎：《中国近代教育行政制度史》，（台北）教育文物出版社1983年版。

［62］李德慧：《杨杰将军思想研究》，云南人民出版社1989年版。

［63］李华兴主编：《中华民国史》，上海教育出版社1997年版。

[64] 李剑农：《戊戌以后三十年中国政治史》，中华书局 1965 年版。

[65] 李剑农：《中国近百年政治史》，复旦大学出版社 2002 年版。

[66] 黎洁华、虞苇：《戴季陶传》，广东人民出版社 2003 年版。

[67] 李娟丽：《军学奇才——蒋百里》，兰州大学出版社 1998 年版。

[68] 李俊清：《现代文官制度在中国的创构》，生活·读书·新知三联书店 2007 年版。

[69] 李廉方：《辛亥革命武昌首义记》，湖北通志馆 1947 年版。

[70] 李权时：《财政原理》，上海商务印书局 1935 年版。

[71] 李石岑：《超人哲学浅说》，商务印书馆 1931 年版。

[72] 李滔、陆洪洲：《中国兵工企业史》，兵器工业出版社 2003 年版。

[73] 李喜所主编：《留学生与中外文化》，南开大学出版社 2005 年版。

[74] 李喜所主编：《中国留学通史·晚清卷》，广东教育出版社 2010 年版。

[75] 李新总编：《中华民国史》第 1 编（全 1 卷），中华书局 1982 年版。

[76] 李义彬编：《中国青年党》，中国社会科学出版社 1982 年版。

[77] 李永：《刘敬宜传》，中国文史出版社 2001 年版。

[78] 梁启超：《戊戌政变记》，（台北）文海出版社 1964 年版。

[79] 林子勋：《中国留学教育史》（1847—1975），（台北）华冈出版有限公司 1976 年版。

[80] 留学生丛书编委会编：《中国留学史萃》，中国友谊出版公司 1992 年版。

[81] 刘中国、黄晓东：《容闳传》，珠海出版社 2003 年版。

[82] 刘青峰编：《胡适与现代中国文化转型》，香港中文大学出版社 1994 年版。

[83] 刘伯骥：《美国华侨史》，台湾黎明文化事业公司 1984 年版。

[84] 刘炎生：《潇洒才子梁实秋》，湖北人民出版社 2006 年版。

[85] 刘曰仁主编：《中国农林研究生教育》（1935—1990），辽宁科学技术出版社 1991 年版。

[86] 刘念智：《实业家刘鸿生传略》，北京文史资料出版社 1982 年版。

[87] 刘绍唐、吴相湘编：《国立武汉大学一览》（1935 年），（台北）传记文学出版社 1971 年版（影印本）。

［88］罗荣渠：《现代化新论》，北京大学出版社 1997 年版。

［89］马毓福：《1908—1949 中国军事航空》，航空工业出版社 1994 年版。

［90］梅贻琦：《中国的大学》，北京理工大学出版社 2012 年版。

［91］梅贻琦：《梅贻琦谈教育》，辽宁人民出版社 2015 年版。

［92］木吉雨等编译：《蒋介石秘录》，广西人民出版社 1989 年版。

［93］彭明、程啸主编：《近代中国的思想历程》（1840—1949），中国人民大学出版社 1999 年版。

［94］彭明：《五四运动史》，人民出版社 1998 年版。

［95］彭小舟：《近代留美学生与中美教育交流研究》，人民出版社 2010年版。

［96］皮明勇：《关注与超越——中国近代军事变革论》，河北人民出版社1999 年版。

［97］钱理群等：《中国现代文学三十年》，上海文艺出版社 1987 年出版。

［98］钱亦石：《财政学纲要》，上海中华书局 1935 年版。

［99］秦孝仪主编：《中华民国经济发展史》，（台北）近代中国出版社 1983年版。

［100］邱椿：《学制》，商务印书馆 1933 年版。

［101］邱钱牧主编：《中国政党史》（1894—1949），山西人民出版社 1991年版。

［102］桑兵：《清末新知识界的社团与活动》，三联书店 1995 年版。

［103］孙文学：《中国近代财政史》，东北财经大学出版社 1990 年版。

［104］石霓：《观念与悲剧——晚清留美幼童命运剖析》，上海人民出版社2000 年版。

［105］石棉：《中国现代化运动与清末留日学生》，（台北）嘉新水泥公司文化基金会 1968 年版。

［106］石柏林：《凄风苦雨中的民国经济》，河南人民出版社 1993 年版。

［107］石源华：《中华民国外交史》，上海人民出版社 1994 年版。

［108］史全生：《中国近代军事教育史》，东南大学出版社 1996 年版。

［109］沈殿成主编：《中国人留学日本百年史》（下册），辽宁教育出版社1997 年版。

[110] 尚小明：《留日学生与清末新政》，江西教育出版社 2003 年版。

[111] 舒新城编：《近代中国留学史》，新世纪出版社 2011 年版。

[112] 汤志钧：《戊戌变法史》，人民出版社 1984 年版。

[113] 陶菊隐：《蒋百里传》，中华书局 1985 年版。

[114] 陶文钊：《中美关系史》，重庆出版社 1993 年版。

[115] 田涛：《国际法输入与晚清中国》，济南出版社 2001 年版。

[116] 童富勇等：《陶行知传》，教育科学出版社 1991 年版。

[117] 完颜绍元：《王正廷传》，河北人民出版社 1999 年版。

[118] 王炳照、阎国华主编：《中国教育思想通史》第 6 卷，湖南教育出版社 1994 年版。

[119] 汪朝光：《中国近代通史》第 10 卷《中国命运的决战》（1945—1949），江苏人民出版社 2009 年版。

[120] 王尔敏：《中国近代思想史论》，社会科学文献出版社 2003 年版。

[121] 王拱璧著，窦克武编：《王拱璧文集》，河南大学出版社 2013 年版。

[122] 汪国权、王炳如编著：《庐山"夏都"记事》，江西高校出版社 2003 年版。

[123] 王国强：《中国兵工制造业发展史》，（台北）黎明文化事业股份有限公司 1987 年版。

[124] 王金铻、李子文：《中国现代政治思想史》，吉林大学出版社 1991 年版。

[125] 王金铻主编：《中国现代资产阶级民主运动史》，吉林文史出版社 1985 年版。

[126] 王嘉良、周健男：《萧乾评传》，国际文化出版公司 1990 年版。

[127] 王建朗：《中国废除不平等条约的历程》，江西人民出版社 2000 年版。

[128] 王立诚：《中国近代外交制度史》，甘肃人民出版社 1991 年版。

[129] 王奇生：《中国留学生的历史轨迹》，湖北教育出版社 1992 年版。

[130] 王奇生：《留学与救国——抗战时期海外学人群像》，广西师范大学出版社 1995 年版。

[131] 王思明：《中美农业发展比较研究》，农业科技出版社 1999 年版。

［132］王绍军、陈陆、牛俊法：《军制史话》，社会科学文献出版社 2000 年版。

［133］王树槐：《庚子赔款》，（台北）"中央"研究院近代史所 1974 年版。

［134］王晓秋：《近代中日启示录》，北京出版社 1987 年版。

［135］王晓秋：《近代中日文化交流史》，中华书局 2000 年版。

［136］汪向荣：《中国的近代化与日本》，湖南人民出版社 1987 年版。

［137］王跃、高力克选编：《五四：文化的阐释与评价——西方学者论五四》，山西人民出版社 1989 年版。

［138］文思：《我所知道的陈仪》，中国文史出版社 2004 年版。

［139］吴兆莘：《中国税制史》下册，商务印书馆 1937 年版。

［140］闻黎明：《第三种力量与抗战时期的中国政治》，上海书店出版社 2004 年版。

［141］谢龙等：《中国学术百年·哲学百年》，北京出版社 1999 年版。

［142］谢泳等著，陈远编：《逝去的大学》，同心出版社 2005 年版。

［143］熊月之：《西学东渐与晚清社会》，上海人民出版社 1994 年版。

［144］熊仁宗：《何应钦——漩涡中的历史》，贵州人民出版社 2001 年版。

［145］西南联合大学北京校友会编：《国立西南联合大学校史》，北京大学出版社 1996 年版。

［146］许涤新、吴承明主编：《中国资本主义发展史》，人民出版社 1990 年版。

［147］徐培根：《五十年来军事简史》（上海图书馆藏）。

［148］徐血儿等：《宋渔父》第一辑，上海书店出版社 1991 年版。

［149］薛光前：《蒋百里的晚年与军事思想》，传记文学出版社 1969 年版。

［150］延安时事问题研究会编：《抗战中的中国文化教育》，上海人民出版社 1961 年版。

［151］颜惠庆：《颜惠庆自传——一位民国元老的记忆》，吴建雍等译，商务印书馆 2003 年版。

［152］叶再生：《中国近代现代出版通史》第 1 卷，华文出版社 2002 年版。

［153］尹文敬：《财政学》，上海商务印书馆 1935 年版。

［154］杨杰：《军事与国防》，商务印书馆 1944 年版。

[155] 杨杰：《国防新论》，国防部新闻局 1947 年版。

[156] 杨菁：《宋子文传》，河北人民出版社 1999 年版。

[157] 杨天石： 《蒋氏秘档与蒋介石真相》，社会科学文献出版社 2002 年版。

[158] 杨玉圣：《中国人的美国观——一个历史的考察》，复旦大学出版社 1996 年版。

[159] 杨跃进：《蒋介石的终身幕僚张群》，团结出版社 2007 年版。

[160] 岳谦厚：《民国外交官人事机制研究》，东方出版社 2004 年版。

[161] 曾国藩、胡林翼：《曾胡治兵语录》，中央党校出版社 2008 年版。

[162] 曾祥颖：《中国近代兵工史》，重庆出版社 2008 年版。

[163] 詹剑峰：《詹剑峰自传》，山西人民出版社 1985 年版。

[164] 张海鹏主编：《中国近代通史》，江苏人民出版社 2009 年版。

[165] 张君劢：《科学与人生观》，山东人民出版社 1997 年版。

[166] 章开沅、林增平主编：《辛亥革命史》下册，东方出版社 2010 年版。

[167] 章开沅主编：《中国经济史》，高等教育出版社 2002 年版。

[168] 张叔岩编著：《玉门油矿史》，西北大学出版社 1988 年版。

[169] 张宪文等：《中华民国史》，南京大学出版社 2005 年版。

[170] 张宪文主编：《金陵大学史》，南京大学出版社 2002 年版。

[171] 张宪文、方庆秋主编：《蒋介石全传》，河南人民出版社 1996 年版。

[172] 张学继：《黄郛传》，团结出版社 2005 年版。

[173] 张玉法：《中华民国史稿》修订版，（台北）联经出版事业公司 2001 年版。

[174] 张允侯等编：《留法勤工俭学运动》（二），上海出版社 1986 年版。

[175] 张泽宇：《留学与革命——20 世纪 20 年代留学苏联热潮研究》，人民出版社 2009 年版。

[176] 张之洞：《劝学篇》，上海书店出版社 2002 年版。

[177] 赵家璧主编： 《中国新文学大系》，上海良友图书印刷公司 1936 年版。

[178] 赵淑敏：《中国海关史》，（台北）"中央"文物供应社 1982 年版。

[179] 赵晓雷：《中国工业化思想及发展战略研究》，上海社会科学院出版

社 1995 年版。

［180］郑大华编：《中国近代史上的民族主义》，社会科学文献出版社 2007
年版。

［181］郑家栋：《现代新儒学概论》，广西人民出版社 1990 年版。

［182］郑世兴：《中国现代教育史》，（台北）三民书局 1981 年版。

［183］中国第二历史档案馆编：《抗日战争正面战场》上，江苏古籍出版社
1987 年版。

［184］中国大百科全书总编辑委员会《哲学》编辑委员会：《中国大百科全
书·哲学》，中国大百科全书出版社 1987 年版。

［185］《中华民国维新政府概史》编纂委员会：《中华民国维新政府概史》，
南京特别市行政院 1940 年版。

［186］中国人民大学农业经济系编：《中国近代农业经济史》（农经专业
用），中国人民大学出版社 1980 年版。

［187］周棉主编：《留学生与中国社会的发展》（一），中国矿业大学出版社
1997 年版。

［188］周一良主编：《中外文化交流史》，河南人民出版社 1987 年版。

［189］周邦任、费旭主编：《中国近代高等农业教育史》，中国农业出版社
1994 年版。

［190］周溯源：《北洋军阀鼻祖：袁世凯》，黑龙江人民出版社 1997 年版。

［191］朱谦之：《中国哲学对欧洲的影响》，河北人民出版社 1999 年版。

［192］朱斯煌：《民国经济史》，银行学会刊行 1948 年版。

［193］朱英：《辛亥革命与近代中国社会变迁》，华中师范大学出版社 2001
年版。

［194］朱邦兴等合编：《上海产业与上海职工》，上海人民出版社 1984
年版。

［195］朱顺佐：《邵力子传》，浙江大学出版社 1988 年版。

［196］《自然杂志》社编：《科学家传记》，上海交通大学出版社 1985 年版。

［197］邹鲁：《中国国民党史稿》，中华书局 1960 年版。

［198］邹容：《革命军》，华夏出版社 2002 年版。

［199］左舜生：《黄兴评传》，（台北）传记文学出版社 1981 年版。

六 译著

[1] [美] 阿瑟·恩·杨格:《一九二七至一九三七年中国财政经济情况》,陈泽宪译,中国社会科学出版社 1981 年版。

[2] [美] 爱泼斯坦:《人民之战》,贾宗谊译,新华出版社 1991 年版。

[3] [日] 安藤德器编:《北支那文化便览》,东京生活社 1939 年版。

[4] [英] 埃里克·霍布斯鲍姆:《民族与民族主义》,李金梅译,上海人民出版社 2000 年版。

[5] [英] 安东尼·吉登斯:《民族——国家与暴力》,胡宗泽、赵力涛、王铭铭译,生活·读书·新知三联书店 1998 年版。

[6] [美] 彼得·德鲁克:《变动世界的经营者》,林克译,东方出版社 2010 年版。

[7] [美] 白修德、贾安娜:《在暴风雨中》,群益出版社 1949 年版。

[8] [美] 杜赞奇著:《从民族国家拯救历史》,王宪明等合译,江苏人民出版社 2008 年版。

[9] [美] 戴乐尔:《工厂适用学理的管理法》,穆藕初译,中华书局 1916 年版。

[10] [英] 厄内斯特·盖尔纳:《民族与民族主义》,韩红译,中央编译出版社 2002 年版。

[11] [美] 费正清、刘广京编:《剑桥中国晚清史》(1800—1911),中国社会科学院历史研究编译室译,中国社会科学出版社 1985 年版。

[12] [美] 费正清主编:《剑桥中华民国史》,章建刚等译,中国社会科学出版社 1994 年版。

[13] [英] 弗雷达·阿特丽:《扬子前线》,石梅林译,新华出版社 1988 年版。

[14] [澳] 冯兆基:《军事近代化与中国革命》,郭太风译,上海人民出版社 1994 年版。

[15] [美] 惠顿:《万国公法》,[美] 丁韪良译,上海书店出版社 2002 年版。

[16] 《加纳治五郎给第一批毕业生讲话的波澜》,日本关西大学出版社 2001

年版。

［17］［美］肯尼斯·雷、约翰布·鲁尔编：《被遗忘的大使：司徒雷登驻华报告》（1946—1949），尤存、牛军译，江苏人民出版社 1990 年版。

［18］［美］柯伟林：《德国与中华民国》，陈谦平等译，江苏人民出版社 2006 年版。

［19］［美］勒法吉：《中国幼童留美史》，高宗鲁译注，珠海出版社 2006 年版。

［20］［美］李又宁主编：《华族留美史：150 年的学习与成就》，纽约天外出版社 1999 年版。

［21］［美］李又宁主编：《留美八十年》（一），纽约天外出版社 1999 年版。

［22］［美］李又宁主编：《留美八十年》（三），纽约天外出版社 2003 年版。

［23］《陆军士官学校入学中华民国清人名簿》，昭和五年（民国十九年）。

［24］靳丛林译自《日本异文化中的鲁迅——从弘文学院的入学到退学事件》第六章。

［25］［法］马迪厄：《法国革命史》，杨人楩注，商务印书馆 2011 年版。

［26］［法］米涅：《法国革命史》，北京编译社译，商务印书馆 1977 年版。

［27］［德］尼采：《朝霞》，梵澄译，商务印书馆 1935 年版。

［28］［德］尼采：《快乐的知识》，梵澄译，商务印书馆 1939 年版。

［29］［美］齐锡生：《中国的军阀政治》（1916—1928），杨云若、萧延中译，中国人民大学出版社 1991 年版。

［30］［美］钱德勒：《看得见的手——美国企业的管理革命》，重武译，商务印书馆 1987 年版。

［31］［法］乔治·勒费弗尔：《法国革命史》，顾良、孟湄、张慧君译，商务印书馆 2010 年版。

［32］容闳：《西学东渐记》，恽铁樵、徐凤石译，珠海出版社 2006 年版。

［33］［美］任达：《新政革命与日本——中国》（1898—1912），李仲贤译，江苏人民出版社 1998 年版。

［34］［美］薛君度：《黄兴与中国革命》，杨慎之译，湖南人民出版社 1980 年版。

［35］日华学会：《留日学生名录》第 10 版，日华学会昭和十一年十二月印

刷发行。

[36] 日本防卫厅战史室编：《华北治安战》，天津人民出版社 1982 年版。

[37] ［美］斯特林·西格雷夫：《宋家王朝》，丁中青等译，中国文联出版
公司 1986 年版。

[38] ［美］塞缪尔·P. 亨廷顿：《变化社会中的政治秩序》，王冠华等译，
三联书店 1989 年版。

[39] ［日］实藤惠秀：《中国人留学日本史》，谭汝谦、林启彦译，三联书
店 1983 年版。

[40] ［日］石岛纪之：《中国抗日战争史》，郑玉纯、纪宏译，吉林教育出
版社 1990 年版。

[41] ［德］瓦格涅：《瓦格涅财政学提要》，童蒙正编译，上海大江书局
1931 年版。

[42]《维尔德给维经斯基的信》，俄罗斯现代历史文献保管与研究中心档
案，全宗514，目录1，卷宗123：中共中央党史研究室第一研究部译；
《联共（布）、共产国际与中国革命运动》（1920—1925）。

[43] ［美］韦慕庭：《孙中山：壮志未酬的爱国者》，杨慎之译，新星出版
社 2006 年版。

[44] ［美］小科布尔：《上海资本家与国民政府》，杨希孟译，中国社会科
学出版社 1988 年版。

[45] ［日］小林丑三郎：《财政学提要》，上海科学会编译部 1914 年版。

[46] ［美］叶维丽：《为中国寻找现代中国之路：中国留学生在美国》
（1900—1927），周子平译，北京大学出版社 2012 年版。

[47] ［英］休·西顿·沃森：《民族与国家——对民族起源与民族主义政治
的探讨》，吴洪英、黄群译，中央民族大学出版社 2009 年版。

[48] ［美］约瑟夫·W. 埃谢里克编：《在中国失掉的机会——美国前驻华
外交官约翰·S. 谢伟思第二次世界大战时期的报告》，罗清等译，国
际文化出版公司 1989 年版。

[49] ［美］伊斯雷尔·爱泼斯坦：《中国未完成的革命》，陈瑶华等译，新
华出版社 1987 年版。

[50] ［美］伊曼纽·华勒斯坦：《开放社会科学》，刘锋译，三联书店 1997

年版。

［51］［美］伊曼纽·华勒斯坦等：《学科·知识·权力》，刘建芝等编译，三联书店 1999 年版。

［52］［美］周策纵：《五四运动：现代中国的思想革命》，周子平等译，江苏人民出版社 2005 年版。

七　工具书

［1］［美］马祖圣编著：《历年出国/回国科技人员总览》（1840—1949），社会科学出版社 2007 年版。

［2］钱恂、董鸿祎辑：《日本法规大全》，商务印书馆 1907 年版。

［3］寿充一等编：《近代中国工商人物志》，中国文史出版社 1995 年版。

［4］徐友春主编：《民国人物大辞典》，河北人民出版社 1991 年版。

［5］杨家骆：《民国以来出版新书总目提要》，商务印书馆 1936 年版。

［6］《中国现代教育家传》编委会编：《中国现代教育家传》第 4 卷，湖南教育出版社 1987 年版。

［7］中国社会科学院语言研究所编：《现代汉语词典》，商务印书馆 1986 年版。

［8］周棉主编：《中国留学生大辞典》，南京大学出版社 1999 年版。

八　报刊

［1］《安徽史学》，2006 年。

［2］《北方论丛》，2005 年。

［3］《财政月刊》，1928 年。

［4］《晨钟》，1916 年。

［5］《晨报》，1919—1921 年。

［6］《晨钟报》，1918 年。

［7］《创造》，1925 年。

［8］《创造周报》，1925 年。

［9］《大公报》，1902—1942 年。

［10］《东方杂志》，1906—1933 年。

［11］《大陆》，1905 年。

［12］《读书杂志》，1931—1933 年。

［13］《独立评论》，1932—1937 年。

［14］《东南文化》，1989 年。

［15］《地球科学——中国地质大学学报》，1992 年。

［16］《档案与史学》，1996 年。

［17］《党史研究与教学》，2003—2013 年。

［18］《东岳论丛》，2008 年。

［19］《当代中国政治研究报告》，2009 年。

［20］《读书》，2010 年。

［21］《党史博览》，2012 年。

［22］《二十世纪之支那》，1905 年。

［23］《福建论坛》，1996 年。

［24］《凤凰周刊》，2012 年。

［25］《法商研究》，1999 年。

［26］《国民报》，1901 年。

［27］《共产党》1920 年。

［28］《国闻周报》，1935 年。

［29］《工商管理月刊》，1934 年。

［30］《观察》，1948 年。

［31］《国史馆馆刊》（台湾），1987 年。

［32］《广东社会科学》，2004 年。

［33］《光明日报》，1998 年。

［34］《广西教育学院学报》，2003 年。

［35］《广州教育官报》，1910 年。

［36］《国际观察》，2009 年。

［37］《湖北学生界》，1903 年。

［38］《海军》，1931 年。

［39］《海军杂志》，1936 年。

［40］《华中师范大学学报》（哲社版），1978 年。

［41］《航空史研究》，1995—1996 年。

［42］《华东师范大学学报》（哲社版），2000 年。

［43］《河北学刊》，1996 年。

［44］《河北师范大学学报》（教育科学版），2009 年。

［45］《航空杂志》，1931 年。

［46］《教育时论》，1901 年。

［47］《江苏》，1903 年。

［48］《教育杂志》，1910—1924 年。

［49］《建国月刊》，1930 年。

［50］《救国时报》，1937 年。

［51］《军事杂志》，1942 年。

［52］《教育通讯》，1946 年。

［53］《解放日报》，1941 年。

［54］《近代史研究》，1982—1999 年。

［55］《教育部公报》，1947 年。

［56］《军事历史》，1994 年。

［57］《军事历史研究》，1994 年。

［58］《江海学刊》，2006 年。

［59］《江西社会科学》，2007 年。

［60］《科学》，1928 年。

［61］《科学画报》，1933 年。

［62］《科学世界》1903 年。

［63］《科学技术科与辩证法》，1986 年。

［64］《抗日战争研究》，1996—2011 年。

［65］《科学文化评论》，2005 年。

［66］《留美学生季报》，1913 年。

［67］《旅欧杂志》，1916 年。

［68］《留英学报》，1927 年。

［69］《历史研究》，1978—2006 年。

［70］《历史档案》，1981—1983 年。

[71]《临时公报》第 2 辑，1982 年。

[72]《历史教学》，1986 年。

[73]《鲁迅研究月刊》，1996 年。

[74]《兰州大学学报》，1999 年。

[75]《历史教学问题》，2004 年。

[76]《民国档案》，1989—2005 年。

[77]《民国日报》，1916—1922 年。

[78]《民国时报》，1918 年。

[79]《民立报》，1912 年。

[80]《民报》，1905 年。

[81]《民主报》，1912 年。

[82]《民主》周刊，1946 年

[83]《美国数学会会刊》，1918 年。

[84]《每周评论》，1919 年。

[85]《民国日报·觉悟》，1922 年。

[86]《民国档案》，1987—1989 年。

[87]《南京学生联合会日刊》，1919 年。

[88]《努力周报》，1922—1923 年。

[89]《南方周末》，2008 年。

[90]《南方都市报》，2009 年。

[91]《欧洲》，1994 年。

[92]《清议报》，1901 年。

[93]《青年杂志》，1915—1919 年。

[94]《清华周刊》，1921 年—1932 年。

[95]《全党报》，1913 年。

[96]《全国学术工作咨询处月刊》，1935 年。

[97]《群众》，1937—1948 年

[98]《求是学刊》，1983 年。

[99]《求索》，2005 年。

[100]《前沿》，2005 年。

［101］《清华大学学报》（哲社版），2008 年。

［102］《人民日报》，2013 年。

［103］《蜀报》，1907 年。

［104］《申报》，1911—1937 年。

［105］《神州日报》，1915 年。

［106］《少年中国》，1919 年。

［107］《社会科学辑刊》，1990 年。

［108］《社会科学研究》，1996 年。

［109］《社会科学战线》，2004 年。

［110］《社友》，1936 年。

［111］《时报》，1921 年。

［112］《世界知识》，2011 年。

［113］《史林》，2002 年。

［114］《时事新报》，1919 年。

［115］《史学月刊》，1982 年。

［116］《四川师范大学学报》（社会科学版），2006 年。

［117］《上海大学学报》，2006 年。

［118］《书城》，2007 年。

［119］《史学集刊》，2010 年。

［120］《太平洋》，1917 年。

［121］《台湾中央研究院近代史研究所专刊》，1961—2012 年。

［122］《太平杂志》，1972 年。

［123］《天津师范大学学报》（社会科学版），1996 年。

［124］《天津社会科学》，2002 年。

［125］《外交报》，1905 年。

［126］《文哲月刊》，1935 年。

［127］《文汇报》，1947 年。

［128］《文史天地》，2008 年。

［129］《现代读物》，1936 年。

［130］《新民丛报》，1902 年。

［131］《新潮》，1918 年。

［132］《新青年》，1916—1923 年。

［133］《新教育》，1922—1923 年。

［134］《新月》，1928 年。

［135］《新亚西亚》，1933 年。

［136］《兴介日报》1937 年。

［137］《新华日报》，1946 年。

［138］《辛亥革命史研究会通讯》，1986 年。

［139］《学部官报》，1907 年。

［140］《学灯》，1919 年。

［141］《学校党建与思想教育》，2004 年。

［142］《徐州师范大学学报》（哲社版），2005—2012 年。

［143］《西华师范大学学报》，2006 年。

［144］《扬州大学学报》（人文社会科学版），2002 年。

［145］《译书汇编》，1902—1903 年。

［146］《游学译编》，1903 年。

［147］《宇宙风》1939 年。

［148］《浙江潮》，1903 年。

［149］《浙江大学学报》（人文社会科学版），2002 年。

［150］《浙江学刊》，2007 年。

［151］《哲学评论》，1947 年。

［152］《哲学译丛》，2001 年。

［153］《政法学报》，1903 年。

［154］《政书通辑》，1907 年。

［155］《正谊》，1914 年。

［156］《政治学研究》，2009 年。

［157］《中国青年》，1923 年。

［158］《中国留日同学会季刊》，1943 年。

［159］《中共党史研究》，2003 年

［160］《中国稻作》，1949 年。

［161］《中国的空军》，1939 年。

［162］《中国教育报》，2007 年。

［163］《中国科技史料》，1989 年。

［164］《中国农村》，1934 年。

［165］《中国社会科学》，1996 年。

［166］《中国社会科学院学术委员会集刊》，2005 年。

［167］《中国哲学史》，2007 年。

［168］《中国政法大学学报》，2009 年。

［169］《中南民族大学学报》，2005 年。

［170］《中山大学学报》，1982 年。

［171］《中行月刊》，1937 年。

［172］《中央周报》，1930 年。

［173］《中央日报》，1941—1948 年。

［174］《中州学刊》，1996 年。

［175］《传记文学》，1980—1981 年。

九 外文文献

［1］ A. Getshenkron, Economic Backwardness in Historical Perspective, Harvard University Press, 1966.

［2］ Arthur Henderson Smith, 1845—1932, China and America To-day By Athor H. Smith , New York Press, 1907：213 – 220.

［3］ Brezis, E. S. , Krugman, P. R. , and Tsiddon, D. , "Leapfrogging in International Competition：A Theory of Cycles in National Technological Leadershi", American Economic Review, Vol. 83, No. 5, 1993.

［4］ Chih Meng：The American Returned Students of China. Pacific Affairs, Vol. 4, No. 1 (Jan. , 1931) .

［5］ Chinese Students in the United States, 1948—55— A Study in Government Policy, Committee on Educational Interchange Policy, 1956.

［6］［日］大里浩秋、孙安石编：《中国人日本留学生研究の现阶段》，株式会社御茶の水书房 2002 年版。

［7］ Dr. T. T. Lew；Prof. Hu Shih；Prof. Y. Y. Tsu；Dr Cheng Ching yi：China To—day Through Chinese Eyes，New York：George Hdorn compang. 1922.

［8］ Donald Keene，"This Sino—Japanese War of 1894—95 and Its Cultural Effects in Japan"，in Donald H. Shively，ed.，Tradition and Modernization in Japanese Cultural，Princeton，1971.

［9］ Dosi，G.，C. Freeman，R. Nelson，G. Silverberg and L. Soete eds. Technical Change and Economic Theory. London：Pinter Publishers，1988.

［10］ Edmund J. James："China and America To—day"，by Arthur H. Smith. 1907.

［11］ Foreign Relations，1885，pp. 144—145.

［12］《路易·格里莱少校报告摘要—关于扩大对华影响，宣传法兰西文化的行动计划》，法国外交部档案，代号：E. ASIE. 1918—1922 /47—1。

［13］［日］宫崎滔天：《宫崎滔天全集》第 1 卷，东京平凡社 1971 年版。

［14］ Directory of the Living Alumni of the University of Virginia：1931，pp. 236—237. 弗吉尼亚大学 Gilliam 收藏。

［15］ 马赛商会主办：《国际关系委员会（知识和经济）公报》，1920 年 12 月第 6 期，法国国家档案馆档案，代号：47 AS/B/6—3。

［16］ Medical Diplomas for Women，The New York Times，May 30，1885.

［17］ Meribeth E. Cameron：The Reform Movementin China，1898—1912. New York：Octogan Books，INC. 1963.

［18］ А. В. Панцов：Тайная история советско—китайских отношений Болъшевики икитайская революция.（1919—1927）Иэдательский дом "Муравей—Гайд". Москва，2001.

［19］ R. J. Gilbert，and D. Newbery，Preemptive Patenting and the Persistence of Monopoly，American Economic Review，June 1982.

［20］［日］《太阳》，明治三十一至三十九年。

［21］ В. Н. Усов：Интернациональная помощь СССР в деле подготовки китайских партийных и революционных кадров в 20—30—е годы. — "Проблемы Дальнего Востока"，1987，No. 5.

［22］《外国にぉける支那留学生》（大正七年四月）H. 7. 1. 0—10，东京日

本外务省外交史料馆藏。

[23] 日本《外交文书》大正七年，第二册。

[24] ［日］《文学案内》，昭和十二年。

[25] ［日］小岛淑男：《留日学生与辛亥革命》，青木书店 1989 年版。

[26] Y. S. Tso: The relation of the Returned Students to the Chinese Revolution, The Journal of Race Development, 1913, Vol. 4, No. 1.

[27] Y. C. Wang: Western impact and social mobility in China, American Sociological Review, Vol. 25, No. 6 (Dec. 1960).

[28] Yuan, Tung—Li: A Guide to Doctoral Dissertations by Chinese Students in America 1905—1960, The Library Quarterly, Vol. 32, No. 3, July, 1962.

[29] 日本国立公文书馆档案。

索　引

说明：1. 本索引包括关键词和主要人名两部分；2. 以汉语拼音的音序为排列顺序；3. 因"国民党""共产党""留学生""留学生群体"这 4 个词出现频率太高，为节省篇幅，在本索引中略。4. 索引词之后的数字，为索引词所在的页码。

G

T

W

后　记

在项目完成、顺利结题之后，心中充满无限的感慨。当在困难的情况下延期完成此课题时，心中不禁有深深的愧疚，更有对助我者无限的感激！举轻若重似乎是我从事研究的一个痼疾：回想 20 年前，用 10 年时间完成了《冯至传》，迟迟不敢交稿；15 年前，历时 9 年完成了《中国留学生大辞典》，几乎字字句句都浸透了汗水，补充、修改、统稿 7 遍，仍紧张心颤，不敢送交出版社。如今，6 年前开始研究的课题成果虽经过反复修改，但仍然不敢自信。

回想当初准备申报项目时，仅竞标书的撰写就用两个多月的时间，夜以继日，才得以在当年七八月份酷暑期间完成，长达几十页。为确保中标，还准备了 3 套方案，可谓绞尽脑汁。难忘崔之清教授和张宪文先生最初的提携；感谢李喜所教授的热诚帮助；感谢徐放鸣教授、安宇教授在笔者对方案取舍难定时，鼓励我自行取舍、大胆决定的信任和支持。崔之清先生的建议和指导，特别是在我对 3 套方案艰难地取舍后，他的虚怀若谷、大度海量和热情鼓励，坚定了我研究下去的信心和勇气！但是，他在我中标后的话语："你构建了这样庞大的的结构，我真担心你将来能不能完成？"当时，他似乎是含笑道出，而我却听出了一身冷汗。他那带有皖南口音的普通话特别是他那犀利的目光，我至今还记忆犹新；每忆及此，总心有余悸，感到有一种无形的威慑力而不敢懈怠。

其后，就在这种"是否能完成"的不断拷问中，我踏上了漫长而执着的研究旅途，经历了继《冯至传》《中国留学生大辞典》之后第三次严酷的学术洗礼和精神的炼狱。后来，我看到了该项目建议立项的意见："本课题具有较高的原创性，要求具有关于留学生历史研究和民国史研究的扎实基础，并取得相当的研究成果，应有主持省部级课题的经验，搜集与掌握丰富的中国留学生的有关文献资料。""在民国社会发展方面，要运用历史学与社会学相结合的研究方法，分析其主要层面及纵向发展的形态，探讨留学生的角色、地位和作用。"语言极其平实，但我感到，要驾驭这样一个应该对民国史、民国现代化进程和近代知识分子史作出新的总结和概括的综合性的大课题，我们现有的史学理论和跨学科知识都必须再上台阶。为此，唯有在研究中学习研究，深入挖掘新的史料，提高相关学科的理论水平。之后，随着研究的进展，遇到了种种困难。但如同以往一样，作为主持人的笔者，累在其中，苦在其中，学术的收获也在其中！这种甘苦只有主持过大型课题的学者才会有所体会。

其实，多少年的课题，多少年的研究，多少次的喜悦，多少次的曲折，多少种说不清的劳累，已经把激情销蚀得近乎木雕！但是，坚毅和执着也随着年龄的增加和激情的消退而悄然增长！三年前，在一次朋友的聚会上，我脱口而出：女人要温柔，男人要坚挺！当时博得了热烈附和，阵阵掌声。但，谁解其中味？想初唐诗人陈子昂在呼喊"知我者谓我心忧，不知我者谓我何求"的心语时，知音何在又何几？在一千三百多年之后，又有多少人在心灵深处理解这位后来被县令杀害的"忧者"？难怪他情不自禁，"念天地之悠悠，独怆然而涕下"！

在十年前的《留学生与中外文化交流·后记》中，我曾写道："我们的学识水平是有限的，但是，我们愿以对中国现代化未来的无限憧憬，对历代留学生们为推动中国现代化进程的不懈努力表示崇高的敬意！并竭尽自己的绵薄之力，把这个课题的研究进行下去，以便让更多的中国人了解自晚清以来中国走向现代化的艰难进程，了解留学生们在此进程中的特殊贡献，为当代中国的改革开放提供历史的借鉴和启示，以促进民族精神的自觉和四化大业的完成。"现在回味这段话，更感汗颜，以我等绵薄之力能做到吗？实在不敢自信。但我们的研究不会停止！"衣带渐宽终不悔"，既是我们过去长期求索的写照，也是我们未来努力的信念！

借此机会，真诚地感谢长期以来支持笔者留学生课题研究，特别是支持本项目立项和书稿写作的师长、专家和朋友等。

最后，我要以无限感激的赤诚之心，叩谢我仁和厚爱的百岁慈母：她老人家在我课题立项以后，即因近百岁高龄而经常生病，特别是前年、去年最令人担心，为此，我不得不经常回去照顾，其中有几年几乎每月一次。特别是在节假日离校回乡、伺候她老人家的时间里，我在她老人家简朴、温暖的病榻边，在她慈祥、温暖的目光下，断断续续地阅读经典史学著作，修改和检查书稿；感谢上苍天佑吾母，在我们兄弟姐妹有时甚至是坐卧不安的焦虑和无尽的祝福中，母亲以她那顽强的生命力和超常思维，竟然神奇般地转危为安，于今年越过了百岁大关，头脑清晰，神智清醒，比往年还祥瑞平安！而这个项目和书稿，也随着她的康复而得以结项和完成，感谢仁慈厚爱的母亲，感谢一直陪伴在母亲身边的姐姐！感谢一切关心我母亲和支持我的亲人和师友！

2013 年 6 月 6 日

再记

　　说来惭愧，其实也应该，文不惮改，几乎是书生写作、学者研究必须面对的课题。在书稿第一次"定稿"，几乎"断念"于其他一切之后，我开始了对此书稿的反复修改。在此不得不写实的是，在两年多的时间里，我每天都以 14 个小时左右的紧张程度，把时间用于留学生课题的研究上。对于此书稿，则有幸听取了一些熟悉和不熟悉的同行专家和师长们直接或间接的意见，并以返躬自省的执着，认真思考难能可贵的修改意见，而且如同以往提交书稿一样，总是觉得思无穷，改无尽，以致体力、精力和思维都进入了极限。为此，谨以无尽的真诚和惶恐，把此书稿敬献于专家与师友面前，期待你们再次的指导与批评；并以无限愧疚的心情，把此书稿跪献于我时刻牵挂的慈母面前，请她老人家责备我两年来对她的不孝；也借此机会，感谢给了我特殊厚爱的亲人和一切关爱我的师友、学生；也借此机会，呼唤真诚、善良的人性，呼唤澄明、阳光的社会。

2015 年 6 月 7 日 星期日 三改后

又记

执着和痴愚又使我修改这个沉重的书稿。虽然对质量和水平的追求使我欲罢不休，但是时间又逼迫我不能不就此打住。虽然曹雪芹在《红楼梦》中云："都云作者痴，谁解其中味"，但我相信，真正的学者之间是能够沟通的。因为就我而言，每一次修改书稿，我都看到了拙作的不足而深深惭愧，从而更感谢对书稿提出建议的朋友、专家和学者。所以，此书稿的修改，我将没有穷尽，尽吾志而无悔。

作者于 2016 年 5 月 24 日晨

四记

一个课题做了十年，一本书稿修改了七八次，有的章节修改了十几次，特别是最近 3 个月，每天十几个小时修改、校对，这究竟是为了什么，怎么还没完成？面对近来友人的关心，我只能苦笑，或者说文库成果要求高，书稿不敢马虎。

其实，当得知书稿入选国家文库的消息后，面对学校和师友的赞誉我除了感谢之外，就是心理上对交稿时间的拒绝和修改的思虑——陷入继续修改书稿的深思之中。研究成果入选国家社科文库，这是当代学者的一个荣誉，更是一个巨大的压力和考验。虽然对很多世事我都已习惯和耳顺，但如同以往重要书稿交稿前的心理一样，不是什么收获前的喜悦，而是如同一个历经沧桑的母亲要把多难的子女送给别人寄养前那样的恐惧和担心。为此，我一边加紧处理手头的工作和其他科研事务，一边陈情国家规划办和中国社会科学出版社推迟交稿时限。当时间已经不容再推迟一天的情况下，从 2017 年元旦开始，除了在春节期间以惴惴不安又难分难舍的心情，看望 105 岁的慈母 5 天之外，就是下定狠心，"断念"于其他，开始了近乎无休止的修改。其中的原因绝非一二，意想不到的是中国社会科学出版社寄来的校样——责任编辑严谨认真的学风和表现出的国家级出版社的水平，使我空前地叹而不能"观止"。于是，再下狠心，对校样内容再修改，对注释再查对，对文词字句再推敲……。于是，校改时间一而再，再而三地推迟，再推迟，一直到今天。由此，我想起了在此书漫长的诞生过程中，对我及对本书的研究、撰写和出版作出了积极贡献和帮助的师友、学生。

首先，我要向我的挚友安宇教授表示真诚的感谢，他从我开始主持"留学生与近代中国研究"这个课题起就给予了真诚的帮助，特别是他在担任江苏师范大学科研处处长期间对这个课题无私的支持！在本书的项目课题申报期间，他不仅以职务身份，还以历史学学者特有的素养提出了建设性意见。徐放鸣教授，作为江苏师范大学长期的主要领导，对本人的留学生研究课题一直给予了热情关注和支持，对于本书的研究和入选国家文库，他更是表示了重视。华桂宏校长和岑红书记等学校的其他领导对本书的研究和入选，也给予了热情的帮助和鼓励，在此一并致谢。

我还要特别感谢南京大学崔之清教授、张宪文教授、陈谦平教授等，鼎力支持我开展本书的研究，揭开了本书的序幕。尤其是崔先生给予了长期的指导，审阅了部分初稿，积极推荐本书入选国家文库。历史学家茅家琦先生从本人研究留学生课题开始，即给予了最早的指教和支持。多年来，我受益良多，在此，谨向茅先生献上真诚的敬意！还有时任南京大学社科处处长的王明生教授，对本书有关的工作也给予了支持和帮助；李玉教授审阅了部分初稿，学术友情，存此难忘。

我还要特别感谢的是浙江大学的陈红民教授，作为同辈人，他对本书的研究给予了真诚的指导和建设性帮助。我与红民教授相识较晚，但是他的无私与学识令我钦佩、感动。

我还要特别感谢中国历史学会会长张海鹏先生，他不但向国家规划办鼎力推荐本书入选国家文库，还在今年春节前夕为拙著写了大序。以张先生之名望，我真感到受之有愧。还有北京大学的房德邻教授和王晓秋教授，他们对本书及有关课题的研究给予了积极的指导和支持。师长们的提携和厚爱，激励我在史海中继续求索。

我还要感谢国家规划办和参加2016年入选国家文库评审的专家，虽然有关负责人和专家的尊姓大名我至今还无从知晓，但是，通过组织反馈给我的修改建议，使我不得不心悦诚服。借此机会，向有关领导和专家表示崇高的敬意。

还要特别感谢的是本书责任编辑、中国社会科学出版社重大项目出版中心副主任喻苗老师，虽然我与她至今尚未谋面，但是她对书稿的看法特别是对书稿编辑、校对的水平，以及所表现出来的一丝不苟的工作作风和热情敬业的工作态度，都令人赞叹，值得学习。

在本书的具体研究和撰写过程中，得到了姜新教授、岑红教授、印少云教授、刘晓琴教授、王建明编审、赵可教授、彭小舟教授的支持和帮助，在此表示诚挚的感谢；还要感谢远在海外的周碧文博士，把本书的中文目录翻译成英文；还要感谢我的研究生陈健博士、王延强博士、魏善玲博士、杨茂庆博士、赵师红博士、张慕洋博士、张林博士及郝天豪博士和徐吉、王荣国等的帮助，他们或撰写了个别章节初稿，或检查了部分章节，或参加了部分初稿的校对。还要感谢我的硕士生杨志全、彭钰堰、翟慈慈、刘迅特别是张卫杰、李亚兰、徐云静、高原、刘璐、卓欣欣、张银凤、李超、申晚营、王蕊，在这次书稿的校对和文献资料的核对过程中，他们做了很多有益的工作。

非常抱歉的是，囿于学力、时间和其他因素的制约，在现有的条件下和氛围里，我虽然尽了几近极限的努力，但此次书稿的修改仍难如人意，不敢祈请专家和读者们鉴谅，但望不吝指教与批评。学海无边，研无止境。倘若以后有再版机会，我将继续努力，再次修改。

周　棉

2017 年 3 月 25 日

图书在版编目(CIP)数据

留学生群体与民国的社会发展 / 周棉等著. —北京：中国社会
科学出版社，2017.3
（国家哲学社会科学成果文库）
ISBN 978 - 7 - 5161 - 9968 - 8

Ⅰ.①留…　Ⅱ.①周…　Ⅲ.①留学生—关系—社会发展—
研究—中国—民国　Ⅳ.①G529.6②D693.79

中国版本图书馆 CIP 数据核字(2017)第 039134 号

出 版 人　赵剑英
责任编辑　喻　苗
责任校对　胡新芳
封面设计　肖　辉　孙婷筠
责任印制　戴　宽

出　　版　中国社会科学出版社
社　　址　北京鼓楼西大街甲 158 号
邮　　编　100720
网　　址　http://www.csspw.cn
发 行 部　010 - 84083685
门 市 部　010 - 84029450
经　　销　新华书店及其他书店

印刷装订　北京君升印刷有限公司
版　　次　2017 年 3 月第 1 版
印　　次　2017 年 3 月第 1 次印刷

开　　本　710 × 1000　1/16
印　　张　51.25
字　　数　813 千字
定　　价　188.00 元